경찰채용 경위공채 시험대비

박문각 경찰
기본서

합격의 찬스를 잡아라

경찰학 전 영역 단권화 기본서

개정 법령 및 판례 완벽 수록

기출 지문을 충실히 반영한 이론 정리

박우찬 편저

박우찬
찬스 경찰학

박우찬
찬스 경찰학

PREFACE

이 책의 머리말

이 책은 경찰채용시험, 경위공채시험에서 합격 점수를 받을 수 있는 경찰학 기본 이론서입니다. 본래 경찰학 총론과 각론, 경찰행정법으로 나누어 세 권으로 출간하였으나 오랜 기간의 개정을 거쳐 이번에 세 권을 모두 합하여 한 권으로 출간하게 되었습니다. 최근까지 경찰학 시험에서 출제된 내용, 제·개정된 법령, 입법예고 사항을 모두 반영하되, 경찰학 시험에서 비중이 낮은 분야는 필수적인 사항만 남기고 압축하였습니다. 다른 한편으로 경찰행정법 영역에서 출제가능성 높은 판례는 가급적 많이 실었고, 경찰행정학 영역에서 새로 출제된 이론은 자세히 서술하였습니다.

다음은 최근의 출제 범위(경찰공무원 임용령 및 공고 기준)를 정리한 표입니다.

출제 영역 및 문항 수	세부 출제 영역			
경찰학의 기초이론 (30%, 12문제)	경찰의 개념과 임무	경찰의 윤리		범죄이론
경찰행정법 (35%, 16문제)	경찰행정법의 기초	경찰조직법	경찰작용법	경찰구제법
경찰행정학 (15%, 6문제)	경찰관리		경찰통제	
한국경찰사, 비교경찰 (5%, 2문제)	한국경찰사		비교경찰	
분야별 경찰활동 (15%, 6문제)	생활안전	수사	교통, 경비 경찰	정보, 안보, 외사 경찰

경찰학 시험에서 출제된 지문은 충실히 반영하여 수험에 적합한 이론서가 될 수 있게 내용을 구성하였습니다. 기출문제집과 함께 반복해서 학습하면 시험일이 얼마 남지 않은 시점에서 짧은 시간 안에 이 책의 전체 내용을 한 번에 정리할 수 있을 것입니다. 모쪼록 이 책으로 합격의 영광을 누리시고, 한국 경찰의 주춧돌이 되시길 바랍니다.

끝으로 이 책이 새 단장을 하고 세상에 나올 수 있게 힘써주신 박문각 출판사 임직원분들에게 감사의 마음을 전합니다.

2025년 5월

박우찬 씀

이 책의 차례

제1편 총론

제1장 경찰학의 기초이론 ... 8
- 제1절 경찰개념의 발전과정 ... 8
- 제2절 경찰개념의 범위와 분류 ... 14
- 제3절 경찰의 임무와 관할 ... 21
- 제4절 경찰의 기본이념과 윤리 ... 30

제2장 경찰행정법의 기초 ... 64
- 제1절 행정과 행정법 ... 64
- 제2절 경찰행정의 법적 토대 ... 70
- 제3절 행정법의 일반원칙 ... 75
- 제4절 행정입법 ... 85
- 제5절 법률관계와 행정법관계 ... 94
- 제6절 훈령과 직무명령 ... 97

제3장 경찰조직법 ... 100
- 제1절 행정주체와 경찰행정기관 ... 100
- 제2절 경찰행정기관의 분류 ... 104
- 제3절 권한의 위임과 대리 ... 115

제4장 경찰공무원법 ... 121
- 제1절 경찰공무원의 지위 ... 121
- 제2절 경찰공무원의 근무관계 ... 123
- 제3절 경찰공무원의 권리와 의무 ... 144
- 제4절 경찰공무원의 징계 ... 151
- 제5절 경찰공무원의 권익보장 ... 167

제5장 경찰작용법 ... 176
- 제1절 행정행위 ... 176
- 제2절 행정행위의 부관 ... 190
- 제3절 행정행위의 효력과 하자 ... 196
- 제4절 행정행위의 취소와 철회, 실효 ... 207
- 제5절 그 밖의 행정작용, 사인의 공법행위 ... 210

제6장 행정의 실효성 확보수단 ... 215
- 제1절 개설 ... 215
- 제2절 행정상 강제집행 ... 218
- 제3절 행정상 즉시강제와 행정조사 ... 225
- 제4절 행정벌(경찰벌) ... 234

제7장 경찰관 직무집행법 ... 241
- 제1절 경찰작용의 근거와 한계 ... 241
- 제2절 경찰관의 직무집행 ... 247
- 제3절 경찰관의 장비 사용 ... 262
- 제4절 경찰 물리력 행사의 기준과 방법에 관한 규칙 [경찰청예규] ... 270
- 제5절 손실보상과 공로자 보상, 소송 지원과 면책 ... 275

제8장 행정절차와 정보공개 ... 283
- 제1절 행정절차법 ... 283
- 제2절 공공기관의 정보공개에 관한 법률 ... 289
- 제3절 개인정보 보호법 ... 294

제9장 행정구제법 ... 300
- 제1절 국민의 권리구제 수단 ... 300
- 제2절 손해배상 ... 302
- 제3절 행정심판 ... 316
- 제4절 행정소송 ... 325

제10장 경찰행정학 ... 336
- 제1절 정책결정, 경찰의 조직관리 ... 336
- 제2절 경찰의 인사관리 ... 341
- 제3절 경찰의 예산관리 ... 347
- 제4절 경찰의 장비관리 ... 355
- 제5절 경찰의 사무 및 보안 관리 ... 360
- 제6절 경찰의 홍보활동 ... 369

제11장 경찰통제 ... 374
- 제1절 경찰통제의 의의와 유형 ... 374
- 제2절 경찰통제 활동의 근거 ... 378

제12장 한국경찰사, 비교경찰 ... 389
- 제1절 근대 이전의 한국경찰사 ... 389
- 제2절 개화기 경찰(1894년~1910년) ... 390
- 제3절 일제강점기 경찰(1910년~1945년) ... 393
- 제4절 미군정 시기 경찰(1945년~1948년) ... 396
- 제5절 정부수립 이후의 경찰(1948년~현재) ... 398
- 제6절 자랑스러운 경찰의 표상 ... 401
- 제7절 비교경찰(각국의 경찰제도) ... 404

제2편 각론

제1장 범죄예방 이론 … 414
- 제1절 범죄원인론 … 414
- 제2절 범죄통제론 … 421
- 제3절 지역사회 경찰활동과 순찰이론 … 432

제2장 생활안전경찰 활동 … 438
- 제1절 생활안전 업무 … 438
- 제2절 생활질서 업무 … 457
- 제3절 기초질서 위반사범의 단속 … 460
- 제4절 청소년과 여성 보호 … 466

제3장 수사경찰 활동 … 478
- 제1절 수사경찰 일반론 … 478
- 제2절 가정폭력, 아동학대, 학교폭력 … 483
- 제3절 성범죄, 스토킹범죄, 마약류 범죄 … 495

제4장 교통경찰 활동 … 517
- 제1절 도로교통법 … 517
- 제2절 통행 규칙 … 522
- 제3절 운전자의 의무와 단속 … 531
- 제4절 운전면허 … 540
- 제5절 교통사고 처리 … 550

제5장 경비경찰 활동 … 561
- 제1절 경비경찰 일반론 … 561
- 제2절 행사안전경비(혼잡경비) … 565
- 제3절 재난경비 … 566
- 제4절 다중범죄 관리·진압 … 569
- 제5절 선거경비, 경호경비 … 570
- 제6절 경찰작전, 청원경찰 지도·감독 … 574
- 제7절 대테러 활동 … 582

제6장 정보경찰 활동 … 586
- 제1절 정보경찰 일반론 … 586
- 제2절 집회 및 시위에 관한 법률 … 591

제7장 안보경찰 활동 … 609
- 제1절 안보경찰 일반론 … 609
- 제2절 안보수사 … 610
- 제3절 보안관찰 … 615
- 제4절 북한이탈주민의 보호 및 정착지원에 관한 법률(북한이탈주민법) … 619

제8장 외사경찰 활동 … 623
- 제1절 외사경찰 일반론 … 623
- 제2절 출입국 규제와 외국인의 체류 … 624
- 제3절 경찰권 행사와 국제법상의 제한 … 630
- 제4절 국제경찰 공조 … 633

박우찬 찬스 경찰학

PART

01

총론

제1장 경찰학의 기초이론
제2장 경찰행정법의 기초
제3장 경찰조직법
제4장 경찰공무원법
제5장 경찰작용법
제6장 행정의 실효성 확보수단
제7장 경찰관 직무집행법
제8장 행정절차와 정보공개
제9장 행정구제법
제10장 경찰행정학
제11장 경찰통제
제12장 한국경찰사, 비교경찰

CHAPTER 01 경찰학의 기초이론

제1절 경찰개념의 발전과정

1 경찰개념의 유래와 형성

1. 유래 〈22·23 채용, 18 경위〉

① 경찰(police)이라는 용어는 고대 그리스어 '폴리스'(polis)와 '폴리테이아', **라틴어 '폴리티아'**(politia)에서 유래한 것이다.
② 고대에서의 경찰개념은 **정치를 포함한 모든 영역의 국가작용**을 의미하였다. **도시국가**(polis)에 관한 일체의 정치, 특히 헌법을 가리켰다.
③ 경찰개념은 시대 및 역사 그리고 각국의 전통과 사상을 배경으로 발달하기 때문에 **일률적으로 정의를 내리기 어렵다.**

2. 우리나라 근대 경찰개념의 형성

구분	대륙법계 영향	영미법계 영향
시대	1945년 이전	1945년 이후
국가	프랑스, 독일, 일본 등	영국, 미국 등
특징	행정경찰 관점(치안유지 중심)	민주주의 이념
경찰개념의 핵심 요소	사회공공의 안녕과 질서를 유지하기 위한 권력작용	시민을 위한 경찰의 역할 또는 서비스 기능
경찰관 직무집행법 규정 (1953년)	사회공공의 질서 유지	국민의 생명·신체 및 재산의 보호(1953년 제1조 제1항)
	이 법은 국민의 자유와 권리 및 모든 개인이 가지는 불가침의 기본적 인권을 보호하고 사회공공의 질서를 유지하기 위한 경찰관(경찰공무원만 해당한다. 이하 같다)의 직무 수행에 필요한 사항을 규정함을 목적으로 한다(현재 시행 제1조 제1항).	

2 대륙법계 국가의 경찰개념(전통적 개념)

1. 중세 시대(14세기 말에서 16세기) 〈22 채용, 23 경채, 19 승진, 16·17·22·24 경위〉

14세기 말 프랑스	14세기 프랑스 경찰권 개념은 라 폴리스(La Police)라는 단어에 의해 대표되었는데, 이 단어의 뜻은 초기에는 '**국가목적 또는 국가작용**'을 의미했다가 나중에는 '**공동체의 질서 있는 상태**'를 의미하였다.

15세기 말 독일	① 15세기 말에 **프랑스 경찰개념은 독일에 계수**되어 종래 봉건영주의 강력한 통치권을 근거로 '공공의 질서와 복리를 위한 특별한 통치권'으로서 경찰권(ius politiae)이라는 용어가 사용되었다. ② **양호한 질서를 포함한 국가행정 전반**을 포괄하는 의미로 사용되었다. ③ 15세기 말 프랑스에서 독일로 도입된 경찰권이론은 '**국민의 공공복리를 위해 강제력을 동원할 수 있는 통치자의 권한**'으로 인정되어 절대적 국가권력의 기초를 제공하였다.
16세기 독일	① 1530년의 '**제국경찰법**'에서는 교회행정 권한을 제외한(포함한×) 모든 국가행정을 '경찰'이라고 하였다. ② 경찰권은 절대주의적 국가권력의 기초가 되었으며 세속적인 공권력으로 사회질서를 유지함을 의미했다. ③ 독일의 경우, 15세기부터 17세기에 이르기까지 **경찰은 공동체의 질서정연한 상태 또는 그 상태를 창설하고 유지하기 위한 활동**으로 이해되었고, 이러한 공동체의 질서정연한 상태를 창설·유지하기 위하여 신민(臣民)의 거의 모든 생활영역이 포괄적으로 규제될 수 있었다.

2. 경찰국가 시대(17세기) ⟨22·23 채용⟩

경찰개념	① 경찰개념은 **사회공공의 안녕(소극적 질서유지)과 복지(적극적 공공복리)에 직접적으로 관계되는 내무행정의 전반**으로 축소되었다. ② 소극적인 치안유지뿐만 아니라 **적극적인 공공복리의 증진을 위해 행사하는 강제력의 행사도 경찰의 개념에 포함**되었다.
국가작용의 분화현상과 경찰개념의 축소	① 경찰국가시대에는 국가 활동의 확대와 복잡화로 국가작용의 분화현상이 나타나 경찰개념이 **외교·군사·재정·사법을 제외한 내무행정 전반**에 국한되었다. ② 독일에서 17세기에서 18세기에 걸쳐 처음 외교·군사·재정을 위한 특별한 관청이 설치되었다. 사법도 국가의 특별작용으로서 다른 국가작용으로부터 분리되어 경찰은 이러한 분야를 제외한 나머지 국가작용을 의미하였다. ③ 1648년 **독일은 베스트팔렌 조약을 계기로 사법이 국가의 특별작용으로 인정되면서 경찰과 사법이 분리**되었다.
절대주의 왕권의 수단	① 국왕의 절대적인 통치권이 내무행정 전반에 미치는 경찰국가적 행정이 전개되었다. 경찰은 강제력으로 대표되는 무제한적인 국가권력으로서 절대주의 왕권의 수단이 되었다. ② 경찰국가 시대의 관료는 포괄적인 권한에 근거하여 재판의 통제를 받지 않고 일방적으로 국민의 권리관계에 간섭하고 지배하였다.

3. 법치국가 시대 이후(1789년 프랑스 대혁명 이후)

(1) 경찰권의 범위와 배경 ⟨22 채용, 20 경채⟩

경찰권의 범위	① 18세기 이후 **계몽주의, 천부인권(天賦人權) 사상을 이념으로 한 법치국가의 발전**으로 **경찰권의 발동은 소극적 위험방지(사회질서 유지) 분야에 국한**되는 것으로 이해하게 되었다. ② 18세기에 이르러 경찰분야에서 **적극적인 복지경찰 분야(공공복리 영역)가 제외**되고 경찰권의 발동은 소극적인 위험방지 분야에 한정되었다. ③ 1776년 요한 쉬테판 퓌터(Johann Stephan Pütter)가 자신의 저서인 『독일공법제도』에서 주장한 "**경찰의 직무는 임박한 위험을 방지하는 것이다. 복리증진은 경찰의 본래 직무가 아니다.**"라는 내용은 경찰국가 시대를 거치면서 확장된 경찰의 개념을 제한하기 위한 노력의 일환으로 볼 수 있다.

배경	① 18~19세기에 등장한 법치국가는 절대주의적 경찰국가에 대항하는 의미에서 자유주의적 법치국가의 성격을 띠었고 이러한 법치주의는 군주의 권력도 법의 구속을 받는 권력분립주의적 사고를 기초로 한다. ② 법치주의의 발달로 인한 개인의 자유와 권리에 대한 자각이 경찰개념의 축소와 경찰권 발동 대상을 한정 짓는 역할을 하였다.

(2) 독일의 법치국가 경찰개념의 형성(소극적인 위험방지 직무) 〈18·19·23 채용, 16·18·19 승진, 17·18·19·21 경위〉

프로이센 일반란트법 (1794년)	① "경찰관청은 **공공의 평온**, 안녕 및 질서를 유지하고 또한 공중 및 그의 개개 구성원들에 대한 **절박한 위험**을 방지하기 위하여 필요한 조치를 취하는 것은 경찰의 직무이다." ② 자유주의 **법치국가적** 경찰개념이 처음으로 **법제화된 경우**로는 1794년의 '프로이센 일반란트법'을 들 수 있다. ③ 경찰의 직무를 공공의 안녕과 질서 유지에 한정하고 있으나, 이러한 규정과 달리 19세기 전반에는 소극적인 질서유지 외에 복지경찰도 인정되는 것이 현실이었다.
크로이츠 베르크 판결 (1882년)	① 경찰의 임무가 소극적인 위험방지 분야에 한정된다고 하는 사상이 법해석상 확정되는 계기가 되었다. 경찰작용의 목적 축소(소극 목적으로 한정)와 관련이 있다. ② **베를린경찰청장이 일반적 수권조항에 근거**하여 베를린의 크로이츠베르크(Kreuzberg) 언덕에 있는 **전승기념비의 전망을 확보**하고 그곳에서 시내를 내려다볼 수 있는 조망을 방해하지 않기 위해 주변의 토지에 대한 **건축물의 높이를 제한하는 것을 내용으로 하는 법규명령**을 발하였다. 당시에는 건축법상 개별적 수권조항이 없었다. ③ 프로이센 고등행정법원은 **베를린경찰청장의 명령은 심미적 이유에 근거한 것이어서 복지의 증진을 목적으로 하므로 무효**가 된다고 판시하였다. ④ 판결에 의하면 경찰관청이 일반수권 규정에 근거하여 **법규명령을 발할 수 있는 분야는 소극적 위험방지 분야에 한정**된다. ⑤ 일반적 수권조항의 인정과 한계 설정(일반적 수권조항의 인정 여부 및 경찰권 발동의 조리상 한계에서 후술) 경찰청장은 일반적 수권조항에 근거하여 명령을 발할 수 있다. 그러나 일반수권 규정에 근거하여 법규명령을 발할 수 있는 분야는 위험방지 분야에 한정되며, 공공의 복리를 위한 적극적인 경찰권 행사를 위해서는 특별한 조항에 근거해야 한다. ⑥ 이로써 경찰권 발동의 조리상 한계로서 경찰소극목적의 원칙을 확립하는 계기가 되었다. 경찰의 임무에서 적극적 복지경찰 요소를 배제하고 소극적인 위험방지 분야에 한정하는 크로이츠베르크 등의 일련의 판결의 축적을 거쳐 19세기 말경에 가서야 비로소 경찰개념이 소극목적의 위험방지에 한정되었다.
프로이센 경찰행정법 (1931년)	1931년 제정된 「프로이센 경찰행정법」 제14조 제1항은 "경찰행정청은 현행법의 범위 내에서 공공의 안녕 또는 공공의 질서를 위협하는 위험으로부터 공중이나 개인을 보호하기 위하여 필요한 조치를 **의무에 적합한(합당한) 재량에 따라** 취하여야 한다."라고 규정하여 **크로이츠베르크 판결(1882)에 의해 발전된 실질적 의미의 경찰개념을 성문화**시켰다.

(3) 프랑스의 법치국가 경찰개념의 형성 〈19·21 채용, 19 승진, 20·21·25 경위〉

죄와 형벌법전 (1795년)	① 죄와 형벌법전(경죄처벌법전) 경찰은 공공질서를 유지하고 **개인의 자유와 재산 및 안전**을 유지하기 위한 기관이다(제16조). ② 죄와 형벌법전에서 **행정경찰과 사법경찰을 최초로 구분하여 법제화**하였다.

지방 자치법전 (1884년)	① 지방자치법전 자치체경찰은 공공의 질서·안전 및 **위생**을 확보함을 **목적**으로 한다(제97조). ② 경찰의 직무를 소극목적에 한정하고 있으나 **위생사무 등 협의의 행정경찰적 사무가 포함**(제외×)되어 있었다.

(4) 순서 [저] 센. 스. 이. 스. 센

① 1794년 프로이센 일반란트법(제10조)
② 1795년 프랑스 죄와 형벌법전(제16조)
③ 1882년 크로이츠베르크 판결
④ 1884년 프랑스 지방자치법전(제97조)
⑤ 1931년 프로이센 경찰행정법(제14조)

4. 제2차 세계대전 이후의 독일경찰과 비경찰화 (22 채용, 17·25 경위)

독일경찰의 민주화	① 1936년에는 각 주에 속해있던 경찰권을 국가에 집중하여 국가경찰화하였다. 제2차 세계대전 이후 연합국은 경찰의 탈나치화, 탈군사화, 비정치화, 민주화 및 지방분권화를 추진하면서, 종래의 국가경찰을 주경찰로 다시 회복시키고 비경찰화의 작업을 진행하였다. ② 독일은 **제2차 세계대전 이후 보안경찰(풍속경찰 포함) 이외의 행정경찰**, 즉 영업경찰, 건축경찰, 보건경찰 등의 경찰사무를 다른 행정관청의 분장사무로 이관하는 **비경찰화 과정을 거쳤다.**
비경찰화의 내용	① 비경찰화는 **협의의 행정경찰(영업경찰, 건축경찰, 보건경찰 등) 사무를 경찰의 임무에서 제외하여 다른 행정관청의 사무로 이관**하는 현상이다. 제2차 세계대전 이후 독일, 일본, 우리나라에서 비경찰화가 전개되었다. ② 경찰의 임무가 축소되어 개인의 생명과 재산의 보호, 법과 질서의 유지, 범죄의 예방과 검거 등 보안경찰에 국한되었다. 그 이외의 모든 협의의 행정경찰사무가 다른 관청의 분장사무로 이관되어 질서행정이라는 분야로 관장되었다. ③ **비경찰화는 경찰(행정경찰)을 '보안경찰'과 '협의의 행정경찰'로 구분하는 계기**가 되었다.

5. 대륙법계 경찰개념의 특징 (19 승진)

권력의 기초	통치권을 전제로 한다.
개념의 형성	경찰권 발동의 범위와 성질을 기준으로 형성되었다.
임무 범위의 축소 과정	① 경찰의 임무범위를 축소하는 과정이었다. 국가행정 전반 → 내무행정 → 소극적인 위험방지(적극적인 복지경찰 제외) → 보안경찰(비경찰화의 결과) ② 경찰의 권한을 제한하려는 과정에서 이론상으로 실질적 의미의 경찰개념이 형성되었다.
시민과의 관계	경찰과 시민을 대립하는 구도(수직적 관계)로 파악하였다.

3 영미법계 국가의 경찰개념(현대적 개념)

1. 영미법계 경찰의 개념과 역할

(1) 개념 <23·24 채용, 19 승진, 18 경위>

① 영미법계 경찰개념은 '**시민으로부터 부여받은 자치권에 근거하여 국민의 생명·신체·재산을 보호하고 범죄를 수사하며, 다양한 공공서비스를 제공하는 작용**'이라고 설명된다.
② 경찰은 주권자인 시민으로부터 자치권한을 위임받은 조직체로서 **시민을 위한 기능과 역할에 초점을 맞추어 형성**되었다.
③ 영미에서 경찰이라는 말은 질서를 유지하기 위한 목적으로 설치된 조직체라고 정의되고 있고, **경찰은 무엇을 하는가 또는 경찰활동이란 무엇인가라는 문제로 경찰의 개념이 논의**되었다. 이와 달리 대륙법계 국가에서는 경찰은 무엇인가라는 문제로 경찰개념이 논의되었다.

(2) 역할

① 경찰은 시민을 위하여 법을 집행하고 서비스하는 기능 또는 역할을 수행한다. 따라서 시민에게 봉사하는 것이 주요한 임무가 되며, 범죄 수사활동은 당연히 경찰의 고유한 임무로 취급되었다.
② 경찰은 사회공동체의 구성원이자 전문적인 문제해결사이므로 기능과 기술, 봉사와 협력이 중요하다.

2. 두 경찰개념의 비교 <24 채용, 25 경위>

기준	대륙법계	영미법계
경찰개념의 핵심 요소	사회공공의 안녕과 질서를 유지하기 위한 권력작용	시민을 위한 경찰의 역할 또는 서비스 기능
권력의 기초(근거)	① 국가의 일반통치권(경찰권) ② 대륙법계 경찰개념은 국가의 통치권(경찰국가 시대는 **국왕의 절대적 권력**)으로부터 유래된 경찰권을 전제로 한다.	① 지방자치단체의 자치권 ② 영미법계 경찰개념은 **지방자치단체의 자치권**으로부터 유래된 경찰활동을 전제로 한다.
경찰과 국민(시민)의 관계	① 경찰과 국민의 대립 구도로 파악 ② 국민의 자유 제한	① 경찰과 시민을 협력관계로 파악 : 경찰과 시민을 수평적·상호협력 동반자 관계로 본다. ② 시민의 생명과 재산 보호, 친화적·비례적 관계
개념의 형성	① **경찰권 발동의 성질과 범위를 중심으로 형성**되었다. ② 경찰이란 무엇인가.	① 시민을 위한 경찰의 역할 또는 기능 ② **경찰활동이란 무엇인가. 경찰은 무엇을 하는가.**
임무의 범위와 발전과정	① 임무범위 축소 과정 ② 공공의 안녕과 질서 유지 ③ 행정경찰 중심	① 시민의 안전(생명, 신체, 재산 등) 보호 ② 시민을 위하여 법을 집행하고 서비스하는 기능
행정경찰과 사법경찰의 구분	① 행정경찰과 사법경찰을 구분한다. ② 범죄수사가 경찰의 당연한 임무가 아니다.	① 행정경찰과 사법경찰을 구분하지 않는다. ② **범죄수사가 경찰의 고유한 임무가 된다.**
수단	권력적 수단 중시	비권력적 수단 중시

3. 경찰개념과 관련한 역사적 판례 <25 채용, 23 경위>

(1) 블랑코(Blanco) 판결(1873년 프랑스)

① 공무원에 의하여 발생한 손해는 국가에 배상책임이 있다고 최초로 인정한 판결이다.
② 1873년 프랑스 소녀 블랑코(Blanco)가 국영 담배공장 운반차에 부상을 당하여 민사법원에 손해배상청구소송을 제기한 사실관계에 기초하여, 공공업무수행으로 인한 배상책임은 국가에 있다고 인정하고, 그 관할을 행정재판소로 한다는 원칙을 확립하는 계기가 되었다.

(2) 띠톱 판결(1960년 독일)

경찰개입청구권(행정개입청구권)을 **최초로 인정한 판결**이다.

(3) 맵(Mapp) 판결(1960년 미국)

위법수집증거 배제법칙이 확립된 판결이다.

(4) 에스코베도(Escobedo) 판결(1964년 미국)

피고인 에스코베도와 **변호인과의 접견교통권을 침해하여 획득한 자백은 증거능력이 없다**는 내용의 판결이다.

(5) 미란다(Miranda) 판결(1966년 미국)

수사기관이 범죄피의자를 체포할 때 혐의사실의 요지와 체포이유, 변호인을 선임할 수 있는 권리, 진술을 거부할 수 있는 권리 등이 있음을 미리 알려 주어야 한다는 미란다 원칙이 확립된 판결이다. **미란다 원칙을 어긴 자백은 임의성과 관계없이 위법하게 수집한 증거에 해당하여 증거능력이 부정된다**는 내용의 판결이다.

4 한국의 경찰개념 형성

1. 1953년 당시의 경찰관 직무집행법 제1조 제1항

본법은 경찰관이 국민의 생명, 신체, 재산의 보호와 범죄의 예방, 공안의 유지 기타 법령집행 등의 직무를 충실히 수행하기 위하여 필요한 조치를 규정함을 목적으로 한다.

2. 대륙법계와 영미법계의 영향

① 영미법계의 민주주의 이념에 따른 경찰개념이 1953년 「경찰관 직무집행법」(제1조 목적)에 반영되어 국민의 생명·신체 및 재산의 보호가 경찰의 임무가 되었다.
② 「경찰관 직무집행법」에는 대륙법계와 영미법계의 경찰개념이 모두 반영되어 있다.

3. 우리나라의 경찰개념과 방향 <15 승진>

경찰개념	경찰작용은 권력작용과 봉사작용이 결합한 것이므로 경찰은 규제하면서 봉사하는 임무를 지닌다.
한국 경찰의 방향	① 경찰은 소극적인 질서유지와 각종 서비스를 제공한다. ② 최근 복지행정이 강하게 요구되면서 경찰행정분야에서도 소극적인 위험방지를 위한 법집행적인 임무뿐만 아니라 적극적으로 국민에게 봉사하는 활동이 요청되고 있다.

제2절 경찰개념의 범위와 분류

1 형식적 의미의 경찰과 실질적 의미의 경찰

1. 형식적 의미의 경찰개념 <15·17·23 채용, 17·20·23·24 승진>

(1) 의의
① **실정법상 보통경찰기관**에 맡겨져 있는 경찰작용
 실정법상 보통경찰기관에 분배되어 있는 임무를 달성하기 위하여 행해지는 **경찰활동**을 의미한다.
② 경찰 관련 법령에 따라 보통경찰기관에서 행하는 일체의 경찰작용이라고 할 수 있다.
③ 「**국가경찰과 자치경찰의 조직 및 운영에 관한 법률**」 제3조 경찰의 임무, 「**경찰관 직무집행법**」 제2조 직무의 범위가 바로 형식적 의미의 경찰개념이다.
④ **조직을 기준**으로 파악된 개념이다. 행정조직의 일부인 경찰조직의 임무와 관련이 있는 개념이다.
⑤ **실정법상 개념이고, 실무상 확립된 개념**이다.
⑥ 소극적 목적의 경찰개념과 적극적 목적의 경찰개념을 모두 포함한다.
⑦ **역사적, 제도적 개념**이다. 따라서 그 범위는 **각국의 전통과 현실적 환경에 따라 다르다.**

(2) 개념의 범위(법령의 규정)

국가경찰과 자치경찰의 조직 및 운영에 관한 법률 [조직법] 제3조 (경찰의 임무)	경찰의 임무는 다음 각 호와 같다. 1호. 국민의 생명·신체 및 재산의 보호 2호. 범죄의 예방·진압 및 수사 3호. 범죄피해자 보호 4호. 경비·요인경호 및 대간첩·대테러 작전 수행 5호. 공공안녕에 대한 위험의 예방과 대응을 위한 정보의 수집·작성 및 배포 6호. 교통의 단속과 위해의 방지 7호. 외국 정부기관 및 국제기구와의 국제협력 **8호. 그 밖에 공공의 안녕과 질서유지**
경찰관 직무집행법 [작용법] 제2조 (직무의 범위)	경찰관은 다음 각 호의 직무를 수행한다. 1호. 국민의 생명·신체 및 재산의 보호 2호. 범죄의 예방·진압 및 수사 2의2호. 범죄피해자 보호 3호. 경비, 주요 인사(人士) 경호 및 대간첩·대테러 작전 수행 4호. 공공안녕에 대한 위험의 예방과 대응을 위한 정보의 수집·작성 및 배포 5호. 교통 단속과 교통 위해(危害)의 방지 6호. 외국 정부기관 및 국제기구와의 국제협력 7호. 그 밖에 공공의 안녕과 질서 유지

2. 실질적 의미의 경찰개념 〈17·23 채용, 15·19·20·23·24 승진, 24 경위〉

(1) 의의

개념	① 실질적 의미의 경찰개념은 (사회)공공의 안녕과 질서를 유지하기 위하여 일반통치권에 의거하여 국민에게 **명령·강제**하는 **권력적 작용**이다. ② **사회목적적 작용**이다. 행정조직의 일부로서가 아니라 **사회공공의 안녕과 질서를 유지**하는 '**작용**'을 중심으로 파악한 개념이다. ③ 개인의 자연적 자유를 제한하는 작용으로서 국민에게 명령·강제하는 권력적 작용이다. ④ **독일 행정법학**(프랑스 행정법학×)을 중심으로 **학문상 정립된 개념**(이론상 개념)이다. 행정작용 중에서 경찰작용이 가지는 공통적인 법적 특성을 추출(추상)한 것이다.
유형	① 보통경찰기관이 하는 실질적 의미의 경찰활동 실질적 의미의 경찰개념은 경찰의 **행정경찰활동과 같이 주로 현재 또는 장래의 위험방지를 개념요소**로 한다. 　예 풍속경찰(사행성 오락기 단속, 음란물 단속), 교통경찰(교통정리, 음주운전 단속, 운전면허 발급 및 취소), 경비경찰(불법시위 해산명령 및 직접해산) ② 일반행정기관이 하는 실질적 의미의 경찰활동 실질적 의미의 경찰개념은 **작용을 중심으로 파악한 개념**으로 경찰이 아닌 **다른 일반 행정기관 또한 경찰과 마찬가지로 실질적 의미의 경찰에 해당하는 활동**을 할 수 있다. 따라서 건축허가와 같은 행정작용도 실질적 의미의 경찰작용에 포함된다. 　예 건축경찰(불법 건축물 단속, 건물해체 명령, 행정대집행), 위생경찰(식품위생 단속), 보건경찰(무면허 의료행위 단속), 산림경찰(무단 벌목 단속), 영업경찰(주유소 허가) 등 ③ 실질적 의미의 경찰개념은 **경찰작용의 성질**에 따른 것으로서 '**공공의 안녕과 질서를 유지하기 위한**' 보건·산업·세무·의료·환경 등을 **남당**하는 국가기관의 **권력작용**(특별사법경찰기관의 단속 활동은 포함되나 수사 활동은 제외)을 포함하여 **지방자치단체**(특별시, 광역시, 시·군·구)의 **권력작용도 경찰**로 간주된다.
특징	① 권력적 작용이므로 **사회공공의 안녕과 질서 유지 같은 소극적 목적에 한정**된다. ② **실질적 의미의 경찰을 행정경찰**이라고도 하며, 경찰행정법상 경찰은 행정경찰을 의미한다. ③ 공물경찰은 실질적 의미의 경찰에 해당한다. 공물경찰은 경찰권의 주체가 일반경찰권에 근거하여 공물의 사용과 관련한 공공의 안녕과 질서를 유지하는 작용을 말한다. 　예 경찰서장의 도로(공물) 통행 금지·제한 명령은 공물경찰에 해당한다. ④ '**일반조항**'의 존재를 전제로 경찰관청에 대한 포괄적 수권과 법치국가적 요청을 조화시키기 위해 구성된 도구 개념이다. 즉, 일반조항에 근거한 경찰관청의 포괄적인 권한 발동에 대해 법치국가적 요청인 **국민의 자유와 권리를 보호하기 위해 경찰의 권력작용을 제한하는 도구 개념**이다.

(2) 제외되는 활동

현대경찰의 핵심적인 기능인 보호 및 봉사활동은 물론 범죄수사 등 사법경찰활동은 경찰이 수행하고 있는 중요한 활동임에도 불구하고 실질적 경찰의 범주에는 포함되지 않는다.

권력의 기초	일반통치권	내부 경찰권은 제외. **의원경찰**(의회경찰)과 **법정경찰은 실질적 의미의 경찰이 아니다.**
임무	공공의 안녕과 질서유지 (장래와 현재)	① **사법경찰**(수사경찰)은 과거의 범죄수사를 목적으로 하는 경찰활동이므로 장래나 현재의 위험방지를 목적으로 하는 **실질적 의미의 경찰에 해당하지 않는다.** ② 사법경찰은 형식적 의미의 경찰에만 해당한다.

수단	명령·강제하는 권력작용	비권력작용인 정보경찰, 서비스활동 등은 **제외**된다. **예** 집회·시위에 관한 정보수집, 순찰 활동, 청소년선도, 교통정보 제공, 길 안내 등은 비권력작용이므로 형식적 의미의 경찰에만 해당한다.

(3) 구분

① 일반적 견해에 의하면 **실질적 의미의 경찰(행정경찰)**을 보안경찰과 협의의 행정경찰로 구분한다.
② 보안경찰은 독립적인 경찰기관이 관할하지만, **협의의 행정경찰은 각종의 일반행정기관이 함께 그것을 관장**하는 경우가 많다.

보안경찰	㉠ 보통경찰기관이 하는 행정경찰 활동 ㉡ 풍속경찰, 교통경찰, 경비경찰 등
협의의 행정경찰	㉠ **일반행정기관이 하는 행정경찰 활동**, 다른 행정영역과 관련하여 행하여진다. ㉡ 영업경찰, 건축경찰, 위생경찰, 산림경찰, 경제경찰 등 ㉢ 실질적 의미의 경찰개념에만 해당한다.

3. 두 경찰개념의 비교와 관계 (17·23 채용, 20·23 승진, 24 경위)

(1) 내용상 비교

비교	형식적 의미의 경찰	실질적 의미의 경찰
기준	조직	작용
정립	실무상 정립	학문적으로 정립
성질	권력적 작용, 비권력적 작용	권력적 작용
목적	소극적 목적, 적극적 목적	소극적 목적
유래	각국의 역사와 제도	독일 행정법학

(2) 범위상 관계

의의	① 형식적 의미의 경찰은 실정법상 보통경찰기관의 직무와 관련이 있으며, 실질적 의미의 경찰은 본질적으로 타인의 자유와 행동을 제한하고 규제하는 것과 관련이 있다. ② 경찰개념은 역사적으로 발전되고 형성된 개념이므로, **근대국가에서의 일반적인 경찰개념을 '공공의 안녕과 질서유지를 위한 권력작용'**(실질적 의미의 경찰개념)이라고 할 경우, 이는 **각국의 실정법상 경찰개념**(형식적 의미의 경찰개념)과 반드시 일치한다고는 할 수 없다. ③ **형식적 의미의 경찰과 실질적 의미의 경찰 개념은 포함관계에 있지 않다.** 형식적 의미의 경찰이 언제나 실질적 의미의 경찰이 되는 것은 아니며, 실질적 의미의 경찰이 모두 형식적 의미의 경찰이 되는 것도 아니다.
형식적 의미의 경찰에는 해당하나, 실질적 의미의 경찰에 해당하지 않는 활동	① 사법경찰(수사경찰) 사법경찰은 보통경찰기관이 하는 활동이므로 **형식적 의미의 경찰에 해당한다.** 그러나 **과거의 범죄수사를 목적으로 하는 경찰**이므로 **장래나 현재의 위험방지를 목적으로 하는 실질적 의미의 경찰에 해당하지 않는다.** ② **정보경찰, 안보경찰**은 비권력적 작용 또는 국가목적적 작용이므로 실질적 의미의 경찰에 해당하지 않는다. ③ **서비스 활동(순찰, 길 안내)**은 비권력적 작용이므로 실질적 의미의 경찰에 해당하지 않는다.

형식적 의미의 경찰이자 실질적 의미의 경찰 (단속, 명령과 강제 등) = 보안경찰	① 보안경찰은 보통 경찰기관이 행하는 고유한 질서 유지 활동이다. ② 경찰의 업무로 보면 풍속경찰, 교통경찰, 경비경찰 등이 있다. ③ 법적 성질로 보면 명령적 행정행위(하명, 허가, 면제), 행정상 강제(강제집행과 행정상 즉시강제) 등이 있다. ④ 경찰관 직무집행법상의 즉시강제: 보호조치, 임시영치, 범죄의 제지, 위험방지 조치, 긴급출입 등 ⑤ 범죄의 제지(경찰관 직무집행법 제6조): 실정법에서 경찰행정기관에 그 권한을 맡긴 것이란 점에서 **형식적 의미의 경찰**이다. 또한, 범죄를 예방하고 진압하는 데에 필요한 **경찰의 강제**라는 점에서 **실질적 의미의 경찰**에 해당한다. ⑥ 사무를 기준으로 하였을 때 **우리나라 자치경찰은 형식적 의미의 경찰과 실질적 의미의 경찰 모두에 해당할 수 있다.** 교통법규 위반에 대한 단속은 우리나라 자치경찰사무에 해당하며, 형식적 의미의 경찰과 실질적 의미의 경찰 모두에 해당한다.
실질적 의미의 경찰에는 해당하나, 형식적 의미의 경찰에 해당하지 않는 활동	① 협의의 행정경찰은 일반 행정기관이 행하는 경찰활동이다. ② 건축경찰, 영업경찰, 철도경찰, 보건경찰, 위생경찰, 산림경찰, 경제경찰, 산업경찰 등

2 경찰개념의 분류

1. 국가경찰과 자치경찰 (21·23·25 채용, 21·23·25 경위)

(1) 분류의 기준과 비교 <u>자</u> **국. 자. 소**

구분	국가경찰	자치경찰
기준	권한과 책임의 소재(경찰의 조직·인사·비용부담)	
개념	국가가 설립하고 관리하는 경찰	자치단체가 설립하고 관리하는 경찰
대표적인 국가	프랑스의 국가경찰(중앙집권적 성격)	영국의 자치경찰(지방분권적 성격)
장점	① 자치경찰과 비교하여 **조직의 통일적 운용**이 용이하고, 경찰활동의 **능률성과 기동성을 확보**할 수 있다. ② 자치경찰과 비교하여 다른 행정부문과의 긴밀한 협조·조정이 원활하다는 장점이 있다. ③ 자치경찰과 비교하여 **전국단위의 통계자료 수집 및 정확성** 측면에서 유리하다. ④ 자치경찰과 비교하여 전국적, 광역적 활동에 유리하다. ⑤ 자치경찰과 비교하여 **강력하고 광범위한 집행력**을 행사할 수 있고 비상시 유리하다.	① 국가경찰과 비교하여 **지역사회 특성을 반영한 치안활동**이 가능하다. ② 국가경찰과 비교하여 **인권과 민주성이 보장**되어 주민들의 지지를 받기 쉽다. ③ 국가경찰과 비교하여 권력적 수단보다는 **비권력적 수단을 통해 국민의 생명과 신체·재산을 보호**하고자 한다. ④ 국가경찰과 비교하여 **지역실정을 반영한 경찰조직의 운영·관리**가 용이하다. ⑤ 국가경찰과 비교하여 **지역주민에 대한 경찰의 책임의식**이 높다. ⑥ 국가경찰과 비교하여 자치단체별로 조직되어 있어 **조직 운영상의 개혁이 용이**하다.

구분		
단점	① 각 지방의 특수성, 창의성이 저해되기 쉽다. ② **정부의 특정정책수행에 이용되어 본연의 임무를 벗어날 우려가 있다.** ③ 관료화되어 국민을 위한 봉사가 저해될 수 있다.	① 통일적, 광역적 경찰활동이 곤란하다. ② 기동성이 약하다. ③ 다른 경찰기관과의 협조, 응원체제가 곤란하다. ④ 지방정치세력과 유착하여 경찰부패 초래의 위험이 있다. ⑤ **지방세력의 간섭으로 인하여 정실주의에 빠질 우려가 있다.**

(2) 우리나라의 국가경찰과 자치경찰

① 2021년 1월 1일부터 각 지역 특성에 맞는 분권적, 주민지향적 치안행정을 구현하기 위하여 **자치경찰제를 시행하였다.**

② 경찰의 사무를 국가경찰사무와 자치경찰사무와 나누고 있다.

구분	국가경찰사무	자치경찰사무
범위	제3조에서 정한 경찰의 임무를 수행하기 위한 사무. 다만, 제2호의 자치경찰사무는 제외한다(국가경찰과 자치경찰의 조직 및 운영에 관한 법률 제4조 경찰의 사무).	제3조에서 정한 경찰의 임무 범위에서 관할 지역의 생활안전·교통·경비·수사 등에 관한 다음 각 목의 사무 가목. 지역 내 주민의 생활안전 활동에 관한 사무 나목. 지역 내 교통활동에 관한 사무 다목. 지역 내 다중운집 행사 관련 혼잡 교통 및 안전 관리 라목. 다음의 어느 하나에 해당하는 수사사무
지휘·감독	시·도경찰청장은 국가경찰사무에 대해서는 경찰청장의 지휘·감독을 받는다(국가경찰과 자치경찰의 조직 및 운영에 관한 법률 제28조 제3항 본문 전단).	시·도경찰청장은 자치경찰사무에 대해서는 시·도자치경찰위원회의 지휘·감독을 받는다(국가경찰과 자치경찰의 조직 및 운영에 관한 법률 제28조 제3항 본문 후단).

2. 행정경찰과 사법경찰 (18·21 채용, 18 승진, 23·25 경위) 자 행. 사. 목

구분	행정경찰	사법경찰
기준	삼권분립 사상 또는 경찰의 목적, 임무	
유래	① 행정경찰과 사법경찰의 구분은 삼권분립 사상에 투철했던 프랑스에서 확립된 구분이다. ② 프랑스의 「죄와 형벌법전」(「경죄처벌법전」) 제18조에서 **최초로 구분**하였다.	
목적	행정경찰은 공공의 안녕과 질서유지, 범죄예방을 목적으로 한다(죄와 형벌법전 제18조 제1항).	사법경찰(실질적 의미의 사법 작용)은 범죄의 수사·피의자 체포를 목적으로 한다(죄와 형벌법전 제18조 제2항).
적용 대상	**주로 현재 또는 장래의 상황에 대하여 발동**한다.	**주로 과거의 상황에 대하여 발동**한다.
근거 법규	기본적으로 행정작용이므로 행정법규에 의하여 경찰권을 발동한다.	사법작용(형사사법의 보조적 작용)이므로 형사소송법 등 형사법에 따라 권한을 행사한다.

지휘·감독	경찰청장, 시·도자치경찰위원회, 또는 주무부서의 장이 지휘·감독한다.	국가수사본부장이 지휘·감독한다.
성질	전통적인 독일 행정법학에서 논의되는 **실질적 의미의 경찰에 해당**한다.	**형식적 의미의 경찰에 해당**하지만 실질적 의미의 경찰에 해당하지 않는다.
우리나라의 경우	① 영미법계 국가에서는 행정경찰과 사법경찰을 구별하지 않고 사법경찰사무를 일반경찰기관의 기본적인 업무로 이해한다. ② 우리나라에서도 조직법상 행정경찰과 사법경찰의 구분이 없으며, 보통경찰기관이 행정경찰 및 사법경찰 업무를 모두 담당한다. ③ 「국가경찰과 자치경찰의 조직 및 운영에 관한 법률」에 의해 국가수사본부장이 「형사소송법」에 따른 경찰의 수사에 관하여 각 시·도경찰청장과 경찰서장 및 수사부서 소속 공무원을 지휘·감독한다.	

3. 보안경찰과 협의의 행정경찰 <18·21·23 채용, 21·23 경채, 15·17 승진, 21·25 경위> 자 보. 협. 독

구분	보안경찰	협의의 행정경찰
분류의 기준	① **경찰업무의 독자성**에 따라 구분할 수 있다. ② 경찰작용이 다른 행정작용에 부수(수반)하는지 여부도 기준이 된다. ③ **광의의 행정경찰**이 구분의 대상이 된다. ④ 보안경찰은 독립적인 경찰기관이 관할하지만, 협의의 행정경찰은 각종의 일반행정기관이 함께 그것을 관장하는 경우가 많다.	
개념	경찰청의 분장사무처럼 사회공공의 안녕과 질서를 유지하기 위하여 다른 행정작용에 부수하지 않는 고유의 경찰작용이다.	① 다른 일반 행정기관의 분장사무처럼 다른 행정작용과 결합하여 그 행정작용과 관련해서 발생하는 위험을 방지하기 위해 행해지는 경찰작용이다. ② **다른 행정작용에 부수(관련, 동반)**하여 특별한 사회적 이익의 보호를 목적으로 하면서 그 부수 작용으로서 사회공공의 안녕과 질서를 유지하기 위한 경찰작용이다.
특징	다른 행정영역과 무관한 독립적 경찰작용으로 오로지 경찰작용만으로 행정의 한 부문을 구성한다.	① 다른 행정부문의 작용에서 발생하는 장해를 방지, 제거함으로써 해당 분야의 경찰목적의 달성을 권력적으로 담보하는 특수한 경찰작용이다. ② 일반 행정기관도 실질적 의미의 경찰작용(=협의의 행정경찰 작용)을 하는 경우도 있다. ③ 비경찰화의 대상이며, **협의의 행정경찰은 오늘날 제도적으로 경찰이라고 불리지 않는다.**
사례	**생활안전경찰(풍속경찰 포함), 교통경찰, 경비경찰**, 해양경찰(해양경찰청) 등	영업경찰, 건축경찰, 철도경찰, 위생경찰, 보건경찰, 산림경찰, 경제경찰, 산업경찰 등

4. 예방경찰과 진압경찰 (18·21 채용, 19 승진, 23·25 경위) 자 예. 진. 시

구분	예방경찰	진압경찰
기준	경찰권의 발동 시점	
정의와 근거	① 경찰상 위험이 발생하기 전에 미리 방지하거나 범죄를 예방하기 위한 경찰작용을 말한다. ② 국가경찰과 자치경찰의 조직 및 운영에 관한 법률 제3조의 '범죄의 예방'은 예방경찰활동에 속한다.	① 경찰상 위해가 현재 발생하고 있거나 이미 발생한 경우에 이를 제거하거나 **범죄를 수사하기 위한 경찰작용**을 말한다. ② 국가경찰과 자치경찰의 조직 및 운영에 관한 법률 제3조의 '범죄의 수사'는 진압경찰활동에 속한다.
적용 대상	① 장래의 위험방지, 범죄의 예방 등 ② 행정경찰보다는 다소 좁은 개념	① 현재 발생하고 있거나 과거에 발생한 위해 제거, **현재 발생하고 있는 범죄의 진압이나 제지, 범인 검거** ② 피의자 체포 및 범죄수사 등의 사법경찰 활동
사례	**위해를 미칠 우려가 있는 정신착란자 또는 주취자 보호 조치, 총포·도검·화약류의 취급 제한**, (감염병 방지를 위한) 가축 등의 도살	**현재 위해를 끼치고 있는 정신착란자 또는 주취자 보호조치**, 사람을 공격하는 멧돼지 또는 광견의 사살 등
주의	범죄의 진압은 보통 진압경찰에 해당한다. 다만, 국가경찰과 자치경찰의 조직 및 운영에 관한 법률 제3조의 '범죄의 진압'은 집단적 범죄 등에 대한 강력한 예방을 의미하기도 하므로 예방경찰이 될 경우도 있다.	

5. 평시경찰, 비상경찰 (21 채용) 자 평. 비. 위

구분	평시경찰	비상경찰
기준	공공의 안녕과 질서에 대한 **위해의 정도와 위해를 제거할 담당 기관, 적용 법규**	
내용	**평온한 상태하에서 보통경찰기관**이 행하는 경찰작용이다.	① 전국 또는 어느 한 지방에 **비상사태가 발생하여 계엄이 선포될 경우에 군대가 일반치안을 담당**하는 경찰개념이다. ② 군대가 공공의 안녕과 질서를 유지하기 위하여 계엄법에 따라 행정사무의 일환으로 경찰사무를 관장한다.
적용 법규	일반경찰 법규	계엄법령

6. 질서경찰, 봉사경찰 (18·21·23 채용, 23·25 경위) 자 질. 봉. 내

구분	질서경찰	봉사경찰
기준	① **경찰 활동의 질과 내용**에 따라 구분할 수 있다. ② 경찰 활동 시 **강제력의 사용 유무**가 기준이 될 수 있다. ③ **형식적 의미의 경찰이 분류의 대상**이 된다.	
내용	보통경찰 조직의 직무범위 중에서 강제력을 수단으로 사회공공의 안녕과 질서유지를 위한 법집행을 주로 하는 경찰활동을 말한다.	① **서비스·계몽·지도 등 비권력적인 수단**을 통하여 경찰의 직무를 수행하는 경찰활동을 말한다. ② 비권력적 수단으로 법집행을 하는 경찰개념이다.
사례	범죄수사(체포 등 강제수사), 다중범죄진압, **「도로교통법」위반자나 「경범죄 처벌법」위반자에 대한 통고처분**, 경찰행정상 즉시강제 등	방범지도, 청소년선도, 경찰방문, 교통정보제공, 범죄예방 순찰, 수난구호 등

7. 보통경찰, 고등경찰 〈24 채용, 22 경위〉 자 보. 고. 법

(1) 분류의 기준

경찰에 의하여 **보호되는 법익**이나 사회적 가치에 따라 구분한다.

(2) 내용

① **프랑스의 국법에서 유래**하였다.
② **보통경찰은 보통의 사회적 가치를 보호**하는 경찰을 말하며, 교통의 안전, 풍속의 유지, 범죄의 예방·진압과 같이 일반사회의 안녕과 질서유지를 목적으로 하는 활동을 의미한다.
③ **고등경찰은 고도의 가치가 있는 국가사회의 이익을 보호**하는 경찰을 말한다. 원래 고등경찰은 사회적으로 보다 우월한 가치를 지닌 법익을 보호하기 위한 경찰활동을 의미하였으나, 나중에는 사상·종교·집회·결사·언론의 자유에 대한 정보수집·단속과 같은 **국가의 존립과 유지를 보장하기 위하여 국가적 기관 및 제도에 대한 위해를 방지하는 활동**을 의미하게 되었다.

제3절 경찰의 임무와 관할

1 경찰 임무의 의의와 내용

1. 경찰 임무의 의의 〈17 채용, 20 승진, 23 경위〉

① 경찰의 임무는 **행정조직법상의 경찰기관을 전제로** 한 개념이다.
② 법적 근거

국가경찰과 자치경찰의 조직 및 운영에 관한 법률 [조직법] 제3조 (경찰의 임무)	1. 국민의 생명·신체 및 재산의 보호 2. 범죄의 예방·진압 및 수사 3. 범죄피해자 보호 4. 경비·요인경호 및 대간첩·대테러 작전 수행 5. 공공안녕에 대한 위험의 예방과 대응을 위한 정보의 수집·작성 및 배포 6. 교통의 단속과 위해의 방지 7. 외국 정부기관 및 국제기구와의 국제협력 8. 그 밖에 공공의 안녕과 질서유지
경찰관 직무집행법 [작용법] 제2조(직무의 범위)	1. 국민의 생명·신체 및 재산의 보호 2. 범죄의 예방·진압 및 수사 2의2. 범죄피해자 보호 3. 경비, 주요 인사(人士) 경호 및 대간첩·대테러 작전 수행 4. 공공안녕에 대한 위험의 예방과 대응을 위한 정보의 수집·작성 및 배포 5. 교통의 단속과 위해(危害)의 방지 6. 외국 정부기관 및 국제기구와의 국제협력 7. 그 밖에 공공의 안녕과 질서유지

2. 경찰 임무의 내용 (17·19 채용, 25 승진, 25 경위)

① 경찰의 임무는 공공의 안녕과 질서에 대한 위험의 방지, 범죄의 수사, 경찰서비스 활동으로 구분할 수 있다.

② 「국가경찰과 자치경찰의 조직 및 운영에 관한 법률」, 「경찰관 직무집행법」 등을 통해 경찰의 궁극적인 임무를 공공의 안녕과 질서에 대한 위험방지로 도출할 수 있다. 국가경찰과 자치경찰의 조직 및 운영에 관한 법률 제3조(경찰의 임무) 제8호에 '그 밖에 공공의 안녕과 질서유지'를 규정하고 있다.

경찰 임무	구체적 영역	수단
위험방지	① 공공의 안녕과 질서에 대한 위험방지가 경찰의 궁극적 임무이며 전통적 임무이다. 재량행위 ② 국민의 생명·신체 및 재산의 보호는 공공의 안녕의 한 요소를 이루므로 궁극적으로 공공의 안녕과 질서에 대한 위험방지가 경찰의 기본임무이다.	① **주로 권력적 수단인 명령·강제를 사용한다.** ② 경찰상 명령 경찰상 명령에 따라 국민에게는 경찰상 의무가 발생하고, 경찰상 의무가 실현되면 공공의 안녕과 질서에 대한 위험을 방지하거나 제거하게 된다. ③ 경찰상 강제 경찰상 의무를 실현하기 위해 또는 현재의 급박한 장해를 제거하기 위해 경찰은 강제조치를 취하게 된다.
범죄수사	경찰위반의 상태(공공의 안녕과 질서에 대한 위해)가 범죄의 구성요건을 충족하는 경우에는 경찰의 수사 대상이 된다. 기속행위(의무)	① **원칙은 무죄추정의 원칙에 따라 임의수단을 사용한다.** ② **예외적으로 강제수단을 사용한다.**
서비스 활동	① **경찰의 임무를 치안서비스의 제공으로 볼 때, 현대국가는 복지국가를 지향하는 만큼 오늘날 국민에게 봉사하고 서비스하는 경찰의 적극적 역할이 점차 중요해지고 있다.** ② 비권력적 작용으로서 교통정보제공과 같은 급부행정적 서비스 활동을 예로 들 수 있다. ③ 21세기 복지행정에서 서비스 임무를 강조하며 위험방지와 수사는 결국 서비스로 귀결된다. ④ 행정의 복지국가적 요청에 부응하여 국민의 생존권적 기본권을 보장하기 위한 경찰역할이 요구된다.	① 오늘날 서비스 지향적 경찰활동이 증가하면서 비권력적 수단을 사용하고 있다. ② 권력적 수단만으로 경찰목적 달성이 불가능하고, 비권력적 수단이 경찰목적 달성에 적합한 경우가 많다. ③ 조직법적 근거(임무조항)만으로 치안서비스 활동이 가능하다.

2 공공의 안녕과 질서에 대한 위험방지(경찰의 개입 여부)

1. 의의

① 공공의 안녕과 질서는 경찰의 위험방지의 보호 대상이다. '공공의 안녕'과 '공공의 질서'로 나눌 수 있다.
② 위험방지는 '위험의 유형'과 '위험에 대한 경찰관의 인식', '위험을 방지하기 위한 수단' 등이 문제가 된다.
③ 결국 공공의 안녕과 질서, 위험의 유형, 위험에 대한 경찰관의 인식, 위험방지 수단은 경찰의 개입이 가능하고 적법한지 여부를 판단하기 위한 내용이다.

2. 공공의 안녕 〈17·21 채용, 25 승진, 23·25 경위〉

(1) 의의

① 공공의 안녕은 '법질서의 불가침성'과 '국가의 존립 및 국가기관 기능성의 불가침성', '개인의 권리와 법익의 보호'를 내용으로 한다. 성문 법규범은 모두 공공의 안녕에 해당한다.
② 경찰의 임무를 공공의 안녕과 질서에 대한 위험의 방지라고 정의할 때, **공공의 안녕의 제1요소는 '법질서의 불가침성'이 된다.**
③ 공공의 안녕은 **국민의 생명, 신체 및 재산의 보호를 포함하는 상위개념**이다. 따라서 **공공의 안녕은 개인과 집단을 포함하는 이중의 개념이며 집단요소에만 관련된 것은 아니다.**

(2) 법질서의 불가침성

공법규범에 대한 위반	① 공법규범에 대한 위반은 보통 공공의 안녕에 대한 위험으로 취급된다. 예를 들어 형법 규범, 도로교통법 규범 위반을 들 수 있다. ② 오늘날 공법 분야(예를 들어 환경법 분야)에서 개인의 법익 보호를 위하여 경찰개입청구권이 인정된다.
사법상 영역	① 보충성의 원칙 적용 ② 법적 보호가 적시에 이루어지지 않고, 경찰의 원조 없이는 사법상의 권리를 실현시키는 것이 무효화되거나 사실상 어려워질 경우에만 경찰이 개입할 수 있다.

(3) 국가의 존립과 기능의 불가침성

국가 존립의 불가침성	① 공공의 안녕과 관련하여 경찰은 국가의 존립을 보호하여야 한다. ② 「형법」에 국가의 존립을 보호법익으로 하는 내란과 외환에 관한 죄를 규정하고 있다. ③ **국가의 존립과 기능성을 위험으로부터 보호하기 위하여 가벌성의 범위 내에 이르지 아니하더라도 국민의 자유나 권리를 침해하지 않는 범위 내에서 수사·정보·안보경찰의 첩보수집활동을 할 수 있다.**
국가 기능의 불가침성	① 경찰은 국가기관(국회, 정부, 법원 등)의 정상적인 기능발휘를 보호하여야 한다. ② 「형법」은 국가의 기능을 보호법익으로 하는 공무방해에 관한 죄를 규정하고 있다. ③ **국가조직에 대한 비판과 경찰개입의 한계: 명예훼손이나 폭력성이 없는 비판에 대해서는 경찰개입을 자제한다.**

(4) 개인의 권리와 법익의 보호

① 공공의 안녕과 관련하여 경찰은 인간의 존엄성, 명예, 생명, 자유의 개인적 법익뿐만 아니라 **사유재산적 가치 또는 무형의 권리도 보호하여야 한다.**
② 개인적 법익의 침해가 동시에 형법 등 공법규정의 위반에 해당한다면 경찰은 직접적으로 개입하여야 한다.
③ 경찰은 사법적인 권리가 무효화될 우려가 있을 때에만 개입할 수 있다. 보충성의 원칙, 잠정적 보호

3. 공공의 질서 〈17·21·23 채용, 20 승진〉

(1) 의의

① 공공의 질서는 원만한 공동체 생활을 위해 개인이 준수해야 할 **불문규범의 총체를 의미한다.**
② 그 당시의 지배적 윤리와 가치관을 기준으로 판단할 때, 그것을 준수하는 것이 원만한 공동체 생활을 위한 불가결적 전제조건이 되므로 공공의 질서는 각 개인의 행동에 대한 불문규범의 총체가 된다.
③ 공공의 질서는 절대적인 것이 아니라 시대에 따라 변화하는 **상대적이고 유동적인 개념이다.**

(2) 적용 범위

① 법적 안전성 확보를 위해 오늘날 대부분의 생활영역에 대해 **법적으로 규범화되는 추세**(불문규범이 성문화되어 가는 현상)이다.
② 이에 따라 공공질서 개념의 사용 가능 분야는 **점점 축소**(확대×)**되고 있다.**

(3) 적용의 한계

① 통치권의 집행을 위한 개입의 근거로서 공공질서 개념을 사용할 경우 경찰권의 재량이 인정된다.
② 공공질서를 근거로 경찰이 개입할 경우에 **헌법의 기본권 보장을 위해 엄격한 합헌성의 요구를 받는다.** 즉, 의무에 합당한 재량이 요구된다.

4. 위험과 경찰개입 〈17·21·22·23 채용, 15·17·18·22·24·25 승진, 15·20·21·25 경위〉

(1) 위험의 의의

① **위험이란 경찰상 보호법익에 대한 침해 가능성**을 말한다. 손해(발생)의 가능성으로서의 위험은 가까운 장래에 공공의 안녕에 손해가 나타날 수 있는 가능성이 개개의 경우에 충분히 존재하는 상태를 말한다.
② 위험은 경찰개입의 전제조건이나 **위험이 보호를 받게 되는 법익**(공공의 안녕과 질서)**에 구체적으로 존재해야 하는 것은 아니다.**
③ 보행자의 통행이 거의 없는 밤시간에 횡단보도 보행자 신호등이 녹색등일 때 정지하지 않고 진행한 경우에도 통행한 운전자는 경찰책임자가 된다.
   예 야간에 행인이 없는 지방국도에서 교통신호를 위반하여 통과하자, 교통경찰관이 이를 적발·단속한 사례 → 단속은 정당하다. 이는 공공의 안녕을 보호법익으로 하는 「도로교통법」을 침해함으로써 법질서의 불가침성을 침해했기 때문이다.
④ 위험의 존재는 경찰개입의 최소요건이다. 위험의 범주를 지나치게 확대해석할 경우 시민의 자유와 권리를 침해할 가능성이 있으므로, **최소한 추상적 위험에 이르러야만 경찰이 개입할 수 있다.**
⑤ **손해는 보호받는 개인 및 공동의 법익에 대한 정상적 상태의 객관적 감소**를 뜻하며, 보호법익에 대한 현저한 침해행위가 있어야만 한다. 따라서 단순한 성가심이나 불편함은 경찰개입의 대상이 아니다.

(2) 위험의 원인

① **객관적인 위험의 존재**만이 문제된다.
② 법익의 위험이 인간의 행동에 의한 것인가, 또는 단순히 자연력(낙뢰, 지진, 침수, 산사태, 전염병, 동물에 의한 피해)의 결과에 의한 것인지는 불문한다.
③ 경찰개입의 대상이 되는 위험이 인간에 의한 것이라면 **행위책임에 기인한 것일 수도 있고 상태책임에 기인한 것일 수도 있다.**

(3) 위험의 분류

① **위험의 현실화 여부**에 따라 '구체적 위험'과 '추상적 위험'으로 구분할 수 있다.

구체적 위험	① **구체적 개개 사안에 있어** 가까운 장래에 손해발생의 충분한 가능성이 존재하는 경우, 즉 개개의 경우 실제로 존재하는 경우이다. ② **구체적 위험은 개별사례에서** 실제로 또는 최소한 경찰관의 사전적 시점에서 사실관계를 합리적으로 평가하였을 때, 가까운 장래에 공공의 안녕이나 공공의 질서에 대한 손해가 발생할 충분한 개연성이 있는 상황과 관련이 있다.
추상적 위험	① **구체적 위험의 예상가능성**이 존재하는 경우이다. ② 추상적 위험은 **경찰상 명령으로 위험을 방지해야 할 필요성이 있는 전형적인 사례**를 말한다. ③ 구체적 위험의 경우와 마찬가지로 추상적 위험의 경우에도 **경찰권 발동에 있어 사실적 관점에서의 위험에 대한 예측이 필요하다.**

② (구체적 위험을 출발점으로 한) 강화된 위험의 유형

직접적 위험	① **위험상황이 그대로 진행되면 보호법익에 대한 손해가 발생할 고도의 개연성이 있는 상태**를 말한다. 　예 집회 및 시위에 관한 법률 제20조(집회 또는 시위의 해산) 제1항 제3호 '교통 소통 등 질서 유지에 직접적인 위험을 명백하게 초래한 집회 또는 시위'에 직접적 위험이 규정되어 있다. ② 대법원은 별도의 규정이 없더라도 미신고 집회 및 시위, 금지 통고된 집회 및 시위에 대한 **해산명령의 적법요건으로 '타인의 법익이나 공공의 안녕질서에 대한 직접적인 위험이 명백하게 초래된 경우'일 것을 요구**하고 있다. ③ 집회 및 시위에 관한 법률(이하 '집시법'이라고 한다) 제20조 제1항 제2호가 미신고 옥외 집회 또는 시위를 해산명령 대상으로 하면서 별도의 해산 요건을 정하고 있지 않더라도, 그 옥외집회 또는 시위로 인하여 **타인의 법익이나 공공의 안녕질서에 대한 직접적인 위험이 명백하게 초래된 경우에 한하여** 위 조항에 기하여 해산을 명할 수 있고, 이러한 요건을 갖춘 해산명령에 불응하는 경우에만 집시법 제24조 제5호에 의하여 처벌할 수 있다고 보아야 한다(대법원 2012.4.19. 2010도6388 전원합의체).
명백하고 현존하는 위험	위해성 경찰장비인 살수차와 물포는 필요한 최소한의 범위에서만 사용되어야 하고, 특히 인명 또는 신체에 위해를 가할 가능성이 더욱 커지는 **직사살수는 타인의 법익이나 공공의 안녕질서에 직접적이고 명백한 위험이 현존하는 경우에 한해서만 사용이 가능하다**고 보아야 한다(대법원 2019.1.17. 2015다236196). ※ 경찰관은 소요사태로 인해 타인의 법익이나 공공의 안녕질서에 대한 직접적인 위험이 명백하게 초래되는 경우 ··· 살수차를 배치·사용할 수 있다(위해성 경찰장비의 사용기준 등에 관한 규정 제13조의2 제1항 제1호).

(4) **경찰개입의 요건**

① 경찰개입의 요건으로 최소한 추상적 위험에 이르러야 한다. 추상적 위험은 경찰상 명령으로 위험을 방지해야 할 필요성이 있는 **전형적인 사례로 경찰의 개입은 구체적 위험 내지 적어도 추상적 위험이 있을 때 가능하다.**

② (본격적인) 경찰개입을 위해서는 구체적 위험이 존재해야 하지만, **범죄예방 및 위험방지 행위의 준비는 추상적 위험 상황에서도 가능하다.**

③ 범죄예방은 비디오 감시, 신원확인 등이 있고, 위험방지의 준비는 정보의 수집 및 보유 등이 있다.

5. 경찰관의 위험에 대한 인식 (22·23·25 채용, 15·17·18·24·25 승진, 15·16·25 경위)

의의	① 경찰이 개입할 수 있는 위험의 개념은 객관적 사실에 기인한 주관적 추정이지만, 정당화할 수 있는 일종의 객관화가 요구된다. ② 경찰이 위험 상황이라고 인식하여 개입하였으나 실제 위험이 존재하지 않거나 위험 발생이 불확실한 경우 경찰의 개입이 적법한지 문제가 된다.
외관적 위험	① **경찰이 의무에 합당한 사려 깊은 상황판단**을 했음에도 불구하고 위험을 잘못 긍정하는 경우이다. ② 심야에 순찰 중인 경찰관이 사람을 살려달라는 외침소리를 듣고 남의 집 출입문을 부수고 들어갔는데, 실제로는 귀가 어두운 노인이 TV 형사극을 켜놓아 그 외침소리가 들렸던 경우 ③ 경찰상 위험에 해당하는 **적법한 경찰개입**이므로 **경찰관에게 민·형사상 책임을 물을 수 없다. 단, 국가의 손실보상책임이 발생**할 수 있다.
위험혐의	① **경찰이 의무에 합당한 사려 깊은 판단**을 할 때 실제로 위험의 가능성은 예측되나 **불확실한 경우**를 말한다. 이 경우에는 위험의 존재여부가 명백해질 때까지 예비적으로 행하는 **위험조사 차원의 개입을 정당화한다**(경찰관에게 예비적 조치로서 위험의 존재 여부를 조사할 권한이 있다). ② 익명의 자에 의한 폭파위협이 있음을 이유로 경찰이 백화점 내의 모든 사람을 대피시켰다. ③ 경찰상 위험에 해당하는 **적법한 경찰개입**이므로 **경찰관에게 민·형사상 책임을 물을 수 없다. 단, 국가의 손실보상책임이 발생**할 수 있다.
오상위험 (추정적 위험)	① 이성적이고 객관적으로 판단할 때 **위험의 외관도 그 혐의도 정당화되지 않음에도 경찰이 위험의 존재를 잘못 추정**한 것이다. ② 오상위험의 사례 전날 악몽을 꾼 경찰관 A는 경찰관 B와 순찰 중에 주택에서 은은한 클래식 음악이 들리자 위험한 상황이라고 판단하고, 자신을 제지하는 경찰관 B를 밀친 후 혼자 현관문을 부수고 들어갔는데 실제로는 임신부가 태교음악을 듣고 있었다. ③ 오상위험에 따른 경찰개입(오상위험에 근거한 경찰의 위험방지조치)이 **위법한 경우**에는 **경찰관 개인에게는 민·형사상 책임을 물을 수 있고, 국가에는 손해배상책임이 발생**할 수 있다.

3 경찰의 관할

1. 광의의 경찰권

(1) 의의

광의의 경찰권에는 협의의 경찰권과 수사권 및 서비스권이 포함된다.

(2) 내용 <25 경위>

협의의 경찰권	① 사회공공의 안녕과 질서를 유지하기 위하여 일반통치권에 근거하여 국민에게 명령·강제하는 권한을 의미한다. ② **경찰기관 외의 일반행정기관에서도 발동할 수 있다.** ③ 협의의 경찰권은 경찰책임자에게 발동되는 것이 원칙이지만, 법령상 근거가 있고 긴급한 필요가 있을 때에는 경찰상 위해나 장애에 직접 책임이 없는 제3자에게도 권한이 발동될 수 있다. ④ **국회의장의 국회경호권이나 법원의 법정질서유지권은 협의의 경찰권에 해당하지 않는다.**
수사권	범죄수사(수사상 단서의 존재)
서비스권	비권력활동

2. 사물 관할 <17·23 채용, 17 승진, 15 경위>

의의	① **경찰이 처리할 수 있고 또 처리해야 하는 사무내용의 범위**를 말한다. ② 일반적으로 위험방지는 재량행위에 해당하고, 수사는 기속행위에 해당한다. ③ 사물관할을 넘는 범위에 대해서는 경찰권이 개입할 수 없다.
근거	사물관할은 조직법적 임무규정이므로 경찰조직에 관한 일반법인「국가경찰과 자치경찰의 조직 및 운영에 관한 법률」에 규정되는 것이 원칙이지만, **경찰작용법**이라고 할 수 있는「**경찰관 직무집행법**」에서도 사물관할을 규정하고 있다.
범위	① 경찰의 사물관할에는 소극적인 위험방지뿐만 아니라 서비스 영역이 포함된다. ② 우리나라는 **영미법계(대륙법계×)** 경찰개념의 영향을 받아 범죄수사에 관한 임무가 경찰의 사물관할로 인정되고 있다.

3. 인적 관할

(1) 의의 <23 채용>

광의(넓은 의미)의 경찰권이 적용되는 인적 범위를 의미한다.

(2) 원칙

① 경찰작용은 국가와 국민 간의 일반통치관계를 전제로 하므로 **국가의 일반통치권에 복종하는 모든 사람이 경찰권 발동의 대상이다.**
② 치외법권(통치권 면제)에 따라 외교사절은 원칙적으로 접수국의 경찰권, 사법권으로부터 면제된다.

(3) 경찰수사권의 예외 <22·23·24 채용, 25 경위>

예외	형사소송법상 피의자라고 하더라도 대통령과 국회의원, 외교사절에 대한 경찰수사에 일정한 제한이 있을 수 있다.
대통령의 형사상 특권	**대통령은 내란 또는 외환의 죄를 범한 경우를 제외하고는 재직 중 형사상의 소추를 받지 아니한다**(헌법 제84조).
국회의원의 불체포특권과 면책특권	① 국회의원은 현행범인인 경우를 제외하고는 회기 중 국회의 동의 없이 체포 또는 구금되지 아니한다(헌법 제44조 제1항). 국회의원이 회기 전에 체포 또는 구금된 때에는 현행범인이 아닌 한 국회의 요구가 있으면 회기 중 석방된다(헌법 제44조 제2항). ② 국회의원은 국회에서 직무상 행한 발언과 표결에 대하여 국회 외에서 책임을 지지 아니한다(헌법 제45조).
외교관의 인적 불가침권	**외교관의 신체는 불가침이다.** 외교관은 어떠한 형태의 체포 또는 구금도 당하지 아니한다. 접수국은 상당한 경의로서 외교관을 대우하여야 하며 또한 그의 신체, 자유 또는 품위에 대한 여하한 침해에 대하여도 이를 방지하기 위하여 모든 적절한 조치를 취하여야 한다(외교관계에 관한 비엔나협약 제29조).

4. 지역 관할

(1) 의의

광의의 경찰권이 발동될 수 있는 지역적 범위를 말한다.

(2) 예외 <22 채용, 25 경위>

① 경찰권은 원칙적으로 대한민국 영역 내 모든 지역에 적용되나 **국내법적 또는 국제법적 근거에 의해 일정한 한계가 있다.**
② 국회의 경찰권이나 법원의 경찰권과 같이 부분사회의 내부질서를 목적으로 하는 경우에는 원칙적으로 국회경찰권이나 법정경찰권이 일반경찰권에 우선한다.

(3) 국회(국회법) <16·20·22 채용, 17 승진, 15·23 경위>

① 의장의 경호권(제143조) : 회기 중 국회의 질서를 유지하기 위하여 의장은 국회 안에서 경호권을 행한다.
② 국회의 경호를 위하여 국회에 경위(警衛)를 둔다(144조 제1항).
③ 의장은 국회의 경호를 위하여 필요할 때에는 **국회운영위원회**(국가경찰위원회×, 국회사무처×)**의 동의를 받아** 일정한 기간을 정하여 정부에 경찰공무원의 파견을 요구할 수 있다(제144조 제2항).
④ 경호업무는 의장의 지휘를 받아 수행하되, **경위는 회의장 건물 안에서, 경찰공무원은 회의장 건물 밖에서 경호한다**(제144조 제3항).
⑤ 회의의 질서유지(제145조 제1항) : 의원이 본회의 또는 위원회의 회의장에서 이 법 또는 국회규칙을 위반하여 회의장의 질서를 어지럽혔을 때에는 의장이나 위원장은 경고나 제지를 할 수 있다.
⑥ 현행범인의 체포(제150조) : 경위나 경찰공무원은 국회 안에 현행범인이 있을 때에는 **체포한 후 의장의 지시를 받아야 한다.** 다만, 회의장 안에서는 의장의 명령 없이 의원을 체포할 수 없다.
⑦ 방청인의 신체검사(제153조 제2항) : 의장은 필요할 때에는 경위나 경찰공무원으로 하여금 **방청인의 신체를 검사하게 할 수 있다.**

(4) **법원(법원조직법 제60조 경찰관의 파견요구)** <22·24 채용, 17 승진, 23 경위>

① 재판장은 법정에서의 질서유지를 위하여 필요하다고 인정할 때에는 **개정 전후에 상관없이**(개정 전에 한하여×) **관할 경찰서장**(시·도경찰청장×)**에게** 경찰공무원의 파견을 요구할 수 있다.
② 법원에 파견된 경찰공무원은 **법정 내외의**(법정 내에서만×) **질서유지에 관하여** 재판장의 지휘를 받는다.

(5) **해양(정부조직법 제43조 제2항)**

해양에서의 경찰 및 오염방제에 관한 사무를 관장하기 위하여 해양수산부장관 소속으로 해양경찰청을 둔다.

(6) **주한미군 시설 및 구역 내의 경찰권** <20 채용>

체포	① 미군 당국은 그 시설 및 구역 내에서 범죄를 행한 모든 자를 체포할 수 있다. ② 미군 당국이 동의한 경우와 **중대한 죄를 범하고 도주하는** 현행범인을 추적하는 경우에는 대한민국 당국도 시설 및 구역 내에서 범인을 체포할 수 있다(없다×). ③ 대한민국 당국이 체포하려는 자로서 주한미군지위협정(SOFA) 대상이 아닌 자가 이러한 시설 및 구역 내에 있는 때에는 미군 당국은 그 자를 체포하여 대한민국 당국에 즉시 인도하여야 한다.

(7) **관사의 불가침과 면제** <20 채용, 25 경위>

관사의 불가침의 범위	① 관사의 불가침에는 외교공관뿐만 아니라 **개인주택, 승용차, 보트, 비행기 등 교통수단도 포함한다.** 소유 또는 임차를 불문하며 본건물뿐만 아니라 부속건물, 정원, 차고 등을 포함한다. ② **공관지역은 불가침이다.** 접수국의 관헌은 공관장의 동의없이 공관지역에 들어가지 못한다(외교관계에 관한 비엔나 협약 제22조 제1항). ③ **외교관의 개인주거는 공관지역과 동일한 불가침과 보호를 향유한다**(외교관계에 관한 비엔나 협약 제30조 제1항).
경찰권 면제와 예외	① 외교공관은 접수국의 경찰권으로부터 면제되므로 원칙적으로 경찰의 명령이나 강제가 적용되지 않는다. ② 경찰 상태책임의 대상 : 예외적으로 화재나 전염병(감염병)의 발생 등과 같은 긴급한 상황에서는 공공의 안녕과 질서를 유지하기 위하여 **외교사절의 동의 없이도 외교공관에 들어갈 수 있는데 이는 국제적 관습으로 인정되고 있다.**

제4절 경찰의 기본이념과 윤리

1 경찰의 기본이념 (22·25 채용, 25 승진, 21·25 경위)

1. 민주주의

(1) 근거 규정

대한민국헌법	① **대한민국의 주권은 국민에게 있고,** 모든 권력은 국민으로부터 나온다(제1조 제2항). ※ 국민주권의 원리 ② 공무원은 국민전체에 대한 봉사자이며, 국민에 대하여 책임을 진다(제7조 제1항).
국가경찰과 자치경찰의 조직 및 운영에 관한 법률	제1조(목적) 이 법은 경찰의 민주적인 관리·운영과 효율적인 임무수행을 위하여 경찰의 기본조직 및 직무범위 기타 필요한 사항을 규정함을 목적으로 한다. ※ 민주성, 효율성 제5조(권한남용의 금지) 경찰은 그 직무를 수행할 때 헌법과 법률에 따라 국민의 자유와 권리 및 모든 개인이 가지는 불가침의 기본적 인권을 보호하고, 국민 전체에 대한 봉사자로서 공정·중립을 지켜야 하며, 부여된 권한을 남용하여서는 아니 된다.

(2) 경찰의 민주성 확보를 위한 방안

대외적 민주성 확보 방안	① 국민의 경찰에 대한 민주적 통제와 참여 장치 경찰위원회제도, 국민권익위원회, 국민감사청구제도(「부패방지 및 국민권익 위원회의 설치와 운영에 관한 법률」) 등 ② **「행정절차법」을 통한 절차참여의 보장** ③ **「공공기관의 정보공개에 관한 법률」상 경찰행정정보의 공개**, 경찰활동의 공개를 통한 경찰 통제 ④ 국민에 대한 경찰책임(행정책임)의 확보
대내적 민주성 확보 방안	① 민주주의 이념은 국가조직과 국민과의 관계에서만이 아니라 **조직구성원 상호관계에서도 중요하다.** ② 자치경찰제도, **중앙경찰과 자치경찰 사이의 적절한 권한 분배** ③ 경찰관의 민주적 리더십 함양을 통한 **민주주의 의식 확립**, 경찰조직 내부의 민주화

2. 법치주의

근거 규정	① 헌법 제37조 제2항 국민의 모든 자유와 권리는 국가안전보장·질서유지 또는 공공복리를 위하여 필요한 경우에만 법률로써 제한할 수 있으며, 제한하는 경우에도 자유와 권리의 본질적인 내용을 침해할 수 없다. ② 행정기본법 제8조 행정작용은 법률에 위반되어서는 아니 되며, 국민의 권리를 제한하거나 의무를 부과하는 경우와 그 밖에 국민생활에 중요한 영향을 미치는 경우에는 법률에 근거하여야 한다.
적용 범위	① **권력적 활동(법률유보의 경우)**: 권력적 활동에는 법률의 개별적 근거가 필요하다. ② **비권력적활동**: 임의활동은 경찰의 직무범위 내라면 법률의 개별적인 수권규정이 없는 경우라도 행할 수 있다.
비례의 원칙	① 경찰권 발동 수단의 조건과 정도에 관한 원칙으로서 경찰권은 필요한 최소한도에서 발동한다. ② 이 법에 규정된 경찰관의 직권은 그 직무 수행에 필요한 최소한도에서 행사되어야 하며 남용되어서는 아니 된다(경찰관 직무집행법 제1조 제2항).

3. 정치적 중립주의

(1) 근거 규정

헌법 제7조	공무원은 국민전체에 대한 봉사자이며, 국민에 대하여 책임을 진다(제1항). 공무원의 신분과 정치적 중립성은 법률이 정하는 바에 따라 보장된다(제2항).
국가경찰과 자치경찰의 조직 및 운영에 관한 법률 제5조(권한남용의 금지)	경찰은 그 직무를 수행할 때 헌법과 법률에 따라 국민의 자유와 권리 및 모든 개인이 가지는 불가침의 기본적 인권을 보호하고, **국민 전체에 대한 봉사자로서 공정·중립을 지켜야 하며**, 부여된 권한을 남용하여서는 아니 된다.
경찰공무원법 제23조 (정치 관여 금지) 제1항	경찰공무원은 정당이나 정치단체에 가입하거나 정치활동에 관여하는 행위를 하여서는 아니 된다.
국가공무원법 제65조 (정치 운동의 금지) 제1항	공무원은 정당이나 그 밖의 정치단체의 결성에 관여하거나 이에 가입할 수 없다.

(2) 조직법상 중립성 확보 방안

① 경찰청 설치: 보조기관인 치안본부를 내무부(현재는 행정안전부) 외청인 경찰청으로 승격시켜, 경찰의 정치적 중립 확보의 교두보가 마련되었다.
② 경찰위원회제도 도입: 경찰의 정치적 중립성 보장을 목적으로 한다.

4. 인권존중주의

(1) 근거 규정

헌법 제10조	모든 국민은 인간으로서의 존엄과 가치를 가지며, 행복을 추구할 권리를 가진다. 국가는 개인이 가지는 불가침의 기본적 인권을 확인하고 이를 보장할 의무를 진다.
헌법 제37조 제1항	**국민의 자유와 권리는 헌법에 열거되지 아니한 이유로 경시되지 아니한다.**
국가경찰과 자치경찰의 조직 및 운영에 관한 법률 제5조(권한남용의 금지)	경찰은 그 직무를 수행할 때 헌법과 법률에 따라 **국민의 자유와 권리 및 모든 개인이 가지는 불가침의 기본적 인권을 보호하고**, 국민 전체에 대한 봉사자로서 공정·중립을 지켜야 하며, 부여된 권한을 남용하여서는 아니 된다.
경찰관 직무집행법 제1조(목적) 제1항	이 법은 **국민의 자유와 권리 및 모든 개인이 가지는 불가침의 기본적 인권을 보호하고** 사회공공의 질서를 유지하기 위한 경찰관(경찰공무원만 해당한다. 이하 같다)의 직무 수행에 필요한 사항을 규정함을 목적으로 한다.

(2) 내용

비례원칙 (경찰관 직무집행법 제1조 제2항)	이 법에 규정된 **경찰관의 직권은 그 직무 수행에 필요한 최소한도에서 행사되어야 하며** 남용되어서는 아니 된다.
수사에서의 인권존중	수사상 비례원칙(임의수사의 원칙)이 적용된다. 「형사소송법」은 임의수사를 원칙으로 하고, 인권존중에 관하여 규정하고 있다.
형사소송법 제198조 (준수 사항)	① 피의자에 대한 수사는 불구속 상태에서 함을 원칙으로 한다. ② 검사·사법경찰관리와 그 밖에 직무상 수사에 관계있는 자는 피의자 또는 다른 사람의 인권을 존중하고 수사과정에서 취득한 비밀을 엄수하며 수사에 방해되는 일이 없도록 하여야 한다.

5. 경영주의

① 경찰에게 주어진 임무를 달성하기 위한 생산성 개념(목표에 맞는 산출 또는 실적을 다루는 효과성, 합리적 수단을 선택하는 능률성)을 말한다.
② 국가경찰과 자치경찰의 조직 및 운영에 관한 법률 제1조(목적) : 이 법은 경찰의 민주적인 관리·운영과 **효율적인 임무수행을 위하여** 경찰의 기본조직 및 직무범위 기타 필요한 사항을 규정함을 목적으로 한다. ※ **효율성**
③ 생산성 극대화에 적합한 조직 구조, 주어진 인력과 예산 및 장비의 적정한 분배, **성과급제도의 확대**, 경제성 있는 경찰력 운용(책임회피식의 과대 동원 지양) 등을 내용으로 한다.
④ 경찰병원(책임운영기관) 운영

2 사회계약설과 경찰활동의 기준

1. 사회계약설 <16·17 승진, 24 경위>

(1) 로크의 사회계약설

개관	① 시민사회 이전의 자연상태는 자유롭고 평등하며 정의가 지배하는 사회였다. 인간관계가 확대됨에 따라 생명과 재산의 안전이 위협받아 자연권의 유지가 불안해졌다. 자연권의 보장을 위하여 자연권의 일부를 국가에 신탁하게 되었다. ② 자연상태(자유와 평등, 안전 위협) → 시민사회 결성(계약) → 생명·재산 보호 업무 위탁(정부 → 경찰)
시민사회 이전의 자연상태	① 시민사회 이전의 자연상태는 자유롭고 평등하며 정의가 지배하는 사회였다. ② 자력구제 : 다른 사람에게서 해악을 당한 사람은 자연법에 근거해서 적절한 조치를 강구할 수 있다. 누군가 나의 재산을 가지고 가면 나는 그것을 찾아오고 가져갔던 사람에게 벌을 가할 권리를 가진다.
안전(security) 위협	인간관계가 확대됨에 따라 생명과 재산의 안전이 위협받아 자연권의 유지가 불안해졌다.
사회계약을 통한 위탁	① 개인들은 자유의 일부를 포기하는 대신 안전을 보장받기 위해 사회계약을 통하여 개인의 권리 보호를 위해 힘을 사용할 권한을 정부에 부여하였다. ② 정부는 개인의 생명과 자유, 재산의 보호임무를 경찰기관에 맡기게 되었다.
사회계약 후의 국가	① 국가는 최소한의 정부로서 국민의 생명과 재산을 보호해야 하며, 이것이 국가의 주요한 임무이다. ② 국가는 자연법을 토대로 실정법을 만들고 공권력을 행사하여 법을 집행하게 되었다. ③ **자연권의 일부만을 양도하였으므로 자연권 보장을 위해 저항권(혁명권, 반항권)의 유보를 인정한다.**

(2) 루소의 사회계약설

① 원시적 자연상태에서 인간은 평등한 고립자로 존재하며, 인간은 본질적으로 선하여 다른 사람의 고통을 보고 괴로워한다(성선설).
② 인간의 이기심과 능력 차이에 따라 소유의 불평등이 발생한다.
③ 공동체의 구성원 전체가 개별적인 의지를 초월하는 일반의지(공공의 이익을 지향하는 정신)에 따를 것을 약속함으로써 국가가 탄생하였으며 일반의지의 표현이 법(공동선을 위해 개인의 행동을 규제하는 법규범)이고 일반의지의 행사가 주권이 된다.

④ 일반의지, 국민주권 발동으로 불평등 관계를 시정하고자 하였다.
⑤ 사회계약은 개인들이 문명사회의 현실을 벗어나 하나의 새로운 사회질서를 창출하는 공동행위이고, 공동체 구성원은 사회계약을 통해서 자연적 자유 대신에 사회적 자유를 얻게 된다.
⑥ 시민들이 기본권을 보호받기 위해 계약을 통해 '국가'를 구성했으며, 정부는 일반의지의 위임을 받은 대리인에 불과하므로 **법집행기관에 불과한 '정부'가 시민의 기본권을 침해하는 경우 시민은 저항하고 나아가 그 '정부'를 해산할 수 있는 권리가 있다.**

(3) 홉스의 사회계약설
① 만인의 만인에 대한 투쟁 : 자연상태는 약육강식의 투쟁상태이다(성악설).
② 국왕의 통치의지에 절대 복종할 것을 주장한다.
③ 절대군주정치를 통한 평화와 안전을 기대한다.

2. 사회계약설에서 도출되는 경찰활동의 기준(코헨과 펠드버그) ⟨21·23·25 채용, 21 경위⟩

(1) 생명과 재산의 안전 확보
① 개인의 생명과 재산의 안전은 사회계약의 목적이자 경찰활동의 궁극적 목적이다.
② 사회계약론에 의하면 경찰활동은 시민의 생명과 재산의 보호가 궁극적인 목적이며 법집행 자체가 목적은 아니다.
③ 법집행이 사회계약의 궁극적인 목적은 아니므로 경찰의 법집행은 생명과 재산의 안전이라는 틀 안에서 수행되어야 한다.

준수 사례	은행강도가 어린이를 인질로 잡고 차량도주를 하고 있다면 **경찰은 주위 시민들의 안전에 대한 위험에도 불구하고 추격(법집행)을 하여야 한다.**
위반 사례	10대 폭주족들이 난폭운전을 하는 것을 발견한 A경장이 정지명령을 내렸으나 무시하고 달리는 폭주족을 추격하는 과정에서 폭주족이 다른 자동차(전신주)를 들이받아 중상을 입은 (또는 사망한) 경우

(2) 공공의 신뢰 확보
① 경찰은 시민의 신뢰에 합당한 방식으로 경찰력을 행사하여 공공의 신뢰를 확보해야 한다. 개인과 사회는 경찰이 반드시 법을 집행할 것, 최소한의 물리력을 행사할 것, 그리고 사익을 위해 경찰력을 사용하지 않을 것을 신뢰한다.
② 경찰관은 자의적으로 권한을 행사해서는 안 되고, 물리력의 행사는 필요최소한에 그쳐야 하며, 시민의 신뢰에 합당한 방식으로 권한을 행사해야 한다.
③ 자력구제 금지
시민은 자력구제 대신 수사기관에 신고하여 범인을 체포해야 한다. 따라서 경찰은 시민을 대신해서 경찰권을 행사하여 법집행을 하여야 한다.
④ 과잉진압 없는 필요최소한의 강제력 사용
경찰은 질서유지를 위하여 힘을 사용하거나 강제적인 수단을 사용할 권한을 갖고 있으므로 시민들을 위해 신뢰에 합당한 방식(비례원칙 등 준수)으로 권한을 사용해야 한다. 즉, 직무수행 과정에서 권한을 자의적으로 행사하지 않고 수사상 권한 및 물리력을 최소한 사용하는 것을 의미한다.

⑤ **경찰관 인권행동강령 제3조(비례 원칙)**
경찰권 행사는 그 목적을 달성하는 데 필요한 한도에 그쳐야 하며 이로 인한 사익의 침해가 경찰권 행사가 추구하는 공익보다 크지 아니하여야 한다. 특히 물리력 행사는 법령에 정하여진 엄격한 요건을 충족하는 경우에 한하여 필요 최소한의 범위 내에서 이루어져야 한다.

준수 사례	① 내가 TV(또는 노트북컴퓨터)를 잃어버렸고, 옆집에 사는 사람이 의심스럽다고 하자. 그렇지만 법적으로 나는 몽둥이를 들고 함부로 이웃 사람의 집에 들어가서 나의 물건을 찾아낼 수 없다. 그 대신 만약 내가 나의 물건을 되찾고 훔친 사람이 벌을 받기를 원한다면, 나는 형사사법제도를 이용하지 않으면 안 된다. 이를 위해서 우선 경찰을 부른다. 경찰은 수색영장을 얻는 등의 절차를 통해 합법적으로 이웃 사람의 집에 들어가 수색을 하고 범인을 체포할 것이다. ② 공원에서 만취한 사람이 맥주병을 주변에 던지고 심한 욕을 하고 있다는 신고를 받은 경찰관이 현장에 출동하여 제압하는 과정에서 경찰봉을 사용하여 상대방에게 약간의 상해를 입히면서 제압한 경우
위반 사례	① 법집행을 하지 않은 사례: 김허약 순경은 강도범을 추격 중 골목길에서 칼을 든 강도와 조우하였다. **김 순경은 추격하는 척하다가 도망가도록 내버려 두었다.** ② 물리력 행사에서 비례원칙을 위반한 사례: 김 순경은 절도범을 추격하던 중 도주하는 **범인의 등 뒤에서 권총을 쏘아 범인을 사망하게 하였다.** ③ 오토바이로 도주하는 절도범이 전신주를 들이받자, 이를 발견한 경찰관이 도망가지 못하도록 **총을 발사해 절도범을 사망하게 한 경우**는 '공공의 신뢰 확보'에 위배된다.

(3) 공정한 접근의 보장

① **경찰은 사회 전체의 필요에 의해 생겨난 기구로서 경찰 서비스에 대한 공정한 접근을 허용해야 한다.**
② **경찰활동(경찰서비스) 대상에 대한 불합리한 차별을 금지**하여, 경찰 서비스에 대한 동등한 필요를 가진 사람들이 그것을 받을 동등한 기회를 가져야 한다. 성, 나이, 전과의 유무 등에 의해 서비스의 제공을 거부해서는 안 된다.
③ **경찰관 인권행동강령 제6조(차별 금지 및 약자·소수자 보호)**
경찰관은 직무를 수행하는 과정에서 합리적인 이유 없이 성별, 종교, 장애, 병력(病歷), 나이, 사회적 신분, 국적, 민족, 인종, 정치적 견해 등을 이유로 누구도 차별하여서는 아니 되고, 신체적·정신적·경제적·문화적인 차이 등으로 특별한 보호가 필요한 사람의 인권을 보호하여야 한다.

편들기	㉠ 편들기는 친구나 동료경찰들에게 특혜를 주는 것을 말한다. ㉡ A지역과 B지역에 대한 순찰근무를 부여받은 김순경이 B지역에 친척이 산다는 이유로 순찰시간의 대부분을 할애하는 경우 ㉢ **음주단속을 하던 A경찰서 직원이 B경찰서 김 경위를 적발하고도 이를 동료경찰관이라는 이유로 눈감아 주었다.**
해태와 무시	㉠ 해태와 무시는 특정 요구를 의도적으로 게을리하거나 아예 무시해버리는 것을 말한다. ㉡ 전과자가 범죄피해신고를 했다는 이유만으로 경찰관이 출동하지 않았다. ㉢ 강도신고를 받고도 평소에 경찰에 협조하지 않는다는 이유로 현장에 출동하지 않았다. ㉣ 김안전 순경은 순찰 근무 중 위험한 구역은 가려고 하지 않고 안전한 구역만 가려고 하였다.

(4) 냉정하고 객관적인 자세

① **경찰은 사회의 일부분이 아닌 사회 전체의 이익을 염두에 두어야 한다.** 시민들은 경찰이 냉정하고 객관적인 방식으로 업무를 처리할 것이라고 기대한다.

② 냉정하고 객관적인 자세 위반 : 냉소주의, 무관심, 과도한 개입, 편견(경험), 열정, 선호

위반 사례	㉠ 김 순경은 경찰에 들어오기 전 집에 도둑을 맞은 경험이 있다. 그런데 경찰이 되어 절도범을 검거하였는데, 과거 도둑맞은 경험이 생각나 피의자에게 욕설과 가혹행위를 하였다. ㉡ 과거 아버지의 가정폭력을 경험한 경찰관이 가정폭력 사건을 처리하면서 모든 잘못이 남편에게 있다고 단정 짓는 경우 객관적인 자세 위반이다.

(5) 협동(역할 한계 준수와 팀워크)

① 경찰은 그들에게 부여된 사회적 역할 범위 내에서 활동을 하여야 하며, 이러한 범위 내의 활동을 함에 있어서도 상호협력을 통해 경찰목적을 달성해야 한다.

② 모든 통치기구들에 타당한 전체 목적은 사회계약의 목적인 시민의 생명과 재산의 보호이므로 **사회계약에 의해 구성된 정부기구는 상호 협력하여야 한다.**

③ 협력의무는 대외적 의무일 뿐만 아니라 내부적으로도 지켜야 할 의무이다. **다른 행정기관과 협조하는 것뿐만 아니라 내부 구성원 간의 협력도 중요하다.**

위반 사례	㉠ 외부적 협동의 위반 : 역할 한계의 오류가 여기에 해당한다. 　**예** 형사가 좋은 사람 나쁜 사람을 가려 혼내기까지 한다. ㉡ 내부적 협동 위반 　**예** 형사계 김 형사는 탈주범 S가 자기 관내에 있다는 첩보를 입수하고도 이를 상부에 보고하지 않고 공명심에 단독으로 검거하려다 탈주범 검거에 실패하였다.

3 바람직한 경찰의 역할모델과 경찰의 윤리적 문제점

1. 바람직한 경찰의 역할모델 〈24 채용, 21 경채, 16 승진〉

(1) 범죄와 싸우는 경찰모델(the crimefighter model)

① 수사, 형사 등 법 집행을 통해 범법자를 제압하는 측면을 강조한 모델이다.

② 대중매체, 경찰의 실적 홍보 등으로 인해 시민들은 범인을 제압하는 일이 경찰의 주된 임무라고 인식하게 된다.

장점	경찰역할을 명확히(뚜렷이) 인식시켜 '**전문직화**'에 기여한다.
단점	㉠ 법집행에 있어 흑백논리에 따른 이분법적 오류에 빠질 우려가 있다. ㉡ 범법자는 적이고, 경찰은 정의의 사자라는 **흑백논리에 따른 이분법적 오류에 빠질 경우 인권침해 등의 우려가 있다.**

(2) 치안서비스 제공자로서의 경찰모델(service worker model)

① **치안서비스는 경찰활동의 전 부분을 포괄하는 용어이다. 범죄와 싸우는 일도 치안서비스의 한 부분에 불과**하므로, 시민에 대한 봉사활동의 측면을 강조한다.

② 질서유지라는 소극적 목적의 임무를 넘어 사회봉사를 위한 경찰의 새로운 패러다임이라고 할 수 있다.

③ 시민에 대한 서비스활동과 사회봉사활동의 측면이 강조되어 **지역사회 경찰활동과 일맥상통하는 측면이 있다.**
④ 비권력적 치안서비스 제공 : 우범지역 순찰, 교통정보 제공, 지리 안내 등
⑤ 일부에서는 경찰활동이 무한봉사로 나아가 경찰활동의 정체성과 방향성 상실로 나아가는 것을 경계해야 한다는 지적도 있다.
⑥ 지역사회 경찰활동(Community policing)의 내용 중 **경찰의 대역적 권위**(代役的 權威, stand-in-authority)**에 의한 활동**

개념	사회영역에서 공식적이고 명백한 권한의 근거가 없는 경우에도 비공식적이고 관행적으로 이루어지는 사회봉사 활동에 관여하는 경찰활동을 말한다.
특징	㉠ 경찰은 지역적으로 널리 퍼져 있는 조직체와 24시간 근무체계를 이용하여 명백한 근거가 없는 경우에도 사고 현장에 출동하고, 미아 및 가출인을 보호하는 등의 활동에 관여한다. ㉡ 치안서비스 제공자로서의 경찰모델은 주로 '경찰의 대역적 권위'에 기초한 사회봉사 활동으로 비권력적 봉사활동을 치안서비스에 당연히 포함하므로 지역사회 경찰활동과 직접적인 관련성이 있다(없다×). 예 홀로 사는 노인을 보호하기 위하여 독거노인을 주기적으로 방문하는 경찰활동
한계	치안서비스 제공은 경찰의 직무 범위 내에서 이루어져야 하고 이 범위를 넘어서는 안 된다.

(3) 바람직한 경찰모델

① 경찰 업무 전체를 포괄하는 치안서비스 제공자 모델이 바람직하다.
② 경찰은 시민에게 강제력으로 그 권위를 인정받기보다는 봉사활동으로 그 권위를 인정받아야 할 것이다.

2. 경찰 전문직업화의 문제점 〈22 채용, 18·19·25 승진, 22·25 경위〉

(1) 경찰의 전문직화의 의의

① 클라이니히는 **고전적 전문직(의사, 변호사 등)의 특징**으로 공공서비스의 제공, 윤리강령의 제정, 전문지식과 전문기술, 고등교육의 이수, 자율적 자기통제를 제시하였다.
② **미국의 어거스트 볼머**(August Vollmer)**는** 경찰의 높은 사회적 지위를 확보하기 위하여 전문직업화 운동을 추진하였다.
③ 경찰의 전문직업화는 경찰의 사회적 위상과 사기 제고, 치안서비스 질의 향상 등의 이점이 있다.
④ **관료제의 획일적 명령체계는 전문화를 저해**한다.

(2) 경찰의 전문직화의 문제점

부권주의 (父權主義)	① 전문가가 우월적 지식에 근거하여, **비전문가의 판단을 전혀 고려하지 않고 자신의 판단으로 그것을 대신하려는 윤리적 문제점**이다. 예컨대, 경찰관이 신고자의 의견을 전혀 고려하지 않고 자신의 **형사법 지식만을 고려하며 신고된 사건의 해결방법을 일방적으로 결정하는 경우**이다. ② 부권주의는 아버지가 자식의 의사나 적성을 고려하지 않고 자식의 문제를 모두 결정하는 태도에서 유래한 말이다. 예 아버지가 자녀의 진로를 일방적으로 결정하는 것, 변호사가 의뢰인의 의사를 묻지 않고 사건에서 이기면 된다는 생각으로 법적 해결 방법을 일방적으로 결정하는 것

부권주의 (父權主義)	③ 전문가가 상대방의 입장을 고려하지 않고 **일방적으로 결정하여 경찰서비스의 질을 저해**(향상×)할 수 있다. ※ 권위주의(authoritarianism) : 권위의식을 지니고 시민을 상대하여 합리적인 서비스를 제공하지 못할 수 있다.
소외 (alienation)	전문가가 자신의 국지적(전문적) 분야만 보고 전체적인 맥락을 보지 못하는 것이다. 나무는 보되 숲은 보지 못할 수 있다. 예 ○○경찰서 경비과 소속 경찰관 甲은 집회 현장에서 시위대가 질서유지선을 침범해 경찰관을 폭행하자 교통, 정보, 생활안전 등 다른 전체적인 분야에 대한 고려 없이 경비분야만 생각하고 검거 결정을 하였다.
차별 (discrimination)	① 전문직이 되는 데 장기간의 교육과 비용이 들어, 가난한 사람은 전문가가 되는 기회를 상실하는 것이다. ② 전문직업화를 위해 고학력을 요구할 경우, 경제적 약자 등은 교육기회를 갖지 못하게 되어 공직 진출이 제한되는 등 차별을 야기할 수 있다.
사적인 이익만을 위한 이용 (exploitation)	① 전문직들은 지식과 기술을 때때로 공적인 이익보다는 사적인 이익만을 위해서 이용한다. ② 지식과 기술로 상당한 사회적 힘을 소유하지만 이를 **사적인**(공적인×) **이익 추구에만 이용하는 문제가 생긴다.**

3. 냉소주의의 문제와 극복 방안 (23·24·25 채용, 16·18 승진)

(1) 냉소주의의 개념

① 조직의 냉소주의(cynicism)는 기존의 사회체계에 대한 불신(신념 결여)에 근거하며, 공중의 생활이 위선으로 가득차 있다고 생각할 때, 그리고 경찰조직이 하급직원에 대하여 무리한 요구를 할 때 나타난다.

② 니더호퍼(Niederhoffer)는 냉소주의를 도덕적 아노미(anomie) 현상으로 본다. 사회체계에 대한 **기존의 신념체계가 붕괴된 후 새로운 신념체계에 의해 대체되지 않았을 때 사람이 경험하는 소외(아노미)에 의해 냉소주의가 나타날 수 있다**고 하였다.

(2) 회의주의와 구별

회의주의 (skepticism)	① 개별적 사안에서 특정 대상(불특정 대상×)에 대하여 **합리적 근거를 바탕으로 의심하고 비판을 하는 것이다.** ② 대상이 특정되어 있고, 대상을 개선하겠다는 의지가 있다.
냉소주의 (cynicism)	① **합리적 근거 없이** 사회에 대한 신념의 결여로 인해 생겨난다. 정치일반, 경찰제도 전반에 대하여 아무런 근거 없이 신뢰하지 않는다. ② 대상이 특정되어 있지 않고 대상을 개선하겠다는 의지가 없다.

(3) 냉소주의의 문제점

① 극단적이고 객관성이 결여된 태도를 보이며, 모든 것을 부정적으로 받아들이는 문화를 조장한다.
② 조직에 대한 반발과 일탈현상을 초래한다.
③ 조직 내 팽배한 냉소주의는 **경찰의 전문직업화를 저해하는 기제로 작동할 수 있다.**

(4) 냉소주의의 극복 방안

① 냉소주의에 대하여는 '맥그리거'의 이론 중 Y이론에 입각한 민주적인 조직관리를 해야 한다. 자율성을 중시하고, 중요한 의사결정을 할 때에 의견청취를 통해 참여를 유도하면 조직에 대한 신뢰를 회복할 수 있다고 본다. (적절한 보상, 관리층의 적극적 개입과 통제×)

② 인간관 중 X이론은 인간을 게으르고 부정직한 것으로 보아 권위적으로 관리해야 한다는 이론이고, **Y이론은 인간이 책임감 있고 정직하여 민주적인 관리를 해야 한다는 주장**으로, Y이론에 의한 관리가 냉소주의를 극복하는 방안이 된다. [맥그리거의 이론은 경찰행정학(인사관리) 참조]

4 경찰의 일탈과 부정부패

1. 작은 호의에 대한 금지론 〈17·19·20·22·23·25 채용, 24·25 승진, 15·23 경위〉

(1) 셔먼(Sherman)의 '미끄러지기 쉬운 경사로' 이론

① **부패에 해당되지 않는 작은 호의**(부패에 해당하는 작은 호의×)가 습관화될 경우 미끄러운 경사로를 타고 내려오듯이 **점점 더 큰 부패와 범죄로 빠진다**는 가설이다.(사소한 부패가 습관화×)

② 작은 호의를 금지해야 한다는 주장의 근거가 된다. 셔먼(1985)의 미끄러운 경사(slippery slope) 개념은 작은 호의를 받는 것에 익숙해진 경찰관들이 결국 부패에 연루될 수 있음을 경고한다.
    예 공무원은 어떠한 금품 등도 받아서는 안 된다고 규정한다면 이는 미끄러지기 쉬운 경사로 이론에 근거한 것으로 볼 수 있다.

③ 공짜 커피, 작은 선물 등의 사소한 호의가 나중에는 큰 부패로 이어질 수 있다는 점을 강조한다. 경찰관 사생활의 사소한 잘못이 공무수행의 더 큰 잘못으로 이어질 수 있기 때문에 사생활에 엄격한 제한을 가하여야 한다고 본다.
    예 지구대에 근무하는 경찰관 A는 순찰 도중 동네 슈퍼마켓 주인으로부터 음료수를 얻어 마시면서 친분을 유지하다가 나중에는 폭행사건처리 무마 청탁을 받고 큰돈까지 받게 되었다.

④ **윌슨**(O. W. Wilson)은 '경찰은 어떤 작은 호의, 심지어 한 잔의 공짜 커피도 받도록 허용되어서는 안 된다.'라고 주장하였다.

(2) 펠드버그(Feldberg)의 비판

① 펠드버그는 대부분의 경찰관들이 사소한 호의와 뇌물을 구별할 수 있으므로 '미끄러지기 쉬운 경사로 이론'은 비현실적이고, 더 나아가 경찰인의 지능에 대한 모독이라고 하였다.

② **펠드버그는 경찰이 시민의 작은 호의를 받았다고 해서 반드시 큰 부패를 범하는 것은 아니라고 비판한다.**

(3) 델라트르(Delattre)의 금지론

① 델라트르는 펠드버그의 견해에 반대한다. 그는 **경찰조직의 정책이 모든 작은 호의를 금지하는 것이어야 한다고 주장한다.**

② 일부 경찰관이 미끄러지기 쉬운 경사로를 통해 더 큰 부패행위로 빠져드는 것은 사실이며, 그것이 일부라 하더라도 무시할 수 없다고 본다.

③ 델라트르는 경찰관이 지역주민으로부터 작은 호의를 받는 것을 금지해야 한다고 주장했다.

2. 작은 호의에 대한 허용론(사회형성재 이론) <18 경채, 25 승진>

① 사회 형성재 이론은 작은 호의를 허용해야 한다는 주장의 근거가 된다.
② 작은 사례나 호의가 시민과의 원만하고 긍정적인 사회관계를 만들어 주는(형성하는) 재료라고 보고 있다.
③ 사회 형성재 이론은 주민의 작은 호의를 통하여 경찰관이 지역주민들과 친해질 수 있으며 시민들과 협조관계를 이룰 수 있는 긍정적 효과가 있다고 본다.
④ 순찰구역에서 효과적인 업무 수행을 위해 지역사람들과 협력관계를 유지할 필요가 있다.
> **예** 지구대에 근무하는 경찰관 A는 순찰 도중 동네 슈퍼마켓 주인으로부터 음료수를 얻어 마시다가 마침 관내 절도사건과 관련한 제보를 받게 되었다.

3. 하이덴하이머의 부정부패 개념과 유형 <23·24 채용, 22 경채>

(1) 부정부패의 개념

관직 중심적 정의	① 관료들이 직무를 수행하는 과정에서 사적 이익의 추구를 위하여 권한을 악용하여 조직의 규범을 일탈하는 행위를 말한다. ② 부패는 뇌물수수행위와 특히 결부되어 있지만 반드시 금전적인 형태일 필요가 없으며, 사적인 이익에 대한 고려의 결과로서 권위를 남용하는 경우를 포괄하는 용어이다.
시장 중심적 정의	부패는 고객들이 잘 알려진 위험을 감수하고 원하는 이익을 확실히 받기 위하여 높은 가격(뇌물)을 지불하는 일에서 발생한다.
공익 중심적 정의	부패는 관직을 가진 사람이 법적으로 규정되어 있지 않은 보수를 받고 그 제공자에게 이로운 행위를 함으로써 공중의 이익에 손해를 가져올 때 발생한다.
결론	① 부패행위로 인한 이익은 행위자, 행위자와 동일시할 수 있는 사람, 조직 등에 귀속된다. ② 부패행위는 권위의 남용뿐만 아니라 권위의 적절한 사용 형태로도 이루어진다.

(2) 부정부패의 유형

기준	사회구성원의 용인도에 따라 백색부패, 회색부패, 흑색부패로 구분한다.
백색부패	이론상 일탈행위로 규정될 수 있으나, 구성원의 다수가 어느 정도 용인하는 선의의 부패 또는 관례화된 부패를 의미한다. **예** 경제 침체가 장기간 계속되고 있으나 기업활동의 위축이나 국민들의 동요를 막기 위해 경기가 회복되고 있다고 관련 공직자가 거짓말을 한 경우
흑색부패	사회 전체에 심각한 해를 끼치는 부패로 구성원 모두가 인정하고 처벌을 원하는 부패를 말한다. **예** 업무와 관련하여 대가성 있는 뇌물을 수수하는 경우
회색부패	① 백색부패와 흑색부패의 중간에 위치하는 유형으로서 얼마든지 흑색부패로 발전할 수 있는 잠재성을 지닌 것을 말한다. **예** 떡값 같은 적은 액수의 호의표시나 선물 또는 순찰 경찰관에게 주민들이 제공하는 음료수나 과일 ② 사회구성원 가운데 특히 엘리트를 중심으로 일부집단은 처벌을 원하지만, 다른 일부집단은 처벌을 원하지 않는 경우의 부패를 말한다. **예** 정치권에 대한 후원금

(3) 부패방지 및 국민권익위원회의 설치와 운영에 관한 법률상 개념

> 제2조(정의) 제4호
> "부패행위"란 다음 각 목의 어느 하나에 해당하는 행위를 말한다.
> 가. 공직자가 직무와 관련하여 그 지위 또는 권한을 남용하거나 법령을 위반하여 자기 또는 제3자의 이익을 도모하는 행위
> 나. 공공기관의 예산사용, 공공기관 재산의 취득·관리·처분 또는 공공기관을 당사자로 하는 계약의 체결 및 그 이행에 있어서 법령에 위반하여 공공기관에 대하여 재산상 손해를 가하는 행위
> 다. 가목과 나목에 따른 행위나 그 은폐를 강요, 권고, 제의, 유인하는 행위

4. 부패 개념의 확대 〈22·23 채용〉

의의	① 대의명분 있는 부패와 Dirty Harry 문제는 부패의 개념적 징표를 개인적 이익 추구를 넘어 **조직 혹은 사회적 차원의 이익 추구로 확대**하고자 하는 시도라고 볼 수 있다. ② **대의명분 있는 부패**(noble cause corruption)는 선한 목적을 위해 저지르는 부패를 말한다. ③ **'Dirty Harry 문제'**는 도덕적으로 선한 목적을 위해 윤리적, 정치적, 혹은 법적으로 더러운 수단을 동원하는 것이 적절한가와 관련된 딜레마적 상황이다.
내용	① 'Dirty Harry 문제'는 1971년 영화 "Dirty Harry"에서 유래하며, 이 영화는 납치범 Scorpio를 잡기 위한 형사 Harry의 수사과정을 내용으로 한다. Harry는 납치된 소녀를 구하기 위해 Scorpio의 주거에 잠입해 총을 비롯한 증거물을 불법적으로 수집하기도 하고 자백을 받아내기 위해 범인을 고문하기도 한다. ② 법질서는 가해자의 인권, 국민의 경찰에 대한 신뢰도 보호하고 있으므로 정의로운 목적이 부정한 수단을 정당화할 수 있는지 문제가 될 수 있다.

5 부정부패의 원인과 태도

1. 전체사회 가설(시민사회 부패) 〈17·18·22·23 채용, 18·24 승진, 15 경위〉

① **시민사회의 부패를 경찰부패의 주요 원인**으로 본다. 미국의 윌슨(Wilson)은 "시카고 시민이 시카고 경찰을 부패시켰다."라고 주장하였다.
② 사회전체(시민)가 경찰의 부패를 묵인하거나 조장할 때 경찰은 자연스럽게 부패행위를 하게 된다.
③ 전체사회가설은 **셔먼의 '미끄러지기 쉬운 경사로 이론'**(Slippery slope theory)과 유사하다. 처음 단계에는 설령 불법적인 행위를 하지 않더라도 작은 호의와 같은 것에 길들여져 나중에는 명백한 부정부패로 빠져들게 된다고 설명한다.

사례	㉠ 주류판매로 단속된 노래연습장 업주가 담당경찰관에게 사건무마를 청탁하며 뇌물수수를 시도하였다. ㉡ B지역은 과거부터 지역주민들이 관내 경찰관들과 어울려 도박을 일삼고, 부적절한 사건청탁을 하는 경우가 종종 있었으나 아무도 이를 문제화하지 않던 곳인데, **동 지역에 새로 발령받은 신임경찰관 A에게도 지역주민들이 접근하여 도박을 함께하게 되는 경우**

2. 구조원인 가설(Structural hypothesis, 조직적 일탈) <17·18·20·22·23 채용, 17·22·24 승진, 15 경위>

① 부패의 원인을 **조직의 체계적(구조적) 원인으로 파악**한다. 부패의 사회화를 통하여 신임경찰이 기존의 부패한 경찰에 물들게 된다고 본다.
② **니더호퍼, 로벅, 바커 등이 주장**한 가설로 신임 경찰관들이 그들의 선배 경찰관들에 의해 조직의 부패 전통 내에서 사회화되어 **신임경찰도 기존 경찰처럼 부패로 물들게 된다고 주장**한다.
③ 선배경찰의 부패행태 → 청렴한 신임경찰이 차츰 사회화됨 → 신임경찰도 기존 경찰처럼 부패로 물들게 됨.

사례	⊙ 정직하고 청렴한 신임순경 A가 상사인 B로부터 관내 유흥업소 업자들을 소개받고, 이후 B와 함께 근무를 하면서 B가 유흥업소 업자들로부터 **정기적으로 금품을 받는 것을 보고, 점차 부패관행을 학습한 경우**로 설명할 수 있다. ⓒ 신임 홍길동 순경은 정의를 확립하겠다고 다짐하고 일선에 근무하던 중 선배로부터 돈을 갈취하는 요령을 터득하면서 부패의 길로 접어들었다.
침묵의 규범	⊙ 구조화된 조직적 부패는 서로가 문제점을 알면서도 눈감아주는 '침묵의 규범'을 형성한다. ⓒ 부패의 관행이 경찰조직 내부에서 '침묵의 규범'으로 받아들여진다. **예** 경찰관 A는 동료경찰들이 유흥업소 업주들로부터 접대를 받은 사실을 알고도 모른 체했다.
법규와 현실의 괴리	부패가 구조화된 조직에서는 '법규와 현실의 괴리' 현상이 발생한다. **예** [1] 경제팀 수사관 A가 기소중지자의 신병인수차 출장을 가면서 사실은 1명이 갔으면서도 2명분의 출장비를 수령하였다면, 그 원인은 행정내부의 '법규 및 예산과 현실의 괴리' 때문이라고도 볼 수 있다. [2] P경찰관은 부서에서 많은 동료들이 단독 출장을 가면서도 공공연하게 두 사람의 출장비를 청구하고 퇴근 후 잠깐 들러서 시간외 근무를 한 것으로 퇴근시간을 허위 기록하게 하는 것을 보고, P경찰관도 동료들과 같은 행동을 하였다.

3. 썩은 사과 가설(Rotten apple theory, 개인적 결함) <16·17 채용, 18·24 승진, 15 경위>

① 일부 부패경찰이 조직 전체를 부패로 물들게 한다는 이론으로 **부정부패의 원인을 조직의 체계보다는 개인적 결함으로 보고** 있다.
② 자질이 없는(부패가능성이 있는) 경찰관들이 **모집단계에서 배제되지 못하고 조직 내에 유입됨으로써 전체경찰이 부패할 가능성이 있다**고 보는 이론이다. 일부 부패경찰을 모집 단계에서 배제하지 못하여 조직 전체를 부패로 물들게 한다.

사례	음주운전으로 징계처분을 받은 적이 있는 경찰관이 다시 음주운전으로 적발되어 징계위원회에 회부되었다.

4. 윤리적 냉소주의 가설(Ethical cynicism hypothesis) <22 경위>

경찰에 대한 외부통제기능을 수행하는 정치권력, 대중매체, 시민단체의 부패는 경찰의 냉소주의를 부채질하고 부패의 전염효과를 가져온다고 본다.

예 사회에 냉소적인 경찰인이 경찰역할에 의미를 찾지 못하고 결국 경찰직을 사익을 추구하는 수단으로 이용하게 되면서 부패의 길로 들어서게 된다.

5. 부정부패에 대한 태도 <20·24 채용, 21 경위>

휘슬블로잉	Whistle-blowing. 동료나 상사의 부정에 대해 감찰에 고발하거나 외부의 언론매체를 통하여 공표하는 '내부고발' 행위를 말한다.
딥스로트	Deep throat. 내부고발자(휘슬블로워)를 뜻한다. 미국 '워터게이트 사건'의 단서를 워싱턴포스트 기자에게 제보한 익명의 제보자를 가리키는 말이었다.
클라이니히 (Klienig)가 제시한 내부고발의 윤리적 정당화 요건(5가지)	① '적절한 도덕적 동기'의 의해 이루어져야 한다. ② 최후수단성 또는 보충성: 내부고발자는 특별한 경우를 제외하고는 **공표 전**(외부에 공표한 후×) 자신의 이견을 표시하기 위한 내부적 채널을 모두 사용했어야 한다. ③ 합리적 근거(증거) 점검: 내부고발자는 부적절한 행동을 하도록 지시되었다는 자신의 신념이 합리적 증거에 근거하였는지 확인해야 한다. ④ 도덕적 위반의 중대성, 급박성: 도덕적 위반이 얼마나 중대한가, 도덕적 위반이 얼마나 급박한가 등에 대한 세심한 고려가 있어야 한다. ⑤ 어느 정도의 '성공 가능성'이 있어야 한다.
비지바디니스	Busy bodiness. 남의 비행에 대하여 일일이 참견하면서 도덕적 충고를 하는 행위를 의미하며, '내부고발' 행위와 구별된다.
침묵의 규범	부패를 잘못된 행위로 인식하고 있지만 동료라서 모르는 척하는 행위를 말한다.
모럴해저드	① Moral hazard. 도덕적 해이 ② 도덕적 가치관이 붕괴되어 동료의 부패를 부패라고 인식하지 못하는 상태를 의미하며, 부패를 부패라고 인식한 '침묵의 규범'과는 구별되는 개념이다. ③ 국민의 감시·통제가 적절히 이루어지지 않는 상황에서 국민의 이익이 아니라 자신의 이익을 위해 도덕적으로 불성실한 행태를 보이는 부정부패와 관련된다.

6 부정청탁 및 금품등 수수의 금지에 관한 법률 [청탁금지법]

1. 정의(제2조) <21·22 채용, 19 경채, 18 승진>

① "공공기관"이란 다음 각의 어느 하나에 해당하는 기관·단체를 말한다(제1호).
　가목. 국회, 법원, 헌법재판소, 선거관리위원회, 감사원, 국가인권위원회, 고위공직자범죄수사처, 중앙행정기관(대통령 소속 기관과 국무총리 소속 기관을 포함한다)과 그 소속 기관 및 지방자치단체
　나목. 「공직자윤리법」 제3조의2에 따른 공직유관단체
　다목. 「공공기관의 운영에 관한 법률」 제4조에 따른 기관
　라목. **「초·중등교육법」, 「고등교육법」, 「유아교육법」** 및 그 밖의 다른 법령에 따라 설치된 각급 학교 및 **「사립학교법」**에 따른 학교법인
　마목. **「언론중재 및 피해구제 등에 관한 법률」** 제2조 제12호에 따른 언론사

② "공직자등"이란 다음 각 목의 어느 하나에 해당하는 공직자 또는 공적 업무 종사자를 말한다(제2호).
　가목. **「국가공무원법」** 또는 **「지방공무원법」**에 따른 공무원과 그 밖에 다른 법률에 따라 그 자격·임용·교육훈련·복무·보수·신분보장 등에 있어서 공무원으로 인정된 사람
　나목. 제1호 나목 및 다목에 따른 공직유관단체 및 기관의 장과 그 임직원

다목. 제1호 라목에 따른 각급 학교의 장과 교직원 및 학교법인의 임직원

라목. 제1호 마목에 따른 언론사의 대표자와 그 임직원

※ 다음 각 호의 어느 하나에 해당하는 자(이하 "공무수행사인"이라 한다)의 공무 수행에 관하여는 제5조부터 제9조까지를 준용한다(제11조 제1항).

   1. 「행정기관 소속 위원회의 설치·운영에 관한 법률」 또는 다른 법령에 따라 설치된 각종 위원회의 위원 중 공직자가 아닌 위원

   2. 법령에 따라 공공기관의 권한을 위임·위탁받은 법인·단체 또는 그 기관이나 개인

   3. 공무를 수행하기 위하여 민간부문에서 공공기관에 파견 나온 사람

   4. 법령에 따라 공무상 심의·평가 등을 하는 개인 또는 법인·단체

③ "금품등"이란 다음 각 목의 어느 하나에 해당하는 것을 말한다(제3호).

가목. 금전, 유가증권, 부동산, 물품, 숙박권, 회원권, 입장권, 할인권, 초대권, 관람권, 부동산 등의 사용권 등 일체의 재산적 이익

나목. 음식물·주류·골프 등의 접대·향응 또는 교통·숙박 등의 편의 제공

다목. 채무 면제, 취업 제공, 이권(利權) 부여 등 그 밖의 유형·무형의 경제적 이익

2. 부정청탁 금지 〈19 경채〉

(1) 부정청탁의 금지(제5조)

① 누구든지 직접 또는 제3자를 통하여 직무를 수행하는 공직자등에게 다음 각 호의 어느 하나에 해당하는 부정청탁을 해서는 아니 된다.

1호. 인가·허가·면허·특허·승인·검사·검정·시험·인증·확인 등 법령(조례·규칙을 포함한다. 이하 같다)에서 일정한 요건을 정하여 놓고 직무관련자로부터 신청을 받아 처리하는 직무에 대하여 법령을 위반하여 처리하도록 하는 행위

2호. 인가 또는 허가의 취소, 조세, 부담금, 과태료, 과징금, 이행강제금, 범칙금, 징계 등 각종 행정처분 또는 형벌부과에 관하여 법령을 위반하여 감경·면제하도록 하는 행위

3호. 모집·선발·채용·승진·전보 등 공직자등의 인사에 관하여 법령을 위반하여 개입하거나 영향을 미치도록 하는 행위

4호. 법령을 위반하여 각종 심의·의결·조정 위원회의 위원, 공공기관이 주관하는 시험·선발위원 등 공공기관의 의사결정에 관여하는 직위에 선정 또는 탈락되도록 하는 행위

5호. 공공기관이 주관하는 각종 수상, 포상, 우수기관 선정 또는 우수자·장학생 선발에 관하여 법령을 위반하여 특정 개인·단체·법인이 선정 또는 탈락되도록 하는 행위

13호. 법령을 위반하여 행정지도·단속·감사·조사 대상에서 특정 개인·단체·법인이 선정·배제되도록 하거나 행정지도·단속·감사·조사의 결과를 조작하거나 또는 그 위법사항을 묵인하게 하는 행위

14호. 사건의 수사·재판·심판·결정·조정·중재·화해, 형의 집행, 수용자의 지도·처우·계호 또는 이에 준하는 업무를 법령을 위반하여 처리하도록 하는 행위

15호. 제1호부터 제14호까지의 부정청탁의 대상이 되는 업무에 관하여 공직자등이 법령에 따라 부여받은 지위·권한을 벗어나 행사하거나 권한에 속하지 아니한 사항을 행사하도록 하는 행위

② 제1항에도 불구하고 다음 각 호의 어느 하나에 해당하는 경우에는 이 법을 적용하지 아니한다.

1호. 「청원법」, 「민원사무 처리에 관한 법률」, 「행정절차법」, 「국회법」 및 그 밖의 다른 법령·기준(제2조 제1호 나목부터 마목까지의 공공기관의 규정·사규·기준을 포함한다. 이하 같다)에서 정하는 절차·방법에 따라 권리침해의 구제·해결을 요구하거나 그와 관련된 법령·기준의 제정·개정·폐지를 제안·건의하는 등 특정한 행위를 요구하는 행위

2호. 공개적으로 공직자등에게 특정한 행위를 요구하는 행위

3호. 선출직 공직자, 정당, 시민단체 등이 공익적인 목적으로 제3자의 고충민원을 전달하거나 법령·기준의 제정·개정·폐지 또는 정책·사업·제도 및 그 운영 등의 개선에 관하여 제안·건의하는 행위

4호. 공공기관에 직무를 법정기한 안에 처리하여 줄 것을 신청·요구하거나 그 진행상황·조치결과 등에 대하여 확인·문의 등을 하는 행위

5호. 직무 또는 법률관계에 관한 확인·증명 등을 신청·요구하는 행위

6호. 질의 또는 상담형식을 통하여 직무에 관한 법령·제도·절차 등에 대하여 설명이나 해석을 요구하는 행위

7호. **그 밖에 사회상규(社會常規)에 위배되지 아니하는 것으로 인정되는 행위**

(2) **부정청탁에 따른 직무수행 금지(제6조)** ⟨19 승진⟩

부정청탁을 받은 공직자등은 그에 따라 직무를 수행해서는 아니 된다.

근거	행위 유형	벌칙	
제22조	제6조를 위반하여 부정청탁을 받고 그에 따라 직무를 수행한 공직자등	2년 이하의 징역 또는 2천만 원 이하의 벌금	몰수 추징

(3) **부정청탁의 신고 및 처리(제7조)** ⟨22·24 채용, 19 승진, 23 경위⟩

공직자등의 거절과 신고	① 공직자등은 부정청탁을 받았을 때에는 부정청탁을 한 자에게 부정청탁임을 알리고 이를 거절하는 의사를 명확히 표시하여야 한다(제1항). ② 공직자등은 제1항에 따른 조치를 하였음에도 불구하고 동일한 부정청탁을 다시 받은 경우에는 이를 소속기관장에게 서면(전자문서를 포함한다. 이하 같다)으로 신고하여야 한다(제2항).

3. 금품등의 수수 금지와 신고

(1) **금품등의 수수 금지(제8조)** ⟨19·21·23 채용, 19·24 승진, 23 경위⟩

① 공직자등은 직무 관련 여부 및 기부·후원·증여 등 그 **명목에 관계없이 동일인으로부터 1회에 100만 원 또는 매 회계연도에 300만 원을 초과하는 금품등을 받거나 요구 또는 약속해서는 아니 된다**(제8조 제1항).

행위 유형	제22조 벌칙
제8조 제1항 위반 공직자등	3년 이하의 징역 또는 3천만 원 이하의 벌금, 몰수·추징
제공자	공직자등과 동일
배우자	배우자가 직무와 관련하여 위 금액의 금품등을 수수한 사실을 알고도 신고 또는 반환하지 않은 공직자등도 동일(배우자 처벌 규정 없음)

② 공직자등은 직무와 관련하여 대가성 여부를 불문하고 제1항에서 정한 금액 이하의 금품등을 받거나 요구 또는 약속해서는 아니 된다(제8조 제2항).

행위 유형	제23조 과태료
제8조 제2항 위반 공직자등	위반행위와 관련된 금품등 가액의 2배 이상 5배 이하에 상당하는 금액의 과태료
제공자	공직자등과 동일
배우자	배우자가 직무와 관련하여 위 금액의 금품등을 수수한 사실을 알고도 신고 또는 반환하지 않은 공직자등도 동일(배우자 부과 규정 없음)

③ 공직자등의 배우자는 공직자등의 직무와 관련하여 제1항 또는 제2항에 따라 공직자등이 받는 것이 금지되는 금품등(이하 "수수 금지 금품등"이라 한다)을 받거나 요구하거나 제공받기로 약속해서는 아니 된다(제8조 제4항).

④ 누구든지 공직자등에게 또는 그 공직자등의 배우자에게 수수 금지 금품등을 제공하거나 그 제공의 약속 또는 의사표시를 해서는 아니 된다(제8조 제5항).

(2) 수수 금지 금품등의 신고 및 처리(제9조) ⟨21 채용⟩

① 공직자등은 다음 각 호의 어느 하나에 해당하는 경우에는 소속기관장에게 지체 없이 서면으로 신고하여야 한다.
  1호. 공직자등 자신이 수수 금지 금품등을 받거나 그 제공의 약속 또는 의사표시를 받은 경우
  2호. 공직자등이 자신의 배우자가 수수 금지 금품등을 받거나 그 제공의 약속 또는 의사표시를 받은 사실을 안 경우

② 공직자등은 자신이 수수 금지 금품등을 받거나 그 제공의 약속이나 의사표시를 받은 경우 또는 자신의 배우자가 수수 금지 금품등을 받거나 그 제공의 약속이나 의사표시를 받은 사실을 알게 된 경우에는 이를 제공자에게 지체 없이 반환하거나 반환하도록 하거나 그 거부의 의사를 밝히거나 밝히도록 하여야 한다. 다만, 받은 금품등이 다음 각 호의 어느 하나에 해당하는 경우에는 소속기관장에게 인도하거나 인도하도록 하여야 한다.
  1호. 멸실·부패·변질 등의 우려가 있는 경우
  2호. 해당 금품등의 제공자를 알 수 없는 경우
  3호. 그 밖에 제공자에게 반환하기 어려운 사정이 있는 경우

(3) 경찰청 공무원 행동강령(제14조)

금품등을 받는 행위의 제한	① 공무원은 직무 관련 여부 ~ ※ 청탁금지법과 동일한 규정이므로 생략함

4. 수수금지 예외 사유(제8조 제3항)

(1) 의의

제10조의 외부강의등에 관한 사례금 또는 다음 유형의 어느 하나에 해당하는 금품등의 경우에는 제1항 또는 제2항에서 수수를 금지하는 금품등에 해당하지 아니한다.

(2) 유형 〈19 채용, 18·20·22·24 승진, 23 경위〉

지급품, 위로금 등 (제1호)	공공기관이 소속 공직자등이나 파견 공직자등에게 지급하거나 상급 공직자등이 위로·격려·포상 등의 목적으로 하급 공직자등에게 제공하는 금품등 예 [1] 경찰서장이 소속부서 직원들에게 위로·격려·포상의 목적으로 회식비를 제공한 경우 [2] 기관장이 소속 직원에게 업무추진비로 10만 원 상당의 화환을 보내고, 별도 사비로 10만 원의 경조사비를 주는 경우 → 기관장이 소속 직원에게 업무추진비로 10만 원 상당의 화환을 보내는 것은 공공기관이 소속 공직자등이나 파견 공직자등에게 지급하는 금품등에 해당하고, 기관장이 별도 사비로 10만 원의 경조사비를 주는 것은 상급 공직자등이 위로의 목적으로 하급 공직자등에게 제공하는 금품등에 해당한다.
음식물·경조사비·선물 등 (제2호)	① 원활한 직무수행 또는 사교·의례 또는 부조의 목적으로 제공되는 음식물·경조사비·선물 등으로서 대통령령으로 정하는 가액 범위 안의 금품등(제2호 본문) ② 다만, 선물 중 「농수산물 품질관리법」 제2조 제1항 제1호에 따른 농수산물 및 같은 항 제13호에 따른 농수산가공품(농수산물을 원료 또는 재료의 50퍼센트를 넘게 사용하여 가공한 제품만 해당한다)은 대통령령으로 정하는 설날·추석을 포함한 기간에 한정하여 그 가액 범위를 두배로 한다(제2호 단서). ③ "대통령령으로 정하는 설날·추석을 포함한 기간"이란 설날·추석 전 24일부터 설날·추석 후 5일까지(그 기간 중에 우편 등을 통해 발송하여 그 기간 후에 수수한 경우에는 그 수수한 날까지)를 말한다(시행령 제17조 제2항).
사적 거래	사적 거래(증여는 제외한다)로 인한 채무의 이행 등 정당한 권원(權原)에 의하여 제공되는 금품등(제3호)
친족 제공	공직자등의 친족(「민법」 제777조에 따른 친족: 8촌 이내의 혈족, 4촌 이내의 인척, 배우자)이 제공하는 금품등(제4호) 예 결혼식을 앞두고 있는 경찰관이 4촌 형으로부터 500만 원 상당의 냉장고를 선물 받은 경우
직원상조회 등, 친분관계	공직자등과 관련된 직원상조회·동호인회·동창회·향우회·친목회·종교단체·사회단체 등이 정하는 기준에 따라 구성원에게 제공하는 금품등 및 그 소속 구성원 등 공직자등과 특별히 장기적·지속적인 친분관계를 맺고 있는 자가 질병·재난 등으로 어려운 처지에 있는 공직자등에게 제공하는 금품등(제5호)
공식적인 행사	공직자등의 직무와 관련된 공식적인 행사에서 주최자가 참석자에게 통상적인 범위에서 일률적으로 제공하는 교통, 숙박, 음식물 등의 금품등(제6호)
기념품, 경품 등	불특정 다수인에게 배포하기 위한 기념품 또는 홍보용품 등이나 경연·추첨을 통하여 받는 보상 또는 상품 등(제7호) 예 경찰관이 홈쇼핑에서 물품을 구매한 후 구매자를 대상으로 경품을 추첨하는 행사에서 당첨되어 300만 원 상당의 안마의자를 받은 경우
기타	그 밖에 다른 법령·기준 또는 사회상규에 따라 허용되는 금품등(제8호)

(3) 음식물·경조사비·선물 등의 가액 범위(시행령 제17조 제1항 별표1) (22 승진)

5만 원	1. 음식물 : 제공자와 공직자등이 함께하는 식사, 다과, 주류, 음료, 그 밖에 이에 준하는 것 **예** 예술의전당 소속 공연 관련 업무 담당공무원이 예술의전당 초청 공연작으로 결정된 뮤직드라마의 공연제작사 대표이사 甲 등과 저녁식사를 하고 **25만 원 상당(1인당 5만 원)의 음식값을 甲이 지불한 경우→청탁금지법 위반이 아니다.**
5만 원	2. 경조사비 : 축의금, 조의금(다만, 축의금, 조의금을 대신하는 화환·조화는 10만 원)
5만 원	3. 선물 : 다음 각 목의 금품등을 제외한 **일체의 물품 및 상품권**(물품상품권 및 용역상품권만 해당하며, 이하 "상품권"이라 한다), 그 밖에 이에 준하는 것은 5만 원. 다만, 「농수산물 품질관리법」 제2조 제1항 제1호에 따른 **농수산물**(이하 "농수산물"이라 한다) 및 같은 항 제13호에 따른 **농수산가공품**(농수산물을 원료 또는 재료의 50퍼센트를 넘게 사용하여 가공한 제품만 해당하며, 이하 "농수산가공품"이라 한다)과 **농수산물·농수산가공품 상품권은 15만 원**(제17조 제2항에 따른 대통령령으로 정하는 설날·추석을 포함한 기간 중에는 30만 원)으로 한다. 가. 금전 나. 유가증권(상품권은 제외한다) 다. 제1호의 음식물 라. 제2호의 경조사비 ※ 비고 다목. **제3호의 상품권이란** 그 명칭 또는 형태에 관계없이 발행자가 특정한 물품 또는 용역의 수량을 기재(전자적 또는 자기적 방법에 의한 기록을 포함한다)하여 발행·판매하고, 그 소지자가 발행자 또는 발행자가 지정하는 자(이하 "발행자등"이라 한다)에게 이를 제시 또는 교부하거나 그 밖의 방법으로 사용함으로써 **그 증표에 기재된 내용에 따라 발행자등으로부터 해당 물품 또는 용역을 제공받을 수 있는 증표인 물품상품권(예** 농수산물상품권) **또는 용역상품권(예** 영화관람권)을 말하며, 백화점상품권·온누리상품권·지역사랑상품권·문화상품권 등 일정한 금액이 기재되어 소지자가 해당 금액에 상응하는 물품 또는 용역을 제공받을 수 있는 증표인 금액상품권은 제외한다.
합산	가목. 제1호, 제2호 본문·단서 및 제3호 본문·단서의 각각의 가액 범위는 각각에 해당하는 것을 모두 합산한 금액으로 한다. 나목. 제2호 본문의 축의금·조의금과 같은 호 단서의 화환·조화를 함께 받은 경우에는 그 가액을 합산한다. 이 경우 가액 범위는 10만 원으로 하되, 제2호 본문 또는 단서의 가액 범위를 각각 초과해서는 안 된다. 라목. 제3호 본문의 선물과 같은 호 단서의 농수산물·농수산가공품 또는 농수산물·농수산가공품 상품권을 함께 받은 경우에는 그 가액을 합산한다. 이 경우 가액 범위는 15만 원(제17조 제2항에 따른 기간 중에는 30만 원)으로 하되, 제3호 본문 또는 단서의 가액 범위를 각각 초과해서는 안 된다. 마목. 제1호의 음식물, 제2호의 경조사비 및 제3호의 선물 중 2가지 이상을 함께 받은 경우에는 그 가액을 합산한다. 이 경우 가액 범위는 함께 받은 음식물, 경조사비 및 선물의 가액 범위 중 가장 높은 금액으로 하되, 제1호부터 제3호까지의 규정에 따른 가액 범위를 각각 초과해서는 안 된다.

(4) 경찰청 공무원 행동강령(제14조)

수수금지 예외 사유	① 제15조의 외부강의등에 관한 사례금 ~ ※ 청탁금지법과 동일한 규정이므로 생략함

5. 외부강의등의 사례금 수수 제한(제10조)

(1) 가액 범위 <23 채용, 18·22 승진>

제10조 제1항	공직자등은 자신의 직무와 관련되거나 그 지위·직책 등에서 유래되는 사실상의 영향력을 통하여 요청받은 교육·홍보·토론회·세미나·공청회 또는 그 밖의 회의 등에서 한 강의·강연·기고 등(이하 "외부강의등"이라 한다)의 대가로서 대통령령으로 정하는 금액(**※ 공무원은 직급 구분 없이 1시간당 40만 원, 1시간 초과는 60만 원**)을 초과하는 사례금을 받아서는 아니 된다. **예** [1] 서울경찰청 소속 甲경정이 자신의 직무와 관련된 교육 강사로 요청받아 월 1회, 1시간 동안 외부강의를 하고 사례금으로 40만 원을 받았다면 이는 정당하다. [2] 경찰청에서 근무하는 甲총경은 A전자회사의 요청으로 시간 당 30만 원의 사례금을 약속받고 A전자회사의 직원을 대상으로 자신의 직무와 관련된 3시간짜리 강의를 월 1회, 총 3개월간 진행하였다. 이 경우 甲총경이 지급받을 수 있는 최대사례금 총액은 주제가 다른 강의라고 하더라도 180만 원이다.
외부강의등 사례금 상한액 (시행령 별표 2) 적용기준	① 공무원의 경우 상한액은 강의 등의 경우 1시간당, 기고의 경우 1건당 상한액으로 한다. ② **공무원의 경우 1시간을 초과하여 강의 등을 하는 경우에도 사례금 총액은 강의시간에 관계없이 1시간 상한액의 100분의 150에 해당하는 금액을 초과하지 못한다.** ③ 상한액에는 강의료, 원고료, 출연료 등 명목에 관계없이 외부강의등 사례금 제공자가 외부강의등과 관련하여 공무원에게 제공하는 일체의 사례금을 포함한다. ④ 공직자등이 소속기관에서 교통비, 숙박비, 식비 등 여비를 지급받지 못한 경우에는 「공무원 여비 규정」 등 공공기관별로 적용되는 여비 규정의 기준 내에서 실비수준으로 제공되는 교통비, 숙박비 및 식비는 사례금에 포함되지 않는다.

(2) 외부강의등 신고 의무와 제한 <15·21·22·23·24 채용, 15·18·24 승진, 19·23 경위>

① 공직자등은 사례금을 받는 외부강의등을 할 때에는 대통령령으로 정하는 바에 따라 외부강의등의 요청 명세 등을 소속기관장에게 그 **외부강의등을 마친 날부터 10일 이내에 서면으로 신고하여야 한다. 다만, 외부강의등을 요청한 자가 국가나 지방자치단체인 경우에는 그러하지 아니하다**(법 제10조 제2항).

> **예** B자동차회사의 요청으로 자신의 직무와 관련된 외부강의를 마치고 소정의 사례금을 약속받은 乙경무관은 대통령령으로 정하는 바에 따라 외부강의의 요청 명세 등을 소속기관장에게 그 외부강의를 마친 날부터 10일 이내에 서면으로 신고하여야 한다.

② 10일 이내에 신고를 할 때 상세 명세 또는 사례금 총액 등을 미리 알 수 없는 경우에는 **해당 사항을 제외한 사항을 신고한 후 해당 사항을 안 날부터 5일 이내에 보완하여야 한다**(시행령 제26조 제2항).

③ 소속기관장은 공직자등이 신고한 외부강의등이 공정한 직무수행을 저해할 수 있다고 판단하는 경우에는 그 공직자등의 외부강의등을 제한할 수 있다(법 제10조 제4항).

④ 공무원이 대가를 받고 수행하는 외부강의등은 월 3회를 초과할 수 없다. 국가나 지방자치단체에서 요청하거나 겸직 허가를 받고 수행하는 외부강의등은 그 횟수에 포함하지 아니한다(경찰청 공무원 행동강령 제15조 제4항).

⑤ 공무원은 위 규정에도 불구하고 월 3회를 초과하여 대가를 받고 외부강의등을 하려는 경우에는 미리 소속 기관의 장의 승인을 받아야 한다(경찰청 공무원 행동강령 제15조 제5항).

(3) 초과사례금 신고 의무

① 공직자등은 사례금 상한액으로 정한 금액을 초과하는 사례금을 받은 경우에는 대통령령으로 정하는 바에 따라 소속기관장에게 신고하고, **제공자에게 그 초과금액을 지체 없이 반환하여야 한다**(법 제10조 제5항).

행위 유형	과태료 부과
제10조 제5항에 따른 신고 및 반환 조치를 하지 아니한 공직자등	500만 원 이하의 과태료

② 공직자등은 법 제10조 제1항에 따른 금액을 초과하는 사례금(이하 "초과사례금"이라 한다)을 받은 경우에는 법 제10조 제5항에 따라 **초과사례금을 받은 사실을 안 날부터 2일 이내에 다음 각 호의 사항을 적은 서면으로 소속기관장에게 신고하여야 한다**(시행령 제27조 제1항).

> 예 사단법인 C학회가 주관 및 개최한 토론회에 참석하여 자신의 직무와 관련된 토론을 한 丙경감이 상한액을 초과하는 사례금을 받은 경우 초과사례금을 받은 사실을 안 날부터 2일 이내에 동법 시행령이 정한 사항을 적은 서면으로 소속기관장에게 신고하여야 한다.

③ 초과사례금의 신고를 받은 소속기관장은 초과사례금을 반환하지 아니한 공직자등에 대하여 신고사항을 확인한 후 7일 이내에 반환하여야 할 초과사례금의 액수를 산정하여 해당 공직자등에게 통지하여야 한다(시행령 제27조 제2항).

④ 반환하여야 할 초과사례금의 통지를 받은 공직자등은 지체 없이 초과사례금(신고자가 초과사례금의 일부를 반환한 경우에는 그 차액으로 한정한다)을 제공자에게 반환하고 그 사실을 소속기관장에게 알려야 한다(시행령 제27조 제3항).

(4) 경찰청 공무원 행동강령 〈15·18 승진, 19·23·24 경위〉

외부강의등의 사례금 수수 제한 (제15조)	① 공무원은 자신의 직무와 관련되거나 그 지위·직책 등에서 유래되는 사실상의 영향력을 통하여 요청받은 ~ ※ 청탁금지법 및 동법 시행령과 동일한 규정이므로 생략함
초과사례금의 신고등 (제15조의2)	① 공무원은 제15조 제1항에 따른 금액을 초과하는 사례금(이하 "초과사례금"이라 한다)을 받은 경우에는 ~ ※ 청탁금지법 및 동법 시행령과 동일한 규정이므로 생략함

6. 위반행위의 신고 및 교육 〈24 채용, 19·22 승진〉

위반행위의 신고 등 (제13조)	① 누구든지 이 법의 위반행위가 발생하였거나 발생하고 있다는 사실을 알게 된 경우에는 다음 각 호의 어느 하나에 해당하는 기관에 신고할 수 있다(제1항). 1호. 이 법의 위반행위가 발생한 공공기관 또는 그 감독기관 2호. 감사원 또는 수사기관 3호. **국민권익위원회** ② 제1항에 따라 신고를 하려는 자는 자신의 인적사항과 신고의 취지·이유·내용을 적고 서명한 문서와 함께 신고 대상 및 증거 등을 제출하여야 한다(제3항).
비실명 대리신고 (제13조의2)	① 제13조 제3항에도 불구하고 같은 조 제1항에 따라 신고를 하려는 자는 자신의 인적사항을 밝히지 아니하고 변호사를 선임하여 신고를 대리하게 할 수 있다. 이 경우 제13조 제3항에 따른 신고자의 인적사항 및 신고자가 서명한 문서는 변호사의 인적사항 및 변호사가 서명한 문서로 갈음한다.

비실명 대리신고 (제13조의2)	② 제1항에 따른 신고는 국민권익위원회에 하여야 하며, 신고자 또는 신고를 대리하는 변호사는 그 취지를 밝히고 **신고자의 인적사항, 신고자임을 입증할 수 있는 자료 및 위임장을 국민권익위원회에 함께 제출하여야 한다.** ③ 국민권익위원회는 제2항에 따라 제출된 자료를 봉인하여 보관하여야 하며, 신고자 본인의 동의 없이 이를 열람하여서는 아니 된다.
교육과 홍보 등 (제19조 제3항)	공공기관의 장은 제1항 및 제2항에 따른 교육 및 홍보 등의 실시를 위하여 필요하면 **국민권익위원회에 지원을 요청할 수 있다.** 이 경우 국민권익위원회는 적극 협력하여야 한다.

7 공직자의 이해충돌 방지법 [이해충돌방지법]

1. 총칙(제1장)

(1) **목적(제1조)** 〈24 채용〉

이 법은 공직자의 직무수행과 관련한 사적 이익추구를 금지함으로써 공직자의 직무수행 중 발생할 수 있는 이해충돌을 방지하여 공정한 직무수행을 보장하고 공공기관에 대한 국민의 신뢰를 확보하는 것을 목적으로 한다.

(2) **정의(제2조)** 〈24 채용, 22 경채〉

공공기관 (제1호)	다음 각 목의 어느 하나에 해당하는 기관·단체를 말한다. ※ 가목~마목은 청탁금지법과 동일함 바목. 「초·중등교육법」, 「고등교육법」 또는 그 밖의 다른 법령에 따라 설치된 각급 국립·공립 학교
공직자 (제2호)	다음 각 목의 어느 하나에 해당하는 사람을 말한다. 가목. 「국가공무원법」 또는 「지방공무원법」에 따른 공무원과 그 밖에 다른 법률에 따라 그 자격·임용·교육훈련·복무·보수·신분보장 등에 있어서 공무원으로 인정된 사람 나목. 제1호 라목 또는 마목에 해당하는 공공기관의 장과 그 임직원 다목. 제1호 바목에 해당하는 각급 국립·공립 학교의 장과 교직원
고위공직자 (제3호)	가목. 대통령, 국무총리, 국무위원, 국회의원, 국가정보원의 원장 및 차장 등 국가의 정무직 공무원 나목. 지방자치단체의 장, 지방의회의원 등 지방자치단체의 정무직공무원 다목. 일반직 1급 국가공무원(「국가공무원법」 제23조에 따라 배정된 직무등급이 가장 높은 등급의 직위에 임용된 고위공무원단에 속하는 일반직공무원을 포함한다) 및 지방공무원과 이에 상응하는 보수를 받는 별정직공무원(고위공무원단에 속하는 별정직공무원을 포함한다) 아목. **치안감 이상의 경찰공무원 및 특별시·광역시·특별자치시·도·특별자치도의 시·도경찰청장** ※ 경무관인 세종특별자치시 경찰청장은 '고위공직자'에 해당한다.
이해충돌 (제4호)	공직자가 직무를 수행할 때에 자신의 사적 이해관계가 관련되어 공정하고 청렴한 직무수행이 저해되거나 저해될 우려가 있는 상황을 말한다.

직무관련자 (제5호)	공직자가 법령(조례·규칙을 포함한다. 이하 같다)·기준(제1호 라목부터 바목까지의 공공기관의 규정·사규 및 기준 등을 포함한다. 이하 같다)에 따라 수행하는 직무와 관련되는 자로서 다음 각 목의 어느 하나에 해당하는 **개인·법인·단체 및 공직자를 말한다.** 가목. 공직자의 직무수행과 관련하여 일정한 행위나 조치를 요구하는 개인이나 법인 또는 단체 나목. 공직자의 직무수행과 관련하여 이익 또는 불이익을 직접적으로 받는 개인이나 법인 또는 단체 다목. 공직자가 소속된 공공기관과 계약을 체결하거나 체결하려는 것이 명백한 개인이나 법인 또는 단체 라목. 공직자의 직무수행과 관련하여 이익 또는 불이익을 직접적으로 받는 다른 공직자. 다만, 공공기관이 이익 또는 불이익을 직접적으로 받는 경우에는 그 공공기관에 소속되어 해당 이익 또는 불이익과 관련된 업무를 담당하는 공직자를 말한다.
사적이해 관계자 (제6호)	가목. **공직자 자신 또는 그 가족(「민법」제779조에 따른 가족을 말한다. 이하 같다)** 나목. 공직자 자신 또는 그 가족이 임원·대표자·관리자 또는 사외이사로 재직하고 있는 법인 또는 단체 다목. 공직자 자신이나 그 가족이 대리하거나 고문·자문 등을 제공하는 개인이나 법인 또는 단체 라목. 공직자로 채용·임용되기 전 2년 이내에 공직자 자신이 재직하였던 법인 또는 단체 마목. 공직자로 채용·임용되기 전 2년 이내에 공직자 자신이 대리하거나 고문·자문 등을 제공하였던 개인이나 법인 또는 단체 바목. 공직자 자신 또는 그 가족이 대통령령으로 정하는 일정 비율 이상의 주식·지분(※ 100분의 30) 또는 자본금(※ 100분의 50) 등을 소유하고 있는 법인 또는 단체 사목. **최근 2년 이내에 퇴직한 공직자로서 퇴직일 전 2년 이내에 제5조 제1항 각 호의 어느 하나에 해당하는 직무를 수행하는 공직자와 국회규칙, 대법원규칙, 헌법재판소규칙, 중앙선거관리위원회규칙 또는 대통령령으로 정하는 범위의 부서(※ 실·국·과)에서 같이 근무하였던 사람** 아목. 그 밖에 공직자의 사적 이해관계와 관련되는 자로서 국회규칙, 대법원규칙, 헌법재판소규칙, 중앙선거관리위원회규칙 또는 대통령령으로 정하는 자

(3) 공직자의 의무(제4조)

① 공직자는 사적 이해관계에 영향을 받지 아니하고 직무를 공정하고 청렴하게 수행하여야 한다.
② 공직자는 직무수행과 관련하여 공평무사하게 처신하고 직무관련자를 우대하거나 차별하여서는 아니 된다.
③ 공직자는 사적 이해관계로 인하여 공정하고 청렴한 직무수행이 곤란하다고 판단하는 경우에는 직무수행을 회피하는 등 이해충돌을 방지하여야 한다.

2. 공직자의 이해충돌 방지 및 관리(제2장)

(1) 사적이해관계자의 신고 및 회피 · 기피 신청(제5조) <22 경채>

직무수행 공직자 (제1항)	다음 각 호의 어느 하나에 해당하는 직무를 수행하는 공직자는 직무관련자(직무관련자의 대리인을 포함한다. 이하 이 조에서 같다)가 사적이해관계자임을 안 경우 안 날부터 14일 이내에 소속기관장에게 그 사실을 서면(전자문서를 포함한다. 이하 같다)으로 신고하고 회피를 신청하여야 한다. 1호. 인가 · 허가 · 면허 · 특허 · 승인 · 검사 · 검정 · 시험 · 인증 · 확인, 지정 · 등록, 등재 · 인정 · 증명, 신고 · 심사, 보호 · 감호, 보상 또는 이에 준하는 직무 2호. 행정지도 · 단속 · 감사 · 조사 · 감독에 관계되는 직무 8호. 사건의 수사 · 재판 · 심판 · 결정 · 조정 · 중재 · 화해 또는 이에 준하는 직무 10호. 공직자의 채용 · 승진 · 전보 · 상벌 · 평가에 관계되는 직무 11호. 공공기관이 실시하는 행정감사에 관계되는 직무
기피 신청 (제2항)	직무관련자 또는 공직자의 직무수행과 관련하여 직접적인 이해관계가 있는 자는 해당 공직자에게 제1항에 따른 신고 및 회피 의무가 있거나 그 밖에 공정한 직무수행을 저해할 우려가 있는 사적 이해관계가 있다고 판단하는 경우에는 그 공직자의 소속기관장에게 기피를 신청할 수 있다.
예외 (제3항)	다음 각 호의 어느 하나에 해당하는 경우에는 제1항 및 제2항을 적용하지 아니한다. 1호. 제1항 각 호에 해당하는 직무와 관련하여 불특정다수를 대상으로 하는 법률이나 대통령령의 제정 · 개정 또는 폐지를 수반하는 경우 2호. 특정한 사실 또는 법률관계에 관한 확인 · 증명을 신청하는 민원에 따라 해당 서류를 발급하는 경우(※ 단순 민원)

(2) 공공기관 직무 관련 부동산 보유 · 매수 신고(제6조) <22 채용>

① 부동산을 직접적으로 취급하는 대통령령으로 정하는 공공기관의 공직자는 다음 각 호의 어느 하나에 해당하는 사람이 소속 공공기관의 업무와 관련된 부동산을 보유하고 있거나 매수하는 경우 소속기관장에게 그 사실을 서면으로 신고하여야 한다.
   1호. 공직자 자신, 배우자
   2호. 공직자와 생계를 같이하는 직계존속 · 비속(배우자의 직계존속 · 비속으로 생계를 같이하는 경우를 포함한다)
② 제1항에 따른 공공기관 외의 공공기관의 공직자는 소속 공공기관이 택지개발, 지구 지정 등 대통령령으로 정하는 부동산 개발 업무를 하는 경우 제1항 각 호의 어느 하나에 해당하는 사람이 그 부동산을 보유하고 있거나 매수하는 경우 소속기관장에게 그 사실을 서면으로 신고하여야 한다.
③ 제1항 및 제2항에 따른 신고는 부동산을 보유한 사실을 알게 된 날부터 14일 이내, 매수 후 등기를 완료한 날부터 14일 이내에 하여야 한다.

과태료 (제28조 제2항)	제5조 제1항을 위반하여 사적이해관계자를 신고하지 아니한 공직자(공무수행사인을 포함), 제6조 제1항 또는 제2항을 위반하여 부동산 보유 · 매수를 신고하지 아니한 공직자에게는 2천만 원 이하의 과태료를 부과한다.

(3) 사적이해관계자의 신고 등에 대한 조치(제7조)

① 제5조 제1항에 따른 신고·회피신청이나 같은 조 제2항에 따른 기피신청 또는 제6조에 따른 부동산 보유·매수 신고를 받은 소속기관장은 해당 공직자의 직무수행에 지장이 있다고 인정하는 경우에는 **다음 각 호의 어느 하나에 해당하는 조치를 하여야 한다.**
1호. 직무수행의 일시 중지 명령
2호. 직무 대리자 또는 직무 공동수행자의 지정
3호. 직무 재배정
4호. 전보

② 소속기관장은 제1항에도 불구하고 다음 각 호의 어느 하나에 해당하는 경우에는 해당 공직자가 계속 그 직무를 수행하도록 할 수 있다. 이 경우 제25조에 따른 이해충돌방지담당관 또는 다른 공직자로 하여금 공정한 직무수행 여부를 확인·점검하게 하여야 한다.
1호. 직무를 수행하는 공직자를 대체하기가 지극히 어려운 경우
2호. 국가의 안전보장 및 경제발전 등 공익 증진을 위하여 직무수행의 필요성이 더 큰 경우

(4) 고위공직자의 민간 부문 업무활동 내역 제출 및 공개(제8조)

① 고위공직자는 그 직위에 임용되거나 임기를 개시하기 전 3년 이내에 민간 부문에서 업무활동을 한 경우, 그 활동 내역을 그 직위에 임용되거나 임기를 개시한 날부터 30일 이내에 소속기관장에게 제출하여야 한다.
② 제1항에 따른 업무활동 내역에는 다음 각 호의 사항이 포함되어야 한다.
1호. 재직하였던 법인·단체 등과 그 업무 내용
2호. 대리, 고문·자문 등을 한 경우 그 업무 내용
3호. 관리·운영하였던 사업 또는 영리행위의 내용
③ 소속기관장은 제1항에 따라 제출된 업무활동 내역을 보관·관리하여야 한다.
④ 소속기관장은 다른 법령에서 정보공개가 금지되지 아니하는 범위에서 제2항의 업무활동 내역을 공개할 수 있다.

과태료 (제28조 제3항)	제8조 제1항을 위반하여 업무활동 내역을 제출하지 아니한 고위공직자에게는 1천만 원 이하의 과태료를 부과

(5) 직무관련자와의 거래 신고(제9조)

① 공직자는 자신, 배우자 또는 직계존속·비속(배우자의 직계존속·비속으로 생계를 같이하는 경우를 포함한다. 이하 이 조에서 같다) 또는 특수관계사업자(자신, 배우자 또는 직계존속·비속이 대통령령으로 정하는 일정 비율 이상의 주식·지분 등을 소유하고 있는 법인 또는 단체를 말한다. 이하 같다)가 공직자 자신의 직무관련자(「민법」 제777조에 따른 친족인 경우는 제외한다)와 다음 각 호의 어느 하나에 해당하는 행위를 한다는 것을 사전에 안 경우에는 안 날부터 14일 이내에 소속기관장에게 그 사실을 서면으로 신고하여야 한다. 〈23 승진〉
1호. 금전을 빌리거나 빌려주는 행위 및 유가증권을 거래하는 행위. 다만, 「금융실명거래 및 비밀보장에 관한 법률」에 따른 금융회사등, 「대부업 등의 등록 및 금융이용자 보호에 관한 법률」에 따른 대부업자등이나 그 밖의 금융회사로부터 통상적인 조건으로 금전을 빌리는 행위 및 유가증권을 거래하는 행위는 제외한다.

2호. 토지 또는 건축물 등 부동산을 거래하는 행위. 다만, 공개모집에 의하여 이루어지는 분양이나 공매·경매·입찰을 통한 재산상 거래 행위는 제외한다.

3호. 제1호 및 제2호의 거래 행위 외의 물품·용역·공사 등의 계약을 체결하는 행위. 다만, 공매·경매·입찰을 통한 계약 체결 행위 또는 거래관행상 불특정다수를 대상으로 반복적으로 행하여지는 계약 체결 행위는 제외한다.

② 공직자는 제1항 각 호에 따른 행위가 있었음을 사후에 알게 된 경우에도 안 날부터 14일 이내에 소속기관장에게 그 사실을 서면으로 신고하여야 한다.

③ 소속기관장은 제1항 또는 제2항에 따라 공직자가 신고한 행위가 직무의 공정한 수행을 저해할 수 있다고 판단되는 경우에는 해당 공직자에게 제7조 제1항 각 호 또는 같은 조 제2항의 조치를 할 수 있다.

과태료 (제28조 제2항)	제9조 제1항 또는 제2항을 위반하여 거래를 신고하지 아니한 공직자에게는 2천만 원 이하의 과태료를 부과

(6) 직무 관련 외부활동의 제한(제10조) 〈23 승진〉

공직자는 다음 각 호의 행위를 하여서는 아니 된다. **다만, 「국가공무원법」 등 다른 법령·기준에 따라 허용되는 경우는 그러하지 아니하다.**

1호. **직무관련자에게 사적으로 노무 또는 조언·자문 등을 제공하고 대가를 받는 행위**

2호. 소속 공공기관의 소관 직무와 관련된 지식이나 정보를 타인에게 제공하고 대가를 받는 행위. 다만, 「부정청탁 및 금품등 수수의 금지에 관한 법률」 제10조에 따른 외부강의등의 대가로서 사례금 수수가 허용되는 경우와 소속기관장이 허가한 경우는 제외한다.

3호. 공직자가 소속된 공공기관이 당사자이거나 직접적인 이해관계를 가지는 사안에서 자신이 소속된 공공기관의 상대방을 대리하거나 그 상대방에게 조언·자문 또는 정보를 제공하는 행위

4호. 외국의 기관·법인·단체 등을 대리하는 행위. 다만, 소속기관장이 허가한 경우는 제외한다.

5호. **직무와 관련된 다른 직위에 취임하는 행위. 다만, 소속기관장이 허가한 경우는 제외한다.**

과태료 (제28조 제2항)	제10조를 위반하여 직무 관련 외부활동을 한 공직자에게는 2천만 원 이하의 과태료를 부과

(7) 가족 채용 제한(제11조)

① 공공기관(공공기관으로부터 출연금·보조금 등을 받거나 법령에 따라 업무를 위탁받는 산하 공공기관과 「상법」 제342조의2에 따른 자회사를 포함한다)은 다음 각 호의 어느 하나에 해당하는 공직자의 가족을 채용할 수 없다.

1호. 소속 고위공직자

2호. 채용업무를 담당하는 공직자

3호. 해당 산하 공공기관의 감독기관인 공공기관 소속 고위공직자

4호. 해당 자회사의 모회사인 공공기관 소속 고위공직자

② 다음 각 호의 어느 하나에 해당하는 경우에는 제1항을 적용하지 아니한다.

1호. 「국가공무원법」 등 다른 법령(제2조 제1호 라목 또는 마목에 해당하는 공공기관의 인사 관련 규정을 포함한다. 이하 이 조에서 같다)에서 정하는 공개경쟁채용시험 또는 경력 등 응시요건을 정하여 같은 사유에 해당하는 다수인을 대상으로 하는 채용시험에 합격한 경우

2호. 「국가공무원법」 등 다른 법령에 따라 다수인을 대상으로 시험을 실시하는 것이 적당하지 아니하여 다수인을 대상으로 하지 아니한 시험으로 공무원을 채용하는 경우로서 다음 각 목의 어느 하나에 해당하는 경우

가목. 공무원으로 재직하였다가 퇴직한 사람을 퇴직 시에 재직한 직급(고위공무원단에 속하는 공무원은 퇴직 시에 재직한 직위와 곤란성과 책임도가 유사한 직위를 말한다. 이하 이 호에서 같다)으로 재임용하는 경우

나목. 임용예정 직급·직위와 같은 직급·직위에서의 근무경력이 해당 법령에서 정하는 기간 이상인 사람을 임용하는 경우

다목. 국가공무원을 그 직급·직위에 해당하는 지방공무원으로 임용하거나, 지방공무원을 그 직급·직위에 해당하는 국가공무원으로 임용하는 경우

라목. 자격 요건 충족 여부만이 요구되거나 자격 요건에 해당하는 다른 대상자가 없어 다수인을 대상으로 할 수 없는 경우

③ 제1항 각 호의 어느 하나에 해당하는 공직자는 제1항을 위반하여 자신의 가족이 채용되도록 지시·유도 또는 묵인을 하여서는 아니 된다.

④ 제1항 및 제3항에도 불구하고 다른 법률에서 이 법의 적용을 받는 공공기관이 제1항 각 호의 어느 하나에 해당하는 공직자의 가족을 채용할 수 있도록 허용하고 있는 경우에는 그 법률의 규정에 따른다.

과태료 (제28조 제1항)	제11조 제3항을 위반한 공직자에게는 3천만 원 이하의 과태료를 부과

(8) 수의계약 체결 제한(제12조)

① 공공기관(공공기관으로부터 출연금·보조금 등을 받거나 법령에 따라 업무를 위탁받는 산하 공공기관과 「상법」 제342조의2에 따른 자회사를 포함한다)은 다음 각 호의 어느 하나에 해당하는 자와 물품·용역·공사 등의 수의계약(이하 "수의계약"이라 한다)을 체결할 수 없다. 다만, 해당 물품의 생산자가 1명뿐인 경우 등 대통령령으로 정하는 불가피한 사유가 있는 경우에는 그러하지 아니하다.

1호. 소속 고위공직자
2호. 해당 계약업무를 법령상·사실상 담당하는 소속 공직자
3호. 해당 산하 공공기관의 감독기관 소속 고위공직자
4호. 해당 자회사의 모회사인 공공기관 소속 고위공직자
5호. 해당 공공기관이 「국회법」 제37조에 따른 상임위원회의 소관인 경우 해당 상임위원회 위원으로서 직무를 담당하는 국회의원
6호. 「지방자치법」 제41조에 따라 해당 지방자치단체 등 공공기관을 감사 또는 조사하는 지방의회의원
7호. 제1호부터 제6호까지의 어느 하나에 해당하는 공직자의 배우자 또는 직계존속·비속(배우자의 직계존속·비속으로 생계를 같이하는 경우를 포함한다. 이하 이 조에서 같다)
8호. 제1호부터 제7호까지의 어느 하나에 해당하는 사람이 대표자인 법인 또는 단체
9호. 제1호부터 제7호까지의 어느 하나에 해당하는 사람과 관계된 특수관계사업자

② 제1항 제1호부터 제6호까지의 어느 하나에 해당하는 공직자는 제1항을 위반하여 같은 항 각 호의 어느 하나에 해당하는 자와 수의계약을 체결하도록 지시·유도 또는 묵인을 하여서는 아니 된다.

과태료 (제28조 제1항)	제12조 제2항을 위반한 공직자에게는 3천만 원 이하의 과태료를 부과

(9) 공공기관 물품 등의 사적 사용·수익 금지(제13조)

공직자는 공공기관이 소유하거나 임차한 물품·차량·선박·항공기·건물·토지·시설 등을 사적인 용도로 사용·수익하거나 제3자로 하여금 사용·수익하게 하여서는 아니 된다. 다만, 다른 법령·기준 또는 사회상규에 따라 허용되는 경우에는 그러하지 아니하다.

과태료 (제28조 제2항)	제13조를 위반한 공직자에게는 2천만 원 이하의 과태료를 부과

(10) 직무상 비밀 등 이용 금지(제14조) <22 경채>

① 공직자(공직자가 아니게 된 날부터 3년이 경과하지 아니한 사람을 포함하되, 다른 법률에서 이와 달리 규정하고 있는 경우에는 그 법률에서 규정한 바에 따른다. 이하 이 조, 제27조 제1항, 같은 조 제2항 제1호 및 같은 조 제3항 제1호에서 같다)는 직무수행 중 알게 된 비밀 또는 소속 공공기관의 미공개정보(재물 또는 재산상 이익의 취득 여부의 판단에 중대한 영향을 미칠 수 있는 정보로서 불특정 다수인이 알 수 있도록 공개되기 전의 것을 말한다. 이하 같다)를 이용하여 재물 또는 재산상의 이익을 취득하거나 제3자로 하여금 재물 또는 재산상의 이익을 취득하게 하여서는 아니 된다.

제27조 벌칙 제1항	제14조 제1항을 위반한 공직자(공무수행사인을 포함)는 7년 이하의 징역 또는 7천만 원 이하의 벌금

② 공직자로부터 직무상 비밀 또는 소속 공공기관의 미공개정보임을 알면서도 제공받거나 부정한 방법으로 취득한 자는 이를 이용하여 재물 또는 재산상의 이익을 취득하여서는 아니 된다.

제27조 벌칙 제2항	위반한 공직자는 5년 이하의 징역 또는 5천만 원 이하의 벌금

③ 공직자는 직무수행 중 알게 된 비밀 또는 소속 공공기관의 미공개정보를 사적 이익을 위하여 이용하거나 제3자로 하여금 이용하게 하여서는 아니 된다.

제27조 벌칙 제3항	위반한 공직자는 3년 이하의 징역 또는 3천만 원 이하의 벌금

(11) 퇴직자 사적 접촉 신고(제15조) <23 승진>

공직자는 직무관련자인 소속 기관의 퇴직자(공직자가 아니게 된 날부터 2년이 지나지 아니한 사람만 해당한다)와 사적 접촉(골프, 여행, 사행성 오락을 같이 하는 행위를 말한다)을 하는 경우 소속기관장에게 신고하여야 한다. **다만, 사회상규에 따라 허용되는 경우에는 그러하지 아니하다**(제1항).

과태료 (제28조 제3항)	제15조 제1항을 위반한 공직자에게는 1천만 원 이하의 과태료를 부과

3. 이해충돌 방지에 관한 업무의 총괄 등(제3장) <25 경위>

(1) 공직자의 이해충돌 방지에 관한 업무의 총괄(제17조)

국민권익위원회는 이 법에 따른 다음 각 호의 사항에 관한 업무를 관장한다.

(2) 신고자 등의 보호·보상(제20조)

① 누구든지 신고자등에게 신고등을 이유로 불이익조치(「공익신고자 보호법」 제2조 제6호에 따른 불이익조치를 말한다. 이하 같다)를 하여서는 아니 된다(제2항).

② 이 법의 위반행위를 한 자가 위반사실을 자진하여 신고하거나 신고자등이 신고등을 함으로 인하여 자신이 한 이 법의 위반행위가 발견된 경우에는 그 위반행위에 대한 형사처벌, 과태료 부과, 징계처분, 그 밖의 행정처분 등을 감경하거나 면제할 수 있다(제3항).

③ 국민권익위원회는 제18조 제1항에 따른 신고로 인하여 공공기관에 재산상 이익을 가져오거나 손실을 방지한 경우 또는 공익을 증진시킨 경우에는 그 신고자에게 포상금을 지급할 수 있다(제5항).

④ 국민권익위원회는 제18조 제1항에 따른 신고로 인하여 공공기관에 직접적인 수입의 회복·증대 또는 비용의 절감을 가져온 경우에는 그 신고자의 신청에 의하여 보상금을 지급하여야 한다(제6항).

8 경찰청 공무원 행동강령 [경찰청 훈령]

1. 총칙(제1장)

(1) 목적(제1조) <20 승진>

이 규칙은 「부패방지 및 국민권익위원회의 설치와 운영에 관한 법률」 제8조 및 공무원 행동강령(※ 대통령령)에 따라 경찰청(소속기관, 시·도경찰청, 경찰서를 포함한다. 이하 같다) 소속 공무원(이하 "공무원"이라 한다)이 준수하여야 할 행동기준을 규정하는 것을 목적으로 한다.

(2) 정의(제2조)

직무관련자	공무원의 소관 업무와 관련되는 자로서 다음 각 목의 어느 하나에 해당하는 개인[공무원이 사인(私人)의 지위에 있는 경우에는 개인으로 본다] 또는 법인·단체를 말한다. 가목. 다음의 어느 하나에 해당하는 민원(「민원 처리에 관한 법률」에 따른 민원)을 신청하는 중이거나 신청하려는 것이 명백한 개인 또는 법인·단체 나목. 인가·허가 등의 취소, 영업정지, 과징금 또는 과태료의 부과 등으로 이익 또는 불이익을 직접적으로 받는 개인 또는 법인·단체 다목. 수사, 감사(監査), 감독, 검사, 단속, 행정지도 등의 대상인 개인 또는 법인·단체
직무관련 공무원	공무원의 직무수행과 관련하여 이익 또는 불이익을 직접적으로 받는 다른 공무원(기관이 이익 또는 불이익을 받는 경우에는 그 기관의 관련 업무를 담당하는 공무원을 말한다) 중 다음 각 목의 어느 하나에 해당하는 공무원을 말한다. 가목. 상급자와 직무상 지휘명령을 받는 당해 업무의 하급자 나목. 인사·감사·상훈·예산·심사평가업무 담당자와 해당업무와 직접 관련된 다른 공무원 다목. 행정사무를 위임·위탁한 경우 위임·위탁사무를 관리·감독하는 공무원과 그 사무를 담당하는 공무원 라목. 그 밖에 특별한 사유로 경찰청장이 정하는 경우
경찰유관단체	경찰기관에서 민관 치안협력 또는 민간전문가를 통한 치안자문활동 목적으로 조직·운영하고 있는 단체를 말한다.

(3) **적용범위(제3조)** ⁽¹⁶·²⁰ 승진⁾

이 규칙은 경찰청 소속 공무원과 경찰청에 파견된 공무원에게 적용한다.

2. 공정한 직무수행(제2장)

(1) **공정한 직무수행을 해치는 지시에 대한 처리(제4조)** ⁽¹⁵·¹⁷·¹⁸·²³ 채용, ¹⁸·²⁰ 승진⁾

① 공무원은 상급자가 자기 또는 타인의 부당한 이익을 위하여 공정한 직무수행을 현저하게 해치는 지시를 하였을 때에는 그 사유를 그 상급자에게 소명하고 지시에 따르지 아니하거나(아닐 수 있다), 행동강령책임관(공무원 행동강령에 관한 업무를 담당하는 공무원)과 상담할 수 있다(상담하여야 한다×).

② 제1항에 따라 지시를 이행하지 아니하였는데도 **같은 지시가 반복될 때에는 즉시 행동강령책임관과 상담하여야 한다.**

③ 제1항이나 제2항에 따라 상담 요청을 받은 행동강령책임관은 지시 내용을 확인하여 지시를 취소하거나 변경할 필요가 있다고 인정되면 소속 기관의 장에게 보고하여야 한다. 다만, **지시 내용을 확인하는 과정에서 부당한 지시를 한 상급자가 스스로 그 지시를 취소하거나 변경하였을 때에는 소속 기관의 장에게 보고하지 아니할 수 있다.**

④ 제3항에 따른 보고를 받은 소속 기관의 장은 필요하다고 인정되면 지시를 취소·변경하는 등 적절한 조치를 하여야 한다. 이 경우 공정한 직무수행을 해치는 지시를 제1항에 따라 이행하지 아니하였는데도 같은 지시를 반복한 상급자에게는 징계 등 필요한 조치를 할 수 있다.

(2) **부당한 수사지휘에 대한 이의제기** ⁽¹⁸·²² 채용, ¹⁹·²³ 경위⁾

① 공무원은 「범죄수사규칙」 제30조에 따른 경찰관서 내 수사 지휘에 대한 이의제기와 관련하여 행동강령책임관에게 상담을 요청할 수 있다(제4조의2 제1항).

② 제1항의 상담요청을 받은 행동강령책임관은 해당 지휘의 취소·변경이 필요하다고 인정되면 소속기관장에게 보고하여야 한다(제4조의2 제2항).

③ **경찰공무원은 구체적 사건수사와 관련된 상관의 지휘·감독의 적법성 또는 정당성에 대하여 이견이 있을 때에는 이의를 제기할 수 있다**(국가경찰과 자치경찰의 조직 및 운영에 관한 법률 제6조 제2항).

④ (경찰청) 범죄수사규칙[경찰청 훈령] 제30조(경찰관서 내 이의제기) 제3항: 경찰관은 구체적 수사와 관련된 소속 수사부서장의 지휘·감독의 적법성 또는 정당성에 이견이 있는 경우에는 해당 상관에게 별지 제6호 서식의 수사지휘에 대한 이의제기서를 작성하여 이의를 제기할 수 있다.

(3) **수사·단속 업무의 공정성 강화(제5조의2)** ⁽²³ 채용⁾

① 공무원은 수사·단속의 대상이 되는 업소 중 경찰청장이 지정하는 유형의 업소 관계자와 부적절한 사적 접촉을 하여서는 아니 되며, **공적 또는 사적으로 접촉한 경우 경찰청장이 정하는 방법에 따라 신고하여야 한다.**

② 공무원은 수사 중인 사건의 관계자(해당 사건의 처리와 법률적·경제적 이해관계가 있는 자로서 경찰청장이 지정하는 자를 말한다)와 부적절한 사적접촉을 해서는 아니 되며, 소속 경찰관서 내에서만 접촉하여야 한다. 다만, 현장 조사 등 공무상 필요한 경우 외부에서 접촉할 수 있으며, 이 경우에는 수사서류 등 공문서에 기록하여야 한다.

(4) 특혜의 배제(제6조) ⟨18 채용, 15·16·17 승진⟩

공무원은 직무를 수행함에 있어 지연·혈연·학연·종교 등을 이유로 특정인에게 특혜를 주어서는 아니 된다.

(5) 예산의 목적 외 사용 금지(제7조) ⟨15·16 승진⟩

공무원은 여비, 업무추진비 등 공무 활동을 위한 예산을 목적 외의 용도로 사용하여 소속 기관에 재산상 손해를 입혀서는 아니 된다.

(6) 정치인 등의 부당한 요구에 대한 처리(제8조) ⟨17·18 채용, 17·18 승진, 19·24 경위⟩

① 공무원은 정치인이나 정당 등으로부터 부당한 직무수행을 강요받거나 청탁을 받은 경우에는 별지 제9호 서식 또는 전자우편 등의 방법으로 **소속 기관의 장에게 보고하거나 행동강령책임관과 상담하여야 한다.**
② 제1항에 따라 보고를 받은 소속 기관의 장이나 상담을 한 행동강령책임관은 그 공무원이 공정한 직무수행을 할 수 있도록 적절한 조치를 하여야 한다.

(7) 경찰유관단체원의 부정행위에 대한 처리(제8조의2) ⟨24 경위⟩

경찰유관단체원이 다음의 어느 하나에 해당하는 행위를 한 경우 **행동강령책임관은 해당 경찰유관단체 운영 부서장과 협의하여 소속기관장에게 경찰유관단체원의 해촉 등 필요한 조치를 건의하여야 하며, 보고를 받은 소속기관장은 적절한 조치를 취하여야 한다.**
1호. 경찰 업무와 관련하여 금품을 수수 또는 경찰관에게 금품을 제공하거나, 이를 알선한 경우
2호. 경찰 업무와 관련하여 부당한 청탁 또는 알선을 한 경우
3호. 이권 개입 등 경찰유관단체원의 지위를 부당하게 이용한 경우
4호. 직무와 관련하여 알게 된 비밀을 누설한 경우
5호. 그 밖에 경찰유관단체원으로서 부적절한 처신 등으로 경찰과 소속 단체의 명예를 훼손한 경우

(8) 인사 청탁 등의 금지(제9조) ⟨17 채용, 15·17 승진⟩

① 공무원은 자신의 임용·승진·전보 등 인사에 부당한 영향을 미치기 위하여 타인으로 하여금 인사업무 담당자에게 청탁을 하도록 해서는 아니 된다.
② 공무원은 직위를 이용하여 다른 공무원의 임용·승진·전보 등 인사에 부당하게 개입해서는 아니 된다.

3. 부당이득의 수수 금지(제3장)

(1) 이권 개입 등의 금지(제10조)

공무원은 자신의 직위를 직접 이용하여 부당한 이익을 얻거나 타인이 부당한 이익을 얻도록 해서는 아니 된다.

(2) 직위의 사적이용 금지(제10조의2) ⟨21 승진⟩

공무원은 직무의 범위를 벗어나 사적 이익을 위하여 소속기관의 명칭이나 직위를 공표·게시하는 등의 방법으로 이용하거나 이용하게 하여서는 아니 된다.

(3) 알선·청탁 등의 금지(제11조)

① 공무원은 자기 또는 타인의 부당한 이익을 위하여 다른 공직자(「부패방지 및 국민권익위원회의 설치와 운영에 관한 법률」 제2조 제3호 가목 및 나목에 따른 공직자를 말한다. 이하 같다)의 공정한 직무수행을 해치는 알선·청탁 등을 해서는 아니 된다.

② 공무원은 직무수행과 관련하여 자기 또는 타인의 부당한 이익을 위하여 직무관련자를 다른 직무관련자나 공직자에게 소개해서는 아니 된다.

(4) 직무 관련 정보를 이용한 거래 등의 제한(제12조) 〈23 채용〉

공무원은 직무수행 중 알게 된 정보를 이용하여 유가증권, 부동산 등과 관련된 재산상 거래 또는 투자를 하거나 타인에게 그러한 정보를 제공하여 재산상 거래 또는 투자를 돕는 행위를 해서는 아니 된다.

(5) 가상자산 관련 정보를 이용한 거래 등의 제한(제12조의2)

① 공무원은 다음 각 호의 어느 하나에 해당하는 행위를 해서는 아니 된다.
  1호. 직무수행 중 알게 된 가상자산과 관련된 정보(이하 "가상자산 정보"라 한다)를 이용한 재산상 거래 또는 투자 행위
  2호. 가상자산 정보를 타인에게 제공하여 재산상 거래나 투자를 돕는 행위
② 제1항 제1호의 직무란 다음 각 호의 어느 하나에 해당하는 것을 말한다.
  1호. 가상자산에 관한 정책 또는 법령의 입안·집행 등에 관련되는 직무
  2호. 가상자산과 관련된 수사·조사·검사 등에 관련되는 직무
  3호. 가상자산 거래소의 신고·관리 등과 관련되는 직무
  4호. 가상자산 관련 기술 개발 지원 및 관리 등에 관련되는 직무
③ 제2항 각 호의 직무를 수행하는 부서와 직위는 경찰청장이 정한다.
④ 제3항의 부서와 직위에서 직무를 수행하는 공무원은 가상자산을 신규 취득하여서는 아니 되며, 보유한 경우에는 별지 제10호의2 서식에 따라 소속기관의 장에게 신고해야 한다.

(6) 사적 노무 요구 금지(제13조의2) 〈24 경위〉

공무원은 자신의 직무권한을 행사하거나 지위·직책 등에서 유래되는 사실상 영향력을 행사하여 직무관련자 또는 직무관련공무원으로부터 사적 노무를 제공받거나 요구 또는 약속해서는 아니 된다. **다만, 다른 법령 또는 사회상규에 따라 허용되는 경우에는 그러하지 아니하다.**

(7) 감독기관의 부당한 요구 금지(제14조의2)

① 감독·감사·조사·평가를 하는 기관(이하 이 조에서 "감독기관"이라 한다)에 소속된 공무원은 자신이 소속된 기관의 출장·행사·연수 등과 관련하여 감독·감사·조사·평가를 받는 기관(이하 이 조에서 "피감기관"이라 한다)에 다음 각 호의 어느 하나에 해당하는 부당한 요구를 해서는 안 된다.
  1호. 법령에 근거가 없거나 예산의 목적·용도에 부합하지 않는 금품등의 제공 요구
  2호. 감독기관 소속 공무원에 대하여 정상적인 관행을 벗어난 예우·의전의 요구
② 제1항에 따른 부당한 요구를 받은 피감기관 소속 공직자는 그 이행을 거부해야 하며, 거부했음에도 불구하고 감독기관 소속 공무원으로부터 같은 요구를 다시 받은 때에는 그 사실을 피감기관의 행동강령책임관(피감기관이 공직유관단체인 경우에는 행동강령에 관한 업무를 담당하는 직원을 말한다. 이하 이 조에서 같다)에게 알려야 한다. 이 경우 행동강령책임관은 그 요구가 제1항 각 호의 어느 하나에 해당하는 경우에는 지체 없이 피감기관의 장에게 보고해야 한다.

③ 제2항 후단에 따른 보고를 받은 피감기관의 장은 제1항 각 호의 어느 하나에 해당하는 경우에는 그 사실을 해당 감독기관의 장에게 알려야 하며, 그 사실을 통지받은 감독기관의 장은 해당 요구를 한 소속 공무원에 대하여 징계 등 필요한 조치를 해야 한다.

4. 건전한 공직풍토의 조성(제4장) <24 채용, 17·18 승진, 23 경위>

직무관련자에게 협찬 요구 금지 (제16조의2)	공무원은 직무관련자에게 직위를 이용하여 행사 진행에 필요한 직·간접적 경비, 장소, 인력, 또는 물품 등의 협찬을 요구하여서는 아니 된다.
직무관련자와 골프 및 사적여행 제한 (제16조의3)	① 공무원은 직무관련자와는 비용 부담 여부와 관계없이 골프를 같이 하여서는 아니 된다. 다만, 다음 각 호와 같은 부득이한 사정에 따라 골프를 같이 하는 경우에는 소속관서 행동강령 책임관에게 사전에 신고하여야 하며 사전에 신고하기 어려운 특별한 사유가 있는 경우에는 사후에 즉시 신고하여야 한다. 1호. 정책의 수립·시행을 위한 의견교환 또는 업무협의 등 공적인 목적을 위하여 필요한 경우 2호. 직무관련자인 친족과 골프를 하는 경우 3호. 동창회 등 친목단체에 직무관련자가 있어 부득이 골프를 하는 경우 4호. 그 밖에 위 각 호와 유사한 사유로 부득이하다고 인정되는 경우 ② 공무원은 직무관련자와 함께 사적인 여행을 하여서는 아니 된다. 다만, 제1항 각 호의 사유가 있어 같은 항 단서에 따른 신고를 한 경우에는 그러하지 아니하다.
직무관련자와 사행성 오락 금지 (제16조의4)	공무원은 직무관련자와 마작, 화투, 카드 등 우연의 결과나 불확실한 승패에 의하여 금품 등 경제적 이익을 취할 목적으로 하는 사행성 오락을 같이 하여서는 아니 된다.
경조사의 통지 제한 (제17조)	공무원은 직무관련자나 직무관련공무원에게 경조사를 알려서는 아니 된다. 다만, 다음의 어느 하나에 해당하는 경우에는 경조사를 알릴 수 있다. 1호. 친족(「민법」 제767조에 따른 친족을 말한다)에 대한 통지 2호. 현재 근무하고 있거나 과거에 근무하였던 기관의 소속 직원에게 알리는 경우 3호. **신문, 방송 또는 제2호에 따른 직원에게만 열람이 허용되는 내부통신망** 등을 통하여 알리는 경우 4호. **공무원 자신(배우자✕)**이 소속된 **종교단체·친목단체 등의 회원**에게 알리는 경우

5. 보칙(제6장)

행동강령책임관의 지정(제23조)	① 경찰청, 소속기관, 시·도경찰청, 경찰서에 이 규칙의 시행을 담당하는 행동강령책임관을 둔다. ② 경찰청에 감사관, 시·도경찰청에 청문감사인권담당관, 경찰서에 청문감사인권관을 행동강령책임관으로 한다(소속기관 및 청문감사인권제 미운영 관서는 감사 업무를 담당하는 부서장으로 한다). ③ 행동강령책임관은 소속기관의 공무원에 대한 이 규칙의 교육·상담, 준수여부에 대한 점검 및 위반행위의 신고접수·조사처리에 관한 업무를 담당한다.

9 경찰윤리 교육과 경찰윤리강령

1. 경찰윤리 교육의 목적 [클라이니히(J. Kleinig)] ⟨21 경채⟩

도덕적 결의 강화	① 경찰관은 실무에서 내외부로부터 압력과 유혹에 직면하게 되므로 이런 경우를 대비해서 윤리적인 행동을 하기 위한 동기와 유인(자신의 소신과 직업의식)을 주는 것이 윤리교육의 목적이 된다. ② **돈을 주며 사건무마를 청탁하는 의뢰인의 요구를 결국 거절하도록 하는 경찰교육의 목적은 도덕적 결의의 강화에 있다.**
도덕적 감수성 배양	① 경찰관은 복잡한 사회문화 환경에서 일하여야 하므로 다양한 사회계층과 문화를 이해할 수 있는 관점을 갖추어야 한다. ② 경찰윤리의 주된 목적은 도덕적 감수성의 발달, 도덕의 깊이와 넓이의 확장으로 파악될 수 있다. 즉, 다양한 계층의 사람들을 인간으로서 존중하고 그들에게 공평하게 봉사하는 것이다. **예** 지구대에 노숙인이 찾아와 도움을 요청했을 때 인간으로서 존중하고 다른 시민들과 마찬가지로 공평하게 봉사하도록 하는 경찰교육의 목적은 도덕적 감수성의 배양이다. ③ 경찰윤리강령들은 경찰의 업무수행과정에서 다른 사람들의 인격을 존중하라는 도덕적 감수성의 핵심적인 요구를 규정하고 있다. **예** 우리는 모든 사람의 인격을 존중하고 누구에게나 따뜻하게 봉사하는 친절한 경찰이다.「경찰헌장」
도덕적 전문능력 함양	① **도덕적 전문능력 함양이란 경찰관이 비판적 사고방식을 배양하여 잘못된 관행을 비판적으로 검토하여 수용하는 것이다.** ② 도덕적 자율성에 근거하여 아무런 반성 없이 받아들여지는 규범들을 스스로 따져보는 것이 필요하다. ③ 작은 호의를 받거나 거절하는 문제도 다양한 측면(현실과의 타협 아니면 비사교적 관계)에 대해 자율적이고 비판적인 태도로 숙고해 본 경찰관만이 경찰과 공동체 간의 관계를 보다 발전된 방식으로 개선할 수 있다. ④ **경찰윤리 교육의 가장 중요한 목적으로 볼 수 있다.**

2. 경찰윤리강령의 역사와 기능, 문제점

(1) **경찰윤리강령의 역사** ⟨21·24 채용, 21 승진, 23 경위⟩

① 1945년 국립경찰의 탄생 시 경찰의 이념적 좌표가 된 경찰정신은 **영미법계의 영향**을 받은 '봉사와 질서'이다.
② 경찰윤리강령의 순서
　경찰윤리헌장(1966년) → 새경찰신조(1980년) → 경찰헌장(1991년) → 경찰서비스헌장(1998년)

(2) **경찰윤리강령의 기능**

대내적 기능	대외적 기능
① 경찰공무원 개인적 기준 설정 ② 경찰조직의 기준 제시 ③ 경찰조직에 대한 소속감 고취 ④ 경찰조직구성원에 대한 교육자료 제공	① 서비스 수준의 보장 ② 국민과의 신뢰관계 형성 ③ 과도한 요구에 대한 책임 제한

(3) 윤리강령의 문제점 〈24 채용, 23 경채, 19·21 승진〉

실행가능성 문제	전문직업인의 내부규율로서 선언적 효력을 가질 뿐 법적인 강제력이 없기 때문에 이를 위반했을 경우 제재할 방법이 미흡하며, 지나친 이상추구의 성격 때문에 발생할 수 있다.
냉소주의의 문제	① 민주적 참여에 의한 제정보다는 상부에서 제정되고 일방적으로 하달되어 냉소주의를 불러일으키는 단점이 있다. ② 상의하달 방식의 강령은 직원들의 참여에 의하여 이루어지는 것이 아니므로 냉소주의를 야기한다.
최소주의의 위험	경찰관이 최선을 다하여 헌신과 봉사를 하려다가도 경찰윤리강령에 포함된 정도의 수준으로만 근무를 하여 경찰강령이 근무수행의 최소기준이 될 뿐이다.
비진정성의 조장	경찰관의 도덕적 자각에 따른 자발적인 행동이 아니라 외부로부터 요구된 타율성으로 인해 진정한 봉사가 이루어지지 않을 수 있다.
우선순위 미결정	무엇을 먼저 해야 할지 우선순위를 결정하는 기준이 못 된다.
행위중심적 성격	행위 중심적으로 규정되어 있어 행위이전의 의도나 동기를 소홀히 한다.

3. 경찰헌장과 경찰서비스헌장

(1) 경찰헌장 〈17 채용, 15·16·21·23 승진〉

1991년 8월 1일 경찰청 출범에 맞추어 「경찰헌장」 5개항이 제정되었다.

> 1. 우리는 모든 사람의 인격을 존중하고 누구에게나 따뜻하게 봉사하는 친절한 경찰이다.
> 2. 우리는 정의의 이름으로 진실을 추구하며 어떠한 불의나 불법과도 타협하지 않는 의로운 경찰이다.
> 3. 우리는 국민의 신뢰를 바탕으로 오직 양심에 따라 법을 집행하는 공정한 경찰이다.
> 4. 우리는 건전한 상식 위에 전문지식을 갈고 닦아 맡은 일을 성실하게 수행하는 근면한 경찰이다.
> 5. 우리는 화합과 단결 속에 항상 규율을 지키며 검소하게 생활하는 깨끗한 경찰이다.

(2) 경찰서비스헌장

1998년 9월 30일 「경찰서비스 헌장」 6개항이 제정되었다.

> 우리는 국민의 생명과 재산을 보호하고 법과 질서를 수호하는 국민의 경찰로서 모든 국민이 안전하고 평온한 삶을 누릴 수 있도록 다음과 같이 실천하겠습니다.
> 1. 범죄와 사고를 철저히 예방하고 법을 어긴 행위는 단호하고 엄정하게 처리하겠습니다.
> 2. 국민이 필요로 하면 어디든지 바로 달려가 도와드리겠습니다.
> 3. 모든 민원은 친절하고 신속 공정하게 처리하겠습니다.
> 4. 국민의 안전과 편의를 제일 먼저 생각하며 성실히 직무를 수행하겠습니다.
> 5. 인권을 존중하고 권한을 남용하는 일이 없도록 하겠습니다.
> 6. 잘못된 업무는 즉시 확인하여 바로 잡겠습니다.

CHAPTER 02 경찰행정법의 기초

제1절 행정과 행정법

1 행정의 개념과 분류

1. 행정의 개념

(1) **형식적 의미의 행정**
① 실정법에 의해 행정부가 행하는 모든 국가작용을 말한다.
② 그것이 성질상 입법(예 행정입법)에 속하든, 사법(예 행정심판)에 속하든 모두 형식적 의미의 행정이 된다.

(2) **실질적 의미의 행정**
① 행정은 공익실현(사회질서 유지, 공공복리 증진)을 목적으로 구체적인 사안에 법을 적용하는 현실적이고 미래지향적인 국가활동이다.
② 국가작용의 성질과 기능을 중심으로 행정작용을 파악한다.
③ 행정부뿐만 아니라 입법부와 사법부도 실질적 의미의 행정을 하는 경우가 있다.
   예 소속 직원의 임용
④ 실질적 의미의 입법은 성문의 일반적·추상적 규범을 정립하는 작용이고, 실질적 의미의 사법은 당사자 간의 구체적인 법률상 분쟁을 해결하는 작용(재판)이다.

(3) **두 개념의 구분**
① 행정부의 활동은 모두 형식적 의미의 행정이다.

실질적 의미	행정	입법	사법
정부	법 집행 (영업 허가, 조세 부과)	행정입법(대통령령 제정)	통고처분, 행정심판 재결

② 국회의 활동은 모두 형식적 의미의 입법이다.

실질적 의미	입법	행정	사법
국회	법 정립(법률제정)	국회사무총장의 국회사무처 직원 임명	국회의원 징계

③ 법원의 활동은 모두 형식적 의미의 사법이다.

실질적 의미	사법	행정	입법
법원	법 선언(재판)	일반법관 임명, 등기사무	대법원규칙 제정

④ 지방공무원 임명: 형식적 의미의 행정, 실질적 의미의 행정
⑤ 대통령령의 제정: 형식적 의미의 행정, 실질적 의미의 입법

⑥ 통고처분: **형식적 의미의 행정, 실질적 의미의 사법**
  통고처분은 실정법에 의해 행정부가 행하는 행정제재 작용이므로 형식적 의미의 행정이다. 또한 형사재판을 대신하여 간이·신속한 처리를 목적으로 상대방의 동의하에 행정청이 벌금 또는 과료에 상당하는 금액인 범칙금의 납부를 통고하는 준사법적 행위이므로 실질적 의미의 사법이다.
⑦ 행정심판의 재결: 형식적 의미의 행정, 실질적 의미의 사법
⑧ 국회사무총장의 직원 임명: 형식적 의미의 입법, 실질적 의미의 행정

2. 행정의 분류

목적	① 질서행정: 사회공공의 안녕과 질서를 유지하기 위한 소극적 행정작용을 말한다. 　**예** 교통정리, 영업규제, 전염병예방활동 등. 면허취소, 영업정지 등 침해적인 수단 사용 ② 급부행정: 국민의 복지를 적극적으로 증진하기 위하여 행하는 적극적 행정작용이다. 　**예** 공급행정, 사회보장행정, 자금지원행정 등 수익적 행정작용 ③ 유도행정: 행정주체가 규제·지원 등의 조치로 국민을 일정한 방향으로 이끌어 가며 경제적·사회적·문화적 생활을 개선하는 활동이다. ④ 계획행정: 일정한 목표를 달성하기 위해 현재에 미리 계획하는 행정작용을 말한다. 　**예** 교통안전시설 기본계획, 공간 이용계획, 자원 이용, 보존계획 등 ⑤ 공과행정: 국가·지방자치단체 등이 그 소요재원을 마련하기 위하여 조세나 부담금 등을 부과·징수하여 필요한 자금을 조달하는 활동을 말한다. ⑥ 조달행정: 행정목적 달성을 위하여 필요한 인적·물적 수단을 마련하는 행정작용이다. 　**예** 공무원 채용, 부지를 위한 부동산 매입, 사무용품의 구입 등
수단	① 권력적 행정: 행정주체가 공권력을 발동하여 국민에 대하여 일방적으로 명령·강제하는 행정작용이다. 　**예** 행정처분, 조세부과, 공용부담 등 ② 비권력적 행정: 강제성을 띠지 않는 행정을 말한다. 　**예** 행정지도, 비공식적 행정작용, 공물의 관리, 공법상 계약 등
효과	① 침해적(침익적, 부담적) 행정: 국민의 자유 또는 권익을 제한하거나 의무를 부과하는 행정작용이다. 질서행정, 공과행정 등이 있다. ② 수익적 행정: 국민에게 제한된 자유를 회복시켜 주거나, 새로운 권리·이익을 부여하는 행정작용이다. 질서행정, 급부행정, 유도행정 등이 있다. ③ 복효적 행정: 침해적 성질과 수익적 성질을 모두 갖추고 있는 행정작용을 말한다. 　**예** 도로점용 허가+도로점용료 부과, 경쟁업체에 대한 특허, 유해시설의 인허가와 인근주민의 환경권 침해

2 행정법의 기초

1. 행정법의 분류

행정조직법	① 행정주체의 기관 구성과 각 기관의 권한을 규정하는 법을 말한다. ② 정부조직법, 국가경찰과 자치경찰의 조직 및 운영에 관한 법률, 지방자치법 등이 있다.
행정작용법	① 행정주체의 일반 국민에 대한 관계를 규정하는 법을 말한다. ② 경찰관 직무집행법, 행정대집행법, 국세징수법 등이 있다.
행정구제법	① 행정작용으로 인하여 개인의 권리가 침해되었을 때, 권리구제를 위한 수단과 절차 등을 규정하는 법을 말한다. ② 국가배상법, 행정심판법, 행정소송법 등이 있다.

2. 일반과 개별, 추상과 구체의 개념

일반과 개별	① 적용 범위를 기준으로 한 구분으로 일반은 불특정 다수의 대상을 의미하고 개별은 특정한 대상을 의미한다. ② 사람(수범자)의 적용 범위에 자주 사용된다.
추상과 구체	① 내용을 기준을 한 구분으로 추상은 계속적이고 반복적인 여러 사안에 적용될 수 있는 공통적인 내용을 의미하고 구체는 시공간적으로 명확하게 된 내용을 의미한다. ② 사건(규율 사안)을 가리킬 때 자주 사용된다.
사례	① 도로교통법 제93조 제1항 시·도경찰청장은 ㉠ 운전면허를 받은 사람이 ㉡ 술에 취한 상태에서 자동차등을 운전한 경우 행정안전부령으로 정하는 기준에 따라 운전면허를 취소하거나 1년 이내의 범위에서 운전면허의 효력을 정지시킬 수 있다. ※ ㉠은 운전면허를 받은 불특정 다수를 대상으로 하고 있으므로 일반적 규율이고, ㉡은 여러 사안에 적용될 수 있는 공통적인 내용이므로 추상적 규율이다. 법은 보통 일반적이고 추상적인 속성을 지닌다. ② 구체적 사실에 도로교통법 적용 운전자 홍길동은 2026년 10월 21일 강남대로에서 음주운전을 하다가 채영신 경찰관에게 적발되었다. 음주측정 결과 혈중알코올농도 0.08%가 나오자 서울경찰청장은 운전자 ㉠ 홍길동의 ㉡ 운전면허를 11월 5일에 취소하였다. ※ ㉠은 특정한 사람을 대상으로 면허취소 처분을 내렸으므로 개별적 규율이고, ㉡은 특정한 일시와 장소에서 음주운전을 한 행위에 대한 제재로 면허취소 처분을 내렸으므로 구체적 규율이다. 행정처분은 보통 개별적이고 구체적인 속성을 지닌다. ③ 법규는 보통 일반적이고 추상적인 내용을 지니고, 행정처분은 보통 개별적이고 구체적인 내용을 지닌다. 그러나 법규 중에도 구체적인 내용을 지니는 처분적 법규가 있고, 행정처분 중에도 일반적인 대상에 적용하는 일반처분이 있다.

3 법치행정의 원리(법률에 의한 행정의 원리)

1. 의의 〈22·25 채용〉

개념	① 법치행정의 원리(행정의 법률적합성 원칙)는 행정작용도 법에 따라 행사되어야 한다는 원리를 말한다. 법치국가원리의 한 내용이 된다. ② 행정에 대한 법의 지배(고전적인 의미): 행정이 법률에 근거하여 그리고 법률에 규정된 요건과 절차에 따라 행해져야 한다는 것을 말한다. 구체적으로 법률의 법규창조력의 원칙, 법률유보의 원칙, 법률(법)우위의 원칙을 내용으로 한다. ③ 행정구제제도의 확립(현대적인 의미): 위법·부당한 공권력 행사로 국민의 권익이 침해된 경우에는 이 침해된 국민의 권익을 구제해 수는 제도가 보장되어야만 법치행정의 원칙이 실질적으로 실현된다. ④ 경찰행정은 법에 따라 행하여져야 하며, **경찰행정권에 의하여 국민의 권익이 침해된 경우에는 이에 대한 구제제도가 보장되어야 한다.**
행정기본법 제8조 (법치행정의 원칙)	**행정작용은 법률에 위반되어서는 아니 되며, 국민의 권리를 제한하거나 의무를 부과하는 경우와 그 밖에 국민생활에 중요한 영향을 미치는 경우에는 법률에 근거하여야 한다.**

2. 법률의 법규창조력

① 법률의 법규창조력이란 법규(협의 법규), 즉 '국민의 권리를 제한하거나 의무를 부과하는 규율'은 원칙적으로 국회가 제정한 형식적 의미의 법률에 의해서만 가능하다는 것을 말한다.
② 입법권은 국회에 속한다(헌법 제40조).
③ 법규는 넓은 의미의 법규(광의의 법규)와 좁은 의미의 법규(협의의 법규)로 나눌 수 있다. 광의의 법규는 구속력을 가지는 법규범 전체를 말하며, 협의의 법규는 국민의 권리와 의무에 관한 새로운 사항을 규율하여 일반국민과 법원에 대해 구속력을 가지는 법규범을 말한다. 협의의 법규 개념에 따르면, 행정조직 내부에서만 효력을 가지는 규범인 행정규칙은 협의의 법규 개념에서 제외된다.

3. 법률(법)우위의 원칙 〈22·24 채용, 15 경행〉

(1) 의의 및 근거

의의	① 법률우위의 원칙이란 모든 행정작용은 법률(합헌적 절차에 따라 제정된 법률)에 위반되어서는 안 된다는 원칙을 말한다. ② 행정기본법 제8조 '행정작용은 법률에 위반되어서는 아니 된다'는 법률우위의 원칙을 성문화한 것이다.
헌법 제107조 제2항	명령·규칙 또는 처분이 헌법이나 법률에 위반되는 여부가 재판의 전제가 된 경우에는 대법원은 이를 최종적으로 심사할 권한을 가진다.
행정기본법 제8조	행정작용은 법률에 위반되어서는 아니 된다.

(2) **법률의 의미**
① '법률(법)의 우위'에서의 법률에는 헌법과 국회가 제정한 형식적 의미의 법률뿐만 아니라 그 밖에 성문법과 불문법이 포함된다. 따라서 '법률'이란 법률의 위임을 받은 법규명령(법령보충적 행정규칙 포함), 조약, 일반적으로 승인된 국제법규, 자치법규로서 조례·규칙, 관습법, 행정법의 일반원칙을 포함하는 대외적인 효력을 지니는 법규범을 뜻한다.
② 행정조직 내부의 규범에 불과한 행정규칙은 대외적인 효력을 지니지 않기 때문에 '법률'에 포함되지 않는다. 따라서 원칙적으로 행정규칙을 위반하였다고 하여 곧바로 위법이 되는 것이 아니다.

(3) **적용 범위**
① 법률우위원칙은 행정의 종류를 불문하고 **모든 행정 영역에 적용**된다.
② 수익적 행정인지 침해적 행정인지 불문하며, 행정행위, 권력적 사실행위, 비권력적 사실행위 등 모든 행정작용은 법률우위의 원칙을 준수하여야 한다.

(4) **위반의 효과**
① 법률우위의 원칙을 위반하면 위법한 행정작용이 되며, 그 행정작용의 법적 효과는 행위형식에 따라 다르게 나타난다.
② 위법한 행정작용은 행정작용의 형식 또는 하자의 정도에 따라 무효이거나 취소의 대상이 된다. 법률우위의 원칙을 위반한 법규범이나 계약은 무효이다. 그 밖의 행정작용은 하자가 중대·명백한 경우 무효가 되고, 하자가 그 정도에 이르지 않을 경우 취소사유가 된다.
③ 전라북도 학교급식 조례 사건
  ㉠ 지방자치단체가 제정한 조례가 '1994년 관세 및 무역에 관한 일반협정'이나 '정부조달에 관한 협정'에 위반되는 경우, 그 조례의 효력(=무효)
  ㉡ '1994년 관세 및 무역에 관한 일반협정'(GATT)은 조약인 '세계무역기구(WTO) 설립을 위한 마라케쉬협정'의 부속 협정(다자간 무역협정)이고, '정부조달에 관한 협정'(AGP)은 국회의 동의를 얻어 공포시행된 조약(복수국가간 무역협정)으로서 각 헌법 제6조 제1항에 의하여 국내법령과 동일한 효력을 가지므로 지방자치단체가 제정한 조례가 GATT나 AGP에 위반되는 경우에는 그 효력이 없다(대법원 2005.9.9. 2004추10).
④ 행정절차법 제24조는, 행정청이 처분을 하는 때에는 다른 법령 등에 특별한 규정이 있는 경우를 제외하고는 문서로 하여야 한다고 규정하고 있는데, 이는 행정의 공정성·투명성 및 신뢰성을 확보하고 국민의 권익을 보호하기 위한 것이므로 위 규정을 위반하여 행하여진 행정청의 처분은 하자가 중대하고 명백하여 원칙적으로 무효이다(대법원 2011.11.10. 2011도11109).
  ※ 관할 소방서장으로부터 소방시설 불량사항에 관한 시정보완명령을 받고도 따르지 아니하였다는 내용으로 기소된 사안에서, 담당 소방공무원이 행정처분인 위 명령을 구술로 고지한 것은 당연무효이므로 명령 위반을 이유로 행정형벌을 부과할 수 없는데도, 위 명령이 유효함을 전제로 유죄를 인정한 원심판결에는 법리오해의 위법이 있다고 한 사례
⑤ 행정청이 특히 침해적 행정처분을 할 때 그 처분의 근거 법령 등에서 청문을 실시하도록 규정하고 있다면, 행정절차법 등 관련 법령상 청문을 실시하지 않아도 되는 예외적인 경우에 해당하지 않는 한 반드시 청문을 실시하여야 하며, 그러한 절차를 결여한 처분은 위법한 처분으로서 취소사유에 해당한다(대법원 2007.11.16. 2005두15700).

4. 법률유보의 원칙 〈22·24·25 채용, 18·19·21 경행〉

(1) 의의
① 일정한 행정작용이 행해지기 위해서는 반드시 법률이나 법률의 위임에 의한 법규명령 등 법적 근거가 필요하다는 원칙을 말한다.
② **법률유보의 원칙에서 요구되는 법적 근거는 작용법적 근거(조직법적 근거×)를 의미하며, 조직법적 근거는 모든 행정권 행사에서 당연히 요구된다.**
③ 법률유보의 원칙에서 요구되는 법적 근거(작용규범, 권한규범, 근거규범)는 원칙적으로 개별적 근거를 의미한다.

(2) 법적 근거

헌법 제37조 제2항	국민의 모든 자유와 권리는 국가안전보장·질서유지 또는 공공복리를 위하여 필요한 경우에 한하여 법률로써 제한할 수 있으며, 제한하는 경우에도 자유와 권리의 본질적인 내용을 침해할 수 없다.
행정기본법 제8조	행정작용은 국민의 권리를 제한하거나 의무를 부과하는 경우와 그 밖에 국민생활에 중요한 영향을 미치는 경우에는 법률에 근거하여야 한다.

(3) 법률의 의미
① 법률유보의 원칙에서 법률은 국회에서 제정한 형식적 의미의 법률이나 위임입법을 뜻한다.
② 법률유보원칙은 법률에 근거한 규율을 뜻하므로 **위임입법에 의해서도 기본권 제한을 할 수 있다.** 기본권제한에 관한 법률유보원칙은 '법률에 근거한 규율'을 요청하는 것이므로, 그 형식이 반드시 법률일 필요는 없다 하더라도 법률상의 근거는 있어야 한다(헌재 2006.5.25. 2003헌마715).
③ **법률유보의 원칙은 '법률에 의한' 규율만을 뜻하는 것이 아니라 '법률에 근거한' 규율을 요청하는 것**이므로 기본권 제한의 형식이 반드시 법률의 형식일 필요는 없고 법률에 근거를 두면서 헌법 제75조가 요구하는 위임의 구체성과 명확성을 구비하기만 하면 위임입법에 의하여도 기본권 제한을 할 수 있다(헌재 2005.2.24. 2003헌마289).

(4) 적용 범위
① 행정기본법 제8조 '국민의 권리를 제한하거나 의무를 부과하는 경우'(즉, 침해행정의 경우)에는 침해유보설의 입장을, '**그 밖에 국민생활에 중요한 영향을 미치는 경우**'에는 중요사항유보설의 입장을 반영한 것이라 할 수 있다.

적용 사례	자살을 시도하는 사람에 대한 경찰관서 보호, 붕괴위험시설에 대한 예방적 출입금지, 공무원에 대해 특정종교를 금지하는 훈령
비적용 사례	경찰관의 학교 앞 등교지도, 주민을 상대로 한 교통정책홍보

② 중요사항 유보설(본질성설)
구체적인 행정활동이나 관련 상황을 고려하여 개별적·구체적으로 검토하여(개별적 검토설) 국민의 기본권과 관련하여 중요하고도 본질적인 사항은 법적 근거가 있어야 한다.

③ 의회유보설
헌법상 보장된 국민의 자유나 권리를 제한할 때에는 적어도 그 **제한의 본질적인 사항**에 관하여 **국회가 법률로써 스스로 규율하여야** 한다.

[1] 오늘날 법률유보원칙은 단순히 행정작용이 법률에 근거를 두기만 하면 충분한 것이 아니라, 국가공동체와 그 구성원에게 기본적이고도 중요한 의미를 갖는 영역, 특히 국민의 **기본권실현과 관련된 영역에 있어서는 국민의 대표자인 입법자가 그 본질적 사항에 대해서 스스로 결정하여야 한다는 요구까지 내포**하고 있다(의회유보원칙).

[2] 그런데 **텔레비전방송수신료는 국민의 기본권실현에 관련된 영역에 속하고, 수신료금액의 결정은 납부의무자의 범위 등과 함께 수신료에 관한 본질적인 중요한 사항이므로 국회가 스스로 행하여야 하는 사항**에 속한다. 그럼에도 불구하고 (구) 한국방송공사법 제36조 제1항에서 국회의 결정이나 관여를 배제한 채 한국방송공사로 하여금 수신료금액을 결정해서 문화관광부장관의 승인을 얻도록 한 것은 법률유보원칙에 위반된다(헌재 1999.5.27. 98헌바70).

※ 현행 방송법 제64조와 제65조에서 방송수신료는 이사회가 심의·의결한 후 방송통신위원회를 거쳐 국회의 승인을 얻도록 규정하고 있다.

(5) 위반의 효과

> 📒 **살수차 사용과 혼합살수의 법적 근거**
>
> [1] 집회나 시위 해산을 위한 살수차 사용은 집회의 자유 및 신체의 자유에 대한 중대한 제한을 초래하므로 **살수차 사용요건이나 기준은 법률에 근거를 두어야 한다.**
> [2] 또한, 살수차와 같은 위해성 경찰장비는 본래의 사용방법에 따라 지정된 용도로 사용되어야 하며 **다른 용도나 방법으로 사용하기 위해서는 반드시 법령에 근거가 있어야 한다.** 혼합살수방법은 법령에 열거되지 않은 새로운 위해성 경찰장비에 해당하고 이 사건 지침에 혼합살수의 근거 규정을 둘 수 있도록 위임하고 있는 법령이 없다.
> [3] 그러므로 **이 사건 지침은 법률유보원칙에 위배되고 이 사건 지침만을 근거로 한 이 사건 혼합살수행위 역시 법률유보원칙에 위배된다.** 따라서 이 사건 혼합살수행위는 청구인들의 신체의 자유와 집회의 자유를 침해한다(헌재 2018.5.31. 2015헌마476).

제2절 경찰행정의 법적 토대

1 법원의 의의와 경찰활동

1. 경찰행정법의 법원

① 경찰행정(경찰의 조직·작용)에 관한 법의 존재형식 또는 인식근거를 말한다.
② 법원은 성문법원(법조문의 형식으로 정립된 법원)과 불문법원(문서로 나타나 있지 않은 법원)으로 나눌 수 있다.
③ 경찰법은 성문법주의를 원칙으로 하고 불문법은 성문법이 완비되지 않은 분야에서 예외적, 보충적으로 적용된다.

2. 법과 경찰활동의 3면 관계

조직규범 (직무 범위)	① 경찰기관의 활동은 조직규범인 법률에 정해진 권한 범위 내에서 행해져야 한다. ② 경찰의 활동이 「국가경찰과 자치경찰의 조직 및 운영에 관한 법률」 제3조에서 정한 직무범위 외의 것이라면 그것은 경찰의 직무행위로 볼 수 없고 그 효과도 국가에 귀속되지 않는다.
근거규범	① 법률 유보의 원칙: 국민의 기본권에 영향을 주는 일정한 영역에서 경찰 활동은 법률에 근거가 없다면 자기 판단에 따라 독자적(독창적) 행위를 할 수 없다. ② 법률은 경찰활동을 일정한 요건에서 수행하도록 유보(수권, 근거)하는 개별 규정을 말한다.
제약규범	① 법률 우위의 원칙 ② 모든 영역에서 모든 경찰활동은 경찰활동을 제한하는 제약규범(제한규범, 저촉규범)을 위반해서는 안 된다.

2 성문법원

1. 성문법의 체계 <23 채용>

	헌법	
	법률	
	명령	
자치법규	조례	
	규칙	

2. 헌법 <23 경위>

의의	① 국민의 기본권과 국가의 기본적인 통치구조를 규정한 기본법이다. ② 헌법전 가운데 행정의 조직이나 작용의 기본원칙을 정한 부분은 그 한도 내에서 경찰행정법의 법원이 된다.
헌법 규정	① 행정조직법정주의(제96조): 행정각부의 설치·조직과 직무범위는 법률로 정한다. ② 국가작용의 근거(제37조 제2항): 국민의 모든 자유와 권리는 국가안전보장·질서유지 또는 공공복리를 위하여 필요한 경우에 한하여 법률로써 제한할 수 있으며, 제한하는 경우에도 자유와 권리의 본질적인 내용을 침해할 수 없다.

3. 법률 〈23 경위〉

의의	① 국회가 제정한 법형식을 법률이라고 한다. ② 경찰권 발동은 법에 의해 행하여야 하므로, 경찰관청은 법률의 수권 없이 국민에 대하여 명령·강제할 수 없다. ③ 경찰행정상의 조직이나 작용에 관한 기본적인 사항은 모두 법률에 의하여 정하여지므로 법률은 경찰행정상의 법률관계에서 가장 중심적인 법원이다.
경찰행정에 관한 법원	국가경찰과 자치경찰의 조직 및 운영에 관한 법률, 경찰공무원법, 경찰관 직무집행법, 도로교통법, 행정기본법 등
특별경찰행정에 관한 법원	건축법, 식품위생법, 공중위생관리법, 폐기물관리법, 환경법규, 의료법, 약사법, 감염병의 예방 및 관리에 관한 법률 등 경찰작용이 다른 법령에 규정되어 있는 경우가 많다.

4. 명령 〈25 채용〉

(1) 의의

① 국회의 의결을 거치지 않고 행정기관에 의하여 제정된 일반적·추상적인 규범 형식을 '명령'이라고 한다.
② 법규성 유무를 기준으로 '법규명령'과 '행정규칙'(행정명령)으로 나눌 수 있다.
③ 행정규칙이 법원에 해당하는지 견해가 대립하고 있으나, 법원으로 보는 견해가 다수설이다.

(2) 법규명령

의의	① 법규명령은 명령 중에서 법규성을 지닌 것을 말한다. 즉, 국민과 행정청을 구속하고 재판규범이 되는 행정입법이다. ② 제정 주체: 대통령이 제정하는 대통령령(시행령), 국무총리가 제정하는 총리령(시행규칙), 각부장관이 제정하는 부령(시행규칙)으로 나눌 수 있다. ③ 법규명령의 제정에는 헌법, 법률 또는 상위명령의 법적 근거가 필요하다.
헌법상 예정된 형식	① 대통령령의 근거(제75조): 대통령은 법률에서 구체적으로 범위를 정하여 위임받은 사항과 법률을 집행하기 위하여 필요한 사항에 관하여 대통령령을 발할 수 있다. ② 총리령, 부령의 근거(제95조): **국무총리 또는 행정각부의 장은 소관사무에 관하여 법률이나 대통령령의 위임 또는 직권으로 총리령 또는 부령을 발할 수 있다.**
사례	도로교통법 제73조(교통안전교육) 제1항 운전면허를 받으려는 사람은 대통령령으로 정하는 바에 따라 제83조 제1항 제2호와 제3호에 따른 시험에 응시하기 전에 다음 각 호의 사항에 관한 교통안전교육을 받아야 한다. 도로교통법 시행령 제37조(교통안전교육) ① 법 제73조 제1항에 따른 교통안전교육(이하 "교통안전교육"이라 한다)은 같은 항 각 호의 사항에 관하여 시청각교육 등의 방법으로 1시간 실시한다. ② 제1항에 따른 교육의 과목·내용·방법 및 시간 등에 관하여 필요한 사항은 행정안전부령으로 정한다. 도로교통법 시행규칙 제46조(교통안전교육의 방법) ① 법 제73조 제1항 및 영 제37조에 따른 교통안전교육(이하 "교통안전교육"이라고 한다), 법 제73조 제2항·제3항 및 영 제38조에 따른 특별교통안전 의무교육과 특별교통안전 권장교육(이하 "특별교통안전교육"이라고 한다)의 과목·내용·방법 및 시간은 별표 16과 같다.

(3) 행정규칙

① 행정규칙은 행정조직 내부의 사무처리기준으로서 법규성이 없는 규범을 말한다.
② 행정규칙은 일반적으로 행정조직 내부에서만 효력을 가지는 것이고 대외적인 구속력을 갖는 것은 아니다(헌재 1990.9.3. 90헌마13).
③ 경찰청 공무원 행동강령(경찰청 훈령), 지역경찰의 조직 및 운영에 관한 규칙(경찰청 예규)

5. 자치법규(조례와 규칙) (23 채용, 18·19 경행)

의의	지방자치단체가 법령의 범위 안에서 제정하는 자치 규정을 말한다. 제정 주체에 따라 조례와 규칙으로 나눌 수 있다.
헌법 제117조 제1항	지방자치단체는 주민의 복리에 관한 사무를 처리하고 재산을 관리하며, 법령의 범위 안에서 자치에 관한 규정을 제정할 수 있다.
조례	① 지방자치법 제28조(조례) 제1항: **지방자치단체는 법령의 범위에서 그 사무에 관하여 조례를 제정할 수 있다.** 다만, 주민의 권리 제한 또는 의무 부과에 관한 사항이나 벌칙을 정할 때에는 법률의 위임이 있어야 한다. ② 지방자치단체의 의회가 법령의 범위 안에서 제정하는 자치법규를 말한다.
규칙	① **지방자치단체의 장은 법령 또는 조례의 범위에서 그 권한에 속하는 사무에 관하여 규칙을 제정할 수 있다**(지방자치법 제29조 규칙). ② 지방자치단체의 장이 법령 또는 조례의 범위 안에서 그 권한에 속하는 사무에 관하여 제정하는 자치법규를 말한다.
조례의 한계	① **조례로써 주민의 권리 제한 또는 의무 부과에 관한 사항이나 벌칙을 정할 때에는 법률의 위임이 있어야 한다**(지방자치법 제28조 제1항 단서). ② 지방자치법 제34조(조례 위반에 대한 과태료) 제1항: 지방자치단체는 조례를 위반한 행위에 대하여 조례로써 1천만 원 이하의 과태료를 정할 수 있다.

6. 조약, 일반적으로 승인된 국제법규 (15 경행)

헌법 제6조 제1항	헌법에 의하여 체결·공포된 조약과 일반적으로 승인된 국제법규는 국내법과 같은 효력을 가진다.
조약	① 헌법에 의하여 체결·공포된 조약과 일반적으로 승인된 국제법규도 행정법의 법원으로 볼 수 있다. ② 외교관계에 관한 비엔나협약, 한미주둔군 지위협정(SOFA) 등이 있다.
일반적으로 승인된 국제법규	일반적으로 승인된 국제법규는 별도의 입법조치 없이 국내법으로 수용되어 행정법의 법원이 된다(통설, 판례).

3 불문법원

1. 관습법 <15 채용, 15 경행>

의의	① 관습법은 오랜 관행이 법규범으로 승인된 것을 말한다. 장기적이고 계속적인 관행이 성립되고 그 관행이 국민 일반의 법적 확신을 얻어 법규범으로 승인된 것이다(법적 확신설, 통설과 판례). **예** 대한민국의 수도는 서울이다(관습헌법), 어업권(민중관습법) ② 관습법이란 사회의 거듭된 관행으로 생성한 사회생활규범이 사회의 법적 확신과 인식에 의하여 **법적 규범으로 승인·강행되기에 이르른 것**을 말하고, 사실인 관습은 사회의 관행에 의하여 발생한 사회생활규범인 점에서 관습법과 같으나 사회의 법적 확신이나 인식에 의하여 법적 규범으로서 승인된 정도에 이르지 않은 것을 말한다(대법원 1983.6.14. 80다3231).
효력 (보충적 효력)	**성문법이 없는 경우에만 보충적으로 적용되고, 성문법을 개폐하는 효력은 없다**고 본다(다수설과 판례).

2. 판례 <15·17 경행>

헌법재판소의 위헌결정	① 법률의 위헌결정은 법원과 그 밖의 국가기관 및 지방자치단체를 기속(羈束)한다(헌법재판소법 제47조 제1항). ② 헌법재판소의 위헌결정은 법원이나 기타 국가기관 및 지방자치단체를 기속(羈束)하므로 법원으로서의 성격이 인정된다.
대법원 판례	① 우리나라는 대륙법계에 속하므로 상급법원 재판에서의 판단은 '해당 사건'에 한하여 하급심을 기속하는 효력만 인정되어 있다(법원조직법 제8조). ② 대법원의 판결이 사실상의 구속력을 갖는다는 점에서 판례의 법원성이 어느 정도 보장되어 있다고 볼 수 있다. 판례가 법원으로 기능하는 영역은 성문법이 없거나 실정법이 불확정개념을 사용하고 있는 경우이다. **예** 무효와 취소의 구별, 재량권 행사의 한계, 총기 사용의 한계 ③ 대법원의 판례가 법률해석의 일반적인 기준을 제시한 경우에 유사한 사건을 재판하는 하급심법원의 법관은 판례의 견해를 존중하여 재판하여야 하는 것이나, **판례가 사안이 서로 다른 사건을 재판하는 하급심법원을 직접 기속하는 효력이 있는 것은 아니다**(대법원 1996.10.25. 96다31307).

3. 행정법의 일반원칙(조리) <23 경위>

의의	① 일반적으로 정의에 합치되는 보편적 원리를 법의 일반원칙 또는 조리라고 부르며, 이는 '법'으로서 취급된다. ② 오늘날 법의 일반원칙은 성문화 추세이다.「행정기본법」상의 평등의 원칙(제9조), 비례의 원칙(제10조), 성실의무 및 권한남용금지의 원칙(제11조), 신뢰보호의 원칙(제12조), 부당결부금지의 원칙(제13조),「행정절차법」상의 신의성실 및 신뢰보호의 원칙(제4조)「경찰관 직무집행법」상의 비례의 원칙(제1조 제2항) 등
효과	① 조리(법의 일반원칙)는 최후의 보충적 법원이라고 할 수 있다. ② 법률우위 원칙 적용: **경찰관청의 행위가 형식상 적법하다 하더라도 법의 일반원칙에 위반할 경우에 위법이 될 수 있다.**

제3절 행정법의 일반원칙

1 비례의 원칙(과잉금지의 원칙)

1. 의의와 법적 근거

(1) 의의

① 행정작용에 있어 목적과 수단 사이에는 합리적인 비례관계가 있어야 한다는 원칙이다. 행정권 발동의 수단에 관한 원칙으로 재량권의 한계를 설정해 준다.
② 행정권 발동의 조건과 정도에 관한 원칙이다. 행정권의 발동은 사회공공의 질서 유지를 위하여 참을 수 없는 위해나 위해발생의 위험을 제거하기 위하여 필요한 경우에, 그 목적을 달성하기 위하여 필요한 최소한도의 범위 내에 국한되어야 한다.
③ 헌법상 원칙이자 실정법상의 원칙이라고도 할 수 있다.

(2) 법적 근거 〈23 채용, 24 경위〉

헌법적 근거 (제37조 제2항)	국민의 모든 자유와 권리는 국가안전보장·질서유지 또는 공공복리를 위하여 필요한 경우에만 법률로써 제한할 수 있으며, 제한하는 경우에도 자유와 권리의 본질적인 내용을 침해할 수 없다.
행정기본법 (제10조 비례의 원칙)	행정작용은 다음 각 호의 원칙에 (모두) 따라야 한다. 1. 행정목적을 달성하는 데 유효하고 적절할 것(※ 적합성) 2. 행정목적을 달성하는 데 필요한 최소한도에 그칠 것(※ 필요성) 3. **행정작용으로 인한 국민의 이익 침해가 그 행정작용이 의도하는 공익보다 크지 아니할 것** (※ 상당성)
경찰관 직무집행법	① 이 법에 규정된 경찰관의 직권은 그 직무 수행에 필요한 최소한도에서 행사되어야 하며 남용되어서는 아니 된다(제1조 목적 제2항). ② 경찰관 직무집행법은 제1조 제2항에서 "경찰관의 직권은 그 직무 수행에 필요한 최소한도에서 행사되어야 하며 남용되어서는 아니 된다."라고 선언하여 경찰비례의 원칙을 명시적으로 규정하고 있는데, 이는 **경찰행정 영역에서의 헌법상 과잉금지원칙(과소보호금지원칙×)을 표현한 것**으로서, 공공의 안녕과 질서유지라는 공익목적과 이를 실현하기 위하여 개인의 권리나 재산을 침해하는 수단 사이에는 합리적인 비례관계가 있어야 한다는 의미를 갖는다(대법원 2021.11.11. 2018다288631).

2. 내용과 적용 범위 〈19·23 채용, 18 경행, 20 승진〉

(1) 내용

① 비례의 원칙은 적합성, 필요성, 상당성의 원칙으로 이루어져 있다. 따라서 비례의 원칙을 충족하려면 적합성의 원칙, 필요성의 원칙, 상당성의 원칙 모두를 갖춰야 하며, 이 중 하나만 위배해도 비례원칙 위반이다.

적합성	행정기관이 취하는 조치 또는 수단은 그 목적을 달성하기에 적합하여야 한다는 원칙이다.
필요성	최소침해의 원칙. 행정상의 조치가 비록 위험방지의 목적을 달성하는 데는 적합한 것이라 할지라도, **해당 목적을 달성하기 위하여 필요한 최소한의 범위 내에서만** 행정권발동이 허용되어야 한다는 원칙을 말한다.

상당성	① 상당성의 원칙은 행정권발동에 따른 이익보다 사인의 피해가 더 큰 경우 행정권을 발동해서는 안 된다는 원칙으로서 **협의의 비례의 원칙(최소침해원칙×)이라고도 한다**. 또는 수인가능성의 원칙이라고도 한다. ② 어떤 행정조치가 설정된 목적을 위하여 필요한 경우라도 그 행정조치를 취함에 따른 불이익이 그것에 의해 초래되는 효과(또는 이익)보다 큰 경우에는 그 행정조치가 취해져서는 안 된다. ③ '경찰은 대포로 참새를 쏘아서는 안 된다.'라는 법언은 상당성의 원칙을 잘 표현한 것이다.

② 헌법상 과잉금지원칙의 내용

헌법 제37조 제2항에 의하면 국민의 기본권을 법률로써 제한하는 것이 가능하다고 하더라도 그 본질적인 내용을 침해할 수 없고 또한 과잉금지의 원칙에도 위배되어서는 아니되는바, 과잉금지의 원칙이라 함은 국민의 기본권을 제한함에 있어서 국가작용의 한계를 명시한 것으로서 목적의 정당성·방법의 적정성·피해의 최소성·법익의 균형성 등을 의미하며 그 어느 하나에라도 저촉이 되면 위헌이 된다는 헌법상의 원칙을 말한다(헌재 1997.3.27. 95헌가17).

(2) **적용 범위**

① 비례의 원칙은 독일에서 경찰법상의 판례를 중심으로 발달하여 초기에는 경찰행정 영역에 주로 적용되었으나, 오늘날에는 행정법의 모든 영역에 적용되는 원칙으로 이해되고 있다.
② 모든 행정권 행사에 적용되므로 권력작용뿐만 아니라 비권력작용에도 적용되고 있다.
③ 경찰비례의 원칙은 일반적 수권조항에 근거하여 경찰권을 발동하는 경우는 물론, 개별적 수권조항에 근거하여 경찰권을 발동하는 경우에도 적용된다.

3. 비례원칙의 위반

(1) **위반의 효과**

① 재량권 행사의 한계를 설정해 주는 개념으로서 위반 시 위법한 행정작용이 된다. 따라서 국가작용이 형식상 적법하더라도 비례원칙을 위반하면 위법한 작용이 된다.
② 비례의 원칙을 위반한 국가작용에 대해 경찰권 행사의 상대방은 행정소송이나 손해배상 등을 통해 구제받을 수 있다. 위법한 행정작용은 행정쟁송(행정심판, 항고소송 등)의 대상이 되며, 행정청의 직권에 의한 취소도 가능하다. 또한 위법한 작용으로 인해 손해를 입은 국민은 손해배상 또는 원상회복을 청구할 수 있으며, 그 결과 국가배상책임이 성립할 수 있다.

(2) **관련 판례** <17 경행>

① 음주운전으로 인한 운전면허취소

음주운전으로 인한 운전면허취소처분의 재량권 일탈·남용 여부를 판단할 때, 운전면허의 취소로 입게 될 당사자의 불이익보다 음주운전으로 인한 교통사고를 방지하여야 하는 일반예방적 측면이 더 강조되어야 한다(대법원 2019.1.17. 2017두59949).

※ 다른 차들의 통행을 원활히 하기 위하여 승용차를 주차목적으로 자신의 집 앞 약 6미터를 운행하였다 하여도 이는 도로교통법상의 음주운전에 해당하고, 이미 음주운전으로 적발되어 면허정지처분을 받은 적이 있는데도 혈중알코올농도 0.182%의 만취 상태에서 운전한 것이라면, 교통사고가 발생하지 않았고 운전 승용차로 서적을 판매하여 가족의 생계를 책임져야 한다는 사정을 고려하더라도, 이 사건 운전면허취소처분은 적법하다.

② 청소년유해매체물로 결정·고시된 만화인 사실을 모르고 있던 도서대여업자가 그 고시일로부터 8일 후에 청소년에게 그 만화를 대여한 것을 사유로 그 도서대여업자에게 금 700만 원의 과징금이 부과된 경우, 그 도서대여업자에게 청소년유해매체물인 만화를 청소년에게 대여하여서는 아니된다는 금지의무의 해태를 탓하기는 가혹하다는 이유로 그 과징금부과처분은 재량권을 일탈·남용한 것으로서 위법하다고 본 사례(대법원 2001.7.27. 99두9490).

③ 공무원 파면처분
원고가 단지 1회 훈령에 위반하여 요정 출입을 하다가 적발된 정도라면, 오히려 이보다(면직처분보다) 가벼운 징계처분으로서도 능히 위 훈령의 목적을 달할 수 있다고 볼 수 있는 점에서 이 사건 파면처분은 이른바 비례의 원칙에 어긋난 것으로 재량권의 범위를 넘어서 한 위법한 처분이다(대법원 1967.5.2. 67누24).

④ 경찰관의 가스총 사용
[1] 경찰관으로서는 인체에 대한 위해를 방지하기 위하여 상대방과 근접한 거리에서 상대방의 얼굴을 향하여 이를 발사하지 않는 등 가스총 사용 시 요구되는 최소한의 안전수칙을 준수함으로써 장비 사용으로 인한 사고 발생을 미리 막아야 할 주의의무가 있다.
[2] 경찰관이 난동을 부리던 범인을 검거하면서 상대방과 근접한 거리에서 얼굴을 향하여 가스총을 근접 발사하여 가스와 함께 발사된 고무마개가 범인의 눈에 맞아 눈 한쪽이 실명한 경우 국가배상책임을 인정한 사례(대법원 2003.3.14. 2002다57218).

⑤ 경찰관의 불법 집회·시위 제지
집회 및 시위에 관한 법률에 의하여 금지되어 그 주최 또는 참가행위가 형사처벌의 대상이 되는 위법한 집회·시위가 장차 특정지역(서울시청 앞 광장)에서 개최될 것이 예상된다고 하더라도, 이와 시간적·장소적으로 근접하지 않은 다른 지역(제천시 보양읍 주민자치센터 앞마당)에서 그 집회·시위에 참가하기 위하여 출발 또는 이동하는 행위를 함부로 제지하는 것은 「경찰관직무집행법」 제6조 제1항의 행정상 즉시강제인 경찰관의 제지의 범위를 명백히 넘어 허용될 수 없다. 따라서 이러한 제지 행위는 공무집행방해죄의 보호대상이 되는 공무원의 적법한 직무집행이 아니다(대법원 2008.11.13. 2007도9794).

2 신뢰보호의 원칙

1. **의의와 법적 근거** (22·23 채용, 14·17 경행, 23 승진)

의의	① 신뢰보호원칙이란 행정기관의 일정한 언동(명시적·묵시적)의 정당성 또는 존속성에 대한 개인의 보호가치 있는 신뢰는 보호해 주어야 한다는 원칙을 말한다. ② 법적 안정성설(통설, 판례) 국민이 종전의 법률관계나 제도가 장래에도 지속될 것이라는 합리적인 신뢰를 바탕으로 이에 적응하여 법적 지위를 형성하여 온 경우 국가 등은 법치국가의 원칙에 의한 법적 안정성을 위하여 권리의무에 관련된 법규·제도의 개폐에 있어서 국민의 기대와 신뢰를 보호하지 않으면 안 된다(헌재 2014.4.24. 2010헌마747).

행정기본법 제12조 (신뢰보호의 원칙)	① 행정청은 공익 또는 제3자의 이익을 현저히 해칠 우려가 있는 경우를 제외하고는 행정에 대한 국민의 정당하고 합리적인 신뢰를 보호하여야 한다. ② 행정청은 권한 행사의 기회가 있음에도 불구하고 장기간 권한을 행사하지 아니하여 국민이 그 권한이 행사되지 아니할 것으로 믿을 만한 정당한 사유가 있는 경우에는 그 권한을 행사해서는 아니 된다. 다만, 공익 또는 제3자의 이익을 현저히 해칠 우려가 있는 경우는 예외로 한다.
행정절차법 제4조 (신의성실 및 신뢰보호) 제2항	행정청은 법령등의 해석 또는 행정청의 관행이 일반적으로 국민들에게 받아들여졌을 때에는 공익 또는 제3자의 정당한 이익을 현저히 해칠 우려가 있는 경우를 제외하고는 새로운 해석 또는 관행에 따라 소급하여 불리하게 처리하여서는 아니 된다.

2. 신뢰보호의 요건

(1) 적용 요건(판례)

① 첫째 행정청이 개인에 대하여 신뢰의 대상이 되는 공적인 견해표명(※ 행정기관의 선행조치)을 하여야 한다.
② 둘째 행정청의 견해표명이 정당하다고 신뢰한 데에 대하여 그 개인에게 귀책사유가 없어야 한다(※ 보호가치 있는 신뢰 형성).
③ 셋째 그 개인이 그 견해표명을 신뢰하고 이에 상응하는 어떠한 행위를 하였어야 한다(※ 상대방의 처리행위 및 인과관계).
④ 넷째 행정청이 위 견해표명에 반하는 처분을 함으로써 그 견해표명을 신뢰한 개인의 이익이 침해되는 결과가 초래되어야 한다(※ 선행조치에 반하는 후행행정작용, 권익침해).
⑤ 마지막으로 위 견해표명에 따른 행정처분을 할 경우 이로 인하여 공익 또는 제3자의 정당한 이익을 현저히 해할 우려가 있는 경우가 아니어야 한다(대법원 2006.2.24. 2004두13592).

3. 행정기관의 선행조치 〈16·17·18 경행〉

선행조치 인정 범위	① 행정기관의 공적인 견해표명은 반드시 명시적인 언동이 있어야만 하는 것은 아니고 묵시적인 언동으로 볼 수 있는 경우 등에도 이를 인정할 수 있다(대법원 1984.12.26. 81누266). ② 행정청의 공적 견해표명이 있었는지의 여부를 판단하는 데 있어 반드시 행정조직상의 형식적인 권한분장에 구애될 것은 아니고 담당자의 조직상의 지위와 임무, 당해 언동을 하게 된 구체적인 경위 및 그에 대한 상대방의 신뢰가능성에 비추어 실질에 의하여 판단하여야 한다(대법원 1997.9.12. 96누18380). ③ 처분청 자신의 공적 견해표명이 있어야만 하는 것은 아니며, 경우에 따라서는 보조기관인 담당공무원의 공적인 견해표명도 신뢰의 대상이 될 수 있다.
인정 사례	종교법인이 도시계획구역 내 생산녹지로 답(畓)인 토지에 대하여 종교회관 건립을 이용목적으로 하는 토지거래계약의 허가를 받으면서 담당공무원이 관련 법규상 허용된다 하여 이를 신뢰하고 건축준비를 하였으나 그 후 당해 지방자치단체장이 다른 사유를 들어 토지형질변경허가신청을 불허가한 것이 신뢰보호원칙에 반한다(대법원 1997.9.12. 96누18380).
부정 사례	① 행정청이 지구단위계획을 수립하면서 그 권장용도를 판매·위락·숙박시설로 결정하여 고시한 행위를 당해 지구 내에서는 공익과 무관하게 언제든지 숙박시설에 대한 건축허가가 가능하리라는 공적 견해를 표명한 것이라고 평가할 수는 없다(대법원 2005.11.25. 2004두6822, 6839, 6846). ② 병무청 담당부서의 담당공무원에게 공적 견해의 표명을 구하는 정식의 서면질의 등을 하지 아니한 채 **총무과 ○○○장에 불과한 공무원이 민원봉사차원에서 상담에 응하여 안내한 것을 신뢰한 경우, 신뢰보호 원칙이 적용되지 아니한다고 한 사례**(대법원 2003. 12. 26. 2003두1875)

4. 보호가치 있는 신뢰 형성 (17 경행)

신뢰의 보호	① 선행조치에 관한 관계인의 신뢰가 보호받을 수 있어야 한다. ② 행정청의 견해표명이 정당하다고 신뢰한 데에 대하여 그 개인에게 귀책사유가 없어야 한다.
귀책사유의 의미	귀책사유라 함은 행정청의 견해표명의 하자가 상대방 등 관계자의 사실은폐나 기타 사위의 방법에 의한 신청행위 등 부정행위에 기인한 것이거나 그러한 부정행위가 없다고 하더라도 하자가 있음을 알았거나 중대한 과실로 알지 못한 경우 등을 의미한다고 해석함이 상당하다(대법원 2002.11.8. 2001두1512).
수익적 행정처분에서 귀책사유	수익적 행정처분의 하자가 당사자의 사실은폐나 기타 사위의 방법에 의한 신청행위에 기인한 것이라면 당사자는 처분에 의한 이익이 위법하게 취득되었음을 알아 취소가능성도 예상하고 있었다 할 것이므로, 그 자신이 처분에 관한 신뢰이익을 원용할 수 없음은 물론 행정청이 이를 고려하지 아니하였더라도 재량권의 남용이 되지 아니한다(대법원 2014.11.27. 2013두16111).

5. 상대방의 처리행위 및 인과관계

상대방의 처리행위	행정기관의 선행조치를 신뢰하여 그 상대방(국민)이 일정한 처리행위(투자, 건축 개시, 영업준비 등)를 하여야 한다. ※ 신뢰에 입각한 국민의 행위
인과관계	행정기관의 선행조치와 이를 신뢰하고 행한 상대방(국민)의 처리행위 사이에는 원인과 결과의 관계가 있어야 한다. **예** 관할 행정청에서 영업허가 처분을 하여 상대방인 국민이 그 영업허가 처분을 신뢰하여 재산을 투자하고 사업을 시행하는 경우

6. 선행조치에 반하는 후행행정작용(권익 침해) 및 비교형량 (22 채용, 18 경행)

(1) 후행행정작용

① 행정청이 그 견해표명에 반하는 처분을 함으로써 견해표명을 신뢰한 개인의 이익이 침해되는 결과가 초래되어야 한다.

② 영업허가에 따라 재산을 투자하고 사업을 시행하는 중에 행정청이 영업허가를 취소하는 경우를 예로 들 수 있다.

(2) 비교형량

① 신뢰보호의 이익과 공익 또는 제3자의 이익이 충돌하는 경우에는 양자의 이익을 비교교량하여야 한다.

② 수익적 행정행위의 경우
행정처분에 하자가 있음을 이유로 처분청이 이를 취소하는 경우에도 그 (하자 있는) 처분이 국민에게 권리나 이익을 부여하는 이른바 수익적 행정행위인 때에는 취소하여야 할 공익상 필요와 취소로 인하여 당사자가 입게 될 기득권과 신뢰보호 및 법률생활안정의 침해 등 불이익을 비교 교량한 후 공익상 필요가 당사자가 입을 불이익을 정당화할 만큼 강한 경우에 한하여 취소할 수 있다(대법원 1993.8.24. 92누17723).

③ 폐기물처리업에 대하여 사전에 관한 관청으로부터 적정통보를 받고 막대한 비용을 들여 허가요건을 갖춘 다음 허가신청을 하였음에도 **다수 청소업자의 난립으로 안정적이고 효율적인 청소업무의 수행에 지장이 있다는 이유로 한 불허가처분은 비례의 원칙에 반하는 것으로서 재량권을 남용한 위법한 처분이다.**

14개 업체가 생활폐기물수집·운반업을 위한 사업계획서를 제출하였다는 사정만으로는 업체의 난립 및 과당경쟁으로 기존 청소 질서가 파괴되어 안정적이고 효율적인 책임청소행정의 이행이 불가능함으로써 공익을 해할 것이라는 점을 인정하기 어려울 뿐만 아니라 위 불허가처분을 통하여 관할 관청이 달성하려는 공익은 허가가 가능하리라고 믿은 원고가 입게 될 불이익보다도 더 크다고 보기도 어렵다(대법원 1998.5.8. 98두4061).

7. 신뢰보호원칙의 한계 <22 채용, 16 경행>

사정변경	신뢰보호의 원칙은 행정청이 공적인 견해를 표명할 당시의 사정이 그대로 유지됨을 전제로 적용되는 것이 원칙이므로, 사후에 그와 같은 사정이 변경된 경우에는 그 공적 견해가 더 이상 개인에게 신뢰의 대상이 된다고 보기 어려운 만큼, 특별한 사정이 없는 한 행정청이 그 견해표명에 반하는 처분을 하더라도 신뢰보호의 원칙에 위반된다고 할 수 없다(대법원 2020.6.25. 2018두34732).
무효인 행정행위	① 무효인 행정행위에 대하여 그 상대방은 신뢰보호원칙을 주장할 수 없다. ② 국가가 공무원임용결격사유가 있는 자에 대하여 결격사유가 있는 것을 알지 못하고 공무원으로 임용하였다가 사후에 결격사유가 있는 자임을 발견하고 공무원 임용행위를 취소하는 것은 당사자에게 원래의 임용행위가 당초부터 당연무효이었음을 통지하여 확인시켜 주는 행위에 지나지 아니하는 것이므로, 그러한 의미에서 당초의 임용처분을 취소함에 있어서는 신의칙 내지 신뢰의 원칙을 적용할 수 없고 또 그러한 의미의 취소권은 시효로 소멸하는 것도 아니다(대법원 1987.4.14. 86누459).

8. 실권의 법리

법적 근거	행정청은 권한 행사의 기회가 있음에도 불구하고 장기간 권한을 행사하지 아니하여 국민이 그 권한이 행사되지 아니할 것으로 믿을 만한 정당한 사유가 있는 경우에는 그 권한을 행사해서는 아니 된다. 다만, 공익 또는 제3자의 이익을 현저히 해칠 우려가 있는 경우는 예외로 한다(행정기본법 제12조 제2항).
실권의 법리 위반 인정	택시운전사가 1983. 4. 5. 운전면허 정지기간 중의 운전행위를 하다가 적발되어 형사처벌을 받았으나 행정청으로부터 아무런 행정조치가 없어 안심하고 계속 운전업무에 종사하고 있던 중 행정청이 위 위반행위가 있은 이후에 장기간에 걸쳐 아무런 행정조치를 취하지 않은 채 방치하고 있다가 3년여가 지난 1986. 7. 7.에 와서 이를 이유로 행정제재를 하면서 가장 무거운 운전면허를 취소하는 행정처분을 하였다면 이는 행정청이 그간 별다른 행정조치가 없을 것이라고 믿은 신뢰의 이익과 그 법적안정성을 빼앗는 것이 되어 매우 가혹할 뿐만 아니라 비록 그 위반행위가 운전면허 취소사유에 해당한다 할지라도 그와 같은 공익상의 목적만으로는 위 운전사가 입게 될 불이익에 견줄 수 없다(대법원 1987.9.8. 87누373).
실권의 법리 위반 부정	교통사고가 일어난 지 1년 10개월이 지난 뒤 그 교통사고를 일으킨 택시에 대하여 운송사업면허를 취소한 경우, 택시운송사업자로서는 자동차운수사업법의 내용을 잘 알고 있어 교통사고를 낸 택시에 대하여 운송사업면허가 취소될 가능성을 예상할 수도 있었을 것이므로, 자신이 별다른 행정조치가 없을 것으로 믿고 있었다 하여 바로 신뢰의 이익을 주장할 수는 없다. 그러므로 그 교통사고가 자동차운수사업법 제31조 제1항 제5호 소정의 "중대한 교통사고로 인하여 많은 사상자를 발생하게 한 때"에 해당한다면 그 운송사업면허의 취소가 행정에 대한 국민의 신뢰를 저버리고 국민의 법생활의 안정을 해치는 것이어서 재량권의 범위를 일탈한 것이라고 보기는 어렵다(대법원 1989.6.27. 88누6283).

9. 신뢰보호원칙 위반의 효과 <18 경행>

원칙적으로 취소사유	신뢰보호원칙에 반하는 행정청의 처분행위는 하자의 정도에 따라 원칙적으로는 취소사유가 되고, 예외적으로 무효사유가 될 수 있다.
운전면허 정지처분 후의 취소처분	[1] 운전면허 취소사유에 해당하는 음주운전을 적발한 경찰관의 소속 경찰서장이 사무착오로 위반자에게 운전면허정지처분을 한 상태에서 위반자의 주소지 관할 시·도경찰청장이 위반자에게 운전면허취소처분을 한 것은 선행처분에 대한 당사자의 신뢰 및 법적 안정성을 저해하는 것으로서 허용될 수 없다. [2] 동일한 사유에 관하여 보다 무거운 면허취소처분을 하기 위하여 이미 행하여진 가벼운 면허정지처분을 취소하는 것은 선행처분에 대한 당사자이 신뢰 및 법적 안정성을 그게 저해하는 것이 되어 허용될 수 없다(대법원 2000.2.25. 99두10520).

3 평등의 원칙

1. 의의

① 행정권을 행사할 때 합리적 사유가 없는 한, 상대방인 국민을 평등하게 대우하여야 한다는 원칙을 말한다.
② 평등원칙은 모든 공권력 행사를 통제하는 법원이며, 특히 재량권과 관계가 깊다.

2. 법적 근거

헌법 제11조 제1항	모든 국민은 법 앞에 평등하다. 누구든지 성별·종교 또는 사회적 신분에 의하여 정치적·경제적·사회적·문화적 생활의 모든 영역에 있어서 차별을 받지 아니한다.
행정기본법 제9조 (평의 원칙)	행정청은 합리적 이유 없이 국민을 차별하여서는 아니 된다.

3. 관련 판례 <22 채용>

① 파면 처분에 대한 평등원칙, 비례원칙 위반 인정
   당직근무 대기 중 심심풀이로 돈을 걸지 않고 점수따기 화투놀이를 한 사실이 징계사유에 해당한다 할지라도 징계처분으로 파면을 택한 것은, 함께 화투놀이를 한 3명은 견책에 처하기로 한 사실을 고려하면 공평의 원칙상 그 재량의 범위를 벗어난 위법한 것이다(대법원 1972.12.26. 72누194).
② 파면 처분에 대한 평등원칙, 비례원칙 위반 부정
   [1] 같은 정도의 비위를 저지른 자들 사이에 있어서도 그 직무의 특성 등에 비추어, 개전의 정이 있는지 여부에 따라 징계의 종류의 선택과 양정에 있어서 차별적으로 취급하는 것은, 사안의 성질에 따른 합리적 차별로서 이를 자의적 취급이라고 할 수 없는 것이어서 평등원칙 내지 형평에 반하지 아니한다.
   [2] 학습지 채택료를 수수하고 담당 경찰관에게 수사무마비를 전달하려고 한 비위를 저지른 사립중학교 교사들 중 잘못을 시인한 교사들은 정직 또는 감봉에, 잘못을 시인하지 아니한 교사들은 파면에 처한 것이 그 직무의 특성 등에 비추어 재량권의 범위를 일탈·남용한 것이 아니라고 한 사례(대법원 1999.8.20. 99두2611)

4 행정의 자기구속의 원칙 (22 채용, 17·21 경행)

의의	① 행정의 자기(↔상대방)구속의 원칙이란 재량행위의 영역에서 행정청이 제3자에게 재량권을 행사했던 일정한 선례가 존재하는 경우에, 행정청은 동일한 사안에 대하여 이전에 제3자에게 한 처분과 동일한 처분을 상대방에게 하도록 선례에 의해 스스로 구속당하는 원칙을 말한다. ② 헌법상 평등의 원칙에서 유래한 행정법의 일반원리이다. 행정청은 제3자에 대한 일정한 선례가 존재하는 경우에는 동일 사안에서 합리적 근거가 없이 특정인을 차별할 수 없다.
관련 판례	① 헌법재판소는 행정의 자기구속의 원칙이 평등원칙이나 신뢰보호의 원칙에 근거한다고 본다. ② 행정규칙은 일반적으로 행정조직 내부에서만 효력을 가지는 것이고 대외적인 구속력을 갖는 것은 아니다. 그러나 행정규칙이 법령의 규정에 의하여 행정관청에 법령의 구체적 내용을 보충할 권한을 부여한 경우, 또는 재량권행사의 준칙인 규칙이 그 정한 바에 따라 되풀이 시행되어 행정관행이 이룩되게 되면, 평등의 원칙이나 신뢰보호의 원칙에 따라 행정기관은 그 상대방에 대한 관계에서 그 규칙에 따라야 할 자기구속을 당하게 되고, 그러한 경우에는 대외적인 구속력을 가지게 된다(헌재 1990.9.3. 90헌마13). ③ 재량준칙은 일반적으로 행정조직 내부에서만 효력을 가질 뿐 대외적인 구속력을 갖는 것은 아니므로 행정처분이 이를 위반하였다고 하여 그러한 사정만으로 곧바로 위법하게 되는 것은 아니다. 다만 그 재량준칙이 정한 바에 따라 되풀이 시행되어 행정관행이 이루어지게 되면 평등의 원칙이나 신뢰보호의 원칙에 따라 행정기관은 상대방에 대한 관계에서 그 규칙에 따라야 할 자기구속을 받는다. 이러한 경우에는 특별한 사정이 없는 한 그에 반하는 처분은 평등의 원칙이나 신뢰보호의 원칙에 어긋나 재량권을 일탈·남용한 위법한 처분이 된다(대법원 2013.11.14. 2011두28783). ※ 상급행정기관이 하급행정기관에 대하여 업무처리지침이나 법령의 해석적용에 관한 기준을 정하여 발하는 이른바 '행정규칙이나 내부지침'에도 같은 법리가 적용된다(대법원 2009.12.24. 2009두7967).
한계	① 불법의 경우에도 평등주장이 가능한지 문제가 된다. 예를 들어, 위법한 허가가 내려진 선례가 있는 경우 국민이 자신에게도 동일한 허가를 해달라고 요구할 수 있는지 문제가 된다. ② 행정규칙에 따른 종래의 관행이 위법한 경우에는 행정청은 자기구속을 당하지 않는다. ③ 통설은 국민의 위법행위 요구에 국가가 이를 승인하면 법치주의가 붕괴되는 결과가 되므로 인정될 수 없다고 본다. ④ 행정청은 위법한 허가신청을 거부하고, 위법한 선례를 직권취소하여 그 위법상태를 제거해야 한다.

5 부당결부금지의 원칙, 그 밖의 원칙

1. 의의와 법적 근거 (23 채용)

(1) 의의

부당결부금지의 원칙이란 행정주체가 행정작용을 함에 있어서 상대방에게 이와 실질적인 관련이 없는 의무를 부과하거나 그 이행을 강제하여서는 아니 된다는 원칙을 말한다(대법원 1997.3.11. 96다49650).

(2) 실정법적 근거

> 행정기본법 제13조(부당결부금지의 원칙)
> 행정청은 행정작용을 할 때 상대방에게 해당 행정작용과 실질적인 관련이 없는 의무를 부과해서는 아니 된다.

2. 기부채납 부담의 위법성 <22 채용, 15 경행>

의의	① 기부채납부담이란 주택건설사업승인, 건축허가 등 수익적 행정처분을 하면서 대상 토지의 일부를 기부할 것을 명령하는 부관이다. ② 대단지 주택단지조성에 따른 도로, 학교, 관공서 기타 공공시설의 필요성에 부응하여 공공용지를 사전에 확보하기 위하여 부과하고 있다.
부당결부금지원칙에 위반되는 경우	지방자치단체장이 사업자에게 주택사업계획승인을 하면서 **그 주택사업과는 아무런 관련이 없는 토지를 기부채납하도록 하는 부관을 주택사업계획승인에 붙인 경우, 그 부관은 부당결부금지의 원칙에 위반되어 위법하다**(대법원 1997.3.11. 96다49650).
부당결부금지원칙에 위반되지 않는 경우	주택사업을 승인하면서 입주민이 이용하는 진입도로의 개설 및 확장 등의 기부채납의무를 부담으로 부과하는 것은 부당결부금지의 원칙에 반하지 않는다.

3. 복수운전면허 취소(강학상 철회)의 위법성

(1) 일반론

한 사람이 여러 종류의 자동차운전면허를 취득하는 경우뿐 아니라 이를 취소 또는 정지하는 경우에도 서로 별개의 것으로 취급하는 것이 원칙이고, 다만 취소사유가 특정 면허에 관한 것이 아니고 다른 면허와 공통된 것이거나 운전면허를 받은 사람에 관한 것일 경우에는 여러 면허를 전부 취소할 수도 있다(대법원 2012.5.24. 2012두1891).

(2) 부당결부금지원칙 위반(전부 철회 위법, 일부 철회만 가능)

① 음주운전, 이륜자동차(제2종 소형면허)와 제1종 면허
   ㉠ 이륜자동차를 음주운전한 사유만 가지고서는 제1종 대형면허나 보통면허의 취소나 정지를 할 수 없다.
   ㉡ 한 사람이 여러 종류의 자동차운전면허를 취득하는 경우뿐 아니라 이를 취소 또는 정지함에 있어서도 서로 별개의 것으로 취급하는 것이 원칙이다. 따라서 이륜자동차로서 제2종 소형면허를 가진 사람만이 운전할 수 있는 오토바이는 제1종 대형면허나 보통면허를 가지고서도 이를 운전할 수 없는 것이어서 이와 같은 이륜자동차의 운전은 제1종 대형면허나 보통면허와는 아무런 관련이 없는 것이므로 이륜자동차를 음주운전한 사유만 가지고서는 제1종 대형면허나 보통면허의 취소나 정지를 할 수 없다(대법원 1992.9.22. 91누8289).
② 오토바이절취, 이륜자동차(제2종 소형면허)와 제1종 면허 → 같은 결론

③ 음주운전, 제1종 특수면허와 제1종 대형·보통면허
  ㉠ 제1종 특수면허, 대형면허, 보통면허소지자가 특수면허 해당차량인 레이카크레인을 음주운전한 경우, 레이카크레인을 운전할 수 있는 면허인 특수면허만 일부취소하여야 한다. 복수운전면허 소지자에 대해 주취운전 등을 이유로 면허를 취소할 때에, 운전면허는 별개로 취급하는 것이 원칙이므로, 각 면허가 가분성·특정성이 있는 경우에는 일부취소하여야 한다.
  ㉡ 제1종 보통, 대형 및 특수면허를 가지고 있는 자가 레이카크레인을 음주운전한 행위는 위 특수면허의 취소사유에 해당될 뿐 위 보통 및 대형 면허의 취소사유는 아니라고 하여 3종의 면허를 모두 취소한 처분 전체를 취소한 원심판결 중 특수면허에 대한 부분은 위법하다는 이유로 파기환송한 사례(대법원 1995.11.16. 95누8850 전원합의체).

(3) 부당결부금지원칙 위반 부정(전부 철회 가능) ⟨23 채용⟩
① 승합차 음주운전, 제1종 보통면허와 제1종 대형면허
  제1종 보통 운전면허와 제1종 대형 운전면허의 소지자가 제1종 보통 운전면허로 운전할 수 있는 승합차를 음주운전하다가 적발되어 두 종류의 운전면허를 모두 취소당한 사안에서, 제1종 대형 운전면허 부분에 대한 운전면허취소처분은 재량권의 한계를 넘는 위법한 처분이 아니다 (대법원 1997.3.11. 96누15176).
  ※ 대형승합차(버스) 음주운전 → 제1종 대형운전면허, 제1종 보통운전면허 모두 철회 가능(96누17578)
② 승용차 음주운전, 제1종 보통면허와 제1종 대형면허, 제2종 원동기장치자전거면허
  ㉠ 제1종 보통면허로 운전할 수 있는 차량을 음주운전한 경우에 이와 관련된 면허인 제1종 대형면허와 원동기장치자전거면허까지 취소할 수 있다.
  ㉡ 자동차운전면허는 그 성질이 대인적 면허일뿐만 아니라 도로교통법시행규칙 제26조 별표 14에 의하면, 제1종 대형면허 소지자는 제1종 보통면허로 운전할 수 있는 자동차와 원동기장치자전거를, 제1종 보통면허 소지자는 원동기장치자전거까지 운전할 수 있도록 규정하고 있어서 제1종 보통면허로 운전할 수 있는 차량의 음주운전은 당해 운전면허뿐만 아니라 제1종 대형면허로도 가능하다. 또한 제1종 대형면허나 제1종 보통면허의 취소에는 당연히 원동기장치자전거의 운전까지 금지하는 취지가 포함된 것이어서 이들 세 종류의 운전면허는 서로 관련된 것이다(대법원 1994.11.25. 94누9672).
    ※ 승용차(개인택시) 음주운전 → 제1종 보통운전면허, 제1종 특수운전면허(제2종 보통운전면허를 포함하므로) 모두 철회 가능(96누4992)
③ 갑이 혈중알코올농도 0.140%의 주취상태로 배기량 125cc 이륜자동차를 운전하였다는 이유로 관할 시도경찰청장이 갑의 자동차운전면허[제1종 대형, 제1종 보통, 제1종 특수(대형견인·구난), 제2종 소형]를 취소하는 처분을 한 사안에서, 위 처분 중 제1종 대형, 제1종 보통, 제1종 특수(대형견인·구난) 운전면허를 취소한 부분에 재량권을 일탈·남용한 위법이 없다고 한 사례 (대법원 2018.2.28. 2017두67476).
  ※ 갑에 대하여 제1종 대형, 제1종 보통, 제1종 특수(대형견인·구난) 운전면허를 취소하지 않는다면, 갑이 각 운전면허로 배기량 125cc 이하 이륜자동차를 계속 운전할 수 있어 실질적으로는 아무런 불이익을 받지 않게 되는 점 등에 비추어 볼 때, 처분이 사회통념상 현저하게 타당성을 잃어 재량권을 남용하거나 한계를 일탈한 것이라고 단정하기에 충분하지 않다.

4. 신의성실의 원칙 및 권한남용금지의 원칙 <15 경행>

> **행정기본법 제11조(성실의무 및 권한남용금지의 원칙)**
> ① 행정청은 법령등에 따른 의무를 성실히 수행하여야 한다.
> ② 행정청은 행정권한을 남용하거나 그 권한의 범위를 넘어서는 아니 된다.
>
> **행정절차법 제4조(신의성실 및 신뢰보호)**
> ① 행정청은 직무를 수행할 때 신의(信義)에 따라 성실히 하여야 한다.

제4절 행정입법

1 행정의 입법활동

1. 행정입법의 의의

(1) 행정입법의 개념

행정입법이란 국가 등의 행정주체가 제정한 일반적·추상적인 규범을 말한다.

(2) 행정입법의 구분

행정입법은 국민을 구속하는 효력이 있는 법규명령과 행정조직 내부의 사무처리기준에 관한 행정규칙으로 구분된다.

행정입법	국가행정기관	법규명령	위임명령
			집행명령
		행정규칙(행정명령)	
	지방자치단체	조례	
		규칙	

2. 법령 등의 효력 발생 시기 <23·24·25 채용, 17·21·23 승진, 20 경행>

법령 등의 효력발생 시기	법률, 대통령령, 총리령 및 부령은 특별한 규정이 없으면 **공포한 날부터 20일이 경과함으로써 효력을 발생한다.**
헌법 제53조	① 국회에서 의결된 법률안은 정부에 이송되어 15일 이내에 대통령이 공포한다(제1항). ② **법률은** 특별한 규정이 없는 한 **공포한 날로부터 20일을 경과함으로써 효력을 발생**한다(제7항).
법령 등 공포에 관한 법률	제11조(공포 및 공고의 절차) ① 헌법개정·법률·조약·**대통령령·총리령 및 부령의 공포**와 헌법개정안·예산 및 예산 외 국고부담계약의 공고는 **관보(官報)**에 게재함으로써 한다. ② 「국회법」 제98조 제3항 전단에 따라 하는 **국회의장의 법률 공포는** 서울특별시에서 발행되는 둘 이상의 일간신문에 게재함으로써 한다.

법령 등 공포에 관한 법률	제12조(공포일·공고일) 제11조의 **법령 등의 공포일 또는 공고일은 해당 법령 등을 게재한 관보 또는 신문이 발행된 날**로 한다.
	제13조(시행일) **대통령령, 총리령 및 부령**은 특별한 규정이 없으면 **공포한 날부터 20일이 경과함으로써 효력을 발생**한다.(법률×)
	제13조의2(법령의 시행유예기간) 국민의 권리 제한 또는 의무 부과와 직접 관련되는 법률, 대통령령, 총리령 및 부령은 긴급히 시행하여야 할 특별한 사유가 있는 경우를 제외하고는 **공포일부터 적어도 30일(20일×)이 경과한 날부터 시행되도록 하여야 한다.**

3. 기간 및 나이의 계산 <23 채용>

행정에 관한 기간의 계산
(제6조)
	① 행정에 관한 기간의 계산에 관하여는 이 법 또는 다른 법령등에 특별한 규정이 있는 경우를 제외하고는「민법」을 준용한다.
	② 법령등 또는 처분에서 국민의 권익을 제한하거나 의무를 부과하는 경우 권익이 제한되거나 의무가 지속되는 기간의 계산은 다음 각 호의 기준에 따른다. 다만, 다음 각 호의 기준에 따르는 것이 국민에게 불리한 경우에는 그러하지 아니하다.
	  1. 기간을 일, 주, 월 또는 연으로 정한 경우에는 기간의 첫날을 산입한다.
	  2. 기간의 말일이 토요일 또는 공휴일인 경우에도 기간은 그 날로 만료한다.

법령등 시행일의 기간 계산
(제7조)
	법령등(훈령·예규·고시·지침 등을 포함한다. 이하 이 조에서 같다)의 시행일을 정하거나 계산할 때에는 다음 각 호의 기준에 따른다.
	  1. 법령등을 공포한 날(훈령·예규·고시·지침 등은 고시·공고 등의 방법으로 발령한 날을 말한다. 이하 이 조에서 같다)부터 시행하는 경우에는 공포한 날을 시행일로 한다.
	  2. 법령등을 공포한 날부터 일정 기간이 경과한 날부터 시행하는 경우 법령등을 공포한 날을 첫날에 산입하지 아니한다.
	  3. 법령등을 공포한 날부터 일정 기간이 경과한 날부터 시행하는 경우 그 기간의 말일이 토요일 또는 공휴일인 때에는 그 말일로 기간이 만료한다.

행정에 관한 나이의 계산 및 표시 (제7조의2)	행정에 관한 나이는 **다른 법령등에 특별한 규정이 있는 경우를 제외하고는 출생일을 산입**(제외×)**하여 만(滿) 나이로 계산**하고, **연수(年數)로 표시**한다. 다만, 1세에 이르지 아니한 경우에는 월수(月數)로 표시할 수 있다.

2 법규명령

1. 법규명령의 의의 <21 승진>

① **국회의 의결을 거치지 않고 행정기관에 의하여 제정된 성문법규**를 '**법규명령**'이라 한다.
② 법규명령은 '행정입법' 중에서 법규성을 지닌 것을 말한다. 국민과 행정청을 구속하고 재판규범이 되는 행정입법이다.
③ 법규명령에 위반한 행정청의 행위는 위법한 행위로서 무효 또는 취소사유가 된다.

| 행정기본법 제2조(정의) 제1호 | "법령등"이란 다음 각 목의 것을 말한다.
가목. 법령: 다음의 어느 하나에 해당하는 것
　　1) 법률 및 대통령령·총리령·부령
　　2) 국회규칙·대법원규칙·헌법재판소규칙·중앙선거관리위원회규칙 및 감사원규칙
　　3) 1) 또는 2)의 위임을 받아 중앙행정기관(「정부조직법」 및 그 밖의 법률에 따라 설치된 중앙행정기관을 말한다. 이하 같다)의 장, 국회의장, 대법원장, 헌법재판소장, 중앙선거관리위원회위원장, 감사원장 등이 정한 훈령·예규 및 고시 등 행정규칙
나목. 자치법규: 지방자치단체의 조례 및 규칙 |

2. 법규명령의 종류 〈22 채용, 21 승진〉

(1) 제정주체

① 대통령이 제정하는 대통령령
　예 경찰관 직무집행법 시행령, 경찰공무원 임용령, 경찰공무원 승진임용규정
② 국무총리가 제정하는 총리령, 각부장관이 제정하는 부령
　예 마약류 관리에 관한 법률 시행규칙[총리령], 경찰공무원 임용령 시행규칙[행정안전부령]

(2) 수권(위임) 여부

구분	위임명령	집행명령
의의	법률, 상위명령에서 구체적으로 범위를 정하여 위임받은 사항을 정하는 법규명령	행정기관이 법률을 집행하기 위하여 필요한 부수적·세목적 규정(세부적·기술적 사항)을 정하는 법규명령 **예** 신고서 양식
근거(수권)의 요부	① **개별적, 구체적으로 범위를 정한 (일부) 위임규정이 필요하다.** ② 포괄적, 전면적 위임은 금지된다.	개별적, 구체적인 수권(위임)이 없어도 조직법상 일반적 수권을 근거로 가능하다.
한계	수임(위임)된 범위에서 새로운 법규사항을 규정할 수 있다.	**집행명령은 상위법령의 집행 시 필요한 절차나 형식을 정하는 데 그쳐야 하며 새로운 법규사항을 정하여서는 안 된다.**
공통점	① 법규성이 인정된다. ② 문서(법조)형식이고, 공포가 필요하다. ③ 위임명령과 집행명령은 하나의 명령에 함께 제정되는 것이 일반적이다.	

3. 법규명령의 한계 〈17 승진〉

(1) 법률우위의 원칙

| 행정의 입법활동 (행정기본법 제38조) | 국가나 지방자치단체가 법령등을 제정·개정·폐지하고자 하거나 그와 관련된 활동(법률안의 국회 제출과 조례안의 지방의회 제출을 포함하며, 이하 이 장에서 "행정의 입법활동"이라 한다)을 할 때에는 헌법과 상위 법령을 위반해서는 아니 되며, 헌법과 법령등에서 정한 절차를 준수하여야 한다. |

(2) **포괄적 위임금지의 원칙**

① 구체적인 위임의 범위

구체적인 위임의 범위는 규제하고자 하는 대상의 종류와 성격에 따라 달라지는 것이어서 일률적 기준을 정할 수는 없지만, 적어도 위임명령에 규정될 내용과 범위의 기본사항이 구체적으로 규정되어 있어서 누구라도 해당 법률이나 상위법령으로부터 위임명령에 규정될 내용의 대강을 예측할 수 있어야 한다(대법원 2020.2.27. 2017두37215).

② 주민의 권리 의무에 관한 조례제정권에 대한 **법률의 위임 정도**

조례의 제정권자인 지방의회는 선거를 통해서 그 지역적인 민주적 정당성을 지니고 있는 주민의 대표기관이고 헌법이 지방자치단체에 포괄적인 자치권을 보장하고 있는 취지로 볼 때, 조례에 대한 법률의 위임은 법규명령에 대한 법률의 위임과 같이 반드시 구체적으로 범위를 정하여 할 필요가 없으며 포괄적인 것으로 족하다.

③ 법률에서 위임받은 사항을 전혀 규정하지 아니하고 전부 그대로 하위명령에 재위임하는 것은 허용되지 않는다.

4. 법규명령의 하자와 통제

(1) **법규명령의 하자** <25 채용>

① 하위법령은 그 규정이 상위법령의 규정에 명백히 저촉되어 무효인 경우를 제외하고는 관련 법령의 내용과 입법 취지 및 연혁 등을 종합적으로 살펴서 그 의미를 상위법령에 합치되는 것으로 해석하여야 한다(대법원 2013.11.28. 2012두16565).

② **법규명령의 위임근거가 되는 법률에 대하여 위헌결정이 선고되면 그 위임에 근거하여 제정된 법규명령도 원칙적으로 효력을 상실한다**(대법원 2001.6.12. 2000다18547).

(2) **법규명령의 사법적 통제** <19 경행>

헌법 제107조	① 법률이 헌법에 위반되는 여부가 재판의 전제가 된 경우에는 법원은 헌법재판소에 제청하여 그 심판에 의하여 재판한다. ② **명령·규칙 또는 처분이 헌법이나 법률에 위반되는 여부가 재판의 전제가 된 경우에는 대법원은 이를 최종적으로 심사할 권한을 가진다.**
구체적 규범통제	① 법령보충적 행정규칙은 헌법 제107조 제2항의 구체적 규범통제대상이 되지만, 법규성이 없는 행정규칙은 헌법 제107조 제2항의 대상이 되지 않는다. ② 헌법 제107조 제2항의 "규칙"에는 지방자치단체의 조례와 규칙이 모두 포함되는 등 이른바 규칙의 개념이 경우에 따라 상이하게 해석된다(대법원 1995.8.22. 94누5694 전원합의체). ③ **헌법 제107조 제2항에 따른 구체적 규범통제의 결과 처분의 근거가 된 명령이 위법하다는 대법원의 판결이 난 경우, 그 명령은 당해 사건에 한하여 적용되지 않는다.**
명령·규칙의 위헌판결등 공고 (행정소송 법 제6조)	① 행정소송에 대한 대법원판결에 의하여 명령·규칙이 헌법 또는 법률에 위반된다는 것이 확정된 경우에는 대법원은 지체없이 그 사유를 행정안전부장관에게 통보하여야 한다. ② 제1항의 규정에 의한 **통보를 받은 행정안전부장관은 지체없이 이를 관보에 게재하여야 한다.**

3 행정규칙

1. 의의
① 행정규칙이란 행정조직 내부의 사무처리기준으로서 제정하는 일반적·추상적 규범을 말한다.
② 훈령, 예규, 고시 등의 형식으로 제정되고, 법령해석이나 재량권 행사의 기준 제시 등을 내용으로 한다.

2. 행정규칙의 내부적 구속력 〈15 경행〉
① 행정규칙(특히 훈령)은 상급행정기관이 감독권에 근거하여 발한 명령으로 볼 수 있다.
② 상급행정기관이 하급행정기관에 대하여 업무처리지침이나 법령의 해석적용에 관한 기준을 정하여 발하는 이른바 행정규칙은 일반적으로 행정조직 내부에서만 효력을 가질 뿐 대외적인 구속력을 갖는 것은 아니다(대법원 1998.6.9. 97누19915).
③ 행정조직 내부에서 행정규칙의 수명자는 복종의무에 따라 상급기관이 발한 명령으로서 행정규칙을 준수할 의무가 있으므로 **수명자가 행정규칙을 위반하는 행위는 직무상 의무위반으로 징계사유에 해당한다.**

> 예 행정규칙을 따르지 않고 행정처분을 한 경우 복종의무 위반으로 징계책임

3. 법규명령과 행정규칙 비교 〈15 경행〉

(1) 공통점
① 일반적·추상적 규범으로서 행정의 기준이 된다.
② 법규명령과 행정규칙은 행정기관을 구속하는 내부적(대내적) 효력을 지니고 있다. 따라서 행정기관은 둘 모두를 준수하여야 할 법적 의무를 부담한다.

(2) 차이점

구분	법규명령	행정규칙
권력 기초	일반행정법관계(일반통치권)	특별행정법관계(특별권력관계)
법 형식	대통령령, 총리령, 부령 등	훈령(협의의 훈령, 예규, 지시, 일일명령), 고시 등
종류	위임명령과 집행명령	조직규칙, 재량준칙(재량권 행사의 기준을 정하는 행정규칙), 영조물이용규칙, 근무규칙 등
법적 근거	① 법적 근거 필요. 헌법·법률 또는 상위명령의 근거가 필요함. ② 위임명령: 상위법령의 구체적 수권이 필요함. ③ 집행명령: 개별적·구체적인 수권은 필요하지 않음.	법적 근거 불요. 행정권의 당연한 권능으로 수권이 필요하지 않음.
성질	법규성 인정	법규성 부정

효력	① 외부적 구속력: 국민과 법원을 구속하는 대외적 효력이 원칙적으로 있다. ② 국민과 행정청을 동시에 구속하는 양면적 구속력을 가진다. ③ 재판규범이 된다.	① 내부적 구속력: 대외적 효력이 원칙적으로 없고 대내적 효력만 있다. ② 국민을 구속하는 효력이 없고 행정청만 구속하는 일면적 구속력을 가진다. ③ 재판규범이 되지 못한다.

위반의 효과	① 법규 명령 위반→위법
	② 위반행위에 대한 행정소송을 제기할 수 있다.
		① 행정규칙 위반→위법 아님
		  ㉠ 위반행위의 효력에 영향이 없지만 징계사유는 될 수 있다.
		  ㉡ 행정규칙에 따른 행위도 적법한 행위로 추정되지 않는다.
		② 위반행위에 대한 행정소송을 제기하지 못한다.

공포(형식)	공포가 필요함(원칙 20일, 효력발생요건).	공포가 필요하지 않음. 적당한 방법으로 수명기관에 도달하면 효력이 발생한다.
한계	법률유보의 원칙, 법률우위의 원칙이 적용된다.	법률우위의 원칙만 적용된다(행정규칙은 상위법령에 위반되어서는 안 된다).

4. 행정규칙의 형식에 따른 구분

(1) 훈령(광의의 훈령)

훈령	상급 행정관청이 하급 행정관청의 권한행사를 상당히 장기간에 걸쳐 일반적으로 지휘하기 위하여 발하는 명령을 말한다. 예 경찰청 공무원 행동강령(경찰청 훈령)
지시	상급 행정관청이 하급 행정관청에 대하여 개별적·구체적으로 지휘를 하기 위하여 발하는 명령을 말한다.
예규	행정사무의 통일을 기하기 위하여 반복적 행정사무의 기준을 제시하는 명령이다.
일일명령	당직, 출장, 특근, 휴가 등 일일업무에 대하여 발하는 명령이다.

(2) 고시·공고 ⟨18 경행⟩

고시	① 법령이 정하는 바에 따라 일정한 사항을 일반인에게 알리는 문서 ② 고시가 일반·추상적 성격을 가질 때는 법규명령 또는 행정규칙에 해당하지만, 고시가 구체적인 규율의 성격을 갖는다면 행정처분에 해당한다(헌재 1998.4.30. 97헌마141).
공고	일정한 사항을 일반에게 알리는 문서

5. 법규명령 형식의 행정처분 기준

(1) 의의

① 행정청이 재량권을 행사하기 위한 사무처리의 기준은 일반적으로 훈령·예규·고시 등 재량준칙의 형식으로 정립된다. 이러한 사무처리 기준을 대통령령이나 부령 등 법규명령의 형식으로 정립하는 경우가 있다.

② 대법원은 법규명령 형식이 대통령령이고 재량권 행사의 기준인 경우 법규명령으로 보고, 법규명령 형식이 부령(시행규칙)이고 재량권 행사의 기준인 경우 행정규칙으로 보고 있다.

대통령령	주택건설촉진법 시행령 [별표] 행정처분 기준	법적 성질은 법규명령
부령	도로교통법 시행규칙 [별표] 행정처분 기준	법적 성질은 행정규칙

(2) 법규명령의 형식이 대통령령인 경우(법규명령)

① 판례는 제재적 처분기준(영업 허가의 취소·정지에 관한 재량권 행사의 기준)이 대통령령 형식으로 정해진 경우 이를 법규명령으로 본다.
② 당해 처분의 기준이 된 주택건설촉진법시행령 제10조의3 제1항 [별표 1]은 주택건설촉진법 제7조 제2항의 위임규정에 터잡은 규정형식상 대통령령이므로 그 성질이 부령인 시행규칙이나 또는 지방자치단체의 규칙과 같이 통상적으로 행정조직 내부에 있어서의 행정명령에 지나지 않는 것이 아니라 대외적으로 국민이나 법원을 구속하는 힘이 있는 법규명령에 해당한다(대법원 1997.12.26. 97누15418).
③ 구 청소년 보호법에 따른 같은 법 시행령 제40조 [별표 6]의 위반 행위의 종별에 따른 과징금 처분기준은 법규명령이기는 하나 같은 유형의 위반행위라 하더라도 여러 요소를 종합적으로 고려하여 사안에 따라 적정한 과징금의 액수를 정하여야 할 것이므로 처분기준에 규정된 금액은 정액이 아니라 최고한도액이다(대법원 2001.3.9. 99두5207).

(3) 법규명령의 형식이 부령인 경우(행정규칙) 〈25 채용, 15 경행〉

① 판례는 부령 형식으로 정해진 경우 제재적 처분기준의 내용이 행정규칙의 실질을 가지므로 그 규범을 행정규칙으로 본다.
② 규정형식상 부령인 시행규칙 또는 지방자치단체의 규칙으로 정한 행정처분의 기준은 행정처분 등에 관한 사무처리기준과 처분절차 등 행정청 내의 사무처리준칙을 규정한 것에 불과하므로 행정조직 내부에 있어서의 행정명령의 성격을 지닐 뿐 대외적으로 국민이나 법원을 구속하는 힘이 없고, 그 처분이 위 규칙에 위배되는 것이라 하더라도 위법의 문제는 생기지 아니하고, 또 위 규칙에서 정한 기준에 적합하다 하여 바로 그 처분이 적법한 것이라고도 할 수 없다(대법원 1995.10.17. 94누14148 전원합의체).
③ 자동차운전면허 취소처분 기준
도로교통법 시행규칙 제53조 제1항이 정한 [별표 16]의 운전면허 행정처분 기준은 부령의 형식으로 되어 있으나, 그 규정의 성질과 내용이 운전면허의 취소처분 등에 관한 사무처리기준과 처분절차 등 행정청 내부의 사무처리 준칙을 규정한 것에 지나지 아니하므로 대외적으로 국민이나 법원을 기속하는 효력이 없다.
그러므로 자동차운전면허 취소처분의 적법 여부는 그 운전면허 행정처분 기준만에 의하여 판단할 것이 아니라 도로교통법의 규정 내용과 취지에 따라 판단되어야 한다(대법원 1997.5.30. 96누5773).
④ 영업정지처분의 기준
구 식품위생법시행규칙 제53조에서 [별표 15]로 식품위생법 제58조에 따른 행정처분의 기준을 정하였다고 하더라도 이는 형식만 부령으로 되어 있을 뿐, 그 성질은 행정기관 내부의 사무처리준칙을 정한 것으로서 행정명령의 성질을 가지는 것이고, 대외적으로 국민이나 법원을 기속하는 힘이 있는 것은 아니다.

그러므로 같은 법 제58조 제1항에 의한 처분의 적법 여부는 같은 법 시행규칙에 적합한 것인가의 여부에 따라 판단할 것이 아니라 같은 법의 규정 및 그 취지에 적합한 것인가의 여부에 따라 판단하여야 한다(대법원 1995.3.28. 94누6925).

(4) 구체적 사례

> **도로교통법 제93조(운전면허의 취소·정지)**
> ① 시·도경찰청장은 운전면허를 받은 사람이 다음 각 호의 어느 하나에 해당하면 행정안전부령으로 정하는 기준에 따라 운전면허(운전자가 받은 모든 범위의 운전면허를 포함한다. 이하 이 조에서 같다)를 취소하거나 1년 이내의 범위에서 운전면허의 효력을 정지시킬 수 있다.
>   1. 제44조 제1항을 위반하여 술에 취한 상태에서 자동차등을 운전한 경우
>
> **도로교통법 시행규칙 별표28(운전면허 취소·정지 처분 기준)**
> 〈취소처분 개별기준〉
>
> | 술에 취한 상태에서 운전한 때 | 제93조 | 혈중알코올농도 0.08퍼센트 이상의 상태에서 운전한 때 |

6. 법령보충적 행정규칙

(1) 의의

① 형식은 행정규칙이지만 그 내용은 법규사항인 경우가 있다.
② 법규사항은 법규명령 형식으로 규율하는 것이 원칙이지만 전문적·기술적 사항은 법규명령 형식이 적절하지 않은 경우가 있다. 이러한 경우에 상위법령이 특정한 행정청을 정하여 법령의 내용을 구체화할 수 있는 권한을 위임하고, 수임행정청이 행정규칙의 형식으로 규율할 필요가 있다.
③ 행정규칙은 법규명령과 같은 엄격한 제정 및 개정절차를 요하지 아니하므로, 기본권을 제한하는 작용을 하는 법률이 입법위임을 할 때에는 대통령령, 총리령, 부령 등 법규명령에 위임함이 바람직하고, 고시 등과 같은 행정규칙의 형식으로 입법위임을 할 때에는 적어도 법령이 전문적·기술적 사항이나 경미한 사항으로서 업무의 성질상 위임이 불가피한 사항에 한정된다(헌재 2006.12.28. 2005헌바59, 헌재 2008.7.31. 2005헌마667).
④ 법령의 규정이 특정 행정기관에게 법령 내용의 구체적 사항을 정할 수 있는 권한을 부여하면서 권한행사의 절차나 방법을 특정하지 아니한 경우에는 수임 행정기관은 행정규칙이나 규정 형식으로 법령 내용이 될 사항을 구체적으로 정할 수 있다(대법원 2012.7.5. 2010다72076).

| 훈령, 예규, 고시, 지침 등 | 법령의 위임에 따른 내용 구체화 | 상위법령과 일체로 법규명령 |

(2) 판례의 태도 〈21 경행〉

① 법령의 규정이 특정행정기관에게 그 법령내용의 구체적 사항을 정할 수 있는 권한을 부여하면서 그 권한행사의 절차나 방법을 특정하고 있지 아니한 관계로 수임행정기관이 행정규칙의 형식으로 그 법령의 내용이 될 사항을 구체적으로 정하고 있는 경우, 그러한 행정규칙, 규정은 행정조직 내부에서만 효력을 가질 뿐 대외적인 구속력을 갖지 않는 행정규칙의 일반적 효력으로서가 아니라, 행정기관에 법령의 구체적 내용을 보충할 권한을 부여한 법령규정의 효력에 의하여 그 내용을 보충하는 기능을 갖게 되고, 따라서 당해 법령의 위임한계를 벗어나지 아니하는 한 그것들과 결합하여 대외적인 구속력이 있는 법규명령으로서의 효력을 갖게 된다(대법원 1998.6.9. 97누19915).

② **헌법이 인정하고 있는 위임입법의 형식은 예시적인 것**으로 보아야 할 것이고, 법률이 어떤 사항을 행정규칙에 위임하더라도 그 행정규칙은 위임된 사항만을 규율할 수 있는 것이므로 국회입법의 원칙과 상치되지 않는다(헌재 2006.12.28. 2005헌바59, 헌재 2008.7.31. 2005헌마667).

(3) 법적 근거

> 행정규제기본법 제4조(규제 법정주의) 제2항
> 규제는 법률에 직접 규정하되, 규제의 세부적인 내용은 법률 또는 상위법령(上位法令)에서 구체적으로 범위를 정하여 위임한 바에 따라 대통령령·총리령·부령 또는 조례·규칙으로 정할 수 있다. 다만, 법령에서 전문적·기술적 사항이나 경미한 사항으로서 업무의 성질상 위임이 불가피한 사항에 관하여 구체적으로 범위를 정하여 위임한 경우에는 고시 등으로 정할 수 있다.

(4) 효력과 한계 〈15·18 경행〉

① 법령보충적 행정규칙이라도 그 자체로서 직접적으로 대외적인 구속력을 갖는 것은 아니고, **상위법령과 결합하여 일체가 되는 한도 내에서 상위법령의 일부가 됨으로써 대외적 구속력이 발생되는 것일 뿐 그 행정규칙 자체는 대외적 구속력을 갖는 것은 아니라 할 것이다**(헌재 2004.10.28. 99헌바91).
② 위임의 범위를 벗어난 사례
  ㉠ 보건사회부장관이 정한 1994년도 노인복지사업지침은 노령수당의 지급대상자의 선정기준 및 지급수준 등에 관한 권한을 부여한 노인복지법령에 따라 보건사회부장관이 발한 것으로서 실질적으로 법령의 규정내용을 보충하는 기능을 지니면서 그것과 결합하여 대외적으로 구속력이 있는 법규명령의 성질을 가지는 것으로 보인다.
  ㉡ 법령보충적인 행정규칙, 규정은 당해 법령의 위임한계를 벗어나지 아니하는 범위 내에서만 그것들과 결합하여 법규적 효력을 가진다.
  ㉢ 노인복지법령은 노령수당의 지급대상자의 연령범위에 관하여 '65세 이상의 자'로 반복하여 규정한 다음 소득수준 등을 참작한 일정소득 이하의 자라고 하는 지급대상자의 선정기준과 그 지급대상자에 대한 구체적인 지급수준(지급액) 등의 결정을 보건사회부장관에게 위임하고 있다. 그럼에도 보건사회부장관이 정한 1994년도 노인복지사업지침은 노령수당의 지급대상자를 '70세 이상'의 생활보호대상자로 규정함으로써 당초 법령이 예정한 노령수당의 지급대상자를 부당하게 축소·조정하였으므로 위 지침 가운데 노령수당의 지급대상자를 '70세 이상'으로 규정한 부분은 법령의 위임한계를 벗어난 것이어서 그 효력이 없다(대법원 1996.4.12. 95누7727).

행정입법 정리

구분	효력	형식	내용	구분
법규명령	대외적 효력, 국민과 법원을 구속	대통령령	행정처분 기준	대통령령 형식의 행정처분 기준
		행정규칙 형식 (훈령·예규·고시 등)	법규사항	법령보충적 행정규칙 (위임 법령과 일체로 법규명령)
행정규칙	대내적 효력, 행정기관만 구속	부령(시행규칙 별표)	행정처분 기준	부령 형식의 행정처분 기준

제5절 법률관계와 행정법관계

1 공법관계와 사법관계

1. 행정상 법률관계와 행정법관계

(1) 행정상 법률관계

① 법률관계는 보통 당사자 간의 권리의무관계를 내용으로 한다.
② 행정상 법률관계는 일정한 행정 활동을 원인으로 한 권리의무관계이다.
③ 행정상 법률관계에서는 공법이 지배하는 경우와 사법이 지배하는 경우가 있다. 전자를 통상 공법관계, 후자를 사법관계(국고관계)라고 한다.

(2) 행정법관계(공법관계)

행정상 법률관계 가운데 공법의 규율을 받는 관계를 말한다.

2. 공법관계와 사법관계의 구별

(1) 구별의 기준

① 1차적 기준: 법규의 내용
  법규가 행정상 강제집행, 행정벌, 행정상 손해배상·손실보상, 행정상 쟁송 등을 규정하고 있는 경우
② 2차적 기준: 개별적 판단
  행정주체에게 공권력 행사를 인정하여 우월한 법적 지위를 부여한 경우, 공공복리의 실현이라는 행정 목적이 나타나는 경우

(2) 구별의 실제

구분		공법관계	사법관계
실체법	적용 법원리	공익 실현(공법원리)	사적 자치(사법원리)
	적용법규	공법 규정 적용 자력집행 가능	사법 규정 적용 자력집행 불가능
	손해배상	불법행위 시 국가배상법	불법행위 시 민법
절차법	재판 관할	원칙적 행정법원	민사법원
	소송절차(분쟁 해결)	행정소송	민사소송

3. 공법관계와 사법관계에 관한 판례

(1) 공법관계로 본 판례 ⟨23 채용⟩

① 조세채무관계는 공법상의 법률관계이다.
  조세채무가 금전채무라는 사실에서 사법상의 채무와 공통점을 갖지만, 조세채무는 법률의 규정에 의하여 정해지는 법정채무로서 당사자가 그 내용 등을 임의로 정할 수 없고, 조세채무관계는 공법상의 법률관계이고 그에 관한 쟁송은 원칙적으로 행정사건으로서 행정소송법의 적용을 받으며, 조세는 공익성과 공공성 등의 특성을 갖고 이에 따라 조세채권에는 우선권(국세기본법 제35조, 제36조, 제37조) 및 자력집행권(국세징수법 제3장 이하)이 인정되고 있는 점에서 사법상의 채무와 차이점을 갖는다(대법원 2007.12.14. 2005다11848).

② 국가나 지방자치단체에 근무하는 청원경찰에 대한 징계처분에 대한 시정을 구하는 소는 행정소송의 대상이지 민사소송의 대상이 아니다.
국가나 지방자치단체에 근무하는 청원경찰은 국가공무원법이나 지방공무원법상의 공무원은 아니지만, 다른 청원경찰과는 달리 그 임용권자가 행정기관의 장이고, 국가나 지방자치단체로부터 보수를 받으며, 산업재해보상보험법이나 근로기준법이 아닌 공무원연금법에 따른 재해보상과 퇴직급여를 지급받고, 직무상의 불법행위에 대하여도 민법이 아닌 국가배상법이 적용되는 등의 특질이 있으며 그 외 임용자격, 직무, 복무의무 내용 등을 종합하여 볼 때, **그 근무관계를 사법상의 고용계약관계로 보기는 어려우므로 그에 대한 징계처분의 시정을 구하는 소는 행정소송의 대상이지 민사소송의 대상이 아니다**(대법원 1993.7.13. 92다47564).
※ 공기업 직원의 근무는 사법관계
③ **국립 교육대학 학생에 대한 퇴학처분은 행정처분이므로 행정소송의 대상이 된다.**
학생에 대한 징계권의 발동이나 징계의 양정이 징계권자의 교육적 재량에 맡겨져 있다 할지라도 법원이 심리한 결과 그 징계처분에 위법사유가 있다고 판단되는 경우에는 이를 취소할 수 있는 것이고, 징계처분이 교육적 재량행위라는 이유만으로 사법심사의 대상에서 당연히 제외되는 것은 아니다(대법원 1991.11.22. 91누2144).
④ **행정재산의 사용·수익에 대한 허가는 공법관계**(행정소송)
  [1] 공유재산의 관리청이 행하는 행정재산의 사용·수익에 대한 허가는 순전히 사경제주체로서 행하는 사법상의 행위가 아니라 관리청이 공권력을 가진 우월적 지위에서 행하는 행정처분으로서 특정인에게 행정재산을 사용할 수 있는 권리를 설정하여 주는 강학상 특허에 해당한다.
  [2] 행정재산의 사용·수익허가처분의 성질에 비추어 국민에게는 행정재산의 사용·수익허가를 신청할 법규상 또는 조리상의 권리가 있다고 할 것이므로 공유재산의 관리청이 행정재산의 사용·수익에 대한 허가 신청을 거부한 행위 역시 행정처분에 해당한다(대법원 1998.2.27. 97누1105).
   ※ 일반재산은 사법관계
⑤ 「국유재산법」 제51조 소정의 **국유재산 무단점유자에 대한 변상금부과처분은 행정소송의 대상이 되는 행정처분이다.**
국유재산법 제51조 제1항은 국유재산의 무단점유자에 대하여는 대부 또는 사용, 수익허가 등을 받은 경우에 납부하여야 할 대부료 또는 사용료 상당액 외에도 그 징벌적 의미에서 국가 측이 일방적으로 그 2할 상당액을 추가하여 변상금을 징수토록 하고 있으며 동조 제2항은 변상금의 체납 시 국세징수법에 의하여 강제징수토록 하고 있는 점 등에 비추어 보면 **국유재산의 관리청이 그 무단점유자에 대하여 하는 변상금부과처분은 순전히 사경제 주체로서 행하는 사법상의 법률행위라 할 수 없고 이는 관리청이 공권력을 가진 우월적 지위에서 행한 것으로서 행정소송의 대상이 되는 행정처분**이라고 보아야 한다(대법원 1988.2.23. 87누1046·1047).
⑥ 방위사업청과 체결한 국책사업 협약은 공법상 계약으로 공법관계(행정소송 중 당사자소송)에 해당한다. 국책사업인 '한국형 헬기 개발사업'(Korean Helicopter Program)에 개발주관사업자 중 하나로 참여하여 국가 산하 중앙행정기관인 방위사업청과 '한국형헬기 민군겸용 핵심구성품 개발협약'을 체결한 甲 주식회사가 협약을 이행하는 과정에서 환율변동 및 물가상승 등 외부적 요인 때문에 협약금액을 초과하는 비용이 발생하였다고 주장하면서 국가를 상대로 초과비용의 지급을 구하는 민사소송을 제기한 사안에서, 위 협약의 법률관계는 공법관계에 해당하므로 이에 관한 분쟁은 행정소송으로 제기하여야 한다(대법원 2017.11.9. 2015다215526).

⑦ 수도료의 부과·징수와 이에 따른 수도료의 납부관계(대법원 1977.2.22. 76다2517), 공공하수도 사용료의 부과징수관계(대법원 2003.6.24. 2001두8865)

⑧ 원천징수하는 소득세에 있어서는 납세의무자의 신고나 과세관청의 부과결정이 없이 법령이 정하는 바에 따라 그 세액이 자동적으로 확정되고, 원천징수의무자는 소득세법 제142조 및 제143조의 규정에 의하여 이와 같이 자동적으로 확정되는 세액을 수급자로부터 징수하여 과세관청에 납부하여야 할 의무를 부담하고 있으므로, 원천징수의무자가 비록 과세관청과 같은 행정청이더라도 그의 **원천징수행위는 법령에서 규정된 징수 및 납부의무를 이행하기 위한 것에 불과한 것이지, 공권력의 행사로서의 행정처분을 한 경우에 해당되지 아니한다**(대법원 1990.3.23. 89누4789).

(2) 사법관계로 본 판례

① 국가가 당사자가 되는 입찰방식의 공공계약은 사법상 계약으로 사법관계에 해당한다.
「국가를 당사자로 하는 계약에 관한 법률」에 따라 국가가 당사자가 되는 (입찰방식에 의해 사인과 체결하는) 이른바 공공계약은 사경제 주체로서 상대방과 대등한 위치에서 체결하는 사법상 계약으로서 본질적인 내용은 사인 간의 계약과 다를 바가 없으므로, 그에 관한 법령에 특별한 정함이 있는 경우를 제외하고는 사적 자치와 계약자유의 원칙 등 사법의 원리가 그대로 적용된다(대법원 2020.5.14. 2018다298409).

② 국유잡종재산(현재 일반재산) 대부행위의 법적 성질은 사법상 계약이고 그 대부료 납부고지의 법적 성질은 사법상 이행청구이다.
국유잡종재산에 관한 관리 처분의 권한을 위임받은 기관이 국유잡종재산을 대부하는 행위는 국가가 사경제 주체로서 상대방과 대등한 위치에서 행하는 사법상의 계약이고, 행정청이 공권력의 주체로서 상대방의 의사 여하에 불구하고 일방적으로 행하는 행정처분이라고 볼 수 없으며, 국유잡종재산에 관한 대부료의 납부고지 역시 사법상의 이행청구에 해당하고, 이를 행정처분이라고 할 수 없다(대법원 2000.2.11. 99다61675).

③ 한국조폐공사 직원의 근무관계(대법원 1978.4.25. 78다414), 서울특별시지하철공사의 임원과 직원의 근무관계(대법원 1989.9.12. 89누2103)

2 특별행정법관계(특별권력관계)

1. 특별행정법관계의 의의

(1) 개념

① 특수한 지위에서 복종하는 관계이며, 특별한 법률원인에 의하여 특별권력의 지배범위 안에 들어온 자에 한하여서만 성립하는 관계이다.

② 공무원으로 근무하는 경우 국가 또는 지방자치단체와의 관계, 징집에 의하여 군무에 복무하는 경우 국가와의 관계, 교도소 재소자의 국가와의 관계, 국립대학에 입학하여 수학하는 경우 국가 또는 공공단체와의 관계 등

(2) 일반권력관계와의 구별

① 일반권력관계는 일반 국민이 국가 또는 공공단체의 일반통치권에 복종하는 관계를 말한다.

② 국민이 경찰권에 복종하는 관계, 범죄로 인하여 재판을 받아 형벌을 받는 관계, 국민이 국가 또는 지방자치단체에 납세의 의무를 지는 관계 등

2. 특별행정법관계의 종류 〈15 경행〉

공법상의 근무관계	국가 등 행정주체에 대한 포괄적 근무 의무를 부담하는 관계로 공무원 관계와 군복무 관계
공법상의 영조물 이용관계	행정주체가 제공하는 인적·물적 시설의 결합체(영조물)를 이용하는 관계로 국공립학교 재학 관계, 철도·도서관 등의 이용 관계
특별감독관계	공공조합·특허기업자·행정사무 수임자 등에 대하여 국가 또는 공공단체가 특별한 감독(시정명령, 감사, 인사 등)을 하는 관계

제6절 훈령과 직무명령

1 훈령

1. 훈령의 의의 〈17 승진〉

개념	① 상급관청이 하급관청의 권한 행사를 지휘·감독하기 위하여 발하는 명령이다. ② 경찰관청 상호 간의 관계에서 지휘·감독의 수단이 된다.
내용	① 권한 행사를 상당히 장기간에 걸쳐 일반적으로 지시(지휘)하기 위하여 발하는 명령이다. 이는 법률해석이나 재량판단의 구체적 지침을 제시하여 행정 의사의 통일성을 도모하기 위함이다. ② 원칙적으로 일반적·추상적 사항에 대하여 발해야 하나, 개별적·구체적 사항에 대하여도 발할 수 있다.

2. 훈령의 종류 〈18·20 승진〉

협의의 훈령	상급 경찰관청이 하급 경찰관청의 권한행사를 상당히 장기간에 걸쳐 일반적으로 지휘하기 위하여 발하는 명령을 말한다. 주로 장기간, 일반적 지휘사항을 대상으로 한다. 예 조문 또는 시행문 형식, 누년 일련번호 사용. 훈령 제5호
지시	상급 경찰관청이 하급 경찰관청에 대하여 개별적·구체적으로 지휘를 하기 위하여 발하는 명령을 말한다. 예 시행문 형식, 연도표시 일련번호 사용. 지시 제2024-5호
예규	행정사무의 통일을 기하기 위하여 반복적 경찰사무의 기준을 제시하는 명령이다. 예 조문 또는 시행문 형식, 누년 일련번호 사용. 예규 제5호
일일명령	당직, 출장, 특근, 휴가 등 일일업무에 대하여 발하는 명령이다. 예 시행문 또는 회보 형식, 연도별 일련번호 사용. 일일명령 2024-제5호

3. 훈령의 법적 성격 : 법규성(대외적 효력) 인정 여부

원칙	① 일반적인 조문의 형식을 갖추고 있더라도 조직내부의 규범에 지나지 아니하므로 대외적 효력이 없다. 즉 법규성이 없다. ② 훈령은 법령의 구체적인 근거 없이 발할 수 있다(없다×).
예외	재량권 행사의 준칙인 규칙에 따라 되풀이 시행한 결과 행정관청의 관행이 이루어지면, 재량권 행사의 준칙은 예외적으로 평등의 원칙이나 신뢰보호 원칙에 의해 '자기 구속'을 당하게 되어 대외적 구속력을 가지게 된다.

4. 훈령의 요건 〈17·18 승진〉

형식적 요건	① 훈령권이 있는 상급관청이 발한 것일 것 ② 하급관청의 권한 범위 내에 속하는 사항에 대한 것일 것 ③ 하급관청의 직무상 독립된 범위에 속한 사항이 아닐 것
실질적 요건	① 내용이 적법하고 타당할 것(법규에 저촉되지 않을 것) ② 내용이 공익에 반하지 않을 것 ③ 내용이 실현 가능하고 명확할 것
요건 구별의 실익	① 하급관청은 형식적 요건에 관한 심사권이 있지만 실질적 요건에 관한 심사권은 없다. ② 형식적 요건 심사 : 형식적 요건이 구비되어 있지 않다면 복종을 거부할 수 있지만, 형식적 요건이 구비되었다면 원칙상 복종해야 한다. ③ 실질적 요건 심사 : 훈령의 내용이 중대하고 명백한 하자가 있거나 명백한 범죄가 될 경우에는 복종을 거부하여야 한다.

5. 훈령의 효력

① 하급기관의 법적 행위가 훈령에 위반하여 행해진 경우 원칙적으로 위법이 아니며, 그 행위의 효력은 유효하다.
② 훈령에 위반된 경찰공무원의 행위는 직무상 의무위반이므로 징계사유에 해당할 수 있다.

6. 훈령의 경합 〈25 채용, 17 승진〉

(1) 주관 상급관청이 다른 경우

① 주관 상급관청의 훈령에 따라야 한다.
② **주관 상급관청이 불명확하면 주관쟁의의 방법으로 해결한다.**
행정청의 관할이 분명하지 아니한 경우에는 해당 행정청을 공통으로 감독하는 상급 행정청이 그 관할을 결정하며, 공통으로 감독하는 상급 행정청이 없는 경우에는 각 상급 행정청이 협의하여 그 관할을 결정한다(행정절차법 제6조 관할 제2항).

(2) 주관 상급관청이 서로 상하관계인 경우 〈20 경위〉

① 바로 위의(직근) 상급관청의 훈령에 따른다.
② 경찰청 훈령과 시·도경찰청 훈령이 경합하는 경우에는 시·도경찰청 훈령에 따라 업무를 처리한다.

> 예 종로경찰서 소속 한국민 순경이 근무 중 서울경찰청 훈령과 경찰청 훈령이 경합하는 내용을 알게 된 경우에는 서울경찰청 훈령에 따라 업무를 처리해야 한다.

2 직무명령

1. 직무명령의 의의

(1) 개념

직무명령은 소속 상관이 그 부하공무원에 대하여 직무를 지휘하기 위하여 발하는 명령이다.

(2) 훈령과 직무명령의 비교 <22 경채, 17·18·20 승진, 20 경위>

구분	훈령	직무명령
공통점	① 훈령과 직무명령은 법규성을 지니지 않는다. 즉, 국민의 권리와 의무에 영향을 미치지 않는다. ② 법령의 구체적 근거가 없이도 발할 수 있다.	
의의 (발령자, 수명자)	㉠ 상급경찰관청의 하급경찰기관에 대한 명령 ㉡ 하급경찰기관의 권한 행사를 지휘할 수 있다.	상관의 하급자(경찰공무원 개인)에 대한 명령
효력 및 인적 효력 범위	㉠ 경찰기관의 의사를 구속한다. ㉡ 경찰기관의 구성원이 교체되더라도 훈령은 효력을 유지	㉠ 경찰공무원 개인의 의사를 구속한다. ㉡ 구성원이 교체되면 당연히 효력을 상실
규율 범위	하급경찰기관의 직무권한 행사	㉠ 직무수행, 직무와 직접 관련 있는 일상생활(복장 등의 사생활도 경우에 따라 포함) ㉡ 직무명령은 직무와 관련 없는 사생활에는 그 효력이 미치지 않는다.
포함 관계	훈령은 직무명령을 겸할 수 있다.	직무명령은 훈령의 성질을 가질 수 없다.

2. 직무명령의 요건

형식적 요건	① 권한 있는 상관이 발할 것 ② 부하공무원의 직무상 권한 범위 내에 속하는 사항일 것 ③ 부하공무원의 직무상 독립된 범위에 속하는 사항이 아닐 것 ④ 직무명령에 법정의 형식과 절차가 있으면 이를 구비할 것
실질적 요건	① 내용이 적법하고 타당할 것(법규에 저촉되지 않을 것) ② 내용이 공익에 반하지 않을 것 ③ 내용이 실현 가능하고 명확할 것

3. 위반의 효과 <22 경채>

① 직무명령의 편면적 구속력에 따라 공무원인 하급자는 상급자에 대하여 내부적으로 직무명령을 준수할 의무가 있다.
② 직무명령을 위반하면 (내부적으로) 징계책임을 질 수 있다.

CHAPTER 03 경찰조직법

제1절 행정주체와 경찰행정기관

1 행정의 주체와 경찰사무

1. 행정주체와 행정기관

(1) **행정주체** <25 채용, 24 승진>

① 행정의 주체는 권리와 의무의 주체를 말한다. 행정을 행할 권리와 의무를 가지며, 자기의 이름과 책임하에 행정을 실시하는 단체(법인)를 말한다.
② 「국가경찰과 자치경찰의 조직 및 운영에 관한 법률」은 국가경찰과 자치경찰 제도를 채택하고 있으므로 국가와 지방자치단체가 경찰행정의 주체가 된다.

> 국가경찰과 자치경찰의 조직 및 운영에 관한 법률(이하 '경찰법')
> 제2조(국가와 지방자치단체의 책무)
> 국가와 지방자치단체는 국민의 생명·신체 및 재산을 보호하고 공공의 안녕과 질서유지에 필요한 시책을 수립·시행하여야 한다.

(2) **행정기관**

① 행정의 주체(법인)를 위하여 현실적으로 그 업무를 수행하는 기관을 행정기관이라고 한다.
② 행정기관에는 법률에 따라 일정 범위의 권한과 책임이 주어진다. 행정기관이 그 권한의 범위 내에서 행하는 행위의 효과는 법률상 오로지 행정주체인 국가나 지방자치단체에 귀속한다.

2. 경찰의 사무

(1) **국가경찰사무**

① 경찰의 사무는 국가경찰사무와 자치경찰사무로 구분한다(제4조 제1항).
② 국가경찰사무는 경찰법 제3조에서 정한 경찰의 임무를 수행하기 위한 사무에서 자치경찰사무는 제외한 사무를 말한다(제4조 제1항 제1호).

> 제3조(경찰의 임무)
> 경찰의 임무는 다음 각 호와 같다.
> 1. 국민의 생명·신체 및 재산의 보호
> 2. 범죄의 예방·진압 및 수사
> 3. 범죄피해자 보호
> 4. 경비·요인경호 및 대간첩·대테러 작전 수행
> 5. 공공안녕에 대한 위험의 예방과 대응을 위한 정보의 수집·작성 및 배포
> 6. 교통의 단속과 위해의 방지
> 7. 외국 정부기관 및 국제기구와의 국제협력
> 8. 그 밖에 공공의 안녕과 질서유지

(2) **자치경찰사무** (22·24 채용)

① 한국의 자치경찰제도는 법률에서 자치경찰사무와 국가경찰사무를 구분하고 있지만, 자치경찰사무를 담당하는 경찰관의 신분은 기존 그대로 국가공무원이다. 다만, 제주특별자치도 자치경찰단 소속의 자치경찰공무원은 지방공무원이다.

② 자치경찰사무는 경찰법 제3조에서 정한 경찰의 임무 범위 내에서 관할 지역의 생활안전·교통·경비·수사 등에 관한 일정한 사무를 말한다.

③ 분야별 자치경찰사무

생활안전	지역 내 주민의 생활안전 활동에 관한 사무 ㉠ 생활안전을 위한 순찰 및 시설의 운영 ㉡ 주민참여 방범활동의 지원 및 지도 ㉢ 안전사고 및 재해·재난 시 긴급구조지원 ㉣ 아동·청소년·노인·여성·장애인 등 사회적 보호가 필요한 사람에 대한 보호 업무 및 **가정·학교·성폭력 등의 예방** ㉤ 주민의 일상생활과 관련된 사회질서의 유지 및 그 위반행위의 지도·단속. 다만, 지방자치단체 등 다른 행정청의 사무는 제외한다. ㉥ 그 밖에 지역 주민의 생활안전에 관한 사무
교통	지역 내 교통 활동에 관한 사무 ㉠ 교통법규 위반에 대한 지도·단속 ㉡ 교통안전시설 및 무인 교통단속용 장비의 심의·설치·관리 ㉢ 교통안전에 대한 교육 및 홍보 ㉣ 주민참여 지역 교통활동의 지원 및 지도 ㉤ 통행 허가, 어린이 통학버스의 신고, 긴급자동차의 지정 신청 등 각종 허가 및 신고에 관한 사무 ㉥ 그 밖에 지역 내의 교통안전 및 소통에 관한 사무
행사안전경비	지역 내 다중운집 행사 관련 혼잡 교통 및 안전 관리
수사	다음의 어느 하나에 해당하는 수사사무 ㉠ **학교폭력 등 소년범죄**(※ 소년은 19세 미만) ㉡ **가정폭력, 아동학대 범죄** ㉢ 교통사고 및 교통 관련 범죄 ㉣ 「형법」 제245조에 따른 공연음란 및 「성폭력범죄의 처벌 등에 관한 특례법」 제12조에 따른 성적 목적을 위한 다중이용장소 침입행위에 관한 범죄 ㉤ 경범죄 및 기초질서 관련 범죄 ㉥ 가출인 및 「실종아동등의 보호 및 지원에 관한 법률」 제2조 제2호에 따른 실종아동등 관련 수색 및 범죄

(3) **자치경찰사무의 범위**

생활안전·교통·경비	① 생활안전·교통·경비에 관한 자치경찰사무의 구체적인 사항 및 범위 등은 대통령령으로 정하는 기준에 따라 시·도조례로 정한다(제4조 제2항). ② 자치경찰사무와 시도자치경찰위원회의 조직 및 운영 등에 관한 규정 제2조(생활안전·교통·경비 관련 자치경찰사무의 범위 등)
수사	① 수사에 관한 자치경찰사무에 관한 구체적인 사항 및 범위 등은 대통령령으로 정한다(제4조 제3항). ② 자치경찰사무와 시도자치경찰위원회의 조직 및 운영 등에 관한 규정 제3조(수사 관련 자치경찰사무의 범위 등)

2 경찰조직법과 경찰행정기관

1. 경찰조직의 법적 근거 (15·18 채용, 24 승진)

국가경찰과 자치경찰의 조직 및 운영에 관한 법률 (경찰의 조직에 관한 기본법)	제1조(목적) 　이 법은 경찰의 민주적인 관리·운영과 효율적인 임무수행을 위하여 **경찰의 기본조직 및 직무 범위**와 그 밖에 필요한 사항을 규정함을 목적으로 한다. 제12조(경찰의 조직) 　치안에 관한 사무를 관장하게 하기 위하여 행정안전부장관 소속으로 경찰청을 둔다. 제13조(경찰사무의 지역적 분장기관) 　경찰의 사무를 지역적으로 분담하여 수행하게 하기 위하여 특별시·광역시·특별자치시·도·특별자치도(이하 "시·도"라 한다)에 시·도경찰청을 두고, 시·도경찰청장 소속으로 경찰서를 둔다. 이 경우 인구, 행정구역, 면적, 지리적 특성, 교통 및 그 밖의 조건을 고려하여 시·도에 2개의 시·도경찰청을 둘 수 있다.

2. 행정청 (19·25 채용)

(1) 개념

행정주체의 법률상의 의사를 결정하여 외부에 표시하는 권한을 가지는 기관이다. 국민에게 명령하여 그 권리의무를 결정하거나, 행정주체를 위해 계약을 체결할 경우에 상대방에 대하여 의사표시를 하는 등의 권한을 가진다.

행정기본법 제2조 제2호	"행정청"이란 다음 각 목의 자를 말한다. 가. 행정에 관한 의사를 결정하여 표시하는 국가 또는 지방자치단체의 기관 나. 그 밖에 법령등에 따라 행정에 관한 의사를 결정하여 표시하는 권한을 가지고 있거나 그 권한을 위임 또는 위탁받은 공공단체 또는 그 기관이나 사인(私人)

(2) 내용

① 경찰의 경우에는 경찰청장, 시·도경찰청장, 경찰서장이 행정관청으로서 계층적 구조를 이룬다.
② 1991년 「경찰법」 제정으로 **내무부 치안본부장**(치안국장×)이 **경찰청장으로 변경**되었고, **경찰청장은 보조기관에서 행정관청으로 승격**되었다.
③ 1991년 「경찰법」 제정으로 시·도 경찰국장이 지방경찰청장으로 변경되면서, 지방경찰청장(2021년에는 시·도경찰청장)도 시·도지사의 보조기관에서 행정관청으로 승격되었다.

(3) 종류

독임제 행정청	합의제 행정청
① 1인으로 구성되며, 1인이 단독으로 의사를 결정하는 관청이다. 　例 경찰청장, 시·도경찰청장, 경찰서장 ② 장점: 적시에 조치할 수 있다(신속성). 사무통일을 기할 수 있다(능률성). 책임소재가 명확하다.	① 수인으로 구성되며, 수인의 합의에 따라 의사를 결정하는 관청이다. 　例 소청심사위원회 등 행정심판위원회 ② 장점: 공정하고 신중한 판단이 가능하다.

3. 합의제 행정기관

(1) 의의

① 합의제 행정기관은 합의제 행정청(행정심판위원회), 합의제 의결기관(징계위원회), 합의제 자문기관(경찰공무원인사위원회)으로 나눌 수 있다.
② 의결기관은 행정청의 의사를 구속하는 의결을 행하는 합의제 행정기관이다. 의결기관은 외부에 의결내용을 표시할 권한이 없으므로 의결을 통해 처분의 내용을 형성하면, 행정관청이 그 의결내용을 자신의 이름(명의)으로 외부에 표시한다.
③ 자문기관은 행정청으로부터 자문을 요청받아 그 의견을 제시하는 기관이며 각종 심의회가 이에 속한다. 심의회의 의견은 법적으로 행정관청을 구속하지 못한다.

(2) 의결기관의 종류

① 대표적으로 징계위원회가 있다. 징계위원회의 의결은 내부적인 절차에 해당하지만, 징계권자는 징계위원회의 의결에 따라 대외적인 징계처분을 내려야 하므로 징계위원회도 의결기관에 해당한다.
② 국가경찰위원회는 "심의·의결을 위한 기관"으로 경찰법에 규정되어 있고, 국가경찰행정에 관한 주요 사항은 국가경찰위원회의 심의·의결을 거쳐야 하므로 국가경찰위원회는 의결기관에 해당한다는 견해가 다수 학자의 견해이고 국가경찰위원회의 공식 입장이다. 이에 대하여 법제처, 행정안전부에서는 국가경찰위원회의 의결에 구속력이 있다는 명문 규정이 없고 합의제 행정기관으로 보려면 별도의 법률 개정이 필요하다는 이유에서 자문기관에 해당한다는 의견을 제시한 바 있다.
③ 시·도자치경찰위원회는 "합의제 행정기관"으로 경찰법에 규정되어 있어서 법적 성격에 논란이 있다. 시·도자치경찰위원회의 의결에 구속력이 있다는 점에서 경찰실무상 의결기관으로 다루어져 왔다. 이에 대하여 자치경찰사무에 대해서는 시·도경찰청장을 지휘·감독한다는 점에서 단순한 의결기관으로 보기에 무리가 있다는 점에서 행정청으로 보아야 한다는 견해가 제시되고 있다. 다만, 행정청으로 보는 견해는 대외적 표시 권한이 있는지가 쟁점이 된다.

(3) 자문기관의 종류와 절차상 하자

① 경찰공무원인사위원회, 경찰청 인권위원회 등이 있다.
② 자문절차가 법률상 요구되어 있는 경우에 경찰행정관청이 이를 거치지 아니하거나, 또는 불공정한 심의절차에 의거하여 행정결정을 행한 경우에는 다른 특별한 사정이 없는 한 이는 절차상의 하자에 해당되므로 그 결정 자체가 위법한 결정이 된다.

4. 보조기관, 집행기관, 소속기관

보조기관	① 의의: 행정관청 기타의 행정기관의 직무를 보조하기 위하여 일상적인 직무를 수행하는 기관이다. ② 종류: 차장, 국장, 부장, 과장, 계장, 지구대장·파출소장
집행기관	① 경찰행정목적을 실현하기 위하여 필요한 실력을 행사하는 기관이다. ② 경찰집행기관은 행정관청에서 결정된 의사를 구체적으로 실현하는 기관으로서, 공권력에 의한 실력행사(강제집행, 즉시강제)를 포함하여, 다양한 수단을 동원하여 경찰기관의 의사를 실현한다. ③ 순경부터 치안총감까지 각 경찰공무원이 경찰집행기관으로서 경찰관청의 의사를 집행한다.
소속(부속)기관	경찰청장의 소속기관으로 경찰대학, 경찰인재개발원, 중앙경찰학교, 경찰수사연수원, 경찰병원이 있다.

제2절 경찰행정기관의 분류

1 경찰행정청

1. 경찰청장(경찰법 제14조) ⟨18·24 채용, 15·17·18 승진⟩

임명과 지위	① 경찰청에 경찰청장을 두며, 경찰청장은 치안총감(治安總監)으로 보한다(제1항). ② 경찰청장은 국가경찰위원회의 동의를 받아 행정안전부장관의 제청으로 국무총리를 거쳐 대통령이 임명한다. 이 경우 국회의 인사청문을 거쳐야 한다(제2항). ③ 임명 절차: 국가경찰위원회 동의 → 행정안전부장관 제청 → 국무총리 경유 → 국회 인사청문회 → 대통령 임명 ④ 경찰청장의 임기는 2년으로 하고, 중임(重任)할 수 없다(제4항). ※ 경찰청장, 국가수사본부장, 국가경찰위원회 위원, 시·도자치경찰위원회 위원 모두 연임이 불가능하다.
권한과 한계	① 경찰청장은 국가경찰사무를 총괄하고 경찰청 업무를 관장하며 소속 공무원 및 각급 경찰기관의 장을 지휘·감독한다(제3항). ② 경찰청장이 직무를 집행하면서 헌법이나 법률(법령×)을 위배하였을 때에는 국회는 탄핵 소추를 의결할 수 있다(제5항).
경찰청 차장 (제15조)	① 경찰청에 차장을 두며, 차장은 치안정감(治安正監)으로 보한다. ② 차장은 경찰청장을 보좌하며, 경찰청장이 부득이한 사유로 직무를 수행할 수 없을 때에는 그 직무를 대행한다.
경찰청 하부조직	① 경찰청의 하부조직은 본부·국·부 또는 과로 한다(경찰법 제17조 제1항). ② 경찰청에 미래치안정책국·범죄예방대응국·생활안전교통국·경비국·치안정보국 및 국가수사본부를 둔다[경찰청과 그 소속기관 직제(대통령령) 제4조 제1항]. ③ 소속기관(경찰청과 그 소속기관 직제 제2조 제1항): 경찰청장의 관장사무를 지원하기 위하여 경찰청장 소속으로 경찰대학·경찰인재개발원·중앙경찰학교 및 경찰수사연수원을 둔다. ④ 경찰청장의 관장사무를 지원하기 위하여 「책임운영기관의 설치·운영에 관한 법률」에 따라 경찰청장 소속의 책임운영기관으로 경찰병원을 둔다(경찰청과 그 소속기관 직제 제2조 제2항). ⑤ 행정안전부장관의 관장 사무를 지원하기 위하여 「책임운영기관의 설치·운영에 관한 법률」에 따라 행정안전부장관 소속의 책임운영기관으로 국립과학수사연구원을 둔다(행정안전부와 그 소속기관 직제 제2조 제4항).

2. 시·도경찰청장과 경찰서장

(1) 시·도경찰청장 ⟨16 채용⟩

시·도 경찰청장 (제28조)	① 시·도경찰청에 시·도경찰청장을 두며, 시·도경찰청장은 치안정감(治安正監)·치안감(治安監) 또는 경무관(警務官)으로 보한다. ② 「경찰공무원법」 제7조에도 불구하고 시·도경찰청장은 경찰청장이 시·도자치경찰위원회와 협의하여 추천한 사람 중에서 행정안전부장관의 제청으로 국무총리를 거쳐 대통령이 임용한다.
시·도 경찰청 차장 (제29조)	① 시·도경찰청에 차장을 둘 수 있다. ② 차장은 시·도경찰청장을 보좌하여 소관 사무를 처리하고 시·도경찰청장이 부득이한 사유로 직무를 수행할 수 없을 때에는 그 직무를 대행한다.

(2) 경찰서장과 하부조직 <16·19·24 채용, 17 승진>

경찰서장(제30조)	① 경찰서에 경찰서장을 두며, 경찰서장은 경무관(警務官), 총경(總警) 또는 경정(警正)으로 보한다. ② 경찰서장은 시·도경찰청장의 지휘·감독을 받아 관할구역 안의 소관 사무를 관장하고 소속 공무원을 지휘·감독한다. ③ 경찰서장 소속으로 지구대 또는 파출소를 두고, **그 설치기준은 치안수요·교통·지리 등 관할구역의 특성을 고려하여 행정안전부령(대통령령×)으로 정한다.** 다만, 필요한 경우에는 출장소를 둘 수 있다. ④ 시·도자치경찰위원회는 정기적으로 경찰서장의 자치경찰사무 수행에 관한 평가결과를 경찰청장에게 통보하여야 하며 경찰청장은 이를 반영하여야 한다.
지구대장, 파출소장 등 [경찰청과 그 소속기관 직제 (대통령령)]	① 지구대장, 파출소장은 행정관청이 아니고 경찰서장의 보조기관이다. ② 시·도경찰청장은 경찰서장의 소관사무를 분장하기 위하여 행정안전부령으로 정하는 바에 따라 경찰청장의 승인을 얻어 지구대 또는 파출소를 둘 수 있다(경찰청과 그 소속기관 직제 제43조 제1항). ※ **설치권자는 시·도경찰청장, 승인권자는 경찰청장** ③ 시·도경찰청장은 사무분장이 임시로 필요한 경우에는 출장소(분소)를 둘 수 있다(경찰청과 그 소속기관 직제 제43조 제2항). ④ 지구대·파출소 및 출장소의 명칭·위치 및 관할구역과 그 밖에 필요한 사항은 시·도경찰청장이 정한다(경찰청과 그 소속기관 직제 제43조 제3항).
지구대 및 파출소의 설치기준 [경찰청과 그 소속기관 직제 시행규칙(행정안전 부령) 제76조]	경찰서장의 소관사무를 분장하기 위하여 경찰서장 소속으로 지구대를 두되, 다음 각 호의 어느 하나에 해당하는 경우에는 파출소를 둘 수 있다. 1호. 도서, 산간 오지, 농어촌 벽지(僻地) 등 교통·지리적 원격지로 인접 경찰관서에서의 출동이 용이하지 않은 경우 2호. 관할구역에 국가중요시설 등 특별한 경계가 요구되는 시설이 있는 경우 3호. 휴전선 인근 등 보안상 취약지역을 관할하는 경우 4호. 그 밖에 치안수요가 특수하여 지구대를 운영하는 것이 적당하지 않은 경우
지구대, 파출소 및 출장소 [경찰청과 그 소속기관 조직 및 정원관리 규칙 (경찰청훈령) 제10조]	① 시·도경찰청장이 지구대 또는 파출소를 설치하려면 별표1 제4호에 준한 서류를 첨부하여 경찰청장에게 승인을 요청하여야 한다. ② 지구대장은 경정 또는 경감, 파출소장은 경정·경감 또는 경위로 한다. ③ 시·도경찰청장은 임시로 필요한 때에는 출장소를 둘 수 있으며, 출장소를 설치한 때에는 경찰청장에게 보고하여야 한다. ④ 출장소장은 경위 또는 경사로 한다. ⑤ 시·도경찰청장이 지구대 또는 파출소를 폐지하거나 명칭, 위치 및 관할구역을 변경하였을 때에는 경찰청장에게 보고하여야 한다.

3. 특별경찰기관

특별경찰기관의 의의	① 특별경찰기관은 보통경찰기관 이외의 다른 경찰기관과 비상경찰 기관으로 구성되며, 경찰작용 또는 비상경찰 작용을 한다. ② 해양경찰청장(해양수산부), 철도경찰대장(국토교통부), 산림청장(농림축산식품부), 질병관리청장(보건복지부), 계엄 사령관 등이 있다.
해양경찰의 근거 법률	① 해양경찰의 조직법적 근거 　해양경찰청 설치의 근거법은 「정부조직법」, 「해양경찰법」이다. 따라서 「국가경찰과 자치경찰의 조직 및 운영에 관한 법률」은 적용되지 않는다. ② 해양경찰의 지위와 작용법적 근거 　해양경찰도 「경찰공무원법」의 적용을 받으며, 「경찰관 직무집행법」에 의해 직무를 수행한다.

2 심의 · 의결 기구

1. 국가경찰위원회(국가경찰사무의 심의 · 의결을 위한 기관) <16·17·18·19·22·23 채용, 17·18·21 승진, 23 경위>

의의	① 국가경찰위원회는 경찰의 민주적 운영과 정치적 중립성을 보장하기 위하여 행정안전부에 설치한 독립적 심의 · 의결 기관이다. ② 민주적 운영, 정치적 중립성 보장, 독립적 기구
법적 성격	① 국가경찰위원회는 국가경찰사무를 심의 · 의결하기 위한 행정기관이다. 　㉠ 국가경찰행정의 주요 사항에 관하여 심의 · 의결하는 권한만 있다. 　㉡ 대외적 의사표시 권한은 없으므로 행정청이 아니다. ② 행정청의 의사를 구속하는 의결기관으로 볼 수 있다. 이에 대해 행정청의 의사를 구속하지 않는 자문기관으로 보는 견해가 있다. ③ 설치 근거는 「국가경찰과 자치경찰의 조직 및 운영에 관한 법률」이다.
설치 (경찰법 제7조)	① 국가경찰행정에 대하여 일정한 사항(제10조 제1항 각 호)을 심의 · 의결하기 위하여 행정안전부에 국가경찰위원회를 둔다. ② 국가경찰위원회는 위원장 1명을 포함한 7명(9명×)의 위원으로 구성하되, 위원장 및 5명의 위원은 비상임(非常任)으로 하고, 1명의 위원은 상임(常任)으로 한다(제7조 제2항). ③ 위원 중 상임위원은 정무직으로 한다(제7조 제3항). 상임위원은 정무직 차관급이다. 　※ 정무직공무원(국가공무원법 제2조 제3항 특수경력직공무원 제1호) 　　선거로 취임하거나 임명할 때 국회의 동의가 필요한 공무원, 고도의 정책결정 업무를 담당하거나 이러한 업무를 보조하는 공무원으로서 법률이나 대통령령(대통령비서실 및 국가안보실의 조직에 관한 대통령령만 해당한다)에서 정무직으로 지정하는 공무원
위원의 임명 및 결격사유 등 (제8조)	① 위원은 행정안전부장관(국무총리×)의 제청으로 국무총리를 거쳐 대통령이 임명한다. ② **행정안전부장관은 위원 임명을 제청할 때 경찰의 정치적 중립이 보장되도록 하여야 한다.** ③ **위원 중 2명은 법관의 자격이 있는 사람이어야 한다.** ④ 위원은 특정 성(性)이 10분의 6을 초과하지 아니하도록 **노력하여야 한다.** ⑤ 결격사유 [저] 정당3년. 선거직3년. 경검국군3년 　다음 각 호의 어느 하나에 해당하는 사람은 **위원이 될 수 없으며,** 위원이 다음 각 호의 어느 하나에 해당하는 경우에는 당연퇴직한다. 　1호. **정당**의 당원이거나 당적을 이탈한 날부터 3년이 **지나지 아니한 사람** 　2호. **선거에 의하여 취임하는 공직**에 있거나 그 공직에서 퇴직한 날부터 3년이 지나지 아니한 사람 　3호. 경**찰**, **검**찰, **국**가정보원 직원 또는 **군**인의 직에 있거나 그 직에서 퇴직한 날부터 3년이 지나지 아니한 사람 　4호. 「**국가공무원법**」 **제33조(공무원 결격사유)** 각 호의 어느 하나에 해당하는 사람. 다만, 「국가공무원법」 제33조 제2호 및 제5호에 해당하는 경우에는 같은 법 제69조(당연퇴직) 제1호 단서에 따른다. ※ 경찰공무원 결격사유, 당연퇴직 참고 ⑥ 위원에 대해서는 「국가공무원법」 제60조(비밀엄수 의무) 및 제65조(정치운동 금지의무)를 준용한다.
위원의 임기 및 신분보장 (제9조)	① 위원의 임기는 **3년(2년×)**으로 하며, **연임(連任)할 수 없다.** 이 경우 보궐위원의 임기는 전임자 임기의 남은 기간으로 한다. ② 위원은 **중대한 신체상 또는 정신상의 장애로 직무를 수행할 수 없게 된 경우를 제외하고는 그 의사에 반하여 면직되지 아니한다.** ③ 위원의 면직[국가경찰위원회 규정(대통령령) 제4조 제1항] 　법 제9조 제2항에 따라 위원이 중대한 심신상의 장애로 직무를 수행할 수 없게 되어 면직하는 경우에는 **위원회의 의결이 있어야 한다.**(당연퇴직×) ④ 위원의 면직에 관한 의결요구는 위원장 또는 행정안전부장관이 한다(국가경찰위원회 규정 제4조 제2항).

위원장(국가 경찰위원회 규정 제2조)	① 위원장은 위원회를 대표하며, 위원회의 사무를 총괄한다. ② 위원장은 **비상임위원 중에서 호선**(대통령이 임명×)한다. ③ 위원장이 사고가 있을 때에는 **상임위원, 위원 중 연장자순**으로 위원장의 직무를 대리한다.
심의·의결 사항 등 (제10조)	① 다음 각 호의 사항은 국가경찰위원회의 **심의·의결**을 거쳐야 한다. 　1호. **국가경찰사무에 관한 인사, 예산, 장비, 통신 등에 관한 주요정책 및 경찰 업무 발전에 관한 사항** 　2호. **국가경찰사무에 관한 인권보호**와 관련되는 경찰의 운영·개선에 관한 사항 　3호. 국가경찰사무 담당 공무원의 부패 방지와 청렴도 향상에 관한 주요 정책사항 　4호. **국가경찰사무 외에** 다른 국가기관으로부터의 업무협조 요청에 관한 사항 　　　(국가경찰사무와 관련하여×) 　5호. **제주특별자치도의 자치경찰**에 대한 경찰의 지원·협조 및 협약체결의 조정 등에 관한 주요 정책사항 　6호. 제18조에 따른 **시·도자치경찰위원회 위원 추천, 자치경찰사무에 대한 주요 법령·정책 등에 관한 사항**, 제25조 제4항에 따른 시·도자치경찰위원회 의결에 대한 재의 요구에 관한 사항 　7호. 제2조에 따른 시책 수립에 관한 사항 　8호. 제32조에 따른 비상사태 등 전국적 치안유지를 위한 경찰청장의 지휘·명령에 관한 사항 　9호. 그 밖에 **행정안전부장관 및 경찰청장**이 중요하다고 인정하여 국가경찰위원회의 회의에 부친 사항 ② **행정안전부장관**은 심의·의결된 내용이 적정하지 아니하다고 판단할 때에는 재의(**再議**)를 요구할 수 있다.
회의 (국가경찰 위원회 규정 제7조)	① 위원회의 회의는 정기회의와 임시회의로 구분한다. ② **정기회의는 특별한 사유가 있는 경우를 제외하고는 매월 2회** 위원장이 소집한다. ③ 위원장은 필요한 경우 임시회의를 소집할 수 있으며, **위원 3인 이상과 행정안전부장관 또는 경찰청장은** 위원장에게 임시회의의 소집을 요구할 수 있다. ④ 제3항의 규정에 의한 임시회의소집 요구가 있는 경우에는 위원장은 특별한 사유가 없는 한 회의를 소집하여야 한다.
운영 등 (제11조)	① 국가경찰위원회의 **사무는 경찰청에서 수행한다.** ② 국가경찰위원회의 회의는 **재적위원 과반수의 출석과 출석위원 과반수의 찬성**으로 의결한다. ③ 이 법에 규정된 것 외에 국가경찰위원회의 운영 및 심의·의결 사항의 구체적 범위, 재의 요구 등에 필요한 사항은 대통령령(국가경찰위원회 규정)으로 정한다. ④ 간사(국가경찰위원회 규정 제8조 제1항) 　위원회에 간사 1명을 두되, 간사는 경찰청 소속 과장급 경찰공무원 중에서 경찰청장이 지명한다. ⑤ 의견 청취(국가경찰위원회 규정 제9조 제1항) 　**위원장**은 위원회의 심의를 위하여 필요한 경우에는 관계공무원 또는 관계전문가의 출석·발언이나 자료의 제출을 요구할 수 있다. ⑥ **위원장**은 위원회의 심의를 위하여 필요한 경우에는 관계 경찰공무원에게 필요한 사항의 보고를 요구할 수 있으며, 그 관계 경찰공무원은 성실히 이에 응하여야 한다(국가경찰위원회 규정 제9조 제2항). ⑦ 운영세칙(국가경찰위원회 규정 제11조) 　이 영에 규정된 사항 외에 위원회의 운영을 위하여 필요한 사항은 **위원회의 의결을 거쳐 위원장(행정안전부장관×)이** 정한다.
재의요구 (국가경찰 위원회 규정 제6조)	① 법 제10조 제2항에 따라 행정안전부장관이 재의를 요구하는 경우에는 **의결한 날부터 10일 이내에 재의요구서를 위원회에 제출**하여야 한다. ② 위원장은 재의요구가 있는 경우에는 그 **요구를 받은 날부터 7일 이내에 회의를 소집하여 다시 의결**하여야 한다.

2. 시·도자치경찰위원회(자치경찰사무 의결기관) ⟨21~25 채용, 23·24·25 승진, 22·23 경위⟩

설치 (제18조)	① 자치경찰사무를 관장하게 하기 위하여 시·도지사 소속으로 시·도자치경찰위원회를 둔다. 다만, 제13조 후단에 따라 시·도에 2개의 시·도경찰청을 두는 경우 시·도지사 소속으로 2개의 시·도자치경찰위원회를 둘 수 있다(제1항). ② 시·도자치경찰위원회는 **합의제 행정기관**으로서 그 권한에 속하는 업무를 독립적으로 수행한다(제2항). ③ 제1항 단서에 따라 2개의 시·도자치경찰위원회를 두는 경우 해당 시·도자치경찰위원회의 명칭, 관할구역, 사무분장, 그 밖에 필요한 사항은 **대통령령(행정안전부령×)**으로 정한다(제3항).
구성 (제19조)	① 시·도자치경찰위원회는 위원장 1명을 포함한 7명의 위원으로 구성하되, 위원장과 1명의 위원은 상임으로 하고, 5명의 위원은 비상임으로 한다. ② 위원은 특정 성(性)이 10분의 6을 초과하지 아니하도록 **노력하여야 한다**. ③ 위원 중 **1명**은 **인권문제**에 관하여 전문적인 지식과 경험이 있는 사람이 임명될 수 있도록 **노력하여야 한다**.

위원의
임명
(제20조)
	① 시·도자치경찰위원회 위원은 다음 각 호의 사람을 시·도지사가 임명한다.
	  1호. 시·도의회가 추천하는 2명
	  2호. 국가경찰위원회가 추천하는 1명
	  3호. 해당 시·도 교육감이 추천하는 1명
	  4호. 시·도자치경찰위원회 위원추천위원회가 추천하는 2명
	  5호. 시·도지사가 지명하는 1명
	② 시·도자치경찰위원회 위원은 다음 각 호의 어느 하나에 해당하는 자격을 갖추어야 한다.
	  1호. 판사·검사·변호사 또는 경찰의 직에 5년 이상 있었던 사람
	  2호. 변호사 자격이 있는 사람으로서 국가기관등에서 법률에 관한 사무에 5년 이상 종사한 경력이 있는 사람
	  3호. 대학이나 공인된 연구기관에서 법률학·행정학 또는 경찰학 분야의 조교수 이상의 직이나 이에 상당하는 직에 5년 이상 있었던 사람
	  4호. 그 밖에 관할 지역주민 중에서 지방자치행정 또는 경찰행정 등의 분야에 경험이 풍부하고 학식과 덕망을 갖춘 사람
	③ 시·도자치경찰위원회 위원장은 위원 중에서 시·도지사가 임명하고, 상임위원은 시·도자치경찰위원회의 의결을 거쳐 위원 중에서 위원장(시·도경찰청장×)의 제청으로 시·도지사가 임명한다. 이 경우 위원장과 상임위원은 지방자치단체의 공무원으로 한다.
	④ 위원은 **정치적 중립**을 지켜야 하며, 권한을 남용하여서는 아니 된다.
	⑤ 공무원이 아닌 위원에 대하여는 **「지방공무원법」 제52조(비밀 엄수의 의무), 제57조(정치운동의 금지)**를 준용한다.
	⑥ 공무원이 아닌 위원은 그 소관사무와 관련하여 **형법이나 그 밖의 법률에 따른 벌칙을 적용할 때에는 공무원으로 본다.**
	⑦ 그 밖에 위원의 임명방법 등에 관하여 필요한 사항은 대통령령으로 정하는 기준에 따라 시·도조례로 정한다(제8항).

위원의 결격사유 (제20조 제7항)	다음 각 호의 어느 하나에 해당하는 사람은 위원이 될 수 없다. 위원이 각 호의 어느 하나에 해당한 경우에는 당연퇴직한다. 1호. 정당의 당원이거나 당적을 이탈한 날부터 3년이 지나지 아니한 사람 2호. 선거에 의하여 취임하는 공직에 있거나 그 공직에서 퇴직한 날부터 3년이 지나지 아니한 사람 3호. **경찰, 검찰, 국가정보원 직원 또는 군인의 직**에 있거나 그 직에서 퇴직한 날부터 3년이 지나지 아니한 사람 4호. 국가 및 지방자치단체의 공무원(국립 또는 공립대학의 조교수 이상의 직에 있는 사람은 제외한다. 이하 이 조에서 같다)이거나 공무원이었던 사람으로서 퇴직한 날부터 3년이 지나지 아니한 사람. 다만, 제20조 제3항 후단에 따라 위원장과 상임위원이 지방자치단체의 공무원이 된 경우에는 당연퇴직하지 아니한다. 5호. 「지방공무원법」 제31조(결격사유) 각 호의 어느 하나에 해당하는 사람. 다만, 「지방공무원법」 제31조 제2호(파산선고를 받고 복권되지 아니한 사람) 및 제5호(금고 이상의 형의 선고유예를 선고받고 그 선고유예기간 중에 있는 사람)에 해당하는 경우에는 같은 법 제61조(당연퇴직) 제1호 단서에 따른다.
위원장의 직무 (제22조)	① 시·도자치경찰위원회 위원장은 시·도자치경찰위원회를 대표하고 회의를 주재하며 시·도자치경찰위원회의 의결을 거쳐 업무를 수행한다. ② 시·도자치경찰위원회 위원장이 부득이한 사유로 직무를 수행할 수 없을 때에는 상임위원, 시·도자치경찰위원회 위원 중 연장자순으로 그 직무를 대행한다.
위원의 임기 및 신분보장 (제23조)	① 시·도자치경찰위원회 위원장과 위원의 임기는 3년으로 하며, **연임(連任)할 수 없다.** ② 보궐위원의 임기는 전임자 임기의 남은 기간으로 하되, 전임자의 남은 임기가 1년 미만인 경우 그 보궐위원은 제1항에도 불구하고 1회에 한하여 연임할 수 있다. ③ 위원은 중대한 신체상 또는 정신상의 장애로 직무를 수행할 수 없게 된 경우를 제외하고는 그 의사에 반하여 면직되지 아니한다.
소관 사무 (제24조)	① 시·도자치경찰위원회의 소관 사무는 다음 각 호로 한다. 1호. 자치경찰사무에 관한 목표의 수립 및 평가 2호. 자치경찰사무에 관한 인사, 예산, 장비, 통신 등에 관한 주요정책 및 그 운영지원 3호. 자치경찰사무 담당 공무원의 임용, 평가 및 인사위원회 운영 4호. 자치경찰사무 담당 공무원의 부패 방지와 청렴도 향상에 관한 주요 정책 및 인권침해 또는 권한남용 소지가 있는 규칙, 제도, 정책, 관행 등의 개선 5호. 제2조에 따른 시책 수립 6호. 제28조 제2항에 따른 시·도경찰청장의 임용과 관련한 경찰청장과의 협의, 제30조 제4항에 따른 평가 및 결과 통보(경찰서장의 자치경찰사무 수행에 관한 평가 및 경찰청장에게 결과 통보) 7호. **자치경찰사무 감사 및 감사의뢰** 8호. **자치경찰사무 담당 공무원의 주요 비위사건에 대한 감찰요구** 9호. **자치경찰사무 담당 공무원에 대한 징계요구** 10호. 자치경찰사무 담당 공무원의 고충심사 및 사기진작 11호. 자치경찰사무와 관련된 중요사건·사고 및 현안의 점검 12호. 자치경찰사무에 관한 규칙의 제정·개정 또는 폐지 13호. **지방행정과 치안행정의 업무조정과 그 밖에 필요한 협의·조정** 14호. 제32조에 따른 비상사태 등 전국적 치안유지를 위한 경찰청장의 지휘·명령에 관한 사무 15호. **국가경찰사무·자치경찰사무의 협력·조정과 관련하여 경찰청장**(시·도경찰청장×)**과 협의** 16호. **국가경찰위원회에 대한 심의·조정 요청** 17호. 그 밖에 시·도지사, 시·도경찰청장이 중요하다고 인정하여 시·도자치경찰위원회의 회의에 부친 사항에 대한 심의·의결 ② 시·도자치경찰위원회의 업무와 관련하여 시·도지사는 정치적 목적이나 개인적 이익을 위해 관여하여서는 아니 된다.

심의·의결 사항 등 (제25조)	① 시·도자치경찰위원회는 제24조의 사무에 대하여 심의·의결한다. ② 시·도자치경찰위원회의 회의는 재적위원 과반수의 출석과 출석위원 과반수의 찬성으로 의결한다. ③ 시·도지사는 제1항에 관한 **시·도자치경찰위원회의 의결이 적정하지 아니하다고 판단할 때에는** 재의를 요구할 수 있다. ④ **위원회의 의결이 법령에 위반되거나 공익을 현저히 해친다고 판단되면** 행정안전부장관은 미리 경찰청장의 의견을 들어 국가경찰위원회를 거쳐 시·도지사에게 제3항의 재의를 요구하게 할 수 있고, 경찰청장은 국가경찰위원회와 행정안전부장관을 거쳐 시·도지사에게 재의를 요구하게 할 수 있다. ⑤ 시·도자치경찰위원회의 위원장은 재의요구를 받은 날부터 7일 이내에 회의를 소집하여 재의결하여야 한다. 이 경우 재적위원 과반수의 출석과 출석위원 3분의 2 이상(과반수×)의 찬성으로 전과 같은 의결을 하면 그 의결사항은 확정된다.
운영 등 (제26조)	① 시·도자치경찰위원회의 회의는 정기적으로 개최하여야 한다. 다만 위원장이 필요하다고 인정하는 경우, **위원 2인 이상이 요구하는 경우** 및 시·도지사가 필요하다고 인정하는 경우에는 임시회의를 개최할 수 있다. ② 시·도자치경찰위원회는 회의 안건과 관련된 이해관계인이 있는 경우 그 의견을 듣거나 회의에 참석하게 할 수 있다. ③ 시·도자치경찰위원회의 위원 중 공무원이 아닌 위원에게는 예산의 범위 안에서 직무활동에 필요한 비용 등을 지급할 수 있다. ④ 그 밖에 시·도자치경찰위원회의 운영 등에 필요한 사항은 대통령령으로 정하는 기준에 따라 시·도조례로 정한다. ⑤ 시·도자치경찰위원회의 회의(자치경찰사무와 시도자치경찰위원회의 조직 및 운영 등에 관한 규정 제13조 제1항) 시·도자치경찰위원회 위원장은 법 제26조 제1항에 따라 정기회의와 임시회의를 소집·개최한다. 이 경우 **정기회의는 특별한 사유가 있는 경우를 제외하고는 월 1회 이상 소집·개최한다.** ⑥ 서면 의결, 원격영상회의(자치경찰사무 규정 제13조 제5항) 시·도자치경찰위원회는 회의의 효율적 운영을 위하여 필요한 경우 서면으로 심의·의결하거나 원격영상회의 방식으로 할 수 있다. 이 경우 서면으로 심의·의결할 수 있는 대상과 원격영상회의의 운영 등에 관한 사항은 해당 시·도의 조례로 정한다. ⑦ 의견 청취 등(자치경찰사무 규정 제14조 제1항) 시·도자치경찰위원회 위원장은 시·도자치경찰위원회의 심의를 위하여 필요한 경우에는 관계 공무원 또는 관계 전문가의 출석·발언이나 자료의 제출을 요구할 수 있다.
사무기구 (제27조)	① 시·도자치경찰위원회의 사무를 처리하기 위하여 시·도자치경찰위원회에 필요한 사무기구를 둔다. ② 사무기구에는 「지방자치단체에 두는 국가공무원의 정원에 관한 법률」에도 불구하고 대통령령으로 정하는 바에 따라 **경찰공무원을 두어야 한다.** ③ 제주특별자치도에는 「제주특별자치도 설치 및 국제자유도시 조성을 위한 특별법」 제44조 제3항에도 불구하고 같은 법 제6조 제1항 단서에 따라 이 법 제27조 제2항을 우선하여 적용한다. ④ 사무기구의 조직·정원·운영 등에 관하여 필요한 사항은 **경찰청장의 의견을 들어** 대통령령으로 정하는 기준에 따라 시·도조례로 정한다.
자치경찰 사무에 대한 재정적 지원 (제34조)	국가는 지방자치단체가 이관받은 사무를 원활히 수행할 수 있도록 인력, 장비 등에 소요되는 비용에 대하여 **재정적 지원을 하여야 한다.**

예산 (제35조)	① 자치경찰사무의 수행에 필요한 예산은 시·도자치경찰위원회의 심의·의결을 거쳐 **시·도지사가 수립한다**. 이 경우 시·도자치경찰위원회는 경찰청장의 의견을 들어야 한다. ② 시·도지사는 자치경찰사무 담당 공무원에게 조례에서 정하는 예산의 범위 내에서 **재정적 지원 등을 할 수 있다**. ③ 시·도의회는 관련 예산의 효율적인 관리를 위해 의결을 통해 자치경찰사무에 대해 **시·도자치경찰위원장의 출석 및 자료 제출을 요구할 수 있다**.
위원추천 위원회 (제21조)	① 시·도자치경찰위원회 위원 추천을 위하여 **시·도지사 소속으로 시·도자치경찰위원회 위원추천위원회를 둔다**. ② 시·도지사는 시·도자치경찰위원회 위원추천위원회에 각계각층의 관할 지역주민의 의견이 수렴될 수 있도록 위원을 구성하여야 한다. ③ 시·도자치경찰위원회 위원추천위원회 위원의 수, 자격, 구성, 위원회 운영 등에 관하여 필요한 사항은 대통령령으로 정한다.

3 국가수사본부장 (21·23 채용)

설치 및 지위(경찰법 제16조)	① 경찰청에 국가수사본부를 두며, 국가수사본부장은 **치안정감(치안감×)으로 보한다**(제1항). ② 경찰 수사의 독립성을 확보하고 전문성을 제고하기 위하여 국가수사본부를 신설하였다. 경찰은 1차 수사권자로서 수사의 독립성과 전문성을 확립할 필요가 있다. ③ 국가수사본부장의 **임기는 2년으로 하며, 중임(重任)할 수 없다**(제3항). ④ 국가수사본부장은 임기가 끝나면 당연히 퇴직한다(제4항).
권한	① 국가수사본부장은 「형사소송법」에 따른 경찰의 수사에 관하여 각 시·도경찰청장과 경찰서장 및 수사부서 소속 공무원을 지휘·감독한다(제2항). ② 국가수사본부장이 직무를 집행하면서 **헌법이나 법률을 위배하였을 때에는 국회는 탄핵 소추를 의결할 수 있다**(제5항).

임명 및
결격사유
	① 국가수사본부장을 경찰청 외부를 대상으로 모집하여 임용할 필요가 있는 때에는 다음 각 호의 자격을 갖춘 사람 중에서 임용한다(제6항).
	  1호. 10년 이상 수사업무에 종사한 사람 중에서 「국가공무원법」 제2조의2에 따른 고위공무원단에 속하는 공무원, 3급 이상 공무원 또는 총경 이상 경찰공무원으로 재직한 경력이 있는 사람
	  2호. 판사·검사 또는 변호사의 직에 10년 이상 있었던 사람
	  3호. 변호사 자격이 있는 사람으로서 국가기관, 지방자치단체, 「공공기관의 운영에 관한 법률」 제4조에 따른 공공기관(이하 "국가기관등"이라 한다)에서 법률에 관한 사무에 10년 이상 종사한 경력이 있는 사람
	  4호. 대학이나 공인된 연구기관에서 법률학·경찰학 분야에서 조교수 이상의 직이나 이에 상당하는 직에 10년 이상 있었던 사람
	  5호. 제1호부터 제4호까지의 경력 기간의 합산이 15년 이상인 사람
	② 국가수사본부장을 경찰청 외부를 대상으로 모집하여 임용하는 경우 다음 각 호의 어느 하나에 해당하는 사람은 국가수사본부장이 될 수 없다(제7항).
	  1호. 「경찰공무원법」 제8조 제2항 각 호의 결격사유에 해당하는 사람
	  2호. **정당의 당원이거나 당적을 이탈한 날부터 3년이 지나지 아니한 사람**
	  3호. 선거에 의하여 취임하는 공직에 있거나 그 공직에서 퇴직한 날부터 3년이 지나지 아니한 사람
	  4호. 제6항 제1호에 해당하는 공무원 또는 제6항 제2호의 판사·검사의 직에서 퇴직한 날로부터 1년이 지나지 아니한 사람
	  5호. 제6항 제3호에 해당하는 사람으로서 국가기관등에서 퇴직한 날부터 1년이 지나지 아니한 사람

4 시·도경찰청장에 대한 지휘·감독, 제주자치경찰

1. 지휘·감독권자(경찰법 제28조) (16 채용, 24 승진)

① 시·도경찰청장은 국가경찰사무에 대해서는 경찰청장의 지휘·감독을, 자치경찰사무에 대해서는 시·도자치경찰위원회의 지휘·감독을 받아 관할구역의 소관 사무를 관장하고 소속 공무원 및 소속 경찰기관의 장을 지휘·감독한다. 다만, 수사에 관한 사무에 대해서는 국가수사본부장의 지휘·감독을 받아 관할구역의 소관 사무를 관장하고 소속 공무원 및 소속 경찰기관의 장을 지휘·감독한다(제3항).

② 위 본문의 경우 시·도자치경찰위원회는 자치경찰사무에 대해 **심의·의결을 통하여 시·도경찰청장을 지휘·감독**한다. 다만, 시·도자치경찰위원회가 심의·의결할 시간적 여유가 없거나 심의·의결이 곤란한 경우 대통령령으로 정하는 바에 따라 시·도자치경찰위원회의 지휘·감독권을 **시·도경찰청장(경찰청장×)에게 위임**한 것으로 본다(제4항).

③ 자치경찰사무 지휘·감독권의 위임(자치경찰사무 규정 제19조)
법 제28조 제4항 단서에 따라 시·도자치경찰위원회는 자치경찰사무에 대한 지휘·감독이 실시간으로 이루어질 수 있도록 미리 경찰청장과 협의하여 시·도경찰청장에게 위임되는 자치경찰사무 지휘·감독권의 범위 및 위임 절차 등을 시·도자치경찰위원회의 의결을 거쳐 정해야 한다.

2. 사무의 유형에 따른 지휘·감독

국가경찰사무	수사사무	자치경찰사무
경찰청장	국가수사본부장	시·도자치경찰위원회
	시·도경찰청장	
공공안전 차장·부장	수사 차장·부장	생활안전 차장·부장

📋 경찰조직도

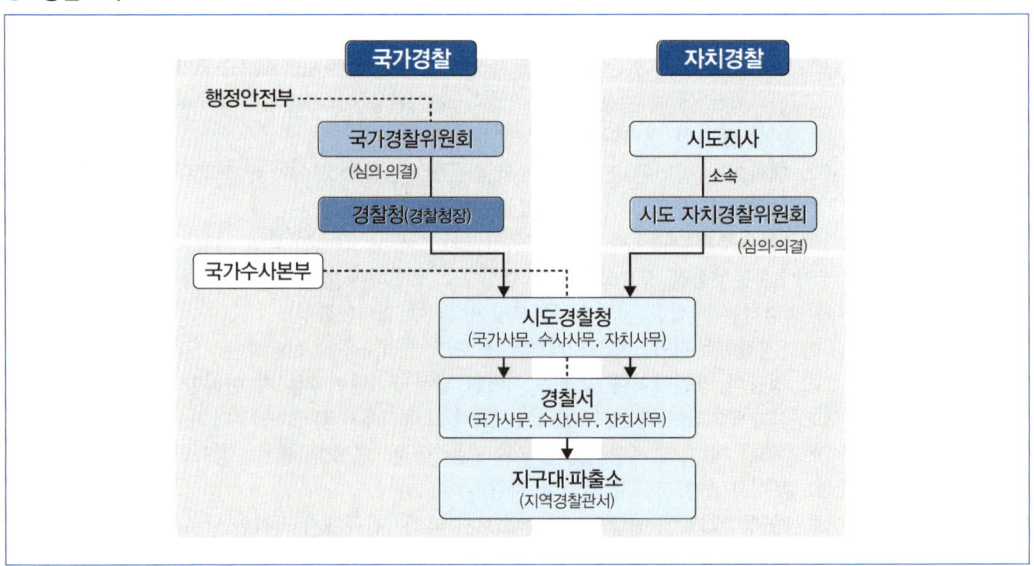

3. 제주자치경찰[제주특별자치도 설치 및 국제자유도시 조성을 위한 특별법(제주특별법)]

(1) 자치경찰기구의 설치(제88조)
① 제90조에 따른 자치경찰사무를 처리하기 위하여 「국가경찰과 자치경찰의 조직 및 운영에 관한 법률」 제18조에 따라 설치되는 제주특별자치도자치경찰위원회(이하 "자치경찰위원회"라 한다) 소속으로 자치경찰단을 둔다.
② 자치경찰단의 조직과 자치경찰공무원의 정원 등에 관한 사항은 도조례로 정한다.

(2) 자치경찰단장의 임명(제89조), 자치경찰공무원 임용권자(제107조) 〈24 채용〉
① **자치경찰단장은 도지사가 임명하며, 자치경찰위원회의 지휘·감독을 받는다.**
② 자치경찰단장은 자치경무관으로 임명한다. 다만, 도지사는 필요하다고 인정하면 개방형직위로 지정하여 운영할 수 있다.
③ 도지사는 소속 자치경찰공무원의 임명·휴직·면직과 징계를 할 권한을 가진다. ※ 제주도 자치경찰공무원은 제주도 공무원(지방공무원)이다.

📑 **제주특별자치도 체계도**

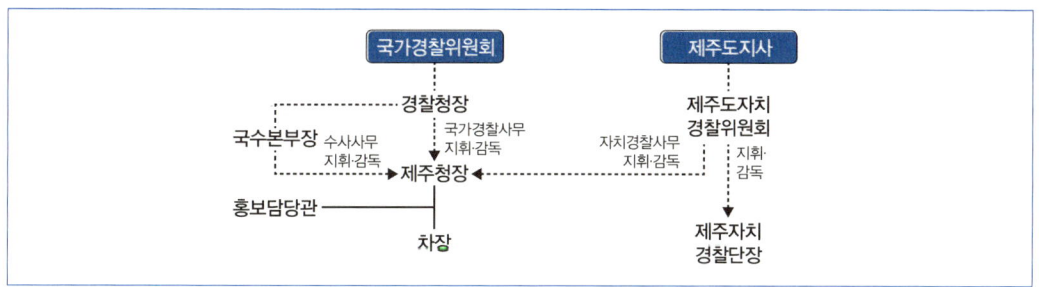

5 경찰청장의 수사사무 지휘·감독, 자치경찰 지휘·명령

1. 수사사무에 관한 지휘·감독 〈22 경채〉

경찰청장의 지휘·감독 권한 (경찰법 제14조)	① 경찰청장은 경찰의 수사에 관한 사무의 경우에는 개별 사건의 수사에 대하여 구체적으로 지휘·감독할 수 없다(제6항 본문).
	② 다만, 국민의 생명·신체·재산 또는 공공의 안전 등에 중대한 위험을 초래하는 긴급하고 중요한 사건의 수사에 있어서 경찰의 자원을 대규모로 동원하는 등 통합적으로 현장 대응할 필요가 있다고 판단할 만한 상당한 이유가 있는 때에는 제16조에 따른 **국가수사본부장을 통하여**(직접×) 개별 사건의 수사에 대하여 구체적으로 지휘·감독할 수 있다(제6항 단서).
	③ 개별 사건의 수사에 대한 구체적 지휘·감독의 요건
	  ㉠ 국민의 생명·신체·재산 또는 공공의 안전 등에 중대한 위험을 초래하는 긴급하고 중요한 사건의 수사일 것
	  ㉡ 경찰의 자원을 대규모로 동원하는 등 통합적으로 현장 대응할 필요가 있다고 판단할 만한 상당한 이유가 있는 경우일 것
	  ㉢ 국가수사본부장을 통하여 지휘·감독할 것
	④ 제6항 단서에서 규정하는 긴급하고 중요한 사건의 범위 등 필요한 사항은 **대통령령으로 정한다**(제10항). ※ 국가경찰과 자치경찰의 조직 및 운영에 관한 법률 제14조 제10항에 따른 긴급하고 중요한 사건의 범위 등에 관한 규정

절차	① 경찰청장은 개별 사건의 수사에 대한 구체적 지휘·감독을 개시한 때에는 이를 국가경찰위원회에 보고하여야 한다(제7항). ② 경찰청장은 개별 사건의 수사에 대한 구체적 지휘·감독의 사유가 해소된 경우에는 개별 사건의 수사에 대한 구체적 지휘·감독을 중단하여야 한다(제8항). ③ 경찰청장은 국가수사본부장이 개별 사건의 수사에 대한 구체적 지휘·감독의 사유가 해소되었다고 판단하여 개별 사건의 수사에 대한 구체적 지휘·감독의 중단을 건의하는 경우 특별한 이유가 없는 한 이를 승인하여야 한다(제9항).

2. 비상사태 등 전국적 치안유지를 위한 경찰청장의 지휘·명령(경찰법 제32조) <22 경채, 23 경위>

(1) 요건

① 경찰청장은 다음 각 호의 경우에는 제2항에 따라 자치경찰사무를 수행하는 경찰공무원(제주특별자치도의 자치경찰공무원을 포함한다)을 직접 지휘·명령할 수 있다(제1항).

  1호. 전시·사변, 천재지변, 그 밖에 이에 준하는 국가 비상사태, 대규모의 테러 또는 소요사태(※ 집단적 폭력 사태)가 발생하였거나 발생할 우려가 있어 전국적인 치안유지를 위하여 긴급한 조치가 필요하다고 인정할 만한 충분한 사유가 있는 경우

  2호. 국민안전에 중대한 영향을 미치는 사안에 대하여 다수의 시·도에 동일하게 적용되는 치안정책을 시행할 필요가 있다고 인정할 만한 충분한 사유가 있는 경우

  3호. 자치경찰사무와 관련하여 해당 시·도의 경찰력으로는 국민의 생명·신체·재산의 보호 및 공공의 안녕과 질서유지가 어려워 경찰청장의 지원·조정이 필요하다고 인정할 만한 충분한 사유가 있는 경우

② **시·도자치경찰위원회는 제1항 제3호에 해당하는 경우 의결로 지원·조정의 범위·기간 등을 정하여 경찰청장에게 지원·조정을 요청할 수 있다**(제7항).

③ 경찰청장은 제주특별자치도경찰청의 관할구역 내에서 제1항의 지휘·명령권을 제주특별자치도경찰청장에게 위임할 수 있다(제8항).

(2) 절차

① 경찰청장은 위 조치가 필요한 경우에는 시·도자치경찰위원회에 자치경찰사무를 담당하는 경찰공무원을 직접 지휘·명령하려는 사유 및 내용 등을 구체적으로 제시하여 통보하여야 한다(제2항).

② 위 통보를 받은 시·도자치경찰위원회는 (거부할) 정당한 사유가 없으면 즉시 자치경찰사무를 담당하는 경찰공무원에게 경찰청장의 지휘·명령을 받을 것을 명하여야 하며, 제1항에 규정된 사유에 해당하지 아니한다고 인정하면 시·도자치경찰위원회의 의결을 거쳐 경찰청장에게 그 지휘·명령의 중단을 요청할 수 있다(제3항).

(3) 통제

① 경찰청장이 제1항에 따라 지휘·명령을 하는 경우에는 국가경찰위원회에 즉시 보고하여야 한다. 다만, **제1항 제3호의 경우(경찰청장의 지원·조정이 필요한 경우)에는 미리 국가경찰위원회의 의결을 거쳐야 하며 긴급한 경우에는 우선 조치 후 지체 없이 국가경찰위원회의 의결을 거쳐야 한다**(제4항).

② 위에 따라 보고를 받은 국가경찰위원회는 제1항에 규정된 사유에 해당하지 아니한다고 인정하면 그 지휘·명령을 중단할 것을 의결하여 경찰청장에게 통보할 수 있다(제5항).

③ **경찰청장은 제1항에 따라 지휘·명령할 수 있는 사유가 해소된 때에는 경찰공무원에 대한 지휘·명령을 즉시 중단하여야 한다**(제6항).

제3절 권한의 위임과 대리

1 권한의 위임

1. 권한의 의의

(1) 권한의 개념과 행사 방법

① 경찰관청이 법률상 유효하게 직무를 수행할 수 있는 범위를 말한다.
② 경찰관청의 권한은 경찰관청을 설치하는 근거 법규(헌법 제96조 행정권한 법정주의)에 따라 부여되므로 경찰관청은 부여받은 권한을 스스로 행사하여야 하며, 스스로 그 직무범위를 변경할 수 없는 것이 원칙이다.
③ 예외적으로 다른 기관의 권한을 행사하는 경우로 권한의 위임과 대리가 있다.

(2) 경찰관청 상호 간의 관계

상하관청 간의 관계	권한의 위임	권한 이전
	권한의 대리	권한 대행
	권한의 감독	훈령권, 감사권, 인가권, 취소·정지권, 주관쟁의 결정권
대등관청 간의 관계	상호 협력	권한의 위탁, 협조, 행정응원
	상호 존중	권한 불가침, 주관쟁의

(3) 권한 행사의 소극적 효과 〈15 경행〉

① 경찰관청이 권한의 한계를 넘어서 권한을 행사하면 무권한자의 권한 행사가 되어 위법(무효 사유)하게 된다.
② 운전면허에 대한 정지처분권한은 경찰청장으로부터 경찰서장에게 권한위임된 것이므로 음주운전자를 적발한 단속 경찰관으로서는 관할 경찰서장의 명의로 운전면허정지처분을 대행처리할 수 있을지는 몰라도 자신의 명의로 이를 할 수는 없다.
그러므로 단속 경찰관이 자신의 명의로 운전면허행정처분통지서를 작성·교부하여 행한 운전면허정지처분은 비록 그 처분의 내용·사유·근거 등이 기재된 서면을 교부하는 방식으로 행하여졌다고 하더라도 권한 없는 자에 의하여 행하여진 점에서 무효의 처분에 해당한다(대법원 1997.5.16. 97누2313).

2. 권한위임의 의의 〈22·23 채용, 15·21·24 승진〉

정의[행정권한의 위임 및 위탁에 관한 규정 (대통령령) 제2조]	① "위임"이란 법률에 규정된 행정기관의 장의 권한 중 일부를 그 보조기관 또는 하급행정기관의 장이나 지방자치단체의 장에게 맡겨 그의 권한과 책임 아래 행사하도록 하는 것을 말한다(행정위임위탁규정 제2조 제1호). ② "위탁"이란 법률에 규정된 행정기관의 장의 권한 중 일부를 다른 행정기관의 장에게 맡겨 그의 권한과 책임 아래 행사하도록 하는 것을 말한다(제2조 제2호). ③ 하급관청에 권한을 넘기는 것은 위임이고, 대등관청에 권한을 넘기는 것은 위탁이다. ④ "위임기관"이란 자기의 권한을 위임한 해당 행정기관의 장을 말하고, "수임기관"이란 행정기관의 장의 권한을 위임받은 하급행정기관의 장 및 지방자치단체의 장을 말한다(제2조 제4호).

위임과 위탁의 기준 등 (제3조)	① 행정기관의 장은 **허가·인가·등록 등 민원에 관한 사무, 정책의 구체화에 따른 집행사무 및 일상적으로 반복되는 사무로서 그가 직접 시행하여야 할 사무를 제외한 일부 권한**(이하 "행정권한"이라 한다)을 그 보조기관 또는 하급행정기관의 장, 다른 행정기관의 장, 지방자치단체의 장에게 위임 및 위탁한다. ② 행정기관의 장은 행정권한을 위임 및 위탁할 때에는 위임 및 위탁하기 전에 수임기관의 수임능력 여부를 점검하고, **필요한 인력 및 예산을 이관하여야 한다**(할 수 있다×). ③ 행정기관의 장은 행정권한을 위임 및 위탁할 때에는 위임 및 위탁하기 전에 단순한 사무인 경우를 제외하고는 수임 및 수탁기관에 대하여 **수임 및 수탁사무 처리에 필요한 교육을 하여야 하며, 수임 및 수탁사무의 처리지침을 통보하여야 한다.**
효과	① 권한의 위임이 있으면 그 권한은 위임의 범위 안에서 위임을 받은 기관(수임기관)의 권한이 되고, 수임기관은 자신의 명의와 책임하에서 그 권한을 행사하게 된다. ② **위임한 행정청은 그 권한을 상실하며, 수임기관이 자기의 이름과 책임으로 그 권한을 행사한다.**

3. 권한 위임의 가능성과 한계 〈15 승진〉

(1) 위임의 가능성

권한의 위임은 법률상의 권한을 다른 경찰관청에 이전하여 권한의 법적 귀속을 변경하는 것이므로 반드시 법적 근거가 있어야 한다. 개별법령에 권한의 위임에 관한 특별규정을 두는 것이 일반적이다.

(2) 위임의 한계

① 법령에 규정된 사항에 한해서, 일부 위임만 가능하다.
② 경찰관청의 권한의 전부 위임 또는 주요부분의 위임은 허용되지 않는다.

도로교통법 시행령 제86조 (위임 및 위탁)	① 법 제147조 제1항에 따라 특별시장·광역시장은 교통안전시설의 설치·관리에 관한 권한을 시·도경찰청장에게 위임하고, 시장·군수는 위 권한을 경찰서장에게 위탁한다(제1항). ② 시·도경찰청장은 법 제147조 제3항에 따라 다음 임시운전증명서 발급의 권한, 운전면허효력 정지처분의 권한, 과태료의 부과 및 징수의 권한을 관할 경찰서장에게 위임한다(제3항). ③ 시·도경찰청장은 법 제147조 제3항에 따라 연수교육을 공단에 위탁한다(제4항).
재위임의 가능성과 한계	① 수임청은 법률이 근거가 있으면 위임받은 권한의 일부를 보조기관이나 하급행정청에 재위임할 수 있다. ② 재위임의 경우에도 법령의 근거를 요하며, 법령에 규정된 사항에 한해서 일부 위임만 가능하다.
경찰공무원법 제7조 (임용권자) 제3항	경찰청장은 대통령령으로 정하는 바에 따라 경찰공무원의 임용에 관한 권한의 일부를 "시·도지사"에게 위임할 수 있다. 이 경우 시·도지사는 위임받은 권한의 일부를 대통령령으로 정하는 바에 따라 시·도자치경찰위원회, 시·도경찰청장에게 다시 위임할 수 있다.

4. 권한 위임의 효과 <21·22·23 채용, 15·19·21·24 승진>

일반적 효과 (행정권한의 위임 및 위탁에 관한 규정)	제6조(지휘·감독) 위임 및 위탁기관은 수임 및 수탁기관의 수임 및 수탁사무 처리에 대하여 지휘·감독하고, 그 처리가 위법하거나 부당하다고 인정될 때에는 **이를 취소하거나 정지시킬 수 있다.** ※ [1] 행정권한의 위임 및 위탁에 관한 규정 제6조에 따라 위임 및 위탁기관이 수임 및 수탁사무의 처리가 부당하다는 이유로 그 사무처리를 취소하는 경우 광범위한 재량이 허용되는지 여부(적극) 수임 및 수탁사무의 처리가 부당한지 여부의 판단은 위법성 판단과 달리 합목적적·정책적 고려도 포함되므로, 위임 및 위탁기관이 그 사무처리에 관하여 일반적인 지휘·감독을 하는 경우는 물론이고 나아가 **수임 및 수탁사무의 처리가 부당하다는 이유로 그 사무처리를 취소하는 경우에도 광범위한 재량이 허용된다**고 보아야 한다. [2] 다만 그 사무처리로 인하여 이해관계 있는 제3자나 이미 형성된 법률관계가 존재하는 경우에는 위임 및 위탁기관이 일반적인 지휘·감독을 하는 경우와 비교하여 그 사무처리가 부당하다는 이유로 이를 취소할 때 상대적으로 엄격한 재량통제의 필요성이 인정된다(대법원 2017.9.21. 2016두55629).
	제7조(사전승인 등의 제한) 수임 및 수탁사무의 처리에 관하여 위임 및 위탁기관은 수임 및 수탁기관에 대하여 **사전승인을 받거나 협의를 할 것을 요구할 수 없다.**
	제8조(책임의 소재 및 명의 표시) ① 수임 및 수탁사무의 처리에 관한 책임은 수임 및 수탁기관에 있으며, **위임 및 위탁기관은 그에 대한 감독책임을 진다.** ② 수임 및 수탁사무에 관한 권한을 행사할 때에는 **수임 및 수탁기관의 명의로 하여야 한다.**
	제9조(권한의 위임 및 위탁에 따른 감사) 위임 및 위탁기관은 위임 및 위탁사무 처리의 적정성을 확보하기 위하여 필요한 경우에는 수임 및 수탁기관의 **수임 및 수탁사무 처리 상황을 수시로 감사할 수 있다.**
행정소송의 피고	① 피고는 수임기관(수임관청) 피고는 처분을 행한 행정청이며 이는 자신의 명의로 대외적인 의사표시를 행한 자를 의미한다. 따라서 권한의 위임의 경우 수임기관이 자신의 명의로 권한을 행사하므로 피고는 수임기관이 된다. ② 징계처분, 휴직처분, 면직처분, 그 밖에 의사에 반하는 불리한 처분에 대한 행정소송의 경우에는 경찰청장을 피고로 한다. 다만, 제7조 제3항 및 제4항에 따라 임용권을 위임한 경우에는 그 위임을 받은 자를 피고로 한다. 경찰공무원법 제34조(행정소송의 피고)
소송 비용부담	비용은 위임관청이 부담하는 것이 원칙이다. 위임사무의 처리에 필요한 인력, 예산, 시설, 설비 등이 비용에 포함된다.

5. 구별 개념 <24 승진, 21 경행>

의의	① 내부위임, 위임전결, 대결은 본래의 경찰관청 명의로 권한을 행사한다. ② 권한 귀속에 변경이 없는 내부적 사실행위라는 점에서 본래 의미의 위임과 다르다. ③ 법령상의 근거가 필요하지 않다는 점에서도 위임과 다르다.

행정업무의 운영 및 혁신에 관한 규정 [대통령령] 제10조 (문서의 결재)	① 행정기관의 장은 업무의 내용에 따라 보조기관 또는 보좌기관이나 해당 업무를 담당하는 공무원으로 하여금 위임전결하게 할 수 있으며, 그 위임전결 사항은 해당 기관의 장이 훈령이나 지방자치단체의 규칙으로 정한다(제2항). ② 결재할 수 있는 사람이 휴가, 출장, 그 밖의 사유로 결재할 수 없을 때에는 그 직무를 대리하는 사람이 대결하고 내용이 중요한 문서는 사후에 보고하여야 한다(제3항).
내부위임	① 경찰관청이 내부적으로 사무처리의 편의를 도모하기 위하여 하급행정기관 또는 그 보조기관(이를 위임전결이라고 한다)에 자신의 권한을 사실상 행사하게 하는 것을 말한다. ② 특정사항에 관한 권한을 실질적으로 하급행정기관 또는 보조기관에 위임하면서, 대외적으로는 위임자의 명의로 권한을 행사하게 하는 것이므로 권한의 귀속 자체에는 변경이 없다. ③ 행정권한이 내부위임된 경우 권한행사의 방법 행정권한의 위임은 행정관청이 법률에 따라 특정한 권한을 다른 행정관청에 이전하여 수임관청의 권한으로 행사하도록 하는 것이어서 권한의 법적인 귀속을 변경하는 것이므로 법률이 위임을 허용하고 있는 경우에 한하여 인정된다. 이에 반하여 **행정권한의 내부위임은 법률이 위임을 허용하고 있지 아니한 경우에도 행정관청의 내부적인 사무처리의 편의를 도모하기 위하여 그의 보조기관 또는 하급행정관청으로 하여금 그의 권한을 사실상 행사하게 하는 것이므로, 권한위임의 경우에는 수임관청이 자기의 이름으로 그 권한행사를 할 수 있지만 내부위임의 경우에는 수임관청은 위임관청의 이름으로만 그 권한을 행사할 수 있을 뿐 자기의 이름으로는 그 권한을 행사할 수 없다**(대법원 1995.11.28. 94누6475).
(위임)전결	① 경찰관청의 '보조기관'이 일정한 위임 사항에 대하여 경찰관청의 이름으로 그 권한(결재)을 사실상 행사하는 것을 말한다. ② 권한의 일부를 실질적으로 위임 받아, 대외적인 권한의 행사를 경찰관청의 명의로 하는 점에서 내부위임과 같다. 다만, 내부위임이 상하 경찰관청 사이, 경찰관청과 보조기관 사이에 행해지는 데 비해, 위임전결은 경찰관청과 보조기관 사이에 행해진다. 따라서 위임전결은 내부위임에 포함된다. ③ 시장의 권한인 건축허가 여부를 보조기관인 건축과장의 수준에서 결정하되 허가 자체는 시장의 명의로 하는 것을 예로 들 수 있다.
대결	① 경찰관청 내부에서 의사결정권자(결재권자)의 일시 부재 시에 보조기관이 대신하여 결재하는 것을 말한다. 일시적으로 행해진다는 점에서 내부위임, 위임전결과 구별된다. ② 대결의 경우에도 외부에 대한 관계에서 행정청의 이름으로 표시하며 법령상의 근거가 필요 없다.

2 권한의 대리

1. 대리의 의의

(1) 대리의 의의

① 경찰관청(피대리관청=본인)의 권한의 전부 또는 일부를 보조기관 또는 하급경찰기관(대리관청=대리인)이 피대리관청(본인)을 위한 것임을 표시하고 자신의 명의로 행사하여, 그 행위가 피대리관청(본인)의 행위로서 법률상 효과를 발생하는 것을 말한다.
② 대리는 본질적으로 인격대리가 아니고 직무대리 또는 권한대리이다.
③ 대리기관은 보통 피대리관청의 보조기관 또는 하급기관이 된다.

(2) 대리의 종류

임의대리	① 피대리관청의 수권에 따라 대리관계가 발생하는 경우로서 수권대리 또는 임의대리라고 한다. ② 수권대리의 경우 본래 행정청의 권한이 대리기관에 이전되지 않는다. ③ 대리권을 수여하는 수권행위는 피대리관청의 일방적 행위, 즉 단독행위이다. 일방적이므로 대리자의 동의를 요하지 아니한다.
법정대리	① 피대리관청의 수권(행위)에 의해서가 아니라, 일정한 법정사실이 발생하였을 때 법령규정에 따라 당연히 성립하는 대리관계를 말한다. ② 법정대리 또한 본래 행정청의 권한이 대리기관에 이전되지 않는다.

(3) 법정대리 〈22 채용, 15 승진〉

협의의 법정대리	① 법령에 대리자가 명시되어 있기 때문에 법정사실이 발생한 경우 다른 보조적 행위를 기다릴 것 없이 법률상 당연히 대리권이 발생하는 경우이다. ② **차장은 경찰청장을 보좌하며, 경찰청장이 부득이한 사유로 직무를 수행할 수 없을 때에는 그 직무를 대행한다**(국가경찰과 자치경찰의 조직 및 운영에 관한 법률 제12조 차장). ③ 대통령이 궐위되거나 사고로 직무를 수행할 수 없을 때에는 국무총리, 법률이 정한 국무위원의 순서로 그 권한을 대행한다(헌법 제71조).
지정대리	① 법정사실이 발생한 경우 일정한 자에 의한 대리자 지정으로 대리관계가 성립한다. ② 국무총리가 사고로 직무를 수행할 수 없을 때에는 기획재정부장관이 겸임하는 부총리, 교육인적자원부장관이 겸임하는 부총리, 과학기술부장관이 겸임하는 부총리의 순으로 그 직무를 대행하고, 국무총리 및 부총리가 모두 사고가 있는 때에는 대통령의 지명이 있으면 그 지명을 받은 국무위원이 그 직무를 대행(지정대리)한다(정부조직법 제22조 국무총리의 직무대행)

2. 대리의 방식과 효과(임의대리와 법정대리의 공통점) 〈22 채용〉

대리의 방식	① 대리 행위 방식에는 모두 현명주의가 적용된다. ② 현명주의는 대리관청이 피대리관청을 위한 것임을 표시하고 자신(대리기관)의 이름으로 대리권을 행사하는 것을 말한다.
대리권 행사의 효과	① 대리행위는 모두 피대리관청의 행위로서 효과를 발생한다. ② 대리로 권한의 귀속 자체가 피대리관청에서 대리관청으로 이전되는 것은 아니다. ③ 행정소송상 피고: 대리의 경우 권한이 이전되지 않으므로 **권한자(처분권자)인 피대리관청이 행정소송의 피고가 된다.**

3. 임의대리와 법정대리의 비교(차이점)

(1) 법적 근거

임의대리	임의대리는 법적 근거를 요하지 않는다. 일반적으로 대리는 임의대리를 의미하며, 임의대리는 반드시 법령의 근거가 요구되는 것은 아니다.
법정대리	법적 근거가 필요하다. 예 헌법 제71조를 비롯하여 정부조직법 제6조 제2항, 제12조 제2항, 직무대리규정 제3조 규정 등의 법적 근거가 그 예이다.

(2) 범위 <15 승진>

임의대리	① 권한의 일부에 대해서만 대리가 가능하다. ② 법령에서 개별적으로 지정되어 있는 권한(예 부령을 발할 권한)은 해당 행정관청 스스로 행할 것이 요구되므로 이를 수권할 수 없다.
법정대리	권한의 전부에 대해서 가능하다.

(3) 지휘·감독

임의대리	피대리관청은 지휘·감독이 가능하므로 대리관청에 대한 선임 감독상의 책임을 진다.
법정대리	① 피대리관청은 원칙적으로 대리관청을 지휘·감독하지 못한다. ② 대리권 행사에 대한 내부적인 책임은 전적으로 대리관청이 부담한다.

(4) 복대리 <19 채용, 15 승진>

복대리란 대리관청이 대리권을 다시 다른 관청으로 하여금 행사하게 하는 임의대리를 말한다.

임의대리	복대리 불가. 복대리의 성격은 임의대리에 해당하고 임의대리는 신임관계에 기초한 대리권의 수여이므로 임의대리에 대한 복대리는 원칙적으로 허용되지 않는다.
법정대리	**복대리 가능**. 법정대리는 권한의 전부대리이고, 신임관계와 무관하게 성립되었을 뿐 아니라 대리자가 모든 책임을 지고 그 권한을 행사하는 것이므로 복대리가 가능하다.

(5) 권한의 위임과 대리 비교 <19 채용>

구분	권한의 위임	권한의 대리
권한의 이전	있음. 위임관청의 권한이 수임관청에 이전됨.	없음. 대리기관에 이전되지 않고 피대리관청이 보유함.
상대방	주로 하급관청	주로 보조기관
권한 행사 방식	수임관청의 명의	피대리관청을 위한 것임을 표시 + 대리기관의 명의
효과의 귀속	수임관청	피대리관청(내부관계에서 대리기관이 징계책임)
쟁송의 당사자 (행정소송의 피고)	수임관청	피대리관청

(6) 권한의 위임, 임의대리, 법정대리 비교

구분	권한의 위임	임의대리	법정대리
법적 근거	필요	불요(수권행위)	필요
권한의 범위	일부에 대해서만 가능	일부만 가능	전부도 가능
재위임과 복대리 (임의대리)	법령의 근거가 있다면 재위임 가능	복대리 불가 (신임관계 위반)	복대리 가능
지휘·감독 책임	책임 있음	책임 있음	책임 없음

CHAPTER 04 경찰공무원법

제1절 경찰공무원의 지위

1 경찰공무원의 의의

1. 경찰공무원의 법적 근거

① 경찰공무원의 법적 근거는 「국가공무원법」 및 「경찰공무원법」이다.
② 「국가공무원법」과 「경찰공무원법」은 일반법과 특별법의 관계에 있다. 「경찰공무원법」은 경우에 따라 국가공무원법을 준용하고 있다.
③ 경찰공무원법 제1조(목적)
이 법은 경찰공무원의 책임 및 직무의 중요성과 신분 및 근무 조건의 특수성에 비추어 그 임용, 교육훈련, 복무(服務), 신분보장 등에 관하여 「국가공무원법」에 대한 특례를 규정함을 목적으로 한다.

2. 공무원의 구분과 경찰공무원

① 경찰공무원은 경력직에 속하며 특정직으로 분류된다.
② "경력직공무원"이란 실적과 자격에 따라 임용되고 그 신분이 보장되며 평생 동안(근무기간을 정하여 임용하는 공무원의 경우에는 그 기간 동안을 말한다) 공무원으로 근무할 것이 예정되는 공무원을 말하며, 그 종류는 다음 각 호와 같다(국가공무원법 제2조 제2항).
  ㉠ 1호. 일반직공무원: 기술·연구 또는 행정 일반에 대한 업무를 담당하는 공무원
  ㉡ 2호. 특정직공무원: 법관, 검사, 외무공무원, 경찰공무원, 소방공무원, 교육공무원, 군인, 군무원, 헌법재판소 헌법연구관, 국가정보원의 직원, 경호공무원과 특수 분야의 업무를 담당하는 공무원으로서 다른 법률에서 특정직공무원으로 지정하는 공무원
③ 경찰기관에 근무하는 일반직공무원은 경찰공무원이 아니다.

3. 경찰공무원의 분류 〈21 경채〉

계급 구분 (경찰공무원법 제3조)	치안총감(治安總監) 총경(總警) 경사(警査)	치안정감(治安正監) 경정(警正) 경장(警長)	치안감(治安監) 경감(警監) 순경(巡警)	경무관(警務官) 경위(警衛)
경과 구분	① 경과는 직무의 종류에 따라 직무를 구분하는 제도이다(수평적 분류). 경찰관 개개인의 능력과 자격을 활용하여 업무의 효율성을 도모하고자 하는 분류이다. ② 경찰공무원은 그 직무의 종류에 따라 경과(警科)에 의하여 구분할 수 있다(경찰공무원법 제4조 제1항). ③ 경과의 구분에 대하여 필요한 사항은 **대통령령(행정안전부령×)으로 정한다**(경찰공무원법 제4조 제2항).			

경찰공무원 임용령 (대통령령) 제3조(경과)	① 총경 이하 경찰공무원에게 부여하는 경과는 다음 각 호와 같다. 다만, **제2호와 제3호의 경과는 경정 이하 경찰공무원에게만 부여한다.** 　1호. 일반경과 　2호. 수사경과 　3호. 안보수사경과 　4호. 특수경과 : 항공경과, 정보통신경과 ② 임용권자(임용권의 위임을 받은 자를 포함한다) 또는 임용제청권자[「경찰공무원법」(이하 "법"이라 한다) 제7조 제1항(총경 이상 경찰공무원 임용)에 따른 추천이 필요한 경우에는 경찰청장을 포함한다]는 경찰공무원을 신규채용 할 때에 경과를 부여해야 한다. ③ 경찰청장은 전시·사변 또는 이에 준하는 비상사태가 발생한 경우에는 경과의 일부를 폐지 또는 병합하거나 신설할 수 있다. ④ 경과별 직무의 종류, 전과 등에 관하여 필요한 사항은 행정안전부령으로 정한다. ⑤ 경과별 직무의 종류[경찰공무원 임용령 시행규칙(행정안전부령) 제19조] 　1호. 일반경과는 기획·감사·경무·생활안전·교통·경비·작전·정보·외사나 그 밖에 수사경과·안보수사경과 및 특수경과에 속하지 않는 직무 　2호. 수사경과는 범죄수사에 관한 직무 　3호. 안보수사경과는 안보경찰에 관한 직무 　4호. 특수경과 중 항공경과는 경찰항공기의 운영·관리에 관한 직무, 정보통신경과는 경찰정보통신의 운영·관리에 관한 직무 ⑥ 경과부여(임용령 제22조) 　신규채용된 경찰공무원에게는 일반경과를 부여한다. 다만, 수사, 안보, 항공, 정보통신분야로 채용된 경찰공무원에게는 임용예정 직위의 업무와 관련된 경과를 부여한다.

2 수사경찰 인사운영규칙[경찰청훈령] (19·25 승진)

수사경과의 유효기간 (제14조 제1항)	수사경과 유효기간은 **수사경과 부여일 또는 갱신일로부터 5년으로 한다.**
해제사유 등 (제15조)	① 다음 각 호의 어느 하나에 해당하는 경우에는 **수사경과를 해제하여야 한다.** 　1호. 직무와 관련한 청렴의무위반·인권침해 또는 부정청탁에 따른 직무수행으로 징계처분을 받은 경우 　2호. 5년간 연속으로 제3조 제1항 외의 부서에서 근무하는 경우 　3호. 제14조에 따른 유효기간 내에 갱신이 되지 않은 경우 ② 다음 각 호의 어느 하나에 해당하는 경우에는 수사경과를 해제할 수 있다. 　1호. 제1항 제1호 외의 사유로 징계처분을 받은 경우 　2호. **인권침해, 편파수사를 이유로 다수의 진정을 받는 등 공정한 수사업무 수행을 기대하기 곤란한 경우** 　3호. 수사업무 능력·의욕이 현저하게 부족한 경우 　4호. 수사경과 해제를 희망하는 경우

수사관 자격관리제(제7조)

자격등급	선발방법	심사기관
책임수사관	책임수사관 선발시험을 통해 선발	경찰청
전임수사관	시·도경찰청에서 전임수사관 선발심사위원회를 구성하여 선발	시·도경찰청
일반수사관	수사경과자가 제3조 제1항의 수사부서 전입 시 선발	시·도경찰청
예비수사관	제13조 제1항에 따라 수사경과 부여 시 선발	시·도경찰청

제2절 경찰공무원의 근무관계

1 경찰공무원의 임용

1. 정의(경찰공무원법 제2조)

① "임용"이란 신규채용·승진·전보·파견·휴직·직위해제·정직·강등·복직·면직·해임 및 파면을 말한다. ※ 인사 조치
② "전보"란 경찰공무원의 동일 직위 및 자격 내에서의 근무기관이나 부서를 달리하는 임용을 말한다. ※ 기관이나 부서 발령
③ "복직"이란 휴직·직위해제 또는 정직(강등에 따른 정직을 포함한다) 중에 있는 경찰공무원을 직위에 복귀시키는 것을 말한다.
④ "전과"라 함은 경과의 변경을 말한다(경찰공무원법 임용령 제2조).
⑤ 전과는 일반경과에서 수사경과·안보수사경과 또는 특수경과로의 전과만 인정한다. 다만, 정원 감축 등 경찰청장이 정하는 사유가 있는 경우 안보수사경과·수사경과 또는 정보통신경과에서 일반경과로의 전과를 인정할 수 있다(경찰공무원법 임용령 시행규칙 제27조 제1항).
⑥ 전직은 직렬을 달리하는 임용이며, 강임은 하위직급에 임용하는 것으로서 경찰공무원법령에는 적용이 없다.

2. 경찰공무원 임용권자 〈18·19·20·23 채용, 17 승진, 15 경위〉

총경 이상 경찰공무원	① 원칙(제7조 제1항 본문) → 대통령 임용 총경 이상 경찰공무원은 경찰청장 또는 해양경찰청장의 추천(제청×)을 받아 행정안전부장관 또는 해양수산부장관의 제청으로 국무총리를 거쳐 대통령이 임용한다. ② 예외(제7조 제1항 단서) → 경찰청장 임용 @ 전. 복. 제. 휴. 강. 정 다만, 총경의 전보, 휴직, 직위해제, 강등, 정직 및 복직은 경찰청장 또는 해양경찰청장이 한다.
경정 이하 경찰공무원	① 원칙(제7조 제2항 본문) → 경찰청장 임용 경정 이하의 경찰공무원은 경찰청장 또는 해양경찰청장이 임용한다. ② 예외(제7조 제2항 단서) → 대통령 임용 @ 신. 승. 면 다만, 경정으로의 신규채용, 승진임용 및 면직은 경찰청장 또는 해양경찰청장의 제청으로 국무총리를 거쳐 대통령이 한다.

임용권 정리

대통령	① 경무관 이상 ② 총경(전보, 휴직, 직위해제, 강등, 정직 및 복직 제외) ③ 경정의 신규채용, 승진, 면직, 파면과 해임
경찰청장	① 총경의 전보, 휴직, 직위해제, 강등, 정직 및 복직 ② 경정의 강등, 정직
위임 대상	① 경정의 전보, 파견, 휴직, 직위해제, 복직 ② 경감 이하(자치경찰의 경우 신규채용과 면직은 제외)

3. 임용권의 위임(경찰공무원법 제7조 제3항, 경찰공무원 임용령 제4조) _(20·23 채용, 22 경채, 14·15 경위)

임용권의 위임	① 경찰청장은 대통령령으로 정하는 바에 따라 경찰공무원의 임용에 관한 권한의 일부를 특별시장·광역시장·도지사·특별자치시장 또는 특별자치도지사(이하 "**시·도지사**"라 한다), **국가수사본부장, 소속 기관의 장, 시·도경찰청장에게 위임할 수 있다**(제3항 전단). ② 임용권의 재위임 이 경우 시·도지사는 위임받은 권한의 일부를 대통령령으로 정하는 바에 따라 「국가경찰과 자치경찰의 조직 및 운영에 관한 법률」 제18조에 따른 시·도자치경찰위원회(이하 "시·도자치경찰위원회"라 한다), 시·도경찰청장에게 다시 위임할 수 있다(제3항 후단). ③ 임용권의 위임에도 불구하고 **경찰청장은 경찰공무원의 정원 조정, 승진임용, 인사교류 또는 파견을 위하여 필요한 경우에는 임용권을 행사할 수 있다**(경찰공무원 임용령 제4조 제11항).
자치경찰 임용권의 위임	① 경찰청장은 법 제7조 제3항 전단에 따라 시·도지사에게 해당 시·도의 자치경찰사무를 담당하는 경찰공무원[시·도자치경찰위원회, 시·도경찰청 및 경찰서(지구대 및 파출소는 제외한다)에서 근무하는 경찰공무원을 말한다] 중 경정의 전보·파견·휴직·직위해제 및 복직에 관한 권한과 경감 이하의 임용권(신규채용 및 면직에 관한 권한은 제외한다)을 위임한다(제1항). ② 임용권을 위임받은 시·도지사는 법 제7조 제3항 후단에 따라 경감 또는 경위로의 승진임용에 관한 권한을 제외한 임용권을 시·도자치경찰위원회에 다시 위임한다(제4항). ③ 임용권을 위임받은 **시·도자치경찰위원회는 시·도지사와 시·도경찰청장의 의견을 들어 그 권한의 일부를 시·도경찰청장에게 다시 위임할 수 있다**(제5항). ④ 시·도자치경찰위원회는 임용권을 행사하는 경우에는 시·도경찰청장의 추천을 받아야 한다(제8항). ⑤ 시·도지사 명의 승진임명장 수여 충남도지사가 자치경찰사무 담당 경찰관 승진 임용장 수여를 한다고 가정하면, 천안동남경찰서 여성청소년과 근무 A경감, 충남경찰청 교통과 근무 B경위, 공주경찰서 여성청소년과 근무 C경위에게 승진 임용장을 수여할 수 있다. ⑥ 사례 해결 자치경찰사무를 담당하는 ○○경찰서 소속 경위 乙의 경감으로의 승진임용을 시·도지사가 하므로, 경위 乙에 대한 휴직이나 복직도 시·도지사가 한다(×). → 자치경찰사무를 담당하는 ○○경찰서 소속 경위 乙의 경감으로의 승진임용은 시·도지사가 하되, 경위 乙에 대한 휴직이나 복직은 시·도자치경찰위원회에 위임이 된 임용권이므로 시·도자치경찰위원회에서 한다.
수사경찰 임용권의 위임 (경찰공무원 임용령 제4조)	① 경찰청장은 법 제7조 제3항 전단에 따라 국가수사본부장에게 국가수사본부 안에서의 경정 이하에 대한 전보권(임용권×)을 위임한다(제2항). ② 경찰청장은 수사부서에서 총경을 보직하는 경우에는 국가수사본부장의 추천을 받아야 한다(제7항).

| 소속기관의 장 및 시·도 경찰청장에 대한 임용권의 위임 (경찰공무원 임용령 제4조) | ① 경찰청장은 법 제7조 제3항 전단에 따라 경찰대학·경찰인재개발원·중앙경찰학교·경찰수사연수원·경찰병원 및 시·도경찰청(이하 "소속기관등"이라 한다)의 장에게 그 소속 경찰공무원 중 경정의 전보·파견·휴직·직위해제 및 복직에 관한 권한과 경감 이하의 임용권을 위임한다(제3항).
② 소속기관등의 장은 경감 또는 경위를 신규채용하거나 경위 또는 경사를 승진시키려면 미리 경찰청장의 승인을 받아야 한다(제10항).
③ 경찰청장 또는 시·도자치경찰위원회의 임용권을 위임받은 시·도경찰청장은 소속 경감 이하 경찰공무원에 대한 해당 경찰서 안에서의 전보권을 경찰서장에게 다시 위임할 수 있다(제6항).
④ 지구대 및 파출소에서 근무하는 경찰공무원의 임용권은 경찰청장의 임용권을 위임받은 시·도경찰청장이 행사한다. 경찰서장이 시·도경찰청장의 전보권을 재위임 받은 경우에는 경찰서장도 소속 경감 이하 경찰공무원에 대해서 전보권을 행사한다.
⑤ 시·도경찰청장 및 경찰서장은 지구대장 및 파출소장을 보직하는 경우에는 시·도자치경찰위원회의 의견을 사전에 들어야 한다(제9항). |

임용권의 위임 정리

경찰청장 : 총경(전. 복. 제. 휴. 강. 정), 경정(강정)			
시·도지사(지파 제외)	시·도경찰청장(지파 포함), 소속기관의 장		국가수사본부장
경감, 경위 승진	① 경정(제복 휴전 파) ② 경감 이하 ③ 경감, 경위 신승 청장 승인 ④ 지파장 임용→자경위 사전 의견		① 국수본 내 경정 이하 전보 ② 수사부서 총경 보직 추천
자치경찰위원회	경찰서장(위임 가능)		
① 자치경찰 경정(전파휴제복) ② 자치경찰 경감 이하(신면 제외) ③ 시·도경찰청장의 추천	① 경감 이하 전보 ② 파장 임용→자경위 사전 의견		
시·도경찰청장(위임 가능)			

4. 경찰공무원 인사위원회(자문기관)

설치 (경찰공무원법 제5조 제1항)	경찰공무원의 인사(人事)에 관한 중요 사항에 대하여 경찰청장 또는 해양경찰청장의 자문에 응하게 하기 위하여 경찰청과 해양경찰청에 경찰공무원인사위원회(이하 "인사위원회"라 한다)를 둔다.
기능 (경찰공무원법 제6조)	인사위원회는 다음 각 호의 사항을 심의한다. 1호. 경찰공무원의 인사행정에 대한 방침과 기준 및 기본계획 2호. 경찰공무원의 인사에 관한 법령의 제정·개정 또는 폐지에 관한 사항 3호. 그 밖에 경찰청장 또는 해양경찰청장이 인사위원회의 회의에 부치는 사항
구성 (경찰공무원 임용령 제9조)	① 법 제5조에 따른 경찰공무원인사위원회(이하 "인사위원회"라 한다)는 위원장을 포함하여 5명 이상 7명 이하의 위원으로 구성한다. ② 인사위원회의 위원장은 경찰청 인사담당국장(경찰청 차장×)이 되고, 위원은 경찰청 소속 총경 이상 경찰공무원 중에서 경찰청장(위원장×)이 임명한다.
위원장의 직무, 회의, 심의사항의 보고	① 위원장이 부득이한 사유로 직무를 수행할 수 없는 때에는 위원 중에서 최상위계급 또는 선임의 경찰공무원이 그 직무를 대행한다(제10조 제2항). ② 비상설 회의 위원장은 인사위원회의 회의를 소집하고 그 의장이 된다(제11조 제1항). ③ 회의는 재적위원 과반수의 찬성으로 의결한다(제11조 제2항). ④ 위원장은 인사위원회에서 심의된 사항을 지체 없이 경찰청장에게 보고하여야 한다(제13조).

2 경찰공무원관계의 발생

1. 임용자격 및 결격사유(경찰공무원법 제8조) (16·20·21·22·23·25 채용, 23 승진)

(1) **임용자격(제8조 제1항)**

경찰공무원은 신체 및 사상이 건전하고 품행이 방정(方正)한 사람 중에서 임용한다.

(2) **경찰공무원 임용결격사유(제8조 제2항)**

다음의 어느 하나에 해당하는 사람은 경찰공무원으로 임용될 수 없다.
① 대한민국 국적을 가지지 아니한 사람
② 「국적법」 제11조의2 제1항에 따른 복수국적자
③ **피성년후견인 또는 피한정후견인**
④ 자격정지 이상의 형(刑)을 선고받은 사람
⑤ 자격정지 이상의 형의 선고유예를 선고받고 그 유예기간 중에 있는 사람
⑥ **징계에 의하여 파면 또는 해임처분을 받은 사람**
⑦ 미성년자에 대한 다음 각 목의 어느 하나에 해당하는 죄를 저질러 형 또는 치료감호가 확정된 사람(집행유예를 선고받은 후 그 집행유예기간이 경과한 사람을 포함한다)
  가목. 「성폭력범죄의 처벌 등에 관한 특례법」 제2조에 따른 성폭력범죄
  나목. 「아동·청소년의 성보호에 관한 법률」 제2조 제2호에 따른 아동·청소년대상 성범죄

국가공무원법과 동일한 사유	① 파산선고를 받고 복권되지 아니한 사람
	※ 파산선고는 채무자가 경제적으로 파탄 상태에 이르러 채무변제 능력이 없다고 인정될 경우에 그 채무자의 총재산으로 모든 채권자에게 공평하게 변제할 것을 목적으로 하는 재판상 제도를 말한다(채무자 회생 및 파산에 관한 법률).
	② **공무원으로 재직기간 중 직무와 관련하여 「형법」 제355조(횡령, 배임) 및 제356조(업무상의 횡령과 배임)에 규정된 죄를 범한 사람으로서 300만 원 이상의 벌금형을 선고받고 그 형이 확정된 후 2년이 지나지 아니한 사람**
	③ 다음 각 목의 어느 하나에 해당하는 죄를 범한 사람으로서 100만원 이상의 벌금형을 선고받고 그 형이 확정된 후 3년이 지나지 아니한 사람
	  가. **「성폭력범죄의 처벌 등에 관한 특례법」 제2조에 따른 성폭력범죄**
	  나. 「정보통신망 이용촉진 및 정보보호 등에 관한 법률」 제74조 제1항 제2호 및 제3호에 따른 죄
	  다. 「스토킹범죄의 처벌 등에 관한 법률」 제2조 제2호에 따른 스토킹범죄

(3) **경력경쟁채용등의 요건(경찰공무원 임용령 제16조 제1항)**

종전의 재직기관에서 감봉 이상의 징계처분을 받은 사람, 법 제30조 제1항 제2호에 따라 정년퇴직한 사람은 **경력경쟁채용등의 대상이 될 수 없다.**

(4) **관련 판례**

공무원연금법이나 근로자퇴직급여 보장법에서 정한 퇴직급여는 적법한 공무원으로서의 신분을 취득하거나 근로고용관계가 성립하여 근무하다가 퇴직하는 경우에 지급되는 것이다. **임용 당시 공무원 임용결격사유가 있었다면, 비록 국가의 과실에 의하여 임용결격자임을 밝혀내지 못하였다 하더라도 임용행위는 당연무효로 보아야 하고,** 당연무효인 임용행위에 의하여 공무원의 신분을 취득한다거나 근로고용관계가 성립할 수는 없다. 따라서 임용결격자가 공무원으로 임용되어 사실상 근무하여 왔다 하더라도 적법한 공무원으로서의 신분을 취득하지 못한 자로서는 공무원연금법이나 근로자퇴직급여 보장법에서 정한 퇴직급여를 청구할 수 없다(대법원 2017.5.11. 2012다200486).

2. 국가공무원 임용결격사유(국가공무원법 제33조) ⟨21 채용⟩

> **국가공무원법 제33조(결격사유)**
> 다음의 어느 하나에 해당하는 자는 공무원으로 임용될 수 없다.
> 1. **피성년후견인**
> 2. **파산선고를 받고 복권되지 아니한 자**
> 3. 금고 이상의 실형을 선고받고 그 집행이 끝나거나(집행이 끝난 것으로 보는 경우를 포함한다) 집행이 면제된 날부터 5년이 지나지 아니한 자
> 4. 금고 이상의 형의 집행유예를 선고받고 그 유예기간이 끝난 날부터 2년이 지나지 아니한 자
> 5. 금고 이상의 형의 선고유예를 받은 경우에 그 선고유예 기간 중에 있는 자
> 6. 법원의 판결 또는 다른 법률에 따라 자격이 상실되거나 정지된 자
> 6의2. 공무원으로 재직기간 중 직무와 관련하여 「형법」 제355조 및 제356조에 규정된 죄를 범한 자로서 300만원 이상의 벌금형을 선고받고 그 형이 확정된 후 2년이 지나지 아니한 자
> 6의3. 다음 각 목의 어느 하나에 해당하는 죄를 범한 사람으로서 100만 원 이상의 벌금형을 선고받고 그 형이 확정된 후 3년이 지나지 아니한 사람
>   가. 「성폭력범죄의 처벌 등에 관한 특례법」 제2조에 따른 성폭력범죄
>   나. 「정보통신망 이용촉진 및 정보보호 등에 관한 법률」 제74조 제1항 제2호 및 제3호에 규정된
>
>> ※ 제74조(벌칙) 제1항
>> 2. 제44조의7 제1항 제1호를 위반하여 음란한 부호·문언·음향·화상 또는 영상을 배포·판매·임대하거나 공공연하게 전시한 자
>> 3. 제44조의7 제1항 제3호를 위반하여 공포심이나 불안감을 유발하는 부호·문언·음향·화상 또는 영상을 반복적으로 상대방에게 도달하게 한 자
>
>   다. 「스토킹범죄의 처벌 등에 관한 법률」 제2조 제2호에 따른 스토킹범죄
> 6의4. 미성년자에 대하여 「성폭력범죄의 처벌 등에 관한 특례법」 제2조에 따른 성폭력범죄 또는 「아동·청소년의 성보호에 관한 법률」 제2조 제2호에 따른 아동·청소년대상 성범죄를 범한 사람으로서 다음 각 목의 어느 하나에 해당하는 날부터 20년이 지나지 아니한 사람
>   가. 금고 이상의 실형을 선고받고 그 집행이 끝나거나(집행이 끝난 것으로 보는 경우를 포함한다) 집행이 면제된 날
>   나. 금고 이상의 형의 집행유예를 선고받고 그 집행유예가 확정된 날
>   다. 벌금 이하의 형을 선고받고 그 형이 확정된 날
>   라. 치료감호를 선고받고 그 집행이 끝나거나 집행이 면제된 날
>   마. 징계로 파면처분 또는 해임처분을 받은 날
> 7. 징계로 파면처분을 받은 때부터 5년이 지나지 아니한 자
> 8. 징계로 해임처분을 받은 때부터 3년이 지나지 아니한 자

3. 신규채용 및 부정행위자에 대한 제재 ⟨15·20·25 채용⟩

(1) 신규채용

① 경정 및 순경의 신규 채용은 공개경쟁시험으로 한다(경찰공무원법 제10조 제1항).
② 경위의 신규채용은 다음 각 호의 어느 하나에 해당하는 사람 중에서 한다(경찰공무원법 제10조 제2항).
  1. 경찰대학을 졸업한 사람
  2. 대통령령으로 정하는 자격을 갖추고 공개경쟁시험으로 선발된 사람(이하 "경위공개경쟁채용시험합격자"라 한다)으로서 교육훈련을 마치고 정하여진 시험에 합격한 사람

③ **경찰공무원의 신규채용시험은 계급별로 실시한다.** 다만, 결원보충을 원활히 하기 위하여 필요하다고 인정될 때에는 직무분야별·근무예정지역 또는 근무예정기관별로 구분하여 실시할 수 있다(경찰공무원 임용령 제32조).

(2) **부정행위자에 대한 제재(경찰공무원법 제11조)**
① 경찰청장 또는 해양경찰청장은 경찰공무원의 신규채용시험(경위공개경쟁채용시험을 포함한다. 이하 같다), 승진시험 또는 그 밖의 시험에서 다른 사람에게 대신하여 응시하게 하는 행위 등 대통령령으로 정하는 **부정행위를 한 사람에 대하여 대통령령으로 정하는 바에 따라 해당 시험의 정지·무효 또는 합격 취소 처분을 할 수 있다.**
② 제1항에 따른 처분을 받은 사람에 대해서는 **처분이 있은 날부터 5년의 범위에서** 대통령령으로 정하는 기간 동안 신규채용시험, 승진시험 또는 그 밖의 시험의 응시자격을 정지한다.
③ 경찰청장 또는 해양경찰청장은 제1항에 따른 처분(시험의 정지는 제외한다)을 할 때에는 미리 그 처분 내용과 사유를 당사자에게 통지하여 소명할 기회를 주어야 한다.(시험의 정지 포함×)

4. 채용후보자 〈22·25 채용, 22·23 경위〉

채용후보자 명부 등재와 효과	① 경찰청장 또는 해양경찰청장(제7조 제3항 및 제4항에 따라 임용권을 위임받은 자를 포함한다)은 신규채용시험에 합격한 사람(경찰대학을 졸업한 사람과 경위공개경쟁채용시험합격자를 포함한다. 이하 이 조에서 같다)을 대통령령으로 정하는 바에 따라 **성적 순위에 따라 채용후보자 명부에 등재(登載)하여야 한다**(경찰공무원법 제12조 제1항). ② 경찰공무원의 신규채용은 채용후보자 명부의 등재 순위에 따른다. 다만, 채용후보자가 **경찰교육기관에서 신임교육을 받은 경우에는 그 교육성적 순위에 따른다**(동조 제2항). ③ 채용후보자 등록(경찰공무원 임용령 제17조 제1항) 법 제10조에 따른 공개경쟁채용시험, 경위공개경쟁채용시험 및 경력경쟁채용시험등에 합격한 사람은 행정안전부령으로 정하는 바에 따라 임용권자 또는 임용제청권자에게 채용후보자 등록을 해야 한다. ④ **채용후보자 등록을 하지 아니한 사람은 경찰공무원으로 임용될 의사가 없는 것으로 본다**(경찰공무원 임용령 제17조 제2항).
채용후보자 명부의 유효기간	① 채용후보자 명부의 **유효기간은 2년의 범위에서 대통령령으로 정한다.** 다만, 경찰청장 또는 해양경찰청장은 필요에 따라 **1년의 범위에서 그 기간을 연장할 수 있다**(경찰공무원법 제12조 제3항). ② 채용후보자 명부의 유효기간은 2년으로 하되, 경찰청장은 필요에 따라 1년의 범위에서 그 기간을 연장할 수 있다(경찰공무원 임용령 제18조 제3항). ③ **다음 각 호의 어느 하나에 해당하는 기간은 제3항에 따른 기간에 넣어 계산하지 아니한다**(경찰공무원법 제12조 제4항). 1호. 신규채용시험에 합격한 사람이 채용후보자 명부에 등재된 이후 그 유효기간 내에 「병역법」에 따른 **병역 복무를 위하여 군에 입대한 경우(대학생 군사훈련 과정 이수자를 포함한다)의 의무복무 기간** 2호. 그 밖에 대통령령으로 정하는 사유로 임용되지 못한 기간 ④ 경찰청장 또는 해양경찰청장은 **채용후보자 명부의 유효기간을 연장하기로 결정한 경우에는 그 사실을 공고하여야 한다**(경찰공무원법 제12조 제5항).

임용 또는 임용제청의 유예 (경찰공무원 임용령 제18조의2)	① 임용권자 또는 임용제청권자는 채용후보자 명부에 등재된 채용후보자가 다음 각 호의 어느 하나에 해당하는 경우에는 채용후보자 명부의 유효기간의 범위에서 기간을 정하여 임용 또는 임용제청을 유예할 수 있다. 다만, 유예기간 중이라도 그 사유가 소멸한 경우에는 임용 또는 임용제청을 할 수 있다(제1항). 1호.「병역법」에 따른 병역복무를 위하여 징집 또는 소집되는 경우 2호. **학업을 계속하는 경우** 3호. 6개월 이상의 장기요양이 필요한 질병이 있는 경우 4호. 임신하거나 출산한 경우 5호. 그 밖에 임용 또는 임용제청의 유예가 부득이하다고 인정되는 경우 ② 제1항에 따른 임용 또는 임용제청의 유예를 원하는 사람은 해당 사유를 증명할 수 있는 자료를 첨부하여 임용권자 또는 임용제청권자가 정하는 기간 내에 신청해야 한다. 이 경우 원하는 유예기간을 분명하게 적어야 한다(제2항). ③ 사례 해결 순경 채용후보자 명부에 등재된 채용후보자 丙이 학업을 계속하고자 이를 증명할 수 있는 자료를 첨부하여 임용권자가 정하는 기간 내에 원하는 유예기간을 적어 신청할 경우, 임용권자는 채용후보자 명부의 유효기간 범위에서 기간을 정하여 임용을 유예해야 한다(×). → 임용을 유예할 수 있다.
채용후보자의 자격상실 (경찰공무원 임용령 제19조)	① 채용후보자가 다음 각 호의 어느 하나에 해당하는 경우에는 채용후보자로서의 자격을 상실한다. 1. 채용후보자가 임용 또는 임용제청에 응하지 않은 경우 2. 채용후보자로서 받아야 할 교육훈련에 응하지 않은 경우 3. 채용후보자로서 받은 교육훈련과정의 수료요건 또는 졸업요건을 갖추지 못한 경우 4. 채용후보자로서 교육훈련 중 질병, 병역 복무 또는 그 밖에 교육훈련을 계속할 수 없는 불가피한 사정 외의 사유로 퇴교처분을 받은 경우 5. 채용후보자로서 품위를 크게 손상하는 행위를 함으로써 경찰공무원으로서의 직무를 수행하기 곤란하다고 인정되는 경우 6. 법 또는 법에 따른 명령을 위반하여「경찰공무원 징계령」제2조 제1호에 따른 중징계 사유에 해당하는 비위를 저지른 경우 7. 법 또는 법에 따른 명령을 위반하여「경찰공무원 징계령」제2조 제2호에 따른 경징계 사유에 해당하는 비위를 2회 이상 저지른 경우 ② 임용권자 또는 임용제청권자는 제1항 제5호에 따라 채용후보자가 직무를 수행하기 곤란하다고 인정하려는 경우에는 제20조의2에 따른 임용심사위원회(이하 "임용심사위원회"라 한다)의 의결을 거쳐야 한다.

5. 시보임용 <11~19 채용, 17·24·25 승진>

의의	① 시보임용은 필기시험을 보완하거나, 또는 경찰조직의 목적·임용내용 등에 대한 지식을 얻게 하기 위한 제도이다. ② 경정 이하의 경찰공무원을 신규 채용할 때에는 1년간 시보로 임용하고, **그 기간이 만료된 다음 날**(만료되는 날×)에 정규 경찰공무원으로 임용한다(경찰공무원법 제13조 제1항).
예외	① 휴직기간, 직위해제기간 및 징계에 의한 정직처분 또는 감봉처분(견책처분×)을 받은 기간은 시보임용기간에 산입하지 아니한다(경찰공무원법 제13조 제2항). ② 다음 각 호의 어느 하나에 해당하는 경우에는 **시보임용을 거치지 아니한다**(동조 제4항). 　1호. 경찰대학을 졸업한 사람 또는 경위공개경쟁채용시험합격자로서 정하여진 교육을 마친 사람을 경위로 임용하는 경우 　2호. 경찰공무원으로서 대통령령으로 정하는 상위계급으로의 승진에 필요한 자격요건을 갖추고 임용예정계급에 상응하는 공개경쟁채용시험에 합격한 사람을 해당 계급의 경찰공무원으로 임용하는 경우 　3호. 퇴직한 경찰공무원으로서 퇴직 시에 재직하였던 계급의 채용시험에 합격한 사람을 재임용하는 경우 　4호. 자치경찰공무원을 그 계급에 상응하는 경찰공무원으로 임용하는 경우
시보임용 경찰공무원의 감독과 면직	① 시보임용기간 중에 있는 경찰공무원이 근무성적 또는 교육훈련성적이 불량할 때에는 「국가공무원법」 제68조 및 이 법 제28조에도 불구하고 **면직시키거나 면직을 제청할 수 있다**(경찰공무원법 제13조 제3항). ② 임용권자 또는 임용제청권자는 시보임용 기간 중에 있는 경찰공무원(이하 "시보임용경찰공무원"이라 한다)의 **근무사항을 항상 지도·감독하여야 한다**(경찰공무원 임용령 제20조 제1항). ③ 임용권자 또는 임용제청권자는 법 제13조에 따라 시보임용경찰공무원을 정규 경찰공무원으로 임용 또는 임용 제청하거나 면직 또는 면직 제청하려는 경우에는 임용심사위원회의 의결을 거쳐야 한다(경찰공무원 임용령 제20조 제2항). ④ 임용심사위원회는 시보임용경찰공무원을 정규 경찰공무원으로 임용 또는 임용 제청하기 위한 의결을 하려는 경우에는 해당 공무원의 근무성적, 교육훈련성적, 근무태도, 공직관 등에 대한 평가를 실시해야 한다(경찰공무원 임용령 제20조 제3항). ⑤ 임용권자 또는 임용제청권자는 시보임용경찰공무원이 다음 각 호의 어느 하나에 해당하여 정규 경찰공무원으로 임용하는 것이 부적당하다고 인정되는 경우에는 **임용심사위원회의 의결을 거쳐 해당 시보임용경찰공무원을 면직시키거나 면직을 제청할 수 있다**(임용령 제20조 제4항). 　1호. **징계사유에 해당하는 경우** 　1의2. 제21조 제1항에 따른 교육훈련 중 질병, 병역 복무 또는 그 밖에 교육훈련을 계속할 수 없는 **불가피한 사정 외의 사유로 퇴교처분을 받은 경우** 　2호. 제21조 제1항에 따른 **교육훈련성적이 만점의 60퍼센트 미만이거나 생활기록이 극히 불량한 경우** 　3호. 「경찰공무원 승진임용 규정」 제7조 제2항에 따른 **제2 평정 요소의 평정점이 만점의 50퍼센트 미만인 경우** 　　※ 제2 평정 요소: 근무실적, 직무수행능력, 직무수행태도(포상×)

시보임용 경찰공무원 등에 대한 훈련 (경찰공무원 임용령 제21조)	① 임용권자 또는 임용제청권자는 시보임용경찰공무원 또는 시보임용예정자에게 일정 기간 교육훈련(실무수습을 포함한다)을 시킬 수 있다. 이 경우 시보임용예정자에게 훈련을 받는 기간 동안 예산의 범위에서 임용예정계급의 1호봉에 해당하는 봉급에 상당하는 금액(교육훈련기간은 그 금액의 80퍼센트) 등을 지급할 수 있다. ② 임용권자 또는 임용제청권자는 시보임용예정자가 제1항에 따른 교육훈련성적이 만점의 60퍼센트 미만이거나 생활기록이 극히 불량할 때에는 시보임용을 하지 아니할 수 있다.

임용 심사위원회 (경찰공무원 임용령 제20조의2)	① 다음 각 호의 어느 하나에 해당하는 경우 그 적부(適否)를 심사하게 하기 위하여 임용권자 또는 임용제청권자 소속으로 임용심사위원회를 둔다(제1항).
	  1. 제19조 제1항 제5호의 사유로 채용후보자 자격상실 여부를 결정하려는 경우
	  2. 시보임용경찰공무원을 정규 경찰공무원으로 임용 또는 임용 제청하려는 경우
	  3. 시보임용경찰공무원을 면직 또는 면직 제청하려는 경우
	② 임용심사위원회의 구성 및 운영에 필요한 사항은 행정안전부령으로 정한다(제2항).
	③ 임용심사위원회는 위원장 1명을 포함한 위원 5명 이상 7명 이하로 구성한다(경찰공무원 임용령 시행규칙 제10조 제1항).
	④ 위원장은 위원 중 가장 계급이 높은 경찰공무원이 된다. 다만, 가장 계급이 높은 경찰공무원이 둘 이상인 경우 그 중 해당 계급에 승진임용된 날이 가장 빠른 경찰공무원이 된다(경찰공무원 임용령 시행규칙 제10조 제2항).
	⑤ 위원은 소속 경감 이상의 경찰공무원 중에서 임용심사위원회가 설치된 기관의 장이 임명하되, 심사대상자보다 상위의 계급자로 한다(경찰공무원 임용령 시행규칙 제10조 제3항).
	⑥ 임용심사위원회는 재적위원 3분의 2이상의 출석과 출석위원 과반수의 찬성으로 의결한다(경찰공무원 임용령 시행규칙 제10조 제4항).

6. 임용 시기 (21 경채, 23 승진, 23 경위)

임용시기 (경찰공무원 임용령 제5조)	① 경찰공무원은 임용장이나 임용통지서에 적힌 날짜에 임용된 것으로 보며, 임용일자를 소급해서는 아니 된다. ② 사망으로 인한 면직은 사망한 다음 날에 면직된 것으로 본다. ③ 임용일자는 그 임용장이 피임용자에게 송달되는 기간 및 사무인계에 필요한 기간을 참작하여 정하여야 한다.

임용시기의 특례 (경찰공무원 임용령 제6조)	제5조 제1항에도 불구하고 다음 각 호의 어느 하나에 해당하는 경우에는 **다음 각 호의 구분에 따른 일자에 임용된 것으로 본다.**
	1호. 전사하거나 순직한 사람을 다음 각 목의 어느 하나에 해당하는 날을 임용일자로 하여 특별승진임용하는 경우
	  가목. 재직 중 사망한 경우: **사망일의 전날**
	  나목. 퇴직 후 사망한 경우: 퇴직일의 전날
	3호.「국가공무원법」제70조 제1항 제4호에 따라 직권으로 면직시키는 경우: 휴직기간의 만료일 또는 휴직사유의 소멸일
	4호. 법 제10조 제2항에 따른 경위공개경쟁채용시험합격자,「경찰대학 설치법」에 따른 경찰대학의 학생 또는 시보임용예정자가 제21조 제1항에 따른 경찰공무원의 직무수행과 관련된 실무수습 중 사망한 경우: 사망일의 전날

3 경찰공무원관계의 변경

1. 승진

(1) 승진의 의의

① 경찰공무원은 바로 아래 하위계급에 있는 경찰공무원 중에서 근무성적평정, 경력평정, 그 밖의 능력을 실증(實證)하여 승진임용한다(경찰공무원법 제15조 제1항).
② 총경 이하의 경찰공무원에 대해서는 대통령령으로 정하는 바에 따라 계급별로 승진대상자 명부를 작성하여야 한다(경찰공무원법 제15조 제3항).
③ 경찰공무원의 승진에 필요한 계급별 최저근무연수, 승진 제한에 관한 사항, 그 밖에 승진에 관하여 필요한 사항은 대통령령(경찰공무원 승진임용 규정)으로 정한다(경찰공무원법 제15조 제4항).

(2) 승진의 구분과 인원 책정 <22 채용>

① 경무관 이하 계급으로의 승진은 승진심사에 의하여 한다. 다만, 경정 이하 계급으로의 승진은 대통령령으로 정하는 비율에 따라 승진시험과 승진심사를 병행할 수 있다(경찰공무원법 제15조 제2항).
② 승진임용의 구분(승진임용 규정 제3조)
경찰공무원의 승진임용은 심사승진임용·시험승진임용 및 특별승진임용으로 구분한다.
③ 「경찰공무원법」(이하 "법"이라 한다) 제15조 제2항 단서에 따라 경정 이하 경사 이상 계급으로의 승진은 승진심사에 의한 승진(이하 "심사승진"이라 한다)과 승진시험에 의한 승진(이하 "시험승진"이라 한다)을 병행할 수 있다. 이 경우 승진임용 예정 인원은 다음 각 호의 방법에 따라 정한다(승진임용 규정 제4조 제4항).
  1. 계급별로 전체 승진임용 예정 인원에서 제3항에 따른 특별승진임용 예정 인원을 뺀 인원의 70퍼센트를 심사승진임용 예정 인원으로, 30퍼센트를 시험승진임용 예정 인원으로 한다. 다만, 제1항 단서에 따라 특수분야의 승진임용 예정 인원을 정하는 경우에는 본문에 따른 심사승진임용 예정 인원의 비율과 시험승진임용 예정 인원의 비율을 다르게 정할 수 있다.
  2. 제1호에도 불구하고 승진심사를 하기 전에 승진시험을 실시한 경우에 그 최종합격자 수가 시험승진임용 예정 인원보다 적을 때에는 심사승진임용 예정 인원에 그 부족한 인원을 더하여 심사승진임용 예정 인원을 산정한다.

(3) 특별유공자 등의 특별승진(경찰공무원법 제19조) <23 경위>

① 경찰공무원으로서 다음 각 호의 어느 하나에 해당되는 사람에 대하여는 제15조에도 불구하고 1계급 특별승진시킬 수 있다(제1항 본문).
  1호. 「국가공무원법」 제40조의4 제1항 제1호부터 제4호까지의 규정 중 어느 하나에 해당되는 사람(청렴하고 투철한 봉사 정신으로 직무에 모든 힘을 다하여 공무 집행의 공정성을 유지하고 깨끗한 공직 사회를 구현하는 데에 다른 공무원의 귀감(龜鑑)이 되는 자, 직무수행 능력이 탁월하여 행정 발전에 큰 공헌을 한 자, 제안제도에 따른 제안의 채택·시행으로 국가 예산을 절감하는 등 행정 운영 발전에 뚜렷한 실적이 있는 자, 재직 중 공적이 특히 뚜렷한 자가 제74조의2에 따라 명예퇴직 할 때)
  2호. 전사하거나 순직한 사람
  3호. 직무 수행 중 현저한 공적을 세운 사람

② 다만, **경위 이하의 경찰공무원**으로서 모든 경찰공무원의 귀감이 되는 공을 세우고 전사하거나 순직한 사람에 대하여는 2계급 특별승진 시킬 수 있다(제1항 단서).

(4) 근속승진(경찰공무원법 제16조) ⟨15·20 채용⟩

① 경찰청장 또는 해양경찰청장은 해당 계급에서 다음 각 호의 기간 동안 재직한 사람을 경장, 경사, 경위, 경감으로 각각 근속승진임용할 수 있다(제1항). 다만, 인사교류 경력이 있거나 주요 업무의 추진 실적이 우수한 공무원 등 경찰행정 발전에 기여한 공이 크다고 인정되는 경우에는 대통령령으로 정하는 바에 따라 그 기간을 단축할 수 있다.
  1호. 순경을 경장으로 근속승진임용하려는 경우: 해당 계급에서 4년 이상 근속자
  2호. 경장을 경사로 근속승진임용하려는 경우: 해당 계급에서 5년 이상 근속자
  3호. 경사를 경위로 근속승진임용하려는 경우: 해당 계급에서 6년 6개월 이상 근속자
  4호. 경위를 경감으로 근속승진임용하려는 경우: 해당 계급에서 8년 이상 근속자
② 제1항에 따라 근속승진한 경찰공무원이 근무하는 기간에는 그에 해당하는 직급의 정원이 따로 있는 것으로 보고, 종전 직급의 정원은 감축된 것으로 본다(제2항).
③ 임용권자는 경감으로의 근속승진임용을 위한 심사를 할 때에는 연도별로 합산하여 해당 기관의 근속승진 대상자의 100분의 50에 해당하는 인원수(소수점 이하가 있는 경우에는 1명을 가산한다)를 초과하여 근속승진임용할 수 없다(승진임용 규정 제26조 제4항).

(5) 승진심사위원회

① 승진심사를 위하여 경찰청과 해양경찰청에 중앙승진심사위원회를 두고, 경찰청·해양경찰청·시·도경찰청과 대통령령으로 정하는 경찰기관·지방해양경찰관서에 보통승진심사위원회를 둔다(경찰공무원법 제17조 제1항).
② 승진심사위원회는 위원장을 포함한 5명 이상 7명 이하의 위원으로 구성한다(승진임용 규정 제15조 제1항, 제16조 제2항).
③ 승진심사위원회는 다음 구분에 따라 경찰공무원의 승진심사를 관할한다(제17조 제1항 본문).
  1호. 총경 이상 계급으로의 승진심사: 중앙승진심사위원회
  2호. 경정 이하 계급으로의 승진심사: 해당 경찰관이 소속한 경찰기관의 보통승진심사위원회(제3호의 경우는 제외한다)
  3호. 경찰서 소속 경찰공무원의 경감 이상 계급으로의 승진심사: 시·도경찰청 보통승진심사위원회
④ 승진심사위원회의 회의는 비공개로 한다(제18조 제3항).

(6) 승진후보자 명부(경찰공무원법 제18조, 승진임용 규정 제11조)

승진후보자 명부 등 (경찰공무원법 제18조)	① 경찰청장 또는 해양경찰청장(임용권을 위임받은 자를 포함한다)은 승진시험에 합격한 사람과 승진위원회에 의해 승진후보자로 선발된 사람을 대통령령으로 정하는 바에 따라 승진후보자 명부에 등재하여야 한다. ② 경무관 이하 계급으로의 승진은 위 승진후보자 명부의 등재 순위에 따른다. ③ 승진후보자 명부의 유효기간과 작성 및 운영에 관하여는 채용후보자 명부 등을 준용한다.
승진대상자 명부의 작성	승진대상자 명부는 산정된 평정점(評定點)을 다음 각 호의 구분에 따른 비율로 반영하여 작성한다(승진임용 규정 제11조 제2항). 1호. 근무성적 평정점: 65퍼센트 2호. 경력 평정점: 35퍼센트

(7) 승진소요 최저근무연수(승진임용 규정 제5조) <22 채용>

① 경찰공무원이 승진하려면 다음 구분에 따른 기간 동안 해당 계급에 재직하여야 한다.
  1. 총경: 3년 이상
  2. 경정 및 경감: 2년 이상
  3. 경위, 경사, 경장 및 순경: 1년 이상
② 휴직 기간, 직위해제 기간, 징계처분 기간 및 승진임용 제한기간은 승진소요 최저근무 연수에 포함하지 아니한다. 다만, 다음 각 호의 기간은 승진소요 최저근무 연수에 포함한다.
  1호. 휴직 기간 중 다음 각 목의 기간
    가목. 공무상 질병 또는 부상으로 인하여 휴직한 기간
    나목. 병역 복무를 마치기 위하여 징집 또는 소집된 때, 그 밖에 법률의 규정에 따른 의무를 수행하기 위하여 직무를 이탈하게 된 때, 국제기구, 외국 기관, 국내외의 대학·연구기관, 다른 국가기관 또는 대통령으로 정하는 민간기업, 그 밖의 기관에 임시로 채용될 때의 휴직 기간
    다목. 국외 유학을 하게 된 때의 50퍼센트에 해당하는 기간
    라목. **「국가공무원법」 제71조 제2항 제4호에 따른 휴직(이하 "육아휴직"이라 한다)은 그 휴직 기간**. 다만, 제1항의 기간에 포함하는 기간은 제6항 제3호에 따라 육아휴직을 대신하여 시간선택제전환경찰공무원으로 지정되어 근무한 기간과 합산하여 자녀 1명당 3년을 초과할 수 없다.
  2호. 일정한 경우에 그 직위해제 기간(직위해제에서 후술)
③ 통상적인 근무시간보다 짧은 시간을 근무하는 경찰공무원(이하 "시간선택제전환경찰공무원"이라 한다)의 근무기간은 다음 각 호의 기준에 따라 제1항의 기간에 포함한다(제6항).
  1호. **해당 계급에서 시간선택제전환경찰공무원으로 근무한 1년 이하의 기간은 그 기간 전부**
  2호. 해당 계급에서 시간선택제전환경찰공무원으로 근무한 1년을 넘는 기간은 근무시간에 비례한 기간
  3호. 해당 계급에서 육아휴직을 대신하여 시간선택제전환경찰공무원으로 지정되어 근무한 기간은 대상 자녀별로 3년의 범위에서 그 기간 전부
④ 강등되었던 사람이 강등되기 직전의 계급으로 승진한 경우 강등되기 직전의 계급에서 재직한 기간은 제1항의 기간에 포함한다(제7항).
⑤ 강등된 경우 강등되기 직전의 계급에서 재직한 기간은 제1항의 기간에 포함한다(제8항).

사례 적용	① 만 7세인 초등학교 1학년 외동딸을 양육하기 위하여 1년간 휴직한 경사 乙의 위 휴직기간 1년은 승진소요 최저근무연수에 포함된다. ② 통상적인 근무시간보다 짧은 시간을 근무하는 시간선택제전환경찰공무원으로 경위 계급에서 1년간 근무한 경위 丙의 위 근무기간 1년은 승진소요 최저근무연수에 포함된다.

(8) 승진 제한 사유(승진임용 규정 제6조 제1항)

징계의결요구·징계처분·직위해제·휴직 또는 시보임용 기간 중에 있는 경찰공무원은 승진임용을 할 수 없다.

(9) **대우공무원 선발과 수당 지급(승진임용 규정 제43조)** <16 경위>

① 임용권자 또는 임용제청권자는 소속 경찰공무원 중 해당 계급에서 승진소요 최저근무연수 이상 근무하고 승진임용의 제한사유가 없는 근무실적 우수자를 바로 위 계급의 대우공무원(이하 "대우공무원"이라 한다)으로 선발할 수 있다(제1항).
② 대우공무원에게는 「공무원수당 등에 관한 규정」에서 정하는 바에 따라 수당을 지급할 수 있다(제3항).

2. 근무성적 평정(승진임용 규정 제7조, 제8조)

(1) **의의** <22 채용>

① 근무성적 평정은 공무원에 대한 직무수행 능력, 근무성적, 가치관이나 태도 등을 평가해 승진, 보수결정 등의 인사관리 자료를 얻는 인사행정의 과정이다.
② 전통적 근무성적 평정제도는 생산성과 능률성에 중점을 두어 공무원의 직무수행능력을 측정하고 이를 인사행정의 표준화와 직무수행의 통제를 위한 수단으로 활용하였다. 공무원에 대한 근무성적 평정은 현대에 이르러 조직발전의 기초로 작용하는 공무원의 능력개발과 행정제도개선의 수단으로도 활용될 수 있다.

(2) **평정 대상 및 평정 요소** <22 채용, 25 승진, 21 경위>

① 총경 이하의 경찰공무원에 대해서는 매년 근무성적을 평정하여야 하며, 근무성적 평정의 결과는 승진 등 인사관리에 반영하여야 한다.
② 근무성적은 다음의 평정 요소에 따라 평정한다. 다만, 총경의 근무성적은 제2 평정 요소로만 평정한다.

제1 평정 요소(객관적 요소)	제2 평정 요소(주관적 요소)
가목. 경찰업무 발전에 대한 기여도	가목. 근무실적
나목. 포상 실적	나목. 직무수행능력
다목. 그 밖에 행정안전부령으로 정하는 평정 요소 (교육훈련, 근무태도)	다목. 직무수행태도

(3) **근무성적 평정의 분포비율(경찰공무원 승진임용 규정 제7조)** <22 채용, 21 경위>

① 제2 평정 요소에 따른 근무성적 평정은 평정대상자의 계급별로 평정 결과가 다음 각 호의 분포비율에 맞도록 하여야 한다. 다만, 평정 결과 제4호에 해당하는 사람이 없는 경우에는 제4호의 비율을 제3호의 비율에 가산하여 적용한다(제3항).
  1호. 수: 20퍼센트
  2호. 우: 40퍼센트
  3호. 양: 30퍼센트
  4호. 가: 10퍼센트
② 제11조 제2항 단서에 해당하는 경찰공무원과 경찰서 수사과에서 고소·고발 등에 대한 조사업무를 직접 처리하는 경위 계급의 경찰공무원을 평정할 때에는 위 비율을 적용하지 아니할 수 있다(제4항).
③ 근무성적 평정 결과는 공개하지 아니한다. 다만, 경찰청장은 근무성적 평정이 완료되면 평정 대상 경찰공무원에게 해당 근무성적 평정 결과를 통보할 수 있다(제5항).

(4) 근무성적 평정 시기와 평정자(승진임용 규정 시행규칙 제4조, 제6조)

① 영 제7조에 따른 근무성적 평정, 영 제9조에 따른 경력 평정은 연 1회 실시한다(제4조 제1항).
② 근무성적 평정은 10월 31일을 기준으로 하고, 경력 평정은 12월 31일을 기준으로 한다. 다만, 총경과 경정의 경력 평정은 10월 31일을 기준으로 한다(제4조 제2항).
③ 근무성적 평정자는 3명으로 하되, 제1차평정자는 평정대상자의 바로 위 감독자가 되고, 제2차평정자는 제1차평정자의 바로 위 감독자가 되며, 제3차평정자는 제2차평정자의 바로 위 감독자가 된다(제6조 제1항).

(5) 근무성적 평정의 유형과 오류 (18·19·20·23 경위)

근무성적 평정의 유형	① 도표식 평정척도법 평정요소를 나열하고 등급을 표시하는 평정방법이다. 연쇄화, 집중화, 관대화의 오류가 발생할 수 있다. 평정자마다 척도에 사용되는 용어에 대한 지각과 이해가 상이할 경우 평정상의 오류가 범해질 수 있으며, 이러한 문제는 특히 도표식평정척도법에서 많이 나타난다. ② 강제배분법 성적 분포를 미리 정해 놓는 방법이다. 평정자가 미리 정해진 비율에 따라 평정대상자를 각 등급에 분포시키고, 그 다음에 역으로 등급에 해당하는 점수를 부여하는 역산식 평정을 할 가능성이 높다. ③ 이중평정제 평가자는 평가대상 공무원의 업무수행 과정 및 성과를 관찰할 수 있는 상급자 중에서 지정하고, 확인자는 평가자의 상급자 중에서 지정하는 평정제도를 말한다.
근무성적 평정의 오류 (분포상의 착오)	① 연쇄 효과(halo effect, 후광 효과) 피평정자의 두드러진 특성이 다른 세부 특성을 평가하는 데에도 영향을 미치는 현상을 말한다. 중요항목의 평가결과가 나머지 항목의 평가에 영향을 미치는 것을 말한다. 연쇄화의 오류를 방지하기 위하여 강제선택법을 사용한다. ② 집중화 경향(central tendency, 중심화 경향) 평정자가 피평정자들에게 대부분 중간 수준의 점수를 주는 심리적 경향을 일컫는다. ③ 관대화 경향(tendency of leniency) 평정결과의 분포가 우수한 쪽으로 집중되는 경향을 말한다. 평정대상자와의 불편한 인간관계를 피하려는 동기로부터 유발된다. ④ 엄격화 경향(tendency of strictness) 실제수준보다 낮은 평가 결과가 도출되는 것을 말한다. ⑤ 이러한 경향을 방지하기 위한 방법으로 강제배분법을 활용할 수 있다.

(6) 근무성적 평정의 예외(승진임용 규정 제8조) (22 채용, 21 경위)

① 휴직·직위해제 등의 사유로 해당 연도의 평정기관에서 6개월 이상 근무하지 아니한 경찰공무원에 대해서는 근무성적을 평정하지 아니한다(제1항).
② 교육훈련 외의 사유로 국가기관, 지방자치단체 또는 인사혁신처장이 지정하는 기관에 2개월 이상 파견근무하게 된 경찰공무원에 대해서는 파견받은 기관의 의견을 고려하여 근무성적을 평정하여야 한다(제3항).
③ 평정대상자인 경찰공무원이 전보된 경우에는 그 경찰공무원의 근무성적 평정표를 전보된 기관에 이관하여야 한다. 다만, 평정기관을 달리하는 기관으로 전보된 후 2개월 이내에 정기평정을 할 때에는 전출기관에서 전출 전까지의 근무기간에 대한 근무성적을 평정하여 이관하여야 하며, 전입기관에서는 받은 평정 결과를 고려하여 평정하여야 한다(제4항).

④ 정기평정 이후에 신규채용되거나 승진임용된 경찰공무원에 대해서는 2개월이 지난 후부터 근무성적을 평정하여야 한다(제5항).

3. 전보 〈18 승진〉

의의	① 전보는 경찰공무원의 동일 직위 및 자격 내에서의 근무기관이나 부서를 달리하는 임용을 말한다(경찰공무원법 제2조 제2호). ② 임용권자 또는 임용제청권자는 장기근무 또는 잦은 전보로 인한 업무 능률 저하를 방지하기 위하여 특별한 사정이 없으면 정기적으로 전보를 실시하여야 한다(경찰공무원 임용령 제26조).
전보의 제한 (경찰공무원 임용령 제27조)	① 임용권자 또는 임용제청권자는 소속 경찰공무원이 해당 직위에 임용된 날부터 1년 이내(감사업무를 담당하는 경찰공무원의 경우에는 2년 이내)에 다른 직위에 전보할 수 없다(제27조 제1항 본문). ② 전보 제한의 예외(제27조 제1항 단서) 　다만, 다음 각 호의 어느 하나에 해당하는 경우에는 1년 이내라도 전보할 수 있다.

4. 휴직 〈17·18 승진〉

(1) 직권휴직 사유와 기간(국가공무원법 제71조 제1항, 제72조)

공무원이 다음의 어느 하나에 해당하면 임용권자는 본인의 의사에도 불구하고 휴직을 명하여야 한다.

장기요양	① 신체·정신상의 장애로 장기요양이 필요할 때 ② 휴직기간은 1년 이내로 하되, 부득이한 경우 1년의 범위에서 연장할 수 있다.
공무상 질병 또는 부상	① 「국가공무원법」 제72조 제1호 　다만, 다음 각 목의 어느 하나에 해당하는 공무상 질병 또는 부상으로 인한 휴직기간은 3년 이내로 하되, 의학적 소견 등을 고려하여 대통령령등으로 정하는 바에 따라 2년의 범위에서 연장할 수 있다. 　가목. 「공무원 재해보상법」 제22조 제1항에 따른 요양급여 지급 대상 부상 또는 질병 　나목. 「산업재해보상보험법」 제40조에 따른 요양급여 결정 대상 질병 또는 부상 ② 「경찰공무원법」 제29조(공상경찰공무원 등의 휴직기간) 제1항 　경찰공무원이 「공무원 재해보상법」 제5조 제1호 각 목에 해당하는 직무를 수행하다가 「국가공무원법」 제72조 제1호 각 목의 어느 하나에 해당하는 **공무상 질병 또는 부상을 입어 휴직하는 경우 그 휴직기간은 같은 조 제1호 단서에도 불구하고 5년 이내로 하되**, 의학적 소견 등을 고려하여 대통령령으로 정하는 바에 따라 **3년의 범위에서 연장**할 수 있다.
병역 복무	① 「병역법」에 따른 병역 복무를 마치기 위하여 징집 또는 소집된 때 ② 휴직 기간은 그 복무 기간이 끝날 때까지로 한다.
생사(生死) 불명	① 천재지변이나 전시·사변, 그 밖의 사유로 생사(生死) 또는 소재(所在)가 불명확하게 된 때 ② 「국가공무원법」상 휴직 기간은 3개월 이내로 한다. ③ 「경찰공무원법」상 경찰공무원의 휴직 기간은 **법원의 실종선고를 받는 날까지**로 한다(경찰공무원법 제29조 제1항). ④ 이 사유에 따른 휴직자가 있는 경우에는 그 휴직자의 계급에 해당하는 정원이 따로 있는 것으로 보고, 결원을 보충할 수 있다(경찰공무원법 제29조 제3항).

법률상 의무 수행	① 그 밖에 법률의 규정에 따른 의무를 수행하기 위하여 직무를 이탈하게 된 때 ② 휴직 기간은 그 복무 기간이 끝날 때까지로 한다.
노조 전임자	① 「공무원의 노동조합 설립 및 운영 등에 관한 법률」 제7조에 따라 노동조합 전임자로 종사하게 된 때 ② 휴직 기간은 그 전임 기간으로 한다.

(2) 의원휴직 사유와 기간(국가공무원법 제71조 제2항, 제72조)

공무원이 다음의 어느 하나에 해당하는 사유로 휴직을 원하는 경우에는 임용권자는 휴직을 명할 수 있다.

국제기구 등 채용	① 국제기구, 외국 기관, 국내외의 대학·연구기관, 다른 국가기관 또는 대통령령으로 정하는 민간기업, 그 밖의 기관에 임시로 채용될 때 ② 휴직 기간은 그 채용 기간으로 한다. 다만, 민간기업이나 그 밖의 기관에 채용되면 3년 이내로 한다.
국외 유학	① 국외 유학을 하게 된 때 ② 휴직 기간은 3년 이내로 하되, 부득이한 경우에는 2년의 범위에서 연장할 수 있다.
배우자 동반	① 외국에서 근무·유학 또는 연수하게 되는 배우자를 동반하게 된 때 ② 휴직 기간은 3년 이내로 하되, 부득이한 경우에는 2년의 범위에서 연장할 수 있다.
연구기관 등 연수	① 중앙인사관장기관의 장(행정부는 인사혁신처장, 경찰공무원법에 따라 경찰청장으로 본다)이 지정하는 연구기관이나 교육기관 등에서 연수하게 된 때 ② 휴직 기간은 2년 이내로 한다.
자기개발 휴직	① 대통령령등으로 정하는 기간 동안 재직한 공무원이 직무 관련 연구과제 수행 또는 자기개발을 위하여 학습·연구 등을 하게 된 때 ② 휴직 기간은 1년 이내로 한다.
육아 휴직	① 8세 이하(취학 중인 경우에는 초등학교 2학년 이하를 말한다)의 자녀를 양육하기 위하여 필요하거나 여성공무원이 임신 또는 출산하게 된 때. 이 경우에는 대통령령으로 정하는 특별한 사정이 없는 한 휴직을 명하여야 한다. ② 휴직 기간은 자녀 1명에 대하여 3년 이내로 한다.
가족 돌봄	① 조부모, 부모(배우자의 부모를 포함한다), 배우자, 자녀 또는 손자녀를 부양하거나 돌보기 위하여 필요한 경우. 다만, 조부모나 손자녀의 돌봄을 위하여 휴직할 수 있는 경우는 본인 외에 돌볼 사람이 없는 등 대통령령등으로 정하는 요건을 갖춘 경우로 한정한다. ② 휴직 기간은 1년 이내로 하되, 재직 기간 중 총 3년을 넘을 수 없다.

(3) 휴직의 효력(국가공무원법 제73조) <17 승진>

① 휴직 중인 공무원은 신분은 보유하나 직무에 종사하지 못한다.
② 휴직 기간 중 그 사유가 없어지면 30일 이내에 임용권자 또는 임용제청권자에게 이를 신고하여야 하며, 임용권자는 지체 없이 복직을 명하여야 한다.
③ 휴직 기간이 끝난 공무원이 30일 이내에 복귀 신고를 하면 당연히 복직된다.
④ 신체상·정신상의 장애로 장기요양을 위하여 휴직한 공무원에게는 다음 각 호의 구분에 따라 봉급의 일부를 지급한다. 다만, 공무상 질병으로 휴직한 경우에는 그 기간 중 봉급 전액을 지급한다(공무원보수규정 제28조 휴직기간 중의 봉급감액).
  1호. 휴직 기간이 1년 이하인 경우: 봉급의 70퍼센트
  2호. 휴직 기간이 1년 초과 2년 이하인 경우: 봉급의 50퍼센트

5. 직위해제

(1) 의의
① 직위해제는 공무원 본인에게 직위를 계속 유지할 수 없는 사유가 있는 경우에 직위를 부여하지 않는 것을 말한다.
② 직위해제는 제재적 성격을 가지는 보직의 해제이므로 복직이 보장되지 않는다는 점에서 휴직과 다르다.
③ 국가공무원법 제73조의3 제1항에서 정한 직위해제는 당해 공무원이 장래에 계속 직무를 담당하게 될 경우 예상되는 업무상의 장애 등을 예방하기 위하여 일시적으로 당해 공무원에게 직위를 부여하지 아니함으로써 직무에 종사하지 못하도록 하는 잠정적인 조치로서, **임용권자가 일방적으로 보직을 박탈시키는 것**을 의미한다(대법원 2022.10.14. 2022두45623).

(2) 징계처분 등과의 관계
① 구 국가공무원법상 직위해제는 직무에 종사하지 못하도록 하는 잠정적인 조치로서의 보직의 해제를 의미하므로 공무원의 과거 비위행위에 대하여 기업질서 유지를 목적으로 행하여지는 징벌적 제재로서의 징계와는 그 성질이 다르다(대법원 2003.10.10. 2003두5945).
② 직위해제처분이 공무원에 대한 불이익한 처분이긴 하나 징계처분과 같은 성질의 처분이라 할 수 없으므로 동일한 사유로 직위해제 처분을 하고 다시 감봉처분을 하였다 하여 일사부재리원칙에 위배된다 할 수 없다(대법원 1983.10.25. 83누184).

(3) 직위해제 사유 〈15·21·23 채용, 17 승진〉
① 임용권자는 다음의 어느 하나에 해당하는 자에게는 직위를 부여하지 아니할 수 있다(국가공무원법 제73조의3 제1항). 저 무. 중. 형. 비. 적

무능력 (능력부족)	① 직무수행 능력이 부족하거나 근무성적이 극히 나쁜 자 ② 이 경우 임용권자는 직위해제된 자에게 3개월의 범위에서 대기를 명한다. ③ 봉급 80% 지급
중징계 의결 요구	① 파면·해임·강등 또는 정직에 해당하는 징계(※ 중징계) 의결이 요구 중인 자 ② 봉급 50% 지급
형사기소	① 형사 사건으로 기소된 자(약식명령이 청구된 자는 제외한다) ② 봉급 50% 지급
중대한 비위	① 금품비위, 성범죄 등 대통령령으로 정하는 비위행위로 인하여 감사원 및 검찰·경찰 등 수사기관에서 조사나 수사 중인 자로서 비위의 정도가 중대하고 이로 인하여 정상적인 업무수행을 기대하기 현저히 어려운 자 ② 봉급 50% 지급
적격 심사 요구	① 고위공무원단에 속하는 일반직공무원으로서 일정한 사유로 고위공무원 적격 심사를 요구받은 자 ② 봉급 70% 지급

② 국가공무원법 제73조의3 제1항 제3호는 파면·해임·강등 또는 정직에 해당하는 징계의결(이하 '중징계의결'이라 한다)이 요구 중인 자에 대하여 직위해제처분을 할 수 있음을 규정하였는바, 이는 중징계의결 요구를 받은 공무원이 계속 직위를 보유하고 직무를 수행한다면 공무집행의 공정성과 그에 대한 국민의 신뢰를 저해할 구체적인 위험이 생길 우려가 있으므로 이를 사전에 방지하고자 하는 데 목적이 있다. 이러한 직위해제제도의 목적 및 취지는 물론 이로 인한 불이익의 정도

와 침익적 처분의 성질에 비추어 보면, **단순히 '중징계의결 요구'가 있었다는 형식적 이유만으로 직위해제처분을 하는 것이 정당화될 수는 없고, 직위해제처분의 대상자가 중징계처분을 받을 고도의 개연성이 인정되는 경우임을 전제로 하여,** 대상자의 직위·보직·업무의 성격상 그가 계속 직무를 수행함으로 인하여 공정한 공무집행에 구체적인 위험을 초래하는지 여부 등에 관한 제반 사정을 면밀히 고려하여 그 요건의 충족 여부 등을 판단해야 한다(대법원 2022.10.14. 2022두45623).

(4) 직위해제 절차 ⟨15·21·22·23 채용, 17 승진⟩

① 직위를 부여하지 아니한 경우에 그 사유가 소멸되면 임용권자는 지체 없이 직위를 부여하여야 한다(제73조의3 제2항).
② 임용권자는 제1항 제2호(직무수행능력이 부족하거나 근무성적이 극히 나쁜 자)에 따라 직위해제된 자에게 3개월의 범위에서 대기를 명한다(제73조의3 제3항).
③ 임용권자 또는 임용제청권자는 제3항에 따라 대기 명령을 받은 자에게 능력 회복이나 근무성적의 향상을 위한 교육훈련 또는 특별한 연구과제의 부여 등 필요한 조치를 하여야 한다(제73조의3 제4항). 대기 명령 중 능력이나 근무성적 향상이 없으면 징계위원회의 동의를 얻어 직권면직을 할 수 있다.
④ 공무원에 대하여 제1항 제2호(직무수행능력 부족)의 직위해제 사유와 같은 항 제3호(중징계 의결 요구)·제4호(형사 기소) 또는 제6호(중대한 비위행위)의 직위해제 사유가 경합(競合)할 때에는 같은 항 제3호·제4호 또는 제6호의 직위해제 처분을 하여야 한다(제73조의3 제5항). 사유가 경합하면 후자를 이유로 직위해제 처분을 한다.

직위해제(재량)	3개월 대기 명령과 필요한 조치(기속)	직권면직(재량)
무능력 사유		징계위원회 동의

(5) 효과

| 승진 제한, 승진소요 최저근무 연수 불산입 | ① 직위해제 기간 중 승진이 제한된다.
② 승진소요 최저근무연수 불산입(경찰공무원 승진임용 규정 제5조 제2항) : 직위해제 기간은 승진소요 최저근무 연수에 포함하지 아니한다.
③ 다만, 다음 직위해제 기간은 승진소요 최저근무 연수에 포함한다(제2항 단서).
  ㉠ 중징계 의결 요구에 따라 직위해제처분을 받은 사람에 대한 징계 의결 요구에 대하여 관할 징계위원회가 징계하지 아니하기로 의결한 경우와 해당 직위해제처분의 사유가 된 징계처분이 소청심사위원회의 결정 또는 법원의 판결에 따라 무효 또는 취소로 확정된 경우
  ㉡ 형사사건으로 기소됨에 따라 직위해제처분을 받은 사람의 처분 사유가 된 형사사건이 법원의 판결에 따라 무죄로 확정된 경우
  ㉢ 금품비위, 성범죄 등 대통령령으로 정하는 비위행위로 인하여 감사원 및 검찰·경찰 등 수사기관에서 조사나 수사 중인 자로서 비위의 정도가 중대하고 이로 인하여 정상적인 업무수행을 기대하기 현저히 어려운 경우 직위해제처분을 받은 사람의 처분사유가 된 비위행위(이하 "비위행위"라 한다)가 1) 징계처분을 하지 않는 경우 및 2) 형사처분을 하지 않는 경우에 모두 해당하는 경우 |

출근 의무	직위해제가 되면 출근 의무가 없다.
직권면직	① 직무수행능력이 부족하여 직위해제를 한 경우 대기명령 기간 중 능력 또는 근무성적의 향상을 기대하기 어렵다고 인정될 때에는, 징계위원회의 동의를 얻어 임용권자가 직권면직시킬 수 있다. ② 직권면직처분과 이보다 앞서 행하여진 직위해제처분은 그 목적을 달리한 각 별개의 독립된 처분이라 할 것이므로 본건 직권면직처분이 직위해제처분을 사유로 하였다 하더라도 일사부재리원칙에 위배되지 않는다(대법원 1983.10.25. 83누340).

4 경찰공무원관계의 소멸

1. 퇴직

(1) 당연퇴직(협의의 퇴직) 사유 _(24 채용, 18 승진)

① 경찰공무원이 제8조 제2항 각 호(신규채용 결격사유)의 어느 하나에 해당하게 된 경우에는 당연히 퇴직한다(경찰공무원법 제27조 본문).
② 신규채용 결격사유는 제4호, 제6호를 제외하고 그대로 당연퇴직 사유가 된다.

임용결격 사유와 다른 경우	① 경찰공무원(공무원도 마찬가지)이 파산선고를 받게 되더라도 복권이 되지 않는 것으로 확정된 경우에 당연히 퇴직한다. ※ 제8조 제2항 제4호(파산선고를 받고 복권되지 아니한 사람)는 파산선고를 받은 사람으로서 「채무자 회생 및 파산에 관한 법률」에 따라 신청기한 내에 면책신청을 하지 아니하였거나 면책불허가 결정 또는 면책 취소가 확정된 경우만 해당한다. ② 경찰공무원이 특정한 범죄(뇌물죄, 성폭력범죄, 정보통신망 이용촉진법상 범죄, 스토킹범죄, 아동·청소년 대상 성범죄, 횡령과 배임)를 범하여 자격정지 이상의 선고유예를 선고받은 경우에 당연히 퇴직한다. ※ 제8조 제2항 제6호(자격 정지 이상의 형의 선고유예를 선고받고 그 선고유예기간 중에 있는 사람)는 「형법」 제129조부터 제132조까지(뇌물죄), 「성폭력범죄의 처벌 등에 관한 특례법」 제2조, 「정보통신망 이용촉진 및 정보보호 등에 관한 법률」 제74조 제1항 제2호·제3호, 「스토킹범죄의 처벌 등에 관한 법률」 제2조 제2호, 「아동·청소년의 성보호에 관한 법률」 제2조 제2호 및 직무와 관련하여 「형법」 제355조(횡령, 배임) 또는 제356조(업무상의 횡령과 배임)에 규정된 죄를 범한 사람으로서 자격정지 이상의 형의 선고유예를 받은 경우만 해당한다(제27조 단서).

(2) 정년퇴직(경찰공무원법 제30조) _(17·20 채용, 23 경위)

① 경찰공무원의 정년은 다음과 같다.
　1호. 연령정년: 60세
　2호. 계급정년
　　　치안감: 4년　　경무관: 6년　　총경: 11년　　경정: 14년
② 징계로 인하여 강등(경감으로 강등된 경우를 포함한다)된 경찰공무원의 계급정년은 제1항 제2호에도 불구하고 다음 각 호에 따른다.
　1호. 강등된 계급의 계급정년은 강등되기 전 계급 중 가장 높은 계급의 계급정년으로 한다.
　2호. 계급정년을 산정할 때에는 강등되기 전 계급의 근무연수와 강등 이후의 근무연수를 합산한다.

③ 수사, 정보, 외사, 안보, 자치경찰사무 등 특수 부문에 근무하는 경찰공무원으로서 대통령령으로 정하는 바에 따라 지정을 받은 사람은 총경 및 경정의 경우에는 4년의 범위에서 대통령령으로 정하는 바에 따라 제1항 제2호에 따른 계급정년을 연장할 수 있다.

④ 경찰청장 또는 해양경찰청장은 전시·사변이나 그 밖에 이에 준하는 비상사태에서는 2년의 범위에서 제1항 제2호에 따른 계급정년을 연장할 수 있다. 이 경우 경무관 이상의 경찰공무원에 대해서는 행정안전부장관 또는 해양수산부장관과 국무총리를 거쳐 대통령의 승인을 받아야 하고, 총경·경정의 경찰공무원에 대해서는 국무총리를 거쳐 대통령의 승인을 받아야 한다.

⑤ 경찰공무원은 그 정년이 된 날이 1월에서 6월 사이에 있으면 6월 30일에 당연퇴직하고, 7월에서 12월 사이에 있으면 12월 31일에 당연퇴직한다.

⑥ 법 제10조 제3항 제1호에 따라 재임용된 경찰공무원의 계급정년 연한은 재임용 전에 해당 계급의 경찰공무원으로 근무한 연수를 합하여 계산한다. 경찰공무원 임용령 제8조(계급정년 연한의 계산)

2. 면직

(1) 의원면직 <19 경행>

① 의원면직은 사직의 의사표시와 사직서 수리가 필요하다. 사직의 의사표시는 진정한 의사에 의한 것이어야 한다.

② 사기나 강박에 의한 사직의 의사표시

㉠ 사직서의 제출이 감사기관이나 상급관청 등의 강박에 의한 경우에는 그 정도가 의사결정의 자유를 박탈할 정도에 이른 것이라면 그 의사표시가 무효로 될 것이다. 그렇지 않고 의사결정의 자유를 제한하는 정도에 그친 경우라면 그 성질에 반하지 아니하는 한 의사표시에 관한 민법 제110조의 규정을 준용하여 그 효력을 따져보아야 할 것이다(대법원 1997.12.12. 97누13962).

㉡ 감사담당 직원이 당해 공무원에 대한 비리를 조사하는 과정에서 사직하지 아니하면 징계파면이 될 것이고 또한 그렇게 되면 퇴직금 지급상의 불이익을 당하게 될 것이라는 등의 강경한 태도를 취하였다고 할지라도 그 취지가 단지 비리에 따른 객관적 상황을 고지하면서 사직을 권고·종용한 것에 지나지 않고 위 공무원이 그 비리로 인하여 징계파면이 될 경우 퇴직금 지급상의 불이익을 당하게 될 것 등 여러 사정을 고려하여 사직서를 제출한 경우라면 그 의사결정이 의원면직처분의 효력에 영향을 미칠 하자가 있었다고는 볼 수 없다(대법원 1997.12.12. 97누13962).

㉢ 사기나 강박에 의한 의사표시는 취소할 수 있다. 민법 제110조(사기, 강박에 의한 의사표시) 제1항

③ 진의 아닌 사직의 의사표시

㉠ 공무원이 사직의 의사표시를 하여 의원면직된 경우, 그 사직의 의사표시에 민법 제107조가 준용되지 않는다.

㉡ 공무원이 사직의 의사표시를 하여 의원면직처분을 하는 경우 그 사직의 의사표시는 그 법률관계의 특수성에 비추어 외부적·객관적으로 표시된 바를 존중하여야 할 것이므로, 비록 사직원 제출자의 내심의 의사가 사직할 뜻이 아니었다고 하더라도 진의 아닌 의사표시에 관한 민법 제107조는 그 성질상 사직의 의사표시와 같은 사인의 공법행위에는 준용되지 아니하므로 그 의사가 외부에 표시된 이상 그 의사는 표시된 대로 효력을 발한다(대법원 1997.12.12. 97누13962).

ⓒ 이른바 1980년의 공직자숙정계획의 일환으로 일괄사표의 제출과 선별수리의 형식으로 공무원에 대한 의원면직처분이 이루어진 경우, 사직원 제출행위가 강압에 의하여 의사결정의 자유를 박탈당한 상태에서 이루어진 것이라고 할 수 없고 민법상 비진의 의사표시의 무효에 관한 규정은 사인의 공법행위에 적용되지 않는다는 등의 이유로 그 의원면직처분을 당연무효라고 할 수 없다고 한 사례(대법원 2001.8.24. 99두9971)

ⓔ 의사표시는 표의자가 진의 아님을 알고 한 것이라도 그 효력이 있다. 그러나 상대방이 표의자의 진의 아님을 알았거나 이를 알 수 있었을 경우에는 무효로 한다. 민법 제107조(진의 아닌 의사표시) 제1항

④ 사직의 의사표시는 수리가 되어야 면직효과가 발생한다.
공무원이 한 사직 의사표시의 철회나 취소는 그에 터잡은 의원면직처분이 있을 때까지 할 수 있는 것이고, 일단 면직처분이 있고 난 이후에는 철회나 취소할 여지가 없다(대법원 2001.8.24. 99두9971).

(2) 직권면직(경찰공무원법 제28조) 〈22 채용, 19 승진〉

① 직권면직은 강제(일방적) 면직에 해당한다. 강제 면직은 본인의 의사와 관계없이 일방적으로 행하여지는 면직처분으로 직권면직과 징계면직(파면, 해임)이 있다.
② 임용권자는 경찰공무원이 다음의 어느 하나에 해당될 때에는 직권으로 면직시킬 수 있다(제1항).
  1호. 폐직(廢職) 또는 과원(過員), 휴직 후 직무에 복귀하지 아니하거나 직무를 감당할 수 없을 때, 능력 또는 근무성적의 향상을 기대하기 어려울 때(「국가공무원법」 제70조 제1항 제3호부터 제5호까지의 규정 중 어느 하나에 해당될 때), 능력 또는 근무성적의 향상을 기대하기 어려울 때의 사유로 면직시키는 경우에는 징계위원회의 동의를 받아야 한다.

> 국가공무원법 제70조 제1항 임용권자는 공무원이 다음 각 호의 어느 하나에 해당하면 직권으로 면직시킬 수 있다.
> 제3호 직제와 정원의 개폐 또는 예산의 감소 등에 따라 폐직(廢職) 또는 과원(過員)이 되었을 때
> 제4호 휴직 기간이 끝나거나 휴직 사유가 소멸된 후에도 직무에 복귀하지 아니하거나 직무를 감당할 수 없을 때
> 제5호 제73조의3 제3항(무능력 직위해제)에 따라 대기 명령을 받은 자가 그 기간에 능력 또는 근무성적의 향상을 기대하기 어렵다고 인정된 때

  2호. 경찰공무원으로는 부적합할 정도로 직무 수행능력이나 성실성이 현저하게 결여된 사람으로서 대통령령(경찰공무원 임용령)으로 정하는 사유에 해당된다고 인정될 때. 이를 사유로 면직시키는 경우에는 징계위원회의 동의를 받아야 한다.

> 경찰공무원 임용령
>   1. 지능저하 또는 판단력의 부족으로 경찰업무를 감당할 수 없는 경우
>   2. 책임감의 결여로 직무수행에 성의가 없고 위험한 직무에 당하여 고의로 직무수행을 기피 또는 포기하는 경우

  3호. 직무를 수행하는 데에 위험을 일으킬 우려가 있을 정도의 성격적 또는 도덕적 결함이 있는 사람으로서 대통령령(경찰공무원 임용령)으로 정하는 사유에 해당된다고 인정될 때. 이를 사유로 면직시키는 경우에는 징계위원회의 동의를 받아야 한다.

> **경찰공무원 임용령**
> 1. 인격장애, 알코올·약물중독 그 밖의 정신장애로 경찰업무를 감당할 수 없는 경우
> 2. 사행행위 또는 재산의 낭비로 인한 채무과다, 부정한 이성관계 등 도덕적 결함이 현저하여 타인의 비난을 받는 경우

4호. 해당 경과에서 직무를 수행하는 데 필요한 자격증의 효력이 상실되거나 면허가 취소되어 담당 직무를 수행할 수 없게 되었을 때

③ 제1항 제2호(직무 수행능력이나 성실성 결여)·제3호(성격적 또는 도덕적 결함) 또는 「국가공무원법」 제70조 제1항 제5호의 사유(능력 또는 근무성적 향상의 기대가 어려움)로 면직시키는 경우에는 제32조에 따른 징계위원회의 동의를 받아야 한다(제2항).

④ 「국가공무원법」 제70조 제1항 제4호의 사유로 인한 직권면직일은 휴직기간의 만료일이나 휴직사유의 소멸일로 한다(제3항).

징계위원회의 동의	주관적 사유(징계위 동의 필요)	객관적 사유(징계위 동의 불요)
	㉠ 능력 또는 근무성적의 향상을 기대하기 어려운 경우 ㉡ 직무수행능력이나 성실성 결여 ㉢ 성격적 또는 도덕적 결함	㉠ 폐직 또는 과원 ㉡ 휴직 종료 후 직무 미복귀 또는 직무 불감당 ㉢ 필수 자격증 효력상실 또는 면허 취소

제3절 경찰공무원의 권리와 의무

1 경찰공무원의 권리, 공무원직장협의회

1. 경찰공무원의 권리 (15 승진)

	신분상의 권리	재산상의 권리
공무원의 권리	신분 보유권, 직위보유권, 직무집행권, 쟁송제기권	보수청구권, 연금청구권, 실비변상청구권, 보급품수령권
경찰공무원의 특수한 권리	무기 휴대 및 사용권, 장구 사용권	보상청구권
신분 및 직위보유권	① 신분보장 경찰공무원은 신분상 권리인 신분보유권을 지니지만, 시보임용기간 중인 자와 치안총감, 치안정감의 경우 일정한 신분보장을 받지 못한다. ② 의사에 반한 신분조치(경찰공무원법 제36조 제2항 제3호, 국가공무원법 제68조) 공무원은 형의 선고, 징계처분 또는 이 법(경찰공무원법 및 국가공무원법)에서 정하는 사유(직권휴직, 직권면직 등)에 따르지 아니하고는 본인의 의사에 반하여 휴직·강임 또는 면직을 당하지 아니한다. 다만, 1급 공무원과 제23조에 따라 배정된 직무등급이 가장 높은 등급의 직위에 임용된 고위공무원단에 속하는 공무원은 그러하지 아니하다. ③ 경찰공무원에 대해서는 「국가공무원법」 제73조의4(강임), 제76조 제2항부터 제5항까지(파면 또는 해임, 면직처분 시 40일 이내 후임자 보충 발령 제한)의 규정을 적용하지 아니한다(「국가공무원법」과의 관계(경찰공무원법 제36조 제1항)). ④ 치안총감과 치안정감에 대해서는 「국가공무원법」 제68조 본문(의사에 반한 휴직 또는 면직 제한)을 적용하지 아니한다(「국가공무원법」과의 관계(경찰공무원법 제36조 제1항)).	

직무집행권	① 경찰공무원은 자기가 담당하는 직무를 수행하고 또한 그 직무집행을 방해당하지 아니할 권리가 있다. ② 이를 방해하는 자는 공무집행방해죄를 구성한다.
쟁송제기권	① 소청심사청구 경찰공무원이 자기의 신분에 대한 처분에 불복이 있거나 그 밖에 그 의사에 반하는 불리한 처분이 있는 것을 안 때에는 인사혁신처에 설치된 소청심사위원회에 이에 대한 심사를 청구할 수 있다. ② 행정소송제기 행정소송에 있어서는 경찰청장을 피고로 한다. 다만, 경찰청장이 임용권을 위임한 경우에는 그 위임을 받은 자를 피고로 한다(「경찰공무원법」 제34조).
무기 휴대 및 사용	① 무기 휴대(경찰공무원법 제26조 제2항) 경찰공무원은 직무 수행을 위하여 필요하면 무기를 휴대할 수 있다. ② 무기 사용(경찰관 직무집행법 제10조의4 제1항) 경찰관은 범인의 체포, 범인의 도주의 방지, 자신이나 다른 사람의 생명·신체의 방어 및 보호, 공무집행에 대한 항거의 제지를 위하여 필요하다고 인정되는 상당한 이유가 있을 때에는 그 사태를 합리적으로 판단하여 필요한 한도에서 무기를 사용할 수 있다.
경찰장구 사용	경찰관은 다음 각 호의 직무를 수행하기 위하여 필요하다고 인정되는 상당한 이유가 있을 때에는 그 사태를 합리적으로 판단하여 필요한 한도에서 경찰장구를 사용할 수 있다(경찰관 직무집행법 제10조의2 제1항).
보수청구권	① 공무원의 보수는 봉급과 그 밖의 각종 수당을 합산한 금액을 말한다. ② 경찰공무원의 보수에 관한 법령 : 「공무원보수규정」(대통령령), 「공무원수당 등에 관한 규정」(대통령령)이 있다. ③ 「국가재정법」상 공무원 보수청구권의 소멸시효는 5년이고, 다른 법률에 특별한 규정이 있으면 그 법률이 적용된다. ④ 공무원의 보수에 대한 압류는 1/2까지로 제한한다.
연금청구권 (공무원연금법)	시효(제88조 제1항) 이 법에 따른 급여를 받을 권리는 급여의 사유가 발생한 날부터 5년간 행사하지 아니하면 시효로 인하여 소멸한다.
재해보상청구권	① 공무원 재해보상법상 시효(제54조 제1항) 이 법에 따른 급여를 받을 권리는 그 급여의 사유가 발생한 날부터 요양급여·재활급여·간병급여·부조급여는 3년간, 그 밖의 급여는 5년간 행사하지 아니하면 시효로 인하여 소멸한다. ② 보훈(경찰공무원법 제21조) 경찰공무원으로서 전투나 그 밖의 직무 수행 또는 교육훈련 중 사망한 사람(공무상 질병으로 사망한 사람을 포함한다) 및 부상(공무상의 질병을 포함한다)을 입고 퇴직한 사람과 그 유족 또는 가족은 「국가유공자 등 예우 및 지원에 관한 법률」 또는 「보훈보상대상자 지원에 관한 법률」에 따라 예우 또는 지원을 받는다.

2. 공무원직장협의회의 설립·운영에 관한 법률(공무원 직협법)

의의	① 경찰공무원은 헌법상 단결권·단체교섭권·단체행동권의 제약을 받는다. 대신에 공무원직장협의회를 설립하고 운영할 수 있다. ② 취지 노동조합의 설립이 금지되는 공무원에 대하여 직장협의회를 통해 소속기관의 장과 근무환경 개선, 업무능률향상 및 고충처리 등을 협의할 수 있도록 하고 그 성실한 이행을 보장함으로써 공무원의 복무상 권익을 보호하고 국민에 대한 봉사자로서의 자긍심을 고취시키기 위한 것이다.
설립, 가입과 탈퇴	① 국가기관, 지방자치단체 및 그 하부기관에 근무하는 공무원은 직장협의회(이하 "협의회"라 한다)를 설립할 수 있다(제2조 제1항). ② 협의회는 기관 단위로 설립하되, 하나의 기관에는 하나의 협의회만을 설립할 수 있다(제2조 제2항). ③ 특정직공무원 중 경찰공무원(※ 직급 제한 없음)은 협의회에 가입할 수 있다(제3조 제1항 제2호 나목). ④ 업무의 주된 내용이 지휘·감독의 직책에 있는 공무원과 인사, 예산, 경리, 물품출납, 비서, 기밀, 보안, 경비 및 그 밖에 이와 유사한 업무에 종사하는 공무원은 협의회에 가입할 수 없다(제3조 제2항). ⑤ 공무원은 자유로이 협의회에 가입하거나 협의회를 탈퇴할 수 있다(제4조).
협의 사항 (제5조 제1항)	① 해당 기관 고유의 근무환경 개선에 관한 사항 ② 업무능률 향상에 관한 사항 ③ 소속 공무원의 공무와 관련된 일반적 고충에 관한 사항 ④ 소속 공무원의 모성보호 및 일과 가정생활의 양립을 지원하기 위한 사항 ⑤ 기관 내 성희롱, 괴롭힘 예방 등에 관한 사항 ⑥ 그 밖에 기관의 발전에 관한 사항
전임공무원의 금지	협의회에는 협의회의 업무를 전담하는 공무원은 둘 수 없다(시행령 제12조).

2 경찰공무원의 의무 〈18 승진〉

1. 경찰공무원의 의무 개관

기본적 의무		선서의무, 성실의무
직무상 의무	국가공무원법	법령준수의 의무, 복종의 의무, 친절·공정의 의무, 종교중립의 의무, 직무전념 의무(직장 이탈 금지, 영리업무 및 겸직 금지)
	경찰공무원법	거짓보고 및 통보 금지의무, 지휘권남용금지의무, 제복착용의무
	경찰공무원 복무규정	지정장소 외에서의 직무수행금지, 근무시간 중 음주금지, 민사분쟁에의 부당개입금지 등
신분상 의무	국가공무원법	비밀 엄수의 의무, 청렴의 의무, 품위 유지의 의무, 외국 정부의 영예나 증여의 제한, 집단 행위의 금지, 정치 운동의 금지
	경찰공무원법	정치 관여 금지
	공직자윤리법	재산등록 의무, 재산공개 의무, 선물 신고 의무, 취업제한

2. 기본적 의무 〈18 채용〉

선서의무	공무원은 취임할 때에 소속 기관장 앞에서 대통령령등으로 정하는 바에 따라 선서(宣誓)하여야 한다. 다만, 불가피한 사유가 있으면 취임 후에 선서하게 할 수 있다(국가공무원법 제55조).
성실의무	① 모든 공무원은 법령을 준수하며 성실히 직무를 수행하여야 한다(제56조). ② 성실의무의 특징 　㉠ 공무원의 의무 중 가장 기본적인 의무로 다른 의무의 원천이 된다. 　㉡ 다른 의무에 비해 윤리적 성격이 강하지만 법적 의무이다.

3. 직무상 의무 〈17·19·25 채용, 15·23 승진, 17 경위〉 자 **법. 복. 친. 교. 직. 영**

국가공무원법	
법령준수의무	모든 공무원은 법령을 준수하며 성실히 직무를 수행하여야 한다(국가공무원법 제56조).
복종의 의무	① 공무원은 직무를 수행할 때 소속 상관의 직무상 명령에 복종하여야 한다(국가공무원법 제57조). ② **경찰공무원은 상관의 지휘·감독을 받아 직무를 수행하고, 그 직무수행에 관하여 서로 협력하여야 한다**(국가경찰과 자치경찰의 조직 및 운영에 관한 법률 제6조 제1항). ③ **경찰공무원은 구체적 사건수사와 관련된 상관의 지휘·감독의 적법성 또는 정당성에 대하여 이견이 있을 때에는 이의를 제기할 수 있다**(국가경찰과 자치경찰의 조직 및 운영에 관한 법률 제6조 제2항).
친절·공정의 의무	공무원은 국민전체의 봉사자로서 친절하고 공정하게 직무를 수행하여야 한다(국가공무원법 제59조).
종교중립의 의무	① **공무원은 종교에 따른 차별 없이 직무를 수행하여야 한다**(국가공무원법 제59조의2 제1항). ② 공무원은 소속 상관이 종교중립의 의무에 위배되는 직무상 명령을 한 경우에는 **이에 따르지 아니할 수 있다**(아니하여야 한다×). 동조 제2항.
직장이탈금지	① 공무원은 **소속 상관**(소속 기관장×)**의 허가 또는 정당한 사유가 없으면 직장을 이탈하지 못한다**(국가공무원법 제58조 제1항). ② 수사기관이 공무원을 구속하려면 그 소속 기관의 장에게 미리 통보하여야 한다. 다만, **현행범인은 그러하지 아니하다**(동조 제2항).
영리업무 및 겸직 금지 (국가공무원법 제64조)	① 공무원은 공무 외에 영리를 목적으로 하는 업무에 종사하지 못하며(※ 절대적 금지) **소속기관장**(소속 상관×)**의 허가 없이 다른 직무를 겸할 수 없다**(※ 상대적 금지). ② 공무원이 영리 업무에 해당하지 아니하는 다른 직무를 겸하려는 경우에는 소속 기관의 장의 사전 허가를 받아야 한다. 그 허가는 담당 직무 수행에 지장이 없는 경우에만 한다(국가공무원 복무규정 제26조).
경찰공무원법(거.휘.제)	
거짓 보고 금지	① 경찰공무원은 직무에 관하여 거짓으로 보고나 통보를 하여서는 아니 된다(경찰공무원법 제24조 제1항). ② 경찰공무원은 직무를 게을리하거나 유기(遺棄)해서는 아니 된다(동조 제2항).
지휘권 남용 등의 금지	전시·사변, 그 밖에 이에 준하는 비상사태이거나 작전수행 중인 경우 또는 많은 인명 손상이나 국가재산 손실의 우려가 있는 위급한 사태가 발생한 경우, 경찰공무원을 지휘·감독하는 사람은 정당한 사유 없이 그 직무 수행을 거부 또는 유기하거나 경찰공무원을 지정된 근무지에서 진출·퇴각 또는 이탈하게 하여서는 아니 된다(경찰공무원법 제25조).
제복 착용 의무	① **경찰공무원은 제복을 착용하여야 한다**(경찰공무원법 제26조 제1항). ② 경찰공무원은 직무 수행을 위하여 필요하면 무기를 휴대할 수 있다(동조 제2항). ③ 경찰공무원의 복제(服制)에 관한 사항은 **행정안전부령 또는 해양수산부령으로 정한다**(동조 제3항).

4. 신분상 의무 ㈜ 청. 품. 밀. 정. 단. 정

(1) 비밀엄수의 의무 <15 채용, 15·23 승진>

① 공무원은 재직 중은 물론 퇴직 후에도 직무상 알게 된 비밀을 엄수하여야 한다(국가공무원법 제60조).

② 직무상 비밀의 범위 : 직무상 비밀은 자신이 처리하는 직무에 관한 비밀뿐만 아니라 직무와 관련하여 알게 된 모든 비밀을 포함한다.

③ 의무위반의 효과

재직 중	㉠ 징계사유가 되어 징계책임을 부과할 수 있다. ㉡ 형법 제126조(피의사실공표죄), 제127조(공무상 비밀의 누설죄)에 해당할 수 있다.
퇴직 후	㉠ 징계책임은 물을 수 없다. 이후 공무원관계의 설정이 거부될 수 있다. ㉡ 형사책임은 물을 수 있다.

(2) 청렴의 의무(국가공무원법 제61조) <17·18 채용, 23 승진>

① 외부 관계(제1항)
공무원은 **직무와 관련하여 직접적이든 간접적이든** 사례·증여 또는 향응을 주거나 받을 수 없다.

② 내부 관계(제2항)
공무원은 **직무상의 관계가 있든 없든** 그 소속 상관에게 증여하거나 소속 공무원으로부터 증여를 받아서는 아니 된다.

(3) 품위유지의무(국가공무원법 제63조) <17 채용, 15 승진>

공무원은 **직무의 내외를 불문하고** 그 품위가 손상하는 행위를 하여서는 아니 된다.

(4) 외국정부의 영예 등을 받을 경우 영예나 증여의 제한 <15·16 채용, 15·23 승진>

① 공무원이 외국 정부로부터 영예나 증여를 받을 경우에는 **대통령(소속기관장×)의 허가를 받아야 한다**(국가공무원법 제62조).

② 외국정부로부터 훈장, 영예로운 직함(작위)을 수여 받거나 재산을 무상으로 증여받을 경우를 말한다.

(5) 집단 행위의 금지 <16 채용>

① 공무원인 근로자는 법률이 정하는 자에 한하여 단결권·단체교섭권 및 단체행동권을 가진다(헌법 제33조 제2항).

② 공무원은 노동운동이나 그 밖의 공무 외의 일을 위한 집단 행위를 하여서는 아니 된다. 다만, 사실상 노무에 종사하는 공무원은 예외로 한다(국가공무원법 제66조 제1항).

(6) 정치 관여 금지(경찰공무원법 제23조) <23·25 채용>

① 경찰공무원은 정당이나 정치단체에 가입하거나 정치활동에 관여하는 행위를 하여서는 아니 된다.

② 제1항에서 정치활동에 관여하는 행위란 다음 각 호의 어느 하나에 해당하는 행위를 말한다.
1호. 정당이나 정치단체의 결성 또는 가입을 지원하거나 방해하는 행위
2호. 그 직위를 이용하여 특정 정당이나 특정 정치인에 대하여 지지 또는 반대 의견을 유포하거나, 그러한 여론을 조성할 목적으로 특정 정당이나 특정 정치인에 대하여 찬양하거나 비방하는 내용의 의견 또는 사실을 유포하는 행위

3호. 특정 정당이나 특정 정치인을 위하여 기부금 모집을 지원하거나 방해하는 행위 또는 국가·지방자치단체 및 「공공기관의 운영에 관한 법률」에 따른 공공기관의 자금을 이용하거나 이용하게 하는 행위

4호. **특정 정당이나 특정인의 선거운동을 하거나 선거 관련 대책회의에 관여하는 행위**

5호. 「정보통신망 이용촉진 및 정보보호 등에 관한 법률」에 따른 정보통신망을 이용한 제1호부터 제4호까지의 규정에 해당하는 행위

6호. 소속 직원이나 다른 공무원에 대하여 제1호부터 제5호까지의 행위를 하도록 요구하거나 그 행위와 관련한 보상 또는 보복으로서 이익 또는 불이익을 주거나 이를 약속 또는 고지(告知)하는 행위

| 국가공무원법 제65조 (정치 운동의 금지) | ① 공무원은 정당이나 그 밖의 정치단체의 결성에 관여하거나 이에 가입할 수 없다.
② 공무원은 선거에서 특정정당 또는 특정인을 지지 반대하기 위한 다음의 행위를 하여서는 아니 된다.
  1. 투표를 하거나 하지 아니하도록 권유 운동을 하는 것
  2. 서명 운동을 기도(企圖)·주재(主宰)하거나 권유하는 것
  3. 문서나 도서를 공공시설 등에 게시하거나 게시하게 하는 것
  4. 기부금을 모집 또는 모집하게 하거나, 공공자금을 이용 또는 이용하게 하는 것
  5. 타인에게 정당이나 그 밖의 정치단체에 가입하게 하거나 또는 가입하지 아니하도록 권유 운동을 하는 것
③ 공무원은 다른 공무원에게 제1항과 제2항에 위배되는 행위를 하도록 요구하거나, 정치적 행위에 대한 보상 또는 보복으로서 이익 또는 불이익을 약속하여서는 아니 된다. |

5. 「공직자윤리법」상 의무

| 재산등록 및 공개 의무 (제3조 등록의무자) | ① 다음의 어느 하나에 해당하는 공직자(이하 "등록의무자"라 한다)는 이 법에서 정하는 바에 따라 재산을 등록하여야 한다.
  ㉠ 총경(자치총경을 포함한다) 이상의 경찰공무원과 소방정 이상의 소방공무원(제9호)
  ㉡ 그 밖에 대통령령(시행령 제3조)으로 정하는 특정 분야의 공무원과 공직유관단체의 직원: 경찰공무원 중 경정, 경감, 경위, 경사와 자치경찰공무원 중 자치경정, 자치경감, 자치경위, 자치경사
② 등록재산의 공개(제10조 제1항)
공직자윤리위원회는 관할 등록의무자 중 '치안감 이상의 경찰공무원 및 특별시·광역시·특별자치시·도·특별자치도의 시·도경찰청장'(제8호)인 공직자 본인과 배우자 및 본인의 직계존속·직계비속의 재산에 관한 등록사항과 제6조에 따른 변동사항 신고내용을 등록기간 또는 신고기간 만료 후 1개월 이내에 관보(공보를 포함한다) 및 인사혁신처장이 지정하는 정보통신망을 통하여 공개하여야 한다. |
| 선물신고 의무 (제15조 외국 정부 등으로부터 받은 선물의 신고) | ① 공무원(지방의회의원을 포함한다. 이하 제22조에서 같다) 또는 공직유관단체의 임직원은 외국으로부터 선물(대가 없이 제공되는 물품 및 그 밖에 이에 준하는 것을 말하되, 현금은 제외한다. 이하 같다)을 받거나 그 직무와 관련하여 외국인(외국단체를 포함한다. 이하 같다)에게 선물을 받으면 지체 없이 소속 기관·단체의 장에게 신고하고 그 선물을 인도하여야 한다. 이들의 가족이 외국으로부터 선물을 받거나 그 공무원이나 공직유관단체 임직원의 직무와 관련하여 외국인에게 선물을 받은 경우에도 또한 같다(제1항).
② 신고하여야 할 선물은 그 선물의 수령 당시 증정한 국가 또는 외국인이 속한 국가의 시가로 미국 화폐 100달러 이상이거나 국내 시가로 10만 원 이상인 선물로 한다(시행령 제28조 선물의 가액).
③ 신고된 선물은 신고 즉시 국가 또는 지방자치단체에 귀속된다(제16조 선물의 귀속 등 제1항). |

취업금지 의무(제17조 퇴직공직자의 취업제한)	"취업심사대상자"는 퇴직일부터 3년간 "취업심사대상기관"에 취업할 수 없다. 다만, 관할 공직자윤리위원회로부터 취업심사대상자가 퇴직 전 5년 동안 소속하였던 부서 또는 기관의 업무와 취업심사대상기관 간에 밀접한 관련성이 없다는 확인을 받거나 취업승인을 받은 때에는 취업할 수 있다.

6. 경찰공무원 복무규정 [대통령령]

(1) 기본강령(제3조) <18 채용, 17 승진>

① 경찰공무원은 다음의 기본강령에 따라 복무해야 한다. 집 명. 신. 규. 단. 책. 렴

1호. **경찰사명**: 경찰공무원은 국가와 민족을 위하여 충성과 봉사를 다하며, 국민의 생명·신체 및 재산을 보호하고, 공공의 안녕과 질서를 유지함을 그 사명으로 한다.

2호. **경찰정신**: 경찰공무원은 국민의 수임자로서 일상의 직무수행에 있어서 국민의 자유와 권리를 존중하는 호국·봉사·정의의 정신을 그 바탕으로 삼는다.

3호. **규율**: 경찰공무원은 법령을 준수하고 직무상의 명령에 복종하며, 상사에 대한 존경과 부하에 대한 존중으로써 규율을 지켜야 한다.

4호. **단결**: 경찰공무원은 주어진 사명을 다하기 위하여 긍지를 가지고 한마음 한뜻으로 굳게 뭉쳐 임무수행에 모든 역량을 기울여야 한다.

5호. **책임**: 경찰공무원은 창의와 노력으로써 소임을 완수하여야 하며, 직무수행의 결과에 대하여 책임을 진다.

6호. **성실·청렴**: 경찰공무원은 성실하고 청렴한 생활태도로써 국민의 모범이 되어야 한다.

② 사명, 정신, 규율, 단결, 책임, 성실·청렴의 순서를 암기해야 한다. 집 명. 신. 규. 단. 책. 렴

(2) 복무 자세 <15·21 채용, 17 승진, 25 경위> 집 복. 지. 주. 민. 신. 행. 포. 근

① 지정장소 외에서의 직무수행금지(제8조)
경찰공무원은 상사의 허가를 받거나 그 명령에 의한 경우를 제외하고는 직무와 관계없는 장소에서 직무수행을 하여서는 아니 된다.

② 근무시간 중 음주금지(제9조)
경찰공무원은 근무시간 중 음주를 하여서는 아니 된다. 다만, 특별한 사정이 있는 때에는 예외로 하되, 이 경우 주기가 있는 상태에서 직무를 수행하여서는 아니 된다.

③ 민사분쟁에의 부당개입금지(제10조)
경찰공무원은 직위 또는 직권을 이용하여 부당하게 타인의 민사분쟁에 개입하여서는 아니 된다.

④ 상관에 대한 신고(제11조)
경찰공무원은 신규채용·승진·전보·파견·출장·연가·교육훈련기관에의 입교 그 밖의 신분관계 또는 근무관계의 변동이 있는 때에는 소속상관에게 신고를 하여야 한다.

⑤ 여행의 제한(제13조)
경찰공무원은 **휴무일 또는 근무시간외에 2시간(3시간×) 이내**에 직무에 복귀하기 어려운 지역으로 여행을 하고자 할 때에는 **소속 경찰기관의 장에게 신고를 하여야 한다**. 다만, 치안상 특별한 사정이 있어 경찰청장 또는 경찰기관의 장이 지정하는 기간 중에는 소속경찰기관의 장의 허가를 받아야 한다.

⑥ 포상휴가(제18조)

경찰기관의 장은 근무성적이 탁월하거나 다른 경찰공무원의 모범이 될 공적이 있는 경찰공무원에 대하여 **1회 10일 이내의 포상휴가를 허가할 수 있다. 이 경우의 포상휴가 기간은 연가일수에 산입하지 아니한다.**

⑦ 연일근무자 등의 휴무(제19조)

경찰기관의 장은 특별한 사정이 없는 한 다음과 같이 **휴무를 허가하여야 한다.**

1호. **연일 근무자 및 공휴일 근무자에 대하여는 그 다음날 1일의 휴무**
2호. **당직 또는 철야 근무자에 대하여는 다음 날 오후 2시를 기준으로 하여 오전 또는 오후의 휴무**

제4절 경찰공무원의 징계

1 경찰공무원의 징계책임

1. 징계책임의 의의와 종류

(1) 징계책임의 의의

① 징계란 공무원이 직무상 의무를 위반한 경우 또는 공무원의 비행이 있는 경우 공무원 내부 관계의 질서유지를 위하여 특별행정법관계에 의해 부과되는 제재이다.

② 징계벌과 형사벌

구분	징계벌(공무원 내부 관계)	형벌(국가와 국민의 관계)
권력의 기초	특별권력의 발동	일반통치권
목적	특별행정법관계의 내부질서 유지	일반사회의 법질서 유지
효과	• 징계벌 6가지 • 공무원의 신분적 이익, 재산상 이익 박탈	• 형벌 9가지 • 공무원의 신분적 이익, 재산상 이익, 자유·생명까지도 박탈 가능
시간적 한계	퇴직 후 처벌이 불가능	퇴직 후 처벌 가능
상호 관계	징계벌과 형벌은 권력의 기초·목적·내용·대상 등에서 차이가 있기 때문에 양자를 병과할 수 있고, 병과하더라도 일사부재리의 원칙에 저촉되지 아니한다.	

(2) 감사원의 조사와의 관계 등(국가공무원법 제83조) (15 채용)

① 감사원과 검찰·경찰, 그 밖의 수사기관은 조사나 수사를 시작한 때와 이를 마친 때에는 10일 내에 소속 기관의 장에게 그 사실을 통보하여야 한다(제3항).

② 감사 선행의 원칙은 적용된다.

감사원에서 조사 중인 사건에 대하여는 조사개시 통보를 받은 날부터 징계의결의 요구나 그 밖의 징계 절차를 진행하지 못한다(제1항).

③ 형사소추 선행의 원칙은 적용되지 않는다.

검찰·경찰, 그 밖의 수사기관에서 수사 중인 사건에 대하여는 수사개시 통보를 받은 날부터 징계의결의 요구나 그 밖의 징계 절차를 진행하지 아니할 수 있다(제2항).

(3) 징계의 종류
① 징계는 파면·해임·강등·정직·감봉·견책(譴責)으로 구분한다(국가공무원법 제79조).
② "중징계"란 파면, 해임, 강등 및 정직을 말하고 "경징계"란 감봉 및 견책을 말한다(경찰공무원 징계령 제2조).
③ 징계를 배제징계, 교정징계로 나누기도 한다. 파면·해임은 배제징계, 강등·정직·감봉·견책은 교정징계에 속한다.

2. 징계사유(징계 요건)와 징계부가금

(1) 징계사유(경찰공무원법 제36조 제2항 제3호, 국가공무원법 제78조)
① 공무원이 다음 각 호의 어느 하나에 해당하면 징계의결의 요구를 하여야 하고 그 징계의결의 결과에 따라 징계처분을 행하여야 한다.
   1호. 이 법(경찰공무원법 및 국가공무원법) 및 이 법에 따른 명령에 위반한 경우
   2호. 직무상의 의무(다른 법령에서 공무원의 신분으로 인하여 부과된 의무를 포함한다)를 위반하거나 직무를 태만히 한 때
   3호. 직무의 내외를 불문하고 그 체면 또는 위신을 손상하는 행위를 한 때
② 공무원(특수경력직공무원 및 지방공무원을 포함한다)이었던 사람이 다시 공무원으로 임용된 경우에 재임용 전에 적용된 법령에 따른 징계 사유는 그 사유가 발생한 날부터 이 법(경찰공무원법 및 국가공무원법)에 따른 징계 사유가 발생한 것으로 본다.

(2) 징계사유와 직위해제 사유 비교

국가공무원의 징계사유	1. 국가공무원법 및 이 법에 따른 명령에 위반한 경우 2. 직무상의 의무(다른 법령에서 공무원의 신분으로 인하여 부과된 의무를 포함)를 위반한 때 3. 직무를 태만히 한 때 4. 직무의 내외를 불문하고 그 체면 또는 위신을 손상하는 행위를 한 때
직위해제 사유	1. 직무수행능력이 부족한 자 2. 근무성적이 극히 나쁜 자 3. 중징계 의결이 요구 중인 자 4. 형사사건으로 기소된 자(약식명령이 청구된 자는 제외) 5. 일정한 비위행위로 인하여 감사원 및 수사기관에서 조사나 수사 중인 자로서 비위의 정도가 중대하고 이로 인하여 정상적인 업무수행을 기대하기 현저히 어려운 자

(3) 징계부가금(국가공무원법 제78조의2)

공무원의 징계 의결을 요구하는 경우 그 징계 사유가 다음 각 호의 어느 하나에 해당하는 경우에는 해당 징계 외에 다음 각 호의 행위로 취득하거나 제공한 금전 또는 재산상 이득(금전이 아닌 재산상 이득의 경우에는 금전으로 환산한 금액을 말한다)의 5배 내의 징계부가금 부과 의결을 징계위원회에 요구하여야 한다.
   1호. 금전, 물품, 부동산, 향응 또는 그 밖에 대통령령으로 정하는 재산상 이익을 취득하거나 제공한 경우
   2호. 예산 및 기금, 국고금과 보조금, 국유재산과 물품, 공유재산과 물품 등에 해당하는 것을 횡령(橫領), 배임(背任), 절도, 사기 또는 유용(流用)한 경우

3. 징계의 효과와 징계 시효

(1) 파면의 효과 <19 채용, 20 승진>

① 파면된 자는 신분이 박탈된다.
② 파면을 당한 자는 경찰공무원으로 채용이 될 수 없다(임용결격사유, 「경찰공무원법」 제8조 제10호). 또한, 앞으로 5년간 공무원으로 임용이 될 수 없다(「국가공무원법」 제33조 제7호).
③ 공무원이거나 공무원이었던 사람이 탄핵 또는 징계에 의하여 파면된 경우에는 대통령령으로 정하는 바에 따라 퇴직급여 및 퇴직수당의 일부를 줄여 지급한다. 이 경우 퇴직급여액은 이미 낸 기여금의 총액에 「민법」 제379조에 따른 이자를 가산한 금액 이하로 줄일 수 없다(공무원연금법 제65조 제1항 제2호).
④ 공무원 또는 공무원이었던 사람이 징계에 의하여 파면된 경우에는 다음 각 호의 구분에 따라 퇴직급여 및 퇴직수당을 감액한 후 지급한다(공무원연금법 시행령 제61조 형벌 등에 따른 퇴직급여 및 퇴직수당의 감액 제1항 제1호).
   1호. 재직기간이 5년 미만인 사람의 퇴직급여 : 그 금액의 4분의 1
   2호. 재직기간이 5년 이상인 사람의 퇴직급여 : 그 금액의 2분의 1
   3호. 퇴직수당 : 그 금액의 2분의 1

(2) 해임의 효과 <23 채용>

① 해임된 자는 신분이 박탈된다.
② **해임을 당한 자는 경찰공무원으로 채용이 될 수 없다**(임용결격사유, 경찰공무원법 제8조 제10호). 또한, 앞으로 3년간 공무원으로 임용이 될 수 없다(국가공무원법 제33조 제8호).
③ 해임된 자에 대한 퇴직급여는 전액 지급하는 것이 원칙이다. 다시 말해, 해임된 자는 원칙적으로 「공무원연금법」상 급여의 제한을 받지 아니한다.
④ 다만, 공무원이거나 공무원이었던 사람이 금품 및 향응 수수, 공금의 횡령·유용으로 징계에 의하여 해임된 경우에는 대통령령으로 정하는 바에 따라 퇴직급여 및 퇴직수당의 일부를 줄여 지급한다. 이 경우 퇴직급여액은 이미 낸 기여금의 총액에 「민법」 제379조에 따른 이자를 가산한 금액 이하로 줄일 수 없다(공무원연금법 제65조 제1항 제3호).
⑤ 공무원 또는 공무원이었던 사람이 금품 및 향응 수수, 공금의 횡령·유용으로 징계에 의하여 해임된 경우에는 다음 각 호의 구분에 따라 퇴직급여 및 퇴직수당을 감액한 후 지급한다(공무원연금법 시행령 제61조 형벌 등에 따른 퇴직급여 및 퇴직수당의 감액 제1항 제2호).
   1호. 재직기간이 5년 미만인 사람의 퇴직급여 : 8분의 1
   2호. 재직기간이 5년 이상인 사람의 퇴직급여 : 4분의 1
   3호. 퇴직수당 : 4분의 1

(3) 강등의 효과 <15 채용, 15 승진>

① 강등은 해임과 정직 사이에 징계효력의 차이가 커서 효과적인 징계목적을 달성하기 어렵기 때문에 새로 도입한 징계절차이다.
② 강등은 1계급 아래로 직급을 내리고(고위공무원단에 속하는 공무원은 3급으로 임용하고, 연구관 및 지도관은 연구사 및 지도사로 한다) 공무원신분은 보유하나 3개월간 직무에 종사하지 못하며 그 기간 중 보수는 전액을 감한다(국가공무원법 제80조 제1항).

(4) 정직의 효과 ^(15·21 채용)

정직은 1개월 이상 3개월 이하의 기간으로 하고, 정직 처분을 받은 자는 그 기간 중 공무원의 신분은 보유하나 직무에 종사하지 못하며 보수는 전액을 감한다(국가공무원법 제80조 제3항).

(5) 감봉과 견책의 효과 ※ 경징계 ^(15 채용, 15 승진)

① 감봉(국가공무원법 제80조 제4항) : 감봉은 1개월 이상 3개월 이하의 기간 동안 보수의 3분의 1을 감한다.
② 견책(국가공무원법 제80조 제5항) : 견책(譴責)은 전과(前過)에 대하여 훈계하고 회개하게 한다.

(6) 징계처분에 따른 승진임용의 제한 ^(19 채용)

① 다음 각 호의 어느 하나에 해당하는 경찰공무원은 승진임용을 할 수 없다(경찰공무원 승진임용 규정 제6조).
　1호. 징계의결요구·징계처분·직위해제·휴직 또는 시보임용 기간 중에 있는 자
　2호. 징계처분의 집행이 끝난 날부터 다음 각 목의 구분에 따른 기간이 지나지 않은 자
　　가목. 강등·정직 : 18개월
　　나목. 감봉 : 12개월
　　다목. 견책 : 6개월
　3호. 금품 및 향응 수수, 공금의 횡령·유용에 따른 징계처분과 소극행정, 음주운전(음주측정에 응하지 않은 경우를 포함한다), 성폭력, 성희롱 및 성매매에 따른 징계처분의 경우에는 위 2호의 기간에 각각 6월을 더한 기간이 지나지 않은 자
　　※ 소극행정 : 공무원이 부작위 또는 직무태만 등 소극적 업무행태로 국민의 권익을 침해하거나 국가 재정상 손실을 발생하게 하는 행위(적극행정 운영규정 제2조 제2호)

강등	㉠ 정직 3개월과 추가로 18개월(승진임용제한 기간)이 승진소요 최저근무연수에서 제외 ㉡ 정직 3개월 종료 후 18개월 동안 승진과 호봉승급 제한
정직	㉠ 정직 기간과 추가로 18개월(승진임용제한 기간)이 승진소요 최저근무연수에서 제외 ㉡ 정직기간 종료 후 18개월 동안 승진과 호봉승급 제한
감봉	㉠ 감봉 기간과 추가로 12개월(승진임용제한 기간)이 승진소요 최저근무연수에서 제외 ㉡ 감봉기간 종료 후 12개월 동안 승진과 호봉승급 제한
견책	㉠ 6개월(승진임용제한 기간)이 승진소요 최저근무연수에서 제외 ㉡ 6개월간 승진과 호봉승급 제한

② 승진 후보자 명부 제외 ^(19·22 채용, 15 승진)

심사승진 후보자 명부에서 제외 (경찰공무원 승진임용 규정 제24조 제3항)	임용권자나 임용제청권자는 승진후보자 명부에 기록된 사람이 승진임용되기 전에 정직 이상의 징계처분을 받은 경우에는 승진후보자 명부에서 그 사람을 제외하여야 한다.
시험승진 후보자 명부에서 제외 (경찰공무원 승진임용 규정 제36조 제3항)	

③ 시험승진후보자명부에서의 삭제행위는 결국 그 명부에 등재된 자에 대한 승진 여부를 결정하기 위한 행정청 내부의 준비과정에 불과하고, 그 자체가 어떠한 권리나 의무를 설정하거나 법률상 이익에 직접적인 변동을 초래하는 별도의 행정처분이 된다고 할 수 없다(대법원 1997.11.14. 97누7325).

사례 적용	① 「경찰공무원 승진임용 규정」 제6조 제1항 제2호에 따르면 소극행정으로 감봉에 해당하는 징계처분을 받은 경찰공무원은 징계처분의 집행이 끝난 날부터 18개월이 지나지 아니하면 심사승진임용될 수 없다(○). 감봉 징계처분의 집행이 끝난 날부터 12개월 기간, 소극행정에 따른 징계처분의 경우에 6월을 더한 기간이 되어 18개월의 기간이 맞다. ② 위법·부당한 처분과 직접적 관계없이 50만 원의 향응을 받아 감봉 1개월의 징계처분을 받은 경감 丁이 그 징계처분을 받은 후 해당 계급에서 경찰청장 표창을 받은 경우(그 외 일체의 포상을 받은 사실 없음)에는 징계처분의 집행이 끝난 날부터 18개월이 지나면 승진임용될 수 있다(○). 감봉 징계처분의 집행이 끝난 날부터 12개월 기간, 금품 및 향응 수수에 따른 징계처분의 경우에 6월을 더한 기간이 되어 18개월의 기간이 맞다. 경감 계급이 경찰청장 표창을 받은 경우 징계 감경의 사유가 될 수 있으나, 징계처분을 받은 후에 표창을 받았으므로 고려하지 않는다. ③ ○○지구대에 근무하는 순경 甲이 승진후보자명부에 등재된 후 경장으로 승진임용되기 전에 정직 3개월의 징계처분을 받아 임용권자가 순경 甲을 승진후보자명부에서 삭제함으로써 순경 甲이 승진임용의 대상에서 제외되었다면, 임용권자의 승진후보자명부에서의 삭제 행위 그 자체는 행정처분에 해당한다(×).

(7) **징계 및 징계부가금 부과 사유의 시효**(국가공무원법 제83조의2) <15 승진>

징계의결등의 요구는 징계 등 사유가 발생한 날부터 다음의 구분에 따른 기간이 지나면 하지 못한다(국가공무원법 제83조의2).

10년	징계 등 사유가 다음 각 목의 어느 하나에 해당하는 경우 가목. 「성매매알선 등 행위의 처벌에 관한 법률」 제4조에 따른 금지행위 나목. 「성폭력범죄의 처벌 등에 관한 특례법」 제2조에 따른 성폭력범죄 다목. 「아동·청소년의 성보호에 관한 법률」 제2조 제2호에 따른 아동·청소년대상 성범죄 라목. 「양성평등기본법」 제3조 제2호에 따른 성희롱
5년	징계 등 사유가 제78조의2 제1항 각 호(재산상 이익 취득·제공, 공금에 대한 횡령·배임·절도·사기·유용)의 어느 하나에 해당하는 경우
3년	그 밖의 징계 등 사유에 해당하는 경우

2 징계의 절차

1. 징계 절차 개관 <16 채용>

(1) **경징계**

소속 기관의 장	관할 징계위원회	소속 기관의 장
징계의결 요구	징계의결	징계처분 및 집행

(2) **중징계**

소속기관의 장	관할 징계위원회	소속기관의 장	임용권자
징계의결 요구	징계의결	임용권자에게 징계처분 제청	징계처분 및 집행

2. 징계 절차 (15·17·21·23 채용, 23 경채, 17·18·23 승진)

징계등 의결의 요구 (경찰공무원 징계령 제9조)	① 경찰기관의 장(징계의결 요구권자)은 소속 경찰공무원이 다음 각 호의 어느 하나에 해당할 때에는 지체 없이 관할 징계위원회를 구성하여 징계등 의결을 요구하여야 한다(제1항). 1호. 「국가공무원법」 제78조 제1항 제1호부터 제3호까지(징계사유)의 어느 하나에 해당하는 사유(이하 "징계 사유"라 한다)가 있다고 인정할 때 2호. 제2항에 따른 징계등 의결 요구 신청을 받았을 때 ② 경찰기관의 장은 그 소속 경찰공무원에 대한 징계등 사건이 상급 경찰기관에 설치된 징계위원회의 관할에 속한 경우에는 **그 상급 경찰기관의 장에게 징계등 의결의 요구를 신청하여야 한다**(제2항). ③ 징계 의결 요구서(징계부가금 부과 의결 요구서)와 확인서를 제출한다.
징계등 사건의 통지(제10조)	① 경찰기관의 장은 그 소속이 아닌 경찰공무원에게 징계 사유가 있다고 인정될 때에는 해당 경찰기관의 장에게 그 사실을 증명할만한 충분한 사유를 명확히 밝혀 통지하여야 한다. ② 제1항에 따라 징계 사유를 통지받은 경찰기관의 장은 (징계를 하지 않을) 타당한 이유가 없으면 통지를 받은 날부터 30일 이내에 제9조에 따라 관할 징계위원회에 징계 등 의결을 요구하거나 그 상급 경찰기관의 장에게 징계등 의결의 요구를 신청하여야 한다.
징계등 의결 기한 (경찰공무원 징계령 제11조)	① 징계등 의결 요구를 받은 징계위원회는 그 요구서를 받은 날부터 30일(60일×) 이내에 징계등에 관한 의결을 하여야 한다. 다만, **부득이한 사유가 있을 때에는 해당 징계등 의결을 요구한 경찰기관의 장의 승인**(징계심의대상자의 동의×)**을 받아 30일 이내의 범위에서 그 기한을 연기할 수 있다**(제1항). ② 징계 처분은 징계위원회의 의결을 거쳐야 한다.
징계등 심의 대상자의 출석(제12조)	① 징계위원회가 징계등 심의 대상자의 출석을 요구할 때에는 **출석통지서로 하되, 징계위원회 개최일 5일(3일×) 전까지 징계등 심의 대상자에게 도달되도록 하여야 한다.** ② 징계위원회는 징계 등 심의 대상자가 그 징계위원회에 출석하여 진술하기를 원하지 아니할 때에는 진술권 포기서를 제출하게 하여 이를 기록에 첨부하고 서면심사로 징계등 의결을 할 수 있다. ③ **징계위원회는 출석 통지를 하였음에도 불구하고 징계등 심의 대상자가 정당한 사유 없이 출석하지 아니하였을 때에는 그 사실을 기록에 분명히 적고 서면심사로 징계등 의결을 할 수 있다. 다만, 징계등 심의 대상자의 소재가 분명하지 아니할 때에는 출석 통지를 관보에 게재하고, 그 게재일부터 10일이 지나면 출석 통지가 송달된 것으로 보며,** 징계등 의결을 할 때에는 관보 게재의 사유와 그 사실을 기록에 분명히 적어야 한다.
심문과 진술권 (제13조)	① 징계위원회는 제12조 제1항에 따라 출석한 징계등 심의 대상자에게 징계사유에 해당하는 사실에 관한 심문을 하고 심사를 위하여 필요하다고 인정될 때에는 관계인을 출석하게 하여 심문할 수 있다. ② 징계위원회는 징계등 심의 대상자에게 진술을 할 수 있는 기회를 충분히 주어야 하며, 징계등 심의 대상자는 별지 제2호의2 서식의 의견서 또는 말로 자기에게 이익이 되는 사실을 진술하거나 증거를 제출할 수 있다. ③ 징계등 심의 대상자는 증인의 심문을 신청할 수 있다. 이 경우 징계위원회는 의결로써 (징계위원회의 위원장×) 그 채택 여부를 결정하여야 한다. ④ 징계등 의결을 요구한 자 또는 징계등 의결의 요구를 신청한 자는 필요하다고 인정할 때에는 징계위원회에 서면을 제출하거나 출석하여 의견을 진술할 수 있다. 다만, **중징계나 중징계 관련 징계부가금 요구사건의 경우에는 특별한 사유가 없는 한 징계위원회에 출석하여 의견을 진술해야 한다.** ⑤ 징계위원회는 필요하다고 인정할 때에는 사실 조사를 하거나 특별한 학식·경험이 있는 사람에게 검증 또는 감정을 의뢰할 수 있다.

징계위원회의 의결(경찰공무원 징계령 제14조)	① 징계위원회의 의결은 위원장을 포함한 위원 과반수의 출석과 출석위원 과반수(3분의 2×)의 찬성으로 의결하되, 의견이 나뉘어 출석위원 과반수의 찬성을 얻지 못한 경우에는 출석위원 과반수가 될 때까지 징계등 심의 대상자에게 가장 불리한 의견을 제시한 위원의 수를 그 다음으로 불리한 의견을 제시한 위원의 수에 차례로 더하여 그 의견을 합의된 의견으로 본다. ② 제1항의 의결은 별지 제3호 서식의 징계 또는 징계부가금 의결서(이하 "의결서"라 한다)로 한다. 이 경우 의결서의 이유란에는 다음 각 호의 사항을 구체적으로 적어야 한다. ③ 징계위원회의 의결 내용은 공개하지 아니한다.
원격영상회의 방식의 활용 (제14조의2 제1항)	징계위원회는 위원과 징계등 심의 대상자, 징계등 의결을 요구하거나 요구를 신청한 자, 증인, 관계인 등 이 영에 따라 회의에 출석하는 사람(이하 이 항에서 "출석자"라 한다)이 동영상과 음성이 동시에 송수신되는 장치가 갖추어진 서로 다른 장소에 출석하여 진행하는 원격영상회의 방식으로 심의·의결할 수 있다. 이 경우 징계위원회의 위원 및 출석자가 같은 회의장에 출석한 것으로 본다.

3. 징계의 기준과 감경

(1) 징계등의 정도(경찰공무원 징계령 제16조) (17 채용)

징계위원회는 징계등 사건을 의결할 때에는 **징계등 심의 대상자의 비위행위 당시 계급 및 직위, 비위행위가 공직 내외에 미치는 영향, 평소 행실, 공적(功績), 뉘우치는 정도나 그 밖의 정상과 징계등 의결을 요구한 자의 의견을 고려해야 한다**(할 수 있다×).

(2) 행위자의 징계양정 기준[경찰공무원 징계령 세부시행규칙(경찰청예규) 제4조] (19·20·25 승진)

① 징계의결요구권자 또는 징계위원회는 행위자에 대한 의무위반행위의 유형·정도, 과실의 경중, 행위 당시 계급 및 직위, 비위행위가 공직 내외에 미치는 영향, 수사 중 경찰공무원 신분을 감추거나 속인 정황, 평소 행실, 공적, 뉘우치는 정도, 규제개혁 및 국정과제 등 관련 업무 처리의 적극성 또는 그 밖의 정상을 참작하여 징계양정기준에 따라 징계의결 요구 또는 징계의결하여야 한다. 단, 징계의결요구권자는 공금횡령·유용 및 업무상 배임의 금액이 300만 원 이상일 경우에는 중징계 의결을 요구하여야 한다.

② 징계요구권자 또는 징계위원회는 다음 각 호의 어느 하나에 해당하는 사유가 있을 때에는 징계책임을 감경하여 징계의결 요구 또는 징계의결하거나 징계책임을 묻지 아니할 수 있다.

1호. 과실로 인하여 발생한 의무위반행위가 다른 법령에 의해 처벌사유가 되지 않고 비난가능성이 없는 때

2호. 국가 또는 공공의 이익을 증진하기 위해 성실하고 능동적으로 업무를 처리하는 과정에서 부분적인 절차상 하자 또는 비효율, 손실 등의 잘못이 발생한 때

※ "적극행정"이란, 경찰청 및 그 소속기관의 공무원 또는 산하단체의 임·직원(이하 "경찰청 소속 공무원 등"이라 한다)이 국가 또는 공공의 이익을 증진하기 위해 성실하고 능동적으로 업무를 처리하는 행위를 말한다[경찰청 적극행정 면책제도 운영규정(경찰청 훈령) 제2조 제1호].

3호. **업무매뉴얼에 규정된 직무상의 절차를 충실히 이행한 때**

4호. 의무위반행위의 발생을 방지하기 위해 최선을 다하였으나 부득이한 사유로 결과가 발생하였을 때

5호. 발생한 의무위반행위에 대하여 자진신고하거나 사후조치에 최선을 다하여 원상회복에 크게 기여한 때
6호. 간첩 또는 사회이목을 집중시킨 중요사건의 범인을 검거한 공로가 있을 때
7호. 제8조 제3항에 따른 감경 제외 대상이 아닌 의무위반행위 중 직무와 관련이 없는 사고로 인한 의무위반행위로서 사회통념에 비추어 공무원의 품위를 손상하지 아니한 때

(3) 감독자에 대한 문책기준(세부시행규칙 제5조) <15·20·25 승진>

① 같은 사건에 관련된 행위자와 감독자에 대해서는 업무의 성질 및 업무와의 관련 정도 등을 참작하여 별표 4의 행위자와 감독자에 대한 문책기준에 따라 징계의결등을 하여야 한다.
② 징계요구권자 또는 징계위원회는 감독자에게 다음 각 호의 어느 하나에 해당하는 사유가 있을 때에는 징계책임을 감경하여 징계의결 요구 또는 징계의결하거나 징계책임을 묻지 아니할 수 있다.
   1호. **부하직원의 의무위반행위를 사전에 발견하여 적법 타당하게 조치한 때**
   2호. 부하직원의 의무위반행위가 감독자 또는 행위자의 비번일, 휴가기간, 교육기간 등에 발생하거나, 소관업무와 직접 관련 없는 등 감독자의 실질적 감독범위를 벗어났다고 인정된 때
   3호. **부임기간이 1개월(1년×) 미만으로 부하직원에 대한 실질적인 감독이 곤란하다고 인정된 때**
   4호. 교정이 불가능하다고 판단된 부하직원의 사유를 명시하여 인사상 조치(전출 등)를 상신하는 등 성실히 관리한 이후에 같은 부하직원이 의무위반행위를 야기하였을 때
   5호. **기타 부하직원에 대하여 평소 철저한 교양감독 등 감독자로서의 임무를 성실히 수행하였다고 인정된 때**

(4) 징계의 감경(세부시행규칙 제8조) <22 채용, 25 승진>

① 징계위원회는 징계의결이 요구된 자가 다음 각 호의 어느 하나에 해당하는 **공적이 있는 경우 별표 9에 따라 징계를 감경할 수 있다.**
   1호. 「상훈법」에 따라 훈장 또는 포장을 받은 공적
   2호. 「정부표창규정」에 따라 **국무총리 이상의 표창을 받은 공적**. 다만, **경감**(경정×) 이하의 경찰공무원등은 경찰청장 또는 중앙행정기관 차관급 이상 표창을 받은 공적
   3호. 「모범공무원규정」에 따라 모범공무원으로 선발된 공적
② 경찰공무원등이 징계처분 또는 징계위원회의 권고에 의한 경고를 받은 사실이 있는 경우에는 그 징계처분 또는 경고처분 전의 공적은 제1항에 따른 감경대상 공적에서 제외한다.

4. 적극행정에 대한 면책, 징계 등 면제

(1) 적극행정 관련 법령 <23 채용, 23 승진>

① 자체감사를 받는 사람이 불합리한 규제의 개선 등 공공의 이익을 위하여 업무를 적극적으로 처리한 결과에 대하여 그의 행위에 **고의나 중대한 과실이 없는 경우에는 이 법에 따른 징계 요구 또는 문책 요구 등 책임을 묻지 아니한다**(공공감사에 관한 법률 제23조의2 제1항).
② "**적극행정**"이란 공무원이 불합리한 규제를 개선하는 등 공공의 이익을 위해 **창의성과 전문성**(신속성×)을 바탕으로 적극적으로 업무를 처리하는 행위를 말한다(적극행정 운영규정 제2조 제1호).

③ 공무원이 적극행정을 추진한 결과에 대해 그의 행위에 **고의 또는 중대한 과실이 없는 경우**에는 **징계 관련 법령에 따라 징계의결 또는 징계부가금 부과의결**(이하 "징계의결등"이라 한다)을 하지 **않는다**(적극행정 운영규정 제17조 징계 등 면제 제1항).

④ **징계위원회는 고의 또는 중과실에 의하지 않은 비위**로서 다음 각 호의 어느 하나에 해당되는 경우에는 징계의결 또는 징계부가금 부과 의결(이하 "징계의결등"이라 한다)을 하지 아니한다(공무원 징계령 시행규칙 제3조의2 제1항).

　1호. 불합리한 규제의 개선 등 공공의 이익을 위한 정책, 국가적으로 이익이 되고 국민생활에 편익을 주는 정책 또는 소관 법령의 입법목적을 달성하기 위하여 필수적인 정책 등을 수립·집행하거나, 정책목표의 달성을 위하여 업무처리 절차·방식을 창의적으로 개선하는 등 **성실하고 능동적으로 업무를 처리하는 과정에서 발생한 것으로 인정되는 경우**

　2호. 국가의 이익이나 국민생활에 큰 피해가 예견되어 이를 방지하기 위하여 정책을 적극적으로 수립·집행하는 과정에서 발생한 것으로서 정책을 수립·집행할 당시의 여건 또는 그 밖의 사회통념에 비추어 적법하게 처리될 것이라고 기대하기가 극히 곤란했던 것으로 인정되는 경우

⑤ 징계위원회는 징계등 혐의자가 다음 각 호의 사항에 모두 해당되는 경우에는 해당 비위가 **고의 또는 중과실에 의하지 않은 것으로 추정한다**(공무원 징계령 시행규칙 제3조의2 제2항).

　1호. 징계등 혐의자와 비위 관련 직무 사이에 **사적인 이해관계가 없을 것**

　2호. 대상 업무를 처리하면서 **중대한 절차상의 하자가 없었을 것**

(2) 경찰청 적극행정 면책제도 운영규정(경찰청 훈령) (23·25 채용, 23·24·25 승진, 24 경위)

① **"적극행정"이란**, 경찰청 및 그 소속기관의 공무원 또는 산하단체의 임·직원(이하 "경찰청 소속 공무원 등"이라 한다)이 국가 또는 공공의 이익을 증진하기 위해 성실하고 능동적으로 업무를 처리하는 행위를 말한다(제2조 제1호).

② **"면책"이란**, 적극행정 과정에서 발생한 부분적인 절차상 하자 또는 비효율, 손실 등과 관련하여 그 업무를 처리한 경찰청 소속 공무원 등에 대하여 다음 각 목의 어느 하나에 해당하는 책임을 묻지 않거나 감면하는 것을 말한다.

　가. 「**경찰청 감사규칙**」 제10조 제1호부터 제3호까지 및 제6호

　　※ 경찰청 감사규칙 제10조 중에서 제1호(징계 또는 문책 요구), 제2호(시정 요구), 제3호(경고·주의 요구), 제6호(통보)는 모두 위법 또는 부당하다고 인정되는 사실이 있는 경우로서 면책의 대상이 될 수 있다.

　나. 「경찰공무원 징계령」에 따른 징계 및 징계부가금

③ 이 규정에 의한 면책은 경찰청 및 그 소속기관의 공무원 또는 산하단체의 임·직원 등에게 적용된다(제4조 면책 대상자).

④ 자체 감사를 받는 사람이 적극행정면책을 받기 위해서는 다음 각 호의 요건을 모두 갖추어야 한다(제5조 적극행정 면책요건 제1항).

　1호. 감사를 받는 사람의 업무처리가 불합리한 규제의 개선, 공익사업의 추진 등 공공의 이익을 위한 것일 것

　2호. 감사를 받는 사람이 대상 업무를 적극적으로 처리한 결과일 것

　3호. 감사를 받는 사람의 행위에 고의나 중대한 과실이 없을 것

⑤ 자체감사를 받는 사람이 다음 각 호의 요건을 모두 갖추어 업무를 처리한 것으로 인정되는 경우에는 그 행위에 **고의나 중대한 과실이 없는 경우에 해당하는 것으로 추정한다**(제5조 제2항).
  1호. 자체감사를 받는 사람과 대상 업무 사이에 **사적인 이해관계가 없을 것**
  2호. 대상 업무를 처리하면서 **중대한 절차상의 하자가 없었을 것**
⑥ 적극행정 면책요건에도 불구하고 업무처리과정에서 기본적으로 지켜야 할 의무를 다하지 않았거나 다음 각 호에 해당하는 경우에는 **면책대상에서 제외한다**(제6조).
  1호. 금품을 수수한 경우
  2호. 고의·중과실, 무사안일 및 업무태만의 경우
  3호. **자의적인 법 해석 및 집행으로 법령의 본질적인 사항을 위반한 경우**
  4호. 위법·부당한 민원을 수용한 특혜성 업무처리를 한 경우
  5호. 그 밖에 위 각 호에 준하는 위법·부당한 행위를 한 경우

(3) 사전컨설팅과 징계 등 면책 ⟨25 채용, 24·25 경위⟩

적극행정 운영규정	① 자체감사 대상기관의 장은 소속 공무원이 인가·허가·등록·신고 등과 관련한 규제나 불명확한 법령 등으로 인해 업무를 적극적으로 추진하기 곤란한 경우에는 **감사기구의 장에게 해당 업무의 처리 방향 등에 관한 의견의 제시("사전컨설팅"이라 한다)를 요청할 수 있다**(적극행정 운영규정 제5조 제1항). ② **공무원이 사전컨설팅 의견대로 업무를 처리한 경우에는 징계 관계 법령에 따라 징계의결등을 하지 않는다.** 다만, 공무원과 대상 업무 사이에 사적인 이해관계가 있거나 감사원이나 감사기구의 장이 사전컨설팅을 하는 데 필요한 정보를 충분히 제공하지 않은 경우에는 그렇지 않다(적극행정 운영규정 제17조 제2항).
공무원 징계령 시행규칙	① 징계등 혐의자가 감사원이나 「공공감사에 관한 법률」 제2조 제5호에 따른 자체감사기구(이하 "자체감사기구"라 한다)로부터 사전에 받은 의견대로 업무를 처리한 경우에는 징계의결 등을 하지 않는다. 다만, 대상 업무와 징계등 혐의자 사이에 사적인 이해관계가 있거나 감사원이나 자체감사기구가 의견을 제시하는데 필요한 정보를 충분히 제공하지 않은 경우에는 그렇지 않다(공무원 징계령 시행규칙 제3조의2 제3항). ② 징계등 혐의자가 「적극행정 운영규정」 제13조에 따라 같은 영 제11조에 따른 적극행정위원회(이하 "적극행정위원회"라 한다)가 제시한 의견대로 업무를 처리한 경우에는 징계의결을 하지 않는다. 다만, 대상 업무와 징계등 혐의자 사이에 사적인 이해관계가 있거나 적극행정위원회가 심의하는 데 필요한 정보를 충분히 제공하지 않은 경우에는 그렇지 않다(공무원 징계령 시행규칙 제3조의2 제4항).

경찰청
적극행정
면책제도
운영규정
	① **"사전컨설팅 감사"**란 불합리한 제도 등으로 인해 적극적인 업무 수행이 어려운 경우, 해당 업무의 수행에 앞서 업무 처리 방향 등에 대하여 미리 감사의견을 듣고 이를 업무처리에 반영하여 적극행정을 추진하는 것을 말한다(제2조 제4호).
	② **"사전컨설팅 대상 기관 및 대상 부서의 장"**이란 각 시·도경찰청장, 부속기관의 장, 산하 공직유관단체의 장 및 경찰청 관·국의 장을 말한다(제2조 제5호). 경찰청장(×)
	③ 사전컨설팅 대상 기관등의 장은 다음 각 호의 어느 하나에 해당하는 업무를 수행하기 전에 감사관에게 사전컨설팅 감사를 신청할 수 있다(제15조 제1항).
	  1호. 인가·허가·승인 등 규제관련 업무
	  2호. **법령·행정규칙 등의 해석에 대한 이견 등으로 인하여 능동적인 업무처리가 곤란한 경우**
	  3호. 그 밖에 적극행정 추진을 위해 감사관이 필요하다고 인정하는 경우

경찰청 적극행정 면책제도 운영규정	④ 행정심판, 소송, 수사 또는 타 기관에서 감사 중인 사항, 타 법령에서 정하고 있는 재심의 절차를 거친 사항 등은 사전컨설팅 감사 대상에서 제외한다(제15조 제2항). ⑤ 감사관은 사전컨설팅 감사 접수일로부터 30일 이내에 별지 제7호 서식에 따른 사전컨설팅 감사 의견서를 작성하여 신청서를 제출한 사전컨설팅 대상 기관등의 장에게 통보하여야 한다. 다만, 사안이 복잡하거나 신중한 처리 등을 위하여 필요한 경우 그 사유를 소명하여 기간을 연장할 수 있다(제19조 제1항). ⑥ 제1항에 따라 사전컨설팅 감사 의견서를 통보받은 사전컨설팅 대상 기관등의 장은 특별한 사정이 없으면 사전컨설팅 감사 의견을 반영하여 해당 업무를 처리하여야 한다(제19조 제2항). ⑦ 감사관은 제19조 제2항에 따라 **사전컨설팅 감사 의견을 반영하여 적극행정을 추진한 결과에 대하여 자체감사규정에 따른 감사 시 책임을 묻지 아니한다**(제20조 제1항). ⑧ 사전컨설팅 감사는 **서면감사를 원칙으로 하되, 현지 확인 등 실지감사를 함께 할 수 있다.**

(4) 소극행정과 신고 ⟨23 채용, 24 승진⟩

① "**소극행정**"이란 공무원이 부작위 또는 직무태만 등 소극적 업무행태로 국민의 권익을 침해하거나 국가 재정상 손실을 발생하게 하는 행위를 말한다(적극행정 운영규정 제2조 제2호).
② 누구든지 공무원의 소극행정을 소속 중앙행정기관의 장이나 국민권익위원회 소극행정 신고센터에 신고할 수 있다(적극행정 운영규정 제18조의3 소극행정 신고 제1항).
③ 중앙행정기관의 장은 제1항에 따른 신고의 내용에 상당한 이유가 있다고 인정되는 경우에는 사실관계 확인을 위한 조사를 하여 신속한 업무처리를 하는 등 적절한 조치를 하고, 그 처리결과를 신고인에게 알려야 한다(적극행정 운영규정 제18조의3 제2항).
④ 국민권익위원회는 중앙행정기관 소속 공무원의 소극행정 예방 및 근절을 위해 소극행정 신고센터를 운영하고, 중앙행정기관의 장에게 제1항에 따른 신고사항에 대해 직절한 조치를 하도록 권고할 수 있다(적극행정 운영규정 제18조의3 제3항).
⑤ 소극행정의 유형
   ⊙ **적당편의** : 문제해결을 위해 노력하지 않고, 적당히 형식만 갖추어 부실하게 처리하는 행태
   ⊙ **업무해태** : 합리적인 이유 없이 주어진 업무를 게을리하여 수행하지 않는 행태
   ⊙ **탁상행정** : 법령이나 지침 등의 변화에도 불구하고 과거 규정에 따라 업무를 처리하거나, 기존의 불합리한 업무관행을 그대로 답습하는 행태
   ⊙ **기타 관 중심 행정** : 직무권한을 이용하여 부당하게 업무를 처리하거나, 국민 편익을 위해서가 아닌 자신과 소속 기관의 이익을 위해 자의적으로 처리하는 행태

3 징계위원회와 징계처분

1. 징계위원회의 종류와 관할 ⟨15·16·17·21·22 채용, 17·23 경위⟩

(1) 징계위원회의 종류

경무관 이상	국무총리 소속 징계위원회
총경, 경정	경찰공무원 중앙징계위원회
경감 이하	경찰공무원 보통징계위원회

(2) 국무총리 소속 징계위원회(경찰공무원법 제32조)
① 경무관 이상의 경찰공무원에 대한 징계의결은 「국가공무원법」에 따라 국무총리 소속으로 설치된 징계위원회에서 한다(제1항).
② 중앙징계위원회는 위원장 1명을 포함하여 17명 이상 33명 이하의 공무원위원과 민간위원으로 구성한다. 이 경우 민간위원의 수는 위원장을 제외한 위원 수의 2분의 1 이상이어야 한다(공무원 징계령 제4조 제1항).

(3) 경찰공무원징계위원회 설치(경찰공무원법 제32조)
① 총경 이하의 경찰공무원에 대한 징계의결을 하기 위하여 대통령령으로 정하는 경찰기관 및 해양경찰관서에 경찰공무원 징계위원회를 둔다(제2항).
② 경찰공무원징계위원회는 경찰공무원중앙징계위원회(이하 "중앙징계위원회"라 한다)와 경찰공무원보통징계위원회(이하 "보통징계위원회"라 한다)로 구분한다(경찰공무원 징계령 제3조 제1항).
③ 중앙징계위원회는 경찰청 및 해양경찰청에 두고, 보통징계위원회는 경찰청, 해양경찰청, 시·도경찰청, 지방해양경찰청, 경찰대학, 경찰인재개발원, 중앙경찰학교, 경찰수사연수원, 해양경찰인재개발원, 경찰병원, 경찰서, 경찰기동대, 의무경찰대, 해양경찰서, 해양경찰정비창, 경비함정 및 경찰청장 또는 해양경찰청장이 지정하는 경감 이상의 경찰공무원을 장으로 하는 기관(이하 "경찰기관"이라 한다)에 둔다(경찰공무원 징계령 제3조 제2항).

(4) 경찰공무원징계위원회 관할(경찰공무원 징계령 제4조)
① 중앙징계위원회는 총경 및 경정에 대한 징계 또는 「국가공무원법」 제78조의2에 따른 징계부가금 부과(이하 "징계등"이라 한다) 사건을 심의·의결한다.
② 보통징계위원회는 해당 징계위원회가 설치된 경찰기관 소속 경감 이하의 경찰공무원에 대한 징계사건을 심의·의결한다. 다만, 다음 각 호의 기관에 설치된 보통징계위원회는 각 호의 구분에 따른 경찰공무원에 대한 징계등 사건을 심의·의결한다.
1호. 경정 이상의 경찰공무원을 장으로 하는 경찰서, 경찰기동대·해양경찰서 등 총경 이상의 경찰공무원을 장으로 하는 경찰기관 및 정비창 : **소속 경위 이하의 경찰공무원**
2호. 의무경찰대 및 경비함정 등 경찰청장 또는 해양경찰청장이 지정하는 경감 이상의 경찰공무원을 장으로 하는 경찰기관 : 소속 경사 이하의 경찰공무원
③ 경찰청 및 해양경찰청에 설치된 보통징계위원회는 제2항에도 불구하고 경찰청장 또는 해양경찰청장이 징계등 의결을 요구하는 경찰공무원에 대한 징계등 사건을 심의·의결한다.
④ 제2항 단서 또는 제6조 제2항 단서에 따라 해당 보통징계위원회의 징계 관할에서 제외되는 경찰공무원의 징계등 사건은 바로 위 상급 경찰기관에 설치된 보통징계위원회에서 심의·의결한다.

(5) 징계위원회 정리

종류	설치	관할
국무총리 소속 징계위원회	국무총리 소속(위원장 1명 포함 17명 이상 33명 이하)	경무관 이상
경찰공무원 중앙징계위원회	경찰청(위원장 1명 포함 11명 이상 51명 이하, 보통징계위원회도 같음)	총경 및 경정
경찰공무원 보통징계위원회	경찰청, 시·도경찰청, 경찰대학, 경찰인재개발원, 중앙경찰학교, 경찰수사연수원, 경찰병원	경감 이하
	경정 서장 이상이 경찰서, 경찰기동대 등 총경 이상을 장으로 하는 경찰기관	경위 이하
	경찰청장이 지정하는 경감 이상의 경찰공무원을 장으로 하는 경찰기관	경사 이하

(6) 관련 사건의 관할(경찰공무원 징계령 제5조)

① 상위 계급과 하위 계급의 경찰공무원이 관련된 징계등 사건은 제4조에도 불구하고 상위 계급의 경찰공무원을 관할하는 징계위원회에서 심의·의결하고, 상급 경찰기관과 하급 경찰기관에 소속된 경찰공무원이 관련된 징계등 사건은 상급 경찰기관에 설치된 징계위원회에서 심의·의결한다. 다만, 상위 계급의 경찰공무원이 감독상 과실책임만으로 관련된 경우에는 제4조에 따른 관할 징계위원회에서 각각 심의·의결할 수 있다.

② 소속이 다른 2명 이상의 경찰공무원이 관련된 징계등 사건으로서 관할 징계위원회가 서로 다른 경우에는 모두를 관할하는 바로 위 상급 경찰기관에 설치된 징계위원회에서 심의·의결한다.

사례 해결	① ○○경찰서 소속 지구대장 경감 甲과 동일한 지구대 소속 순경 乙이 관련된 징계등 사건(甲의 감독상 과실책임만으로 관련된 경우, 관련자에 대한 징계등 사건을 분리하여 심의·의결하는 것이 타당하다고 인정되는 경우는 제외)은 ○○경찰서에 설치된 징계위원회에서 심의·의결한다(×). ② 보통징계위원회는 해당 징계위원회가 설치된 경찰기관 소속 경감 이하의 경찰공무원에 대한 징계사건을 심의·의결한다. 다만, 경정 이상의 경찰공무원을 장으로 하는 경찰서에 설치된 보통징계위원회는 소속 경위 이하의 경찰공무원에 대한 징계등 사건을 심의·의결한다(경찰공무원 징계령 제4조 제2항 제1호). 이에도 불구하고 상위 계급과 하위 계급의 경찰공무원이 관련된 징계등 사건은 상위 계급의 경찰공무원을 관할하는 징계위원회에서 심의·의결한다(경찰공무원 징계령 제5조 제1항 전단). 따라서 지구대장 경감 甲과 동일한 지구대 소속 순경 乙이 관련된 징계등 사건은 경감 甲을 관할하는 징계위원회에서 심의·의결하고, 경감 甲을 관할하는 징계위원회는 ○○경찰서가 소속된 시·도경찰청에 설치된 징계위원회가 된다.

2. 징계위원회의 구성과 회의 ⟨17·18·21·22 채용, 23 경채, 17·23 승진, 24 경위⟩

(1) 징계위원회의 구성(경찰공무원 징계령 제6조)

① 각 징계위원회(중앙징계위와 보통징계위)는 위원장 1명을 포함하여 11명 이상 51명 이하의 공무원위원과 민간위원으로 구성한다.

② 징계위원회가 설치된 경찰기관의 장은 징계등 심의 대상자보다 상위 계급인 경위 이상의 소속 경찰공무원 또는 상위 직급에 있는 6급 이상의 소속 공무원 중에서 징계위원회의 공무원위원을 임명한다.

③ 징계위원회가 설치된 경찰기관의 장은 제1항에 따른 위원 수의 2분의 1 이상을 다음 각 호의 구분에 따라 해당 호 각 목의 사람 중에서 민간위원으로 위촉한다. 이 경우 특정 성별의 위원이 민간위원 수의 10분의 6을 초과하지 않도록 해야 한다.

1호. 중앙징계위원회
  가목. 법관·검사 또는 변호사로 10년 이상 근무한 사람
  나목. 「고등교육법」 제2조에 따른 학교 또는 이에 준하는 교육기관(이하 "대학"이라 한다)에서 경찰 관련 학문을 담당하는 정교수 이상으로 재직 중인 사람
  다목. 총경 또는 4급 이상의 공무원으로 근무하고 퇴직한 사람
  라목. 민간부문에서 인사·감사 업무를 담당하는 임원급 또는 이에 상응하는 직위에 근무한 경력이 있는 사람

2호. 보통징계위원회
  가목. 법관·검사 또는 변호사로 5년 이상 근무한 사람
  나목. 대학에서 경찰 관련 학문을 담당하는 부교수 이상으로 재직 중인 사람
  다목. 공무원으로 20년 이상 근속하고 퇴직한 사람

④ 징계위원회의 위원장은 위원 중 최상위 계급 또는 이에 상응하는 직급에 있거나 최상위 계급 또는 이에 상응하는 직급에 먼저 승진임용된 공무원이 된다.

(2) 징계위원회의 회의(경찰공무원 징계령 제7조)

① 징계위원회의 회의는 위원장과 징계위원회가 설치된 경찰기관의 장이 회의마다 지정하는 **4명 이상 6명 이하의 위원으로 성별을 고려하여 구성하되**(※ 위원장 포함 5명~7명), **민간위원의 수는 위원장을 포함한 위원 수의 2분의 1 이상이어야 한다.**

② 징계사유가 다음 각 호의 어느 하나에 해당하는 징계 사건이 속한 징계위원회의 회의를 구성하는 경우에는 피해자와 같은 성별의 위원이 위원장을 제외한(포함한×) 위원 수의 3분의 1 이상(2분의 1 이상×)이 포함되어야 한다.
  1호. 「성폭력범죄의 처벌 등에 관한 특례법」에 따른 성폭력범죄
  2호. 「양성평등기본법」에 따른 성희롱

③ 징계위원회의 위원장은 위원회의 사무를 총괄하며 위원회를 대표한다.
④ 징계위원회의 회의는 위원장이 소집한다.
⑤ 위원장은 표결권을 가진다.
⑥ 위원장이 부득이한 사유로 직무를 수행할 수 없거나 위원장이 필요하다고 인정하는 경우에는 출석한 위원 중 최상위 계급 또는 이에 상응하는 직급에 있거나 최상위 계급 또는 이에 상응하는 직급에 먼저 승진임용된 공무원이 위원장이 된다.

(3) 제척, 기피 및 회피(경찰공무원 징계령 제15조)

① 징계위원회의 위원장 또는 위원이 다음 각 호의 어느 하나에 해당하는 경우에는 그 징계등 사건의 심의·의결에 관여하지 못한다.
  1호. 징계등 심의 대상자의 친족 또는 직근 상급자(징계 사유가 발생한 기간 동안 직근 상급자였던 사람을 포함한다)인 경우
  2호. 그 징계 사유와 관계가 있는 경우
  3호. 「국가공무원법」 제78조의3 제1항 제3호(재징계의결 등의 요구)의 사유로 다시 징계등 사건의 심의·의결을 할 때 해당 징계등 사건의 조사나 심의·의결에 관여한 경우

② 징계등 심의 대상자는 징계위원회의 위원장 또는 위원이 다음 각 호의 어느 하나에 해당하는 경우에는 징계위원회에 그 사실을 서면으로 밝히고 해당 위원장 또는 위원의 기피를 신청할 수 있다.
   1호. 제1항 각 호의 어느 하나에 해당하는 경우
   2호. 불공정한 의결을 할 우려가 있다고 의심할 만한 타당한 사유가 있는 경우
③ 징계위원회는 제2항에 따른 기피 신청을 받은 때에는 해당 징계등 사건을 심의하기 전에 의결로써 해당 위원장 또는 위원의 기피 여부를 결정해야 한다. 이 경우 기피 신청을 받은 위원장 또는 위원은 그 의결에 참여하지 못한다.
④ 징계위원회의 위원장 또는 위원은 제1항 각 호의 어느 하나에 해당하면 스스로 해당 징계등 사건의 심의·의결을 회피해야 하며, 제2항 제2호에 해당하면 회피할 수 있다.

(4) 징계위원회의 의결(경찰공무원 징계령 제14조)

① 징계위원회의 의결은 위원장을 포함한 위원 과반수의 출석과 출석위원 과반수(3분의 2×)의 찬성으로 의결하되, 의견이 나뉘어 출석위원 과반수의 찬성을 얻지 못한 경우에는 출석위원 과반수가 될 때까지 징계등 심의 대상자에게 가장 불리한 의견을 제시한 위원의 수를 그 다음으로 불리한 의견을 제시한 위원의 수에 차례로 더하여 그 의견을 합의된 의견으로 본다.
② 사례 적용
   위원장 포함 7명이 출석하여 구성된 징계위원회에서 정직 3월 1명, 정직 1월 1명, 감봉 3월 1명, 감봉 2월 1명, 감봉 1월 2명, 견책 1명으로 의견이 나뉜 경우, 감봉 2월로 의결해야 한다.

3. 징계처분과 집행 〈18·22·23 채용, 21 경채, 23 경위〉

(1) 의의

① 징계의결은 그 의결만으로써는 그 내용에 대한 효력을 발생하지 못하고, 그 임명자가 그 의결을 실시함으로써 비로소 그 효력을 발생한다.
② 경징계는 징계의결을 요구한 경찰기관의 장이 한다. 그러나 중징계권은 임용권에 포함되는 것이므로 중징계는 임용권자가 하는 것이 원칙이다.

(2) 경징계 처분과 집행

경징계권자 (소속 기관장)	① 경찰공무원의 징계는 징계위원회의 의결을 거쳐 징계위원회가 설치된 소속 기관의 장이 하되, 「국가공무원법」에 따라 국무총리 소속으로 설치된 징계위원회에서 의결한 징계는 경찰청장 또는 해양경찰청장이 한다(경찰공무원법 제33조 본문). ② 국무총리 소속으로 설치된 징계위원회에서 의결한 경찰공무원(경무관 이상) 경징계는 국무총리가 아니라 경찰청장이 한다.
징계위원회의 징계등 의결 통지	징계위원회는 징계등 의결을 하였을 때에는 지체 없이 **징계등 의결을 요구한 자에게 의결서 정본(正本)을 보내어 통지하여야 한다**(경찰공무원 징계령 제17조).
경징계 등의 집행 (징계령 제18조)	① 징계등 의결을 요구한 자는 경징계의 징계 등 의결을 통지받았을 때에는 통지받은 날부터 15일(30일×) 이내에 징계등을 집행하여야 한다. ② 징계등 의결을 요구한 자는 제1항에 따라 징계등 의결을 집행할 때에는 의결서 사본에 징계등 처분 사유 설명서를 첨부하여 징계등 처분 대상자에게 보내야 한다. ※ 의결서 통지 + 15일

(3) 중징계 처분과 집행

중징계권자 (임용권자)	파면·해임·강등 및 정직은 징계위원회의 의결을 거쳐 해당 경찰공무원의 임용권자가 하되, 경무관 이상의 강등 및 정직과 경정 이상의 파면 및 해임은 경찰청장 또는 해양경찰청장의 제청으로 행정안전부장관 또는 해양수산부장관과 국무총리를 거쳐 대통령이 하고, 총경 및 경정의 강등 및 정직은 경찰청장 또는 해양경찰청장이 한다(경찰공무원법 제33조 단서).
중징계 등의 처분 제청과 집행 (제19조)	① 징계등 의결을 요구한 자는 중징계의 징계 등 의결을 통지받았을 때에는 지체 없이 징계등 처분 대상자의 임용권자에게 의결서 정본을 보내어 해당 징계등 처분을 제청하여야 한다. 다만, 경무관 이상의 강등 및 정직, 경정 이상의 파면 및 해임 처분의 제청, 총경 및 경정의 강등 및 정직의 집행은 경찰청장이 한다. ② 제1항에 따라 중징계 처분의 제청을 받은 임용권자는 15일 이내에 의결서 사본에 별지 제4호서식의 징계등 처분 사유 설명서를 첨부하여 징계등 처분 대상자에게 보내야 한다.
사례	① 국가경찰사무를 담당하는 ○○경찰서 소속 경사 丙에 대한 정직처분은 소속기관장인 ○○경찰서장이 행한다.(×) ② 사례 해결 국가경찰사무를 담당하는 ○○경찰서 소속 경사 丙에 대한 정직처분은 임용권자인 시·도경찰청장이 행한다. 경찰청장은 법 제7조 제3항 전단에 따라 경찰대학·경찰인재개발원·중앙경찰학교·경찰수사연수원·경찰병원 및 시·도경찰청(이하 "소속기관등"이라 한다)의 장에게 그 소속 경찰공무원 중 경정의 전보·파견·휴직·직위해제 및 복직에 관한 권한과 경감 이하의 임용권을 위임한다(경찰공무원 임용령 제4조 제3항). 파면·해임·강등 및 정직은 징계위원회의 의결을 거쳐 해당 경찰공무원의 임용권자가 한다(경찰공무원법 제33조 단서).

(4) 중징계권자(임용권자)

대통령	① 경무관 이상의 중징계 ② 총경과 경정의 파면과 해임 ③ 경무관 이상은 국무총리 징계위원회, 총경과 경정은 경찰공무원 중앙징계위원회 관할 ④ 경찰청장의 제청 → 행정안전부 장관과 국무총리 경유 → 대통령이 징계처분 및 집행
경찰청장	① 총경과 경정의 강등 및 정직 ② 총경과 경정은 경찰공무원 중앙징계위원회 관할 ③ 소속 경감 이하의 중징계
시·도경찰청장	① 시·도경찰청, 경찰서, 소속 경감 이하(자치경찰사무 담당 경찰공무원 제외), 경찰기동대, 지구대·파출소 소속 경감 이하의 중징계 ② 경감 이하는 경찰공무원 보통징계위원회 관할. 다만, 경찰서, 경찰기동대, 지구대·파출소 소속 경감은 시·도경찰청 보통징계위원회 관할
시·도자치 경찰위원회	① 시·도경찰청, 경찰서 소속 자치경찰사무를 담당하는 경감 이하(지구대·파출소 소속 경찰공무원 제외)의 중징계 ② 경감 이하는 경찰공무원 보통징계위원회 관할. 다만, 경찰서 소속 경감은 시·도경찰청 보통징계위원회 관할
소속기관의 장	① 소속 경감 이하의 중징계 ② 경찰공무원 보통징계위원회 관할

제5절 경찰공무원의 권익보장

1 경찰공무원의 권익보장 수단(제도)

1. 개관

사전 구제 절차	처분사유 설명서 교부
사후 구제 절차	① 고충처리심사(국가공무원법 제76조의2) ② 소청심사청구(국가공무원법 제76조 제1항) ③ 행정소송(국가공무원법 제16조, 행정소송법 제18조)

2. 고충심사의 청구 〈22 경위〉

(1) 고충처리의 대상과 심사

① 공무원은 인사·조직·처우 등 각종 직무 조건과 그 밖에 신상 문제와 관련한 고충에 대하여 상담을 신청하거나 심사를 청구할 수 있으며, 누구나 기관 내 성폭력 범죄 또는 성희롱 발생 사실을 알게 된 경우 이를 신고할 수 있다. 이 경우 상담 신청이나 심사 청구 또는 신고를 이유로 불이익한 처분이나 대우를 받지 아니한다(국가공무원법 제76조의2 제1항).

② 중앙인사관장기관(인사혁신처)의 장, 임용권자 또는 임용제청권자는 고충에 대하여 상담을 신청 받은 경우에는 소속 공무원을 지정하여 상담하게 하고, 심사를 청구받은 경우에는 제4항에 따른 관할 고충심사위원회에 부쳐 심사하도록 하여야 하며, 그 결과에 따라 고충의 해소 등 공정한 처리를 위하여 노력하여야 한다(국가공무원법 제76조의2 제2항).

③ 고충상담 신청, 성폭력 범죄 또는 성희롱 발생 사실의 신고에 대한 처리절차, 고충심사위원회의 구성·권한·심사절차, 그 밖에 필요한 사항은 대통령령등으로 정한다(국가공무원법 제76조의2 제8항).

④ 공무원은 누구나 인사·조직·처우 등 직무 조건과 관련된 신상 문제와 「성폭력범죄의 처벌 등에 관한 특례법」 제2조에 따른 성폭력범죄(이하 "성폭력범죄"라 한다)·「양성평등기본법」 제3조 제2호에 따른 성희롱(이하 "성희롱"이라 한다) 및 「공무원 행동강령」 제13조의3(직무권한 등을 행사한 부당 행위의 금지)에 따른 부당한 행위 등으로 인한 신상 문제와 관련된 고충의 처리를 요구할 수 있다[공무원고충처리규정(대통령령) 제2조 제1항].

(2) 고충심사위원회의 관할

① 공무원의 고충을 심사하기 위하여 중앙인사관장기관에 중앙고충심사위원회를, 임용권자 또는 임용제청권자 단위로 보통고충심사위원회를 두되, 중앙고충심사위원회의 기능은 소청심사위원회에서 관장한다(국가공무원법 제76조의2 제4항).

② 중앙고충심사위원회는 보통고충심사위원회의 심사를 거친 재심청구와 5급 이상 공무원 및 고위공무원단에 속하는 일반직공무원의 고충을, 보통고충심사위원회는 소속 6급 이하의 공무원의 고충을 각각 심사한다. 다만, 6급 이하의 공무원의 고충이 성폭력 범죄 또는 성희롱 사실에 관한 고충 등 보통고충심사위원회에서 심사하는 것이 부적당하다고 대통령령등으로 정한 사안이거나 임용권자를 달리하는 둘 이상의 기관에 관련된 경우에는 중앙고충심사위원회에서, 원소속 기관의 보통고충심사위원회에서 고충을 심사하는 것이 부적당하다고 인정될 경우에는 직근 상급기관의 보통고충심사위원회에서 각각 심사할 수 있다(국가공무원법 제76조의2 제5항).

③ 「국가공무원법」 제76조의2 제5항 단서에 따라 6급 이하의 공무원의 고충으로서 보통고충심사위원회에서 심사하는 것이 부적당하여 중앙고충심사위원회에서 심사할 수 있는 사안은 다음의 어느 하나에 해당하는 사안을 말한다(공무원고충처리규정 제3조의6 고충심사위원회의 관할 제5항).
  1호. 성폭력범죄 또는 성희롱 사실에 관한 고충
  2호. 「공무원 행동강령」 제13조의3(직무권한 등을 행사한 부당 행위의 금지)에 따른 부당한 행위로 인한 고충
  3호. 그 밖에 성별·종교·연령 등을 이유로 하는 불합리한 차별로 인한 고충
④ 이 법의 적용을 받는 자와 다른 법률의 적용을 받는 자가 서로 관련되는 고충의 심사청구에 대하여는 이 법의 규정에 따라 설치된 고충심사위원회가 대통령령등으로 정하는 바에 따라 심사할 수 있다(국가공무원법 제76조의2 제6항).
⑤ 경찰공무원의 인사상담 및 고충을 심사하기 위하여 경찰청, 해양경찰청, 시·도자치경찰위원회, 시·도경찰청, 대통령령으로 정하는 경찰기관 및 지방해양경찰관서에 경찰공무원 고충심사위원회를 둔다(경찰공무원법 제31조 제1항).
⑥ 「경찰공무원법」 제31조 제1항에서 "대통령령이 정하는 경찰기관"이라 함은 경찰대학·경찰인재개발원·중앙경찰학교·경찰수사연수원·경찰서·경찰기동대·경비함정 기타 경감 이상의 경찰공무원을 장으로 하는 기관 중 행정안전부장관 또는 해양수산부장관이 지정하는 경찰기관을 말한다(공무원고충처리규정 제3조의2 경찰공무원 고충심사위원회 제1항).
⑦ 경찰공무원 고충심사위원회의 심사를 거친 재심청구와 경정 이상의 경찰공무원의 인사상담 및 고충 심사는 「국가공무원법」에 따라 설치된 중앙고충심사위원회에서 한다(경찰공무원법 제31조 제2항).

(3) 경찰공무원 고충심사위원회의 구성

① 경찰공무원 고충심사위원회는 위원장 1명을 포함하여 7명 이상 15명 이하의 공무원위원과 민간위원으로 구성한다. 이 경우 민간위원의 수는 위원장을 제외한 위원 수의 2분의 1 이상이어야 한다(공무원고충처리규정 제3조의2 경찰공무원 고충심사위원회 제2항).
② 경찰공무원 고충심사위원회의 위원장은 설치기관 소속 공무원 중에서 인사 또는 감사 업무를 담당하는 과장 또는 이에 상당하는 직위를 가진 사람이 된다(공무원고충처리규정 제3조의2 경찰공무원 고충심사위원회 제3항).
③ 경찰공무원 고충심사위원회의 회의는 위원장과 위원장이 회의마다 지정하는 5명 이상 7명 이하의 위원으로 성별을 고려하여 구성한다. 이 경우 민간위원이 3분의 1 이상 포함되어야 한다(공무원고충처리규정 제3조의2 경찰공무원 고충심사위원회 제7항).

3. 성희롱·성폭력 신고와 조치 (21 승진)

(1) 성희롱·성폭력 신고

① 공무원은 누구나 기관 내 성폭력 범죄 또는 성희롱 발생 사실을 알게 된 경우 이를 신고할 수 있다. 이 경우 신고를 이유로 불이익한 처분이나 대우를 받지 아니한다(국가공무원법 제76조의2 제1항).
② 성희롱·성폭력 발생 사실의 신고[성희롱·성폭력 근절을 위한 공무원 인사관리규정(대통령령) 제3조]

행정부 소속 국가공무원(이하 "공무원"이라 한다)은 누구나 공직 내 성희롱 또는 성폭력 발생 사실을 알게 된 경우 그 사실을 임용권자 또는 임용제청권자(이하 "임용권자등"이라 한다)에게 신고할 수 있다.

③ "성희롱"이란 「양성평등기본법」 제3조 제2호 각 목에 따른 행위를 말한다(성희롱·성폭력 근절을 위한 공무원 인사관리규정 제2조 제1호).

> "성희롱"이란 업무, 고용, 그 밖의 관계에서 국가기관·지방자치단체 또는 대통령령으로 정하는 공공단체(이하 "국가기관등"이라 한다)의 종사자, 사용자 또는 근로자가 다음 각 목의 어느 하나에 해당하는 행위를 하는 경우를 말한다(양성평등기본법 제2조 제2호).
> 가목. 지위를 이용하거나 업무 등과 관련하여 성적 언동 또는 성적 요구 등으로 상대방에게 성적 굴욕감이나 혐오감을 느끼게 하는 행위
> 나목. 상대방이 성적 언동 또는 성적 요구에 따르지 아니한다는 이유로 불이익을 주거나 그에 따르는 것을 조건으로 이익 공여의 의사표시를 하는 행위

④ "성폭력"이란 「성폭력범죄의 처벌 등에 관한 특례법」 제2조 제1항 각 호에 규정된 죄(성폭력범죄)에 해당하는 행위를 말한다(성희롱·성폭력 근절을 위한 공무원 인사관리규정 제2조 제2호).

⑤ "2차 피해"란 성희롱·성폭력 피해자가 「여성폭력방지기본법」 제3조 제3호 각 목의 어느 하나에 해당하는 피해를 입거나, 성희롱·성폭력 사건 내용 유포 및 축소·은폐, 그 밖에 피해자의 의사에 반하는 불리한 처우 등으로 피해를 입는 것을 말한다(경찰청 성희롱·성폭력 예방 및 2차 피해 방지와 그 처리에 관한 규칙 제2조 제3호).

> "2차 피해"란 여성폭력 피해자(이하 "피해자"라 한다)가 다음 각 목의 어느 하나에 해당하는 피해를 입는 것을 말한다(「여성폭력방지기본법」 제3조 제3호)
> 가목. 수사·재판·보호·진료·언론보도 등 여성폭력 사건처리 및 회복의 전 과정에서 입는 정신적·신체적·경제적 피해
> 나목. 집단 따돌림, 폭행 또는 폭언, 그 밖에 정신적·신체적 손상을 가져오는 행위로 인한 피해(정보통신망을 이용한 행위로 인한 피해를 포함한다)
> 다목. 사용자(사업주 또는 사업경영담당자, 그 밖에 사업주를 위하여 근로자에 관한 사항에 대한 업무를 수행하는 자를 말한다)로부터 폭력 피해 신고 등을 이유로 입은 다음 어느 하나에 해당하는 불이익조치

(2) 사실 확인을 위한 조사

① 중앙인사관장기관의 장, 임용권자 또는 임용제청권자는 기관 내 성폭력 범죄 또는 성희롱 발생 사실의 신고를 받은 경우에는 지체 없이 사실 확인을 위한 조사를 하고 그에 따라 필요한 조치를 하여야 한다(국가공무원법 제76조의2 제3항).

② 임용권자등은 제3조에 따른 신고를 받거나 공직 내 성희롱 또는 성폭력 발생 사실을 알게 된 경우에는 지체 없이 그 사실 확인을 위한 조사를 하여야 하며, 수사의 필요성이 있다고 인정하는 경우 수사기관에 통보하여야 한다(성희롱·성폭력 근절을 위한 공무원 인사관리규정 제4조 제1항).

③ 임용권자등은 제1항에 따른 조사 과정에서 성희롱 또는 성폭력과 관련하여 피해를 입은 사람 또는 피해를 입었다고 주장하는 사람(이하 "피해자등"이라 한다)이 성적 불쾌감 등을 느끼지 아니하도록 하고, 사건 내용이나 신상 정보의 누설 등으로 인한 피해가 발생하지 아니하도록 하여야 한다(성희롱·성폭력 근절을 위한 공무원 인사관리규정 제4조 제2항).

④ 임용권자등은 제1항에 따른 조사 기간 동안 피해자등이 요청한 경우로서 피해자등을 보호하기 위하여 필요하다고 인정하는 경우 그 피해자등이나 성희롱 또는 성폭력과 관련하여 가해 행위를 했다고 신고된 사람에 대하여 근무 장소의 변경, 휴가 사용 권고 등 적절한 조치를 하여야 한다(성희롱·성폭력 근절을 위한 공무원 인사관리규정 제4조 제3항).

(3) **피해자 또는 신고자의 보호**(성희롱·성폭력 근절을 위한 공무원 인사관리규정 제5조)

① 임용권자등은 사실 확인을 위한 조사 결과 공직 내 성희롱 또는 성폭력 발생 사실이 확인되면 피해자에게 다음 각 호의 어느 하나에 해당하는 조치를 할 수 있다. 다만, 임용권자등은 피해자의 의사에 반(反)하여 조치를 하여서는 아니 된다.
  1호. 「공무원임용령」 제41조에 따른 교육훈련 등 파견근무
  2호. 「공무원임용령」 제45조에도 불구하고 다른 직위에의 전보
  3호. 근무 장소의 변경, 휴가 사용 권고 및 그 밖에 임용권자등이 필요하다고 인정하는 적절한 조치

② 임용권자등은 성희롱 또는 성폭력 발생 사실을 신고한 사람(이하 "신고자"라 한다)이 그 신고를 이유로 집단 따돌림, 폭행 또는 폭언으로 인한 정신적·신체적 피해를 호소하는 경우에는 제1항 각 호의 어느 하나에 해당하는 조치를 할 수 있다. 다만, 임용권자등은 신고자의 의사에 반하여 조치를 하여서는 아니 된다.

(4) **가해자에 대한 인사조치**(성희롱·성폭력 근절을 위한 공무원 인사관리규정 제6조)

임용권자등은 사실 확인을 위한 조사 결과 공직 내 성희롱 또는 성폭력 발생 사실이 확인되면 가해자에게 다음 각 호의 어느 하나에 해당하는 조치를 할 수 있다.
  1호. 「국가공무원법」 제73조의3에 따른 직위해제 사유에 해당된다고 인정하는 경우에는 직위해제
  2호. 「국가공무원법」 제78조에 따른 징계 사유에 해당된다고 인정하는 경우에는 관할 징계위원회에 징계 의결 요구
  3호. 제2호에 따른 징계 의결 요구 전 승진임용 심사 대상에서 제외
  4호. 「공무원임용령」 제45조에도 불구하고 다른 직위에의 전보
  5호. 「공무원 성과평가 등에 관한 규정」 제10조 제3항 또는 제16조 제1항에 따른 최하위등급 부여
  6호. 감사·감찰·인사·교육훈련 분야 등의 보직 제한

4. 처분사유 설명서의 교부(국가공무원법 제75조) ⟨18 승진⟩

① 공무원에 대하여 징계처분등을 할 때나 강임·휴직·직위해제 또는 면직처분을 할 때에는 그 처분권자 또는 처분제청권자는 처분사유를 적은 설명서를 교부(交付)하여야 한다. 다만, 본인의 원(願)에 따른 강임·휴직 또는 면직처분은 그러하지 아니하다.

② 처분권자 또는 처분제청권자는 피해자가 요청하는 경우 다음 각 호의 어느 하나에 해당하는 사유로 처분사유 설명서를 교부할 때에는 그 징계처분결과를 피해자에게 함께 통보하여야 한다.
  1호. 「성폭력범죄의 처벌 등에 관한 특례법」 제2조에 따른 성폭력범죄
  2호. 「양성평등기본법」 제3조 제2호에 따른 성희롱
  3호. 직장에서의 지위나 관계 등의 우위를 이용하여 업무상 적정범위를 넘어 다른 공무원 등에게 부당한 행위를 하거나 신체적·정신적 고통을 주는 등의 행위로서 대통령령등으로 정하는 행위

5. 소청심사(특별행정심판)와 행정소송 <22 채용, 18 승진>

① 소청심사 청구(국가공무원법 제76조 제1항)

처분사유 설명서를 받은 공무원이 그 처분에 불복할 때에는 그 설명서를 받은 날부터, 공무원이 제75조에서 정한 처분 외에 본인의 의사에 반한 불리한 처분을 받았을 때에는 그 처분이 있은 것을 안 날부터 각각 30일 이내에 소청심사위원회에 이에 대한 심사를 청구할 수 있다. 이 경우 변호사를 대리인으로 선임할 수 있다.

② 소청심사위원회는 임시결정을 한 경우 외에는 소청심사청구를 접수한 날부터 60일 이내에 이에 대한 결정을 하여야 한다. 다만, 불가피하다고 인정되면 소청심사위원회의 의결로 30일을 연장할 수 있다(국가공무원법 제76조 제5항).

③ 공무원은 소청심사청구를 이유로 불이익한 처분이나 대우를 받지 아니한다(국가공무원법 제76조 제6항).

④ 소청심사 필수적 전치주의(국가공무원법 제16조 제1항)

제75조에 따른 처분, 그 밖에 본인의 의사에 반한 불리한 처분이나 부작위(不作爲)에 관한 행정소송은 소청심사위원회의 심사·결정을 거치지 아니하면 제기할 수 없다.

⑤ 행정소송의 피고(국가공무원법 제16조 제2항)

제75조에 따른 처분(※ 징계처분등, 휴직·직위해제 또는 면직처분), 그 밖에 본인의 의사에 반한 불리한 처분이나 부작위(不作爲)에 관한 행정소송을 제기할 때에는 대통령의 처분 또는 부작위의 경우에는 소속 장관(대통령령으로 정하는 기관의 장을 포함한다. 이하 같다)을 피고로 한다.

2 징계처분에 대한 구제

1. 경찰공무원의 징계처분 구제절차 개관

처분 행정청	소청심사위원회	행정법원
처분사유 설명서 교부 (국가공무원법 제75조 제1항)	소청심사청구 (국가공무원법 제76조 제1항)	행정소송 제기 (행정소송법 제18조)

① 징계처분은 행정관청이 법집행으로서 행하는 권력적 의사표시(처분)이다. 징계처분을 받은 자는 처분사유 설명서를 받은 날로부터 30일 이내에 소청심사위원회에 소청심사 청구가 가능하다.

② 소청심사위원회의 결정에 불복이 있는 때, 또는 소청심사청구가 있는 날부터 60일이 지나도 위원회의 결정이 없는 때에는 행정법원에 행정소송을 제기할 수 있다(행정소송법 제18조, 국가공무원법 제76조).

2. 소청심사 <18·19·22 채용, 19 경채, 17 승진, 16 경위>

(1) 소청심사의 의의

① 소청심사란 징계처분 그 밖의 그의 의사에 반하는 불이익처분을 받은 자가 관할 소청심사위원회에 심사를 청구하는 특별행정심판이다.

② 소청심사는 불이익처우에 대한 사후구제 성격의 쟁송절차로서 준사법적 성격을 갖는다.

(2) 소청심사위원회의 설치(국가공무원법 제9조)

① 행정기관 소속 공무원의 징계처분, 그 밖에 그 의사에 반하는 불리한 처분이나 부작위에 대한 소청을 심사·결정하게 하기 위하여 인사혁신처에 소청심사위원회를 둔다.
② 국회, 법원, 헌법재판소 및 선거관리위원회 소속 공무원의 소청에 관한 사항을 심사·결정하게 하기 위하여 국회사무처, 법원행정처, 헌법재판소사무처 및 중앙선거관리위원회사무처에 각각 해당 소청심사위원회를 둔다.
③ 국회사무처, 법원행정처, 헌법재판소사무처 및 중앙선거관리위원회사무처에 설치된 소청심사위원회는 위원장 1명을 포함한 위원 5명 이상 7명 이하의 비상임위원으로 구성한다.
④ 인사혁신처에 설치된 소청심사위원회는 위원장 1명을 포함한 5명 이상 7명 이하의 상임위원과 상임위원 수의 2분의 1 이상인 비상임위원으로 구성하되, 위원장은 정무직으로 보한다.

(3) 소청심사위원회 위원의 자격과 임명(국가공무원법 제10조)

① 소청심사위원회의 위원(위원장을 포함한다. 이하 같다)은 다음 각 호의 어느 하나에 해당하고 인사행정에 대한 식견이 풍부한 자 중에서 국회사무총장, 법원행정처장, 헌법재판소사무처장, 중앙선거관리위원회사무총장의 임명제청으로 국회의장, 대법원장, 헌법재판소장, 중앙선거관리위원회위원장이 임명한다(제1항 전단).
② (인사혁신처) 소청심사위원회의 위원(위원장을 포함한다. 이하 같다)은 인사혁신처장의 임명제청으로 (국무총리를 거쳐) 대통령이 임명한다. 이 경우 인사혁신처장이 위원을 임명제청하는 때에는 국무총리를 거쳐야 하고, **비상임위원은 제1호 및 제2호의 어느 하나에 해당하는 자 중에서 임명하여야 한다**(제1항 후단).
  1호. 법관·검사 또는 변호사의 직에 5년 이상 근무한 자
  2호. 대학에서 행정학·정치학 또는 법률학을 담당한 부교수 이상의 직에 5년 이상 근무한 자
  3호. 3급 이상 공무원 또는 고위공무원단에 속하는 공무원으로 3년 이상 근무한 자
③ 소청심사위원회의 상임위원의 임기는 3년으로 하며, 한 번만 연임할 수 있다(제2항).
④ 겸직금지(제3항)
  소청심사위원회의 상임위원은 다른 직무를 겸할 수 없다.
⑤ 소청심사위원회의 공무원이 아닌 위원은 「형법」이나 그 밖의 법률에 따른 벌칙을 적용할 때 공무원으로 본다(제4항).

(4) 소청심사위원회 위원의 결격사유와 신분보장

① 다음 각 호의 어느 하나에 해당하는 자는 소청심사위원회의 위원이 될 수 없다(국가공무원법 제10조의2 제1항).
  1호. 제33조(국가공무원 임용 결격사유) 각 호의 어느 하나에 해당하는 자
  2호. 「정당법」에 따른 정당의 당원
  3호. 「공직선거법」에 따라 실시하는 선거에 후보자로 등록한 자
② 소청심사위원회위원이 제1항 각 호의 어느 하나에 해당하게 된 때에는 당연히 퇴직한다(제10조의2 제2항).
③ 소청심사위원회 위원의 신분보장(제11조)
  소청심사위원회의 위원은 금고 이상의 형벌이나 장기의 심신 쇠약으로 직무를 수행할 수 없게 된 경우 외에는 본인의 의사에 반하여 면직되지 아니한다.

(5) 소청심사의 절차

① **소청심사위원회의 심사(제12조 제1항)**: 소청심사위원회는 이 법에 따른 소청을 접수하면 지체 없이 심사하여야 한다.
② 소청심사위원회는 제1항에 따른 심사를 할 때 필요하면 검증(檢證)·감정(鑑定), 그 밖의 사실조사를 하거나 증인을 소환하여 질문하거나 관계 서류를 제출하도록 명할 수 있다(제12조 제2항).
③ 소청심사위원회가 소청 사건을 심사하기 위하여 징계 요구 기관이나 관계 기관의 소속 공무원을 증인으로 소환하면 해당 기관의 장은 이에 따라야 한다(제12조 제3항).
④ 소청심사위원회는 필요하다고 인정하면 소속 직원에게 사실조사를 하게 하거나 특별한 학식·경험이 있는 자에게 검증이나 감정을 의뢰할 수 있다(제12조 제4항).
⑤ **소청인의 진술권(제13조 제1항)**: 소청심사위원회가 소청 사건을 심사할 때에는 소청인 또는 대리인에게 진술 기회를 주어야 한다.
⑥ 진술 기회를 주지 아니한 결정은 무효로 한다(제13조 제2항). (취소할 수 있다×)

(6) 소청심사위원회의 결정

① 소청심사위원회는 임시결정을 한 경우 외에는 소청심사청구를 접수한 날부터 60일 이내에 이에 대한 결정을 하여야 한다. 다만, 불가피하다고 인정되면 소청심사위원회의 의결로 30일을 연장할 수 있다(제76조 제5항).
② 소청심사위원회의 결정은 그 이유를 구체적으로 밝힌 결정서로 하여야 한다(제14조 제9항).
③ 소청 사건의 결정은 재적 위원 3분의 2 이상의 출석과 출석 위원(재적 위원×) 과반수의 합의에 따르되, 의견이 나뉘어 출석 위원 과반수의 합의에 이르지 못하였을 때에는 과반수에 이를 때까지 소청인에게 가장 불리한 의견에 차례로 유리한 의견을 더하여 그중 가장 유리한 의견을 합의된 의견으로 본다(제14조 제1항).
④ **중징계 취소 또는 변경**: 제1항에도 불구하고 파면·해임·강등 또는 정직에 해당하는 징계처분을 취소 또는 변경하려는 경우와 효력 유무 또는 존재 여부에 대한 확인을 하려는 경우에는 재적 위원 3분의 2 이상의 출석과 출석 위원 3분의 2 이상의 합의가 있어야 한다. 이 경우 구체적인 결정의 내용은 출석 위원 과반수의 합의에 따르되, 의견이 나뉘어 출석 위원 과반수의 합의에 이르지 못하였을 때에는 과반수에 이를 때까지 소청인에게 가장 불리한 의견에 차례로 유리한 의견을 더하여 그중 가장 유리한 의견을 합의된 의견으로 본다(제14조 제2항).
⑤ 소청심사위원회의 결정은 다음과 같이 구분한다(제14조 제6항).

결정의 구분 (제6항)	
1호. 각하	심사 청구가 이 법이나 다른 법률에 적합하지 아니한 것이면 그 청구를 각하(却下)한다.
2호. 기각	심사 청구가 이유 없다고 인정되면 그 청구를 기각(棄却)한다.
3호. 취소 또는 변경, 취소 또는 변경 명령	처분의 취소 또는 변경을 구하는 심사 청구가 이유 있다고 인정되면 처분을 취소 또는 변경하거나 처분 행정청에 취소 또는 변경할 것을 명한다.
4호. 처분의 효력 유무 또는 존재 여부 확인	처분의 효력 유무 또는 존재 여부에 대한 확인을 구하는 심사 청구가 이유 있다고 인정되면 처분의 효력 유무 또는 존재 여부를 확인한다.

결정의 구분 (제6항)	5호. 처분 또는 이행명령 위법 또는 부당한 거부처분이나 부작위에 대하여 의무 이행을 구하는 심사 청구가 이유 있다고 인정되면 지체 없이 청구에 따른 처분을 하거나 이를 할 것을 명한다.

(7) 결정의 효력

① 소청심사위원회의 취소명령 또는 변경명령 결정(간접적 명령)은 그에 따른 징계나 그 밖의 처분이 있을 때까지는 **종전에 행한 징계처분 또는 징계부가금 부과처분에 영향을 미치지 아니한다** (제14조 제7항).

② 불이익변경금지원칙 : 소청심사위원회가 징계처분 또는 징계부가금 부과처분(이하 "징계처분등"이라 한다)을 받은 자의 청구에 따라 소청을 심사할 경우에는 원징계처분보다 무거운 징계 또는 원징계부가금 부과처분보다 무거운 징계부가금을 부과하는 결정을 하지 못한다(제14조 제8항).

③ 결정의 효력(제15조) : 소청심사위원회의 결정은 처분 행정청을 기속(羈束)한다.

(8) 사례 적용

사례 적용	① ○○경찰서 소속 지구대에서 근무하는 순경 甲이 법령준수 의무위반 등 각종 비위행위로 인하여 관련 절차를 거쳐 징계권자로부터 해임의 징계처분을 받았다. 이에 순경 甲은 소청심사를 제기하고자 한다. ② 소청심사위원회는 소청심사 결과 甲의 비위행위의 정도에 비해 해임의 징계처분이 경미하다는 판단에 이르더라도 파면의 징계처분으로 변경하는 결정을 할 수 없다(○). → 불이익변경금지원칙의 적용 ③ 소청심사위원회에서 해임처분 취소명령결정을 내릴 경우, 그 해임의 징계처분은 소청심사위원회의 결정에 따른 징계나 그 밖의 처분이 있기 전에 당연히 효력을 상실한다(×). → 소청심사위원회의 취소명령 또는 변경명령 결정(간접적 명령)은 그에 따른 징계나 그 밖의 처분이 있을 때까지는 종전에 행한 징계처분 또는 징계부가금 부과처분에 영향을 미치지 아니한다(국가공무원법 제14조 제7항). ④ 소청심사위원회에서 해임처분을 취소 또는 변경하고자 할 경우에는 재적 위원 3분의 2 이상의 출석과 출석 위원 3분의 2 이상의 합의가 있어야 한다(○). → 파면·해임·강등 또는 정직에 해당하는 징계처분을 취소 또는 변경하려는 경우에는 재적 위원 3분의 2 이상의 출석과 출석 위원 3분의 2 이상의 합의가 있어야 한다(국가공무원법 제14조 제6항). ⑤ 甲이 징계처분사유 설명서를 받은 날부터 30일 이내(甲에게 책임이 없는 사유로 소청심사를 청구할 수 없는 기간은 없다고 전제한다) 소청심사를 제기하지 않은 경우에는 행정소송을 제기할 수 없다(○). → 처분사유 설명서를 받은 공무원이 그 처분에 불복할 때에는 그 설명서를 받은 날부터 30일 이내에 소청심사위원회에 이에 대한 심사를 청구할 수 있다(국가공무원법 제76조 제1항). 제75조에 따른 처분, 그 밖에 본인의 의사에 반한 불리한 처분이나 부작위(不作爲)에 관한 행정소송은 소청심사위원회의 심사·결정을 거치지 아니하면 제기할 수 없다(국가공무원법 제16조 제1항).

3. 행정소송의 제기

(1) 행정소송의 제기

① 소청심사위원회의 결정에 불복이 있는 때, 또는 소청심사청구가 있은 날부터 60일이 지나도 위원회의 결정이 없는 때에는 행정법원(행정법원 미설치지역은 지방법원 본원 합의부)에 행정소송을 제기할 수 있다(행정소송법 제18조, 국가공무원법 제76조).

② 징계처분에 관한 행정소송의 피고는 경찰청장이고, 임용권을 위임한 경우에는 그 위임을 받은 자이다.

③ 경찰공무원 징계처분 등에 관한 행정소송의 피고(경찰공무원법 제34조)

징계처분, 휴직처분, 면직처분, 그 밖에 의사에 반하는 불리한 처분에 대한 행정소송의 경우에는 경찰청장을 피고로 한다. 다만, 제7조 제3항 및 제4항에 따라 임용권을 위임한 경우에는 그 위임을 받은 자를 피고로 한다.

④ 대통령의 처분 또는 부작위의 경우 행정소송의 피고(국가공무원법 제16조 제2항)

제75조에 따른 처분(※ 징계처분등, 휴직·직위해제 또는 면직처분), 그 밖에 본인의 의사에 반한 불리한 처분이나 부작위(不作爲)에 관한 행정소송을 제기할 때에는 대통령의 처분 또는 부작위의 경우에는 소속 장관(대통령령으로 정하는 기관의 장을 포함한다. 이하 같다)을 피고로 한다.

(2) 원처분주의

① 취소소송은 처분등을 대상으로 한다. 다만, 재결취소소송의 경우에는 재결 자체에 고유한 위법이 있음을 이유로 하는 경우에 한한다(행정소송법 제19조).

② 행정소송법의 원칙상 원처분주의가 적용되기 때문에, 원칙적으로 소청심사위원회의 결정(재결)이 아니라 원래의 징계처분이 소송의 대상이 된다.

(3) 항고소송 제기 기간(행정소송법 제20조)

소청심사위원회의 결정통지서(재결서의 정본)를 송달받은 날부터 90일 이내에 관할 행정법원에 항고소송을 제기한다.

(4) 소청심사 필수적 전치주의

① 징계처분등, 휴직·직위해제 또는 면직처분, 그 밖에 본인의 의사에 반한 불리한 처분이나 부작위(不作爲)에 관한 행정소송은 소청심사를 거쳐야만(필수적 전치) 행정소송을 제기할 수 있다.

② 행정소송과의 관계(국가공무원법 제16조 제1항)

제75조에 따른 처분(※ 징계처분등, 휴직·직위해제 또는 면직처분), 그 밖에 본인의 의사에 반한 불리한 처분이나 부작위(不作爲)에 관한 행정소송은 소청심사위원회의 심사·결정을 거치지 아니하면 제기할 수 없다.

CHAPTER 05 경찰작용법

제1절 행정행위

1 행정행위의 의의와 종류, 법 적용의 기준

1. 행정행위의 의의

개념	① 행정청이 행하는 구체적 사실에 관한 법집행으로서의 공권력의 행사 또는 그 거부를 말한다. 외부에 대하여 직접적·구체적인 법적 효과를 발생시키는 권력적 단독행위인 공법상 행위이다.
	② 개념 요소
	  ㉠ 행정청의 행위일 것
	  ㉡ 구체적인 사실에 관한 법집행행위일 것
	  ㉢ 외부에 대해 직접적인 법적 효과를 발생하게 하는 행위일 것
	  ㉣ 공권력적 단독행위일 것

행정처분과의 관계	① "처분"이란 행정청이 구체적 사실에 관하여 행하는 법 집행으로서 공권력의 행사 또는 그 거부와 그 밖에 이에 준하는 행정작용을 말한다(행정기본법 제2조 제4호). ※ 행정처분은 행정행위와 그 밖에 이에 준하는 행정작용을 말한다. ② "당사자"란 처분의 상대방을 말한다(행정기본법 제2조 제3호).
일반처분	① 일반처분이란 구체적인 사실에 관하여 불특정다수인을 대상으로 이루어지는 행정처분을 말하는 것이다. ② 일반처분은 인적 규율대상은 불특정다수로서 일반적이나 그 규율내용은 구체적인 것이라는 점에 특징이 있다. ③ 집회·시위의 금지·제한 조치, 통행금지 조치 등이 있다. ④ 대인적 일반처분 외에 물적 행정행위도 일반처분에 해당한다. 물적 행정행위란 속도제한 표지판, 일방통행 표지판, 주차금지구역 설정, 도로의 공용개시, 문화재 지정 등과 같이 물건의 규율이 사람에 대해 간접적인 법적 효과를 미치는 행정행위를 말한다. ⑤ 시·도경찰청장의 횡단보도 설치행위(대법원 2000.10.27. 98두8964) 시·도경찰청장이 도로교통법 제10조 제1항에 의하여 횡단보도를 설치한 경우 보행자는 횡단보도를 통해서만 도로를 횡단하여야 하고 차의 운전자는 횡단보도 앞에서 일시정지하는 등으로 횡단보도를 통행하는 보행자를 보호할 의무가 있음을 규정하는 도로교통법의 취지에 비추어 볼 때 시·도경찰청장이 횡단보도를 설치하여 보행자의 통행방법 등을 규제하는 것은 행정청이 특정사항에 대하여 의무의 부담을 명하는 행위이고 이는 국민의 권리의무에 직접 관계가 있는 행위로서 행정처분이라고 보아야 할 것이다. 〈19·21 경행〉

법적 행위	① 행정행위는 외부에 직접적인 법적 효과를 발생시키는 행위이므로 단순한 조사, 도로 보수 등의 사실행위는 행정행위가 아니다. ② 건설부장관(현 국토교통부장관)이 행한 국립공원지정처분은 그 결정 및 첨부된 도면의 공고로써 그 경계가 확정되는 것이고, 시장이 행한 경계측량 및 표지의 설치 등은 공원관리청이 공원구역의 효율적인 보호, 관리를 위하여 이미 확정된 경계를 인식, 파악하는 사실상의 행위로 봄이 상당하며, 위와 같은 사실상의 행위를 가리켜 공권력행사로서의 행정처분의 일부라고 볼 수 없고, 이로 인하여 건설부장관이 행한 공원지정처분이나 그 경계에 변동을 가져온다고 할 수 없다(대법원 1992.10.13. 92누2325). ③ 행정행위와 사실행위 행정행위는 법률효과가 발생하는 행위를 말하고, 사실행위는 법률효과가 발생하지 않는 행위를 말한다. 법률효과는 권리·의무의 변동(발생·변경·소멸) 결과를 말한다. 사실행위는 도로의 청소, 행정상 조언 등을 말하며 사실상의 결과를 가져온다.

2. 행정행위의 종류 〈21 경위〉

구분	① 법률행위적 행정행위는 행정청의 의사표시에 따라 법적 효과가 발생하는 행정행위. 법률행위적 행정행위에 명령적 행정행위, 형성적 행정행위가 있다. ② 준법률행위적 행정행위는 판단, 인식, 관념 등을 구성요소로 하며, 행정청의 의사(효과의사)와 무관하게 법률 규정에 의해 법이 정한 효과가 발생하는 행정행위를 말한다. 준법률행위적 행정행위에 확인, 공증, 통지, 수리행위가 있다.
명령적 행정행위	① 국민에 대하여 일정한 의무를 부과하거나 의무를 해제하는 법률행위적 행정행위를 말한다. ② 인간이 본래 지니고 있는 자연적 자유를 규율하는 행위(자유의 제한과 해제). 하명, 허가, 면제가 있다. ③ 하명: 작위, 부작위(금지), 수인, 급부 의무 부과 　예 시설명령, 통행금지, 강제입원명령, 조세부과처분 ④ 허가: 부작위(금지) 의무 해제　예 영업허가, 운전면허 ⑤ 면제: 작위, 수인, 급부 의무 해제　예 조세면제
형성적 행정행위	① 상대방에게 권리나 능력을 창설하거나 제3자를 위해 일정한 행위를 하는 법률행위적 행정행위를 말한다. 특허, 인가, 대리가 있다. ② 특허: 권리, 능력, 포괄적 신분 등을 설정하는 행위 　예 버스운송사업면허, 어업면허, 공기업허가, 광업허가, 귀화허가 등 ③ 인가: 제3자의 법률적 행위를 보충하여 그 법률상의 효과를 완성하는 행위 　예 재건축조합의 사업시행계획결의, 비영리법인 설립, 토지거래허가 등 ④ 대리: 제3자인 국민이 해야 할 일을 행정청이 대신하여 행하는 행위 　예 감독청에 의한 정관 작성이나 임원 임명, 토지보상액에 대한 토지수용위원회의 재결, 강제징수절차로서 공매행위 등
확인	① 특정한 사실관계 또는 법률관계에 관하여 의문이 있거나 다툼이 있는 경우에 행정청이 이를 공적인 권위로 확인하는 준법률행위적 행정행위를 말한다. ② 쟁송법상의 확인(행정심판의 재결, 이의신청), 조직법상의 확인(국가시험의 합격자 결정, 면허시험 합격, 선거에서의 당선인 결정), 급부행정상의 확인(발명특허, 교과서 검정, 도로·하천 구역 결정), 재정법상의 확인(소득세 부과를 위한 소득금액 결정), 그 밖에 국가유공자등록 결정, 장애등급 결정 등이 있다. ③ '친일반민족행위자 재산의 국가귀속에 관한 특별법'상 친일반민족행위자재산조사위원회의 국가귀속결정은 당해 재산이 친일재산에 해당한다는 사실을 확인하는 이른바 준법률행위적 행정행위의 성격을 가진다(대법원 2008.11.13. 2008두13491). ④ 법률의 개별 규정에 따라 그 효과가 달리 발생한다.

공증	① 특정한 사실관계 또는 법률관계를 공적으로 증명하는 준법률행위적 행정행위를 말한다. ② 의문이나 분쟁이 있음을 전제로 하지 않는다는 점에서 확인과 구별된다. ③ 공적 장부의 등기·등록 등(부동산등기부 등기, 선거인명부 등재, 상표사용권설정 등록), 증명서 발급(화재증명서 발급, 합격증서 발급, 면허증 발급), 그 밖에 여권 발급, 영수증 교부, 회의록 기재 등이 있다. ④ 건축물대장의 작성은 건축물의 소유권을 제대로 행사하기 위한 전제요건으로서 건축물 소유자의 실체적 권리관계에 밀접하게 관련되어 있으므로 건축물대장 소관청의 작성신청 반려행위는 국민의 권리관계에 영향을 미치는 것으로서 항고소송의 대상이 되는 행정처분에 해당한다(대법원 2009.2.12. 2007두17359). ⑤ 건설업면허증 및 건설업면허수첩의 재교부는 건설업의 면허를 받았다고 하는 특정사실에 대하여 형식적으로 그것을 증명하고 공적인 증거력을 부여하는 행정행위(강학상의 공증행위)이므로, 면허증 및 면허수첩의 재교부에 의하여 재교부 전의 면허는 실효되고 새로운 면허가 부여된 것이라고 볼 수 없다(대법원 1994.10.25. 93누21231). ⑥ 공증에 의해 공적 증거력이 발생한다. 개별 법률 규정에 따라 권리행사의 요건(선거인명부 등재→선거권 행사), 권리의 성립요건(부동산등기부 등기→소유권 변동) 등이 되기도 한다.
통지	① 행정청이 특정한 사실 또는 의사를 알리는 준법률행위적 행정행위를 말한다. ② 관념의 통지(특허출원 공고, 귀화의 고시, 토지수용에 있어서 사업인정고시), 의사의 통지(대집행의 계고, 납세 독촉) 등이 있다. ③ 국가공무원법상 당연퇴직의 인사발령은 법률상 당연히 발생하는 퇴직사유를 공적으로 확인하여 알려주는 이른바 관념의 통지에 불과하고 공무원의 신분을 상실시키는 새로운 형성적 행위가 아니므로 행정소송의 대상이 되는 독립한 행정처분이라고 할 수 없다(대법원 1995.11.14. 95누2036).
수리행위	① 법규상 행정청에게 수리의무가 있는 경우에 신고, 신청 등 타인의 행위를 행정청이 적법한 행위로 받아들이는 준법률행위적 행정행위를 말한다. ② 수리는 행정청이 타인의 행위를 유효한 것으로 수령하는 의사작용이므로 사실행위인 도달 또는 접수와 구별된다. 수리를 요하지 않는 신고의 경우에 실무상 수리라는 용어를 쓰더라도 사실행위인 접수에 불과하다. ③ 사직서의 수리, 혼인신고서의 수리, 이의신청·행정심판청구서 수리, 주민등록 전입신고의 수리 등이 있다. ④ 수리는 원칙적으로 기속행위이다. 정신과의원을 개설하려는 자가 법령에 규정되어 있는 요건을 갖추어 개설신고를 한 때에, 행정청은 원칙적으로 이를 수리하여 신고필증을 교부하여야 하고, 법령에서 정한 요건 이외의 사유를 들어 의원급 의료기관 개설신고의 수리를 거부할 수는 없다(대법원 2018.10.25. 2018두44302).

3. 사실행위의 종류

권력적 사실행위	① 행정주체가 우월적 지위에서 행하는 행위로서 공권력 행사의 실질을 가지는 사실행위를 말한다. ② 행정상 즉시강제, 강제집행 중에서 직접강제 등
비권력적 사실행위	① 행정주체가 행하는 행위로서 상대방의 의사에 반하지 않거나 강제력 행사가 아닌 사실행위를 말한다. ② 행정지도, 여론조사, 도로 건설 등

4. 행정의 자동결정 〈23 채용〉

의의	① 행정과정에서 컴퓨터 등의 자동화된 시스템에 전자처리정보를 투입하여 행정업무를 자동으로 수행하는 것을 말한다. ② 신호등에 의한 교통신호, 컴퓨터를 통한 중·고등학생의 학교배정 등이 있다.
법적 성질	통설은 행정자동결정이 행정행위라고 본다.
법적 근거	행정청은 법률로 정하는 바에 따라 완전히 자동화된 시스템(인공지능 기술을 적용한 시스템을 포함한다)으로 처분을 할 수 있다. 다만, 처분에 재량이 있는 경우는 그러하지 아니하다(행정기본법 제20조 자동적 처분).

5. 법 적용의 기준(행정기본법 제14조)

① 새로운 법령등은 법령등에 특별한 규정이 있는 경우를 제외하고는 그 법령등의 효력 발생 전에 완성되거나 종결된 사실관계 또는 법률관계에 대해서는 적용되지 아니한다.

② 당사자의 신청에 따른 처분은 법령등에 특별한 규정이 있거나 처분 당시의 법령등을 적용하기 곤란한 특별한 사정이 있는 경우를 제외하고는 처분 당시의 법령등에 따른다.

③ 법령등을 위반한 행위의 성립과 이에 대한 제재처분은 법령등에 특별한 규정이 있는 경우를 제외하고는 법령등을 위반한 행위 당시의 법령등에 따른다. 다만, 법령등을 위반한 행위 후 법령등의 변경에 의하여 그 행위가 법령등을 위반한 행위에 해당하지 아니하거나 제재처분 기준이 가벼워진 경우로서 해당 법령등에 특별한 규정이 없는 경우에는 변경된 법령등을 적용한다.

2 하명

1. 의의 〈19·23 채용, 21 경채, 20·23 승진〉

(1) 개념

① 하명이란 일반통치권에 근거하여 행정목적을 달성하기 위해 행정청이 국민에게 일정한 작위·부작위·수인·급부의 의무를 명하는 명령적 행정행위이다.
   예 교통경찰관의 수신호, 위급한 상황에서의 피난 명령

② 행정목적을 달성하기 위한 행정행위
   사회공공의 안녕질서 유지라는 행정상 목적을 위해 개인의 자연적 자유를 제한하거나 의무를 부과하는 것을 내용으로 하는 행정행위(법적 효과를 발생시키는 행위)이다.

③ 일반통치권에 근거한 명령적 행위
   행정상의 목적을 달성하기 위해 일반통치권에 의거하여 국민에게 작위·부작위·수인·급부의 의무를 명하는 행정작용이다.

④ 구별 개념
   사실행위인 즉시강제, 형성적 행위인 특허나 인가, 특별행정법관계에 의한 직무상 명령

(2) 법규하명

① 법령에서 직접 의무를 부과하는 것을 법규하명이라고 한다.
② **법규하명은** 국민에 대한 의무 부과가 행정기관의 별도 행정처분을 기다리지 않고 이루어지는 하명이다.
   예 누구든지 술에 취한 상태에서 자동차등, 노면전차 또는 자전거를 운전하여서는 아니 된다(도로교통법 제44조 제1항).

(3) 효과

① 하명의 상대방은 명령에 따를 의무를 진다.
② 하명이 있는 경우, 상대방은 행정주체에 대하여만 의무를 이행할 책임이 있고 그 이외의 제3자에 대하여 법상 의무를 부담하는 것은 아니다.
③ 효과의 이전성
'대물적 하명'의 경우에는 수명자의 지위를 승계한 자에게도 의무가 승계된다(통설). 예를 들어, 위법건축물 철거명령이 난 후에 건물을 매수한 자는 철거의무를 승계하게 된다.

2. 내용을 기준으로 한 분류 <23 채용, 20 승진, 21 경위>

(1) 작위 하명

적극적으로 어떠한 행위를 하도록 의무를 명하는 하명이다.

> 예 위법건축물에 대한 철거명령(→ 철거의무 발생), 자동차 운전자에 대한 운전면허증 제시 명령, 도로상 방치된 물건 제거 명령, 「소방기본법」 제12조 화재의 예방조치 등

(2) 부작위 하명

① 소극적으로 어떤 행위를 하지 아니할 의무를 명하는 하명이다.
② 경찰금지라고 하며 가장 보편적인 하명이다.

> 예 경찰서장이 운전면허 정지처분을 하여 운전금지 의무를 부과하는 경우(도로교통법 제93조 제1항 제1호), 경찰공무원이 음주운전을 하는 사람에 대하여 운전 금지를 명하는 경우(도로교통법 제47조 제2항)

절대적 금지	① 어떠한 경우에도 절대적으로 해제할 수 없는 금지이다. ② 법규하명의 형식으로 행하여진다. 　예 음주운전 금지, 청소년에게 술이나 담배 판매금지, 부패식품 판매 금지
상대적 금지	① 특정한 경우에는 해제하는 금지이다. ② 상대적 금지는 허가를 유보한 금지로서 허가라는 별도의 행정행위에 의해 비로소 금지가 해제된다. 　예 무면허 운전 금지, 유흥업소의 영업금지, 공공시설에서 공중의 건강을 위한 흡연행위 금지

(3) 급부하명

금전 또는 물품의 급부의무를 과하는 하명이다.

> 예 과태료 부과, 범칙금 통고처분, 면허시험 수수료 부과

(4) 수인하명

행정강제에 대하여 저항하지 말고 이를 참아야 할 의무를 지는 하명이다.

> 예 강제 보호조치에 따른 수인 의무 부과

3. 적법한 하명의 효과와 위반 시 조치 <19·23 채용, 21 경채, 21 경위>

(1) 적법한 하명의 효과

① 하명의 상대방인 수명자는 수인의무를 진다.
② 일정한 요건이 충족되면 손실보상을 청구할 수 있다.

(2) 하명 위반 시 조치

① 상대방이 하명을 위반할 경우에는 행정상 의무의 불이행이나 행정상 의무의 위반이 되어 행정강제의 대상이 되거나 행정벌이 과해질 수 있다.

② 하명 위반에 대한 행정청의 조치(의무실현)

의무의 불이행	㉠ 의무를 불이행한 경우에는 강제집행의 대상이 된다. ㉡ 위법건축물 해체명령 위반 → 행정대집행 ㉢ 조세부과처분 불이행 → 체납절차를 통한 강제징수
의무위반	㉠ 의무를 위반한 경우 또는 질서위반의 경우에는 행정벌의 대상이 된다. ㉡ 벌로써 심리적 강제를 하여 간접적으로 행정상 의무를 실현시킨다.

③ 민사법상 효과
  ㉠ 하명에 위반하여 이루어진 (사법상) 행위는 원칙적으로 그 사법적 효력에는 아무런 영향을 미치지 않는다.
  ㉡ **민사법상 법률상의 효과에는 직접적으로 아무런 영향도 미치지 않는다.**
    예 영업정지 명령에 위반하여 영업을 계속하였을 경우 당해 영업에 대한 거래행위의 효력은 부인되지 않는다.

4. 위법한 하명에 대한 구제 <23 채용, 21 경채, 20 승진>

① 위법한 하명으로 인하여 권리나 이익을 침해당한 자는 행정쟁송(예 취소 청구)을 제기하거나 국가배상(손해배상)을 청구할 수 있다.

② 위법한 하명으로 인하여 권리나 이익이 침해된 자는 고소, 고발을 할 수 있고, 정당방위가 성립할 수 있다.

③ 하명이 무효라면 이를 위반하여도 처벌할 수 없고, 저항하여도 공무집행방해죄가 성립하지 않는다.

④ 개발제한구역의 지정 및 관리에 관한 특별조치법 제30조 제1항에 의하여 행정청으로부터 시정명령을 받은 자가 이를 위반한 경우, 그로 인하여 동법 제32조 제2호에 정한 처벌을 하기 위하여는 시정명령이 적법한 것이라야 하고, **시정명령이 당연무효가 아니더라도 위법한 것으로 인정되는 한 동법 제32조 제2호 위반죄가 성립될 수 없다**(대법원 2017.9.21. 2017도7321).

3 허가

1. 의의 <18·22 채용, 18·20 경행, 19·23 승진>

(1) 개념

① 강학상 허가는 행정상 목적을 위해 일반적·상대적 금지(절대적 금지×)를 특정한 경우에 해제하여 적법하게 특정행위를 할 수 있도록 자연적 자유를 회복시켜 주는 명령적 행정행위이다.
  예 건축허가, 영업허가, 총포 소지 허가

② **허가는 법령이 부과한 부작위의무를 해제하는 것이다.**

③ **허가는 허가가 유보된 상대적 금지에 인정되며, 절대적 금지의 경우에는 인정되지 않는다.** 즉, 일반적인 경찰금지 중에서 누구에게나 또 어떤 경우에도 해제할 수 없는 절대적 금지(아편의 흡입 등)에 대해서가 아니라, 상대적 금지를 해제하여 주는 것이다.

(2) **면제와의 비교**

① 면제는 의무를 해제하는 행위라는 면에서 허가와 성질을 같이 한다.
② 면제는 법령에 의하여 과하여진 작위・급부・수인의무를 특정한 경우에 해제하여 주는 행정행위라고 할 수 있다.

허가	경찰금지(부작위의무)를 해제한다.
면제	행정상의 작위・급부・수인의 의무를 해제하는 행위이다.

(3) **법적 성질**

명령적 행정행위	**한의사 면허는** 경찰금지를 해제하는 명령적 행위(강학상 허가)에 해당한다(대법원 1998. 3.10. 97누4289).
원칙적으로 기속행위	식품위생법상 영업허가는 성질상 일반적 금지의 해제에 불과하므로 허가권자는 허가신청이 법에서 정한 요건을 구비한 때에는 허가하여야 한다(대법원 2000.3.24. 97누12532).
예외적 허가	구 도시계획법 및 같은 법 시행규칙 규정을 종합하여 보면, 개발제한구역 안에서는 구역 지정의 목적상 건축물의 건축 등의 개발행위는 원칙적으로 금지되고, 다만 구체적인 경우에 이와 같은 구역 지정의 목적에 위배되지 아니할 경우 예외적으로 허가에 의하여 그러한 행위를 할 수 있게 되어 있음이 그 규정의 체제와 문언상 분명하고, 이러한 예외적인 건축허가는 그 상대방에게 수익적인 것에 틀림이 없으므로 그 법률적 성질은 재량행위 내지 자유재량행위에 속하는 것이다(대법원 2003.3.28. 2002두11905).

2. 종류

대인적 허가	① 사람의 능력, 지식, 자격과 같은 인적 요소(주관적 요소)를 심사 대상으로 하는 허가이다. ② 일신전속적 성격이므로 이전이 불가능하다. 예 운전면허, 의사면허, 마약류취급면허 등
대물적 허가	① 물건의 내용・상태 등 객관적 사정을 심사 대상으로 하는 허가이다. ② 물건의 이전에 따라 이전이 가능하다. 예 자동차 검사, 건축허가, 주유소영업허가, 채석허가, 산림의 무단 형질변경에 따른 원상회복의무 등 ③ 건축허가는 대물적 성질을 갖는 것(대물적 허가)이어서 행정청으로서는 그 허가를 할 때에 건축주 또는 토지 소유자가 누구인지 등 인적 요소에 관하여는 형식적 심사만 한다(대법원 2010.5.13. 2010두2296).
혼합적 허가	① 사람과 물건을 모두 심사 대상으로 하는 허가이다. ② 이전성이 제한된다. 예 총포류 제조 허가, 자동차운전학원의 허가, 풍속영업 허가

3. 허가의 효과 〈18・22 채용, 15 경행, 19 승진〉

(1) **일반적 효과**

① 상대적 금지의 해제이다.
유기장영업허가는 유기장영업권을 설정하는 설권행위가 아니고 일반적 금지를 해제하는 영업자유의 회복이라 할 것이므로 그 영업상의 이익은 반사적 이익에 불과하다(대법원 1985.2.8. 84누369).
② 일반적 금지가 상대적으로 해제됨으로써 허가를 받은 자는 적법하게 허가된 행위를 할 수 있게

되지만, 다른 법령상의 제한까지 해제되는 것은 아니다.
> 예 공무원이 단란주점 영업허가를 받은 경우 식품위생법상의 금지만을 해제한 것이고, 공무원법상의 영리업무 금지까지 해제해 주는 것은 아니다.

(2) 무허가행위의 효과

① 허가 없이 한 행위(무허가행위)는 공법상 강제집행이나 행정벌(처벌)의 대상이 된다.
② 허가는 특정행위를 사실상 적법하게 할 수 있도록 하는 적법요건이지, 유효요건은 아니다. 유효요건은 사법상의 행위(매매와 같은 거래 행위)가 효력이 있는지 여부를 판단하는 요건이다.
③ **허가 없이 한 행위라도 사법상 효력은 인정되므로 사법상 행위 자체는 유효하다.**
> 예 일반적으로 영업허가를 받지 아니한 상태에서 행한 사법상 법률행위는 유효하다. 허가 없이 한 주유소 영업이라도 손님들에게 기름을 판매하였다면 손님들은 기름값을 지급할 의무가 있다.

4. 허가의 기준과 갱신 〈18·22 채용, 15 경행, 19 승진〉

(1) 허가 신청과 적용 기준

① 허가는 상대방의 신청에 의해서 행해지는 것이 보통이나 예외적으로 신청에 의하지 않고도 행하여질 수 있다(임의적 신청). 이 점에서 당사자의 신청에 의해서만 행해지는 강학상 특허와 구별된다(필요적 신청).
> 예 통행금지 해제 등 일반 처분

② 법 적용의 시적 기준(행정기본법 제14조 제2항)
당사자의 신청에 따른 처분은 법령등에 특별한 규정이 있거나 처분 당시의 법령등을 적용하기 곤란한 특별한 사정이 있는 경우를 제외하고는 처분 당시의 법령등에 따른다.

③ 판례에 의하면 허가여부의 결정기준은 특별한 사정이 없는 한 원칙적으로 허가(신청×) 당시의 법령에 의한다.

④ 허가신청 후 허가기준이 변경된 경우 새로운 허가기준으로 처분을 하여야 한다.
허가 등의 행정처분은 원칙적으로 처분 시의 법령과 허가기준에 의하여 처리되어야 하고 허가신청 당시의 기준에 따라야 하는 것은 아니며, 비록 허가신청 후 허가기준이 변경되었다 하더라도 그 허가관청이 허가신청을 수리하고도 정당한 이유 없이 그 처리를 늦추어 그 사이에 허가기준이 변경된 것이 아닌 이상 변경된 허가기준에 따라서 처분을 하여야 한다(대법원 1996.8.20. 95누10877).

(2) 허가요건의 추가

① 허가의 요건은 법령으로 규정되어야 하며, 법령의 근거 없이 행정권이 독자적으로 허가요건을 추가하는 것은 허용되지 아니한다.
② 건축허가권자는 건축허가신청이 건축법 등 관계 법규에서 정하는 어떠한 제한에 배치되지 않는 이상 당연히 같은 법조에서 정하는 건축허가를 하여야 하고, 중대한 공익상의 필요가 없음에도 불구하고, 요건을 갖춘 자에 대한 허가를 관계 법령에서 정하는 제한사유 이외의 사유를 들어 거부할 수는 없다(대법원 2006.11.9. 2006두1227).
③ 식품위생법상 영업허가는 성질상 일반적 금지의 해제에 불과하므로 허가권자는 허가신청이 법에서 정한 요건을 구비한 때에는 허가하여야 하고 관계 법령에서 정하는 제한사유 외에 공공복리 등의 사유를 들어 허가신청을 거부할 수는 없고, 이러한 법리는 허가사항의 변경허가에 관하여도 마찬가지이다(대법원 2000.3.24. 97누12532).

4 특허, 인가

1. 특허 <19 경행>

(1) 의의

① 권리, 능력, 포괄적 신분 등을 설정하는 형성적 행정행위를 말한다.
   > **예** 운송사업면허, 어업면허, 공기업허가, 광업허가, 공무원임명, 귀화허가 등

② 도로법 제40조 제1항에 의한 도로점용은 일반공중의 교통에 사용되는 도로에 대하여 이러한 일반사용과는 별도로 도로의 특정부분을 유형적·고정적으로 특정한 목적을 위하여 사용하는 이른바 특별사용을 뜻하는 것이고, 이러한 도로점용의 허가는 특정인에게 일정한 내용의 공물사용권을 설정하는 설권행위로서, 공물관리자가 신청인의 적격성, 사용목적 및 공익상의 영향 등을 참작하여 허가를 할 것인지의 여부를 결정하는 재량행위이다(대법원 2002.10.25. 2002두5795).

(2) 특허의 종류

권리설정행위 (협의의 특허)	① 공물사용권 특허(도로점용허가, 하천점용허가, 공유수면 점용허가 등), 공유수면 매립면허, 행정재산의 사용·수익허가, 토지수용권설정, 광업허가 등 ② 특허기업의 특허(자동차운수사업, 전기공급사업, 도시가스공급사업 등의 공익사업), 공기업특허, 개인택시운송사업면허
능력설정행위	공법인 설립행위
포괄적 법률관계 설정행위	공무원임명(특별행정법관계설정), 귀화허가(일반행정법관계설정) 등

(3) 관련 판례

행정재산의 사용·수익 허가	공유재산의 관리청이 행하는 행정재산의 사용·수익에 대한 허가는 순전히 사경제주체로서 행하는 사법상의 행위가 아니라 관리청이 공권력을 가진 우월적 지위에서 행하는 행정처분으로서 특정인에게 행정재산을 사용할 수 있는 권리를 설정하여 주는 강학상 특허에 해당한다(대법원 1998.2.27. 97누1105). ※ 국립의료원 부설주차장에 관한 위탁관리용역 운영계약
도로점용 허가	도로점용의 허가는 특정인에게 일정한 내용의 공물사용권을 설정하는 설권행위이다(대법원 2002.10.25. 2002두5795).
하천점용 허가	하천의 점용허가권은 특허에 의한 공물사용권의 일종이다(대법원 1990.2.13. 89다카23022).
공유수면 점용허가	구 공유수면관리법에 따른 공유수면의 점·사용허가는 특정인에게 공유수면 이용권이라는 독점적 권리를 설정하여 주는 처분으로서 그 처분의 여부 및 내용의 결정은 원칙적으로 행정청의 재량에 속한다고 할 것이고, 이와 같은 재량처분에 있어서는 그 재량권 행사의 기초가 되는 사실인정에 오류가 있거나 그에 대한 법령적용에 잘못이 없는 한 그 처분이 위법하다고 할 수 없다(대법원 2004.5.28. 2002두5016).
귀화허가	귀화허가는 외국인에게 대한민국 국적을 부여함으로써 국민으로서의 법적 지위를 포괄적으로 설정하는 행위에 해당한다. 법무부장관은 귀화신청인이 법률이 정하는 귀화요건을 갖추었다고 하더라도 귀화를 허가할 것인지 여부에 관하여 재량권을 가진다(대법원 2010.7.15. 2009두19069).
체류자격 변경허가	출입국관리법령에 비추어 보면, 체류자격 변경허가는 신청인에게 당초의 체류자격과 다른 체류자격에 해당하는 활동을 할 수 있는 권한을 부여하는 일종의 설권적 처분의 성격을 가지므로, 허가권자는 신청인이 관계 법령에서 정한 요건을 충족하였더라도, 신청인의 적격성, 체류 목적, 공익상의 영향 등을 참작하여 허가 여부를 결정할 수 있는 재량을 가진다(대법원 2016.7.14. 2015두48846).

개인택시운송 사업면허	자동차운수사업법에 의한 개인택시운송사업면허는 특정인에게 권리나 이익을 부여하는 행정행위로서 법령에 특별한 규정이 없는 한 재량행위이고, 그 면허를 위하여 필요한 기준을 정하는 것도 역시 행정청의 재량에 속하는 것이므로, 그 설정된 기준이 객관적으로 합리적이 아니라거나 타당하지 않다고 볼 만한 다른 특별한 사정이 없는 이상 행정청의 의사는 가능한 한 존중되어야 한다(대법원 1996.10.11. 96누6172).

2. 인가

개념	법률적 행위를 보충하여 효력을 완성하는 형성적 행정행위를 말한다. 예 재개발조합의 정관변경 인가, 비영리법인 설립 허가 등
재단법인 정관변경 "허가"	민법 제45조와 제46조에서 말하는 재단법인의 정관변경 "허가"는 법률상의 표현이 허가로 되어 있기는 하나, 그 성질에 있어 법률행위의 효력을 보충해 주는 것이지 일반적 금지를 해제하는 것이 아니므로, 그 법적 성격은 인가라고 보아야 한다(대법원 1996.5.16. 95누4810 전원합의체).
토지거래 허가	토지거래 규제지역 내의 모든 국민에게 전반적으로 토지거래의 자유를 금지하고 일정한 요건을 갖춘 경우에만 금지를 해제하여 계약체결의 자유를 회복시켜 주는 성질의 것이라고 보는 것은 위 법의 입법취지를 넘어선 지나친 해석이라고 할 것이고, 규제지역 내에서도 토지거래의 자유가 인정되나 다만 위 허가를 허가 전의 유동적 무효 상태에 있는 법률행위의 효력을 완성시켜 주는 인가적 성질을 띤 것이라고 보는 것이 타당하다(대법원 1991.12.24. 90다12243 전원합의체).
학교법인의 임원에 대한 감독청의 취임승인	사립학교법 제20조 제2항에 의한 학교법인의 임원(이사)에 대한 감독청의 취임승인은 학교법인의 임원선임행위를 보충하여 그 법률상의 효력을 완성케 하는 보충적 행정행위로서 성질상 기본행위를 떠나 승인처분 그 자체만으로는 법률상 아무런 효력도 발생할 수 없다. 그러므로 기본행위인 학교법인의 임원선임행위가 불성립 또는 무효인 경우에는 비록 그에 대한 감독청의 취임승인이 있었다 하여도 이로써 무효인 그 선임행위가 유효한 것으로 될 수는 없다(대법원 1987.8.18. 86누152).

5 기속행위와 재량행위

1. 의의 <22 채용>

(1) 기속행위

① 기속행위란 행정의 근거 법규상 요건에 따른 행위의 효과가 일의적으로 규정되어 있어서 법규에서 정한 요건이 충족되면 행정청이 일정한 행위를 반드시 해야 하거나 하지 말아야 하는 행정행위를 말한다.
② 행정청은 그 법규를 단순히 기계적으로 집행하는 데 불과한 경우이다.
③ '하여야 한다' 또는 '한다'로 규정하고 있는 경우 그에 의한 행정행위는 일반적으로 기속행위이다.

(2) 재량행위

① 재량행위란 행정의 근거 법규상 요건이나 효과에 대하여 행정청에 일정한 한도 내에서 독자적으로 판단할 수 있는 권한 또는 선택할 수 있는 권한을 인정하는 경우 이에 따른 행정행위를 의미한다.

② 재량의 유형
　㉠ 재량행위는 결정재량과 선택재량으로 구분된다.
　㉡ 결정재량은 행정청이 행정행위를 할 것인지에 대한 자유가 부여되는 것을 말한다.
　　예 재량을 선택재량과 결정재량으로 나눌 경우, 경찰공무원의 비위에 대해 징계처분을 하는 결정과 그 공무원의 건강 등 제반사정을 고려하여 징계처분을 하지 않는 결정 사이에서 선택권을 갖는 것을 결정재량이라 한다.
　㉢ 선택재량은 행정행위를 발하여야 하지만, 행정행위의 종류 선택, 행정행위의 상대방 선택 등의 자유가 인정되는 것을 말한다.
　　예 영업허가 취소 또는 정지처분 중 선택하는 경우, 영업허가신청을 한 다수인 중에 적정한 자를 선택하는 경우
③ '할 수 있다'로 규정하고 있는 경우 그에 의한 행정행위는 일반적으로 재량행위이다.

(3) 행위의 요건과 효과

경찰관 직무집행법	제3조(불심검문) 제1항 경찰관은 다음 각 호의 어느 하나에 해당하는 사람(요건)을 정지시켜 질문할 수 있다(효과).
도로교통법	제93조(운전면허의 취소·정지) 제1항 시·도경찰청장은 운전면허를 받은 사람이 다음 각 호의 어느 하나에 해당하면(요건) 행정안전부령으로 정하는 기준에 따라 운전면허를 취소하거나 1년 이내의 범위에서 운전면허의 효력을 정지시킬 수 있다(효과).
집회 및 시위에 관한 법률	제8조(집회 및 시위의 금지 또는 제한 통고) 제1항 단서 관할경찰관서장은 집회 또는 시위가 집단적인 폭행, 협박, 손괴, 방화 등으로 공공의 안녕 질서에 직접적인 위험을 초래한 경우(불확정개념)에는 남은 기간의 해당 집회 또는 시위에 대하여 신고서를 접수한 때부터 48시간이 지난 경우에도 금지 통고를 할 수 있다.
도로교통법	제93조(운전면허의 취소·정지) 제3항 시·도경찰청장은 연습운전면허를 발급받은 사람이 운전 중 고의 또는 과실로 교통사고를 일으키거나 이 법이나 이 법에 따른 명령 또는 처분을 위반한 경우(요건)에는 연습운전면허를 취소하여야 한다(효과).

2. 기속행위와 재량행위의 구별 기준 〈22 채용, 20·21 경행〉

(1) 일반적 기준

① 일반적으로 자연적 자유의 회복을 내용으로 하는 강학상 허가는 기속행위이고, 상대방에게 특별한 권리를 설정해 주는 강학상 특허는 재량행위로 볼 수 있다. 한편, 수익적 행정행위는 재량행위 인정에 고려될 수 있고, 부담적 행정행위는 기속행위 인정에 고려될 수 있다.
② 행정행위가 그 재량성의 유무 및 범위와 관련하여 이른바 기속행위 내지 기속재량행위와 재량행위 내지 자유재량행위로 구분된다고 할 때, 그 구분은 당해 행위의 근거가 된 법규의 체재·형식과 그 문언, 당해 행위가 속하는 행정 분야의 주된 목적과 특성, 당해 행위 자체의 개별적 성질과 유형 등을 모두 고려하여 판단하여야 한다(대법원 2001.2.9. 98두17593).
　　예 「도로교통법」제93조 제1항 제14호에 따르면 교통단속임무를 수행하는 경찰공무원을 폭행한 사람의 운전면허는 취소하여야 한다고 규정되어 있으므로 시·도경찰청장의 운전면허 취소는 기속행위에 해당한다. 따라서 행정청이 재량여지가 없으므로 재량권의 일탈·남용과는 관련이 없다.

(2) **구체적 검토**

① 식품위생법상 영업허가는 성질상 일반적 금지에 대한 해제에 불과하므로 허가권자는 허가신청이 법에서 정한 요건을 구비한 때에는 허가하여야 하고 관계법규에서 정하는 제한사유 이외의 사유를 들어 허가신청을 거부할 수 없다(대법원 1993.5.27. 93누2216).

② 주류판매업 면허는 설권적 행위가 아니라 주류판매의 질서유지, 주세 보전의 행정목적 등을 달성하기 위하여 개인의 자연적 자유에 속하는 영업행위를 일반적으로 제한하였다가 특정한 경우에 이를 회복하도록 그 제한을 해제하는 강학상의 허가로 해석되므로 주세법 제10조 제1호 내지 제11호에 열거된 면허제한사유에 해당하지 아니하는 한 면허관청으로서는 임의로 그 면허를 거부할 수 없다(대법원 1995.11.10. 95누5714).

③ 국토의 계획 및 이용에 관한 법률 제56조 제1항 제2호의 규정에 의한 토지의 형질변경허가는 그 금지요건이 불확정개념(※ 주변환경이나 경관과 조화를 이룰 것)으로 규정되어 있어 그 금지요건에 해당하는지 여부를 판단함에 있어서 행정청에게 재량권이 부여되어 있다고 할 것이므로, 같은 법에 의하여 지정된 도시지역 안에서 토지의 형질변경행위를 수반하는 건축허가는 결국 재량행위에 속한다(대법원 2005.7.14. 2004두6181).

④ 구 도시계획법상 개발제한구역 내에서의 예외적인 건축허가는 그 상대방에게 수익적인 것에 틀림이 없으므로 그 법률적 성질은 재량행위 내지 자유재량행위에 속하는 것이다(대법원 2003.3.28. 2002두11905).

⑤ 마을버스운송사업면허의 허용 여부는 사업구역의 교통수요, 노선결정, 운송업체의 수송능력, 공급능력 등에 관하여 기술적·전문적인 판단을 요하는 분야로서 이에 관한 행정처분은 운수행정을 통한 공익실현과 아울러 합목적성을 추구하기 위하여 보다 구체적 타당성에 적합한 기준에 의하여야 할 것이므로 그 범위 내에서는 법령이 특별히 규정한 바가 없으면 행정청의 재량에 속하는 것이다(대법원 2001.1.19. 99두3812).

3. 재량행사의 기준과 재량통제 (22·23 채용)

재량행사의 기준	행정청은 재량이 있는 처분을 할 때에는 관련 이익을 정당하게 형량하여야 하며, 그 재량권의 범위를 넘어서는 아니 된다(행정기본법 제21조).
재량통제 (국민의 공권)	① 무하자재량행사청구권 　행정청의 위법한 재량권의 행사(작위)에 대해 하자 없는 재량권 행사를 요구할 권리 또는 신청에 대한 위법한 재량권의 불행사(부작위)에 대해 적법한 응답을 요구할 형식적 권리 ② 행정개입청구권 　재량권의 불행사(부작위)가 위법한 경우 행정개입을 청구할 수 있는 권리 ③ 재량처분의 취소(행정소송법 제27조) 　행정청의 재량에 속하는 처분이라도 재량권의 한계를 넘거나(※ 일탈) 그 남용이 있는 때에는 법원은 이를 취소할 수 있다. ④ 재량권의 남용이란 재량권의 내적 한계(재량권이 부여된 내재적 목적)를 벗어난 것을 말하며, 재량권의 일탈이란 재량권의 외적 한계(법적·객관적 한계)를 벗어난 것을 의미한다.

재량통제 (국민의 공권)	⑤ [1] 공무원인 피징계자에게 징계사유가 있어서 징계처분을 하는 경우 어떠한 처분을 할 것인가는 징계권자의 재량에 맡겨진 것이고, 다만 징계권자가 재량권의 행사로서 한 징계처분이 사회통념상 현저하게 타당성을 잃어 징계권자에게 맡겨진 재량권을 남용한 것이라고 인정되는 경우에 한하여 그 처분을 위법하다고 할 수 있고, 공무원에 대한 징계처분이 사회통념상 현저하게 타당성을 잃었다고 하려면 구체적인 사례에 따라 징계의 원인이 된 비위사실의 내용과 성질, 징계에 의하여 달성하려고 하는 행정목적, 징계 양정의 기준 등 여러 요소를 종합하여 판단할 때에 그 징계 내용이 객관적으로 명백히 부당하다고 인정할 수 있는 경우라야 하고, 징계권의 행사가 임용권자의 재량에 맡겨진 것이라고 하여도 공익적 목적을 위하여 징계권을 행사하여야 할 공익의 원칙에 반하거나 일반적으로 징계사유로 삼은 비행의 정도에 비하여 균형을 잃은 과중한 징계처분을 선택함으로써 비례의 원칙에 위반하거나 또는 합리적인 사유 없이 같은 정도의 비행에 대하여 일반적으로 적용하여 온 기준과 어긋나게 공평을 잃은 징계처분을 선택함으로써 평등의 원칙에 위반한 경우에 이러한 징계처분은 재량권의 한계를 벗어난 처분으로서 위법하다 할 것이다. [2] 유흥업소 단속에 관한 청탁행위로 징계위원회에 회부된 경찰공무원에 대하여 해임처분을 한 사안에서 징계재량권의 범위를 일탈·남용한 것으로 본 사례(대법원 1999. 11. 26. 98두6951).
무하자 재량행사 청구권	[1] 다수의 검사 임용신청자 중 일부만을 검사로 임용하는 결정을 함에 있어, 적어도 재량권의 한계 일탈이나 남용이 없는 위법하지 않은 응답을 할 의무가 임용권자에게 있고 이에 대응하여 임용신청자로서도 재량권의 한계 일탈이나 남용이 없는 적법한 응답을 요구할 권리가 있다. [2] 검사의 임용 여부는 임용권자의 자유재량에 속하는 사항이나, 법령상 검사임용 신청 및 그 처리의 제도에 관한 명문 규정이 없다고 하여도 조리상 임용권자는 임용신청자들에게 전형의 결과인 임용 여부의 응답을 해줄 의무가 있다고 할 것이다. [3] 검사의 임용에 있어서 임용권자가 임용여부에 관하여 어떠한 내용의 응답을 할 것인지는 임용권자의 자유재량에 속하므로 일단 임용거부라는 응답을 한 이상 설사 그 응답내용이 부당하다고 하여도 사법심사의 대상으로 삼을 수 없는 것이 원칙이나, 적어도 재량권의 한계 일탈이나 남용이 없는 위법하지 않은 응답을 할 의무가 임용권자에게 있고 이에 대응하여 임용신청자로서도 재량권의 한계 일탈이나 남용이 없는 적법한 응답을 요구할 권리가 있다고 할 것이며, 이러한 응답신청권에 기하여 재량권 남용의 위법한 거부처분에 대하여는 항고소송으로서 그 취소를 구할 수 있다고 보아야 하므로 임용신청자가 임용거부처분이 재량권을 남용한 위법한 처분이라고 주장하면서 그 취소를 구하는 경우에는 법원은 재량권남용 여부를 심리하여 본안에 관한 판단으로서 청구의 인용 여부를 가려야 한다(대법원 1991.2.12. 90누5825).

4. 경찰개입청구권

의의	① 행정청의 위법한 부작위(不作爲)로 권익을 침해당한 자가 해당 행정청에 대하여 제3자에 대한 경찰권의 발동을 청구하는 권리를 말한다. ② 경찰개입청구권은 독일에서 학설·판례(1960년 띠톱판결)를 통해 발전된 개념이다. ③ 오늘날 복지국가적 행정을 요구하고 있는 시대적 요청에 따라 경찰행정 분야에서도 각 개인이 경찰권의 발동을 요청할 수 있는 권리인 경찰개입청구권(재량권의 0으로의 수축이론)을 인정하기에 이르렀다. ④ 오늘날 사회적 법치국가에서는 경찰개입청구권이 인정될 여지가 점점 확대되어 가고 있는 경향이다. ⑤ 제3자의 환경 유해물로 인하여 건강에 심각한 위협을 받고 있는 경우, 범죄로 인하여 생명 또는 신체에 위협을 받고 있는 경우 등을 예로 들 수 있다.

띠톱판결 (Rands ge urteil)	① 경찰(행정)개입청구권을 최초로 인정한 판결이다. 소음, 분진과 관련한 인근 주민의 행정권 발동 청구 사건으로 환경행정의 규제와 관련하여 재량권 0으로의 수축이론이 확립된 판례이다. ② 재량행위(편의주의) → 기속행위(재량권 0으로의 수축=의무) ㉠ 인근 주민인 원고의 청구를 인용하였다. 행정개입 여부는 원칙적으로 재량이지만, 일정한 상황하에서는 재량권이 영으로 수축되고, 이때 개인은 행정당국에 대해 해당 조치를 취할 것을 청구할 수 있는 권리를 가진다. ㉡ 행정편의주의(재량권이 인정된 경우)는 행정기관이 그의 임무와 책임에 비추어 합목적성의 원칙에 따라 행정개입을 할지 여부 및 그 내용을 결정할 수 있다는 원칙을 말한다. ㉢ 이러한 법으로부터 자유로운 영역에서도 개인의 생명, 신체, 재산 등의 중요한 법익은 물론 공공의 안녕과 질서에 대한 위험이 절박한 경우(급박하고 현저한 침해의 우려가 있는 경우)에는 행정권 발동만이 유일한 방법이 되는 경우가 있다(재량권 0으로의 수축). ③ 반사적 이익 → 법률상 보호법익(개인적 공권의 확대) ㉠ 과거에는 질서행정분야의 법규가 공익만을 보호하고 직접적으로 사인의 이익을 보호하는 것으로 해석하지 않았다. 그 결과 질서행정작용으로 인하여 사인이 어떤 이익을 향유하더라도 그 이익은 반사적 이익에 지나지 않는다고 보았다. ㉡ 그러나 근래에는 행정 법규의 취지를 해석하면서 사인의 이익도 아울러 보호하는 것으로 해석하는 경향이 확대되고 있다. 반사적 이익이 법률상 보호되는 이익으로 해석되면서 공권이 확대되고 있다.
요건	① 강행법규에 의한 법률상 의무의 존재 ㉠ 행정주체에게 강행법규에 의한 개입의무가 인정되어야 한다. ㉡ 기속행위의 경우에는 개입의무가 인정되며, 재량행위의 경우에는 재량권이 0으로 수축한 경우에 개입의무가 인정된다. ② 사익보호성의 존재 경찰개입청구권이 성립하기 위해서는 관련 법규의 해석상 그 취지가 개인의 이익도 보호하기 위한 것이어야 한다.
판례	① 경찰관의 부작위로 인한 손해에 대하여 국가의 손해배상책임 인정 행정청의 개입의무(기속행위, 재량행위의 경우 재량권이 0으로 수축한 경우)가 존재함에도 행정청의 부작위로 인하여 손해가 발생한 경우 대법원은 국가의 손해배상책임을 인정하고 있다. ② 김신조 무장간첩 사건(이 사안과 가장 관계가 깊은 것은 재량권 0으로의 수축론) 지구대 직원 갑은 주민 을로부터 집에 간첩이 있으니 출동하여 달라는 요청을 받았으나 출동하지 않았다. 을의 집에는 모친 병이 있었는데 을이 신고하러 간 사이에 간첩으로부터 살해당하였다. 그 후 을은 국가를 상대로 병의 사망에 대하여 손해배상청구소송을 제기하였고, 법원에 의하여 인용되었다.

제2절 행정행위의 부관

1 부관의 의의

1. 부관의 개념과 기능 <23 승진>

① 부관은 행정행위의 효과를 제한하거나 요건을 보충하거나 특별한 의무를 부과하기 위해, **주된 행정행위에 부가된 종된 규율이다**(다수설).
② 주된 처분의 효과를 제한하거나 의무를 부과함으로써 국민의 권리·의무에 영향을 미치는 효과가 있으며, 행정의 신축성·탄력성·경제성을 보장하고 행정현실에 따라 적합한 행정행위를 할 수 있게 하여 준다.
③ 행정기본법 제17조(부관)
행정청은 처분에 재량이 있는 경우에는 부관(조건, 기한, 부담, 철회권의 유보 등을 말한다. 이하 이 조에서 같다)을 붙일 수 있다.

2. 법정 부관 <21 경위>

① 법령에서 직접 행정행위의 조건·기한 등을 정하고 있는 경우를 법정부관이라고 한다. 이는 행정청의 의사에 의해 부과되는 행정행위의 부관과 구별된다.
② 법정부관의 경우 처분의 효과제한이 직접 법규에 의해서 부여되는 부관으로 원칙적으로 부관의 개념에 속하지 않는다.
③ 등록을 조건으로 광업허가의 효과가 발생하는 경우, 자동차검사증의 유효기간, 공무원의 조건부 임용, 수렵면허의 법정기한 등이 있다.

2 부관의 종류

1. 조건 <24 채용>

① 행정행위 효력의 발생과 소멸을 장래 불확실한 사실의 발생에 의존하게 하는 부관을 말한다.
② 정지조건과 해제조건

종류	내용	구체적인 예
정지조건	조건의 성취에 의해 효력이 발생하는 조건	주차시설 완비를 조건으로 한 호텔영업허가, 도로확장을 조건으로 한 자동차운수사업면허, 재해시설 완비를 조건으로 한 도로점용허가 등
해제조건	조건의 성취에 의해 효력이 소멸하는 조건	면허일부터 3개월 내에 공사에 착수하지 않으면 효력을 상실하는 조건의 공유수면매립면허

2. 기한 <24 채용, 20·21 경행>

(1) 의의와 종류
① 행정행위 효력의 발생과 소멸을 장래 확실한 사실의 발생에 의존하게 하는 부관을 말한다.
② 시기와 종기

종류	내용	구체적인 예
시기	장래 사실의 발생에 의해 효력이 발생하는 기한	공무원의 발령 일자를 특정일로 정하는 경우
종기	장래 사실의 발생에 의해 효력이 소멸하는 기한	영업허가 기간을 5년으로 정하는 경우 허가 효력의 존속기한이 된다. 옥외광고물표시허가 3년(판례)

③ 확정기한과 불확정기한

확정기한	장래 사실의 도래시기가 확정되어 있는 기한	3월 1일
불확정기한	도래는 확실하나 도래시기가 확정되어 있지 않은 기한	사망 시까지, 근속기간 중

(2) 종기의 도래
① 행정청의 별도의 행정행위가 없더라도 원칙적으로 행정행위의 효력은 당연히 소멸한다.
② 종전 허가의 유효기간이 지난 후에 한 기간연장 신청의 성격

종전의 허가가 기한의 도래로 실효한 이상 원고가 종전 허가의 유효기간이 지나서 신청한 이 사건 기간연장신청은 그에 대한 종전의 허가처분을 전제로 하여 단순히 그 유효기간을 연장하여 주는 행정처분을 구하는 것이라기보다는 종전의 허가처분과는 별도의 새로운 허가를 내용으로 하는 행정처분을 구하는 것이라고 보아야 할 것이다. 이러한 경우 허가권자는 이를 새로운 허가신청으로 보아 법의 관계 규정에 의하여 허가요건의 적합 여부를 새로이 판단하여 그 허가 여부를 결정하여야 할 것이다(대법원 1995.11.10. 94누11866).

3. 부담 <17 경행, 21 경위>

개념	① 부담이란 주된 행정행위에 부가하여 상대방에게 작위·부작위·수인·급부의무를 명하는 부관을 의미한다. ② 주로 수익적 행정행위(허가, 특허 등)에 부가되며, 실정법상 조건이라는 용어를 주로 사용한다. **예** 영업허가 시 각종 준수의무를 명하는 것, 도로점용허가를 하면서 점용료의 납부를 명하는 것
성질	① 독립성: 부담은 다른 부관과는 달리 주된 행정행위의 일부가 아니라 독립된 행정행위(명령적 행위행위 중 하명)이다. 따라서 부담은 그 자체로서 처분성이 인정되어 행정쟁송의 대상이 될 수 있다. ② 종속성: 부담도 부관의 성질을 가지므로 주된 행정행위의 존속을 전제로 한다. 따라서 주된 행정행위가 실효가 되면 부담도 실효가 된다.
불이행의 효과	① 부담은 그 자체로 독립한 하명처분이므로 의무불이행이 있는 경우에는 법령에 따라 강제집행을 하거나 행정벌을 가할 수 있다. ② 법령이나 부담에 철회권 유보의 근거가 있다면 이에 기해 주된 행정행위를 철회할 수 있다. ③ 법령이나 부담에 철회권 유보의 근거가 없더라도 부담상의 의무불이행을 이유로 주된 행정행위를 철회할 수 있다.

불이행의 효과	④ 부담부 행정처분에 있어서 처분의 상대방이 부담(의무)을 이행하지 아니한 경우에 처분행정청으로서는 이를 들어 당해 처분을 취소(철회)할 수 있는 것이다(대법원 1989. 10. 24. 89누2431). ※ 조경공사 의무를 부과하고 토지형질변경허가를 하였으나, 상대방이 조경공사를 방치하여 집중호우 시에 토사가 유출되어 인근 주민들에게 피해를 입히자, 행정청이 토지형질변경허가를 취소(철회)한 사안
조건과의 구별기준 (통설)	① 행정청의 의사와 객관적인 사정을 종합하여 합리적으로 해석하고, 이러한 기준에 의해서도 명백하지 않다면 일반적으로 상대방에게 유리한 부담으로 추정한다. ② 부담과 정지조건의 구별이 불분명한 경우에는 최소침해의 원칙에 따라 부담으로 보아야 한다.
부담의 부가방법 (대법원 2009.2.12. 2005다65500)	① 수익적 행정처분에 있어서는 법령에 특별한 근거규정이 없다고 하더라도 그 부관으로서 부담을 붙일 수 있고, 그와 같은 부담은 행정청이 행정처분을 하면서 일방적으로 부가할 수도 있지만 부담을 부가하기 이전에 상대방과 협의하여 부담의 내용을 협약의 형식으로 미리 정한 다음 행정처분을 하면서 이를 부가할 수도 있다. ② 행정청이 수익적 행정처분을 하면서 부가한 부담의 위법 여부는 처분 당시 법령을 기준으로 판단하여야 한다. 부담이 처분 당시 법령을 기준으로 적법하다면 처분 후 부담의 전제가 된 주된 행정처분의 근거 법령이 개정됨으로써 행정청이 더 이상 부관을 붙일 수 없게 되었다 하더라도 곧바로 위법하게 되거나 그 효력이 소멸하게 되는 것은 아니다. ③ ㉠ 행정청이 수익적 행정처분을 하면서 사전에 상대방과 체결한 협약상의 의무를 부담으로 부가하였는데 부담의 전제가 된 주된 행정처분의 근거 법령이 개정되어 부관을 붙일 수 없게 된 경우, 위 협약의 효력이 소멸하는 것은 아니다. ㉡ 고속국도 관리청이 고속도로 부지와 접도구역에 송유관 매설을 허가하면서 상대방과 체결한 협약에 따라 송유관 시설을 이전하게 될 경우 그 비용을 상대방에게 부담하도록 하였고, 그 후 도로법 시행규칙이 개정되어 접도구역에는 관리청의 허가 없이도 송유관을 매설할 수 있게 된 사안에서, 위 협약이 효력을 상실하지 않을 뿐만 아니라 위 협약에 포함된 부관이 부당결부금지의 원칙에도 반하지 않는다고 한 사례
수정부담	① 상대방의 신청에 대해 행정행위의 내용 자체를 신청내용과 달리 수정·변경하는 것을 의미한다. ② 3층 주택건축 허가신청에 대해 2층 주택건축 허가를 하는 경우, 유흥주점허가 신청에 대해 단란주점허가를 하는 경우 ③ 신청한 내용에 대해 거부하고 새로운 신청이 있음을 전제로 새로운 내용의 허가를 한 수정허가로 본다. ④ 수정부담은 새로운 의무를 부가하는 것이 아니라 상대방이 신청한 것과는 다르게 행정행위의 내용을 정하는 부관을 말하며 상대방의 동의가 있어야 효력이 발생한다.

조건과 부담의 비교

구분	조건	부담
효력 발생	정지조건이 붙은 경우에는 조건이 성취되어야 효력이 발생	처음부터 행정행위의 효력이 발생
효력 소멸	해제조건이 붙은 경우에는 조건이 성취되면 효력이 당연히 소멸	① 부담을 불이행하더라도 행정행위의 효력에는 아무런 영향이 없다. ② 행정청은 강제집행을 하거나 행정행위를 철회하는 등의 조치를 할 수 있을 뿐이다.
강제집행	대상이 아님	독립하여 강제집행의 대상이 됨

4. 철회권의 유보, 법률효과의 일부배제 <24 채용>

철회권의 유보	① 행정청이 주된 행정행위를 하면서 일정한 경우에 행정행위를 철회할 수 있다는 권한을 유보하는 부관을 말한다. **예** 주류판매업 면허를 하면서 사업범위를 위반하면 면허를 취소(철회)한다는 내용 ② 철회권의 유보는 별도의 철회가 있어야 주된 행정행위의 효력이 소멸한다는 점에서 해제조건과 차이가 있다. ③ 행정청이 종교단체에 대하여 기본재산전환인가를 함에 있어 인가조건을 부가하고 그 불이행시 인가를 취소할 수 있도록 한 경우, **인가조건의 의미는 철회권을 유보한 것이라고 본 사례**(대법원 2003.5.30. 2003다6422) ※ 이 사건 기본재산전환인가의 인가조건으로 되어 있는 사유들은 모두 위 인가처분의 효력이 발생하여 기본재산 처분행위가 유효하게 이루어진 이후에 비로소 이행할 수 있는 것들이고, 인가처분 당시에 그 처분에 그와 같은 흠이 존재하였던 것은 아니므로, 위 법리에 의하면, 위 사유들은 모두 인가처분의 철회사유에 해당한다고 보아야 하고, 인가처분을 함에 있어 위와 같은 철회사유를 인가조건으로 부가하면서 비록 철회권 유보라고 명시하지 아니한 채 조건불이행시 인가를 취소할 수 있다는 기재를 하였다 하더라도 위 인가조건의 전체적 의미는 인가처분에 대한 철회권을 유보한 것이라고 봄이 상당하다.
법률효과의 일부배제	① 주된 행정행위에 부가하여 효과 발생의 일부를 배제하는 행정청의 의사표시를 말한다. **예** 격일제 운행을 조건으로 한 택시영업허가, 관광객 운송용에 국한한 조건부 면세수입차를 다른 용도에 사용하지 못하게 하는 경우, 도로점용을 허가하면서 야간만 사용하도록 하는 경우 ② 법령상 규정되어 있는 효과를 일부 배제하는 것이므로 관계 법령에 명시적인 근거가 있는 경우에만 허용된다. ③ 다수설과 판례는 법률효과의 일부배제를 부관의 일종으로 보고 있다.

3 부관의 가능성과 한계(위법성)

1. 부관의 가능성(법률유보) <23 채용, 15 경행>

(1) 문제점

부관을 붙이게 되면 국민의 권익을 제한하거나 침해하는 결과가 될 수 있으므로 부관을 붙일 수 있는 경우가 문제된다.

(2) 재량행위

① **행정청은 처분에 재량이 있는 경우에는 부관**(조건, 기한, 부담, 철회권의 유보 등을 말한다. 이하 이 조에서 같다)**을 붙일 수 있다**(행정기본법 제17조 부관 제1항).
② 재량행위에 있어서는 법령상의 근거가 없다고 하더라도 부관을 붙일 수 있으며, 그 부관의 내용은 행정처분의 본질적 효력을 해하지 아니하는 한도의 것이어야 한다.
③ 강학상 특허와 같이 수익적 행정행위 중 재량행위인 경우에는 부관을 붙일 수 있다.
④ 주택재건축사업시행의 인가는 상대방에게 권리나 이익을 부여하는 효과를 가진 이른바 수익적 행정처분으로서 법령에 행정처분의 요건에 관하여 일의적으로 규정되어 있지 아니한 이상 행정청의 재량행위에 속하므로, 처분청으로서는 법령상의 제한에 근거한 것이 아니라 하더라도 공익상 필요 등에 의하여 필요한 범위 내에서 여러 조건(부담)을 부과할 수 있다(대법원 2007.7.12. 2007두6663).

(3) 기속행위

① 행정청은 처분에 재량이 없는 경우에는 법률에 근거가 있는 경우에 부관을 붙일 수 있다(행정기본법 제17조 부관 제2항).

> **예** 식품의약품안전처장 또는 특별자치시장·특별자치도지사·시장·군수·구청장은 제1항에 따른 영업허가를 하는 때에는 필요한 조건을 붙일 수 있다. 식품위생법 제37조(영업허가 등) 제2항

② 강학상 허가와 같이 수익적 행정행위 중 기속행위의 경우에는 법률에 근거가 없다면 부관을 붙일 수 없다.

③ **기속행위에 대하여는 법령상 특별한 근거가 없는 한 부관을 붙일 수 없고 가사 부관을 붙였다 하더라도 이는 무효**이다(대법원 1993.7.27. 92누13998).

④ 건축허가에 붙인 부관
건축허가를 하면서 일정 토지를 기부채납하도록 하는 내용의 허가조건은 부관을 붙일 수 없는 기속행위 내지 기속적 재량행위인 건축허가에 붙인 부담이거나 또는 법령상 아무런 근거가 없는 부관이어서 무효이다(대법원 1995.6.13. 94다56883).

(4) 사후부관 또는 부관의 사후변경

① 행정기본법상 근거(행정기본법 제17조 제3항)
행정청은 부관을 붙일 수 있는 처분이 다음 각 호의 어느 하나에 해당하는 경우에는 그 처분을 한 후에도 부관을 새로 붙이거나 종전의 부관을 변경할 수 있다.
1호. 법률에 근거가 있는 경우
2호. **당사자의 동의가 있는 경우**
3호. 사정이 변경되어 부관을 새로 붙이거나 종전의 부관을 변경하지 아니하면 해당 처분의 목적을 달성할 수 없다고 인정되는 경우

② 보통은 수익적 행정행위와 동시에 부담을 명하지만, 처분청이 취소에 대하여 재량권을 가진 경우에는 새로이 부담을 명하거나 당초에 명한 부담을 변경할 수가 있다.

> **예** 도로공사를 위한 도로점용허가 시 교통소통 및 안전을 위한 경찰서장의 통제수 배치 및 안전시설 설치 지시

2. 부관의 한계(법률우위) <23 채용>

행정기본법 제17조 제4항	부관은 다음 각 호의 요건에 적합하여야 한다. 1. 해당 처분의 목적에 위배되지 아니할 것 2. **해당 처분과 실질적인 관련이 있을(없을×) 것** 3. 해당 처분의 목적을 달성하기 위하여 필요한 최소한의 범위일 것

판례의 태도	① 부관부 행정처분에 있어서 그 부관의 내용은 적법하여야 하고 이행가능하여야 하며 비례의 원칙 및 평등의 원칙에 적합하고 행정처분의 본질적 효력을 해하지 않는 한도의 것이어야 한다(대법원 1992.4.28. 91누4300).
	② 토지를 기부채납하도록 하는 부관을 주택사업계획승인에 붙인 경우
	  [1] 수익적 행정행위에 있어서는 법령에 특별한 근거규정이 없다고 하더라도 그 부관으로서 부담을 붙일 수 있으나, 그러한 부담은 비례의 원칙, 부당결부금지의 원칙에 위반되지 않아야만 적법하다.
	  [2] 지방자치단체장이 사업자에게 주택사업계획승인을 하면서 그 주택사업과는 아무런 관련이 없는 토지를 기부채납하도록 하는 부관을 주택사업계획승인에 붙인 경우, 그 부관은 부당결부금지의 원칙에 위반되어 위법하다.

판례의 태도	[3] 지방자치단체장이 승인한 사업자의 주택사업계획은 상당히 큰 규모의 사업임에 반하여, 사업자가 기부채납한 토지 가액은 그 100분의 1 상당의 금액에 불과한 데다가, 사업자가 그 동안 그 부관에 대하여 아무런 이의를 제기하지 아니하다가 지방자치단체장이 업무착오로 기부채납한 토지에 대하여 보상협조요청서를 보내자 그때서야 비로소 부관의 하자를 들고 나온 사정에 비추어 볼 때 **부관의 하자가 중대하고 명백하여 당연무효라고는 볼 수 없다고 한 사례**(대법원 1997.3.11. 96다49650).

4 하자 있는 부관과 행정쟁송

1. 부관의 하자와 주된 행정행위의 효력

부관이 무효인 경우	원칙적으로 부관만이 무효이지만, 부관이 행정행위를 행함에 있어서 중요한 요소(본질적 요소)인 경우는 행정행위 전체가 무효가 된다(통설·판례).

2. 부관의 독립쟁송 가능성 및 독립취소 가능성 <23 채용, 15·20·21 경행>

(1) 부관의 독립쟁송 가능성

의의	부관이 위법한 경우에 주된 행정행위에서 부관만 분리하여 쟁송의 대상으로 할 수 있는지 문제된다.
판례의 태도	① 부관은 원칙적으로 독립된 쟁송의 대상으로 할 수 없으나, 그중 부담은 주된 행정행위와 독립하여 행정쟁송이 대상으로 할 수 있다고 본다. ② 행정행위의 부관은 행정행위의 일반적인 효력이나 효과를 제한하기 위하여 의사표시의 주된 내용에 부가되는 종된 의사표시이지 그 자체로서 직접 법적 효과를 발생하는 독립된 처분이 아니므로 **현행 행정쟁송제도 아래서는 부관 그 자체만을 독립된 쟁송의 대상으로 할 수 없는 것이 원칙이다.** 행정행위의 부관 중에서도 행정행위에 부수하여 그 행정행위의 상대방에게 일정한 의무를 부과하는 행정청의 의사표시인 부담의 경우에는 다른 부관과는 달리 행정행위의 불가분적인 요소가 아니고 그 존속이 본체인 행정행위의 존재를 전제로 하는 것일 뿐이므로 **부담 그 자체로서 행정쟁송의 대상이 될 수 있다**(대법원 1992.1.21. 91누1264). ③ 허가 중 원고가 신청한 사용·수익 허가기간 40년 가운데 20년간만 허가기간으로 인정하고 그 나머지 기간에 대한 신청을 받아들이지 않은 부분의 취소를 구하자, 피고가 정한 사용·수익허가의 기간은 이 사건 허가의 효력을 제한하기 위한 행정행위의 부관으로서 이러한 **사용·수익허가의 기간에 대해서는 독립하여 행정소송을 제기할 수 없으므로 부적법하여 각하를 하여야 한다**(대법원 2001.6.15. 99두509). ④ 행정행위의 부관은 부담인 경우를 제외하고는 독립하여 행정소송의 대상이 될 수 없는바, 기부채납 받은 행정재산에 대한 사용·수익허가에서 공유재산의 관리청이 정한 사용·수익허가의 기간은 그 허가의 효력을 제한하기 위한 행정행위의 부관으로서 이러한 사용·수익허가의 기간에 대해서는 독립하여 행정소송을 제기할 수 없다(대법원 2001.6.15. 99두509).

(2) 부관의 독립취소 가능성

의의	쟁송의 대상이 될 수 있다고 한다면 부관만 분리하여 취소할 수 있는지(독립취소 가능성) 문제 된다.
판례의 태도	🚩 도로점용허가의 점용기간 [1] 도로점용허가의 점용기간은 행정행위의 본질적인 요소에 해당한다고 볼 것이어서 부관인 점용기간을 정함에 있어서 위법사유가 있다면 이로써 도로점용허가 처분 전부가 위법하게 된다. [2] 원고가 이 사건 상가등 시설물을 기부채납함에 있어 그 무상사용을 위한 도로점용기간은 원고의 총공사비와 피고시의 징수조례에 의한 점용료가 같아지는 때까지로 정하여 줄 것을 전제조건으로 하였고 원고의 위 조건에 대하여 피고는 아무런 이의없이 이를 수락하고 이 사건 지하상가의 건물을 기부채납받아 그 소유권을 취득한 이상 피고가 원고에 대하여 이 사건 지하상가의 사용을 위한 도로점용허가를 함에 있어서는 그 점용기간을 수락한 조건대로 원고의 총공사비와 피고시의 징수조례에 의한 도로점용료가 같아지는 33.34년까지로 하여야 할 것임에도 불구하고, 합리적인 근거도 없이 그 점용기간을 20년으로 정하여 이 사건 도로점용허가를 한 것은 위법한 처분이다(대법원 1985.7.9. 84누604).

제3절 행정행위의 효력과 하자

1 행정행위의 적법요건과 효력

1. 행정행위의 성립요건

(1) 내부적 성립요건

① 주체 요건
정당한 권한을 가진 행정청이, 자신에게 부여된 권한 내의 사항에 대하여, 정상적인 의사에 따라 행하여야 한다.

② 내용 요건
행정행위는 그 내용이 적법하고, 법률상·사실상 실현 가능하여야 한다. 그리고 객관적으로 명확하여야 한다.

③ 절차 요건
행정행위에 관하여 일정한 절차(예 의견청취 절차)가 요구되는 경우에는 그 절차를 거쳐야 한다.

④ 형식 요건
「행정절차법」제24조에 따르면 행정청이 처분을 하는 때에는 다른 법령 등에 특별한 규정이 있는 경우를 제외하고는 문서로 하여야 한다(서면주의).

(2) 외부적 성립요건

① 행정행위는 행정결정의 외부에 대한 표시행위이므로 행정행위는 외부에 표시되어야 비로소 완전하게 성립한다.
② 행정행위가 외부에 표시되면 행정행위로서 완전하게 성립된 것이므로 그 행위가 아직 상대방에게 도달하지 않은 경우에도 행정청은 이를 이유 없이 취소·변경할 수 없다.

③ 외부에 대한 표시는 공식적인 것이어야 한다.
④ 내부전산망에 입력만 한 행위의 처분성
   [1] 일반적으로 처분이(행정행위가) 주체·내용·절차와 형식의 요건을 모두 갖추고 외부에 표시된 경우에는 처분(행정행위)의 존재가 인정된다.
   행정의사가 외부에 표시되어 행정청이 자유롭게 취소·철회할 수 없는 구속을 받게 되는 시점에 처분이 성립하고, 그 성립 여부는 행정청이 행정의사를 공식적인 방법으로 외부에 표시하였는지를 기준으로 판단해야 한다.
   [2] 행정청이 행정의사를 외부에 표시하여 행정청이 자유롭게 취소·철회할 수 없는 구속을 받기 전에는 '처분'이 성립하지 않으므로 법무부장관이 출입국관리법령에 따라 위 입국금지결정을 했다고 해서 '처분'이 성립한다고 볼 수는 없고, 위 입국금지결정은 법무부장관의 의사가 공식적인 방법으로 외부에 표시된 것이 아니라 단지 그 정보를 내부전산망인 '출입국관리정보시스템'에 입력하여 관리한 것에 지나지 않으므로, 위 입국금지결정은 항고소송의 대상이 될 수 있는 '처분'에 해당하지 않는다(대법원 2019.7.11. 2017두38874).
   ※ 병무청장이 법무부장관에게 '가수 갑이 공연을 위하여 국외여행허가를 받고 출국한 후 미국 시민권을 취득함으로써 사실상 병역의무를 면탈하였으므로 재외동포 자격으로 재입국하고자 하는 경우 국내에서 취업, 가수활동 등 영리활동을 할 수 없도록 하고, 불가능할 경우 입국 자체를 금지해 달라'고 요청함에 따라 법무부장관이 갑의 입국을 금지하는 결정을 하고, 그 정보를 내부전산망인 '출입국관리정보시스템'에 입력하였으나, 갑에게는 통보하지 않은 사안

2. 행정행위의 효력요건

(1) 원칙
① 행정행위는 원칙적으로 성립과 동시에 효력이 발생한다.
② 상대방 있는 행정행위는 원칙적으로 상대방에게 도달한 때에 효력이 발생한다(도달주의). 도달은 상대방이 알 수 있는 상태에 두는 것을 말하며, 상대방이 직접 수령하여 현실적으로 안 것을 말하지 않는다.
③ 문서의 효력 발생(행정업무의 운영 및 혁신에 관한 규정 제6조 제2항)
문서는 수신자에게 도달(전자문서의 경우는 수신자가 관리하거나 지정한 전자적 시스템 등에 입력되는 것을 말한다)됨으로써 효력을 발생한다.
④ 공고문서의 효력 발생(행정업무의 운영 및 혁신에 관한 규정 제6조 제3항)
공고문서는 그 문서에서 효력발생 시기를 구체적으로 밝히고 있지 않으면 그 고시 또는 공고 등이 있은 날부터 5일이 경과한 때에 효력이 발생한다.

(2) 송달과 효력 발생(행정절차법 제14조, 제15조) ^(25 채용, 20 경행)

일반적 송달	① **송달은 우편, 교부 또는 정보통신망 이용 등의 방법으로 하되**, 송달받을 자(대표자 또는 대리인을 포함)의 주소·거소(居所)·영업소·사무소 또는 전자우편주소로 한다. 다만, 송달받을 자가 동의하는 경우에는 그를 만나는 장소에서 송달할 수 있다(제14조 제1항). ② 송달은 다른 법령등에 특별한 규정이 있는 경우를 제외하고는 송달받을 자에게 도달됨으로써 그 효력이 발생한다(제15조 제1항). ③ 상대방 있는 행정처분은 특별한 규정이 없는 한 의사표시에 관한 일반법리에 따라 상대방에게 고지되어야 효력이 발생하고, 상대방 있는 행정처분이 상대방에게 고지되지 아니한 경우에는 상대방이 다른 경로를 통해 행정처분의 내용을 알게 되었다고 하더라도 행정처분의 효력이 발생한다고 볼 수 없다(대법원 2019.8.9. 2019두38656).
우편에 의한 송달	① 우편물이 등기취급의 방법으로 발송된 경우, 특별한 사정이 없는 한, 그 무렵 수취인에게 배달되었다고 보아도 좋을 것이다(대법원 1998.2.13. 97누8977). ② 내용증명우편이나 등기우편과는 달리, 보통우편의 방법으로 발송되었다는 사실만으로는 그 우편물이 상당기간 내에 도달하였다고 추정할 수 없고 송달의 효력을 주장하는 측에서 증거에 의하여 도달사실을 입증하여야 한다(대법원 2002.7.26. 2000다25002).
교부에 의한 송달 (제14조 제2항)	① 교부에 의한 송달은 수령확인서를 받고 문서를 교부함으로써 하며, 송달하는 장소에서 송달받을 자를 만나지 못한 경우에는 그 사무원·피용자 또는 동거인으로서 사리를 분별할 지능이 있는 사람(이하 "사무원등"이라 한다)에게 문서를 교부할 수 있다. ② 유치송달 문서를 송달받을 자 또는 그 사무원등이 정당한 사유 없이 송달받기를 거부하는 때에는 그 사실을 수령확인서에 적고, 문서를 송달할 장소에 놓아둘 수 있다.
정보통신망에 의한 송달	① 정보통신망을 이용한 송달은 송달받을 자가 동의하는 경우에만 한다. 이 경우 송달받을 자는 송달받을 전자우편주소 등을 지정하여야 한다(제14조 제3항). ② 정보통신망을 이용하여 전자문서로 송달하는 경우에는 송달받을 자가 지정한 컴퓨터 등에 입력된 때에 도달된 것으로 본다(제15조 제2항).
특별한 송달	① 송달받을 자의 주소등을 통상의 방법으로 확인할 수 없는 경우 또는 송달이 불가능한 경우에는 송달받을 자가 알기 쉽도록 관보·공보·게시판·일간신문 중 하나 이상에 공고하고 인터넷에도 공고하여야 한다(제14조 제4항). ② 이 경우에는 다른 법령등에 특별한 규정이 있는 경우를 제외하고는 공고일부터 14일이 지난 때에 그 효력이 발생한다. 다만, 긴급히 시행하여야 할 특별한 사유가 있어 효력 발생 시기를 달리 정하여 공고한 경우에는 그에 따른다(제15조 제3항).

3. 행정행위의 효력 ^(25 채용, 19 경행)

(1) 구속력(내용적 구속력)

① 행정행위의 내용에 따라 관계행정청, 상대방, 관계인을 구속하는 힘을 말한다.
② 하명의 경우 상대방에게 작위·부작위·수인·급부의무가 발생하는 것이다.

(2) 공정력(예선적 효력)의 의의

① 처분의 효력(행정기본법 제15조)
처분은 권한이 있는 기관이 취소 또는 철회하거나 기간의 경과 등으로 소멸되기 전까지는 유효한 것으로 통용된다. 다만, 무효인 처분은 처음부터 그 효력이 발생하지 아니한다.

② 공정력이란 행정행위에 하자가 있다 하더라도 그 하자가 중대하고 명백하여 당연무효로 인정되는 경우를 제외하고는, 권한 있는 기관에 의하여 취소되기 전까지는 상대방과 제3자에 대하여 일단 유효한 것으로 통용되는 힘을 말한다.

> **예** 조세부과처분이 위법하더라도 그 하자가 중대하고 명백한 것이 아닌 한 일단 상대방은 세금을 납부할 의무를 진다.

③ 권한 있는 기관에는 처분청, 감독청, 행정심판위원회, 행정법원이 있고, 취소에는 처분청, 감독청의 직권취소와 행정심판위원회, 행정법원의 쟁송취소가 있다.

④ 제3자에 상대방 이외의 이해관계인, 다른 행정청, 민·형사법원이 있다.

(3) 공정력과 선결문제

① 선결문제란 민사소송이나 형사소송에서 본안판단의 전제로서 행정행위의 위법 여부나 효력 유무가 먼저 해결되어야 할 문제가 된 경우에, 그 먼저 해결되어야 할 문제를 말한다.

② 행정소송법 제11조 제1항은 처분의 효력 유무 또는 존재 여부에 대해서 민사소송에서 선결문제로 심리가 가능하다는 점을 규정하고 있다. 따라서 행정행위가 부존재하거나 당연무효인 경우에는 민사법원이 선결문제로 심리할 수 있다.

③ 선결문제(행정소송법 제11조 제1항)

처분등의 효력 유무 또는 존재 여부가 민사소송의 선결문제로 되어 당해 민사소송의 수소법원이 이를 심리·판단하는 경우에는 제17조(행정청의 소송참가), 제25조(행정심판기록의 제출명령), 제26조(직권심리) 및 제33조(소송비용에 관한 재판의 효력)의 규정을 준용한다.

④ 정리

선결문제	위법성 인정	무효확인	취소
민사사건	가능 (계고처분 → 국가배상소송)	가능 (과세처분 → 부당이득반환소송)	불가 (과세처분 → 부당이득반환소송)
형사사건	가능 (조치명령 → 도시계획법 위반 여부)	가능	불가 (운전면허처분 → 무면허운전 여부)

(4) 민사소송에서의 선결문제

① 국가배상청구소송에서 행정처분의 위법성 인정이 선결문제인 경우

행정처분이 위법임을 이유로 배상을 청구하는 경우에는 미리 행정처분의 취소판결이 있어야만 그 행정처분의 위법임을 이유로 피고에게 배상을 청구할 수 있는 것은 아니다.

계고처분 행정처분이 위법임을 이유로 배상을 청구하는 취지로 인정될 수 있는 본건에 있어 미리 그 행정처분의 취소판결이 있어야만 그 행정처분의 위법임을 이유로 피고에게 배상을 청구할 수 있는 것은 아니라고 해석함이 상당할 것임에도 불구하고 행정처분의 취소가 있어 그 효력이 상실되어야만 배상을 청구할 수 있는 법리인 것 같이 판단한 원판결에는 배상청구와 행정처분 취소판결과의 관계에 관한 법리를 오해한 위법이 있다(대법원 1972.4.28. 72다337).

② 부당이득반환청구소송에서 행정처분의 무효를 확인하는 것이 선결문제인 경우
　㉠ **처분의 무효여부가 민사소송법상 선결문제로 될 때에는 민사법원에서 판단할 수 있다**(대법원 1970.2.10. 69다1536).
　㉡ 국세 등의 부과 및 징수처분 등과 같은 행정처분이 당연무효임을 전제로 하여 민사소송을 제기한 때에는 그 행정처분의 당연무효인지 여부가 선결문제이므로, 법원은 이를 심사하여 그 행정처분의 하자가 중대·명백하여 당연무효라고 인정될 경우에는 이를 전제로 하여 판단할 수 있으나 **그 하자가 단순한 취소사유에 그칠 때에는 법원은 그 효력을 부인할 수 없다**(대법원 1973.7.10. 70다1439).
③ 부당이득반환청구소송에서 과세처분의 효력을 부인하는 것이 선결문제인 경우
　과세처분이 당연무효라고 볼 수 없는 한 과세처분에 취소할 수 있는 위법사유가 있다 하더라도 그 과세처분은 행정행위의 공정력 또는 집행력에 의하여 그것이 적법하게 취소되기 전까지는 유효하다 할 것이므로, 민사소송절차에서 그 과세처분의 효력을 부인할 수 없다(대법원 1999.8.20. 99다20179).

(5) **형사소송에서의 선결문제**
① 형사법원에서 시정명령의 위법성 인정이 선결문제인 경우
　개발제한구역의 지정 및 관리에 관한 특별조치법 제30조 제1항에 의하여 행정청으로부터 시정명령을 받은 자가 이를 위반한 경우, 그로 인하여 동법 제32조 제2호에 정한 처벌을 하기 위하여는 시정명령이 적법한 것이라야 하고, **시정명령이 당연무효가 아니더라도 위법한 것으로 인정되는 한 동법 제32조 제2호 위반죄가 성립될 수 없다**(대법원 2017.9.21. 2017도7321).
② 형사법원에서 행정상 명령의 무효확인이 선결문제인 경우
　소방시설 설치 및 관리에 관한 법률 제9조에 의한 소방시설 등의 설치 또는 관리에 대한 명령을 정당한 사유 없이 위반한 자는 같은 법 제48조의2 제1호에 의하여 행정형벌에 처해지는데, **위 명령이 행정처분으로서 하자가 있어 무효인 경우에는 명령에 따른 의무위반이 생기지 아니하므로 행정형벌을 부과할 수 없다**(대법원 2011.11.10. 2011도11109).
③ 형사법원에서 운전면허의 효력 부인이 선결문제인 경우
　연령미달의 결격자인 피고인이 소외인(자신의 형)의 이름으로 운전면허시험에 응시, 합격하여 교부받은 운전면허는 당연무효가 아니고 **도로교통법 제65조 제3호의 사유에 해당함에 불과하여 취소되지 않는 한 유효하므로 피고인의 운전행위는 무면허운전에 해당하지 아니한다**(대법원 1982.6.8. 80도2646).

(6) **행정행위의 존속력(불가쟁력과 불가변력)**
① 불가쟁력과 불가변력

불가쟁력	① 하자 있는 행정행위라 할지라도 쟁송제기기간이 지나가거나 쟁송수단을 모두 마친 경우에는 상대방 또는 이해관계인은 그 행정행위의 효력을 다툴 수 없게 되는데, 이러한 효력을 불가쟁력 또는 형식적 존속력이라고 한다. ② 불가쟁력이 생긴 경우에도 국가배상청구를 할 수 있다.
불가변력	일정한 행정행위의 경우에 행위를 한 행정청 자신도 임의로 그 행정행위를 취소·변경·철회할 수 없는 구속을 받게 되는데, 이러한 효력을 불가변력 또는 실질적 존속력이라고 한다. 예 준사법적 행정행위(행정심판위원회의 재결, 특허심판원의 심결 등), 확인행위(국가시험 합격자 결정, 당선인 결정 등)

② 차이점

구분	불가쟁력	불가변력
대상	상대방 및 이해관계인을 구속	처분청 등 행정기관을 구속
범위	모든 행정행위	특정한 행정행위
성질	절차법적 효력	실체법적 효력
관계	불가쟁력이 발생한 행정행위일지라도 불가변력이 없는 경우에는 행정청 등 권한 있는 기관은 이를 직권으로 취소·변경할 수 있다.	불가변력이 있어도 제소기간 경과 전이면 상대방은 쟁송제기 가능

(7) 강제력

① 자력집행력
행정행위에 의하여 부과된 의무를 상대방이 이행하지 않는 경우에 행정청이 스스로 강제력을 발동하여 그 의무를 실현시키는 힘을 말한다.

② 제재력
행정행위에 의하여 부과된 의무를 이행하지 않는 경우 행정벌(행정형벌, 행정질서벌)을 부과하는 효력을 말한다.

2 행정행위의 하자

1. 하자의 의의 〈17 경행〉

개념	① 행정행위가 적법요건(성립요건·효력발생요건)을 갖추지 못하여 완전한 효력이 발생하지 못하는 경우에 그 흠이 되는 사유를 말한다. ② 하자는 좁게는 위법한 행위를 가리키지만 넓게는 부당한 행위까지 포함한다. ③ 처분의 정정(행정절차법 제25조) 행정청은 처분에 오기(誤記), 오산(誤算) 또는 그 밖에 이에 준하는 명백한 잘못이 있을 때에는 직권으로 또는 신청에 따라 지체 없이 정정하고 그 사실을 당사자에게 통지하여야 한다.
판단 시점	① 일반적으로 행정행위의 하자는 '행정행위의 처분 시'를 기준으로 판단한다. ② 처분 후 그 행위의 근거가 된 사실관계나 법령이 변경됨으로써 당해 행정행위가 위법하게 된 경우에는 행정행위의 철회가 문제된다.

2. 행정행위의 무효와 취소 〈24·25 채용, 15·16·18 경행〉

(1) 무효인 행정행위와 취소할 수 있는 행정행위

무효인 행정행위	① 행정행위가 적법요건을 결하면 위법하게 되는데, 그 위법성의 정도에 따라 효력이 당연무효가 되든지 아니면 취소사유에 해당하게 된다. ② 무효인 행정행위란 외관상으로는 행정행위가 존재하지만 처음부터 전혀 법적 효과가 발생하지 않는 행위를 말한다. ③ 누구든 언제든 무효를 주장하여 그 효력을 부인할 수 있다. ※ 행정행위의 부존재란 행정행위라고 볼 수 있는 외형상의 존재 자체가 없어서 행정행위로 성립하지 못한 경우를 말한다.

취소할 수 있는 행정행위	위법한 행정행위이기는 하지만 권한 있는 기관이 이를 취소하기 전까지는 유효한 것으로 통용되는 행정행위를 말한다.

(2) 무효와 취소의 구별기준

① 판례의 태도(중대명백설)

행정처분이 당연무효라고 하기 위해서는 하자가 중대하고 명백한 것이어야 한다(대법원 1996.2.9. 95누4414).

하자 있는 행정처분이 당연무효가 되기 위하여는 그 하자가 법규의 중요한 부분을 위반한 중대한 것으로서 객관적으로 명백한 것이어야 하며, 하자가 중대하고 명백한 것인지 여부를 판별함에 있어서는 그 법규의 목적, 의미·기능 등을 목적론적으로 고찰함과 동시에 구체적 사안 자체의 특수성에 관하여도 합리적으로 고찰함을 요한다.

② 행정처분의 대상이 되는 법률관계나 사실관계가 전혀 없는 사람에게 행정처분을 한 때에는 그 하자가 중대하고도 명백하다. 그러나 행정처분의 대상이 되지 아니하는 어떤 법률관계나 사실관계에 대하여 이를 처분의 대상이 되는 것으로 오인할 만한 객관적인 사정이 있는 경우로서 그것이 처분대상이 되는지의 여부가 그 사실관계를 정확히 조사하여야 비로소 밝혀질 수 있는 때에는 비록 이를 오인한 하자가 중대하다고 할지라도 외관상 명백하다고 할 수는 없다(대법원 2004.10.15. 2002다68485).

(3) 주체의 하자

① 조세채권의 소멸시효가 완성되어 **부과권이 소멸된 후에 부과한 과세처분은 위법한 처분으로 그 하자가 중대하고도 명백하여 무효라 할 것이다**(대법원 1988.3.22. 87누1018).

② **단속 경찰관이 자신의 명의로 운전면허행정처분통지서를 작성·교부하여 행한 운전면허정지처분은** 비록 그 처분의 내용·사유·근거 등이 기재된 서면을 교부하는 방식으로 행하여졌다고 하더라도 권한 없는 자에 의하여 행하여진 점에서 **무효의 처분에 해당한다**(대법원 1997.5.16. 97누2313).

③ 부동산을 양도한 사실이 없음에도 세무당국이 부동산을 양도한 것으로 오인하여 양도소득세를 부과하였다면 그 부과처분은 **착오에 의한 행정처분으로서 그 표시된 내용에 중대하고 명백한 하자가 있어 당연무효이다**(대법원 1983.8.23. 83누179).

④ **임면권자가 아닌 국가정보원장이 5급 이상의 국가정보원직원에 대하여 한 의원면직처분이 당연무효가 아니라고 한 사례**(대법원 2007.7.26. 2005두15748) ※ 중대한 하자가 아니다.

(4) 내용의 하자

① 행정청이 어느 법률관계나 사실관계에 대하여 어느 법률의 규정을 적용하여 행정처분을 한 경우에 그 법률관계나 사실관계에 대하여는 그 법률의 규정을 적용할 수 없다는 법리가 명백히 밝혀져 그 **해석에 다툼의 여지가 없음에도 불구하고 행정청이 위 규정을 적용하여 처분을 한 때에는 그 하자가 중대하고 명백하다고 할 것이다.**

② 그러나 그 법률관계나 사실관계에 대하여 그 법률의 규정을 적용할 수 없다는 **법리가 명백히 밝혀지지 아니하여 그 해석에 다툼의 여지가 있는 때에는** 행정관청이 이를 잘못 해석하여 행정처분을 하였더라도 이는 그 처분 요건사실을 오인한 것에 불과하여 **그 하자가 명백하다고 할 수 없다**(대법원 2004.10.15. 2002다68485, 대법원 2012.10.25. 2010두25107 등).

(5) 절차의 하자

① 국토의 계획 및 이용에 관한 법령이 정한 도시계획시설사업의 대상 토지의 소유와 동의 요건을 갖추지 못하였는데도 사업시행자로 지정한 경우, 이는 국토계획법령이 정한 법규의 중요한 부분을 위반한 것으로서 특별한 사정이 없는 한 그 하자가 중대하다고 보아야 한다(대법원 2017.7.11. 2016두35120). ※ 무효로 본 판례

② **경찰공무원에 대한 징계위원회의 심의과정에 감경사유에 해당하는 공적 사항이 제시되지 아니한 경우에는 그 징계양정이 결과적으로 적정한지와 상관없이 이는 관계 법령이 정한 징계절차를 지키지 않은 것으로서 위법하다**(대법원 2012.10.11. 2012두13245). ※ 취소사유로 본 판례(당연무효×)

③ 행정절차법 제22조 제1항 제1호에 정한 청문제도는 행정처분의 사유에 대하여 당사자에게 변명과 유리한 자료를 제출할 기회를 부여함으로써 위법사유의 시정가능성을 고려하고 처분의 신중과 적정을 기하려는 데 그 취지가 있다. 그러므로 **행정청이 특히 침해적 행정처분을 할 때 그 처분의 근거 법령 등에서 청문을 실시하도록 규정하고 있다면, 행정절차법 등 관련 법령상 청문을 실시하지 않아도 되는 예외적인 경우에 해당하지 않는 한 반드시 청문을 실시하여야 하며, 그러한 절차를 결여한 처분은 위법한 처분으로서 취소사유에 해당한다**(대법원 2007.11.16. 2005두15700).

(6) 형식의 하자

행정절차에 관한 일반법인 행정절차법은 제24조 제1항(서면주의)은 처분내용의 명확성을 확보하고 처분의 존부에 관한 다툼을 방지하여 처분상대방의 권익을 보호하기 위한 것이므로, 이를 위반한 처분은 하자가 중대·명백하여 무효이다(대법원 2019.7.11. 2017두38874).

(7) 위헌인 **법률에 근거한 행정행위**

① 법률에 근거하여 행정처분이 발하여진 후에 헌법재판소가 그 행정처분의 근거가 된 법률을 위헌으로 결정하였다면 결과적으로 행정처분은 법률의 근거가 없이 행하여진 것과 마찬가지가 되어 하자가 있는 것이 되나, 하자 있는 행정처분이 당연무효가 되기 위하여는 그 하자가 중대할 뿐만 아니라 명백한 것이어야 하는데, 일반적으로 법률이 헌법에 위반된다는 사정이 헌법재판소의 위헌결정이 있기 전에는 객관적으로 명백한 것이라고 할 수는 없다.
그러므로 **헌법재판소의 위헌결정 전에 행정처분의 근거되는 당해 법률이 헌법에 위반된다는 사유는 특별한 사정이 없는 한 그 행정처분의 취소소송의 전제가 될 수 있을 뿐 당연무효사유는 아니다**(대법원 1994.10.28. 92누9463).

② 과세처분 이후 조세 부과의 근거가 되었던 법률규정에 대하여 위헌결정이 내려진 경우, 그 조세채권의 집행을 위한 체납처분은 당연무효가 된다.
위헌결정 이후에 조세채권의 집행을 위한 새로운 체납처분에 착수하거나 이를 속행하는 것은 더 이상 허용되지 않고, 나아가 이러한 위헌결정의 효력에 위배하여 이루어진 체납처분은 그 사유만으로 하자가 중대하고 객관적으로 명백하여 당연무효라고 보아야 한다(대법원 2012.2.16. 2010두10907 전원합의체).

3. 하자의 승계 (15·17·21 경행)

(1) 의의

① 둘 이상의 행정행위가 연속적으로 행해지는 경우에, 선행행위에 취소사유에 해당하는 위법이 있어 다툴 수 있었지만 상대방이 제소기간 내에 다투지 않는 등으로 인해 불가쟁력이 발생할 수가 있다. 이때 후행행위 자체는 위법이 없음에도 불구하고 선행행위의 위법을 이유로 후행행위의 위법을 주장할 수 있는지 문제가 될 수 있다. 이것이 하자(위법성)의 승계 문제이다.

② 선행행위의 하자가 후행행위에 승계되는지의 문제를 말한다. 따라서 후행행위의 하자를 이유로 선행행위를 다투는 것은 하자의 승계가 아니고, 인정될 수도 없다.

③ 계고처분의 후속절차인 대집행에 위법이 있다고 하더라도, 그와 같은 후속절차에 위법성이 있다는 점을 들어 선행절차인 계고처분이 부적법하다는 사유로 삼을 수는 없다(대법원 1997.2.14. 96누15428).

(2) 논의의 전제

① 하자의 승계문제는 선행행위에 하자가 존재하고, **그 하자가 무효사유가 아닌 취소사유인 경우에 문제가 된다.**
　㉠ **선행행위가 무효인 경우에는 후행행위도 당연히 무효이다.** 선행행위의 무효는 후행행위에 당연히 승계되어 후행행위도 무효가 되므로 논란이 되지 않는다.
　㉡ **적법한 건축물에 대한 철거명령은 그 하자가 중대하고 명백하여 당연무효라고 할 것이고, 그 후행행위인 건축물철거 대집행계고처분 역시 당연무효라고 할 것이다**(대법원 1999.4.27. 97누6780).

선행행위	후행행위
당연무효	당연무효

② 선행행위와 후행행위는 모두 항고소송의 대상(적격)이 되는 처분이어야 한다.
③ 후행행위 자체에는 고유한 위법사유가 없어야 한다.
④ 선행행위에 대한 제소기간이 경과되어 불가쟁력이 발생하거나, 선행 행정행위의 취소를 구할 소의 이익이 없는 경우에 문제가 된다.

(3) 하자의 승계 여부

하자의 승계 여부에 관한 원칙 (통설과 판례의 입장)	① **선행행위와 후행행위가 결합하여 하나의 동일한 법률효과를 목적으로 하는 경우에는 하자가 승계되므로** 선행행위의 하자를 이유로 후행행위의 효력을 다툴 수 있다고 본다. ② 양 행위가 독립하여 별개의 법률효과를 목적으로 하는 경우에는 하자가 승계되지 않으므로 선행행위의 하자를 이유로 후행행위의 효력을 다툴 수 없다고 본다. ③ 두 개 이상의 행정처분을 연속적으로 하는 경우 선행처분과 후행처분이 서로 독립하여 별개의 법률효과를 목적으로 하는 때에는 선행처분에 불가쟁력이 생겨 그 효력을 다툴 수 없게 된 경우에는 선행처분의 하자가 중대하고 명백하여 당연무효인 경우를 제외하고는 선행처분의 하자를 이유로 후행처분의 효력을 다툴 수 없는 것이 원칙이다(대법원 2013.3.14. 2012두6964).

예외 (판례의 수인한도설)	[1] 선행처분과 후행처분이 서로 독립하여 별개의 효과를 목적으로 하는 경우에도 선행처분의 불가쟁력이나 구속력이 그로 인하여 **불이익을 입게 되는 자에게 수인한도를 넘는 가혹함을 가져오며, 그 결과가 당사자에게 예측가능한 것이 아닌 경우**에는 국민의 재판받을 권리를 보장하고 있는 헌법의 이념에 비추어 선행처분의 후행처분에 대한 구속력은 인정될 수 없다. [2] 친일반민족행위자 결정과 독립유공자예우 배제 결정 갑(甲)을 「일제강점하 반민족행위 진상규명에 관한 특별법」에 따라 친일반민족행위자로 결정한 친일반민족행위진상규명위원회의 최종발표(선행처분)에 따라 지방보훈지청장이 독립유공자 예우에 관한 법률 적용 대상자로 보상금 등의 예우를 받던 갑의 유가족 을(乙) 등에 대하여 「독립유공자 예우에 관한 법률」 적용배제자 결정(후행처분)을 한 사안에서, 선행처분의 후행처분에 대한 구속력을 인정할 수 없이 선행처분의 위법을 이유로 후행처분의 효력을 다툴 수 있다(대법원 2013.3.14. 2012두6964).

(4) 승계를 긍정하는 판례

① 안경사 시험합격 무효처분과 안경사면허 취소처분

국립보건원장의 안경사 시험합격 무효처분과 보건사회부장관의 안경사면허 취소처분은 안경사면허를 박탈한다는 하나의 법률효과를 발생시키기 위해 서로 결합된 선행처분과 후행처분의 관계에 있다(대법원 1993.2.9. 92누4567).

② 대집행의 계고, 대집행영장에 의한 통지, 대집행의 실행, 비용의 납부명령

후행처분인 대집행영장발부통보처분의 취소청구 소송에서 선행처분인 계고처분이 위법하다는 이유로 대집행영장발부통보처분도 위법한 것이라는 주장을 할 수 있다.

대집행의 계고, 대집행영장에 의한 통지, 대집행의 실행, 대집행에 요한 비용의 납부명령 등은 타인이 대신하여 행할 수 있는 행정의무의 이행을 의무자의 비용부담히에 확보하고자 하는, 동일한 행정목적을 달성하기 위하여 단계적인 일련의 절차로 연속하여 행하여지는 것으로서, 서로 결합하여 하나의 법률효과를 발생시키는 것이다.

그러므로 선행처분인 계고처분이 하자가 있는 위법한 처분이라면, 비록 그 하자가 중대하고도 명백한 것이 아니어서 당연무효의 처분이라고 볼 수 없고 행정소송으로 효력이 다투어지지도 아니하여 이미 불가쟁력이 생겼으며, 후행처분인 대집행영장발부통보처분 자체에는 아무런 하자가 없다.

그렇다고 하더라도, **후행처분인 대집행영장발부통보처분의 취소를 청구하는 소송에서 청구원인으로 선행처분인 계고처분이 위법한 것이기 때문에 그 계고처분을 전제로 행하여진 대집행영장발부통보처분도 위법한 것이라는 주장을 할 수 있다**(대법원 1996.2.9. 95누12507).

(5) 승계를 부정하는 판례

① 공무원의 직위해제처분과 면직처분

[1] 구 경찰공무원법상 소청심사청구 없이 직위해제 처분의 위법을 다툴 수 없다.

구 경찰공무원법 제50조 제1항 제1호(직무수행능력의 부족), 제2호(소속부하에 대한 지휘감독능력의 현저한 부족) 소정의 부적격사유가 있는 자에 해당한다 하여 직위해제처분을 받은 자가 그 처분에 대하여 동법 제52조의 규정에 따라 소청심사위원회에 심사청구를 한 바 없다면 그 처분에 설사 위법사유가 있다 하더라도 그것이 당연무효 사유가 아닌 한 다툴 수 없다.

[2] 선행 직위해제 처분의 위법사유를 들어 후행 면직처분의 효력을 다툴 수 없다.

구 경찰공무원법 제50조 제1항에 의한 직위해제처분과 같은 제3항에 의한 면직처분은 후자가 전자의 처분을 전제로 한 것이기는 하나 각각 단계적으로 별개의 법률효과를 발생하는 행정처분이어서 **선행직위 해제처분의 위법사유가 면직처분에는 승계되지 아니한다 할 것이므로 선행된 직위해제 처분의 위법사유를 들어 면직처분의 효력을 다툴 수는 없다**(대법원 1984.9.11. 84누191).

② 조세의 부과처분과 압류 등의 강제징수(체납) 처분

조세의 부과처분과 압류 등의 체납처분은 별개의 행정처분으로서 독립성을 가지므로 부과처분에 하자가 있더라도 그 부과처분이 취소되지 아니하는 한 그 부과처분에 의한 체납처분은 위법이라고 할 수는 없지만, 체납처분은 부과처분의 집행을 위한 절차에 불과하므로 그 부과처분에 중대하고도 명백한 하자가 있어 무효인 경우에는 그 부과처분의 집행을 위한 체납처분도 무효라 할 것이다(대법원 1988.6.28. 87누1009).

(6) 판례 정리

구분	하자의 승계 긍정	하자의 승계 부정
대집행	계고·영장통지·대집행실행·대집행비용납부 명령 사이	건물철거명령과 강제집행(대집행계고처분)
조세	강제징수 절차: 독촉·압류·매각·청산 사이	과세처분과 강제징수처분
공시지가	개별공시지가결정과 과세처분(수인한도, 예측가능성)	표준공시지가결정과 조세부과처분
기타	① 안경사국가시험 합격무효처분과 안경사면허 취소처분 ② 친일반민족행위자 결정과 독립유공자예우배제자결정(수인한도, 예측가능성)	① 직위해제처분과 면직처분 ② 수강거부처분과 수료처분

4. 하자 있는 행정행위의 치유와 전환

의의	하자 있는 행정행위의 치유란 성립 당시에 하자가 있는 행정행위라 하더라도 그 하자를 사후에 보완하거나 그 하자가 취소를 할 필요가 없을 정도로 경미해진 경우에 그 행정행위를 적법한 것으로 보아 효력을 유지시키는 것을 말한다.
인정 여부에 관한 판례의 태도	① 원칙적 부정, 예외적 긍정설 　하자(흠이) 있는 행정행위의 치유는 행정행위의 성질이나 법치주의 관점에서 볼 때 원칙적으로 허용될 수 없는 것이고, 예외적으로 행정행위의 무용한 반복을 피하고 당사자의 법적 안정성을 위해 이를 허용하는 때에도 국민의 권리나 이익을 침해하지 아니하는 범위에서 구체적 사정에 따라 합목적적으로 인정하여야 할 것이다(대법원 2010.8.26. 2010두2579 등 참조). ② **행정소송에서 행정처분의 위법 여부는 행정처분이 있을 때의 법령과 사실상태를 기준으로 하여 판단하여야 하고,** 처분 후 법령의 개폐나 사실상태의 변동에 의하여 영향을 받지 아니한다(대법원 2010.8.26. 2010두2579 등 참조).

판례의 태도	① **무효사유** 징계처분이 중대하고 명백한 흠 때문에 당연무효의 것이라면 징계처분을 받은 자가 이를 용인하였다 하여 그 흠이 치료되는 것은 아니다(대법원 1989.12.12. 88누8869). ② **내용상 하자** 사업계획변경인가처분에 관한 하자가 행정처분의 내용에 관한 것이고 새로운 노선면허가 소 제기 이후에 이루어진 사정 등에 비추어 하자의 사후적 치유를 인정하지 아니한 사례(대법원 1991.5.28. 90누1359). ③ **청문절차의 하자** **행정청이 식품위생법상의 청문절차를 이행함에 있어 청문서 도달기간을 다소 어겼지만 영업자가 이의하지 아니한 채 청문일에 출석하여 의견을 진술하고 변명하는 등 방어의 기회를 충분히 가진 경우 하자가 치유된다**(대법원 1992.10.23. 92누2844).

제4절 행정행위의 취소와 철회, 실효

1 행정행위의 취소

1. 의의 <17 경행>

개념	① 행정행위의 취소란 권한 있는 기관이 성립상의 하자를 이유로 일단 유효하게 성립한 행정행위의 효력을 행위 시로 소급하여 소멸시키는 행위를 말한다. ② 취소는 일단 유효하게 성립한 행정행위의 효력을 소멸시키는 행위인 점에서, 처음부터 효력이 없는 무효인 행위를 공적으로 확인하는 '무효선언'과 구별된다. ③ 행정행위의 취소는 일단 유효하게 성립한 행정행위를 그 행위에 위법 또는 부당한 하자가 있음을 이유로 소급하여 그 효력을 소멸시키는 별도의 행정처분이고, 행정행위의 철회는 적법요건을 구비하여 완전히 효력을 발하고 있는 행정행위를 사후적으로 그 행위의 효력의 전부 또는 일부를 장래에 향해 소멸시키는 행정처분이므로, 행정행위의 취소사유는 행정행위의 성립 당시에 존재하였던 하자를 말하고, 철회사유는 행정행위가 성립된 이후에 새로이 발생한 것으로서 행정행위의 효력을 존속시킬 수 없는 사유를 말한다(대법원 2003.5.30. 2003다6422).
행정기본법	행정청은 위법 또는 부당한 처분의 전부나 일부를 소급하여 취소할 수 있다. 다만, 당사자의 신뢰를 보호할 가치가 있는 등 정당한 사유가 있는 경우에는 장래를 향하여 취소할 수 있다. 제18조(위법 또는 부당한 처분의 취소) 제1항
종류	① 행정청이 직권으로 하는 취소를 직권취소, 법원이나 행정심판위원회가 하는 취소를 쟁송취소라고 한다. ② 쟁송취소는 법원이 하는 행정소송취소와 행정심판위원회가 하는 행정심판취소로 나눌 수 있다.

2. 취소의 사유와 한계 ^(15 · 21 경행)

(1) 취소의 사유와 제한

① 취소사유

직권취소와 행정심판취소는 위법성뿐만 아니라 부당성도 취소사유가 되나, 법원의 행정소송취소는 위법성만이 취소사유가 된다.

② 수익적 행정행위를 취소 또는 철회하는 경우 비례원칙이 적용된다.

행정기본법 제18조 (위법 또는 부당한 처분의 취소) 제2항	행정청은 당사자에게 권리나 이익을 부여하는 처분을 취소하려는 경우에는 취소로 인하여 당사자가 입게 될 불이익을 취소로 달성되는 공익과 비교·형량(衡量)하여야 한다. 다만, 다음 각 호의 어느 하나에 해당하는 경우에는 그러하지 아니하다. 1. 거짓이나 그 밖의 부정한 방법으로 처분을 받은 경우 2. 당사자가 처분의 위법성을 알고 있었거나 중대한 과실로 알지 못한 경우
판례	① 수익적 행정처분에 대한 취소권 등의 행사는 기득권의 침해를 정당화할 만한 중대한 공익상의 필요 또는 제3자의 이익보호의 필요가 있는 때에 한하여 허용될 수 있다는 법리는, 처분청이 수익적 행정처분을 직권으로 취소·철회하는 경우에 적용되는 법리일 뿐 쟁송취소의 경우에는 적용되지 않는다(대법원 2019.10.17. 2018두104). ② 수익적 행정처분을 취소 또는 철회하는 경우에는 이미 부여된 그 국민의 기득권을 침해하는 것이 되므로, 비록 취소 등의 사유가 있다고 하더라도 그 취소권 등의 행사는 기득권의 침해를 정당화할 만한 중대한 공익상의 필요 또는 제3자의 이익보호의 필요가 있는 때에 한하여 상대방이 받는 불이익과 비교·교량하여 결정하여야 하고, 그 처분으로 인하여 공익상의 필요보다 상대방이 받게 되는 불이익 등이 막대한 경우에는 재량권의 한계를 일탈한 것으로서 그 자체가 위법하다(대법원 2004.11.26. 2003두10251, 10268). ③ 행정처분에 하자가 있음을 이유로 처분청이 이를 취소하는 경우에도 그 처분이 국민에게 권리나 이익을 부여하는 이른바 수익적 행정행위인 때에는 그 처분을 취소하여야 할 공익상 필요와 그 취소로 인하여 당사자가 입게 될 불이익(기득권과 신뢰보호 및 법률생활안정의 침해 등)을 비교교량한 후 공익상의 필요가 당사자가 입을 불이익을 정당화할 만큼 강한 경우에 한하여 취소할 수 있다. 그러나 그 처분의 하자가 당사자의 사실은폐나 기타 사위의 방법에 의한 신청행위에 기인한 것이라면 당사자는 그 처분에 의한 이익이 위법하게 취득되었음을 알아 그 취소가능성도 예상하고 있었다고 할 것이므로 그 자신이 위 처분에 관한 신뢰의 이익을 원용할 수 없음은 물론 행정청이 이를 고려하지 아니하였다고 하여도 재량권의 남용이 되지 않는다(대법원 1991.4.12. 90누9520).

3. 취소의 효과

(1) 직권취소의 소급효

① 직권취소는 소급효를 지니는 것이 원칙이지만 구체적 사건에서 신뢰보호 등의 이익형량을 하여 장래효를 결정할 수도 있다.

② 위법 또는 부당한 처분의 취소(행정기본법 제18조 제1항)

행정청은 위법 또는 부당한 처분의 전부나 일부를 소급하여 취소할 수 있다. 다만, 당사자의 신뢰를 보호할 가치가 있는 등 정당한 사유가 있는 경우에는 장래를 향하여 취소할 수 있다.

(2) 취소의 소급효

① 운전면허취소처분을 받은 후 자동차를 운전하였으나 위 취소처분이 행정쟁송절차에 의하여 취소된 경우, 무면허운전의 죄는 성립하지 않는다.

피고인이 행정청으로부터 자동차 운전면허취소처분을 받았으나 나중에 그 행정처분 자체가 행정쟁송절차에 의하여 취소되었다면, 위 운전면허취소처분은 그 처분 시에 소급하여 효력을 잃게 되고, 피고인은 위 운전면허취소처분에 복종할 의무가 원래부터 없었음이 후에 확정되었다고 봄이 타당하다. 행정행위에 공정력의 효력이 인정된다고 하여 행정소송에 의하여 적법하게 취소된 운전면허취소처분이 단지 장래에 향하여서만 효력을 잃게 된다고 볼 수는 없다(대법원 1999.2.5. 98도4239).

② 영업허가취소처분이 행정쟁송절차에 의하여 취소된 경우 무허가영업으로 볼 수 없다.

영업의 금지를 명한 영업허가취소처분 자체가 나중에 행정쟁송절차에 의하여 취소되었다면 그 영업허가취소처분은 그 처분 시에 소급하여 효력을 잃게 되며, 그 영업허가취소처분에 복종할 의무가 원래부터 없었음이 확정되었다고 봄이 타당하고, 영업허가취소처분이 장래에 향하여서만 효력을 잃게 된다고 볼 것은 아니므로 그 영업허가취소처분 이후의 영업행위를 무허가영업이라고 볼 수는 없다(대법원 1993.6.25. 93도277).

③ 과세관청이 부과의 취소를 다시 취소함으로써 원부과처분을 소생시킬 수 있는지 여부

국세기본법 제26조 제1호는 부과의 취소를 국세납부의무 소멸사유의 하나로 들고 있으나, 부과의 취소에 위법사유가 있다고 하더라도 당연무효가 아닌 한 일단 유효하게 성립하여 부과처분을 확정적으로 상실시키는 것이므로, 과세관청은 부과의 취소를 다시 취소함으로써 원부과처분을 소생시킬 수는 없고 납세의무자에게 종전의 과세대상에 대한 납부의무를 지우려면 다시 법률에서 정한 부과절차에 좇아 동일한 내용의 새로운 처분을 하는 수밖에 없다(대법원 1995.3.10. 94누7027).

2 행정행위의 철회, 실효

1. 의의

개념	① 행정행위의 철회는 행정행위가 하자 없이 유효하게 성립하였으나 사후에 이르러 공익상 그 효력을 더 이상 존속시킬 수 없는 새로운 사정이 발생하였음을 이유로 장래에 향하여 그 효력을 소멸시키는 행위를 말한다. ② 실정법상 취소라는 용어가 많이 사용되고 있다.
사유	적법한 처분의 철회(행정기본법 제19조 제1항) 행정청은 적법한 처분이 다음 각 호의 어느 하나에 해당하는 경우에는 그 처분의 전부 또는 일부를 장래를 향하여 철회할 수 있다. 1호. 법률에서 정한 철회 사유에 해당하게 된 경우 2호. 법령등의 변경이나 사정변경으로 처분을 더 이상 존속시킬 필요가 없게 된 경우 3호. 중대한 공익을 위하여 필요한 경우

2. 철회권의 제한

행정기본법상 제한 (제19조 제2항)	행정청은 제1항에 따라 처분을 철회하려는 경우에는 철회로 인하여 당사자가 입게 될 불이익을 철회로 달성되는 공익과 비교·형량하여야 한다.
관련 판례	① 건축허가를 받은 자가 건축허가가 취소되기 전에 공사에 착수한 경우, 착수기간이 지났다는 이유로 허가권자가 구 건축법 제11조 제7항에 따라 건축허가를 취소할 수 없다(대법원 2017.7.11. 2012두22973). ② 음주운전 내지 그 제재를 위한 음주측정 요구의 거부 등을 이유로 한 자동차운전면허의 취소에 있어서는 일반의 수익적 행정행위의 취소와는 달리 그 취소로 인하여 입게 될 당사자의 개인적인 불이익보다는 이를 방지하여야 하는 일반예방적인 측면이 더욱 강조되어야 할 것이고, 특히 당해 운전자가 영업용 택시를 운전하는 등 자동차 운전을 업으로 삼고 있는 자인 경우에는 더욱 그러하다(대법원 1995.9.26. 95누6069).

3. 실효

의의	① 행정행위의 실효란 하자 없이 성립한 행정행위가 이후 일정한 사정의 발생으로 인하여 당연히 그 효력이 소멸하는 것을 말한다. ② 무효는 성립상의 중대명백한 하자로 인하여 처음부터 효력이 발생하지 않는 것인 데 반해, 실효는 적법·유효한 행정행위가 이후 일정 사유의 발생으로 인하여 그 효력이 소멸하는 것이라는 점에서 서로 구별된다. ③ 실효는 행정청의 의사표시와 무관하게 당연히 효력이 소멸한다는 점에서 철회와 차이가 있다.
사유	① 목적물의 소멸: 건물이 화재로 소실되어 철거명령이 실효된 경우, 자동차 완전파손으로 인하여 자동차검사합격처분이 실효된 경우 ② 상대방의 사망: 운전면허, 의사면허의 실효 ③ 목적의 달성: 건물에 대한 철거명령에 따라 건물이 철거된 경우 철거명령의 실효 ④ 해제조건의 성취, 종기의 도래

제5절 그 밖의 행정작용, 사인의 공법행위

1 확약

행정절차법
제40조의2
(확약)
	① 법령등에서 당사자가 신청할 수 있는 처분을 규정하고 있는 경우 행정청은 당사자의 신청에 따라 장래에 어떤 처분을 하거나 하지 아니할 것을 내용으로 하는 의사표시(이하 "확약"이라 한다)를 할 수 있다.
	② 확약은 문서로 하여야 한다.
	③ 행정청은 다른 행정청과의 협의 등의 절차를 거쳐야 하는 처분에 대하여 확약을 하려는 경우에는 확약을 하기 전에 그 절차를 거쳐야 한다.
	④ 행정청은 다음 각 호의 어느 하나에 해당하는 경우에는 확약에 기속되지 아니한다.
	  1. 확약을 한 후에 확약의 내용을 이행할 수 없을 정도로 법령등이나 사정이 변경된 경우
	  2. 확약이 위법한 경우
	⑤ 행정청은 확약이 제4항 각 호의 어느 하나에 해당하여 확약을 이행할 수 없는 경우에는 지체 없이 당사자에게 그 사실을 통지하여야 한다.

관련 판례	예비결정(사전결정)은 확약과 구분된다. 폐기물관리법 관계 법령의 규정에 의하면 폐기물처리업의 허가를 받기 위하여는 먼저 사업계획서를 제출하여 허가권자로부터 사업계획에 대한 적정통보(※ 예비결정)를 받아야 하고, 그 적정통보를 받은 자만이 일정기간 내에 시설, 장비, 기술능력, 자본금을 갖추어 허가신청을 할 수 있으므로, 결국 부적정통보는 허가신청 자체를 제한하는 등 개인의 권리 내지 법률상의 이익을 개별적이고 구체적으로 규제하고 있어 행정처분에 해당한다(대법원 1998.4.28. 97누21086).

2 행정계획 〈18·19 경행〉

의의	① 행정계획은 행정주체가 행정목표를 설정하고 그 달성을 위하여 행정 수단을 선정·조정하고 통합함으로써 일정한 시기에 그 목표를 실현하는 것을 내용으로 하는 행위형식 또는 활동기준을 말한다. ② 판례는 "행정계획이란 행정에 관한 전문적·기술적 판단을 기초로 하여 도시의 건설·정비·개량 등과 같은 특정한 행정목표를 달성하기 위하여 서로 관련되는 행정수단을 종합·조정함으로써 장래의 일정한 시점에 있어서 일정한 질서를 형성하기 위하여 설정된 활동기준으로 설정된 것"이라고 정의한다. ③ 행정계획은 현재의 사회·경제적 모든 상황 조사를 바탕으로 장래를 예측하여 수립되고 장기간에 걸쳐 있으므로 행정계획의 변경가능성은 불가피하다.
법적 성질과 효력	① 환지계획은 위와 같은 환지예정지 지정이나 환지처분의 근거가 될 뿐 그 자체가 직접 토지소유자 등의 법률상의 지위를 변동시키거나 또는 환지예정지 지정이나 환지처분과는 다른 고유한 법률효과를 수반하는 것이 아니어서 이를 항고소송의 대상이 되는 처분에 해당한다고 할 수가 없다(대법원 1999.8.20. 97누6889). ② 효력에 따른 구분 행정계획에는 행정기관 사이에서만 구속력을 가지는 계획뿐만 아니라 대외적으로 구속력을 갖는 계획도 있다.
계획재량과 행정계획의 사법적 통제 (행정절차법 제40조의4)	① 행정계획의 사법적 통제와 관련하여서는 계획재량이 중요한 의미를 가진다. ② 계획재량 구 도시계획법 등 관계 법령에는 추상적인 행정목표와 절차만이 규정되어 있을 뿐 행정계획의 내용에 관하여는 별다른 규정을 두고 있지 아니하므로 행정주체는 구체적인 행정계획을 입안·결정함에 있어서 비교적 광범위한 형성의 자유를 가진다(대법원 2006.9.8. 2003두5426). ③ 행정계획(행정절차법 제40조의4) 행정청은 행정청이 수립하는 계획 중 국민의 권리·의무에 직접 영향을 미치는 계획을 수립하거나 변경·폐지할 때에는 관련된 여러 이익을 정당하게 형량하여야 한다. ④ 형량명령의 원칙 행정주체가 가지는 이와 같은 형성의 자유는 무제한적인 것이 아니라 그 행정계획에 관련되는 자들의 이익을 공익과 사익 사이에서는 물론이고 공익 상호 간과 사익 상호 간에도 정당하게 비교교량하여야 한다는 제한이 있다(대법원 2006.9.8. 2003두5426). ⑤ 형량명령의 하자 행정주체가 행정계획을 입안·결정함에 있어서 이익형량을 전혀 행하지 아니하거나 이익형량의 고려 대상에 마땅히 포함시켜야 할 사항을 누락한 경우 또는 이익형량을 하였으나 정당성과 객관성이 결여된 경우에는 위법하다(대법원 2006.9.8. 2003두5426).

3 공법상 계약 〈21 경행〉

의의	① 공법상 계약이란 공법상 법률효과 발생을 목적으로 하는 행위로서 행정주체를 한쪽 당사자로 하는 양 당사자 사이에 반대 방향의 의사 합치로 성립하는 공법행위를 말한다. ② 행정절차법에는 공법상 계약에 관한 규정을 두고 있지 않다.
행정기본법 제27조 (공법상 계약의 체결)	① 행정청은 법령등을 위반하지 아니하는 범위에서 행정목적을 달성하기 위하여 필요한 경우에는 공법상 법률관계에 관한 계약(이하 "공법상 계약"이라 한다)을 체결할 수 있다. 이 경우 계약의 목적 및 내용을 명확하게 적은 계약서를 작성하여야 한다. ② 행정청은 공법상 계약의 상대방을 선정하고 계약 내용을 정할 때 공법상 계약의 공공성과 제3자의 이해관계를 고려하여야 한다.
관련 판례	① 계약직공무원 채용계약해지는 공법상 계약의 해지이다. 계약직공무원에 관한 현행 법령의 규정에 비추어 볼 때, 계약직공무원 채용계약해지의 의사표시는 일반공무원에 대한 징계처분과는 달라서 항고소송의 대상이 되는 처분 등의 성격을 가진 것으로 인정되지 아니한다(대법원 2002.11.26. 2002두5948). ② 방위사업청과 체결한 '한국형헬기 민군겸용 핵심구성품 개발협약'은 공법상 계약이고 이 법률관계는 공법관계에 해당하므로 이에 관한 분쟁은 행정소송(당사자소송)으로 제기하여야 한다고 한 사례(대법원 2017.11.9. 2015다215526). ③ 정보화지원사업에 따른 지원금 출연을 위하여 중소기업청장이 체결하는 협약은 공법상 계약이므로 공법상 당사자소송에 의한다(대법원 2015.8.27. 2015두41449).

4 행정지도(비권력적 사실행위)

1. 의의 〈19 채용, 23 승진〉

개념 (행정절차법 제2조 제3호)	행정지도는 행정기관이 그 소관 사무의 범위에서 일정한 행정목적을 실현하기 위하여 특정인에게 일정한 행위를 하거나 하지 아니하도록 지도, 권고, 조언 등을 하는 행정작용을 말한다.
법적 성질	① 행정지도는 일정한 행정목적을 실현하기 위하여 상대방인 국민에게 임의적인 협력을 요청하는 비권력적 사실행위이다. ② 법적 효과의 발생을 목적으로 하는 것이 아니라, 사실상의 효과를 목적으로 하므로 사실행위이다.

2. 법적 근거와 한계 〈19·22 채용, 15·19 승진〉

법적 근거 요부 (법률유보)	행정지도는 상대방의 임의적인 의사에 따르는 비권력적 사실행위이므로 별도의 작용법적 근거는 필요하지 않다는 것이 통설의 태도이다.
행정지도의 원칙 (행정절차법 제48조)	① 행정지도는 그 목적달성에 필요한 최소한도에 그쳐야 하며, 행정지도의 상대방의 의사에 반하여 부당하게 강요하여서는 아니 된다. ※ 비례의 원칙, 임의성의 원칙 ② 행정기관은 행정지도의 상대방이 행정지도에 따르지 아니하였다는 것을 이유로 불이익한 조치를 하여서는 아니 된다. ※ 행정지도의 한계(법률우위의 원칙)

3. 행정지도의 방식, 의견제출 <19·22 채용, 15·19 승진>

행정지도의 방식	① 행정지도를 하는 자는 그 상대방에게 해당 행정지도의 취지 및 내용과 신분을 밝혀야 한다(제49조 제1항). ② 행정지도가 말(구술)로 이루어지는 경우에 상대방이 제1항의 사항을 적은 서면의 교부를 요구하면 그 행정지도를 하는 자는 직무 수행에 특별한 지장이 없으면 이를 교부하여야 한다(제49조 제2항). ③ 다수인을 대상으로 하는 행정지도(제51조) 행정기관이 같은 행정목적을 실현하기 위하여 많은 상대방에게 행정지도를 하려는 경우에는 특별한 사정이 없으면 행정지도에 공통적인 내용이 되는 사항을 공표하여야 한다.
의견제출 (제50조)	행정지도의 상대방은 해당 행정지도의 방식·내용 등에 관하여 행정기관에 의견제출을 할 수 있다.

4. 권리구제 <20 경행>

① 행정지도로 인한 국가배상책임 성립
국가배상법이 정한 배상청구의 요건인 '공무원의 직무'에는 권력적 작용만이 아니라 행정지도와 같은 비권력적 작용도 포함되며 단지 행정주체가 사경제주체로서 하는 활동만 제외되는 것이다(대법원 1998.7.10. 96다38971).

② 적법한 행정지도로 인한 손해배상책임 부정
행정지도가 강제성을 띠지 않은 비권력적 작용으로서 행정지도의 한계를 일탈하지 아니하였다면, 그로 인하여 상대방에게 어떤 손해가 발생하였다 하더라도 행정기관은 그에 대한 손해배상책임이 없다(대법원 2008.9.25. 2006다18228).

5 사인의 공법행위

1. 처분의 신청 <15 경행>

신청은 사인이 행정청에 대하여 일정한 조치를 취하여 줄 것을 요구하는 공법상의 의사표시를 말한다.

행정절차법 제17조 (처분의 신청)	① 행정청에 처분을 구하는 신청은 문서로 하여야 한다. 다만, 다른 법령등에 특별한 규정이 있는 경우와 행정청이 미리 다른 방법을 정하여 공시한 경우에는 그러하지 아니하다. ② 제1항에 따라 처분을 신청할 때 전자문서로 하는 경우에는 행정청의 컴퓨터 등에 입력된 때에 신청한 것으로 본다. ③ 행정청은 신청을 받았을 때에는 다른 법령등에 특별한 규정이 있는 경우를 제외하고는 그 접수를 보류 또는 거부하거나 부당하게 되돌려 보내서는 아니 되며, 신청을 접수한 경우에는 신청인에게 접수증을 주어야 한다. 다만, 대통령령으로 정하는 경우에는 접수증을 주지 아니할 수 있다(제4항). ④ **행정청은 신청에 구비서류의 미비 등 흠이 있는 경우에는 보완에 필요한 상당한 기간을 정하여 지체 없이 신청인에게 보완을 요구하여야 한다**(제5항). ⑤ 행정청은 신청인이 제5항에 따른 기간 내에 보완을 하지 아니하였을 때에는 그 이유를 구체적으로 밝혀 접수된 신청을 되돌려 보낼 수 있다(제6항). ⑥ 신청인은 **처분이 있기 전에는 그 신청의 내용을 보완·변경하거나 취하(取下)할 수 있다.** 다만, 다른 법령등에 특별한 규정이 있거나 그 신청의 성질상 보완·변경하거나 취하할 수 없는 경우에는 그러하지 아니하다(제8항).

2. 자기완결적 신고(수리가 필요 없는 신고)

① 사인이 행정청에 일정한 사항을 알리고 그 통지가 행정청에 도달함으로써 효과가 발생하는 신고를 말한다. 정보를 제공하는 신고(예 도로교통법상 교통사고 신고), 내부절차로서 신고의 경우 일반적으로 자기완결적 신고에 해당한다.

행정절차법 제40조 (신고)	① 법령등에서 **행정청에 일정한 사항을 통지함으로써 의무가 끝나는 신고**를 규정하고 있는 경우 신고를 관장하는 행정청은 신고에 필요한 구비서류, 접수기관, 그 밖에 법령등에 따른 신고에 필요한 사항을 게시(인터넷 등을 통한 게시를 포함한다)하거나 이에 대한 편람을 갖추어 두고 누구나 열람할 수 있도록 하여야 한다. ② 제1항에 따른 신고가 다음 각 호의 요건을 갖춘 경우에는 **신고서가 접수기관에 도달**된 때에 신고 의무가 이행된 것으로 본다. 　1. 신고서의 기재사항에 흠이 없을 것 　2. 필요한 구비서류가 첨부되어 있을 것 　3. 그 밖에 법령등에 규정된 형식상의 요건에 적합할 것 ③ 행정청은 제2항 각 호의 요건을 갖추지 못한 신고서가 제출된 경우에는 지체 없이 상당한 기간을 정하여 신고인에게 보완을 요구하여야 한다. ④ 행정청은 신고인이 제3항에 따른 기간 내에 보완을 하지 아니하였을 때에는 그 이유를 구체적으로 밝혀 해당 신고서를 되돌려 보내야 한다.

② 자기완결적 신고(수리를 요하지 않는 신고)
구 건축법 제9조 제1항에 의하여 신고를 함으로써 건축허가를 받은 것으로 간주되는 경우에는 건축을 하고자 하는 자가 적법한 요건을 갖춘 신고만 하면 행정청의 수리행위 등 별다른 조치를 기다릴 필요 없이 건축을 할 수 있다. 그러므로 행정청이 위 신고를 수리한 행위가 건축주는 물론이고 제3자인 인근 토지 소유자나 주민들의 구체적인 권리 의무에 직접 변동을 초래하는 행정처분이라 할 수 없다(대법원 1999.10.22. 98두18435).

3. 행위요건적 신고(수리가 필요한 신고)

① 사인이 행정청에 일정한 사항을 알리고 그 통지를 행정청이 수리함으로써 법령 등에 따른 법적 효과가 발생하는 신고를 말한다.

행정기본법 제34조 (수리 여부에 따른 신고의 효력)	법령등으로 정하는 바에 따라 행정청에 일정한 사항을 통지하여야 하는 신고로서 법률에 신고의 수리가 필요하다고 명시되어 있는 경우(행정기관의 내부 업무 처리 절차로서 수리를 규정한 경우는 제외한다)에는 행정청이 수리하여야 효력이 발생한다.

② 수리거부는 거부처분에 해당하여 항고소송의 대상이 될 수 있다.
③ 행위요건적 신고(수리를 요하는 신고)
주민등록의 신고는 행정청에 도달하기만 하면 신고로서의 효력이 발생하는 것이 아니라 행정청이 수리한 경우에 비로소 신고의 효력이 발생한다. 따라서 주민등록 신고서를 행정청에 제출하였다가 행정청이 이를 수리하기 전에 신고서의 내용을 수정하여 위와 같이 수정된 전입신고서가 수리되었다면 수정된 사항에 따라서 주민등록 신고가 이루어진 것으로 보는 것이 타당하다(대법원 2009.1.30. 2006다17850).

CHAPTER 06 행정의 실효성 확보수단

제1절 개설

1 실효성 확보수단의 의의

1. 개념 및 전통적 수단

개념	① 행정상 실효성을 확보하기 위해 인정되는 법적 수단을 행정상 실효성 확보수단 또는 행정상 의무이행 확보수단이라고 한다. ② 행정기관은 국민에게 작위의무를 부과하거나 일정한 행위를 금지하기도 하고(부작위 의무 부과), 수인·급부의무를 부과하기도 한다. 만약 국민이 이러한 의무를 이행하지 않으면 행정상 목적을 달성하기 위해 여러 가지 강제 수단을 동원할 필요가 있다.
전통적 수단	① 행정강제와 행정벌 의무를 이행하지 않는 경우 의무를 강제적으로 이행시키는 수단은 행정강제의 영역에 속하고, 의무위반에 대해 제재를 가하는 수단은 행정벌의 영역에 속한다. ② 행정강제는 장래에 향하여 의무의 이행을 실현시키는 것을 목적으로 하며, 행정상 강제집행과 행정상 즉시강제로 나눌 수 있다. ③ 행정벌은 과거의 의무위반에 대한 제재를 직접적인 목적으로 하며, 행정형벌과 행정질서벌로 나눌 수 있다.
행정기본법 제30조 (행정상 강제) 제1항	행정청은 행정목적을 달성하기 위하여 필요한 경우에는 법률로 정하는 바에 따라 필요한 최소한의 범위에서 다음 각 호의 어느 하나에 해당하는 조치를 할 수 있다. 1. 행정대집행 2. 이행강제금의 부과 3. 직접강제 4. 강제징수 5. 즉시강제

2. 새로운 의무이행 확보수단 〈23 채용, 21 경행〉

(1) 의의

① 사회가 점차 복잡해지고 다양해지면서 전통적 의무이행확보 수단만으로 행정상 의무이행을 확보하는 데 한계가 있다. 이에 새로운 의무이행확보 수단이 등장하고 있다.
② 가산세는 개별 세법이 과세의 적정을 기하기 위하여 정한 의무의 이행을 확보할 목적으로 그 의무 위반에 대하여 세금의 형태로 가하는 행정상 제재이다. 납세의무자가 정당한 이유 없이 법에 규정된 신고, 납세 등 각종 의무를 위반한 경우에 법이 정하는 바에 따라 부과하는 행정상의 제재로서, 그 의무를 게을리한 점을 탓할 수 없는 정당한 사유가 있는 경우에는 부과할 수 없다.

(2) 과징금

① 과징금은 원칙적으로 행정법상의 의무를 위반한 자에 대하여 당해 위반행위로 얻게 된 경제적 이익을 박탈하기 위한 목적으로 부과하는 금전적인 제재이다.

② **법적 근거(행정기본법 제28조 과징금의 기준 제1항)**
행정청은 법령등에 따른 의무를 위반한 자에 대하여 법률로 정하는 바에 따라 그 위반행위에 대한 제재로서 과징금을 부과할 수 있다.

③ 과징금은 국가형벌권 행사로서의 '처벌'에 해당한다고는 할 수 없으므로 형사처벌과 아울러 과징금의 병과를 예정하고 있더라도 이중처벌금지원칙에 위반된다고 볼 수 없다.
구 독점규제 및 공정거래에 관한 법률 제24조의2에 의한 부당내부거래에 대한 과징금은 부당내부거래 억지라는 행정목적을 실현하기 위하여 그 위반행위에 대하여 제재를 가하는 행정상의 제재금으로서의 기본적 성격에 부당이득환수적 요소도 부가되어 있는 것이라 할 것이고, 이를 두고 헌법 제13조 제1항에서 금지하는 국가형벌권 행사로서의 '처벌'에 해당한다고는 할 수 없다(헌재 2003.7.24. 2001헌가25).

(3) 명단공표

① 명단의 공표는 행정법상의 의무위반 또는 의무불이행이 있는 경우에 그 위반자의 성명, 위반사실 등을 일반에게 공개하여 명예 또는 신용에 침해를 가함으로써 심리적인 압박을 가하여 행정법상의 의무이행을 간접적으로 확보하는 수단을 말한다.

> **예** 고액·상습체납자 명단공개(국세징수법), 허위 재산등록 공직자 공표(공직자윤리법), 청소년 성매수자 신상공개(청소년성보호법)

② 「아동·청소년의 성보호에 관한 법률」의 신상공개제도는 헌법 제13조의 이중처벌금지 원칙에 위배되지 않는다. 「아동·청소년의 성보호에 관한 법률」 제20조 제1항은 "청소년의 성을 사는 행위 등의 범죄방지를 위한 계도"가 신상공개제도의 주된 목적임을 명시하고 있는바, 공개되는 신상과 범죄사실은 이미 공개재판에서 확정된 유죄판결의 일부로서, 개인의 신상 내지 사생활에 관한 새로운 내용이 아니고, 공익목적을 위하여 이를 공개하는 과정에서 부수적으로 수치심 등이 발생된다고 하여 이것을 기존의 형벌 외에 또 다른 형벌로서 수치형이나 명예형에 해당한다고 볼 수는 없다(헌재 2003.6.26. 2002헌가14).

위반사실 등의 공표 (행정절차법 제40조의3)	① 행정청은 법령에 따른 의무를 위반한 자의 성명·법인명, 위반사실, 의무 위반을 이유로 한 처분사실 등(이하 "위반사실등"이라 한다)을 법률로 정하는 바에 따라 일반에게 공표할 수 있다.
	② 행정청은 위반사실등의 공표를 하기 전에 사실과 다른 공표로 인하여 당사자의 명예·신용 등이 훼손되지 아니하도록 객관적이고 타당한 증거와 근거가 있는지를 확인하여야 한다.
	③ 행정청은 위반사실등의 공표를 할 때에는 미리 당사자에게 그 사실을 통지하고 의견제출의 기회를 주어야 한다. 다만, 다음 각 호의 어느 하나에 해당하는 경우에는 그러하지 아니하다.
	  1. 공공의 안전 또는 복리를 위하여 긴급히 공표를 할 필요가 있는 경우
	  2. 해당 공표의 성질상 의견청취가 현저히 곤란하거나 명백히 불필요하다고 인정될 만한 타당한 이유가 있는 경우
	  3. 당사자가 의견진술의 기회를 포기한다는 뜻을 명백히 밝힌 경우

(4) 공급거부, 관허사업의 제한

공급거부	① 공급거부는 행정법상의 의무를 위반하거나 불이행한 자에 대하여 일정한 재화나 서비스의 공급을 거부하는 행정작용을 말한다. ② 단수처분(행정처분) 행정상 공급거부에 대한 권리구제에 있어 지방자치단체장(행정청)에 의한 단수처분은 항고소송의 대상이 되는 행정처분에 해당하므로(대법원 1979.12.28. 79누218) 위법한 단수처분에 대해서는 행정소송을 제기하여 그 취소를 구할 수 있다.
관허사업의 제한	행정법상의 의무위반행위가 있는 경우(예 국세나 지방세를 일정한 사유 없이 체납) 각종 인·허가를 거부·정지·철회(허가의 취소)할 수 있게 하여 행정법상의 의무의 준수 또는 의무의 이행을 간접적으로 강제하는 수단을 말한다.

(5) 제재적 행정처분 〈22 채용〉

① 행정법상 의무위반자에 대하여 인·허가 등을 정지·철회하여 행정법상 의무이행을 간접적으로 확보하는 제재적 행정처분도 실효성 확보수단에 해당할 수 있다.
② "제재처분"이란 법령등에 따른 의무를 위반하거나 이행하지 아니하였음을 이유로 당사자에게 의무를 부과하거나 권익을 제한하는 처분을 말한다. 다만, 제30조 제1항 각 호에 따른 행정상 강제(행정대집행, 이행강제금, 직접강제, 강제징수, 즉시강제)는 제외한다(행정기본법 제2조 제5호).
③ 음주운전 등 교통법규 위반자에 대해 운전면허를 취소(강학상 철회)하는 것은 제재처분이므로 행정상 즉시강제에 해당하지 않는다.
④ 운전면허 취소처분은 형법상에 규정된 형(刑)이 아니고, 그 절차도 일반 형사소송절차와는 다를 뿐만 아니라, 주취 중 운전금지라는 행정상 의무의 존재를 전제하면서 그 이행을 확보하기 위해 마련된 수단이라는 점에서 형벌과는 다른 목적과 기능을 가지고 있다고 할 것이므로, 운전면허 취소처분을 이중처벌금지원칙에서 말하는 "처벌"로 보기 어렵다. 따라서 이 사건 법률조항은 이중처벌금지원칙에 위반되지 아니한다(헌재 2010.3.25. 2009헌바83).

(6) 제재처분의 제척기간(행정기본법 제23조)

① 행정청은 법령등의 위반행위가 종료된 날부터 5년이 지나면 해당 위반행위에 대하여 제재처분(인허가의 정지·취소·철회, 등록 말소, 영업소 폐쇄와 정지를 갈음하는 과징금 부과를 말한다. 이하 이 조에서 같다)을 할 수 없다.
② 다음 각 호의 어느 하나에 해당하는 경우에는 제1항을 적용하지 아니한다.
   1호. 거짓이나 그 밖의 부정한 방법으로 인허가를 받거나 신고를 한 경우
   2호. 당사자가 인허가나 신고의 위법성을 알고 있었거나 중대한 과실로 알지 못한 경우
   3호. 정당한 사유 없이 행정청의 조사·출입·검사를 기피·방해·거부하여 제척기간이 지난 경우
   4호. 제재처분을 하지 아니하면 국민의 안전·생명 또는 환경을 심각하게 해치거나 해칠 우려가 있는 경우
③ 행정청은 제1항에도 불구하고 행정심판의 재결이나 법원의 판결에 따라 제재처분이 취소·철회된 경우에는 재결이나 판결이 확정된 날부터 1년(합의제행정기관은 2년)이 지나기 전까지는 그 취지에 따른 새로운 제재처분을 할 수 있다.
④ 다른 법률에서 제1항 및 제3항의 기간보다 짧거나 긴 기간을 규정하고 있으면 그 법률에서 정하는 바에 따른다.

3. 정리 〈21 승진, 20 경위〉

전통적 의무이행 확보수단	행정상 강제	즉시강제	대인적 즉시강제: 보호조치, 강제격리 등	직접적 이행 확보수단
			대물적 즉시강제	
			대가택 즉시강제	
		강제집행	대집행	
			직접강제	
			강제징수	
			이행강제금(집행벌)	간접적 (심리적 강제) 이행 확보수단
	행정벌	행정형벌	특례: 통고처분	
		행정질서벌	과태료	
새로운 의무이행 확보수단	금전 제재	과징금, 가산금		
	명단공개 (공표제도)	① 의의: 의무위반을 불특정 다수인에게 알리는 것 ② 성격: 간접적 제재(심리적 압박)이다. 그러나 그 자체로 어떠한 법적 효과도 발생하지 아니하는 사실행위이다. ③ 근거: 행정절차법, 아동·청소년 성보호에 관한 법률 등이 있다.		
	행정상 제한	공급거부, 관허사업의 제한		
		수익적 행정행위의 취소·철회, 국외여행의 제한, 취업제한 등		

제2절 행정상 강제집행

1 의의

1. 행정상 강제 〈25 채용, 22 경채〉

행정기본법 제30조 (행정상 강제)	① 행정청은 행정목적을 달성하기 위하여 필요한 경우에는 법률로 정하는 바에 따라 필요한 최소한의 범위에서 다음 각 호의 어느 하나에 해당하는 조치를 할 수 있다. 1. 행정대집행: 의무자가 행정상 의무(법령등에서 직접 부과하거나 행정청이 법령등에 따라 부과한 의무를 말한다. 이하 이 절에서 같다)로서 타인이 대신하여 행할 수 있는 의무를 이행하지 아니하는 경우 법률로 정하는 다른 수단으로는 그 이행을 확보하기 곤란하고 그 불이행을 방치하면 공익을 크게 해칠 것으로 인정될 때에 행정청이 의무자가 하여야 할 행위를 스스로 하거나 제3자에게 하게 하고 그 비용을 의무자로부터 징수하는 것 2. 이행강제금의 부과: 의무자가 행정상 의무를 이행하지 아니하는 경우 행정청이 적절한 이행기간을 부여하고, 그 기한까지 행정상 의무를 이행하지 아니하면 금전급부의무를 부과하는 것 3. 직접강제: 의무자가 행정상 의무를 이행하지 아니하는 경우 행정청이 의무자의 신체나 재산에 실력을 행사하여 그 행정상 의무의 이행이 있었던 것과 같은 상태를 실현하는 것 4. 강제징수: 의무자가 행정상 의무 중 금전급부의무를 이행하지 아니하는 경우 행정청이 의무자의 재산에 실력을 행사하여 그 행정상 의무가 실현된 것과 같은 상태를 실현하는 것

행정기본법 제30조 (행정상 강제)	5. 즉시강제: 현재의 급박한 행정상의 장해를 제거하기 위한 경우로서 행정청이 미리 행정상 의무 이행을 명할 시간적 여유가 없는 경우 또는 그 성질상 행정상 의무의 이행을 명하는 것만으로는 행정목적 달성이 곤란한 경우에 행정청이 곧바로 국민의 신체 또는 재산에 실력을 행사하여 행정목적을 달성하는 것 ② 행정상 강제 조치에 관하여 이 법에서 정한 사항 외에 필요한 사항은 따로 법률로 정한다. ③ 형사(刑事), 행형(行刑) 및 보안처분 관계 법령에 따라 행하는 사항이나 외국인의 출입국·난민인정·귀화·국적회복에 관한 사항에 관하여는 이 절을 적용하지 아니한다.

2. 강제집행의 의의 <21 채용, 21 승진, 21 경위>

개념	① 강제집행은 하명에 따른 행정상 의무의 불이행이 있는 경우에 상대방의 신체 또는 재산이나 주거 등에 실력을 행사하여 행정상 필요한 상태를 실현하는 의무이행확보 수단이다. ② 강제집행은 명령을 집행할 필요가 있는 명령적 행위에서만 문제가 된다. ③ **직접적 수단(대집행, 직접강제, 강제징수)과 간접적 수단(이행강제금 부과)**이 있다. ④ 하명 → 의무부과 → 의무불이행 → 강제집행
비교	① **행정강제는 행정상 강제집행을 원칙으로 하며**, 법치국가적 요청인 예측가능성과 법적 안정성에 반하고, 기본권 침해의 소지가 큰 권력작용인 **행정상 즉시강제는 어디까지나 예외적인 강제수단**이라고 할 것이다(헌재 2002.10.31. 2000헌가12). ② 경찰상 강제집행은 경찰하명에 의한 의무의 부과 및 그 불이행을 전제로 한다는 점에서 의무불이행을 전제로 하지 않는 경찰상 즉시강제와 구별된다. ③ 경찰상 강제집행은 **장래에 향하여** 의무이행을 강제한다는 점에서 과거의 의무위반에 대한 제재인 경찰벌과 구별된다.

3. 강제집행의 법적 근거 <22 채용, 20 승진, 23 경위>

① 경찰상의 강제집행을 하기 위해서는 경찰의무를 부과하는 **경찰하명의 근거가 되는 법률 이외에 경찰상의 강제집행을 위한 별도의 법적 근거가 있어야 한다.**
② 개별법적 근거

대집행	일반법은 「행정대집행법」
이행강제금 (집행벌)	「행정기본법」에서 일반적으로 규정하고, 건축법, 경제법 분야에서 개별적으로 인정
직접강제	① 행정기본법에서 일반적으로 규정 ② 도로교통법(제58조 위험방지 등의 조치) ③ 식품위생법(제62조 폐쇄조치) ④ 집회 및 시위에 관한 법률(강제해산) ⑤ 출입국관리법(제62조의 강제퇴거, 제51조의 보호) 등
강제징수	일반법은 「국세징수법」

2 행정대집행

1. 의의 ^(21·24 채용, 20 승진)

개념	의무자가 행정법령상의 대체적(비대체적×) 작위의무를 이행하지 않을 경우, 다른 수단으로는 그 이행을 확보하기 곤란하고 불이행을 방치하면 공익을 크게 해칠 것으로 인정될 때에 해당 행정청이 의무자가 하여야 할 행위를 스스로 하거나 제3자에게 하게 함으로써 의무의 이행이 있는 것과 같은 상태를 실현시킨 후, 그 비용을 의무자로부터 징수하는 것이다.
행정대집행법 제2조 (대집행과 비용징수)	법률(법률의 위임에 의한 명령, 지방자치단체의 조례를 포함한다)에 의하여 직접 명령되었거나 또는 법률에 의거한 행정청의 명령에 의한 행위로서 타인이 대신하여 행할 수 있는 행위를 의무자가 이행하지 아니하는 경우 다른 수단으로써 그 이행을 확보하기 곤란하고 또한 그 불이행을 방치함이 심히 공익을 해할 것으로 인정될 때에는 당해 행정청은 스스로 의무자가 하여야 할 행위를 하거나 또는 제삼자로 하여금 이를 하게 하여 그 비용을 의무자로부터 징수할 수 있다.
행정기본법 제30조 제1항 제1호	행정대집행은 의무자가 행정상 의무(법령등에서 직접 부과하거나 행정청이 법령등에 따라 부과한 의무를 말한다. 이하 이 절에서 같다)로서 타인이 대신하여 행할 수 있는 의무를 이행하지 아니하는 경우 법률로 정하는 다른 수단으로는 그 이행을 확보하기 곤란하고 그 불이행을 방치하면 공익을 크게 해칠 것으로 인정될 때에 행정청이 의무자가 하여야 할 행위를 스스로 하거나 제3자에게 하게 하고 그 비용을 의무자로부터 징수하는 것이다.
근거	① 일반법으로는 「행정대집행법」이 있다. ② 「행정기본법」, 대집행에 관한 개별법 규정

2. 대집행의 요건 ^(21 경행)

대상	① 공법상의 대체적 작위의무(다른 사람이 대신하여 행할 수 있는 의무)의 불이행이 있을 것 : 의무자가 행정상 의무(법령등에서 직접 부과하거나 행정청이 법령등에 따라 부과한 의무를 말한다)로서 타인이 대신하여 행할 수 있는 의무를 이행하지 아니할 것 ② 신체검사, 증인출석 의무, 건물의 명도(점유 이전) 의무는 대체성이 없는 비대체적 작위의무이므로 원칙적으로 대집행의 대상이 될 수 없다. ③ 도시공원시설 점유자의 퇴거 및 명도의무는 행정대집행법에 의한 대집행의 대상이 아니다(대법원 1998.10.23. 97누157). 도시공원시설인 매점의 관리청이 그 공동점유자 중의 1인에 대하여 소정의 기간 내에 위 매점으로부터 퇴거하고 이에 부수하여 그 판매 시설물 및 상품을 반출하지 아니할 때에는 이를 대집행하겠다는 내용의 계고처분은 그 주된 목적이 매점의 원형을 보존하기 위하여 점유자가 설치한 불법 시설물을 철거하고자 하는 것이 아니라, 매점에 대한 점유자의 점유를 배제하고 그 점유이전을 받는 데 있다고 할 것인데, 이러한 의무는 그것을 강제적으로 실현함에 있어 직접적인 실력행사가 필요한 것이지 대체적 작위의무에 해당하는 것은 아니어서 직접강제의 방법에 의하는 것은 별론으로 하고 행정대집행법에 의한 대집행의 대상이 되는 것은 아니다. ④ **건물의 점유자가 철거의무자일 때에는 건물철거의무에 퇴거의무도 포함되어 있는 것이어서 별도로 퇴거를 명하는 집행권원이 필요하지 않다**(대법원 2017.4.28. 2016다213916).
보충성	다른 수단으로는 그 이행을 확보하기 곤란할 것
공익성	의무의 불이행을 방치하면 공익을 크게 해칠 것
재량행위 여부	대집행 권한 발동은 조문의 표현 방식상 행정청의 재량행위에 속한다(다수설).

3. 대집행의 절차 <21 경위>

(1) 절차 개관

① 대집행의 계고 → 대집행영장에 의한 통지(시기, 집행책임자, 비용) → 대집행의 실행 → 비용징수 (비용납부명령) 순으로 진행된다. 자 계. 통. 실. 비
② 대집행 절차의 생략(행정대집행법 제3조 제3항)
비상시 또는 위험이 절박한 경우에 있어서 당해 행위의 급속한 실시를 요하여 전 2항에 규정한 수속(계고와 대집행영장에 의한 통지)**을 취할 여유가 없을 때에는 그 수속을 거치지 아니하고 대집행을 할 수 있다.**
③ 대집행에 대하여는 행정심판을 제기할 수 있다(행정대집행법 제7조). 대집행의 각 단계의 행위는 모두 행정쟁송의 대상인 처분에 속한다.

(2) 세부 절차 <21 경행>

계고	① 개념(행정대집행법 제3조 제1항) 행정청은 대집행을 하려면 그에 앞서 상당한 이행 기한을 정하여 그 기한까지 이행하지 아니할 때에는 대집행을 한다는 뜻을 미리 문서로써 계고하여야 한다. ② 법적 성질 계고는 준법률행위적 행정행위로서 강학상 통지에 해당한다. 따라서 항고소송의 대상이 될 수 있다.
대집행 영장에 의한 통지	① 개념(행정대집행법 제3조 제2항) 의무자가 계고를 받고 지정기한까지 그 의무를 이행하지 아니할 때에는 당해 행정청은 행정대집행영장으로써 대집행을 할 시기, 대집행을 시키기 위하여 파견하는 집행책임자의 성명과 대집행에 요하는 비용(개산에 의한 견적액)을 의무자에게 통지하여야 한다. ② 법적 성질: 대집행통지는 준법률행위적 행정행위로서 강학상 통지에 해당한다.
대집행의 실행	① 행정청이 스스로 의무자가 해야 할 행위를 하거나 제3자로 하여금 그 의무를 이행시키는 권력적 사실행위를 말한다. ② 시간적 제한(행정대집행법 제4조 제1항) 행정청(제2조에 따라 대집행을 실행하는 제3자를 포함한다)은 해가 뜨기 전이나 해가 진 후에는 대집행을 하여서는 아니 된다. 다만, 다음 각 호의 어느 하나에 해당하는 경우에는 그러하지 아니하다. 1호. 의무자가 동의한 경우 2호. 해가 지기 전에 대집행을 착수한 경우 3호. 해가 뜬 후부터 해가 지기 전까지 대집행을 하는 경우에는 대집행의 목적 달성이 불가능한 경우 4호. 그 밖에 비상시 또는 위험이 절박한 경우 ③ 행정청이 행정대집행의 방법으로 건물철거의무의 이행을 실현할 수 있는 경우에는 건물철거 대집행 과정에서 부수적으로 건물의 점유자들에 대한 퇴거 조치를 할 수 있고, 점유자들이 적법한 행정대집행을 위력을 행사하여 방해하는 경우 형법상 공무집행방해죄가 성립하므로, 필요한 경우에는 '경찰관 직무집행법'에 근거한 위험발생 방지조치 또는 형법상 공무집행방해죄의 범행방지 내지 현행범체포의 차원에서 경찰의 도움을 받을 수도 있다(대법원 2017.4.28. 2016다213916).
비용징수	① 대집행에 요한 비용의 징수에 있어서는 실제에 요한 비용액과 그 납기일을 정하여 의무자에게 문서(비용납부명령서)로써 그 납부를 명하여야 한다(행정대집행법 제5조). ② 비용납부명령은 급부하명으로서 처분성을 지닌다. ③ **대집행에 요한 비용은 국세징수법의 예에 따라 징수할 수 있다**(행정대집행법 제6조).

3 이행강제금(집행벌)

1. 의의 <20 경행>

① 행정상 의무를 이행하지 않는 경우에 일정액수의 **금전납부의무가 부과될 것임을 의무자에게 미리 계고함으로써 그 의무의 이행을 확보하기 위한 수단이다.**
② 이행강제금은 의무자가 행정상 의무를 이행하지 아니하는 경우 행정청이 적절한 이행기간을 부여하고, 그 기한까지 행정상 의무를 이행하지 아니하면 **금전급부의무를 부과하는 것**이다(행정기본법 제30조 제1항 제2호).
③ 이행강제금은 행정법상의 부작위의무 또는 비대체적 작위의무를 이행하지 않은 경우에 '일정한 기한까지 의무를 이행하지 않을 때에는 일정한 금전적 부담을 과할 뜻'을 미리 '계고'함으로써 **의무자에게 심리적 압박을 주어 장래를 향하여 의무의 이행을 확보하려는 간접적인 행정상 강제집행 수단이다**(대법원 2015.6.24. 2011두2170).
④ **최근의 이행강제금(집행벌)은 대체적 작위의무를 이행하지 아니한 경우에도 그 의무의 이행을 장래에 간접적으로 강제하기 위하여 부과할 수 있다.**

전통적으로 행정대집행은 대체적 작위의무에 대한 강제집행수단으로, 이행강제금은 부작위의무나 비대체적 작위의무에 대한 강제집행수단으로 이해되어 왔으나, 이는 이행강제금제도의 본질에서 오는 제약은 아니며, 이행강제금은 대체적 작위의무의 위반에 대하여도 부과될 수 있다. 현행 건축법상 위법건축물에 대한 이행강제수단으로 대집행과 이행강제금(제83조 제1항)이 인정되고 있는데, 양 제도는 각각의 장·단점이 있으므로 행정청은 개별사건에 있어서 위반내용, 위반자의 시정의지 등을 감안하여 대집행과 이행강제금을 선택적으로 활용할 수 있으며, 이처럼 그 합리적인 재량에 의해 선택하여 활용하는 이상 중첩적인 제재에 해당한다고 볼 수 없다(헌재 2004.2.26. 2001헌바80 등).

2. 행정기본법상 요건과 절차 <24·25 채용, 20·21 승진>

① 행정청은 이행강제금을 부과하기 전에 미리 의무자에게 적절한 이행기간을 정하여 그 기한까지 행정상 의무를 이행하지 아니하면 이행강제금을 부과한다는 뜻을 문서로 계고(戒告)하여야 한다(제31조 제3항).
② 행정청은 의무자가 제3항에 따른 계고에서 정한 기한까지 행정상 의무를 이행하지 아니한 경우 이행강제금의 부과 금액·사유·시기를 문서로 명확하게 적어 의무자에게 통지하여야 한다(제31조 제4항).
③ 행정청은 의무자가 행정상 의무를 이행할 때까지 **이행강제금을 반복하여 부과할 수 있다.** 다만, 의무자가 의무를 이행하면 새로운 이행강제금의 부과를 즉시 중지하되, **이미 부과한 이행강제금은 징수하여야 한다**(제31조 제5항).
④ 행정청은 이행강제금을 부과받은 자가 납부기한까지 이행강제금을 내지 아니하면 국세강제징수의 예 또는 「지방행정제재·부과금의 징수 등에 관한 법률」에 따라 징수한다(제31조 제6항).

3. 이행강제금의 법적 성질, 행정벌과의 구별 <21 승진, 21·23 경위>

① 이행강제금 부과의 법적 성질
행정행위로서 급부하명에 해당한다.

② 이행강제금(집행벌)은 의무이행을 위한 강제집행이라는 점에서 **의무위반에 대한 제재인 행정벌과 구별되며, 행정벌과 병과해서 행할 수 있다.**

③ 건축법상 이행강제금은 일정한 기한까지 의무를 이행하지 않을 때에는 일정한 금전적 부담을 과할 뜻을 미리 계고함으로써 의무자에게 심리적 압박을 주어 장래에 그 의무를 이행하게 하려는 행정상 간접적인 강제집행 수단의 하나로서 과거의 일정한 법률위반 행위에 대한 제재로서의 형벌이 아니라 **장래의 의무이행의 확보를 위한 강제수단일 뿐이어서 범죄에 대하여 국가가 형벌권을 실행한다고 하는 과벌에 해당하지 아니한다.**

그러므로 헌법 제13조 제1항이 금지하는 이중처벌금지의 원칙이 적용될 여지가 없을 뿐 아니라, 건축법 제108조, 제110조에 의한 형사처벌의 대상이 되는 행위와 이 사건 법률조항에 따라 이행강제금이 부과되는 행위는 기초적 사실관계가 동일한 행위가 아니라 할 것이므로 **이런 점에서도 이 사건 법률조항이 헌법 제13조 제1항의 이중처벌금지의 원칙에 위반되지 아니한다**(헌재 2011.10.25. 2009헌바140).

4 직접강제

1. 의의 〈20 승진〉

① 의무자가 의무를 이행하지 않는 경우에 직접 의무자의 신체 또는 재산에 실력을 가하여 의무의 이행이 있었던 것과 같은 상태를 실현하는 작용이다.

② 행정청은 행정목적을 달성하기 위하여 필요한 경우에는 법률로 정하는 바에 따라 필요한 최소한의 범위에서 직접강제 조치를 할 수 있다. 직접강제는 의무자가 행정상 의무를 이행하지 아니하는 경우 행정청이 의무자의 신체나 재산에 실력을 행사하여 그 행정상 의무의 이행이 있었던 것과 같은 상태를 실현하는 것이다(행정기본법 제30조 제1항 제3호).

③ 일체의 의무 불이행에 대하여 활용할 수 있다.

2. 요건과 절차 〈24 채용〉

보충성	직접강제는 행정대집행이나 이행강제금 부과의 방법으로는 행정상 의무 이행을 확보할 수 없거나 그 실현이 불가능한 경우에 실시하여야 한다(제32조 제1항).
행정기본법상 절차	① 직접강제를 실시하기 위하여 현장에 파견되는 집행책임자는 그가 집행책임자임을 표시하는 증표를 보여 주어야 한다(제32조 제2항). ② 직접강제의 계고 및 통지에 관하여는 제31조 제3항 및 제4항을 준용한다(제32조 제3항).

3. 사례 〈21 승진〉

불법시위 군중의 직접 해산	해산명령 불이행에 따른 해산조치 해산명령 → 해산의무 → 의무불이행 → 직접 해산(직접강제)
	집회 및 시위에 관한 법률 시행령 제17조(집회 또는 시위의 자진 해산의 요청 등) 제3호(해산명령 및 직접 해산) 자진 해산 요청에 따르지 아니하는 경우에는 세 번 이상 자진 해산할 것을 명령하고, 참가자들이 해산명령에도 불구하고 해산하지 아니하면 직접 해산시킬 수 있다.

불법영업소의 폐쇄조치	무허가 영업소의 강제폐쇄 조치 식품위생법상 영업소 폐쇄명령을 받은 자가 영업을 계속할 경우 강제폐쇄하는 영업소 폐쇄 조치
	식품위생법 제79조(폐쇄조치 등) 제1항 식품의약품안전처장, 시·도지사 또는 시장·군수·구청장은 제37조 제1항, 제4항 또는 제5항을 위반하여 허가받지 아니하거나 신고 또는 등록하지 아니하고 영업을 하는 경우 또는 제75조 제1항 또는 제2항에 따라 허가 또는 등록이 취소되거나 영업소 폐쇄명령을 받은 후에도 계속하여 영업을 하는 경우에는 해당 영업소를 폐쇄하기 위하여 관계 공무원에게 다음 각 호의 조치를 하게 할 수 있다.
강제퇴거 조치	출입국관리법상 각종 의무를 위반한 자에 대한 강제퇴거 조치, 군사시설에서의 강제퇴거 조치 등

5 강제징수

1. 의의

① 국민이 국가 또는 공공단체 등 행정주체에 대하여 부담하고 있는 공법상의 금전급부의무를 이행하지 않는 경우에 행정청이 의무자에 재산에 실력을 가하여 강제적으로 의무가 이행된 것과 동일한 상태를 실현하는 행정상 강제집행 작용이다.
② 행정청은 행정목적을 달성하기 위하여 필요한 경우에는 법률로 정하는 바에 따라 필요한 최소한의 범위에서 강제징수 조치를 할 수 있다. 강제징수는 의무자가 행정상 의무 중 금전급부의무를 이행하지 아니하는 경우 행정청이 의무자의 재산에 실력을 행사하여 그 행정상 의무가 실현된 것과 같은 상태를 실현하는 것이다(제30조 제1항 제4호).
③ 국세납부의무의 불이행에 대하여는 「국세징수법」에서 강제징수를 인정하고 있다.

2. 요건과 절차 (21 경위)

절차	독촉 → 강제징수[압류 → 매각(공매) → 청산]
독촉	상당한 이행기간을 정하여 의무의 이행을 최고하고, 그 의무가 이행되지 않을 경우에 강제징수할 뜻을 알리는 것으로 준법률행위적 행정행위인 강학상 통지에 해당한다.
강제징수	관할 세무서장은 납세자가 제10조에 따른 독촉 또는 제9조 제2항에 따른 납부기한 전 징수의 고지를 받고 지정된 기한까지 국세 또는 체납액을 완납하지 아니한 경우 재산의 압류, 압류재산의 매각·추심 및 청산의 절차에 따라 강제징수를 한다(국세징수법 제24조).

제3절 행정상 즉시강제와 행정조사

1 즉시강제의 의의

1. 개념과 법적 성질 (20·22 채용, 23 경위)

즉시강제의 개념	① 즉시강제는 행정상 급박한(중대한) 위험 또는 장해를 제거하기 위하여 직접 국민의 신체 또는 재산에 실력을 가하여 행정상 필요한 상태를 실현하는 행정작용이다. ② 행정청은 행정목적을 달성하기 위하여 필요한 경우에는 법률로 정하는 바에 따라 필요한 최소한의 범위에서 즉시강제 조치를 할 수 있다. 즉시강제는 현재의 급박한 행정상의 장해를 제거하기 위한 경우로서 행정청이 미리 행정상 의무 이행을 명할 시간적 여유가 없는 경우 또는 그 성질상 행정상 의무의 이행을 명하는 것만으로는 행정목적 달성이 곤란한 경우에 행정청이 곧바로 국민의 신체 또는 재산에 실력을 행사하여 행정목적을 달성하는 것이다(행정기본법 제30조 제1항 제5호). ③ 행정상 즉시강제란 행정강제의 일종으로서 목전의 급박한 행정상 장해를 제거할 필요가 있는 경우에, 미리 의무를 명할 시간적 여유가 없을 때 또는 그 성질상 의무를 명하여서는 목적달성이 곤란할 때에, 직접 국민의 신체 또는 재산에 실력을 가하여 행정상 필요한 상태를 실현하는 작용이다(헌재 2002.10.31. 2000헌가12).
강제집행과의 차이점	① 법령 또는 행정처분에 의한 선행의 구체적 의무의 존재와 그 불이행을 전제로 하는 행정상 강제집행과 구별된다(헌재 2002.10.31. 2000헌가12). ② 지정된 기한까지 체납액을 완납하지 않은 국세체납자의 재산을 압류하는 것과 무허가건물의 철거 명령을 받고도 이를 불이행하는 사람의 불법건축물을 해체하는 것은 의무불이행을 전제로 하는 강제집행이므로 즉시강제에 해당하지 않는다.
법적 성질	① 즉시강제는 당사자의 신체나 재산에 대한 실력행사인 점에서 권력적 사실행위이므로 **행정쟁송의 대상인 처분에 해당한다.** ② **행정상 즉시강제는 침해적 작용이므로 실정법적 근거가 필요하다.**

2. 행정기본법상의 요건과 절차

요건	즉시강제는 다른 수단으로는 행정목적을 달성할 수 없는 경우에만 허용되며, 이 경우에도 최소한으로만 실시하여야 한다(제33조 제1항).

절차	① 즉시강제를 실시하기 위하여 현장에 파견되는 집행책임자는 그가 집행책임자임을 표시하는 증표를 보여 주어야 하며, 즉시강제의 이유와 내용을 고지하여야 한다(제33조 제2항).
	② 제2항에도 불구하고 집행책임자는 즉시강제를 하려는 재산의 소유자 또는 점유자를 알 수 없거나 현장에서 그 소재를 즉시 확인하기 어려운 경우에는 즉시강제를 실시한 후 집행책임자의 이름 및 그 이유와 내용을 고지할 수 있다. 다만, 다음 각 호에 해당하는 경우에는 게시판이나 인터넷 홈페이지에 게시하는 등 적절한 방법에 의한 공고로써 고지를 갈음할 수 있다.
	  1. 즉시강제를 실시한 후에도 재산의 소유자 또는 점유자를 알 수 없는 경우
	  2. 재산의 소유자 또는 점유자가 국외에 거주하거나 행방을 알 수 없는 경우
	  3. 그 밖에 대통령령으로 정하는 불가피한 사유로 고지할 수 없는 경우

2 즉시강제의 수단(종류)

1. 대인적 즉시강제 _(22·23·24 채용, 19 경행)

(1) 경찰관 직무집행법

① 제3조 불심검문(즉시강제 여부에 대해 견해 대립 있음)
② 제4조 보호조치
  경찰관 직무집행법 제4조 제1항 제1호(이하 '이 사건 조항'이라 한다)에서 규정하는 술에 취한 상태로 인하여 자기 또는 타인의 생명·신체와 재산에 위해를 미칠 우려가 있는 피구호자에 대한 보호조치는 경찰 행정상 즉시강제에 해당하므로, 그 조치가 불가피한 최소한도 내에서만 행사되도록 발동·행사 요건을 신중하고 엄격하게 해석하여야 한다(대법원 2012.12.13. 2012도11162).
③ 제5조 위험 발생의 방지
  「경찰관 직무집행법」상 위험물의 폭발로 인해 **매우 긴급한 경우에 위해를 입을 우려가 있는 사람을 억류하거나 피난시키는 것**도 의무를 부과할 수 없는 긴급한 경우에 행사하는 대인적 즉시강제에 해당한다.
④ 제6조 범죄의 예방 및 제지
  「경찰관 직무집행법」 제6조 제1항("경찰관은 범죄행위가 목전에 행하여지려고 하고 있다고 인정될 때에는 이를 예방하기 위하여 관계인에게 필요한 경고를 하고, 그 행위로 인하여 사람의 생명·신체에 위해를 끼치거나 재산에 중대한 손해를 끼칠 우려가 있는 긴급한 경우에는 그 행위를 제지할 수 있다.") 중 경찰관의 제지에 관한 부분은 범죄의 예방을 위한 행정상 즉시강제에 관한 근거 조항이다.
⑤ 제10조 위해성 경찰장비의 사용(경찰장구, 분사기 등, 무기 사용)
  「경찰관 직무집행법」상 위해성 경찰장비 사용은 즉시강제에 해당한다. 따라서 ㉠ 주택가에서 흉기를 들고 난동을 부리며 경찰관의 중지명령에 항거하는 사람에 대해 전자충격기를 사용하여 강제로 제압하는 것, ㉡ 불법집회로 인한 공공시설의 안전에 대한 위해를 억제하기 위해 최루탄을 사용하는 것은 경찰상 즉시강제에 해당한다.

(2) 다른 개별법

① 「감염병의 예방 및 관리에 관한 법률」상 강제처분 : 감염병환자의 즉각적인 강제격리 및 강제입원, 강제건강진단 및 치료
② 「재난 및 안전관리 기본법」상 응급조치(긴급수송 등)
③ 「마약류 관리에 관한 법률」상 강제수용 : 마약중독자의 격리 및 치료를 위한 치료보호

2. 대물적 즉시강제

(1) 경찰관 직무집행법, 112신고의 운영 및 처리에 관한 법률

① 경찰관 직무집행법 제4조 제3항 물건 등에 대한 임시영치
② 경찰관 직무집행법 제5조 제1항 위해 방지 조치
  경찰관은 사람의 생명 또는 신체에 위해를 끼치거나 재산에 중대한 손해를 끼칠 우려가 있는 위험한 사태가 있을 때에는 그 장소에 있는 사람, 사물의 관리자, 그 밖의 관계인에게 위해를 방지하기 위하여 직접 그 조치를 할 수 있다.

③ 112신고의 운영 및 처리에 관한 법률 제8조 제3항 긴급조치

경찰관은 위험 발생의 방지, 범죄의 예방·진압, 구호대상자의 구조 등 필요한 조치를 할 때 사람의 생명·신체 또는 재산에 대한 급박한 위해가 발생할 우려가 있는 경우에는 그 위해를 방지하거나 피해자를 구조하기 위하여 부득이하다고 인정하면 합리적으로 판단하여 필요한 한도에서 다른 사람의 토지·건물 또는 그 밖의 물건을 일시사용, 사용의 제한 또는 처분을 할 수 있다.

(2) 도로교통법, 소방기본법

① 「도로교통법」상의 강제수단 : 위법 공작물 제거(교통 장애물 제거), 주차위반 차량의 견인·보관 조치
② 「소방기본법」상의 강제수단 : 방해되는 차량 및 물건의 제거 또는 이동

> **예** 화재진압작업을 위해 화재발생현장에 불법주차된 차량을 제거하는 것, 소방활동에 방해가 되는 물건 등에 대한 파괴 등 강제처분

(3) 다른 개별법

① 「게임산업진흥에 관한 법률」 불법게임물 수거·폐기·삭제

이 사건 법률조항은 문화관광부장관, 시·도지사, 시장·군수·구청장이 법 제18조 제5항의 규정에 의한 등급분류를 받지 아니하거나 등급분류를 받은 게임물과 다른 내용의 게임물을 발견한 때에는 관계공무원으로 하여금 이를 수거하여 폐기하게 할 수 있도록 규정하고 있는바, 이는 어떤 하명도 거치지 않고 행정청이 직접 대상물에 실력을 가하는 경우로서, 위 조항은 행정상 즉시강제 그 중에서도 대물적(對物的) 강제를 규정하고 있다(헌재 2002.10.31. 2000헌가12).

② 「감염병의 예방 및 관리에 관한 법률」
감염병 유행에 대한 방역조치(일시적 폐쇄, 물건 등에 대한 방역)
③ 「식품위생법」 위해식품의 수거, 압류 및 폐기, 「약사법」 불량의약품의 폐기
④ 「형의 집행 및 수용자의 처우에 관한 법률」 물건의 영치

3. 대가택적 즉시강제

경찰관 직무집행법 제7조	긴급출입(위해방지, 피해자구조를 위한 가택출입), 대간첩작전 지역 내 검색
112신고의 운영 및 처리에 관한 법률 제8조 제3항	긴급출입(위해방지, 피해자구조를 위한 가택출입)
다른 개별법	「풍속영업의 규제에 관한 법률」 제9조(출입)

3 즉시강제의 한계와 구제

1. 즉시강제의 한계 〈20 채용, 15·19 경행〉

(1) 실체적 한계

① 행정상 즉시강제의 한계

행정상 즉시강제는 엄격한 실정법상의 근거를 필요로 할 뿐만 아니라, 그 발동에 있어서는 법규의 범위 안에서도 다시 행정상의 장해가 목전에 급박하고, 다른 수단으로는 행정목적을 달성할 수 없는 경우이어야 하며, 이러한 경우에도 그 행사는 필요 최소한도에 그쳐야 함을 내용으로 하는 조리상의 한계에 기속된다(헌재 2002.10.31. 2000헌가12).

② 조리상 한계(행정기본법 제30조 제1항 제5호, 제33조 제1항)

급박성	행정상 장해가 이미 발생하고 있거나 발생 직전에 있을 것을 말한다. 즉 현존하고 명백한 위험이 있어야 한다.
보충성	다른 수단으로서는 그 목적을 달성하기가 곤란할 것을 말한다.
비례성	행정상 장해제거 수단은 그 목적 달성에 필요한 최소한도에 그칠 것을 말하는데, 즉 경미한 위해를 제거하기 위하여 개인의 권리에 대한 중대한 영향을 미치는 즉시강제는 허용되지 않는다.
소극성	소극적으로 사회질서를 유지하기 위하여 이를 제거할 필요가 있을 것을 말하는데, 즉 적극적인 행정목적을 위해서는 즉시강제는 발동될 수 없다.

(2) 절차적 한계(영장주의 적용 여부)

절충설 (통설, 대법원)	① 절충설은 원칙적으로 사전영장주의가 적용되지만, 즉시강제의 특수성으로 보아 행정목적의 달성을 위하여 불가피한 경우에는 영장주의에 대한 예외를 인정한다. ② 헌법상 영장제도의 취지인 기본권보장을 위해서는 영장주의가 행정상 즉시강제에도 일반적으로 적용되어야 한다. 그러나 긴급한 필요 등 영장 없는 즉시강제를 인정하여야 할 합리적 이유가 존재하는 경우에는 영장주의가 적용되지 않는다. ③ 사전영장주의는 인신보호를 위한 헌법상의 기속원리이기 때문에 인신의 자유를 제한하는 모든 국가작용의 영역에서 존중되어야 하지만, 헌법 제12조 제3항 단서도 사전영장주의의 예외를 인정하고 있는 것처럼 사전영장주의를 고수하다가는 도저히 행정목적을 달성할 수 없는 지극히 예외적인 경우에는 형사절차에서와 같은 예외가 인정된다. 그러므로 구 사회안전법('보안관찰법'이란 명칭으로 개정되기 전의 것) 제11조 소정의 동행보호규정은 재범의 위험성이 현저한 자를 상대로 긴급히 보호할 필요가 있는 경우에 한하여 단기간의 동행보호를 허용한 것으로서 그 요건을 엄격히 해석하는 한, 동 규정 자체가 사전영장주의를 규정한 헌법규정에 반한다고 볼 수는 없다(대법원 1997.6.13. 96다56115).
불요설 (헌법재판소)	행정상 즉시강제는 상대방의 임의이행을 기다릴 시간적 여유가 없을 때 하명 없이 바로 실력을 행사하는 것으로서, 그 본질상 급박성을 요건으로 하고 있어 법관의 영장을 기다려서는 그 목적을 달성할 수 없다고 할 것이므로, 원칙적으로 영장주의가 적용되지 않는다고 보아야 할 것이다. 만일 어떤 법률조항이 영장주의를 배제할 만한 합리적인 이유가 없을 정도로 급박성이 인정되지 아니함에도 행정상 즉시강제를 인정하고 있다면, 이러한 법률조항은 이미 그 자체로 과잉금지의 원칙에 위반되는 것으로서 위헌이라고 할 것이다. 이 사건 법률조항은 앞에서 본 바와 같이 급박한 상황에 대처하기 위한 것으로서 그 불가피성과 정당성이 충분히 인정되는 경우이므로, 이 사건 법률조항이 영장 없는 수거를 인정한다고 하더라도 이를 두고 헌법상 영장주의에 위배되는 것으로는 볼 수 없다(헌재 2002.10.31. 2000헌가12).

2. 적법한 즉시강제 〈20 채용, 19 경채〉

① 적법한 즉시강제에 대한 구제로 손실보상을 청구할 수 있으며, 일정한 요건하에서 「형법」상 위법성조각사유에 해당하는 긴급피난도 가능하다.
② 긴급권 행사
   즉시강제는 질서위반상태에 대한 책임 있는 자에 대하여 행하여지는 것이 원칙이나, 긴급한 필요가 있는 때에는 예외적으로 경찰책임이 없는 자에 대하여서도 행하여질 수 있다.
③ 귀책사유가 없는 자의 사유재산에 가해진 특별희생에 대해 손실보상을 해주어야 한다.
④ 「경찰관 직무집행법」, 「소방기본법」 등에 손실보상 규정이 있다.

3. 위법한 즉시강제에 대한 구제 〈20·24 채용〉

① 즉시강제 시 필요 이상으로 실력을 행사하여 경찰책임자 이외의 자에게 유형력을 행사하는 것은 위법이 된다.
② 정당방위
   위법한 즉시강제에 저항하는 행위는 형법상의 정당방위가 될 수 있다.
   경찰관이 농성 진압의 과정에서 **경찰장비를 위법하게 사용함으로써 그 직무수행이 적법한 범위를 벗어난 것으로 볼 수밖에 없다면**, 상대방이 그로 인한 생명·신체에 대한 위해를 면하기 위하여 직접적으로 대항하는 과정에서 경찰장비를 손상시켰더라도 이는 **위법한 공무집행으로 인한 신체에 대한 현재의 부당한 침해에서 벗어나기 위한 행위로서 정당방위에 해당한다**(대법원 2022. 11. 30. 2016다26662·26679·26686).
③ 공무집행방해죄는 적법한 직무를 전제로 하므로 성립하지 않는다.
   공무집행방해죄는 공무원의 직무집행이 적법한 경우에 한하여 성립하는 것으로서 적법한 공무집행이라고 함은 그 행위가 공무원의 추상적 권한에 속할 뿐 아니라 구체적 직무집행에 관한 법률상 요건과 방식을 갖춘 것을 말하는 것이므로, 이러한 적법성이 결여된 직무행위를 하는 공무원에게 항거하였다고 하여도 그 항거행위가 폭력을 수반한 경우에 폭행죄 등의 죄책을 묻는 것은 별론으로 하고 공무집행방해죄로 다스릴 수는 없다(대법원 1992.2.11. 91도2797).

4. 구제 수단 〈20 채용, 19 경채〉

행정상 쟁송에 의한 취소	① 즉시강제는 이른바 권력적 사실행위이므로 행정쟁송의 대상인 '처분'에 해당하므로 행정쟁송이 가능하다. ② 위법 또는 부당한 즉시강제에 대한 행정상 쟁송의 제기는 소의 이익(권리보호 이익)이 없는 경우가 보통이다. 즉, **즉시강제는 성질상 단기간 내에 종료되어 행정처분과 같이 취소·변경을 구할 법률상의 이익이 존재하지 않는 것이 대부분이어서, 행정소송에 의한 구제는 즉시강제의 성질상 적합하지 아니하다.** ③ 다만, 즉시강제가 장기에 걸쳐 행해지는 경우와 집행종료 후 법률상 이익이 있는 경우(행정심판법 제9조 제1항, 행정소송법 제12조)에는 행정쟁송의 제기가 가능하다.

손해배상 청구	① 위법한 즉시강제로 생명·신체 또는 재산상의 손해를 입었을 때에는 국가배상법에 따라 손해배상을 청구할 수 있다. ② 타인의 집 대문 앞에 은신하고 있다가 경찰관의 명령에 따라 순순히 손을 들고나오면서 그대로 도주하는 범인을 경찰관이 뒤따라 추격하면서 등 부위에 권총을 발사하여 사망케 한 경우, 위와 같은 총기 사용은 현재의 부당한 침해를 방지하거나 현재의 위난을 피하기 위한 상당성 있는 행위라고 볼 수 없는 것으로서 범인의 체포를 위하여 필요한 한도를 넘어 무기를 사용한 것이라고 하여 국가의 손해배상책임을 인정한 사례(대법원 1991.5.28. 91다10084).
그 밖의 구제조치	① 청원 ② 직권취소 ③ 공무원에 대한 징계 요구(징계벌), 공무원에 대한 고소·고발(형사벌)

4 행정조사기본법

1. 의의 〈22 채용, 15·18 경행, 24 승진〉

개념	"행정조사"란 행정기관이 **정책을 결정하거나**(법령을 집행하거나×) **직무를 수행**하는 데 필요한 정보나 자료를 수집하기 위하여 현장조사·문서열람·시료채취 등을 하거나 조사대상자에게 보고요구·자료제출요구 및 출석·진술요구를 행하는 활동을 말한다(행정조사기본법 제2조 제1호).
형식에 따른 구분	① 행정행위: 서류제출명령, 출두명령 등이 있다. ② 사실행위: 검진, 질문, 출입 검사 등이 있다.
성질에 따른 구분	① 권력적 행정조사(강제조사): 행정기관의 일방적인 명령·강제를 수단으로 하며 국민의 신체나 재산에 침해를 가져오는 조사작용을 의미한다. 　예 도로교통법상 음주측정, 소방기본법상 화재조사, 식품위생법상 임검·검사, 국세징수법상 질문·검사(강제적인 장부 수색 등) ② 비권력적 행정조사(임의조사): 상대방의 자발적인 협조를 얻는 조사이다. 　예 여론조사, 각종 통계 조사 ③ 부과처분을 위한 과세관청의 질문조사권이 행해지는 세무조사결정이 있는 경우 납세의무자는 세무공무원의 과세자료 수집을 위한 질문에 대답하고 검사를 수인하여야 할 법적 의무를 부담하게 되는 점 등을 종합하면, **세무조사결정은 납세의무자의 권리·의무에 직접 영향을 미치는 공권력의 행사에 따른 행정작용으로서 항고소송의 대상이 된다**(대법원 2011.3.10. 2009두23617,23624). ④ 음주측정의 법적 성격(대법원 2016.12.27. 2014두46850) 경찰공무원이 도로교통법 규정에 따라 호흡측정 또는 혈액 검사 등의 방법으로 운전자가 술에 취한 상태에서 운전하였는지를 조사하는 것은, **수사기관과 경찰행정조사자의 지위를 겸하는 주체가 형사소송에서 사용될 증거를 수집하기 위한 수사로서의 성격을 가짐과 아울러 교통상 위험의 방지를 목적으로 하는 운전면허 정지·취소의 행정처분을 위한 자료를 수집하는 행정조사의 성격을 동시에 가지고 있다고 볼 수 있다.**

2. 법적 근거 〈22 채용, 17 경행〉

행정조사 기본법 제5조	① 행정조사의 근거 　행정기관은 법령 등에서 행정조사를 규정하고 있는 경우에 한하여 행정조사를 실시할 수 있다. 다만, 조사대상자의 자발적인 협조를 얻어 실시하는 행정조사의 경우에는 그러하지 아니하다(개별 법령의 근거규정이 없어도 할 수 있다). ② **자발적 협조를 얻어 조사를 실시하는 경우에도 조직법상의 권한 범위 내에서만 가능하다.**
다른 실정법적 근거	① 경찰관 직무집행법, 소방기본법 등에 행정조사가 규정되어 있다. ② 「행정절차법」은 행정조사에 관한 명문의 규정을 두고 있지 않다.

3. 행정조사의 적용 범위(행정조사기본법 제3조) 〈22 채용, 24 승진〉

① 행정조사에 관하여 다른 법률에 특별한 규정이 있는 경우를 제외하고는 이 법으로 정하는 바에 따른다.

　※ 고용보험법 제47조 제2항에 따른 '실업인정대상기간 중의 취업 사실'에 대한 행정조사 절차에는 수사 절차에서의 진술거부권 고지의무에 관한 형사소송법 규정이 준용되지 않는다(대법원 2020.5.14. 2020두31323).

② 다음 각 호의 어느 하나에 해당하는 사항에 대하여는 이 법을 적용하지 아니한다.
　1호. 행정조사를 한다는 사실이나 조사내용이 공개될 경우 국가의 존립을 위태롭게 하거나 국가의 중대한 이익을 현저히 해칠 우려가 있는 국가안전보장·통일 및 외교에 관한 사항
　2호. 국방 및 안전에 관한 사항 중 일정한 사항
　3호. 「공공기관의 정보공개에 관한 법률」 국가안전보장 관련 정보 및 보안 기관에서 국가안전보장과 관련된 정보의 분석을 목적으로 수집하거나 작성한 정보에 관한 사항
　4호. 「근로기준법」 근로감독관의 직무에 관한 사항
　5호. 조세·형사·행형 및 보안처분에 관한 사항
　6호. 금융감독기관의 감독·검사·조사 및 감리에 관한 사항
　7호. 「독점규제 및 공정거래에 관한 법률」 등 공정거래위원회의 법률위반행위 조사에 관한 사항

③ 제2항에도 불구하고 제4조(행정조사의 기본원칙), 제5조(행정조사의 근거) 및 제28조(정보통신수단을 통한 행정조사)는 제2항 각 호의 사항에 대하여 적용한다.

④ **경찰의 수사에는 「행정조사기본법」이 적용되지 않는다.**

4. 행정조사의 한계 (15~18·20 경행, 24 승진)

행정조사의 기본원칙 (행정조사법 제4조, 행정조사의 실체법적 한계)	① 행정조사는 조사목적을 달성하는 데 필요한 최소한의 범위 안에서 실시하여야 하며, 다른 목적 등을 위하여 조사권을 남용하여서는 아니 된다. ② 행정기관은 조사목적에 적합하도록 조사대상자를 선정하여 행정조사를 실시하여야 한다. ③ 행정기관은 유사하거나 동일한 사안에 대하여는 공동조사 등을 실시함으로써 행정조사가 중복되지 아니하도록 하여야 한다. ④ 행정조사는 법령등의 위반에 대한 처벌보다는 법령등을 준수하도록 유도하는 데 중점을 두어야 한다. ⑤ 다른 법률에 따르지 아니하고는 행정조사의 대상자 또는 행정조사의 내용을 공표하거나 직무상 알게 된 비밀을 누설하여서는 아니된다. **⑥ 행정기관은 행정조사를 통하여 알게 된 정보를 다른 법률에 따라 내부에서 이용하거나 다른 기관에 제공하는 경우를 제외하고는(어떠한 경우에도×) 원래의 조사목적 이외의 용도로 이용하거나 타인에게 제공하여서는 아니 된다.**
공동조사 (제4조 제3항 제1호)	행정기관의 장은 당해 행정기관 내의 2 이상의 부서가 동일하거나 유사한 업무분야에 대하여 동일한 조사대상자에게 행정조사를 실시하는 경우에는 공동조사를 하여야 한다(할 수 있다×).
중복조사의 제한 (제15조 제2항)	행정조사를 실시할 행정기관의 장은 행정조사를 실시하기 전에 다른 행정기관에서 동일한 조사대상자에게 동일하거나 유사한 사안에 대하여 행정조사를 실시하였는지 여부를 확인할 수 있다(하여야 한다×).
절차법적 한계	관세법 등 관련 규정에 비추어 보면, 우편물 통관검사절차에서 이루어지는 우편물의 개봉, 시료채취, 성분분석 등의 검사는 수출입물품에 대한 적정한 통관 등을 목적으로 한 행정조사의 성격을 가지는 것으로서 수사기관의 강제처분이라고 할 수 없다. 따라서 우편물 통관검사절차에서 압수·수색영장 없이 진행된 우편물의 개봉, 시료채취, 성분분석 등 검사는 원칙적으로 적법하다(대법원 2013.9.26. 2013도7718).

5. 조사의 주기(제7조)

행정조사는 법령등 또는 행정조사운영계획으로 정하는 바에 따라 정기적으로 실시함을 원칙으로 한다. 다만, 다음 각 호 중 어느 하나에 해당하는 경우에는 수시조사를 할 수 있다.

1호. 법률에서 수시조사를 규정하고 있는 경우
2호. **법령등의 위반에 대하여 혐의가 있는 경우**
3호. **다른 행정기관으로부터 법령등의 위반에 관한 혐의를 통보 또는 이첩받은 경우**
4호. 법령등의 위반에 대한 신고를 받거나 민원이 접수된 경우
5호. 그 밖에 행정조사의 필요성이 인정되는 사항으로서 대통령령으로 정하는 경우

6. 조사의 방법 (22 채용, 15·18·20 경행, 24 승진)

출석·진술 요구 (제9조)	① 행정기관의 장이 조사대상자의 출석·진술을 요구하는 때에는 일시와 장소, 출석요구의 취지 등 행정조사와 관련하여 필요한 사항이 기재된 출석요구서를 발송하여야 한다(제1항). ② 출석한 조사대상자가 제1항에 따른 출석요구서에 기재된 내용을 이행하지 아니하여 행정조사의 목적을 달성할 수 없는 경우를 제외하고는 조사원은 조사대상자의 1회 출석으로 당해 조사를 종결하여야 한다(제3항).

자발적인 협조에 따라 실시하는 행정조사 (제20조)	① 행정기관의 장이 제5조 단서에 따라 조사대상자의 자발적인 협조를 얻어 행정조사를 실시하고자 하는 경우 조사대상자는 문서·전화·구두 등의 방법으로 당해 행정조사를 거부할 수 있다. ② 제1항에 따른 행정조사에 대하여 조사대상자가 조사에 응할 것인지에 대한 응답을 하지 아니하는 경우에는 법령등에 특별한 규정이 없는 한 그 조사를 거부한 것으로 본다.
조사원 교체신청 (제22조)	① 조사대상자는 조사원에게 공정한 행정조사를 기대하기 어려운 사정이 있다고 판단되는 경우에는 행정기관의 장에게 당해 조사원의 교체를 신청할 수 있다. ② 제1항에 따른 교체신청은 그 이유를 명시한 서면(구두×)으로 행정기관의 장에게 하여야 한다.
시료채취 (제12조)	① 조사원이 조사목적의 달성을 위하여 시료채취를 하는 경우에는 그 시료의 소유자 및 관리자의 정상적인 경제활동을 방해하지 아니하는 범위 안에서 최소한도로 하여야 한다. ② 행정기관의 장은 제1항에 따른 시료채취로 조사대상자에게 손실을 입힌 때에는 대통령령으로 정하는 절차와 방법에 따라 그 손실을 보상하여야 한다.
조사의 사전통지 (제17조 제1항)	행정조사를 실시하고자 하는 행정기관의 장은 제9조에 따른 출석요구서, 제10조에 따른 보고요구서·자료제출요구서 및 제11조에 따른 현장출입조사서(이하 "출석요구서등"이라 한다)를 조사개시 7일 전까지 조사대상자에게 서면으로 통지하여야 한다. **다만, 다음 각 호의 어느 하나에 해당하는 경우에는 행정조사의 개시와 동시에 출석요구서등을 조사대상자에게 제시하거나 행정조사의 목적 등을 조사대상자에게 구두로 통지할 수 있다.** 1호. 행정조사를 실시하기 전에 관련 사항을 미리 통지하는 때에는 증거인멸 등으로 행정조사의 목적을 달성할 수 없다고 판단되는 경우 2호. 「통계법」 지정통계의 작성을 위하여 조사하는 경우 3호. 제5조 단서에 따라 **조사대상자의 자발적인 협조를 얻어 실시하는 행정조사의 경우**

7. 행정조사에 대한 구제 <17·19·20 경행>

행정조사기본법 제24조 (조사결과의 통지)	행정기관의 장은 법령등에 특별한 규정이 있는 경우를 제외하고는 행정조사의 결과를 확정한 날(다음 날×)부터 7일 이내에 그 결과를 조사대상자에게 통지하여야 한다.
관련 판례	① 음주운전 여부에 대한 조사 과정에서 운전자 본인의 동의를 받지 아니하고 법원의 영장도 없이 한 혈액 채취 조사 결과를 근거로 한 운전면허 정지·취소 처분이 위법한지 여부(원칙적 적극) 음주운전 여부에 관한 조사방법 중 혈액 채취(이하 '채혈'이라고 한다)는 상대방의 신체에 대한 직접적인 침해를 수반하는 방법으로서, 이에 관하여 도로교통법은 호흡조사와 달리 운전자에게 조사에 응할 의무를 부과하는 규정을 두지 아니할 뿐만 아니라, 측정에 앞서 운전자의 동의를 받도록 규정하고 있으므로(제44조 제3항), 운전자의 동의 없이 임의로 채혈조사를 하는 것은 허용되지 아니한다. 그리고 수사기관이 범죄 증거를 수집할 목적으로 운전자의 동의 없이 혈액을 취득·보관하는 행위는 형사소송법상 '감정에 필요한 처분' 또는 '압수'로서 법원의 감정처분허가장이나 압수영장이 있어야 가능하고, 다만 음주운전 중 교통사고를 야기한 후 운전자가 의식불명 상태에 빠져 있는 등으로 호흡조사에 의한 음주측정이 불가능하고 채혈에 대한 동의를 받을 수도 없으며 법원으로부터 감정처분허가장이나 사전 압수영장을 발부받을 시간적 여유도 없는 긴급한 상황이 발생한 경우에는 수사기관은 예외적인 요건하에 음주운전 범죄의 증거 수집을 위하여 운전자의 동의나 사전 영장 없이 혈액을 채취하여 압수할 수 있으나 이 경우에도 형사소송법에 따라 사후에 지체 없이 법원으로부터 압수영장을 받아야 한다.

관련 판례	따라서 음주운전 여부에 대한 조사 과정에서 운전자 본인의 동의를 받지 아니하고 또한 법원의 영장도 없이 채혈조사를 한 결과를 근거로 한 운전면허 정지·취소 처분은 도로교통법 제44조 제3항을 위반한 것으로서 특별한 사정이 없는 한 위법한 처분으로 볼 수밖에 없다(대법원 2016.12.27. 2014두46850). ※ 원고가 의식이 없는 상태로 병원 응급센터로 후송된 사실, 담당 경찰관은 호흡 측정을 할 수 없다는 사유로 원고의 어머니의 동의하에 원고의 혈액을 채취(이하 '이 사건 채혈'이라 한다)한 사실, 사후에 법원으로부터 영장을 발부받지는 않은 사실, 원고의 혈중알코올농도는 0.125%로 분석된 사실, 피고는 원고에 대하여 음주운전을 이유로 자동차운전면허를 취소(이하 '이 사건 처분'이라 한다)한 사실이 인정됨. ② 세무조사가 과세자료의 수집 또는 신고내용의 정확성 검증이라는 본연의 목적이 아니라 부정한 목적을 위하여 행하여진 것이라면 이는 세무조사에 중대한 위법사유가 있는 경우에 해당하고 이러한 세무조사에 의하여 수집된 과세자료를 기초로 한 과세처분 역시 위법하다(대법원 2016.12.15. 2016두47659).

제4절 행정벌(경찰벌)

1 의의

1. 행정벌의 의의

① 행정벌은 행정법상 의무위반에 대한 제재로서 일반통치권에 의거하여 사후적으로 과하는 벌을 말한다.
② 행정상 의무이행의 간접적 확보수단이다. 행정법상의 의무위반에 대한 제재를 직접적인 목적으로 하지만, 간접적으로는 의무자에게 심리적인 압박을 가함으로써 의무이행을 촉진하는 수단이다.
③ 징계벌과 행정벌의 구별
　징계벌은 특별행정법관계(특별권력관계)에서 내부질서 위반자에 대해 부과하는 제재이고, 행정벌은 일반행정법관계(일반권력관계)에서 법규상 의무위반자에 대해 부과하는 제재이다.
④ 이행강제금(집행벌)과 행정벌의 비교
　이행강제금은 장래의 의무이행 확보 수단으로 계속적 부과가 가능하지만, 행정벌은 과거의 의무위반에 대한 제재이므로 일회적 부과만 가능하다.

2. 행정형벌과 행정질서벌의 의의

행정형벌	① 행정법상의 의무위반에 대한 제재로서 형법에 규정된 형벌을 부과하는 경우를 행정형벌이라 한다. ② **죄형법정주의는 행정형벌에 적용된다.** ③ 행정형벌에는 형법총칙이 적용되며, 형사소송절차에 의하여 부과하는 것이 원칙이다. ④ 지방자치단체 소속 공무원이 압축트럭 청소차를 운전하여 고속도로를 운행하던 중 제한축중을 초과 적재 운행함으로써 도로관리청의 차량운행제한을 위반한 사안에서, 해당 지방자치단체가 도로법 제86조의 양벌규정에 따른 처벌대상이 된다고 한 사례(대법원 2005.11.10. 2004도2657)

행정질서벌	① 행정법상의 의무위반에 대한 제재로서 형법상의 형벌 이외의 제재인 과태료를 부과하는 경우를 행정질서벌이라 한다. ② 헌법재판소는 과태료인 행정질서벌에는 죄형법정주의가 적용되지 않는다고 보았다. 부동산등기특별조치법상 과태료는 행정상의 질서유지를 위한 행정질서벌에 해당할 뿐 형벌이라고 할 수 없어 죄형법정주의의 규율대상에 해당하지 아니한다(헌재 1998.5.28. 96헌바83). ③ 행정질서벌에 대해서는 형법총칙은 적용되지 않으며, 행정질서벌의 성립과 과태료 부과·징수 절차는 질서위반행위규제법에 의한다.
병과 가능성	① 대법원은 행정형벌과 행정질서벌의 병과가 가능하다고 보지만, 헌법재판소는 이중처벌금지의 기본정신에 배치될 여지가 있다고 보고 있다. ② 대법원의 태도에 따르면 과태료 납부는 일사부재리 효력이 없기 때문에 과태료를 부과한 행위와 동일성이 인정되는 범위의 행위에 대해 사후에 행정형벌을 부과할 수 있다.

3. 행정벌의 구분

구분	대상	수단
행정형벌	직접적으로 행정목적을 침해한 행위, 즉 행정법규 위반으로 성립되는 범죄(행정범) 예 음주운전에 대한 형벌	「형법」 9종의 형벌(사형, 징역, 금고, 자격상실, 자격정지, 벌금, 구류, 과료, 몰수) 부과
통고처분 (범칙금 납부통고)	① 행정청이 행정범에 대하여 형벌을 대신하여 금전적 행정제재인 범칙금을 과하고, 납부하지 않을 시에 형사소송절차에 따라 형벌을 과하도록 하는 절차를 말한다. ② 경범죄사범, 교통사범 중에서 20만 이하 벌금, 구류, 과료 대상이 되는 경미한 행위	범칙금 부과, 미납 시 즉결심판절차 진행
행정질서벌	간접적으로 행정법상 질서에 장해를 미칠 위험성이 있는 행위 예 각종 신고의무 위반, 등록·서류비치 등의 의무 위반	과태료(과징금×) 부과

2 통고처분

1. 통고처분의 의의와 법적 성질 <22 채용>

(1) 의의

① 통고처분은 형사재판을 대신하여 간이·신속한 처리를 목적으로 상대방의 동의하에 행정청이 벌금 또는 과료에 상당하는 금액인 범칙금의 납부를 통고하는 준사법적 행위를 말한다.
② 통고처분에 의해 부과된 금액을 범칙금이라고 하며, 이는 행정제재의 성격을 갖는다. 따라서 형사제재의 하나인 벌금과 구별된다.
③ 통고처분은 현행법상 기초질서위반사범(경범죄사범, 교통사범), 조세범, 관세범, 출입국관리사범 등에 대하여 형사소송을 대신하여 인정되고 있다.

④ **통고처분은 형식적 의미의 행정이며 실질적 의미의 사법이다.** 통고처분은 실정법에 의해 행정부가 행하는 행정제재 작용이므로 형식적 의미의 행정이다. 또한 행정청이 형사재판을 대신하여 벌금 또는 과료에 상당하는 금액인 범칙금의 납부를 통고하는 준사법적 행위이므로 실질적 의미의 사법이다.
⑤ 통고처분을 할 수 있는 자(통고처분권자)는 경찰서장, 국세청장·세무서장, 관세청장·세관장, 출입국사무소장 등이다.

(2) 법적 성질

① 행정소송의 대상이 아니다.
  통고처분은 행정형벌의 부과 절차의 하나로 독자적 행위가 아니고, 정식 형사소송 절차에 의한 권리구제가 가능하므로 행정소송의 대상이 되는 행정처분이 아니다.
② 재량행위이다.
  ㉠ 경찰서장, 해양경찰서장, 제주특별자치도지사 또는 철도특별사법경찰대장은 범칙자로 인정되는 사람에 대하여 그 이유를 명백히 나타낸 서면으로 범칙금을 부과하고 이를 납부할 것을 통고할 수 있다(경범죄 처벌법 제7조 제1항 본문).
  ㉡ 경찰서장이나 제주특별자치도지사는 범칙자로 인정하는 사람에 대하여는 이유를 분명하게 밝힌 범칙금 납부통고서로 범칙금을 낼 것을 통고할 수 있다(도로교통법 제163조 본문).
③ 관세법 규정을 종합하여 보면, 통고처분을 할 것인지의 여부는 관세청장 또는 세관장의 재량에 맡겨져 있고, 따라서 관세청장 또는 세관장이 관세범에 대하여 통고처분을 하지 아니한 채 고발하였다는 것만으로는 그 고발 및 이에 기한 공소의 제기가 부적법하게 되는 것은 아니다(대법원 2007.5.11. 2006도1993).

2. 통고처분의 효과와 권리구제 〈23 채용〉

① 경범죄 처벌법상의 통고처분
  경찰서장이 범칙행위에 대하여 통고처분을 한 이상, 범칙자의 절차적 지위를 보장하기 위하여 통고처분에서 정한 범칙금 납부기간까지는 원칙적으로 경찰서장은 즉결심판을 청구할 수 없고, 검사도 동일한 범칙행위에 대하여 공소를 제기할 수 없다.
  경범죄 처벌법상 범칙금제도는 범칙행위에 대하여 형사절차에 앞서 경찰서장의 통고처분에 따라 범칙금을 납부할 경우 이를 납부하는 사람에 대하여는 기소를 하지 않는 처벌의 특례를 마련해 둔 것으로 법원의 재판절차와는 제도적 취지와 법적 성질에서 차이가 있다. 또한 범칙자가 통고처분을 불이행하였더라도 기소독점주의의 예외를 인정하여 경찰서장의 즉결심판 청구를 통하여 공판절차를 거치지 않고 사건을 간이하고 신속·적정하게 처리함으로써 소송경제를 도모하되, 즉결심판 선고 전까지 범칙금을 납부하면 형사처벌을 면할 수 있도록 함으로써 범칙자에 대하여 형사소추와 형사처벌을 면제받을 기회를 부여하고 있다(대법원 2020.4.29. 2017도13409).
② 일사부재리의 효력
  도로교통법 제119조 제3항은 그 법 제118조에 의하여 범칙금 납부통고서를 받은 사람이 그 범칙금을 납부한 경우 그 범칙행위에 대하여 다시 벌받지 아니한다고 규정하고 있는바, 이는 범칙금의 납부에 확정재판의 효력에 준하는 효력을 인정하는 취지로 해석하여야 한다(대법원 2002.11.22. 2001도849).

③ 도로교통법상 통고처분의 취소를 구하는 행정소송은 허용되지 않는다.
　도로교통법 제118조에서 규정하는 경찰서장의 통고처분은 행정소송(항고소송)의 대상이 되는 행정처분이 아니므로 그 처분의 취소를 구하는 소송은 부적법하고, 도로교통법상의 통고처분을 받은 자가 그 처분에 대하여 이의가 있는 경우에는 통고처분에 따른 범칙금의 납부를 이행하지 아니함으로써 경찰서장의 즉결심판청구에 의하여 법원의 심판을 받을 수 있게 될 뿐이다(대법원 1995.6.29. 95누4674).

3 질서위반행위규제법 〈17·18 채용, 17 경행〉

1. 목적(제1조) 및 다른 법률과의 관계(제5조)

① 이 법은 법률상 의무의 효율적인 이행을 확보하고 국민의 권리와 이익을 보호하기 위하여 질서위반행위의 성립요건과 과태료의 부과·징수 및 재판 등에 관한 사항을 규정하는 것을 목적으로 한다.
② 과태료의 부과·징수, 재판 및 집행 등의 절차에 대한 다른 법률의 규정 중 이 법의 규정에 저촉되는 것은 이 법으로 정하는 바에 따른다.

2. 법 적용의 범위

(1) 법 적용의 시간적 범위(제3조) 〈17·22·23·25 채용, 24 승진〉

① 질서위반행위의 성립과 과태료 처분은 **행위 시의 법률에 따른다.**
② 실서위반행위 후 법률이 변경되어 그 행위가 **질서위반행위에 해당하지 아니하게 되거나** 과태료가 변경되기 전의 법률보다 **가볍게 된 때에는 법률에 특별한 규정이 없는 한 변경된 법률을 적용한다.**
③ 행정청의 과태료 처분이나 법원의 과태료 재판이 확정된 후 법률이 변경되어 **그 행위가 질서위반행위에 해당하지 아니하게 된 때**에는 변경된 법률에 특별한 규정이 없는 한 **과태료의 징수 또는 집행을 면제한다**(과태료를 감경한다×).

(2) 법 적용의 장소적 범위(제4조) 〈15 경행, 24 승진〉

① 이 법은 **대한민국 영역 안에서 질서위반행위를 한 자에게 적용**한다.
② 이 법은 대한민국 영역 밖에서 질서위반행위를 한 **대한민국의 국민에게 적용**한다.
③ 이 법은 대한민국 영역 밖에 있는 **대한민국의 선박 또는 항공기 안에서 질서위반행위를 한 외국인에게 적용**한다.

3. 질서위반행위의 성립 (17·18·22·23·25 채용, 21 승진)

질서위반행위 법정주의(제6조)	법률에 따르지 아니하고는 어떤 행위도 질서위반행위로 과태료를 부과하지 아니한다.
고의 또는 과실 (제7조)	고의 또는 과실이 없는 질서위반행위는 과태료를 부과하지 아니한다.
위법성의 착오 (제8조)	자신의 행위가 위법하지 아니한 것으로 오인하고 행한 질서위반행위는 그 오인에 정당한 이유가 있는 때에 한하여 과태료를 부과하지 아니한다. (오인에 정당한 이유가 있는 때에도 과태료를 부과한다×, 과태료를 감경한다×)
책임연령 (제9조)	14세가 되지 아니한 자의 질서위반행위는 과태료를 부과하지 아니한다. 다만, 다른 법률에 특별한 규정이 있으면 그러하지 아니하다.
심신장애 (제10조)	① 심신장애로 행위의 옳고 그름을 판단할 능력이 없거나 그 판단에 따른 행위를 할 **능력이 없는 자**의 질서위반행위는 **과태료를 부과하지 아니한다.** ② 심신장애로 인하여 제1항에 따른 **능력이 미약한 자**의 질서위반행위는 **과태료를 감경한다.**
법인의 처리 등 (제11조 제1항)	법인의 대표자, 법인 또는 개인의 대리인·사용인 및 그 밖의 종업원이 업무에 관하여 법인 또는 그 개인에게 부과된 법률상의 의무를 위반한 때에는 **법인 또는 그 개인에게 과태료를 부과한다.**

4. 다수인의 가담과 수개의 질서위반행위 (17 채용, 14 승진, 21 경위)

다수인의 질서위반행위 가담(제12조)	① 2인 이상이 질서위반행위에 가담한 때에는 **각자가 질서위반행위를 한 것으로 본다.** ② 신분에 의하여 성립하는 질서위반행위에 **신분이 없는 자가 가담한 때에는 신분이 없는 자에 대하여도 질서위반행위가 성립한다.** ③ 신분에 의하여 과태료를 감경 또는 가중하거나 과태료를 부과하지 아니하는 때에는 그 신분의 효과는 신분이 없는 자에게는 미치지 아니한다.
수개의 질서위반행위의 처리(제13조)	① 하나의 행위가 2 이상의 질서위반행위에 해당하는 경우에는 각 질서위반행위에 대하여 정한 과태료 중 **가장 중한 과태료를 부과한다.** ② 제1항의 경우를 제외하고 2 이상의 질서위반행위가 경합하는 경우에는 각 질서위반행위에 대하여 정한 과태료를 **각각 부과한다.** 다만, 다른 법령(지방자치단체의 조례를 포함한다. 이하 같다)에 특별한 규정이 있는 경우에는 그 법령으로 정하는 바에 따른다.

5. 과태료 부과의 제척기간, 과태료의 시효 (17·18·22 채용, 21 승진)

과태료 부과의 제척기간 (제19조)	① 행정청은 질서위반행위가 종료된 날(다수인이 질서위반행위에 가담한 경우에는 최종행위가 종료된 날을 말한다)부터 **5년이 경과한 경우**에는 해당 질서위반행위에 대하여 과태료를 부과할 수 없다. ② 제1항에도 불구하고 행정청은 제36조(과태료 재판) 또는 제44조(약식재판)에 따른 법원의 결정이 있는 경우에는 그 결정이 확정된 날부터 1년이 경과하기 전까지는 과태료를 정정부과 하는 등 해당 결정에 따라 필요한 처분을 할 수 있다.
과태료의 시효 (제15조)	① 과태료는 행정청의 과태료 부과처분이나 법원의 과태료 재판이 확정된 후 **5년간**(3년간×) 징수하지 아니하거나 집행하지 아니하면 시효로 인하여 소멸한다. ② 제1항에 따른 소멸시효의 중단·정지 등에 관하여는 「국세기본법」 제28조를 준용한다. ※ 예를 들어, 국세기본법상 납부고지는 소멸시효의 중단 사유가 되고, 고지한 납부기간이 지난 때부터 중단된 소멸시효는 새로 진행한다. 세법에 따른 납부고지의 유예는 그 기간 동안 소멸시효가 진행되지 않는 소멸시효의 정지 사유가 된다.

6. 과태료의 부과 절차 <18·23·25 채용>

사전통지 및 의견 제출 등(제16조)	① 행정청이 질서위반행위에 대하여 과태료를 부과하고자 하는 때에는 미리 당사자(제11조 제2항에 따른 고용주등을 포함한다. 이하 같다)에게 대통령령으로 정하는 사항(과태료 부과의 원인이 되는 사실, 과태료 금액 및 적용법령 등)을 통지하고, **10일(30일×) 이상의 기간을 정하여 의견을 제출할 기회**를 주어야 한다. 이 경우 지정된 기일까지 의견 제출이 없는 경우에는 의견이 없는 것으로 본다. ② 당사자는 의견 제출 기한 이내에 대통령령으로 정하는 방법에 따라 행정청에 의견을 진술하거나 필요한 자료를 제출할 수 있다. ③ 행정청은 제2항에 따라 당사자가 제출한 **의견에 상당한 이유가 있는 경우에는 과태료를 부과하지 아니하거나 통지한 내용을 변경할 수 있다.**
과태료의 부과 (제17조 제1항)	행정청은 제16조의 의견 제출 절차를 마친 후에 **서면**(당사자가 동의하는 경우에는 전자문서를 포함한다. 이하 이 조에서 같다)으로 과태료를 부과하여야 한다.

7. 과태료의 납부 및 징수 절차 <23 채용, 17 경행, 21 승진>

신용카드 등에 의한 과태료의 납부	당사자는 과태료, 제24조에 따른 가산금, 중가산금 및 체납처분비를 대통령령으로 정하는 과태료 납부대행기관을 통하여 신용카드, 직불카드 등(이하 "신용카드등"이라 한다)으로 낼 수 있다(제17조의2 제1항).
자진납부자에 대한 과태료 감경(제18조)	① 행정청은 당사자가 제16조에 따른 의견 제출 기한 이내에 **과태료를 자진하여 납부하고자 하는 경우에는 대통령령으로 정하는 바에 따라 과태료를 감경할 수 있다.** ② 당사자가 제1항에 따라 **감경된 과태료를 납부한 경우에는 해당 질서위반행위에 대한 과태료 부과 및 징수절차는 종료한다.**
가산금 징수 및 체납처분 등 (제24조 제1항)	행정청은 당사자가 납부기한까지 과태료를 납부하지 아니한 때에는 납부기한을 경과한 날부터 **체납된 과태료에 대하여 100분의 3에 상당하는 가산금을 징수한다.**
과태료의 징수유예 등	① 행정청은 당사자가 다음 각 호의 어느 하나에 해당하여 과태료(체납된 과태료와 가산금, 중가산금 및 체납처분비를 포함한다. 이하 이 조에서 같다)를 납부하기가 곤란하다고 인정되면 **1년의 범위에서 대통령령으로 정하는 바에 따라 과태료의 분할납부나 납부기일의 연기**(이하 "징수유예등"이라 한다)를 결정할 수 있다(제24조의3 제1항). 1호. 「국민기초생활 보장법」에 따른 수급권자 2호. 「국민기초생활 보장법」에 따른 차상위계층 중 「의료급여법」에 따른 수급권자, 「한부모가족지원법」에 따른 지원대상자, 자활사업 참여자 3호. 「장애인복지법」 제2조 제2항에 따른 장애인 4호. 본인 외에는 가족을 부양할 사람이 없는 사람 5호. 불의의 재난으로 피해를 당한 사람 6호. 납부의무자 또는 그 동거 가족이 질병이나 중상해로 1개월 이상의 장기 치료를 받아야 하는 경우 7호. 「채무자 회생 및 파산에 관한 법률」에 따른 개인회생절차개시결정자 8호. 「고용보험법」에 따른 실업급여수급자 9호. 그 밖에 제1호부터 제8호까지에 준하는 것으로서 대통령령으로 정하는 부득이한 사유가 있는 경우 ② 징수유예등을 받으려는 당사자는 대통령령으로 정하는 바에 따라 이를 행정청에 신청할 수 있다(제24조의3 제2항). ③ 행정청은 과태료의 분할납부나 납부기일의 연기(이하 "징수유예등"이라 한다)를 결정하는 경우 그 기간을 그 징수유예등을 결정한 날의 다음 날부터 **9개월 이내로 하여야 한다.** 다만, 그 기간이 만료될 때까지 징수유예등의 사유가 해소되지 아니하는 경우에는 1회에 한정하여 3개월의 범위에서 그 기간을 연장할 수 있다(시행령 제7조의2 제1항).

8. 권리구제 절차 (23·25 채용, 19 승진)

행정청		당사자	법원
사전통지 및 의견 제출 기회 부여	과태료 부과	이의제기	비송사건절차에 따른 과태료 재판

이의제기 (제20조)	① 행정청의 과태료 부과에 불복하는 당사자는 제17조 제1항에 따른 과태료 부과 통지를 받은 날부터 **60일 이내에 해당 행정청에 서면으로 이의제기를 할 수 있다.** ② 제1항에 따른 **이의제기가 있으면 행정청의 과태료 부과처분은 그 효력을 상실한다.** ③ 당사자는 행정청으로부터 제21조 제3항에 따른 통지를 받기 전까지는 행정청에 대하여 서면으로 이의제기를 철회할 수 있다.
법원에의 통보 (제21조 제1항 본문)	이의제기를 받은 행정청은 이의제기를 받은 날부터 14일 이내에 이에 대한 의견 및 증빙서류를 첨부하여 관할 법원에 통보하여야 한다.
준용규정 (제28조 제1항)	「비송사건절차법」 제2조부터 제4조까지, 제6조, 제7조, 제10조(인증과 감정을 제외한다) 및 제24조부터 제26조까지의 규정은 이 법에 따른 과태료 재판(이하 "과태료 재판"이라 한다)에 준용한다.
재판절차	① 과태료 재판은 이유를 붙인 결정으로써 한다(제36조 제1항). ② 결정은 당사자와 검사에게 고지함으로써 효력이 생긴다(제37조 제1항). ③ 당사자와 검사는 과태료 재판에 대하여 즉시항고를 할 수 있다. 이 경우 항고는 집행정지의 효력이 있다(제38조 제1항).
행정소송의 대상이 되는 행정처분인지 여부	① 과태료 부과처분에 불복이 있을 때에는 법원에서 비송사건절차법을 준용하여 이에 대해 재판한다. 따라서 **과태료 부과처분은 항고소송의 대상이 되는 행정처분으로 볼 수 없다.** ② 옥외광고물등관리법 규정에 의하면 옥외광고물등관리법에 의하여 부과된 **과태료처분의 당부는 최종적으로 비송사건절차법에 의한 절차에 의하여만 판단되어야 한다고 보아야 할 것이므로 위와 같은 과태료처분은 행정소송의 대상이 되는 행정처분이라고 볼 수 없다**(대법원 1993.11.23. 93누16833).

CHAPTER 07 경찰관 직무집행법

제1절 경찰작용의 근거와 한계

1 경찰의 직무 범위와 권한 수여

1. 직무의 범위(경찰관 직무집행법 제2조) ⟨15·18·23 채용, 15 승진⟩

경찰관 직무집행법 제2조	경찰관은 다음 각 호의 직무를 수행한다. 1호. 국민의 생명·신체 및 재산의 보호 2호. 범죄의 예방·진압 및 수사 2의2호. 범죄피해자 보호 3호. 경비, 주요 인사(人士) 경호 및 대간첩·대테러 작전 수행(테러경보 발령×) 4호. 공공안녕에 대한 위험의 예방과 대응을 위한 정보의 수집·작성 및 배포 5호. 교통 단속과 교통 위해(危害)의 방지 6호. 외국 정부기관 및 국제기구와의 국제협력 7호. 그 밖에 공공의 안녕과 질서 유지

규정의 성격	① 경찰관의 직무 범위가 경찰작용법인 「경찰관 직무집행법」에 규정되어 있다는 점에서 이 규정의 성격에 대해 논란이 있다.
	② 조직법적 성격으로 보는 견해
	   이 규정의 내용이 경찰조직법인 「국가경찰과 자치경찰의 조직 및 운영에 관한 법률」 제3조 경찰의 임무 규정의 내용과 거의 일치하므로 이 규정을 조직법의 직무 범위로 본다.
	③ 작용법적 성격으로 보는 견해
	   이 규정이 경찰작용법에 규정되어 있다는 점에서 경찰에 대한 권한 수여의 근거 규정으로 볼 수 있다.

2. 일반적 수권 조항 인정 여부 ⟨16·20·23 채용⟩

개념, 쟁점	① 일반수권조항이란 경찰권의 발동근거가 되는 개별적인 작용법적 근거가 없을 때 경찰권 발동의 일반적·보충적 근거가 될 수 있도록 개괄적으로 수권된 일반조항을 말한다. ② 일반적 수권조항은 법률에서 경찰에 권한을 부여하는 규정을 두면서 개별적인 권한을 수여하지 않고, 경찰권 발동권한에 대해 일반적(포괄적)으로 부여하고 있는 조항을 말한다. 이처럼 포괄적인 권한을 수여하는 조항을 개괄적 수권조항, 일반조항이라고도 하며, 개별적인 권한을 수여하는 조항을 개별적 수권조항이라 한다. ③ 쟁점 일반적인 위해방지를 위한 추상적인 내용으로 포괄적인 권한을 수여하는 규정을 허용할 수 있는지 문제가 된다. 그리고 "그 밖에 공공의 안녕과 질서유지"(경찰관 직무집행법 제2조 제7호, 국가경찰과 자치경찰의 조직 및 운영에 관한 법률 제3조 제8호)를 이러한 일반조항으로 볼 수 있을지 논란이 있다.

부정설	① 헌법 제37조 제2항에 규정한 법률유보의 원칙에 위반되기 때문에 일반적 수권조항은 허용될 수 없다고 본다. 헌법 제37조 제2항 전단은 질서 유지를 위한 국민의 자유와 권리의 제한(권력적·침해적 작용)은 법률로써만 할 수 있도록 하고 있으므로, 이 경우에 당연히 경찰작용의 근거로서 개별적인 수권조항에 의한 구체적 수권이 필요하다. ② 일반적 수권 조항 인정 시 그 남용으로 국민의 자유와 권리가 침해되고, 법률유보의 원칙이 형해화될 수 있다. ③ 우리나라의 다수설이다. ④ **경찰관 직무집행법 제2조 제7호 일반조항 부정설과 연결된다.** 경찰관 직무집행법 제2조 제7호 '그 밖에 공공의 안녕과 질서유지'는 경찰의 직무범위만을 정한 것으로서 본질적으로는 조직법적 성질의 규정(조직법상 경찰의 직무규정)으로 본다.
긍정설	① 입법기관이 경찰권의 발동대상을 개별적으로 예측하기 어려우므로 일반수권 규정이 필요하다. 경찰권의 성질상 경찰권의 발동사태를 상정해서 경찰권 발동의 요건·한계를 입법기관이 일일이 규정한다는 것은 불가능하다. 따라서 개별수권 규정이 없는 경우를 대비하여 경찰 임무의 적절한 수행을 위해서 일반수권 규정이 필요하다. ② 개괄적 수권조항은 개별조항이 없는 경우에 보충적으로 적용하면 된다. ③ 개괄적 수권조항으로 인한 경찰권 남용의 가능성은 조리상의 한계 등으로 충분히 통제를 할 수 있다. 즉, 일반조항을 확대해석하거나 남용할 경우 사법심사의 대상이 된다. ④ 경찰권의 조리상 한계론은 주로 독일에서 일반적 수권조항을 인정하는 전제에서 경찰권을 제한하기 위해 논의된 것이다. 경찰비례의 원칙, 경찰책임의 원칙, 경찰소극목적의 원칙 등 경찰권 발동의 조리상의 한계이론을 논하는 것 자체가 일반조항을 전제로 한 것이다. ⑤ 독일에서는 일반조항을 인정하는 것이 학설과 판례를 통하여 확립되었다(크로이츠베르크판결 참조). ⑥ 경찰관 직무집행법 제2조 제7호 일반조항 긍정설과 연결된다. 경찰관 직무집행법 제2조 제7호 '그 밖에 공공의 안녕과 질서유지'는 작용법상의 일반조항(작용법상 권한을 부여한 수권규정)으로 볼 수 있으며, 이 조항에 근거하여 경찰권을 발동할 수 있다고 본다.

2 경찰권 발동의 조리상 한계(법률 우위의 원칙)

1. 개관 <22 경위>

① 경찰행정은 권익침해의 가능성이 높기 때문에 경찰의 재량권 행사를 조리로 통제해야 할 필요성이 크다.

② 경찰권 발동을 제한하기 위한 경찰행정법의 원칙

경찰비례의 원칙	① 경찰권의 행사는 목적 달성에 적합해야 하고, 필요한 최소한도에 국한되어야 한다는 원칙이다. ② 이 법에 규정된 경찰관의 직권은 그 직무 수행에 필요한 최소한도에서 행사되어야 하며 남용되어서는 아니 된다(경찰관 직무집행법 제1조 제2항).
경찰책임의 원칙	경찰권은 경찰위반상태를 야기한 자, 즉 공공의 안녕·질서의 위험에 대하여 행위책임 또는 상태책임을 질 자에게만 발동되어야 한다는 원칙이다.
경찰소극의 원칙	경찰권은 사회공공의 안녕과 질서유지를 위한 소극적 목적을 위해서만 발동될 수 있다는 원칙이다.

경찰공공의 원칙	경찰행정의 목적은 사회공공의 안녕과 질서유지에 있으므로 경찰권은 공공의 안녕·질서유지와 관계없는 사적관계에 대해서 발동되어서는 안 된다는 원칙이다.
보충성의 원칙	민사법적 영역에서는 경찰권이 최후의 수단으로 발동되어야 한다는 원칙이다.
경찰평등의 원칙	경찰권 행사에 차별 대우를 금지한다. 경찰권은 그 대상이 되는 모든 사람에게 차별 없이 평등하게 행사되어야 한다는 원칙이다.

2. 경찰책임의 원칙 〈19 채용, 16 승진, 17·23 경위〉

(1) 의의

① 경찰책임의 원칙이란 경찰권은 경찰(질서)위반상태에 책임 있는 사람에게만 발동되어야 한다는 원칙을 말한다.
② 경찰권 발동의 대상에 관한 원칙이다. 경찰권은 원칙적으로 경찰위반의 행위 또는 상태의 발생에 대하여 직접 책임을 질 사람(경찰책임자)에 대해서만 발동할 수 있으며, 그 밖의 제3자에 대하여는 발동할 수 없다.
③ 조리상 한계의 내용 중 하나이다. 경찰책임의 원칙은 실정법상 명문으로 인정된 것은 아니다.
④ 위험을 지배하는 상대에게 경찰권을 발동하여야 한다. 경찰책임에 있어서는 공공의 안녕 혹은 질서에 대한 위험이나 장해를 신속하고 효과적으로 제거하는 것이 중요하기 때문이다.
⑤ 경찰책임의 유형에는 행위책임, 상태책임, 복합적 책임이 있다.

(2) 행위책임

① 사람의 행위로 인해 경찰위반상태가 발생한 경우를 의미한다.
② 자연인, 법인 모두 책임주체로서 경찰권 발동이 가능하다.
③ 자기의 행위 또는 자기의 보호 감독하(지배범위)에 있는 자의 행위에 따라 사회공공의 안녕·질서에 대한 위해(경찰위반상태)가 발생한 경우에 행위책임을 진다.
④ 타인의 행위에 대한 책임인정 여부
 타인을 보호 감독할 지위에 있는 자(친권자, 사용주)는 피지배자의 행위로 발생한 경찰위반에 대하여 경찰책임을 진다. 이 경우 책임은 대위책임이 아니고 자기의 지배범위 내에서 발생한 데에 대한 자기책임이다.

(3) 상태책임

① 물건 또는 동물의 소유자·점유자·관리자가 그 지배범위 안에 속하는 물건·동물로 인해 경찰위반상태가 발생한 경우를 의미한다.
② 물건 또는 동물의 소유자, 점유자 그 밖에 이를 사실상 관리하고 있는 자는 그 지배 범위에 속하는 물건 또는 동물로 말미암아 경찰위반의 상태가 발생한 경우에 상태책임을 진다.
③ 상태책임의 귀속에 있어서는 어떤 자가 그 물건에 관한 법률적·사실적 처분권, 즉 위험을 가져오는 물건에 영향을 끼칠 수 있는 가능성을 갖고 있는지의 여부가 중요한 의미를 가진다. 따라서 절취당한 물건이 경찰상의 위해를 조성하고 있는 경우에, 소유자에게 상태책임을 귀속시킬 수는 없다.

(4) 복합적 책임

① 다수인의 행위책임, 다수의 상태책임 또는 행위·상태 책임이 중복되는 경우를 의미한다.
② 혼합책임(책임이 경합하는 경우)으로 다수인의 행위 또는 다수인이 지배하는 물건의 상태로 인하여 하나의 질서위반상태가 발생한 경우, 일부 또는 전체에 대하여 경찰권 발동이 가능하다.

(5) 요건

① 경찰책임은 사회 공공의 안녕과 질서에 대한 객관적(외관적) 위험상황이 존재하면 인정된다.
② 경찰책임자를 결정하는 생활범위는 객관적인 사실상의 (위험)지배에 의하는 것인가 여부에 의해 결정한다.
③ 자연인·법인, 고의·과실, 위법성 유무, 의사·행위·책임능력의 유무 등을 불문한다.
④ 경찰책임은 그 위해의 발생에 대한 고의·과실과 같은 주관적 요건의 유무를 가리지 아니한다. 행위자의 의사, 행위능력, 불법행위능력, 형사책임능력과는 관련이 없다.

(6) 행위책임의 귀속

① 어떤 사람을 경찰법상의 행위책임자로 인정하기 위해서는 그 사람의 행위가 위험 또는 장해와 인과관계에 있을 것이 요구된다.
② 상당인과관계설
경험법칙에 따를 때 일반적으로 일정한 결과, 즉 위해를 야기하기에 적합한 조건만을 경찰책임의 원인으로 보는 견해이다.
③ 조건설
원인이 없다면 그 결과인 경찰상 위험이 발생하지 않았을 것이라고 인정되는 모든 조건을 경찰책임의 원인으로 보는 견해이다. 원칙적으로 결과발생에 이르게 한 모든 원인을 동가치적인 것으로 파악하기 때문에 행위책임의 범위가 지나치게 확대되는 결과를 초래한다.
> 예 A는 자신이 운영하는 옷가게에서 여자모델 B에게 수영복만을 입게 하여 쇼윈도우에 서 있도록 하였다. 지나가던 사람들이 이를 구경하기 위해 쇼윈도우 앞에 몰려들어 도로교통상의 심각한 장해가 발생하였다. 조건설에 의하면 군중, A, B 모두 경찰책임자가 된다.

④ 직접원인설(직접원인제공자이론, 다수설)
독일의 학설·판례로서 경찰상의 위해에 대하여 직접적인 원인을 야기시킨 자에게만 행위책임이 귀속된다는 견해이다.
> 예 위 사례에서 직접원인설에 의할 때 경찰책임자는 군중이다.

⑤ 의도적 간접원인제공자이론(목적적 원인제공자책임설)
직접원인설에 따르면 경찰상의 위해에 대해 단지 간접적인 원인을 야기한 사람 즉 간접원인제공자는 경찰책임자로서 경찰권발동의 대상이 되지 않는 것이 원칙이다. 그러나 스스로 위험을 직접적으로 실현하지는 않았으나, 행위책임을 지게 되는 제3자로 하여금 경찰법에 위반하는 행위를 하도록 한 자를 의도적 간접원인제공자라 하여 그를 예외적으로 행위책임자로 간주할 수 있다고 본다. 이를 직접원인설에 대한 중요한 예외로서 '의도적 간접원인제공자'라고 한다.
> 예 의도적 간접원인제공자이론(목적적 원인제공자책임설)을 인정한다면 위 사례에서 A에게 경찰권을 발동하여 A로 하여금 B를 쇼윈도우에서 나가도록 하라고 할 수 있다.

⑥ 위험 귀속의 한계

어떤 사람의 행위가 권리의 행사로서 행해진 경우나 법질서에 의하여 수인된 위험을 나타내는 경우, 그 사람은 행위책임자가 아니다. 법질서에 의하여 허용되는 행위를 하는 사람, 특히 헌법에 의하여 보호되는 기본권을 행사하는 사람은 의도적 (또는 목적적) 간접원인제공자라는 관점에서도 경찰법상의 행위책임자로 인정될 수 없다.

예 위 사례에서 교통장해가 그다지 중대하지 않다면 A를 경찰책임자로 보아서는 안 될 것이다.

(7) 경찰긴급권(경찰책임의 원칙의 예외)

경찰긴급권의 의의	① 경찰긴급권은 경찰책임의 원칙의 예외로서 긴급한 필요가 있는 경우 경찰책임이 없는 제3자(경찰비책임자)에 대한 경찰권 발동이 허용되는 경우를 말한다. ② 경찰긴급권은 급박성, 보충성 등의 요건이 충족되는 경우 경찰책임자가 아닌 제3자에게 경찰권 발동이 인정된다. 예 화재현장에 있는 자를 소화 작업에 동원
경찰긴급권의 요건	① 실정법적 근거가 있을 것. 자연법적 근거만으로는 발동될 수 없으며 반드시 실정법에 근거하여야 한다. 경찰긴급권에 관한 일반규정은 없으며, 「경찰관 직무집행법」(제5조 제1항 제3호 : 필요한 조치를 하게 하는 명령), 「소방기본법」(제24조 : 소방활동 종사 명령), 「경범죄 처벌법」(제3조 제29호 : 공무원 원조불응), 「수상에서의 수색·구조 등에 관한 법률」(제29조 : 수난구호를 위한 종사명령) 등 개별 법률에서 규정하고 있다. ② 급박성 : 위험이 급박할 것. 위험이 이미 현실화되었거나 위험의 현실화가 목전에 급박하여야 한다. ③ 보충성 : 제1차적 경찰책임자에 대한 경찰권발동으로는 목적을 달성할 수 없을 것. 경찰 자신의 고유한 수단으로는 위험방지가 불가능할 것. 경찰책임자에 대한 경찰권발동 또는 경찰 자신의 고유한 수단으로는 위험방지가 불가능한지 여부를 먼저 심사하여야 한다. ④ 경찰권발동의 대상이 된 제3자가 입은 손실에 대한 보상이 행해질 것. 경찰권발동으로 인하여 손실을 입은 경찰비책임자에게는 정당한 보상이 행해져야 하며, 결과제거청구와 같은 구제수단이 마련되어야 한다. ⑤ 제3자의 승낙은 요건이 아니다. 따라서 제3자의 의사에 반하더라도 경찰긴급권을 행사할 수 있다. 다만 이 경우에도 생명·건강 등 제3자의 중대한 법익에 대한 침해는 허용되지 않는다.
경찰긴급권의 개별 규정	경찰관 직무집행법 제5조(위험 발생의 방지 등) 제1항 제3호 경찰관은 사람의 생명 또는 신체에 위해를 끼치거나 재산에 중대한 손해를 끼칠 우려가 있는 위험한 사태가 있을 때에는 그 장소에 있는 사람, 사물의 관리자, 그 밖의 관계인에게 위해를 방지하기 위하여 필요하다고 인정되는 조치를 하게 할 수 있다. 소방기본법 제24조(소방활동 종사 명령) 제1항 소방본부장, 소방서장 또는 소방대장은 화재, 재난·재해, 그 밖의 위급한 상황이 발생한 현장에서 소방활동을 위하여 필요할 때에는 그 관할구역에 사는 사람 또는 그 현장에 있는 사람으로 하여금 사람을 구출하는 일 또는 불을 끄거나 불이 번지지 아니하도록 하는 일을 하게 할 수 있다. 경범죄 처벌법 제3조(경범죄의 종류) 제29호 (공무원 원조불응) 눈·비·바람·해일·지진 등으로 인한 재해, 화재·교통사고·범죄, 그 밖의 급작스러운 사고가 발생하였을 때에 현장에 있으면서도 정당한 이유 없이 관계 공무원 또는 이를 돕는 사람의 현장출입에 관한 지시에 따르지 아니하거나 공무원이 도움을 요청하여도 도움을 주지 아니한 사람

경찰긴급권에 따른 구제	① 결과제거청구권 경찰비책임자는 결과제거청구권을 행사하여 권리구제를 도모할 수 있다. 예컨대, 갑작스러운 사고 발생 시, 사고지점 인근 주민에게 경찰과 공동으로 안전조치를 취하게 하면서 경찰이 그 주민의 주택에 경찰장비를 두고 간 경우에 그 주민은 방치된 경찰장비의 제거를 청구할 권리를 갖게 된다. ② 보상청구권 경찰비책임자는 자신에게 위험방지·제거의 책임을 부과한 국가에 대하여 그 책임의 이행으로 인해 생긴 불이익의 보전을 청구할 수 있다.

3. 경찰소극(목적)의 원칙 : 목적에 관한 원칙

① 경찰권은 '사회공공의 안녕과 질서유지'라는 소극적인 목적을 위해서만 발동될 수 있고, 공공복리의 증진이라는 적극적인 목적을 위해서는 발동될 수 없다는 원칙을 말한다.
② 1882년 프로이센 고등행정법원의 「크로이츠베르크 판결」은 경찰권 발동의 조리상 한계로서 경찰소극(목적)의 원칙을 확립하는 계기가 되었다.

4. 경찰공공의 원칙

목적에 관한 원칙	경찰권은 '사회공공의' 안녕과 질서를 유지하기 위해 발동되므로 이러한 공익적 요구와 직접적인 관계가 없는 사생활, 사주소 및 민사상의 법률관계에는 원칙적으로 관여할 수 없다는 원칙을 말한다.
사생활 불가침의 원칙	① 사회공공의 질서에 영향이 없는 개인의 사생활은 '프라이버시'에 속하므로 경찰권 발동의 대상이 되지 않는다. ② 예외(경찰이 개입할 수 있는 경우) ㉠ 개인의 사생활이 사회공공의 안녕질서에 영향을 미치는 경우에는 경찰권 발동의 대상이 된다. ㉡ 미성년자의 음주·흡연 ㉢ 음주로 인해 자기 또는 타인의 생명, 신체, 재산에 위해를 끼칠 우려가 있는 자(경찰관 직무집행법 제4조 제1항 보호조치)
사주소 불가침의 원칙	① 사주소 안에서의 행동은 사회공공의 질서에 직접 영향을 미치지 않으므로 원칙적으로 경찰권이 관여할 수 없다. 사주소란 일반사회와 직접적인 접촉이 없는 주거를 의미하며, 개인의 주거용 가택뿐만 아니라 회사·사무소·연구실 등도 포함된다. ② 예외(경찰이 개입할 수 있는 경우) ㉠ 극장·다방·여관 등과 같이 일반공중이 자유로이 출입할 수 있는 공개된 장소는 그 개방시간 동안에는 사주소에 속하지 않는다. ㉡ 사주소라 하더라도 공도에 면하여 외부로부터 공연히 관망할 수 있는 장소에서의 행동(외부에서 보이는 사주소 내에서의 과다노출행위) ③ 지나친 소란행위(경범죄 처벌법) 주거지에서 음악 소리를 크게 내거나 큰 소리로 떠들어 이웃을 시끄럽게 하는 행위는 경범죄 처벌법 제3조 제1항 제21호에서 경범죄로 정한 '인근소란 등'에 해당한다. 경찰관은 경찰관 직무집행법에 따라 경범죄에 해당하는 행위를 예방·진압·수사하고, 필요한 경우 제지할 수 있다(2018.12.13. 선고 2016도19417).
민사관계 불간섭의 원칙	① 개인 상호 간의 재산권의 행사, 민사상의 계약, 친족권의 행사 등의 민사 관계에 경찰권이 관여할 수 없다는 원칙을 말한다. ② 예외(경찰이 개입할 수 있는 경우) ㉠ 사회공공의 안녕과 질서에 영향을 미치는 경우에는 그 범위 내에서 경찰권발동의 대상이 된다. ㉡ 청소년에 대한 유해약물의 판매제한(청소년 보호법), 미성년자에 대한 술·담배의 판매제한, 암표 매매 단속(경범죄 처벌법), 총포·도검류의 매매 금지

제2절 경찰관의 직무집행

1 「경찰관 직무집행법」의 의의

1. 연혁과 목적, 성격

(1) **연혁** <22·24 채용>

① 1953년 12월 14일 법률 제299호로서 「경찰관 직무집행법」이 제정되어 경찰관의 직무집행에 대한 기본법이 마련되는 등 경찰 관련 법령의 정비가 이루어졌다.
② 영미법의 영향을 받은 경찰작용법으로서 「경찰관 직무집행법」을 제정하였다. 「경찰관 직무집행법」은 일본 경찰관등직무집행법(1948년, 현재는 경찰관직무집행법)의 영향도 많이 받았다.
③ '국민의 생명, 신체, 재산의 보호'라는 영미법적인 사고가 반영되었다.

연도	내용
1953년 제정	본법은 경찰관이 국민의 생명, 신체, 재산의 보호와 범죄의 예방, 공안의 유지 기타 법령 집행 등의 직무를 충실히 수행하기 위하여 필요한 조치를 규정함을 목적으로 한다. 제1조(목적) 제1항
2014년 4월 6일 시행	제11조의2 손실보상 규정 신설
2018년 시행	제2조(직무의 범위) 제2호의2 신설 2의2. 범죄피해자 보호
2019년 시행	국가가 경찰관의 적법한 직무집행 과정에서 발생한 재산상 손실 외에 생명 또는 신체상의 손실에 대하여도 보상을 하도록 개정
2021년 3월 23일 시행	제2조 제4호 중 "치안정보"를 "공공안녕에 대한 위험의 예방과 대응을 위한 정보"로 한다.
2021년 10월 19일 시행	제11조의4 소송 지원 규정 신설
2022년 시행	제11조의5 직무 수행으로 인한 형의 감면 규정 신설
2024년 1월 20일 시행	① 제10조의5부터 제10조의7까지를 각각 다음과 같이 신설한다. 　제10조의5 경찰착용기록장치의 사용 　제10조의6(경찰착용기록장치의 사용 고지 등) 　제10조의7(영상음성기록정보 관리체계의 구축·운영) ② 제12조 중 "금고"를 "금고 또는 300만원 이하의 벌금"으로 한다.

(2) **목적(제1조)**

① 이 법은 국민의 자유와 권리 및 모든 개인이 가지는 불가침의 기본적 인권을 보호하고 사회공공의 질서를 유지하기 위한 경찰관(경찰공무원만 해당한다. 이하 같다)의 직무 수행에 필요한 사항을 규정함을 목적으로 한다.
② 이 법에 규정된 경찰관의 직권은 그 직무 수행에 필요한 최소한도에서 행사되어야 하며 남용되어서는 아니 된다.

(3) **성격**

① 경찰관 직무집행법은 경찰작용에 관한 일반법의 성격을 갖고 있다.

② 즉시강제의 기본법이다.

③ 주요 성격과 내용

대인적 즉시강제	① 불심검문(제3조): 불심검문의 즉시강제 성격에 대해서는 학설상 논란이 있음. ② 보호조치(제4조): 정신착란자, 주취자, 자살시도자 ③ 위험 발생의 방지(제5조): 위해를 입을 우려 있는 사람의 억류·피난 ④ 범죄의 예방과 제지(제6조): 범죄 예방을 위한 제지 ⑤ 경찰장구의 사용(제10조의2), 분사기 등의 사용(제10조의3), 무기의 사용(제10조의4) 등: 위해성 경찰장비의 사용
대물적 즉시강제	무기, 흉기, 위험물의 임시영치(제4조 제3항)
대가택적 즉시강제	긴급출입, 대간첩작전 지역 내 검색(제7조)
대인·대물·대가택적 즉시강제	위험발생의 방지조치(제5조)

2 불심검문(경찰관 직무집행법 제3조)

1. 불심검문의 요건과 방법 (19·24 채용, 15·24 승진)

(1) **의의**

① 경찰관은 거동이 수상한 사람을 정지시켜 질문할 수 있다.

② 경찰관 직무집행법 제3조 불심검문은 대인적 즉시강제 수단으로 볼 수 있으나, 즉시강제의 성격에 반대하는 견해도 있다.

주체와 대상자 (제3조 제1항)	경찰관은 다음 각 호의 어느 하나에 해당하는 사람을 **정지시켜 질문할 수 있다.** 1호. 수상한 행동이나 그 밖의 주위 사정을 합리적으로 판단하여 볼 때 어떠한 죄를 범하였거나 범하려 하고 있다고 의심할 만한 상당한 이유가 있는 사람 2호. 이미 행하여진 범죄나 행하여지려고 하는 범죄행위에 관한 사실을 안다고 인정되는 사람 ※ 심신상실자라 하더라도 어떠한 죄를 범하였다고 의심할 만한 상당한 이유가 있으면 불심검문의 대상자에 포함된다.

(2) **불심검문의 방법**

① 정지시켜 질문할 수 있다.

② 정지와 그 한계

강제에 이르지 않는 유형력의 행사는 허용된다고 본다(다수설). 이에 따르면 정지를 위하여 길을 막거나 추적하는 경우(판례)는 허용된다.

③ 자전거를 타고 가는 사람을 불심검문하기 위해 진행하지 못하게 앞을 가로막은 사안에서 '정지시킨 행위'의 적법성을 인정하였다(대법원 2012.9.13. 2010도6203).

④ 불심검문 대상자 판단의 기준

경찰관이 이미 발생한 사건의 피의자 관련 사전정보에 근거하여 불심검문한 사안

경찰관이 법 제3조 제1항에 규정된 대상자(이하 '불심검문 대상자'라 한다) 해당 여부를 판단할 때에는 불심검문 당시의 구체적 상황은 물론 사전에 얻은 정보나 전문적 지식 등에 기초하여 불심검문 대상자인지를 객관적·합리적인 기준에 따라 판단하여야 하나, **반드시 불심검문 대상자에게 형사소송법상 체포나 구속에 이를 정도의 혐의가 있을 것을 요한다고 할 수는 없다**(대법원 2014.2.27. 2011도13999).

⑤ 추적행위

경찰관이 교통법규 등을 위반하고 도주하는 차량을 순찰차로 추적하는 직무를 집행하는 중에 그 도주 차량의 주행에 의하여 제3자가 손해를 입은 경우, 추적의 개시·계속 혹은 추적의 방법이 상당하지 않다는 등의 특별한 사정이 없는 한 경찰관의 추적행위를 위법하다고 할 수는 없다. 경찰관은 수상한 거동 기타 주위의 사정을 합리적으로 판단하여 어떠한 죄를 범하였거나 범하려 하고 있다고 의심할 만한 상당한 이유가 있는 자 또는 이미 행하여진 범죄나 행하여지려고 하는 범죄행위에 관하여 그 사실을 안다고 인정되는 자를 정지시켜 질문할 수 있고, 또 범죄를 실행 중이거나 실행 직후인 자는 현행범인으로, 누구임을 물음에 대하여 도망하려 하는 자는 준현행범인으로 각 체포할 수 있으며, 이와 같은 정지 조치나 질문 또는 체포 직무의 수행을 위하여 필요한 경우에는 대상자를 추적할 수도 있으므로, 경찰관이 교통법규 등을 위반하고 도주하는 차량을 순찰차로 추적하는 직무를 집행하는 중에 그 도주차량의 주행에 의하여 제3자가 손해를 입었다고 하더라도 그 추적이 당해 직무 목적을 수행하는 데에 불필요하다거나 또는 도주차량의 도주의 태양 및 도로교통상황 등으로부터 예측되는 피해발생의 구체적 위험성의 유무 및 내용에 비추어 **추적의 개시·계속 혹은 추적의 방법이 상당하지 않다는 등의 특별한 사정이 없는 한 그 추적행위를 위법하다고 할 수는 없다**(대법원 2000.11.10. 2000다26807, 26814).

(3) 흉기 조사

흉기 조사 (제3조 제3항)	경찰관은 불심검문 대상자(제1항 각 호의 어느 하나에 해당하는 사람)에게 질문을 할 때에 그 사람이 흉기를 가지고 있는지를 조사할 수 있다. ※ 불심검문과정에서 수반되는 흉기 조사는 임의적 조치로 상대방이 가방을 열어줘야 할 수 있으며, 강제로 가방을 열고 위험물을 압수할 수 없다.

(4) 불심검문 판례

정지의 적법성	자전거를 타고 가는 사람을 불심검문하기 위해 진행하지 못하게 앞을 가로막은 사안에서 '정지시킨 행위'의 적법성을 인정한 사례(대법원 2012.9.13. 2010도6203) 검문 중이던 경찰관들이, 자전거를 이용한 날치기 사건 범인과 흡사한 인상착의 피고인이 자전거를 타고 다가오는 것을 발견하고 정지를 요구하였으나 멈추지 않았다. 앞을 가로막고 소속과 성명을 고지한 후 검문에 협조해 달라는 취지로 말하였음에도 불응하고 그대로 전진하자, 따라가서 재차 앞을 막고 검문에 응하라고 요구한 것은 경찰관들은 목적 달성에 필요한 최소한의 범위 내에서 사회통념상 용인될 수 있는 상당한 방법을 통하여 「경찰관 직무집행법」 제3조 제1항에 규정된 자에 대해 의심되는 사항을 질문하기 위하여 정지시킨 것으로 경찰관들의 행위는 적법한 불심검문에 해당한다.

2. 임의동행의 요건(제3조 제2항) <24 승진, 23 경위>

(1) 임의동행의 사유

임의동행의 사유 (제3조 제2항)	① 경찰관은 제1항에 따라 같은 항 각 호의 사람을 정지시킨 장소에서 질문을 하는 것이 그 사람에게 불리하거나 교통에 방해가 된다고 인정될 때에는 질문을 하기 위하여 가까운 경찰서·지구대·파출소 또는 출장소(지방해양경찰관서를 포함하며, 이하 "경찰관서"라 한다)로 동행할 것을 요구할 수 있다. ② 이 경우 동행을 요구받은 사람은 그 요구를 거절할 수 있다.

(2) 수사상 임의동행 시의 고지

수사상 임의동행 시의 고지	검사 또는 사법경찰관은 임의동행을 요구하는 경우 상대방에게 동행을 거부할 수 있다는 것과 동행하는 경우에도 언제든지 자유롭게 동행 과정에서 이탈하거나 동행 장소에서 퇴거할 수 있다는 것을 알려야 한다(검사와 사법경찰관의 상호협력과 일반적 수사준칙에 관한 규정 제20조).

3. 불심검문과 임의동행의 절차와 한계 <15·19 채용, 24 승진, 17·23 경위>

(1) 사전절차

사전절차 (제3조 제4항)	경찰관은 제1항이나 제2항에 따라 질문을 하거나 동행을 요구할 경우 자신의 신분을 표시하는 증표를 제시하면서 소속과 성명을 밝히고 질문이나 동행의 목적과 이유를 설명하여야 하며, 동행을 요구하는 경우에는 동행 장소를 밝혀야 한다.

(2) 증표제시 의무

① 경찰 정복(제복)을 입고 있더라도 신분을 표시하는 증표를 제시해야 하는 것이 원칙이다.
② 신분을 표시하는 증표(시행령 제5조)
   법 제3조 제4항 및 법 제7조 제4항의 신분을 표시하는 증표는 경찰관의 공무원증으로 한다. 신분을 표시하는 증표에 경찰 흉장은 포함되지 않는다.
③ 예외
   검문하는 사람이 경찰관이고 검문하는 이유가 범죄행위에 관한 것임을 충분히 알고 있었다고 보이는 경우에 신분증을 제시하지 않았다 하더라도 그 불심검문을 위법한 공무집행이라고 할 수 없다(대법원 2014.12.11. 2014도7976).
④ 주민등록증의 제시요구(주민등록법 제26조 제3항, 제4항)
   사법경찰관리(司法警察官吏)가 범인을 체포하는 등 그 직무를 수행할 때에 17세 이상인 주민의 신원이나 거주 관계를 확인할 필요가 있으면 주민등록증의 제시를 요구할 수 있다. 사법경찰관리는 이에 따라 신원 등을 확인할 때 친절과 예의를 지켜야 하며, 정복근무 중인 경우 외에는 미리 신원을 표시하는 증표를 지니고 이를 관계인에게 내보여야 한다.

(3) 동행 후 절차

동행 후 절차	① 경찰관은 제2항에 따라 임의동행한 사람의 가족이나 친지 등에게 동행한 경찰관의 신분, 동행 장소, 동행 목적과 이유를 알리거나 본인으로 하여금 즉시 연락할 수 있는 기회를 주어야 하며, **변호인의 도움을 받을 권리가 있음을 알려야 한다**(제3조 제5항). ② 동행 시간(제3조 제6항) 경찰관은 제2항에 따라 임의동행한 사람을 **6시간을 초과하여** 경찰관서에 머물게 할 수 없다.

(4) 불심검문과 임의동행의 한계

한계 (제3조 제7항)	제1항부터 제3항까지의 규정에 따라 질문을 받거나 동행을 요구받은 사람은 형사소송에 관한 법률에 따르지 아니하고는 신체를 구속당하지 아니하며, 그 의사에 반하여 답변을 강요당하지 아니한다.

(5) 보고 의무

보고 의무	경찰관은 법 제3조 제2항에 따른 동행요구를 한 때에는 소속 경찰관서의 장에게 이를 보고하여야 한다(경찰관 직무집행법 시행령 제7조).

3 보호조치(경찰관 직무집행법 제4조)

1. 보호조치의 요건 〈18·20 채용, 20 승진, 23 경위〉

(1) 의의
① 경찰관은 구호대상자를 발견하면 긴급구호를 요청하거나 경찰관서에 보호하는 등의 조치를 할 수 있다.
② 강제 보호조치는 대인적 즉시강제이다. 단, 임시영치는 대물적 즉시강제이다.

(2) 조치 방법 및 대상

조치 방법	경찰관은 수상한 행동이나 그 밖의 주위의 사정을 합리적으로 판단해 볼 때 다음의 어느 하나에 해당하는 것이 명백하고 응급의 구호가 필요하다고 믿을 만한 상당한 이유가 있는 사람(이하 '구호대상자'라 한다)을 발견하였을 때에는 보건의료기관이나 공공구호기관에 긴급구호를 요청하거나 경찰관서에 보호하는 등 적절한 조치를 할 수 있다(제4조 제1항). ※ 조치 방법: 긴급구호 요청 또는 보호조치
강제 보호조치 대상 (제1호, 제2호)	① 정신착란을 일으키거나 술에 취하여 자신 또는 다른 사람의 생명·신체·재산에 위해를 끼칠 우려가 있는 사람 ② 자살을 시도하는 사람 　B지구대 경찰관은 새벽 2시에 술에 취해 한강에 투신하려고 다리 난간에 올라가려는 사람을 발견하고, 그 사람이 거부했음에도 불구하고 인근 지구대에서 보호했다.
임의 보호조치 대상 (제3호)	① 미아·병자·부상자 등으로서 적당한 보호자가 없으며 응급의 구호가 필요하다고 인정되는 사람. 다만, 본인이 구호를 거절하는 경우에는 제외한다. ② A지구대 경찰관은 길을 잃은 소년(13세)을 발견하여 보호조치를 하려고 했으나, 소년이 거부하여 그대로 돌려보냈다.

2. 긴급구호요청 〈17·18·20·21·23 채용, 20 승진, 23 경위〉

(1) 긴급구호 의무

긴급구호 의무	① 제1항에 따라 긴급구호를 요청받은 보건의료기관이나 공공구호기관은 정당한 이유 없이 긴급구호를 거절할 수 없다(제2항). ② 「경찰관 직무집행법」에는 처벌규정이 없다.

(2) 응급의료에 관한 법률상 구호 의무와 벌칙

구호 의무와 벌칙	① 응급의료의 거부금지 등(응급의료에 관한 법률 제6조 제2항) 응급의료종사자는 업무 중에 응급의료를 요청받거나 응급환자를 발견하면 즉시 응급의료를 하여야 하며 정당한 사유 없이 이를 거부하거나 기피하지 못한다. ② 벌칙(제60조 제2항) 제6조 제2항의 규정에 위반하여 응급의료를 거부 또는 기피한 응급의료종사자는 3년 이하의 징역 또는 3천만 원 이하의 벌금에 처한다.

(3) 관련 판례

[1] 긴급구호권한과 같은 경찰관의 조치권한은 일반적으로 경찰관의 전문적 판단에 기한 합리적인 재량에 위임되어 있는 것이나, 그렇다고 하더라도 구체적 상황하에서 경찰관에게 그러한 조치권한을 부여한 취지와 목적에 비추어 볼 때 그 불행사가 현저하게 불합리하다고 인정되는 경우에는, 그러한 불행사는 법령에 위반하는 행위에 해당하게 되어 국가배상법상의 다른 요건이 충족되는 한, 국가는 그로 인하여 피해를 입은 자에 대하여 국가배상책임을 부담한다.

[2] 정신질환자인 세입자에 의해 살해당한 집주인의 유족이 정신질환자의 평소 행동에 대한 사법경찰관리의 수사 미개시 및 긴급구호권 불행사를 이유로 제기한 국가배상청구를 배척한 사례
정신질환자에 의한 집주인 살인범행에 앞서 그 구체적 위험이 객관적으로 존재하고 있었다고 보기 어려운 경우, 경찰관이 그때그때의 상황에 따라 그 정신질환자를 훈방하거나 일시 정신병원에 입원시키는 등 경찰관 직무집행법의 규정에 의한 긴급구호조치를 취한 이상, 더 나아가 경찰관들이 정신질환자의 살인범행 가능성을 막을 수 있을 만한 다른 조치를 취하지 아니하였거나 입건·수사하지 아니하였다고 하여 이를 법령에 위반하는 행위에 해당한다고 볼 수 없다는 이유로, 사법경찰관리의 수사 미개시 및 긴급구호권 불행사를 이유로 제기한 국가배상청구를 배척한 사례(대법원 1996.10.25. 95다45927).

(4) 임시영치 : 대물적 즉시강제

임시영치 (제4조 제3항)	경찰관은 제1항의 조치(보호조치 등)를 하는 경우에 구호대상자가 휴대하고 있는 무기·흉기 등 위험을 일으킬 수 있는 것으로 인정되는 물건을 경찰관서에 임시로 영치하여 놓을 수 있다.

3. 사후 조치와 한계 ⟨17·18·20·21·23 채용, 17·18·20·21·23 승진, 23 경위⟩

(1) 보호조치 이후의 조치

보호조치 이후의 조치	① 경찰관은 제1항의 조치(보호조치 등)를 하였을 때에는 지체 없이 구호대상자의 가족·친지 또는 그 밖의 연고자에게 그 사실을 알려야 하며, 연고자가 발견되지 아니할 때에는 구호대상자를 적당한 공공보건의료기관이나 공공구호기관에 즉시 인계하여야 한다(제4조 제4항). ② 경찰관은 구호대상자를 공공보건의료기관이나 공공구호기관에 인계하였을 때에는 즉시 그 사실을 소속 경찰서장이나 해양경찰서장에게 보고하여야 한다(제4조 제5항). ③ 보고를 받은 소속 경찰서장이나 해양경찰서장은 대통령령으로 정하는 바에 따라 구호대상자를 인계한 사실을 지체 없이 해당 공공보건의료기관 또는 공공구호기관의 장 및 그 감독 행정청에 통보하여야 한다(제4조 제6항).

보호조치 이후의 조치	④ 경찰관은 긴급구호요청 또는 보호조치, 임시영치 조치를 한 때에는 소속 경찰관서의 장에게 이를 보고하여야 한다(경찰관 직무집행법 시행령 제7조 제2호, 제3호). ※ 보고절차는 가족·친지 등이 피구호자의 행방을 찾는 데 도움을 주고 강제수용시설에 함부로 보호되는 폐단을 방지하기 위한 규정이고, 통보 등은 보호시설의 수용과정에 있을지도 모를 인권침해의 소지를 사전에 제거하려는 것이며, 여기서 감독행정청의 예로 시장, 군수 등을 들 수 있다.

(2) 보호조치 및 영치 기간

보호조치 및 영치 기간	① 보호조치에 따라 구호대상자를 경찰관서에서 보호하는 기간은 24시간(12시간×)을 초과할 수 없다(제4조 제7항 전단). ② 제3항에 따라 **물건을 경찰관서에 영치하는 기간은 10일(15일×)을 초과할 수 없다**(제4조 제7항 후단).

(3) 보호조치 관련 판례

적법한 보호조치 상황에서 음주측정 요구	① 경찰관이 술에 취한 상태에서 자동차를 운전한 것으로 보이는 피고인을 「경찰관 직무집행법」에 따른 보호조치 대상자로 보아 경찰관서로 데려온 직후 음주측정을 요구하였는데 피고인이 불응하여 음주측정불응죄로 기소된 사안에서 위법한 보호조치 상태를 이용하여 음주측정 요구가 이루어졌다는 등의 특별한 사정이 없는 한 피고인의 행위는 음주측정불응죄에 해당한다. ② 경찰관 직무집행법 제4조에 따라 보호조치된 운전자에 대하여 음주측정을 요구하였다는 이유만으로 음주측정 요구가 당연히 위법하다거나 보호조치가 당연히 종료된 것으로 볼 수 없다(대법원 2012.2.9. 2011도4328).
위법한 보호조치 상황에서 음주측정 요구	① 경찰관직무집행법 제4조 제1항에서 정한 '술에 취한 상태'란 피구호자가 술에 만취하여 정상적인 판단능력이나 의사능력을 상실할 정도에 이른 것을 말하고, 보호조치를 필요로 하는 피구호자에 해당하는지는 구체적인 상황을 고려하여 경찰관 평균인을 기준으로 판단하되, 그 판단은 보호조치의 취지와 목적에 비추어 현저하게 불합리하여서는 아니 되며, 피구호자의 가족 등에게 피구호자를 인계할 수 있다면 특별한 사정이 없는 한 경찰관서에서 피구호자를 보호하는 것은 허용되지 않는다. ② 경찰관직무집행법 제4조 제1항 제1호의 보호조치 요건이 갖추어지지 않았음에도, 경찰관이 실제로는 범죄수사를 목적으로 피의자에 해당하는 사람을 피구호자로 삼아 그의 의사에 반하여 경찰관서에 데려간 행위는, 달리 현행범체포나 임의동행 등의 적법 요건을 갖추었다고 볼 사정이 없다면, 위법한 체포에 해당한다고 보아야 한다. ③ 교통안전과 위험방지를 위한 필요가 없음에도 주취운전을 하였다고 인정할 만한 상당한 이유가 있다는 이유만으로 이루어지는 음주측정은 이미 행하여진 주취운전이라는 범죄행위에 대한 증거 수집을 위한 수사절차로서 의미를 가지는데, 도로교통법상 규정들이 음주측정을 위한 강제처분의 근거가 될 수 없으므로 위와 같은 음주측정을 위하여 운전자를 강제로 연행하기 위해서는 수사상 강제처분에 관한 형사소송법상 절차에 따라야 하고, 이러한 절차를 무시한 채 이루어진 강제연행은 위법한 체포에 해당한다.

위법한 보호조치 상황에서 음주측정 요구	④ 화물차 운전자인 피고인이 경찰의 음주단속에 불응하고 도주하였다가 다른 차량에 막혀 더 이상 진행하지 못하게 되자 운전석에서 내려 다시 도주하려다 경찰관에게 검거되어 지구대로 보호조치된 후 2회에 걸쳐 음주측정요구를 거부하였다고 하여 도로교통법 위반(음주측정거부)으로 기소된 사안에서, 당시 피고인이 술에 취한 상태이기는 하였으나 술에 만취하여 정상적인 판단능력이나 의사능력을 상실할 정도에 있었다고 보기 어려운 점, 당시 상황에 비추어 평균적인 경찰관으로서는 피고인이 경찰관 직무집행법 제4조 제1항 제1호의 보호조치를 필요로 하는 상태에 있었다고 판단하지 않았을 것으로 보이는 점, 경찰관이 피고인에 대하여 이 사건 조항에 따른 보호조치를 하고자 하였다면, 당시 옆에 있었던 피고인 처(처)에게 피고인을 인계하였어야 하는데도, 피고인 처의 의사에 반하여 지구대로 데려간 점 등 제반 사정을 종합할 때, 경찰관이 피고인과 피고인 처의 의사에 반하여 피고인을 지구대로 데려간 행위를 적법한 보호조치라고 할 수 없고, 나아가 달리 적법 요건을 갖추었다고 볼 자료가 없는 이상 경찰관이 피고인을 지구대로 데려간 행위는 위법한 체포에 해당한다. ⑤ 위법한 체포 상태에서 음주측정요구가 이루어진 경우, 음주측정요구를 위한 위법한 체포와 그에 이은 음주측정요구는 주취운전이라는 범죄행위에 대한 증거 수집을 위하여 연속하여 이루어진 것으로서 개별적으로 적법 여부를 평가하는 것은 적절하지 않으므로 일련의 과정을 전체적으로 보아 위법한 음주측정요구가 있었던 것으로 볼 수밖에 없고, 운전자가 주취운전을 하였다고 인정할 만한 상당한 이유가 있다 하더라도 운전자에게 경찰공무원의 이와 같은 위법한 음주측정요구까지 응할 의무가 있다고 보아 이를 강제하는 것은 부당하므로 그에 불응하였다고 하여 음주측정거부에 관한 도로교통법 위반죄로 처벌할 수 없다(대법원 2012.12.13. 2012도11162).

(4) 판례 사안 해결

적법한 보호조치 상황에서 음주측정 요구	○○경찰서 △△지구대에 근무 중인 경찰관 P는 순찰근무 중 112신고를 받고 20XX. 11. 3. 00:30경 현장에 출동한바, 햄버거 가게 앞 도로의 편도 2차로 중 1차로에서 자신의 차량에 시동을 켠 채로 그대로 정차하여 운전석에 잠들어 있는 甲을 발견하였다. 경찰관 P는 당시 甲이 술냄새가 나고, 혈색이 붉으며, 말을 할 때 혀가 심하게 꼬이고 비틀거리며 걷는 등 술에 취한 것으로 보여 甲을 순찰차 뒷자리에 태운 뒤 △△지구대로 데려와, 도착한 직후인 00:47부터 같은 날 01:09까지 甲에게 3회에 걸쳐 음주측정을 요구하였으나, 甲은 이에 불응하였다. ① P는 甲을 경찰관 직무집행법 제4조 제1항에 따른 보호조치 대상자로 판단하였다. (○) ② 지구대에서 음주측정을 요구한 시점에 P의 甲에 대한 보호조치는 종료되었다. (×) ③ 만일 출동 현장에 甲의 배우자가 있었으나 인계하지 않고 배우자의 의사에 반하여 지구대로 데려왔다면, 이는 적법한 조치라고 할 수 없다. (○) ④ P의 음주측정 요구에 불응한 甲에게는 도로교통법상 음주측정불응죄가 성립한다. (○)
위법한 보호조치 상황에서 음주측정 요구	甲은 음주 후 자신의 처(처는 술을 마시지 않음)와 동승한 채 화물차를 운전하여 가다가 음주단속을 당하게 되자 경찰관이 들고 있던 경찰용 불봉을 충격하고 그대로 도주하였다. 단속 현장에서 약 3km 떨어진 지점까지 교통사고를 내지 않고 운전하며 진행하던 중 다른 차량에 막혀 더 이상 진행하지 못하게 되자 스스로 차량을 세운 후 운전석에서 내려 도주하려 하였으나, 결국 甲은 경찰관에게 제지되어 체포의 절차에 따르지 않고 甲과 그의 처의 의사에 반하여 지구대로 보호조치되었다. 이후 2회에 걸친 경찰관의 음주측정요구를 거부하였다는 이유로 甲은 「도로교통법」 위반(음주측정거부) 혐의로 기소되었다.

위법한 보호조치 상황에서 음주측정 요구	① 경찰관이 甲에 대하여 「경찰관 직무집행법」 제4조에 따른 보호조치를 하고자 하였다면, 당시 옆에 있었던 처에게 甲을 인계하였어야 했고, 특별한 사정이 없는 한 지구대에서 甲을 보호하는 것은 허용되지 않는다. (O) ② 甲은 음주측정거부에 관한 「도로교통법」 위반죄로 처벌될 수 없다. (O) ③ 구「도로교통법」 제44조 제2항 및 제148조의2 제2호 규정들이 음주측정을 위한 강제처분의 근거가 될 수 있으므로, 위와 같은 음주측정을 위하여 운전자를 강제로 연행하기 위해서는 수사상 강제처분에 관한 「형사소송법」상 절차에 따를 필요가 없다. (×) ④ 경찰관이 甲에 대하여 행한 음주측정요구는 「형법」 제136조에 따른 공무집행방해죄의 보호대상이 될 수 없다. (O)
대법원 2012. 12. 13. 선고 2012도11162	위법한 음주측정요구가 있었던 것으로 볼 수밖에 없다면 그 위법한 음주측정요구라는 공무집행행위 역시 위법하므로, 피고인이 음주측정을 요구하는 경찰관을 폭행하였다고 하여 공무집행방해죄가 성립한다고 볼 수도 없다.

4 위험발생의 방지(경찰관 직무집행법 제5조)

1. 의의

① 경찰관은 위험한 사태가 있는 때에는 위험발생의 방지를 위한 조치를 할 수 있다.
② 위험발생의 방지란 경찰관이 생명 또는 신체에 위해를 끼치거나 재산에 중대한 손해를 끼칠 위험한 사태가 발생한 경우에 취하는 경찰상 즉시강제조치를 말한다.

2. 위험사태의 방지(제5조 제1항) ^(19·23 승진, 17 경위)

(1) **위험사태**

경찰관은 사람의 생명 또는 신체에 위해를 끼치거나 재산에 중대한 손해를 끼칠 우려가 있는 천재, 사변(※ 전쟁·내란·폭동·화재 등의 사회 현상), 인공구조물의 파손이나 붕괴, 교통사고, 위험물의 폭발, 위험한 동물 등의 출현, 극도의 혼잡 그 밖의 위험한 사태가 있는 때에는 다음 각 호의 조치를 할 수 있다.

(2) **대상과 수단**

대상	수단	예
그 장소에 모인 사람, 사물의 관리자, 그 밖의 관계인	필요한 경고를 하는 것 ※ 경고는 일정한 사실을 알리는 통지행위다(임의적 처분).	호우로 제방이 무너질 우려가 있는 경우 주민에게 피난 준비를 알려 주는 것, 교량이 파손된 경우에 위험표지를 게시하는 것, 광고탑이 쓰러질 위험이 있는 경우에 관리자에게 수리를 권고하는 것
매우 긴급한 경우에 위해를 입을 우려가 있는 사람	필요한 한도 내에서 억류하거나 피난시키는 것	위험한 장소에 들어가지 않도록 막거나(억류), 위험한 장소에서 벗어나게 하는 것(피난) → 대인적 즉시강제
그 장소에 있는 사람, 사물의 관리자, 그 밖의 관계인	위해를 방지하기 위하여 필요하다고 인정되는 조치를 하게 하거나 직접 그 조치를 하는 것 ※ 필요한 조치는 일정한 지역으로 들어가는 것을 금지하는 것, 보수공사를 하게 하는 것, 방해물을 함께 치우는 것 등이 있다.	경기남부경찰청에서 근무하는 경찰관 D는 사냥개의 줄이 풀려 사람을 물고 위협을 하고 있다는 신고를 받고 출동하여, 개주인에게 사살하도록 명령했으나 주인이 거부하여 직접 사살하였다.

3. 접근·통행의 제한·금지 <15 채용, 23 승진>

접근·통행의 제한·금지 (제5조 제2항)	경찰관서의 장은 대간첩 작전의 수행이나 소요사태의 진압을 위하여 필요하다고 인정되는 상당한 이유가 있는 때에는 대간첩 작전지역이나 경찰관서·무기고 등 국가중요시설(다중이용시설×)에 대한 접근 또는 통행을 제한하거나 금지할 수 있다(금지하여야 한다×). ※ 주체는 경찰관서의 장이다.

4. 보고와 적절한 조치 <23 승진>

보고와 적절한 조치 (제5조)	① 경찰관은 위험발생의 방지 조치를 하였을 때에는 지체 없이 그 사실을 소속 경찰관서의 장에게 보고하여야 한다(제3항). ② 대간첩지역이나 국가중요시설에 대한 접근·통행의 제한·금지 조치를 하거나 위험발생의 방지 조치 보고를 받은 경찰관서의 장은 관계 기관의 협조를 구하는 등 적절한 조치를 하여야 한다(제4항).

5 범죄의 예방과 제지(경찰관 직무집행법 제6조)

1. 의의

① 경찰관은 범죄행위가 목전에 행하여지려고 하고 있다고 인정될 경우에는 예방하기 위하여 관계인에게 필요한 경고를 발하고, 그 행위로 사람의 생명·신체에 위해를 끼치거나 재산에 중대한 손해를 끼칠 우려가 있는 긴급한 경우에는 그 행위를 제지할 수 있다.
② 범죄행위 제지는 경찰상 대인적 즉시강제에 해당한다.

2. 범죄의 예방과 제지 <15 채용, 23 승진>

(1) 범죄의 예방을 위한 경고

범죄의 예방을 위한 경고	경찰관은 범죄행위가 목전에 행하여지려고 하고 있다고 인정될 경우에는 예방하기 위하여 관계인에게 필요한 경고를 발할 수 있다(제6조 전단). ※ 경고는 임의적 조치로 범죄행위 중지 통고도 포함한다.

(2) 범죄행위의 긴급한 제지

범죄행위의 긴급한 제지	① 경찰관은 범죄행위로 사람의 생명·신체에 위해를 끼치거나 재산에 중대한 손해를 끼칠 우려가 있는 긴급한 경우에는 그 행위를 제지할 수 있다(제6조 후단). 예 싸움이 벌어진 상황에서 달려들어 흉기를 빼앗는 것, 기물 파괴의 행위를 저지하는 것 등 ② 경찰관은 범죄행위를 제지한 때에는 소속 경찰관서의 장에게 이를 보고하여야 한다(경찰관 직무집행법 시행령 제7조).

3. 관련 판례 <23·24 채용, 23 승진>

① **경찰관의 경고나 제지는** 범죄의 예방을 위하여 범죄행위에 관한 실행의 착수 전에 행하여질 수 있을 뿐만 아니라, **이후 범죄행위가 계속되는 중에 그 진압을 위하여도 당연히 행하여질 수 있다**(대법원 2013.9.26. 2013도643).

② 경찰관은 형사처벌의 대상이 되는 행위가 눈앞에서 막 이루어지려고 하는 것이 객관적(주관적×)으로 인정될 수 있는 상황이고 그 행위를 당장 제지하지 않으면 곧 인명·신체에 위해를 미치거나 재산에 중대한 손해를 끼칠 우려가 있는 상황이어서, 직접 제지하는 방법 외에는 위와 같은 결과를 막을 수 없는 급박한 상태일 때에만 경찰관 직무집행법 제6조에 의하여 적법하게 그 행위를 제지할 수 있고, 그 범위 내에서만 경찰관의 제지 조치가 적법하다고 평가될 수 있다(대법원 2021.11.11. 2018다288631).

③ 피고인들을 포함한 '갑 주식회사 희생자 추모와 해고자 복직을 위한 범국민대책위원회'(이하 '대책위'라 한다)가 덕수궁 대한문 화단 앞 인도(이하 '농성 장소'라 한다)를 불법적으로 점거한 뒤 천막·분향소 등을 설치하고 농성을 계속하다가 관할 구청이 행정대집행으로 농성 장소에 있던 물건을 치웠음에도 대책위 관계자들이 이에 대한 항의의 일환으로 기자회견 명목의 집회를 개최하려고 하자, 출동한 경찰 병력이 농성 장소를 둘러싼 채 대책위 관계자들의 농성 장소 진입을 제지하는 과정에서 피고인들이 경찰관을 밀치는 등으로 공무집행을 방해하였다는 내용으로 기소된 사안에서, 경찰 병력이 행정대집행 직후 대책위가 또다시 같은 장소를 점거하고 물건을 다시 비치하는 것을 막기 위해 농성 장소를 미리 둘러싼 뒤 대책위가 같은 장소에서 기자회견 명목의 집회를 개최하려는 것을 불허하면서 소극적으로 제지한 것은 구 경찰관 직무집행법 제6조의 범죄행위 예방을 위한 경찰 행정상 즉시강제로서 적법한 공무집행에 해당하고, 피고인 등 대책위 관계자들이 이와 같이 직무집행 중인 경찰 병력을 밀치는 등 유형력을 행사한 행위는 공무집행방해죄에 해당한다는 이유로, 이와 달리 **경찰의 농성 장소에 대한 점거와 대책위의 집회 개최를 제지한 직무집행이 '위법한 공무집행'이라고 본 원심판단에 법리오해의 잘못이 있다고 한 사례**(대법원 2021.10.14. 2018도2993).

④ **불법집회 참가 제지 사건(대법원 2008.11.13. 2007도9794)**

[1] 특정 지역에서의 불법집회에 참가하려는 것을 막기 위하여 시간적·장소적으로 근접하지 않은 다른 지역에서 집회예정장소로 이동하는 것을 제지하는 행위는 경찰관 직무집행법 제6조 제1항에 따른 공무원의 적법한 직무집행이 아니다.

구 집회 및 시위에 관한 법률에 의하여 금지되어 그 주최 또는 참가행위가 형사처벌의 대상이 되는 위법한 집회·시위가 장차 특정지역에서 개최될 것이 예상된다고 하더라도, 이와 시간적·장소적으로 근접하지 않은 다른 지역에서 그 집회·시위에 참가하기 위하여 출발 또는 이동하는 행위를 함부로 제지하는 것은 경찰관 직무집행법 제6조 제1항의 행정상 즉시강제인 경찰관의 제지의 범위를 명백히 넘어 허용될 수 없다. 따라서 이러한 제지 행위는 공무집행방해죄의 보호대상이 되는 공무원의 적법한 직무집행이 아니다.

[2] 제천시 봉양읍 주민자치센터 앞마당에서 위 집회·시위에 참가하기 위하여 출발하려고 하는 행위를 제지한 이 사건 경찰관의 행위는, 비록 집회·시위 예정시간으로부터 약 5시간 30분 전에 그 예정 장소로부터 약 150㎞ 떨어진 곳에서 이루어진 것이라고 하더라도 「경찰관 직무집행법」 제6조 제1항에 근거한 적법한 직무집행에 해당한다고 판단한 원심에는, 「경찰관 직무집행법」 제6조 제1항의 해석·적용에 관한 법리를 오해한 위법이 있다.

※ 충청남도에서 근무하는 경찰서장 D는 관내 甲 단체가 서울역 앞에서 개최할 예정인 미신고 폭력집회에 참석하려고 단체로 버스에 탑승하여 출발하는 것을 제지하였다. 이는 위법한 직무집행이다.

⑤ 조합원들이 어떠한 범죄행위를 목전에서 저지르려고 하거나 이들의 행위로 인하여 인명·신체에 위해를 미치거나 재산에 중대한 손해를 끼칠 우려 등 **긴급한 사정이 있는 경우가 아닌데도 방패를 든 전투경찰대원들이 위 조합원들을 둘러싸고 이동하지 못하게 가둔 행위는 구 경찰관 직무집행법 제6조 제1항에 근거한 제지 조치라고 볼 수 없고**, 이는 형사소송법상 (불법) 체포에 해당한다(대법원 2017.3.15. 2013도2168).

⑥ 갑 단체 소속 집회참가자들이 집회에서 사용할 조형물을 차량에 싣고 와 집회 장소 인근 도로에 정차한 후 내려놓으려고 하자 경찰관들이 도로교통법 위반을 이유로 조형물이 실린 채로 차량을 견인하였고, 이에 항의하는 을을 공무집행방해죄 현행범으로 체포한 사안에서, 경찰관들의 객관적인 정당성을 잃은 위법한 직무집행으로 갑 단체의 집회의 자유와 을의 신체의 자유가 침해되었다는 이유로, 국가배상책임을 인정한 원심판단이 정당하다고 한 사례(대법원 2022. 3. 31. 2017다218475).

※ 집회참가자들이 집회에서 사용할 조형물을 차량에 싣고 와 집회 장소 인근 도로에 정차한 후 내려놓으려고 하자 경찰관이 「도로교통법」위반을 이유로 조형물이 실린 채로 차량을 견인하려고 하였고 이에 집회참가자들이 스스로 차량을 옮기겠다고 하였음에도 경찰관이 위 차량을 견인한 행위는 「경찰관 직무집행법」 제6조에 따른 적법한 행위라고 평가할 수 없다.

4. 경찰관 직무집행법 제6조(범죄의 예방과 제지) 기출 사례 <22·24 채용, 23 경채, 23 승진>

(1) 사실관계

甲은 평소 집에서 심한 고성과 욕설, 시끄러운 음악 소리 등으로 이웃 주민들로부터 수 회에 걸쳐 112신고가 있어 왔던 사람이다. 사건 당일에도 甲이 자정에 가까운 한밤중에 집 안에서 음악을 크게 켜놓고 심한 고성을 지른다는 112신고를 받고 경찰관이 출동하였다. 출동한 경찰관이 인터폰으로 甲에게 문을 열어달라고 하였으나, 甲은 심한 욕설을 할 뿐 출입문을 열어주지 않은 채, 소란행위를 멈추지 않았다. 이에 경찰관들이 甲을 만나기 위해 甲의 집으로 통하는 전기를 일시적으로 차단하여 甲이 집 밖으로 나오도록 유도하였다.

(2) 전기차단기 사건(대법원 2018.12.13. 2016도19417)

[1] 경찰관들이 피고인을 만나기 위해 전기차단기를 내리자 화가 나 식칼(전체 길이 약 37cm, 칼날 길이 약 24cm)을 들고 나와 욕설을 하면서 경찰관들을 향해 찌를 듯이 협박함으로써 갑, 을의 112신고 업무 처리에 관한 직무집행을 방해하였다고 하여 특수공무집행방해로 기소된 사례

[2] 주거지에서 음악 소리를 크게 내거나 큰 소리로 떠들어 이웃을 시끄럽게 하는 행위는 경범죄처벌법 제3조 제1항 제21호에서 경범죄로 정한 '인근소란 등'에 해당한다. **경찰관은 경찰관 직무집행법에 따라 경범죄에 해당하는 행위를 예방·진압·수사하고, 필요한 경우 제지할 수 있다.**

[3] 경찰관 직무집행법 제6조에 따른 경찰관의 제지 조치가 적법한 직무집행으로 평가되기 위한 요건 및 경찰관의 제지 조치가 적법한지 판단하는 기준
경찰관 직무집행법 제6조 중 경찰관의 제지에 관한 부분은 범죄 예방을 위한 경찰 행정상 즉시 강제, 즉 눈앞의 급박한 경찰상 장해를 제거할 필요가 있고 의무를 명할 시간적 여유가 없거나

의무를 명하는 방법으로는 그 목적을 달성하기 어려운 상황에서 **의무불이행을 전제로 하지 않고 경찰이 직접 실력을 행사하여 경찰상 필요한 상태를 실현하는 권력적 사실행위**(비권력적 사실행위×)**에 관한 근거조항이다.**

경찰관 직무집행법 제6조에 따른 경찰관의 제지 조치가 적법한 직무집행으로 평가되기 위해서는, 형사처벌의 대상이 되는 행위가 눈앞에서 막 이루어지려고 하는 것이 객관적으로 인정될 수 있는 상황이고, 그 행위를 당장 제지하지 않으면 곧 인명·신체에 위해를 미치거나 재산에 중대한 손해를 끼칠 우려가 있는 상황이어서, 직접 제지하는 방법 외에는 위와 같은 결과를 막을 수 없는 절박한 사태이어야 한다. 다만 **경찰관의 제지 조치가 적법한지는 제지 조치 당시의 구체적 상황을 기초로 판단하여야 하고 사후적으로 순수한 객관적 기준에서 판단할 것은 아니다.**

[4] 피고인이 자정에 가까운 한밤중에 음악을 크게 켜놓거나 소리를 지른 것은 경범죄 처벌법 제3조 제1항 제21호에서 금지하는 인근소란행위에 해당하고, 그로 인하여 인근 주민들이 잠을 이루지 못하게 될 수 있으며, 갑과 을이 112신고를 받고 출동하여 눈앞에서 벌어지고 있는 범죄행위를 막고 주민들의 피해를 예방하기 위해 피고인을 만나려 하였으나 피고인은 문조차 열어주지 않고 소란행위를 멈추지 않았던 상황이라면 피고인의 행위를 제지하고 수사하는 것은 경찰관의 직무상 권한이자 의무라고 볼 수 있다.

그러므로, 위와 같은 상황에서 갑과 을이 피고인의 집으로 통하는 전기를 일시적으로 차단한 것은 피고인을 집 밖으로 나오도록 유도한 것으로서, 피고인의 범죄행위를 진압·예방하고 수사하기 위해 필요하고도 적절한 조치로 보이고, 경찰관 직무집행법 제1조의 목적에 맞게 제2조의 직무 범위 내에서 제6조에서 정한 즉시강제의 요건을 충족한 적법한 직무집행으로 볼 여지가 있다. → 경찰관의 조치는 사람의 생명·신체에 위해를 끼치거나 재산에 중대한 손해를 끼칠 우려가 있는 긴급한 경우로 볼 수 있어 **즉시강제**(직접강제×)**의 요건에 부합한다.**

6 위험방지를 위한 출입(경찰관 직무집행법 제7조)

1. 긴급출입

의의	경찰관은 제5조 제1항(위험사태)·제2항(대간첩 작전이나 소요사태) 및 제6조(임박한 범죄행위)에 따른 위험한 사태가 발생하여 사람의 생명·신체 또는 재산에 대한 위해가 임박한 때에 그 위해를 방지하거나 피해자를 구조하기 위하여 부득이하다고 인정하면 합리적으로 판단하여 필요한 한도에서 다른 사람의 토지·건물·배 또는 차에 출입할 수 있다(제7조 제1항). ※ 당사자의 동의가 필요하지 않은 대가택적 즉시강제이다.
위험방지를 위한 긴급출입의 요건	① 위험한 사태 제5조 제1항(위험사태)·제2항(대간첩 작전이나 소요사태) 및 제6조(임박한 범죄행위)에 따른 위험한 사태가 발생 ② 긴급성 사람의 생명·신체 또는 재산에 대한 위해가 임박한 때 ③ 위해방지 또는 피해자 구조 목적 위해를 방지하거나 피해자를 구조하기 위하여 부득이한 경우이고, 범죄수사 목적으로 긴급출입을 할 수 없다. ④ 장소나 시간 조건, 당사자 동의 불요 다른 사람의 동의 없이 그 사람의 토지·건물·배 또는 차에 출입할 수 있다.

2. 예방출입 <19 승진>

의의	흥행장(興行場), 여관, 음식점, 역, 그 밖에 많은 사람이 출입하는 장소의 관리자나 그에 준하는 관계인은 경찰관이 범죄나 사람의 생명·신체·재산에 대한 위해를 예방하기 위하여 해당 장소의 영업시간이나 해당 장소가 일반인에게 공개된 시간에 그 장소에 출입하겠다고 요구하면 정당한 이유 없이 그 요구를 거절할 수 없다(제7조 제2항).
경찰상 공개된 장소에 대한 출입의 요건	① 공개된 장소 　흥행장(興行場), 여관, 음식점, 역, 그 밖에 많은 사람이 출입하는 장소 ② 공개된 시간 　해당 장소의 영업시간이나 해당 장소가 일반인에게 공개된 시간 ③ 범죄나 위해 예방 목적 　범죄나 사람의 생명·신체·재산에 대한 위해를 예방하기 위한 경우 ④ 새벽 3시에 영업이 끝난 식당에서 주인만 머무르는 경우, 경찰공무원은 범죄의 예방을 위해 출입을 요구할 수 없고, 요구하더라도 상대방은 이를 거절할 수 있다.

3. 작전지역수색

① 경찰관은 대간첩 작전 수행에 필요할 때에는 작전지역에서 많은 사람이 출입하는 장소(제2항의 장소)를 검색할 수 있다(제7조 제3항).
② 장소는 예방출입에 규정된 흥행장 등 공개장소에 제한되나, 시간상 제한이 없다.
③ 상대방의 동의가 필요하지 않은 대가택적 즉시강제이다.

4. 절차와 보고 <23 승진>

① 경찰관은 제1항부터 제3항까지의 규정에 따라 필요한 장소에 출입할 때에는 그 신분을 표시하는 증표를 제시하여야 하며, 함부로 관계인이 하는 정당한 업무를 방해하여서는 아니 된다(제7조 제4항).
② 경찰관은 법 제7조 제2항 및 제3항의 규정에 의하여 다수인이 출입하는 장소에 대하여 출입 또는 검색을 한 때에는 소속 경찰관서의 장에게 이를 보고하여야 한다(경찰관 직무집행법 시행령 제7조 제6호).

7 사실의 확인, 정보의 수집 등(경찰관 직무집행법 제8조, 제8조의2)

1. 사실의 조회와 확인 <22 채용>

① 직무수행과 관련된 사실의 조회(제8조 제1항 본문)
경찰관서의 장은 직무수행에 필요하다고 인정되는 상당한 이유가 있는 때에는 국가기관이나 공사단체 등에 직무 수행에 관련된 사실을 조회할 수 있다.
※ 사실 조회의 주체는 경찰관서의 장이다.
② 긴급한 경우의 사실 확인(제8조 제1항 단서)
다만, 긴급한 경우에는 소속 경찰관으로 하여금 현장에 나가 해당 기관 또는 단체의 장의 협조를 받아 그 사실을 확인하게 할 수 있다.

③ 경찰관은 법 제8조 제1항 단서의 규정에 의한 사실확인의 조치를 한 때에는 소속 경찰서의 장에게 이를 보고하여야 한다(시행령 제7조 제7호).
④ 직무수행을 위한 임의적 사실행위이다.

2. 출석요구 〈23 채용〉

① 경찰관은 다음 각 호의 직무를 수행하기 위하여 필요하면 관계인에게 출석하여야 하는 사유·일시 및 장소를 명확히 적은 출석 요구서를 보내 경찰관서에 출석할 것을 요구할 수 있다(제8조 제2항). 邳 유. 아. 행. 사
  1호. 미아를 인수할 보호자 확인
  2호. **유실물을 인수할 권리자 확인**
  3호. 사고로 인한 사상자(死傷者) 확인
  4호. 행정처분을 위한 교통사고 조사에 필요한 사실 확인
② 경찰관 직무집행법상의 출석요구에서 제외되는 사유
  ㉠ 형사처분을 위한 교통사고 조사에 필요한 사실 확인, 범죄피해 내용을 확인하기 위한 경우, 교통사고 가해자와 피해자 합의를 위한 종용
  ㉡ 형사책임을 규명하기 위한 사실조사, 고소사건 사실확인

3. 정보의 수집(제8조의2) 〈24 채용〉

① 경찰관은 범죄·재난·공공갈등 등 공공안녕(공공질서×)에 대한 위험의 예방과 대응을 위한 정보의 수집·작성·배포와 이에 수반되는 사실의 확인을 할 수 있다.
② 제1항에 따른 정보의 구체적인 범위와 처리 기준, 정보의 수집·작성·배포에 수반되는 사실의 확인 절차와 한계는 대통령령(경찰관의 정보수집 및 처리 등에 관한 규정)으로 정한다.

8 국제협력, 유치장(경찰관 직무집행법 제8조의3, 제9조) 〈15·18 채용, 21 경채, 17 승진, 15 경위〉

국제협력 (제8조의3)	경찰청장 또는 해양경찰청장은 이 법에 따른 경찰관의 직무수행을 위하여 외국 정부기관, 국제기구 등과 자료 교환, 국제협력 활동 등을 할 수 있다(해야 한다×). ※ 주체는 경찰청장 또는 해양경찰청장이다.
유치장 (제9조)	법률에서 정한 절차에 따라 체포·구속된 사람 또는 신체의 자유를 제한하는 판결이나 처분을 받은 사람을 수용하기 위하여 경찰서와 해양경찰서에 유치장을 둔다. ※ 지구대·파출소에는 두지 않으며, 설치 근거는 「경찰관 직무집행법」이다.

제3절 경찰관의 장비 사용

1. 경찰관의 장비 사용의 법적 근거

① 경찰관 직무집행법 제10조
② 위해성 경찰장비의 사용기준 등에 관한 규정 [위해성 경찰장비 규정(대통령령)]
③ 경찰관의 위해성 경찰장비 사용은 대인적 즉시강제에 해당할 수 있다.

2. 장비 등의 사용

(1) 경찰장비의 사용과 종류 (16·17·23·24·25 채용, 17·18·19 승진, 15·23 경위)

① 경찰관은 직무수행 중 경찰장비를 사용할 수 있다(경찰관 직무집행법 제10조 제1항 본문).
② **"경찰장비"란** 무기, 경찰장구, 경찰착용기록장치, 최루제와 그 발사장치, 살수차, 감식기구, 해안감시기구, 통신기기, 차량·선박·항공기 등 경찰이 직무를 수행할 때 필요한 장치와 기구를 말한다(경찰관 직무집행법 제10조 제2항).
③ 위해성 경찰장비는 필요한 최소한도에서 사용하여야 한다(경찰관 직무집행법 제10조 제4항).
④ 위해성 경찰장비의 종류 및 그 사용기준, 안전교육·안전검사의 기준 등은 **대통령령(위해성 경찰장비의 사용기준 등에 관한 규정)으로 정한다**(경찰관 직무집행법 제10조 제6항).
⑤ 「경찰관 직무집행법」 제10조 제1항 단서에 따른 사람의 생명이나 신체에 위해를 끼칠 수 있는 경찰장비(이하 "위해성 경찰장비"라 한다)의 종류는 다음 각 호와 같다(위해성 경찰장비의 사용기준 등에 관한 규정 제2조).
  1호. 경찰장구: 수갑, 포승, 호송용포승, 경찰봉, 호신용경봉, **전자충격기**, 방패 및 전자방패
  2호. 무기: **권총, 소총, 기관총**(기관단총을 포함한다. 이하 같다), 산탄총, 유탄발사기, 박격포, 3인치포, 함포, **크레모아**, 수류탄, 폭약류 및 도검
  3호. 분사기·최루탄등: **근접분사기, 가스분사기, 가스발사총**(고무탄 발사겸용을 포함한다. 이하 같다) **및 최루탄**(그 발사장치를 포함한다. 이하 같다) (고무탄 발사겸용은 제외×)
  4호. 기타 장비: 가스차, 살수차, 특수진압차, 물포, **석궁**, 다목적발사기 및 도주차량차단장비

(2) 위해성 경찰장비 사용을 위한 안전교육과 안전검사 (25 승진, 20·23 경위)

① 사람의 **생명이나 신체(재산×)에** 위해를 끼칠 수 있는 **경찰장비**(이하 이 조에서 "위해성 경찰장비"라 한다)를 사용할 때에는 **필요한 안전교육과 안전검사를 받은 후 사용하여야 한다**(경찰관 직무집행법 제10조 제1항 단서).
② 법 제10조 제1항 단서에 따라 직무수행 중 위해성 경찰장비를 사용하는 경찰관은 별표 1의 기준에 따라 **위해성 경찰장비 사용을 위한 안전교육을 받아야 한다**(위해성 경찰장비의 사용기준 등에 관한 규정 제17조).
  ㉠ **수갑을 사용하는 경위 이하 소속 경찰관은** 경찰장비사용기관에서 사용요건과 사용방법에 대하여 **부서발령 시 1회, 연간 1회 안전교육을 받아야 한다**(위해성 경찰장비 규정 별표1).
  ㉡ 전자충격기를 사용하는 경위 이하 소속 경찰관은 사용요건·작동요령 및 안전수칙에 대하여 부서발령 시 1회 안전교육을 받고, 운용요원은 반기 1회 안전교육을 받아야 한다(위해성 경찰장비 규정 별표1).

ⓒ 권총을 사용하는 경정 이하 소속 경찰관은 사용요건·안전수칙·사격술 및 안전장치작동요령에 대하여 반기별 1회 안전교육을 받고, 외근요원은 분기 1회 안전교육을 받아야 한다(위해성 경찰장비 규정 별표1).
　③ **위해성 경찰장비를 사용하는 경찰관이 소속한 국가경찰관서의 장**(경찰청장·해양경찰청장·시·도경찰청장·지방해양경찰청장·경찰서장 또는 해양경찰서장 기타 경무관·총경·경정 또는 경감을 장으로 하는 국가경찰관서의 장을 말한다)은 소속 경찰관이 사용할 위해성 경찰장비에 대한 안전검사를 별표 2의 기준에 따라 실시하여야 한다(위해성 경찰장비의 사용기준 등에 관한 규정 제18조).

(3) **신규 도입 장비의 안전성 검사** <18·21·24 채용, 21 승진, 23 경위>

　① 경찰청장은 위해성 경찰장비를 새로 도입하려는 경우에는 대통령령으로 정하는 바에 따라 안전성 검사를 실시하여 그 **안전성 검사의 결과보고서를 국회 소관 상임위원회**(국회의장×, 국가경찰위원회×, 행정안전부장관×)**에 제출하여야 한다. 이 경우 안전성 검사에는 외부 전문가를 참여시켜야 한다**(경찰관 직무집행법 제10조 제5항).
　② 경찰청장은 위해성 경찰장비를 새로 도입하려는 경우에는 법 제10조 제5항에 따라 **안전성 검사를 실시하여 새로 도입하려는 장비**(이하 이 조에서 "신규 도입 장비"라 한다)**가 사람의 생명이나 신체에 미치는 영향을 평가하여야 한다**(위해성 경찰장비의 사용기준 등에 관한 규정 제18조의2 제1항).
　③ 안전성 검사는 신규 도입 장비와 관련된 분야의 외부 전문가가 신규 도입 장비의 주요 특성이나 작동원리에 기초하여 제시하는 검사방법 및 기준에 따라 실시하되, 신규 도입 장비에 대하여 일반적으로 인정되는 합리적인 검사방법이나 기준이 있을 경우 그 검사방법이나 기준에 따라 안전성 검사를 실시할 수 있다(위해성 경찰장비 규정 제18조의2 제2항).
　④ 법 제10조 제5항 후단에 따라 안전성 검사에 참여한 외부 전문가는 안전성 검사가 끝난 후 30일(3개월×) 이내에 신규 도입 장비의 안전성 여부에 대한 의견을 경찰청장에게 제출하여야 한다(위해성 경찰장비 규정 제18조의2 제3항).
　⑤ 경찰청장은 신규 도입 장비에 대한 안전성 검사를 실시한 후 **3개월 이내**에 다음 안전성 검사 결과 및 종합 의견 등의 내용이 포함된 **안전성 검사 결과보고서를 국회 소관 상임위원회에 제출하여야 한다**(위해성 경찰장비 규정 제18조의2 제4항).

(4) **위해성 경찰장비의 개조** <21·24 채용>

　① **경찰관은 경찰장비를 함부로 개조하거나 경찰장비에 임의의 장비를 부착**하여 일반적인 사용법과 달리 사용함으로써 다른 사람의 생명·신체에 위해를 끼쳐서는 **아니 된다**(경찰관 직무집행법 제10조 제3항).
　② **국가경찰관서의 장은 폐기대상인 위해성 경찰장비 또는 성능이 저하된 위해성 경찰장비를 개조할 수 있으며**, 소속경찰관으로 하여금 이를 본래의 용법에 준하여 사용하게 할 수 있다(위해성 경찰장비 규정 제19조).

3. 경찰장구의 사용 <16·18·20 채용, 23 경위>

(1) **경찰관 직무집행법 제10조의2(경찰장구의 사용)**

　① 경찰관은 다음 각 호의 직무를 수행하기 위하여 필요하다고 인정되는 상당한 이유가 있을 때에는 그 사태를 합리적으로 판단하여 필요한 한도에서 경찰장구를 사용할 수 있다(제10조의2 제1항).

② 사용요건
　1호. **현행범이나 사형·무기 또는 장기 3년 이상의 징역이나 금고에 해당하는 죄를 범한 범인의 체포 또는 도주 방지** (범인×)
　2호. **자신이나 다른 사람의 생명·신체의 방어 및 보호** (재산×)
　3호. 공무집행에 대한 항거(抗拒) 제지
③ 장구의 정의(경찰관 직무집행법 제10조2 제2항)
　"경찰장구"란 경찰관이 휴대하여 범인 검거와 범죄 진압 등의 직무수행에 사용하는 **수갑, 포승, 경찰봉, 방패** 등을 말한다.

(2) **위해성 경찰장비의 사용기준 등에 관한 규정** (16·18·20·22·24 채용, 17·18 승진, 15 경위)
① 영장집행 등에 따른 수갑 등의 사용기준(제4조)
　경찰관(경찰공무원에 한한다. 이하 같다)은 **체포·구속영장을 집행**하거나 신체의 자유를 제한하는 판결 또는 처분을 받은 자를 법률이 정한 절차에 따라 **호송하거나 수용하기 위하여 필요한 때에는 최소한의 범위 안에서 수갑·포승 또는 호송용포승을 사용할 수 있다.**
　※ 무죄추정을 받는 피의자라고 하더라도 그에게 구속의 사유가 있어 구속영장이 발부, 집행된 이상 신체의 자유가 제한되는 것은 당연한 것이고, 특히 수사기관에서 구속된 피의자의 도주, 항거 등을 억제하는데 필요하다고 인정할 상당한 이유가 있는 경우에는 필요한 한도 내에서 포승이나 수갑을 사용할 수 있는 것이며, **이러한 조치가 무죄추정의 원칙에 위배되는 것이라고 할 수는 없다**(대법원 1996.5.14. 96도561).
② 자살방지 등을 위한 수갑 등의 사용기준 및 사용보고(제5조)
　경찰관은 범인·술에 취한 사람 또는 정신착란자의 **자살 또는 자해기도를 방지하기 위하여 필요한 때에는 수갑·포승 또는 호송용포승을 사용할 수 있다.** 이 경우 경찰관은 소속 국가경찰관서의 장(경찰청장·해양경찰청장·시·도경찰청장·지방해양경찰청장·경찰서장 또는 해양경찰서장 기타 경무관·총경·경정 또는 경감을 장으로 하는 국가경찰관서의 장을 말한다)에게 **그 사실을 보고해야 한다.**
③ 불법집회 등에서의 경찰봉·호신용경봉의 사용기준(제6조)
　경찰관은 불법집회·시위로 인하여 발생할 수 있는 타인 또는 경찰관의 생명·신체의 위해와 재산·공공시설의 위험을 방지하기 위하여 필요한 때에는 최소한의 범위 안에서 경찰봉 또는 호신용경봉을 사용할 수 있다.
④ 경찰봉·호신용경봉의 사용 시 주의사항(제7조)
　경찰관이 경찰봉 또는 호신용경봉을 사용하는 때에는 인명 또는 신체에 대한 위해를 최소화하도록 주의하여야 한다.
⑤ 전자충격기 등의 사용제한(제8조, 일명 테이저건)
　㉠ **경찰관은 14세 미만의 자 또는 임산부에 대하여 전자충격기 또는 전자방패를 사용하여서는 아니 된다**(제1항).
　㉡ 경찰관은 전극침 발사장치가 있는 전자충격기를 사용하는 경우 **상대방의 얼굴을 향하여 전극침을 발사하여서는 아니 된다**(제2항). (발사할 수 있다×)

4. 분사기등 사용

(1) 경찰관 직무집행법 제10조의3(분사기등의 사용) ⟨23 경채⟩

① 경찰관은 다음의 직무를 수행하기 위하여 부득이한 경우에는 **현장책임자(현장사용자×)가 판단하여** 필요한 최소한의 범위에서 분사기(「총포·도검·화약류 등의 안전관리에 관한 법률」에 따른 분사기를 말하며, 그에 사용하는 최루 등의 작용제를 포함한다. 이하 같다) 또는 최루탄을 사용할 수 있다.

② 사용요건
  ㉠ 부득이한 경우에 현장책임자가 판단
  ㉡ 범인의 체포 또는 범인의 도주 방지
  ㉢ 불법집회·시위로 인한 자신이나 다른 사람의 생명·신체와 재산 및 공공시설 안전에 대한 현저한 위해의 발생 억제
  ※ 공무집행에 대한 항거의 제지(억제)는 요건이 아니다.

(2) 위해성 경찰장비 규정 제12조(가스발사총 등의 사용제한) ⟨16·18·25 채용, 18·25 승진, 17 경위⟩

① 경찰관은 **범인의 체포 또는 도주 방지, 타인 또는 경찰관의 생명·신체에 대한 방호, 공무집행에 대한 항거의 억제**를 위하여 필요한 때에는 최소한의 범위 안에서 **가스발사총을 사용할 수 있다.** 이 경우 경찰관은 1미터 이내의 거리에서 상대방의 얼굴을 향하여 이를 발사하여서는 아니 된다.

② 경찰관은 **최루탄발사기로 최루탄을 발사하는 경우 30도 이상의 발사각을 유지**하여야 하고, 가스차·살수차 또는 특수진압차의 **최루탄발사대로 최루탄을 발사하는 경우에는 15도 이상의 발사각을 유지**하여야 한다.

5. 무기의 사용 ⟨15·17·21 채용, 21 경채, 15 승진, 17 경위⟩

(1) 무기 휴대와 무기 사용의 법적 근거

① 경찰관 무기 휴대의 법적 근거 : 「경찰공무원법」 제26조 제2항
② 경찰관 무기 사용의 법적 근거 : 「경찰관 직무집행법」 제10조의4(무기의 사용)

(2) 위해를 수반하지 않는 무기 사용

① 원칙(제10조의4 제1항 본문)
경찰관은 범인의 체포, 범인의 도주의 방지, 자신이나 다른 사람의 생명·신체의 방어 및 보호, 공무집행에 대한 항거의 제지를 위하여 필요하다고 인정되는 상당한 이유가 있을 때에는 그 사태를 합리적으로 판단하여 필요한 한도에서 무기를 사용할 수 있다.

② 위해를 수반하지 않는 무기 사용의 사유
  ㉠ 범인의 체포, 도주의 방지
  ㉡ 생명·신체의 방어 및 보호(재산×)
  ㉢ 공무집행에 대한 항거 제지

(3) 위해를 수반하는 무기 사용

① 예외(제10조의4 제1항 단서) : 다만, 다음의 어느 하나에 해당할 때를 제외하고는 사람에게 위해를 끼쳐서는 아니 된다.
② 「형법」에 규정된 정당방위와 긴급피난에 해당할 때

③ 다음 각 목의 어느 하나에 해당하는 때에 그 행위를 방지하거나 그 행위자를 체포하기 위하여 무기를 사용하지 아니하고는 다른 수단이 없다고 인정되는 상당한 이유가 있을 때(보충성)
   가목. 사형·무기 또는 장기 3년 이상의 징역이나 금고에 해당하는 죄를 범하거나 범하였다고 의심할 만한 충분한 이유가 있는 사람이 경찰관의 직무집행에 항거하거나 도주하려고 할 때
   나목. 체포·구속영장과 압수·수색영장을 집행하는 과정에서 경찰관의 직무집행에 항거하거나 도주하려고 할 때
   다목. 제3자가 가목 또는 나목에 해당하는 사람을 도주시키려고 경찰관에게 항거할 때
   라목. 범인이나 소요를 일으킨 사람이 무기·흉기 등 위험한 물건을 지니고 경찰관으로부터 3회 이상 물건을 버리라는 명령이나 항복하라는 명령을 받고도 따르지 아니하면서 계속 항거할 때
④ 대간첩 작전 수행 과정에서 무장간첩이 항복하라는 경찰관의 명령을 받고도 따르지 아니할 때

위해를 수반하는 무기 사용	1. 「형법」상 정당방위, 긴급피난 2. 다음 행위를 방지 또는 체포하기 위하여 다른 수단이 없을 경우 　가. 장기 3년 이상의 죄를 범하고 항거하거나 도주, 또는 제3자의 항거 　나. 영장 집행에 항거하거나 도주, 또는 제3자의 항거 　다. 위험물을 지니고 3회 이상 명령을 받고도 항거 3. 무장간첩이 항복 명령을 받고도 불이행

(4) 무기의 정의와 공용화기 사용 근거(경찰관 직무집행법 제10조의4)

① "무기"란 사람의 생명이나 신체에 위해를 끼칠 수 있도록 제작된 **권총·소총·도검 등을 말한다**(제2항).
② 대간첩·대테러 작전 등 국가안전에 관련되는 작전을 수행할 때에는 개인화기(個人火器) 외에 공용화기(共用火器)를 사용할 수 있다(제3항).

(5) 위해성 경찰장비의 사용기준 등에 관한 규정

① 총기사용의 경고(제9조)
   경찰관은 사람을 향하여 **권총 또는 소총을 발사하고자 하는 때에는 미리 구두 또는 공포탄에 의한 사격으로 상대방에게 경고하여야 한다.** 다만, 다음 각 호의 어느 하나에 해당하는 경우로서 부득이한 때에는 경고하지 아니할 수 있다.
   1호. 경찰관을 급습하거나 **타인의 생명·신체(재산×)에 대한 중대한 위험**을 야기하는 범행이 목전에 실행되고 있는 등 상황이 급박하여 특히 경고할 시간적 여유가 없는 경우
   2호. 인질·간첩 또는 테러사건에 있어서 은밀히 작전을 수행하는 경우
② 권총 또는 소총의 사용제한(제10조)
   ㉠ 경찰관은 권총 또는 소총을 사용하는 경우에 있어서 범죄와 무관한 다중의 생명·신체에 위해를 가할 우려가 있는 때에는 이를 사용하여서는 아니 된다(제1항 본문).
   ㉡ 다만, 권총 또는 소총을 사용하지 아니하고는 타인 또는 경찰관의 생명·신체에 대한 중대한 위험을 방지할 수 없다고 인정되는 때에는 필요한 최소한의 범위 안에서 이를 사용할 수 있다(제1항 단서).
   ㉢ **경찰관은 총기 또는 폭발물을 가지고 대항하는 경우를 제외하고는 14세 미만의 자 또는 임산부에 대하여 권총 또는 소총을 발사하여서는 아니 된다**(제2항).
③ 동물의 사살(제11조)
   경찰관은 공공의 안전을 위협하는 동물을 사살하기 위하여 부득이한 때에는 권총 또는 소총을 사용할 수 있다.

(6) 관련 판례

무기사용을 적법한 것으로 본 판례	① 경찰관의 권총 사용이 「경찰관 직무집행법」 제10조의4 제1항 소정의 경찰관 무기 사용의 허용범위 내이며, **정당방위에 해당한다.** 다만, 민사상으로 공무원인 피고인의 위와 같은 행위에 대하여 국가가 국가배상책임을 질 것인지 여부는 이와 별도의 관점에서 검토되어야 할 것이다(대법원 2004.3.25. 2003도3842). ※ 경찰관의 권총 사용이 경찰관 직무집행법상 적법한 직무집행이고, 업무상과실치사죄의 구성요건에 해당하더라도 형법상 정당방위(현재의 부당한 침해로부터 자기 또는 타인의 법익을 방위하기 위하여 한 행위로서 상당한 이유가 있는 경우)에 해당한다고 본 판례이다. ② 경찰관이 총기사용에 이르게 된 동기나 목적, 경위 등을 고려하여 형사사건에서 무죄판결이 확정되었더라도 당해 경찰관의 과실의 내용과 그로 인하여 발생한 결과의 중대함에 비추어 **민사상 불법행위책임을 인정하였다**(대법원 2008.2.1. 2006다6713).
무기사용을 위법한 것으로 본 판례	① **병원에서의 난동을 제압키 위해 출동한 경찰관이 칼을 들고 항거하던 피해자를 총격 사망하게 한 것이 그 직무집행상의 총기사용 한계를 벗어난 것이라고 한 사례** 야간에 술이 취한 상태에서 병원에 있던 과도로 대형 유리창문을 쳐 깨뜨리고 자신의 복부에 칼을 대고 할복자살 하겠다고 난동을 부린 피해자가 출동한 2명의 경찰관들에게 칼을 들고 항거하였다고 하여도 위 경찰관 등이 공포를 발사하거나 소지한 가스총과 경찰봉을 사용하여 위 망인의 항거를 억제할 시간적 여유와 보충적 수단이 있었다고 보여지고, 또 부득이 총을 발사할 수밖에 없었다고 하더라도 하체 부위를 향하여 발사함으로써 그 위해를 최소한도로 줄일 여지가 있었다고 보여지므로, 칼빈소총을 1회 발사하여 피해자의 왼쪽 가슴아래 부위를 관통하여 사망케 한 경찰관의 총기사용 행위는 「경찰관 직무집행법」 소정의 총기사용 한계를 벗어난 것이다(대법원 1991.9.10. 91다19913). ② 경찰관이 길이 40센티미터 가량의 칼로 반복적으로 위협하며 도주하는 차량 절도 혐의자를 추적하던 중, 도주하기 위하여 등을 돌린 혐의자의 몸쪽을 향하여 약 2미터 거리에서 **실탄**을 발사하여 혐의자를 복부관통상으로 사망케 한 경우 **사회통념상 총기사용의 허용범위를 벗어난 것으로 위법하다**(대법원 1999.3.23. 98다63445). (위법하지 않다×) ③ 50씨씨(cc) 소형 오토바이 1대를 절취하여 운전 중인 15~16세의 절도 혐의자 3인이 경찰관의 검문에 불응하며 도주하자, 경찰관이 체포목적으로 오토바이의 바퀴를 조준하여 실탄을 발사하였으나 오토바이에 타고 있던 1인이 총상을 입게 된 경우, 제반 사정에 비추어 **경찰관의 총기사용이 사회통념상 허용범위를 벗어나 위법하다**(대법원 2004.5. 13. 2003다57956).

6. 경찰착용기록장치

(1) 경찰착용기록장치의 사용(경찰관 직무집행법 제10조의5) (24 채용)

① 경찰관은 다음 각 호의 어느 하나에 해당하는 직무 수행을 위하여 필요한 경우에는 필요한 최소한의 범위에서 경찰착용기록장치를 사용할 수 있다.

1. 경찰관이 「형사소송법」 제200조의2, 제200조의3, 제201조 또는 제212조에 따라 피의자를 체포 또는 구속하는 경우
2. 범죄 수사를 위하여 필요한 경우로서 다음 각 목의 요건을 모두 갖춘 경우
   가. 범행 중이거나 범행 직전 또는 직후일 것
   나. 증거보전의 필요성 및 긴급성이 있을 것
3. 제5조 제1항에 따른 인공구조물의 파손이나 붕괴 등의 위험한 사태가 발생한 경우
4. 경찰착용기록장치에 기록되는 대상자(이하 이 조에서 "기록대상자"라 한다)로부터 그 기록의 요청 또는 동의를 받은 경우

5. 제4조 제1항 각 호에 해당하는 것이 명백하고 응급구호가 필요하다고 믿을 만한 상당한 이유가 있는 경우
6. 제6조에 따라 사람의 생명·신체에 위해를 끼치거나 재산에 중대한 손해를 끼칠 우려가 있는 범죄행위를 긴급하게 예방 및 제지하는 경우
7. 경찰관이 「해양경비법」 제12조 또는 제13조에 따라 해상검문검색 또는 추적·나포하는 경우
8. 경찰관이 「수상에서의 수색·구조 등에 관한 법률」에 따라 같은 법 제2조 제4호의 수난구호업무 시 수색 또는 구조를 하는 경우
9. 그 밖에 제1호부터 제8호까지에 준하는 경우로서 대통령령으로 정하는 경우

② 이 법에서 **"경찰착용기록장치"**란 경찰관이 신체에 착용 또는 휴대하여 직무수행 과정을 근거리에서 영상·음성으로 기록할 수 있는 기록장치 또는 그 밖에 이와 유사한 기능을 갖춘 기계장치를 말한다.

(2) 경찰착용기록장치의 사용 고지 등(경찰관 직무집행법 제10조의6)

① 경찰관이 경찰착용기록장치를 사용하여 기록하는 경우로서 이동형 영상정보처리기기로 사람 또는 그 사람과 관련된 사물의 영상을 촬영하는 때에는 불빛, 소리, 안내판 등 대통령령으로 정하는 바에 따라 촬영 사실을 표시하고 알려야 한다.

② 제1항에도 불구하고 제10조의5 제1항 각 호에 따른 경우로서 불가피하게 고지가 곤란한 경우에는 제3항에 따라 영상음성기록을 전송·저장하는 때에 그 고지를 못한 사유를 기록하는 것으로 대체할 수 있다.

③ 경찰착용기록장치로 기록을 마친 영상음성기록은 지체 없이 제10조의7에 따른 영상음성기록정보 관리체계를 이용하여 영상음성기록정보 데이터베이스에 전송·저장하도록 하여야 하며, 영상음성기록을 임의로 편집·복사하거나 삭제하여서는 아니 된다.

④ 그 밖에 경찰착용기록장치의 사용기준 및 관리 등에 필요한 사항은 대통령령으로 정한다.

(3) 영상음성기록정보 관리체계의 구축·운영(경찰관 직무집행법 제10조의7) <24·25 채용>

경찰청장 및 해양경찰청장은 경찰착용기록장치로 기록한 영상·음성을 저장하고 데이터베이스로 관리하는 영상음성기록정보 관리체계를 구축·운영하여야 한다.

(4) 교육 훈련(경찰착용기록장치 운영 등에 관한 규정 제4조) <25 채용>

경찰청장 또는 해양경찰청장은 경찰착용기록장치를 사용하는 경찰관을 대상으로 **경찰착용기록장치 조작 방법, 사용 지침, 개인정보 보호 등에 관한 내용이 포함된 교육을 실시해야 한다.**

(5) 영상음성기록의 보관기간(경찰착용기록장치 운영 등에 관한 규정 제5조의) <25 채용>

① 경찰착용기록장치로 기록한 영상음성기록의 보관기간은 해당 기록을 법 제10조의6 제3항에 따라 **영상음성기록정보 데이터베이스에 전송·저장한 날부터 30일**(해당 영상음성기록이 수사 중인 범죄와 관련된 경우 등 경찰청장 또는 해양경찰청장이 정하는 사항에 해당하는 경우에는 90일)로 한다.

② 제1항에도 불구하고 경찰청장, 해양경찰청장, 시·도경찰청장, 지방해양경찰청장, 중앙해양특수구조단장, 경찰서장 또는 해양경찰서장은 범죄수사를 위한 증거 보전이 필요한 경우 등 **영상음성기록을 계속하여 보관할 필요가 있다고 인정하는 경우에는 90일의 범위에서 한 차례만 보관기간을 연장할 수 있다.**

7. 기타 장비 사용(위해성 경찰장비의 사용기준 등에 관한 규정) (20·21 채용)

가스차·
특수진압차·
물포의
사용기준
(제13조)
	① 경찰관은 불법집회·시위 또는 소요사태로 인하여 발생할 수 있는 타인 또는 경찰관의 생명·신체의 위해와 재산·공공시설의 위험을 억제하기 위하여 부득이한 경우에는 **현장책임자의 판단에 의하여 필요한 최소한의 범위에서 가스차를 사용할 수 있다**(제1항).
	② 가스차의 사용요건
	    ㉠ 불법집회·시위 또는 소요사태
	    ㉡ 생명·신체의 위해와 재산·공공시설의 위험을 억제
	    ㉢ 현장책임자의 판단
	③ 경찰관은 소요사태의 진압, 대간첩·대테러작전의 수행을 위하여 부득이한 경우에는 필요한 최소한의 범위 안에서 특수진압차를 사용할 수 있다(제2항).

살수차의
사용기준
(제13조의2)
	① 경찰관은 다음 각 호의 어느 하나에 해당하여 살수차 외의 경찰장비로는 그 위험을 제거·완화시키는 것이 현저히 곤란한 경우에는 **시·도경찰청장의 명령에 따라 살수차를 배치·사용할 수 있다**(제1항).
	  1호. 소요사태로 인해 타인의 법익이나 공공의 안녕질서에 대한 직접적인 위험이 명백하게 초래되는 경우
	  2호. 「통합방위법」 제21조 제4항에 따라 지정된 국가중요시설에 대한 직접적인 공격행위로 인해 해당 시설이 파괴되거나 기능이 정지되는 등 급박한 위험이 발생하는 경우
	② 경찰관은 제1항에 따라 살수차를 사용하는 경우 살수거리별 수압기준에 따라 살수해야 한다. 이 경우 사람의 생명 또는 신체에 치명적인 위해를 가하지 않도록 필요한 최소한의 범위에서 살수해야 한다(제2항).
	③ 경찰관은 제2항에 따라 살수하는 것으로 제1항 각 호의 어느 하나에 해당하는 위험을 제거·완화시키는 것이 곤란하다고 판단하는 경우에는 시·도경찰청장의 명령에 따라 필요한 최소한의 범위에서 최루액을 혼합하여 살수할 수 있다. 이 경우 최루액의 혼합 살수 절차 및 방법은 경찰청장이 정한다(제3항).

석궁의 사용기준 (제14조)	경찰관은 ㉠ 총기·폭발물 그 밖의 위험물로 무장한 범인 또는 인질범의 체포, ㉡ 대간첩·대테러작전 등 국가안전에 관련되는 작전을 은밀히 수행하거나 ㉢ 총기를 사용할 경우에는 화재·폭발의 위험이 있는 등 부득이한 때에 한하여 현장책임자의 판단에 따라 필요한 최소한의 범위 안에서 석궁을 사용할 수 있다.
다목적 발사기의 사용기준 (제15조)	경찰관은 ㉠ 인질범의 체포 또는 대간첩·대테러작전등 국가안전에 관련되는 작전을 수행하거나 ㉡ 공공시설의 안전에 대한 현저한 위해의 발생을 방지하기 위하여 필요한 때에는 최소한의 범위 안에서 다목적발사기를 사용할 수 있다.
도주차량 차단장비의 사용기준등 (제16조 제1항)	경찰관은 ㉠ 무면허운전이나 음주운전 기타 범죄에 이용하였다고 의심할 만한 차량 또는 수배 중인 차량이 정당한 검문에 불응하고 도주하거나 ㉡ 차량으로 직무집행 중인 경찰관에게 위해를 가한 후 도주하려는 경우에는 도주차량차단장비를 사용할 수 있다.

8. 기록 등

(1) **사용등록(사용기록)의 보관** (21 채용, 17 경위)

① 제10조 제2항에 따른 살수차, 제10조의3에 따른 분사기, 최루탄 또는 제10조의4에 따른 무기를 사용하는 경우 그 책임자는 사용 일시·사용 장소·사용 대상·현장책임자·종류·수량 등을 기록하여 보관하여야 한다(경찰관 직무집행법 제11조). 저 살. 분. 최. 무

② 위해성 경찰장비 규정 제2조 제2호부터 제4호까지의 **위해성 경찰장비**(제4호의 경우에는 살수차만 해당한다)**를 사용하는 경우**(※ 분사기·최루탄등, 무기, 살수차 사용 시) 그 현장책임자 또는 사용자는 사용보고서를 작성하여 직근상급 감독자에게 보고하고, 직근상급 감독자는 **이를 3년간 보관하여야 한다**(위해성 경찰장비의 사용기준 등에 관한 규정 제20조 사용기록의 보관 등 제1항).

③ 위해성 경찰장비 규정 제2조 제2호의 무기 사용보고를 받은 직근상급 감독자는 지체없이 지휘계통을 거쳐 경찰청장 또는 해양경찰청장에게 보고하여야 한다(위해성 경찰장비의 사용기준 등에 관한 규정 제20조 제2항).

(2) 벌칙(경찰관 직무집행법 제12조) <17 승진, 17 경위>

이 법에 규정된 경찰관의 의무를 위반하거나 직권을 남용하여 다른 사람에게 해를 끼친 사람은 **1년 이하의 징역이나 금고 또는 300만 원 이하의 벌금**에 처한다.

제4절 경찰 물리력 행사의 기준과 방법에 관한 규칙 [경찰청예규]

[제1장 총칙] <20 채용>

목적	이 규칙은 **경찰관이 물리력 사용 시 준수하여야 할 기본원칙, 물리력 사용의 정도, 각 물리력 수단의 사용 한계 및 유의사항을 규정**함으로써 국민과 경찰관의 생명·신체를 보호하고 인권을 보장하며 경찰 법집행의 정당성을 확보하는 데에 그 목적이 있다.
경찰 물리력의 정의	경찰 물리력이란 범죄의 예방과 제지, 범인 체포 또는 도주 방지, 자신이나 다른 사람의 생명·신체 방어 및 보호, 공무집행에 대한 항거 제지 등 경찰목적을 달성하기 위해 경찰권발동의 대상자(이하 '대상자')에 대해 행해지는 **일체의 신체적, 도구적 접촉**(경찰관의 현장 임장, 언어적 통제 등 직접적인 신체 접촉 전 단계의 행위들도 포함한다)을 말한다.

경찰 물리력 사용 3대 원칙	경찰관은 경찰목적을 실현함에 있어 적합하고 필요하며 상당한 수단을 선택함으로써 그 목적과 수단 사이에 합리적인 비례관계가 유지되도록 하여야 하며, 특히 물리력을 사용할 필요가 있는 경우 다음 원칙을 준수하여야 한다.
	① 객관적 합리성의 원칙
	    경찰관은 자신이 처해있는 사실과 상황에 비추어 합리적인 현장 경찰관의 관점에서 가장 적절한 물리력을 사용하여야 하며, 이를 위해 범죄의 종류, 피해의 경중, 위해의 급박성, 저항의 강약, 대상자와 경찰관의 수, 대상자가 소지한 무기의 종류 및 무기 사용의 태양, 대상자의 신체 및 건강 상태, 도주여부, 현장 주변의 상황 등을 종합적으로 고려하여야 한다.
	② 대상자 행위와 물리력 간 상응의 원칙
	    경찰관은 대상자의 행위에 따른 위해의 수준을 계속 평가·판단하여 필요최소한의 수준으로 물리력을 높이거나 낮추어서 사용하여야 한다.
	③ 위해감소노력 우선의 원칙
	    경찰관은 현장상황이 안전하고 시간적 여유가 있는 경우에는 대상자가 야기하는 위해 수준을 떨어뜨려 보다 덜 위험한 물리력을 통해 상황을 종결시킬 수 있도록 노력하여야 한다. 다만, 이러한 노력이 오히려 상황을 악화시킬 가능성이 있거나 급박한 경우에는 이 원칙을 적용하지 않을 수 있다.

경찰 물리력 사용 시 유의사항	① 경찰관은 경찰청이 공인한 물리력 수단을 사용하여야 한다. ② **경찰관은 성별, 장애, 인종, 종교 및 성정체성 등에 대한 선입견을 가지고 차별적으로 물리력을 사용하여서는 아니 된다.** ③ 경찰관은 대상자의 신체 및 건강상태, 장애유형 등을 고려하여 물리력을 사용하여야 한다. ④ **경찰관은 이미 경찰목적을 달성하여 더 이상 물리력을 사용할 필요가 없는 경우에는 물리력 사용을 즉시 중단하여야 한다.** ⑤ 경찰관은 대상자를 징벌하거나 복수할 목적으로 물리력을 사용하여서는 아니 된다. ⑥ 경찰관은 오직 상황의 빠른 종결이나, 직무수행의 편의를 위한 목적으로 물리력을 사용하여서는 아니 된다.

[제2장 대상자 행위와 경찰 물리력 사용의 정도]

1. 대상자 행위 <20·22 채용, 24 승진> 자 순. 소. 적. 폭. 치

대상자가 경찰관 또는 제3자에 대해 보일 수 있는 행위는 그 위해의 정도에 따라 ① **순응** ② **소극적 저항** ③ **적극적 저항** ④ **폭력적 공격** ⑤ **치명적 공격** 등 다섯 단계로 구별한다.

순응	대상자가 경찰관의 지시, 통제에 따르는 상태를 말한다. 다만, 대상자가 경찰관의 요구에 즉각 응하지 않고 약간의 시간만 지체하는 경우는 '순응'으로 본다.
소극적 저항	① 대상자가 경찰관의 지시, 통제를 따르지 않고 **비협조적이지만 경찰관 또는 제3자에 대해 직접적인 위해를 가하지 않는 상태**를 말한다. ② 경찰관이 정당한 이동 명령을 발하였음에도 가만히 서있거나 앉아 있는 등 **전혀 움직이지 않는 상태**, 일부러 몸의 힘을 모두 빼거나, 고정된 물체를 꽉 잡고 버팀으로써 움직이지 않으려는 상태 등이 이에 해당한다.
적극적 저항	① 대상자가 자신에 대한 경찰관의 체포·연행 등 정당한 공무집행을 방해하지만 경찰관 또는 제3자에 대해 위해 수준이 낮은 행위만을 하는 상태를 말한다. ② 대상자가 자신을 체포·연행하려는 경찰관으로부터 물리적으로 이탈하거나 도주하려는 행위, 체포·연행을 위해 팔을 잡으려는 경찰관의 손을 뿌리치거나, 경찰관을 밀고 잡아끄는 행위, 경찰관에게 침을 뱉거나 경찰관을 밀치는 행위 등이 이에 해당한다.
폭력적 공격	① 대상자가 경찰관 또는 제3자에 대해 신체적 위해를 가하는 상태를 말한다. ② 대상자가 경찰관에게 폭력을 행사하려는 자세를 취하여 그 행사가 임박한 상태, 주먹·발 등을 사용해서 경찰관에 대해 신체적 위해를 초래하고 있거나 임박한 상태, 강한 힘으로 경찰관을 밀거나 잡아당기는 등 완력을 사용해 체포에서 벗어나려고 하는 상태 등이 이에 해당한다.
치명적 공격	① 대상자가 경찰관 또는 제3자에 대해 사망 또는 심각한 부상을 초래할 수 있는 행위를 하는 상태를 말한다. ② 총기류(공기총·엽총·사제권총 등), 흉기(칼·도끼·낫 등), 둔기(망치·쇠파이프 등)를 이용하여 경찰관, 제3자에 대해 위력을 행사하고 있거나 위해 발생이 임박한 경우, 경찰관이나 제3자의 목을 세게 조르거나 무차별 폭행하는 등 생명·신체에 대해 중대한 위해가 발생할 정도의 위험한 폭력을 행사하는 경우가 이에 해당한다.

2. 경찰관 대응 수준 (20·23·24 채용) 🔲 조. 접. 저. 중. 고 → 🔲 순조. 소접. 적저. 폭중. 치고

대상자 행위에 따른 경찰관의 대응 수준은 ① 협조적 통제, ② 접촉 통제 ③ 저위험 물리력 ④ 중위험 물리력 ⑤ 고위험 물리력 등 다섯 단계로 구별한다.

협조적 통제	'순응' 이상의 상태인 대상자에 대해 사용할 수 있는 물리력 수준으로서, 대상자의 **협조를 유도**하거나 협조에 따른 물리력을 말한다. 그 종류는 다음과 같다. 가. 현장 임장 나. 언어적 통제 다. 체포 등을 위한 수갑 사용 라. 안내·체포 등에 수반한 신체적 물리력
접촉 통제	'소극적 저항' 이상의 상태인 대상자에 대해 사용할 수 있는 물리력 수준으로서, 대상자 신체 접촉을 통해 경찰목적 달성을 강제하지만 **신체적 부상을 야기할 가능성은 극히 낮은 물리력**을 말한다. 그 종류는 다음과 같다. 가. 신체 일부 잡기·밀기·잡아끌기, 쥐기·누르기·비틀기 나. 경찰봉 양 끝 또는 방패를 잡고 대상자의 신체에 안전하게 밀착한 상태에서 대상자를 특정 방향으로 밀거나 잡아당기기
저위험 물리력	'적극적 저항' 이상의 상태인 대상자에 대해 사용할 수 있는 물리력 수준으로서, 대상자가 통증을 느낄 수 있으나 신체적 부상을 당할 가능성은 낮은 물리력을 말한다. 그 종류는 다음과 같다. 가. 목을 압박하여 제압하거나 관절을 꺾는 방법, 팔·다리를 이용해 움직이지 못하도록 조르는 방법, 다리를 걸거나 들쳐 매는 등 균형을 무너뜨려 넘어뜨리는 방법, 대상자가 넘어진 상태에서 움직이지 못하게 위에서 눌러 제압하는 방법 나. **분사기 사용**(다른 저위험 물리력 이하의 수단으로 제압이 어렵고, 경찰관이나 대상자의 부상 등의 방지를 위해 필요한 경우)
중위험 물리력	'폭력적 공격' 이상의 상태의 대상자에 대해 사용할 수 있는 물리력 수준으로서, 대상자에게 신체적 부상을 입힐 수 있으나 생명·신체에 대한 중대한 위해 발생 가능성은 낮은 물리력을 말한다. 그 종류는 다음과 같다. 가. 손바닥, 주먹, 발 등 신체부위를 이용한 가격 나. 경찰봉으로 중요부위가 아닌 신체 부위를 찌르거나 가격 다. 방패로 강하게 압박하거나 세게 미는 행위 라. 전자충격기 사용

고위험 물리력	가. '치명적 공격' 상태의 대상자로 인해 경찰관 또는 제3자의 생명·신체에 급박하고 중대한 위해가 초래될 가능성이 있는 경우 **최후의 수단으로 사용할 수 있는 물리력 수준으로서, 대상자의 사망 또는 심각한 부상을 초래할 수 있는 물리력**을 말한다.
	나. 경찰관은 대상자의 '치명적 공격' 상황에서도 현장상황이 급박하지 않은 경우에는 낮은 수준의 물리력을 우선적으로 사용하여 상황을 종결시킬 수 있도록 노력하여야 한다.
	다. '고위험 물리력'의 종류는 다음과 같다.
	  1) 권총 등 총기류 사용
	  2) **경찰봉, 방패, 신체적 물리력으로 대상자의 신체 중요 부위 또는 급소 부위 가격, 대상자의 목을 강하게 조르거나 신체를 강한 힘으로 압박하는 행위**

[제3장 개별 물리력 수단 사용 한계 및 유의사항] (25 승진)

현장 임장	① 현장 임장은 경찰관이 대상자에게 접근하여 자신의 소속, 신분과 함께 임장의 목적과 취지를 밝혀 그에 따르도록 하는 것을 말한다. ② 경찰관은 현장에 임장하는 것만으로도 대상자의 순응을 이끌어 낼 수 있다는 점을 인식하여 현장 임장만으로 상황을 종결시키도록 노력하여야 한다.
언어적 통제	① 언어적 통제는 경찰관이 대상자에게 특정 행위를 유도하거나 합법적인 명령을 발하기 위해 말이나 행동으로 하는 대화, 설득, 지시, 경고 등을 말하며 대상자의 어깨를 다독이거나 손을 잡아 주는 등의 가벼운 신체적 접촉도 포함한다. ② 경찰관은 대상자에 대한 직접적인 물리력 사용 이전 언어적 통제를 통하여 상황을 종결시킬 수 있도록 노력하여야 한다. 다만, 이러한 시도가 오히려 상황을 악화시킬 가능성이 있거나 급박한 경우에는 생략할 수 있다.
신체적 물리력 사용	'신체적 물리력'은 여타 무기나 경찰장구에 의존하지 않고 경찰관 자신의 신체, 체중, 근력을 활용하여 대상자를 통제하는 일련의 방법을 말한다.
수갑 사용	경찰관은 대상자의 언행, 현장상황 등을 종합적으로 고려하여 도주, 폭행, 소요, 자해 등의 위험이 있는 경우 수갑을 사용할 수 있으며, 그 우려가 높다고 판단되는 경우 뒷수갑을 사용할 수 있다.
경찰봉 사용 한계	① 경찰관은 '**소극적 저항' 이상인 상태의 대상자**에게 경찰봉을 대상자의 신체에 안전하게 밀착한 상태로 밀거나 끌어당길 수 있다. ② 중위험 물리력으로서의 경찰봉 사용 경찰관은 **현행범 또는 사형·무기 또는 장기 3년 이상의 징역이나 금고에 해당하는 죄를 범한 대상자가 도주하는 경우** 체포를 위해서 경찰봉으로 찌르거나 가격할 수 있다. 이 경우 가급적 신체 중요 부위를 피하여야 한다. ③ 대상자 행위가 '치명적 공격'인 경우(고위험 물리력) 신체적 물리력 이외의 여타 모든 경찰 물리력 사용이 불가능하거나 무력화된 상태에서 형법상 정당방위 또는 긴급피난의 요건을 충족하는 경우 **경찰관은 최후의 수단으로서 대상자의 신체 중요 부위 또는 급소 부위를 가격하는 방법**, 대상자의 목을 강하게 조르거나 대상자의 신체를 강한 힘으로 압박하는 방법 등을 사용할 수 있다. ④ **경찰관이 '중위험 물리력' 이상의 경찰봉을 사용한 경우 신속히 사용보고서를 작성하여 소속기관의 장에게 보고하여야 한다.**
방패 사용	경찰관은 '소극적 저항' 이상인 상태의 대상자에게 방패를 대상자의 신체에 안전하게 밀착한 상태로 밀 수 있다.
분사기 사용	① 분사기는 사람의 활동을 일시적으로 곤란하게 하는 최루 또는 자극 등의 작용제를 내장된 압축가스의 힘으로 분사할 수 있는 기기로서 경찰청이 지급 또는 인정한 장비를 말한다. ② 경찰관은 '적극적 저항' 이상인 상태의 대상자에 대해 다른 저위험 물리력 이하의 수단으로 제압이 어렵고, 경찰관이나 대상자의 부상 등의 방지를 위해 필요하다고 판단되는 경우 분사기를 사용할 수 있다.
전자충격기 사용	① 전자충격기란 사람의 신체에 전류를 방류하여 대상자 근육의 일시적 마비를 일으킴으로써 대상자의 활동을 일시적으로 곤란하게 할 수 있는 기기로서 경찰청이 지급 또는 인정한 장비를 말한다. 그 사용 방법은 대상자 신체에 대해 직접 접촉하여 사용하는 스턴 방식, 대상자 신체에 대해 직접 발사하여 사용하는 전극침 발사 방식을 포함한다. ② 경찰관은 '폭력적 공격' 이상인 상태의 대상자에 대해 전자충격기를 사용할 수 있다. ③ 경찰관이 대상자에게 전자충격기 전극침을 발사하는 경우에는 사전 구두 경고를 하여야 한다. 다만, 현장상황이 급박한 경우에는 생략할 수 있다.
권총 사용	① 경찰관은 대상자가 경찰관 자신이나 제3자의 생명·신체에 대한 중대하고 급박한 위해를 야기하지 않고 단순히 도주하는 경우에는 오로지 체포나 도주방지 목적으로 권총을 사용하여서는 아니 된다. ② 경찰관은 오로지 재산만을 보호할 목적으로 권총을 사용하여서는 아니 된다.

경찰 물리력 행사 연속체(대상자 행위에 대응한 경찰 물리력 수준)

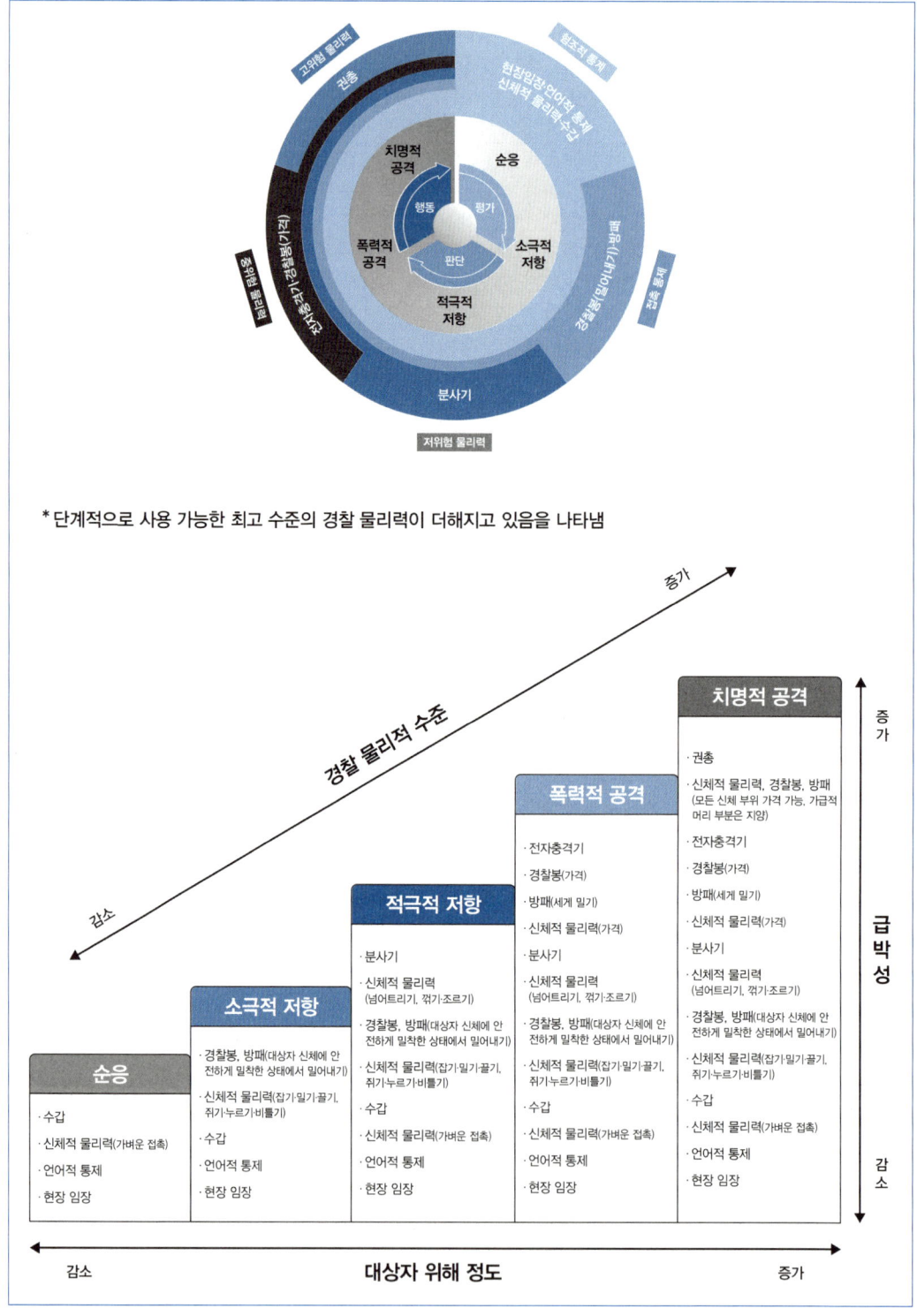

* 단계적으로 사용 가능한 최고 수준의 경찰 물리력이 더해지고 있음을 나타냄

제5절 손실보상과 공로자 보상, 소송 지원과 면책

1 손실보상(경찰관 직무집행법 제11조의2)

1. 의의

(1) 손실보상과 희생보상청구권의 개념

① 행정상 손실보상이란 적법한 공권력행사로 가하여진 개인재산에 특별한 희생이 발생한 경우에 재산권 보장과 공평부담의 견지에서 행정주체가 행하는 조절적인 재산적 보상을 말한다.

② 희생보상청구권은 적법한 공권력행사로 인해 생명·건강·명예·자유 등과 같은 비재산적 법익이 침해되는 경우 그 침해에 대한 보상을 청구할 수 있는 권리를 말한다.

③ 희생보상청구권의 논의 영역
경찰관이 범인을 향해 총을 발사하였으나 범인의 옆에 있는 사람이 총탄을 맞고 상해를 입은 경우, 화재현장에서 진화작업을 돕던 자가 작업 중 부상을 입은 경우, 국가의 검정을 받은 약품을 복용하였으나 뜻밖의 질병에 걸린 경우, 국가적 차원에서 권장되는 예방접종(예 신종코로나바이러스 예방접종)으로 신체 침해를 받은 경우 등이다.

(2) 법적 근거

① 공공필요에 의한 재산권의 수용·사용 또는 제한 및 그에 대한 보상은 법률로써 하되, 정당한 보상을 지급하여야 한다(헌법 제23조 제3항).

② 손실보상에 관한 일반법은 없다. 아울러 실정법상 일반적인 제도로서 희생보상청구권은 인정되지 않는다.

③ 개별법상으로 희생보상청구권이 인정되는 경우가 있다. 경찰관 직무집행법, 소방기본법, 감염병의 예방 및 관리에 관한 법률 등이 있다.

④ 경찰관 직무집행법은 경찰관의 적법한 직무집행 과정에서 발생한 재산상의 손실 외에 생명 또는 신체상의 손실에 대해서도 보상을 인정하고 있다.

> **연혁** 경찰관의 적법한 직무집행에 관한 손실보상제도는 2014년 4월에 처음 시행되었고, 생명·신체에 대한 손실보상은 2019년 6월부터 시행되었다.

2. 손실보상의 요건과 절차

(1) 요건 〈22·23·24·25 채용, 17·20 승진〉

① 국가는 경찰관의 적법한 직무집행으로 인하여 다음 각 호의 어느 하나에 해당하는 손실을 입은 자에 대하여 **정당한 보상을 하여야 한다**(경찰관 직무집행법 제11조의2 제1항).
  1호. 손실발생의 원인에 대하여 책임이 없는 자가 생명·신체 또는 재산상의 손실을 입은 경우
  (손실발생의 원인에 대하여 책임이 없는 자가 경찰관의 직무집행에 자발적으로 협조하거나 물건을 제공하여 생명·신체 또는 재산상의 손실을 입은 경우를 포함한다)
  2호. 손실발생의 원인에 대하여 책임이 있는 자가 자신의 책임에 상응하는 정도를 초과하는 생명·신체 또는 재산상의 손실을 입은 경우

② 손실보상을 청구할 수 있는 권리는 손실이 있음을 **안 날부터 3년, 손실이 발생한 날부터 5년간 행사하지 아니하면 시효의 완성으로 소멸한다**(제11조의2 제2항). 자 안3 발5

③ 손실보상의 기준, 보상금액, 지급 절차 및 방법, 손실보상심의위원회의 구성 및 운영, 환수절차, 그 밖에 손실보상에 관하여 필요한 사항은 **대통령령**(「경찰관 직무집행법 시행령」)으로 정한다(제11조의2 제7항).

(2) 손실보상의 기준 및 보상금액(시행령 제9조) <15 채용>

① 손실보상을 할 때 물건을 멸실·훼손한 경우에는 다음 각 호의 기준에 따라 보상한다.
  1호. 손실을 입은 물건을 수리할 수 있는 경우: 수리비에 상당하는 금액
  2호. 손실을 입은 물건을 수리할 수 없는 경우: 손실을 입은 당시의 해당 물건의 교환가액
  3호. 영업자가 손실을 입은 물건의 수리나 교환으로 인하여 영업을 계속할 수 없는 경우: 영업을 계속할 수 없는 기간 중 영업상 이익에 상당하는 금액
② 물건의 멸실·훼손으로 인한 손실 외의 재산상 손실에 대해서는 직무집행과 상당한 인과관계가 있는 범위에서 보상한다.

(3) 손실보상의 지급 절차(시행령 제10조) <15·18·24 채용>

① 경찰관의 적법한 직무집행으로 인하여 발생한 손실을 보상받으려는 사람은 **보상금 지급 청구서에 손실내용과 손실금액을 증명할 수 있는 서류를 첨부하여 경찰청장·해양경찰청장이나 손실보상청구 사건 발생지를 관할하는 시·도경찰청, 지방해양경찰청의 장 또는 경찰관서의 장에게 제출해야 한다.**
② 보상금 지급 청구서를 받은 경찰관서의 장은 해당 청구서를 손실보상청구 사건을 심의할 손실보상심의위원회가 설치된 경찰청, 해양경찰청, 시·도경찰청 또는 지방해양경찰청의 장에게 보내야 한다.
③ 제1항 및 제2항에 따라 보상금 지급 청구서를 받은 경찰청장, 해양경찰청장, 시·도경찰청장 또는 지방해양경찰청장은 손실보상심의위원회의 심의·의결에 따라 보상 여부 및 보상금액을 결정하되, **다음 각 호의 어느 하나에 해당하는 경우에는 그 청구를 각하(却下)하는 결정을 하여야 한다.**
  1. 청구인이 같은 청구 원인으로 보상신청을 하여 보상금 지급 여부에 대하여 결정을 받은 경우. 다만, 기각 결정을 받은 청구인이 손실을 증명할 수 있는 새로운 증거가 발견되었음을 소명(疎明)하는 경우는 제외한다.
  2. **손실보상 청구가 요건과 절차를 갖추지 못한 경우.** 다만, 그 잘못된 부분을 시정할 수 있는 경우는 제외한다.
④ 경찰청장, 해양경찰청장, 시·도경찰청장 또는 지방해양경찰청장은 제3항에 따른 **결정일부터 10일 이내에** 다음 각 호의 구분에 따른 통지서에 결정 내용을 적어서 **청구인에게 통지해야 한다.**
  1호. 보상금을 지급하기로 결정한 경우: 보상금 지급 청구 승인 통지서
  2호. 보상금 지급 청구를 각하하거나 보상금을 지급하지 아니하기로 결정한 경우: 보상금 지급 청구 기각·각하 통지서

(4) 손실보상의 지급 방법과 환수 <22·24·25 채용, 20 승진, 25 경위>

① 보상금은 다른 법률에 특별한 규정이 있는 경우를 제외하고는 **현금으로 지급하여야 한다**(시행령 제10조 제5항).
② **보상금은 일시불로 지급하되**, 예산 부족 등의 사유로 일시금으로 지급할 수 없는 특별한 사정이 있는 경우에는 청구인의 동의를 받아 분할하여 지급할 수 있다(시행령 제10조 제6항).

③ 경찰청장, 해양경찰청장, 시·도경찰청장 또는 지방해양경찰청장은 손실보상심의위원회의 심의·의결에 따라 보상금을 지급하고, **거짓 또는 부정한 방법으로 보상금을 받은 사람에 대하여는 해당 보상금을 환수하여야 한다**(경찰관 직무집행법 제11조의2 제4항).

④ 국가경찰위원회의 통제(경찰관 직무집행법 제11조의2 제5항)

　보상금이 지급된 경우 손실보상심의위원회는 대통령령으로 정하는 바에 따라 **국가경찰위원회 또는 해양경찰위원회에 심사자료와 결과를 보고하여야 한다**. 이 경우 국가경찰위원회 또는 해양경찰위원회는 손실보상의 적법성 및 적정성 확인을 위하여 필요한 자료의 제출을 요구할 수 있다.

⑤ 경찰청장, 해양경찰청장, 시·도경찰청장 또는 지방해양경찰청장은 제4항에 따라 보상금을 반환하여야 할 사람이 **대통령령으로 정한 기한**(※ 환수 통지일부터 40일 이내의 범위에서 경찰청장, 해양경찰청장, 시·도경찰청장 또는 지방해양경찰청장이 정하는 기한)까지 그 금액을 납부하지 아니한 때에는 **국세강제징수의 예에 따라 징수할 수 있다**(경찰관 직무집행법 제11조의2 제6항).

3. 손실보상심의위원회 〈15·17·21·24·25 채용, 17·18·20 승진〉

설치	손실보상신청 사건을 심의하기 위하여 손실보상심의위원회를 둔다(경찰관 직무집행법 제11조의2 제3항).
설치 및 구성 (시행령 제11조)	① 소속 경찰관의 직무집행으로 인하여 발생한 손실보상청구 사건을 심의하기 위하여 **경찰청, 해양경찰청, 시·도경찰청 및 지방해양경찰청에 손실보상심의위원회**(이하 "위원회"라 한다)를 설치한다. ② 위원회는 위원장 1명을 포함한 **5명 이상 7명 이하의 위원으로 구성**한다. ③ 위원회의 위원은 **소속 경찰관과 다음 각 호의 어느 하나에 해당하는 사람 중에서 경찰청장 등이 위촉하거나 임명한다**. 이 경우 위원의 과반수 이상은 경찰관이 아닌 사람으로 하여야 한다. 　1호. 판사·검사 또는 변호사로 5년 이상 근무한 사람 　2호. 「고등교육법」 제2조에 따른 학교에서 법학 또는 행정학을 가르치는 부교수(조교수×) 이상으로 5년 이상 재직한 사람 　3호. 경찰 업무와 손실보상에 관하여 학식과 경험이 풍부한 사람 ④ **위촉위원의 임기는 2년으로 한다.** ⑤ 위원회의 사무를 처리하기 위하여 위원회에 간사 1명을 두되, 간사는 소속 경찰관 중에서 경찰청장, 해양경찰청장, 시·도경찰청장 또는 지방해양경찰청장이 지명한다.
위원장 (시행령 제12조)	① **위원장은 위원 중에서 호선(互選)한다.** ② 위원장은 위원회를 대표하며, 위원회의 업무를 총괄한다. ③ 위원장이 부득이한 사유로 직무를 수행할 수 없는 때에는 **위원장이 미리 지명한 위원이 그 직무를 대행한다.**
운영 (시행령 제13조)	① 위원장은 위원회의 회의를 소집하고, 그 의장이 된다. ② 위원회의 회의는 **재적위원 과반수의 출석으로 개의(開議)하고, 출석위원 과반수의 찬성으로 의결한다.** ③ 위원회는 심의를 위하여 필요한 경우에는 관계 공무원이나 관계 기관에 사실조사나 자료의 제출 등을 요구할 수 있으며, 관계 전문가에게 필요한 정보의 제공이나 의견의 진술 등을 요청할 수 있다.

2 범인검거 등 공로자 보상 (18·22 채용, 17·18 승진)

보상금 지급 대상자	① 경찰청장, 해양경찰청장, 시·도경찰청장, 지방해양경찰청장, 경찰서장 또는 해양경찰서장(이하 이 조에서 "경찰청장등"이라 한다)은 다음 각 호의 어느 하나에 해당하는 사람에게 **보상금을 지급할 수 있다**(경찰관 직무집행법 제11조의3 제1항). 1호. 범인 또는 범인의 소재를 신고하여 검거하게 한 사람 2호. 범인을 검거하여 경찰공무원에게 인도한 사람 3호. **테러범죄의 예방활동에 현저한 공로가 있는 사람** 4호. 그 밖에 제1호부터 제3호까지의 규정에 준하는 사람으로서 대통령령으로 정하는 사람 ② "대통령령으로 정하는 사람"이란 다음 각 호의 어느 하나에 해당하는 사람을 말한다(경찰관 직무집행법 시행령 제18조). 1호. 범인의 신원을 특정할 수 있는 정보를 제공한 사람 2호. 범죄사실을 입증하는 증거물을 제출한 사람 3호. 그 밖에 범인 검거와 관련하여 경찰 수사 활동에 협조한 사람 중 보상금 지급 대상자에 해당한다고 법 제11조의3 제2항에 따른 보상금심사위원회가 인정하는 사람 ③ 보상 대상, 보상금의 지급 기준 및 절차, 보상금심사위원회의 구성 및 심사사항, 환수절차, 그 밖에 보상금 지급에 관하여 필요한 사항은 대통령령으로 정한다(경찰관 직무집행법 제11조의3 제7항).
보상금심사 위원회	① 경찰청장등은 제1항에 따른 보상금 지급의 심사를 위하여 대통령령으로 정하는 바에 따라 각각 보상금심사위원회를 설치·운영하여야 한다(경찰관 직무집행법 제11조의3 제2항). ② **보상금심사위원회는 위원장 1명을 포함한 5명 이내의 위원으로 구성한다**(경찰관 직무집행법 제11조의3 제3항). ③ 보상금심사위원회의 **위원은 소속 경찰공무원 중에서 경찰청장등이 임명한다**(경찰관 직무집행법 제11조의3 제4항). ④ 보상금심사위원회의 구성(경찰관 직무집행법 시행령 제19조 제1항) 법 제11조의3 제2항에 따라 경찰청, 해양경찰청, 시·도경찰청, 지방해양경찰청, 경찰서 또는 해양경찰서에 두는 보상금심사위원회의 위원장은 해당 기관 소속 과장급 이상의 경찰관 중에서 경찰청장, 해양경찰청장, 시·도경찰청장, 지방해양경찰청장, 경찰서장 또는 해양경찰서장(이하 "경찰청장등"이라 한다)이 임명하는 사람으로 한다. ⑤ 보상금심사위원회의 회의는 **재적위원 과반수의 찬성으로 의결한다**(시행령 제19조 제4항).
보상금의 지급 기준	① 법 제11조의3 제1항에 따른 보상금의 최고액은 5억 원으로 하며, 구체적인 보상금 지급 기준은 경찰청장 또는 해양경찰청장이 정하여 고시(「범인검거 등 공로자 보상에 관한 규정」)한다(경찰관 직무집행법 시행령 제20조). ② **시행령 제20조에 따른 보상금 지급기준 금액은 다음 각 호와 같다**(범인검거 등 공로자 보상에 관한 규정 제6조 제1항). 1호. 사형, 무기징역 또는 무기금고, 장기 10년 이상의 징역 또는 금고에 해당하는 범죄: 100만 원 2호. 장기 10년 미만의 징역 또는 금고에 해당하는 범죄: 50만 원 3호. 장기 5년 미만의 징역 또는 금고, 장기 10년 이상의 자격정지 또는 벌금형: 30만 원 ③ 동일한 사람에게 지급결정일을 기준으로 **연간**(1월 1일부터 12월 31일까지를 말한다) **5회를 초과하여 보상금을 지급할 수 없다**(범인검거 등 공로자 보상에 관한 규정 제6조 제5항).

보상금의 지급 절차 등 (경찰관 직무집행법 시행령 제21조)	① 경찰청장등은 보상금 지급사유가 발생한 경우에는 직권으로 또는 보상금을 지급받으려는 사람의 신청에 따라 소속 보상금심사위원회의 심사·의결을 거쳐 보상금을 지급한다(제1항). ② 경찰청장등은 소속 보상금심사위원회의 보상금 심사를 위하여 필요한 경우에는 보상금 지급 대상자와 관계 공무원 또는 기관에 사실조사나 자료의 제출 등을 요청할 수 있다(제3항). ③ 보상금의 배분 지급(범인검거 등 공로자 보상에 관한 규정 제10조) 범인검거 등 공로자가 2명 이상인 경우에는 각자의 공로, 당사자 간의 분배 합의 등을 감안해서 배분하여 지급할 수 있다.
보상금 환수	① 경찰청장등은 보상금심사위원회의 심사·의결에 따라 보상금을 지급하고, **거짓 또는 부정한 방법으로 보상금을 받은 사람에 대하여는 해당 보상금을 환수한다**(경찰관 직무집행법 제11조의3 제5항). ② 경찰청장등은 제5항에 따라 보상금을 반환하여야 할 사람이 대통령령으로 정한 기한까지 그 금액을 납부하지 아니한 때에는 **국세강제징수의 예에 따라 징수할 수 있다**(경찰관 직무집행법 제11조의3 제6항).
보상금 지급 제한	① 보상금 중복 지급의 제한(제8조) 보상금을 지급받을 사람이 동일한 원인으로 다른 법령에 따른 포상금·보상금 등을 지급받거나 지급받을 예정인 경우에는 그 포상금·보상금 등의 액수가 지급할 보상금액과 동일하거나 이를 초과할 때에는 보상금을 지급하지 아니하며, 그 포상금·보상금 등의 액수가 지급할 보상금액보다 적을 때에는 그 금액을 공제하고 보상금액을 정하여야 한다. ② 보상금 이중 지급의 제한(제9조) 보상금 지급 심사·의결을 거쳐 지급이 이루어진 이후에는 동일한 사건에 대하여 보상금을 지급할 수 없다.

경찰관 직무집행법 시행령 입법예고 사항

제9조(손실보상의 기준 및 보상금액 등)
② 법 제11조의2 제1항에 따라 손실보상을 할 때 생명·신체상의 손실의 경우에는 별표의 기준에 따라 보상한다.
③ **생명·신체에 대한 손실과 물건의 멸실·훼손으로 인한 손실 외의 손실**에 대해서는 직무집행과 상당한 인과관계가 있는 범위에서 보상한다.

제10조(손실보상의 지급절차 및 방법)
① 법 제11조의2에 따라 경찰관의 적법한 직무집행으로 인하여 발생한 손실을 보상받으려는 사람(이하 "청구인"이라 한다)은 별지 제4호 서식의 보상금 지급 청구서에 손실내용과 손실금액을 증명할 수 있는 서류를 첨부하여 다음 각 호의 어느 하나에 해당하는 기관의 장에게 제출해야 한다.
  1. 경찰청 또는 해양경찰청
  2. 손실보상청구 사건 발생지를 관할하거나 직무를 집행한 경찰관이 소속된 시·도경찰청, 지방해양경찰청 또는 경찰관서
③ 제1항 또는 제2항에 따라 보상금 지급 청구서를 받은 경찰청장, 해양경찰청장, 시·도경찰청장 또는 지방해양경찰청장은 특별한 사유가 없으면 **보상금 지급 청구서를 받은 날부터 60일 이내**에 손실보상심의위원회의 심의·의결에 따라 보상 여부 및 보상 금액을 결정해야 한다. 다만, 부득이한 사유로 60일 이내에 결정할 수 없을 때에는 그 기간이 끝나는 날의 **다음 날부터 기산하여 20일의 범위에서 결정기간을 연장할 수 있으며**, 결정기간을 연장하였을 때에는 그 사실과 연장 사유를 지체 없이 청구인에게 통지해야 한다.

④ 경찰청장, 해양경찰청장, 시·도경찰청장 또는 지방해양경찰청장은 **청구인에게 자료보완을 요구할 수 있으며** 보완된 자료의 제출에 걸리는 기간은 제3항에 따른 보상 여부 및 보상금액 결정기간에 산입(算入)하지 않는다.

⑤ 경찰청장, 해양경찰청장, 시·도경찰청장 또는 지방해양경찰청장은 다음 각 호의 어느 하나에 해당하는 경우에는 그 청구를 각하(却下)하는 결정을 해야 한다.
  1. 청구인이 같은 청구 원인으로 보상신청을 하여 보상금 지급 여부에 대하여 결정을 받은 경우.
  2. **손실보상 청구가 명백히 요건과 절차를 갖추지 못한 경우.** 다만, 그 잘못된 부분을 시정할 수 있는 경우는 제외한다.

⑥ 경찰청장, 해양경찰청장, 시·도경찰청장 또는 지방해양경찰청장은 제3항 본문 또는 제5항에 따른 결정일부터 10일 이내에 다음 각 호의 구분에 따른 통지서에 결정 내용을 적어서 청구인에게 통지해야 한다.
  1. 보상금을 지급하기로 결정한 경우: 별지 제5호 서식의 **보상금 지급 결정 통지서(일부·전부)**
  2. 보상금 지급 청구를 각하하거나 보상금을 지급하지 아니하기로 결정한 경우 : 별지 제6호서식의 보상금 지급 청구 기각·각하 통지서

⑦ 경찰청장, 해양경찰청장, 시·도경찰청장 또는 지방해양경찰청장은 청구인에게 제3항 단서 또는 제6항에 따른 통지를 하는 경우 서면, 전자우편, 전화, 문자메시지 등 청구인이 요청하는 방법으로 할 수 있으며, 별도의 요청하는 방법이 없는 경우에는 서면으로 통지한다.

⑧ 경찰청장, 해양경찰청장, 시·도경찰청장 또는 지방해양경찰청장은 특별한 사유가 없으면 **보상금을 지급하기로 결정한 날부터 30일 이내에 이를 지급하되,** 지급방법은 청구인이 지정한 금융기관 등의 계좌에 입금하는 방법으로 한다. 다만, 부득이한 사유가 있는 경우에는 그 보상금을 지급받을 사람의 신청에 따라 현금으로 지급할 수 있다.

⑨ 보상금은 일시불로 지급하되, 예산 부족 등의 사유로 일시불로 지급할 수 없는 특별한 사정이 있는 경우에는 청구인의 동의를 받아 분할하여 지급할 수 있다.

⑩ 보상금을 지급받은 사람은 보상금을 지급받은 원인과 동일한 원인으로 인한 부상이 악화되거나 새로 발견된 경우에는 보상금의 추가 지급을 청구할 수 있다. 이 경우 보상금 지급 청구, 보상금액 결정, 보상금 지급 결정에 대한 통지, 보상금 지급 방법 등에 관하여는 제1항부터 제9항까지의 규정을 준용한다.

⑪ 제1항부터 제10항까지에서 규정한 사항 외에 손실보상의 청구 및 지급에 필요한 사항은 경찰청장 또는 해양경찰청장이 정한다.

제10조의2(이의신청)

① 청구인이 손실보상 청구의 각하·기각 또는 일부인용 결정에 대하여 불복하는 경우에는, 경찰청장, 해양경찰청장, 시·도경찰청장 또는 지방해양경찰청장으로부터 **결정 통지를 받은 날부터 30일 이내에** 해당 경찰청장, 해양경찰청장, 시·도경찰청장 또는 지방해양경찰청장에게 별지 제7호 서식의 손실보상 결정 이의신청서를 작성하여 제출해야 한다.

② 경찰청장, 해양경찰청장, 시·도경찰청장 또는 지방해양경찰청장은 제1항에 따른 **이의신청이 있는 경우에는 손실보상심의위원회를 개최해야 한다.** 다만, 이의신청에 대한 손실보상심의위원회의 심의를 이미 거친 경우에는 그 신청을 각하하는 결정을 하고, 각하 사유를 청구인에게 통지해야 한다.

③ 경찰청장, 해양경찰청장, 시·도경찰청장 또는 지방해양경찰청장은 제1항에 따라 이의신청서를 받은 경우 특별한 사유가 없으면 **이의신청서를 받은 날부터 60일 이내에** 손실보상심의위원회의 심의·의결에 따라 이의신청에 대한 수용 여부를 결정해야 한다. 다만, 부득이한 사유로 60일 이내에 이의신청 수용 여부를 결정할 수 없을 때에는 그 기간이 끝나는 날의 **다음 날부터 기산하여 20일의 범위에서 결정기간을 연장할 수 있으며,** 결정기간을 연장하였을 때에는 그 사실과 연장 사유를 지체 없이 청구인에게 통지해야 한다.

④ 경찰청장, 해양경찰청장, 시·도경찰청장 또는 지방해양경찰청장은 제2항 단서 또는 제3항 본문에 따른 **결정일부터 10일 이내에 그 결과를 청구인에게 통지해야 한다.**
⑤ 제3항 단서에 따른 이의신청 결정기간 연장 통지 및 제4항에 따른 이의신청 결과 통지의 방법에 관하여는 제10조 제7항을 준용한다.
⑥ 청구인은 제1항에 따른 **이의신청과 관계없이 「행정심판법」에 따른 행정심판을 청구할 수 있다.**

제11조(손실보상심의위원회의 설치 및 구성)
② 위원회는 위원장 1명을 포함한 **7명 이상 9명 이하의 위원으로 구성한다.** 다만, 청구금액이 100만원 이하인 사건에 대해서는 제3항 제1호에 해당하는 위원 3명으로 구성할 수 있다.
③ 위원회의 위원은 다음 각 호의 사람 중에서 경찰청장, 해양경찰청장, 시·도경찰청장 또는 지방해양경찰청장이 위촉하거나 임명한다. 이 경우 제2항 본문에 따라 손실보상심의위원회를 구성할 때에는 **위원의 과반수는 성별을 고려하여 경찰관이 아닌 사람으로 해야 한다.**
  1. 소속 경찰관
  2. 판사·검사 또는 변호사로 5년 이상 근무한 사람
  3. 「고등교육법」 제2조에 따른 학교에서 법학 또는 행정학을 가르치는 부교수 이상으로 5년 이상 재직한 사람
  4. 경찰 업무와 손실보상에 관하여 학식과 경험이 풍부한 사람

제12조(위원장)
① 손실보상심의위원회의 위원장(이하 "위원장"이라 한다)은 제11조 제3항 제1호에 따른 **위원 중에서 경찰청장, 해양경찰청장, 시·도경찰청장 또는 지방해양경찰청장이 지명한다.**

제13조(손실보상심의위원회의 운영)
① 위원장은 제10조 제1항 또는 같은 조 제10항에 따른 보상금 지급청구가 있거나 제10조의2 제1항에 따른 이의신청이 있는 경우에는 위원회의 회의를 소집하고, 그 의장이 된다. 다만, 제10조 제5항 또는 제10조의2 제2항 단서의 각하 사유가 있는 경우에는 그렇지 않다.

3 소송 지원과 직무 수행으로 인한 형의 감면

1. 소송 지원(경찰관 직무집행법 제11조의4) <22·23 채용>

취지	경찰관이 직무를 안정적으로 수행할 수 있도록 직무수행으로 인하여 민·형사상 책임과 관련된 소송을 수행할 경우 경찰청장과 해양경찰청장이 소송수행에 필요한 지원을 할 수 있도록 법적 근거를 마련하였다.
규정의 내용	**경찰청장**(국가경찰위원회 위원장×)과 **해양경찰청장**은 경찰관이 제2조 각 호에 따른 직무의 수행으로 인하여 민·형사상 책임과 관련된 소송을 수행할 경우 변호인 선임 등 **소송 수행에 필요한 지원을 할 수 있다**(하여야 한다×).

2. 직무 수행으로 인한 형의 감면(경찰관 직무집행법 제11조의5) <23 채용>

취지	경찰관이 직무집행에 소극적으로 임하는 것을 방지하기 위해, 직무를 수행하는 과정에서 경과실로 인해 발생한 사고에 대하여 형을 감면할 수 있는 근거가 마련하게 되었다.

규정의 내용	① 다음 각 호의 범죄가 행하여지려고 하거나 행하여지고 있어 타인의 생명·신체에 대한 위해 발생의 우려가 명백하고 긴급한 상황에서,
	② 경찰관이 그 위해를 예방하거나 진압하기 위한 행위 또는 범인의 검거 과정에서 경찰관을 향한 직접적인 유형력 행사에 대응하는 행위를 하여 그로 인하여 타인에게 피해가 발생한 경우,
	③ 그 경찰관의 직무수행이 불가피한 것이고 필요한 최소한의 범위에서 이루어졌으며 해당 경찰관에게 고의 또는 중대한 과실이 없는 때에는 그 정상을 참작하여 **형을 감경하거나 면제할 수 있다**(감경하거나 면제한다×).
	④ 형의 감면이 적용되는 범죄
	  1호.「형법」제2편 제24장 살인의 죄, 제25장 상해와 폭행의 죄, 제32장 강간과 추행의 죄 중 강간에 관한 범죄, 제38장 절도와 강도의 죄 중 강도에 관한 범죄 및 이에 대하여 다른 법률에 따라 가중처벌하는 범죄
	  2호.「가정폭력범죄의 처벌 등에 관한 특례법」에 따른 가정폭력범죄, **「아동학대범죄의 처벌 등에 관한 특례법」에 따른 아동학대범죄**

임의적 감면의 요건	① 살인의 죄, 상해·폭행의 죄, 강간에 관한 죄, 강도에 관한 죄, 가정폭력범죄, 아동학대범죄 중의 어느 하나의 범죄가 행하여지려고 하거나 행하여지고 있는 상황일 것 ② 범죄로 인하여 타인의 생명·신체에 대한 위해 발생의 우려가 명백하고 긴급한 상황일 것 ③ 경찰관이 그 위해를 예방하거나 진압하기 위한 행위 또는 범인의 검거 과정에서 경찰관을 향한 직접적인 유형력 행사에 대응하는 행위를 하여 그로 인하여 타인에게 피해가 발생한 경우일 것 ④ 경찰관의 직무수행이 불가피한 것이고 필요한 최소한의 범위에서 이루어졌을 것 ⑤ 경찰관에게 고의 또는 중대한 과실이 없을 것

CHAPTER 08 행정절차와 정보공개

제1절 행정절차법

1. 행정절차법의 목적과 특징 〈25 채용, 15 경행〉

① 이 법은 행정절차에 관한 공통적인 사항을 규정하여 **국민의 행정 참여를 도모함으로써 행정의 공정성·투명성 및 신뢰성을 확보하고 국민의 권익을 보호함을 목적**으로 한다.
② 행정절차법은 행정절차에 관한 일반법이다. 주로 절차적 규정으로 구성되어 있으나 **신뢰보호의 원칙과 같은 실체적 규정도 포함하고 있다.**

2. 적용 범위(제3조) 〈15·18·21 경행〉

① **처분, 신고, 확약, 위반사실 등의 공표, 행정계획, 행정상 입법예고, 행정예고 및 행정지도의 절차**(이하 "행정절차"라 한다)에 관하여 다른 법률에 특별한 규정이 있는 경우를 제외하고는 이 법에서 정하는 바에 따른다(제1항).
② 규정에 없는 사항
공법상 계약(행정기본법), 행정조사 절차(행정조사기본법), 행정행위의 하자 치유, 절차 하자의 효과 등
③ **육군3사관학교 생도에 대한 퇴학처분에는 행정절차법이 적용된다.**
행정절차법의 적용이 제외되는 공무원 인사관계 법령에 의한 처분에 관한 사항이란 성질상 행정절차를 거치기 곤란하거나 불필요하다고 인정되는 처분이나 행정절차에 준하는 절차를 거치도록 하고 있는 처분에 관한 사항만을 말하는 것으로 보아야 한다. 이러한 법리는 '공무원 인사관계 법령에 의한 처분'에 해당하는 육군3사관학교 생도에 대한 퇴학처분에도 마찬가지로 적용된다(대법원 2018.3.13. 2016두33339).
※ 징계심의대상자가 선임한 변호사가 징계위원회에 출석하여 징계심의대상자를 위하여 필요한 의견을 진술하는 것은 방어권 행사의 본질적 내용에 해당하므로, 행정청은 특별한 사정이 없는 한 이를 거부할 수 없다.

3. 투명성, 행정응원, 처분 〈24 채용, 16·20 경행〉

(1) 투명성(제5조)
① **행정청이 행하는 행정작용은 그 내용이 구체적이고 명확하여야 한다.**
② 행정작용의 근거가 되는 법령등의 내용이 명확하지 아니한 경우 상대방은 해당 행정청에 그 해석을 요청할 수 있으며, 해당 행정청은 특별한 사유가 없으면 그 요청에 따라야 한다.

(2) 행정응원(제8조)
① 행정청은 다음 각 호의 어느 하나에 해당하는 경우에는 **다른 행정청에 행정응원(行政應援)을 요청할 수 있다**(제1항).

1호. 법령등의 이유, 인원·장비의 부족 등 사실상의 이유로 독자적인 직무 수행이 어려운 경우
2호. 다른 행정청에 소속되어 있는 전문기관의 협조, 다른 행정청이 관리하고 있는 문서(전자문서를 포함한다. 이하 같다)·통계 등 행정자료가 직무 수행을 위하여 필요한 경우
3호. **다른 행정청의 응원을 받아 처리하는 것이 보다 능률적이고 경제적인 경우**
② 제1항에 따라 행정응원을 요청받은 행정청은 **다음 각 호의 어느 하나에 해당하는 경우에는 응원을 거부할 수 있다.**
  1. 다른 행정청이 보다 능률적이거나 경제적으로 응원할 수 있는 명백한 이유가 있는 경우
  2. 행정응원으로 인하여 **고유의 직무 수행이 현저히 지장받을 것으로 인정되는 명백한 이유가 있는 경우**
③ **행정응원을 위하여 파견된 직원은 응원을 요청한 행정청의 지휘·감독을 받는다.** 다만, 해당 직원의 복무에 관하여 다른 법령등에 특별한 규정이 있는 경우에는 그에 따른다(제5항).
④ **행정응원에 드는 비용은 응원을 요청한 행정청이 부담하며, 그 부담금액 및 부담방법은 응원을 요청한 행정청과 응원을 하는 행정청이 협의하여 결정**한다(제6항).

(3) **처분의 신청(제17조), 처리기간(제19조), 처분기준(제20조)**
① 행정청에 처분을 구하는 신청은 문서로 하여야 한다. 다만, 다른 법령등에 특별한 규정이 있는 경우와 행정청이 미리 다른 방법을 정하여 공시한 경우에는 그러하지 아니하다(제17조 제1항).
② 행정청이 정당한 처리기간 내에 처리하지 아니하였을 때에는 신청인은 해당 행정청 또는 그 감독 행정청에 신속한 처리를 요청할 수 있다(제19조 제4항).
③ 행정청은 **필요한 처분기준을 해당 처분의 성질에 비추어 되도록 구체적으로 정하여 공표하여야 한다.** 처분기준을 변경하는 경우에도 또한 같다(제20조 제1항).

4. 사전통지 〈24 채용, 15·16·18·21 경행〉

(1) **처분의 사전통지(제21조)**
① 행정청은 **당사자에게 의무를 부과하거나 권익을 제한하는 처분을 하는 경우에는 미리 다음 각 호의 사항을 당사자등에게 통지하여야 한다.**
  1호. 처분의 제목
  2호. 당사자의 성명 또는 명칭과 주소
  3호. 처분하려는 원인이 되는 사실과 처분의 내용 및 법적 근거
  4호. 제3호에 대하여 의견을 제출할 수 있다는 뜻과 의견을 제출하지 아니하는 경우의 처리방법
  5호. 의견제출기관의 명칭과 주소
  6호. 의견제출기한
  7호. 그 밖에 필요한 사항
② **의견제출기한은 의견제출에 필요한 기간을 10일 이상으로 고려하여 정하여야 한다.**
③ 다음 각 호의 어느 하나에 해당하는 경우에는 제1항에 따른 **통지를 하지 아니할 수 있다.**
  1호. **공공의 안전 또는 복리를 위하여 긴급히 처분을 할 필요가 있는 경우**
  2호. 법령등에서 요구된 자격이 없거나 없어지게 되면 반드시 일정한 처분을 하여야 하는 경우에 그 자격이 없거나 없어지게 된 사실이 법원의 재판 등에 의하여 객관적으로 증명된 경우
  3호. 해당 처분의 성질상 의견청취가 현저히 곤란하거나 명백히 불필요하다고 인정될 만한 상당한 이유가 있는 경우

(2) 관련 판례

① 신청에 따른 처분이 이루어지지 아니한 경우에는 아직 당사자에게 권익이 부과되지 아니하였으므로 특별한 사정이 없는 한 **신청에 대한 거부처분이라고 하더라도 직접 당사자의 권익을 제한하는 것은 아니므로 처분의 사전통지대상이 된다고 할 수 없다**(대법원 2003.11.28. 2003두674).

② 별정직 공무원에 대한 직권면직 처분
　[1] 행정청이 침해적 행정처분을 하면서 당사자에게 위와 같은 사전통지를 하거나 의견제출의 기회를 주지 않았다면, 사전통지를 하지 않거나 의견제출의 기회를 주지 않아도 되는 예외적인 경우에 해당하지 않는 한, 그 처분은 위법하여 취소를 면할 수 없다.
　[2] **임기가 정해진 별정직 공무원인 대통령기록관장을 직권면직하면서 당사자에게 사전통지를 하지 않고 의견제출의 기회를 주지 않았다면 「행정절차법」을 위반하였다고 볼 수 있다**(대법원 2013.1.16. 2011두30687).

5. 의견청취 〈15 · 16 · 18 · 20 · 21 경행〉

정의(제2조)	① "청문"이란 행정청이 어떠한 처분을 하기에 앞서 당사자 등의 의견을 직접 듣고 증거를 조사하는 절차를 말한다. ② "공청회"란 행정청이 공개적인 토론을 통하여 어떠한 행정작용에 대하여 당사자등, 전문지식과 경험을 가진 자 기타 일반인으로부터 의견을 널리 수렴하는 절차를 말한다. ③ "의견제출"이란 행정청이 어떠한 행정작용을 하기에 앞서 당사자 등이 의견을 제시하는 절차로서 청문이나 공청회에 해당하지 아니하는 절차를 말한다.
의견청취 절차와 그 예외	① **행정청이 당사자에게 의무를 부과하거나 권익을 제한하는 처분을 할 때 청문 또는 공청회의 경우 외에는 당사자등에게 의견제출의 기회를 주어야 한다**(제22조 제3항). ② 의견청취절차를 거쳐야 함에도 불구하고 제21조 제4항 각 호(처분의 사전통지 예외사유)의 어느 하나에 해당하는 경우와 당사자가 의견진술의 기회를 포기한다는 뜻을 명백히 표시한 경우에는 의견청취를 하지 아니할 수 있다.
불특정 다수를 상대로 하는 경우	**'고시'의 방법으로 불특정 다수인을 상대로 의무를 부과하거나 권익을 제한하는 처분**은 성질상 의견제출의 기회를 주어야 하는 상대방을 특정할 수 없으므로, 이와 같은 처분에 있어서까지 구 행정절차법 제22조 제3항에 의하여 그 상대방에게 **의견제출의 기회를 주어야 한다고 해석할 것은 아니다**(대법원 2014.10.27. 2012두7745).

6. 청문 〈23 · 24 채용, 20 경행, 19 승진, 18 경위〉

청문의 사유와 절차	① 행정청이 처분을 할 때 다음 각 호의 어느 하나에 해당하는 경우에 청문을 한다(제22조 제1항). 　1호. 다른 법령 등에서 청문을 실시하도록 규정하고 있는 경우 　2호. 행정청이 필요하다고 인정하는 경우 　3호. 인허가 등의 취소, 신분·자격의 박탈, 법인이나 조합 등의 설립허가의 취소 처분을 하는 경우 ② 행정청은 청문을 실시하려는 경우에 청문이 시작되는 날부터 10일 전까지 사전 통지 사항(제1항 각 호)을 당사자등에게 통지하여야 한다(제21조 제3항).

청문주재자 (제28조)	① 행정청은 소속 직원 또는 대통령령으로 정하는 자격을 가진 사람 중에서 청문 주재자를 공정하게 선정하여야 한다. ② 행정청은 다음 각 호의 어느 하나에 해당하는 처분을 하려는 경우에는 청문 주재자를 2명 이상으로 선정할 수 있다. 이 경우 선정된 청문 주재자 중 1명이 청문 주재자를 대표한다. 1호. 다수 국민의 이해가 상충되는 처분 2호. 다수 국민에게 불편이나 부담을 주는 처분 3호. 그 밖에 전문적이고 공정한 청문을 위하여 행정청이 청문 주재자를 2명 이상으로 선정할 필요가 있다고 인정하는 처분 ③ 행정청은 **청문이 시작되는 날부터 7일 전까지** 청문 주재자에게 청문과 관련한 필요한 자료를 미리 통지하여야 한다.
청문의 공개, 증거조사	① **청문은 당사자의 공개신청이 있거나 청문주재자가 필요하다고 인정하는 경우 이를 공개할 수 있다.** 다만, 공익 또는 제3자의 정당한 이익을 현저히 해할 우려가 있으면 공개하여서는 아니 된다(제30조). ② 청문 주재자는 **직권으로 또는 당사자의 신청에 따라** 필요한 조사를 할 수 있으며, 당사자 등이 주장하지 아니한 사실에 대하여도 조사할 수 있다(제33조 제1항).
문서의 열람 (제37조 제1항)	당사자등은 의견제출의 경우에는 처분의 사전 통지가 있는 날부터 의견제출기한까지, 청문의 경우에는 청문의 통지가 있는 날부터 청문이 끝날 때까지 행정청에 대하여 해당 사안의 조사결과에 대한 문서 그 밖의 해당 처분과 관련되는 문서의 열람 또는 복사를 요청할 수 있다. 이 경우 행정청은 다른 법령에(공익상의 이유×) 따라 공개가 제한되는 경우를 제외하고는 이를 거부할 수 없다.
청문절차를 제대로 준수하지 아니하고 한 영업정지처분	행정청이 영업정지처분을 함에 있어 식품위생법시행령 제37조 제1항 소정의 청문서 도달기간인 7일을 준수하지 아니한 채 청문서를 청문일로부터 5일 전에야 발송하였다면 처분을 함에 있어서 취한 위 청문절차는 위법하며, 위법한 청문절차를 거쳐 내린 위 영업정지처분 역시 위법하다고 한 사례(대법원 1992.2.11. 91누11575)

7. 공청회 〈16 경행〉

개최 사유와 통지	① 행정청이 처분을 할 때 다음 각 호의 어느 하나에 해당하는 경우에는 공청회를 개최한다(제22조 제2항). 1호. 다른 법령등에서 공청회를 개최하도록 규정하고 있는 경우 2호. **해당 처분의 영향이 광범위하여 널리 의견을 수렴할 필요가 있다고 행정청이 인정하는 경우** 3호. 국민생활에 큰 영향을 미치는 처분으로서 대통령령으로 정하는 처분에 대하여 대통령령으로 정하는 수 이상의 당사자등이 공청회 개최를 요구하는 경우 ② 공청회의 개최의 알림(제38조) **행정청은 공청회를 개최하려는 경우에는 공청회 개최 14일 전까지 당사자등에게 통지하고 관보·공보·인터넷 또는 일간신문 등에 공고하는 등의 방법으로 널리 알려야 한다.** 다만, 공청회 개최를 알린 후 예정대로 개최하지 못하여 새로 일시 및 장소 등을 정한 경우에는 공청회 개최 7일 전까지 알려야 한다.
온라인공청회 (제38조의2 제1항)	행정청은 (원칙적으로) 제38조에 따른 공청회와 병행하여서만 정보통신망을 이용한 공청회(이하 "온라인공청회"라 한다)를 실시할 수 있다.

8. 의견제출(약식청문)〈15・17 경행, 19 승진, 18 경위〉

의견제출 절차 (제27조)	① 당사자등은 처분 전에 그 처분의 관할 행정청에 서면이나 말로 또는 정보통신망을 이용하여 의견제출을 할 수 있다(제1항). ② 당사자등이 정당한 이유 없이 의견제출기한까지 의견제출을 하지 아니한 경우에는 의견이 없는 것으로 본다(제4항).
제출 의견의 반영 등 (제27조의2)	① 행정청은 처분을 함에 있어서 당사자 등이 제출한 의견이 상당한 이유가 있다고 인정하는 경우에는 이를 반영하여야 한다. ② 행정청은 당사자등이 제출한 의견을 반영하지 아니하고 처분을 한 경우 당사자등이 처분이 있음을 안 날부터 90일 이내에 그 이유의 설명을 요청하면 서면으로 그 이유를 알려야 한다. 다만, 당사자등이 동의하면 말, 정보통신망 또는 그 밖의 방법으로 알릴 수 있다.

9. 이유 제시, 처분의 방식, 고지

(1) 이유 제시(제23조) 〈15・18 경행〉

① 행정청은 처분을 하는 경우에는 다음 각 호의 어느 하나에 해당하는 경우를 제외하고는 당사자에게 그 근거와 이유를 제시하여야 한다(제1항).
  1호. 신청내용을 모두 그대로 인정하는 처분인 경우
  2호. 단순・반복적인 처분 또는 경미한 처분으로서 당사자가 그 이유를 명백히 알 수 있는 경우
  3호. 긴급을 요하는 경우
② 행정청은 제1항 제2호 및 제3호의 경우에 처분 후 당사자가 요청하는 경우에는 그 근거와 이유를 제시하여야 하다(제2항).
③ 이유 제시(이유 부기)는 행정처분 등을 할 때에 그 근거가 되는 법적 근거와 사실적 이유를 구체적으로 명기해야 한다.

(2) 처분의 방식(제24조) 〈25 채용, 20 경행〉

① 행정청이 처분을 할 때에는 다른 법령등에 특별한 규정이 있는 경우를 제외하고는 문서로 하여야 하며, 다음 각 호의 어느 하나에 해당하는 경우에는 전자문서로 할 수 있다.
  1호. 당사자등의 동의가 있는 경우
  2호. 당사자가 전자문서로 처분을 신청한 경우
② 제1항에도 불구하고 공공의 안전 또는 복리를 위하여 긴급히 처분을 할 필요가 있거나 사안이 경미한 경우에는 말, 전화, 휴대전화를 이용한 문자 전송, 팩스 또는 전자우편 등 문서가 아닌 방법으로 처분을 할 수 있다. 이 경우 당사자가 요청하면 지체 없이 처분에 관한 문서를 주어야 한다.
③ 관련 판례
  [1] 행정절차에 관한 일반법인 행정절차법 제24조 제1항(서면주의)은 처분내용의 명확성을 확보하고 처분의 존부에 관한 다툼을 방지하여 처분상대방의 권익을 보호하기 위한 것이므로, 이를 위반한 처분은 하자가 중대・명백하여 무효이다.

[2] 병무청장이 법무부장관에게 '가수 갑이 공연을 위하여 국외여행허가를 받고 출국한 후 미국 시민권을 취득함으로써 사실상 병역의무를 면탈하였다'는 이유로 입국 금지를 요청함에 따라 법무부장관이 갑의 입국금지결정을 하였는데, 갑이 재외공관의 장에게 재외동포(F-4) 체류자격의 사증발급을 신청하자 재외공관장이 처분이유를 기재한 사증발급 거부처분서를 작성해 주지 않은 채 갑의 아버지에게 전화로 사증발급이 불허되었다고 통보한 사안에서, 사증발급 거부처분에는 행정절차법 제24조 제1항을 위반한 하자가 있고, 재외공관장이 13년 7개월 전에 입국금지결정이 있었다는 이유만으로 그에 구속되어 사증발급 거부처분을 한 것이 비례의 원칙에 반하는 것인지 판단했어야 함에도, 입국금지결정에 따라 사증발급 거부처분을 한 것이 적법하다고 본 원심판단에 법리를 오해한 잘못이 있다고 한 사례(대법원 2019.7.11. 2017두38874).

(3) 처분의 고지(제26조)

행정청이 처분을 할 때에는 당사자에게 그 처분에 관하여 행정심판 및 행정소송을 제기할 수 있는지 여부, 그 밖에 불복을 할 수 있는지 여부, 청구절차 및 청구기간, 그 밖에 필요한 사항을 알려야 한다.

10. 입법예고와 행정예고 〈17 경행〉

행정상
입법예고
(제41조)
	① 법령등을 제정·개정 또는 폐지(이하 "입법"이라 한다)하고자 할 때에는 해당 입법안을 마련한 행정청은 이를 예고하여야 한다(제1항 본문).
	② 다만, 다음 각 호의 어느 하나에 해당하는 경우에는 예고를 하지 아니할 수 있다(제1항 단서).
	  1호. 신속한 국민의 권리 보호 또는 예측 곤란한 특별한 사정의 발생 등으로 입법이 긴급을 요하는 경우
	  2호. 상위 법령등의 단순한 집행을 위한 경우
	  3호. 입법내용이 국민의 권리·의무 또는 일상생활과 관련이 없는 경우
	  4호. 단순한 표현·자구를 변경하는 경우 등 입법내용의 성질상 예고의 필요가 없거나 곤란하다고 판단되는 경우
	  5호. 예고함이 공공의 안전 또는 복리를 현저히 해칠 우려가 있는 경우

입법예고 기간 (제43조)	**입법예고기간은 예고할 때 정하되, 특별한 사정이 없는 한 40일(자치법규는 20일) 이상으로 한다.**

행정예고
(제46조)
	① 행정청은 정책, 제도 및 계획(이하 "정책등"이라 한다)을 수립·시행하거나 변경하려는 경우에는 이를 예고하여야 한다. 다만, 다음 각 호의 어느 하나에 해당하는 경우에는 예고를 하지 아니할 수 있다.
	  1호. 신속하게 국민의 권리를 보호하여야 하거나 예측이 어려운 특별한 사정이 발생하는 등 긴급한 사유로 예고가 현저히 곤란한 경우
	  2호. 법령등의 단순한 집행을 위한 경우
	  3호. 정책등의 내용이 국민의 권리·의무 또는 일상생활과 관련이 없는 경우
	  4호. 정책등의 예고가 공공의 안전 또는 복리를 현저히 해칠 우려가 상당한 경우
	② 제1항에도 불구하고 법령등의 입법을 포함하는 행정예고는 입법예고로 갈음할 수 있다.
	③ 행정예고기간은 예고 내용의 성격등을 고려하여 정하되, 20일 이상으로 한다.
	④ 제3항에도 불구하고 행정목적을 달성하기 위하여 긴급한 필요가 있는 경우에는 행정예고기간을 단축할 수 있다. 이 경우 단축된 행정예고기간은 10일 이상으로 한다.

제2절 공공기관의 정보공개에 관한 법률

1. 총칙 (15·17·23 채용, 18·20 경채, 17·19·25 승진, 17 경위)

(1) 정의(제2조)

1호. **"정보"**란 공공기관이 직무상 작성 또는 취득하여 관리하고 있는 문서(전자문서를 포함한다. 이하 같다) 및 전자매체를 비롯한 모든 형태의 매체 등에 기록된 사항을 말한다.

2호. **"공개"**란 공공기관이 이 법에 따라 정보를 열람하게 하거나 그 사본·복제물을 제공하는 것 또는 「전자정부법」 제2조 제10호에 따른 정보통신망을 통하여 정보를 제공하는 것 등을 말한다.

3호. **"공공기관"**이란 다음 각 목의 기관을 말한다.
   가목. 국가기관
   나목. 지방자치단체
   다목. 「공공기관의 운영에 관한 법률」 제2조에 따른 공공기관
   라목. 「지방공기업법」에 따른 지방공사 및 지방공단
   마목. 그 밖에 대통령령으로 정하는 기관

(2) 정보공개의 원칙과 적용 범위

정보공개의 원칙	공공기관이 보유·관리하는 정보는 국민의 알권리 보장 등을 위하여 이 법에서 정하는 바에 따라 **적극적으로 공개하여야 한다**(제3조). (할 수 있다×)
적용 범위 (제4조 제1항)	정보의 공개에 관하여는 다른 법률에 특별한 규정이 있는 경우를 제외하고는 이 법에서 정하는 바에 따른다.

2. 정보공개 청구권자, 공개대상 정보 (15·24 채용, 19·20 경행, 15·17·18·21·23·25 승진, 15 경위)

(1) 정보공개 청구권자(제5조)

① 모든 국민은 정보의 공개를 청구할 권리를 가진다.
② 외국인의 정보공개청구에 대하여는 대통령령으로 정한다. (국민으로 한정×)

(2) 비공개대상 정보(제9조)

① 공공기관이 보유·관리하는 정보는 공개대상이 된다(제1항 본문).
② 다만, 다음 각 호의 어느 하나에 해당하는 정보에 대하여는 **이를 공개하지 아니할 수 있다**(제1항 단서).

1호. **다른 법률 또는 법률이 위임한 명령**(국회규칙·대법원규칙·헌법재판소규칙·중앙선거관리위원회규칙·대통령령 및 조례에 한한다)**에 따라 비밀 또는 비공개 사항으로 규정된 정보**

2호. **국가안전보장·국방·통일·외교관계 등에 관한 사항으로서 공개될 경우 국가의 중대한 이익을 현저히 해할 우려가 있다고 인정되는 정보**

3호. **공개될 경우 국민의 생명·신체 및 재산의 보호에 현저한 지장을 초래할 우려가 있다고 인정되는 정보**

4호. 진행 중인 재판에 관련된 정보와 범죄의 예방, 수사, 공소의 제기 및 유지, 형의 집행, 교정, 보안처분에 관한 사항으로서 공개될 경우 그 직무수행을 현저히 곤란하게 하거나 형사피고인의 공정한 재판을 받을 권리를 침해한다고 인정할 만한 상당한 이유가 있는 정보

5호. 감사·감독·검사·시험·규제·입찰계약·기술개발·인사관리에 관한 사항이나 **의사결정 과정 또는 내부검토 과정에 있는 사항 등으로서 공개될 경우 업무의 공정한 수행이나 연구·개발에 현저한 지장을 초래한다고 인정할 만한 상당한 이유가 있는 정보.** 다만, 의사결정 과정 또는 내부검토 과정을 이유로 비공개할 경우에는 제13조 제5항에 따라 통지를 할 때 의사결정 과정 또는 내부검토 과정의 단계 및 종료 예정일을 함께 안내하여야 하며, 의사결정 과정 및 내부검토 과정이 종료되면 제10조에 따른 청구인에게 이를 통지하여야 한다.

6호. **해당 정보에 포함되어 있는 성명·주민등록번호 등 「개인정보 보호법」 제2조 제1호에 따른 개인정보로서 공개될 경우 사생활의 비밀 또는 자유를 침해할 우려가 있다고 인정되는 정보.** 다만, 다음 각 목에 열거한 사항은 제외한다.
  가목. 법령이 정하는 바에 따라 열람할 수 있는 정보
  나목. 공공기관이 공표를 목적으로 작성하거나 취득한 정보로서 개인의 사생활의 비밀과 자유를 부당하게 침해하지 않는 정보
  다목. 공공기관이 작성하거나 취득한 정보로서 공개하는 것이 공익 또는 개인의 권리구제를 위하여 필요하다고 인정되는 정보
  라목. **직무를 수행한 공무원의 성명·직위**

7호. 법인·단체 또는 개인(이하 "법인 등"이라 한다)의 경영·영업상 비밀에 관한 사항으로서 공개될 경우 법인등의 정당한 이익을 현저히 해할 우려가 있다고 인정되는 정보. 다만, 사업활동에 따라 발생하는 위해로부터 사람의 생명·신체 또는 건강을 보호하기 위하여 공개할 필요가 있는 정보 등은 제외한다.

8호. 공개될 경우 부동산 투기·매점매석 등으로 특정인에게 이익 또는 불이익을 줄 우려가 있다고 인정되는 정보

③ 공공기관은 제1항 각호의 어느 하나에 해당하는 정보가 기간의 경과 등으로 **비공개의 필요성이 없어진 경우에는 그 정보를 공개대상으로 하여야 한다**(제2항).

(3) 비공개대상의 예
① 경찰의 보안관찰 관련 통계자료(판례)
② **경찰관서에서 현재 수사 중인 '폭력단체 현황'**

(4) 관련 판례
① 보안관찰처분을 규정한 보안관찰법에 대하여 헌법재판소도 이미 그 합헌성을 인정한 바 있고, 보안관찰법 소정의 보안관찰 관련 통계자료는 우리 나라 53개 지방검찰청 및 지청관할지역에서 매월 보고된 보안관찰처분에 관한 각종 자료로서, 보안관찰처분대상자 또는 피보안관찰자들의 매월별 규모, 그 처분시기, 지역별 분포에 대한 전국적 현황과 추이를 한눈에 파악할 수 있는 구체적이고 광범위한 자료에 해당하므로, 위 정보는 공공기관의 정보공개에 관한 법률 제7조 제1항 제2호 소정의 공개될 경우 국가안전보장·국방·통일·외교관계 등 국가의 중대한 이익을 해할 우려가 있는 정보, 또는 제3호 소정의 공개될 경우 국민의 생명·신체 및 재산의 보호 기타 공공의 안전과 이익을 현저히 해할 우려가 있다고 인정되는 정보에 해당한다(대법원 2004.3.18. 선고 2001두8254).

② 공개청구의 대상이 되는 정보가 이미 다른 사람에게 공개되어 널리 알려져 있다거나 인터넷이나 관보 등을 통하여 공개되어 인터넷 검색이나 도서관에서의 열람 등을 통하여 쉽게 알 수 있다고 하여 소의 이익이 없다거나 비공개결정이 정당화될 수 없다(대법원 2008.11.27. 2005두15694).

③ 공공기관의 정보공개에 관한 법률 제9조 제1항 제6호 본문은 "해당 정보에 포함되어 있는 성명·주민등록번호 등 개인에 관한 사항으로서 공개될 경우 사생활의 비밀 또는 자유를 침해할 우려가 있다고 인정되는 정보"를 비공개대상정보의 하나로 규정하고 있다. 여기에서 말하는 비공개대상정보에는 성명·주민등록번호 등 '개인식별정보'뿐만 아니라 그 외에 정보의 내용에 따라 '개인에 관한 사항의 공개로 인하여 개인의 내밀한 내용의 비밀 등이 알려지게 되고, 그 결과 인격적·정신적 내면생활에 지장을 초래하거나 자유로운 사생활을 영위할 수 없게 될 위험성이 있는 정보'도 포함된다. 따라서 **불기소처분 기록이나 내사기록 중 피의자신문조서 등 조서에 기재된 피의자 등의 인적사항 이외의 진술내용 역시 개인의 사생활의 비밀 또는 자유를 침해할 우려가 인정되는 경우에는 위 비공개대상정보에 해당한다**(대법원 2017.9.7. 2017두44558).

④ 공공기관의 정보공개에 관한 법률(이하 '정보공개법'이라고 한다) 제9조 제1항 제4호는 '수사에 관한 사항으로서 공개될 경우 그 직무수행을 현저히 곤란하게 한다고 인정할 만한 상당한 이유가 있는 정보'를 비공개대상정보의 하나로 규정하고 있다. 그 취지는 수사의 방법 및 절차 등이 공개되어 수사기관의 직무수행에 현저한 곤란을 초래할 위험을 막고자 하는 것으로서, **수사기록 중의 의견서, 보고문서, 메모, 법률검토, 내사자료 등**(이하 '의견서 등'이라고 한다)**이 이에 해당하나**, 공개청구대상인 정보가 의견서 등에 해당한다고 하여 곧바로 정보공개법 제9조 제1항 제4호에 규정된 비공개대상정보라고 볼 것은 아니고, 의견서 등의 **실질적인 내용을 구체적으로 살펴 수사의 방법 및 절차 등이 공개됨으로써 수사기관의 직무수행을 현저히 곤란하게 한다고 인정할 만한 상당한 이유가 있어야만 위 비공개대상정보에 해당한다**(대법원 2017.9.7. 2017두44558).

3. 정보공개 청구 (15·22 채용, 17·19·20·23 승진)

정보공개의 청구방법 (제10조 제1항)	정보의 공개를 청구하는 자(이하 "청구인"이라 한다)는 해당 정보를 보유하거나 관리하고 있는 공공기관에 '청구인의 성명 등과 공개를 청구하는 정보의 내용 및 공개방법'(다음 각 호의 사항)을 적은 **정보공개 청구서를 제출하거나 말로써 정보의 공개를 청구할 수 있다.**
비용부담 (제17조)	① 정보의 공개 및 우송 등에 소요되는 **비용은 실비의 범위에서 청구인(공공기관×)이 부담한다.** ② 공개를 청구하는 정보의 사용 목적이 공공복리의 유지·증진을 위하여 필요하다고 인정되는 경우에는 제1항에 따른 비용을 감면할 수 있다.
정보의 전자적 공개 (제15조)	① 공공기관은 전자적 형태로 보유·관리하는 정보에 대하여 **청구인이 전자적 형태로 공개하여 줄 것을 요청하는 경우에는 그 정보의 성질상 현저히 곤란한 경우를 제외하고는 청구인의 요청에 따라야 한다.** ② 공공기관은 전자적 형태로 보유·관리하지 아니하는 정보에 대하여 청구인이 전자적 형태로 공개하여 줄 것을 요청한 경우에는 정상적인 업무수행에 현저한 지장을 초래하거나 그 정보의 성질이 훼손될 우려가 없으면 그 정보를 전자적 형태로 변환하여 공개할 수 있다.

4. 정보공개의 결정 (15·16·17·23 채용, 15·18·20·23·25 승진, 15·17 경위)

정보공개 여부의 결정 (제11조)	① 공공기관은 제10조에 따라 정보공개의 청구를 받으면 그 **청구를 받은 날부터 10일(7일×)** 이내에 공개여부를 결정하여야 한다. ② 공공기관은 부득이한 사유로 제1항에 따른 기간 이내에 공개 여부를 결정할 수 없을 때에는 **그 기간이 끝나는 날의 다음 날부터 기산(起算)하여 10일의 범위에서 공개 여부 결정기간을 연장할 수 있다.** 이 경우 공공기관은 연장된 사실과 연장 사유를 청구인에게 지체 없이 문서로 통지하여야 한다.
정보공개 여부 결정의 통지 (제13조)	① 공공기관은 제11조에 따라 **정보의 공개를 결정한 경우에는 공개의 일시 및 장소 등을 분명히 밝혀 청구인에게 통지하여야 한다.** ② 공공기관은 **청구인이 사본 또는 복제물의 교부를 원하는 경우에는 이를 교부하여야 한다.** ③ 공공기관은 공개 대상 정보의 양이 너무 많아 정상적인 업무수행에 현저한 지장을 초래할 우려가 있는 경우에는 해당 정보를 일정 기간별로 나누어 제공하거나 사본·복제물의 교부 또는 열람과 병행하여 제공할 수 있다. ④ 공공기관은 제1항에 따라 정보를 공개하는 경우에 그 정보의 원본이 더럽혀지거나 파손될 우려가 있거나 그 밖에 상당한 이유가 있다고 인정할 때에는 그 정보의 사본·복제물을 공개할 수 있다. ⑤ 공공기관은 제11조에 따라 정보의 비공개 결정을 한 경우에는 그 사실을 청구인에게 지체 없이 문서로 통지하여야 한다. 이 경우 제9조 제1항 각 호 중 어느 규정에 해당하는 비공개 대상 정보인지를 포함한 비공개 이유와 불복(不服)의 방법 및 절차를 구체적으로 밝혀야 한다.
부분 공개 (제14조)	공개 청구한 정보가 제9조 제1항 각 호의 어느 하나에 해당하는 부분(비공개 부분)과 공개 가능한 부분이 혼합되어 있는 경우로서 공개 청구의 취지에 어긋나지 아니하는 범위에서 **두 부분을 분리할 수 있는 경우에는 제9조 제1항 각 호의 어느 하나에 해당하는 부분(비공개 정보)을 제외하고 공개하여야 한다.**

5. 이의신청과 행정쟁송 절차 (15~18·23 채용, 17~20 승진, 15·17 경위)

이의신청 (제18조)	① 청구인이 정보공개와 관련한 공공기관의 비공개 결정 또는 부분 공개 결정에 대하여 불복이 있거나 정보공개 청구 후 20일이 경과하도록 정보공개 결정이 없는 때에는 공공기관으로부터 **정보공개 여부의 결정 통지를 받은 날 또는 정보공개 청구 후 20일이 경과한 날부터 30일 이내에 해당 공공기관에 문서로 이의신청을 할 수 있다.** ② 국가기관등은 제1항에 따른 **이의신청이 있는 경우에는 심의회를 개최하여야 한다.** 다만, 다음 각 호의 어느 하나에 해당하는 경우에는 심의회를 개최하지 아니할 수 있으며 개최하지 아니하는 사유를 청구인에게 문서로 통지하여야 한다. 1호. 심의회의 심의를 이미 거친 사항 2호. 단순·반복적인 청구 3호. 법령에 따라 비밀로 규정된 정보에 대한 청구 ③ 공공기관은 이의신청을 받은 날부터 **7일 이내에 그 이의신청에 대하여 결정하고 그 결과를 청구인에게 지체 없이 문서로 통지하여야 한다.** 다만, 부득이한 사유로 정해진 기간 이내에 결정할 수 없는 때에는 그 기간이 끝나는 날의 다음 날부터 기산하여 **7일 이내의 범위에서 연장할 수 있으며,** 연장사유를 청구인에게 통지하여야 한다.

행정심판 (제19조)	① 청구인이 정보공개와 관련한 공공기관의 결정에 대하여 불복이 있거나 정보공개 청구 후 20일이 경과하도록 정보공개 결정이 없는 때에는 **「행정심판법」**에서 정하는 바에 따라 행정심판을 청구할 수 있다. 이 경우 국가기관 및 지방자치단체 외의 공공기관의 결정에 대한 감독행정기관은 관계 중앙행정기관의 장 또는 지방자치단체의 장으로 한다. ② 청구인은 제18조에 따른 **이의신청 절차를 거치지 아니하고 행정심판을** 청구할 수 있다.
행정소송 (제20조 제1항)	청구인이 정보공개와 관련한 공공기관의 결정에 대하여 불복이 있거나 정보공개 청구 후 20일이 경과하도록 정보공개 결정이 없는 때에는 **「행정소송법」**에서 정하는 바에 따라 행정소송을 제기할 수 있다.
정보공개 여부의 결정 (제11조 제3항)	공공기관은 공개청구된 공개대상정보의 전부 또는 일부가 **제3자와 관련이 있다고 인정할 때에**는 그 사실을 제3자에게 지체 없이 통지하여야 하며, 필요한 경우에는 그의 의견을 청취할 수 있다.
제3자의 비공개 요청 등 (제21조)	① 제11조 제3항에 따라 공개청구된 사실을 통지받은 **제3자는 통지받은 날부터 3일(5일×)** 이내에 해당 공공기관에 대하여 자신과 관련된 정보를 공개하지 아니할 것을 요청할 수 있다. ② 제1항에 따른 비공개요청에도 불구하고 공공기관이 공개결정을 하는 경우에는 공개결정이유와 공개실시일을 분명히 밝혀 지체 없이 문서로 통지하여야 하며, **제3자는 해당 공공기관에 문서로 이의신청을 하거나 행정심판 또는 행정소송을 제기할 수 있다.** 이 경우 **이의신청은 통지를 받은 날부터 7일 이내에 하여야 한다.** ③ 공공기관은 제2항에 따른 공개 결정일과 공개 실시일 사이에 최소한 30일의 간격을 두어야 한다.

6. 위원회 〈15 채용, 20 경채〉

정보공개 심의회 (제12조)	① 국가기관, 지방자치단체, 「공공기관의 운영에 관한 법률」 제5조에 따른 공기업 및 준정부기관, 「지방공기업법」에 따른 지방공사 및 지방공단(이하 "국가기관등"이라 한다)은 제11조에 따른 정보공개 여부 등을 심의하기 위하여 정보공개심의회(이하 "심의회"라 한다)를 설치·운영한다. ② 심의회는 위원장 1인을 포함하여 5명 이상 7명 이하의 위원으로 구성한다. ③ 심의회의 위원은 소속 공무원, 임직원 또는 외부 전문가로 지명하거나 위촉하되, 그중 3분의 2는 해당 국가기관등의 업무 또는 정보공개의 업무에 관한 지식을 가진 외부 전문가로 위촉하여야 한다. 다만, 제9조 제1항 제2호(국가안전보장·국방·통일·외교관계 등) 및 제4호(진행 중인 재판에 관련된 정보와 범죄의 예방, 수사, 공소의 제기 및 유지, 형의 집행, 교정, 보안처분 등)에 해당하는 업무를 주로 하는 국가기관은 그 국가기관의 장이 외부 전문가의 위촉 비율을 따로 정하되, 최소한 3분의 1 이상은 외부 전문가로 위촉하여야 한다. ④ 심의회의 위원장은 위원 중에서 국가기관등의 장이 지명하거나 위촉한다.
정보공개 위원회의 설치 (제22조)	다음 각 호의 사항을 심의·조정하기 위하여 **행정안전부장관** 소속으로 **정보공개위원회**(이하 "위원회"라 한다)를 둔다. 1호. 정보공개에 관한 정책의 수립 및 제도개선에 관한 사항 2호. 정보공개에 관한 기준수립에 관한 사항 3호. 제12조에 따른 심의회 심의결과의 조사·분석 및 심의기준 개선 관련 의견제시에 관한 사항 4호. 제24조 제2항 및 제3항에 따른 공공기관의 정보공개 운영실태 평가 및 그 결과 처리에 관한 사항 5호. 정보공개와 관련된 불합리한 제도·법령 및 그 운영에 대한 조사 및 개선권고에 관한 사항 6호. 그 밖에 정보공개에 관하여 대통령령으로 정하는 사항

정보공개
위원회의
구성 등
(제23조)
	① 위원회는 성별을 고려하여 **위원장과 부위원장 각 1명을 포함한 11명의 위원**으로 구성한다.
	② 위원회의 위원은 다음 각 호의 사람이 된다. 이 경우 **위원장을 포함한 7명은 공무원이 아닌 사람**으로 위촉하여야 한다.
	  1호. 대통령령으로 정하는 관계 중앙행정기관의 차관급 공무원이나 고위공무원단에 속하는 일반직공무원
	  2호. 정보공개에 관하여 학식과 경험이 풍부한 사람으로서 **행정안전부장관이 위촉**하는 사람
	  3호. 시민단체(「비영리민간단체 지원법」 제2조에 따른 비영리민간단체를 말한다)에서 추천한 사람으로서 **행정안전부장관이 위촉**하는 사람
	③ 위원장·부위원장 및 위원(제2항 제1호의 위원은 제외한다)의 **임기는 2년**으로 하며, **연임할 수 있다.**

7. 그 밖의 문제 〈15 채용〉

제도 총괄 등 (제24조)	① 행정안전부장관은 이 법에 따른 정보공개제도의 정책 수립 및 제도 개선 사항 등에 관한 기획·총괄 업무를 관장한다. ② 행정안전부장관은 위원회가 정보공개제도의 효율적 운영을 위하여 필요하다고 요청하면 공공기관(**국회·법원·헌법재판소 및 중앙선거관리위원회는 제외한다**)의 정보공개제도 운영 실태를 평가할 수 있다.(포함×)
국회에의 보고 (제26조 제1항)	행정안전부장관은 전년도의 정보공개 운영에 관한 보고서를 매년 정기국회 개회 전까지 국회에 제출하여야 한다.

제3절 개인정보 보호법

1. 총칙

(1) 정의(제2조) 〈22·23 채용〉

① "개인정보"란 **살아 있는 개인(사망자×, 법인×)에 관한 정보**로서 다음의 어느 하나에 해당하는 정보를 말한다(제1호).
  가목. **성명, 주민등록번호 및 영상 등을 통하여 개인을 알아볼 수 있는 정보**
  나목. **해당 정보만으로는 특정 개인을 알아볼 수 없더라도 다른 정보와 쉽게 결합하여 알아볼 수 있는 정보.** 이 경우 쉽게 결합할 수 있는지 여부는 다른 정보의 입수 가능성 등 개인을 알아보는 데 소요되는 시간, 비용, 기술 등을 합리적으로 고려하여야 한다.
  다목. 가목 또는 나목을 제1호의2에 따라 가명처리함으로써 원래의 상태로 복원하기 위한 추가 정보의 사용·결합 없이는 특정 개인을 알아볼 수 없는 정보(이하 "가명정보"라 한다)
  예 인적 사항(성명, 주소, 가족관계 등), 신체 정보(얼굴, 홍채, 지문, 건강, 병력 등), 정신 정보(기호, 종교, 사상, 정당 등), 사회 정보(학력, 직장, 전과 등), 재산 정보(소득, 신용, 부동산 등), 기타 정보(통신, 위치, 취미 등)
② "가명처리"란 개인정보의 일부를 삭제하거나 일부 또는 전부를 대체하는 등의 **방법**으로 추가 정보가 없이는 특정 개인을 알아볼 수 없도록 처리하는 것을 말한다(제1의2호).
  예 홍○○(○○세 남성)

③ **"정보주체"란** 처리되는 정보에 의하여 알아볼 수 있는 사람으로서 그 정보의 주체가 되는 사람을 말한다(제3호).
④ **"개인정보처리자"란** 업무를 목적으로 개인정보파일을 운용하기 위하여 스스로 또는 다른 사람을 통하여 개인정보를 처리하는 공공기관, 법인, 단체 및 개인 등을 말한다(제5호).
⑤ **"고정형 영상정보처리기기"란** 일정한 공간에 설치되어 지속적 또는 주기적으로 사람 또는 사물의 영상 등을 촬영하거나 이를 유·무선망을 통하여 전송하는 장치로서 대통령령으로 정하는 장치(※ 폐쇄회로 텔레비전, 네트워크 카메라)를 말한다(제7호).
⑥ **"이동형 영상정보처리기기"란** 사람이 신체에 착용 또는 휴대하거나 이동 가능한 물체에 부착 또는 거치(据置)하여 사람 또는 사물의 영상 등을 촬영하거나 이를 유·무선망을 통하여 전송하는 장치로서 대통령령으로 정하는 장치를 말한다(제7의2호).

(2) 처리가 제한되는 개인정보

① 민감정보(제23조) : 사상·신념, 노동조합·정당의 가입·탈퇴, 정치적 견해, 건강, 성생활 등에 관한 정보, 그 밖에 정보주체의 사생활을 현저히 침해할 우려가 있는 개인정보로서 대통령령으로 정하는 정보
② 고유식별정보(제24조) : 법령에 따라 개인을 고유하게 구별하기 위하여 부여된 식별정보로서 대통령령으로 정하는 정보(주민등록번호, 여권번호, 운전면허의 면허번호, 외국인등록번호)

(3) 개인정보 보호 원칙(제3조) ⟨24·25 채용⟩

① 개인정보처리자는 개인정보의 처리 목적을 명확하게 하여야 하고 그 목적에 필요한 범위에서 **최소한의 개인정보만을 적법하고 정당하게 수집하여야 한다.**
② 개인정보처리자는 개인정보의 처리 목적에 필요한 범위에서 적합하게 개인정보를 처리하여야 하며, **그 목적 외의 용도로 활용하여서는 아니 된다.**
③ 개인정보처리자는 개인정보의 처리 목적에 필요한 범위에서 **개인정보의 정확성, 완전성 및 최신성이 보장되도록 하여야 한다. 확장성×, 신속성×**
④ 개인정보처리자는 개인정보의 처리 방법 및 종류 등에 따라 **정보주체의 권리가 침해받을 가능성과 그 위험 정도를 고려하여 개인정보를 안전하게 관리하여야 한다.**
⑤ 개인정보처리자는 제30조에 따른 개인정보 처리방침 등 개인정보의 처리에 관한 사항을 공개하여야 하며, 열람청구권 등 정보주체의 권리를 보장하여야 한다.
⑥ 개인정보처리자는 정보주체의 사생활 침해를 최소화하는 방법으로 개인정보를 처리하여야 한다.
⑦ 개인정보처리자는 **개인정보를 익명 또는 가명으로 처리하여도 개인정보 수집목적을 달성할 수 있는 경우 익명처리가 가능한 경우에는 익명에 의하여, 익명처리로 목적을 달성할 수 없는 경우에는 가명에 의하여 처리될 수 있도록 하여야 한다.**
⑧ 개인정보처리자는 이 법 및 관계 법령에서 규정하고 있는 책임과 의무를 준수하고 실천함으로써 정보주체의 신뢰를 얻기 위하여 노력하여야 한다.

(4) 정보주체의 권리(제4조) ⟨23 채용⟩

정보주체는 자신의 개인정보 처리와 관련하여 다음 각 호의 권리를 가진다.
1호. 개인정보의 처리에 관한 정보를 제공받을 권리
2호. 개인정보의 처리에 관한 동의 여부, 동의 범위 등을 선택하고 결정할 권리

3호. 개인정보의 처리 여부를 확인하고 개인정보에 대한 열람(사본의 발급을 포함한다. 이하 같다) 및 전송을 요구할 권리
4호. **개인정보의 처리 정지, 정정·삭제 및 파기를 요구할 권리**
5호. 개인정보의 처리로 인하여 발생한 피해를 신속하고 공정한 절차에 따라 구제받을 권리
6호. 완전히 자동화된 개인정보 처리에 따른 결정을 거부하거나 그에 대한 설명 등을 요구할 권리

2. 개인정보의 수집, 이용, 제공 등 〈24 채용, 19 경행〉

(1) 개인정보의 수집·이용(제15조)

① 개인정보처리자는 다음 각 호의 어느 하나에 해당하는 경우에는 개인정보를 수집할 수 있으며 그 수집 목적의 범위에서 이용할 수 있다.
  1호. 정보주체의 동의를 받은 경우
  2호. **법률에 특별한 규정이 있거나 법령상 의무를 준수하기 위하여 불가피한 경우**
  3호. 공공기관이 법령 등에서 정하는 소관 업무의 수행을 위하여 불가피한 경우
  4호. 정보주체와 체결한 계약을 이행하거나 계약을 체결하는 과정에서 정보주체의 요청에 따른 조치를 이행하기 위하여 필요한 경우
  5호. **명백히 정보주체 또는 제3자의 급박한 생명, 신체, 재산의 이익을 위하여 필요하다고 인정되는 경우**
  6호. **개인정보처리자의 정당한 이익을 달성하기 위하여 필요한 경우로서 명백하게 정보주체의 권리보다 우선하는 경우.** 이 경우 개인정보처리자의 정당한 이익과 상당한 관련이 있고 합리적인 범위를 초과하지 아니하는 경우에 한한다.
  7호. 공중위생 등 공공의 안전과 안녕을 위하여 긴급히 필요한 경우
② 개인정보처리자는 제1항 제1호에 따른 동의를 받을 때에는 다음 각 호의 사항을 정보주체에게 알려야 한다. 다음 각 호의 어느 하나의 사항을 변경하는 경우에도 이를 알리고 동의를 받아야 한다.
  1호. 개인정보의 수집·이용 목적
  2호. 수집하려는 개인정보의 항목
  3호. 개인정보의 보유 및 이용 기간
  4호. 동의를 거부할 권리가 있다는 사실 및 동의 거부에 따른 불이익이 있는 경우에는 그 불이익의 내용
③ 개인정보처리자는 당초 수집 목적과 합리적으로 관련된 범위에서 정보주체에게 불이익이 발생하는지 여부, 암호화 등 안전성 확보에 필요한 조치를 하였는지 여부 등을 고려하여 대통령령으로 정하는 바에 따라 정보주체의 동의 없이 개인정보를 이용할 수 있다.

(2) **동의를 받는 방법**

① 개인정보처리자는 이 법에 따른 개인정보의 처리에 대하여 정보주체(제22조의2 제1항에 따른 법정대리인을 포함한다. 이하 이 조에서 같다)의 동의를 받을 때에는 각각의 동의 사항을 구분하여 정보주체가 이를 명확하게 인지할 수 있도록 알리고 동의를 받아야 한다. 이 경우 다음 각 호의 경우에는 동의 사항을 구분하여 각각 동의를 받아야 한다(제22조 제1항).

② 개인정보처리자는 **만 14세 미만 아동의 개인정보를 처리하기 위하여 이 법에 따른 동의를 받아야 할 때에는 그 법정대리인의 동의를 받아야 하며**, 법정대리인이 동의하였는지를 확인하여야 한다(제22조의2 제1항).

③ 위 규정에도 불구하고 법정대리인의 동의를 받기 위하여 필요한 최소한의 정보로서 대통령령으로 정하는 정보는 **법정대리인의 동의 없이 해당 아동으로부터 직접 수집할 수 있다**(제22조의2 제2항).

(3) 고정형 영상정보처리기기의 설치·운영 제한(제25조)

① 누구든지 다음 각 호의 경우를 제외하고는 공개된 장소에 고정형 영상정보처리기기를 설치·운영하여서는 아니 된다(제1항).

1호. 법령에서 구체적으로 허용하고 있는 경우
2호. **범죄의 예방 및 수사를 위하여 필요한 경우**
3호. 시설의 안전 및 관리, 화재 예방을 위하여 정당한 권한을 가진 자가 설치·운영하는 경우
4호. **교통단속을 위하여 정당한 권한을 가진 자가 설치·운영하는 경우**
5호. 교통정보의 수집·분석 및 제공을 위하여 정당한 권한을 가진 자가 설치·운영하는 경우
6호. 촬영된 영상정보를 저장하지 아니하는 경우로서 대통령령으로 정하는 경우

② **누구든지 불특정 다수가 이용하는 목욕실, 화장실, 발한실(發汗室), 탈의실 등 개인의 사생활을 현저히 침해할 우려가 있는 장소의 내부를 볼 수 있도록 고정형 영상정보처리기기를 설치·운영하여서는 아니 된다. 다만, 교도소, 정신보건 시설 등 법령에 근거하여 사람을 구금하거나 보호하는 시설로서 대통령령으로 정하는 시설에 대하여는 그러하지 아니하다**(제2항).

③ 고정형 영상정보처리기기운영자는 고정형 영상정보처리기기의 설치 목적과 다른 목적으로 고정형 영상정보처리기기를 임의로 조작하거나 다른 곳을 비춰서는 아니 되며, 녹음기능은 사용할 수 없다(제5항).

(4) 이동형 영상정보처리기기의 설치·운영 제한(제25조의2)

① 업무를 목적으로 이동형 영상정보처리기기를 운영하려는 자는 다음 각 호의 경우를 제외하고는 공개된 장소에서 이동형 영상정보처리기기로 사람 또는 그 사람과 관련된 사물의 영상(개인정보에 해당하는 경우로 한정한다. 이하 같다)을 촬영하여서는 아니 된다.

1. 제15조 제1항 각 호의 어느 하나에 해당하는 경우
2. 촬영 사실을 명확히 표시하여 정보주체가 촬영 사실을 알 수 있도록 하였음에도 불구하고 촬영 거부 의사를 밝히지 아니한 경우. 이 경우 정보주체의 권리를 부당하게 침해할 우려가 없고 합리적인 범위를 초과하지 아니하는 경우로 한정한다.
3. 그 밖에 제1호 및 제2호에 준하는 경우로서 대통령령으로 정하는 경우

② **누구든지 불특정 다수가 이용하는 목욕실, 화장실, 발한실, 탈의실 등 개인의 사생활을 현저히 침해할 우려가 있는 장소의 내부를 볼 수 있는 곳에서 이동형 영상정보처리기기로 사람 또는 그 사람과 관련된 사물의 영상을 촬영하여서는 아니 된다. 다만, 인명의 구조·구급 등을 위하여 필요한 경우로서 대통령령으로 정하는 경우에는 그러하지 아니하다.**

③ 제1항 각 호에 해당하여 이동형 영상정보처리기기로 사람 또는 그 사람과 관련된 사물의 영상을 촬영하는 경우에는 불빛, 소리, 안내판 등 대통령령으로 정하는 바에 따라 촬영 사실을 표시하고 알려야 한다.

④ 제1항부터 제3항까지에서 규정한 사항 외에 이동형 영상정보처리기기의 운영에 관하여는 제25조 제6항부터 제8항까지의 규정을 준용한다.

(5) 가명정보의 처리 등(제28조의2)

① 개인정보처리자는 통계작성, 과학적 연구, 공익적 기록보존 등을 위하여 정보주체의 동의 없이 가명정보를 처리할 수 있다.

② 개인정보처리자는 제1항에 따라 가명정보를 제3자에게 제공하는 경우에는 특정 개인을 알아보기 위하여 사용될 수 있는 정보를 포함해서는 아니 된다.

(6) 개인정보 유출 통지 등(제34조 제1항)

개인정보처리자는 개인정보가 분실·도난·유출(이하 이 조에서 "유출등"이라 한다)되었음을 알게 되었을 때에는 지체 없이 해당 정보주체에게 다음 각 호의 사항을 알려야 한다. 다만, 정보주체의 연락처를 알 수 없는 경우 등 정당한 사유가 있는 경우에는 대통령령으로 정하는 바에 따라 통지를 갈음하는 조치를 취할 수 있다.

1호. 유출등이 된 개인정보의 항목
2호. 유출등이 된 시점과 그 경위
3호. 유출등으로 인하여 발생할 수 있는 피해를 최소화하기 위하여 정보주체가 할 수 있는 방법 등에 관한 정보
4호. 개인정보처리자의 대응조치 및 피해 구제절차
5호. 정보주체에게 피해가 발생한 경우 신고 등을 접수할 수 있는 담당부서 및 연락처

3. 정보주체의 권리 보장

(1) 개인정보의 열람(제35조)

① 정보주체는 개인정보처리자가 처리하는 자신의 개인정보에 대한 열람을 해당 개인정보처리자에게 요구할 수 있다.

② 제1항에도 불구하고 정보주체가 자신의 개인정보에 대한 열람을 공공기관에 요구하고자 할 때에는 공공기관에 직접 열람을 요구하거나 대통령령으로 정하는 바에 따라 보호위원회를 통하여 열람을 요구할 수 있다.

③ 개인정보처리자는 제1항 및 제2항에 따른 열람을 요구받았을 때에는 대통령령으로 정하는 기간 내에 정보주체가 해당 개인정보를 열람할 수 있도록 하여야 한다. 이 경우 해당 기간 내에 열람할 수 없는 정당한 사유가 있을 때에는 정보주체에게 그 사유를 알리고 열람을 연기할 수 있으며, 그 사유가 소멸하면 지체 없이 열람하게 하여야 한다.

(2) 개인정보의 정정·삭제(제36조)

① 제35조에 따라 **자신의 개인정보를 열람한 정보주체는 개인정보처리자에게 그 개인정보의 정정 또는 삭제를 요구할 수 있다.** 다만, 다른 법령에서 그 개인정보가 수집 대상으로 명시되어 있는 경우에는 그 삭제를 요구할 수 없다.

② 개인정보처리자는 제1항에 따른 정보주체의 요구를 받았을 때에는 개인정보의 정정 또는 삭제에 관하여 다른 법령에 특별한 절차가 규정되어 있는 경우를 제외하고는 지체 없이 그 개인정보를 조사하여 정보주체의 요구에 따라 정정·삭제 등 필요한 조치를 한 후 그 결과를 정보주체에게 알려야 한다.

(3) 손해배상책임(제39조)

① 정보주체는 개인정보처리자가 이 법을 위반한 행위로 손해를 입으면 개인정보처리자에게 손해배상을 청구할 수 있다. 이 경우 그 개인정보처리자는 고의 또는 과실이 없음을 입증하지 아니하면 책임을 면할 수 없다(제1항).

② 개인정보처리자의 고의 또는 중대한 과실로 인하여 개인정보가 분실·도난·유출·위조·변조 또는 훼손된 경우로서 정보주체에게 손해가 발생한 때에는 **법원은 그 손해액의 5배를 넘지 아니하는 범위에서 손해배상액을 정할 수 있다.** 다만, 개인정보처리자가 고의 또는 중대한 과실이 없음을 증명한 경우에는 그러하지 아니하다(제3항).

4. 개인정보 보호위원회

(1) 설치와 구성

① 개인정보 보호에 관한 사무를 독립적으로 수행하기 위하여 국무총리 소속으로 개인정보 보호위원회(이하 "보호위원회"라 한다)를 둔다(제7조 제1항).

② 보호위원회는 상임위원 2명(위원장 1명, 부위원장 1명)을 포함한 9명의 위원으로 구성한다(제7조의2 제1항).

(2) 위원의 임기(제7조의4 제1항)

위원의 임기는 3년으로 하되, 한 차례만 연임할 수 있다.

CHAPTER 09 행정구제법

제1절 국민의 권리구제 수단

1. 행정구제제도

의의	행정구제제도는 행정기관의 작용으로 인해 자기의 권리나 이익이 침해되었다고 주장하는 사람이 행정기관이나 법원에 대하여 그 침해에 대한 원상회복·손해전보 또는 당해 행정작용의 시정(취소·변경 등)을 청구하는 절차를 말한다. 나아가 위법·부당한 행정작용을 예방하기 위하여 행하는 절차적 규제도 포함한다.
사전적 권리구제 제도	직권에 의한 취소·철회, 행정절차, 청원, 민원처리제도 등이 있다.
사후적 권리구제 제도	행정상 손해전보(손해배상, 손실보상), 행정쟁송(행정심판, 행정소송), 고소·고발을 통한 형사책임 추궁, 공무원의 징계책임 추궁, 헌법소원 등이 있다.

2. 행정기본법상의 이의신청과 재심사 〈24 채용〉

(1) 처분에 대한 이의신청(행정기본법 제36조)

① 행정청의 처분(「행정심판법」 제3조에 따라 같은 법에 따른 행정심판의 대상이 되는 처분을 말한다. 이하 이 조에서 같다)에 이의가 있는 당사자는 **처분을 받은 날부터 30일 이내에 해당 행정청에 이의신청을 할 수 있다.**
② 행정청은 제1항에 따른 이의신청을 받으면 그 **신청을 받은 날부터 14일 이내에 그 이의신청에 대한 결과를 신청인에게 통지하여야 한다.** 다만, 부득이한 사유로 14일 이내에 통지할 수 없는 경우에는 그 기간을 만료일 다음 날부터 기산하여 10일의 범위에서 한 차례 연장할 수 있으며, 연장 사유를 신청인에게 통지하여야 한다.
③ 제1항에 따라 이의신청을 한 경우에도 그 이의신청과 관계없이 「행정심판법」에 따른 행정심판 또는 「행정소송법」에 따른 행정소송을 제기할 수 있다.
④ 이의신청에 대한 결과를 통지받은 후 행정심판 또는 행정소송을 제기하려는 자는 **그 결과를 통지받은 날**(제2항에 따른 통지기간 내에 결과를 통지받지 못한 경우에는 같은 항에 따른 통지기간이 만료되는 날의 다음 날을 말한다)**부터 90일(60일×) 이내에 제1항의 처분**(이의신청 결과 처분이 변경된 경우에는 변경된 처분으로 한다)**에 대하여 행정심판 또는 행정소송을 제기할 수 있다.**
⑤ 행정청은 제2항 또는 다른 법률에 따라 이의신청에 대한 결과를 통지할 때에는 대통령령으로 정하는 바에 따라 제4항에 따른 행정심판 또는 행정소송을 제기할 수 있는 기간 등 행정심판 또는 행정소송의 제기에 관한 사항을 함께 안내하여야 한다. 다만, 이의신청에 대한 결과를 통지하기 전에 이미 신청인이 행정심판 또는 행정소송을 제기한 경우에는 안내하지 아니할 수 있다. [시행 2025. 9. 19.]
⑥ 다른 법률에서 이의신청과 이에 준하는 절차에 대하여 정하고 있는 경우에도 그 법률에서 규정하지 아니한 사항에 관하여는 이 조에서 정하는 바에 따른다.

⑦ 다음 각 호의 어느 하나에 해당하는 사항에 관하여는 이 조를 적용하지 아니한다.
  1호. 공무원 인사 관계 법령에 따른 징계 등 처분에 관한 사항
  2호. 「국가인권위원회법」 제30조에 따른 진정에 대한 국가인권위원회의 결정
  3호. 「노동위원회법」 제2조의2에 따라 노동위원회의 의결을 거쳐 행하는 사항
  4호. 형사, 행형 및 보안처분 관계 법령에 따라 행하는 사항
  5호. 외국인의 출입국·난민인정·귀화·국적회복에 관한 사항
  6호. 과태료 부과 및 징수에 관한 사항

(2) **처분의 재심사(행정기본법 제37조)**

① 당사자는 처분(제재처분 및 행정상 강제는 제외한다. 이하 이 조에서 같다)이 행정심판, 행정소송 및 그 밖의 쟁송을 통하여 다툴 수 없게 된 경우(법원의 확정판결이 있는 경우는 제외한다)라도 다음 각 호의 어느 하나에 해당하는 경우에는 해당 처분을 한 행정청에 처분을 취소·철회하거나 변경하여 줄 것을 신청할 수 있다.
  1호. 처분의 근거가 된 사실관계 또는 법률관계가 추후에 당사자에게 유리하게 바뀐 경우
  2호. 당사자에게 유리한 결정을 가져다주었을 새로운 증거가 있는 경우
  3호. 「민사소송법」 제451조에 따른 재심사유에 준하는 사유가 발생한 경우 등 대통령령으로 정하는 경우(※ 처분 업무를 직접 또는 간접적으로 처리한 공무원이 그 처분에 관한 직무상 죄를 범한 경우, 처분의 근거가 된 문서나 그 밖의 자료가 위조되거나 변조된 것인 경우, 제3자의 거짓 진술이 처분의 근거가 된 경우, 처분에 영향을 미칠 중요한 사항에 관하여 판단이 누락된 경우)

② 제1항에 따른 신청은 해당 처분의 절차, 행정심판, 행정소송 및 그 밖의 쟁송에서 당사자가 중대한 과실 없이 제1항 각 호의 사유를 주장하지 못한 경우에만 할 수 있다.

③ 제1항에 따른 신청은 당사자가 제1항 각 호의 사유를 안 날부터 60일 이내에 하여야 한다. 다만, 처분이 있은 날부터 5년이 지나면 신청할 수 없다.

④ 제1항에 따른 신청을 받은 행정청은 특별한 사정이 없으면 신청을 받은 날부터 90일(합의제행정기관은 180일) 이내에 처분의 재심사 결과(재심사 여부와 처분의 유지·취소·철회·변경 등에 대한 결정을 포함한다)를 신청인에게 통지하여야 한다. 다만, 부득이한 사유로 90일(합의제행정기관은 180일) 이내에 통지할 수 없는 경우에는 그 기간을 만료일 다음 날부터 기산하여 90일(합의제행정기관은 180일)의 범위에서 한 차례 연장할 수 있으며, 연장 사유를 신청인에게 통지하여야 한다.

⑤ 제4항에 따른 처분의 재심사 결과 중 처분을 유지하는 결과에 대해서는 행정심판, 행정소송 및 그 밖의 쟁송수단을 통하여 불복할 수 없다.

⑥ 행정청의 제18조에 따른 취소와 제19조에 따른 철회는 처분의 재심사에 의하여 영향을 받지 아니한다.

제2절 손해배상

1 손해배상의 의의와 법적 근거

1. 의의

① 행정상 손해배상 제도는 국가 등이 자신의 사무수행과 관련하여 위법하게 국민에게 손해를 준 경우 국가 등이 피해자에게 손해를 배상하는 제도를 말한다.
② 위법한 행정작용에 의하여 권리나 이익의 침해를 받은 개인은 「국가배상법」에 의한 손해배상을 청구할 수 있다.
③ 행정상 손실보상 제도는 적법한 행정작용에 의해 발생한 수인한도를 넘는 특별한 희생을 전보하려는 제도이므로 위법한 행정작용에 의해 발생한 손해를 전보하려는 제도인 손해배상 제도와 차이가 있다.
④ 손해배상과 손실보상의 비교

구분	손해배상	손실보상
개념	위법한 행정작용으로 인한 손해를 전보	적법한 행정작용으로 인한 특별한 손실을 전보
기본이념	개인주의, 도의적 책임	단체주의, 사회적 공평부담
법적 근거	㉠ 헌법 제29조 ㉡ 국가배상법(일반법)	㉠ 헌법 제23조 제3항 ㉡ 경찰관 직무집행법(개별법) ㉢ 개별법에 의한 보상 이외에 수용적 침해의 법리에 의해 손실보상 청구
책임의 성질	원칙적으로 과실책임	무과실책임
전보 범위	재산상 손해, 비재산적 손해	원칙적으로 재산상 손실, 생명·신체 침해로 인한 손실(경찰관 직무집행법)

2. 헌법과 국가배상법

(1) 법적 근거

① 공무원의 직무상 불법행위로 손해를 받은 국민은 법률이 정하는 바에 의하여 국가 또는 공공단체에 정당한 배상을 청구할 수 있다. 이 경우 공무원 자신의 책임은 면제되지 아니한다(헌법 제29조 제1항).
② 국가나 지방자치단체는 공무원 또는 공무를 위탁받은 사인(이하 "공무원"이라 한다)이 직무를 집행하면서 고의 또는 과실로 법령을 위반하여 타인에게 손해를 입히거나 자동차손해배상보장법에 따라 손해배상의 책임이 있는 때에는 이 법에 따라 그 손해를 배상하여야 한다(국가배상법 제2조 제1항).

(2) 「국가배상법」의 지위

① 행정상 손해배상에 관하여 「국가배상법」이 일반법적 지위를 갖는다.
② 다른 법률과의 관계(국가배상법 제8조)
국가나 지방자치단체의 손해배상 책임에 관하여는 이 법에 규정된 사항 외에는 「민법」에 따른다. 다만, 「민법」 외의 법률에 다른 규정이 있을 때에는 그 규정에 따른다.

③ 법적 성격(판례의 태도)
　㉠ 공무원의 직무상 불법행위는 일반적 불법행위의 한 종류에 불과하여 국가배상법은 민법의 특별법에 해당하는 사법이라고 본다. 따라서 국가배상청구소송은 민사소송절차에 의하여야 한다.
　㉡ 국가배상법은 민사상 손해배상책임의 특별법이다.
　　공무원의 직무상 불법행위로 손해를 받은 국민이 국가 또는 공공단체에 배상을 청구하는 경우 국가 또는 공공단체에 대하여 그의 불법행위를 이유로 손해배상을 구함은 국가배상법이 정한 바에 따른다 하여도 이 역시 민사상의 손해배상 책임을 특별법인 국가배상법이 정한데 불과하다(대법원 1972.10.10. 69다701).

2 공무원의 위법한 직무행위로 인한 손해배상(제2조)

1. 손해배상책임의 요건

① 공무원 또는 공무를 위탁받은 사인(이하 "공무원"이라 한다)이 ② 직무를 집행하면서 ③ 고의 또는 과실로 ④ 법령을 위반하여 ⑤ 타인에게 손해를 발생시켰고 ⑥ 직무집행과 손해발생 사이에 상당인과관계가 있으면 국가 등의 배상책임이 성립한다.

2. 공무원의 행위 〈15·16 경행, 23 경위〉

(1) 공무원의 개념

① 공무원에는 조직법상 의미의 공무원뿐만 아니라 기능적 의미의 공무원이 포함된다.
② 국가배상법 제2조 소정의 '공무원'이라 함은 국가공무원법이나 지방공무원법에 의하여 공무원으로서의 신분을 가진 자에 국한하지 않고, 널리 공무를 위탁받아 실질적으로 공무에 종사하고 있는 일체의 자를 가리키는 것으로서, 공무의 위탁이 일시적이고 한정적인 사항에 관한 활동을 위한 것이어도 달리 볼 것은 아니다(대법원 2001.1.5. 98다39060).
③ 공무수탁사인도「국가배상법」제2조의 공무원으로 보아야 한다.

(2) 국가배상법상 공무원의 범위에 관한 판례

① 지방자치단체로부터 어린이보호 등의 공무를 위탁받아 집행하는 교통할아버지도 국가배상법 제2조에서 규정하는 공무원이다.
　지방자치단체가 '교통할아버지 봉사활동 계획'을 수립한 후 관할 동장으로 하여금 '교통할아버지'를 선정하게 하여 어린이 보호, 교통안내, 거리질서 확립 등의 공무를 위탁하여 집행하게 하던 중 '교통할아버지'로 선정된 노인이 위탁받은 업무 범위를 넘어 교차로 중앙에서 교통정리를 하다가 교통사고를 발생시킨 경우, 지방자치단체가 국가배상법 제2조 소정의 배상책임을 부담한다고 인정한 원심의 판단을 수긍한 사례(대법원 2001.1.5. 98다39060).
② 향토예비군도 그 동원기간 중에는 국가배상법 제2조 소정의 공무원 중에 포함된다고 보는 것이 상당하다(대법원 1970.5.26. 70다471).
③ 서울시 산하 구청 소속의 청소차량 운전원은 지방공무원법상 단순한 노무에 종사하는 별정직 공무원이므로 국가배상법상 공무원에 해당한다(대법원 1980.9.24. 80다1051).

④ 국가나 지방자치단체에 근무하는 청원경찰은 국가공무원법이나 지방공무원법상의 공무원은 아니지만, 다른 청원경찰과는 달리 그 임용권자가 행정기관의 장이고, 국가나 지방자치단체로부터 보수를 받으며, 산업재해보상보험법이나 근로기준법이 아닌 공무원연금법에 따른 재해보상과 퇴직급여를 지급받고, 직무상의 불법행위에 대하여도 민법이 아닌 국가배상법이 적용되는 등의 특질이 있다(대법원 1993.7.13. 92다47564).

⑤ 의용소방대는 국가기관이라 할 수 없음은 물론이고 군에 예속된 기관이라고 할 수도 없으니 의용소방대원이 소방호수를 교환받기 위하여 소방대장의 승인을 받고 위 의용소방대가 보관 사용하는 차량을 운전하고 가다가 운전사고가 발생하였다면 이를 군의 사무집행에 즈음한 행위라고 볼 수 없다(대법원 1975.11.25. 73다1896).

3. 직무 집행 (15·18·20 경행)

(1) 직무집행의 범위

① 국가배상법이 정한 배상청구의 요건인 '공무원의 직무'에는 권력적 작용만이 아니라 행정지도와 같은 비권력적 작용도 포함되며 단지 행정주체가 사경제주체로서 하는 활동만 제외된다(대법원 1998.7.10. 96다38971).

② 국가 또는 지방자치단체라 할지라도 공권력의 행사가 아니고 단순한 사경제의 주체로 활동하였을 경우에는 그 손해배상책임에 국가배상법이 적용될 수 없고 민법상의 사용자책임 등이 인정된다.

국가의 철도운행사업은 국가가 공권력의 행사로서 하는 것이 아니고 사경제적 작용이라 할 것이므로, 이로 인한 사고에 공무원이 간여하였다고 하더라도 국가배상법을 적용할 것이 아니고 일반 민법의 규정에 따라야 한다.

그러나 공공의 영조물인 철도시설물의 설치 또는 관리의 하자로 인한 불법행위를 원인으로 하여 국가에 대하여 손해배상청구를 하는 경우에는 국가배상법이 적용된다(대법원 1999.6.22. 99다7008).

(2) 직무집행 관련성 판례

① 인사업무담당 공무원이(공무원증 발급업무를 담당하는 공무원이 대출을 받을 목적으로) 다른 공무원의 공무원증 등을 위조한 행위에 대하여 실질적으로는 직무행위에 속하지 아니한다 할지라도 외관상으로 국가배상법 제2조 제1항의 직무집행 관련성이 인정된다(대법원 2005.1.14. 2004다26805).

② 구청 공무원 갑이 주택정비계장으로 부임하기 이전에 그의 처 등과 공모하여 을에게 무허가건물철거 세입자들에 대한 시영아파트 입주권 매매행위를 한 경우 이는 갑이 개인적으로 저지른 행위에 불과하고 당시 근무하던 세무과에서 수행하던 지방세 부과, 징수 등 본래의 직무와는 관련이 없는 행위로서 외형상으로도 직무범위 내에 속하는 행위라고 볼 수 없다(대법원 1993.1.15. 92다8514).

③ 공무원이 통상적으로 근무하는 근무지로 출근하기 위하여 자기 소유의 자동차를 운행하다가 자신의 과실로 교통사고를 일으킨 경우에는 특별한 사정이 없는 한 국가배상법 제2조 제1항 소정의 공무원이 '직무를 집행하면서' 타인에게 불법행위를 한 것이라고 할 수 없으므로 그 공무원이 소속된 국가나 지방공공단체가 국가배상법상의 손해배상책임을 부담하지 않는다(대법원 1996.5.31. 94다15271).

4. 고의 또는 과실 〈22 채용, 15·18 경행, 23 경위〉

(1) 고의 또는 과실의 기준

① 어떠한 행정처분이 위법한 경우, 그 자체만으로 곧바로 그 행정처분이 공무원의 고의 또는 과실로 인한 불법행위를 구성한다고 단정할 수 없다(대법원 2004.6.11. 2002다31018).

② 행정처분의 담당공무원이 보통 일반의 공무원을 표준으로 하여 볼 때 객관적 주의의무를 결하여 그 행정처분이 객관적 정당성을 상실하였다고 인정될 정도에 이른 경우에 국가배상법 제2조 소정의 국가배상책임의 요건을 충족한다(대법원 2003.12.11. 2001다65236).

(2) 가해공무원의 특정 불요

국가 소속 전투경찰들이 시위진압을 함에 있어서 합리적이고 상당하다고 인정되는 정도를 넘어 지나치게 과도한 방법으로 시위진압을 한 잘못으로 시위 참가자로 하여금 사망에 이르게 하였다는 이유로 국가의 손해배상책임을 인정한 사례(대법원 1995.11.10. 95다23897)

(3) 법령해석상의 과실

① 법령에 대한 해석이 복잡, 미묘하여 워낙 어렵고, 이에 대한 학설, 판례조차 귀일되어 있지 않는 등의 특별한 사정이 없는 한 일반적으로 공무원이 관계 법규를 알지 못하거나 필요한 지식을 갖추지 못하고 법규의 해석을 그르쳐 행정처분을 하였다면 그가 법률전문가가 아닌 행정직 공무원이라고 하여도 과실을 인정할 수 있다(대법원 2001.2.9. 98다52988).

② 어떠한 행정처분이 위법하다고 할지라도 그 자체만으로 곧바로 그 행정처분이 공무원의 고의 또는 과실로 인한 불법행위를 구성한다고 단정할 수는 없고, 공무원의 고의 또는 과실의 유무에 대하여는 별도의 판단을 요한다고 할 것인바, 그 이유는 행정청이 관계 법령의 해석이 확립되기 전에 어느 한 설을 취하여 업무를 처리한 것이 결과적으로 위법하게 되어 그 법령의 부당집행이라는 결과를 빚었다고 하더라도 처분 당시 그와 같은 처리방법 이상의 것을 성실한 평균적 공무원에게 기대하기 어려웠던 경우라면 특별한 사정이 없는 한 이를 두고 공무원의 과실로 인한 것이라고 볼 수는 없기 때문이다(대법원 2004.6.11. 2002다31018).

(4) 행정규칙에 따른 처분

공무원이 재량준칙에 따라 행정처분을 하였는데, 결과적으로 그 처분을 재량을 일탈·남용하여 위법하게 된 경우에도 그에게 직무집행상의 과실을 인정하기 어렵다.

영업허가취소처분이 나중에 행정심판에 의하여 재량권을 일탈한 위법한 처분임이 판명되어 취소되었다고 하더라도 그 처분이 당시 시행되던 공중위생법시행규칙에 정하여진 행정처분의 기준에 따른 것인 이상 그 영업허가취소처분을 한 행정청 공무원에게 그와 같은 위법한 처분을 한 데 있어 어떤 직무집행상의 과실이 있다고 할 수는 없다(대법원 1994.11.8. 94다26141).

5. 법령 위반 〈22·23·24 채용, 23·24 경위〉

(1) 법령 위반의 의미

① 성폭력범죄 담당 경찰관의 피해자 인적사항 누설 사건

[1] 국가배상책임에 있어서 '법령 위반'의 의미 및 경찰관이 범죄수사를 하면서 법규상 또는 조리상의 한계를 위반한 것은 '법령 위반'에 해당한다.

국가배상책임에 있어 공무원의 가해행위는 법령을 위반한 것이어야 하고, 법령을 위반하였다 함은 엄격한 의미의 법령 위반뿐 아니라 인권존중, 권력남용금지, 신의성실과 같이 공무원으로서 마땅히 지켜야 할 준칙이나 규범을 지키지 아니하고 위반한 경우를 포함하여 널리 그 행위가 객관적인 정당성을 결여하고 있음을 뜻하는 것이다. 그러므로, 경찰관이 범죄수사를 함에 있어 경찰관으로서 의당 지켜야 할 법규상 또는 조리상의 한계를 위반하였다면 이는 법령을 위반한 경우에 해당한다.

[2] 성폭력범죄의 담당 경찰관이 경찰서에 설치되어 있는 범인식별실을 사용하지 않고 공개된 장소인 형사과 사무실에서 피의자들을 한꺼번에 세워 놓고 나이 어린 학생인 피해자에게 범인을 지목하도록 한 행위는 국가배상법상의 '법령 위반' 행위에 해당한다.

[3] 성폭력범죄의 수사를 담당하거나 수사에 관여하는 경찰관이 피해자의 인적사항 등을 공개 또는 누설함으로써 피해자가 손해를 입은 경우, 국가의 배상책임이 성립한다.

성폭력범죄의 처벌 및 피해자보호 등에 관한 법률 제21조는 성폭력범죄의 수사 또는 재판을 담당하거나 이에 관여하는 공무원에 대하여 피해자의 인적사항과 사생활의 비밀을 엄수할 직무상 의무를 부과하고 있고, 이는 주로 성폭력범죄 피해자의 명예와 사생활의 평온을 보호하기 위한 것이므로, 성폭력범죄의 수사를 담당하거나 수사에 관여하는 경찰관이 위와 같은 직무상 의무에 반하여 피해자의 인적사항 등을 공개 또는 누설하였다면 국가는 그로 인하여 피해자가 입은 손해를 배상하여야 한다(대법원 2008.6.12. 2007다64365).

(2) 개인의 권리침해와 위법성 판단

① 약국 화재 사건

[1] 경찰의 불법시위 진압에 대항하여 시위자들이 던진 화염병에 약국이 타버려 재산상 피해를 입은 경우 국가배상책임을 부정하였다.

[2] 국가배상책임은 공무원의 직무집행이 법령에 위반한 것임을 요건으로 하는 것으로서, **공무원의 직무집행이 법령이 정한 요건과 절차에 따라 이루어진 것이라면 특별한 사정이 없는 한 이는 법령에 적합한 것이고 그 과정에서 개인의 권리가 침해되는 일이 생긴다고 하여 그 법령 적합성이 곧바로 부정되는 것은 아니다.**

그러므로 불법시위를 진압하는 경찰관들의 직무집행이 법령에 위반한 것이라고 하기 위하여는 그 시위진압이 불필요하거나 또는 불법시위의 태양 및 시위 장소의 상황 등에서 예측되는 피해 발생의 구체적 위험성의 내용에 비추어 시위진압의 계속 수행 내지 그 방법 등이 현저히 합리성을 결여하여 이를 위법하다고 평가할 수 있는 경우이어야 한다.

[3] 경찰관들의 시위진압에 대항하여 시위자들이 던진 화염병에 의하여 발생한 화재로 인하여 손해를 입은 주민의 국가배상청구를 인정한 원심판결을 법리오해를 이유로 파기한 사례(대법원 1997.7.25. 94다2480)

② 경찰관이 교통법규 등을 위반하고 도주하는 차량을 순찰차로 추적하는 직무를 집행하는 중에 그 도주 차량의 주행에 의하여 제3자가 손해를 입은 경우, 경찰관의 추적행위는 위법하지 않으므로 국가에게 손해배상책임이 성립하지 않는다.

경찰관이 교통법규 등을 위반하고 도주하는 차량을 순찰차로 추적하는 직무를 집행하는 중에 그 도주 차량의 주행에 의하여 제3자가 손해를 입었다고 하더라도 그 추적이 당해 직무 목적을 수행하는 데에 불필요하다거나 또는 도주차량의 도주의 태양 및 도로교통상황 등으로부터 예측되는 피해발생의 구체적 위험성의 유무 및 내용에 비추어 추적의 개시·계속 혹은 추적의 방법이 상당하지 않다는 등의 특별한 사정이 없는 한 그 추적행위를 위법하다고 할 수는 없다(대법원 2000.11.10. 2000다26807,26814).

(3) 부작위의 위법성

① 경찰행정에 대한 개입의무(대법원 2017.11.9. 2017다228083)

경찰은 범죄의 예방, 진압 및 수사와 함께 국민의 생명, 신체 및 재산의 보호 기타 공공의 안녕과 질서유지를 직무로 하고 있고, 직무의 원활한 수행을 위하여 경찰관 직무집행법, 형사소송법 등 관계 법령에 의하여 여러 가지 권한이 부여되어 있으므로, 구체적인 직무를 수행하는 경찰관으로서는 제반 상황에 대응하여 자신에게 부여된 여러 가지 권한을 적절하게 행사하여 필요한 조치를 취할 수 있는 것이고, 그러한 권한은 일반적으로 경찰관의 전문적 판단에 기한 합리적인 재량에 위임되어 있는 것이다.

그러니 경찰관에게 권한을 부여한 취지와 목적에 비추어 볼 때 구체적인 사정에 따라 경찰관이 권한을 행사하여 필요한 조치를 취하지 아니하는 것이 현저하게 불합리하다고 인정되는 경우에는 그러한 권한의 불행사는 직무상의 의무를 위반한 것이 되어 위법하게 된다.

범죄의 예방·진압 및 수사는 경찰관의 직무에 해당하며 그 직무행위의 구체적 내용이나 방법 등이 경찰관의 전문적 판단에 기한 합리적인 재량에 위임되어 있으므로, 경찰관이 구체적 상황 하에서 그 인적·물적 능력의 범위 내에서의 적절한 조치라는 판단에 따라 범죄의 진압 및 수사에 관한 직무를 수행한 경우, 그것이 객관적 정당성을 상실하여 현저하게 불합리하다고 인정되지 않는다면 그와 다른 조치를 취하지 아니한 부작위를 내세워 국가배상책임의 요건인 법령위반에 해당한다고 할 수 없다(대법원 2008.4.24. 2006다32132).

② 위치추적 전자장치 대상자의 강간살인 사건

[1] 공무원의 부작위를 이유로 국가배상책임을 인정하기 위한 요건 및 그중 '법령 위반'의 의미
공무원의 부작위를 이유로 국가배상책임을 인정하기 위해서는 공무원의 작위로 국가배상책임을 인정하는 경우와 마찬가지로 '공무원이 직무를 집행하면서 고의 또는 과실로 법령을 위반하여 타인에게 손해를 입힌 때'라는 국가배상법 제2조 제1항의 요건이 충족되어야 한다. 여기서 **'법령 위반'이란 엄격하게 형식적 의미의 법령에 명시적으로 공무원의 작위의무가 규정되어 있는데도 이를 위반하는 경우만을 의미하는 것은 아니고, 인권존중·권력남용 금지·신의성실과 같이 공무원으로서 마땅히 지켜야 할 준칙이나 규범을 지키지 않고 위반한 경우를 포함하여 널리 객관적인 정당성이 없는 행위를 한 경우를 포함한다.**

[2] 관련 공무원에 대하여 작위의무를 명하는 법령 규정이 없는 경우에도, 공무원의 부작위를 이유로 국가배상책임을 인정할 수 있다.
국민의 생명·신체·재산 등에 관하여 절박하고 중대한 위험상태가 발생하였거나 발생할 우려가 있어서 국민의 생명·신체·재산 등을 보호하는 것을 본래적 사명으로 하는 국가가 초법규적, 일차적으로 그 위험 배제에 나서지 않으면 국민의 생명·신체·재산 등을 보호할 수 없는 경우에는 형식적 의미의 법령에 근거가 없더라도 국가나 관련 공무원에 대하여 그러한 위험을 배제할 작위의무를 인정할 수 있다.

[3] 다수의 성폭력범죄로 여러 차례 처벌을 받은 뒤 위치추적 전자장치를 부착하고 보호관찰을 받고 있던 갑이 을을 강간하였고(이하 '직전 범행'이라고 한다), 그로부터 13일 후 병을 강간하려다 살해하였는데, 병의 유족들이 경찰관과 보호관찰관의 위법한 직무수행을 이유로 국가를 상대로 손해배상을 구한 사안에서, **직전 범행의 수사를 담당하던 경찰관이 직전 범행의 특수성과 위험성을 고려하지 않은 채 통상적인 조치만 하였을 뿐 전자장치 위치정보를 수사에 활용하지 않은 것**과 보호관찰관이 갑의 높은 재범의 위험성과 반사회성을 인식하였음

에도 적극적 대면조치 등 이를 억제할 실질적인 조치를 하지 않은 것은 범죄를 예방하고 재범을 억지하여 사회를 방위하기 위해서 이들에게 부여된 권한과 직무를 목적과 취지에 맞게 수행하지 않았거나 소홀히 수행하였던 것이고, 이는 **국민의 생명·신체에 관하여 절박하고 중대한 위험상태가 발생할 우려가 있어 그 위험 배제에 나서지 않으면 이를 보호할 수 없는 상황에서 그러한 위험을 배제할 공무원의 작위의무를 위반한 것으로 인정**될 여지가 있으며, 위와 같은 경찰관과 보호관찰관의 직무상 의무 위반은 병의 사망 사이에서 상당인과관계를 인정할 여지가 큰데도, 경찰관과 보호관찰관의 직무수행이 객관적 정당성을 결여하지 않아 위법하지 않다고 본 원심판단에 법리오해의 잘못이 있다고 한 사례(대법원 2022.7.14. 2017다290538)

③ 트랙터 방치 사건(대법원 1998.8.25. 98다16890)

[1] 경찰관 직무집행법 제5조는 경찰관은 인명 또는 신체에 위해를 미치거나 재산에 중대한 손해를 끼칠 우려가 있는 위험한 사태가 있을 때에는 그 각 호의 조치를 취할 수 있다고 규정하여 형식상 경찰관에게 재량에 의한 직무수행권한을 부여한 것처럼 되어 있다.
그러나 경찰관에게 그러한 권한을 부여한 취지와 목적에 비추어 볼 때 구체적인 사정에 따라 경찰관이 그 권한을 행사하여 필요한 조치를 취하지 아니하는 것이 현저하게 불합리하다고 인정되는 경우에는 그러한 권한의 불행사는 직무상의 의무를 위반한 것이 되어 위법하게 된다.

[2] 경찰관이 농민들의 시위를 진압하고 시위과정에 도로상에 방치된 트랙터 1대에 대하여 이를 도로 밖으로 옮기거나 후방에 안전표지판을 설치하는 것과 같은 위험발생방지조치를 취하지 아니한 채 그대로 방치하고 철수하여 버린 결과, 야간에 그 도로를 진행하던 운전자가 위 방치된 트랙터를 피하려다가 다른 트랙터에 부딪혀 상해를 입은 사안에서 국가배상책임을 인정한 사례

④ 음주운전 사건(대법원 1998.5.8. 97다54482)

[1] 주취 상태에서의 운전은 도로교통법 규정에 의하여 금지되어 있는 범죄행위임이 명백하고 그로 인하여 자기 또는 타인의 생명이나 신체에 위해를 미칠 위험이 큰 점을 감안하면, 주취운전을 적발한 경찰관이 주취운전의 계속을 막기 위하여 취할 수 있는 조치로는, 단순히 주취운전의 계속을 금지하는 명령 이외에 다른 사람으로 하여금 대신하여 운전하게 하거나 당해 주취운전자가 임의로 제출한 차량열쇠를 일시 보관하면서 가족에게 연락하여 주취운전자와 자동차를 인수하게 하거나 또는 주취 상태에서 벗어난 후 다시 운전하게 하며 그 주취 정도가 심한 경우에 경찰서에 일시 보호하는 것 등을 들 수 있고, 한편 주취운전이라는 범죄행위로 당해 음주운전자를 구속·체포하지 아니한 경우에도 필요하다면 그 차량열쇠는 범행 중 또는 범행 직후의 범죄장소에서의 압수로서 형사소송법 제216조 제3항에 의하여 영장 없이 이를 압수할 수 있다.

[2] 경찰관의 주취운전자에 대한 권한 행사가 관계 법률의 규정 형식상 경찰관의 재량에 맡겨져 있다고 하더라도, 그러한 권한을 행사하지 아니한 것이 구체적인 상황하에서 현저하게 합리성을 잃어 사회적 타당성이 없는 경우에는 경찰관의 직무상 의무를 위배한 것으로서 위법하게 된다.

[3] 음주운전으로 적발된 주취운전자가 도로 밖으로 차량을 이동하겠다며 단속경찰관으로부터 보관 중이던 차량열쇠를 반환받아 몰래 차량을 운전하여 가던 중 사고를 일으킨 경우, 국가배상책임을 인정한 사례

6. 손해 발생

(1) 직무유기와 사망 사이의 인과관계

대간첩작전을 수행하기 위하여 군경공무원들이 합동대기하고 있는 동안 인근에서 주민들과 무장간첩이 격투하다가 주민 1인이 권총탄에 맞아 사망하였다면 국가배상책임이 인정될 수 있다.

무장공비색출체포를 위한 대간첩작전을 수행하기 위하여 파출소 소장, 순경 및 육군장교 수명 등이 파출소에서 합동대기하고 있던 중 그로부터 불과 60~70미터 거리에서 약 15분간에 걸쳐 주민들이 무장간첩과 격투하던 중 주민 1인이 무장간첩의 발사권총탄에 맞아 사망하였다면 위 군경공무원들의 직무유기행위와 위 망인의 사망과의 사이에 인과관계가 있다(대법원 1974.4.6. 71다124).

(2) 직무상 의무위반과 사망 사이의 인과관계 〈22·24 채용〉

① 경찰권의 불행사

공무원에게 부과된 직무상 의무의 내용이 단순히 공공 일반의 이익을 위한 것이거나 행정기관 내부의 질서를 규율하기 위한 것이 아니고 전적으로 또는 부수적으로 사회구성원 개인의 안전과 이익을 보호하기 위하여 설정된 것이라면, 공무원이 그와 같은 직무상 의무를 위반함으로 인하여 피해자가 입은 손해에 대하여는 상당인과관계가 인정되는 범위 내에서 국가가 배상책임을 진다(대법원 2017.11.9. 2017다228083).

※ 피고 소속 경찰공무원들이 이 사건 신고를 이전의 다른 신고와 동일한 것으로 오인하여 이 사건 신고 시각으로부터 24분이 지나도록 아무런 조치를 취하지 아니한 것은 과실로 인하여 현저히 불합리하게 공무를 처리함으로써 직무상의 의무를 위반한 경우에 해당하고, 이와 같은 직무상의 의무 위반과 피해자에 대한 살인사건 사이에는 상당인과관계가 인정되며, 해당 경찰공무원들에게는 살인사건 발생에 관한 예견가능성도 있었다고 판단하였다.

② 헌병대 영창에서 탈주한 군인들이 민가에 침입하여 저지른 범죄행위로 일반국민에게 손해를 입혔다면 국가는 그로 인하여 피해자들이 입은 손해를 배상할 책임이 있다.

군행형법과 군행형법시행령이 군교도소나 미결수용실(이하 '교도소 등'이라 한다)에 대한 경계 감호를 위하여 관련 공무원에게 각종 직무상의 의무를 부과하고 있는 것은, 일차적으로는 그 수용자들을 격리보호하고 교정교화함으로써 공공 일반의 이익을 도모하고 교도소 등의 내부 질서를 유지하기 위한 것이라 할 것이지만, 부수적으로는 그 수용자들이 탈주한 경우에 그 도주과정에서 일어날 수 있는 2차적 범죄행위로부터 일반 국민의 인명과 재화를 보호하고자 하는 목적도 있다고 할 것이므로, 국가공무원들이 위와 같은 직무상의 의무를 위반한 결과 (군교도소) 수용자들이 탈주함으로써 일반 국민에게 손해를 입히는 사건이 발생하였다면, 국가는 그로 인하여 피해자들이 입은 손해를 배상할 책임이 있다(대법원 2003.2.14. 2002다62678).

③ 소방공무원의 시정조치 의무 위반

[1] 유흥주점에 감금된 채 윤락을 강요받으며 생활하던 여종업원들이 유흥주점에 화재가 났을 때 미처 피신하지 못하고 유독가스에 질식해 사망한 사안에서, 소방공무원이 위 화재 전 유흥주점에 대하여 구 소방법상 시정조치를 명하지 않은 직무상 의무 위반과 위 사망의 결과 사이의 상당인과관계를 인정한 사례

[2] 지방자치단체의 담당 공무원이 식품위생법상 취하여야 할 조치를 게을리 한 직무상 의무위반행위와 위 사망의 결과 사이의 상당인과관계를 인정하지 않은 사례(대법원 2008.4.10. 2005다48994).

7. 자동차손해배상 보장법

(1) 국가배상법과의 관계

① 판례는 「자동차손해배상 보장법」은 배상책임의 성립요건에 관하여는 「국가배상법」에 우선하여 적용된다고 판시하였다. 따라서 국가에 운행지배나 운행이익이 인정되면 원칙적으로 국가배상책임이 성립한다.

② 자동차손해배상 보장법 제1조, 제3조, 제28조의 규정의 취지를 종합하면 국가와 지방자치단체가 보유하는 자동차에 의하여 타인을 사상하게 한 경우에 일어나는 손해배상책임을 묻는 요건에 관하여는 그것이 국가배상법과 저촉되는 범위에서는 자동차손해배상 보장법 제3조가 국가배상법의 관계규정보다 우선 적용된다고 보는 것이 상당하다(대법원 1970.3.24. 70다135).

(2) 관련 판례

공무원이 그 직무를 집행하기 위하여 국가 또는 지방자치단체 소유의 관용차를 운행하는 경우 자동차손해배상보장법 제3조 소정의 손해배상책임의 주체가 될 수 없다.

자동차손해배상보장법 제3조 소정의 "자기를 위하여 자동차를 운행하는 자"라고 함은 자동차에 대한 운행을 지배하여 그 이익을 향수하는 책임주체로서의 지위에 있는 자를 뜻하는 것인바, 공무원이 그 직무를 집행하기 위하여 국가 또는 지방자치단체 소유의 관용차를 운행하는 경우, 그 자동차에 대한 운행지배나 운행이익은 그 공무원이 소속한 국가 또는 지방자치단체에 귀속된다고 할 것이고, 그 공무원 자신이 개인적으로 그 자동차에 대한 운행지배나 운행이익을 가지는 것이라고는 볼 수 없으므로, 그 공무원이 자기를 위하여 관용차를 운행하는 자로서 같은 법조 소정의 손해배상책임의 주체가 될 수는 없다(대법원 1992.2.25. 91다12356).

※ ○○경찰서 경비과장으로 근무하던 원고가 직무수행을 위하여 ○○경찰서장의 승낙을 얻어 위 자동차의 적재함에 위 경찰서에 파견근무 중이던 방위병인 소외인을 탑승시킨 후 제방 아래로 추락하여 위 소외인으로 하여금 상해를 입게 한 사안

3 영조물의 설치·관리상 하자로 인한 손해배상(제5조)

1. 영조물 책임의 의의

국가배상법 제5조 (공공시설 등의 하자로 인한 책임)	① 도로·하천, 그 밖의 공공의 영조물의 설치나 관리에 하자가 있기 때문에 타인에게 손해를 발생하게 하였을 때에는 국가 또는 지방자치단체는 그 손해를 배상하여야 한다. 이 경우 제2조 제1항 단서, 제3조 및 제3조의2을 준용한다. ② 제1항을 적용할 때 손해의 원인에 대하여 책임을 질 자가 따로 있으면 국가 또는 지방자치단체는 그 자에게 구상할 수 있다.
법적 성격	영조물 책임은 무과실 책임이다. 공공의 영조물의 설치나 관리에 하자(흠)가 있다고 하는 객관적 사실에 의하여 발생하므로, 설치나 관리를 담당한 공무원의 고의·과실의 유무를 불문한다.

2. 영조물 책임의 요건 <21 경행, 23 경위>

(1) 공공의 영조물일 것

① 국가배상법 제5조 제1항 소정의 '공공의 영조물'이라 함은 국가 또는 지방자치단체에 의하여 특정 공공의 목적에 공여된 유체물 내지 물적 설비를 말한다.
② 국가 또는 지방자치단체가 소유권, 임차권 그 밖의 권한에 기하여 관리하고 있는 경우뿐만 아니라 사실상의 관리를 하고 있는 경우도 포함된다(대법원 1998.10.23. 98다17381).
③ 영조물에는 도로 등 인공공물뿐만 아니라, 하천 등 자연공물도 포함된다.
④ 차량 등 동산 및 동물(경찰견)도 영조물에 포함된다.
⑤ 지방자치단체가 옹벽시설공사를 도급 주어 사고 당시 설치하고 있던 옹벽은 공사 중에 있었을 뿐만 아니라 아직 완성도 되지 아니하여 일반 공중의 이용에 제공되지 않고 있었던 이상 국가배상법 제5조 제1항 소정의 영조물에 해당한다고 할 수 없다고 한 사례(대법원 1998.10.23. 98다17381).

(2) 설치나 관리에 하자가 있을 것

① 신호등 고장
가변차로에 설치된 두 개의 신호등에서 서로 모순되는 신호가 들어오는 오작동이 발생하였고 그 고장이 현재의 기술수준상 부득이한 것이라고 가정하더라도 그와 같은 사정만으로 손해발생의 예견가능성이나 회피가능성이 없어 영조물의 하자를 인정할 수 없는 경우라고 단정할 수 없다고 한 사례(대법원 2001.7.27. 2000다56822).
② 도로의 설치 및 관리에 있어 완전무결한 상태를 유지할 정도의 고도의 안전성을 갖추지 아니하였다고 해서 하자가 있다고 단정할 수는 없다.
강설의 특성, 기상적 요인과 지리적 요인, 이에 따른 도로의 상대적 안전성을 고려하면 겨울철 산간지역에 위치한 도로에 강설로 생긴 빙판을 그대로 방치하고 도로상황에 대한 경고나 위험표지판을 설치하지 않았다는 사정만으로 도로관리상의 하자가 있다고 볼 수 없다고 한 사례(대법원 2000.4.25. 99다54998).
③ 하천정비기본계획 등에서 정한 계획홍수량 및 계획홍수위를 충족하여 하천이 관리되고 있다면 특별한 사정이 없는 한, 그 하천은 용도에 따라 통상 갖추어야 할 안전성을 갖추고 있다고 볼 수 있다(대법원 2007.9.21. 2005다65678).

(3) 타인에게 손해를 발생하게 하였을 것

국가배상법 제5조 제1항의 영조물의 설치·관리상의 하자로 인한 손해가 발생한 경우 같은 법 제3조 제1항 내지 제5항의 해석상 피해자의 위자료 청구권이 반드시 배제되지 아니한다(대법원 1990.11.13. 90다카25604).

4 손해배상책임과 손해배상청구권의 행사

1. 배상책임자(배상주체)와 배상 방법 ⟨24 채용, 15·18·19 경행⟩

(1) 국가배상법 제2조의 배상책임자

① 헌법은 제29조에서 배상주체를 국가 또는 공공단체라고 규정하고 있다.
② 국가배상법은 제2조에서 배상주체를 국가 또는 지방자치단체라고 규정하여 지방자치단체 이외의 공공단체에 대하여는 민사소송에 따라 배상을 청구하여야 한다.

(2) 비용부담자 등의 책임(국가배상법 제6조)

① 제2조·제3조 및 제5조에 따라 국가나 지방자치단체가 손해를 배상할 책임이 있는 경우에 공무원의 선임·감독 또는 영조물의 설치·관리를 맡은 자와 공무원의 봉급·급여, 그 밖의 비용 또는 영조물의 설치·관리 비용을 부담하는 자가 동일하지 아니하면 그 비용을 부담하는 자도 손해를 배상하여야 한다.
② 제1항의 경우에 손해를 배상한 자는 내부관계에서 그 손해를 배상할 책임이 있는 자에게 구상할 수 있다.
③ 교통신호기 고장으로 인한 교통사고
  [1] 지방자치단체장이 설치하여 관할 시·도경찰청장에게 관리권한이 위임된 교통신호기의 고장으로 인하여 교통사고가 발생한 경우, 지방자치단체는 사무귀속자로서 손해배상책임을 부담하고, 국가는 경찰관 등에게 봉급을 지급하는 비용부담자로서 국가배상책임을 진다(궁극적인 배상책임은 영조물의 설치·관리 권한자로서 그 권한을 위임한 지방자치단체라 할 것이나, 경찰관들의 봉급을 부담하는 국가도 비용을 부담하는 자로서 손해를 배상하여야 한다).
  [2] 도로교통 법령상 특별시장·광역시장이 신호기 및 안전표지의 설치·관리에 관한 권한을 시·도경찰청장에게 위임하는 것으로 규정하고 있고 이와 같이 행정권한이 기관위임된 경우 권한을 위임받은 기관은 권한을 위임한 기관이 속하는 지방자치단체의 산하 행정기관의 지위에서 그 사무를 처리하는 것이므로 사무귀속의 주체가 달라진다고 할 수 없다.
  그러므로 지방자치단체 소속 공무원과 시·도경찰청 소속 공무원이 합동근무하는 교통종합관제센터에서 그 관리업무를 담당하던 중 신호기가 고장난 채 방치되어 교통사고가 발생한 경우, 국가배상법 제2조 또는 제5조에 의한 배상책임을 부담하는 것은 시·도경찰청장이 소속된 국가가 아니라, 그 권한을 위임한 지방자치단체장이 소속된 지방자치단체이다. 한편 국가배상법 제6조 제1항은 같은 법 제2조, 제3조 및 제5조의 규정에 의하여 국가 또는 지방자치단체가 손해를 배상할 책임이 있는 경우에 공무원의 선임·감독 또는 영조물의 설치·관리를 맡은 자와 공무원의 봉급·급여 기타의 비용 또는 영조물의 설치·관리의 비용을 부담하는 자가 동일하지 아니한 경우에는 그 비용을 부담하는 자도 손해를 배상하여야 한다고 규정하고 있으므로 교통신호기를 관리하는 시·도경찰청장 산하 경찰관들에 대한 봉급을 부담하는 국가도 국가배상법 제6조 제1항에 의한 배상책임을 부담한다(대법원 1999.6.25. 99다11120).

④ 지방자치단체의 장이 기관위임된 국가행정사무를 처리하는 경우, 그 지방자치단체는 국가배상법 제6조 제1항 소정의 비용부담자로서 배상책임을 진다.
구 지방자치법, 구 지방재정법 제16조 제2항의 규정상, 지방자치단체의 장이 기관위임된 국가행정사무를 처리하는 경우 그에 소요되는 경비의 실질적·궁극적 부담자는 국가라고 하더라도 당해 지방자치단체는 국가로부터 내부적으로 교부된 금원으로 그 사무에 필요한 경비를 대외적으로 지출하는 자이므로, 이러한 경우 지방자치단체는 국가배상법 제6조 제1항 소정의 비용부담자로서 공무원의 불법행위로 인한 같은 법에 의한 손해를 배상할 책임이 있다(대법원 1994.12.9. 94다38137).
⑤ 국도에 관한 관리사무(대법원 1993.1.26. 92다2684)
도로법 제22조 제2항에 의하여 지방자치단체의 장인 (서귀포)시장이 국도의 관리청이 되었다 하더라도 이는 시장이 국가로부터 관리업무를 위임받아 국가행정기관의 지위에서 집행하는 것이므로 국가는 도로관리상 하자로 인한 손해배상책임을 면할 수 없다.
※ 서귀포시장은 비용부담자이고, 국가는 사무귀속의 주체로서 책임을 진다.

(3) 공무원 개인의 배상책임

① 국가나 지방자치단체가 손해를 배상해야 하는 경우에(제1항 본문의 경우에) 공무원에게 고의 또는 중대한 과실이 있으면 국가 또는 지방자치단체는 그 공무원에게 구상할 수 있다(국가배상법 제2조 제2항).
② 「국가배상법」에는 공무원 개인의 피해자에 대한 배상책임을 인정하는 명시적 규정을 두고 있지 아니하다.
③ 공무원에게 경과실이 있는 경우(대법원 1996.2.15. 95다38677 전원합의체)
공무원이 직무수행 중 불법행위로 타인에게 손해를 입힌 경우에 국가 등이 국가배상책임을 부담하는 외에 공무원 개인도 고의 또는 중과실이 있는 경우에는 불법행위로 인한 손해배상책임을 진다고 할 것이지만, 공무원에게 경과실뿐인 경우에는 공무원 개인은 손해배상책임을 부담하지 아니한다고 해석하는 것이 헌법 제29조 제1항 본문과 단서 및 국가배상법 제2조의 입법취지에 조화되는 올바른 해석이다.
④ 공무원이 직무수행 중 불법행위로 타인에게 손해를 입힌 경우, 피해자에게 손해를 직접 배상한 경과실이 있는 공무원은 국가에 대하여 구상권을 취득한다(대법원 2014.8.20. 2012다54478).
⑤ 사례 해결
불법 집회·시위 진압을 위하여 출동한 경사 K는 기동대 버스를 주차할 곳이 없어 언덕 위에 사이드 브레이크를 사용해 안전하게 주차하였음에도 불구하고 버스가 뒤로 밀리면서 주민 A의 주차된 승용차를 파손하고 행인 B에게도 전치 3주의 부상을 입혔다.
→ 국가는 무과실 책임으로서 영조물의 설치·관리상의 하자로 인한 배상책임이 있으며, 만일 경사 K에게 고의 또는 중과실이 있다면 국가는 경사 K에게 구상권을 행사할 수 있다.

(4) 배상 기준과 공제액

① 생명·신체에 대한 침해와 물건의 멸실·훼손으로 인한 손해 외의 손해는 불법행위와 상당한 인과관계가 있는 범위에서 배상한다(제3조 제4항).
② 제2조 제1항을 적용할 때 피해자가 손해를 입은 동시에 이익을 얻은 경우에는 손해배상액에서 그 이익에 상당하는 금액을 빼야 한다(제3조의2 제1항).

(5) 배상 절차

① 국가나 지방자치단체에 대한 배상신청사건을 심의하기 위하여 법무부에 본부심의회를 둔다. 다만, 군인이나 군무원이 타인에게 입힌 손해에 대한 배상신청사건을 심의하기 위하여 국방부에 특별심의회를 둔다(제10조 제1항).
② 본부심의회와 특별심의회는 대통령령으로 정하는 바에 따라 지구심의회(地區審議會)를 둔다(제10조 제2항).
③ 이 법에 따라 배상금을 지급받으려는 자는 그 주소지·소재지 또는 배상원인 발생지를 관할하는 지구심의회에 배상신청을 하여야 한다(제12조 제1항).
④ 심의회는 배상결정을 하면 그 결정을 한 날부터 1주일 이내에 그 결정정본(決定正本)을 신청인에게 송달하여야 한다(제14조 제1항).
⑤ 배상결정에 따른 결정정본 송달에 관하여는 「민사소송법」의 송달에 관한 규정을 준용한다(제14조 제2항).

2. 손해배상청구권과 이중배상금지 (22·24 채용, 18·19 경행, 23 경위)

(1) 손해배상청구권의 주체와 양도 금지

① **국민의 경우**: 직접 피해자인 국민에게는 헌법규정에 따라 배상청구권이 인정된다.
② **외국인에 대한 책임(국가배상법 제7조)**: 이 법은 외국인이 피해자인 경우에는 해당 국가와 상호보증이 있을 때에만 적용한다.
③ 국가배상법상 상호보증은 외국의 법령, 판례 및 관례 등에 의하여 발생요건을 비교하여 인정되면 충분하고 반드시 당사국과의 조약이 체결되어 있을 필요는 없다.
  [1] 국가배상법 제7조에서 정한 '상호보증'이 있는지 판단하는 기준
    국가배상법 제7조는 우리나라만이 입을 수 있는 불이익을 방지하고 국제관계에서 형평을 도모하기 위하여 외국인의 국가배상청구권의 발생요건으로 '외국인이 피해자인 경우에는 해당 국가와 상호보증이 있을 것'을 요구하고 있는데, 상호보증은 외국의 법령, 판례 및 관례 등에 의하여 발생요건을 비교하여 인정되면 충분하고 반드시 당사국과의 조약이 체결되어 있을 필요는 없으며, 당해 외국에서 구체적으로 우리나라 국민에게 국가배상청구를 인정한 사례가 없더라도 실제로 인정될 것이라고 기대할 수 있는 상태이면 충분하다.
  [2] 일본인 甲이 대한민국 소속 공무원의 위법한 직무집행에 따른 피해에 대하여 국가배상청구를 한 사안에서, 일본 국가배상법 제1조 제1항, 제6조가 국가배상청구권의 발생요건 및 상호보증에 관하여 우리나라 국가배상법과 동일한 내용을 규정하고 있는 점 등에 비추어 우리나라와 일본 사이에 국가배상법 제7조가 정하는 상호보증이 있다고 한 사례(대법원 2015.6.11. 2013다208388).
④ **양도 등 금지(국가배상법 제4조)**: 생명·신체의 침해로 인한 국가배상을 받을 권리는 양도하거나 압류하지 못한다.

(2) 이중배상의 금지

법적 근거	① 군인·군무원·경찰공무원 기타 법률이 정하는 자가 전투·훈련 등 직무집행과 관련하여 받은 손해에 대하여는 법률이 정하는 보상 외에 국가 또는 공공단체에 공무원의 직무상 불법행위로 인한 배상은 청구할 수 없다(헌법 제29조). ② 군인·군무원·경찰공무원 또는 향토예비군대원이 전투·훈련 등 직무 집행과 관련하여 전사·순직하거나 공상을 입은 경우에 본인이나 그 유족이 다른 법령에 따라 재해보상금·유족연금·상이연금 등의 보상을 지급받을 수 있을 때에는 이 법 및 민법의 규정에 따른 손해배상을 청구할 수 없다(국가배상법 제2조 제1항 단서). ③ 제1항 단서에도 불구하고 전사하거나 순직한 군인·군무원·경찰공무원 또는 예비군대원의 유족은 자신의 정신적 고통에 대한 위자료를 청구할 수 있다(국가배상법 제2조 제3항).
국가배상법 제2조 제1항 단서 관련 판례	① 전투경찰순경은 헌법(憲法) 제29조 제2항 및 국가배상법(國家賠償法) 제2조 제1항 단서에 따라 손해배상 청구가 제한되는 '경찰공무원'에 해당한다(헌재 1996.6.13. 94헌마118 등). ② 현역병으로 입영하여 경비교도로 전임 임용된 자는 국가배상법 제2조 제1항 단서의 군인 등에 해당하지 않는다(대법원 1998.2.10. 97다45914). ③ 전투·훈련 등 직무 집행의 범위(대법원 2011.3.10. 2010다85942) 경찰공무원이 낙석사고 현장 주변 교통정리를 위하여 사고현장 부근으로 이동하던 중 대형 낙석이 순찰차를 덮쳐 사망하자, 도로를 관리하는 지방자치단체가 국가배상법 제2조 제1항 단서에 따른 면책을 주장한 사안에서, 경찰공무원 등이 '전투·훈련 등 직무집행과 관련하여' 순직 등을 한 경우 같은 법 및 민법에 의한 손해배상책임을 청구할 수 없다고 정한 국가배상법 제2조 제1항 단서의 면책조항은 구 국가배상법 제2조 제1항 단서의 면책조항과 마찬가지로 전투·훈련 또는 이에 준하는 직무집행뿐만 아니라 '일반 직무집행'에 관하여도 국가나 지방자치단체의 배상책임을 제한하는 것이라고 해석하여야 한다. ④ 민간인과 직무집행 중인 군인 등의 공동불법행위로 인하여 직무집행 중인 다른 군인 등이 피해를 입은 경우, 민간인은 자신의 부담부분에 한하여 손해를 배상한다. 만약 민간인이 피해 군인 등에게 자신의 귀책부분을 넘어서 배상한 경우 국가 등에게 구상권을 행사할 수 없다(대법원 2001.2.15. 96다42420 전원합의체).

(3) 배상금 청구 절차

① 소송과 배상신청의 관계(국가배상법 제9조) : 임의적 결정 전치주의
   이 법에 따른 손해배상의 소송은 배상심의회에 배상신청을 하지 아니하고도 제기할 수 있다.
② 경찰공무원은 원칙적으로 국가공무원이므로 국가가 피고가 되며 「국가를 당사자로 하는 소송에 관한 법률」에 따라 소송 수행에 있어서는 법무부장관이 피고의 대표가 된다.
③ 국가의 대표자(국가를 당사자로 하는 소송에 관한 법률 제2조)
   국가를 당사자 또는 참가인으로 하는 소송에서는 법무부장관이 국가를 대표한다.

사례	서울경찰청 소속 형사 A는 자신이 배당받은 절도사건을 수사하던 중 용의자가 현재 17세인 B라는 사실을 알게 되었고, 그 소재를 확인하여 검거하는 과정에서 B가 순순히 연행에 응하지 않는다는 이유만으로 경찰장구인 호신용경봉으로 제압하던 중 흥분하여 잘못 휘두르는 바람에 B의 얼굴에 맞게 되었고, 이로 인해 B의 코뼈가 부러지게 되었다.
OX	① A의 행위에 대한 위법성과 관련하여 비례의 원칙이 고려될 수 있다. [O] ② B의 입장에서는 법인격인 국가(대한민국)을 상대로 국가배상청구소송을 제기할 수 있다. (경찰청장×) ③ 국가배상책임이 인정된다면 이는 「국가배상법」 제2조의 책임을 인정한 것이다. (제5조×) ④ B의 경우 자신의 배상청구권(생명·신체침해로 인한 국가배상을 받을 권리)을 친구인 C에게 양도할 수도 없다. [O]

제3절 행정심판

1 행정심판의 의의

1. 행정심판의 개념과 법적 근거, 특별행정심판 (22 채용, 17 경행)

(1) **개념**

행정심판이란 행정청의 **위법 또는 부당한 처분이나 부작위**로 인하여 권리나 이익을 침해당한 자가 행정기관에 그 권리구제를 위해 심리·판정을 청구하는 절차를 말한다.

(2) **법적 근거**

헌법 (제107조 제3항)	① 재판의 전심절차로서 행정심판을 할 수 있다. ② 행정심판의 절차는 법률로 정하되, 사법절차가 준용되어야 한다.
행정심판법의 목적 (제1조)	이 법은 행정심판 절차를 통하여 **행정청의 위법 또는 부당한 처분(處分)이나 부작위(不作爲)로 침해된 국민의 권리 또는 이익을 구제**하고, 아울러 행정의 적정한 운영을 꾀함을 목적으로 한다.

(3) **특별행정심판 등(제4조)**

① 사안(事案)의 전문성과 특수성을 살리기 위하여 특히 필요한 경우 외에는 이 법에 따른 행정심판을 갈음하는 특별한 행정불복절차(이하 "특별행정심판"이라 한다)나 이 법에 따른 행정심판 절차에 대한 특례를 다른 법률로 정할 수 없다.
② 다른 법률에서 특별행정심판이나 이 법에 따른 행정심판 절차에 대한 특례를 정한 경우에도 그 법률에서 규정하지 아니한 사항에 관하여는 이 법에서 정하는 바에 따른다.
③ 관계 행정기관의 장이 특별행정심판 또는 이 법에 따른 행정심판 절차에 대한 특례를 신설하거나 변경하는 법령을 제정·개정할 때에는 미리 중앙행정심판위원회와 협의하여야 한다.

2. 행정심판의 종류(제5조) (23 채용, 19 경행)

취소심판	① 행정청의 위법 또는 부당한 처분을 취소하거나 변경하는 행정심판(제5조 제1호) ② 취소심판의 주된 목적은 공정력 있는 처분의 효력을 소멸시키는 데 있다. **예** 세금이 과다하게 부과된 경우 이를 취소하여 달라는 행정심판
무효등 확인심판	① 행정청의 처분의 효력 유무 또는 존재 여부에 대한 확인을 구하는 행정심판(제5조 제2호) ② 무효확인심판, 부존재확인심판 등이 있다.
의무 이행심판	① **당사자의 신청에 대한 행정청의 위법 또는 부당한 거부처분이나 부작위에 대하여 일정한 처분을 하도록 하는 행정심판**(제5조 제3호) ② 의무이행심판은 행정청에게 일정한 처분을 할 것을 명하는 심판이므로 이행쟁송의 성질을 가진다.

2 행정심판의 적법 요건

1. 행정심판의 대상 〈22·23 채용, 17·18 경행〉

개괄주의	① 행정청의 처분 또는 부작위에 대하여 다른 법률에 특별한 규정이 있는 경우 외에는 이 법에 따라 행정심판을 청구할 수 있다(제3조 제1항). ② 행정심판의 대상을 정하는 방식에는 심판청구대상을 한정하지 않는 개괄주의와 제한적으로 열거하는 열기주의가 있다. ③ 현행 행정심판법은 행정청의 처분 또는 부작위를 대상으로 하는 개괄주의를 채택하여 권리구제 가능성을 확대하고 있다.
처분 또는 부작위	① 처분이란 행정청이 행하는 구체적 사실에 관한 법집행으로서의 공권력의 행사 또는 그 거부, 그 밖에 이에 준하는 행정작용을 말한다(제2조 제1항 제1호). ② 부작위란 행정청이 당사자의 신청에 대하여 상당한 기간 내에 일정한 처분을 하여야 할 법률상 의무가 있는데도 처분을 하지 아니하는 것을 말한다(제2조 제1항 제2호). ③ 행정심판의 대상에는 행정청의 위법한 처분 또는 부작위뿐만 아니라 부당한 처분 또는 부작위도 포함한다는 점에서 행정소송과 구별된다. ④ 재량의 일탈·남용(위법한 재량권 행사)뿐만 아니라 단순히 재량권 행사에서 합리성을 결하는 등 재량을 그르친 경우(부당한 재량권 행사의 경우)에도 행정심판의 대상이 된다.
제외 대상	① 대통령의 처분 또는 부작위에 대하여는 다른 법률에서 행정심판을 청구할 수 있도록 정한 경우 외에는 행정심판을 청구할 수 없다(제3조 제2항). 　예 공무원에 대한 대통령의 징계처분의 경우 국가공무원법상 소청심사청구가 가능 ② 행정심판 재청구의 금지(제51조) 　심판청구에 대한 재결이 있으면 그 재결 및 같은 처분 또는 부작위에 대하여 다시 행정심판을 청구할 수 없다.

2. 행정심판의 당사자 〈15 경행〉

청구인 (심판청구를 제기하는 당사자)	취소심판의 청구인 적격(제13조 제1항) 취소심판은 처분의 취소 또는 변경을 구할 법률상 이익이 있는 자가 청구할 수 있다. 처분의 효과가 기간의 경과, 처분의 집행, 그 밖의 사유로 소멸된 뒤에도 그 처분의 취소로 회복되는 법률상 이익이 있는 자의 경우에도 또한 같다.
피청구인 (심판청구를 제기 받은 당사자)	피청구인의 적격(제17조 제1항) 행정심판은 처분을 한 행정청(의무이행심판의 경우에는 청구인의 신청을 받은 행정청)을 피청구인으로 하여 청구하여야 한다. 다만, 심판청구의 대상과 관계되는 권한이 다른 행정청에 승계된 경우에는 권한을 승계한 행정청을 피청구인으로 하여야 한다.

3. 심판청구의 기간(제27조) 〈15·18·19 경행〉

(1) 의의

① 행정심판은 일정한 기간 내에 청구하여야 한다. 이 기간을 지키지 않으면 청구가 부적법하여 행정심판위원회는 각하재결을 하게 된다.

② 기간 제한의 대상
취소심판과 거부처분에 대한 의무이행심판의 청구에는 일정한 기간의 제한을 두고 있다. 그러나 **무효등확인심판과 부작위에 대한 의무이행심판은 성질상 심판청구의 기간에 제한이 없다.**

③ 심판청구의 기간(제27조 제7항)

심판청구의 기간에 관한 규정(제1항부터 제6항까지의 규정)은 무효등확인심판청구와 부작위에 대한 의무이행심판청구에는 적용하지 아니한다.

(2) 처분이 있음을 알게 된 날

① **행정심판은 처분이 있음을 알게 된 날부터 90일 이내에 청구하여야 한다**(제27조 제1항).
② 청구인이 천재지변, 전쟁, 사변(事變), 그 밖의 불가항력으로 인하여 90일 이내의 기간에 심판청구를 할 수 없었을 때에는 그 **사유가 소멸한 날부터 14일 이내에 행정심판을 청구할 수 있다.** 다만, 국외에서 행정심판을 청구하는 경우에는 그 기간을 30일로 한다(제27조 제2항).
③ 위 심판청구의 기간은 불변기간(不變期間)으로 한다.

(3) 처분이 있었던 날

행정심판은 처분이 있었던 날부터 180일이 지나면 청구하지 못한다. 다만, 정당한 사유가 있는 경우에는 그러하지 아니하다(제27조 제3항).

(4) 오고지와 불고지

① 행정청이 심판청구 기간을 규정된 기간(처분이 있음을 알게 된 날부터 90일 이내)보다 긴 기간으로 잘못 알린 경우 그 잘못 알린 기간에 심판청구가 있으면 그 행정심판은 그 규정된 기간에 청구된 것으로 본다(제27조 제5항).
② **행정청이 심판청구 기간을 알리지 아니한 경우에는** (당사자가 처분이 있음을 알았다 하더라도) **처분이 있었던 날부터 180일 이내에 심판청구를 할 수 있다**(제27조 제6항).

3 행정심판위원회

1. 행정심판위원회의 설치 <24 채용>

(1) 의의

① 행정심판위원회는 심판청구 사항을 심리하고 재결하는 합의제 행정관청을 말한다.
② 행정심판법에 의해 설치되는 일반행정심판위원회와 개별법에 의해 설치되는 특별행정심판위원회로 나눌 수 있다.
③ 일반행정심판위원회(제6조)는 해당 행정청(독립기관 등) 소속 행정심판위원회(제1항), 중앙행정심판위원회(제2항), 시·도지사 소속으로 두는 행정심판위원회(제3항), 특별지방행정청의 상급행정기관에 두는 행정심판위원회(제4항)로 나눌 수 있다.

(2) 중앙행정심판위원회(제6조 제2항)

다음 각 호의 행정청의 처분 또는 부작위에 대한 심판청구에 대하여는 **국민권익위원회에 두는 중앙행정심판위원회에서 심리·재결한다.**

1호. 제1항에 따른 행정청 외의 **국가행정기관의 장 또는 그 소속 행정청**

  예 행정안전부장관, 경찰청장, 시·도경찰청장, 경찰서장

  ※ 시·도경찰청장의 처분 또는 부작위에 대한 행정심판의 청구에 대해서는 국민권익위원회에 두는 중앙행정심판위원회에서 심리·재결한다.

2호. 특별시장·광역시장·특별자치시장·도지사·특별자치도지사(특별시·광역시·특별자치시·도 또는 특별자치도의 교육감을 포함한다) 또는 특별시·광역시·특별자치시·도·특별자치도의 의회(의장, 위원회의 위원장, 사무처장 등 의회 소속 모든 행정청을 포함한다)

3호. 「지방자치법」에 따른 지방자치단체조합 등 관계 법률에 따라 국가·지방자치단체·공공법인 등이 공동으로 설립한 행정청. 다만, 제3항 제3호에 해당하는 행정청은 제외한다.

(3) 특별행정심판위원회

① 개별법률에서 제3의 기관을 설치하여 행정심판을 맡기는 경우가 있다.
② 소청심사위원회(공무원의 징계처분), 조세심판원(국세 및 관세에 관한 처분), 중앙토지수용위원회(토지수용)

2. 중앙행정심판위원회의 구성(제8조) 〈22 경채〉

① 중앙행정심판위원회는 위원장 1명을 포함하여 70명 이내의 위원으로 구성하되, 위원 중 상임위원은 4명 이내로 한다.
② 중앙행정심판위원회의 위원장은 국민권익위원회의 부위원장 중 1명이 되며, 위원장이 없거나 부득이한 사유로 직무를 수행할 수 없거나 위원장이 필요하다고 인정하는 경우에는 상임위원(상임으로 재직한 기간이 긴 위원 순서로, 재직기간이 같은 경우에는 연장자 순서로 한다)이 위원장의 직무를 대행한다.
③ **중앙행정심판위원회의 상임위원은** 일반직공무원으로서 「국가공무원법」 제26조의5에 따른 임기제공무원으로 임명하되, 3급 이상 공무원 또는 고위공무원단에 속하는 일반직공무원으로 3년 이상 근무한 사람이나 그 밖에 행정심판에 관한 지식과 경험이 풍부한 사람 중에서 **중앙행정심판위원회 위원장의 제청으로 국무총리를 거쳐 대통령이 임명한다.**
④ **중앙행정심판위원회의 비상임위원은** 행정심판위원회 위원이 될 수 있는 자격 요건을 갖춘 사람(제7조 제4항 각 호의 어느 하나에 해당하는 사람) 중에서 **중앙행정심판위원회 위원장의 제청으로 국무총리가 성별을 고려하여 위촉한다.**
⑤ 중앙행정심판위원회의 회의(제6항에 따른 소위원회 회의는 제외한다)는 위원장, 상임위원 및 위원장이 회의마다 지정하는 비상임위원을 포함하여 총 9명으로 구성한다.

3. 위원의 임기(제9조) 〈22 경채〉

① 중앙행정심판위원회 **상임위원의 임기는 3년으로 하며, 1차에 한하여 연임할 수 있다**(제2항).
② 중앙행정심판위원회의 **비상임위원으로 위촉된 위원의 임기는 2년으로 하되, 2차에 한하여 연임할 수 있다**(제3항 전단).

4 행정심판의 절차

1. 행정심판의 청구

(1) 심판청구의 방식 <23·24 채용>

① 서면주의(제28조 제1항) : 행정심판의 청구는 **서면으로 하여야 한다.**
② 처분 또는 부작위에 대한 행정심판은 **청구서를 제출하여야 한다**(말로써 청구할 수 있다×). 제28조 제2항, 제3항 참고

(2) 심판청구서의 제출(제23조) <24 채용>

① 피청구인이나 위원회에 제출
　행정심판을 청구하려는 자는 심판청구서를 작성하여 **피청구인이나 위원회에 제출하여야 한다.** 이 경우 피청구인의 수만큼 심판청구서 부본을 함께 제출하여야 한다.
② 행정청이 제58조에 따른 고지를 하지 아니하거나 잘못 고지하여 청구인이 심판청구서를 다른 행정기관에 제출한 경우에는 그 행정기관은 그 심판청구서를 지체 없이 정당한 권한이 있는 피청구인에게 보내야 한다. 이때 심판청구서를 보낸 행정기관은 지체 없이 그 사실을 청구인에게 알려야 한다.

2. 행정심판청구의 효과 <24 채용>

(1) 행정심판위원회에 대한 효과

심리·의결·재결해야 할 의무가 발생한다.

(2) 처분에 대한 효과

심판청구는 처분의 효력이나 그 집행 또는 절차의 속행(續行)에 영향을 주지 아니한다(제30조 제1항, 집행부정지의 원칙).

(3) 집행정지의 결정(제30조 제2항)

위원회는 처분, 처분의 집행 또는 절차의 속행 때문에 중대한 손해가 생기는 것을 예방할 필요성이 긴급하다고 인정할 때에는 직권으로 또는 당사자의 신청에 의하여 처분의 효력, 처분의 집행 또는 절차의 속행의 전부 또는 일부의 정지(이하 "집행정지"라 한다)를 결정할 수 있다.

(4) 집행정지의 결정의 요건(제30조 제2항, 제3항)

① 집행정지 대상인 처분이 존재할 것
② 심판청구가 행정심판위원회에 계속되어 있을 것
③ 중대한 손해가 생기는 것을 예방할 필요성이 있을 것
④ 긴급한 필요가 존재할 것
⑤ 공공복리에 중대한 영향을 미칠 우려가 없을 것(소극적 요건) : 집행정지는 공공복리에 중대한 영향을 미칠 우려가 있을 때에는 허용되지 아니한다.

(5) 집행정지의 결정의 절차

① 행정심판위원회는 직권으로 또는 당사자의 신청에 의하여 집행정지를 결정할 수 있다(제30조 제2항 본문).
② 처분의 효력정지는 처분의 집행 또는 절차의 속행을 정지함으로써 그 목적을 달성할 수 있을 때에는 허용되지 아니한다(제30조 제2항 단서).
③ 행정심판위원회의 심리·결정을 기다릴 경우 중대한 손해가 생길 우려가 있다고 인정되면 위원장은 직권으로 위원회의 심리·결정을 갈음하는 결정을 할 수 있다. 이 경우 위원장은 지체 없이 위원회에 그 사실을 보고하고 추인(追認)을 받아야 하며, 위원회의 추인을 받지 못하면 위원장은 집행정지 또는 집행정지 취소에 관한 결정을 취소하여야 한다(제30조 제6항).

(6) 집행정지의 결정의 취소(제30조 제4항)

위원회는 집행정지를 결정한 후에 집행정지가 공공복리에 중대한 영향을 미치거나 그 정지사유가 없어진 경우에는 직권으로 또는 당사자의 신청에 의하여 집행정지 결정을 취소할 수 있다.

5 행정심판의 재결

1. 재결의 의의

개념	재결은 행정심판의 청구에 대하여 행정심판위원회가 행하는 판단을 말한다(제2조 제3호).
성질	① 준법률행위적 행정행위 중 확인행위이고 준사법행위에 해당한다. ② 재결 자체에 고유한 위법이 있는 경우 취소소송의 대상이 될 수 있다.

2. 재결의 기간과 방식 (23 채용, 16 경행)

재결 기간 (제45조)	재결은 피청구인 또는 위원회가 심판청구서를 받은 날부터 60일 이내에 하여야 한다. 다만, 부득이한 사정이 있는 경우에는 위원장이 직권으로 30일을 연장할 수 있다.
재결의 방식 (제46조)	재결은 서면으로 한다.

3. 재결의 범위 (22 채용)

재량행위	위원회는 재량권행사의 위법(재량권 일탈·남용) 여부뿐만 아니라 재량권행사의 당·부당에 대하여도 판단할 수 있다(제1조).
불고불리의 원칙	위원회는 심판청구의 대상이 되는 처분 또는 부작위 외의 사항에 대하여는 재결하지 못한다(제47조 제1항).
불이익변경 금지의 원칙	위원회는 심판청구의 대상이 되는 처분보다 청구인에게 불리한 재결을 하지 못한다(제47조 제2항).

4. 재결의 송달과 효력 발생(제48조) <23 채용>

재결의 송달	위원회는 지체 없이 **당사자에게 재결서의 정본을 송달하여야 한다**. 이 경우 중앙행정심판위원회는 재결 결과를 소관 중앙행정기관의 장에게도 알려야 한다.
효력 발생	재결은 청구인에게 제1항 전단에 따라 **송달되었을 때에 그 효력이 생긴다**.

5. 재결의 종류(제43조) <22·23·24·25 채용>

각하재결	① 위원회는 심판청구가 적법하지 아니하면 그 심판청구를 각하(却下)한다(제1항). ② 행정심판위원회는 심판청구가 요건을 갖추지 못하여 부적법한 것인 때에는 그 심판청구를 각하한다.
기각재결	① 위원회는 **심판청구가 이유가 없다고 인정하면 그 심판청구를 기각(棄却)한다**(제2항). ② 기각재결은 본안심리의 결과 원처분이 적법하고 타당할 경우에 심판청구를 배척하고 원처분을 시인하는 재결을 말한다.
사정재결 (제44조)	① 위원회는 심판청구가 이유가 있다고 인정하는 경우에도 이를 인용(認容)하는 것이 공공복리에 크게 위배된다고 인정하면 그 심판청구를 기각하는 재결을 할 수 있다(재결을 하여야 한다×). 이 경우 **위원회는 재결의 주문(主文)에서 그 처분 또는 부작위가 위법하거나 부당하다는 것을 구체적으로 밝혀야 한다**(제1항). ※ 사정재결은 예외적 재결로서 기각재결의 일종이다. 따라서 사정재결 이후에도 행정심판의 대상인 처분의 효력은 유지된다. ② **위원회는 사정재결을 할 때에는 청구인에 대하여 상당한 구제방법을 취하거나 상당한 구제방법을 취할 것을 피청구인(청구인과 피청구인×)에게 명할 수 있다.** ③ 사정재결에 관한 규정은 취소심판과 의무이행심판에만 적용하고, 무효등확인심판에는 적용하지 아니한다.
인용재결	인용재결이란 본안심리의 결과 청구가 이유 있을 때(처분 또는 부작위가 위법 또는 부당할 때) 청구의 취지를 받아들이는 재결이다.
취소·변경 재결	① 위원회는 취소심판의 청구가 이유가 있다고 인정하면 처분을 취소 또는 다른 처분으로 변경하거나 처분을 다른 처분으로 변경할 것을 피청구인에게 명한다(제3항). ② 행정심판위원회가 원처분을 직접 취소(처분취소재결) 또는 다른 처분으로 변경하는 재결(처분변경재결)은 형성재결이다. ③ 행정심판위원회가 원처분청에 처분을 다른 처분으로 변경할 것을 명하는 재결(처분변경명령재결)은 명령재결이다. ④ 변경의 의미는 소극적 변경뿐만 아니라 적극적 변경(원처분에 갈음하는 다른 처분으로의 변경)까지도 의미한다. 예 운전면허 취소처분 → 100일의 운전면허 정지처분
무효등확인 재결	① 위원회는 무효등확인심판의 청구가 이유가 있다고 인정하면 처분의 효력 유무 또는 처분의 **존재 여부를 확인한다**(제4항). ② 무효등확인재결에는 처분무효확인재결, 처분유효확인재결, 처분실효확인재결, 처분존재확인재결, 처분부존재확인재결 등이 있다.
의무이행 재결	① **위원회는 의무이행심판의 청구가 이유가 있다고 인정하면 지체 없이 신청에 따른 처분을 하거나 처분을 할 것을 피청구인에게 명한다**(제5항). ② 신청에 따른 처분을 하는 재결은 처분재결이고, 처분재결은 행정심판위원회가 직접 행하는 처분이므로 형성재결이다. ③ 처분청에 신청에 따른 처분을 할 것을 명하는 재결은 처분명령재결이고, 처분명령재결은 처분청에 처분의 이행을 명하는 재결이므로 명령재결이다.

6. 재결의 효력 (23 채용, 18·19·21 경행)

(1) 불가변력(자박력)

행정심판의 재결이 행하여지면 행정심판위원회는 스스로 이를 취소·변경할 수 없는 기속을 받게 되는데, 이를 불가변력이라고 한다.

(2) 불가쟁력

① 행정심판 재청구의 금지(제51조)
   심판청구에 대한 재결이 있으면 그 재결 및 같은 처분 또는 부작위에 대하여 다시 행정심판을 청구할 수 없다.
② 재결에 대한 행정소송의 제소기간이 경과하면 재결의 효력을 다툴 수 없게 된다.
③ 당사자가 합의한 사항을 조정서에 기재한 후 당사자가 서명 또는 날인하고 행정심판위원회가 이를 확인함으로써 성립하는 **조정에 대해서도 제51조(행정심판 재청구의 금지)의 규정이 준용된다.**

(3) 형성력

① 처분을 취소하는 재결이 있으면 처분청의 별도의 행위를 기다릴 것 없이 그 처분의 효력은 소급하여 소멸하며 처분이 없었던 것과 같은 상태가 된다. 이처럼 법률관계의 소멸을 가져오는 효력을 형성력이라고 한다. 형성력은 제3자에 대해서도 효력이 인정된다(대세효).
② 행정심판법에 의하면 재결청은 취소심판의 청구가 이유 있다고 인정할 때에는 처분을 취소·변경하거나 처분청에 변경할 것을 명한다고 규정하고 있으므로, 행정심판 재결의 내용이 처분청에게 처분의 취소를 명하는 것이 아니라 재결청(행정심판위원회)이 스스로 처분을 취소하는 것일 때에는 그 **재결(형성재결)의 형성력에 의하여 당해 처분은 별도의 행정처분을 기다릴 것 없이 당연히 취소되어 소멸된다**(대법원 1998.4.24. 97누17131).

(4) 기속력(제49조)

의의	① 심판청구를 인용하는 재결은 피청구인과 그 밖의 관계 행정청을 기속(羈束)한다(제1항). ② 피청구인인 행정청 및 관계 행정청에 재결의 취지에 따라 행동해야 할 의무를 발생시키고 구속하는 효력을 말한다.
적용 범위	인용재결에만 인정되고 기각재결, 각하재결에는 인정되지 않는다.
반복금지의무 (소극적 의무)	인용재결이 있으면 행정청은 동일한 사정 아래서 재결의 내용에 모순되는 같은 내용의 처분을 반복하지 못한다.
재처분 의무 (적극적 의무)	① 재결에 의하여 취소되거나 무효 또는 부존재로 확인되는 처분이 당사자의 신청을 거부하는 것을 내용으로 하는 경우에는 그 처분을 한 행정청은 재결의 취지에 따라 다시 이전의 신청에 대한 처분을 하여야 한다(제2항). ② 신청에 따른 처분이 절차의 위법 또는 부당을 이유로 재결로써 취소된 경우에는 그 처분을 한 행정청은 재결의 취지에 따라 다시 이전의 신청에 대한 처분을 하여야 한다(제4항).
변경의무 (적극적 의무)	처분변경명령재결이 있으면 처분청은 당해 처분을 다른 처분으로 변경하여야 한다.
의무이행재결에 따른 처분의무 (적극적 의무)	**당사자의 신청을 거부하거나 부작위로 방치한 처분의 이행을 명하는 재결이 있으면 행정청은 지체 없이 이전의 신청에 대하여 재결의 취지에 따라 처분을 하여야 한다**(제3항).

관련 판례	① 재결의 기속력은 재결의 주문 및 그 전제가 된 요건사실의 인정과 판단, 즉 처분 등의 구체적 위법사유에 관한 판단에만 미친다고 할 것이고, 종전 처분이 재결에 의하여 취소되었다 하더라도 종전 처분시와는 다른 사유를 들어서 처분을 하는 것은 기속력에 저촉되지 **않는다**고 할 것이며, 여기에서 동일 사유인지 다른 사유인지는 종전 처분에 관하여 위법한 것으로 재결에서 판단된 사유와 기본적 사실관계에 있어 동일성이 인정되는 사유인지 여부에 따라 판단되어야 한다(대법원 2005.12.9. 2003두7705). ② 기판력 부정 재결이 확정된 경우, 처분의 기초가 되는 사실관계나 법률적 판단이 확정되고 당사자들이나 법원이 이에 기속되어 모순되는 주장이나 판단을 할 수 없게 되는 것은 아니다. 행정심판의 재결은 피청구인인 행정청을 기속하는 효력을 가지므로 재결청이 취소심판의 청구가 이유 있다고 인정하여 처분청에 처분을 취소할 것을 명하면 처분청으로서는 재결의 취지에 따라 처분을 취소하여야 하지만, 나아가 **재결에 판결에서와 같은 기판력이 인정되는 것은 아니어서 재결이 확정된 경우에도 처분의 기초가 된 사실관계나 법률적 판단이 확정되고 당사자들이나 법원이 이에 기속되어 모순되는 주장이나 판단을 할 수 없게 되는 것은 아니다**(대법원 2015.11.27. 2013다6759).

7. 기속력의 이행 확보 방안 (19·21 경행)

(1) 위원회의 직접 처분(제50조)

① 위원회는 피청구인이 **의무이행재결**(제49조 제3항)에도 불구하고 처분을 하지 아니하는 경우에는 당사자가 신청하면 기간을 정하여 서면으로 시정을 명하고 그 기간에 이행하지 아니하면 **직접 처분을 할 수 있다.** 다만, 그 처분의 성질이나 그 밖의 불가피한 사유로 위원회가 직접 처분을 할 수 없는 경우에는 그러하지 아니하다.

※ 피청구인의 **거부처분을 취소하는 재결의 경우** 그 취지에 따라 다시 이전의 신청에 대한 처분을 하지 아니하더라도 행정심판위원회가 직접 처분을 할 수 없다.

② 위원회는 직접 처분을 하였을 때에는 그 사실을 해당 행정청에 통보하여야 하며, 그 통보를 받은 행정청은 위원회가 한 처분을 자기가 한 처분으로 보아 관계 법령에 따라 관리·감독 등 필요한 조치를 하여야 한다.

(2) 위원회의 간접강제(제50조의2 제1항)

위원회는 피청구인이 **재처분의무**(제49조 제2항, 제4항) 또는 **의무이행재결**(제3항)**에 따른 처분을 하지 아니하면** 청구인의 신청에 의하여 결정으로 상당한 기간을 정하고 피청구인이 그 기간 내에 이행하지 아니하는 경우에는 **그 지연기간에 따라 일정한 배상을 하도록 명하거나 즉시 배상을 할 것을 명할 수 있다.**

※ 행정심판위원회는 **처분의 이행을 명하는 재결에도 불구하고 처분을 하지 아니하는 피청구인에게 배상을 할 것을 명할 수 있다.**

제4절 행정소송

1 행정소송의 의의와 종류

1. 행정소송의 의의

개념	행정소송이란 행정법상의 법률관계에 관한 분쟁에 대하여 법원이 심리·판단하는 재판절차를 말한다.
목적(제1조)	이 법은 행정소송절차를 통하여 행정청의 위법한 처분 그 밖에 공권력의 행사·불행사등으로 인한 국민의 권리 또는 이익의 침해를 구제하고, 공법상의 권리관계 또는 법적용에 관한 다툼을 적정하게 해결함을 목적으로 한다.
법 적용의 기준 (제8조)	① 행정소송에 대하여는 다른 법률에 특별한 규정이 있는 경우를 제외하고는 이 법이 정하는 바에 의한다. ② 행정소송에 관하여 이 법에 특별한 규정이 없는 사항에 대하여는 법원조직법과 민사소송법 및 민사집행법의 규정을 준용한다.

2. 행정소송의 종류

(1) 개관

주관적 소송	항고소송	취소소송	처분등의 취소·변경
		무효등확인소송	처분등의 효력·존재
		부작위위법확인소송	부작위가 위법함을 확인
	당사자소송		공법상 법률관계에 관한 소송
객관적 소송	민중소송		국가 또는 공공단체 기관의 위법행위 시정
	기관소송		국가 또는 공공단체 기관 상호 간의 권한 다툼

(2) 주관적 소송과 객관적 소송

주관적 소송	① 개인의 권익 보호(권리구제)와 행정의 적법성 보장을 목적 예 항고소송, 당사자소송 ② 개인에게 소송을 제기할 법률상 이익이 있으면 소송을 제기할 수 있다.
객관적 소송	① 행정의 적법성 보장만 목적 예 민중소송, 기관소송 ② 민중소송 및 기관소송은 법이 특별히 정하는 경우에 한하여 소송을 제기할 수 있고(열기주의) 그 법률이 정한 사람만이 소송을 제기할 수 있다.

(3) 행정소송법상 소송의 종류 (22·23·25 채용, 17·19 경행)

항고소송	① 항고소송이란 행정청의 처분등이나 부작위에 대하여 제기하는 소송이다(행정소송법 제3조 제1호). ② 항고소송은 다음과 같이 구분한다(제4조). 　1호. 취소소송 : 행정청의 위법한 처분등을 취소 또는 변경하는 소송 　2호. 무효등 확인소송 : 행정청의 처분등의 효력 유무 또는 존재 여부를 확인하는 소송 　3호. 부작위위법확인소송 : 행정청의 부작위가 위법하다는 것을 확인하는 소송
당사자소송	① 당사자소송이란 행정청의 처분 등을 원인으로 하는 법률관계에 관한 소송 그 밖에 공법상의 법률관계에 대한 소송으로서 그 법률관계의 한쪽 당사자를 피고로 하는 소송이다(행정소송법 제3조 제2호). ② 광주광역시립합창단원으로서 위촉기간이 만료되는 자들의 재위촉 거부는 공법상 당사자소송에 의하여야 하며, 그 법률관계의 한쪽 당사자인 국가·공공단체 그 밖의 권리주체가 피고적격을 가진다. 광주광역시문화예술회관장의 (시립합창)단원 위촉은 광주광역시문화예술회관장이 행정청으로서 공권력을 행사하여 행하는 행정처분이 아니라 공법상의 근무관계의 설정을 목적으로 하여 광주광역시와 단원이 되고자 하는 자 사이에 대등한 지위에서 의사가 합치되어 성립하는 공법상 근로계약(공법관계)에 해당한다. 그러므로 광주광역시립합창단원으로서 위촉기간이 만료되는 자들의 재위촉 신청에 대하여 광주광역시문화예술회관장이 실기와 근무성적에 대한 평정을 실시하여 재위촉을 하지 아니한 것을 항고소송의 대상이 되는 불합격처분이라고 할 수는 없다(대법원 2001.12.11. 2001두7794). ③ 공무원연금관리공단이 퇴직연금 중 일부 금액에 대하여 지급거부의 의사표시를 한 경우, 그 의사표시는 항고소송의 대상이 되는 행정처분은 아니고 이 경우 (미지급된 공무원 퇴직연금의 지급청구는 공법관계에 해당하므로) 미지급퇴직연금의 지급을 구하는 소송은 공법상 당사자소송에 의하여야 한다(대법원 2004.7.8. 2004두244). ④ 법관이 이미 수령한 명예퇴직수당액이 구 법관 및 법원공무원 명예퇴직수당 등 지급규칙 제4조 [별표 1]에서 정한 정당한 수당액에 미치지 못한다고 주장하며 차액의 지급을 신청한 것에 대하여 법원행정처장이 거부하는 의사를 표시한 경우, 위 의사표시를 행정처분으로 볼 수 있는지 여부(소극) / 명예퇴직한 법관이 미지급 명예퇴직수당액의 지급을 구하는 경우, 소송 형태(=행정소송법의 당사자소송) 명예퇴직수당은 명예퇴직수당 지급신청자 중에서 일정한 심사를 거쳐 피고가 명예퇴직수당 지급대상자로 결정한 경우에 비로소 지급될 수 있지만, 명예퇴직수당 지급대상자로 결정된 법관에 대하여 지급할 수당액은 명예퇴직수당규칙 제4조 [별표 1]에 산정 기준이 정해져 있으므로, 위 법관은 위 규정에서 정한 정당한 산정 기준에 따라 산정된 명예퇴직수당액을 수령할 구체적인 권리를 가진다. 따라서 위 법관이 이미 수령한 수당액이 위 규정에서 정한 정당한 명예퇴직수당액에 미치지 못한다고 주장하며 차액의 지급을 신청함에 대하여 법원행정처장이 거부하는 의사를 표시했더라도, 그 의사표시는 명예퇴직수당액을 형성·확정하는 행정처분이 아니라 공법상의 법률관계의 한쪽 당사자로서 지급의무의 존부 및 범위에 관하여 자신의 의견을 밝힌 것에 불과하므로 행정처분으로 볼 수 없다. 결국 **명예퇴직한 법관이 미지급 명예퇴직수당액에 대하여 가지는 권리는 명예퇴직수당 지급대상자 결정 절차를 거쳐 명예퇴직수당규칙에 의하여 확정된 공법상 법률관계에 관한 권리로서, 그 지급을 구하는 소송은 행정소송법의 당사자소송에 해당하며, 그 법률관계의 당사자인 국가를 상대로 제기하여야 한다**(대법원 2016.5.24. 2013두14863).

민중소송	① 민중소송이란 국가 또는 공공단체의 기관이 법률에 위반되는 행위를 한 때에 직접 자기의 법률상 이익과 관계없이 그 시정을 구하기 위하여 제기하는 소송이다(행정소송법 제3조 제3호). ② 「행정소송법」은 행정소송사항에 관하여 개괄주의를 채택하였지만, 민중소송은 예외적으로 열기주의를 채택하였다. ③ 민중소송 및 기관소송은 법률이 정한 경우(※ 열기주의)에 법률에 정한 자에 한하여 제기할 수 있다(행정소송법 제45조 소의 제기). ④ 선거인·정당·후보자가 대법원에 제기하는 선거소송·당선소송(공직선거법 제222조, 제223조 제1항), 투표인이 대법원에 제기하는 국민투표 무효소송(국민투표법 제92조) 등이 있다.
기관소송	① 기관소송이란 국가 또는 공공단체의 기관 상호 간에 있어서의 권한의 존부 또는 그 행사에 관한 다툼이 있을 때에 이에 대하여 제기하는 소송이다(행정소송법 제3조 제4호 본문). ② 다만, 「헌법재판소법」 제2조의 규정에 의하여 헌법재판소의 관장사항으로 되는 소송은 제외한다(단서). 예 지방자치단체의 장이 지방의회의 재의결사항이 법령에 위배되는 것임을 이유로 지방의회를 피고로 하여 대법원에 제소하는 것

(4) 행정소송의 한계

① **의무이행소송 부정**

검사에게 압수물 환부를 이행하라는 청구는 행정청의 부작위에 대하여 일정한 처분을 하도록 하는 의무이행소송으로 현행 행정소송법상 허용되지 아니한다(대법원 1995.3.10. 94누14018).

② **적극적 형성판결을 구하는 행정소송 부정**

현행 행정소송법상 행정청으로 하여금 일정한 행정처분을 하도록 명하는 이행판결을 구하는 소송이나 법원으로 하여금 행정청이 일정한 행정처분을 행한 것과 같은 효과가 있는 행정처분을 직접 행하도록 하는 형성판결을 구하는 소송은 허용되지 않는다(대법원 1997.9. 30. 97누3200).

③ **예방적 부작위소송 부정**

건축건물의 준공처분을 하여서는 아니 된다는 내용의 부작위를 구하는 청구는 행정소송에서 허용되지 아니하는 것이므로 부적법하다(대법원 1987.3.24. 86누182).

2 취소소송의 제기

1. 취소소송의 의의

① 취소소송이란 행정청의 위법한 처분등을 취소 또는 변경하는 소송을 말한다(제4조). 취소소송은 위법처분으로 인해 발생한 권익침해를 구제하기 위한 소송형식이다.

② 취소소송은 법률관계의 변경 또는 소멸을 통하여 위법상태를 제거하는 형성소송이다(통설, 판례).

③ 판례는 무효인 행정행위라 하더라도 무효선언을 구하는 의미에서 취소소송을 제기하는 것이 허용된다고 본다.

④ **토지관할**(제9조)

취소소송의 제1심관할법원은 피고의 소재지를 관할하는 행정법원으로 한다(제1항). 중앙행정기관의 장에 해당하는 피고에 대하여 취소소송을 제기하는 경우에는 대법원소재지를 관할하는 행정법원(제1심관할법원)에 제기할 수 있다(제2항).

  예 경찰청장을 피고로 하여 취소소송을 제기하는 경우

2. 취소소송의 원고

(1) 당사자능력
① 취소소송의 당사자는 원고와 피고를 말한다.
② 자연인, 법인, 법인이 아닌 사단이나 재단(대표자 또는 관리인이 있는 경우)은 당사자가 될 수 있다.

(2) 원고적격
① 원고적격은 원고가 될 수 있는 정당한 자격을 말하며, 원고는 '처분등의 취소를 구할 법률상 이익이 있는 자'이어야 한다.
② 행정소송법 제12조 원고적격
취소소송은 처분등의 취소를 구할 법률상 이익이 있는 자가 제기할 수 있다. 처분등의 효과가 기간의 경과, 처분등의 집행 그 밖의 사유로 인하여 소멸된 뒤에도 그 처분등의 취소로 인하여 회복되는 법률상 이익이 있는 자의 경우에는 또한 같다.

3. 권리보호의 필요(협의의 소의 이익)
① 원고적격을 가지더라도 소송에 의해 분쟁을 해결할 현실적 필요성이 있어야 한다.
② 소의 이익도 소송요건이므로 소의 이익이 없으면 법원은 각하 판결을 한다.
③ 처분등의 효과가 기간의 경과, 처분등의 집행 그 밖의 사유로 인하여 소멸된 뒤에도 그 처분등의 취소로 인하여 회복되는 법률상 이익이 있는 자의 경우에는 취소소송을 제기할 수 있다(제12조 후문).
④ 위법한 행정처분의 취소를 구하는 소는 위법한 처분에 의하여 발생한 위법상태를 배제하여 원상으로 회복시키고 그 처분으로 침해되거나 방해받은 권리와 이익을 보호·구제하고자 하는 소송이다. 그러므로 비록 그 위법한 처분을 취소하더라도 원상회복이나 권리구제가 불가능한 경우에는 그 취소를 구할 이익이 없다(대법원 2015.10.29. 2013두27517).

4. 취소소송의 피고

(1) 의의
① 취소소송은 다른 법률에 특별한 규정이 없는 한 그 처분등을 행한 행정청을 피고로 한다(제13조 제1항 본문). 여기서 '행정청'에는 법령에 의하여 행정권한의 위임 또는 위탁을 받은 행정기관, 공공단체 및 그 기관 또는 사인이 포함된다(제2조 제2항).
② 다만, 처분등이 있은 뒤에 그 처분등에 관계되는 권한이 다른 행정청에 승계된 때에는 이를 승계한 행정청을 피고로 한다(제13조 제1항 단서).

(2) 구체적인 경우의 피고적격
① 권한의 위임·위탁의 경우
수임청·수탁청이 피고가 된다. 보조기관은 행정청에 포함되지 않으나, 권한을 위임받은 범위 내에서는 행정청이 된다.
② 내부위임의 경우
위임청이 피고가 된다. 다만, 내부위임을 받은 수임자가 자기의 명의로 행정처분을 한 경우 실제로 그 처분을 행한 하급행정청을 피고로 하여야 할 것이다(대법원 1991.2.22. 90누5641).

③ 권한의 대리

피대리청(본인)이 피고가 된다. 다만, 대리기관이 자신의 명의로 행정처분을 하였다면 그에 대하여는 처분명의자인 당해 행정청이 항고소송의 피고가 되어야 하는 것이 원칙이다(대법원 2006.2.23. 2005부4 결정).

5. 취소소송의 대상(대상적격) (22 채용, 18·19 경행)

의의	① 취소소송은 처분등을 대상으로 한다(제19조 본문). 여기서 "처분등"이라 함은 행정청이 행하는 구체적 사실에 관한 법집행으로서의 공권력의 행사 또는 그 거부와 그 밖에 이에 준하는 행정작용(이하 "처분"이라 한다) 및 행정심판에 대한 재결을 말한다(제2조 제1항 제1호). ② 다만, 재결취소소송의 경우에는 재결 자체에 고유한 위법이 있음을 이유로 하는 경우에 한한다(제19조 단서). ③ 항고소송의 대상이 되는 행정처분이라 함은 행정청의 공법상의 행위로서 특정사항에 대하여 법규에 의한 권리의 설정 또는 의무의 부담을 명하거나 기타 법률상 효과를 발생하게 하는 등 국민의 구체적인 권리의무에 직접적 변동을 초래하는 행위를 말하는 것이고, 행정권 내부에서의 행위나 알선, 권유, 사실상의 통지 등과 같이 상대방 또는 기타 관계자들의 법률상 지위에 직접적인 법률적 변동을 일으키지 아니하는 행위 등은 항고소송의 대상이 될 수 없다(대법원 1995.11.21. 95누9099). ④ 행정처분에 해당하는 것 교통경찰관의 수신호(하명), 교통신호등에 의한 신호(자동적 처분), 도로점용허가(특허), 주민등록번호 변경신청 거부(거부처분) 등
행정청의 행위일 것	'행정청'은 조직법상 개념이 아니라 기능상 개념이므로 행정기관뿐만 아니라 입법기관이나 사법기관도 행정청에 속할 수 있다.
구체적인 사실에 관한 법집행 행위일 것	① 구체적인 사실에 관한 법집행이어야 하는데 일반적·추상적 성격의 행정입법은 구체적인 사실에 관한 것도 아니고 법집행도 아니므로 원칙적으로 행정처분이 아니다. ② 처분적 법규(예 두밀분교 폐지 조례)는 구체적인 성격을 지니면서 집행행위의 개입 없이도 직접 국민에 대하여 법적 효과를 발생하게 하므로 행정처분에 해당할 수 있다. ③ 일반처분은 불특정다수를 수범자로 하지만 구체적 사건을 다루고 있다는 점에서 행정처분에 해당할 수 있다. 예 도로의 공용지정 행위 ④ 일반처분 구 청소년 보호법에 따른 청소년유해매체물 결정 및 고시처분은 당해 유해매체물의 소유자 등 특정인만을 대상으로 한 행정처분이 아니라 일반 불특정 다수인을 상대방으로 하여 일률적으로 표시의무, 포장의무, 청소년에 대한 판매·대여 등의 금지의무 등 각종 의무를 발생시키는 행정처분이다(대법원 2007.6.14. 2004두619).
외부에 대해 직접적인 법적 효과를 발생하게 하는 행위일 것	① 행정처분은 국민의 구체적인 권리의무에 직접적 변동을 초래하는 행위를 말한다. ② 경찰청장의 횡단보도 설치 기본계획 수립은 비구속적 행정계획이므로 행정처분에 해당하지 않는다. ③ 시·도경찰청장이 횡단보도를 설치하여 보행자의 통행방법 등을 규제하는 것은 행정청이 특정사항에 대하여 의무의 부담을 명하는 행위이고 이는 국민의 권리의무에 직접 관계가 있는 행위로서 행정처분이다(대법원 2000.10.27. 98두8964). ④ 징계위원회의 결정은 내부적 결정에 불과하여 항고소송의 대상이 되는 행정처분이 아니다(대법원 1982.3.9. 81누35). ⑤ 징계 요구 자체만으로는 징계 요구 대상 공무원의 권리·의무에 직접적인 변동을 초래하지도 아니하므로, 행정청 사이의 내부적인 의사결정의 경로로서 '징계 요구, 징계 절차 회부, 징계'로 이어지는 과정에서의 중간처분에 불과하여, 감사원의 징계 요구와 재심의결정이 항고소송의 대상이 되는 행정처분이라고 할 수 없다(대법원 2016.12.27. 2014두5637).

외부에 대해 직접적인 법적 효과를 발생하게 하는 행위일 것	⑥ 시험승진후보자명부에서의 삭제행위는 행정처분이 아니다. 시험승진후보자명부에 등재되어 있던 자가 그 명부에서 삭제됨으로써 승진임용의 대상에서 제외되었다 하더라도, 그와 같은 시험승진후보자명부에서의 삭제행위는 결국 그 명부에 등재된 자에 대한 승진 여부를 결정하기 위한 행정청 내부의 준비과정에 불과하고, 그 자체가 어떠한 권리나 의무를 설정하거나 법률상 이익에 직접적인 변동을 초래하는 별도의 행정처분이 된다고 할 수 없다(대법원 1997.11.14. 97누7325). ⑦ 행정규칙에 의한 '불문경고조치'가 비록 법률상의 징계처분은 아니지만 위 처분을 받지 아니하였다면 차후 다른 징계처분이나 경고를 받게 될 경우 징계감경사유로 사용될 수 있었던 표창공적의 사용가능성을 소멸시키는 효과와 1년 동안 인사기록카드에 등재됨으로써 그 동안은 장관표창이나 도지사표창 대상자에서 제외시키는 효과 등이 있다는 이유로 항고소송의 대상이 되는 행정처분에 해당한다고 한 사례(대법원 2002.7.26. 2001두3532) ⑧ 운전면허 행정처분처리대장상 벌점의 배점은 자동차운전면허의 취소, 정지처분의 기초자료로 제공하기 위한 것이고 그 배점 자체만으로는 아직 국민에 대하여 구체적으로 어떤 권리를 제한하거나 의무를 명하는 등 법률적 규제를 하는 효과를 발생하는 요건을 갖춘 것이 아니어서 그 무효확인 또는 취소를 구하는 소송의 대상이 되는 행정처분이라고 할 수 없다(대법원 1994.8.12. 94누2190).
공권력 행사 또는 그 거부	① 행정청이 법령에 근거하여 우월한 지위에서 행하는 권력적인 단독행위이어야 한다. ② 구 남녀 차별 금지 및 구제에 관한 법률상 국가인권위원회의 성희롱결정 및 시정조치권고는 행정소송의 대상이 되는 행정처분에 해당한다(대법원 2005.7.8. 2005두487). ③ 진실·화해를 위한 과거사정리 기본법 제26조에 따른 진실·화해를 위한 과거사정리위원회의 진실규명결정은 항고소송의 대상이 되는 행정처분이다(대법원 2013.1.16. 2010두22856). ④ 공권력 행사의 거부 국민의 적극적 신청행위에 대하여 행정청이 그 신청에 따른 행위를 하지 않겠다고 거부한 행위가 항고소송의 대상이 되기 위한 요건 신청한 행위가 공권력의 행사 또는 이에 준하는 행정작용이어야 하고, 거부행위가 신청인의 법률관계에 어떤 변동을 일으키는 것이어야 하며, 국민에게 행위발동을 요구할 법규상 또는 조리상의 신청권이 있어야 한다. ⑤ 갑 등이 인터넷 포털사이트 등의 개인정보 유출사고로 자신들의 주민등록번호 등 개인정보가 불법 유출되자 이를 이유로 관할 구청장에게 주민등록번호를 변경해 줄 것을 신청하였으나 구청장이 '주민등록번호가 불법 유출된 경우 주민등록법상 변경이 허용되지 않는다'는 이유로 주민등록번호 변경을 거부하는 취지의 통지를 한 사안에서, 피해자의 의사와 무관하게 주민등록번호가 유출된 경우에는 조리상 주민등록번호의 변경을 요구할 신청권을 인정함이 타당하고, 구청장의 주민등록번호 변경신청 거부행위는 항고소송의 대상이 되는 행정처분에 해당한다고 한 사례(대법원 2017.6.15. 2013두2945)
행정소송 이외의 다른 불복절차가 예정되어 있는 경우 (처분성 부정)	① 검사의 불기소결정 행정소송법 제2조의 처분의 개념 정의에는 해당한다고 하더라도 그 처분의 근거 법률에서 행정소송 이외의 다른 절차에 의하여 불복할 것을 예정하고 있는 처분은 항고소송의 대상이 될 수 없다. 검사의 불기소결정에 대해서는 검찰청법에 의한 항고와 재항고, 형사소송법에 의한 재정신청에 의해서만 불복할 수 있는 것이므로, 이에 대해서는 행정소송법상 항고소송을 제기할 수 없다(대법원 2018.9.28. 2017두47465). ② 통고처분, 과태료처분은 다른 불복절차가 예정되어 있으므로 항고소송의 대상이 되는 행정처분이 아니다.

재결	① **원처분주의** 취소소송은 처분등을 대상으로 한다. 다만, 재결취소소송의 경우에는 재결 자체에 고유한 위법이 있음을 이유로 하는 경우에 한한다(제19조). ② 행정소송법 제19조에서 말하는 '재결 자체에 고유한 위법'이란 원처분에는 없고 재결에만 있는 재결청의 권한 또는 구성의 위법(※ 주체에 관한 위법), 재결의 절차나 형식의 위법, 내용의 위법 등을 뜻하고, 그중 내용의 위법에는 위법·부당하게 인용재결을 한 경우가 해당한다(대법원 1997.9.12. 96누14661). ③ 징계혐의자에 대한 감봉 1월의 징계처분을 견책으로 변경한 소청결정이 재량권의 남용 또는 일탈로서 위법하다는 주장은 소청결정 자체의 고유한 위법을 주장하는 것으로 볼 수 없다. 소청결정이 재량권남용 또는 일탈로서 위법하다는 주장은 소청결정의 취소사유가 될 수 없다. 항고소송은 원칙적으로 당해 처분을 대상으로 하나, 당해 처분에 대한 재결 자체에 고유한 주체, 절차, 형식 또는 내용상의 위법이 있는 경우에 한하여 그 재결을 대상으로 할 수 있다고 해석되므로, 징계혐의자에 대한 감봉 1월의 징계처분을 견책으로 변경한 소청결정 중 그를 견책에 처한 조치는 재량권의 남용 또는 일탈로서 위법하다는 사유는 소청결정 자체에 고유한 위법을 주장하는 것으로 볼 수 없어 소청결정의 취소사유가 될 수 없다(대법원 1993.8.24. 93누5673). ※ 피고는 원처분청, 소송의 대상은 견책(변경된 원처분)으로 해야 한다. ④ 행정청이 식품위생법령에 따라 영업자에게 행정제재처분을 한 후 당초 처분을 영업자에게 유리하게 변경하는 처분을 한 경우, 취소소송의 대상 및 제소기간 판단 기준이 되는 처분은 당초 처분이다. 변경처분에 의하여 당초 처분은 소멸하는 것이 아니고 당초부터 유리하게 변경된 내용의 처분으로 존재하는 것이므로, 변경처분에 의하여 유리하게 변경된 내용의 행정제재가 위법하다 하여 그 취소를 구하는 경우 그 취소소송의 대상은 변경된 내용의 당초 처분이지 변경처분은 아니고, 제소기간의 준수 여부도 변경처분이 아닌 변경된 내용의 당초 처분을 기준으로 판단하여야 한다(대법원 2007.4.27. 2004두9302). ※ "3월의 영업정지처분을 2월의 영업정지에 갈음하는 과징금부과처분으로 변경하라"는 일부기각(일부인용)의 이행재결에 따라 행정청이 "3월의 영업정지처분을 과징금 560만 원으로 변경한다"는 취지의 이 사건 후속 변경처분을 하였다. 취소소송의 대상은 변경된 내용의 당초처분이고, 제소기간은 행정심판재결서 정본을 송달받은 날로부터 90일 이내인데, 원고가 90일을 경과하여 소를 제기하여 이 사건 소가 부적법하다고 판단하였다.

6. 소송요건 〈16·20·21 경행〉

(1) 소송요건의 의의

① 소송요건은 본안판단을 받기 위한 전제 요건이다.
② 소송요건은 법원의 직권조사사항이다. 소송요건을 갖추지 못하고 보정이 불가능하면 법원은 소각하판결을 한다.

(2) 취소소송의 제소기간(행정소송법 제20조)

제소기간 (제20조)	① 취소소송은 처분등이 있음을 안 날부터 90일 이내에 제기하여야 한다. 다만, 제18조 제1항 단서에 규정한 경우(※ 행정심판 필수적 전치)와 그 밖에 행정심판청구를 할 수 있는 경우 또는 행정청이 행정심판청구를 할 수 있다고 잘못 알린 경우에 행정심판청구가 있은 때의 기간은 재결서의 정본을 송달받은 날부터 기산한다. ② 취소소송은 처분등이 있은 날부터 1년(第1項 但書의 경우는 裁決이 있은 날부터 1年)을 경과하면 이를 제기하지 못한다. 다만, 정당한 사유가 있는 때에는 그러하지 아니하다. ③ 제1항의 규정에 의한 기간은 불변기간으로 한다.
행정심판을 거치지 않은 경우	① 취소소송은 처분등이 있음을 안 날부터 90일 이내에 제기하여야 한다. 이 기간은 불변기간으로 한다. ② 취소소송은 처분등이 있은 날부터 1년을 경과하면 이를 제기하지 못한다. 다만, 정당한 사유가 있는 때에는 그러하지 아니하다.
행정심판을 거친 경우	① 행정심판 재결서의 정본을 송달받은 날부터 90일 이내에 제기하여야 한다. 이 기간은 불변기간으로 한다. ② 행정심판 재결이 있은 날부터 1년을 경과하면 이를 제기하지 못한다. 다만, 정당한 사유가 있는 때에는 그러하지 아니하다.
관련 판례	① 행정소송법 제20조 제1항에서 말하는 '행정심판'은 행정심판법에 따른 일반행정심판과, 이에 대한 특례로서 다른 법률에서 사안의 전문성과 특수성을 살리기 위하여 특히 필요하여 일반행정심판을 갈음하는 특별한 행정불복절차를 정한 경우의 특별행정심판(행정심판법 제4조)을 뜻한다(대법원 2014.4.24. 2013두10809). ② 법률의 위헌결정으로 인하여 비로소 취소소송을 제기할 수 있게 된 경우, 객관적으로는 '위헌결정이 있은 날', 주관적으로는 '위헌결정이 있음을 안 날' 비로소 취소소송을 제기할 수 있게 되어 이때를 제소기간의 기산점으로 삼아야 한다(대법원 2008.2.1. 2007두20997).

(3) 행정심판과의 관계

① 원칙: 행정심판 임의적 전치

취소소송은 법령의 규정에 의하여 당해 처분에 대한 행정심판을 제기할 수 있는 경우에도 이를 거치지 아니하고 제기할 수 있다(행정소송법 제18조 제1항 본문).

> 예 「국민건강보험법」상 보험료 부과처분에 불복하는 심판청구에 대한 건강보험분쟁조정위원회의 결정은 임의적 전치로서 행정심판이다.

② 예외: 행정심판 필수적 전치

㉠ 다만, 다른 법률에 당해 처분에 대한 행정심판의 재결을 거치지 아니하면 취소소송을 제기할 수 없다는 규정이 있는 때에는 그러하지 아니하다(행정소송법 제18조 제1항 단서).

> 예 공무원의 불이익처분에 대한 소청심사(국가공무원법, 지방공무원법), 「도로교통법」상 불복, 국세·관세 등에 대한 불복(국세기본법, 지방세기본법, 관세법)

㉡ 「도로교통법」상 운전면허 취소처분에 불복하는 심판청구에 대한 중앙행정심판위원회의 재결, 「지방세기본법」상 지방세 부과처분에 불복하는 심판청구에 대한 조세심판원의 결정(단, 심판청구에 대한 재조사 결정에 따른 처분청의 처분에 대한 행정소송의 경우는 제외), 「특허법」상 특허거절결정에 불복하는 심판청구에 대한 특허심판원의 심결은 제18조 제1항 단서의 행정심판에 해당한다.

7. 소 제기의 효과, 집행정지제도 〈18・19 경행〉

의의와 법적 근거	① 집행정지는 집행 부정지 원칙의 예외로 행정소송법상 임시 구제제도이다. ② **집행 부정지의 원칙(제23조 제1항)** 　취소소송의 제기는 처분 등의 효력이나 그 집행 또는 절차의 속행에 영향을 주지 아니한다. ③ 취소소송이 제기된 경우에 처분등이나 그 집행 또는 절차의 속행으로 인하여 생길 회복하기 어려운 손해를 예방하기 위하여 긴급한 필요가 있다고 인정할 때에는 본안이 계속되고 있는 법원은 당사자의 신청 또는 직권에 의하여 처분등의 효력이나 그 집행 또는 절차의 속행의 전부 또는 일부의 정지를 결정할 수 있다. 다만, 처분의 효력정지는 처분등의 집행 또는 절차의 속행을 정지함으로써 목적을 달성할 수 있을 때에는 허용되지 아니한다(제23조 제2항). ④ 집행정지는 공공복리에 중대한 영향을 미칠 우려가 있을 때에는 허용되지 아니한다(제23조 제3항).
요건	① **요건 일반** 　㉠ 집행정지 대상으로 처분등이 존재할 것 　㉡ 적법한 본안소송이 계속될 것 　㉢ 회복하기 어려운 손해 발생이 우려될 것 　㉣ 긴급한 필요가 있을 것 　㉤ 집행정지결정이 공공복리에 중대한 영향을 미칠 우려가 없을 것(소극적 요건) ② **집행정지 대상** 　㉠ 처분등이 존재할 것 　㉡ 무효등확인소송의 경우에는 집행정지가 허용된다. 　㉢ 거부처분에 대한 항고소송, 부작위위법확인소송의 경우에는 집행정지가 허용되지 않는다. ③ 불허가 처분이나 거부처분 등과 같은 소극적 처분에 대한 집행정지는 곧 적극적 처분의 이행을 의미하므로 신청할 수 없다(통설). 　㉠ 유효기간 만료 후 허가갱신신청을 거부한 주유소 갱신허가 불허처분에 대한 집행정지 신청은 효력정지를 구할 이익이 없어 부적법하다(대법원 1993.2.10. 92두72). 　㉡ 교도소장의 접견허가신청에 대한 거부처분은 그 효력이 정지되더라도 그 처분이 없었던 것과 같은 상태를 만드는 것에 지나지 아니하는 것이므로 효력정지의 필요성이 없다(대결 1991.5.2. 91두15 결정). ④ **적법한 본안소송이 계속될 것** 　㉠ 행정처분의 효력정지나 집행정지를 구하는 신청사건에 있어서 본안청구가 적법한 것이어야 한다는 점이 집행정지의 요건이다(대법원 1999.11.26. 99부3). 　㉡ 집행정지결정을 한 후에라도 본안소송이 취하되어 소송이 계속하지 아니한 것으로 되면 집행정지결정은 당연히 그 효력이 소멸되는 것이고 별도의 취소조치를 필요로 하는 것이 아니다(대법원 1975.11.11. 75누97). ⑤ 회복하기 어려운 손해 발생이 우려될 것. 손해는 일반적으로 사회통념상 금전보상이나 원상회복이 불가능하다고 인정되는 손해를 의미한다. 　행정소송법 제23조 제2항 소정의 "회복하기 어려운 손해"라 함은 특별한 사정이 없는 한 금전으로 보상할 수 없는 손해라 할 것이며 이는 금전보상이 불능한 경우뿐만 아니라 금전보상으로는 사회관념상 행정처분을 받은 당사자가 참고 견딜 수 없거나 또는 참고 견디기가 현저히 곤란한 경우의 유형, 무형의 손해를 일컫는다(대법원 1992.8.7. 92두30). ⑥ **집행정지결정이 공공복리에 중대한 영향을 끼칠 우려가 없을 것(소극적 요건)** 　㉠ 집행정지의 장애사유로서 "공공복리에 중대한 영향을 끼칠 우려" 　㉡ 일반적・추상적인 공익에 대한 침해의 가능성이 아니라 당해 처분의 집행과 관련된 구체적・개별적인 공익에 중대한 해를 입힐 개연성을 말하는 것으로서 이러한 집행정지의 소극적 요건에 대한 주장・소명책임은 행정청에게 있다(대법원 2004.5.12. 2003무41).

절차	① 법원은 당사자의 신청 또는 직권에 의하여 집행정지를 한다(제2항). ② 당사자가 집행정지의 결정을 신청함에 있어서는 그 이유에 대한 소명이 있어야 한다(제4항). ③ 신청인은 본안소송의 당사자로서 집행정지 신청을 구할 법률상 이익이 있어야 한다.
불복 (제23조 제5항)	① 집행정지의 결정 또는 기각의 결정에 대하여는 즉시항고할 수 있다. ② 이 경우 집행정지의 결정에 대한 즉시항고에는 결정의 집행을 정지하는 효력이 없다.
집행정지 결정의 효력	집행정지의 결정 또는 그 집행정지결정의 취소결정은 제3자에 대하여도 효력이 있다(제29조 제2항).

3 취소소송의 심리와 판결

1. 취소소송의 심리

심리의 범위와 원칙	① 기속행위와 재량행위에 대한 사법심사 방식 행정행위를 기속행위와 재량행위로 구분하는 경우 양자에 대한 사법심사는, 전자의 경우 그 법규에 대한 원칙적인 기속성으로 인하여 법원이 사실인정과 관련 법규의 해석·적용을 통하여 일정한 결론을 도출한 후 그 결론에 비추어 행정청이 한 판단의 적법 여부를 독자의 입장에서 판정하는 방식에 의하게 되나, 후자의 경우 행정청의 재량에 기한 공익판단의 여지를 감안하여 법원은 독자의 결론을 도출함이 없이 당해 행위에 재량권의 일탈·남용이 있는지 여부만을 심사하게 되고, 이러한 재량권의 일탈·남용 여부에 대한 심사는 사실오인, 비례·평등의 원칙 위배 등을 그 판단 대상으로 한다(대법원 2005.7.14. 2004두6181). ② 재량문제의 심리 ㉠ 재량권 일탈·남용 행정청의 재량에 속하는 처분이라도 재량권의 한계를 넘거나 그 남용이 있는 때에는 법원은 이를 취소할 수 있다(행정소송법 제27조). ㉡ '행정청의 위법한(부당한×) 처분등'이 심리 대상이므로 재량권행사의 당·부당에 대한 심사는 할 수 없다. 즉, 재량권의 일탈·남용이 없는 범위 내에서 타당성(합목적성)의 문제는 법원의 심리 대상이 아니다.
위법판단의 기준 시	① 행정처분의 위법 여부 판단의 기준시점은 처분시이다. ② 행정소송에서 행정처분의 위법 여부는 행정처분이 행하여졌을 때의 법령과 사실상태를 기준으로 하여 판단하여야 하고, 처분 후 법령의 개폐나 사실상태의 변동에 의하여 영향을 받지는 않는다(대법원 2007.5.11. 2007두1811).

2. 취소소송의 판결 (17 경행)

종류	① 소송판결(소각하판결) 요건을 심리한 결과 소송요건을 갖추지 못한 경우 부적법한 것으로 각하하는 판결을 말한다. 당사자적격이 없는 경우, 소의 이익이 없거나 소멸한 경우, 소의 대상인 처분이 아니거나 처분이 소멸한 경우, 제소기간 경과 후에 제기한 경우, 행정심판을 거쳐야 하는데도 거치지 않은 경우 등 소송요건의 불비가 있으면 각하판결을 한다. ② 본안판결(인용판결, 기각판결) 청구의 당부에 관한 판결로 본안심리를 한 결과 청구의 전부 또는 일부를 인용하거나 기각하는 것을 내용으로 하는 판결을 말한다.

청구기각 판결	처분을 취소해 달라는 원고의 청구가 이유 없다고 하여 이를 배척하는 판결이다.	
사정판결	① 의의 원고의 청구가 이유 있다고 인정하는 경우에도 처분등을 취소하는 것이 현저히 공공복리에 적합하지 아니하다고 인정하는 때에는 법원은 원고의 청구를 기각할 수 있다(행정소송법 제28조 제1항 전문). ② 요건 　㉠ 청구가 이유 있다고 인정할 것(처분등이 위법할 것). 　　위법성 판단의 기준시는 처분 시이다. 　㉡ 처분등의 취소가 현저히 공공복리에 적합하지 아니할 것. 　　공익성 판단의 기준시는 판결 시(변론종결시)이다. ③ 효과 　㉠ 기각판결 　㉡ 법원은 그 판결의 주문에서 그 처분등이 위법함을 명시하여야 한다(제28조 제1항 후문). 　㉢ 법원이 사정판결을 함에 있어서는 미리 원고가 그로 인하여 입게 될 손해의 정도와 배상방법 그 밖의 사정을 조사하여야 한다(제2항). 　㉣ 원고는 피고인 행정청이 속하는 국가 또는 공공단체를 상대로 손해배상, 제해시설의 설치 그 밖에 적당한 구제방법의 청구를 당해 취소소송등이 계속된 법원에 병합하여 제기할 수 있다(제3항).	
청구인용 판결	① 처분의 취소를 구하는 청구가 이유 있다고 인정하여 그 청구의 전부 또는 일부를 인용하는 판결이다. 청구인용판결은 처분을 취소·변경하는 형성판결이다. ② 행정소송법 제4조 제1호의 '변경'의 의미 다수설과 판례(63누177)는 '처분등을 변경하는 소송'에서의 '변경'을 일부취소의 의미로 이해한다. 따라서 판례에 따르면 '변경'을 적극적 형성판결(예 면허취소를 면허정지로 변경하는 판결)의 의미로 이해하는 것은 허용되지 않는다.	

종국판결의 종류

종국판결	소송판결(소각하판결)		
	본안판결	인용판결	
		청구기각판결	보통의 기각판결
			사정판결

CHAPTER 10 경찰행정학

제1절 정책결정, 경찰의 조직관리

1 정책결정

1. 의의

① 정책결정은 정부조직이 공적 문제해결을 위해 정책목표를 설정하고, 그것을 달성하기 위한 정책대안을 탐색해 그 결과를 예측·평가하고 선택하는 동태적 과정을 말한다.
② 정책목표는 미래에 도달하고자 하는 바람직한 상태를 말하고, 정책대안은 정책목표 달성을 위해 채택 가능한 정책수단들 중의 하나를 말한다.

2. 정책결정 모델(모형) 〈24 채용, 22·23 경위〉

합리 모델 (Rational model)	의사결정자의 완전한 경제적 합리성을 전제하고, 목표나 가치가 명확하게 고정되어 있다는 가정에서 목표달성의 극대화를 위해 최선의 대안을 추구하는 결정모형이다.
만족 모델 (Satisfying model)	정책결정자가 최선의 합리성을 추구하기보다는, 제한된 행정상의 합리성에 기초하여 시간적·공간적·재정적 측면에서 여러 요인을 고려하여 만족할 만한 수준에서 결정한다고 보는 모델이다.
점증 모델 (Incremental model)	① 정책결정 시 정치적 합리성을 기반으로 기존 정책을 토대로 하여 기존 정책의 문제점을 부분적으로 수정하거나 약간의 향상을 가져오는 결정을 하는 모델이다. ② 전년도 예산에 기반한 점증적 예산 편성도 같은 맥락이다.
혼합탐사모델 (Mixed scanning model)	① 정책결정을 근본적 결정과 세부적 결정으로 나누어 기본적인 방향 설정은 합리 모델에 따르고 특정 문제의 결정은 점증 모델에 따라 함으로써 합리적 결정과 점증적 결정을 적절하게 혼합하여 의사결정을 하는 모델이다. ② 합리 모델의 단점인 비현실성과 점증 모델의 단점인 보수성을 극복하기 위해 주장된 것이다.
최적 모델 (Optimal model)	① 기존의 정책을 바탕으로 이루어지는 점증주의 성향을 비판하면서, 새로운 정책을 내릴 때마다 정책방향도 다시 검토할 것을 주장한다. ② 합리 모델의 비현실성과 점증 모델의 보수성을 극복하기 위하여 이상주의와 현실주의의 통합(최적화)을 시도한 것이다.
엘리트 모델 (Elite model)	① 정책은 권력을 장악한 소수의 엘리트들에 의해서 결정되며, 그 정책은 엘리트의 지배적 가치와 개인적 이익을 반영하는 것으로 보는 모델이다. ② 정책의 변화도 혁신적인 것이 아니라 점증적으로 이루어진다고 본다.
쓰레기통모델 (Garbage can model)	① 정책결정이 일정한 규칙에 따라 이루어지는 것이 아니라 문제, 해결책, 선택기회, 참여자의 네 요소가 뒤죽박죽으로 움직이다가 어떤 계기로 만나게 될 때 이루어진다고 보는 정책결정모델이다. ② 문제(problems)는 사람들이 주목하는 관심사나 정책문제를 말한다. 해결책(solutions)은 조직구성원 누군가가 제안한 정책대안을 말한다. 선택기회(choice opportunities)는 조직이 집단적 의사결정을 위해 여는 회의 등을 말한다. 참여자(participants)는 의사결정을 할 수 있는 지위에 있는 사람을 말한다.

사이버네틱스 모델 (Cybernetic model)	설정된 목표를 달성하기 위해 정보분석과 환류과정을 통해 자신의 행동을 스스로 조정해 나간다고 가정하는 모델이다.
카오스모델(혼돈이론)	불규칙한 무질서 현상의 배후에 감추어져 있는 규칙성을 찾는 이론적 접근을 말한다.
아노미모델	아노미 결과 사회에서 지배적인 가치·규범에서 벗어난 행동인 일탈행위를 할 가능성이 높아진다고 본다.

2 경찰행정의 특수성(이황우, 경찰행정학) <24 채용, 25 승진>

위험성	① 경찰은 시민의 신체 및 재산에 대한 공격(예 무장강도사건)에 대처하는 것을 역할로 한다. ② **경찰은 각종 위험의 제거를 그 주요 기능**으로 하고 있으며, 그 수단으로서 명령·강제 등 경찰권을 발동할 수 있으며 필요한 경우 실력행사를 위하여 무기와 장구를 휴대한다.
돌발성	① 경찰관은 대부분 예측하지 못한 사태가 돌발적으로 발생하여 그 사건의 주체가 누구인지 알지 못하는 상황에 놓이게 되는 경우가 많다. ② 경찰조직은 예측하기 어려운 다양한 사안에 대해 고도의 민첩성을 갖추고 타 부서 혹은 직원들과의 유기적인 공조체제를 갖추어 **돌발적으로 발생하는 범죄사건과 사고에 즉시 대응하여 합리적인 방법으로 해결할 수 있도록 해야 한다.**
기동성	① 경찰 업무는 대부분 즉시 해결하지 못하면 그 피해의 회복이 영원히 불가능하거나 현저하게 어려운 경우가 많다. 따라서 **돌발적으로 발생하는 경찰행정 수요에 즉시 대응하기 위해 기동장비 확보, 초동대처시간 단축을 위해 훈련을 해야 한다.** ② 경찰의 기동성은 질서유지와 범죄에 대한 대응에 있어 범인의 체포와 증거의 확보에도 결정적인 요인이 된다.
권력성	① 경찰은 본질적으로 사회공공의 안녕과 질서를 유지하기 위하여 **국민에게 명령·강제하는 권력작용이다.** ② 경찰은 질서유지를 위해 법에 근거하여 일반인에게 일정한 사항을 **지시·명령함으로써 시민 행동의 자유를 제한할 수 있다.**
조직성	① 경찰은 돌발적인 사건이 발생하면 시급하게 해결해야 하며, 경찰업무가 위험성을 띠고 있기 때문에 **경찰조직의 기동성·협동성을 충분히 발휘할 수 있도록 치밀하게 조직되어야 한다.** ② 경찰조직은 안정되고 능률적이며 군대식으로 조직되어야 하므로 **경찰조직은 계급사회를 이루고 있으며 제복을 착용하고 있다.**
정치성	① 경찰에 대한 정치적 간섭은 직무할당, 승진, 전보, 채용 그리고 징계 등 인사행정 전반에서 나타나게 되며 이러한 정치적 간섭 때문에 경찰 개개인도 결국 냉소적인 태도를 보이게 되고 경찰은 시민과의 관계에서 객관성, 성실성 그리고 신뢰성을 잃게 된다. ② 경찰조직은 전국에 걸쳐 있고 주야간 구별 없이 활동하며 그 집행력이 강력하기 때문에 정부기능 가운데 경찰력을 이용하는 경향이 많으나 특정한 정당 내지는 정권에 의하여 좌우되어서는 안 되며 국민 전체의 봉사자로서 그 역할을 해야 한다.
고립성	① 맥킨스(Colin McInnes)는 "경찰관은 고립되고 있다. 즉 경찰관은 일반시민과 동일한 위치에 있는 것은 아니다. 시민들 가운데 어떤 자는 우리들을 무서워하고 어떤 자는 우리들에게 아부하며 어떤 자는 우리들을 혐오하며 회피하고 있다."라고 하여 경찰관의 일반시민으로부터의 고립감을 표현하고 있다. ② **경찰관의 이러한 소외감은 경찰에 대한 존경심의 결여, 법집행에 대한 협력의 결여, 경찰업무에 대한 이해부족 등에서 비롯되고 있다.**
보수성	① **경찰은 헌법을 수호하여 공공의 안녕과 질서를 유지하는 것을 임무로 하기 때문에 본질적으로 쇄신적인 변화를 추구하기보다는 현상유지적인 행태를 지니고 있다.** ② 사회정세의 변화가 심하여 객관적인 요구와 경찰과의 사이에 격차가 커지게 되면 정치적인 수단을 통한 외부적 압력에 급격하고 비약적으로 개혁이 행하여진 사례가 많다.

3 경찰조직편성의 원리

1. 계층제의 원리 _(20·23·24·25 채용, 15·20 승진, 16·23 경위)

(1) 의의

① **직무를 책임·난이도에 따라 등급화하고 상위로 갈수록 권한과 책임이 무거운 임무를 수행하도록 편성하여 상하 간 명령복종 관계를 적용하는 조직원리이다.**
② 계층제의 원리는 조직목적수행을 위한 구성원의 임무를 책임과 난이도에 따라 상하로 나누어 배치하는 조직편성원리이다(계층적 임무 분담).
③ 계층제의 원리는 권한과 책임의 정도에 따라 직무를 계층화함으로써 **상·하 계층 간에 직무상 지휘·감독 관계에 있도록 한다.**
④ 계층제의 원리는 지휘감독을 통해 조직의 질서와 통일을 확보하지만, **무리한 적용으로 구성원 간의 인간관계 저해, 기관장의 독단화 등으로 조직의 경직성을 초래할 수 있다.**

(2) 장점(순기능)과 단점(역기능)

장점 (순기능)	① 조직의 안정성, 조직의 일체감, 통일성을 유지한다. ② 지휘계통을 확립하고 조직의 업무수행에 통일을 기할 수 있다. ③ **권한과 책임을 계층에 따라 분배하여 의사결정의 검토가 이루어져 신중한 업무처리가 가능하다는 것이다.** ④ 명령과 지시를 일사불란하게 수행하도록 하여 행정능률을 높일 수 있다. ⑤ 계층제는 권한의 위임이나 의사소통의 통로, 경찰행정목표를 설정하고 업무를 분담하는 통로가 되며, 경찰 승진의 경로가 되어 사기를 앙양시킨다. ⑥ 계층제는 경찰행정의 능률성과 책임의 명확성을 보장하는 수단이다. ⑦ 조직 내의 분쟁·갈등의 해결과 내부통제의 확보수단이 된다. 상위 계층에서 의사결정을 하므로 **횡적 (갈등) 조정이 용이해진다.**
단점 (역기능)	① 신축적 대응 곤란 조직의 경직화를 초래하고 환경변화에 대한 조직의 신축적 대응을 어렵게 하여 새로운 지식, 기술 등의 도입이 쉽지 않다. ② 비합리적 인간관계 형성 동태적인 인간관계의 형성을 어렵게 하여 자율성이 강한 경찰관은 계층제의 권위와 잦은 대립·갈등을 초래한다. 계층제를 능률적인 업무수행보다 비합리적인 인간지배의 수단으로 인식하기 쉽고, **인간의 자아실현욕구나 성취욕구의 추구와의 조화가 어렵다.(수직적 분화와 집권화 현상이 나타나 구성원의 동기부여를 향상×)** ③ 의사소통의 차단과 계층 간 단절 계층 수가 많아지면 의사소통의 단계는 기하급수적으로 늘어나고 이에 따라 업무의 흐름이 차단되거나 처리시간이 지연되고, 관리 비용 증가한다. 계층제 원리의 무리한 적용에 따라 의사소통의 경로가 막히고 의사전달이 왜곡될 수 있는 등 계층 간 단절의 문제가 발생한다. 이에 따라 **행정의 능률성이 저해되고 종적 (갈등) 조정이 어려워진다.**

2. 통솔범위의 원리 _(23·25 채용, 23 승진, 23 경위)

(1) 의의

① 1인의 상관 또는 감독자가 효과적으로 직접 통솔할 수 있는 최대한의 부하의 수를 정하는 **조직편성원리**이다. 즉, 한 사람의 관리자가 조직의 구성원을 몇 명 정도나 관리·감독할 수 있는가의 문제이다.

② 한 사람의 감독자가 직접 감독할 수 있는 부하의 수는 일정한 한도로 제한해 줄 필요가 있다. 관리자의 통솔범위로 적정한 부하의 수는 어느 정도인가라는 문제는 **관리의 효율성을 좌우하는 중요한 원리**이기 때문이다.

(2) 통솔범위의 결정 기준

① 한 사람이 직접적으로 감독할 수 있는 부하의 수는 업무의 성질, 고용, 기술, 작업성과 기준에 달려 있다.

② 관리자의 리더십 능력이 높거나, 부하직원의 능력, 의욕, 경험 등이 높으면 통솔범위는 넓어질 수 있다.

③ 정비례 관계
통솔범위의 원리에서 통솔범위는 **조직의 역사, 업무의 단순성, 교통통신의 발달, 관리자의 리더십, 부하의 능력**과 정비례 관계이다.

④ 반비례 관계
조직 규모가 클수록, 계층의 수가 많을수록 통솔범위가 좁아지고, 반대로 조직 규모가 작을수록, 계층의 수가 적을수록 넓어진다.

(3) 통솔범위의 구제적 기준

부서의 역사	신설부서보다는 오래된 부서의 경우 통솔범위가 넓어진다.
지리적 분포	지리적으로 분산된 부서보다는 근접한 부서의 경우 통솔범위가 넓어진다.
업무의 성격	복잡한 업무보다 단순한 업무의 경우 통솔범위가 넓어진다.
교통·통신의 발달	통솔범위를 증가시킨다.
관리자에 대한 신임도	감독자의 최고관리자에 대한 신임도가 높을 경우 통솔범위는 확대된다.

(4) 통솔범위의 조정

① **구조조정의 문제와 깊은 관련성**이 있다.

② 현재 경찰의 문제점은 중간계층이 너무 많다는 것인데 중간계층이 많다는 것은 관리자가 너무 많다는 것이다.

3. 명령통일의 원리 _(22·24 채용, 18·20·23 승진, 23 경위)

(1) 의의

① 조직의 구성원 간에 지시나 보고를 주고받는 과정에서 **지시는 한 사람만이 할 수 있고, 보고도 한 사람에게만 하여야 한다는 조직편성원리**를 말한다.

② 업무에 대한 신속결단과 결단내용의 지시가 단일한 명령계통이어야 한다.

(2) 필요성

① 명령통일의 원리는 업무수행의 혼선과 그로 인한 비능률을 막기 위한 것이다. 둘 이상의 사람으로부터 지시나 명령을 받는 경우 서로 모순되는 지시가 나오고, 이로 인해 집행하는 사람은 혼란을 겪게 되기 때문이다.

② **지시가 분산되고 여러 사람으로부터 지시를 받는다면 신속하게 대응할 수 없게 된다.** 경찰의 경우에 수사나 사고처리 및 범죄예방활동에 이르기까지 거의 모든 업무수행에서 신속한 결단과 집행을 필요로 하는데, 이때 지시가 분산되고 여러 사람으로부터 지시를 받는다면, 범인을 놓친다든지 사고처리가 늦어 인명이나 재산의 피해에 신속한 대응이 불가하다. 따라서 신속한 결단과 결단내용의 지시가 한 사람에게 통합되어야 한다.

(3) 문제점과 대책

문제점	① 명령통일의 원리를 너무 철저하게 지킨다면 실제 업무수행에 더 큰 지체와 혼란을 야기할 수 있다. ② 관리자가 사고나 다른 이유로 인해 적정한 지시를 할 수 없다면, 그 관리자로 인해 모든 업무가 마비될 수 있다. ③ 부하들을 직접 감독하지 않는 참모 및 계선조직이 부하들에게 유익한 자문을 하는 것을 허용하지 않는다.
대책	① 관리자의 공백 등에 의한 업무의 공백을 대비하기 위하여 조직은 권한의 위임·대리 또는 유고관리자의 사전지정 등을 활용하여 명령통일의 한계를 완화할 수 있다. ② 대리 또는 대행자를 미리 지정해두고 관리자의 유고 시에는 정해진 순서에 따라 유고관리자의 임무를 대행한다. ③ 권한의 위임은 관리자의 임무를 하위관리자에게 일부 맡기는 것으로, 계층제에 의해 상위직에 부여된 권한과 책임을 하위자에게 분담시킴으로써, 통솔범위의 한계를 재조정하거나 명령통일의 한계를 완화시킬 수 있는 제도이다.

4. 분업의 원리 〈23·24·25 채용〉

의의	① 업무를 그 종류와 성질별로 구분하여 구성원에게 가능한 한 한가지의 주된 업무를 부담시킴으로써 조직 관리상의 능률을 향상시키려는 원리이다. ② 가급적 한 사람에게 동일한 업무를 분담시킴으로써 특정 분야에 대한 업무의 전문화 확보를 가능하게 한다. ③ 한 사람이 수행할 수 있는 업무의 양과 시간에는 한계가 있고, 서로 다른 특성을 가진 업무를 한 사람이 맡아서 하는 것은 비효율적이다.
장점	① 다수가 일을 함에 있어서 각자의 임무를 나누어서 분명하게 부과하고 협력을 하도록 하는 것으로, 인간능력의 한계를 극복하고 업무를 효율적으로 수행하기 위한 것이다. ② 특정 분야의 전문성 확보에 용이하다. 기술과 노하우가 있고 경력이 있는 사람을 잘 활용하는 방법은 그 일을 전문적으로 계속하게 해주는 것이며, 여기서 분업의 효과가 나온다. **예** 형사활동을 오래하면 범인체포와 범죄 수사에 민첩하게 되고 업무의 효율도 오르게 된다. ③ 경과 제도를 통한 특정업무의 세분화 및 시간과 경비를 절약할 수 있다.
단점	① 노동의 소외화나 인간기계화 심화, 구성원의 부품화, 정형적·반복적 업무수행에 기인한 작업에 대한 흥미 상실, 비밀 증가 등 지나친 전문화로 인하여 문제가 발생할 수 있다. ② 분업화의 정도가 높아질수록 조정과 통합이 어려워져서 할거주의(부처 간 또는 부서 간의 이기주의)가 초래될 수 있으며 이 경우 조정의 원리 등의 적용을 통하여 해결할 수 있다. ③ '할거주의'는 타기관 및 타부처에 대한 횡적인 조정과 협조를 어렵게 만드는 대표적인 요인으로 조정·통합의 원리에 반대되는 요소이다.

5. (갈등) 조정과 통합의 원리 <23·25 채용, 17·23 승진, 23 경위>

의의	① 구성원의 노력과 행동을 질서있게 배열하고 통일시키는 작용을 함으로써 경찰행정의 목표를 효율적으로 달성할 수 있게 한다. ② 조직의 집단적 노력을 질서있게 배열하는 과정으로서 개별적인 활동을 전체적인 관점에서 통일하여 조직의 목표달성도를 높이려는 원리이다. ③ 무니(J. Mooney)는 조정·통합의 원리를 '조직의 제1원리'라고 명명하고, 경찰조직편성의 원리 중 가장 최종적인 원리라고 하여 그 중요성을 강조한 바 있다.
장기적 조정	① 조직의 구조 개선(보상체계, 인사 등의 제도개선과 조직원의 행태를 합리적으로 개선하는 것) ② 명백한 권한과 책임의 분배
단기적 조정	① 적극적인 자세로 원인을 규명한다. ② 갈등이 세분화된 업무처리에서 나오는 것이라면, 업무처리과정을 통합한다든지 연결하는 장치나 대화채널을 확보해주는 것이 필요하다. ③ 한정된 인력이나 예산을 가지고 갈등이 생기는 경우에는, 가능하면 예산과 인력을 확보하고 업무추진의 우선순위를 관리자가 지정해 줄 필요가 있다. ④ 부서 간의 갈등이 일어나고 있을 때는 더 높은 상위목표를 제시하여 서로 이해하고 양보하도록 유도하는 것이 바람직하다. ⑤ 문제를 해결하는 것이 어려울 때에는 갈등을 완화하거나, 양자 간의 타협을 이끌어 낼 수 있다. ⑥ 갈등의 문제해결이 어려운 경우에는 **관리자가 갈등을 초래할 수 있는 결정을 보류 또는 회피하는 방법을 사용할 수도 있다.** ※ 관리자의 리더십 필요 ⑦ 시간적으로 급박하거나 이해관계가 첨예할 경우 최후의 수단으로 상관의 판단과 명령에 의해 해결하는 방법을 택할 수 있다.

제2절 경찰의 인사관리

1 인사관리제도와 공직분류

1. 인사관리제도 <24 승진>

(1) 엽관주의

의의	① 관직을 선거에서 승리한 정당의 전리품처럼 인식한다. 즉, 특정정당에 정치적 봉사를 하고 그 대가로 받는 보상으로 본다. ② 19세기 미국의 자유민주정치 발전과정에서 도입된 제도이다. ③ 모든 행정은 평범한 상식과 이해력이 있으면 누구나 수행 가능하다는 것을 전제로 한다.
역사적배경	미국에서는 1829년 **잭슨(Jackson) 대통령 이후** 선거에서 승리한 정당의 정당원들에게 공직을 개방하는 엽관주의가 시작되었다.
장점	① 정치지도자의 국정지도력을 강화함으로써 **공공정책의 실현을 용이**하게 해준다. ② **행정통제가 가능**하다. 국민의 지지를 받은 정당의 당원이 관직에 임명되므로 민주통제의 강화 및 행정의 민주화가 가능하다. ③ **행정책임의 확보가 용이**하다. 집권당이 국민의 여론을 반영 시 관료의 국민요구에 대한 부응성을 높여준다.
단점	① **행정의 안정성과 지속성을 확보하기 어렵다.** ② 전문적인 행정을 수행하기 곤란하다.

(2) 실적주의

의의	① 공직에의 임용을 당파성이나 정실 또는 연고관계를 떠나 개인의 자격과 능력, 그리고 실적 등을 기준으로 한다. ② 직업공무원 제도의 기반이 된다.
역사적 배경	① 1881년 **가필드(Garfield) 대통령이 암살**당한 사건은 미국에서 실적주의 도입의 배경이 되었다. 가필드 대통령이 엽관주의 추종자에 의해 암살당하면서 엽관주의는 쇠퇴하게 된 것이다. ② 미국에서는 1883년 펜들턴 법(Pendleton Act) 제정으로 실적주의가 확립되었다.
제도적 장치	① 공개경쟁채용시험(공직은 모든 국민에 차별없이 개방된다.) ② 실적과 능력에 의한 임용(근무성적의 평가, 경력평정등 객관적 인사제도) ③ 신분보장
장점	① 공무원의 정치적 중립성이 보장된다. ② 공직에의 기회균등이 보장된다. 즉, 공직은 모든 국민에게 개방되며 성별, 신앙, 사회적 신분, 학벌 기타의 어떠한 차별도 받지 않는다.
단점	① 행정통제나 책임행정이 약화된다. ② 정치적 중립에 집착하여 **인사행정을 소극화·형식화**시켰다.

2. 공직 분류 방식 〈16·17·19·23·24 채용, 18·19·20 경채, 16 경위〉

(1) 계급제(일반행정가 중심, 사람 중심의 분류방법)

의의	① 공무원의 자격 및 신분을 중심으로 계급을 만드는 제도로서 인간중심의 분류방법이다. ② 관료제 전통이 강한 독일, 프랑스, 일본 등에서 발달 ③ 계급제는 보통 계급의 수가 적고, 계급 간의 차별이 심하다.
충원	폐쇄형 충원방식을 택한다. 조직 외부로부터의 충원이 힘든 폐쇄형의 충원방식으로서, **직업공무원 제도 정착에 유리하다.**
장점	① 일반적 교양과 능력을 가진 사람을 채용하여 장기간에 걸쳐 능력이 키워지므로 일반행정가 양성에 적합한 방식이다. ② 신분보장과 함께 장기간에 걸쳐 능력이 키워지므로 공무원이 보다 종합적·신축적인 능력을 갖출 수 있다. ③ 이해력이 넓어져 기관 간의 횡적인 협조가 용이함. 사람중심의 분류방식으로 직위분류제에 비해서 부처 간의 협조와 조정이 용이하다. ④ 직위분류제에 비해 신분보장이 강하다. ⑤ 직업공무원제도 정착에 유리함. 중간계급에 진입하는 것을 허용하지 않으므로 공직을 평생직장으로 이해하는 직업공무원제도의 정착에 보다 유리하다.
단점	① 행정의 전문화를 기하기 어렵다. ② 인사관리의 객관적이고도 합리적인 기준을 설정하기 곤란하다. ③ 권한의 책임과 한계가 불분명하다.

(2) 직위분류제(전문가, 직무중심의 분류방법)

의의	① 직무의 특성에 중점을 두고 직무의 종류와 책임, 난이도를 기준으로 공직을 분류한다. ② 직무분석과 직무평가의 충실한 수행을 강조한다. ③ 1909년 미국의 시카고 시에서 처음 실시된 방식으로 동일한 직무를 장기간 담당하게 되어 행정의 전문화에 유용하다.
충원	외부로부터의 충원이 쉬운 개방형의 충원방식을 택한다.
장점	① 시험·채용·전직의 합리적 기준을 제공하여 인사행정의 합리화를 기할 수 있다. ② 「**동일직무에 대한 동일보수의 원칙**」을 확립함으로써 **보수제도의 합리적 기준을 제시**한다. ③ 전직이 제한되고 동일한 직무를 장기간 담당하게 되어 행정직의 전문화·분업화에 기여한다. ④ 권한과 책임의 한계를 명확히 할 수 있다.
단점	① 유능한 일반행정가의 확보가 곤란하다. ② 계급제에 비해 인사배치의 신축성과 융통성이 부족하다. ③ 신분보장이 미흡하다. ④ 다른 기관과의 협조·조정이 곤란하다. 즉 전문화에 따른 수평적 협동이 곤란하다.

(3) 상호관계

① 계급제와 직위분류제의 관계는 양립될 수 없는 상호배타적인 관계가 아니라 서로의 결함을 시정할 수 있는 **상호보완적인 관계에 있다고 볼 수 있다.**
② 우리나라의 공직 분류 방식은 계급제를 위주로 하여 직위분류제적 요소를 가미한 혼합형태라고 할 수 있다.

3. 직업공무원제도 〈24 채용, 24 경위〉

(1) 실적주의와의 관계

① 실적주의는 직업공무원제로 발전되어 가는 기반이 되지만, 실적주의가 바로 직업공무원 제도를 의미하는 것은 아니다.
② 직업공무원제도는 정치적 중립, 자격이나 능력 중시, 신분보장이라는 점에서 실적주의와 공통점을 가진다.

(2) 계급제와의 관계

① 직업공무원제도는 장기적인 발전가능성을 선발기준으로 삼고 있으며 공직을 평생직장으로 이해하고 있으므로 직업공무원제도의 정착에는 직위분류제보다 계급제가 유리하다.
② 폐쇄형 충원체제로 넓은 시야를 가진 유능한 인재의 등용을 확보하는 데 용이하다.

(3) 특징

① 행정의 안정성, 계속성, 독립성, 중립성 확보가 용이하다.
② 공무원의 일체감과 단결심 및 공직에 헌신하려는 정신을 강화하는 데 유리한 제도이다.
③ 공무원들의 성실한 직무수행과 장기근속을 유도하기 위한 제도와 원칙들을 토대로 한다.
④ 직업공무원제도의 성공적 정착을 위해서는 공직에 대한 사회의 높은 평가가 필요하며 퇴직 후의 불안해소와 생계보장을 위해 적절한 연금제도가 확립되어야 한다.

⑤ 직업공무원제도는 행정의 안정성과 독립성 확보에 용이하나 외부환경 변화에 신속하게 대응하지 못한다는 단점이 있다.
⑥ 우수한 젊은 인재들을 공직에 유치하여 일생 동안 공무원으로 근무하도록 운영하는 인사제도로서 젊은 인재의 채용을 위한 연령제한으로 공직 임용의 기회균등을 저해한다.

2 사기진작 및 동기부여 이론

1. 의의 〈23·25 채용, 22 경채, 23·24 경위〉

동기부여의 개념과 분류	① 동기는 인간을 활동하도록 자극하여 의도하는 목표로 나아가게 하는 것을 말한다. 사람은 욕구가 일어날 때 일하려는 동기가 생기고, 이를 행동으로 옮겨 목표를 달성하게 되면 욕구는 충족된다. ② 동기부여는 조직구성원 개인의 욕구 충족을 통해 조직목표에 기여하도록 유도하는 조직과정을 말한다. ③ 조직구성원들이 자발적으로 일을 하게 하여 생산성을 높이는 데 유용하므로 조직이론에서 중요시된다. ④ 동기부여에 관한 이론은 내용이론과 과정이론으로 나눌 수 있다.
내용이론	① 동기를 유발하는 내용(무엇)을 설명하는 이론이다. 인간의 욕구와 충동 등을 분석한다. ② 사람들을 일하게 하는 '욕구란 과연 무엇인가'에 관심을 둔다. ③ 매슬로우(Maslow)의 욕구단계(욕구계층) 이론, 앨더퍼(Alderfer)의 E.R.G이론, 허즈버그(F. Herzberg)의 동기위생요인 이론, 맥그리거(McGregor)의 X이론·Y이론, 맥클랜드(MacClelland, 맥클리랜드)의 성취동기이론, 아지리스(Argyris)의 성숙·미성숙 이론, 샤인(E. Schein)의 복잡인 모형 등이 있다.
과정이론	① 조직 내의 사람들이 조직의 목표를 달성하는 과정에서 어떤 요인에 의해 그 행위를 하게 되는지에 관한 과정을 설명하는 동기이론이다. ② 인간의 욕구에 기초를 두되 여기에 다른 요인, 즉 선택을 하게 되는 요인을 추가하여 조직구성원이 행위를 어떻게 변화시켜 나가는가를 설명한다. ③ 자발적 동기부여가 어떠한 과정을 거쳐 이루어지는가에 초점을 둔다. ④ 노력과 그 노력의 결과로 주어진 보상 사이의 개인 차이를 인지하면서 동기가 유발된다는 아담스(J. S. Adams)의 공정성(형평성) 이론, 동기유발은 보상에 대한 기대감에 의한다는 기대이론으로 브룸(V. Vroom)의 선호-기대이론, 포터(L. W. Porter)와 롤러(E. Lawler)의 업적·만족이론 등이 있다. ⑤ 아담스(J. S. Adams)의 공정성 이론은 노력과 그 노력의 결과로 주어진 보상 사이의 개인 차이를 인지하면서 동기가 유발된다고 설명하였다. ⑥ **브룸(Vroom)의 선호-기대이론은 동기유발은 욕구충족이 아니라 과업에 대한 기대감, 수단성, 유의성에 의해 결정된다고 주장하였다.**

2. 매슬로우(Maslow)의 욕구계층(5단계 기본욕구) 이론 〈17·22·25 채용, 12·13·19 승진, 14·17 경위〉

(1) 의의

① 매슬로우는 5단계 기본욕구가 우선순위의 계층을 이루고 있어 한 단계의 욕구가 충족되어야 비로소 다음 단계의 욕구가 발로된다고 보았다.
② 인간은 자신의 욕구를 충족시키기 위해서 노력하며 **하위단계의 욕구가 충족되어야 다음 단계로 발전되는 순차적 특성을 갖는다.**
③ **다원적 인간욕구의 존재를 인정하고 가장 기본적인 욕구는 생리적 욕구**라고 하였다.
④ 욕구의 개인적 차이를 고려하지 못한 획일적 욕구계층 설정, 각 욕구의 단계가 명확하지 않다는 점, 두 가지 이상의 욕구가 하나의 행위의 동기가 될 수 있다는 욕구의 중복현상을 설명하지 못한다는 점 등에서 비판을 받는다.

(2) 경찰행정에의 적용

구분	내용	충족하는 제도
생리적 욕구	① 의·식·주 및 건강 등에 대한 욕구를 말한다. ② 가장 기초적인 욕구로서 우선순위가 가장 높은 욕구이다.	① 적정보수제도 ② 휴양제도
안전 욕구	① 신체적 안전, 직무상의 안전, 질서에 대한 욕구, 노년의 대비 등에 대한 욕구를 말한다. ② 공무원의 현재 및 장래의 신분이나 생활에 대한 불안감 해소에 관한 것이다.	① 신분보장 ② 연금제도
사회적 욕구	① 애정의 욕구와 소속감을 말한다. 애정·우정을 주고받는 것, 동료에 의해 받아들여지는 것, 친밀한 인간관계, 집단에의 소속감 등과 관련이 있다. ② 동료, 상사, 조직 전체에 대한 친근감, 귀속감을 충족하는 것과 관련이 있다. ③ 대부분의 사람들이 이 단계 이상을 넘어서지 못한다.	① 인간관계 개선 ② 고충처리 상담
존경 욕구	① 타인의 인정, 존중, 신망을 받으려는 욕구를 말한다. ② 자신을 중요하고, 가치 있고, 야망 있는 사람으로 보는 것과 관련이 있다. ③ '이달의 경찰관'과 같은 시상제도가 있다.	① 참여 확대 ② 권한의 위임 ③ 제안제도 ④ 포상제도
자기실현 욕구	① 창조적이고, 잠재성을 실현하고, 무엇이든 할 수 있다는 존재가 되려는 욕구를 말한다. ② 장래에의 자기발전, 자기완성의 욕구 및 성취감 충족에 관한 것이다. ③ 매슬로는 극소수만이 이에 이를 수 있다고 보았다. ④ 조직목표와 가장 조화되기 어려운 욕구이다.	① 공정하고 합리적인 승진 ② 공무원 단체 활용

3. 앨더퍼(Alderfer)의 E.R.G이론 〈25 채용, 24 경위〉

① 앨더퍼(Alderfer)는 욕구충족을 위한 행동이 얼마나 추상적인가를 기준으로 인간의 욕구를 계층화하여 **생존**(Existence) **욕구, 관계**(Relatedness) **욕구, 성장**(Growth) **욕구의 3단계**로 구분하였다.
② 욕구를 계층화하는 점에서 매슬로우(Maslow)와 공통점이 있지만, 욕구의 중복현상을 설명하며 매슬로우의 욕구계층이론을 수정하여 그 한계를 극복하고자 하였다.

4. 허즈버그(Herzberg)의 동기위생요인 이론(욕구충족요인 이원론) <22·25 채용>

동기요인 (만족요인)	① 직무와 관련된 요인으로 만족감을 주는 심리적 요인을 말한다. ② 직무상 성취감·안정감, 상관의 인정, 책임성의 증대, 전문직업인으로서의 성장, 승진 등이 있다. ③ 만족요인이 충족되면 자기실현욕구를 자극하여, 적극적 만족을 유발하고 동기유발에 장기적 영향을 준다. ④ 직무 동기를 유발하는 방법: 적성에 맞는 직무에 배정하여 책임감과 성취감을 느낄 수 있도록 독려한다.
위생요인 (불만요인)	① 근무환경과 관련된 요인으로 불만감을 주는 물리적·환경적·대인적 요인을 말한다. ② 정책과 관리, 임금, 감독, 기술, 작업조건, 개인 상호 간의 관계(감독자와 부하, 동료 상호 간의 관계) 등이 있다. ③ 위생요인을 제거해주는 것은 불만을 줄여주는 소극적 효과일 뿐이기 때문에, 근무태도 변화에 단기적 영향을 주어 사기는 높여줄 수 있으나 생산성을 높여주지는 못한다. ④ 위생요인이 충족되지 않으면 심한 불만이 생기나 충족되더라도 적극적인 근무의욕을 향상시키지는 않는다.

5. 맥그리거(McGregor)의 이론 <22 채용>

구분	인간관	관리전략
X이론 (성악설)	① 인간의 본성은 일하기를 싫어하며 게으르고 책임지기를 싫어함. ② 인간은 이기적이고 자기중심적 성향을 지님. ③ 조직의 요구에 무관심한 비타협적 존재. 변화보다 안정된 생활을 선호함.	① 권위적 관리(리더십) 통제중심의 전통적 전략→당근(경제적 보상)과 채찍(억압과 통제) ② 금전적(경제적) 보상과 포상제도의 강화 ③ 명령받는 것을 좋아하므로 일을 시키려면 강제, 위협, 벌칙 등이 필요함. ④ 위계적이고 공식적인 조직구조 ⑤ 상부 책임제도 강화와 참여 제한
Y이론 (성선설)	① 인간의 본성은 일하기를 싫어하지 않으며 정신적 육체적 노력을 하는 것은 놀이나 휴식처럼 자연스러움. ② 인간은 이타적이며 상호협조적 성향을 지님. ③ 인간은 창의성과 도전성, 책임감이 있고 자기규제능력이 있는 존재임.	① 민주적 관리(리더십) 조직목표와 개인목표의 통합(통합적 관리) ② 자발적이고 의욕적인 참가를 통해 보람을 느끼게 함. 사회심리적 욕구의 충족. ③ 평등한 조직구조, 비공식적 조직을 활용함. ④ 분권화와 권한의 위임 ⑤ **Y이론적 인간형은 부지런하고, 책임과 자율성 및 창의성을 발휘하기를 좋아하고, 스스로 통제와 발전이 가능하기 때문에 민주적이고 인간적인 동기유발 전략이 필요한 유형**
냉소주의의 극복방안	① 냉소주의에 대하여는 '맥그리거'의 이론 중 Y이론에 입각한 민주적인 조직관리를 해야 함. ② 자율성을 중시하고, 중요한 의사결정을 할 때에 의견청취를 통해 참여를 유도하면 조직에 대한 신뢰를 회복할 수 있다고 봄.	

6. 맥클랜드(MacClelland, 맥클리랜드)의 성취동기이론

의의	① 개인 및 사회의 발전은 성취 욕구와 밀접한 상관 관계를 가지며, 높은 성취 동기를 지닌 사람들로 구성된 조직이나 사회가 발전이 빠르며, 성취 동기가 높은 사람들이 훌륭한 경영자로서 성공한다고 본다. ② 인간마다 추구하는 주된 욕구가 다르다고 본 점에서 매슬로와 구별된다.
욕구의 분류	① 성취욕구는 표준(목표)을 달성하고 그 표준을 능가하려는 욕구를 말한다. ② 권력욕구는 타인에게 영향력과 통제력을 행사하려는 욕구를 의미한다. ③ 친교욕구는 다른 사람들과의 친근하고 밀접한 관계를 맺으려는 욕구를 말한다.

7. 아지리스(Argyris)의 성숙·미성숙 이론 〈22 채용〉

① 인간의 개인적 성격과 성격의 성숙과정을 '미성숙에서 성숙으로'라고 보고, 관리자는 조직 구성원을 최대의 성숙상태로 실현시켜야 한다고 하였다.
② 인간의 성격은 미성숙 상태에서 성숙 상태로 변화하며, 조직의 목표를 효율적으로 달성하기 위해서는 그 조직에 참여한 사람(조직구성원)을 자아의식을 가진 성숙한 인간으로 관리해야 한다는 성장이론이다.
③ 인간은 성장하는 과정에서 성격이 형성되고 성격의 형성과정에서 일곱 가지의 변화가 일어나는데, 이러한 변화는 연속적인 것이며 거의 대부분이 그 연속선을 따라 미성숙 상태에서 성숙 상태로 발전하여 가게 된다.

8. 샤인(E. Schein)의 복잡인 모형

① 인간은 다양한 욕구와 잠재력을 지닌 복잡한 존재이므로 구성원의 개별적 차이를 존중하는 융통성 있는 관리전략이 필요하다고 본다.
② 4대 인간관: 합리적 경제인간관(경제적 득실을 계산하는 인간), 사회인간관(인간관계가 동기유발이 되는 인간), 자아실현인간관(자아실현을 추구하는 인간), 복잡인간관(다양한 능력과 욕구를 지닌 인간)으로 나누어 관리 방법을 달리한다.

제3절 경찰의 예산관리

1 국가회계의 의의와 구분

1. 국가회계의 의의

① 국가회계는 국가의 재정 상황을 일정한 계산 방법으로 기록하고 정보화하는 것을 말한다.
② 국가의 회계연도는 매년 1월 1일에 시작하여 12월 31일에 종료한다(국가재정법 제2조).

2. 국가회계의 구분

회계구분 (국가재정법 제4조)	① 국가의 회계는 일반회계와 특별회계로 구분한다. ② 일반회계는 조세수입 등을 주요 세입으로 하여 국가의 일반적인 세출에 충당하기 위하여 설치한다.
일반회계	① 중앙정부 예산의 중심회계로서 치안, 사법, 국토방위 등 국가의 안녕과 질서유지를 위한 기본적인 기능은 거의 모두 일반회계를 통하여 이루어지고 있다. ② 경찰예산의 대부분은 일반회계에 속한다.
특별회계	① 특수한 목적을 수행하기 위하여 수입·지출을 일반회계와 구분하여 경리하는 회계를 말한다. ② 경찰특별회계 　㉠ 책임운영기관 특별회계: 경찰병원 　㉡ 국가균형발전 특별회계: 제주자치경찰 인력지원 ③ 통제: 특별회계는 원칙적으로 설치 소관부서가 관리하며 기획재정부의 직접적인 통제를 받지 않는다.

2 예산과 예산과정

1. 예산의 의의

① 예산이란 한 회계연도를 단위로 하여 국가의 수입과 지출을 정리한 계산서를 말한다(실질적 의미).
② 「헌법」과 예산·회계 관련 법률에 의하여 정부가 일정한 형식에 따라 예산안을 편성하고, 국회의 심의·의결을 거쳐 확정된 국가재정의 일반적 계획서를 말하기도 한다(형식적 의미).

2. 예산과정 ⟨19·20·22·23·24 채용, 17·23 승진, 23·25 경위⟩

(1) 예산과정의 개관

① 예산과정은 회계연도를 단위로 하여 주기적으로 예산의 성립·집행·통제를 되풀이하는 순환적 과정이다.
② 예산과정을 구성하는 단계는 예산의 편성 → 의결 → 집행 → 결산이다.
③ 예산은 행정부가 편성하고, 국회의 심의·의결을 거쳐 확정되면 관계기관에서 집행한다.

(2) 예산안 편성

① 예산안(다음 연도)의 편성 절차

매년 1월 31일	매년 3월 31일	매년 5월 31일	회계연도 개시 120일 전
중기사업계획서의 제출	예산안편성지침의 통보	예산요구서의 제출	예산안의 편성, 예산안의 국회제출

② 중기사업계획서의 제출(국가재정법 제28조), 경찰청장 → 기획재정부장관
각 중앙관서의 장(경찰청장)은 매년 1월 31일까지 해당 회계연도부터 5회계연도 이상의 기간 동안의 신규사업 및 기획재정부장관(행정안전부장관×, 경찰청장×)이 정하는 주요 계속사업에 대한 중기사업계획서를 기획재정부장관에게 제출하여야 한다.

③ 예산안편성지침의 통보(제29조), 기획재정부장관 → 경찰청장
기획재정부장관은 국무회의의 심의를 거쳐 대통령의 승인을 얻은 다음 연도의 예산안편성지침을 매년 3월 31일까지 각 중앙관서의 장(경찰청장)에게 통보하여야 한다.

④ 예산안편성지침의 국회보고(제30조), 기획재정부장관 → 국회 예산결산특별위원회
기획재정부장관은 제29조 제1항에 따라 각 중앙관서의 장에게 통보한 예산안편성지침을 국회 예산결산특별위원회에 보고하여야 한다.

⑤ 예산요구서의 제출(제31조), 경찰청장 → 기획재정부장관
각 중앙관서의 장(경찰청장)은 제29조의 규정에 따른 예산안편성지침에 따라 그 소관에 속하는 다음 연도의 세입세출예산·계속비·명시이월비 및 국고채무부담행위 요구서(이하 "예산요구서"라 한다)를 작성하여 매년 5월 31일까지 기획재정부장관에게 제출하여야 한다.

⑥ 예산안의 편성(제32조), 기획재정부장관 → 국무회의 심의 → 대통령 승인
기획재정부장관은 제31조 제1항의 규정에 따른 예산요구서에 따라 예산안을 편성하여 국무회의(국회×)의 심의를 거친 후 대통령의 승인을 얻어야 한다.

(3) 국회의 예산안 심의·의결권

① 예산안의 국회제출(국가재정법 제33조), 정부 → 국회
정부는 제32조에 따라 대통령의 승인을 얻은 예산안을 회계연도 개시 120일 전까지 국회에 제출하여야 한다.

② 국회는 국가의 예산안을 심의·확정한다(헌법 제54조 제1항).

③ 정부는 회계연도마다 예산안을 편성하여 회계연도 개시 120일(※ 국가재정법상 120일로 앞당겨 규정) 전까지 국회에 제출하고, 국회는 회계연도 개시 30일 전까지 이를 의결하여야 한다(헌법 제54조 제1항).

④ 국회는 정부의 동의 없이 정부가 제출한 지출예산 각항의 금액을 증가하거나 새 비목을 설치할 수 없다(헌법 제57조).

(4) 국회의 예산안 심의·의결 절차

① 국회의 예산안(다음 연도) 심의·의결 절차

소관상임위원회	예산결산특별위원회		본회의
소관상임위원회 회부 및 심사	부별 심사(부처별 심의) 또는 분과위원회 심사	소위원회 심사 : 예산안조정, 소위원회(계수조정 소위원회)의 조정	회계연도 개시 30일 전까지 본회의 의결

② 예산결산특별위원회 회부 및 심사
  ㉠ 의장은 예산안과 결산에 위 보고서를 첨부하여 이를 예산결산특별위원회에 회부하고 그 심사가 끝난 후 본회의에 부의한다(국회법 제84조 제2항).
  ㉡ 예산결산특별위원회의 예산안 및 결산 심사는 제안설명과 전문위원의 검토보고를 듣고 종합정책질의, 부별 심사 또는 분과위원회 심사 및 찬반토론을 거쳐 표결한다(국회법 제84조 제3항).

③ 본회의 의결
예산결산특별위원회의 종합심사가 끝나면 예산안은 회계연도 개시 30일 전까지 본회의의 의결을 거침으로써 확정된다.

(5) 예산의 집행 〈15·23·24 채용, 23 경위〉

① 예산(당해 연도)의 집행 절차(예산배정요구 → 예산배정계획 → 예산배정)

경찰청장	기획재정부 장관			경찰청장
예산배정요구서의 제출	예산배정 계획 작성(국무회의 → 대통령 승인), 예산의 배정(감사원에 통지)		예산집행지침의 통보	예산의 집행

② 예산배정요구서의 제출(국가재정법 제42조)
　각 중앙관서의 장(경찰청장)은 예산이 확정된 후 사업운영계획 및 이에 따른 세입세출예산·계속비와 국고채무부담행위를 포함한 예산배정요구서를 기획재정부장관에게 제출하여야 한다.

③ 기획재정부장관은 제42조의 규정에 따른 예산배정요구서에 따라 분기별 예산배정계획을 작성하여 국무회의의 심의를 거친 후 대통령의 승인을 얻어야 한다(국가재정법 제43조 제1항).

④ 예산의 배정(국가재정법 제43조 제2항)
　기획재정부장관은 각 중앙관서(경찰청장)의 장에게 예산을 배정한 때에는 감사원에 통지하여야 한다.

⑤ 기획재정부장관은 필요한 때에는 대통령령으로 정하는 바에 따라 회계연도 개시 전에 예산을 배정할 수 있다(국가재정법 제43조 제3항).

⑥ 예산집행지침의 통보(국가재정법 제44조)
　기획재정부장관은 예산집행의 효율성을 높이기 위하여 매년 예산집행에 관한 지침을 작성하여 각 중앙관서의 장(경찰청장)에게 통보하여야 한다.

⑦ 경비지출을 위한 지출원인행위(집행=대부분 계약형태)는 배정된 예산 범위 내에서 가능하다. 즉, 국회를 통과하여 예산이 확정되었더라도 해당 예산이 배정되지 않은 상태에서는 지출원인행위를 할 수 없다.

(6) 예산의 전용과 이용

① 예산의 목적 외 사용금지(국가재정법 제45조)
　각 중앙관서의 장(경찰청장)은 세출예산이 정한 목적 외에 경비를 사용할 수 없다.

② 예산의 전용(국가재정법 제46조 제1항)
　각 중앙관서의 장은 예산의 목적범위 안에서 재원의 효율적 활용을 위하여 대통령령으로 정하는 바에 따라 기획재정부장관의 승인을 얻어 각 세항 또는 목의 금액을 전용할 수 있다.

③ 각 중앙관서의 장은 회계연도마다 기획재정부장관이 위임하는 범위 안에서 각 세항 또는 목의 금액을 자체적으로 전용할 수 있다(국가재정법 제46조 제2항).

④ 예산의 이용(국가재정법 제47조 제1항)
　각 중앙관서의 장은 예산이 정한 각 기관 간 또는 각 장·관·항 간에 상호 이용(移用)할 수 없다. 다만, 다음 각 호의 어느 하나에 해당하는 경우에 한정하여 미리 예산으로써 국회의 의결을 얻은 때에는 기획재정부장관의 승인을 얻어 이용하거나 기획재정부장관이 위임하는 범위 안에서 자체적으로 이용할 수 있다.

(7) 결산

① 결산(직전 연도) 절차

경찰청장	다음 연도 4월 10일	다음 연도 5월 31일	국회
결산보고서 등의 작성 및 제출	국가결산보고서의 작성 및 제출	국가결산보고서의 국회제출	예산결산특별위원회 종합심사, 본회의 의결

② 결산보고서 등의 작성 및 제출(경찰청장→기획재정부장관, 국가재정법 제58조)
각 중앙관서의 장(경찰청장)은 「국가회계법」에서 정하는 바에 따라 회계연도마다 작성한 결산보고서(이하 "중앙관서결산보고서"라 한다)를 다음 연도 2월 말일까지 기획재정부장관에게 제출하여야 한다.

③ 국가결산보고서의 작성 및 제출(기획재정부장관→감사원, 제59조)
기획재정부장관은 「국가회계법」에서 정하는 바에 따라 회계연도마다 작성하여 대통령의 승인을 받은 국가결산보고서를 다음 연도 4월 10일까지 감사원에 제출하여야 한다.

④ 결산검사(감사원→기획재정부, 제60조)
감사원은 제출된 국가결산보고서를 검사하고 그 보고서를 다음 연도 5월 20일까지 기획재정부장관에게 송부하여야 한다.

⑤ 국가결산보고서의 국회제출(정부→국회 결산 심의·의결, 제61조)
정부는 감사원의 검사를 거친 국가결산보고서를 다음 연도 5월 31일까지 국회에 제출하여야 한다.

⑥ 결산의 회부 및 심사(국회법 제84조 제1항, 제2항)
소관상임위원회에 회부하고, 소관상임위원회는 예비심사를 하여 그 결과를 의장에게 보고한다. 의장은 결산에 위 보고서를 첨부하여 이를 예산결산특별위원회에 회부하고 그 심사가 끝난 후 본회의에 부의한다.

⑦ 국회의 결산심사 기능
입법부의 재정통제, 정부의 책임 해제

3 예산의 분류

1. 예산과정을 기준으로 분류 ⟨23 채용, 18 경채, 19 승진⟩

본예산	국회의 의결을 얻어 확정 성립된 예산이다.
수정예산	① 정부가 예산안을 국회에 제출한 후 국회의 심의·확정 전에 국제정세나 국내외의 사회·경제적 여건의 변동으로 그 내용의 일부를 수정(변경)하여 제출하는 예산(안)이다. ② 국회제출 중인 예산안의 수정(국가재정법 제35조) 정부는 예산안을 국회에 제출한 후 부득이한 사유로 인하여 그 내용의 일부를 수정하고자 하는 때에는 국무회의의 심의를 거쳐 대통령의 승인을 얻은 수정예산안을 국회에 제출할 수 있다.

추가경정 예산	① 예산이 국회를 통과하여 확정된 후에 생긴 사유로 필요한 경비의 부족이 생길 때 이미 성립한 예산에 추가 또는 변경을 가하는 예산이다. ② 헌법적 근거(헌법 제56조) 　정부는 예산에 변경을 가할 필요가 있을 때에는 추가경정예산안을 편성하여 국회에 제출할 수 있다. ③ 추가경정예산안의 편성(국가재정법 제89조 제1항) 　정부는 다음 각 호의 어느 하나에 해당하게 되어 이미 확정된 예산에 변경을 가할 필요가 있는 경우에는 추가경정예산안을 편성할 수 있다. 　1호. 전쟁이나 대규모 재해(「재난 및 안전관리 기본법」 제3조에서 정의한 자연재난과 사회재난의 발생에 따른 피해를 말한다)가 발생한 경우 　2호. 경기침체, 대량실업, 남북관계의 변화, 경제협력과 같은 대내·외 여건에 중대한 변화가 발생하였거나 발생할 우려가 있는 경우 　3호. 법령에 따라 국가가 지급하여야 하는 지출이 발생하거나 증가하는 경우 ④ 정부는 국회에서 추가경정예산안이 확정되기 전에 이를 미리 배정하거나 집행할 수 없다(국가재정법 제89조 제2항).
준예산	① 준예산은 새로운 회계연도가 개시될 때까지 국회에서 예산안이 의결되지 못한 경우 예산안이 의결될 때까지 전년도 예산에 준하여 지출하는 예산이다. ② 예산 불성립으로 인한 행정의 중단을 방지하려는 목적에서 도입하였다. ③ 준예산의 용도(헌법 제54조 제3항) 　새로운 회계연도가 개시될 때까지 예산안이 의결되지 못하면 정부는 국회에서 예산안이 의결될 때까지 다음의 목적을 위한 경비는 전년도 예산에 준하여 집행할 수 있다. 　㉠ 헌법이나 법률에 의하여 설치된 기관 또는 시설의 유지·운영 　　※ 공무원의 보수와 사무처리에 대한 기본 경비 　㉡ 법률상 지출의무의 이행 　㉢ 이미 예산으로 승인된 사업의 계속

2. 예산의 형식상 분류 : 국가재정법상 분류(제19조)

예산의 구성	예산은 예산총칙·세입세출예산·계속비·명시이월비 및 국고채무부담행위를 총칭한다(국가재정법 제19조).
예산총칙	총괄적 규정(제20조 제1항)
예비비	예비비는 총액으로 국회의 의결을 얻어야 한다. 예비비의 지출은 차기국회의 승인을 얻어야 한다(헌법 제55조 제2항).
계속비	한 회계연도를 넘어 계속하여 지출할 필요가 있을 때에는 정부는 연한을 정하여 계속비로서 국회의 의결을 얻어야 한다(헌법 제55조 제1항).
명시이월비	세출예산 중 경비의 성질상 연도 내에 지출을 끝내지 못할 것이 예측되는 때에는 그 취지를 세입세출예산에 명시하여 미리 국회의 승인을 얻은 후 다음 연도에 이월하여 사용할 수 있다(제24조 제1항).
국고채무 부담행위	국가는 법률에 따른 것과 세출예산금액 또는 계속비의 총액의 범위 안의 것 외에 채무를 부담하는 행위를 하는 때에는 미리 예산으로써 국회의 의결을 얻어야 한다(제25조 제1항).

4 예산제도 〈23 채용, 17·18·19 승진, 17 경위〉

1. 품목별예산 제도

의의	① 품목별예산은 지출의 대상과 성질에 따라 세출예산을 인건비, 운영경비, 시설비 등으로 구분하는 방법이다. ② 현재 경찰예산도 품목별예산 제도에 따른 것이다. ③ 통제지향적이며 예산담당 공무원에게 회계기술이 가장 필요하다.
장점	① 행정부의 지출에 대한 감독부서 및 국회의 통제가 비교적 용이하다. ② 통제지향적이므로 행정의 재량범위가 축소된다. ③ 비교적 운영이 쉽고 회계책임이 명확하다. ④ 집행에 대한 회계책임을 명백히 하고 경비사용의 적정화에 유리하다. ⑤ 인사행정에 유용한 정보·자료를 제공하고, 지출의 합법성에 치중하는 회계방법이다.
단점	① 정책 수립을 위한 의미 있는 자료를 제시하지 못한다. ② 무엇을 하기 위한 예산인지 알기 어렵다. 따라서 의사결정을 위한 충분한 자료제시가 부족하다. ③ 품목과 비용을 따지는 미시적 관리이므로 정부 전체 활동의 통합조정에 필요한 수단을 제공하지 못한다. ④ 계획과 지출이 불일치하며, 기능의 중복을 피하기 곤란하다. ⑤ 지출대상 및 금액이 명확히 설정되어 있어 예산집행의 신축성이 제약된다.

2. 성과주의예산 제도

의의	① 성과주의예산 제도는 정부가 무슨 일을 하느냐에 중점을 두는 제도로서, 기능별 예산제도 또는 활동별 예산제도라고도 한다. ② 각 사업별 업무단위를 측정하여 업무를 양적으로 표시하고 그 원가를 기준으로 예산을 편성한다. ③ 사업계획을 세부사업으로 분류하고 각 세부사업을 '단위원가×업무량=예산액'으로 표시하여 편성하는 관리지향적 예산제도이다. ④ 성과주의예산 관리에서 활용하는 가장 중요한 정보는 조직의 활동 또는 사업에 대한 정보이다. ⑤ 예산결정의 접근방법은 점증주의적이다. 혁신적× ※ 점증주의는 당해 연도의 예산액을 기준으로 하여 다음 연도의 예산을 배정하는 원칙을 말한다. 품목별 예산제도, 성과주의 예산제도는 점증주의에 속한다.
장점	① 의사결정을 위한 충분한 자료제시가 가능하다. ② 예산집행의 신축성, 해당 부서의 업무능률을 측정하여 다음연도 예산에 반영할 수 있다. ③ 기능의 중복을 피할 수 있고, 예산편성 시 자원배분을 합리화할 수 있다. ④ 일반 국민들의 정부사업에 대한 이해(경찰활동에 대한 이해)를 용이하게 한다.
단점	① 업무측정단위 선정이 어렵고, 단위원가 계산이 곤란하다. ② **인건비 등 경직성 경비 적용에 어려움이 있다.**

3. 계획예산 제도

의의	① 사업계획구조에 있어서 계획기능과 예산기능이 혼합된 것이다. ② 장기적인 계획과 단기적인 예산편성을 구체적인 실시기획을 통하여 유기적으로 연결시켜 예산배분에 대한 의사결정을 합리적으로 일관성 있게 행하려는 제도이다. ③ 계획예산의 핵심은 프로그램 예산형식을 따르는 것으로서, 기획(planning), 사업구조화(programming), 예산(budgeting)을 연계시킨 시스템적 예산제도이다.
장점	계획예산 제도는 조직의 명료한 목표설정을 예산과정의 출발점으로 삼고, 목표성취를 위한 사업대안들을 확인하고 그에 대한 비용·편익분석을 통해 예산을 결정한다.
단점	현재 인간의 능력이나 기계의 능력으로는 감당할 수 없는 지적 사업을 요구한다.

4. 영기준예산 제도(Zero Based Budgeting)

의의	예산을 편성·결정함에 있어서 전년도의 예산에 구애됨이 없이 조직체의 모든 사업·활동에 대하여 영기준을 적용해서 각각의 효율성, 효과성 및 중요성 등을 체계적으로 분석하고, 사업의 존속·축소·확대 여부를 원점에서 새로 분석·검토하여 우선순위별로 실행예산을 결정하는 제도를 말한다.
장점	① 이 제도는 매년 사업의 우선순위를 새로이 결정하고 그에 따라 예산을 책정한다. ② 예산편성 시 전년도 예산을 기준으로 점증적으로 예산액을 책정하는 폐단을 시정하려는 목적에서 개발한 것이다.
특징	작은정부 시대에 각광받고 있는 예산제도이다.

5. 일몰법

특정한 행정기관이나 사업이 일정 기간 경과하면 의무적·자동적으로 폐지되게 하는 법률을 말하며 입법부에서 제정한다.

6. 자본예산 제도

① 정부예산을 경상지출과 자본지출로 구분한다.
② 경상지출은 경상수입으로 충당시켜 균형을 이루도록 하지만, 자본지출은 적자(기획)재정과 공채발행으로 그 수입에 충당하게 함으로써 불균형예산을 편성하는 제도이다.

제4절 경찰의 장비관리

1 물품의 관리기관 〈18 채용, 17 승진〉

총괄기관 (물품관리법 제7조)	① 기획재정부장관은 물품의 관리에 관한 제도 및 정책에 관한 사항을 관장한다. ② **조달청장은** 각 중앙관서의 장이 수행하는 물품관리에 관한 업무를 총괄·조정한다.
관리기관(제8조)	각 중앙관서의 장(경찰청장)은 그 소관 물품을 관리한다.
물품관리관 (제9조)	① 임의적 설치기관 각 중앙관서의 장은 대통령령으로 정하는 바에 따라 그 소관 물품관리에 관한 사무를 소속공무원에게 위임할 수 있고, 필요한 때에는 다른 중앙관서의 소속공무원에게 위임할 수 있다. ② 제1항에 따라 각 중앙관서의 장으로부터 물품관리에 관한 사무의 위임을 받은 공무원을 물품관리관이라 한다. ③ 경찰청 미래치안정책국 장비운영과장은 총괄물품관리관
물품출납공무원 (제10조)	① 물품의 출납 및 보관에 관한 실질적인 관리기관이다. ② 필요적(의무적) 설치기관 물품관리관은 대통령령으로 정하는 바에 따라 그가 소속된 관서의 공무원에게 그 관리하는 물품의 출납 및 보관에 관한 사무(출납명령에 관한 사무를 제외한다)를 위임하여야 한다(제1항). ③ 물품의 출납과 보관에 관한 사무를 위임받은 공무원을 물품출납공무원이라 한다(제2항). ④ 시·도경찰청은 정보화장비과 장비관리계장, 경찰서 경무과 장비관리 물품취급 주무공무원
물품운용관 (제11조)	① 물품관리관은 대통령령으로 정하는 바에 따라 그가 소속된 관서의 공무원에게 국가의 사무 또는 사업의 목적과 용도에 따라서 물품을 사용하게 하거나 사용 중인 물품의 관리에 관한 사무(이하 "물품의 사용에 관한 사무"라 한다)를 위임하여야 한다. ② 제1항에 따라 물품의 사용에 관한 사무를 위임받은 공무원을 물품운용관이라 한다. ③ 각 기관 과 단위 부서장, 지구대장, 파출소장
관리기관의 분임 및 대리 (제12조)	① 임의적 설치기관 ② 분임 물품관리관 각 중앙관서의 장은 물품관리관의 사무의 일부를 분장하는 공무원을 대통령령으로 정하는 바에 따라 각각 둘 수 있다. 예 경찰서 경무과장 ③ 분임 물품출납공무원 물품관리관은 물품출납공무원의 사무의 일부를 분장하는 공무원을 대통령령으로 정하는 바에 따라 각각 둘 수 있다. 예 시·도경찰청 장비관리계 차량, 무기·탄약, 피복 취급주무공무원

2 차량 관리 〈12·14·17 승진, 18 경위〉

1. 차량의 구분[경찰장비관리규칙(경찰청훈령) 제88조]

① 차량의 차종은 승용·승합·화물·특수용으로 구분하고, 차형은 차종별로 대형·중형·소형·경형·다목적형으로 구분한다.

② 차량은 용도별로 다음 각 호와 같이 전용·지휘용·업무용·순찰용·특수용 차량으로 구분한다.
1호. 전용:「공용차량관리규정」제4조 제1항에 따른 차량(경찰청장 및 경찰위원회 상임위원용 차량)
2호. 지휘용: 치안현장 점검·지휘 등 상시 지휘체제 유지를 위해 경찰기관장 및 경찰부대장이 운용하는 차량
3호. 업무용: 각 경찰부서의 인력 및 물자 수송 등 통상적인 경찰 업무와 경찰위원회 업무에 공통으로 사용할 수 있는 일반적인 차량
4호. 순찰용: 112순찰·교통·고속도로 및 형사순찰차량 등 기동순찰 목적으로 별도 제작 운용 중인 차량
5호. 특수용: 경비·작전·피의자호송·과학수사·구급·식당·위생·견인, 특수진압차, 사다리차, 폭발물검색차, 방송차, 살수차(군중의 해산을 목적으로 고압의 물줄기를 분사하는 장비. 이하 같다), 물보급차, 가스차, 조명차, 페이로다 등 특수한 업무에 적합하도록 필요한 설비를 부착하는 등 별도 제작된 차량. 다만, 특수업무용 승용차량은 「공용차량관리규정」 제4조 제1항에 따른다.

2. 차량소요계획과 차량의 교체

차량소요계획의 제출과 차량의 교체	① 부속기관 및 시·도경찰청의 장은 다음 연도에 소속기관의 차량정수를 증감시킬 필요가 있을 때에는 매년 3월 말까지 다음 연도 차량정수 소요계획을 경찰청장에게 제출하여야 한다(제90조 제1항). ② 부속기관 및 시·도경찰청은 소속기관 차량 중 다음 연도 교체대상 차량을 매년 11월 말(3월 말×)까지 경찰청장에게 보고하여야 한다(제93조 제1항).
교체대상차량의 불용처리 (제94조)	① 차량교체를 위한 불용 대상차량은 부속기관 및 시·도경찰청에 배정되는 수량의 범위 내에서 내용연수 경과 여부 등 차량사용기간(차량주행거리×)을 최우선적으로 고려하여 선정한다. ② 사용기간이 동일한 경우에는 주행거리와 차량의 노후상태, 사용부서 등을 종합적으로 검토 예산낭비 요인이 없도록 신중하게 선정한다.

3. 차량의 관리

차량의 집중관리 (제95조)	① 각 경찰기관의 업무용차량은 운전요원의 부족 등 불가피한 사유가 없는 한 집중관리를 원칙으로 한다. 다만, 지휘용 차량은 업무의 특성을 고려하여 지정 활용할 수 있다. ② 특수용 차량 등도 필요하다고 인정되는 경우에는 집중관리할 수 있다. ③ 집중관리대상 차량 및 운전자는 관리 주무부서 소속으로 한다.
차량의 관리 (제96조)	① 차량열쇠는 다음 각 호의 관리자가 지정된 열쇠함에 집중보관 및 관리하고, 예비열쇠의 확보 등을 위한 무단 복제와 운전원의 임의 소지 및 보관을 금한다. 다만, 휴가, 비번 등으로 관리책임자 공백 시는 별도 관리책임자를 지정하여야 한다. 1호. 일과시간의 경우: 차량 관리부서의 장(정보화장비과장, 운영지원과장, 총무과장, 경찰서 경무과장 등) 2호. 일과시간 후 또는 토요일·공휴일의 경우: 당직 업무(청사방호) 책임자(상황관리관 등 당직근무자, 지구대·파출소는 지역경찰관리자)
차량의 관리책임 (제98조)	① 경찰기관의 장은 차량이 책임 있게 관리되도록 차량별 관리담당자를 지정하여야 한다(제2항). ② 차량운행 시 책임자는 1차 운전자, 2차 선임탑승자(사용자), 3차 경찰기관의 장으로 한다(제3항).

4. 차량의 운행

차량운행절차 (제99조)	① 차량을 운행하고자 할 때는 사용자가 경찰배차관리시스템을 이용하여 주간에는 해당 경찰기관장의 운행허가를 받아야 하고, 일과 후 및 공휴일에는 상황관리(담당)관(경찰서는 상황(부)실장을 말한다)의 허가를 받아야 한다. 다만, 시스템을 이용할 수 없는 때에는 운행허가서로 갈음할 수 있다. ② 차량을 운행할 때에는 경찰배차관리시스템에 운행사항을 입력하여야 한다. 다만, 112·교통 순찰차 등 상시적으로 운행하는 차량은 시스템상의 운행사항 입력을 생략할 수 있다.

3 무기 및 탄약 관리

1. 정의(경찰장비관리규칙 제112조) 〈17·23 채용, 17 승진〉

① **"집중무기고"**란 경찰인력 및 경찰기관별 무기책정기준에 따라 배정된 개인화기와 공용화기를 집중보관·관리하기 위하여 각 경찰기관에 설치된 시설을 말한다.
② **"탄약고"**란 경찰탄약을 집중 보관하기 위하여 타용도의 사무실, 무기고 등과 분리 설치된 보관 시설을 말한다.
③ **"간이무기고"**란 경찰기관의 각 기능별 운용부서에서 효율적 사용을 위하여 집중무기고로부터 무기·탄약의 일부를 대여받아 별도로 보관·관리하는 시설을 말한다.
④ **"무기·탄약 관리책임자"**란 경찰기관의 장으로부터 무기·탄약 관리 업무를 위임받아 집중무기고 및 간이무기고에 보관된 무기·탄약을 총괄하여 관리·감독하는 자를 말한다.
⑤ **"무기·탄약 취급담당자"**란 무기·탄약 관리에 관한 업무를 분장받아 해당 경찰기관의 무기·탄약의 보관·운반·수리·입출고 등 무기·탄약 관리사무에 종사하는 자를 말한다.
⑥ 무기는 개인화기와 공용화기로 다음 각 호와 같이 구분한다(제113조 구분).
  1호. 개인화기: 권총·소총(자동소총 및 기관단총을 포함한다) 등 개인이 운용하는 장비
  2호. 공용화기: 유탄발사기·중기관총·박격포·저격총·산탄총·로프발사총·다목적발사기(고폭탄을 사용하는 경우)·물발사분쇄기·석궁 등 부대단위로 운용되는 장비

2. 무기고 및 탄약고 설치·관리 〈22·24 채용, 24 승진〉

(1) 무기고 및 탄약고 설치(제115조)

① 집중무기고는 다음 각 호의 경찰기관에 설치한다.
  1호. 경찰청, 시·도경찰청, 경찰서
  2호. 경찰대학, 경찰인재개발원, 중앙경찰학교 및 경찰수사연수원
  3호. 경찰기동대, 방범순찰대 및 경비대
  4호. 경찰특공대, 기타 경찰청장이 지정하는 경찰관서
② 무기고와 탄약고는 견고하게 만들고 환기·방습장치와 방화시설 및 총가시설 등이 완비되어야 한다.
③ **탄약고는 무기고와 분리되어야 하며** 가능한 본 청사와 격리된 독립 건물로 하여야 한다.
④ 무기고와 탄약고의 환기통 등에는 손이 들어가지 않도록 쇠창살 시설을 하고, 출입문은 2중으로 하여 각 1개소 이상씩 자물쇠를 설치하여야 한다.
⑤ 무기·탄약고 비상벨은 상황실과 숙직실 등 초동조치 가능 장소와 연결하고, 외곽에는 철조망 장치와 조명등 및 순찰함을 설치하여야 한다.

⑥ **간이무기고는** 근무자가 24시간 상주하는 지구대, 파출소, 상황실 및 112타격대 등 경찰기관의 장이 필요하다고 인정하는 상당한 이유가 있는 장소에 설치할 수 있다.

⑦ **탄약고 내에는 전기시설을 하여서는 아니 되며**, 조명은 건전지 등으로 하고 방화시설을 완비하여야 한다. 단, 방폭설비를 갖춘 경우 전기시설을 설치할 수 있다.

(2) **무기 · 탄약의 보관(제116조)**

① 간이무기고에 권총과 소총을 함께 보관할 경우에는 견고한 분리보관 장치를 하고, 소총은 별도 잠금장치를 설치하여야 한다(제2항).

② 무기고에는 가스발사총(분사기)을 보관할 수 있고, 최루탄은 보관함에 넣어 탄약고에 함께 보관할 수 있으나, 무기·탄약고에 인화물질 및 기타 장비를 보관하여서는 아니 된다(제3항).

③ 간이무기고에 탄약을 함께 보관할 경우에는 반드시 튼튼한 상자에 넣어 잠금장치를 하고 분리 보관 하여야 한다(제4항).

(3) **무기 · 탄약고 열쇠의 보관(제117조)**

① 무기고와 탄약고의 열쇠는 관리 책임자가 보관한다.

② 집중무기·탄약고와 간이무기고는 다음 각 호의 관리자가 보관 관리한다. 다만, 휴가, 비번 등으로 관리책임자 공백 시는 별도 관리책임자를 지정하여야 한다.

   1호. 집중무기·탄약고의 경우
      가목. 일과시간의 경우
         무기 관리부서의 장(정보화장비과장, 운영지원과장, 총무과장, 경찰서 경무과장 등)
      나목. 일과시간 후 또는 토요일·공휴일의 경우
         당직 업무(청사방호) 책임자(상황관리관 등 당직근무자)
   2호. 간이무기고의 경우
      가목. 상황실 간이무기고는 112치안종합상황실(팀)장
      나목. 지구대 등 간이무기고는 지역경찰관리자
      다목. 그 밖의 간이무기고는 일과시간의 경우 설치부서 책임자, 일과시간 후 또는 토요일·공휴일의 경우 당직 업무(청사방호) 책임자

3. **무기 · 탄약 등의 관리** ⟨17·23·24 채용, 15·24 승진⟩

무기 · 탄약 등의 대여 (제118조)	① 경찰기관의 장은 공무집행을 위해 필요할 때에는 관리하고 있는 무기·탄약을 대여할 수 있다. ② 무기·탄약을 대여하고자 할 때에는 무기·탄약 대여신청서에 따라 경찰관서장의 사전허가를 받은 후 감독자의 입회하에 대여하고 무기탄약출납부, 무기탄약 출·입고서에 이를 기재하여야 한다. ③ 상황실 등 간이무기고에 대여 또는 배정받은 무기탄약을 입출고할 때에는 휴대 사용자의 대여 신청에 따라 소속부서 책임자의 허가를 받아 무기탄약 출·입고부에 기록한 후 관리책임자 입회하에 입출고하여야 한다. ④ 지구대 등 간이무기고의 경우는 소속 경찰관에 한하여 무기를 지급하되 감독자 입회(감독자가 없을 경우 반드시 타 선임 경찰관 입회)하에 무기탄약 입출고부에 기재한 뒤 입출고하여야 한다. 다만, 긴급상황 발생 시 경찰서장의 사전허가를 받은 경우의 대여는 예외로 한다. ⑤ 무기탄약을 대여 받은 자는 그 무기를 휴대하고 근무하는 경우를 제외하고는 무기고에 보관하여야 하며, 근무 종료시에는 감독자 입회아래 무기탄약 입출고부에 기재한 뒤 즉시 입고하여야 한다.

무기고 감독순시 및 점검 (제119조)	① 무기·탄약이 비치된 모든 경찰기관의 무기·탄약고는 별표 6의 기준에 따라 감독순시 및 점검을 실시하여야 한다. ② 제1항의 감독순시·점검을 적용할 수 없는 소규모 파견부대 및 경찰서에 대해서는 시·도경찰청 물품관리관이 별도 기준을 마련하여 시행하여야 한다.

무기·탄약의
회수 및
보관
(제120조)
	① 즉시회수 사유 ㈜ 중. 사
	경찰기관의 장은 무기를 휴대한 자 중에서 다음 각 호에 해당하는 자가 발생한 때에는 **즉시 대여한 무기·탄약을 회수해야 한다.** 다만, 대상자가 이의신청을 하거나 소속 부서장이 무기 소지 적격 여부에 대해 심의를 요청하는 경우에는 무기 소지 적격 심의위원회(이하 '심의위원회'라 한다.)의 심의를 거쳐 대여한 무기·탄약의 회수여부를 결정한다.
	  1호. 직무상의 비위 등으로 인하여 **중징계 의결 요구**된 된 자
	  2호. **사의**(※ 사직 의사)**를 표명한 자**
	② 임의회수 사유 ㈜ 감. 경. 수
	경찰기관의 장은 무기를 휴대한 자 중에서 다음 각 호에 해당하는 자가 있을 때에는 **심의위원회의 심의를 거쳐 대여한 무기·탄약을 회수할 수 있다.** 다만, 심의위원회를 개최할 시간적 여유가 없거나 사고 방지 등을 위해 신속한 회수가 필요하다고 인정되는 경우에는 대여한 무기·탄약을 즉시 회수할 수 있으며, **회수한 날부터 7일 이내에 심의위원회를 개최하여 회수의 타당성을 심의하고 계속 회수 여부를 결정한다.**
	  1호. 직무상의 비위 등으로 인하여 **감찰조사의 대상이 되거나 경징계의결 요구 또는 경징계 처분 중인 자**
	  2호. **형사사건의 수사 대상이 된 자**
	  3호. 경찰공무원 직무적성검사 결과 고위험군에 해당되는 자
	  4호. 정신건강상 문제가 우려되어 치료가 필요한 자
	  5호. 정서적 불안 상태로 인하여 무기 소지가 적합하지 않은 자로서 소속 부서장이 요청이 있는 자
	  6호. 그 밖에 **경찰기관의 장**이 무기 소지 적격 여부에 대해 **심의를 요청**하는 자
	③ 경찰기관의 장은 제1항과 제2항에 규정한 사유들이 소멸되면 직권 또는 당사자 신청에 따라 무기 소지 적격 심의위원회의 **심의를 거쳐 무기 회수의 해제 조치를 할 수 있다.**
	④ 보관 사유
	경찰기관의 장은 무기를 휴대한 자 중에서 다음 각 호에 해당하는 경우에는 **대여한 무기·탄약을 무기고에 보관하도록 해야 한다.** ㈜ 술. 상사
	  1호. 술자리 또는 연회장소에 출입할 경우
	  2호. 상사의 사무실을 출입할 경우
	  3호. 기타 정황을 판단하여 필요하다고 인정되는 경우

심의위원회
구성
(제129조의2)
	제120조의2(심의위원회 구성) ① 무기·탄약 회수 대상자에 해당하는지 여부 및 회수의 해제 여부를 심의하기 위하여 각급 경찰기관의 장 소속 하에 심의위원회를 둔다.
	② **심의위원회는 위원장 1명을 포함하여 총 5명 이상 7명 이내의 위원으로 구성하되 민간위원 1명 이상이 위원으로 참여하여야 한다.**
	③ 위원은 다음 각 호의 사람이 된다.
	  1. 내부위원 : 심의 대상자 소속 경찰기관의 장이 당해 경찰기관에 소속된 자 중 지명한 자
	  2. 민간위원 : 정신건강 분야에 관한 전문성을 갖춘 사람으로서 심의 대상자 소속 경찰기관의 장이 위촉하는 사람
	④ 심의위원회의 위원장은 심의 대상자 소속 경찰기관의 장이 지명한다.

무기·탄약 취급상의 안전관리 (제123조)	① 무기사용의 4대 안전수칙(제1항 제1호 권총) 가목. 총구는 공중(전방×) 또는 지면(안전지역)을 향한다. 나목. 실탄 장전 시 반드시 안전장치(방아쇠울에 설치 사용)를 장착한다. 다목. **1탄은 공포탄, 2탄 이하는 실탄을 장전한다. 다만, 대간첩작전, 살인 강도 등 중요범인이나 무기·흉기 등을 사용하는 범인의 체포 및 위해의 방호를 위하여 불가피한 경우에 1탄부터 실탄을 장전할 수 있다.** 라목. 조준 시는 대퇴부 이하를 향한다. ② 총기 손질 시는 총구를 공중 또는 지면을 향하여 검사 총을 실시하여야 한다(제2항). ③ 무기·탄약고 출입 시는 화재요인이 되는 성냥·라이터 등을 휴대하여서는 아니 된다(제3항).

제5절 경찰의 사무 및 보안 관리

1 행정업무의 운영 및 혁신에 관한 규정 [행정업무규정, 대통령령]

1. 정의(제3조)

① "공문서"란 행정기관에서 공무상 작성하거나 시행하는 문서(도면·사진·디스크·테이프·필름·슬라이드·전자문서 등의 특수매체기록을 포함한다. 이하 같다)와 행정기관이 접수한 모든 문서를 말한다.

② "전자문서"란 컴퓨터 등 정보처리능력을 가진 장치에 의하여 전자적인 형태로 작성되거나 송신·수신 또는 저장된 문서를 말한다.

③ "서명"이란 기안자·검토자·협조자·결재권자[제10조에 따라 결재, 위임전결 또는 대결(代決)하는 자를 말한다. 이하 같다] 또는 발신명의인이 공문서(전자문서는 제외한다)에 자필로 자기의 성명을 다른 사람이 알아볼 수 있도록 한글로 표시하는 것을 말한다.

2. 공문서의 종류(제4조) <22 채용>

① 법규문서 : 헌법·법률·대통령령·총리령·부령·조례·규칙(이하 "법령"이라 한다) 등에 대한 문서
② 지시문서 : 훈령·지시·예규·일일명령 등 행정기관이 그 하급기관이나 소속 공무원에 대하여 일정한 사항을 지시하는 문서
③ 공고문서 : 고시·공고 등 행정기관이 일정한 사항을 일반에게 알리는 문서
④ 비치문서 : 행정기관이 일정한 사항을 기록하여 행정기관 내부에 비치하면서 업무에 활용하는 대장, 카드 등의 문서
⑤ 민원문서 : 민원인이 행정기관에 허가, 인가, 그 밖의 처분 등 특정한 행위를 요구하는 문서와 그에 대한 처리문서
⑥ 일반문서 : 제1호부터 제5호까지의 문서에 속하지 아니하는 모든 문서

3. 문서의 성립 및 효력 발생(제6조)

① 문서는 결재권자가 해당 문서에 서명(전자이미지서명, 전자문자서명 및 행정전자서명을 포함한다. 이하 같다)의 방식으로 결재함으로써 성립한다.
   ※ 결재권자의 서명란에는 서명날짜를 함께 표시한다(시행규칙 제7조 제1항).
② 문서는 수신자에게 도달(전자문서의 경우는 수신자가 관리하거나 지정한 전자적 시스템 등에 입력되는 것을 말한다)됨으로써 효력을 발생한다.
③ 제2항에도 불구하고 공고문서는 그 문서에서 효력발생 시기를 구체적으로 밝히고 있지 않으면 그 고시 또는 공고 등이 있은 날부터 5일이 경과한 때에 효력이 발생한다.

4. 문서 작성의 방법(제7조) ⟨24 승진⟩

① 문서는 「국어기본법」 제3조 제3호에 따른 어문규범에 맞게 한글로 작성하되, 뜻을 정확하게 전달하기 위하여 필요한 경우에는 괄호 안에 한자나 그 밖의 외국어를 함께 적을 수 있으며, 특별한 사유가 없으면 가로로 쓴다.
② 문서의 내용은 간결하고 명확하게 표현하고 일반화되지 않은 약어와 전문용어 등의 사용을 피하여 이해하기 쉽게 작성하여야 한다.
③ 문서에는 음성정보나 영상정보 등이 수록되거나 연계된 바코드 등을 표기할 수 있다.
④ 문서에 쓰는 숫자는 특별한 사유가 없으면 아라비아 숫자를 쓴다.
⑤ 문서에 쓰는 날짜는 숫자로 표기하되, 연·월·일의 글자는 생략하고 그 자리에 온점을 찍어 표시하며, 시·분은 24시각제에 따라 숫자로 표기하되, 시·분의 글자는 생략하고 그 사이에 쌍점을 찍어 구분한다. 다만, 특별한 사유가 있으면 다른 방법으로 표시할 수 있다.

5. 문서의 기안(제8조) ⟨25 경위⟩

① **문서의 기안은 전자문서로 하는 것을 원칙으로 한다.** 다만, 업무의 성질상 전자문서로 기안하기 곤란하거나 그 밖의 특별한 사정이 있으면 그러하지 아니하다.
② 문서의 기안은 행정안전부령으로 정하는 기안문으로 하여야 한다. 다만, 관계 서식이 따로 있는 경우에는 그 내용을 관계 서식에 기입하는 방법으로 할 수 있다.
③ 둘 이상의 행정기관의 장의 결재가 필요한 문서는 그 문서 처리를 주관하는 행정기관에서 기안하여야 한다.
④ 기안문에는 행정안전부령으로 정하는 바에 따라 발의자(기안하도록 지시하거나 스스로 기안한 사람을 말한다)와 보고자를 알 수 있도록 표시하여야 한다. 다만, 다음 각 호의 문서에는 발의자와 보고자의 표시를 생략할 수 있다.
   1. 검토나 결정이 필요하지 아니한 문서
   2. 각종 증명 발급, 회의록, 그 밖의 단순 사실을 기록한 문서
   3. 일상적·반복적인 업무로서 경미한 사항에 관한 문서

6. 문서의 검토 및 협조(제9조) ⟨25 경위⟩

① 기안문은 결재권자의 결재를 받기 전에 보조기관 또는 보좌기관의 검토를 받아야 한다. 다만, 보조기관 또는 보좌기관이 출장 등의 사유로 검토할 수 없는 등 부득이한 경우에는 검토를 생략할 수 있으며, 이 경우 검토자의 서명란에 출장 등의 사유를 적어야 한다.

② 기안문의 내용이 행정기관 내의 다른 보조기관 또는 보좌기관의 업무와 관련이 있을 때에는 그 보조기관 또는 보좌기관의 협조를 받아야 한다.
③ 보조기관 또는 보좌기관이 제1항에 따라 기안문을 검토하는 경우에 **그 내용과 다른 의견이 있으면 기안문을 직접 수정하거나 기안문 또는 별지에 그 의견을 표시하여야 한다.**
④ 보조기관 또는 보좌기관이 제2항에 따라 협조하는 경우에 그 내용과 다른 의견이 있으면 기안문 또는 별지에 그 의견을 표시하여야 한다.

7. 문서의 결재(제10조) ⟨25 경위⟩

① 문서는 해당 행정기관의 장의 결재를 받아야 한다. 다만, **보조기관 또는 보좌기관의 명의로 발신하는 문서는 그 보조기관 또는 보좌기관의 결재를 받아야 한다.**
② 행정기관의 장은 업무의 내용에 따라 **보조기관 또는 보좌기관이나 해당 업무를 담당하는 공무원으로 하여금 위임전결하게 할 수 있으며**, 그 위임전결 사항은 해당 기관의 장이 훈령이나 지방자치단체의 규칙으로 정한다.
③ 제1항이나 제2항에 따라 결재할 수 있는 사람이 휴가, 출장, 그 밖의 사유로 결재할 수 없을 때에는 그 직무를 대리하는 사람이 대결하고 내용이 중요한 문서는 사후에 보고하여야 한다.

2 보안관리의 의의

1. 보안의 의의

의의	국가의 안전보장을 위하여 보호가 필요한 비밀이나 인원, 문서, 자재, 시설 및 지역 등을 보호하는 활동이다(소극적 예방 활동).
법적 근거	① 법률: 국가정보원법 ② 대통령령: 보안업무규정, 정보 및 보안업무 기획·조정 규정 ③ 대통령훈령: 보안업무규정 시행규칙 ④ 경찰청훈령: 보안업무규정 시행 세부규칙

2. 보안업무의 (일반) 원칙

알 사람만 알아야 한다는 원칙	① 꼭 필요한 사람에게만 전달되어야 한다는 원칙으로 한정의 원칙 또는 차단의 원칙이라고도 한다. ② 보안의 대상이 되는 사실을 전파할 때, 전파가 꼭 필요한지 여부 또는 피전파자가 반드시 전달받아야 하는지를 신중히 검토한 후에 전파를 해야 한다는 원칙이다.
적당성의 원칙	사용자가 필요한 만큼 적당한 양의 정보를 전달하도록 한다는 원칙이다.
부분화의 원칙	① 한 번에 다량의 비밀이나 정보가 유출되지 않도록 부분화하여야 한다는 원칙이다. ② 내용과 가치의 정도에 따라 다른 비밀과 관련되지 않게 독립시켜야 한다.
보안과 업무효율 조화의 원칙	① 보안과 업무효율(능률)은 반비례 관계가 있으므로 양자의 적절한 조화를 유지하는 방법을 강구해야 한다는 원칙이다. ② 보안을 지나치게 강조할 경우 생산된 정보가 사용자에게 제대로 전달되지 않아 정책결정에 사용하지 못할 수 있다.

3. 보안 관련 정의와 대상

(1) 정의 〈15 채용〉

정의 (보안업무규정 제2조)	① "비밀"이란 국가 기밀(「국가정보원법」 제4조 제1항 제2호에 따른 국가 기밀)로서 이 영에 따라 비밀로 분류된 것을 말한다. ※ 국가안전에 중대한 불이익을 가져올 수 있는 비밀(국가정보원법 제4조 제1항 제2호) 　국가 기밀은 국가의 안전에 대한 중대한 불이익을 피하기 위하여 한정된 인원만이 알 수 있도록 허용되고 다른 국가 또는 집단에 대하여 비밀로 할 사실·물건 또는 지식으로서 국가 기밀로 분류된 사항만을 말한다. ② "암호자재"란 비밀의 보호 및 정보통신 보안을 위하여 암호기술이 적용된 장치나 수단으로서 Ⅰ급, Ⅱ급 및 Ⅲ급비밀 소통용 암호자재로 구분되는 장치나 수단을 말한다.

(2) 보안의 대상

보안책임 (보안업무규정 제3조 제1항)	다음 각 호의 어느 하나에 해당하는 사항을 관리하는 사람 및 관계 기관(각급기관과 제33조 제3항에 따른 관리기관을 말한다. 이하 같다)의 장은 해당 관리 대상에 대하여 보안책임을 진다. 1호. 국가 기밀에 속하는 문서·자재·시설·지역 2호. 국가안전보장에 한정된 국가 기밀을 취급하는 인원
문서 및 자재	국가 기밀에 속하는 문서
시설	중요산업시설로서 특별히 보호가 요청되는 시설. 개인의 산업시설도 포함
지역	국가안전보장상 특별히 보호가 요청되는 지역
인원	국가안전보장에 한정된 국가 기밀을 취급하는 인원

3 보안 대상과 방법

1. 비밀과 암호자재의 구분과 취급

(1) 비밀의 구분(보안업무규정 제4조) 〈15·22·23·25 채용, 17·19·24 승진, 23 경위〉

① 비밀은 그 중요성과 가치의 정도에 따라 **Ⅰ급비밀·Ⅱ급비밀 및 Ⅲ급비밀로 구분**한다.

　1호. Ⅰ급비밀: **누설될 경우 대한민국과 외교관계가 단절되고 전쟁을 일으키며**, 국가의 방위계획·정보활동 및 국가방위에 반드시 필요한 과학과 기술의 개발을 위태롭게 하는 등의 우려가 있는 비밀

　　※ 입법예고 사항

　　　Ⅰ급비밀: 누설될 경우 대한민국과 외교관계가 단절되거나 전쟁을 일으키며, 국가방위에 반드시 필요한 과학기술이 침탈되거나 그 개발이 현저히 어렵게 되고, 국가의 방위계획·정보활동 및 경제안보 등 국가안전보장에 중대하고 명백한 위험을 초래할 우려가 있는 비밀

　2호. Ⅱ급비밀: **누설될 경우 국가안전보장에 막대한 지장을 끼칠 우려**가 있는 비밀

　　※ 입법예고 사항

　　　Ⅱ급비밀: 누설될 경우 국가안전보장에 중대한 위험을 초래할 우려가 있는 비밀

　3호. Ⅲ급비밀: 누설될 경우 국가안전보장에 해를 끼칠 우려가 있는 비밀

　　※ 입법예고 사항

　　　Ⅲ급비밀: 누설될 경우 국가안전보장에 위험을 초래할 우려가 있는 비밀

② 대외비 [보안업무규정 시행규칙(대통령훈령) 제16조 제3항]
「공공기관의 정보공개에 관한 법률」의 비공개 대상 정보 중 직무 수행상 특별히 보호가 필요한 사항은 "대외비"로 한다.

(2) **암호자재 제작·공급 및 반납(제7조)**
① 국가정보원장은 비밀 소통용 암호자재를 제작하여 필요한 기관에 공급한다. 다만, 국가정보원장이 필요하다고 인정하는 암호자재의 경우 그 암호자재를 사용하는 기관은 국가정보원장이 인가하는 암호체계의 범위에서 암호자재를 제작할 수 있다.
② 암호자재를 사용하는 기관의 장은 사용기간이 끝난 암호자재를 지체 없이 그 제작기관의 장에게 반납하여야 한다.
③ 각급기관에서 공통으로 사용할 암호자재나 각급기관의 장이 제작을 요청하는 암호자재는 국가정보원장이 제작·배부한다(보안업무규정 시행규칙 제3조 암호자재의 제작 제1항).
④ 각급기관에서 사용하는 Ⅲ급비밀 소통용 암호자재는 국가정보원장이 인가하는 암호체계에 따라 그 기관의 장이 제작·배부할 수 있다(보안업무규정 시행규칙 제3조 암호자재의 제작 제2항).

(3) **비밀의 취급과 비밀취급 인가권자** 〈16·23·25 채용, 17·24 승진〉
① **비밀은 해당 등급의 비밀 취급인가를 받은 사람만 취급할 수 있으며, 암호자재는 해당 등급의 비밀 소통용 암호자재취급 인가를 받은 사람만 취급할 수 있다**(보안업무규정 제8조 비밀의 취급).
② Ⅰ급비밀 취급 인가권자와 Ⅰ·Ⅱ급비밀 소통용 암호자재 취급 인가권자(제9조 비밀취급 인가권자 제1항) (경찰청장×)
   1호. 대통령
   2호. 국무총리
   3호. 감사원장
   4호. 국가인권위원회 위원장
   5호. 각 부·처의 장
   10호. 국가정보원장
   11호. 검찰총장
   12호. 합동참모의장, 각군 참모총장, 육군의 1·3군 사령관 및 2작전사령관
   13호. 국방부장관이 지정하는 각군 부대장
③ Ⅱ급 및 Ⅲ급비밀 취급 인가권자와 Ⅲ급비밀 소통용 암호자재 취급 인가권자(제9조 비밀취급 인가권자 제2항)
   1호. Ⅰ급비밀 취급 인가권자와 Ⅰ·Ⅱ급비밀 소통용 암호자재 취급 인가권자
   2호. **중앙행정기관등인 청의 장**(경찰청장)
   3호. **지방자치단체의 장**
   4호. **특별시·광역시·도 및 특별자치시·특별자치도의 교육감**
   5호. 제1호부터 제4호까지의 사람이 지정한 기관의 장
④ 경찰 내의 Ⅱ급 및 Ⅲ급 비밀취급인가[보안업무규정 시행 세부규칙(경찰청훈령) 제11조]
   보안업무규정에 따른 Ⅱ급 및 Ⅲ급 비밀취급인가권자는 다음과 같다.
   1호. 경찰청장, 2호. 경찰대학장, 3호. 경찰인재개발원장, 4호. 중앙경찰학교장, 5호. 경찰수사연수원장, 6호. 경찰병원장, 7호. 시·도경찰청장

⑤ 시·도경찰청장은 보안업무규정 제9조 제2항 제5호에 따라 경찰서장, 기동대장에게 Ⅱ급 및 Ⅲ급 비밀취급인가권을 위임한다. 이 경우 경정 이상의 경찰공무원을 장으로 하는 경찰기관의 장에게도 Ⅱ급 및 Ⅲ급 비밀취급인가권을 위임할 수 있다(세부규칙 제11조 제2항).
⑥ Ⅱ급 및 Ⅲ급 비밀취급인가권을 위임받은 기관의 장은 이를 다시 위임할 수 없다(세부규칙 제11조 제3항).

(4) 경찰공무원의 비밀취급(보안업무규정 시행 세부규칙 제15조 특별인가) (15 승진)

① Ⅲ급 : 모든 경찰공무원
모든 경찰공무원은 임용과 동시 Ⅲ급(Ⅱ급×) 비밀취급권을 가진다.

② Ⅱ급 : 일정한 부서에 근무하는 경찰공무원
경찰공무원 중 다음 각 호의 부서에 근무하는 자는 그 보직발령과 동시에 Ⅱ급 비밀취급권을 인가받은 것으로 한다.
1호. 경비, 경호, 작전, 항공, 정보통신 담당부서(기동대의 경우는 행정부서에 한한다)
2호. 정보, 안보, 외사부서
3호. 감찰, 감사 담당부서
4호. 치안상황실, 발간실, 문서수발실
5호. 경찰청 각 과의 서무담당자 및 비밀을 관리하는 보안업무 담당자
6호. 부속기관, 시·도경찰청, 경찰서 각 과의 서무담당자 및 비밀을 관리하는 보안업무 담당자

③ 인가증 미발급 원칙
제1항 및 제2항에 따라 비밀의 취급인가를 받은 자에 대하여는 별도로 비밀취급인가증을 발급하지 않는다. 다만, 업무상 필요한 경우에는 발급할 수 있다.

④ 각 경찰기관의 장은 제2항의 부서에 근무하는 경찰공무원 중 신원특이자에 대하여는 위원회 또는 자체 심의기구에서 Ⅱ급 비밀취급의 인가여부를 심의하고, 비밀취급이 불가능하다고 의결된 자에 대하여는 즉시 인사조치한다.

2. 비밀과 암호자재의 관리 (16·18·22·23·25 채용, 15·19·24·25 승진, 17·18·23 경위)

비밀의 보호와 관리 원칙 (보안업무규정 제5조)	각급기관의 장은 비밀의 분류·취급·유통 및 이관 등의 모든 과정에서 비밀이 누설되거나 유출되지 아니하도록 보안대책을 수립하여 시행하여야 한다(시행할 수 있다×). 비밀의 제목 등 해당 비밀의 내용을 유추할 수 있는 정보가 포함된 자료는 공개하지 않는다.
비밀의 분류 (보안업무규정 제11조)	① 비밀취급인가를 받은 사람은 인가받은 비밀 및 그 이하 등급 비밀의 분류권을 가진다. ② 비밀을 생산하거나 관리하는 사람은 비밀의 작성을 완료하거나 비밀을 접수하는 즉시 그 비밀을 분류하거나 재분류할 책임이 있다.
비밀취급의 권한과 특례	① 비밀의 취급(보안업무규정 시행규칙 제10조) 비밀취급인가권이 있는 직위에 임명된 사람은 임명됨과 동시에 비밀을 수집·작성·관리·분류(재분류를 포함한다. 이하 같다) 및 접수·발송하는 행위(이하 "비밀취급"이라 한다)를 할 수 있다. ② 비밀취급 인가의 특례(보안업무규정 시행규칙 제13조 제1항) 비밀취급 인가권자는 업무상 조정·감독을 받는 기업체나 단체에 소속된 사람에 대하여 소관 비밀을 계속적으로 취급하게 하여야 할 필요가 있을 때에는 **미리 국가정보원장(경찰청장×)과의 협의를 거쳐 해당하는 사람에게 Ⅱ급 이하의 비밀취급을 인가할 수 있다.**

비밀의 분류원칙 (보안업무규정 규정 제12조)	① 과도 또는 과소분류 금지의 원칙 　비밀은 적절히 보호할 수 있는 **최저등급(최고등급×)으로 분류하되**, 과도 또는 과소하게 분류하여서는 아니 된다. ② 독립분류의 원칙 　비밀은 그 자체의 내용과 가치의 정도에 따라 분류하여야 하며, **다른 비밀과 관련하여 분류해서는 아니 된다.** ③ 외국비밀 존중의 원칙 　외국정부나 국제기구로부터 접수한 비밀은 **그 생산기관(접수기관×)이 필요로 하는 정도로 보호할 수 있도록 분류하여야 한다.**
분류지침 (보안업무규정 제13조)	각급기관의 장은 비밀 분류를 통일성 있고 적절하게 하기 위하여 세부 분류지침을 작성하여 시행하여야 한다. 이 경우 세부 분류지침은 공개하지 않는다.
재분류 (보안업무규정 제15조)	비밀을 효율적으로 보호하기 위하여 비밀등급 또는 예고문 변경 등의 재분류를 한다.
비밀의 접수·발송 (보안업무규정 제17조)	① 비밀을 접수하거나 발송할 때에는 그 비밀을 최대한 보호할 수 있는 방법을 이용하여야 한다. ② 비밀은 암호화되지 아니한 상태로 정보통신 수단을 이용하여 접수하거나 발송해서는 아니 된다. ③ 모든 비밀을 접수하거나 발송할 때에는 그 사실을 확인하기 위하여 접수증을 사용한다.
비밀의 보관	① 출장 중의 비밀 보관(보안업무규정 제19조) 　비밀을 휴대하고 출장 중인 사람은 비밀을 안전하게 보호하기 위하여 **국내 경찰기관 또는 재외공관에 보관을 위탁할 수 있으며, 위탁받은 기관은 그 비밀을 보관하여야 한다.** ② **비밀은 일반문서나 암호자재와 혼합하여 보관하여서는 아니 된다**(보안업무규정 시행규칙 제33조 제1항). ③ **Ⅰ급비밀은 반드시 금고에 보관하여야 하며, 다른 비밀과 혼합하여 보관하여서는 아니 된다**(시행규칙 제33조 제2항). ④ Ⅱ급비밀 및 Ⅲ급비밀은 금고 또는 이중 철제캐비닛 등 잠금장치가 있는 안전한 용기에 보관하여야 하며, 보관책임자가 Ⅱ급비밀 취급 인가를 받은 때에는 Ⅱ급비밀과 Ⅲ급비밀을 같은 용기에 혼합하여 보관할 수 있다(시행규칙 제33조 제3항). ⑤ 보관용기에 넣을 수 없는 비밀은 제한구역 또는 통제구역(제한지역×)에 보관하는 등 그 내용이 노출되지 아니하도록 특별한 보호대책을 마련하여야 한다(시행규칙 제33조 제4항). ⑥ **비밀의 보관용기 외부에는 비밀의 보관을 알리거나 나타내는 어떠한 표시도 해서는 아니 된다**(시행규칙 제34조 제1항). ⑦ 보관용기의 잠금장치의 종류 및 사용방법은 보관책임자 외의 사람이 알지 못하도록 특별한 통제를 하여야 하며, 다른 사람이 알았을 때에는 즉시 이를 변경하여야 한다(시행규칙 제34조 제2항).
비밀관리기록부 (보안업무규정 제22조)	① 각급기관의 장은 비밀의 작성·분류·접수·발송 및 취급 등에 필요한 모든 관리사항을 기록하기 위하여 비밀관리기록부를 작성하여 갖추어 두어야 한다. 다만, **Ⅰ급(Ⅱ급×) 비밀관리기록부는 따로 작성하여 갖추어 두어야 하며, 암호자재는 암호자재 관리기록부로 관리한다.** ② 비밀관리기록부와 암호자재 관리기록부에는 모든 비밀과 암호자재에 대한 보안책임 및 보안관리 사항이 정확히 기록·보존되어야 한다. ③ 비밀 및 암호자재 관리부철의 보존(시행규칙 제70조 제1항) 　비밀접수증, 비밀열람기록전, 배부처는 비밀과 함께 철하여 보관·활용하고, 비밀의 보호기간이 만료되면 **비밀에서 분리한 후 각각 편철하여 5년간 보관해야 한다.** ④ 비밀관리기록부, 비밀 접수 및 발송대장, 비밀대출부는 새로운 관리부철로 옮겨서 관리할 경우 **기존 관리부철을 5년간 보관해야 한다**(시행규칙 제70조 제2항).

비밀의 복제·복사제한 (보안업무규정 제23조)	① 비밀의 일부 또는 전부나 암호자재에 대해서는 모사(模寫)·타자(打字)·인쇄·조각·녹음·촬영·인화(印畵)·확대 등 그 **원형을 재현(再現)**하는 행위를 할 수 없다. 다만, 다음 각 호의 구분에 따른 비밀의 경우에는 그러하지 아니하다. 1호. Ⅰ급비밀: 그 생산자의 허가를 받은 경우 2호. Ⅱ급비밀 및 Ⅲ급비밀: 그 생산자가 특정한 제한을 하지 아니한 것으로서 해당 등급의 비밀취급 인가를 받은 사람이 공용(共用)으로 사용하는 경우 3호. 전자적 방법으로 관리되는 비밀: 해당 비밀을 보관하기 위한 용도인 경우 ② 각급기관의 장은 보안 업무의 효율적인 수행을 위하여 필요하다고 인정되는 경우에는 해당 비밀의 보존기간 내에서 제1항 단서에 따라 그 사본을 제작하여 보관할 수 있다. ③ 제2항에 따라 비밀의 사본을 보관할 때에는 그 예고문이나 비밀등급을 변경해서는 아니 된다.
비밀의 열람 (보안업무규정 제24조)	① 비밀은 해당 등급의 비밀취급 인가를 받은 사람 중 그 비밀과 업무상 직접 관계가 있는 사람만 열람할 수 있다. ② 비밀취급 인가를 받지 아니한 사람에게 비밀을 열람하거나 취급하게 할 때에는 국가정보원장이 정하는 바에 따라 소속 기관의 장(비밀이 군사와 관련된 사항인 경우에는 국방부장관)이 미리 열람자의 인적사항과 열람하려는 비밀의 내용 등을 확인하고 열람 시 비밀 보호에 필요한 자체 보안대책을 마련하는 등의 보안조치를 하여야 한다. 다만, Ⅰ급비밀의 보안조치에 관하여는 **국가정보원장과 미리 협의하여야** 한다. ③ 비밀의 대출(보안업무규정 시행규칙 제45조 제1항) 비밀보관책임자는 보관비밀을 대출하는 때에는 비밀대출부에 관련 사항을 기록·유지한다. ④ 비밀의 열람(시행규칙 제45조 제2항) 개별 비밀에 대한 열람자 범위를 파악하기 위하여 각각의 비밀문서 끝 부분에 **비밀열람기록전을 첨부**한다. 이 경우 문서 형태 외의 비밀에 대한 열람기록은 따로 비밀열람기록전(철)을 비치하고 기록·유지한다.
비밀의 공개 (보안업무규정 제25조)	① 중앙행정기관등의 장은 다음의 어느 하나에 해당하는 사유가 있을 때에는 그가 생산한 비밀을 보안심사위원회의 심의를 거쳐 공개할 수 있다. 다만, Ⅰ급비밀의 공개에 관하여는 국가정보원장과 미리 협의해야 한다. 1호. 국가안전보장을 위하여 국민에게 긴급히 알려야 할 필요가 있다고 판단될 때 2호. 공개함으로써 국가안전보장 또는 국가이익에 현저한 도움이 된다고 판단될 때 ② 공무원 또는 공무원이었던 사람은 법률에서 정하는 경우를 제외하고는 소속 기관의 장이나 소속되었던 기관의 장의 승인 없이 비밀을 공개해서는 아니 된다.
비밀의 반출 (보안업무규정 제27조)	비밀은 보관하고 있는 시설 밖으로 반출해서는 아니 된다. 다만, 공무상 반출이 필요할 때에는 소속 기관의 장의 승인을 받아야 한다.
비밀문서의 통제 (보안업무규정 제29조)	각급기관의 장은 비밀문서의 접수·발송·복제·열람 및 반출 등의 통제에 필요한 규정을 따로 작성·운영할 수 있다.
비밀 소유 현황 통보 (보안업무규정 제31조)	① 각급기관의 장은 연 2회 비밀 소유 현황을 조사하여 국가정보원장에게 통보하여야 한다. ② 제1항에 따라 조사 및 통보된 비밀 소유 현황은 공개하지 않는다.

3. 인원보안(신원조사) <17·18 채용, 17·18 승진>

신원조사
(보안업무규정
제36조)
	① 신원조사의 대상
	국가정보원장은 제3조 제2호에 해당하는 사람(※ 국가안전보장에 한정된 국가 기밀을 취급하는 인원)의 충성심·신뢰성 등을 확인하기 위하여 신원조사를 한다.
	② **관계 기관의 장은 다음에 해당하는 사람에 대하여 국가정보원장에게 신원조사를 요청해야 한다**(제36조 제2항).
	  ㉠ **공무원 임용 예정자**(국가안전보장에 한정된 국가 기밀을 취급하는 직위에 임용될 예정인 사람으로 한정한다)
	  ㉡ **비밀취급 인가 예정자**
	    ※ 입법예고
	      비밀취급 인가 예정자 또는 암호자재취급 인가 예정자
	  ㉢ 국가보안시설·보호장비를 관리하는 기관 등의 장(해당 국가보안시설 등의 관리 업무를 수행하는 소속 직원을 포함한다)
	  ㉣ 그 밖에 다른 법령에서 정하는 사람이나 각급기관의 장이 국가안전보장을 위하여 필요하다고 인정하는 사람
	    ※ 입법예고
	      국가보안시설 및 보호지역 출입 예정자 중 관계 기관의 장이 필요하다고 인정하는 사람

신원조사 결과의 처리 (보안업무규정 제37조)	① **국가정보원장은 신원조사 결과 국가안전보장에 해를 끼칠 정보가 있음이 확인된 사람에 대해서는 관계 기관의 장에게 그 사실을 통보하여야 한다.** ② 제1항에 따라 통보를 받은 **관계 기관의 장은 신원조사 결과에 따라 필요한 보안대책을 마련하여야 한다.**
권한의 위탁 (보안업무규정 제45조 제1항)	국가정보원장은 제36조에 따른 신원조사와 관련한 권한의 일부를 국방부장관과 경찰청장에게 위탁할 수 있다. ※ 입법예고 국가정보원장은 제36조에 따른 신원조사와 관련한 권한의 일부를 국방부장관, 대통령경호처장과 경찰청장에게 위탁할 수 있다.

4. 시설 및 지역 보안 <21·24 채용, 17·25 승진, 23 경위>

(1) 보호지역 설정(보안업무규정 제34조)

① 각급기관의 장과 관리기관 등의 장은 국가안전보장에 관련되는 인원·문서·자재·시설의 보호를 위하여 필요한 장소에 일정한 범위의 보호지역을 설정할 수 있다.

② **보호지역은 그 중요도에 따라 제한지역, 제한구역 및 통제구역으로 나눈다.**

③ 보호지역에 접근하거나 출입하려는 사람은 각급기관의 장 또는 관리기관 등의 장의 승인을 받아야 한다.

④ 보호지역을 관리하는 사람은 제3항에 따른 승인을 받지 않은 사람의 보호지역 접근이나 출입을 제한하거나 금지할 수 있다.

⑤ 보호지역의 설정방침(보안업무규정 시행규칙 제55조)
제한구역 및 통제구역의 설정은 필요한 최소한의 범위로 제한되어야 한다.

(2) 보호지역 구분(보안업무규정 시행규칙 제54조)

① **제한지역**: 비밀 또는 국·공유재산의 보호를 위하여 울타리 또는 방호·경비인력에 의하여 **승인을 받지 않은 사람의 접근이나 출입에 대한 감시가 필요한 지역**
   예 경찰관서
② **제한구역**: **비인가자가 비밀, 주요시설 및 Ⅲ급 비밀 소통용 암호자재에 접근하는 것을 방지하기 위하여 안내를 받아 출입하여야 하는 구역**
③ **통제구역**: 보안상 매우 중요한 구역으로서 **비인가자의 출입이 금지되는 구역**

(3) 보호구역 설정(보안업무규정 시행 세부규칙 제60조) 자 비. 상. 암. 기. 종. 무

① 제한구역	가. 전자교환기(통합장비)실, 정보통신실 나. 발간실 다. 송신 및 중계소, 정보통신관제센터 라. 경찰청 및 시·도경찰청 항공대 마. 작전·경호·정보·안보업무 담당부서 전역 바. 과학수사센터
② 통제구역	가. 암호취급소 나. 정보보안기록실 다. 무기창·무기고 및 탄약고 라. 종합상황실·치안상황실 마. 암호장비관리실 바. 정보상황실 사. 비밀발간실 아. 종합조회처리실

제6절 경찰의 홍보활동

1 유형 〈15··21·25 경위〉

공공관계 (PR) 또는 협의의 홍보	① Public Relations. **인쇄매체, 유인물 등 각종 대중매체를 통하여 개인이나 단체의 긍정적인 점을 일방적으로 알리는 활동**을 의미한다. ② 공공관계(PR)는 조직과 그를 둘러싸고 있는 사람들과의 우호적인 관계를 유지하려는 조직화된 노력으로서, 행정과 국민과의 오해와 불신을 제거함으로써 양자 간의 거리를 좁혀준다. 예 경찰관련 홍보영화의 상영 ③ 공공관계(PR)는 상대방의 지지를 얻기 위한 노력이나 활동이라는 점에서 선전과 유사하다.
지역공동체 관계	① 경찰과 지역사회 관계(Police-Community Relations) ② 지역사회 내의 각종 기관 및 주민들과 유기적인 연락 및 협조체계를 구축하여 지역사회 각계 각층의 문제·요구·책임을 발견하고 지역사회의 문제해결과 적극적인 지역사회 프로그램을 위해 경찰과 지역사회가 공동으로 노력하는 것을 말한다. ③ 지역공동체관계는 지역사회 각계각층의 요구에 부응하는 경찰활동을 하는 동시에 경찰활동의 긍정적인 측면을 지역사회에 널리 알리는 종합적인 지역사회 홍보체계이다. 예 각급 학교에서 경찰활동 소개, 지역경찰활동 시 대민접촉, 민원상담 및 현지 상담소 설치·운영

경찰과 언론관계 (PPR)	① Police-Press Relations ② 대개 사건 사고에 대한 기자들의 질의에 답하는 대응적이고 소극적인 홍보활동이다. ③ 보도관련 용어 중 off the record는 보도하지 않을 것을 조건으로 하는 자료나 정보제공을 말한다.
경찰과 대중매체 관계(PMR)	① Police-Media Relations, Media Service ② 언론관계의 대상과 범위가 확대되고 발전한 관계이다. ③ 경찰의 긍정적인 측면을 널리 알리는 활동이며 대중매체에 대한 종합적인 이해와 전문적 지식이 필요한 적극적 홍보활동이다. ④ 경찰관보다는 전직 언론인, 문화산업 종사자 등 전문가를 채용하여 활용한다.
기업 (이미지)식 경찰홍보	① 사설 경비업체의 증가와 더불어 경찰이 더 이상 독점적인 치안기구가 아니라는 인식이 확산되면서 영·미를 중심으로 발달한 매우 적극적인 홍보활동이다. ② 일반기업이 행하는 것과 같이 유료광고를 내고 친근한 상징물(포돌이, 포순이 등)을 개발 전파하는 등 조직 이미지를 고양하여 높아진 주민 지지도를 바탕으로 예산 획득 등의 목적을 달성하는 종합적이고 계획적인 홍보활동을 의미한다. 예 상징물(경찰청 포돌이)을 개발 전파하여 조직이미지를 고양하여 높아진 주민의 지지도를 바탕으로 예산을 배정받거나, 형사사법절차에서의 주민의 협력을 확보하는 목적을 달성하기 위한 홍보활동

2 경찰홍보의 전략과 대중매체와의 관계

1. 경찰홍보의 전략

과거와 달리 현재는 적극적 홍보전략이 요구된다.

소극적 홍보전략	적극적 홍보전략
① 공보실과 기자실	① 대중매체의 이용
② 비밀주의와 공개최소화	② 공개주의와 비밀최소화
③ 언론접촉 규제	③ 자유로운 언론 접촉

2. 경찰과 대중매체와의 관계 (24 채용, 18 승진, 15 경위)

마크 (Robert Mark)	"단란하고 행복스럽지는 않지만, 오래 지속되는 **결혼생활**"에 비유하였다.
에릭슨 (Ericson)	① 경찰과 대중매체는 서로 연합하여 그 **사회의 일탈에 대한 개념을 규정**하며, 도덕성과 정의를 규정짓는 사회적 엘리트 집단을 구성한다. ② 경찰과 대중매체는 서로 얽혀서 범죄와 정의, 사회질서의 현실을 해석하고 규정짓는 사회기구의 역할을 수행한다.
크랜든 (Crandon)	경찰과 대중매체는 서로를 필요로 하기 때문에 둘 사이에는 **공생관계**가 발달한다고 주장하였다.

3 언론중재 및 피해구제 등에 관한 법률 [언론중재법]

1. 정의(제2조) <22 채용>

① "언론사"란 방송사업자, 신문사업자, 잡지 등 정기간행물사업자, 뉴스통신사업자 및 인터넷신문사업자를 말한다.
② "사실적 주장"이란 증거에 따라 그 존재 여부를 판단할 수 있는 사실관계에 대한 주장을 말한다.
③ "언론보도"란 언론의 사실적 주장에 대한 보도를 말한다.
④ **정정보도"란** 언론의 보도내용의 전부 또는 일부가 진실하지 아니한 경우 이를 진실에 부합되게 고쳐서 보도하는 것을 말한다.
⑤ "반론보도"란 보도내용의 진실 여부와 관계없이 그와 대립되는 반박적 주장을 보도하는 것을 말한다.

2. 정정보도 청구 <21 채용, 15·23·25 승진, 17·23 경위>

정정보도 청구의 요건 (제14조)	① **사실적 주장에 대한 언론보도등이 진실하지 아니함으로 피해를 입은 자**(이하 "피해자"라 한다)는 해당 언론보도등이 있음을 안 날부터 3개월 이내에 그 언론보도등의 내용에 대한 **정정보도를 언론사등**(언론사·인터넷뉴스서비스사업자 및 인터넷 멀티미디어 방송사업자)에게 청구할 수 있다. 다만, 해당 언론보도등이 **있은 후 6개월이 경과하면 그러하지 아니하다.** ② 제1항의 청구에는 **언론사등의 고의·과실이나 위법성을 요하지 아니한다.** ③ 국가·지방자치단체, 기관 또는 단체의 장은 해당 업무에 대하여 그 기관 또는 단체를 대표하여 정정보도를 청구할 수 있다.
정정보도 청구권의 행사 (제15조)	① **정정보도 청구는 언론사등의 대표자에게 서면으로 하여야 하며**, 청구서에는 피해자의 성명·주소·전화번호 등의 연락처를 적고, **정정의 대상인 언론보도등의 내용 및 정정을 청구하는 이유와 청구하는 정정부문을 명시하여야 한다.** 다만, 인터넷신문 및 인터넷뉴스서비스의 언론보도등의 내용이 해당 인터넷 홈페이지를 통하여 계속 보도 중이거나 매개 중인 경우에는 그 내용의 정정을 함께 청구할 수 있다. ② 제1항의 청구를 받은 **언론사등의 대표자는 3일(7일×) 이내에 그 수용 여부에 대한 통지를 청구인에게 발송하여야 한다.** 이 경우 정정의 대상인 언론보도등의 내용이 방송이나 인터넷신문·인터넷뉴스서비스 및 인터넷 멀티미디어 방송의 보도과정에서 성립한 경우에 있어서는 해당 언론사등이 그러한 사실이 없었음을 입증하지 않는 한 그 사실의 존재를 부인하지 못한다. ③ 언론사등이 제1항의 청구를 수용하는 경우에는 지체 없이 피해자 또는 그 대리인과 정정보도의 내용·크기 등에 대하여 협의한 후 **그 청구를 받은 날(협의를 한 날×)부터 7일 내에** 정정보도문을 방송 또는 게재(인터넷신문 및 인터넷뉴스서비스의 경우 제1항 단서에 따른 해당 언론보도등 내용의 정정을 포함한다)하여야 한다. 다만, 신문 및 잡지 등 정기간행물의 경우 **이미 편집 및 제작이 완료되어 부득이할 때에는 다음 발행 호에 이를 게재하여야 한다.** ④ 언론사등이 하는 정정보도에는 원래의 보도 내용을 정정하는 사실적 진술, 그 진술의 내용을 대표할 수 있는 제목과 이를 충분히 전달하는 데에 필요한 설명 또는 해명을 포함하되, **위법한 내용은 제외한다(위법한 내용을 포함한다×).** 제15조 제5항
언론사등의 정정보도 청구 거부 사유 (제15조 제4항)	다음 각 호의 어느 하나에 해당하는 사유가 있으면 **언론사등은 정정보도 청구를 거부할 수 있다.** 제1호. **피해자가 정정보도청구권을 행사할 정당한 이익이 없는 때** 제2호. 청구된 정정보도의 내용이 명백히 사실에 반하는 때 제3호. **청구된 정정보도의 내용이 명백히 위법한 내용인 때** 제4호. **정정보도의 청구가 상업적인 광고만을 목적으로 하는 때** 제5호. 청구된 정정보도의 내용이 **국가·지방자치단체 또는 공공단체의 공개회의와 법원의 공개재판절차의 사실보도에 대한 것인 때**

3. 반론보도 청구, 추후보도 청구

(1) 반론보도청구권(제16조) (21·22 채용)

① 사실적 주장에 관한 언론보도등으로 인하여 피해를 입은 자는 **그 보도 내용에 관한 반론보도를 언론사등에 청구할 수 있다.**

② 제1항의 청구에는 **언론사등의 고의·과실이나 위법성을 필요로 하지 아니하며, 보도 내용의 진실 여부와 상관없이 그 청구를 할 수 있다.**

③ 반론보도 청구에 관하여는 따로 규정된 것을 제외하고는 정정보도 청구에 관한 이 법의 규정을 준용한다.

(2) 추후보도청구권(제17조)

① **언론등에 의하여 범죄혐의가 있거나 형사상의 조치를 받았다고 보도 또는 공표된 자는** 그에 대한 형사절차가 무죄판결 또는 이와 동등한 형태로 종결되었을 때에는 **그 사실을 안 날부터 3개월 이내에 언론사등에 이 사실에 관한 추후보도의 게재를 청구할 수 있다.**

② 제1항에 따른 추후보도에는 청구인의 명예나 권리 회복에 필요한 설명 또는 해명이 포함되어야 한다.

③ 추후보도청구권에 관하여는 제1항 및 제2항에 규정된 것을 제외하고는 정정보도청구권에 관한 이 법의 규정을 준용한다.

④ 추후보도청구권은 특별한 사정이 있는 경우를 제외하고는 이 법에 따른 정정보도청구권이나 반론보도청구권의 행사에 영향을 미치지 아니한다.

4. 언론중재위원회(제7조) (16·22 채용, 15·17·23 승진)

설치	① 언론등의 보도 또는 매개(이하 "언론보도등"이라 한다)로 인한 분쟁의 조정·중재 및 침해사항을 심의하기 위하여 언론중재위원회(이하 "중재위원회"라 한다)를 둔다(제1항). ② 중재위원회는 다음 각 호의 사항을 심의한다(제2항). 　1호. 중재부의 구성에 관한 사항 　2호. 중재위원회규칙의 제정·개정 및 폐지에 관한 사항
구성	① 중재위원회는 **40명 이상 90명 이내의 중재위원으로 구성**하며, 중재위원은 다음 각 호의 사람 중에서 **문화체육관광부장관이 위촉한다.** 　이 경우 제1호부터 제3호까지의 위원은 각각 중재위원 정수의 5분의 1 이상이 되어야 한다(제3항). 　1호. 법관의 자격이 있는 사람 중에서 법원행정처장이 추천한 사람 　2호. 변호사의 자격이 있는 사람 중에서 「변호사법」 제78조에 따른 대한변호사협회의 장이 추천한 사람 　3호. 언론사의 취재·보도 업무에 10년 이상 종사한 사람 ② 중재위원회에 **위원장 1명과 2명 이내의 부위원장 및 2명(3명×) 이내의 감사를 두며, 각각 중재위원 중에서 호선(互選)**한다(제4항). ③ 위원장·부위원장·감사 및 중재위원의 **임기는 각각 3년으로 하며, 한 차례만 연임할 수 있다**(제5항). ④ 위원장은 중재위원회를 대표하고 중재위원회의 업무를 총괄한다(제6항).
운영	① 중재위원회의 회의는 재적위원 과반수의 출석과 출석위원 과반수의 찬성으로 의결한다(제9항). ② 중재위원은 명예직으로 한다. 다만, 대통령령으로 정하는 바에 따라 수당과 실비보상을 받을 수 있다(제10항).

5. 조정과 중재, 불복절차 <21·22 채용>

조정신청 (제18조)	① 이 법에 따른 정정보도청구등과 관련하여 분쟁이 있는 경우 **피해자 또는 언론사등은 중재위원회에 조정을 신청할 수 있다.** ② 피해자는 언론보도등에 의한 피해의 배상에 대하여 제14조 제1항(※ 정정보도 청구)의 기간 이내(※ 안 날부터 3개월 / 있은 후 6개월)에 중재위원회에 조정을 신청할 수 있다. 이 경우 손해배상액을 명시하여야 한다. ③ 정정보도청구등과 손해배상의 조정신청은 제14조 제1항(※ 정정보도 청구)의 기간 또는 제17조 제1항(※ 추후보도 청구)의 기간(※ 안 날부터 3개월) 이내에 서면이나 구술 그 밖에 대통령령으로 정하는 바에 따라 전자문서 등의 방법으로 하여야 하며, 피해자가 먼저 언론사등에 정정보도청구등을 한 경우에는 피해자와 언론사등 사이에 협의가 불성립된 날부터 14일 이내에 하여야 한다. ④ 협의 불성립(시행령 제13조) "피해자와 언론사 간의 협의가 불성립된 날"이란 **언론사가 피해자의 청구를 거부한다는 명시적인 의사표시를 적은 문서를 피해자가 수령한 날**을 말한다.
조정 (제19조)	① 조정은 관할 중재부에서 한다. 관할구역을 같이 하는 중재부가 여럿일 경우에는 중재위원회 위원장이 중재부를 지정한다. ② 조정은 신청 접수일부터 14일 이내에 하여야 하며, 중재부의 장은 조정신청을 접수하였을 때에는 지체 없이 조정기일을 정하여 당사자에게 출석을 요구하여야 한다. ③ 제2항의 **출석요구를 받은 신청인이 2회에 걸쳐 출석하지 아니한 경우에는 조정신청을 취하한 것으로 보며, 피신청 언론사등이 2회에 걸쳐 출석하지 아니한 경우에는 조정신청 취지에 따라 정정보도등을 이행하기로 합의**한 것으로 본다. ④ 제2항의 출석요구를 받은 자가 천재지변이나 그 밖의 정당한 사유로 출석하지 못한 경우에는 그 사유가 소멸한 날부터 3일 이내에 해당 중재부에 이를 소명(疏明)하여 기일 속행신청을 할 수 있다. 중재부는 속행신청이 이유 없다고 인정하는 경우에는 이를 기각(棄却)하고, 이유 있다고 인정하는 경우에는 다시 조정기일을 정하고 절차를 속행하여야 한다. ⑤ 조정기일에 중재위원은 조정 대상인 분쟁에 관한 사실관계와 법률관계를 당사자들에게 설명·조언하거나 절충안을 제시하는 등 합의를 권유할 수 있다.
중재 신청과 중재결정의 효력	① 당사자 쌍방은 정정보도청구등 또는 손해배상의 분쟁에 대하여 **중재부의 종국적 결정에 따르기로 합의하고 중재를 신청할 수 있다**(제24조 제1항). ② 중재결정은 확정판결과 동일한 효력이 있다(제25조 제1항).
정정보도 청구등의 소와 불복절차	① 피해자는 법원에 정정보도청구등의 소를 제기할 수 있다(제26조 제1항). ② 정정보도청구등을 인용한 재판에 대하여는 항소하는 외에 불복을 신청할 수 없다(제28조 제1항).

CHAPTER 11 경찰통제

제1절 경찰통제의 의의와 유형

1 경찰통제의 의의

1. 경찰통제의 필요성 〈25 경위〉

필요성	① 경찰은 강제력을 포함하는 강력한 권한을 가지고 있어 국민의 기본적 인권과 충돌하는 경우가 많으며, 권력으로부터 유혹을 받기가 쉽다. 이러한 배경에서 경찰통제의 필요성이 등장한다. 또한, 행정의 전문화와 재량권 확대로 행정권력이 남용될 가능성이 있다. ② 경찰의 민주적 운영을 확보한다. ③ 경찰의 정치적 중립을 확보한다. ④ **경찰활동에 있어 법치주의를 도모하고 국민의 인권을 보호한다.** ⑤ 조직 자체의 부패를 방지하고 건강을 유지한다.

2. 경찰통제의 기본요소 〈25 경위〉

권한의 분산	① 권한이 중앙이나 일부에 집중되어 있을 때 남용의 위험이나 정치적 유혹 또는 이용의 대상이 되기 쉬우므로 먼저 권한의 분산이 이루어져야 한다. ② 권한의 분산은 자치경찰제의 시행만을 의미하는 것은 아니며, 경찰의 중앙조직과 지방조직 간의 권한의 분산, 상위계급자와 하위계급자 간의 권한의 분산 등이 더욱 필요하다.

정보의 공개	① 경찰통제의 요소 중 행정통제의 근본 또는 전제요소는 공개이다.
	   ㉠ 종래 행정기관은 비밀주의에 입각하여 행정이 가지고 있는 각종 정보를 폐쇄적으로 관리하였는데, 행정의 독선과 부패는 정보의 독점과 폐쇄성에 기인한다.
	   ㉡ 정보가 공개되지 아니하면 국민이 참여할 수 없고 국민의 참여 없이는 통제가 불가능하기 때문에 경찰행정의 공개를 전제로 투명하게 처리하는 자세전환이 필요하다.
	② 공공기관의 정보공개에 관한 **법률** : 원칙적으로 행정기관의 정보의 공개를 의무화한다.

참여	① 종래 행정은 법에서 인정하고 있는 실체적 권리에 역점을 두고, 단순히 그러한 권리가 사후적·결과적으로 침해되었는가에 주안을 두어 사전에 행정에 참여할 기회가 인정되지 않아 행정의 절차적 통제가 소홀하였다. 오늘날 국민에게는 국민의 행정참여를 도모함으로써 행정의 공정성, 투명성 및 신뢰성을 확보하고 국민의 권익을 보호할 목적으로 행정절차법에 의한 절차적 권리가 보편적으로 인정된다. ② 민주적 통제 장치의 일환으로서 국민의 경찰 행정에 대한 참여를 도모하기 위한 목적으로 경찰위원회가 구성되어 있는 등 제한적이나마 간접적 참여의 장치도 마련하고 있다. ③ 자치경찰제도가 시행되면서 경찰행정에 대한 주민의 참여의 폭이 더 넓어지고 있다.
발전을 위한 책임의 추궁	① **경찰에 대한 통제 과정에서 잘못으로 드러난 문제에 대해서는 분명히 책임을 추궁해야 한다.** ② 경찰행정기관이 조직으로서 책임을 져야 한다. 조직으로서 책임은 경찰행정기관의 책임을 설명하는 말이지만, 흔히 경찰조직의 정책과오에 대하여 정책결정의 책임보다는 경찰공무원 개인의 책임으로 돌리는 경우가 많다. ③ 책임추궁은 단순히 처벌의 문제라기보다는, 발전을 위한 과정으로 이해해야 한다.

환류 (feedback)를 통한 발전	경찰통제는 경찰행정의 목표와 관련하여 그 수행과정의 적정여부를 확인하는 과정으로 이의 확인 결과에 따라 책임을 추궁하고 나아가 환류를 통하여 순환을 발전적으로 유도해야 한다.

2 민주적 통제와 사법적 통제 〈21 경채, 20·23 승진, 17 경위〉

1. 민주적 통제

① 국민의 참여와 감시
② 영미법계 국가에서는 경찰조직의 민주성을 확보하기 위한 제도에 관심이 있다.
③ 경찰위원회 제도나 경찰책임자의 선거, 자치경찰제도의 시행 등을 통해 시민이 직접 또는 그 대표기관을 통한 참여와 감시를 가능케 하는 시스템을 구축하고 있다.

2. 사법적 통제

① 법원에 의한 행정통제
② 대륙법계 국가(독일)에서는 경찰행정에 대한 사법심사 시스템을 구축하고 있다.
③ 행정소송의 경우 열기주의에서 개괄주의로 전환함으로써 행정에 관한 법원의 통제를 확대하고 있으며, 이는 국민의 사법적 구제의 길을 넓힘으로써 행정에 대한 통제를 강화하는 효과를 가져왔다.

3. 우리나라의 제도 : 민주적 통제, 사법적 통제를 모두 받아들인 혼합적인 시스템

민주적 통제	① 경찰조직의 민주성 확보를 통한 통제로서 우리나라의 경우에는 **경찰위원회제도가 도입**되었다. ② **자치경찰제도** : 경찰을 중앙정부가 아닌 주민과 가까이 있게 한다는 측면에서 경찰에 대한 민주적 통제를 강화한다. ③ 경찰위원회제도와 국민감사청구제도는 경찰행정에 대하여 국민들의 참여를 보장하는 민주적 통제장치이다.
사법적 통제	① 경찰기관의 행위에 대하여 법원이 사법심사를 통하여 행정기관의 행위를 통제하는 방식이다. ② 행정소송법과 국가배상법을 통하여 행정의 위법한 처분 등의 행위에 대하여 통제를 가하고 있다. ③ 경찰의 활동은 일반적으로 행정편의주의에 입각하여 고도의 재량에 의하는 것이 보통이다. 오늘날 재량의 일탈이나 남용이 사법심사의 대상(행정소송법 제27조)이 되는 것은 물론이고, 이 경우 재량의 실체적 심사뿐만 아니라 재량의 절차적 통제가 이루어지고 있다.

3 사전통제와 사후통제 <22 채용, 20·23·25 승진, 14·17 경위>

1. 사전통제

의의	오늘날 행정청에 대해서는 권리나 이익이 침해받기 전에 절차적으로 참여하는 등 사전 통제를 강화하고 있다.
국회	**입법권을 행사하여 경찰관계법령을 제정**하고, **예산심의권을 통하여 경찰예산의 편성과정에서 통제기능**을 수행한다.
행정절차법	의견 청취(청문, 공청회, 의견제출), **행정상 입법예고, 행정예고** 등 행정에 대한 사전통제를 규정하고 있다.

2. 사후통제

입법부	국회는 **예산결산권이나 국정 감사·조사권** 등의 행정감독 기능을 통하여 통제
행정부	행정부 내에서는 징계책임이나 **상급기관의 하급기관에 대한 감독권과 감사권, 행정심판**을 통하여 통제, 감사원의 직무감찰
사법부	행정에 대한 사후통제는 **사법부의 사법심사에 의한 통제**(행정소송, 국가배상소송)

4 내부적 통제와 외부적 통제

1. 내부적 통제 <23 채용, 20·23 승진>

감사관제도	경찰청에는 감사관, 시·도경찰청에는 시·도별로 청문감사인권담당관, 경찰서에는 청문감사인권관을 운영한다.
훈령권과 직무명령권	① 경찰조직 내에서 **상급기관이 하급기관에 대하여 지시권이나 감독권 등의 훈령권을 행사함**으로써 하급기관의 위법이나 재량권 행사의 오류를 시정한다. ② 경찰조직 내에서 **상급자는 하급 경찰공무원에 대하여 직무명령**을 통하여 그 행위를 통제한다. ③ 상급경찰관청은 하급경찰관청의 행정의 위법은 물론 부당의 문제에 대해서도 통제할 수 있다.
이의신청에 대한 재결권	「집회 및 시위에 관한 법률」에 의거 **집회의 금지통고에 대한 이의신청에 대하여는 바로 위의 상급경찰관청이 재결**하므로 내부 통제에 해당한다. ※ 행정심판의 재결권은 외부적 통제에 해당한다.

2. 외부적 통제 <22·23 채용, 20·25 승진, 15·17 경위>

(1) 국회

① **입법권(경찰 관련 법률 제·개정)과 예산통제(예산안 심의·의결권과 결산권), 국정감사·조사권** 등의 권능을 행사함으로써 경찰의 입법과정, 예산 책정과 집행 과정 그리고 경찰행정을 통제한다.
② 국민의 대표기관으로서 가장 강력한 경찰통제기관이다.

(2) 행정부(행정통제)

대통령	① **경찰청장의 임명권, 국가경찰위원회 위원의 임명권**, 총경 이상(경정 신규채용 포함) 경찰공무원의 임명권 등을 통하여 경찰을 통제한다. ② 행정부 수반으로서 주요 정책결정을 통하여 경찰을 통제한다.
감사원	① 경찰기관의 세입·세출의 결산을 담당한다. ② 감사원은「정부조직법」및 그 밖의 법률에 따라 설치된 **행정기관의 사무와 그에 소속한 공무원의 직무, 지방자치단체의 사무와 그에 소속한 지방공무원의 직무** 등을 감찰한다. 다만, **감찰 대상의 공무원에서 국회·법원 및 헌법재판소에 소속한 공무원은 제외한다**(감사원법 제24조 제1항, 제3항). ③ 경찰공무원의 직무에 대한 감찰을 담당한다.
국민권익위원회	국민권익위원회는 **국무총리 소속**으로 국민의 권리보호와 권익구제, 부패방지를 목적으로 설립되었다. **고충민원 처리, 부패 방지, 행정심판 기능**을 담당하고 있다.
중앙행정심판위원회	경찰관청의 위법·부당한 처분에 대한 중앙행정심판위원회의 재결은 외부통제에 해당한다. **국민권익위원회에 두는 중앙행정심판위원회는 경찰행정 관련 심판을 담당한다.**
국가인권위원회	국가인권위원회는 독립기관이므로 **광의의 행정부에 의한 통제에 해당한다.**
행정안전부장관	① 경찰청은 행정안전부장관 소속하에 두게 되어 있다(「국가경찰과 자치경찰의 조직 및 운영에 관한 법률」제12조). ② 행정안전부장관은 경찰청장과 국가경찰위원회 위원의 임명제청권을 가지므로 상급관청으로서의 권한행사를 통하여 경찰을 통제한다.
국가경찰위원회	① 경찰위원회(현재 국가경찰위원회)는 1991. 5. 31. 제정된「경찰법」에 근거하여 경찰의 민주성과 중립성 및 공정성 확보를 위해 1991. 7. 31. **행정안전부에 설치되었다.** ② **국가경찰위원회는** 국가경찰사무에 관한 인사·예산·장비·통신 등 주요 정책 및 경찰 업무발전에 관한 사항, 국가경찰사무에 관한 인권보호와 관련되는 경찰의 운영·개선에 관한 사항을 심의·의결하며, 행정안전부 장관의 경찰청장 임명제청에 사전 동의권도 행사하는 기관이다.
소청심사위원회	경찰공무원 징계 등 불이익 처분에 대한 심사청구는 **인사혁신처에 설치된 소청심사위원회에서 심사하므로 외부적 통제**에 해당한다.
기타	① 정보·보안 업무는 국가정보원의 조정 ② 대간첩작전은 국방부의 통제 ③ 수사 업무는 검찰의 통제

(3) 사법부(사법통제)

① 경찰의 위법행위에 대한 **국가배상**(「국가배상법」)**이나 행정소송**(「행정소송법」)**에 의한 통제는 사법통제이다.**
② 법원은 법적 쟁송사건에 대한 재판권을 통해 경찰활동을 통제하는바, **법원의 판례법이 법의 근간을 이루는 영미법계에서는 대륙법계보다 강력한 통제장치로 작용**한다.

(4) 민중 통제

국민감사청구제도, 여론, 이익집단, 언론기관, 정당 등을 통한 직·간접적인 통제이다.

제2절 경찰통제 활동의 근거

1 경찰부패 방지와 인권보호 활동

1. 부패방지 및 국민권익위원회의 설치와 운영에 관한 법률 [부패방지권익위법] (22·24 채용, 24 승진)

(1) 국민권익위원회 설치(제11조)

① 고충민원의 처리와 이에 관련된 불합리한 행정제도를 개선하고, 부패의 발생을 예방하며 부패행위를 효율적으로 규제하도록 하기 위하여 국무총리 소속으로 국민권익위원회(이하 "위원회"라 한다)를 둔다.
② 위원회는 「정부조직법」 제2조에 따른 중앙행정기관으로서 그 권한에 속하는 사무를 독립적으로 수행한다.

(2) 권고 및 의견표명

① 권익위원회는 고충민원에 대한 조사결과 처분 등이 위법·부당하다고 인정할 만한 상당한 이유가 있는 경우에는 관계 행정기관등의 장에게 적절한 시정을 권고할 수 있다(제46조 제1항).
② 권익위원회는 고충민원에 대한 조사결과 신청인의 주장이 상당한 이유가 있다고 인정되는 사안에 대하여는 관계 행정기관등의 장에게 의견을 표명할 수 있다(제46조 제2항).
③ 권익위원회는 고충민원을 조사·처리하는 과정에서 법령 그 밖의 제도나 정책 등의 개선이 필요하다고 인정되는 경우에는 관계 행정기관등의 장에게 이에 대한 합리적인 개선을 권고하거나 의견을 표명할 수 있다(제47조).

(3) 부패행위의 신고(※ 청탁금지법도 같은 내용의 규정을 두고 있음)

① 부패행위의 신고(제55조)
누구든지 부패행위를 알게 된 때에는 이를 위원회에 신고할 수 있다.
② 공직자의 부패행위 신고의무(제56조)
공직자는 그 직무를 행함에 있어 다른 공직자가 부패행위를 한 사실을 알게 되었거나 부패행위를 강요 또는 제의받은 경우에는 지체 없이 이를 수사기관·감사원 또는 위원회에 신고하여야 한다.
③ 신고의 방법(제58조)
신고를 하려는 자는 본인의 인적사항과 신고취지 및 이유를 기재한 기명의 문서로써 하여야 하며, 신고대상과 부패행위의 증거 등을 함께 제시하여야 한다.
④ 비실명 대리신고(제58조의2 제1항)
제58조에도 불구하고 신고자는 **자신의 인적사항을 밝히지 아니하고 변호사를 선임하여 신고를 대리하게 할 수 있다.** 이 경우 제58조에 따른 신고자의 인적사항 및 기명의 문서는 변호사의 인적사항 및 변호사 이름의 문서로 갈음한다.
⑤ 비실명 대리신고는 위원회에 하여야 하며, 신고자 또는 신고자를 대리하는 변호사는 그 취지를 밝히고 신고자의 인적사항, 신고자임을 입증할 수 있는 자료 및 위임장을 위원회에 함께 제출하여야 한다(제58조의2 제2항).
⑥ 위원회는 비실명 대리신고에 따라 제출된 자료를 봉인하여 보관하여야 하며, 신고자 본인의 동의 없이 이를 열람하여서는 아니 된다(제58조의2 제3항).

⑦ 국민권익위원회는 누구든지 경찰공무원 등의 부패행위를 알게 된 때에는 무기명으로 신고할 수 있도록 하고 있다(×). → 비실명 대리신고(부패방지 및 국민권익위원회의 설치와 운영에 관한 법률 제58조의2)는 신고자의 인적사항을 제출하되 자료를 봉인하여 보관하므로 무기명 신고라고 보기는 어렵다.

※ 부정부패, 부정청탁 행위 등을 신고한 자에 대한 보호 및 보상을 강화하기 위하여 신고자가 자신의 인적사항을 밝히지 아니하고 변호사를 선임하여 신고를 대리하게 할 수 있도록 하는 제도이다.

(4) **신고내용의 이첩 등(제59조)**
① 위원회는 접수된 신고사항에 대하여 신고자를 상대로 신고자의 인적사항, 신고의 경위 및 취지 등 신고내용의 특정에 필요한 사항을 **확인할 수 있다**(제1항). (확인하여야 한다×)
② 위원회는 제1항의 사항에 대한 진위여부를 확인하는 데 필요한 범위에서 신고자에게 필요한 자료의 제출을 요구할 수 있다(제2항).
③ 위원회는 접수된 신고사항에 대하여 감사·수사 또는 조사가 필요한 경우 이를 감사원, 수사기관 또는 해당 공공기관의 감독기관(감독기관이 없는 경우에는 해당 공공기관을 말한다. 이하 "조사기관"이라 한다)에 이첩하여야 한다. 다만, 신고가 다음 각 호의 어느 하나에 해당하는 경우에는 이를 조사기관에 이첩하지 아니하고 종결할 수 있다(제3항).
1호. 신고의 내용이 명백히 거짓인 경우
2호. 신고자의 인적사항을 알 수 없는 경우
3호. 신고자가 신고서나 증명자료 등에 대한 보완 요청을 2회 이상 받고도 위원회가 정하는 보완요청기간 내에 보완하지 아니한 경우
4호. 신고에 대한 처리 결과를 통지받은 사항에 대하여 정당한 사유 없이 다시 신고한 경우
5호. 신고의 내용이 언론매체 등을 통하여 공개된 내용에 해당하고 공개된 내용 외에 새로운 증거가 없는 경우
6호. 다른 법령에 따라 해당 부패행위에 대한 감사·수사 또는 조사가 시작되었거나 이미 끝난 경우
7호. 그 밖에 부패행위에 대한 감사·수사 또는 조사가 필요하지 아니한 경우로서 대통령령으로 정하는 경우
④ 위원회에 신고가 접수된 해당 부패행위의 혐의대상자가 경무관급 이상의 경찰공무원에 해당하는 고위공직자로서 부패혐의의 내용이 형사처벌을 위한 수사 및 공소제기의 필요성이 있는 때에는 위원회의 명의로 검찰, 수사처, 경찰 등 관할 수사기관에 고발을 하여야 한다(제6항).
⑤ 관할 수사기관은 고발에 대한 수사결과를 위원회에 통보하여야 한다. 위원회가 고발한 사건이 이미 수사 중이거나 수사 중인 사건과 관련된 사건인 경우에도 또한 같다(제7항).

(5) **조사결과의 처리(제60조)**
① 조사기관은 **신고를 이첩 또는 송부받은 날부터 60일 이내에** 감사·수사 또는 조사를 종결하여야 한다. 다만, 정당한 사유가 있는 경우에는 그 기간을 연장할 수 있으며, 위원회에 그 연장사유 및 연장기간을 통보하여야 한다.
② 제59조 제3항 또는 제4항에 따라 신고를 이첩 또는 송부받은 조사기관(조사기관이 이첩받은 신고사항에 대하여 다른 조사기관에 이첩·재이첩, 감사요구, 송치, 수사의뢰 또는 고발을 한 경우에는 이를 받은 조사기관을 포함한다. 이하 이 조에서 같다)은 감사·수사 또는 조사결과를 감사·수사 또는 조사 종료 후 10일 이내에 위원회에 통보하여야 한다.

③ 위원회는 제2항에 따라 감사·수사 또는 조사결과를 통보받은 경우 즉시 신고자에게 그 요지를 통지하여야 하고, 필요한 경우 조사기관에 대하여 통보내용에 대한 설명을 요구할 수 있다.
④ 신고자는 제3항에 따른 통지를 받은 경우 위원회에 감사·수사 또는 조사결과에 대한 이의를 신청할 수 있다.
⑤ 위원회는 제59조 제3항에 따라 신고를 이첩받은 조사기관의 감사·수사 또는 조사가 충분하지 아니하다고 인정되는 경우에는 감사·수사 또는 조사결과를 통보받은 날부터 30일 이내에 새로운 증거자료의 제출 등 합리적인 이유를 들어 조사기관에 대하여 재조사를 요구할 수 있다.
⑥ 재조사를 요구받은 조사기관은 재조사를 종료한 날부터 7일 이내에 그 결과를 위원회에 통보하여야 한다. 이 경우 위원회는 통보를 받은 즉시 신고자에게 재조사 결과의 요지를 통지하여야 한다.

(6) **국민감사청구권**

18세 이상의 국민은 공공기관의 사무처리가 법령위반 또는 부패행위로 공익을 현저히 해치는 경우 대통령령으로 정하는 일정한 수(※ 시행령 제84조 감사청구인 300명) **이상의 국민의 연서로 감사원에 감사를 청구할 수 있다**(제72조 제1항 본문).

2. 국가인권위원회법 <22 채용, 22 경위>

(1) **정의(제2조)**

① "인권"이란 「대한민국헌법」 및 법률에서 보장하거나 대한민국이 가입·비준한 국제인권조약 및 국제관습법에서 인정하는 인간으로서의 존엄과 가치 및 자유와 권리를 말한다.
② "구금·보호시설"이란 다음에 해당하는 시설을 말한다.
  1호. 경찰서 유치장 및 사법경찰관리가 그 직무수행을 위하여 사람을 조사하고 유치하거나 수용하는 데에 사용하는 시설
  2호. 다수인 보호시설(많은 사람을 보호하고 수용하는 시설로서 대통령령으로 정하는 시설을 말한다)
  3호. "대통령령으로 정하는 시설"이란 아동복지시설을 말한다(시행령 제2조).
    「아동복지법」 제52조 제1항 제1호부터 제5호까지의 규정에 따른 아동양육시설·아동일시보호시설·아동보호치료시설·공동생활가정 및 자립지원시설

(2) **적용범위와 업무, 시설의 방문조사**

적용범위 (제4조)	이 법은 대한민국 국민과 대한민국의 영역에 있는 외국인에 대하여 적용한다.
업무 (제19조)	1호. 인권에 관한 법령(입법과정 중에 있는 법령안을 포함한다)·제도·정책·관행의 조사와 연구 및 그 개선이 필요한 사항에 관한 권고 또는 의견의 표명 2호. **인권침해행위에 대한 조사와 구제** 3호. **차별행위에 대한 조사와 구제** 4호. 인권상황에 대한 실태 조사 5호. 인권에 관한 교육 및 홍보 6호. 인권침해의 유형, 판단 기준 및 그 예방 조치 등에 관한 지침의 제시 및 권고 7호. 국제인권조약 가입 및 그 조약의 이행에 관한 연구와 권고 또는 의견의 표명 8호. 인권의 옹호와 신장을 위하여 활동하는 단체 및 개인과의 협력 9호. 인권과 관련된 국제기구 및 외국 인권기구와의 교류·협력 10호. 그 밖에 인권의 보장과 향상을 위하여 필요하다고 인정하는 사항

| 시설의 방문조사 (제24조) | 위원회(상임위원회 및 소위원회를 포함한다)는 필요하다고 인정하는 경우 그 의결로써 구금·보호시설을 방문하여 조사할 수 있다. |

(3) 정책과 관행의 개선 또는 시정 권고(제25조)

① 위원회는 인권의 보호와 향상을 위하여 필요하다고 인정하면 관계기관등에 정책과 관행의 개선 또는 시정을 권고하거나 의견을 표명할 수 있다.
② 제1항에 따라 권고를 받은 관계기관등의 장은 그 권고사항을 존중하고 이행하기 위하여 노력하여야 한다.

3. 경찰 인권보호 규칙 [경찰청훈령] (18·19·21·22·23·25 채용, 18·19·20·22·23 경채, 23·24·25 승진, 23·24 경위)

정의 (제2조)	① "**경찰관등**"이란 경찰청과 그 소속기관의 경찰공무원, 일반직공무원, 무기계약근로자 및 기간제근로자를 의미한다.(무기계약근로자 및 기간제근로자 제외×) ② "**인권침해**"란 경찰관등이 직무를 수행하는 과정에서 모든 사람에게 보장된 인권을 침해하는 것을 말한다. ③ "**조사담당자**"란 인권침해를 내용으로 하는 진정을 조사하고 이에 따른 구제 업무 등을 수행하는 경찰청과 그 소속기관에 근무하는 공무원을 말한다.
설치 (제3조)	경찰 활동 전반에 걸친 민주적 통제를 구현하여 경찰력 오·남용을 예방하고, 경찰 행정의 인권 지향성을 높여 인권을 존중하는 경찰 활동을 정립하기 위해 **경찰청장 및 시·도경찰청장의 자문기구로서 각각 경찰청 인권위원회, 시·도경찰청 인권위원회**(이하 "위원회"라 한다)를 설치하여 운영한다.
업무 (제4조)	위원회는 다음 각 호의 사항에 대한 **권고 또는 의견표명을 할 수 있다.**(명령할 수 있다×) 1. 인권과 관련된 경찰의 제도·정책·관행의 개선 2. 경찰의 인권침해 행위의 시정 3. 국가인권위원회·국제인권규약 감독 기구·국가별 정례인권검토의 권고안 및 국가인권정책 기본계획의 이행 4. 인권영향평가 및 인권침해 사건 진상조사단(이하 '진상조사단'이라 한다)에 관한 사항
구성 (제5조)	① 위원회는 위원장 1명을 포함하여 **7명 이상 13명 이하**(15명 이하×)**의 위원으로 구성**한다. 이때, 특정 성별이 전체 위원 수의 10분의 6을 초과하지 아니해야 한다. ② **위원장은 위원회에서 호선(互選)**하며, 위원은 당연직 위원과 위촉 위원으로 구분한다. ③ **당연직 위원은 경찰청은 감사관, 시·도경찰청은 청문감사인권담당관**으로 한다. ④ 위촉 위원은 인권 분야에 전문적인 지식과 경험이 있고 아래 각 호의 어느 하나에 해당하는 사람 중에서 경찰청장 또는 시·도경찰청장(이하 "청장"이라 한다)이 위촉한다. 이때, 각 호에 해당하는 사람이 반드시 1명 이상 포함되어야 한다.

위촉 위원의 결격사유 (제6조)	① **다음 각 호의 어느 하나에 해당하는 사람은 위원이 될 수 없다.**
	  1호. 공직선거에 후보자(예비후보자 포함)로 등록한 사람
	  2호. 공직선거에 의하여 취임한 공무원이거나 그 직에서 **퇴직한 날부터 3년**(5년×)이 지나지 아니한 사람
	  3호. 경찰의 직에 있거나 그 직에서 **퇴직한 날부터 3년**(2년×)이 지나지 아니한 사람
	  4호. 선거사무관계자 및 정당의 당원
	② 위촉 위원이 제1항 각 호의 어느 하나에 해당하게 된 때에는 당연히 퇴직한다.

위원의 임기 (제7조)	① 위원장(호선)과 위촉 위원의 임기는 위촉된 날부터 **2년**(3년×)으로 하며 위원장의 직은 연임할 수 없고, 위촉 위원은 **두 차례만**(세 차례만×) 연임할 수 있다(연임할 수 없다×). ② 위촉 위원에 결원이 생긴 경우 새로 위촉할 수 있고, 이 경우 새로 위촉된 위원의 임기는 **위촉된 날부터**(위촉된 날의 다음날부터×) 기산한다.
위원의 해촉 (제8조)	다음 각 호의 어느 하나에 해당하는 경우에는 **청장은 위원회의 의견을 들어 위원을 해촉할 수 있다**. 1. 입건 전 조사·수사 중인 사건에 청탁 또는 경찰 인사에 관여하는 행위를 하거나 기타 직무관련 비위사실이 있는 경우 2. 위원회의 명예를 실추시키거나 위원으로서의 품위를 손상시키는 행위를 한 경우 3. **특별한 사유 없이 연속으로 정기회의에 3회 불참**(2회 불참×) 등 직무를 태만히 한 경우 4. 위원 스스로 직무를 수행하는 것이 곤란하다고 의사를 밝힌 경우 5. 그 밖에 부득이한 사유로 업무를 수행할 수 없는 경우
위원장의 직무 등 (제10조)	① 위원장은 위원회를 대표하며, 위원회의 업무를 총괄한다. ② 위원장이 일시적인 사유로 그 직무를 수행할 수 없을 경우에는 위원 중에서 위촉 일자가 빠른 순으로 그 직무를 대행한다. 다만, 위촉 일자가 같을 때에는 연장자 순으로 대행한다.
회의 (제11조)	① 위원회의 회의는 정기회의와 임시회의로 구분하며, 재적위원 과반수의 출석으로 개의(開議)하고, 출석위원 과반수의 찬성으로 의결한다. ② 정기회의는 경찰청은 월 1회, 시·도경찰청은 분기 1회 개최한다. ③ 임시회의는 위원장이 필요하다고 인정하거나 청장 또는 재적위원 3분의 1 이상이 소집을 요구하는 경우 위원장이 소집한다.
수당 등의 지급(제16조)	회의에 출석한 위원에게는 예산의 범위 안에서 수당 또는 여비를 지급할 수 있다.
경찰 인권정책 기본계획 및 인권교육 (제18조, 제18조의2)	① 경찰청장은 국민의 인권보호와 증진을 위하여 **경찰 인권정책 기본계획**(이하 "기본계획"이라 한다)을 5년마다 수립해야 한다(제18조 제1항). ② 경찰청장은 경찰관등(경찰공무원으로 신규 임용될 사람을 포함한다)이 근무하는 동안 지속적·체계적으로 교육을 받을 수 있도록 **3년**(2년×, 매년×) 단위로 인권교육종합계획을 수립하여 시행하여야 한다(제18조의2 제1항). ③ 경찰관서의 장은 제1항의 내용을 반영하여 **매년 인권교육 계획을 수립하여 시행하여야 한다**(제18조의2 제2항).

인권영향 평가의 실시
(제21조)
	① **경찰청장**은 인권침해를 예방하고, 인권친화적인 치안 행정이 구현되도록 다음 각 호의 사항에 대하여 인권영향평가를 실시해야 한다.
	  1. 제·개정하려는 법령 및 행정규칙
	  2. 국민의 인권에 영향을 미치는 정책 및 계획
	  3. 참가인원, 내용, 동원 경력의 규모, 배치 장비 등을 고려하여 인권침해 가능성이 높다고 판단되는 집회 및 시위
	② 제1항에도 불구하고 다음 각 호의 어느 하나에 해당하는 경우 평가 대상에서 제외할 수 있다. 이 경우 제1항 각 호와 관련된 업무를 소관하는 부서의 장은 소관 사항을 인권영향평가 대상에서 제외하고자 하는 경우 경찰청 감사관에게 평가 제외를 요청하고, 감사관은 소관 부서장과 인권보호담당관의 사전협의 결과를 고려하여 제외 여부를 결정한다.
	  1. 제·개정하려는 법령 및 행정규칙의 내용이 경미한 경우
	  2. 사전에 청문, 공청회 등 의견 청취 절차를 거친 정책 및 계획
	③ **시·도경찰청장**은 해당 시·도경찰청 소관 업무 중 제1항 각 호의 사항(경찰청 소관업무와 중복되는 사항은 제외한다)에 대하여 인권영향평가를 실시해야 한다. 다만, 인권영향평가 대상 소관 부서장은 평가 대상에서 제외하고자 하는 경우 소속 시·도경찰청 인권 담당 부서장에게 제외를 요청하고, 인권 담당 부서장은 소관 부서장과 협의를 거쳐 제외 여부를 결정한다.
	④ 경찰대학장·경찰인재개발원장·중앙경찰학교장·경찰수사연수원장 및 경찰병원장은 해당 기관의 소관 업무 중 제1항 각 호의 사항에 대하여 경찰청장에게 인권영향평가를 의뢰한다.

평가의 기준 (제22조)	청장은 다음 각 호의 기준에 따라 인권영향평가를 실시한다. 1. 법률유보의 원칙 2. 비례의 원칙, 평등의 원칙 등 불문법원칙 3. 적법절차의 원칙 4. 그 밖에 인권침해를 유발할 수 있는 재량권의 존재 여부 및 이를 통제할 수 있는 장치의 존재 여부

평가 절차
(제23조)
	① 경찰청장은 다음 각 호의 구분에 따른 기한 내에 인권영향평가를 실시해야 한다.
	  1. 제21조 제1항 제1호: 해당 안건을 국가경찰위원회에 상정하기 60일 이전
	  2. 제21조 제1항 제2호: 해당 사안이 확정되기 이전
	  3. 제21조 제1항 제3호: 집회 및 시위 종료일로부터 30일 이전
	② 제1항에도 불구하고 제1항 각 호의 기한에 평가를 실시할 수 없는 부득이한 사유가 발생한 경우에는 기한에 관계없이 평가를 실시할 수 있다.
	③ 청장은 인권영향평가를 실시하는 경우에 위원회에 자문할 수 있다.
	④ 청장은 제3항에 따라 위원회가 제시한 의견을 존중해야 한다.
	⑤ 시·도경찰청장은 제21조 제3항에 따라 인권영향평가를 실시한 경우 그 결과를 경찰청 인권보호담당관에게 지체 없이 제출해야 한다.

점검 (제24조)	제13조 제2항의 **간사(경찰청: 인권보호담당관, 시·도경찰청: 인권업무 담당 계장)는 반기 1회 이상 인권영향평가의 이행 여부를 점검**하고, 이를 소속 위원회에 제출해야 한다.

집회시위
현장 점검단
운영
(제24조의2)
	① 경찰청, 시·도경찰청 및 경찰서의 인권업무 담당 부서장은 제21조 제1항 제3호에 따른 인권영향평가의 원활한 실시를 위하여 필요한 경우 집회시위 현장 점검단(이하 "점검단"이라 한다)을 설치하여 운영할 수 있다.
	② 점검단은 다음 각 호의 사람으로 구성된 인력 후보군 중에서 10명 내외로 선정한다. 이 경우 특정 성별이 전체 구성원 수의 10분의 6을 초과하지 않아야 한다.
	  1. 경찰청, 시·도경찰청 및 경찰서의 인권업무 담당 경찰관등
	  2. 「집회 및 시위에 관한 법률」 제21조에 따른 집회·시위자문위원(전직 위원을 포함한다. 이하 이 조에서 같다)
	  3. 제5조 제4항 각 호에 해당하는 자격을 갖춘 사람

인권진단 사항 (제25조)	**인권보호담당관은 인권침해를 예방하고 제도를 개선하기 위해 연 1회 이상 다음 각 호의 사항을 진단하여야 한다.** 1. 인권 관련 정책 이행 실태 2. 인권교육 추진 현황 3. 경찰청과 소속기관의 청사 및 부속 시설 전반의 인권침해적 요소의 존재 여부
방법 (제26조)	진단은 대상 경찰관서를 방문하여 관찰, 서류 점검, 면담, 설문 등의 방법으로 실시하되, 방문진단이 곤란하다고 인정하는 경우에는 서면으로 할 수 있다.
진정의 각하 (제29조)	**경찰청 및 그 소속기관의 장은 다음 각 호의 어느 하나에 해당할 경우에는 그 진정을 각하할 수 있다**(제1항). 1호. 진정 내용이 인권침해에 해당하지 아니하는 것이 **명백한 경우** 2호. 진정 내용이 **명백히** 사실이 아니거나 이유가 없다고 인정되는 경우 3호. 피해자가 아닌 사람이 한 진정으로서 피해자가 조사를 원하지 않는다는 의사표시를 **명백하게 한 경우** 4호. **진정의 원인이 된 사실이 공소시효, 징계시효 및 민사상 시효 등이 모두 완성된 경우** 5호. 진정의 원인이 된 사실에 관하여 법원이나 헌법재판소의 재판, 수사기관의 수사 또는 그 밖에 법률에 따른 권리 구제절차가 진행 중이거나 종결된 경우(기간의 경과 등 형식 요건을 제대로 갖추지 못하여 종결된 경우는 제외한다) 6호. **진정이 익명(匿名)이나 가명(假名)으로 제출된 경우**

진정의 각하 (제29조)	7호. 진정인이 진정을 취소한 경우 8호. 기각 또는 각하된 진정과 동일한 내용으로 다시 진정한 경우 9호. 진정 내용이 추상적이거나 관계자를 근거 없이 비방하는 등 업무를 방해할 의도로 진정한 것으로 판단되는 경우 10호. 진정의 취지가 그 진정의 원인이 된 사실에 관한 법원의 확정 판결이나 헌법재판소의 결정에 반대되는 경우 11호. 국가인권위원회에서 진정서의 내용과 같은 사실을 이미 조사 중이거나 조사한 사실이 확인된 경우(진정인의 진정 취소를 이유로 각하 처리된 사건은 제외한다)
진정의 취소 (제36조 제1항)	진정인은 진정을 취소하려는 경우에는 그 뜻을 분명히 밝힌 취소장(전자우편 등 전자문서 형식의 취소장을 포함한다. 이하 같다)을 제출하여야 한다. 다만, 진정인이 경찰관등에게 구두로 진정의 취소의사를 표시하는 경우에는 직원 등이 대신 작성하여 진정인의 서명이나 날인을 받은 취소조서를 취소장으로 갈음할 수 있으며, 전화로 진정취소 의사를 밝힌 경우에는 담당 직원의 전화통화 보고서를 취소장으로 갈음할 수 있다.
진정의 기각 (제37조)	경찰청 및 그 소속기관의 장은 진정 내용을 조사한 결과 다음 각 호의 어느 하나에 해당하는 경우에는 그 진정을 기각할 수 있다. 1호. 진정 내용이 사실이 아니거나 사실 여부를 확인하는 것이 불가능한 경우 2호. 진정 내용이 이미 피해회복이 이루어지는 등 따로 구제조치가 필요하지 아니하다고 인정되는 경우 3호. 진정 내용은 사실이나 인권침해에 해당하지 아니하는 경우
물건 등의 보관 등 (제32조)	① 조사담당자는 사건 조사 과정에서 진정인·피진정인 또는 참고인 등이 임의로 제출한 물건 중 사건 조사에 필요한 물건은 보관할 수 있다. ② 조사담당자는 **제출자가 보관 중인 물건의 반환을 요구하는 경우에는 반환하여야 하며**, 다음 각 호의 어느 하나에 해당하는 경우에는 **제출자가 요구하지 않더라도 반환할 수 있다**(반환하여야 한다×). 1호. 진정인이 진정을 취소한 사건에서 진정인이 제출한 물건이 있는 경우 2호. 사건이 종결되어 더 이상 보관할 필요가 없는 경우 3호. 그 밖에 물건을 계속 보관하는 것이 적절하지 않은 경우
조사중지 (제35조 제1항)	조사담당자는 인권침해 사건을 조사하는 과정에서 다음 각 호의 어느 하나에 해당하는 사유로 **사건 조사를 진행할 수 없는 경우에는 조사를 중지할 수 있다**. 다만, 확인된 인권침해 사실에 대한 구제 절차는 계속하여 이행할 수 있다. 1호. 진정인이나 피해자의 소재를 알 수 없는 경우 2호. 사건 해결과 진상 규명에 핵심적인 중요 참고인의 소재를 알 수 없는 경우 3호. 그 밖에 제1호 또는 제2호와 유사한 사정으로 더 이상 사건 조사를 진행할 수 없는 경우 4호. 감사원의 조사, 경찰·검찰 등 수사기관에서 조사 또는 수사가 개시된 경우

2 내부 감찰 및 감사 활동

1. 경찰 감찰 규칙 [경찰청 훈령] (16·17·23·24 채용, 16·17·18·20·21 승진, 16·22·25 경위)

목적(제1조)	이 규칙은 경찰청 및 그 소속기관(이하 "경찰기관"이라 한다)에 소속하는 경찰공무원, 별정·일반직 공무원(무기계약 및 기간제 근로자를 포함한다), 의무경찰 등(이하 "소속공무원"이라 한다)의 공직기강 확립과 경찰 행정의 적정성 확보를 위한 감찰에 필요한 사항을 규정함을 목적으로 한다.

정의 (제2조)	1. "**의무위반행위**"란 소속공무원이 「국가공무원법」 등 관련 법령 또는 직무상 명령 등에 따른 각종 의무를 위반한 행위를 말한다. 2. "**감찰**"이란 복무기강 확립과 경찰행정의 적정성을 확보하기 위해 경찰기관 또는 소속공무원의 제반업무와 활동 등을 조사·점검·확인하고 그 결과를 처리하는 감찰관의 직무활동을 말한다. 3. "**감찰관**"이란 제2호에 따른 감찰을 담당하는 경찰공무원을 말한다.
감찰관의 결격사유 (제5조)	다음 각 호의 어느 하나에 해당하는 사람은 **감찰관이 될 수 없다.** 1호. **직무와 관련한 금품 및 향응 수수, 공금횡령·유용,「성폭력범죄의 처벌 및 피해자보호 등에 관한 법률」에 따른 성폭력범죄로 징계처분을 받은 사람** 2호. **제1호 이외의 사유로 징계처분을 받아 말소기간이 경과하지 아니한 사람** 3호. 질병 등으로 감찰관으로서의 업무수행이 어려운 사람 4호. 그 밖에 감찰관으로서 적합하지 아니하다고 판단되는 사람
감찰관 선발 (제6조)	① 경찰기관의 장은 감찰관 보직공모에 응모한 지원자 및 3인 이상의 동료로부터 추천 받은 자를 대상으로 적격심사를 거쳐 감찰관을 선발한다. ② 제1항에 따른 감찰관 선발을 위한 적격심사에 관한 세부사항은 경찰청장이 별도로 정한다.
감찰관의 신분보장 (제7조)	① 경찰기관의 장(이하 "경찰기관장"이라 한다)은 감찰관이 제5조에 따른 결격사유에 해당되는 것으로 밝혀졌을 경우와 다음 각 호의 어느 하나에 해당하는 경우를 제외하고는 **2년 이내에 본인의 의사에 반하여 전보하여서는 아니 된다.** 다만, 승진 등 인사관리상 필요한 경우에는 그러하지 아니하다. 1호. 징계사유가 있는 경우 2호. 형사사건에 계류된 경우 3호. 질병 등으로 감찰업무를 수행할 수 없거나 직무수행 능력이 현저히 부족하다고 판단되는 경우 4호. 고압·권위적인 감찰활동을 반복하여 물의를 야기한 경우 ② 경찰기관의 장은 **1년 이상 성실히 근무한 감찰관에 대해서는 희망부서를 고려하여 전보한다.**
감찰관의 적격심사 (제8조)	① 경찰기관의 장은 소속 감찰관에 대하여 감찰관 보직 후 **2년마다(3년마다×) 적격심사**를 실시하여 인사에 반영하여야 한다. ② 제6조 제2항의 규정은 제1항에 준용한다.
제척 (제9조)	감찰관은 다음 경우에 당해 **감찰직무(감찰조사 및 감찰업무에 대한 지휘를 포함한다)에서 제척**된다. 1. **감찰관 본인이 의무위반행위로 인해 감찰대상이 된 때** 2. 감찰관 본인이 의무위반행위로 인해 피해를 받은 자(이하 "피해자"라 한다)인 때 3. 감찰관 본인이 의무위반행위로 인해 감찰대상이 된 소속공무원(이하 "조사대상자"라 한다)이나 피해자의 친족이거나 친족관계가 있었던 자인 때 4. 감찰관 본인이 조사대상자나 피해자의 법정대리인이나 후견감독인인 때
기피 (제10조 제1항)	조사대상자, 피해자는 다음 경우에 별지 제1호 서식의 감찰관 기피 신청서를 작성하여 그 감찰관이 소속된 경찰기관의 감찰업무 담당 부서장(이하 "감찰부서장"이라 한다)에게 해당 감찰관의 기피를 신청할 수 있다. 1호. 감찰관이 제9조 각 호의 사유에 해당되는 때 2호. 감찰관이 이 규칙을 위반하거나 불공정한 조사를 할 염려가 있다고 볼만한 객관적·구체적 사정이 있는 때

회피 (제11조 제1항)	감찰관은 제9조의 사유에 해당하면 스스로 감찰직무를 회피하여야 하며, 제9조 이외의 사유로 감찰직무를 수행함에 있어 공정성을 잃을 염려가 있다고 인정하는 경우 회피할 수 있다.
감찰활동의 관할(제12조)	감찰관은 **소속 경찰기관의 관할구역 안에서 활동하여야 한다**. 다만, **상급 경찰기관의 장의 지시가 있는 경우에는** 관할구역 밖에서도 활동할 수 있다.
특별감찰 (제13조)	경찰기관의 장은 의무위반행위가 자주 발생하거나 그 발생 가능성이 높다고 인정되는 시기, 업무분야 및 경찰관서 등에 대하여는 **일정기간 동안 전반적인 조직관리 및 업무추진 실태 등을 집중 점검할 수 있다**.
교류감찰 (제14조)	경찰기관의 장은 **상급 경찰기관의 장의 지시에 따라** 소속 감찰관으로 하여금 일정기간 동안 **다른 경찰기관의 소속 직원의 복무실태, 업무추진 실태 등을 점검하게 할 수 있다**.
감찰활동의 착수 (제15조)	① 감찰관은 소속공무원의 의무위반행위에 관한 **단서(현장인지, 진정·탄원 등을 포함한다)**를 수집·접수한 경우 소속 경찰기관의 감찰부서장에게 보고하여야 한다. ② 감찰부서장은 제1항에 따른 보고를 받은 경우 감찰 대상으로서의 적정성을 검토한 후 감찰활동 착수 여부를 결정하여야 한다.

자료 제출
요구 등
(제17조)
	① 감찰관은 직무상 다음 각 호의 요구를 할 수 있다. 다만, 제2호 및 제3호의 경우에는 필요 최소한의 범위 내에서 요구하여야 한다.
	  1. 조사를 위한 출석
	  2. 질문에 대한 답변 및 진술서 제출
	  3. 증거품 및 자료 제출
	  4. 현지조사의 협조
	② 소속공무원은 감찰관으로부터 제1항에 따른 요구를 받았을 때에는 정당한 사유가 없는 한 그 요구에 응하여야 한다.

감찰관 증명서 등 제시(제18조)	감찰관이 제17조에 따른 요구를 할 경우 소속 경찰기관의 장이 발행한 별지 제3호 서식의 감찰관 증명서 또는 경찰공무원증을 제시하여 신분을 밝히고 감찰활동의 목적을 설명하여야 한다.
감찰활동 결과의 보고 및 처리 (제19조)	① 감찰관은 **감찰활동 결과 소속 경찰공무원 등의 의무위반행위, 불합리한 제도·관행, 선행·수범 직원 등을 발견한 때에는 이를 소속 경찰기관의 장에게 보고하여야** 한다. ② 경찰기관의 장은 제1항의 결과에 대하여 문책 요구, 시정·개선, 포상 등 필요한 조치를 하여야 한다.

감찰정보
심의회
(제22조)
	① 감찰부서장은 다음 각 호의 사항을 결정하기 위하여 **감찰정보심의회를 설치·운영할 수 있다**.
	  1. 제21조에 따른 감찰정보의 구분
	  2. 제15조에 따른 **감찰활동 착수와 관련된 사항**
	② 감찰정보심의회는 위원장을 포함한 **3명 이상 5명 이하의 위원으로 구성하며, 위원장은 감찰부서장**이 되고 위원은 감찰부서장이 소속 공무원 중에서 지명한다.

출석요구 (제25조 제1항)	감찰관은 감찰조사를 위해서 조사대상자의 출석을 요구할 때에는 **조사기일 3일 전까지 별지 제5호서식의 출석요구서 또는 구두로 조사일시, 의무위반행위사실 요지 등을 통지하여야 한다**. 다만, 사안이 급박한 경우 또는 조사대상자의 요청이 있는 경우에는 즉시 조사에 착수할 수 있다.

조사 참여
(제28조 제1항)
	감찰관은 조사대상자가 다음 각 호의 사항을 신청할 경우 이에 해당하는 사람을 **참여하게 하거나 동석하도록 하여야 한다**.
	1호. 다른 감찰관, 변호인의 참여
	2호. 다음 각 목의 사람의 동석
	    가목. 조사대상자의 동료공무원
	    나목. 조사대상자의 직계친족, 배우자, 가족 등 조사대상자의 심리적 안정과 원활한 의사소통에 도움을 줄 수 있는 자

감찰조사 전 고지 (제29조)	① 감찰관은 감찰조사를 실시하기 전에 **조사대상자에게 의무위반행위 사실의 요지를 알려야 한다.** ② 감찰관은 조사대상자에게 제28조 제1항 각 호의 사항(다른 감찰관, 변호인의 참여, 조사대상자의 동료공무원, 조사대상자의 직계친족·배우자·가족 등 조사대상자의 심리적 안정과 원활한 의사소통에 도움을 줄 수 있는 자의 동석)을 **신청할 수 있다는 사실을 고지하여야 한다.**
영상녹화 (제30조)	감찰관은 조사대상자가 **영상녹화를 요청하는 경우에는 그 조사과정을 영상녹화하여야 한다.**
조사 시 유의사항 (제31조 제5항)	감찰부서장은 성폭력·성희롱 피해 여성에 대하여는 피해자의 의사에 반하지 않는 한 여성 경찰공무원이 조사하도록 하여야 하고, 조사 과정에서 피해자의 인격이나 명예가 손상되거나 사적인 비밀이 침해되지 않도록 하여야 한다.
심야조사의 금지 (제32조)	① 감찰관은 **심야(자정부터 오전 6시까지를 말한다)에 조사를 하여서는 아니 된다.** ② 제1항에도 불구하고 감찰관은 조사대상자 또는 그 변호인의 별지 제6호 서식에 의한 **심야조사 요청이 있는 경우에는 예외적으로 심야조사를 할 수 있다.** 이 경우 심야조사의 사유를 조서에 명확히 기재하여야 한다.
민원사건의 처리 (제35조)	① 감찰관은 소속 공무원의 의무위반사실에 대한 **민원을 접수한 경우 접수일로부터 2개월 내에 신속히 처리하여야 한다.** 다만, 부득이한 사유로 민원을 기한 내에 처리할 수 없을 때에는 소속 경찰기관의 **감찰 부서장에게 보고하여 그 처리 기간을 연장할 수 있다**(제1항). ② 감찰관은 민원사건을 접수한 경우 **접수 후 매 1개월이 경과한 때와 감찰조사를 종결하였을 때에 민원인 또는 피해자에게 사건처리 진행상황을 통지하여야 한다.** 다만, 진행상황에 대한 통지가 감찰조사에 지장을 주거나 피해자 또는 사건관계인의 명예와 권리를 부당히 침해할 우려가 있는 때에는 통지하지 않을 수 있다(제4항).
기관통보 사건의 처리 (제36조)	① 감찰관은 다른 경찰기관 또는 검찰, 감사원 등 **다른 행정기관으로부터 통보받은 소속 공무원의 의무위반행위에 대해서는 통보받은 날부터 1개월 이내에 신속히 처리하여야** 한다. ② 감찰관은 검찰·경찰, 그 밖의 수사기관으로부터 수사개시 통보를 받은 경우에는 징계의결 요구권자의 결재를 받아 해당 기관으로부터 수사결과의 통보를 받을 때까지 감찰조사, 징계의결요구 등의 절차를 진행하지 아니할 수 있다.
감찰처분 심의회 (제37조 제1항)	감찰부서장은 다음 각 호의 사항을 심의하기 위하여 **감찰처분심의회**(이하 "처분심의회"라고 한다)를 설치·운영할 수 있다. 1. **감찰결과 처리 및 양정과 관련한 사항** 2. 감찰결과에 대한 이의신청 처리와 관련한 사항 3. 감찰결과의 공개와 관련한 사항 4. 감찰관 기피 신청과 관련한 사항
감찰관에 대한 징계 등 (제40조 제2항)	감찰관의 의무위반행위에 대해서는 「경찰공무원 징계양정 등에 관한 규칙」의 **징계양정에 정한 기준보다 가중하여 징계조치한다.**

2. 경찰청 감사 규칙 [경찰청 훈령] <18·22 채용, 18 승진>

목적 (제1조)	이 규칙은「공공감사에 관한 법률」에 따라 경찰청장(시·도경찰청장×)이 실시하는 자체감사(이하 "감사"라 한다)의 기준과 시행방법에 관하여 필요한 사항을 규정함을 목적으로 한다.
감사의 종류와 주기 (제4조)	① 감사의 종류는 종합감사, 특정감사, 재무감사, 성과감사, 복무감사, 일상감사로 구분한다. ② 종합감사의 주기는 1년에서 3년까지 하되 치안수요 등을 고려하여 조정 실시한다. 다만, 직전 또는 당해연도에 감사원 등 다른 감사기관이 감사를 실시한(실시 예정인 경우를 포함한다) 감사대상기관에 대해서는 감사의 일부 또는 전부를 실시하지 아니할 수 있다. ③ 일상감사의 대상·기준 및 절차 등에 관한 세부사항은 경찰청장이 따로 정한다.
감사의 절차 (제9조)	감사는 다음 각 호의 순서로 진행함을 원칙으로 하되 감사관 또는 감사단장이 감사의 종류 및 현지실정에 따라 조정할 수 있다. 1호. 감사개요 통보: 감사관 또는 감사단장은 감사대상기관의 장에게 감사계획의 개요를 통보한다. 2호. 감사의 실시: 감사담당자는 개인별 감사사무분장에 따라 감사를 실시한다. 3호. 감사의 종결: 감사관 또는 감사단장은 감사기간 내에 감사를 종결하여야 한다. 다만, 감사목적의 달성을 위하여 필요한 경우 감사기간을 연장할 수 있다. 4호. 감사결과의 설명: 감사관 또는 감사단장은 감사의 목적을 달성하기 위하여 필요한 경우 감사대상기관 또는 부서를 대상으로 주요 감사결과를 설명하고 이에 대한 의견을 들을 수 있다. ※ 감사의 마지막 단계는 감사의 종결이 아니라 감사결과의 설명이다.
감사결과의 처리기준 등 (제10조)	감사관은 감사결과를 다음 각 호의 기준에 따라 처리하여야 한다. 1호. 징계 또는 문책 요구: 국가공무원법과 그 밖의 법령에 규정된 징계 또는 문책 사유에 해당하거나 정당한 사유 없이 자체감사를 거부하거나 자료의 제출을 게을리한 경우 2호. 시정 요구: 감사결과 위법 또는 부당하다고 인정되는 사실이 있어 추징·회수·환급·추급 또는 원상복구 등이 필요하다고 인정되는 경우 짜 시. 추 3호. 경고·주의 요구: 감사결과 위법 또는 부당하다고 인정되는 사실이 있으나 그 정도가 징계 또는 문책사유에 이르지 아니할 정도로 경미하거나, 감사대상기관 또는 부서에 대한 제재가 필요한 경우 짜 경. 주. 미 4호. 개선 요구: 감사결과 법령상·제도상 또는 행정상 모순이 있거나 그 밖에 개선할 사항이 있다고 인정되는 경우 짜 개. 모 5호. 권고: 감사결과 문제점이 인정되는 사실이 있어 그 대안을 제시하고 감사대상기관의 장 등으로 하여금 개선방안을 마련하도록 할 필요가 있는 경우 짜 권. 대 6호. 통보: 감사결과 비위 사실이나 위법 또는 부당하다고 인정되는 사실이 있으나 제1호부터 제5호까지의 요구를 하기에 부적합하여 감사대상기관 또는 부서에서 자율적으로 처리할 필요가 있다고 인정되는 경우 짜 통. 자 7호. 변상명령:「회계관계직원 등의 책임에 관한 법률」이 정하는 바에 따라 변상책임이 있는 경우 짜 변. 변 8호. 고발: 감사결과 범죄 혐의가 있다고 인정되는 경우 짜 고. 혐 9호. 현지조치: 감사결과 경미한 지적사항으로서 현지에서 즉시 시정·개선조치가 필요한 경우 짜 현. 현
감사의뢰의 처리 (제14조)	① 경찰청장은 시·도자치경찰위원회(시·도지사×)로부터「국가경찰과 자치경찰의 조직 및 운영에 관한 법률」제24조 제1항 제7호(자치경찰사무 감사 및 감사의뢰)에 따라 다음 각 호의 어느 하나에 해당하는 경우에 대해 감사의뢰를 받은 경우, 특별한 사정이 없는 한 감사를 실시한다. 1호. 다수의 시·도에 걸쳐 동일한 기준으로 감사가 필요한 경우 2호. 국가경찰사무와 자치경찰사무의 구분이 모호하여 자치경찰사무만을 감사하기가 어려운 경우 ② 경찰청장은 제1항에 따라 감사의뢰를 받은 경우 그에 따른 조치결과를 시·도자치경찰위원회에 통보하여야 한다.

CHAPTER 12 한국경찰사, 비교경찰

제1절 근대 이전의 한국경찰사

1 고려시대 경찰제도 〈22 채용, 15·16·17 경위〉

중앙기관	① 중앙에서는 형부, 병부, 어사대, 금오위 등이 경찰업무를 수행하였다. ② 고려시대의 중앙관제는 3성 6부제로 법률과 소송을 다루던 형부(刑部)와 군사 등을 다루던 병부(兵部)가 경찰 기능을 담당하였다. ③ 어사대는 관리의 비리를 규탄하고 풍속교정을 담당하는 등 풍속경찰의 임무를 수행하였다. ④ 시정의 득실을 논하고 관리의 잘못을 규탄하던 어사대는 뒤에 사헌부(司憲府)로 바뀌게 된다.
금오위 (金吾衛)	군 조직으로 수도의 경찰업무를 담당하여 **수도 개경의 순찰 및 포도금란(捕盜禁亂)의 업무**와 비위예방을 담당하였다.
순군만호부 (巡軍萬戶府)	① **방도금란(防盜禁亂)의 임무 외에 왕권 보호 등의 정치경찰 활동**도 했던 것으로 전해진다. ② 충렬왕 때 원(元)의 포도기관이었던 순마소(巡馬所)를 고려에 설치하였고, 후에 순마소가 순군만호부로 개편되었다.
안찰사	5도(道)의 안찰사 등 각 지방의 장이 행정, 사법, 군사, 경찰 등의 사무를 그 관할구역 내에서 통합적으로 처리하였다.

2 조선시대 경찰제도 〈16·17·21 경위〉

직수아문 (直囚衙門) 제도	조선시대 경찰권은 일원화되지 못하고, 각 관청이 소관사무와 관련하여 직권에 의하여 범법자를 체포·구금할 수 있었다.
의금부	중앙의 의금부는 고려의 순군만호부를 개칭한 것으로 왕명을 받들고 모반·반역죄(모역죄·반란 등)의 국사범이나 왕족 관련 범죄, 사형죄 등 중요 특별범죄를 관장하였다.
사헌부	감찰기관으로서 **백관을 규찰하는 임무 외에 풍속을 교정**하는 풍속경찰을 주관하고 민정을 살피어 정사(政事)에 반영하는 등 행정경찰업무도 수행하였다.
형조(刑曹)	**법률, 형사처벌, 소송 등의 업무를 관장**하였다.
장예원	형조의 속아문으로 **노예의 장적과 노비 송사를 담당**하였다.
전옥서	형조의 속아문으로 **감옥과 죄수에 관한 사무를 담당**하였다.
포도청 (捕盜廳)	① 포도청은 **우리나라 최초의 전문적·독립된 경찰기관**으로 도적의 횡포를 막기 위해 만들어졌다. ② **연혁: 성종대(1469년~1471년 사이)에 들어 도적의 횡포를 막고자 만든 포도장제(捕盜將制)에서 유래**한다. 성종 12년 좌·우변으로 나누고, 중종 23년(1528년)에 포도대장(捕盜大將)으로 승격되었다. ③ 포도청이란 명칭은 **중종 39년(1544년)에 처음 등장**하였다. ④ 좌포도청이 한양의 동·남·중부와 경기좌도를, 우포도청이 한양서·북부와 경기우도를 관할하였다.

포도청 (捕盜廳)	⑤ **도적을 잡고 야간순찰을 실시**하는 등의 임무를 수행하였다. ⑥ 양반집의 수색과 여자 범법자 체포 등 **여성 범죄를 위해 '다모'라는 여자관비**를 두었다.
관찰사	① 관찰사와 수령들이 지방행정과 함께 경찰기능도 수행하였다. ② **조선시대 관찰사(안찰사×)의 사법상 권한은** 지방통치에서 발생하는 행정, 형사, 민사에 이르는 광범위하고도 포괄적인 것이었다.
암행어사	① 조선의 암행어사제도는 **정보와 감찰의 성격**을 지니고 있었다. ② **초기의 암행어사는 정보경찰 활동**을 주로 수행했으며, 이후에는 지방관리에 대한 감찰이나 민생을 암암리에 조사하여 국왕에게 보고하는 등 **주로 감독·감찰기관으로서의 업무도 동시에 수행**하였다.

제2절 개화기 경찰(1894년~1910년)

1 개화기 경찰의 특징

개화기 (1894년~ 1910년)	경무청, 경부 등	① 경찰이 조직법적·작용법적 근거를 마련하고 일반행정 또는 군사작용으로부터 분리되어 근대 경찰로서의 면모를 보여 주었다. ② 경찰의 임무영역은 감옥경찰, 위생경찰, 소방경찰, 영업경찰 등 매우 광범위하였다. ③ 당시 경찰이념은 국민의 인권을 보호하는 데 있지 아니하고, 통치권의 보호와 그 뒤에 숨겨진 일본의 제국주의적 침략을 확보하는 데 있었다.

2 근대 한국의 경찰개념 형성과 경찰의 창설

1. 유길준의 『서유견문(西遊見聞)』 <22 경위>

① 유길준은 『서유견문』 '제10편 순찰의 규제'를 통해 경찰제도 개혁을 주장하였다.
② 유길준은 경찰제도를 행정경찰과 사법경찰로 구분할 것을 주장하였다.
"경찰제도를 두 가지로 구별해 보면, 첫째는 행정경찰(行政警察)이고, 둘째는 사법경찰(司法警察)이다. 행정경찰은 적당한 조치를 취해서 재앙과 피해를 미연에 방지하여 국민들로 하여금 죄를 짓지 않도록 한다. 사법경찰은 이미 죄지은 범인을 수색하거나 체포해서 국민들의 환난을 제거하는 일을 한다. 그러므로 행정경찰의 힘이 미치지 않는 일은 사법경찰의 직분이니 이 둘의 분계선에는 머리털 하나도 들어갈 수가 없다."
③ 유길준은 근대적 경찰제도를 '치안유지'와 함께 '개명(開明)한 진보'를 위한 중요한 수단으로 보았고, 그 목적이 '민생(民生)의 복지(福祉)와 안강(安康)'에 있다고 인식하였다.
④ 유길준은 행정경찰의 직무를 ㉠ 국민의 재해를 막는 일, ㉡ 국민의 건강을 보살피는 일, ㉢ 국민의 방탕한 풍속과 음란한 풍습을 제지하는 일, ㉣ 국법(國法)을 범하려는 자를 은밀히 탐색하여 예방하는 일로 기술하였다.
국민의 건강을 보살피는 일은 "전염병의 예방법 및 소독법과 종두, 음료수 및 식료품, 의약품, 가축 도살장과 묘지, 화장터와 기타 위생법에 관계되는 사항"으로 보았다.
⑤ 김옥균, 박영효 등이 일본의 경찰제도로부터 영향을 받은 반면, 유길준은 영국의 경찰제도로부터 영향을 받았다고 할 수 있다.

2. 경찰의 창설(1894년 갑오개혁) : 경무청 시대 <18 채용, 15·17·22 경위>

경찰의 창설과정	① 1894년 6월 28일(음력)「각아문관제」에서 처음으로 경찰이란 용어를 사용하였다. ② 김홍집내각은「각아문관제」에서 **경찰을 법무아문 아래에 창설할 것을 정하였으나, 곧 내무아문으로 소속을 변경시켰다.** ③ 동년 7월 14일(음력)에는「경무청관제직장」과「행정경찰장정」을 제정하였다. 이때 경찰에 관한 조직법적·작용법적 근거가 마련되어 외형상 근대 국가적 경찰체제가 갖추어지게 되었다.
경무청의 창설과 관할	①「경무청관제직장」에 의해 당시의 좌우포도청을 합하여 **경무청(警務廳, 경무부×)을 신설하고, 경무청의 장으로는 경무사(警務使, 경무관×)를 두었다.** ② 경무청은 내무아문에 예속되어 **한성부 내의 일체의 경찰사무를 관장하였다.** ③ 1894년에 좌·우포도청을 통합하여 신설된 경무청은 **한성부 내의 경찰·감옥사무를 담당하여 수도경찰적 성격에 그쳤다.** ④「경무청관제직장」의 관제에 따라 최초로 한성부의 오부 자내(字內, 도성 안의 경비구역)에 경찰지서가 설치되고, 경무관을 서장으로 보하였다. ⑤ 경무청은 영업·소방·전염병 등 광범위한 직무를 담당하였다. 경무사는 한성부 내의 경찰사무, 소방사무, 감옥사무를 총괄하였다. 또한 범죄인을 체포·수사하여 법사에 이송하는 임무를 부여받았다.
경무청관제직장 (警務廳官制職掌)	**한국경찰 최초의 경찰조직법**이다. 현재의「국가경찰과 자치경찰의 조직 및 운영에 관한 법률」에 해당한다.
행정경찰장정 (行政警察章程)	① **한국경찰 최초의 경찰작용법**이다. 현재의「경찰관 직무집행법」에 해당한다. ② 내용 「행정경찰장정」의 제정을 통해 당시 경무청의 임무 수행을 위한 작용법적 근거를 마련하였다. 당시의 경무청은 영업·시장·회사에 관한 사무를 비롯하여 소방, 보건·위생(전염병 예방, 소독, 검역, 종두, 음식, 음수, 의약, 가축 등), 결사, 집회, 신문잡지, 도서에 관한 사무를 담당하는 등 매우 광범한 영역의 경찰사무를 담당하고 있었다. ③ 프랑스「죄와형벌법전」의 영향을 받은 일본의 1875년 행정경찰규칙과 1885년 위경죄즉결례를 혼합하여 한문으로 옮겨 놓은 것이「행정경찰장정」이었다.

3 근대경찰 체제의 정비

1. '내부' 경찰 시대(1895~1899) : 경찰고문관제도와 경찰체제정비 <17 승진>

중앙	① 경무청의 고문관으로 일본의 무구극조를 초빙하여, 조선의 경찰제도를 일본식으로 정비하고, 1895년에「내부관제(內部官制)」의 제정을 통해 내부대신의 경찰에 대한 지휘감독권이 정비되었다. ② 경무사는 내부대신의 지휘를 받아 한성부 내의 경찰, 감옥업무를 관리하였다. ③ 수도인 한성부의 경찰지서를 경찰서로 개칭하고, 궁내경찰서를 신설하였다.
지방	① 1896년에는「지방경찰규칙」을 제정하여 지방경찰의 활동 근거(훈령 형식)를 마련하였다. ② 지방은 내부대신의 지휘를 받는 관찰사가 경무관 등을 지휘하였다.

2. '경부' 시대(1900~1902) : 광무개혁에 따른 경부관제 실시 ⟨17 승진⟩

(1) 경부 설치

중앙	① 경찰이 내부직할에서 중앙관청인 경부로 독립한 점이 역사적 의의가 있다. ② 광무개혁에 따라 1900년 6월 9일(음력)의 조칙「경부를 설치하는 사건」과 칙령 20호「경부관제(警部官制)」에 의해 중앙관청으로서의 경부가 독립되었다. ③ 조칙은 내부 직할의 경찰을 별설의 경부에서 관장하도록 정하고 있으며, 동 관제는 한성 및 각 개항 시장의 경찰업무와 감옥서(사무)를 통할하는 조직으로 경부를 설치하였다. ④ 궁내경찰서와 한성부 내 5개 경찰서, 3개 분서를 두고, 이를 지휘하는 경무감독소를 두며, 한성부 이외의 각 관찰부에 총순 등을 둘 것을 정하였다.
지방	지방은 총순이 관찰사를 보좌하며 관찰사의 지휘를 받았다.
특징	중앙과 지방을 이원적으로 운영하였다.

(2) 전국 관할 경무청 신설(1902년)

① 경부의 좌절
  경부 신설 이래 약 1년 남짓한 기간 중에 대신이 12번이나 바뀌는 등 문제가 많아, 조칙「경부관제를 전 경무청에 의해 시행하는 건」과 칙령 3호「경무청관제」를 통하여 경무청이 경부의 업무를 관리하였다.

② 경무청 신설
  전국을 관할하는 경무청을 신설(1902)하여 경무청의 경무사가 국내의 일체의 경찰사무를 관리하였다.

③ 평가
  구 경무청이 한성부만을 대상으로 하였지만, 여기서 경무청은 전국을 관할(대경무청)하는 기관이었던 점에서 오늘날 경찰청의 원형이라고 볼 수 있다.

4 일제의 경찰권 강탈과정

1. 일본헌병의 주둔

① 1896년 한성과 부산 간의 군용전신선 보호를 명목으로 일본 헌병대가 처음 주둔하게 되었다.
② 일본의 1881년 헌병조례에 의하면 헌병은 군사경찰 이외에도 행정경찰, 사법경찰을 겸하였다.
③ 1903년 한국주차헌병대는 군사경찰임무 외에도 사회단체의 단속, 항일인사의 체포, 일본관민과 친일파의 보호, 고등경찰활동 및 보통경찰활동에도 종사하였다.

2. 통감정치 : 1905년 을사늑약(제2차 한일협약)에 따른 경찰조직의 변화 ⟨17 승진⟩

① 1905년 2월 경무청을 한성부 내의 경찰로 축소시켰다.
② 을사조약에 의거하여 1906년 2월 통감부에 의한 통감정치가 시작되었고 통감부 산하에 별도의 경찰조직인 경무부(1907년 폐지)를 설립하고, 직접 지휘하여 사실상 한국경찰을 장악하였다.

3. 경시청 시대 : 한·일 신협약(1907년)

① 「경무청관제직장」을 개정하여 경찰관청 명칭과 계급을 일본화하고, 한·일 신협약을 거쳐 한국 경찰의 수뇌부를 일본이 차지하였다.
② 감옥에 관한 사무가 경찰사무에서 제외되었다.
③ 지방: 지방은 각 도에 경찰부를 두어 경찰부장이 관찰사를 보좌
④ 평가: 오늘날 시·도경찰청의 원형

4. 구한말 한국경찰권 강탈과정

① 경찰사무에 관한 취극서(1908년 10월 29일)
재한국 일본인에 대한 경찰사무의 지휘감독권을 일본관헌의 지휘감독을 받아 일계(日系) 한국 경찰관이 행사토록 위양하였다.
② 재한국 외국인민에 대한 경찰에 대한 한일협정(1909년 3월 15일)
재한국외국인에 대한 경찰사무의 지휘감독권을 일본관헌의 지휘감독을 받아 일계 한국경찰관이 행사토록 위양하였다.
③ 한국사법 및 감옥사무 위탁에 관한 각서(1909년 7월 12일)
한국의 사법경찰권을 포함하는 사법과 감옥사무가 일제에 위탁되었다.
④ 한국 경찰사무 위탁에 관한 각서(1910년 6월 24일)
한국의 경찰사무를 일제에 완전히 위탁하게 되었다. 일제는 경무총감부를 설치하여 헌병경찰제를 시행하게 되었다.
⑤ 국권 강탈(1910년 8월 29일)
일제는 조선의 국권을 강탈하고 조선총독부를 설치하였다.

제3절 일제강점기 경찰(1910년~1945년)

1 일제강점기 경찰 개관

일제강점기 (1910년~1945년)	임시정부 경무국, 총독부 경무국	① 임시정부 경찰은 임시정부의 법통을 계승한 대한민국 최초의 민주 경찰이었다. ② 일제 경찰은 식민지 지배 수단이었다.

2 일제의 경찰제도

1. 헌병경찰제도(1910년~1919년)

조직	① 1910년 일제는 총독부를 설치하고 총독부에 경무총감부(경무총장)를 두어 서울과 황궁의 경찰사무는 경무총감부의 직할로 관장하였다. 각 도에는 경무부(부장)를 설치하였다. ② 헌병의 일반경찰 임용의 길을 열어놓아 경찰을 통합하였다. 1910년 경무총장에 헌병대장인 육군장관을 임명하는 등 헌병과 경찰이 통합되었다. ③ 1910년 「조선주차헌병조령」에 의해 헌병의 일반치안을 담당할 법적 근거를 마련하였다. 이에 따라 헌병은 신분을 유지한 채 일반치안을 담당할 수 있었다. ④ 일반경찰은 도시나 개항장 등에 배치되었고, 헌병은 주로 군사경찰상 필요한 지역 또는 의병활동 지역 등에 배치되었다.
임무	헌병경찰의 임무는 첩보의 수집, 의병의 토벌 등에 그치지 아니하고, 민사소송의 조정·집달리 업무·국경세관 업무·일본어의 보급·부업의 장려와 사상(고등)경찰 등에 광범위하게 미쳤다.
치안입법	① 조선총독에게 제령권(징역, 금고, 벌금 등 부과 가능)이 인정되었다. 총독은 제령권을 통하여 범죄즉결례 등을 실시하였다. ② 경무총장은 경성에, 경무부장은 그 관내에 효력을 가지는 명령(권)을 각각 그의 직권 또는 위임에 의해 발함으로써 경찰권을 행사하였다. ③ 보안법(1907), 집회단속에 관한 법률, 신문지법, 출판법

2. 보통경찰제도(1919년 3월 1일~1945년) (21 경채, 15·23 경위)

조직	① 일본은 1919년 3월 1일 항일독립만세운동을 계기로 헌병경찰제도에서 보통경찰제도로 전환하였다. ② 총독부 직속의 경무총감부는 폐지되고, 총독부에 경무국을 두었다. ③ 경무국이 경찰사무와 위생사무를 감독하였다.
임무	① 헌병이 담당하던 임무를 보통경찰이 그대로 담당하는 등 **경찰의 직무와 권한에는 큰 변화가 없었다.** ② 치안유지 업무 이외에 각종 조장행정에 원조, 민사 쟁송조정사무, 집달리사무 등도 계속하여 경찰이 맡아 수행하였다.
치안입법	① 3.1운동을 계기로 정치범처벌법(1919년)을 제정하여 단속체제를 한층 강화하였다. ② 일본에서 제정된 치안유지법(1925년)도 우리나라에 적용되는 등 탄압의 지배체제는 한층 강화되었다. ③ 예비검속법(1941년): 중일 전쟁 이후 전시동원 체제를 더욱 공고히 하고 독립운동을 탄압하였다.

3. 일제강점기의 특징

① 총독에게 주어진 제령권과, 경무총장·경무부장 등의 명령권 등을 통해 각종 전제주의적, 제국주의적 경찰권의 행사가 가능하였다.
② 강점기의 경찰은 일본의 식민지배의 중추기관이었다. 이후 경찰에 대한 뼈저린 불신풍토가 조성되었다.
③ 경찰의 활동이 특고(特高)경찰 활동을 통해서 사상이나 이념까지 통제하는 사상경찰 영역까지 확대되었고, 중일전쟁 발발 후부터는 식민지 물자수탈을 위한 경제경찰 영역에까지 미쳤다.

3 대한민국 임시정부의 경찰제도

1. 역사적 의의

① 1919년 3·1운동으로 태어난 대한민국임시정부는 임시헌장(헌법)에서 우리 민족 최초의 '민주공화제'를 선포하였다. 따라서 임시정부경찰은 우리 역사상 최초의 '민주공화제 경찰'로서 민주경찰의 효시라는 제도사적 의의를 가진다.

② 현행 헌법은 "임시정부의 법통을 계승한다."라고 하고 있으므로 임시정부경찰은 오늘날 한국경찰의 뿌리라고 할 수 있다.

2. 상해임시정부 시기(1919~1923) 경찰조직 ⟨21·22 경채, 23 경위⟩

경찰조직	
	내무부 아래 경무국, 연통제, 교민단의 의경대가 경찰기구로서 운영되었다.
경무국	① 1919년 4월 25일 '대한민국 임시정부 장정'(이하 '장정') 공포로 임시정부 경찰조직인 경무국 직제와 분장사무가 처음으로 규정되었다. ② 1919년 8월 12일에 초대 경무국장으로 백범 김구 선생이 임명되면서 경무국의 구성과 활동이 본격적으로 시작되었다. ③ '장정'에서 경무국의 소관 사무는 행정경찰에 관한 사항, 고등경찰에 관한 사항, 도서출판 및 저작권에 관한 사항, 일체 위생에 관한 사항 등으로 규정되었다. ④ 임시정부경찰 운영을 위해 **정식예산이 편성되었고, 규정에 의해 소정의 월급이 지급되었다.**
연통제 (경무사)	① 상해 임시정부는 지역적 한계를 극복하고 국내와 연계하여 연락·정보수집·선전활동 및 정부 재정 확보 등을 수행하기 위해 연통제를 실시하였다. ② 연통제의 실질적 목적은 점령된 본국의 국민들에게 독립의식을 잊지 않게 하고, 또한 기밀 탐사 활동과 군사금(독립운동 자금) 모집활동을 하며 최종 목적으로는 일제 저항운동을 일으키려는 데 있었다. ③ 국내 각 도 단위 지방행정기관으로 독판부를 설치하였으며, 독판부 산하 경찰기구로 경무사를 두었다. 부·군 단위 지방행정기관으로는 부서·군청이 있었고 산하 경찰기구로 경무과를 두었다. ④ 각 독판부·부서·군청 및 경무사·경무과 소속의 경감과 경호원이 경찰업무를 수행하였다. ⑤ 1920년 9월에 회령의 연통기관이 일제 경찰에게 발각되는 등 일제의 감시와 탄압이 심해지면서 1921년 이후 점차 와해되었다.
의경대	① 임시정부는 '임시거류민단제'를 통해 교민들의 자치제도를 공인하였고, 교민단체는 '의경대 조례'를 통해 자치경찰조직인 의경대를 조직했다. ② 김구 선생이 중심이 되어 1923년 12월 17일 대한교민단 산하에 별도의 경찰 조직인 의경대(義警隊)를 창설하였고, 1932년에는 직접 의경대장을 맡기도 하였다. ③ 의경대는 교민사회에 침투한 일제의 밀정을 색출하고 친일파를 처단하는 역할을 맡았으며, 그 밖에 교민사회의 질서유지, 호구조사, 민단세 징수, 풍기단속 등의 업무를 수행하였다. ④ 의경대는 1932년 윤봉길 의사 의거로 일제의 탄압이 심해진 후 수난의 이동시기를 겪던 1936년에 사실상 와해되었다.

3. 중경(충칭)임시정부 시기(1940~1945) 경찰조직

경찰조직	경무과와 경위대가 경찰기구로서 운영되었다.
경무과	① 1940년 9월 임시정부가 중국 정부의 임시수도인 중경에 자리 잡으면서 정부조직법 또한 개편되는데, 1943년 제정된 「대한민국 잠행관제」에 따라 내무부 경무과가 만들어졌다. ② 경무과는 내무부 하부조직으로 일반 경찰사무, 인구조사, 징병 및 징발, 국내 정보 및 적 정보 수집 등의 업무를 수행하였다.
경위대	① 중경 시기 임시정부는 대일전쟁을 추구하며 체제를 정비하는 가운데 자체적으로 정부를 수호할 수 있도록 1941년 내무부 직속으로 경찰 조직인 경위대를 설치하고, 그 규칙으로 경위대 규정을 따로 두었다. ② 통상 경위대장은 경무과장이 겸임하였다. ③ 경위대의 주요 임무는 임시정부 청사를 경비하고, 요인을 보호하는 것으로서, 군사조직이 아닌 경찰조직이다. ④ 광복 후 1945년 11월 23일 임시정부 요인들이 환국할 때 경위대는 김구 주석 등이 안전하게 귀국할 수 있도록 경호 업무를 수행하였다.

4. 임시정부 경찰의 주요 인물 〈25 경위〉

백범 김구	① 경무국장 백범 김구 선생은 경찰을 지휘하며 임시정부 수호를 책임졌고, 그 결과 임시정부의 성공적 정착에 이바지했다. ② 백범 김구 선생을 측근에서 보좌한 것은 임시정부경찰의 경위대로서, 백범 김구 선생과 임시정부경찰의 인연은 역사적 운명을 함께했다.
나석주 의사	임시정부 경무국 경호원 및 의경대원으로 활동하면서 1926년 12월 식민수탈의 심장인 식산은행과 동양척식회사에 폭탄을 투척하였다.
김석 선생	의경대원으로 활동하면서 윤봉길 의사를 배후 지원하였는데, 윤봉길 의사는 1932년 4월 29일 상해 홍구공원에서 열린 일왕의 생일축하 기념식장에 폭탄을 던졌다.
김용원 열사	1921년에는 김구 선생의 뒤를 이어 제2대 경무국장을 역임하였다. 1924년 7월 지병으로 귀국 후, 군자금 모금, 병보석과 체포를 반복하다 옥고 후유증으로 1934년 7월 순국하였다.
김철 선생	1932년 11월 30일 상하이 프랑스 조계에 잠입하였다가 일제경찰에 체포되어 감금당하였고, 이후 석방되었으나 1934년 6월 29일 고문 후유증으로 생애를 마감하였다.

제4절 미군정 시기 경찰(1945년~1948년)

1 미군정 시기 경찰 개관

미군정기 (1945년 10월 21일~ 1948년 8월 15일)	경무국, 경찰부	① 일제 경찰의 조직과 치안입법이 정리되었으나 인적 청산은 이루어지지 못했다. ② 영미법계 경찰개념의 영향을 받게 되었다. ③ 경찰검을 경찰봉으로 대체하였다.

2 조직법과 작용법의 정비 <21·22·24 채용, 22 경채>

비경찰화 단행	① 경찰이 담당하였던 **위생사무 등 행정경찰사무가 경찰관할에서 분리되는 비경찰화** 작업이 진행되었다. ② 경찰이 담당하였던 위생사무를 위생국으로 이관하고, 출판경찰을 공보부로 이관하였다. ③ 미군정 시기 경찰은 경무국에 있던 경제경찰과를 폐지하였다. ④ 고등경찰을 폐지하고 경제사범 단속을 위한 경제경찰을 폐지(또는 이관)하는 등 광범위하게 이루어지던 (협의의) 행정경찰사무를 경찰의 관할에서 분리하였다. ⑤ 고등경찰은 일제강점기에 활동한 '특별고등경찰'(특고경찰)을 가리키며 일제의 비밀정치경찰로 표현의 자유를 억압하고 사상범을 구속·고문하였다. 특히 독립운동가를 적발하여 민족정신을 말살하는 것을 주요한 임무로 하였다. 경제경찰과는 일제의 식민지 수탈에 저항하는 경제사범을 단속하는 것을 주요한 임무로 하였다.
정보과 신설	비경찰화로 고등경찰이 폐지되면서 대신에 정보업무를 담당할 정보과가 신설되었다.
여자경찰 제도 신설	① 1946년 7월 1일(여경 창설일) 경무부 공안국에 '여자 경찰과'를 신설하고 최초로 여성 경찰관을 채용하였다. 이때 안맥결 총경이 여자경찰간부로 임용되었다. ② **여경은 부녀자와 14세 미만의 소년범죄를 취급하였다.**
치안입법의 청산	① 1945년 10월 9일 정치범처벌법, 치안유지법, 예비검속법이 폐지되었다. ② 1948년 4월 8일 보안법이 폐지되었다(마지막으로 철폐된 법률).
평가	전체적인 제도와 인적 청산은 이루어지지 않았으나, 조직법적 정비와 치안입법의 정비가 이루어졌다.

3 경찰조직과 구성원 <24 채용, 21·22 경채, 17·18 승진, 23 경위>

중앙조직	① 미군정청 국방사령부 경무국 　미군정청장 아래에 경무국(1945년 10월 21일 : 경찰창설일)을 설치하여 경찰 사무를 담당하게 하였다. ② 미군정청 경무부 　군정 초기 경찰은 일시 국방사령부의 지휘·감독을 받았지만, 1946년 법령 46호에 의거 경찰은 경무부(뒤에 경찰부로 변경)로 승격·개편되었다. ③ 중앙경찰위원회 설치 　1947년 6인의 위원으로 구성된 '중앙경찰위원회'가 설치되었다. 주요 경무정책 수립 및 경무부장이 회부한 경무정책과 그 운영의 심의 결정, 경찰관리의 소환, 심문과 임면, 이동 기타 군정장관이 회부한 사항을 심의하는 등 경찰의 민주화를 위한 조치가 이루어졌다. ④ 광복 이후 미군정은 일제가 운용하던 비민주적 형사제도를 상당 부분 개선하고, 영미식 형사제도를 도입하기도 하였는데, 1945년 미군정 법무국 검사에 대한 훈령 제3호가 발령되어 수사는 경찰, 기소는 검사 체제가 도입되며 경찰의 독자적 수사권이 인정되었다.
구성원	① 인적 청산과 경찰제도 개혁 미흡 　미군정은 「태평양 미군 총사령부 포고 1호」를 통하여 군정의 실시와 구 관리의 현직유지가 포고되었고, 이에 경찰 역시 일제시대의 경찰을 그대로 유지하였다. 조선총독부 경무국과 지방의 도지사 밑의 경찰부가 그대로 답습되었다. ② 광복 이후 신규경찰 채용과정에서 일제 강점기 경찰경력자들이 다수 임용되었으나, 독립운동가 출신들도 상당히 많이 채용되었다.
지방조직	지방경찰을 시도지사로부터 분리하여 시도경찰부장이 경찰의 조직과 관리, 재정, 인사 등에 관한 권한을 갖는 체제이다.

4 미군정 시기 경찰의 특징 <23 경위>

① 조직법적, 작용법적 정비가 이루어지고, 비경찰화 작업이 행해져 과거 경찰사무의 일부가 다른 관청의 분장사무로 정리되면서 **경찰의 활동도 축소되었다.**
② 미군정 시기에 일제강점기의 경찰제도와 인력에 대한 개혁이 이루어지지 아니하였으며, 경찰은 민주적으로 개혁할 기회를 갖지 못하였고 이로 인해 독립 이후에도 국민의 경찰에 대한 부정적 태도는 유지되었다.
③ 중앙경찰위원회를 설치하는 등 민주적 요소가 도입되었으나, 경찰제도와 인력에 대한 개혁이 이루어지지 못하여 국민의 경찰에 대한 부정적인 태도가 불식되지 못하였다.

제5절 정부수립 이후의 경찰(1948년~현재)

1 개관

정부 수립 이후 (1948년~1991년)	내무부 치안국, 치안본부	① 경찰작용법으로 영미법계의 영향을 받은 「경찰관 직무집행법」(1953년)이 제정되었고, 「국가공무원법」에 대한 특별법으로 「경찰공무원법」(1969년)이 제정되었다. ② 치안국, 치안본부 시대에는 내무부의 보조기관에 머물렀다. ③ 부정선거 개입(1960년 3.15 부정선거), 인권침해(1987년 박종철 고문치사 사건) 등의 과오를 저지르기도 하였다.
경찰법 제정 (1991년 이후)	경찰청	① 경찰조직법으로 「경찰법」(1991년)이 제정되었다. ② 경찰청이 내무부 외청으로 독립되고 경찰위원회 제도가 도입되었다. ③ 「경찰법」이 전면 개정되어 「국가경찰과 자치경찰의 조직 및 운영에 관한 법률」(2021년)로 명칭이 바뀌게 되었고, 자치경찰제를 전국적으로 시행하게 되었다. ④ 2021년 형사소송 관련 법령이 개정되어 경찰에게 독자적 수사권이 부여되었다.

2 내무부 치안국, 치안본부 시대(1948년~1991년)

1. 조직 개편 <21·22 채용, 15 경위>

중앙 (부→국으로 격하)	① 내무부 치안국 설치(1948년) 법률 제1호인 「정부조직법」은 기존의 경무부를 내무부의 일국인 치안국으로 인수하도록 규정함으로써 경찰조직은 부에서 국으로 격하되었다. ② 내무부 치안본부로 개편(1974년) '치안국' 체제는 육영수 여사 피격 사건(문세광 사건)을 계기로 1974년 12월 24일 치안본부로 개편되었고, 그 후 1991년 경찰청을 설치할 때까지 보조기관의 지위가 유지되었다. ③ **1975년 내무부 민방위본부 소방국으로 소방업무를 이관하였다.**

지방	① 시·도 경찰국 설치(1948년) : 1991년 경찰법이 제정될 때까지 시·도지사의 보조기관에 지나지 않았다. ② 경찰서장은 행정관청으로서 1991년(경찰법 제정) 이전에도 경찰에서 유일하게 행정관청으로서의 지위를 가지고 있었다.

2. 경찰 관련 법령의 제정 ⟨17·22·25 채용, 17·18 승진, 23 경위⟩

「경찰관 직무집행법」 제정(1953년)	① 「경찰관 직무집행법」은 경찰관이 **국민에 대한 생명·신체·재산의 보호, 범죄의 예방, 공안의 유지, 기타 법령집행등의 직무**를 충실히 수행하도록 필요한 사항을 정하기 위하여 1953년에 제정하였다. 경찰관의 직무집행에 대한 기본법이 마련되는 등 경찰 관련 법령의 정비가 이루어졌다. ② '국민의 생명, 신체, 재산의 보호'라는 **영미법적인 사고가 반영되었다.**
「경찰공무원법」 제정(1969년)	① 「경찰공무원법」은 경찰직무의 특수성에 비추어 경찰질서의 확립과 경찰인사의 합리화를 위하여 기존 「국가공무원법」에 포함되어 있는 경찰인사에 관한 규정을 분리하여 별도로 독립된 법으로 1969년에 제정하였다. 그동안 「국가공무원법」에 의거하던 **경찰공무원 관계를 특별법으로 규율하게 되었다.** ② 「경찰공무원법」에 의해 **경감 이상의 계급정년제가 도입되고 경정 및 경장 계급이 신설**되었다.

3. 특징

① 해양경찰 업무(1953년), 전투(의무)경찰 업무(1968년)가 경찰의 업무범위에 정식 추가되고, 소방업무가 경찰의 업무에서 배제되는 등 경찰사무에 변화가 나타났다.
② 경찰이 부정선거(1960년 3.15 부정선거)에 개입하는 등 정치적 중립을 해치는 과오를 저질렀던 시기이다.
③ 이 시기의 경찰에 대한 최대의 요구는 정치적 중립이었고, 조직 내부적으로도 경찰의 기구독립(조직법적 체계상 독립)이 하나의 숙원이었다. 1991년의 경찰법(조직법)의 제정은 이러한 배경에서 탄생하였다.

4. 연도별 역사 ⟨17·21·22 채용⟩

치안국 시대	1949. 12. 26.	경찰병원 설치
	1950년	① 구례경찰서 안종삼 서장이 예비검속된 보도연맹원 전원을 방면 ② 제주 4.3 사건과 관련하여 성산포경찰서장 문형순 경감이 예비검속된 주민들을 방면
	1951년	차일혁 경무관이 빨치산과의 전투 중에 지리산 화엄사 등의 고찰을 지켜냄
	1953년	① 차일혁 경무관이 빨치산 남부군사령관 이현상 사살 ② 「경찰관 직무집행법」 제정. 해양경찰대 설치
	1955. 3. 25.	국립과학수사연구소 설치
	1962년	「청원경찰법」 제정
	1966년	① **경찰관 해외주재관 제도 신설** ② **경찰윤리헌장 제정**

치안국 시대	1968년	① 1.21 무장공비 침투사건에서 최규식 경무관과 정종수 경사가 청와대를 사수하고 순국함. ② 1.21 사태를 계기로 전투경찰대의 설치
	1969. 1. 7.	「경찰공무원법」 제정. 경정, 경장 2계급을 신설하고, 2급지서장을 경감에서 경정으로 격상
치안본부 시대	1974. 12. 24.	1974년 8월 15일 광복절 기념식장에서 영부인이 피격당하여 사망한 사건이 발생하였다. 이에 경찰력 강화를 위한 방안이 추진되어 **내무부 치안국을 치안본부로 격상하였다.**
	1975년	**소방업무를 민방위본부로 이관**(치안국 소방과 → 민방위본부 소방국)
	1979. 12. 28.	경찰대학설치법 제정 공포(4년제 정규대학 설치를 내용으로), 1981년 경찰대학의 개교
	1980년	① 5.18 광주 민주화 운동 당시 전남경찰국장 안병하 치안감, 목포경찰서장 이준규 총경이 신군부의 무장 강경진압 방침을 거부 ② 새경찰신조 제정
	1987년	① 1987년 1월 14일 경찰 대공분실에서 발생한 박종철 고문치사 사건은 '6월 민주항쟁'의 도화선이 되었다. ② 6월 민주항쟁 이후 경찰 내부에서는 정치적 중립을 지키지 못한 과오를 반성하고 경찰 중립화를 요구하는 성명 발표 등 자성의 목소리가 나왔다.
	1990. 10. 13.	**범죄와의 전쟁 선포**

3 경찰청 시대(1991년~현재)

1. 1991년 「경찰법」 제정 (17 채용, 17 승진)

중앙	① 내무부 경찰청으로 승격 　종래 내무부 소속의 보조기관에 불과하던 치안본부를 내무부(현재는 행정안전부) 외청인 경찰청으로 승격시켜, 경찰청장을 독립된 행정관청으로 격상시켰다. ② 경찰의 제도 개혁논의는 주로 선거부처인 내무부로부터의 독립, 즉 정치로부터의 중립성 확보에 초점이 맞추어져 왔다는 점에서 1991년에 제정된 경찰법의 의의는 매우 크다.
지방	시도의 경찰국을 지방경찰청으로 승격시켜, 지방경찰청장을 시·도의 보조기관(경찰국장)에서 독립된 행정관청으로 격상시켰다. ※ 관청의 지위: 경찰청장, 지방경찰청장(현재는 시·도경찰청장), 경찰서장

2. 연도별 역사 (21·22·23·25 채용)

1991년	① 「경찰법」은 **내무부 치안본부**(치안국×)**을 경찰청으로 개편**하기 위하여 1991년에 제정하였다. ② 치안본부에서 경찰청으로 승격, 경찰국에서 지방경찰청으로 승격 ③ 경찰헌장 제정
1996. 8. 8.	**해양경찰청을 해양수산부로 이관**
1998년	**경찰서비스헌장 제정**
2000. 9. 29.	**사이버테러대응센터 신설**

2005. 12. 30.	경찰병원을 책임운영기관에 추가
2006년	① **제주도 자치경찰 출범. 제주특별자치도 '자치경찰단'이 창설**되었다. ② 제주지방경찰청장을 치안감급으로 격상 ③ 경찰청 외사관리관을 외사국으로 확대 개편 ④ 경찰청 수사국 내에 '인권보호센터' 신설, 이후 감사관실로 이관
2021년	① 자치경찰제의 도입, 다양한 치안서비스 제공, 국민부담 경감 등을 위하여 2020년에 **「경찰법」**을 **「국가경찰과 자치경찰의 조직 및 운영에 관한 법률」**로 법제명을 변경하는 등 전부개정하였다. ② **「국가경찰과 자치경찰의 조직 및 운영에 관한 법률」**의 전면 개정에 따라 자치경찰제가 전국적으로 확대, 시·도지사 소속으로 자치경찰위원회 설치 ③ **국가수사본부 신설**
2024년	**「국가정보원법」** 개정에 따라 **국가정보원의 국가 안보 관련 수사업무가 경찰로 이관**(대공수사권 이관)

3. 현재진행형인 우리나라 경찰의 변화 (22 채용, 25 승진)

① 수사절차 전반에 걸쳐 객관적인 시각으로 사건을 살펴보고 오류를 바로잡을 수 있도록 하기 위하여 시·도경찰청 또는 경찰서(지구대 및 파출소×)에 '영장심사관', '수사심사(담당)관' 제도를 도입·운영한 바 있다.

② (시·도경찰청 소속의) 수사심의계는 수사심의신청 사건 내용이 수사 절차에서의 청렴의무위반·인권침해·부정청탁 등 **「경찰 감찰 규칙」 제2조 제1호의 의무위반행위와 관련된 사항인 경우 경찰관서 감찰부서에 이송할 수 있다.** 경찰 수사사건 심의 등에 관한 규칙 제3조 제7항

③ 집회·시위에 대한 관점을 관리·통제에서 인권존중·소통으로 근본적으로 바꾸기 위해 스웨덴 집회·시위관리 정책을 벤치마킹한 '대화경찰관제'를 도입·시행하고 있다.

④ 국경을 초월하는 국제범죄에 능동적으로 대응하고 재외국민 보호를 위해 치안시스템 전수, 외국경찰 초청연수, 치안인프라 구축사업 등을 내용으로 하는 치안한류 사업을 추진하고 있다.

제6절 자랑스러운 경찰의 표상

1. 독립운동 경찰의 표상 (23 채용)

김구	① 1919년 상하이에서 수립한 대한민국 임시정부의 초대 경무국장 ② 민족의 사표. 임시정부의 성공적 정착에 이바지하였다.
나석주	임시정부 경무국 경호원 및 의경대원으로 활동하였다. 1926년 12월 식민수탈의 심장인 식산은행과 동양척식회사에 폭탄을 투척하였다.

2. 민주경찰, 인권경찰(인본경찰)의 표상 <19·20·22·23·25 채용, 18·19·24 승진>

문형순 경감	① 민주경찰, 인권경찰(인본경찰)의 표상. 신흥무관학교를 졸업한 독립군 출신으로 광복 이후 경찰간부(경위)로 경찰에 입직했다. ② 1948년 12월 모슬포경찰서장 재직 시 제주 4·3사건과 관련하여 제주 대정읍 하모리에서 검거된 100여 명의 주민들이 처형당할 위기에 처하자 이들에게 자수토록 하고, 1949년 초에 전원 훈방하였다. ③ 1950년 8월 30일 **성산포경찰서장 재직 시** 계엄군으로부터 **예비검속자들을 총살 집행** 후 보고하라는 공문을 받고, 그 공문에 직접 **"부당함으로 불이행"**이라 쓰고 지시를 거부하였다. 자신의 목숨이 위태로울 수 있음에도 용기있는 결단으로 **주민들을 방면**하여 예비검속자들의 목숨을 구해냈다.
안종삼 서장	① 구례경찰서 안종삼 서장은 1950년 7월 24일 전쟁발발로 **예비검속된 보도연맹원들에 대한 총살 명령이 내려오자** 480명의 예비검속자 앞에서 "내가 죽더라도 방면하겠으니 국가를 위해 충성해 달라."라고 연설한 후 **전원을 방면하여 구명**하였다. ② 구례경찰서장 재임 당시, 재판을 받지 않고 수감된 보도연맹원 480명을 방면하였으며, '내가 만일 반역으로 몰려 죽는다면 나의 혼이 여러분 각자의 가슴에 들어가 지킬 것이니 새 사람이 되어주십시오'라고 당부하였다.
안병하 치안감	① 민주경찰, 인권경찰의 표상 ② 1980년 '5·18 광주 민주화 운동' 당시 **전남지역 치안의 총책임자(전남경찰국장, 전남도경국장)**로서 **신군부의 무장 강경진압 방침을 거부**하였다. '데모 저지에 임하는 경찰의 방침'(주동자 외는 연행 금지, 경찰봉 사용 유의, 절대 희생자가 발생하지 않도록 할 것 등)이라는 근무지침을 전파하여 시민과 경찰 양측의 안전을 우선시하고 인권에 유의한 집회·시위 관리를 강조하였다. ③ '분산되는 자는 너무 추적하지 말 것, 부상자가 발생하지 않도록 할 것' 등과 '연행과정에서 학생의 피해가 없도록 유의하라.'라고 지시하여 **비례의 원칙에 입각한 경찰권 행사 및 인권 보호를 강조**하였다. ④ 신군부의 명령을 어겼다는 이유로 직위해제를 당했다.
이준규 총경	① 민주경찰, 인권경찰의 표상 ② 1980년 '5·18 광주 민주화 운동' 당시 이준규 목포경찰서장은 신군부의 무장 강경진압 방침을 거부하였다. 안병하 국장의 방침에 따라 시민들과의 유혈충돌을 피하도록 조치하여 광주와 달리 목포에서는 사상자가 거의 나오지 않았다. 경찰 총기 대부분을 군부대 등으로 사전에 이동시켰으며, 자체 방호를 위해 가지고 있던 소량의 총기마저 격발할 수 없도록 방아쇠 뭉치를 모두 제거해 경찰관들과 함께 고하도 섬으로 이동시키는 조치를 취하였다.

3. 호국경찰의 표상 <25 채용>

최규식 경무관, 정종수 경사	① **호국경찰의 표상**. 청와대를 사수하여 대한민국을 위기에서 구함. 인본경찰·문화경찰의 표상(×) ② 1968년 1월 21일 '1.21 **무장공비 침투사건(1·21사태)**' 당시 군 방어선이 뚫린 상황에서 격투 끝에 청와대를 사수하였다. **종로경찰서 자하문검문소에서 무장공비를 온몸으로 막아내고** 순국함으로써 대한민국을 지켜내고 조국의 발전을 가능하게 한 영웅적인 사례로 평가받고 있다.
노종해 경감 (춘천 내평 전투)	① 6·25 전쟁 당시 강원도 춘천 내평지서장으로 임명되어 불과 10여명의 인원으로 북한군 1만여명의 진격을 1시간 이상 막아내며 전멸하였으나 국군이 재정비를 할 수 있는 시간을 벌어주었다. ② 이때 재정비를 한 6사단 7연대 2대대 병력은 춘천 방어에 성공하며 북한군의 초기전략을 무력화시킬 수 있었다.

김해수 경감	① 6·25 전쟁 당시 8대대 1중대장으로서 47인의 결사대를 편성하여 강원도 영월발전소를 탈환하기 위하여 진격했다. ② 부족한 병력으로 적 73명을 사살하였으나 1중대장을 비롯한 24명이 전사하고, 7명이 부상을 당했다.

4. 여성경찰의 표상 <24 승진>

안맥결 총경	① 독립운동가 출신의 여성 경찰관으로 만세시위 참여, 임시정부 군자금 조달 등의 활동을 하였다. 도산 안창호 선생의 조카딸이다. ② 1946년 5월 미군정하 여자경찰간부 제1기로 임용되며 경찰에 투신하였고 1952년부터 2년간 서울여자경찰서장을 역임하며 풍속·소년·여성보호 업무를 담당하였다. 여자경찰제도는 당시 권위적인 사회 속에서 선진적이고 민주적인 제도였다. ③ 국립경찰전문학교 교수를 역임하였고, 5·16군사정변 당시 군부로부터 정권에 합류를 권유받았으나, 민주주의를 부정한 군사정권에 협력할 수 없다며 거부하고 경찰에서 퇴직하였다.

5. 호국경찰, 인권경찰, 문화경찰의 표상 <25 채용>

차일혁 경무관	① **호국경찰·인권경찰·문화경찰의 표본**. 1991년 '여명의 눈동자' 드라마의 주인공 장하림의 실제 모델. ② 남부군 사령관 이현상 사살로 빨치산 토벌의 주역, 이현상을 '적장의 예'로써 화장하였다. ③ **구례 화엄사 등 문화재를 수호한 인물로 '보관문화훈장'을 수여 받았다.** 공비들의 근거지가 될 수 있는 사찰들을 불태우라는 상부의 명령에 대해 '절을 태우는 데는 한나절이면 족하지만, 세우는 데는 천 년 이상의 세월로도 부족하다.'며 현명하게 대처하여 화엄사(구례), 천은사, 선운사(고창), 백양사(장성) 등 여러 사찰과 문화재를 보호하였다. ④ 1954년 충주경찰서장으로 발령을 받은 후에는 **충주직업소년학원을 설립하여 형편이 어려운 청소년들에게 학업의 기회를 제공하였다.**

6. 민생경찰의 표상 <25 채용, 24 승진>

최중락 총경	① 민생경찰, 수사경찰의 표상 ② 최중락 총경은 1950년 11월에 순경으로 임용, 1986년 총경으로 승진하였지만, 수사현장을 끝까지 지킨다는 의지로 경찰서장 보직을 희망하지 않고 수사·형사과장으로만 재직하였다. ③ 1963년, 1968년, 1969년에 치안국의 포도왕(검거왕)으로 선정되는 등 재직 중 1,300여 명의 범인을 검거하여 수사경찰의 상징적인 존재가 되었다. ④ 1970~80년대 MBC 드라마 '수사반장'의 실제 모델이며 20년간 각종 자료 제공 및 자문을 하였다. ⑤ 1990년 퇴직 후에는 '촉탁수사연구관'으로 선임되어 후배 수사 경찰관들을 지도하였다.
김학재 경사	1998년 강도강간 신고출동 현장에서 피의자로부터 좌측 흉부를 칼로 피습당한 상태에서도 격투를 벌여 범인검거 후 순직하였으며, 2018년 '경찰영웅'으로 선정되었다.

7. 구국경찰활동 (25 승진)

장진호 전투	① 미 해병 1사단에 배속된 한국경찰 '화랑부대' 1개 소대(기관총 부대)가 뛰어난 전공을 거둠으로써 미 해병의 극찬을 받았다. ② '화랑부대'는 미군으로부터 별도 정예훈련을 받고 부대단위로 편제된 경찰관 부대를 통칭하였다. ③ 미군으로부터 인정받은 전투력을 바탕으로 수색·정찰임무 및 전투를 공동으로 수행하였다.
다부동 전투	① 경북 칠곡군 다부동은 낙동강 방어의 전술적 요충지로서 55일간의 치열한 전투 끝에 낙동강 방어선을 사수할 수 있었다. ② 군 지휘부가 부산으로 이동하였으나 경찰만은 끝까지 대구 사수를 결의하고 대구 시민을 보호하였다.
함안전투	① 전라남북도 및 경상남도 3개 도 경찰관 6,800여명과 미군 25사단 일부는 1950년 8월 18일부터 9월 15일까지 수많은 전투를 이겨 북한군 4개 사단을 격퇴하고 방어선을 지켜냈다. ② 당시 경남경찰 3,400여명을 지휘한 경남경찰국장은 독립운동가 출신 최천 경무관이다.

제7절 비교경찰(각국의 경찰제도)

1 영국의 경찰제도

1. 수도경찰청의 설립 (25 경위)

① 1829년 로버트 필 경(Sir Robert Peel)은 영국 최초의 근대 경찰조직인 수도경찰청을 창설하였다.
② 설립 배경
산업혁명으로 치안유지가 어려워지면서 수도 경찰의 필요성이 대두되었다. 이에 로버트 필 경(Sir Robert Peel)은 지역공동체의 비용으로 운영되는 경찰조직체 창설을 제의하여 의회의 승인을 얻게 되었다.

2. 경찰조직 운영의 기본원칙(police principles) (20 채용, 22·23 경위)

의의	① 로버트 필 경이 경찰조직을 운영하기 위하여 제시한 기본적인 원칙이다. ② 12가지 경찰개혁안과 9가지 경찰활동의 원칙(9 Principle of Policing)으로 구성되어 있다.
경찰의 임무와 평가 : 범죄의 예방과 부재	① **경찰의 기본적 임무는 범죄와 무질서를 예방하는 것이다(원칙1).** 경찰은 군대의 폭압이나 엄한 법적 처벌이 이루어지지 않도록, 미연에 범죄와 무질서를 방지하기 위해 노력해야 한다(원문). ② **언제나 경찰의 효율성은 범죄와 무질서의 감소나 부재로 평가받는 것이지, 범죄나 무질서를 진압하는 가시적인 모습으로 평가받는 것은 아니라는 점을 명심해야 한다(원칙9).** ③ 범죄의 부재는 경찰활동의 능률성이 나타난 가장 좋은 증거이다(개혁안1).

시민과의 협력.중시	① **경찰의 성공적임 임무수행은 시민의 지지와 인정에 의존한다**(원칙2). 경찰의 임무를 수행하기 위해 필요한 힘은 시민의 지지와 승인 및 존중에 전적으로 의존한다는 것을 결코 잊어서는 안 된다(원문). ② 경찰에 대한 시민의 지지와 승인 및 존중을 확보한다는 것은 법을 지키는 경찰의 업무에 대한 시민의 적극적인 협력 확보를 의미한다는 것을 인식해야 한다(원칙3). ③ 시민의 협력을 확보하는 만큼 경찰 목적 달성을 위한 강제와 물리력 사용의 필요성이 감소한다는 점을 명심해야 한다(원칙4). ④ 경찰이 곧 시민이고 시민이 곧 경찰이라는 인식을 바탕으로 경찰과 시민 간의 협력 관계를 유지해야 한다. 경찰은 사회공동체의 안녕과 복지 증진을 위해 봉사하는 임무를 수행하기 위헤 보수를 받는 공동체의 일원일 뿐이다(원칙7).
경찰관의 선발·교육과 자세	① **적절한 경찰관들을 확보하기 위한 교육훈련은 필수적인 것이다.** 적합한 경찰관들의 선발과 교육은(적절한 경찰관들을 확보하기 위한 선발과정과 교육훈련은) 필수적인 것이다(개혁안2). ② 경찰은 반드시 시보 기간을 거친 후에 채용하여야 한다(개혁안3). ③ **단정한 외모가 시민의 존중을 받는다**(개혁안4). ④ 공공의 안전을 위해 모든 경찰관에게는 식별할 수 있도록 번호가 부여되어야 한다(개혁안5). ⑤ 자기감정을 완전하게 조절하는 것이 가장 중요한 경찰관의 자질이며, 차분하고 단호한 태도는 실력행사보다 효과적이다(개혁안6). 경찰관은 냉정하고 객관적인 자세, 예의와 유머를 잃지 않는 긍정적인 자세, 시민을 보호하기 위해 기꺼이 자신을 희생할 수 있는 자세를 지녀야 한다.
경찰의 조직과 운영	① **경찰은 군대식으로 조직되어야 한다**(개혁안7). 경찰은 안정되고 능률적이며 군대식으로 조직되어야 한다. ② **경찰은 정부의 통제를 받아야 한다**(개혁안8). ③ 경찰력은 시간적·지역적 특성에 따라 배치해야 한다(개혁안9). ④ 경찰서는 시내 중심지에 있어야 하며, 주민이 쉽게 찾을 수 있어야 한다(개혁안10). ⑤ **범죄 발생 사실(사항)은 반드시 전파되어야 한다**(개혁안11). ⑥ 경찰력의 적절한 배치를 위해 경찰 기록을 항상 남겨야 한다(개혁안12).
권한 행사	① **경찰은 정치적으로 중립을 지키는 공정한 치안서비스를 제공하여야 한다**(원칙5). 시민의 지지와 승인은 여론에 영합해서 얻어지는 것이 아니라, 지속적으로 공정하고 결코 치우침 없는 법집행을 통해서 확보된다. 즉, 절대적으로 중립적인 정책, 부나 사회적 지위 등 어떤 것에도 상관없이 모든 시민에 대한 동등한 대우, 언제나 예의와 친절 및 건강한 유머를 견지하는 태도, 그리고 생명을 지키고 보호하기 위해 자신을 희생할 준비를 통해 얻어지는 것이다(원문). ② **법질서 유지를 위해 필요한 최소한도의 경찰권이 행사되어야 한다**(원칙6). 경찰 물리력은 반드시 자발적 협력을 구하는 설득과 조언과 경고가 통하지 않을 때에만 사용해야 하며 그때에도 필요 최소한의 정도에 그쳐야 한다(원문). ③ 언제나 경찰은 법을 집행하는 역할이란 점을 잊어서는 안 되며, 유무죄를 판단해 단죄하는 사법부의 권한을 행사하는 것처럼 보여서는 안 된다(원칙8).

3. 경찰조직과 임무 〈24 채용, 22·25 경위〉

임무	경찰은 범죄 수사뿐만 아니라 소방, 위생, 영업 등에 관한 행정경찰의 업무도 수행한다.
수도경찰청	① 왕실경호·대테러 등 국가적 사무와 외국의 공조수사 등 국제적 사무는 내무부장관과 수도경찰청장이 논의하여 결정한다. ② 수도경찰청장은 경찰간부나 시민 중에서 내무부장관이 추천하여 국왕이 임명한다.
런던시 경찰청	① 수도경찰청과 관할이 다른 독립된 자치체 경찰이다. ② 런던시경찰청장은 런던시의회가 국왕의 동의를 얻어 임명한다.
지방경찰 (지방자치체경찰)	① 1964년 「경찰법」을 통해 내무부장관, 지방경찰위원회, 지방경찰청장을 중심으로 하는 경찰 3원 체제를 설정하였다. ② 2002년 「경찰개혁법」이 제정되어 지방경찰위원회 및 지방경찰청장에 대한 내무부장관의 권한이 강화되었다. ③ 영국의 지방경찰은 2011년 「경찰개혁 및 사회책임법」 제정을 통해 기존의 3원 체제(지방경찰청장, 지방경찰위원회, 내무부장관)에서 4원 체제(지역치안위원장, 지역치안평의회, 지방경찰청장, 내무부장관)로 변화하면서 자치경찰의 성격을 강화하였다. ④ 지역치안위원장(Police and Crime Commissioner) 　㉠ 지역주민이 선거에 의해 선출한 지역치안의 총책임자이다. 지방경찰청장 및 차장을 임면할 수 있다. 　㉡ 2011년 경찰개혁 및 사회책임법(Police Reform and Social Responsibility 2011)이 제정됨에 따라 새로이 도입된 제도에 근거하고 있다. 　㉢ 지역치안위원장은 주민 직선으로 선출되며 임기는 4년이다. 　㉣ 지역치안위원장의 주요 권한은 지방경찰청장(The Chief Constable) 임면권, 지역경찰의 최우선 목표 설정 및 이에 따른 지역치안계획(Police and Crime Plans)의 수립, 관할 지방경찰의 예산과 재정 총괄 등이다. ⑤ 지역치안평의회(Police and Crime Panel) : 지역치안평의회는 지역치안위원장에 대한 감시·감독 기능을 수행하는 기구이다. ⑥ 지방경찰청장(The Chief Constable) 　지역치안위원장이 수립한 지역치안계획을 참조하여 독립적으로 지방경찰청 및 산하 경찰서를 운용한다.
내무부장관(Home Secretary)의 권한과 임무	① 지방자치경찰의 예산을 일부 부담하며 이에 따른 감사를 한다. ② 지방경찰청장 중에서 국립범죄청장 임명

4. 수사제도 〈23 채용〉

(1) 경찰과 검찰의 관계

① 사법경찰과 검사가 상호협력 관계에 있으며 사법경찰이 독자적 수사권을 보유한다.
② 원칙적으로 검찰의 경찰지휘권은 없고, 경찰과 검찰은 협조관계를 유지한다.
③ 경찰은 법관에게 직접 체포영장을 청구할 수 있다. 체포영장에 의해 용의자를 체포하면 경찰 책임자가 적법성을 판단하여 치안법관에게 인치한다.
④ 사법경찰이 기소여부를 결정하기 위한 수사종결권을 가지고 있다.
⑤ 경찰이 기소결정한 사건의 경우, 검찰은 기소여부를 결정할 때 경찰의 기소결정에 구속되지 않는다.

(2) 국립범죄청(National Crime Agency, NCA)

① 자치경찰제도의 한계를 보완하고 조직적 범죄나 테러사건 대응을 위해 2013년 중대조직범죄청(SOCA)과 아동범죄대응센터(CEOPC)를 통합하여 출범하였다.
② 마약, 불법이민, 인신매매, 사이버범죄 등과 관련된 조직범죄에 대하여 국가적 차원의 대응을 통합하기 위하여 국립범죄청이 설립되었고, 지역범죄문제는 지역주민에 의하여 선출된 지역치안위원장을 통하여 지역경찰이 전담하게 되었다.
③ 4가지 하위지휘조직(Command)인 조직범죄담당, 국경담당, 경제범죄담당, 아동학대 및 온라인보호센터로 구성된다.
④ 국립범죄청은 조직범죄 문제와 관련하여 지역경찰과 다른 법집행기관에게 업무를 부과하고 이를 조정할 수 있는 권한을 가진다.
⑤ 지역경찰과의 원활한 협조를 위하여 내무부 장관이 지방경찰청장 중의 한 명을 국립범죄청장으로 선임하고 있다.

2 미국의 경찰제도

1. 경찰개혁과 발전

(1) **발전과정 개관** <22 경채, 23 경위>

① 19세기 미국경찰은 비전문적이었고, 부패와 비능률이 지배하고 있어서 여러 경찰개혁이 주장되었다.
② 각 주별로 경찰기관을 재조직하여 최초로(1835년) 텍사스주에서 텍사스레인저(Texas Ranger)를 설립하고, 이후 1865년 매사추세츠주의 지역경찰(District Police), 1905년 펜실베이니아주 주경찰청(State Constabulary) 등이 등장하여 20세기 초에 이르러 점차 전체 주에서 주경찰을 보유하게 되었다.
③ 20세기 초 경찰개혁시대에 이르러 지나친 분권화와 정치적 영향으로 정치와 경찰의 분리를 추진하였다.
④ 1961년 맵(Mapp) 판결, 1964년 에스코베도(Escobedo) 판결, 1966년 미란다(Miranda) 판결을 거쳐 미국은 경찰업무의 집행에 있어 범죄대응의 효율성보다는 인권보장에 중점을 두어 적법절차(Due Process of Law)를 강조하는데, 이는 연방대법원의 판결을 통해 확립되어 있다.

(2) **경찰 전문직업화** <24 채용, 22 경채, 24 경위>

① 미국의 20세기 초 경찰개혁을 이끈 대표적 인물로 **어거스트 볼머(August Vollmer), 윌슨(O. W. Wilson) 등이 있으며 이들은 경찰의 전문직화를 추진·확립하였다.**
② 어거스트 볼머(August Vollmer)는 경찰관 선발을 지원하기 위해서 지능·정신병·신경학 검사를 도입했고 대학에 경찰 관련 교육과정을 개설하였다.
③ 윌슨(O. W. Wilson)은 경찰의 조직구조, 순찰운용, 통신의 효율성을 통한 경찰업무의 혁신과 전문직화를 실시하였다.
④ 윌슨(O. W. Wilson)은 순찰운용에서 순찰의 효율성을 위해 **자동차를 이용한 순찰을 강조하였고, 1인 순찰제의 효과성에 관한 체계적인 연구를 수행했다.**
⑤ **위커샴 위원회(Wickersham Commission) 보고서에서는** 경찰전문성 향상을 위해 경찰관 채용기준 강화, 임금 및 복지개선, 교육훈련 증대의 필요성이 제기되었다.

2. 연방경찰 〈24 경위〉

연혁과 임무	① 연방경찰의 성립은 아주 완만하여 연방재정질서 부문에서부터 1935년의 연방범죄수사국으로 점차 확대되었다. ② **루즈벨트(F. D. Roosevelt) 대통령의 지시로 1908년 최초의 연방수사 기구가 법무부에 창설되었다.** 처음에는 재무부 소속의 Secret Service 수사관이 연방범죄 수사도 담당하였으나, 1908년 법무부에 수사국이 생기고 1935년 기구 확대와 동시에 명칭이 연방수사국(FBI)으로 바뀌었다. ③ 미국의 연방경찰은 연방법만을 집행하므로 그 권한이 국가적 범죄 및 주 간의 범죄단속에 한정된다.
연방경찰 기관	① **법무부 소속으로 연방범죄수사국(FBI), 마약단속국(DEA), 알코올·담배·무기·폭발물국(ATFE), 연방보안관실(USMS)이 있다.** ② **국토안보부(DHS) 소속으로 시크릿서비스 SS(Secret Service)가 있다.** ③ 교통부 산하에 연방항공국(FAA)이 있다.
연방보안관	① 1789년 워싱턴 대통령이 처음 13명을 임명한 이래 지금까지 지속되고 있으며, 건국 초기 연방정부에 유일한 일반적 법집행권을 가졌던 조직이다. ② 영국보통법의 전통을 이어받은 제도로 미국 최초로 연방법집행기관이다. ③ 임무는 관할법원의 법정관리와 법정경비, 연방범죄 피의자 호송, 지역적 소요의 진압, 영장·소환장의 집행, 증인의 신변안전 보호 등이다. 조직범죄 대처(×)

3. 주경찰, 도시경찰, 지방경찰 〈24 채용, 22 경위〉

① 미국경찰에는 기본적으로 지방경찰, 주 경찰, 연방경찰이 존재하며, **이 중 광범위한 경찰권을 행사하여 법집행의 범위가 가장 넓은 것은 지방경찰**이다. (주경찰×)
② 미국 정부는 주경찰기관이 지방경찰에 대한 통제를 확대하지 못하도록 주경찰의 규모·활동범위 등을 제한하고 있다.
③ 미국의 군 보안관(County Sheriff)은 범죄수사 및 순찰 등 모든 경찰권을 행사하며, **대부분의 주(State)에서 군 보안관 선출은 지역주민의 선거로 이루어진다.**

4. 수사제도 〈23 채용〉

① 경찰과 검사는 협력관계에 있으며 경찰이 원칙적으로 독자적 수사권을 보유한다.
② 미국의 법무부 산하 연방범죄수사국(FBI)은 연방범죄수사뿐만 아니라 범죄통계작성과 지방경찰직원의 교육훈련 등도 업무로 하고 있다.
③ **미국의 연방수사국(FBI)은 2001년 9.11 테러 이후 테러예방과 수사에 많은 역량을 집중시키고 있다.**

3 독일의 경찰제도

1. 연방경찰과 주경찰 <22·24 채용, 22 경위>

개관	① 독일경찰은 1949년 「기본법」의 제정으로 대부분의 주(州)에서 **주(州)단위 국가경찰제도를 채택하였다.** ② 연방경찰의 임무에는 외국 대사관에 대한 안전업무 수행, 해안 국경지역의 보호 및 해양오염방지, 국가비상사태의 방지업무 등이 있다. ③ 연방내무부장관은 연방 내의 치안정책에 관하여 책임을 지고 있으며 연방의회에 출석하여 치안정책에 대하여 설명할 의무가 있다.
연방헌법보호청	① **독일기본법을 근거로 설치되어 국가방첩임무와 반국가단체 및 문제인물에 대한 감시업무를 담당하는 정보기관**이다. 경찰기관의 하나로서 헌법위반과 관련된 사안에 대해서 감시업무를 수행하며, 관련 정보를 수집하고 처리한다. ② **법집행업무를 수행할 수 없으며 구속·압수·수색 등 강제 수사를 할 수 없다.**
연방범죄수사청 (BKA)	① 연방정부 내무부 소속으로 국제적 범죄, 조직범죄, 무기밀매, 마약·폭발물 관련 범죄, 위조지폐, 자금세탁, 요인 암살기도 등의 **특정범죄에 대해 직접 수사권한을 가지고 있으며 범죄 관련 정보를 총괄하는 권한을 가진 조직**이다. ② **연방내무부장관의 지휘**를 받으며, 경찰분야의 전산업무 및 수사경찰의 교육업무도 담당하고 있다. ③ 사건관할 연방내무부장관의 지시, 연방검사의 요청, 주 수사기관의 요청 또는 위임이 있을 경우에 제한적으로 업무를 수행한다. ④ 주 경찰의 지원 기능 주 수사경찰의 범죄수사를 지원하는 기관으로 범죄수사 분야에서 각 주의 경찰에 협조 또는 지원하는 역할을 수행한다. 따라서 수사경찰의 **총본부가 아닌** 범죄수사 분야에서 각 주의 협조 및 지원관서이다. ⑤ **연방범죄수사청은 연방 관련 주요 사건만을 담당할 뿐 주 수사경찰에 대한 실질적·일반적 지휘권은 존재하지 않는다.**(수사권에 있어서는 통일적 업무수행을 위해 연방(범죄)수사청이 주 소속 수사경찰을 지휘·감독한다×) ⑥ 외국과의 수사협조업무를 수행하며 **독일 인터폴 사무총국이 설치되어 있다.** ⑦ 연방헌법기관 요인들에 대한 신변경호도 담당한다.
주경찰	① 경찰권은 연방정부가 아니라 주정부의 권한이다. ② 독일경찰은 **연방차원에서는 각 주(州)가 경찰권을 가지고 있는 자치경찰이지만, 주(州)의 관점에서 본다면 주(州) 내무부장관을 정점으로 하는 주(州)단위의 국가경찰체제이다.** ③ 독일에서는 **주별로 법률이 독자적으로 제정·운영되고 있어 주 경찰 중심으로 일반적 경찰권을 행사하며**, 수사권에 있어서는 주 소속 수사경찰이 행사한다.

2. 수사제도

① 독일의 검사와 사법경찰은 상명하복 관계이고 사법경찰은 수사의 보조자 지위에 있다. 경찰에게 독자적인 초동수사권이 인정된다.
② 검사는 자체수사인력과 수사장비가 전무하므로 경찰의 도움 없는 독자적 수사는 불가능하다. 그리고 피의자신문조서에 증거능력을 인정받지 못해 실질적인 수사권은 경찰에게 있다. 따라서 검찰은 수사권과 공소권을 모두 갖고 있지만 '팔 없는 머리'라고 불린다.
③ 독일의 검찰조직은 연방법인 법원조직법에서 규율하고 있으며, 연방검찰청은 주 검찰청에 대한 지휘감독권이 없다. 주 검찰청에 대한 지휘감독권은 연방검찰청이 아닌 주 법무부에 있다.

3. 특징

① 18세기 후반 경찰의 직무에서 "공공복리의 증진"이 제외되고 위험방지만을 고유사무로 보기 시작하였다.
② 독일경찰에는 정치적 중립성을 확보하기 위한 우리나라의 경찰위원회, 일본의 공안위원회 같은 제도는 없다.

4 프랑스의 경찰제도

1. 프랑스 경찰개념의 발달과정 〈24 채용, 22 경위〉

① 11세기경(1032년) 프랑스의 앙리 1세는 파리의 치안을 유지하기 위해 **법원과 경찰기능을 가진 프레보(Prévôt)를 창설**하였다. 프레보는 국왕친위순찰대로서 왕이 임명하였다.
② 프랑스에서 경찰권이론은 14세기에 등장하였는데, 이 이론에 따르면 군주는 개인 간의 결투와 같은 자구행위를 억제하기 위하여 공동체의 원만한 질서를 보호할 권리와 의무를 갖고 있으며, 이를 위한 필수불가결한 조치를 경찰권에 근거하여 갖고 있다고 보았다.
③ 1789년 프랑스혁명으로 중세의 매관매직이 사라지고, **경찰권은 경찰국장에게서 시장에게로 이관되었다.**
④ 프랑스 혁명정부는 경찰국장을 없애고 **경찰업무를 지방(중앙×)에 분산(집중×)하는 자치경찰(국가경찰×)체제를 수립**하였다.

2. 군인경찰 〈22·23 경위〉

① 프랑스의 군인경찰(La Gendamerie Nationale)은 **국립경찰이 배치되지 않는 소규모 인구의 소도시와 농촌지역에서 경찰업무를 수행**한다.
② 읍면에서 도지사의 지휘를 받으며 지방경찰의 인원부족을 보충하는 역할을 한다.
③ 프랑스 군경찰은 군인의 신분으로 국방임무를 수행하면서, **행정경찰과 사법경찰의 기능을 수행한다.**
④ 기동타격대는 중요범죄나 대규모 사고를 대비한 특별부대로 도(道) 군인경찰에 포함되는 조직이다.
⑤ 군인경찰특공대(GIGN)는 군인경찰 소속의 대테러 특수부대이다.

3. 수사제도

① 프랑스에서도 검사가 수사주재자이며, 사법경찰은 수사보조자로서 검사와 사법경찰은 상명하복 관계에 있다.
② 프랑스에서는 **수사의 주체가 수사판사 또는 검사**이고, 국립경찰 소속 사법경찰뿐만 아니라 **사법경찰활동을 하는 군경찰도 수사판사 또는 검사의 수사지휘를 받아야 한다.**
③ 프랑스 사법경찰에게는 독자적 수사개시권이 인정되지만, 독자적 구속권은 인정되지 않는다.

4. 특징

① 프랑스는 내무부장관의 지휘하에 국립경찰청 중심의 전국적인 경찰조직을 갖추고 있어 **원칙적으로 국가경찰 체제로 볼 수 있다.**
② 프랑스의 경찰업무에는 위생사무가 포함되어 있고, 지리적 특수성으로 정치·정보경찰의 비중이 높다.

5 일본의 경찰제도

1. 국가경찰 〈22 경위〉

국가공안 위원회	① 경찰행정을 민주적으로 관리하려는 데 그 설치목적이 있다. ② **중앙에서 통일적으로 하는 것이 적당한 일반적 업무, 대규모 재해, 소요사태 및 경찰행정의 조정 및 감찰활동을 한다.** ③ 위원장은 표결권이 없고, 가부동수인 경우에만 표결권을 갖는다. ④ 위원장을 대신(장관)으로 하여 치안책임에 대한 책임을 명확히 하고자 하였다. ⑤ **국가공안위원회는 경찰의 관리기관**이며, 국가와 도도부현에 비상설기관인 공안위원회를 운영하고 있다. ⑥ 위원장 및 5인으로 구성된 국가공안위원회는 **경찰비리에 대한 감찰지시권을 가지고 있다.**
경찰청	경찰청장관은 국가공안위원회가 내각총리대신의 동의를 얻어 임면한다.
관구경찰국	① 경찰청의 지방기관으로서 경찰청의 소관사무의 일부를 분장한다. ② 일본의 관구경찰국은 **동경 경시청과 북해도 경찰본부 관할구역을 제외하고 전국에 6개가 설치되어 있다.** ③ 동경 경시청은 수도경찰의 특수성을 고려하여 제외하였고, 북해도에는 도 전체를 관할하는 북해도 경찰본부가 있어서 관구경찰국을 설치하지 않았다.

2. 자치체경찰(도도부현 경찰)

동경도 경시청, 도도부현 경찰본부	① 경찰본부장을 두고 경찰본부장은 국가공안위원회가 도부현공안위원회의 동의를 얻어 임면한다. ② 북해도에는 북해도공안위원회와 별도로 4개의 방면본부를 두고 각 방면본부마다 방면공안위원회를 두고 있다.
도도부현 경찰의 특징	① 경비는 도도부현이 부담하는 것이 원칙이지만, 국가공무원인 경시정 이상 경찰관의 봉급, 국가공안 관련 범죄 및 특수범죄의 수사비 등은 국가가 부담한다. ② 도도부현 지사는 원칙적으로 지방경찰에 대한 지휘감독권을 가지고 있지 않다.

3. 수사제도 〈24 채용, 23 경위〉

① 일본은 수사기관으로 검찰관과 경찰이 있어 2원적 수사구조를 이루고 있다. **경찰은 1차적 수사권을 지닌 수사기관으로 독자적인 수사권이 있고, 검사는 2차적 수사권을 지닌 수사기관으로 모든 범죄에 대한 수사권이 있다.**
② 일본의 경찰은 수사의 개시, 진행에 대한 권한과 체포, 압수·수색, 검증에 관한 영장 청구권을 독자적으로 지니지만, **수사에 대한 종결 권한과 구속영장 청구권은 검사에게만 있다.**

③ 일본의 사법경찰(직원)은 1차적 수사기관으로 인정받고 있어, **수사를 개시·진행(종결×)까지 독자적으로 한 이후 검사에게 송치하는 것이 원칙**이다.
④ 국가공안위원회는 사법경찰의 지정에 관한 권한과 징계파면권을 가지고 있으며, 업무수행에 필요한 감찰업무도 실시한다.

4. 특징

① 미군정하에서는 수사권에 대한 검사의 독점을 철폐하고 경찰에게도 수사권을 부여하였다.
② **일본에서 경찰의 업무에 관한 기본법령은 경찰법과 경찰관 직무집행법이다.**
③ 신경찰법에서는 중앙과 지방에 공안위원회제도를 유지하고 도도부현경찰에 대해서 원칙적으로 자치적 성격을 부여하였다.
④ 국가경찰과 자치경찰로 이루어진 2중 체계이다.

PART

02

각론

제1장 범죄예방 이론
제2장 생활안전경찰 활동
제3장 수사경찰 활동
제4장 교통경찰 활동
제5장 경비경찰 활동
제6장 정보경찰 활동
제7장 안보경찰 활동
제8장 외사경찰 활동

CHAPTER 01 범죄예방 이론

제1절 범죄원인론

1 범죄의 개념과 요소

1. 범죄의 개념

(1) 형식적 의미의 범죄와 실질적 의미의 범죄

① 형식적 의미의 범죄: 형벌법규를 위반하는 행위를 범죄로 정의한다.
② 실질적 의미의 범죄: 사회에 유해한 법익침해 행위를 범죄로 정의한다.
③ 사이크스(G. M. Sykes)는 **범죄는 각 시대의 사회적, 문화적, 역사적 상황과 환경에 따라 다른 모습을 하게 되는 상대적 개념**이라고 주장하였다.

(2) 서덜랜드(Suthurland)의 화이트칼라범죄(white-collar crime) ⟨23 채용⟩

① 1939년 미국의 범죄학자 서덜랜드(Sutherland)가 상류계층의 경제범죄에 대한 사회적 심각성을 연구하는 과정에서 화이트칼라 범죄를 처음 정의하였다. 그는 화이트칼라범죄를 직업활동과 관련하여 높은 지위를 가지고 존경받고 있는 사람에 의해 저질러지는 범죄로 정의하였다.
② 기업 및 경제범죄, 환경 범죄, 공무원 범죄 등이 대표적인 화이트칼라 범죄이다. 최근에 자주 발생하는 조세범죄, 신용카드 범죄 또는 정부나 기업에서의 횡령 범죄 등도 이에 속한다. 화이트칼라 범죄는 피해가 상당하고 해악성이 크지만, 가해자가 살인·강도·강간범죄 등 일반 범죄를 범하는 것과 달리 죄의식을 느끼지 않는 경우가 많다.

(3) 낙인이론적 개념(정치적 시각)

① 범죄란 범죄를 정의할 권한이나 힘을 가진 자들에 의해 규정된 행위이다.
② 범죄는 특정한 계급이나 권력층에 의하여 정의된 행위로 볼 수 있다.

(4) 범죄의 유형

① 증오범죄(hate crimes)란 인종, 종교, 장애, 성별 등에 대한 범죄자의 편견이 범행의 전체 또는 일부 동기가 되어 발생하는 범죄를 의미한다.
② 피해자 없는 범죄(victimless crimes)란 전통적인 범죄와 달리 피해자와 가해자의 관계가 명확하지 않아 피해자를 특정하기 어려운 범죄를 의미한다.
   > 예 개인범죄: 성매매, 약물남용 등 행위자가 불법인 행동에 자발적으로 참여하는 범죄, 기업범죄: 공정거래법 위반, 허위광고, 환경 범죄 등 피해자가 불특정 다수인 범죄
③ 사이버범죄(cyber crimes)란 사이버공간을 범행의 수단·대상·발생장소로 하는 범죄행위로 비대면성, 익명성, 피해의 광범위성 등의 특성이 있는 범죄를 의미한다.

2. 범죄의 요소

(1) J. F. Sheley가 주장하는 범죄의 4대 요소 〈15・18 채용, 21 경위〉

범죄인의 입장에서 범죄를 일으키는 **필요조건 4가지**로 **범행의 동기, 범행의 기술, 범행의 기회, 사회적 제재로부터의 자유**를 제시하였다.

① 범행의 동기(Motivation) : 조건이 된다면 범죄를 하고자 하는 의향
② 범행의 기술(Skill) : 전문적인 능력과 기술
③ 범행의 기회(Opportunity) : 범행에 공헌하는 물리적 환경
④ 사회적 제재로부터의 자유(사회적 장애와 제재의 제거) : 내적 제재와 외적 제재의 제거

(2) 일상활동이론에서 제시하는 범죄요소 〈17・25 채용〉

① 일상활동이론에서 주장하는 **범죄발생의 3요소로서 잠재적 범죄자, 범행대상, 보호자(감시)의 부재**를 주장한다.
② 일상활동이론을 주장한 코헨(Cohen)과 펠슨(Felson)은 절도범죄를 설명하면서 범죄자의 입장에서 범행을 결정하는 데 고려되는 VIVA 모델을 제시하였다.
③ 범행으로 인한 피해 리스크 수준을 결정하는 4가지 요소인 **VIVA 모델**은 ㉠ **가치**(Value), ㉡ **이동의 용이성**(Inertia), ㉢ **가시성**(Visibility), ㉣ **접근성**(Access)으로 구성된다.

(3) 소질과 환경 〈18 승진〉

① **범인성 소질** : 부모로부터 자식에 전해지는 선천적인 유전물질과 후천적 발전요소(체질과 성격의 이상, 연령, 지능 등) 등에 의하여 형성된다.
② **범인성 환경** : 인간의 행동에 영향을 미치는 외부적 사정과 경험을 의미하며, 행위환경과 인격환경(행위자 환경)으로 나눌 수 있다. 알코올 중독, 경제적 빈곤, 가정폭력, 교육 부재 등을 들 수 있다.

2 고전주의와 실증주의

1. 고전주의 〈17 채용〉

① 모든 인간은 자유의지(비결정론)를 가지고 있으며, 개인은 자유의사에 의해 범죄를 저지른다.
② 범죄를 저지를 것인가의 여부는 전적으로 개인 스스로의 책임이지 사회의 책임은 아니다.

2. 실증주의(생물학적·심리학적 이론) 〈17・18 채용〉

① 범죄는 자유의지가 아니라 외적 요소에 의해 강요된다는 결정론(비결정론×)의 입장이다.
② 인간의 행위인 범죄가 생물학적, 심리학적 성질에 의해 결정된다고 본다.
③ **생래적 범죄인설** : 롬브로조(C. Lombroso)는 범죄자 가운데 신체적·정신적 범죄기질을 전해 받은 자들은 환경과 상관없이 운명적으로 범죄를 저지를 수밖에 없다고 본다.
④ **범죄포화의 법칙** : 페리(E. Ferri)는 범죄의 원인이 존재하는 사회에서는 이에 상응하는 일정한 양의 범죄가 반드시 발생한다고 주장하였다.
⑤ **심리학적 이론**에 의하면 범죄원인은 정신이상, 낮은 지능, 모방학습에 기인한다고 한다.

3 사회학적 이론

1. 의의

(1) 사회적 수준의 범죄원인론

① 범죄자의 사회적 환경이 범죄자의 내재적 성향보다 더 중요한 범죄원인으로 본다.
② 사회구조 원인은 범죄의 원인을 사회구조의 변화에서 찾고, 사회과정 원인은 범죄의 원인을 사회화 과정의 차이에서 찾는다.

(2) 분류 〈21 승진, 15 경위〉

사회구조 원인	사회과정 원인
범죄 원인을 사회구조(경제적 불평등, 정치적 권력 등)에서 찾는 이론이다.	범죄 원인을 사회과정(사회화 과정)에서 찾는 이론이다.
① 사회해체이론 ② 문화적 전파이론 ③ 아노미이론, 긴장이론 ④ 마르크스주의 ⑤ 하위문화이론 ⑥ 문화갈등이론	① 사회학습이론 　차별적 접촉, 차별적 동일시, 차별적 강화이론 ② 사회통제이론 　사회적 유대이론, 견제이론, 동조성전념 이론 ③ 사회반응이론: 낙인이론 　※ 중화기술이론은 사회통제이론(범죄학) 또는 사회학습이론(경찰실무)으로 견해가 나뉠 수 있다.

2. 사회구조 원인

(1) 쇼와 맥케이(Shaw & Mckay)의 사회해체이론 〈21 채용, 24 승진〉

① 특정 지역에서의 범죄가 다른 지역에 비해서 많이 발생하는 이유를 규명하고자 하였으며, 연구 결과 **전이지역(transitional zone)이 타 지역에 비해 범죄율이 상대적으로 높게 나타났다.**
② 빈민(slum) 지역에서 범죄발생률이 높은 것은 산업화·도시화 과정에서 지역사회의 제도나 규범 등이 극도로 해체되기 때문이다.
③ **'낮은 경제적 지위', '민족적 이질성', '거주 불안정성'을 중요한 3요소로 제시**하였으며, 이로 인해 지역 주민은 서로를 모르기 때문에 공동체 의식이 발달하지 못하고 사회적 통제가 약화된다고 보았다.
④ 빈민지역에서는 비행적 전통과 가치관이 사회통제를 약화시켜서 일탈이 야기되며 이러한 지역은 **민족 구성원이 바뀌더라도 비행발생률은 감소하지 않는다고 한다.**

(2) 문화적 전파이론

문화적 전파이론은 범죄를 부추기는 가치관으로의 사회화나 범죄에 대한 구조적, 문화적인 유인에 대한 자기통제의 상실을 범죄의 원인으로 본다.

(3) 아노미이론 〈24 채용, 21 경위〉

① 뒤르켐(뒤르껭, Durkheim)은 사회규범이 붕괴되어 규범에 대한 억제력이 상실된 상태를 아노미(Anomie)라고 하고 이러한 **무규범상태에서 범죄가 발생한다고 주장**하였다.

② 급격한 사회변동으로 사회규범이 붕괴되어 사회규범이 제대로 작동하지 못하는 무규범 상태인 아노미가 발생하게 되며, 아노미상태로 인해 사람들은 관습적인 윤리성을 상실하고 사회적 통제가 약화되어 일탈행위가 증대하는 현상이 발생한다고 본다.
③ 뒤르켐에 의해 주장된 아노미이론은 아노미(무규범)상태에서 범죄가 발생하고, **'범죄는 정상적인 것이며 불가피한 사회적 행위'** 라는 입장에서 사회 규범의 붕괴로 인해 범죄가 발생한다고 본다.

(4) 머튼(Merton)의 긴장(아노미)이론 또는 긴장유발이론 〈21 채용〉

① 목표와 그 목표를 이루기 위한 수단과의 간극이 커지면서 아노미 조건이 유발되어 분노와 좌절이라는 긴장이 초래되고, 그 목적을 달성하기 위한 수단으로서 범죄를 선택한다.
② 문화적 목표는 지나치게 강조하면서도 그를 달성하기 위한 합리적 수단에의 접근가능성은 각 사람의 능력이나 사회계층에 따라 상이하기 때문에 목표와 수단 간의 간극이 커지고 이 경우 아노미 조건이 유발되어 분노와 좌절(하위계층의 목표달성에 대한 좌절)이라는 긴장이 초래된다.
③ 소망하는 목적을 달성하기 위하여 합법적인 방법으로 불가능한 경우에 수단의 합법성을 무시한 행동으로 나아가게 되어 범죄나 비행이 발생하게 된다.

(5) 애그뉴(Robert Agnew)의 일반긴장이론(경찰학사전, 신현기 등) 〈22 채용〉

① 미시적 관점에서 Merton의 이론과 달리 계층과 상관없는 긴장의 개인적, 사회심리학적 원인을 다루고 있다.
② 하류계층의 범죄 행위가 아닌 사회의 모든 구성요소의 범죄 행위에 대한 일반적 설명을 하고 있다. 개인의 목적달성 실패, 기대와 성취 사이의 괴리, 긍정적 자극의 제거와 부정적 자극의 출현 등이 긴장의 원인이 되며, 이러한 긴장의 원인들은 노여움이나 좌절, 실망, 우울, 두려움과 같은 '부정적 감정의 상황'을 야기한다.
③ 결국 이러한 부정적 감정의 상황은 약물남용이나 일탈, 폭력, 학교 중퇴와 같은 반사회적 행동으로 나타나게 된다.

(6) 하위문화이론 〈24 채용, 18·21 승진〉

① 코헨(Cohen): 하류계층의 청소년들이 목표와 수단의 괴리를 통해 **중류계층에 대한 저항으로 비행을 저지르며** 목표달성의 어려움을 극복하기 위해 자신들만의 하위문화를 만들게 되며 범죄는 이러한 하위문화에 의해 저질러지는 것이다.
② 밀러(Miller): **범죄는 하위문화의 가치와 규범이 정상적으로 반영**된 것이다.

(7) 마르크스주의

마르크스주의는 범죄의 원인을 구조적으로 야기된 경제적 문제, 즉 빈부의 격차와 신분, 지위의 고하에 따라서 야기된다고 주장하였다.

(8) 문화갈등이론

① 생태학적 연구의 관점은 인간사회도 동물계나 식물계와 같이 지배·침입·승계의 과정을 통해 한 지역사회가 다른 지역사회를 지배하게 되는데 이런 과정 속에서 각 경계상에 있는 지역은 문화적 갈등을 일으켜 범죄나 비행이 발생하게 된다.
② 문화갈등이론 중 시카고 학파에 의하면 각 지역사회의 문화적 갈등을 통해 범죄나 비행이 발생한다.

3. 사회학습 이론

(1) **차별적(분화적) 접촉이론(differential association)** ⟨21 승진⟩

① 서덜랜드(Sutherland)의 분화적 접촉이론에 따르면 범죄는 범죄적 전통을 가진 사회에서 많이 발생하며, **범죄행위는 정상적인**(비정상적×) **학습의 결과로서 다른 사람과의 교제나 접촉 등의 상호작용을 수행하는 과정에서 학습된다.**

② 특정지역 내에서 범죄가 많이 일어나는 이유는 그 지역(유흥가, 홍등가 등) 내에 범죄적 전통이 확립되어 있어 특정한 개인이 범죄문화에 접촉, 참가, 동조하면서 범죄행동을 학습한다고 보기 때문이다.

(2) **차별적 동일시 이론** ⟨19·24 채용, 19 승진⟩

① 글레이저(Glaser)는 청소년들이 영화의 주인공을 모방하고 자신과 동일시하면서 범죄를 모방한다고 보았다.

   예 D경찰서는 관내 청소년 비행 문제가 증가하자 청소년들을 대상으로 폭력 영상물의 폐해에 관한 교육을 실시하고, 해당 유형의 영상물에 대한 접촉을 삼가도록 계도하였다.

② 차별적 동일시이론은 **범죄의 원인이 개인의 사회화 과정의 차이**(동일시 차이)**에 있다고 설명하였다.** (사회구조의 변화×)

(3) **차별적 강화 이론** ⟨21 채용⟩

① **버제스와 에이커스(Burgess & Akers)의 이론**

② 범죄행위의 결과로서 보상이 취득되고 처벌이 회피될 때 그 행위는 강화되는 반면, 보상이 상실되고 처벌이 강화되면 그 행위는 약화된다.

③ 청소년의 비행행위는 처벌이 없거나 칭찬을 받게 되면 반복적으로 저질러진다.

4. 마차(D. Matza)와 사이크스(G. M. Sykes)의 중화(中和) 기술이론 ⟨25 채용, 21 승진⟩

(1) **의의**

① 사회과정원인론에 속하며, 사회통제이론(범죄학) 또는 사회학습이론(경찰실무이론)에 해당한다.

② 인간은 비행화의 과정에서 이미 내면화되어 있는 합법적 규범이나 가치관을 중화(마비)시킴으로써 범죄에 이르게 된다고 주장하였다.

③ 중화 기술이란 자신의 행위가 위법함을 알지만 그럴듯한 구실이나 이유를 내세워 자신의 행위를 정당화하는 능력이라고 할 수 있다.

④ 중화기술이론은 **비행청소년이 범행 전후를 기준으로 언제 중화를 하는지 설명이 어렵고**, 설령 비행행위 이전에 중화를 한다고 주장하여도 이후 **비행으로 나아가는 청소년과 그렇지 않은 청소년 간의 개인적 차이를 설명하지 못한다**는 비판이 제기되고 있다.

(2) **중화(변명)의 기술의 유형**

범죄자들은 중화 기술을 잘 터득하고 있으며, 범죄자들이 자기 행위의 정당성을 주장하기 위해서는 흔히 내세우는 변명의 유형에는 다음의 다섯 가지가 있다.

책임의 회피 또는 부정 (denial of responsibility)	① 자신의 행위가 의도적인 것이 아니고 자신의 잘못도 아니라고 주장한다. ② 백화점을 쇼핑 중인 乙女가 보석상에서 반지를 훔치는 행위에 대해 남편이 돈을 잘 벌어 주지 못하기 때문이라고 생각한다.
피해 발생의 부정 (가해의 부정, denial of Injury)	① 자신의 행위로 인해 누구도 손해를 입지 않았다고 주장한다. ② 안전띠를 착용하지 않는 행위, 마약 복용, 성매매와 도박 등에서 다른 사람에게 손해를 주지 않았다고 주장한다. ③ **돈을 훔친 자신의 행위에 대해 "그들은 돈이 많으니 괜찮아"라고 합리화하는 것은** '피해의 부정'에 해당한다. 내가 반지를 훔쳐도 주인은 돈이 워낙 많기 때문에 피해도 없을 것이라고 결론짓는다.
피해자의 부정 (denial of victim)	① 피해자는 응징을 당해야 마땅한 사람이라고 주장한다. ② **친구에게 돈을 빌려주었는데 돈을 갚지 않자 벌을 받아야 하는 사람이라고 정당화하며 폭력을 행사한 경우 '피해자의 부정'에 해당한다.** ③ 가게주인들이 담합하여 가격이 상승하였으므로 그 가게에서 물건을 훔쳐도 정당하다고 생각한다.
비난자에 대한 비난 (condemnation of condemners)	① 인간에게 내면화되어 있는 중화의 기술 중에서 자기를 비난하는 사람들에 대하여 그들의 약점과 비행을 생각하면서 자기의 비행에 대한 양심의 가책을 중화시키는 것을 말한다. ② 조그만 잘못을 저지른 비행청소년이 자신보다 단속하는 경찰관이 더 나쁜 사람이라고 스스로 합리화한다.
보다 높은 충성심에의 호소 (appeal to higher loyalties)	㉠ 자신의 행동이 옳지는 않으나 친구나 주변의 친한 사람을 위해 어쩔 수 없었다는 충성심에 호소한다. ㉡ 굶주린 자녀를 위해 절도를 할 수밖에 없었다고 변명한다. ㉢ 도박사금 용노님을 알았지만 친한 친구라서 의리상 빌려줄 수밖에 없었다고 변명한다.

5. 사회통제 이론

(1) 블라이어(Briar)와 필리아빈(Piliavin)의 동조성전념 이론

① 사회구성원은 사회에서의 지위와 활동에 미치는 영향 등을 염려하는 동조성에 대한 전념을 가지고 있다.
② 동조성에 대한 전념은 관습적 목표(예를 들어 모범시민)를 지향하려는 노력을 말한다.
③ 동조성에 대한 전념은 부모와 선생님 등 다른 사람과의 대인관계를 통해 얻어지게 된다.

(2) 레클리스(Reckless)의 견제(봉쇄)이론 <20 승진>

① 범죄에 대한 유혹보다 범죄에 대한 견제가 더욱 강하면 범죄를 저지르지 않게 된다는 이론이다. 범행 잠재력을 견제하는 내·외적 견제를 강조한다.
② 내적 견제 > 내적 유혹
  ㉠ **좋은 자아(자기)관념은 주변의 범죄적 환경에도 불구하고 비행행위에 가담하지 않도록 하는 중요한 요소가 된다.**
  ㉡ 좋은 자아관념은 범죄차단력으로 자기통제력, 규범 인식 능력, 인내심, 책임감, 목표 지향성 등을 말한다.
③ 외적 견제 > 외적 유혹
  합리적 규범, 집단의 포용성, 효율적 감독과 훈육 등의 외부적 범죄차단 요인을 말한다.

④ 범죄유발 요인

범죄유발의 외적 압력과 유인	빈곤과 실업, 비행하위 문화, 퇴폐환경, 차별기회 구조 등
범죄유발의 내적 배출	좌절, 분노, 욕구, 열등감 등

(3) 허쉬(Hirshi)의 사회적 유대이론(통제이론) ⁽²¹ 승진, 21 경위⁾

① 범죄의 원인은 사회적인 유대가 약화되어 통제되지 않기 때문이라고 보고, **비행을 통제할 수 있는 사회적 통제의 결속을 애착, 전념, 참여, 신념(기회×)이라고 하였다.**
② 범죄원인
사람은 일탈의 잠재적 가능성을 갖고 있어서 사회적 유대가 약화되면 규범의 내면화가 약해지고 통제력을 상실하게 되어 잠재되어 있던 일탈의 가능성이 범죄로 발현된다고 본다.
③ 비행을 억제하는 사회적 요소
　㉠ 애착(Attachment) : 애착은 부모나 학교 그리고 동료와 같이 자신에게는 매우 중요하고 민감한 사람들에 대한 청소년의 감정적 결속을 의미
　㉡ 전념(Commitment) : 전념은 관습적인 생활방식과 활동에 투자하는 시간과 정열
　㉢ 참여(Involvement) : 전념의 결과로 관습적인 일들에 동참하는 것
　㉣ 신념(Belief) : 선생님, 경찰, 법률과 같은 공적인 권위의 정당성과 같은 관습적 도덕가치를 믿는 것

(4) 갓프레드슨(Gottfredson)과 허쉬(Hirschi)의 자기통제이론

① 아동기에 내면화되는 낮은 수준의 자기통제력이 범죄행동의 주요 원인이라고 보았다.
② 자기통제이론이 모든 인구사회학적 집단에 의해 발생하는 모든 유형의 범죄행위와 범죄유사행위를 설명할 수 있다고 주장하였다(일반이론).
③ 낮은 자기통제력의 주요 원인은 여덟 살 무렵까지 적절한 통제를 받지 못한 부모의 양육 방식에 있다.
④ 유년기에 형성된 자기통제력은 환경이나 제도의 영향을 받지 않고 개인의 일생동안 안정적으로 유지된다.
⑤ 충동적인 성격으로 자기통제력인 약한 사람은 범죄기회가 주어진다면 범죄를 실행에 옮길 가능성이 높다고 설명한다.

6. 낙인이론(1960년대 초반 미국) ⁽²² · ²⁴ 채용, 14 경위⁾

(1) 의의

① 어떤 사람을 범죄자로 만드는 것은 행위의 질적인 면이 아니라 사람들의 인식이라고 본다.
② 범죄와 일탈이란 그것을 규정하는 사람들의 시점에서 파악한 것이라는 전제하에 관습·규범 등 사회를 유지하기 위한 기본적인 제도적 장치들이 오히려 범죄를 유발한다고 본다.
③ 일반인이 가지고 있는 그 행위에 대한 인식이 범죄자를 만든다. 사회제도나 규범에 따라 일반인들이 특정인을 일탈자로 인식하기 시작하면 그 사람은 결국 범죄자가 되고 만다.

(2) 학자의 주장

① 탄넨바움(타넨바움, Tannenbaum) : 낙인이론을 통해 **범죄자라는 낙인이 어떠한 결과를 낳는가에** 관심을 가졌다. 악의 극화(dramatization of evil)라고 표현하였다.

② 베커(Becker): 범죄란 범죄를 정의할 권한이나 힘을 가진 자들에 의해 규정되며, 일탈이라는 낙인이 부착된 사람을 일탈자라 하고, 사람들에 의해 일탈한 것이라고 낙인찍힌 행위를 일탈행위라고 규정하였다.
③ 레머트(Lemert)는 일탈자들의 부정적인 결과들이 지속되면서 '이차적 일탈(secondary deviance)'을 야기하게 된다고 주장하였다.

(3) 사례

① '전과자'라는 낙인을 찍는 것보다 봉사할 수 있는 기회를 주어서 선도하는 방법은 낙인이론에 근거한 것으로 볼 수 있다.
② A경찰서는 관내에서 폭행으로 적발된 청소년을 **형사입건하는 대신, 학교전담경찰관이 외부 전문가와 함께 3일 동안 다양한 활동으로 구성된 선도프로그램을 제공**함으로써 해당 청소년에게 스스로 잘못을 뉘우치고 장차 지역사회로 다시 통합될 수 있는 기회를 제공하였다.

Diversion Program (전환제도)	미국의 범죄예방 프로그램. 비행을 저지른 소년이 주변의 낙인의 영향으로 심각한 범죄자로 발전하는 것을 방지하기 위해 형사법적 제재를 가하지 않고 지역사회의 보호 및 관찰로 대치하여 범죄를 예방하려는 프로그램이다.

제2절 범죄통제론

1 억제이론, 치료·갱생이론, 사회발전 이론

1. 억제이론(Deterrence Theory) 〈18·21·24 채용, 18 승진〉

(1) **범죄 원인: 고전주의**

모든 인간은 자유의지(비결정론)를 가지고 있고 개인은 합리적인 판단에 의해 자유의사로 범죄를 저지른다.

(2) **범죄 통제**

① 효과적인 범죄예방은 범죄를 선택하지 못하게 하는 형벌이므로 범죄에 대한 국가의 강력하고 확실한 처벌이 범죄를 억제(예방)한다고 본다.
② 고전주의 범죄학 이론에 기반을 둔 것으로, 인간은 범죄로부터 얻을 수 있는 **이익보다 더 큰 고통을 받게 되면, 범죄를 저지르지 않을 것이라는 전제**를 하고 있다.
③ 인간의 자유 의지를 인정하는 비결정론적 인간관에 입각하여 일반예방효과에 중점을 둔다.
④ 범죄통제를 위해서는 **처벌의 확실성, 신속성, 엄격성이 요구**되며 이 중 **처벌의 확실성이 가장 중요**하다.
⑤ 비판: 폭력과 같은 충동적 범죄에는 적용에 한계가 있다.

일반억제	① 확실한 처벌을 통해 일반인(대중)의 범죄를 예방하려는 것 ② 처벌의 확실성(certainty): 일반예방기능 ③ 처벌의 신속성(swiftness): 형벌이 신속할수록 범죄를 효과적으로 통제할 수 있음
특별억제	① 엄격한 처벌을 통해 범죄자(개별=특별)의 재범을 막고자 하는 것 ② 처벌의 엄격성(severity): 특별예방기능

2. 치료·갱생이론(Treatment & Rehabilitation Theory) ⟨17·18 채용, 18 승진⟩

(1) 범죄 원인 : 실증주의(생물학적·심리학적 이론)

범죄가 생물학적, 심리학적 성질에 의해 정해진다고 보는 결정론의 입장이다.

(2) 범죄 통제

① 범죄자의 치료와 갱생으로 범죄를 통제할 수 있다고 본다.
② 범죄자는 정상인과 다른 속성을 가지고 있으므로 처벌받아야 하는 것이 아니라 치료받아야 한다고 본다. 즉, 범죄행위보다는 범죄자의 속성에 관심을 가진다.
③ 결정론적 인간관에 입각하여 특별예방효과에 중점을 둔다.
④ 범죄자에 대한 확실하고 엄격한 처벌을 통한 일반예방 효과보다는 범죄자의 치료와 갱생을 통한 특별예방 효과에 중점을 둔다. 생물학적·심리학적 범죄이론에서는 범죄자의 치료와 갱생이 범죄예방에 효과적이라고 본다.
⑤ 범죄는 개인의 책임보다는 사회의 책임으로 인식하고, 사회가 범죄를 예방하기 위해 적극적으로 역할해야 한다는 것을 강조하며 범죄자는 처벌보다는 범죄자의 치료와 갱생활동을 통한 사회복귀가 범죄예방에 더욱 도움이 된다(Jeffery의 '사회복귀모델'과 유사).
⑥ 비판 : 비용이 많이 들고, 범죄자를 대상으로 하므로 일반예방효과에 한계(적극적 범죄예방의 한계)가 있다.

※ **일반예방과 특별예방** ⟨24 채용⟩
일반예방이론이 잠재적 범죄자인 일반인에 대한 형벌의 예방 기능을 강조한 것이라면, 특별예방이론은 형벌을 구체적인 범죄자 개인에 대한 영향력의 행사라고 보고, 범죄자를 교화함으로써 재범하지 않도록 하는 것이다.

3. 사회발전 이론

(1) 범죄 원인 : 사회학적 이론

범죄자의 사회적 환경을 범죄원인으로 보는 관점이다.

(2) 범죄 통제

① 사회발전(환경개선)을 통한 범죄의 근본적 원인의 제거
② 범죄예방을 강조한다.
범죄가 발생하면 피해(특히 생명피해)의 회복이 거의 불가능하며, 범죄자의 검거, 교정 등에 고비용, 저효율 현상이 나타난다. 또한 범죄자 및 피해자의 증가는 법의 권위추락, 사회적 불안 등 부정적인 현상을 조성한다.
③ 범죄를 유발할 수 있는 사회적 환경을 개선하여 범죄를 예방하고자 한다.
④ 비판 : 개인이나 소규모의 조직체에 의해 수행될 수 없다는 비판이 제기된다. 개인이나 소규모의 조직체는 범죄의 원인이 되는 사회적 환경을 개선할 능력이 없기 때문이다.

2 현대적 범죄 예방이론(생태학적 관점)

1. 범죄 원인과 범죄 통제

범죄 원인 (신고전주의 범죄이론)	① 인간은 어느 정도 제한된 자유의지(constrained free will)를 가지고 있으며 인간과 환경과의 상호작용은 복잡하고 지속적이며 끊임없이 변화한다. ② 물리적 환경(=생태, 상황, 기회)이 주로 범죄의 원인이 된다.
범죄 통제	범죄기회의 제거와 범죄행위의 이익감소를 주장한다.

2. 상황적 범죄예방이론(Situational Crime Prevention)

(1) 의의 〈24 채용〉

① 상황에 따라 범죄행위에 대한 위험과 어려움을 높여 범죄기회를 줄이고 범죄이익을 감소시켜 범죄를 예방하자는 이론이다.
② 합리적 선택이론, 일상활동이론, 범죄패턴이론, 생태학적 이론 등은 상황적 범죄예방의 중요한 이론적 배경이 되고 있다.

(2) 합리적 선택 이론(Rational Choice Theory) 〈17·21 채용, 18·20 경채, 17 경위〉

① 합리적 선택이론을 주장한 대표적 학자는 '클락 & 코니쉬'이다.
② 억제이론과 같이 인간의 자유의지(비결정론적 인간관)를 전제로 한다(신고전주의).
③ 범죄자는 비용과 이익을 계산하여 자신에게 유리한 경우에 범죄를 저지른다. 따라서 범죄행위의 이익감소가 범죄를 예방한다.
   ※ 범죄의 비용 < 범죄의 이익 → 범죄를 결심
④ 효과적인 범죄예방은 체포의 위험성과 처벌의 확실성의 제고를 통해 가능하다.
⑤ 미시적 범죄예방모델에 입각한 일반예방효과에 중점을 둔다.

(3) 일상활동 이론(Routine Activity Theory) 〈21경채〉

① 일상활동이론을 주장한 대표적 학자는 코헨(Cohen)과 펠슨(Felson)이다.
② 범죄의 기회를 만드는 상황과 시간의 흐름에 따른 범죄율의 변화를 설명하는 데 유용하다.
③ 미시적 연구: 범죄를 저지르고자 하는 동기화된 범죄자(motivated offender) 또는 잠재적 범죄자, 적절한 범행대상(suitable target) 또는 범죄에 적당한 대상, 유능한 보호자(감시)의 부재(absence of capable guardian)라는 세 가지 조건이 충족될 때 범죄가 발생한다고 가정한다.
④ 누구나 범죄기회가 주어지면 범죄로 나아간다는 기본 전제에서 미시적인(거시적×) 범죄분석을 토대로 구체적인 상황에 맞는 범죄예방활동을 하고자 한다.
⑤ 거시적 연구: 도시화, 여가활동 증대 등 가정 밖에서 일어나는 활동을 증가시킴으로써 피해자와 범죄자가 시·공간적으로 수렴할 가능성을 증대시킨다고 본다. 경제적 불평등, 실업률 등 범죄를 유발하는 구조적 조건이 약화됨에도 불구하고 범죄율이 지속적으로 증가하는 이유를 일상활동이나 생활양식의 유형에서 찾는다.
   예 여성의 경제활동 증가 → 주거침입절도 증가
⑥ 지역사회의 차등적 범죄율과 그 변화를 지역사회의 구조적 특성(시공간적 특성)에서 찾고 범죄자의 속성에서 찾지 않는다.

⑦ 지역사회의 일상적 활동양상에 따른 시간과 공간적 상황을 분석하여 범죄기회의 제거를 통해 범죄를 예방하고자 한다.
⑧ 펠슨(Felson)은 경찰과 같은 공식적 감시자의 역할보다 가족, 이웃, 지역사회 등 비공식적 통제수단에 의한 범죄예방과 억제를 강조하였다.

(4) **범죄패턴 이론(Crime Pattern Theory)** ⟨21 채용, 17 경위⟩

① 범죄패턴이론은 브랜팅햄이 주장하였다.
② 범죄에는 일정한 장소적(시간적×) 패턴이 있으므로(이동경로, 이동수단 등) 일정 장소의 집중 순찰을 통해 효율적으로 범죄를 예방할 수 있다.
③ 지리적 프로파일링을 통한 범행지역의 예측 활성화에 기여할 수 있다.

(5) **상황적 범죄예방이론에 대한 비판** ⟨25 채용⟩

① 국가통제사회의 가능성: 사회에 대한 국가권력의 과도한 개입을 초래함으로써 이른바 대형(大兄, big brother)에 따라 통제되는 **국가통제사회가 될 가능성이 있다.**
② **범죄의 전이효과**(crime displacement effect)**가 발생**
상황적 범죄예방이론의 경우 범죄를 예방하는 장치 또는 수단을 통해 범죄 기회를 줄여도, 풍선효과에 따라 범죄가 다른 곳으로 전이되어 결국 전체 범죄는 감소하지 않는다는 비판이 제기된다.
　예 한 지역에서 방범용 CCTV를 설치했을 때 그 지역은 범죄율이 감소하지만 인근지역의 범죄율이 증가하는 현상

(6) **방범용 CCTV**

① 방범용 CCTV는 상황적 범죄예방이론 및 CPTED이론 등을 근거로 하고 있다.
② 방범용 CCTV를 통한 범죄예방은 **일반예방이론**(특별예방이론×)**의 측면이 강하다.**
③ 방범용 CCTV의 설치 근거

> 개인정보 보호법 제25조(고정형 영상정보처리기기의 설치·운영 제한)
> ① 누구든지 다음 각 호의 경우를 제외하고는 공개된 장소에 고정형 영상정보처리기기를 설치·운영하여서는 아니 된다.
> 2. 범죄의 예방 및 수사를 위하여 필요한 경우

3. 집합효율성 이론(로버트 샘슨) ⟨18·21 채용, 17 경위⟩

① 지역사회구성원들이 범죄문제를 해결하기 위해 적극적으로 참여하는 것이 중요한 범죄예방의 열쇠이다.
② 집합효율성은 지역사회 구성원 간의 연대감, 그리고 문제 상황 발생 시 구성원의 적극적인 개입의지를 결합한 개념이다.
③ 지역주민 간 상호신뢰 또는 연대감(mutual trust or social cohesion)과 범죄 등 사회문제에 대한 적극적 개입(active intervention), 즉 비공식적 사회통제의 결합을 의미한다.
④ 비판: 공식적 사회통제, 즉 경찰 등 법집행기관의 중요성을 간과하고 있다.

4. 깨진 유리창 이론(깨어진 창 이론) ⟨21·23 채용, 18·20·22 경채⟩

이론의 전개과정	① 무질서와 심각한 범죄를 이론적으로 연결시킨 최초의 시도로서 미국의 범죄학자들인 **윌슨과 켈링**(Wilson & Kelling, 1982)에 의해 주장된 사소한 무질서에 대한 적극적 경찰활동 이론이다. ② 증가한 무질서와 약화된 비공식적 사회통제는 절도, 강도, 폭력 등 심각한 범죄를 증가하게 한다. 따라서 무질서에 대한 엄격한 통제관리가 요구된다. ③ 수정·발전된 깨진 유리창 이론 무관용 정책과 집합효율성의 강화가 범죄를 예방하는 데 중요한 기여를 한다고 본다. 경미한 무질서에 대한 무관용 정책의 확산을 통해 시민들 사이의 집합적 효율성(지역주민 간의 상호협력)을 강화하는 것에 중점을 둔다.
범죄예방 정책	① **무관용 경찰활동은 1990년대 뉴욕에서 본격적으로 시행되었다.** ② 깨진 유리창 이론에 근거해서 1994년 미국 줄리아니 뉴욕시장과 브래튼 경찰국장이 무관용(Zero Tolerance) 정책(Policing)을 선포하였다.
무관용 경찰활동 (Zero Tolerance Policing)	① 깨진 유리창 이론에 이론적 근거를 두고 있는 **무관용 경찰활동은 처벌의 확실성을 높여 범죄를 억제하는 전략이다.** ② '깨진 유리창 이론'은 '경미한 범죄 및 무질서 행위에 대해 관용을 두어서는 안 된다'라는 무관용원칙을 주장한다. ③ 깨진 유리창 이론에 따르면 **사소한 무질서라도 그대로 방치할 경우 주민들의 범죄에 대한 두려움이 증가하거나 범죄와 무질서가 더욱 심각해질 수 있다고 보기 때문에** 무관용 경찰활동이 필요하다. ④ **직접적인 피해자가 없는 사소한 무질서 행위**에 대한 경찰의 강경한 대응(Zero Tolerance)을 강조한다. ⑤ **범죄해결에 집중하는 전통적 경찰활동과 다른 전략을 사용한다.**(계승하였다×)
비판	① 경미한 비행자에 대한 무관용 개입은 낙인효과를 유발할 수 있다. ② 일선 경찰관들의 재량권 수준이 낮다.

5. 환경 범죄학

(1) 의의

① 잠재적 범죄자의 범행동기를 변화시키기보다 환경적 요소의 변화를 통해 범행실행을 억제한다.
② 뉴먼(O. Newman)과 제프리(C. R. Jeffery)가 주장하였다.

(2) 오스카 뉴먼(Oscar Newman)의 방어공간이론

① 방어공간이론(영역성의 강조)을 통해 주택건축과정에서 범죄예방을 고려할 것을 주장하였다.
② 방어공간 이론(Defensible space theory) : 주거에 대한 영역성의 강화를 통해 주민들이 살고 있는 지역이나 장소를 자신들의 영역이라 생각하고 감시를 게을리하지 않으면 어떤 지역이든 범죄로부터 안전할 수 있다.
③ 방어공간(Defensible Space)과 관련하여 영역성, 감시, 이미지, 안전지대의 4가지 관점을 제시하였다.

④ 뉴먼(1972)의 방어공간 구성요소 <22 채용>

4가지 요소	내용
영역성	지역에 대한 소유의식은 일상적이지 않은 일이 있을 때 주민으로 하여금 행동을 취하도록 자극한다.
자연적 감시	특별한 장치의 도움 없이 실내와 실외의 활동을 관찰할 수 있는 능력이다.
이미지	지역의 외관이 다른 지역과 고립되어 있지 않고, 보호되고 있으며, 주민의 적극적 행동의지를 보여준다. 범행을 하기 쉬운 대상이라는 느낌을 주지 않도록 한다.
환경 (안전지대)	안전하다고 생각되는 구역(safe zone)에 주거지역을 선정한다.

6. 환경설계를 통한 범죄예방(CPTED-셉테드)

(1) **CPTED(Crime Prevention Through Environment Design)의 의의** <23·24 채용>

① 환경설계를 통한 범죄예방 기법으로서 생태학적 이론의 대표적인 예라 할 수 있다.
② CPTED는 물리적 환경과 관련해 범죄에 대한 방어적 디자인을 통해 범죄기회를 차단하고 시민의 범죄에 대한 불안을 감소시키는 전략이다.
③ CPTED는 근본적이고 효과적인 범죄예방을 위한 방안으로 **물리적 환경설계 또는 재설계를 통해 범죄 기회를 차단**하는 것이 핵심이다.
④ 제프리(C. R. Jeffery)는 환경설계를 통한 범죄예방(CPTED)을 강조하였다.
⑤ 우리나라에서는 서울시 마포구 염리동에서 적용한 사례가 있고, 자치단체 조례로 「서울특별시 마포구 범죄예방을 위한 도시환경디자인 조례」가 2018년 제정되어 시행되고 있다.
⑥ 안전도시 프로그램

Safer City Program	① 지역사회 발전 프로그램을 통한 사회환경개선으로 범죄 원인을 제거하고자 하는 영국의 안전도시운동을 말한다. ② 현재 판교의 범죄예방설계에 적용되고 있다.

(2) **CPTED의 기본원리** <15·16·19·23 채용, 15·18·20·24 승진>

자연적 감시	건축물이나 시설물의 설계 시 가시권을 최대로 확보하여, 외부침입에 대한 감시기능을 확대하는 원리이다. 이를 통해 범죄위험(범죄행위 발견 가능성)을 증가시키고, 기회를 감소시킬 수 있다.	조명, 조경, 가시권 확대를 위한 건물의 배치 등
자연적 접근통제	일정한 지역에 접근하는 사람들을 정해진 공간으로 유도하거나 외부인의 출입을 통제하도록 설계함으로써 접근에 대한 심리적 부담을 증대시켜 범죄를 예방하는 원리이다.	차단기, 방범창, 잠금장치, 통행로의 설계, 출입구의 최소화
영역성의 강화	사적 공간에 대한 경계를 표시함으로써 범죄기회를 차단하는 원리이다. 주민들의 책임의식과 소유의식을 증대함으로써 사적 공간에 대한 관리권과 권리를 강화하는 한편, 외부인들에게는 침입에 대한 불법사실을 인식시켜 범죄기회를 차단한다.	울타리(펜스) 및 표지판의 설치, 사적·공적공간의 구분

활동의 활성화, 활용성의 증대	지역사회의 설계 시 주민들이 모여서 상호 의견을 교환하고 유대감을 증대할 수 있는 공공장소를 설치하고 이용하도록 함으로써 '거리의 눈'을 활용한 자연적 감시와 접근통제의 기능을 확대하는 원리이다.	놀이터·공원의 설치, 체육시설의 접근성과 이용의 증대, 벤치·정자의 위치 및 활용성에 대한 설계, 공원 조성 시 벤치 혹은 체육기구의 위치에 대한 설계, 방치된 공·폐가를 카페로 조성, 골목길에 벤치와 운동기구를 설치
유지관리	처음 설계된 대로 혹은 개선한 의도대로 기능을 지속적으로 유지하도록 관리함으로써 범죄예방을 위한 환경설계의 장기석이고 지속적 효과를 유지하는 원리이다.	파손의 즉시 보수, 청결 유지, 조명·조경외 관리

(3) CPTED의 발전단계

1세대	물리적 환경의 개선과 변화
2세대	① 사회적·문화적 유대와 집합효율성을 강조, 이웃범죄예방(이웃감시, 이웃지원, 시민순찰 등) ② 범죄예방에 필요한 매개요인들(대표적으로 지역사회에 대한 주민들의 관심과 노력)에 직접 개입하는 것이 주목적
3세대	① UN이 제시한 개념으로서 도시공간을 재구성하여 안전한 공동체가 되는 것 ② 장소, 사람, 기술 및 네트워크를 핵심요소로 하여 안전한 공동체 형성을 지향

3 범죄예방과 피해자학

1. 범죄예방의 이론과 개념

(1) 협의의 개념

미국범죄예방연구소 (NCPI, National Crime Prevention Institute)	① 범죄예방은 **범죄 기회를 감소시키려는 사전활동**이며, 범죄와 관련된 환경적 기회를 제거하는 직접적인 통제활동이다. ② 범죄 발생 요소를 범죄욕구, 범죄기술, 범죄기회로 구분할 경우, 범죄예방은 범죄욕구나 범죄기술에 대한 예방이 아니라 범죄기회를 감소시키려는 활동이다.

(2) 광의의 개념

랩(S. P. Lap)	① 범죄예방은 **실제의 범죄발생과 범죄에 대한 공중의 두려움을 줄이는 사전활동**이다. ② 범죄예방은 실질적으로 범죄발생을 줄이려는 사전 노력이기도 하고, 심리적인 측면에서 안전성의 확보, 범죄에 대한 두려움을 제거한 노력이기도 하다. 범죄예방에서는 실제 범죄를 줄이는 것도 중요하지만, 시민이 가지고 있는 범죄에 대한 불안과 공포를 제거하는 것도 매우 중요하다. ③ 랩은 심리적 측면인 **범죄에 대한 시민의 두려움을 제거하는 활동**까지 범죄예방 개념에 포함하고 있다.

2. 브랜팅햄(P. J. Brantingham)과 파우스트(F. L. Faust)의 3단계 범죄예방모델 〈24·25 채용〉

① 범죄예방에 질병의 예방과 치료의 개념을 도입하여 소개한 모델이다. **질병예방의 공중보건모델과 유사**한 세 가지의 범죄예방 유형을 제시하였다.
② 1차적 범죄예방은 일반대중, 2차적 범죄예방은 범죄우범자나 집단, 그리고 3차적 범죄예방은 범죄자가 주요 대상이라고 할 수 있다.

1차적 범죄예방	대상	일반 시민(대중)
	전략	① 물리적·사회적 환경 중에서 범죄의 기회를 제공하는 원인 또는 조건을 찾아 개입하는 전략 ② 범죄발생 원인에 영향을 미치는 경제 및 사회 조건에 개입하는 전략
	내용	① 일반 시민(대중)을 대상으로 물리적·사회적 환경 중에서 범죄의 기회를 제공하는 원인 또는 조건들을 개선하는 데 초점을 둔다. ② 환경설계(CPTED), 이웃 감시활동, 민간경비, 범죄예방교육, **금융기관에 CCTV 설치, 금은방에 비상벨 설치 등의 활동**, 형사사법기관의 활동, **시민순찰, 범죄실태에 대한 대중교육**
2차적 범죄예방	대상	우범자, 우범집단, 우범지역
	전략	**잠재적 범죄자를 초기에 발견하여 개입하는 전략**
	내용	① 잠재적 범죄자(우범자나 우범집단)를 조기에 발견하고 범죄 기회를 차단하기 위하여 비합법적 행위가 발생하기 전에 예방하는 데 초점을 둔다. ② 우범자와 우범지역에 초점을 두어, 잠재적 범죄인이 실제 범죄를 저지르지 않도록 우범지역을 단속하는 활동, 범죄예측 등이 있다. ③ **범죄예측, 우범지역 순찰**, 우범 환경이나 우범자를 대상으로 하여, 우범자들과 자주 접촉하는 지역사회의 지도자, 교육자, 부모 등의 활동에 의해 이루어진다.
3차적 범죄예방	대상	범죄자
	전략	**상습범 대책수립 및 재범억제를 지향하는 전략**
	내용	① 실제 범죄자를 대상으로 범죄자들이 더 이상 범죄를 저지르지 않도록 하기 위한 활동을 말한다. ② 범인을 검거·구속하여 사회와 격리함으로써 더 이상 범죄를 저지르지 않도록 하는 활동이다. ③ 체포·구속, 기소, 교도소 구금, 치료, 사회복귀, 상습범·재범 대책의 수립, **재소자 교육** 등의 활동 ④ 대부분 형사사법기관이 담당한다. 이 외에도 민간단체나 **지역사회의 교정프로그램**도 3차 활동에 포함된다.

이웃감시

Neighborhood Watch Program (이웃감시)	미국 보안관 협회가 주도한 전략으로 주민과 경찰의 상호협력을 통해 주거침입범죄를 효과적으로 방지하려는 노력이다. 각종 모임과 활동을 통해 익명성을 줄이고 낯선 사람을 식별할 수 있다.

3. C. R. Jeffery의 범죄예방 모델 〈25 채용〉

① 범죄예방 모델은 ㉠ 범죄가 저질러지기 이전의 사전적 활동이며, ㉡ 행동에 대한 직접적 통제이다. 그리고 ㉢ 범죄가 발생하는 환경과 사람들의 상호작용에 초점을 두며, ㉣ 사람의 행동을 연구하는 다양한 학문에 기초한 모형이다.
② 범죄억제모델: 형벌을 통해 범죄를 통제한다.
③ 사회복귀모델: 범죄자의 치료와 갱생을 통한 범죄통제이다.
④ 범죄예방모델: **사회환경개선(CPTED)을 통한 범죄통제이다.**

4. 톤리와 패링턴(Tonry & Farrington)의 구분에 따른 범죄예방전략 유형 〈23 채용〉

(1) 상황적 범죄예방 전략(기법)

코니쉬(Cornish), 클라크(Clark)의 5가지 방법(25가지 기법)

① 노력의 증가: 목표물 강화, 시설물 접근통제, 출입 시 검색, 범죄자 우회, 도구·무기 통제
② 위험의 증가: 범행에 수반되는 발각 위험을 증대한다. 보호 강화, 자연적 감시 지원, 익명성 감소, 장소관리자 활용, 공식적 감시 강화가 있다.
　예) ㉠ 공식적 감시: 여성 1인 가구 밀집지역에 대한 경찰순찰을 확대함으로써 공식적 감시기능을 강화
　　　㉡ 익명성 감소: 아파트 입구 현관문에 반사경을 부착함으로써 출입자의 익명성을 감소
③ 보상의 감소: 목표물 은닉, 목표물 제거, 소유자 표시, 암시장 관리, 범죄이익 차단
　예) 소유자 표시: A경찰서는 관내 자전거 절도사건이 증가하자 관내 자전거 소유자들을 대상으로 자전거에 일련번호를 각인해 주는 서비스를 제공
④ 자극 감소: 좌절·스트레스 감소, 논쟁 회피, 감정적 충동 감소, 동료 압력 중화, 모방 차단
⑤ 변명 제거: 규칙 설정, 경고문 세우기, 양심에 경고하기, 준법 지원, 마약과 술 통제

(2) 발달적 범죄예방 전략

① 개인의 성장단계 초기에 개입하여 아동·청소년이 범죄로 나아가는 것을 예방하는 전략이다. 증가하는 청소년 범죄와 어린 나이에 일탈행동을 하는 아동들에 대해 발달적 측면에서 접근하는 것으로 범죄로 진행될 위험요인을 차단하고 보호요인을 증대시키기 위해 생의 초기 개입에 노력을 집중한다.
② 경찰서의 여성청소년 담당부서에서 운영하고 있는 학교전담경찰관(SPO)은 학교에 배치되어 학교폭력예방교육 등 학교폭력 관련 예방과 가해학생 선도 등 사후관리 역할을 담당하고, 학대예방경찰관(APO)은 미취학 혹은 장기결석 아동에 대해 점검하고 학대피해 우려가 높은 아동에 대해 지속적으로 모니터링을 실시함으로써 아동학대의 위험성을 감소시키고 아동의 안전 등을 확인하는 역할을 담당하고 있다.

(3) 법집행을 통한 범죄억제 전략

위법행위에 대한 단속을 강화하는 무관용 경찰활동을 지향함으로써 처벌의 확실성을 높여 범죄를 억제하고자 노력한다.

5. 범죄피해자학 〈24 채용〉

① 현대 범죄학의 한 분야로서 피해자를 연구대상으로 한다. 범죄예방 차원에서 피해자를 새로운 시각에서 조명하면서 범죄 발생의 요인을 피해자의 특성에서 찾는 한편, 피해자의 보호에 더 많은 관심을 두고 있다.

② 가로팔로(Garofalo) : 범죄피해자가 다른 사람으로 하여금 공격하도록 유발시킬 수도 있다고 언급하였다.
③ 헨티히(H. Von Hentig) : 범죄피해자의 특성을 중심으로 한 피해자의 계층과 범죄에 대한 취약성을 증대시키는 인성과의 관계를 통해 피해자의 역할에 대해 서술한 '범죄자와 피해자'를 저술하였다.
④ 멘델죤(멘델손, B. Mendelshon)
1940년대 강간피해자 연구를 통해 **범죄피해자의 유책성을 기준으로** '범죄피해자 유형론'을 제시하였다.

피해자의 유형	내 용
완전히 책임 없는 피해자	영아살해에서의 영아, 미성년자 약취·유인죄의 미성년자, 길거리 흉기 난동의 피해자
책임이 조금 있는 피해자	스스로 낙태를 시도하다 사망한 임신부, 범죄 다발 지역에서 폭력 피해를 당한 자, 고장난 잠금장치를 방치하다 절도 피해를 당한 자
가해자와 같은 정도의 책임이 있는 피해자	동반자살 피해자, 촉탁살인에 의한 피살자, 안락사의 피해자, 자살미수 피해자
가해자보다 더 책임이 있는 피해자	**자신의 부주의로 인한 피해자, 부모에게 살해된 패륜아**, 가해자를 도발하여 상해를 입은 자, 신호를 무시하다 교통사고를 당한 자
가장 책임이 높은 피해자	공격을 가한 자신이 피해자가 되는 가해적 피해자, 정당방위의 상대방인 공격적 피해자

6. 범죄피해자 보호법 〈22 채용, 22·23 경채〉

목적 (제1조)	이 법은 범죄피해자 보호·지원의 기본 정책 등을 정하고 타인의 범죄행위로 인하여 생명·신체에 피해를 받은 사람을 구조(救助)함으로써 범죄피해자의 복지 증진에 기여함을 목적으로 한다.
기본이념 (제2조)	① 범죄피해자는 범죄피해 상황에서 빨리 벗어나 인간의 존엄성을 보장받을 권리가 있다. ② 범죄피해자의 명예와 사생활의 평온은 보호되어야 한다. ③ 범죄피해자는 해당 사건과 관련하여 각종 법적 절차에 참여할 권리가 있다.
정의 (제3조)	① 이 법에서 사용하는 용어의 뜻은 다음과 같다. 　1호. "범죄피해자"란 타인의 범죄행위로 피해를 당한 사람과 그 배우자(사실상의 혼인관계를 포함한다), 직계친족 및 형제자매를 말한다. (사실상의 혼인관계는 제외×) 　2호. "**범죄피해자 보호·지원**"이란 범죄피해자의 손실 복구, 정당한 권리 행사 및 **복지 증진에 기여하는 행위를 말한다.** 다만, 수사·변호 또는 재판에 부당한 영향을 미치는 행위는 포함되지 아니한다. (복지증진은 제외하고×) 　3호. "범죄피해자 지원법인"이란 범죄피해자 보호·지원을 주된 목적으로 설립된 비영리법인을 말한다. 　4호. "구조대상 범죄피해"란 대한민국의 영역 안에서 또는 대한민국의 영역 밖에 있는 대한민국의 선박이나 항공기 안에서 행하여진 사람의 생명 또는 신체를 해치는 죄에 해당하는 행위[「형법」 제9조(형사미성년자), 제10조 제1항(심신상실자), 제12조(강요된 행위), 제22조 제1항(긴급피난)에 따라 처벌되지 아니하는 행위를 포함하며, 같은 법 제20조(정당행위) 또는 제21조 제1항(정당방위)에 따라 처벌되지 아니하는 행위 및 과실에 의한 행위는 제외한다]로 인하여 사망하거나 장해 또는 중상해를 입은 것을 말한다. ② 제1항 제1호에 해당하는 사람 외에 범죄피해 방지 및 범죄피해자 구조 활동으로 피해를 당한 사람도 범죄피해자로 본다.

국민의 책무 (제6조)	국민은 범죄피해자의 명예와 사생활의 평온을 해치지 아니하도록 유의하여야 하고, **국가 및 지방자치단체가 실시하는 범죄피해자를 위한 정책의 수립과 추진에 최대한 협력하여야 한다.**
손실 복구 지원 등 (제7조)	① 국가 및 지방자치단체는 범죄피해자의 피해정도 및 보호·지원의 필요성 등에 따라 상담, 의료제공(치료비 지원을 포함한다), 구조금 지급, 법률구조, 취업 관련 지원, 주거지원, 그 밖에 범죄피해자의 보호에 필요한 대책을 마련하여야 한다. ② 국가는 범죄피해자와 그 가족에게 신체적·정신적 안정을 제공하고 사회복귀를 돕기 위하여 일시적 보호시설(이하 "보호시설"이라 한다)을 설치·운영하여야 한다. 이 경우 국가는 보호시설의 운영을 범죄피해자 지원법인, 「의료법」에 따른 종합병원, 「고등교육법」에 따른 학교를 설립·운영하는 학교법인, 그 밖에 대통령령으로 정하는 기관 또는 단체에 위탁할 수 있다. ③ 국가는 범죄피해자와 그 가족의 정신적 회복을 위한 상담 및 치료 프로그램을 운영하여야 한다.
형사절차 참여 보장 등 (제8조)	① **국가는 범죄피해자가 해당 사건과 관련하여 수사담당자와 상담하거나 재판절차에 참여하여 진술하는 등 형사절차상의 권리를 행사할 수 있도록 보장하여야 한다.** ② **국가는 범죄피해자가 요청하면** 가해자에 대한 수사 결과, 공판기일, 재판 결과, 형 집행 및 보호관찰 집행 상황 등 형사절차 관련 정보를 대통령령으로 정하는 바에 따라 **제공할 수 있다.**

범죄
피해자에
대한 정보
제공 등
(제8조의2)
	① 국가는 수사 및 재판 과정에서 다음 각 호의 정보를 범죄피해자에게 제공하여야 한다.
	  1. 범죄피해자의 해당 재판절차 참여 진술권 등 형사절차상 범죄피해자의 권리에 관한 정보
	  2. 범죄피해 구조금 지급 및 범죄피해자 보호·지원 단체 현황 등 범죄피해자의 지원에 관한 정보
	  3. 그 밖에 범죄피해자의 권리보호 및 복지증진을 위하여 필요하다고 인정되는 정보
	② 제1항에 따른 정보 제공의 구체적인 방법 및 절차 등에 필요한 사항은 대통령령으로 정한다.

사생활의 평온과 신변의 보호 등(제9조)	① 국가 및 지방자치단체는 범죄피해자의 명예와 사생활의 평온을 보호하기 위하여 필요한 조치를 하여야 한다. ② 국가 및 지방자치단체는 범죄피해자가 형사소송절차에서 한 진술이나 증언과 관련하여 보복을 당할 우려가 있는 등 **범죄피해자를 보호할 필요가 있을 경우에는 적절한 조치를 마련하여야 한다.**
구조금의 지급요건 (제16조)	국가는 구조대상 범죄피해를 받은 사람(이하 "구조피해자"라 한다)이 다음 각 호의 어느 하나에 해당하면 구조피해자 또는 그 유족에게 범죄피해 구조금(이하 "구조금"이라 한다)을 지급한다. 1. 구조피해자가 피해의 전부 또는 일부를 배상받지 못하는 경우 2. 자기 또는 타인의 형사사건의 수사 또는 재판에서 고소·고발 등 수사단서를 제공하거나 진술, 증언 또는 자료제출을 하다가 구조피해자가 된 경우
구조금의 종류 등 (제17조)	① 구조금은 유족구조금·장해구조금 및 중상해구조금으로 구분한다. ② 유족구조금은 구조피해자가 사망하였을 때 제18조에 따라 맨 앞의 순위인 유족에게 지급한다. 다만, 순위가 같은 유족이 2명 이상이면 똑같이 나누어 지급한다. ③ 장해구조금 및 중상해구조금은 해당 구조피해자에게 지급한다. ④ 구조금은 일시금으로 지급한다.

구조금을
지급하지
아니할 수
있는 경우
(제19조)
	① 범죄행위 당시 구조피해자와 가해자 사이에 다음 각 호의 어느 하나에 해당하는 친족관계가 있는 경우에는 구조금을 지급하지 아니한다.
	  1. 부부(사실상의 혼인관계를 포함한다)
	  2. 직계혈족
	  3. 4촌 이내의 친족
	  4. 동거친족
	② 범죄행위 당시 구조피해자와 가해자 사이에 제1항 각 호의 어느 하나에 해당하지 아니하는 친족관계가 있는 경우에는 구조금의 일부를 지급하지 아니한다.

손해배상과의 관계 (제21조)	① 국가는 구조피해자나 유족이 해당 구조대상 범죄피해를 원인으로 하여 손해배상을 받았으면 그 범위에서 구조금을 지급하지 아니한다. ② 국가는 지급한 구조금의 범위에서 해당 구조금을 받은 사람이 구조대상 범죄피해를 원인으로 하여 가지고 있는 손해배상청구권을 대위한다.
외국인에 대한 구조 (제23조)	구조피해자 또는 그 유족이 외국인인 때에는 다음 각 호의 어느 하나에 해당하는 경우에만 이 법을 적용한다. 1. 해당 국가의 상호 보증이 있는 경우 2. 해당 외국인이 구조대상 범죄피해 발생 당시 대한민국 국민의 배우자이거나 대한민국 국민과 혼인관계(사실상의 혼인관계를 포함한다)에서 출생한 자녀를 양육하고 있는 자로서 다음 각 목의 어느 하나에 해당하는 체류자격을 가지고 있는 경우 가. 「출입국관리법」 제10조 제2호의 영주자격 나. 「출입국관리법」 제10조의2 제1항 제2호의 장기체류자격으로서 법무부령으로 정하는 체류자격
구조금의 지급신청 (제25조)	① 구조금을 받으려는 사람은 법무부령으로 정하는 바에 따라 그 주소지, 거주지 또는 범죄 발생지를 관할하는 지구심의회(지방검찰청에 설치된 범죄피해구조심의회)에 신청하여야 한다. ② 제1항에 따른 신청은 해당 구조대상 범죄피해의 발생을 안 날부터 3년이 지나거나 해당 구조대상 범죄피해가 발생한 날부터 10년이 지나면 할 수 없다.
소멸시효 (제31조)	구조금을 받을 권리는 그 구조결정이 해당 신청인에게 송달(발송×)된 날부터 2년간(1년간×) 행사하지 아니하면 시효로 인하여 소멸된다.

제3절 지역사회 경찰활동과 순찰이론

1 지역사회 경찰활동(Community Policing)

1. 의의 〈23 채용〉

(1) 배경

① 전통적인 법집행(law enforcement) 경찰활동은 경찰의 범죄인지능력과 범인검거능력을 향상하여 많은 범죄를 신속하게 해결하는 것을 목표로 하였다.
② 경찰은 지역사회 내 지방자치단체, 학교 등 **공적 주체들은 물론 시민단체 등 사적 주체들과도 파트너십을 형성할 필요가 있다.**
③ 지역사회와의 공동노력을 통하여 범죄를 예방하려는 경찰활동을 말한다.
④ 지역사회 경찰활동은 지역사회 공동체의 모든 분야와 협력하여 범죄 발생을 예방하고 범죄로부터 피해를 줄이는 것을 목표로 한다.

(2) 스콜닉(J. Skolnick)의 4가지 기본요소

① 지역사회 범죄예방활동
② 법집행에서 주민에 대한 서비스제공을 위한 순찰활동으로 방향 전환
③ 주민에 대한 책임성 중시
④ 정책결정과정에서의 주민참여 증대와 경찰권한의 분산화, 일선경찰관의 재량권 강화

2. 전통적인 경찰활동과 지역사회 경찰활동의 차이(Sparrow, 1988) <سب>20·22·23 채용, 21·23 경채</sب>

① '지역사회 경찰활동'은 이미 발생한 범죄를 사후 진압 및 검거하는 역할에서 벗어나 **사전적 예방과 지역사회 문제를 해결하는 문제해결자로서의 경찰 역할**을 강조한다.
② 정책결정과정에서 **주민의 참여를 증대하고 경찰의 권한을 분산**하는 것을 기본요소로 하고 있다.
③ 경찰활동의 **목적과 우선순위를 결정할 때 시민의 참여**가 중요하다.
④ 오늘날의 경찰활동은 범죄통제에 초점을 두는, 즉 범죄진압을 강조하는 **사건지향적인 경찰활동**인 전통적인 경찰활동에서 순찰 등의 강화를 통한 범죄예방에 중점을 두는 지역사회 경찰활동으로 그 중심이 옮겨가고 있다.

구분	전통적 경찰활동	지역사회 경찰활동
경찰은 누구인가? (경찰활동의 주체)	법집행을 주로 책임지는 정부기관(경찰기관)	㉠ **경찰과 시민 모두 지역문제 해결을 위한 치안주체**로서 인정하고 협력을 강조한다. ㉡ 경찰과 시민 모두에게 범죄방지의 의무가 있고, 단지 경찰은 범죄방지에 전적으로 노력을 기울이는 사람으로 정의된다. ㉢ 경찰이 시민이고 시민이 경찰이다.
경찰활동의 대상	사건들	시민의 문제와 걱정거리
경찰의 역할은?	범죄를 해결하는 것	**폭넓은 지역문제를 해결**하는 것. 포괄적인 문제해결사로서의 역할로 접근
업무평가의 주요한 척도 (경찰의 능률성)	체포율과 적발건수, **사후진압을 강조한 범인검거율**	㉠ 지역사회에서 발생하는 **범죄와 무질서가 얼마나 감소하였는지**(범죄와 무질서가 얼마나 적은가)가 업무평가의 기준이며 사전예방을 강조한다. ㉡ **사전예방을 강조한 범죄나 무질서의 감소율** 사후적 대응보다 사전적 예방 중심의 경찰활동 전개에 주력한다.
경찰의 효과성	① (범죄에 대한) 경찰의 대응시간 ② 범죄신고에 대한 출동소요시간	시민(대중)의 협조, **주민의 경찰업무에의 협조도에 의해 평가**
경찰 전문주의는 무엇인가?	심각한 범죄에 대한 신속하고 효과적인 대응	지역사회와의 밀접한 상호작용
언론 접촉부서의 역할은 무엇인가?	P.R.(대중 관계) 중시. **현장경찰관들에 대한 비판적 여론을 차단하는 것**, 경찰관들의 원활한 업무수행을 위해 부정적인 의도의 접근을 차단하는 것	C.R.(지역사회 관계) 중시. **지역사회와의 필수적인 대화 창구를 조절하는 것**(지역사회와의 원활한 소통창구)
가장 중요한 정보란 무엇인가?	**범죄사건 정보**(특정 범죄사건 또는 일련의 범죄사건 관련 정보)	**범죄자 정보**(개인 또는 집단의 활동사항 관련 정보)
조직의 강조점	① **집중화된 조직구조**를 갖고, 법과 규범에 의해 규제되며, 법을 엄격히 준수하는 책임을 강조한다. ② 감독자의 지휘·통제가 강조	① 지역사회의 요구에 부응하는 **분권화된 경찰관 개개인의 능력**을 강조한다. ② 지역사회 문제해결을 위한 경찰업무 영역의 확대로 **일선 경찰관에 대한 재량 부여**
다른 기관과의 관계	권한과 책임 문제로 인한 갈등구조	지역사회 문제해결의 공동목적 수행을 위한 **협력구조**

3. 지역사회 경찰활동의 구성요소(프로그램) (23·24 채용, 22·23 경채, 25 승진, 21·25 경위)

구성요소	내용
지역중심적 경찰활동(COP)	① Community Oriented Policing. **지역사회에서의 전반적인 삶의 질 향상을 목표로, 지역사회와 경찰 사이의 새로운 관계를 증진시키는 조직적인 전략원리**를 말한다. ② 경찰과 주민 간 파트너십의 강화, 지역사회 문제에 대한 근본적 해결, 경찰조직 내 권한의 이양 등을 강조한다. ③ 경찰과 지역사회가 마약·범죄와 범죄에 대한 두려움, 사회적·물리적 무질서 그리고 전반적인 지역의 타락과 같은 **당대의 문제들을 확인하고 우선순위를 정하여 해결하고자 노력**한다. ④ 문제가 발생·심화하기 전에 예방적·적극적인 대응과 함께, 개인의 피해 발생·응급사태에 대한 경찰의 적극적·효과적인 대응을 유지하기 위한 필요성을 조화시킨다. ⑤ 기존의 범죄신고 처리에 의존하던 방식에서 탈피하여 경찰과 지역사회의 협력을 통해 문제를 해결하고자 한다. ⑥ 트로야노비치·버케로, 스콜닉·베일리
문제지향적 경찰활동(POP)	① Problem Oriented Policing. 문제지향 경찰활동은 경찰활동이 단순한 법집행자의 역할에서 **지역사회 범죄문제의 근원적 원인을 확인하고 해결하는 역할**로 전환할 것을 촉구한다. ② 문제지향 경찰활동은 종종 지역사회 경찰활동과 병행되어 실시되곤 한다. ③ 경찰의 의사결정과정에 있어서 단순히 개별사건 하나하나를 해결하기보다는 기본적인 문제의 해결이 더 중요하다고 강조한다. ④ 일선경찰관에게 문제해결 권한과 필요한 시간을 부여하고 범죄분석자료를 제공한다. 대중의 정보와 비평을 적극적으로 수용한다. ⑤ 「형법」의 적용은 여러 대응 수단 중 하나에 불과하다. **형법에 지나치게 의존하는 것 대신에 문제해결에 대한 합리적·분석적 접근법을 강조**한다. ⑥ 문제지향 경찰활동에서는 문제들에 대한 효과적인 대응 전략들을 마련하면서 필요한 경우 경찰과 지역사회가 협력할 수 있는 대응전략들에 보다 높은 가치를 부여한다. ⑦ 지역사회 문제해결을 위해 SARA 모형이 강조된다. 조사(Scanning) - 분석(Analysis) - 대응(Response) - 평가(Assessment)로 이루어진 문제해결 과정(단계)을 제시한다. ⑧ 에크와 스펠만(Eck & Spelman)은 경찰관서에서 문제지향경찰활동을 지역문제의 해결에 보다 쉽게 적용할 수 있도록 **4단계의 문제해결과정(이른바 SARA 모델)을 제시하였다.** ⑨ 조사단계(scanning)는 일반시민과 경찰에 고민거리가 되는 재발성 문제를 확인하는 단계이다. ⑩ 분석단계(analysis)에서는 각종 통계자료 등 수집된 자료를 활용하여 심층적인 분석을 실시하며, 당면 문제의 성격을 정확하게 파악하기 위해 문제분석 삼각모형(problem analysis triangle)을 유용한 분석도구로 활용할 수 있다. ⑪ 대응단계(response)에서는 경찰이 보유한 자원과 역량만으로는 한계가 있으므로 지역사회 내의 여러 다른 기관들과의 협력을 통한 대응방안을 추구하며, 상황적 범죄예방에서 제시하는 25가지 범죄예방기술을 적용해 볼 수도 있다. ⑫ **평가단계(assessment)는 과정평가와 효과평가의 두 단계로 구성**되며, 이전 문제해결과정에의 환류를 통해 각 단계가 지속적인 순환과정으로 작동할 수 있도록 한다는 점에서 중요한 의미를 가진다. 효과평가와 결과평가× ⑬ 문제 지향적 경찰활동의 목표는 특정한 문제들을 해결하기 위해서 경찰과 지역사회가 함께 노력하고 적절한 대응방안을 개발함으로써, 문제해결에 대한 특별한 관심을 이끌어내는 것이다. ⑭ 골드슈타인·에크·스펠만

전략 지향적 경찰활동(SOP)	① Strategic Oriented Policing. 전략 지향적 경찰활동은 **전통적 경찰활동 및 절차들을 이용**(전통적 관행과 절차를 배제×)하여 범죄요소나 무질서의 원인을 효과적으로 제거하여 범죄를 진압·통제하려는 경찰활동을 말한다. ② 확인된 문제에 대응하기 위해 **전략적으로 경찰인력과 자원을 배치**하여 범죄나 무질서에 대한 예방을 강조하고, **지역사회 참여**가 경찰임무의 중요한 측면이라 인식한다. ③ 전략 지향적 경찰활동의 목적은 범죄적 요소나 사회 무질서의 원인을 제거하는 것이고, 지역사회를 교정하는 데 있어서 지역사회에 그 기초를 확립할 기회를 제공해 주는 것이다. ④ 지역별로 치안환경에 적합한 전략적 경찰활동을 수행하기 위해서는 무엇보다도 예산과 인력이 뒷받침되어야 하고, 지방경찰에 대한 지역별 재량권을 강화하여야 한다.
이웃지향적 경찰활동(NOP)	① Neighborhood Oriented Policing. 이웃지향적 경찰활동은 **경찰과 주민 사이의 의사소통 라인을 개설하는 모든 프로그램**을 말한다. ② 지역조직은 거주자들에게 지역에 관한 정보를 제공하며, 주민들은 민간순찰을 실시한다. ③ 지역사회 범죄는 비공식적인 사회통제가 약화되고, 경제적 궁핍이 소외를 정당화하기 때문에 일어난다고 보아, **경찰과 주민과의 의사소통 라인을 개방하고 서로를 위해 감시하는 민간순찰을 강조**한다. ④ 지역조직은 경찰과 협동해서 범죄를 억제하는 기능을 수행한다. ⑤ 시민의 서비스 요청에 반응하는 **경찰활동의 반응적 기능**, 경찰관들이 확인된 범죄문제에 대해 조직화된 순찰전략을 개발·기획하는 **사전적 기능**과 범죄와 무질서 문제를 확인하고 알려주기 위한 **경찰과 시민 사이의 적극적인 협력적 기능**을 연결하고자 시도한다. ⑥ 윌리엄스
[비교대상] 경찰-지역사회 관계(PCR)	① 경찰과 지역주민 사이에 좋은 관계를 유지하고 **경찰활동을 널리 지역주민에게 이해시키고**, 범죄예방활동에 지역주민을 적극적으로 참여시켜 협력해 주도록 하는 경찰활동을 말한다. ② 지역사회 경찰활동(Community Policing)은 지역사회 지향적인 경찰행정을 통해 사회의 근본문제를 개선해 가면서 경찰과 지역주민의 관계를 중요시하는 경찰활동이라는 점에서 경찰-지역사회 관계와 차이점을 보인다. ③ 지역사회 경찰활동의 목표가 문제를 해결하는 것이라면, 경찰-지역사회 관계의 목표는 태도를 변화시키고 긍정적인 이미지를 표현하는 것이다.

4. 새로운 경찰활동 전략 〈23·24·25 채용, 23 경채, 25 경위〉

구성요소	내용
범죄다발지역 경찰활동	① Hot Spot Policing. 일부 범죄다발지역 내에서 집중적인 경찰활동의 수행을 말한다. ② 경찰 내부 전산망에 탑재된 지리적 프로파일링 시스템을 이용해 특정 장소에서 일정 기간 동안 벌어진 범죄발생 빈도를 산출해 이에 대해 집중적인 순찰을 한다. ③ **범죄가 자주 발생하는 지점에 경찰력을 집중적으로 배치하여 범죄예방효과를 극대화하는 데 중점을 둔다.** → 지역사회 경찰활동×
정보 주도적 (기반) 경찰활동(ILP)	① Intelligence Led Policing. **경찰의 효과성 향상을 위한 전략**으로 범죄를 감소시키기 위해서 **범죄(자)의 정보 및 분석기법을 활용한 법집행 위주의 경찰활동**을 말한다. 범죄의 분석 등을 통해 정보에 입각한 범죄다발지역에 대한 강력한 순찰 등을 한다. ② 범죄자의 활동과 조직범죄집단·중범죄자 등에 대한 관리·예방등에 초점을 두며 증가되는 범죄를 감소시키기 위해 **범죄정보를 통합한 법집행 위주의 경찰활동**을 강조한다. ③ **경찰 및 법집행기관, 넓게는 민간 및 사회공동체 등 다양한 주체 간** 정보유통, 분석, 제공을 통해 범죄를 감소시키는 경찰활동을 말한다. ④ 정보수집과 정보분석·배포 → 경찰 전략과 활동 전술을 수립

정보 주도적 (기반) 경찰활동(ILP)	⑤ 치안유지를 위한 각 기관들의 **정보 취합과 활용** 그리고 **지역사회 참여**를 업무 처리 방식의 틀로 사용하고, 사건 분석을 위해 **지리정보시스템을 활용하여 분석기법을 사용한 법집행 위주의 경찰활동**이다.
예측적 경찰활동 (PredPol)	① Predictive Policing. 법집행에 있어서 자료나 정보의 수학적 예측 및 분석기술을 활용한다. ② 범죄예측의 4가지 범주로서 범죄 예측, 범죄자 예측, 잠재적 가해자 예측, 범죄 피해자 예측이 있다.
증거기반 경찰활동	evidence-based policing. 경찰정책과 의사결정에 있어서 **과학적·의학적 증거에 기반하여** 증거의 개발, 검토, 활용을 위해 **경찰관 및 직원이 연구기관과 함께 활동**하는 접근방법이다.

2 범죄예방을 위한 순찰

1. 순찰의 의의

(1) **개념과 종류** 〈25 채용〉

① 순찰이란 경찰관이 관내의 일정한 지역을 순회시찰하는 활동을 말한다.
② 범죄의 예방과 제지, 현행범인 또는 피의자의 체포, 위험발생의 방지(위험축대의 보수 권유·경고 등), 범죄예방 지도, 관내 상황의 관찰 및 파악, 미아·가출인의 발견 등의 업무를 하기 위한 순회근무를 의미한다.
③ 순찰은 노선에 따라 **정선순찰**(정해진 노선을 지정된 시간에 규칙적으로 순찰), **난선순찰**(임의로 순찰지역이나 노선을 선정하여 불규칙적으로 순찰), **요점순찰**(중요지점에 순찰함을 설치하고 그 요점과 요점 사이에 난선순찰을 실시), **구역순찰**(개인별 담당구역을 지정하여 요점순찰을 자율적으로 실시) 등으로 구분할 수 있다.

(2) **기능** 〈21·25 채용, 20 경채〉

헤일/해일 (C. D. Hale)	① 범죄예방활동을 포함한 모든 경찰활동의 목적이 순찰을 통하여 달성된다고 보았다. ② 순찰의 기능을 범죄예방 및 범인검거, 법집행, 질서유지, **대민서비스 제공**, **교통지도 단속** 등 5가지로 나누어 설명하였다.
사무엘 워커 (Samuel Walker)	① 순찰은 경찰활동의 핵심이며 범죄의 억제, **공공 안전감의 증진**, **대민서비스 제공**의 기능을 한다고 보았다. ② 범죄행위를 억제하거나 주민들에게 심리적인 안전감을 주기 위해서 반드시 가시적인 순찰이 필요하다고 보았다. 순찰하는 경찰관은 짧은 순간만 목격될지라도 잠재적 범죄자에게는 '경찰이 도처에 있다'라는 생각을 갖게 하므로 순찰은 범죄행위를 억제하는 중요한 기능을 하게 되고, 주민들은 순찰하는 경찰관을 볼 때에 비로소 경찰이 활동하고 있음을 인식하므로 주민들에게 심리적인 안전감을 준다고 보았다.
공통기능	대민서비스 제공

2. 순찰에 관한 실험 (21·25 채용, 20 경채)

뉴욕(New York) 경찰의 순찰실험	① 범죄율 감소. 전년도 동일기간 대비 노상강도는 90%, 자동차절도는 60%가 감소된 결과를 보였다. ② 범죄가 많이 발생하는 지역인 뉴욕시 맨해튼 동부 25구역에서 4개월간 경찰관의 수를 2배로 증원하여 배치하였다. ③ 순찰효과를 측정한 최초의 실험이다.
캔자스(Kansas) 차량 예방순찰 실험	① 순찰의 증감이 범죄율과 시민의 안전감에 영향을 미치지 못한다는 결과를 도출하여 경찰의 순찰활동 전략을 재고하게 만든 연구이다. ② **차량순찰을 증가시켜도 실제 범죄는 감소하지 않아 차량순찰과 범죄율의 연관성에 대해 부정하는 결과가 도출되었다.** 전체적으로 순찰차가 2~3배로 증가되었으나 각 구역의 범죄율은 줄어들지 않았으며 일상적인 순찰을 생략해도 범죄는 증가하지 않았다. ③ **시민의 안전감에서 별다른 차이점을 보이지 않았다.**
도보순찰의 강화	① 지역사회 경찰활동의 전략적 요소(The Strategy Dimension) ② 차량에 의존하던 순찰의 형태를 지역주민과의 상호작용을 증진시키기 위해 도보순찰을 강화함으로써 경찰과 시민 간의 접촉을 늘리고 경찰이 항상 주변에 있다는 느낌을 줌으로써 범죄에 대한 두려움을 감소시키게 된다. ※ 순찰체계는 112차량 순찰 위주로 전환×
뉴왁(Newark) 도보순찰실험	범죄율은 감소하지 않고, 시민의 안전감은 증가함. 뉴왁(Newark)시 도보순찰실험은 **도보순찰을 강화하여도 해당 순찰구역의 범죄율을 낮추지는 못하였으나, 도보순찰을 할 때 시민이 경찰서비스에 더 높은 만족감을 드러냈음**(지역주민들의 안전감은 증가)을 확인하였다.
플린트(Flint) 도보순찰 프로그램	① 도보순찰을 증가시켜도 실제 범죄는 감소하지 않았으나 오히려 시민들은 안전하다고 느꼈다. ② 실험지역이 다른 지역에 비해 범죄 발생율은 증가하였지만 오히려 시민들은 경찰관의 도보순찰로 안전하다고 느꼈다.

CHAPTER 02 생활안전경찰 활동

제1절 생활안전 업무

1 생활안전경찰의 의의

1. 생활안전경찰의 개념과 법적 근거 (22 채용)

(1) 개념

범죄예방, 풍속사범 단속과 안전사고 예방, 청소년과 여성 보호 등의 활동을 통하여 국민의 생명과 재산을 보호하고 공공의 안녕과 질서를 유지하는 목적을 달성하는 경찰이다.

(2) 임무 또는 직무의 법적 근거

국가경찰과 자치경찰의 조직 및 운영에 관한 법률	경찰의 임무(제3조) 1. 국민의 생명·신체 및 재산의 보호 2. 범죄의 예방·진압 및 수사 3. 범죄피해자 보호 ※ 경찰관 직무집행법 제2조(직무의 범위)
	자치경찰사무(제4조 제1항 제2호): 지역 내 주민의 생활안전 활동에 관한 사무(가목) 1) 생활안전을 위한 순찰 및 시설의 운영 2) 주민참여 방범활동의 지원 및 지도 3) 안전사고 및 재해·재난 시 긴급구조지원 4) 아동·청소년·노인·여성·장애인 등 사회적 보호가 필요한 사람에 대한 보호 업무 및 가정·학교·성폭력 등의 예방 5) 주민의 일상생활과 관련된 사회질서의 유지 및 그 위반행위의 지도·단속. 다만, 지방자치단체 등 다른 행정청의 사무는 제외한다. 6) 그 밖에 지역 주민의 생활안전에 관한 사무

(3) 경찰청 범죄예방대응국장(경찰청과 그 소속기관 직제 제10조의3 제3항)

범죄예방 및 생활질서	1. 범죄예방에 관한 기획·조정·연구 등 예방적 경찰활동 총괄 2. 범죄예방진단 및 범죄예방순찰 기획·운영 3. 경비업에 관한 연구 및 지도 4. 풍속 및 성매매(아동·청소년 대상 성매매는 제외한다) 사범에 대한 지도 및 단속 5. 총포·도검·화약류 등의 지도·단속 6. 즉결심판청구업무의 지도 7. 각종 안전사고의 예방에 관한 사항
지역경찰	8. 지구대·파출소 운영체계의 기획 및 관리 9. 지구대·파출소의 외근활동 기획 및 운영 10. 지구대·파출소의 근무자에 대한 교육

112상황실	11. 112신고제도의 기획·운영 및 112치안종합상황실 운영 총괄 12. 치안 상황의 접수·상황판단, 전파 및 초동조치 등에 관한 사항 13. 치안상황실 운영에 관한 사항

(4) 경찰청 생활안전교통국장(경찰청과 그 소속기관 직제 제11조 제3항)

자치경찰	1. 자치경찰제도 관련 기획 및 조정 2. 자치경찰제도 관련 법령 사무 총괄 3. 자치경찰제도 관련 예산의 편성·조정 및 결산에 관한 사항 4. 자치경찰제도 관련 특별시·광역시·특별자치시·도·특별자치도(이하 "시·도"라 한다) 및 시·도자치경찰위원회와의 협력에 관한 사항
여성청소년	5. 소년비행 방지에 관한 업무 6. 소년 대상 범죄의 예방에 관한 업무 7. 아동학대의 예방 및 피해자 보호에 관한 업무 8. 가출인 및 「실종아동등의 보호 및 지원에 관한 법률」 제2조 제2호에 따른 실종아동등(이하 "실종아동등"이라 한다)과 관련된 업무 9. 실종아동등 찾기를 위한 신고체계 운영 10. 여성 대상 범죄와 관련된 주요 정책의 총괄 수립·조정 11. 여성 대상 범죄 유관기관과의 협력 업무 12. 성폭력 및 가정폭력 예방 및 피해자 보호에 관한 업무 13. 스토킹·성매매 예방 및 피해자 보호에 관한 업무 14. 경찰 수사 과정상의 범죄피해자 보호 및 지원에 관한 업무
교통	15. 도로교통에 관련되는 종합기획 및 심사분석 16. 도로교통에 관련되는 법령의 정비 및 행정제도의 연구 17. 교통경찰공무원에 대한 교육 및 지도 18. 교통안전시설의 관리 19. 자동차운전면허의 관리 20. 도로교통사고의 예방을 위한 홍보·지도 및 단속 21. 고속도로순찰대의 운영 및 지도

2 112신고 사건 처리

1. 112신고의 운영 및 처리에 관한 법률(112신고처리법) <25 승진>

(1) 제1장 총칙

제1조(목적) 이 법은 112신고의 운영·처리에 관한 사항을 규정함으로써 범죄나 각종 사건·사고 등 위급한 상황으로부터 국민의 생명·신체 및 재산을 보호하고 공공의 안녕과 질서를 유지함을 목적으로 한다.

제2조(정의) 이 법에서 사용하는 용어의 뜻은 다음과 같다.
  1. "112"란 「전기통신사업법」 제48조에 따른 전기통신번호자원 관리계획에 따라 부여하는 특수번호인 112를 말한다.
  2. "112신고"란 범죄나 각종 사건·사고 등 위급한 상황이 발생하였거나 발생할 것이 예상될

때 그 피해자 또는 이를 인지한 사람이 112를 이용한 음성, 문자 신고와 그 밖의 인터넷, 영상, 스마트기기 등을 통하여 신고하는 것을 말한다.

제3조(국가의 책무) ① 국가는 112신고의 신속하고 효과적인 처리 및 대응을 위한 체계를 구축하여야 한다.

② 국가는 112신고의 공동대응을 위하여 관계 기관 간 협력체계를 구축·운영하여야 한다.

③ 국가는 누구든지 장애·언어, 그 밖의 이유로 112신고를 이용하는 데 불이익을 받지 아니하도록 접근성을 보장하여야 한다.

제4조(국민의 권리와 의무) ① 누구든지 범죄나 각종 사건·사고 등 위급한 상황이 발생하였거나 발생할 것이 예상되는 경우 112신고를 이용하여 국가로부터 신속한 대응을 요청할 권리를 가진다.

② 누구든지 범죄나 각종 사건·사고 등 위급한 상황에 대응하기 위한 목적 외의 다른 목적으로 112신고를 하거나 이를 거짓으로 꾸며 112신고를 하여서는 아니 된다.

제5조(다른 법률과의 관계) 112신고의 운영 및 처리에 관하여 다른 법률에 특별한 규정이 있는 경우를 제외하고는 이 법에 따른다.

(2) 제2장 112신고의 접수·처리 등

제6조(112치안종합상황실의 설치·운영) ① 경찰청장, 시·도경찰청장 및 경찰서장(이하 "경찰청장등"이라 한다)은 112신고의 신속한 접수·처리와 이를 위한 112신고 정보의 분석·판단·전파와 공유·이관, 상황관리, 현장 지휘·조정·통제 및 공동대응 등의 업무를 수행하기 위하여 112치안종합상황실을 설치·운영하여야 한다.

② 112치안종합상황실의 설치·운영을 위하여 그 밖에 필요한 사항은 대통령령으로 정한다.

제7조(112신고의 접수 등) ① 경찰청장등은 112신고를 받으면 「국가경찰과 자치경찰의 조직 및 운영에 관한 법률」 제4조 제1항에 따른 경찰사무의 구분이나 현장 출동이 필요한 지역의 관할에 관계없이 해당 112신고를 신속하게 접수하여 처리하여야 한다.

② 누구든지 정당한 사유 없이 위계·위력·폭행 또는 협박 등으로 제1항에 따른 112신고 접수·처리 업무를 방해하여서는 아니 된다.

③ 제1항에 따른 112신고의 접수 및 처리에 필요한 사항은 대통령령으로 정한다.

제8조(112신고에 대한 조치) ① 경찰청장등은 제7조 제1항에 따라 112신고가 접수된 때에는 경찰관을 현장에 신속하게 출동시켜 위험 발생의 방지, 범죄의 예방·진압, 구호대상자의 구조 등 필요한 조치를 하게 하여야 한다.

② 제1항에 따라 필요한 조치를 한 경찰관은 해당 112신고와 관련하여 범죄의 혐의가 있다고 인정할 만한 상당한 이유가 있어 계속 수사할 필요가 있는 경우 지체 없이 해당 수사기관에 인계하여야 한다.

③ 경찰관은 제1항에 따른 필요한 조치를 할 때 사람의 생명·신체 또는 재산에 대한 급박한 위해가 발생할 우려가 있는 경우에는 그 위해를 방지하거나 피해자를 구조하기 위하여 부득이하다고 인정하면 합리적으로 판단하여 필요한 한도에서 다른 사람의 토지·건물 또는 그 밖의 물건을 일시사용, 사용의 제한 또는 처분을 하거나 다른 사람의 토지·건물·배 또는 차에 출입할 수 있다.

④ 경찰청장등은 112신고를 처리하는 과정에서 재난·재해, 범죄 또는 그 밖의 위급한 상황이 발생하여 사람의 생명·신체를 위험하게 할 것으로 인정할 때에는 일정한 구역을 정하여 그 구역에 있는 사람에게 그 구역 밖으로 피난할 것을 명할 수 있다.

⑤ 경찰관은 제3항에 따라 출입 등 조치를 할 때에는 그 신분을 표시하는 증표를 제시하여야 하며, 소속과 성명을 밝히고 조치의 목적과 이유를 설명하여야 한다.

⑥ 국가는 제1항, 제3항 또는 제4항에 따른 조치나 명령으로 손실을 입은 자가 있는 경우에는 「경찰관 직무집행법」 제11조의2에 따라 그 손실을 보상하여야 한다.

제9조(공동대응 또는 협력 등) ① 경찰청장등은 112신고 처리에 있어 다른 기관과의 공동대응 또는 협력이 필요한 경우에는 관계 기관에 이를 요청할 수 있다. 이 경우 요청을 받은 기관의 장은 특별한 사유가 없으면 이에 따라야 한다.

② 제1항에 따라 공동대응 또는 협력을 요청받은 관계 기관은 신속하고 안전하게 위험 발생의 방지, 범죄의 예방·진압, 구호대상자의 구조 등 필요한 조치를 하여야 한다.

③ 제2항에 따라 필요한 조치를 한 관계 기관은 해당 112신고와 관련하여 범죄의 혐의가 있다고 인정할 만한 상당한 이유가 있어 계속 수사할 필요가 있다고 판단되는 경우 지체 없이 해당 수사기관에 인계하여야 한다.

④ 제1항부터 제3항까지에 따른 공동대응·협력 요청, 관계 기관의 조치, 수사기관 인계 및 그 밖에 필요한 사항은 대통령령으로 정한다.

제10조(112신고자에 대한 보호 등) ① 국가는 112신고를 처리할 때 112신고를 한 사람(이하 "112신고자"라 한다)이 범죄(이미 행하여졌거나 진행 중인 범죄와 눈앞에서 행하여지려고 하고 있다고 인정되는 범죄를 포함한다. 이하 같다) 피해자, 범죄를 목격한 사람, 그 밖에 각종 사건·사고 등 위급한 상황에서 구조를 요청한 사람에 해당하는 경우 그 신고자를 보호하여야 한다.

② 경찰청장등은 다음 각 호의 어느 하나에 해당하는 경우를 제외하고 112신고에 사용된 전화번호, 112신고자의 이름·주소·성별·나이·음성과 그 밖에 112신고자를 특정하거나 유추하는 데 사용될 수 있는 일체의 정보(이하 "112신고자 정보"라 한다)를 수집·이용 또는 제공하여서는 아니 된다.

1. 112신고의 처리를 위하여 112신고자 정보를 활용하는 경우
2. 112신고자가 동의하는 경우
3. 이 법 또는 다른 법률에 특별한 규정이 있는 경우

③ 누구든지 제2항에 따른 112신고자 정보를 112신고 접수·처리 이외의 목적에 이용하여서는 아니 된다.

④ 제2항 각 호에 따라 수집·이용 또는 제공하는 112신고자 정보는 해당 업무를 수행하기 위하여 필요한 최소한의 범위에 그쳐야 한다.

제11조(출동 현장의 촬영·관리)

① 경찰청장등은 112신고를 처리할 때 112치안종합상황실에서 출동 현장의 상황 등을 실시간으로 확인하고 지휘하기 위한 목적으로 순찰차 등에 영상촬영장치를 설치하여 출동 현장을 촬영할 수 있다.

② 제1항에 따라 수집된 영상정보의 보관·이용·폐기의 기간·방법·절차, 그 밖에 필요한 사항은 대통령령으로 정한다.

③ 제1항에 따라 촬영된 영상정보의 보호 및 관리에 관한 사항은 이 법에서 정한 것을 제외하고는 「개인정보 보호법」에 따른다.

제12조(112신고의 기록·보존 등) ① 경찰청장등은 112신고의 접수·처리 상황을 제13조에 따른 112시스템에 입력·녹음·녹화 등의 방법으로 기록하고 보존하여야 한다.

② 제1항에 따른 112신고 접수·처리 상황의 기록 방법·범위, 보존기간, 관리 및 폐기 등에 필요한 사항은 대통령령으로 정한다.

(3) 제3장 112시스템의 구축·운영 등

제13조(112시스템의 구축·운영) ① 경찰청장은 112신고의 접수·처리, 112신고 정보의 공유·이관 및 공동대응 등에 필요한 정보시스템(이하 "112시스템"이라 한다)을 구축·운영하여야 한다.
② 제1항에 따른 112시스템의 구축·운영에 필요한 사항은 대통령령으로 정한다.

제14조(다른 정보시스템과의 연계) ① 경찰청장 및 시·도경찰청장은 급박한 사람의 생명, 신체, 재산의 보호를 위한 112신고 처리를 위하여 112신고 정보 등의 공유가 필요한 경우 관계 기관의 장에게 112시스템과 해당 기관의 정보시스템과의 연계를 요청할 수 있다.
② 경찰청장 및 시·도경찰청장은 제1항에 따라 관계 기관의 장에게 정보시스템의 연계를 요청할 경우 해당 기관의 장과 사전에 협의하여야 한다.
③ 제1항에 따른 정보시스템의 연계 기준·방법 및 절차, 관계 기관, 연계 정보의 범위 등에 필요한 사항은 대통령령으로 정한다.

(4) 제4장 보칙

제15조(교육·훈련 및 홍보) ① 경찰청장은 112시스템의 운영과 관련하여 전문인력의 양성과 기술향상에 필요한 교육·훈련 프로그램을 운영하여야 한다.
② 경찰청장등은 112신고의 서비스 편의성 개선 및 편리한 이용을 위하여 필요한 경우 대국민 홍보를 하여야 한다.
③ 제1항에 따른 교육·훈련 프로그램의 운영에 필요한 사항은 대통령령으로 정한다.

제16조(112신고자 포상) ① 경찰청장등은 112신고를 통하여 범죄를 예방하고 다른 사람의 생명·신체 및 재산을 보호하는 데 기여한 공이 큰 112신고자에 대하여 포상을 하거나 예산의 범위에서 포상금을 지급할 수 있다.
② 제1항에 따른 포상 및 포상금의 지급 대상·기준·방법 및 절차 등에 관한 구체적인 사항은 대통령령으로 정한다.

(5) 제5장 벌칙

제17조(벌칙) 제10조 제3항을 위반하여 112신고자 정보를 목적 외의 용도로 이용한 자는 5년 이하의 징역 또는 5천만원 이하의 벌금에 처한다.

제18조(과태료) ① 제4조 제2항을 위반하여 범죄나 각종 사건·사고 등 위급한 상황을 거짓으로 꾸며 112신고를 한 사람에게는 500만원 이하의 과태료를 부과한다.
② 정당한 사유 없이 제8조 제3항에 따른 토지·물건 등의 일시사용, 사용의 제한, 처분 또는 토지·건물·배 또는 차에 출입을 거부 또는 방해한 자에게는 300만원 이하의 과태료를 부과한다.
③ 정당한 사유 없이 제8조 제4항에 따른 피난 명령을 위반한 자에게는 100만원 이하의 과태료를 부과한다.
④ 제1항부터 제3항까지에 따른 과태료는 대통령령으로 정하는 바에 따라 경찰청장등이 부과·징수한다.

2. 112신고의 운영 및 처리에 관한 법률 시행령(112신고처리법 시행령) (24·25 채용, 25 승진)

제1조(목적) 이 영은 「112신고의 운영 및 처리에 관한 법률」에서 위임된 사항과 그 시행에 필요한 사항을 규정함을 목적으로 한다.

제2조(112치안종합상황실의 설치·운영)

① 「112신고의 운영 및 처리에 관한 법률」(이하 "법"이라 한다) 제6조 제1항에 따른 112치안종합상황실(이하 "112치안종합상황실"이라 한다)은 경찰청, 시·도경찰청 및 경찰서에 설치한다.

② 112치안종합상황실은 24시간 운영체제를 유지해야 한다.

③ 경찰청장, 시·도경찰청장 및 경찰서장(이하 "경찰청장등"이라 한다)은 112치안종합상황실 근무요원을 관할구역의 지리 숙지 여부, 의사소통능력 및 상황대처능력 등을 고려하여 선발·배치해야 한다.

④ 제1항부터 제3항까지에서 규정한 사항 외에 112치안종합상황실의 설치·운영에 필요한 사항은 경찰청장이 정한다.

제3조(112신고의 접수 등)

① 경찰청장은 112신고의 접수 및 처리에 관한 업무를 총괄·조정한다.

② 경찰청장은 법 제7조 제1항에 따른 112신고 접수·처리 업무를 효율적으로 수행하기 위해 112신고의 긴급성과 현장 출동의 필요성을 고려한 대응체계를 마련해야 한다.

③ 112신고를 접수한 경찰관은 법 제13조 제1항에 따른 112시스템(이하 "112시스템"이라 한다)에 해당 신고 내용을 입력해야 한다.

④ 법 제8조 제1항부터 제3항까지의 규정에 따라 필요한 조치를 한 경찰관은 112치안종합상황실에 조치 내용을 보고해야 한다.

⑤ 경찰청장등은 112신고의 처리를 종결한 후, 112신고를 한 사람(이하 "112신고자"라 한다)이 처리 결과 통보를 요청하는 경우에는 관계 법령에 따라 통보할 수 없는 경우를 제외하고는 112신고 처리 결과를 통보해야 한다.

⑥ 경찰청장등은 다른 기관의 소관 업무에 해당하는 내용의 112신고가 접수된 경우에는 「민원 처리에 관한 법률」 제16조 등 관계 법령에 따라 해당 기관에 112신고 정보를 지체 없이 이관해야 한다.

⑦ 제1항부터 제6항까지에서 규정한 사항 외에 112신고의 접수 및 처리에 필요한 사항은 경찰청장이 정한다.

제4조(공동대응 또는 협력 등)

① 경찰청장등은 법 제9조 제1항에 따라 「재난 및 안전관리 기본법」 제3조에 따른 재난관리책임기관, 재난관리주관기관, 긴급구조기관 및 긴급구조지원기관(이하 "112신고 관계 기관"이라 한다)에 유선·무선 통신 등을 통하여 공동대응 또는 협력을 요청할 수 있다.

② 제1항에 따라 공동대응 또는 협력을 요청받은 112신고 관계 기관은 법 제9조 제2항에 따라 필요한 조치를 한 후 그 내용 및 결과를 경찰청장등에게 회신해야 한다.

③ 112신고 관계 기관은 법 제9조 제3항에 따라 수사기관에 112신고를 인계하는 경우 계속 수사할 필요가 있다고 판단한 이유 및 관련 기록 등을 해당 수사기관의 장에게 통보해야 한다.

④ 제1항부터 제3항까지에서 규정한 사항 외에 112신고 관계 기관과의 공동대응 또는 협력에 필요한 사항은 경찰청장이 정한다.

제5조(출동 현장의 촬영·관리)
① 경찰청장등은 법 제11조 제1항에 따라 경찰차량 또는 무인비행장치에 영상촬영장치를 설치하거나 경찰관이 영상촬영장치를 착용 또는 휴대하도록 하여 출동 현장을 촬영할 수 있다.
② 제1항에 따라 출동 현장을 촬영할 때에는 불빛, 소리, 안내판, 안내서면, 안내방송 또는 그 밖에 이에 준하는 수단이나 방법으로 출동 현장에 있는 사람이 촬영 사실을 쉽게 알 수 있도록 표시하고 알려야 한다.
③ 경찰청장등은 제2항에 따른 방법으로 촬영 사실을 표시하거나 알리기 어려운 경우에는 개인정보 보호위원회가 구축하는 인터넷 사이트에 촬영 사실을 미리 공지하는 방법으로 알릴 수 있다.
④ 제1항에 따라 수집된 영상정보의 보관기간은 촬영일부터 30일로 한다. 다만, 범죄 수사를 위해 영상정보의 보관이 필요한 경우 등 경찰청장등이 필요하다고 인정하는 경우에는 30일의 범위에서 보관기간을 연장할 수 있다.
⑤ 경찰청장은 제1항에 따라 수집된 영상정보를 보호하고 관리하기 위해 영상정보관리체계를 구축·운영해야 한다.
⑥ 제1항부터 제5항까지에서 규정한 사항 외에 제1항에 따라 수집된 영상정보의 보호·관리에 필요한 사항은 경찰청장이 정한다.

제6조(112신고의 기록·보존 등)
① 법 제12조 제1항에 따른 112신고 접수·처리 상황 기록의 보존기간은 다음 각 호의 구분에 따른다.
　1. 112신고 접수 및 처리와 관련된 112시스템 입력자료: 3년. 다만, 단순 민원·상담 등 경찰청장이 정하는 경미한 내용의 112신고의 경우에는 1년으로 한다.
　2. 112신고 접수 및 처리와 관련된 녹음·녹화자료: 3개월
② 제1항에도 불구하고 범죄 수사를 위해 기록의 보존이 필요한 경우 등 경찰청장등이 필요하다고 인정하는 경우에는 다음 각 호의 구분에 따른 범위에서 112신고 접수·처리 상황 기록의 보존기간을 연장할 수 있다.
　1. 제1항 제1호의 경우: 2년. 다만, 제1항 제1호 단서에 해당하는 경우에는 1년으로 한다.
　2. 제1항 제2호의 경우: 3개월
③ 경찰청장등은 112신고의 처리 및 대응을 위해 필요한 경우 외에는 112신고 접수·처리 상황 기록이 외부에 누설되거나 권한 없는 사람이 이용하지 않도록 기관별로 관리책임자를 지정하는 등 필요한 조치를 해야 한다.
④ 제1항부터 제3항까지에서 규정한 사항 외에 112신고 접수·처리 상황의 기록·보존 등에 필요한 사항은 경찰청장이 정한다.

112신고의 기록·보존 등

112신고 접수 및 처리와 관련된 112시스템 입력자료	3년
범죄 수사를 위해 기록의 보존이 필요한 경우 등 경찰청장등이 필요하다고 인정하는 경우 연장 기간	2년
다만, 단순 민원·상담 등 경찰청장이 정하는 경미한 내용의 112신고	1년
연장 기간	1년
112신고 접수 및 처리와 관련된 녹음·녹화자료	3개월
연장 기간	3개월

3. 112치안종합상황실 운영 및 신고처리 규칙(경찰청예규) <25 경위>

(1) 총칙

목적(제1조)	이 규칙은 「112신고의 운영 및 처리에 관한 법률」 및 같은 법 시행령에서 위임된 사항과 그 시행에 필요한 사항을 규정함을 목적으로 한다.

정의(제2조)	1. "112신고의 처리"란 112신고 대응을 위하여 이루어지는 접수, 지령, 현장출동, 현장조치, 종결 등 일련의 처리과정을 말한다.
	2. "112치안종합상황실"이란 112신고의 처리와 대응 등을 위해 경찰청, 시·도경찰청 및 경찰서에 설치·운영하는 부서를 말한다.
	3. "112치안종합상황실장"이란 112치안종합상황실의 운영·관리를 책임지고 근무자를 지휘·감독하는 사람(경찰기관의 장이 「치안상황실 운영규칙」에 따른 "상황관리관"을 지정한 경우 "상황관리관"은 "112치안종합상황실장"으로 본다)을 말하며, 각급 경찰기관 112치안종합상황실장은 다음 각 목과 같다.
	  가. 경찰청 : 치안상황관리관
	  나. 시·도경찰청 : 112치안종합상황실장
	  다. 경찰서 : 범죄예방대응과장
	4. "상황팀장"이란 경찰청, 시·도경찰청 및 경찰서 112치안종합상황실장의 지휘를 받아 112신고의 처리 및 상황관리 등의 임무를 수행하는 사람을 말한다.
	5. "출동 경찰관"이란 112치안종합상황실의 지령을 받아 현장에 출동하여 112신고를 조치하는 경찰관을 말한다.
	6. "112시스템"이란 112신고의 접수, 지령, 전파 및 순찰차 배치에 활용하는 전산 시스템을 말한다.
	7. "접수"란 112신고를 받아 사건의 내용을 확인하고, 112시스템에 신고내용을 입력하는 것을 말한다.
	8. "지령"이란 유선·무선망 또는 전산망을 통해 112신고사항을 전파하여 조치토록 하는 것을 말한다.

(2) 112치안종합상황실의 운영

기능 (제3조)	「112신고의 운영 및 처리에 관한 법률」(이하 "법"이라 한다) 제6조 제1항 및 같은 법 시행령(이하 "영"이라 한다) 제2조 제1항에 따른 112치안종합상황실은 다음 각 호의 업무를 수행한다. 1. 112신고의 접수와 지령 2. 112신고에 대한 상황 파악·전파 및 초동조치 지휘 3. 112신고의 접수 및 처리에 관한 기록유지 4. 112신고 관련 각종 통계의 작성·분석 및 보고 5. 112시스템 등 운영 및 장비 관리 6. 112신고 관계 기관과의 협력 7. 112치안종합상황실 근무요원(이하 "112근무요원"이라 한다)에 대한 교육 및 훈련

112근무
요원의
업무
(제4조)
	1. 접수 업무
	  가. 112신고의 접수
	  나. 「위치정보의 보호 및 이용 등에 관한 법률」 제29조 제2항에 따른 위치정보의 제공요청
	2. 지령 업무
	  가. 112신고에 따른 지령 및 관련 정보의 제공
	  나. 112신고 관계 기관과 공동대응이 필요한 경우 협조 및 지원 요청

112근무 요원의 업무 (제4조)	3. 상황·분석 업무 　가. 112신고에 대한 상황 보고·통보의 접수 　나. 112신고 현장에 대한 파악 및 분석 　다. 소속기관장 및 상급기관 등에 대한 112신고 상황의 보고 　라. 주무부서·유관기관 등에의 통보 및 협조 4. 그 밖에 112치안종합상황실장(상황팀장)의 지시에 따른 사항
112근무 요원의 근무방법 등 (제5조)	① 영 제2조 제2항 및 제3항에 따라 112근무요원은 4개조로 나누어 교대 근무를 실시하는 것을 원칙으로 한다. 다만, 인력 상황에 따라 3개조로 할 수 있다. ② 경찰청장, 시·도경찰청장 및 경찰서장(이하 "경찰청장등"이라 한다)은 근무수행에 지장이 없는 범위 내에서 「경찰기관 상시근무 공무원의 근무시간 등에 관한 규칙」 제4조 제1항에 따라 112근무요원에 대한 휴게를 지정해야 한다. ③ 경찰청장등은 인력운영, 긴급사건에 대한 즉응태세 유지 등을 위해 필요시 112근무요원에게 「경찰기관 상시근무 공무원의 근무시간 등에 관한 규칙」 제4조 제2항에 따라 휴게시간을 감축하거나 대기근무를 지정할 수 있다. ④ 제3항의 대기근무로 지정된 112근무요원은 지정된 장소에서 유선·무선 등 연락체계를 갖추고 즉응태세를 유지해야 한다. ⑤ 112근무요원은 「경찰복제에 관한 규칙」 제5조 제2호의 근무복을 착용하는 것을 원칙으로 한다. 다만, 상황에 따라 경찰청장등의 지시로 다른 복장을 착용할 수 있다.

(3) 112신고의 접수 및 처리

신고의 접수 (제6조)	① 112신고는 법 제7조 제1항에 따라 현장출동이 필요한 지역의 관할과 관계없이 신고를 받은 경찰관서에서 신속하게 접수한다. ② 경찰관서 방문 등 112신고 외의 방법으로 범죄나 각종 사건·사고 등 위급한 상황이 발생하였거나 발생할 것이 예상된다는 신고를 접수한 경찰관은 소속 경찰관서의 112시스템에 신고 내용을 입력해야 한다. ③ 경찰청장등은 112신고자에게 영 제3조 제5항에 따른 처리결과 통보를 할 경우 서면(전자문서를 포함한다), 전화, 문자메시지 등의 방법으로 할 수 있다. 이 경우 서면으로 하는 통보의 요청, 통보여부 결정, 통보의 방법, 비용의 부담은 「공공기관의 정보공개에 관한 법률」에 따른다. ④ 경찰청장등은 제3항에 따라 처리결과를 통보하는 경우 관련 법령에 따라 112신고 관계인의 사생활의 비밀을 보호하고 명예나 신용이 훼손되지 않도록 유념해야 한다.
112신고의 대응체계 (제7조)	① 경찰청장은 영 제3조 제2항에 따라 112신고 내용의 긴급성과 출동 필요성 등을 고려하여 112신고 대응 코드(code)를 다음 각 호와 같이 분류한다. 　1. 코드 0 신고: 코드 1 신고 중 이동성 범죄, 강력범죄 현행범인 등 신고 대응을 위해 실시간 전파가 필요한 경우 　2. 코드 1 신고: 생명·신체에 대한 위험 발생이 임박하거나 진행 중 또는 그 직후인 경우 및 현행범인인 경우 　3. 코드 2 신고: 생명·신체에 대한 잠재적 위험이 있는 경우 및 범죄예방 등을 위해 필요한 경우 　4. 코드 3 신고: 즉각적인 현장조치는 불필요하나 수사, 전문상담 등이 필요한 경우 　5. 코드 4 신고: 긴급성이 없는 민원·상담 신고 ② 112근무요원은 영 제3조 제3항에 따라 112시스템에 신고내용을 입력할 경우 112신고 내용의 긴급성과 출동 필요성 등을 고려하여 제1항 각 호의 어느 하나에 해당하는 112신고 대응 코드를 부여한다. ③ 112근무요원은 112신고가 완전하게 수신되지 않는 경우와 같이 정확한 신고내용을 파악하기 힘든 경우라도 신속한 처리를 위해 우선 임의의 112신고 대응 코드를 부여할 수 있다. ④ 112근무요원 및 출동 경찰관은 112신고 대응 코드를 변경할 만한 사실을 추가로 확인한 경우 이미 분류된 112신고 대응 코드를 다른 112신고 대응 코드로 변경할 수 있다.

지령 (제8조)	① 법 제7조 제1항에 따라 112신고를 접수한 112근무요원은 접수한 신고의 내용이 코드 0 신고부터 코드 3 신고의 유형에 해당하는 경우에는 출동 경찰관에게 출동할 장소, 신고내용, 신고유형 등을 고지하고 신고의 현장출동, 조치, 종결하도록 지령해야 한다. ② 112근무요원은 접수한 신고의 내용이 코드 4 신고의 유형에 해당하는 경우에는 출동 경찰관에게 지령하지 않고 자체 종결하거나, 담당 부서 또는 112신고 관계 기관에 신고내용을 통보하여 처리하도록 조치해야 한다.
신고의 이첩 (제9조)	① 법 제7조 제1항에 따라 112신고를 접수한 112근무요원은 다른 관할 지역에서의 출동조치가 필요한 때에는 지체 없이 관할 112치안종합상황실에 통보하여 그 112신고를 이첩한다. ② 제1항에 따라 이첩된 112신고는 제6조 제1항에 따라 접수된 것과 동일하게 처리한다. ③ 제1항의 통보는 112시스템에 의한 방법이나 유선·무선 및 팩스 등에 의한 방법으로 시행한다. 다만, 유선·무선 및 팩스에 의한 방법으로 통보한 경우에는 112시스템에 그 사실을 입력해야 한다.
신고의 공조 (제10조)	① 법 제7조 제1항에 따라 112신고를 접수한 112근무요원은 접수한 신고의 처리와 관련하여 다른 경찰관서의 출동 등 협력이 필요한 경우에는 해당 경찰관서의 관할 112치안종합상황실에 공조를 요청할 수 있다. ② 제1항의 공조 요청을 받은 관할 112치안종합상황실에서는 요청받은 사항에 대해 조치를 취하고 그 결과를 통보해야 한다. 이때 통보의 방법은 제9조 제3항의 규정을 따른다.
신고의 이관·공동 대응 등 (제11조)	① 법 제7조 제1항에 따라 112신고를 접수한 112근무요원은 그 신고 내용이 다른 기관의 소관 업무에 해당할 때에는 지체 없이 해당 기관에 신고를 이관한다. ② 112근무요원은 법 제9조 제1항에 따른 112신고 관계 기관의 공동대응이 필요한 신고를 접수한 때에는 지체 없이 해당 112신고 관계 기관에 공동대응을 요청해야 한다. ③ 112신고 관계 기관의 공동대응 요청을 받은 112근무요원은 출동 경찰관을 현장에 출동시켜 조치하고, 그 결과를 요청한 기관에 통보해야 한다. 다만, 사건 종료 또는 상황 변화로 인해 112 신고 관계 기관의 공동대응 요청이 철회된 경우에는 그렇지 않다. ④ 제1항에 따른 신고의 이관 및 제2항에 따른 공동대응의 요청은 제9조 제3항의 규정을 따른다.
광역사건의 처리 (제12조)	① 112근무요원은 광역성·이동성 범죄와 같이 동시에 여러 장소로 현장출동이 필요한 112신고가 접수된 경우 복수의 출동 경찰관에게 지령할 수 있다. ② 112근무요원은 제1항의 112신고 대응을 위해 소속 경찰관서의 관할지역을 넘어 인근 지역까지 수배, 차단 또는 검문 확대 필요가 있는 경우 상급관서의 112치안종합상황실에 보고해야 하며, 보고를 받은 상급관서의 112치안종합상황실에서는 그 내용을 판단하여 수배, 차단 또는 검문 확대 대상 구역을 정하여 조치해야 한다. ③ 제2항에 따른 수배, 차단 또는 검문을 확대할 때에는 지속적으로 대상을 추적하고, 상황이 종료된 때에는 수배, 차단 또는 검문을 해제한다.
현장출동 (제13조)	① 제8조 제1항의 지령을 받은 출동 경찰관은 신고유형에 따라 다음 각 호의 기준에 따라 현장에 출동해야 한다. 　1. 코드 0 신고 및 코드 1 신고: 코드 2 신고, 코드 3 신고 및 다른 업무의 처리에 우선하여 출동 　2. 코드 2 신고: 코드 0 신고, 코드 1 신고 및 다른 중요한 업무의 처리에 지장을 초래하지 않는 범위 내에서 출동 　3. 코드 3 신고: 당일 근무시간 내에 출동 ② 출동 경찰관은 소관 업무나 관할 등을 이유로 출동을 거부하거나 지연 출동해서는 안 된다.
현장보고 (제14조)	① 출동 경찰관은 112치안종합상황실에 다음 각 호의 보고를 해야 한다. 　1. **최초보고**: 출동 경찰관은 112신고 현장에 도착한 즉시 도착 사실과 함께 현장 상황을 간략히 보고 　2. **수시보고**: 현장 상황에 변화가 발생하거나 지원이 필요한 경우 수시로 보고 　3. **종결보고**: 현장 초동조치가 종결된 경우 확인된 사건의 진상, 사건의 처리내용 및 결과 등을 상세히 보고

현장보고 (제14조)	② 제1항에도 불구하고 현장 상황이 급박하여 신속한 현장 조치가 필요한 경우 우선 조치 후 보고할 수 있다.

현장조치
(제15조)
	① 법 제8조 제1항에 따라 출동한 경찰관이 112신고에 대한 현장조치를 할 때에는 다음 각 호의 사항을 준수해야 한다.
	  1. 신고사건은 내용에 따라 「경찰관 직무집행법」 등 관련 법령 및 규정에 따라 엄정하게 처리
	  2. 돌발상황에 대비하여 철저한 현장 경계
	  3. 다수의 경찰관이 필요하다고 판단되는 경우 112치안종합상황실에 지원요청 또는 인접 경찰관에게 직접 지원요청
	  4. 구급차·소방차의 투입 등 112신고 관계 기관의 공동대응 또는 협력이 필요한 사안은 출동 경찰관이 112신고 관계 기관에 직접 이를 요청하거나 112치안종합상황실에 유선·무선으로 보고하여 요청
	② 112근무요원은 제1항 제3호에 따른 지원요청에 대하여 다른 112신고의 처리 현황, 가용 인원 등을 고려하여 인접 지역에 근무 중인 경찰관에게 지원을 지시할 수 있다.
	③ 제1항 제3호에 따른 지원 요청 또는 제2항에 따른 지원지시를 받은 경찰관은 특별한 사유가 없는 한 신속히 현장으로 출동하여 현장조치 중인 출동 경찰관을 지원해야 한다.

112신고 처리의 종결 (제16조)	112근무요원은 다음 각 호의 경우 112신고처리를 종결할 수 있다. 1. 사건이 해결된 경우 2. 신고자가 신고를 취소한 경우. 다만, 신고자와 취소자가 동일인인지 여부 및 취소의 사유 등을 파악하여 신고취소의 진의 여부를 확인해야 한다. 3. 허위·오인으로 인한 신고인 경우 또는 신고내용이 경찰 소관이 아님이 확인된 경우 4. 현장에 출동하였으나 사건 내용을 확인할 수 없으며, 사건이 실제 발생하였다는 사실도 확인되지 않는 경우 5. 주무부서의 계속적 조치가 필요한 경우 및 추가적 수사의 필요 등으로 사건 해결에 장시간이 소요되어 해당 부서로 인계하여 처리하는 것이 효과적인 경우 6. 그 밖에 112치안종합상황실장(상황팀장)이 초동조치가 종결된 것으로 판단하는 경우
112신고의 처리 시 유의사항 (제17조)	112신고의 처리를 하는 사람은 다음 각 호의 사항에 유의해야 한다. 1. 무선통신은 음어 또는 약호 사용을 원칙으로 하며 통신보안에 저촉되는 행위를 해서는 안 된다. 2. 지령은 정확하고 간결하게 해야 하며, 무선망의 순위를 고려하여 타 무선망에 장애가 되지 않도록 유의해야 한다. 3. 누구든지 법률에 특별히 규정한 것을 제외하고는 교신의 직접 대상이 아닌 사람이 타인의 교신내용을 무단 수신 또는 발신하거나 알게 된 내용을 누설해서는 안 된다.

출동현장의 촬영·관리
(제18조)
	① 경찰청장등은 법 제11조 제1항에 따라 수집된 영상정보를 외부에 누설하거나 권한 없는 사람이 이용하지 않도록 관리하기 위하여 경찰관서별 관리책임자를 지정하여 운영해야 한다.
	② 영 제5조 제5항에 따라 경찰청장등이 구축·운영하는 영상정보관리체계는 다음 각호의 사항을 포함해야 한다.
	  1. 영상촬영장치의 설치 근거 및 설치 목적
	  2. 영상촬영장치의 설치 대수, 설치 위치 및 촬영 범위
	  3. 관리책임자, 담당 부서 및 영상정보에 대한 접근 권한이 있는 사람
	  4. 영상정보의 촬영시간, 보관기간, 보관장소 및 처리·폐기방법
	  5. 영상정보의 공동이용 방법 및 절차
	  6. 영상촬영장치운영자의 영상정보 확인 방법 및 장소
	  7. 정보주체의 영상정보 열람 등 요구에 대한 조치
	  8. 영상정보 보호를 위한 기술적·관리적 및 물리적 조치
	  9. 그 밖에 영상촬영장치의 설치·운영 및 관리에 필요한 사항

(4) 자료의 취급 및 보안 등

통계분석 및 활용 (제19조)	① 경찰청장등은 112신고 통계 현황을 정기적으로 분석하고 이를 범죄예방대책 수립 등 치안활동에 반영해야 한다. ② 112치안종합상황실장은 112신고에 대한 현장조치 내용을 점검해 담당 부서에 통보하고 이를 반영한 112신고 대응 발전 계획을 수립해야 한다.
자료보존 기간 (제20조)	① 법 제12조 제1항 및 영 제6조 제1항의 규정에 따른 112신고 접수·처리자료의 보존기간은 다음 각 호의 구분에 따른다. 　1. 112시스템 입력자료: 112신고 대응 코드 0·코드 1·코드 2로 분류한 자료는 3년간, 코드 3·코드 4로 분류한 자료는 1년간 보존 　2. 녹음·녹화자료: 3개월간 보존 　3. 그 밖에 문서 및 일지: 「공공기록물 관리에 관한 법률」에서 정하는 바에 따라 보존 ② 경찰청장등은 제1항 제1호 및 제2호에도 불구하고 영 제6조 제2항에 따라 112신고 접수·처리자료의 보존기간을 다음 각 호에 따른 범위에서 연장할 수 있다. 　1. 제1항 제1호의 경우: 112신고 대응 코드 0·코드 1·코드 2로 분류한 자료는 2년, 코드 3·코드 4로 분류한 자료는 1년 　2. 제1항 제2호의 경우: 3개월
112치안종합상황실의 보안 (제21조)	① 112치안종합상황실은 「보안업무규정 시행 세부규칙」 제60조에 따라 통제구역으로 설정하여 출입자 명부를 비치하고 고정출입자 이외의 출입상황을 기록해야 한다. ② 경찰청장등은 비인가자의 출입을 방지하기 위하여 필요한 경우 112치안종합상황실의 입구나 그 주위에 근무자를 배치할 수 있다. ③ 112치안종합상황실장(상황팀장)의 사전승인 없이는 112치안종합상황실에서 취급하는 상황보고서, 물품 및 장비 등을 복제, 복사하거나 사진을 촬영할 수 없으며 외부로 반출할 수 없다. ④ 그 밖에 112치안종합상황실의 보안에 관한 사항은 「보안업무규정」에 따른다.

(5) 112근무요원 등 전문성 제고 및 장비 관리 등

112근무요원·전문인력 교육 (제24조)	① 경찰청장등은 112근무요원의 자질향상과 상황처리 능력 배양을 위해 112근무요원에 대하여 112신고 관계 법령, 관계 규정, 음어 또는 약호의 사용 요령 및 112신고의 처리 업무수행에 필요한 전반적인 교육을 실시해야 한다. ② 경찰청장등은 관계 법령과 관계 규정 또는 상황처리 요령 등이 개정·변경된 경우에는 112근무요원에 대하여 수시로 개정·변경된 사항을 교육해야 한다. ③ 112치안종합상황실장(상황팀장)은 112근무요원의 직무수행 능력향상을 위하여 일일교양 및 지도감독을 철저히 해야 한다. ④ 법 제15조 제1항 및 영 제9조 제1항에 따른 112시스템 전문인력의 교육과 훈련에 관하여는 「경찰공무원 교육훈련규정」 제10조, 제12조 및 제14조를 준용한다.
112근무요원의 전문성 확보 (제25조)	① 112근무요원의 근무기간은 2년 이상으로 한다. ② 경찰청장은 112근무요원의 전문성 제고를 위해 112근무요원 전문인증제를 운영할 수 있다.

대응코드 분류		지령	현장출동
code 0	이강현실전	1개 이상의 출동요소 처리 지령	최우선 출동
code 1	생신위임현		
code 2	생신잠방		중요 업무에 지장을 초래하지 않는 범위 내 출동
code 3	즉조불수전		당일 근무시간 내 출동
code 4	긴민상	출동요소에 지령하지 않고 자체 종결, 통보 처리	

📂 112신고의 기록·보존 등

112신고 접수 및 처리와 관련된 112시스템 입력자료(코드 0·코드 1·코드 2로 분류한 자료)	3년
범죄 수사를 위해 기록의 보존이 필요한 경우 등 경찰청장등이 필요하다고 인정하는 경우 연장 기간	2년
다만, 단순 민원·상담 등 경찰청장이 정하는 경미한 내용의 112신고(코드 3·코드 4로 분류한 자료)	1년
연장 기간	1년
112신고 접수 및 처리와 관련된 녹음·녹화자료	3개월
연장 기간	3개월

3 지역경찰의 조직 및 운영에 관한 규칙(경찰청 예규)

1. 지역경찰관서 (18·22 채용, 23 승진, 17 경위)

정의(제2조)	① "지역경찰관서"란 지구대 및 파출소(치안센터×)를 말한다. ② "지역경찰"이란 지역경찰관서 소속 경찰공무원을 말한다.
설치 (제4조)	시·도경찰청장(경찰서장×)은 인구, 면적, 행정구역, 교통·지리적 여건, 각종 사건사고 발생 등을 고려하여 경찰서의 관할구역을 나누어 지역경찰관서를 설치한다.

지역경찰관
서장
(제5조)
	① 지역경찰관서의 사무를 통할하고 소속 지역경찰을 지휘·감독하기 위해 지역경찰관서에 지구대장 및 파출소장(이하 "지역경찰관서장"이라 한다.)을 둔다.
	② **지역경찰관서장은 다음의 직무를 수행한다.** 자 분. 관. 제. 홍
	   ㉠ 관내 치안상황의 분석 및 대책 수립
	   ㉡ 지역경찰관서의 시설·예산·장비의 관리
	   ㉢ 소속 지역경찰의 근무와 관련된 제반사항에 대한 지휘 및 감독
	   ㉣ 경찰 중요 시책의 홍보 및 협력치안 활동

하부조직 (제6조)	① 지역경찰관서에는 관리팀과 상시·교대근무로 운영하는 복수의 순찰팀을 둔다. ② **순찰팀의 수는 지역 치안수요 및 인력여건 등을 고려하여 시·도경찰청장(경찰서장×)이 결정**한다. ③ **관리팀 및 순찰팀의 인원은 지역 치안수요 및 인력여건 등을 고려하여 경찰서장이 결정**한다.
관리팀 (제7조)	관리팀은 문서의 접수 및 처리, 시설 및 장비의 관리, 예산의 집행 등 지역경찰관서의 행정업무를 담당한다.

순찰팀
(제8조)
	① 순찰팀은 범죄예방 순찰, 각종 사건사고에 대한 초동조치 등 현장 치안활동을 담당하며, 팀장은 경감 또는 경위로 보한다.
	② **순찰팀장은 다음의 직무를 수행한다.** 젬 인. 지. 현. 대. 교
	  ㉠ 근무교대 시 주요 취급사항 및 장비 등의 인수인계 확인
	  ㉡ 관리팀원 및 순찰팀원에 대한 일일근무 지정 및 지휘·감독
	  ㉢ 관내 중요 사건 발생 시 현장 지휘
	  ㉣ 지역경찰관서장 부재 시 업무 대행
	  ㉤ **순찰팀원의 업무역량 향상을 위한 교육**

지휘 및 감독 (제9조)	지역경찰관서에 대한 지휘 및 감독은 다음 각호에 따른다. 1. 경찰서장: 지역경찰관서의 운영에 관하여 **총괄 지휘·감독** 2. 경찰서 각 과장 등 부서장: 각 부서의 소관업무와 관련된 지역경찰의 업무에 관하여 경찰서장을 보좌 3. 지역경찰관서장: **지역경찰관서의 시설·장비·예산 및 소속 지역경찰의 근무에 관한 제반사항을 지휘·감독** 4. 순찰팀장: 근무시간 중 소속 지역경찰을 지휘·감독

2. 치안센터 〈24 경위〉

치안센터 설치 (제10조)	**시·도경찰청장은** 지역치안을 효율적으로 수행하기 위하여 지역경찰관서장 소속하에 치안센터를 설치할 수 있다.
소속 및 관할 (제11조)	① 치안센터는 지역경찰관서장의 소속하에 두며, 치안센터의 인원, 장비, 예산 등은 지역경찰관서에서 통합 관리한다. ② 치안센터의 관할구역은 소속 지역경찰관서 관할구역의 일부로 한다. ③ 치안센터 관할구역의 크기는 설치목적, 배치 인원 및 장비, 교통·지리적 요건 등을 고려하여 **경찰서장이 정한다.**
운영시간 (제12조)	① 치안센터는 24시간 상시 운영을 원칙으로 한다. ② 경찰서장은 지역 치안여건 및 인원여건을 고려, 운영시간을 탄력적으로 조정할 수 있다.

치안센터장
(제14조)
	① 경찰서장은 치안센터에 전담근무자를 배치하는 경우 전담근무자 중 1명을 치안센터장으로 지정할 수 있다.
	② 치안센터장의 임무
	  ㉠ 경찰 민원 접수 및 처리
	  ㉡ 관할지역 내 주민 여론 수렴 및 보고
	  ㉢ 타기관 협조 등 협력방범활동
	  ㉣ 기타 치안센터 운영과 관련된 문제점 및 개선대책 수립 및 보고

치안센터의 종류 (제15조)	① 치안센터는 설치목적에 따라 검문소형과 출장소형으로 구분한다. ② **출장소형(검문소형×) 치안센터는** 지리적 여건·치안수요 등을 고려하여 필요한 경우 직주일체형으로 운영할 수 있다.
검문소형 치안센터 (제16조 제1항)	검문소형 치안센터는 적의 침투 예상로 또는 주요 간선도로의 취약요소 등에 교통통제 요소 등을 고려하여 설치한다.

출장소형
치안센터
(제17조)
	① 출장소형 치안센터는 지역 치안활동의 효율성 및 주민 편의 등을 고려하여 필요한 지역에 설치한다.
	② 출장소형 치안센터 근무자의 임무는 다음과 같다.
	    ㉠ 관할 내 주민여론 청취 등 지역사회 경찰활동
	    ㉡ 방문 민원 접수 및 처리
	    ㉢ 범죄예방 순찰 및 위험발생 방지
	    ㉣ 지역경찰관서에서 즉시 출동하기 어려운 사건·사고 발생 시 초동조치
	③ 경찰서장은 도서, 접적지역 등 지리적 여건상 필요한 경우에는 출장소형 치안센터에 검문소형 치안센터의 임무를 병행토록 할 수 있다.

직주일체형 치안센터 (제18조)	① 직주일체형 치안센터는 출장소형 치안센터 중 근무자가 치안센터 내에서 거주하면서 근무하는 형태의 치안센터를 말한다. ② 직주일체형 치안센터에는 배우자와 함께 거주함을 원칙으로 하며, 배우자는 근무자 부재 시 방문 민원 접수·처리 등 보조 역할을 수행한다. ③ **직주일체형 치안센터에 배치된 근무자는** 근무 종료 후에도 관할구역 내에 위치하며 지역경찰관서와 연락체계를 유지하여야 한다. **다만, 휴무일은 제외한다.**
직주일체형 치안센터 근무자의 특례 (제19조)	① 경찰서장은 직주일체형 치안센터에서 거주하는 근무자의 배우자에게 조력사례금을 지급하여야 하며, 지급 기준 및 금액은 경찰청장이 정한다. ② 직주일체형 치안센터 근무자의 근무기간은 1년 이상으로 하며, 임기를 마친 경찰관은 희망부서로 배치하고, 차기 경비부서의 차출순서에서 1회 면제한다.

3. 근무 _(18·21·22 채용, 15·19·23 승진)

근무형태 및 시간 (제2조, 제21조)	① **지역경찰관서장은 일근근무를 원칙으로 한다.** 다만, 경찰서장은 필요하다고 인정되는 경우에는 지역경찰관서장의 근무시간을 조정하거나, 시간외·휴일 근무 등을 명할 수 있다. ② **관리팀은 일근근무를 원칙으로 한다.** 다만, 지역경찰관서장은 필요하다고 인정되는 경우에는 근무시간을 조정하거나, 시간외·휴일 근무 등을 명할 수 있다. ③ 순찰팀장 및 순찰팀원은 상시·교대근무(일근근무×)를 원칙으로 한다. 순찰팀장 및 순찰팀원의 근무교대 시간 및 휴게시간, 휴무횟수 등 구체적인 사항은 「국가공무원 복무규정」 및 「경찰기관 상시근무 공무원의 근무시간 등에 관한 규칙」이 규정한 범위 안에서 **시·도경찰청장(지역경찰관서장×)이 정한다.** ※ "상시·교대근무"란 "상시근무"와 "교대근무"를 포괄하는 형태의 근무를 말한다. ④ 치안센터 전담근무자의 근무형태 및 근무시간은 치안센터의 종류 및 운영시간 등을 고려하여 제1항부터 제3항까지의 규정을 준용하여 **경찰서장이 정한다.**
근무의 종류 (제22조)	지역경찰의 근무는 **행정근무, 상황근무, 순찰근무, 경계근무, 대기근무, 기타근무**로 구분한다.
행정근무 (제23조)	행정근무를 지정받은 지역경찰은 지역경찰관서 내에서 다음의 업무를 수행한다. ① 문서의 접수 및 처리 ② 시설·장비의 관리 및 예산의 집행 ③ 각종 현황, 통계, 자료, 부책 관리 ④ 기타 행정업무 및 지역경찰관서장이 지시한 업무

상황 근무 (제24조)	상황근무를 지정받은 지역경찰은 지역경찰관서 및 치안센터 내에서 다음의 업무를 수행한다. ① 시설 및 장비의 작동여부 확인 ② 방문민원 및 각종 신고사건의 접수 및 처리 ③ 요보호자 또는 피의자에 대한 보호·감시 ④ **중요 사건·사고 발생 시 보고 및 전파** ⑤ 기타 필요한 문서의 작성
순찰근무 (제25조)	① 순찰근무는 그 수단에 따라 112 순찰, 방범오토바이 순찰, 자전거 순찰 및 도보 순찰 등으로 구분한다. ② **112 순찰근무 및 야간 순찰근무는 반드시 2인 이상 합동으로 지정**하여야 한다. ③ 순찰근무를 지정받은 지역경찰은 지정된 근무구역에서 다음의 업무를 수행한다. 　㉠ 주민여론 및 범죄첩보 수집 　㉡ 각종 사건사고 발생 시 초동조치 및 보고, 전파 　㉢ 범죄 예방 및 위험발생 방지 활동 　㉣ 범법자의 단속 및 검거 　㉤ 경찰방문 및 방범진단 　㉥ 통행인 및 차량에 대한 검문검색 등
경계근무 (제26조)	① 경계근무는 **반드시 2인 이상 합동으로 지정**하여야 한다. ② 경계근무를 지정받은 지역경찰은 지정된 장소에서 다음의 업무를 수행한다. 　㉠ 범법자 등을 단속·검거하기 위한 통행인 및 차량, 선박 등에 대한 검문검색 및 후속조치 　㉡ 비상 및 작전사태 등 발생 시 차량, 선박 등의 통행 통제
대기근무 (제27조)	① 대기 근무는 「경찰기관 상시근무 공무원의 근무시간 등에 관한 규칙」 제2조 제6호의 "대기"를 뜻한다. "대기"라 함은 신고사건 출동 등 치안상황에 대응하기 위하여 일정시간 지정된 장소에서 근무태세를 갖추고 있는 형태의 근무를 말한다. ② 대기근무의 장소는 지역경찰관서 및 치안센터 내로 한다. 단, 식사시간을 대기 근무로 지정한 경우에는 **식사 장소를 대기 근무 장소로 지정할 수 있다.** ③ **대기근무를 지정받은 지역경찰은** 지정된 장소에서 휴식을 취하되, 무전기를 청취하며 10분 이내 출동이 가능한 상태를 유지하여야 한다.
기타근무 (제28조)	① 기타근무란 제23조부터 제27조까지의 규정을 제외하고 치안상황에 효과적으로 대응하기 위하여 지역경찰 관리자가 지정하는 근무를 말한다. ② 기타근무의 근무내용 및 방법 등은 지역경찰관리자가 정한다.
일일근무 지정 (제29조)	① 지역경찰관서장은 지역경찰관서 및 치안센터의 설치목적, 근무인원, 치안수요, 기타 업무량 등을 고려하여 근무의 종류 및 실시 기준을 정한다. ② 순찰팀장은 제1항에 따라 지역경찰관서장이 정한 기준을 준수하여 당해 근무시간 내 관리팀원, 순찰팀원 및 치안센터 전담근무자의 개인별 근무 종류, 근무 장소, 중점 근무사항 등을 별지 제1호서식의 근무일지(갑지)에 구체적으로 지정하여야 한다. ③ **순찰팀장은 관리팀원에게 행정근무를 지정하고, 순찰팀원에게 상황 또는 순찰근무 지정하는 것을 원칙으로 하되,** 필요한 경우에는 다른 근무를 지정하거나 병행하여 수행하도록 지정할 수 있다. ④ 지역경찰관리자는 신고출동태세 유지 등을 위해 필요한 경우에는 **휴게 및 식사시간도 대기 근무로 지정할 수 있다.**

지역경찰의 동원 (제31조)	① 시·도경찰청장 또는 경찰서장은 다음 각호에 정한 사유에 해당하는 경우로서 특히 필요하다고 인정되는 때에 한하여 지역경찰의 기본근무에 지장을 초래하지 않는 범위 내에서 지역경찰을 다른 근무에 동원할 수 있다. 　㉠ 다중범죄 진압, 대간첩작전 그 밖의 비상사태 　㉡ 경호경비 또는 각종 집회 및 행사의 경비 　㉢ 중요범인의 체포를 위한 긴급배치 　㉣ 화재, 폭발물, 풍수설해 등 중요사고의 발생 　㉤ 기타 다수 경찰관의 동원을 필요로 하는 행사 또는 업무 ② 지역경찰 동원은 근무자 동원을 원칙으로 하되, 불가피한 경우에만 **비번자, 휴무자 순으로 동원할 수 있다.** 젠 근. 비. 휴
상시교육 (제39조의2)	① 지역경찰관리자는 주간근무시간에 신고사건 처리에 지장이 없는 범위에서 별도의 시간을 지정하여 지역경찰의 직무수행 능력 향상을 위한 상시교육을 실시할 수 있다. ② 경찰서 112치안종합상황실장은 필요한 경우 상시교육 계획을 수립하여 지역경찰관서에 사전에 공지해야 한다. ③ 교육방식과 내용은 지역경찰관서 실정에 따라 지역경찰관리자가 정한다. ④ 지역경찰관리자는 신고출동 지령시 상시교육 중에 있는 지역경찰을 최후순위 출동요소로 지정한다.
근무일지의 기록·보관 (제42조)	① 지역경찰은 근무 중 주요사항을 별지 제2호 서식의 근무일지(을지)에 기재하여야 한다. ② **근무일지는 3년간(5년간×) 보관한다.**
근무일지 등 작성 (제42조의2)	제29조 제2항의 근무일지(갑지), 제34조 제1항의 112순찰차 점검일지, 제42조 제1항의 근무일지(을지)는 전산화 업무시스템에 작성한다. 다만, 천재지변 등으로 전산화 업무시스템을 사용할 수 없는 경우 수기로 작성할 수 있다.

4 민간 생활안전 활동

1. 의의

① 범죄예방에 시민들이 적극적으로 참여하여 민간차원의 범죄예방 활동을 다양하게 전개하고 있다. 민간 생활안전 활동의 형태로 자율방범대, 시민단체, 언론매체, 민간경비업 등에 의한 범죄예방 활동이 있다.
② 민간경비업은 생활안전경찰 소관 업무이고, 청원경찰은 경비경찰 소관 업무이다.

2. 자율방범대 설치 및 운영에 관한 법률(자율방범대법)

정의 (제2조)	1. "자율방범대"란 범죄예방 등 지역사회 안전을 위하여 지역 주민들이 자발적으로 조직하여 봉사활동을 하는 단체로 제4조에 따라 경찰서장에게 신고한 단체를 말한다. 2. "자율방범대원"이란 제4조에 따라 신고한 단체의 구성원 중 경찰서장이 위촉한 사람을 말한다. 3. "자율방범대장"이란 자율방범대원 중 자율방범대를 대표하는 사람을 말한다.
조직 및 구성 등 (제3조 제1항)	자율방범대는 읍·면·동 단위로 1개의 조직을 구성하는 것을 원칙으로 한다. 다만, 인구·면적 등 지역 여건을 고려하여 2개 이상의 조직을 둘 수 있다.

자율방범 활동 (제7조)	자율방범대는 다음 각 호의 활동(이하 "자율방범활동"이라 한다)을 한다. 1. 범죄예방을 위한 순찰 및 범죄의 신고 2. 청소년 선도 및 보호 3. 시·도경찰청장·경찰서장·지구대장·파출소장(이하 "시·도경찰청장등"이라 한다)이 지역사회의 안전을 위하여 요청하는 활동 4. 특별시장·광역시장·특별자치시장·도지사·특별자치도지사(이하 "시·도지사"라 한다), 시장·군수·구청장 또는 읍장·면장·동장이 지역사회의 안전을 위하여 요청하는 활동
복장·장비 등 (제8조 제1항)	자율방범대원은 자율방범활동을 하는 때에는 자율방범활동 중임을 표시할 수 있는 복장을 착용하고 자율방범대원의 신분을 증명하는 신분증을 소지하여야 한다.
지도·감독 (제9조 제1항)	시·도경찰청장등은 범죄예방 등 지역사회 안전을 위하여 행정안전부령으로 정하는 바에 따라 자율방범대원의 활동을 지도·감독한다.
벌칙 적용에서 공무원 의제 (제17조)	제7조 제3호 및 제4호에 따른 활동을 하는 자율방범대원은 「형법」 제127조 및 제129조부터 제132조까지의 규정을 적용할 때에는 공무원으로 본다.

3. 경비업법 <16·17·18·22 채용, 17·18·24 승진>

(1) 경비업의 정의(제2조 제1호)

"경비업"이란 다음의 어느 하나에 해당하는 업무(이하 "경비업무"라 한다)의 전부 또는 일부를 도급받아 행하는 영업을 말한다.

(2) 경비업무의 분류 ㈜ 시. 호. 신. 기. 특. 혼

① 시설경비업무
  경비를 필요로 하는 시설 및 장소(이하 "경비대상시설"이라 한다)에서의 도난·화재 그 밖의 혼잡 등으로 인한 위험발생을 방지하는 업무

② 호송경비업무
  운반중에 있는 현금·유가증권·귀금속·상품 그 밖의 물건에 대하여 도난·화재 등 위험발생을 방지하는 업무

③ 신변보호업무
  사람의 생명이나 신체(재산×)에 대한 위해의 발생을 방지하고 그 신변을 보호하는 업무

④ 기계경비업무
  경비대상시설에 설치한 기기에 의하여 감지·송신된 정보를 그 **경비대상시설 외(내×)의 장소에 설치한 관제시설의 기기로 수신**하여 도난·화재 등 위험발생을 방지하는 업무

⑤ 특수경비업무
  공항(항공기를 포함한다) 등 대통령령이 정하는 국가중요시설(이하 "국가중요시설"이라 한다)의 경비 및 도난·화재 그 밖의 위험발생을 방지하는 업무 (항공기 제외×)

⑥ 혼잡·교통유도경비업무
  도로에 접속한 공사현장 및 사람과 차량의 통행에 위험이 있는 장소 또는 도로를 점유하는 행사장 등에서 **교통사고나 그 밖의 혼잡 등으로 인한 위험발생을 방지하는 업무**

(3) 법인(제3조)

경비업은 법인이 아니면 이를 영위할 수 없다.

(4) 경비업의 허가(제4조)

① 경비업을 영위하고자 하는 법인은 도급받아 행하고자 하는 경비업무를 특정하여 그 법인의 주사무소의 소재지를 관할하는 시·도경찰청장의 허가를 받아야 한다. 도급받아 행하고자 하는 경비업무를 변경하는 경우에도 또한 같다.
② 허가를 받고자 하는 법인은 다음의 요건을 갖추어야 한다.
　㉠ 대통령령으로 정하는 1억원 이상의 자본금의 보유
　㉡ 시설경비업무 경비인력 요건: 경비원 10명 이상 및 경비지도사 1명 이상
　㉢ 시설경비업무 외의 경비업무 경비인력 요건: 대통령령으로 정하는 경비인력
　㉣ 경비인력을 교육할 수 있는 교육장을 포함하여 대통령령으로 정하는 시설과 장비의 보유
　㉤ 그 밖에 경비업무 수행을 위하여 대통령령으로 정하는 사항
③ 경비업의 허가를 받은 법인은 다음의 하나에 해당하는 때에는 시·도경찰청장에게 신고하여야 한다.
　㉠ 영업을 폐업하거나 휴업한 때
　㉡ 법인의 명칭이나 대표자·임원을 변경한 때
　㉢ 법인의 주사무소나 출장소를 신설·이전 또는 폐지한 때
　㉣ **기계경비업무의 수행을 위한 관제시설을 신설·이전 또는 폐지한 때**
　㉤ 특수경비업무를 개시하거나 종료한 때
　㉥ 그 밖에 대통령령이 정하는 중요사항을 변경한 때

(5) 허가의 유효기간 등(제6조)

① 경비업 허가의 유효기간은 허가받은 날(다음 날×)부터 5년으로 한다.
② 유효기간이 만료된 후 계속하여 경비업을 하고자 하는 법인은 행정안전부령으로 정하는 바에 따라 갱신허가를 받아야 한다.

(6) 경비업자의 의무(제7조)

① 경비업자는 허가받은 경비업무 외의 업무에 경비원을 종사하게 하여서는 아니 된다(제5항).
② 경비업자는 집단민원현장에 경비원을 배치하는 때에는 경비지도사를 선임하고 그 장소에 배치하여 행정안전부령으로 정하는 바에 따라 경비원을 지도·감독하게 하여야 한다(제6항).
③ "집단민원현장"이란 다음 각 목의 장소를 말한다(제2조 제5호).
　가. 「노동조합 및 노동관계조정법」에 따라 노동관계 당사자가 노동쟁의 조정신청을 한 사업장 또는 쟁의행위가 발생한 사업장
　나. 「도시 및 주거환경정비법」에 따른 정비사업과 관련하여 이해대립이 있어 다툼이 있는 장소
　다. 특정 시설물의 설치와 관련하여 민원이 있는 장소
　라. 주주총회와 관련하여 이해대립이 있어 다툼이 있는 장소
　마. 건물·토지 등 부동산 및 동산에 대한 소유권·운영권·관리권·점유권 등 법적 권리에 대한 이해대립이 있어 다툼이 있는 장소
　바. 100명 이상의 사람이 모이는 국제·문화·예술·체육 행사장
　사. 「행정대집행법」에 따라 대집행을 하는 장소

제2절 생활질서 업무

1 생활질서 업무와 풍속사범 단속

1. 생활질서 업무(경찰사범의 단속)

풍속사범의 단속, 기초질서 위반사범의 단속, 총포·도검류 등 단속이 있다.

2. 풍속사범 단속(풍속경찰)

① 풍속사범은 사회의 선량한 풍속과 관련된 범법자를 말하며, 성매매알선 등 행위, 음란행위, 음란물 반포 등 행위, 사행행위 등이 있다.
② "성매매알선 등 행위"란 성매매를 알선, 권유, 유인 또는 강요하는 행위, 성매매의 장소를 제공하는 행위, 성매매에 제공되는 사실을 알면서 자금, 토지 또는 건물을 제공하는 행위를 하는 것을 말한다(성매매알선 등 행위의 처벌에 관한 법률 제2조 제2호).
③ '음란행위'란 성욕을 자극하거나 흥분 또는 만족시키는 행위로서 일반인의 정상적인 성적 수치심을 해치고 선량한 성적 도의관념에 반하는 것을 의미한다(대법원 2020.4.29. 2017도16995).
④ "사행행위"란 여러 사람으로부터 재물이나 재산상의 이익(이하 "재물등"이라 한다)을 모아 우연적(偶然的) 방법으로 득실(得失)을 결정하여 재산상의 이익이나 손실을 주는 행위를 말한다(사행행위 등 규제 및 처벌 특례법 제2조 제1호).

3. 풍속영업의 규제에 관한 법률 [풍속영업규제법]

> 제2조(풍속영업의 범위) ⟨17 경위⟩
> 이 법에서 "풍속영업"이란 다음에 해당하는 영업을 말한다.
> 1. 「게임산업진흥에 관한 법률」 게임제공업 및 복합유통게임제공업
> 2. 「영화 및 비디오물의 진흥에 관한 법률」에 따른 비디오물감상실업
> 3. 「음악산업진흥에 관한 법률」 제2조 제13호에 따른 노래연습장업
> 4. 「공중위생관리법」 숙박업, 목욕장업(※ 대통령령에 별도 규정이 없으므로 실질적으로 규제대상이 아님), 이용업(理容業) (미용업×) 중 대통령령으로 정하는 것
> 5. 「식품위생법」 단란주점영업 및 유흥주점영업을 말한다.
> 6. 「체육시설의 설치·이용에 관한 법률」 무도학원업 및 무도장업
> 7. 그 밖에 선량한 풍속을 해치거나 청소년의 건전한 성장을 저해할 우려가 있는 영업으로 대통령령으로 정하는 것
>
> 제3조(준수사항) ⟨25 채용⟩
> 풍속영업을 하는 자(허가나 인가를 받지 아니하거나 등록이나 신고를 하지 아니하고 풍속영업을 하는 자를 포함한다. 이하 "풍속영업자"라 한다) 및 대통령령으로 정하는 종사자는 **풍속영업을 하는 장소**(이하 "풍속영업소"라 한다)에서 다음 각 호의 행위를 하여서는 아니 된다.
> 1. 「성매매알선 등 행위의 처벌에 관한 법률」 제2조 제1항 제2호에 따른 성매매알선등행위
> 2. 음란행위를 하게 하거나 이를 알선 또는 제공하는 행위
> 3. 음란한 문서·도화(圖畵)·영화·음반·비디오물, 그 밖의 음란한 물건에 관한 다음 각 목의 행위 (제작×, 알선×)
>   가. 반포(頒布)·판매·대여하거나 이를 하게 하는 행위

나. 관람·열람하게 하는 행위
다. 반포·판매·대여·관람·열람의 목적으로 진열하거나 보관하는 행위
4. 도박이나 그 밖의 사행(射倖)행위를 하게 하는 행위

제10조(벌칙)
① 제3조 제1호를 위반하여 풍속영업소에서 성매매알선등행위를 한 자는 3년 이하의 징역 또는 3천만원 이하의 벌금에 처한다.
② 제3조 제2호부터 제4호까지의 규정을 위반하여 음란행위를 하게 하는 등 풍속영업소에서 준수할 사항을 지키지 아니한 자는 3년 이하의 징역 또는 2천만원 이하의 벌금에 처한다.

제9조(출입)
① 경찰서장은 특별히 필요한 경우 경찰공무원에게 풍속영업소에 출입하여 풍속영업자와 대통령령으로 정하는 종사자가 제3조의 준수 사항을 지키고 있는지를 검사하게 할 수 있다. ※ 같은 법에 별도의 강제 내지 벌칙 규정을 두고 있지 않다.
② 제1항에 따라 풍속영업소에 출입하여 검사하는 경찰공무원은 그 권한을 표시하는 증표를 지니고 이를 관계인에게 내보여야 한다.

2 안전관리 및 유실물 처리 업무

1. 총포·도검·화약류 등의 안전관리에 관한 법률 [총포화약법]

(1) 제조업의 허가와 결격사유

제4조(제조업의 허가)
① 총포·화약류의 제조업(총포의 개조·수리업과 화약류의 변형·가공업을 포함한다. 이하 같다)을 하려는 자는 제조소마다 행정안전부령으로 정하는 바에 따라 경찰청장의 허가를 받아야 한다. 제조소의 위치·구조·시설 또는 설비를 변경하거나 제조하는 총포·화약류의 종류 또는 제조방법을 변경하려는 경우에도 또한 같다.
② 도검·분사기·전자충격기·석궁의 제조업을 하려는 자는 제조소마다 행정안전부령으로 정하는 바에 따라 제조소의 소재지를 관할하는 시·도경찰청장의 허가를 받아야 한다. 제조소의 위치·구조·시설 또는 설비를 변경하거나 제조하는 도검·분사기·전자충격기·석궁의 종류 또는 제조방법을 변경하려는 경우에도 또한 같다.

제5조(제조업자의 결격사유)
다음의 어느 하나에 해당하는 자는 총포·도검·화약류·분사기·전자충격기·석궁 제조업의 허가를 받을 수 없다.
1. 금고 이상의 실형(자격정지 이상의 형×)을 선고받고 그 집행이 끝나거나 집행을 받지 아니하기로 확정된 후 3년이 지나지 아니한 자
2. 금고 이상의 형의 집행유예를 선고받고 그 유예기간이 끝난 날부터 1년이 지나지 아니한 자
3. 심신상실자, 마약·대마·향정신성의약품 또는 알코올 중독자, 그 밖에 이에 준하는 정신장애인
4. 20세 미만인 자
5. 피성년후견인 및 피한정후견인
6. **파산선고를 받고 복권되지 아니한 자**
7. 제45조 제1항에 따라 허가가 취소(이 조 제4호부터 제6호까지의 어느 하나에 해당하여 허가가 취소된 경우는 제외한다)된 후 3년이 지나지 아니한 자
8. 임원 중에 제1호부터 제7호까지의 어느 하나에 해당하는 자가 있는 법인 또는 단체

(2) 소지의 허가와 결격사유 ^(25 승진)

> 제12조(총포·도검·화약류·분사기·전자충격기·석궁의 소지허가)
> ① 제10조 각 호의 어느 하나에 해당하지 아니하는 자가 총포·도검·화약류·분사기·전자충격기·석궁을 소지하려는 경우에는 행정안전부령으로 정하는 바에 따라 다음 각 호의 구분에 따라 허가를 받아야 한다. 다만, 제1호 및 제2호의 총포 소지허가를 받으려는 경우에는 신청인의 정신질환 또는 성격장애 등을 확인할 수 있도록 행정안전부령으로 정하는 서류를 허가관청에 제출하여야 한다.
> ※ 이 경우 신청인의 정신질환 또는 성격장애 등을 확인할 수 있도록 행정안전부령으로 정하는 서류를 허가관청에 제출하여야 한다. [시행 2026. 1. 8.]
> 1. 총포(제2호에서 정하는 것은 제외한다): 주소지를 관할하는 시·도경찰청장
>   ※ 총(권총, 소총, 기관총, 사격총, 어획총), 포
> 2. 총포 중 엽총·가스발사총·공기총·마취총·도살총·산업용총·구난구명총 또는 그 부품: 주소지를 관할하는 경찰서장
> 3. 도검·화약류·분사기·전자충격기 및 석궁: 주소지를 관할하는 경찰서장
>
> 제13조(총포·도검·화약류·분사기·전자충격기·석궁소지자의 결격사유 등)
> ① 다음에 해당하는 사람은 총포·도검·화약류·분사기·전자충격기·석궁의 소지 허가를 받을 수 없다.
> 1. **20세 미만인 자.** 다만, 대한체육회장이나 특별시·광역시·특별자치시·도 또는 특별자치도의 체육회장이 추천한 선수 또는 후보자가 사격경기용 총을 소지하려는 경우는 제외한다.
> 2. 심신상실자, 마약·대마·향정신성의약품 또는 알코올 중독자, 정신질환자 또는 뇌전증 환자로서 **대통령령으로 정하는 사람**
>   ※ 치매, 조현병, 조현정동장애, 양극성 정동장애(조울병), 재발성 우울장애 등의 정신질환 또는 정신 발육지연, 뇌전증 등으로 인하여 총포의 안전한 사용을 확신할 수 없다고 해당 분야 전문의가 인정하는 사람
> 3. **금고 이상의 실형을 선고받고 그 집행이 끝나거나(집행이 끝난 것으로 보는 경우를 포함한다) 면제된 날부터 5년이 지나지 아니한 자**
> 3의2. 금고 이상의 형의 집행유예를 선고받고 그 유예기간 중에 있는 사람 [시행 2026. 1. 8.]
> 3의3. 다음 각 목의 어느 하나에 해당하는 죄를 범하여 금고 이상의 실형을 선고받고 그 집행이 끝나거나(집행이 끝난 것으로 보는 경우를 포함한다) 면제된 날부터 10년이 지나지 아니한 자 [시행 2026. 1. 8.]
>   가. 「형법」 제114조의 죄
>   나. 「형법」 제257조 제1항·제2항, 제260조 및 제261조의 죄
>   다. 「특정강력범죄의 처벌에 관한 특례법」 제2조 제1항 각 호의 죄
>   라. 「아동·청소년의 성보호에 관한 법률」 제7조 및 제8조의 죄
>   마. 「스토킹범죄의 처벌 등에 관한 법률」 제18조 제1항 및 제2항의 죄
> 4. 이 법을 위반하여 벌금형을 선고받고 5년이 지나지 아니한 자
> 5. 「특정강력범죄의 처벌에 관한 특례법」 제2조 제1항 각 호의 어느 하나에 해당하는 특정강력범죄를 범하여 벌금형의 선고 또는 징역 이상의 형의 집행유예를 선고받고 그 유예기간이 끝난 날부터 5년이 지나지 아니한 자 [2026. 1. 8. 이후 삭제]
> 6. 이 법을 위반하여 금고 이상의 형의 집행유예를 선고받고 그 유예기간이 끝난 날부터 3년이 지나지 아니한 자
> 6의2. 다음 각 목의 어느 하나에 해당하는 죄를 범하여 벌금형을 선고받고 5년이 지나지 아니하거나 금고 이상의 형의 집행유예를 선고받고 그 유예기간이 끝난 날부터 5년이 지나지 아니한 사람
>   가. 「형법」 제114조(범죄단체 등의 조직)의 죄
>   나. 「형법」 제257조(상해, 존속상해) 제1항·제2항, 제260조(폭행, 존속폭행) 및 제261조(특수폭행)의 죄

> 다. 「아동·청소년의 성보호에 관한 법률」 제7조(아동·청소년에 대한 강간·강제추행 등) 및 제8조(장애인인 아동·청소년에 대한 간음 등)의 죄
> ※ 6의2. 제3호의3 각 목의 어느 하나에 해당하는 죄를 범하여 벌금형을 선고받고 7년이 지나지 아니하거나 금고 이상의 형의 집행유예를 선고받고 그 유예기간이 끝난 날부터 7년이 지나지 아니한 사람 [시행 2026. 1. 8.]
> 6의3. 「도로교통법」 제148조의2의 죄(이하 "음주운전 등"이라 한다)로 벌금 이상의 형을 선고받은 날부터 5년 이내에 다시 음주운전 등으로 벌금 이상의 형을 선고받고 그 집행이 종료(집행이 종료된 것으로 보는 경우를 포함한다)되거나 집행이 면제된 날부터 5년이 지나지 아니한 사람
> 7. 제45조 또는 제46조 제1항에 따라 허가가 취소된 후 1년이 지나지 아니한 자

2. 유실물 등의 처리

(1) 유실물법상의 습득물 처리 절차 <18 경위>

습득물 제출	공고	습득자의 소유권 취득 시점	습득자의 수취기간
7일 이내	유실물에 관한 정보를 제공하는 인터넷 사이트	공고 후 6개월 경과	소유권 취득 시점부터 3개월 이내

(2) 보상금과 청구 기한 <15 채용, 16 경위>

> 제4조(보상금)
> 물건을 반환받는 자는 물건가액(物件價額)의 100분의 5 이상 100분의 20 이하의 범위에서 보상금(報償金)을 습득자에게 지급하여야 한다. 다만, 국가·지방자치단체와 그 밖에 대통령령으로 정하는 공공기관은 보상금을 청구할 수 없다.
> 제6조(비용 및 보상금의 청구기한)
> 제3조의 비용과 제4조의 보상금은 물건을 반환한 후 1월을 경과하면 이를 청구할 수 없다.

제3절 기초질서 위반사범의 단속

1 기초질서 위반사범

1. 의의

(1) 개념과 이론적 근거

① 기초질서 위반사범이란 사람들이 일상생활에서 흔히 범하기 쉬운 경미한 법익의 침해행위로서, 경범죄 처벌법과 도로교통법에 그 행위유형들이 규정되어 있으며, 제재수단이 범칙금부과로 되어 있는 행위를 말한다.

② 깨진 유리창 이론(Broken Window Theory) 기초질서 단속과 관련이 있다. 공동체 내의 사소한 무질서를 계속 방치하다 보면, 결국에는 사회전체로 무질서가 확대되어 범죄화된다. 따라서 작은 불법이나 무질서라도 방치하지 말고 제때 단속하고 조치를 취해야 한다고 주장한다.

(2) 유형

① 경범죄 처벌법 위반행위: 쓰레기 무단투기, 노상방뇨, 음주소란, 행렬방해, 자연훼손 등
② 도로교통법 위반행위: 신호위반, 무단횡단, 차도 보행, 차도에서 차를 잡는 행위, 주정차금지 위반, 노상시비·다툼으로 인한 차량의 통행방해 등

(3) 경미사범 처리의 순서

① 「경찰업무편람」상의 훈방
② 통고처분
③ 통고처분 받기를 거부한 자, 주거나 신원이 불확실한 자, 그 밖에 통고처분하기 어려운 자, 범칙금 미납자가 즉결심판 대상이 된다.

2. 경범죄 처벌법

(1) 법적 성격

경범죄 처벌법은 경범의 행위유형과 이에 대한 형벌을 규정한 형사실체법이면서, 제2장에 통고처분 절차를 규정하고 있으므로 절차법적 성격도 띠고 있다.

(2) 경범죄의 종류(제3조) _(23 채용, 23 승진)

제1항	10만원 이하의 벌금, 구류 또는 과료	빈집 등에의 침입, 흉기의 은닉휴대, 폭행 등 예비
제2항	20만원 이하의 벌금, 구류 또는 과료	출판물의 부당게재 등, 거짓 광고, 업무방해, 암표매매
제3항	60만원 이하의 벌금, 구류 또는 과료	관공서에서의 주취소란, 거짓신고

(3) 제3조 제1항

다음 각 호에 해당하는 사람은 10만원 이하의 벌금, 구류 또는 과료(科料)의 형으로 처벌한다.

2. (흉기의 은닉휴대) 칼·쇠몽둥이·쇠톱 등 사람의 생명 또는 신체에 중대한 위해를 끼치거나 집이나 그 밖의 건조물에 침입하는 데에 사용될 수 있는 연장이나 기구를 정당한 이유 없이 숨겨서 지니고 다니는 사람
3. (폭행 등 예비) 다른 사람의 신체에 위해를 끼칠 것을 공모(共謀)하여 예비행위를 한 사람이 있는 경우 그 공모를 한 사람
11. (쓰레기 등 투기) 담배꽁초, 껌, 휴지, 쓰레기, 죽은 짐승, 그 밖의 더러운 물건이나 못쓰게 된 물건을 함부로 아무 곳에나 버린 사람(범칙금 5만원)
12. (노상방뇨 등) **길, 공원, 그 밖에 여러 사람이 모이거나 다니는 곳에서 함부로 침을 뱉거나 대소변을 보거나 또는 그렇게 하도록 시키거나 개 등 짐승을 끌고 와서 대변을 보게 하고 이를 치우지 아니한 사람**(범칙금 5만원)
19. (불안감 조성) 정당한 이유 없이 길을 막거나 시비를 걸거나 주위에 모여들거나 뒤따르거나 몹시 거칠게 겁을 주는 말이나 행동으로 다른 사람을 불안하게 하거나 귀찮고 불쾌하게 한 사람 또는 여러 사람이 이용하거나 다니는 도로·공원 등 공공장소에서 고의로 험악한 문신(文身)을 드러내어 다른 사람에게 혐오감을 준 사람
20. (음주소란 등) **공회당·극장·음식점 등 여러 사람이 모이거나 다니는 곳 또는 여러 사람이 타는 기차·자동차·배 등에서 몹시 거친 말이나 행동으로 주위를 시끄럽게 하거나 술에 취하여 이유 없이 다른 사람에게 주정한 사람**

21. (인근소란 등) 악기·라디오·텔레비전·전축·종·확성기·전동기(電動機) 등의 소리를 지나치게 크게 내거나 큰소리로 떠들거나 노래를 불러 이웃을 시끄럽게 한 사람
29. (공무원 원조불응) 눈·비·바람·해일·지진 등으로 인한 재해, 화재·교통사고·범죄, 그 밖의 급작스러운 사고가 발생하였을 때에 현장에 있으면서도 정당한 이유 없이 관계 공무원 또는 이를 돕는 사람의 현장출입에 관한 지시에 따르지 아니하거나 공무원이 도움을 요청하여도 도움을 주지 아니한 사람
30. (거짓 인적사항 사용) **성명, 주민등록번호, 등록기준지, 주소, 직업 등을 거짓으로 꾸며대고 배나 비행기를 타거나 인적사항을 물을 권한이 있는 공무원이 적법한 절차를 거쳐 묻는 경우 정당한 이유 없이 다른 사람의 인적사항을 자기의 것으로 거짓으로 꾸며댄 사람**
33. (과다노출) 공개된 장소에서 공공연하게 성기·엉덩이 등 신체의 주요한 부위를 노출하여 다른 사람에게 부끄러운 느낌이나 불쾌감을 준 사람
34. (지문채취 불응) **범죄 피의자로 입건된 사람의 신원을 지문조사 외의 다른 방법으로는 확인할 수 없어 경찰공무원이나 검사가 지문을 채취하려고 할 때에 정당한 이유 없이 이를 거부한 사람**
36. (행렬방해) 공공장소에서 승차·승선, 입장·매표 등을 위한 행렬에 끼어들거나 떠밀거나 하여 그 행렬의 질서를 어지럽힌 사람
39. (무임승차 및 무전취식) 영업용 차 또는 배 등을 타거나 다른 사람이 파는 음식을 먹고 정당한 이유 없이 제 값을 치르지 아니한 사람
40. (장난전화 등) 정당한 이유 없이 다른 사람에게 전화·문자메시지·편지·전자우편·전자문서 등을 여러 차례 되풀이하여 괴롭힌 사람
41. (지속적 괴롭힘) **상대방의 명시적 의사에 반하여 지속적으로 접근을 시도하여 면회 또는 교제를 요구하거나 지켜보기, 따라다니기, 잠복하여 기다리기 등의 행위를 반복하여 하는 사람**

(4) 제3조 제2항 〈23 채용, 16·23 경위〉

다음 각 호에 해당하는 사람은 20만원 이하의 벌금, 구류 또는 과료의 형으로 처벌한다.
1. (출판물의 부당게재 등) 올바르지 아니한 이익을 얻을 목적으로 다른 사람 또는 단체의 사업이나 사사로운 일에 관하여 신문, 잡지, 그 밖의 출판물에 어떤 사항을 싣거나 싣지 아니할 것을 약속하고 돈이나 물건을 받은 사람
2. (거짓 광고) 여러 사람에게 물품을 팔거나 나누어 주거나 일을 해주면서 다른 사람을 속이거나 잘못 알게 할 만한 사실을 들어 광고한 사람
3. (업무방해) 못된 장난 등으로 다른 사람, 단체 또는 공무수행 중인 자의 업무를 방해한 사람
4. (암표매매) 흥행장, 경기장, 역, 나루터, 정류장, 그 밖에 정하여진 요금을 받고 입장시키거나 승차 또는 승선시키는 곳에서 웃돈을 받고 입장권·승차권 또는 승선권을 다른 사람에게 되판 사람

(5) 제3조 제3항 〈20 채용, 16 승진〉

다음 각 호에 해당하는 사람은 60만원 이하의 벌금, 구류 또는 과료의 형으로 처벌한다.
1. (관공서에서의 주취소란) 술에 취한 채로 관공서에서 몹시 거친 말과 행동으로 주정하거나 시끄럽게 한 사람
2. (거짓신고) 있지 아니한 범죄나 재해 사실을 공무원에게 거짓으로 신고한 사람

(6) 경범죄 관련 판례 〈18 채용〉

① 불안감 조성 부정 판례
버스정류장 등지에서 소매치기할 생각으로 은밀히 성명불상자들의 뒤를 따라 다닌 경우, 경범죄처벌법 제1조 제24호에 해당하지 않는다고 한 사례. 이 사건에서 피고인들이 버스정류장 등지에서 소매치기를 할 생각으로 은밀히 성명불상자들의 뒤를 따라다녔다 하더라도 성명불상자들이 이를 의식하지 못한 이상 불안감이나 귀찮고 불쾌한 감정을 느꼈다고 볼 수 없고, 피고인들의 위와 같은 행위가 객관적으로 보아 상대방으로 하여금 불안감이나 귀찮고 불쾌한 감정을 느끼게 할 정도의 것으로 보기도 어렵다(대법원 1999.8.24. 99도2034).

② 지문채취불응 위헌 여부(헌재 2004.9.23. 2002헌가17 등)
이 사건 법률조항은 수사기관이 직접 물리적 강제력을 행사하여 피의자에게 강제로 지문을 찍도록 하는 것을 허용하는 규정이 아니며 형벌에 의한 불이익을 부과함으로써 심리적·간접적으로 지문채취를 강요하고 있으므로 피의자가 본인의 판단에 따라 수용여부를 결정한다는 점에서 궁극적으로 당사자의 자발적 협조가 필수적임을 전제로 하므로 물리력을 동원하여 강제로 이루어지는 경우와는 질적으로 차이가 있다. 따라서 이 사건 법률조항에 의한 지문채취의 강요는 영장주의에 의하여야 할 강제처분이라 할 수 없다. 또한 수사상 필요에 의하여 수사기관이 직접강제에 의하여 지문을 채취하려 하는 경우에는 반드시 법관이 발부한 영장에 의하여야 하므로 영장주의원칙은 여전히 유지되고 있다고 할 수 있다.

(7) 현행범 체포 가능 여부 〈16·17 채용〉

① 경미사건과 현행범인의 체포(형사소송법 제214조)
다액 50만원 이하의 벌금, 구류 또는 과료에 해당하는 죄의 현행범인에 대하여는 범인의 주거가 분명하지 아니한 때에 한하여 제212조(현행범인의 체포) 내지 제213조(체포된 현행범인의 인도)의 규정을 적용한다.

② 경범죄 처벌법의 경우

제1항	10만원 이하의 벌금, 구류 또는 과료	주거가 분명하지 않으면 현행범체포가 가능하나, 주거가 분명하면 현행범체포를 할 수 없다.
제2항	20만원 이하의 벌금, 구류 또는 과료	
제3항	60만원 이하의 벌금, 구류 또는 과료	어떤 경우에도 현행범체포가 가능하다. 60만원 이하의 벌금형이 규정된 경범은 체포 요건에 주거가 분명하지 아니할 것(주거부정)이 필요 없다.

(8) 공범, 미수범, 형의 면제와 병과 〈20·21 채용, 23 승진〉

① 교사·방조(제4조)
제3조의 죄를 짓도록 시키거나 도와준 사람은 죄를 지은 사람에 준하여 벌한다.

② 미수범 처벌 여부
미수범 처벌 규정이 없으므로 경범죄의 미수범은 처벌하지 않는다(처벌한다×).

③ 형의 면제와 병과(제5조)
제3조에 따라 (경범죄를 범한) 사람을 벌할 때에는 그 사정과 형편을 헤아려서 그 형을 면제(감경×)하거나 구류와 과료를 함께 과(科)할 수 있다.

2 통고처분과 즉결심판

1. 통고처분 제도(경범죄 처벌법의 특례)

(1) **정의(제6조)** 〈20 채용, 23 승진〉

① "범칙행위"란 제3조 제1항 각 호 및 제2항 각 호의 어느 하나에 해당하는 위반행위를 말하며, 그 구체적인 범위는 대통령령으로 정한다.

② "범칙자"란 범칙행위를 한 사람으로서 다음에 해당하지 아니하는 사람을 말한다
  ㉠ 범칙행위를 상습적으로 하는 사람
  ㉡ 죄를 지은 동기나 수단 및 결과를 헤아려볼 때 구류처분을 하는 것이 적절하다고 인정되는 사람
  ㉢ 피해자가 있는 행위를 한 사람
  ㉣ 18세 미만인 사람
    ※ ㉠㉡㉢은 즉결심판 청구 대상이고 ㉣은 훈방 대상이다.

③ "범칙금"이란 범칙자가 제7조에 따른 통고처분에 따라 국고 또는 제주특별자치도의 금고에 납부하여야 할 금전을 말한다.

(2) **통고처분의 절차**

범칙행위	범칙자	범칙금 통고	즉결심판 청구
제3조 제1항, 제2항 위반행위	범칙행위를 한 자	범칙자에게 서면으로 통고	납부기간(10일+20일) 안에 범칙금 미납
	상습, 구류, 18세 미만, 피해자 있는 경우 제외	거부, 주거 또는 신원 불확실, 통고처분이 어려운 사람 제외	

(3) **통고처분(제7조 제1항)** 〈21 채용, 23 경위〉

① 경찰서장, 해양경찰서장, 제주특별자치도지사 또는 철도특별사법경찰대장은 범칙자로 인정되는 사람에 대하여 그 이유를 명백히 나타낸 서면으로 **범칙금을 부과하고 이를 납부할 것을 통고할 수 있다**(본문).

② **다만, 다음 각 호에 해당하는 사람에게는 통고하지 아니한다**(단서).
  1호. 통고처분서 받기를 거부한 사람
  2호. 주거 또는 신원이 확실하지 아니한 사람
  3호. 그 밖에 통고처분을 하기가 매우 어려운 사람

(4) **범칙금의 납부(제8조)** 〈18·21 채용, 23 경위, 15 승진〉

① 통고처분서를 받은 사람은 **통고처분서를 받은 날부터 10일 이내에** 경찰청장·해양경찰청장 또는 철도특별사법경찰대장이 지정한 은행, 그 지점이나 대리점, 우체국 또는 제주특별자치도지사가 지정하는 금융기관이나 그 지점에 **범칙금을 납부하여야 한다**(제1항 본문).

② 다만, 천재지변이나 그 밖의 부득이한 사유로 말미암아 그 기간 내에 범칙금을 납부할 수 없을 때에는 그 **부득이한 사유가 없어지게 된 날부터 5일 이내에 납부하여야 한다**(제1항 단서).

③ 제1항의 납부기간에 범칙금을 납부하지 아니한 사람은 **납부기간의 마지막 날의 다음 날부터 20일 이내에 통고받은 범칙금에 그 금액의 100분의 20을 더한 금액을 납부하여야 한다**(제2항).

④ 분할 납부 금지(시행령 제5조) : 범칙금은 분할하여 납부할 수 없다.

(5) 통고처분 불이행자 등의 처리(제9조) 〈18 채용, 23 경위〉

① 경찰서장 또는 해양경찰서장 및 제주특별자치도지사는 다음에 해당하는 사람에 대하여는 **지체 없이 즉결심판을 청구하여야 한다**. 다만, 즉결심판이 청구되기 전까지 통고받은 범칙금에 그 금액의 100분의 50을 더한 금액을 납부한 사람에 대하여는 그러하지 아니하다.
  ㉠ 제7조 제1항 각 호의 어느 하나에 해당하는 사람 : 통고처분 받기를 거부한 사람, 주거·신원이 불확실한 사람, 그 밖에 통고처분하기 매우 어려운 사람
  ㉡ 제8조 제2항에 따른 납부기간(10일+20일)에 범칙금을 납부하지 아니한 사람
② 제1항 제2호에 따라 (범칙금 납부 기한 내 범칙금을 납부하지 않아) **즉결심판이 청구된 피고인이 통고받은 범칙금에 그 금액의 100분의 50을 더한 금액을 납부하고 그 증명서류를 즉결심판 선고 전까지 제출**하였을 때에는 경찰서장 또는 해양경찰서장 및 제주특별자치도지사는 그 피고인에 대한 **즉결심판 청구를 취소하여야 한다**(취소할 수 있다×).

2. 즉결심판에 관한 절차법(즉결심판법)

(1) 의의

① 즉결심판절차는 지방법원, 지원 또는 시·군법원의 판사(이하 "判事"라 한다)가 범증이 명백하고 죄질이 경미한 범죄사건(20만원 이하의 벌금, 구류 또는 과료에 처할 사건)에 대하여 형사소송법이 규정하는 일반 형사소송절차(공판절차)를 거치지 않고, 즉결하는 심판절차를 말한다(제1조, 제2조).
② 검사의 기소독점주의에 대한 예외
 즉결심판은 관할경찰서장 또는 관할해양경찰서장(이하 "경찰서장"이라 한다)이 관할법원에 이를 청구한다(제3조 제1항).

(2) 청구 절차

① 즉결심판은 경찰서장이 관할법원에 이를 청구하며, 즉결심판을 청구함에는 즉결심판청구서를 제출하여야 한다(제3조 제1항, 제2항).
② 서류·증거물의 제출(제4조)
 경찰서장은 즉결심판의 청구와 동시에 즉결심판을 함에 필요한 서류 또는 증거물을 판사에게 제출하여야 한다.
③ 청구의 기각 등(제5조)
 판사는 사건이 즉결심판을 할 수 없거나 즉결심판절차에 의하여 심판함이 적당하지 아니하다고 인정할 때에는 결정으로 즉결심판의 청구를 기각하여야 한다.

(3) 정식재판의 청구(제14조) 〈23 채용〉

① 정식재판을 청구하고자 하는 피고인은 즉결심판의 선고·고지를 받은 날부터 7일 이내에 정식재판청구서를 경찰서장에게 제출하여야 한다. 정식재판청구서를 받은 경찰서장은 지체없이 판사에게 이를 송부하여야 한다.
② **경찰서장은 제11조 제5항의 경우에 그 선고·고지를 한 날부터 7일 이내에 정식재판을 청구할 수 있다.** 이 경우 경찰서장은 관할지방검찰청 또는 지청의 검사(이하 "檢事"라 한다)의 승인을 얻어 정식재판청구서를 판사에게 제출하여야 한다.
 ※ 피고인이 즉결심판에 대하여 제출한 정식재판청구서에 피고인의 자필로 보이는 이름이 기재되어 있고 그 옆에 서명이 되어 있는 경우, 정식재판청구가 적법하며, 이때 피고인의 인장이나 지장이 찍혀 있지 않더라도 마찬가지다(대결 2019.11.29.자 2017모3458).

제4절 청소년과 여성 보호

1 청소년 보호법

1. 의의

(1) 목적(제1조)

이 법은 청소년에게 유해한 매체물과 약물 등이 청소년에게 유통되는 것과 청소년이 유해한 업소에 출입하는 것 등을 규제하고 청소년을 유해한 환경으로부터 보호·구제함으로써 청소년이 건전한 인격체로 성장할 수 있도록 함을 목적으로 한다.

(2) 다른 법률과의 관계(제6조)

이 법은 청소년유해환경의 규제에 관한 형사처벌을 할 때 다른 법률보다 우선하여 적용한다.

(3) '청소년'의 정의

① "청소년"이란 만 19세 미만인 사람을 말한다. 다만, 만 19세에 도달하는 해의 1월 1일을 맞이한 사람을 제외한다.

② 다른 법률상의 청소년 또는 아동

청소년 기본법	9세 이상 24세 이하
아동·청소년의 성보호에 관한 법률, 소년법	만 19세 미만
청소년 보호법, 게임산업법, 음악산업법, 영화비디오법	연 19세 미만
아동복지법	18세 미만

2. 청소년유해매체물 및 청소년 유해약물등 규제

(1) 정의(제2조)

① "청소년유해매체물"이란 다음 각 목의 어느 하나에 해당하는 것을 말한다(제3호).
   가목. 청소년보호위원회가 청소년에게 유해한 것으로 결정하거나 확인하여 여성가족부장관이 고시한 매체물
   나목. 각 심의기관이 청소년에게 유해한 것으로 심의하거나 확인하여 여성가족부장관이 고시한 매체물

② "청소년유해약물등"이란 청소년에게 유해한 것으로 인정되는 다음 가목의 약물(이하 "청소년유해약물"이라 한다)과 청소년에게 유해한 것으로 인정되는 다음 나목의 물건(이하 "청소년유해물건"이라 한다)을 말한다.
   가목. **청소년 유해약물**: 주류, 담배, 마약류, 환각물질, 그 밖에 중추신경에 작용하여 습관성, 중독성, 내성 등을 유발하여 인체에 유해하게 작용할 수 있는 약물 등 청소년의 사용을 제한하지 아니하면 청소년의 심신을 심각하게 손상시킬 우려가 있는 약물
   나목. **청소년 유해물건**: 음란한 행위를 조장하는 성기구 등, 음란성·포악성·잔인성·사행성 등을 조장하는 완구류 등, 청소년유해약물과 유사한 형태의 제품 등

(2) 청소년유해약물등의 판매·대여 등의 금지(제28조) 및 벌칙(제58조, 제59조)

① 누구든지 청소년을 대상으로 청소년유해약물등을 판매·대여·배포(자동기계장치·무인판매장치·통신장치를 통하여 판매·대여·배포하는 경우를 포함한다)하거나 무상으로 제공하여서는 아니 된다. 다만, 교육·실험 또는 치료를 위한 경우로서 대통령령으로 정하는 경우는 예외로 한다(제1항).

② 청소년유해약물등을 판매·대여·배포하고자 하는 자는 그 상대방의 나이 및 본인 여부를 확인하여야 한다(제4항).

③ 청소년에게 청소년유해약물(환각물질, 그 밖의 유해약물 등) 또는 청소년유해물건(성기구, 유해한 완구류)을 판매·대여·배포(자동기계장치·무인판매장치·통신장치를 통하여 판매·대여·배포한 경우를 포함한다)한 자는 3년 이하의 징역 또는 3천만원 이하의 벌금에 처한다(제58조 제3호).

④ 청소년에게 청소년유해약물(주류, 담배, 마약류) 또는 청소년유해물건(유사 청소년유해약물)을 판매·대여·배포(자동기계장치·무인판매장치·통신장치를 통하여 판매·대여·배포한 경우를 포함한다)하거나 영리를 목적으로 무상 제공한 자는 2년 이하의 징역 또는 2천만원 이하의 벌금에 처한다(제59조 제6호).

3. 청소년 유해업소 〈19 채용, 17 승진, 15 경위〉

(1) 정의(제2조 제5호)

① "청소년유해업소"는 청소년 출입제한과 고용금지 등을 다루며, "청소년 출입·고용금지업소"와 "청소년고용금지업소"로 구분된다. 이 경우 업소의 구분은 그 업소가 영업을 할 때 다른 법령에 따라 요구되는 허가·인가·등록·신고 등의 여부와 관계없이 실제로 이루어지고 있는 영업행위를 기준으로 한다.

② "청소년 출입·고용금지업소"는 청소년의 출입과 고용이 청소년에게 유해한 것으로 인정되는 업소를 말한다.

③ "청소년고용금지업소"는 청소년의 출입은 가능하나 고용이 청소년에게 유해한 것으로 인정되는 업소를 말한다.

(2) 종류 〈18·19 채용〉

① **사행행위 영업, 단란주점 영업, 유흥주점 영업소**의 경우 청소년의 고용뿐 아니라 출입도 금지되어 있다.

② 청소년은 **일반음식점 영업 중 주로 주류의 조리·판매를 목적으로 한 소주방·호프·카페**에 출입을 할 수 있다.

③ 고용금지업소 인정 여부

[1] 청소년 보호법 제2조 제5호는 청소년고용금지업소 등 청소년유해업소의 구분은 그 업소가 영업을 함에 있어서 다른 법령에 따라 요구되는 허가·인가·등록·신고 등의 여부에 불구하고 실제로 이루어지고 있는 영업행위를 기준으로 하도록 규정하고 있으므로, 음식류를 조리·판매하면서 식사와 함께 부수적으로 음주행위가 허용되는 영업을 하겠다면서 식품위생법상의 일반음식점 영업허가를 받은 업소라고 하더라도 실제로는 음식류의 조리·판매보다는 주로 주류를 조리·판매하는 영업행위가 이루어지고 있으면 청소년보호법상의 청소년고용금지업소에 해당한다.

[2] 나아가 **일반음식점의 실제의 영업형태 중에서는 주간에는 주로 음식류를 조리·판매하고 야간에는 주로 주류를 조리·판매하는 형태**도 있을 수 있는데, 이러한 경우 음식류의 조리·판매보다는 주로 주류를 조리·판매하는 **야간의 영업형태에 있어서의 그 업소는 위 청소년 보호법의 입법취지에 비추어 볼 때 청소년 보호법상의 청소년고용금지업소에 해당한다**(대법원 2005.7.29. 2005도3801).

구분	청소년출입·고용금지업소	청소년고용금지업소
식품위생법 시행령 제21조 제8호 식품접객업	- 유흥주점영업 - 단란주점영업	1. 휴게음식점 영업으로서 주로 다류를 조리·판매하는 다방 중 종업원에게 영업장을 벗어나 다류 등을 배달·판매하게 하면서 소요시간에 따라 대가를 수수하게 하거나 이를 조장 또는 묵인하는 형태로 운영되는 영업(티켓다방) 2. 일반음식점 영업 중 음식류의 조리·판매보다는 주로 주류의 조리·판매를 목적으로 하는 소주방·호프·카페 등의 영업형태로 운영되는 영업
공중위생관리법		1. 숙박업 2. 이용업 3. 목욕장업 중 안마실을 설치하여 영업을 하거나 또는 개실로 구획하여 하는 영업
영화 및 비디오물의 진흥에 관한 법률	- 비디오물감상실업 - 제한관람가비디오물소극장업 - 복합영상물제공업	비디오물소극장업
음악산업진흥에 관한 법률	노래연습장업(다만, 청소년실을 갖춘 노래연습장업의 경우에는 해당 청소년실에 한하여 청소년의 출입을 허용한다)	
게임산업진흥에 관한 법률	- 일반게임제공업 - 복합유통게임제공업 중 대통령령으로 정하는 것	청소년게임제공업 및 인터넷컴퓨터게임시설제공업
사행행위 등 규제 및 처벌 특례법	- 사행행위영업	
체육시설의 설치·이용에 관한 법률	- 무도학원업 - 무도장업	
	전기통신설비를 갖추고 불특정한 사람 사이의 음성대화 또는 화상대화를 매개하는 것을 주된 목적으로 하는 영업	회비 등을 받거나 유료로 만화를 대여하는 만화대여업

(3) 식품접객업의 종류(시행령 제21조 제8호), 유흥종사자의 범위(제22조)

① **휴게음식점영업**: 주로 다류(茶類), 아이스크림류 등을 조리·판매하거나 패스트푸드점, 분식점 형태의 영업 등 음식류를 조리·판매하는 영업으로서 음주행위가 허용되지 아니하는 영업. 다만, 편의점, 슈퍼마켓, 휴게소, 그 밖에 음식류를 판매하는 장소(만화가게 및 「게임산업진흥에 관한 법률」 제2조 제7호에 따른 인터넷컴퓨터게임시설제공업을 하는 영업소 등 음식류를 부수적으로 판매하는 장소를 포함한다)에서 컵라면, 일회용 다류 또는 그 밖의 음식류에 물을 부어 주는 경우는 제외한다(제8호 가목).

② **일반음식점영업**: 음식류를 조리·판매하는 영업으로서 식사와 함께 부수적으로 음주행위가 허용되는 영업(제8호 나목).

③ **단란주점영업**: 주로 주류를 조리·판매하는 영업으로서 손님이 노래를 부르는 행위가 허용되는 영업(제8호 다목).

④ **유흥주점영업**: 주로 주류를 조리·판매하는 영업으로서 유흥종사자를 두거나 유흥시설을 설치할 수 있고 손님이 노래를 부르거나 춤을 추는 행위가 허용되는 영업(제8호 라목).

⑤ "**유흥종사자**"란 손님과 함께 술을 마시거나 노래 또는 춤으로 손님의 유흥을 돋우는 부녀자인 유흥접객원을 말한다(제22조 제1항).

4. 청소년 유해행위 (14·16·19 경위)

(1) 청소년유해행위의 금지(제30조)

누구든지 청소년에게 다음에 해당하는 행위를 하여서는 아니 된다.

① 선저 접대행위 영리를 목적으로 청소년으로 하여금 신체적인 접촉(알몸목욕보조) 또는 은밀한 부분의 노출(홀딱쇼) 등 성적 접대행위를 하게 하거나 이러한 행위를 알선·매개하는 행위	1년 이상 10년 이하의 징역
② 유흥접객행위 영리를 목적으로 청소년으로 하여금 손님과 함께 술을 마시거나 노래 또는 춤 등으로 손님의 유흥을 돋우는 접객행위를 하게 하거나 이러한 행위를 알선·매개하는 행위	10년 이하의 징역
③ 음란행위 영리나 흥행을 목적으로 청소년에게 음란한 행위를 하게 하는 행위(7년 이하의 징역×)	
④ 영리나 흥행을 목적으로 청소년의 장애나 기형 등의 모습을 일반인들에게 관람시키는 행위	
⑤ 앵벌이 청소년에게 구걸을 시키거나 청소년을 이용하여 구걸하는 행위	5년 이하의 징역
⑥ 청소년을 학대하는 행위	
⑦ 호객행위 영리를 목적으로 청소년으로 하여금 거리에서 손님을 유인하는 행위를 하게 하는 행위	
⑧ 청소년을 남녀 혼숙하게 하는 등 풍기를 문란하게 하는 영업행위를 하거나 이를 목적으로 장소를 제공하는 행위	3년 이하의 징역 또는 3천만원 이하의 벌금
⑨ 주로 차 종류를 조리·판매하는 업소에서 청소년으로 하여금 영업장을 벗어나 차 종류를 배달하는 행위를 하게 하거나 이를 조장하거나 묵인하는 행위	

(2) 관련 판례 ⟨20 승진⟩

① **청소년 접객행위**
   청소년유해업소인 단란주점의 업주가 청소년들을 고용하여 영업을 한 이상 그중 일부가 대기실에서 대기 중이었을 뿐 실제 접객행위를 한 바 없다 하더라도 구 청소년 보호법 제49조 제1항 규정에 따른 이익을 취득하지 아니한 것이라고 볼 수 없으므로 고용된 청소년 전부에 대하여 청소년 보호법 시행령에 따라 과징금을 부과한 것은 정당하다(대법원 2002.7.12. 2002두219).

② **청소년 남녀혼숙**
   청소년 보호법 제26조의2 제8호 법문이 규정하는 '이성혼숙'은 남녀 중 일방이 청소년이면 족하고, 반드시 남녀 쌍방이 청소년임을 요하는 것은 아니다(대법원 2003.12.26. 2003도5980).

2 실종아동 등의 보호

1. 정의 ⟨16·17 채용, 17·19·20 승진, 17 경위⟩

(1) **실종아동등의 보호 및 지원에 관한 법률 제2조**

① "**아동등**"이란 다음 각 목의 어느 하나에 해당하는 사람을 말한다.
   가목. **실종**(실종신고×) 당시 18세 미만인 아동
   나목. 「장애인복지법」 제2조의 장애인 중 지적장애인, 자폐성장애인 또는 정신장애인
   다목. 「치매관리법」 제2조 제2호의 치매환자
② "**실종아동등**"이란 약취·유인 또는 유기되거나 사고를 당하거나 가출하거나 길을 잃는 등의 사유로 보호자로부터 이탈된 아동등을 말한다.
③ "**보호자**"란 친권자, 후견인이나 그 밖에 다른 법률에 따라 아동등을 보호하거나 부양할 의무가 있는 사람을 말한다. 다만, 제4호의 보호시설의 장 또는 종사자는 제외한다.
④ "**보호시설**"이란 「사회복지사업법」 제2조 제4호에 따른 사회복지시설 및 인가·신고 등이 없이 아동등을 보호하는 시설로서 사회복지시설에 준하는 시설을 말한다.

(2) **실종아동등 및 가출인 업무처리 규칙 제2조** ⟨18·22 채용, 14·19 승진⟩

① "**아동등**"이란 「실종아동등의 보호 및 지원에 관한 법률」(이하 "법"이라 한다) 제2조 제1호에 따른 실종 당시 18세 미만 아동, 지적·자폐성·정신장애인, 치매환자를 말한다.
② "**실종아동등**"이란 법 제2조 제2호에 따른 사유로 인하여 보호자로부터 이탈된 아동등을 말한다.
③ "**찾는실종아동등**"이란 「실종아동등의 보호 및 지원에 관한 법률」(이하 "법"이라 한다) 제2조 제2호에 따른 실종아동등 중 보호자가 찾고 있는 실종아동등을 말한다.
④ "**보호실종아동등**"이란 법 제2조 제2호에 따른 실종아동등 중 **보호자가 확인되지 않아**(보호자가 확인되어×) 경찰관이 보호하고 있는 실종아동등을 말한다.
⑤ "**장기실종아동등**"이란 보호자로부터 신고를 접수한 지(이탈한 지×) 48시간이 **경과**한 후에도 발견되지 않은 찾는실종아동등을 말한다.
⑥ "**가출인**"이란 신고 당시 보호자로부터 이탈된 만 18세 이상의 사람을 말한다.
⑦ "**발생지**"란 ㉠ 실종아동등 및 가출인이 실종·가출 전 최종적으로 목격되었거나 목격되었을 것으로 추정하여 신고자 등이 진술한 장소를 말하며, ㉡ 신고자 등이 최종 목격 장소를 진술하지 못하거나, 목격되었을 것으로 추정되는 장소가 대중교통시설 등일 경우 또는 **실종·가출 발생 후 1개월**이 **경과**한 때에는 실종아동등 및 가출인의 실종 전 최종 주거지를 말한다.

⑧ "**발견지**"란 실종아동등 또는 가출인을 발견하여 보호 중인 장소를 말하며, 발견한 장소와 보호 중인 장소가 **서로 다른 경우에는 보호 중인 장소**를 말한다.
⑨ "**실종·유괴경보 문자메시지**"란 실종·유괴경보가 발령된 경우「실종아동등의 보호 및 지원에 관한 법률 시행령」(이하 "영"이라 한다) 제4조의5 제7항에 따른 공개정보(이하 "공개정보"라 한다)를 시민들에게 널리 알리기 위하여 휴대폰에 전달하는 문자메시지를 말한다.

2. 실종아동등의 보호 및 지원에 관한 법률(실종아동법)

(1) 신고의무 등(제6조), 미신고 보호행위의 금지(제7조)〈25 채용, 19 승진, 17 경위〉

① 다음에 해당하는 사람은 그 직무를 수행하면서 실종아동등임을 알게 되었을 때에는 경찰청장이 구축하여 운영하는 신고체계로 지체 없이 신고하여야 한다.
  ㉠ **보호시설의 장 또는 그 종사자**
  ㉡ 「아동복지법」제13조에 따른 아동복지전담공무원
  ㉢ 「청소년보호법」제35조에 따른 청소년 보호·재활센터의 장 또는 그 종사자
  ㉣ **「사회복지사업법」제14조에 따른 사회복지전담공무원**
  ㉤ 「의료법」에 따른 의료기관에서 업무를 하는 의료인, 종사자 및 의료기관의 장
  ㉥ 업무·고용 등의 관계로 사실상 아동등을 보호·감독하는 사람
② 누구든지 정당한 사유 없이 실종아동등을 경찰관서의 장에게 신고하지 아니하고 보호할 수 없으며, 정당한 사유 없이 실종아동등을 보호한 자는 5년 이하의 징역 또는 5천만원 이하의 벌금에 처한다.

(2) 실종아동등의 조기발견을 위한 사전신고증 발급 등(제7조의2), 실종이동등의 지문등정보의 등록·관리(제7조의3) 〈25 채용〉

① 경찰청장은 실종아동등의 조속한 발견과 복귀를 위하여 아동등의 보호자가 신청하는 경우 아동등의 지문 및 얼굴 등에 관한 정보(이하 "지문등정보"라 한다)를 제8조의2에 따른 정보시스템에 등록하고 아동등의 보호자에게 사전신고증을 발급할 수 있다.
② 경찰청장은 제1항에 따라 등록된 지문등정보를 데이터베이스로 구축·운영할 수 있다.
③ 경찰청장은 보호시설의 입소자 중 보호자가 확인되지 아니한 아동등으로부터 서면동의를 받아 아동등의 지문등정보를 등록·관리할 수 있다. 이 경우 해당 아동등이 미성년자·심신상실자 또는 심신미약자인 때에는 본인 외에 법정대리인의 동의를 받아야 한다. 다만, 심신상실·심신미약 또는 의사무능력 등의 사유로 본인의 동의를 얻을 수 없는 때에는 본인의 동의를 생략할 수 있다.

(3) 수색 또는 수사의 실시 등(제9조) 〈22 채용, 15·19 승진, 17·19 경위〉

① 경찰관서의 장은 실종아동등의 발생 **신고를 접수하면 지체 없이**(24시간×) **수색 또는 수사의 실시 여부를 결정하여야 한다.**
② 경찰관서의 장은 **실종아동등**(범죄로 인한 경우를 제외한다. 이하 이 조 및 제9조의2에서 같다)**의 조속한 발견을 위하여** 필요한 때에는 개인위치정보사업자 등에게 실종아동등의 위치 확인에 필요한 개인위치정보, 인터넷주소 및 통신사실확인자료(이하 "개인위치정보등"이라 한다)**의 제공을 요청할 수 있다.** 이 경우 경찰관서의 장의 요청을 받은 자는「통신비밀보호법」제3조에도 불구하고 정당한 사유가 없으면 이에 따라야 한다.
  ※ 범죄로 인한 경우는「통신비밀보호법」상 범죄수사를 위한 통신제한조치의 허가절차를 따른다.

③ 위의 요청을 받은 자는 그 실종아동등의 동의 없이 개인위치정보등을 수집할 수 있으며(없으며 ×), 실종아동등의 동의가 없음을 이유로 경찰관서의 장의 요청을 거부하여서는 아니 된다(거부할 수 있다×). ※ 벌칙: 2년 이하의 징역 또는 1천만원 이하의 벌금

④ **경찰관서의 장과 경찰관서에 종사하거나 종사하였던 자는 실종아동등을 찾기 위한 목적으로 제공받은 개인위치정보등을 실종아동등을 찾기 위한 목적 외의 용도로 이용하여서는 아니 되며, 경찰관서의 장은 목적을 달성하였을 때에는 지체 없이(1년 간×) 파기하여야 한다.**
※ 벌칙: 5년 이하의 징역 또는 5천만원 이하의 벌금

(4) 실종아동등 발견을 위한 정보 제공 요청 등(제9조의2), 공개 수색·수사 체계의 구축·운영(제9조의3)

① 경찰관서의 장은 실종아동등의 조속한 발견을 위하여 필요한 때에는 관계 중앙행정기관의 장, 지방자치단체의 장(교육감을 포함한다), 공공기관의 장, 법인·단체의 장 및 개인에 대하여 실종아동등의 위치 확인에 필요한 다음 각 호의 정보 제공을 요청할 수 있으며, 요청을 받은 자는 정당한 사유가 없으면 이에 따라야 한다.
  1. 「개인정보 보호법」에 따른 고정형 영상정보처리기기를 통하여 수집된 정보
  2. 「대중교통의 육성 및 이용촉진에 관한 법률」에 따른 교통카드의 사용명세
  3. 「여신전문금융업법」에 따른 신용카드·직불카드·선불카드의 사용일시, 사용장소
  4. 「의료법」에 따른 처방전의 의료기관 명칭, 전화번호 및 진료기록부등의 진료일시

② 경찰청장은 실종아동등의 조속한 발견과 복귀를 위하여 실종아동등의 공개 수색·수사 체계를 구축·운영할 수 있다.

(5) 유전자검사의 실시(제11조) <25 채용>

① 경찰청장은 실종아동등의 발견을 위하여 다음의 어느 하나에 해당하는 자로부터 유전자검사대상물(이하 "검사대상물"이라 한다)을 채취할 수 있다.
  ㉠ 보호시설의 입소자나 정신의료기관의 입원환자 중 보호자가 확인되지 아니한 아동등
  ㉡ **실종아동등을 찾고자 하는 가족**
  ㉢ 그 밖에 보호시설의 입소자였던 무연고아동

② 경찰청장은 검사대상물을 채취하려면 미리 검사대상자의 서면동의를 받아야 한다. 이 경우 검사대상자가 미성년자, 심신상실자 또는 심신미약자일 때에는 본인 외에 법정대리인의 동의를 받아야 한다. 다만, 심신상실, 심신미약 또는 의사무능력 등의 사유로 본인의 동의를 받을 수 없을 때에는 본인의 동의를 생략할 수 있다.

3. 실종아동등 및 가출인 업무처리 규칙(경찰청예규)

(1) 실종아동찾기센터(제4조), 장기실종자 추적팀(제5조), 정보시스템의 운영(제6조)

실종아동찾기 센터	실종아동등의 조속한 발견 등 관련 업무를 효율적으로 수행하기 위해 경찰청에 실종아동찾기센터를 설치한다(제4조 제1항).
장기실종자 추적팀	장기실종아동등에 대한 전담 추적·조사를 위해 경찰청 또는 시·도경찰청에 장기실종자 추적팀을 설치할 수 있다(제5조 제1항).
정보시스템의 운영 (제6조)	① 경찰청 생활안전교통국장은 법 제8조의2 제1항에 따른 정보시스템으로 실종아동등 프로파일링시스템 및 실종아동찾기센터 홈페이지(이하 "인터넷 안전드림"이라 한다)를 운영한다. ② 실종아동등 프로파일링시스템은 경찰관서 내에서만 사용할 수 있도록 제한하고, 인터넷 안전드림은 누구든 사용할 수 있도록 공개하는 등 분리하여 운영한다. 다만, 자료의 전송 등을 위해 필요한 경우 상호 연계할 수 있다.

(2) 정보시스템 입력 대상 및 정보 관리(제7조) ^(22 채용, 20 승진, 16·19 경위)

입력 대상, 입력 제외 대상 (제1항, 제2항)	① 실종아동등 프로파일링시스템에 입력하는 대상은 다음과 같다. 　㉠ 실종아동등, ㉡ 가출인, ㉢ 보호시설 입소자 중 보호자가 확인되지 않는 사람(이하 "보호시설 무연고자"라 한다) ② 입력 제외 대상 경찰관서의 장은 실종아동등 또는 가출인에 대한 신고를 접수한 후 신고대상자가 다음의 어느 하나에 해당하는 경우에는 신고 내용을 실종아동등 프로파일링시스템에 입력하지 않을 수 있다. 　㉠ 채무관계 해결, 형사사건 당사자 소재 확인 등 실종아동등 및 가출인 발견 외 다른 목적으로 신고된 사람 　㉡ 수사기관으로부터 지명수배 또는 지명통보된 사람 　㉢ 허위로 신고된 사람 　㉣ 보호자가 가출 시 동행한 아동등 　㉤ 그 밖에 신고 내용을 종합하였을 때 명백히 입력 대상이 아니라고 판단되는 사람
보존기간 (제3항)	실종아동등 프로파일링시스템에 등록된 자료의 보존기간은 다음과 같다. 다만, 대상자가 사망하거나 보호자가 삭제를 요구한 경우는 즉시 삭제하여야 한다. 　㉠ 발견된 18세 미만 아동 및 가출인: **수배 해제 후로부터 5년간 보관** 　㉡ 발견된 지적·자폐성·정신장애인 등 및 치매환자: **수배 해제 후로부터 10년간 보관** 　㉢ 미발견자: **소재 발견 시까지 보관** 　㉣ 보호시설 무연고자: 본인 요청 시
인터넷 공개대상 (제4항)	경찰관서의 장은 본인 또는 보호자의 동의를 받아 실종아동등 프로파일링시스템에서 데이터베이스로 관리하는 실종아동등 및 보호시설 무연고자 자료를 인터넷 안전드림에 공개할 수 있다.
인터넷 삭제대상 (제5항)	경찰관서의 장은 다음의 어느 하나에 해당하는 때에는 지체 없이 인터넷 안전드림에 공개된 자료를 삭제하여야 한다. 　㉠ 찾는실종아동등을 발견한 때 　㉡ 보호실종아동등 또는 보호시설 무연고자의 보호자를 확인한 때 　㉢ 본인 또는 보호자가 공개된 자료의 삭제를 요청하는 때

(3) 실종아동 등 신고 접수(제10조) ^(15 경위)

① 실종아동등 신고는 관할에 관계 없이 실종아동찾기센터, 각 시·도경찰청 및 경찰서에서 전화, 서면, 구술 등의 방법으로 접수하며, 신고를 접수한 경찰관은 범죄와의 관련 여부 등을 확인해야 한다.

② 경찰청 실종아동찾기센터는 실종아동등에 대한 신고를 접수하거나, 신고 접수에 대한 보고를 받은 때에는 즉시 실종아동등 프로파일링시스템에 입력, 관할 경찰관서를 지정하는 등 필요한 조치를 하여야 한다. 이 경우 관할 경찰관서는 발생지 관할 경찰관서 등 실종아동등을 신속히 발견할 수 있는 관서로 지정해야 한다.

(4) 신고에 대한 조치 등(제11조) ^(22 채용, 15 승진, 15 경위)

① 경찰관서의 장은 찾는실종아동등에 대한 신고를 접수한 때에는 정보시스템의 자료를 조회하는 등의 방법으로 실종아동등을 찾기 위한 조치를 취하고, 실종아동등을 발견한 경우에는 즉시 보호자에게 인계하는 등 필요한 조치를 하여야 한다.

② 경찰관서의 장은 보호실종아동등에 대한 신고를 접수한 때에는 위 절차에 따라 보호자를 찾기 위한 조치를 취하고, 보호자가 확인된 경우에는 즉시 보호자에게 인계하는 등 필요한 조치를 하여야 한다.

③ 경찰관서의 장은 위 조치에도 불구하고 보호자를 발견하지 못한 경우에는 관할 지방자치단체의 장에게 보호실종아동등을 인계한다.

④ 경찰관서의 장은 실종아동등에 대하여 제18조의 현장 탐문 및 수색 후 그 결과를 즉시 보호자에게 통보하여야 한다. 이후에는 **실종아동등 프로파일링시스템에 등록한 날로부터 1개월까지는 15일**(10일×)**에 1회, 1개월이 경과한 후부터는 분기별**(반기별×) **1회** 보호자에게 추적 진행 사항을 통보한다.

⑤ 경찰관서의 장은 찾는실종아동등을 발견하거나, 보호실종아동등의 보호자를 발견한 경우에는 실종아동등 프로파일링시스템에서 등록 해제하고, 해당 실종아동등에 대한 발견 관서와 관할 관서가 다른 경우에는 발견과 관련된 사실을 관할 경찰관서의 장에게 지체 없이 알려야 한다.

(5) 가출인 신고 접수(제15조)

① 가출인 신고는 관할에 관계없이 접수하여야 하며, 신고를 접수한 경찰관은 범죄와 관련 여부를 확인하여야 한다.

② 경찰서장은 가출인에 대한 신고를 접수한 때에는 정보시스템의 자료 조회, 신고자의 진술을 청취하는 방법 등으로 가출인을 발견하기 위한 조치를 하여야 하며, 가출인을 발견하지 못한 경우에는 즉시 실종아동 등 프로파일링시스템에 가출인에 대한 사항을 입력한다.

③ 경찰서장은 접수한 가출인 신고가 다른 관할인 경우 위의 조치 후 지체 없이 가출인의 발생지를 관할하는 경찰서장에게 이첩하여야 한다.

(6) 신고에 대한 조치 등(제16조)

① 가출인 사건을 관할하는 경찰서장은 정보시스템 자료의 조회, 다른 자료와의 대조, 주변인물과의 연락 등 가출인을 발견하기 위해 지속적으로 추적하고, 실종아동등 프로파일링시스템에 등록한 날로부터 **반기별 1회** 보호자에게 귀가 여부를 확인한다.

② 경찰서장은 가출인을 발견한 때에는 등록을 해제하고, 해당 가출인을 발견한 경찰서와 관할하는 경찰서가 다른 경우에는 **발견 사실을 관할 경찰서장에게 지체 없이 알려야 한다.**

③ 경찰서장은 가출인을 발견한 경우에는 가출신고가 되어 있음을 고지하고, 보호자에게 통보한다. 다만, 가출인이 거부하는 때에는 보호자에게 가출인의 소재(所在)를 알 수 있는 사항을 통보하여서는 아니 된다.

(7) 초동조치(제18조 현장 탐문 및 수색)

① 찾는실종아동등 및 가출인발생신고를 접수 또는 이첩 받은 발생지 관할 경찰서장은 즉시 현장 출동 경찰관을 지정하여 탐문·수색하도록 하여야 한다. 다만, 경찰관서장이 판단하여 수색의 실익이 없거나 현저히 곤란한 경우에는 탐문·수색을 생략하거나 중단할 수 있다.

② 경찰서장은 현장을 탐문·수색한 결과, 정밀수색이 필요하다고 인정될 경우에는 추가로 필요한 경찰관 등을 출동시킬 수 있다.

③ 현장출동 경찰관은 현장을 탐문·수색한 결과에 대해 필요한 보고서를 작성하여 실종아동등 프로파일링시스템에 등록하고 경찰서장에게 보고하여야 한다.

(8) 추적 및 수사(제19조), 실종수사 조정위원회(제20조)

① 찾는실종아동등 및 가출인에 대한 발생지 관할 경찰서장은 신고자·목격자 조사, 최종 목격지 및 주거지 수색, 위치추적 등 통신수사, 유전자검사, 실종아동등 프로파일링시스템 정보조회 등의 방법을 통해 실종아동등 및 가출인을 발견하기 위한 추적에 착수한다.
② 경찰서장은 실종아동등 및 가출인이 범죄관련 여부가 의심되는 경우, 신속히 수사에 착수하여야 한다.
③ 경찰서장은 실종아동등 및 가출인의 수색·추적 중 인지된 국가경찰 수사 범죄의 업무를 조정하기 위하여 실종수사 조정위원회를 구성하여 운영할 수 있다.

3 성매매알선 등 행위의 처벌에 관한 법률(성매매처벌법)

1. 정의(제2조) <15·21 채용, 15·18 승진>

① "성매매"란 불특정인을 상대로 금품이나 그 밖의 재산상의 이익을 수수(收受)하거나 수수하기로 약속하고 다음의 어느 하나에 해당하는 행위를 하거나 그 상대방이 되는 것을 말한다.
   ㉠ 성교행위, ㉡ 구강, 항문 등 신체의 일부 또는 도구를 이용한 유사 성교행위
② "성매매알선 등 행위"란 다음의 어느 하나에 해당하는 행위를 하는 것을 말한다.
   ㉠ 성매매를 알선, 권유, 유인 또는 강요하는 행위
   ㉡ 성매매의 장소를 제공하는 행위
   ㉢ 성매매에 제공되는 사실을 알면서 자금, 토지 또는 건물을 제공하는 행위(정보통신망을 제공하는 행위×)
③ "성매매피해자"란 다음의 어느 하나에 해당하는 사람을 말한다. <21 채용>
   ㉠ 위계, 위력, 그 밖에 이에 준하는 방법으로 성매매를 강요당한 사람
   ㉡ **업무관계, 고용관계, 그 밖의 관계로 인하여 보호 또는 감독하는 사람에 의하여 「마약류관리에 관한 법률」 제2조에 따른 마약·향정신성의약품 또는 대마**(이하 "마약등"이라 한다)**에 중독되어 성매매를 한 사람**
   ㉢ 미성년자, 사물을 변별하거나 의사를 결정할 능력이 없거나 미약한 사람 또는 대통령령으로 정하는 중대한 장애가 있는 사람으로서 성매매를 하도록 알선·유인된 사람
   ㉣ 성매매 목적의 인신매매를 당한 사람

2. 성매매피해자 등의 보호 <15·21 채용, 21 경채>

(1) 성매매피해자에 대한 처벌특례와 보호(제6조)

① 성매매피해자의 성매매는 처벌하지 아니한다.
② 검사 또는 사법경찰관은 수사과정에서 피의자 또는 참고인이 성매매피해자에 해당한다고 볼 만한 상당한 이유가 있을 때에는 지체 없이 법정대리인, 친족 또는 변호인에게 통지하고, 신변보호, 수사의 비공개, 친족 또는 지원시설·성매매피해상담소에의 인계 등 그 보호에 필요한 조치를 하여야 한다. 다만, 피의자 또는 참고인의 사생활 보호 등 부득이한 사유가 있는 경우에는 통지하지 아니할 수 있다.

(2) 신뢰관계에 있는 사람의 동석(제8조)

① 법원은 신고자등을 증인으로 신문할 때에는 직권으로 또는 본인·법정대리인이나 검사의 신청에 의하여 신뢰관계에 있는 사람을 동석하게 할 수 있다.

② **수사기관은 신고자등을 조사할 때에는 직권으로 또는 본인·법정대리인의 신청에 의하여 신뢰관계에 있는 사람을 동석하게 할 수 있다.**

③ 법원 또는 수사기관은 미성년자, 사물을 변별하거나 의사를 결정할 능력이 없거나 미약한 사람 또는 대통령령으로 정하는 중대한 장애가 있는 사람에 대하여 제1항 및 제2항에 따른 신청을 받은 경우에는 재판이나 수사에 지장을 줄 우려가 있는 등 특별한 사유가 없으면 신뢰관계에 있는 사람을 동석하게 하여야 한다.

④ 제1항부터 제3항까지의 규정에 따라 신문이나 조사에 동석하는 사람은 진술을 대리하거나 유도하는 등의 행위로 수사나 재판에 부당한 영향을 끼쳐서는 아니 된다.

(3) 심리의 비공개(제9조)

① 법원은 신고자등의 사생활이나 신변을 보호하기 위하여 필요하면 결정으로 심리를 **공개하지 아니할 수 있다.**

② 증인으로 소환받은 신고자등과 그 가족은 사생활이나 신변을 보호하기 위하여 증인신문의 비공개를 신청할 수 있다.

3. 보호사건 〈21 경채〉

(1) 보호처분의 결정 등(제14조 제1항)

판사는 심리 결과 보호처분이 필요하다고 인정할 때에는 결정으로 다음 각 호의 어느 하나에 해당하는 처분을 할 수 있다.

1호. 성매매가 이루어질 우려가 있다고 인정되는 장소나 지역에의 출입금지
2호. 「보호관찰 등에 관한 법률」에 따른 보호관찰
3호. 「보호관찰 등에 관한 법률」에 따른 사회봉사·수강명령
4호. 「성매매방지 및 피해자보호 등에 관한 법률」 제10조에 따른 성매매피해상담소에의 상담위탁
5호. 「성폭력방지 및 피해자보호 등에 관한 법률」 제27조 제1항에 따른 전담의료기관에의 치료위탁

(2) 보호처분의 기간(제15조)

제14조 제1항 제1호·제2호 및 제4호에 따른 **보호처분 기간은 6개월**을, 같은 항 제3호에 따른 사회봉사·수강명령은 100시간을 각각 초과할 수 없다.

4. 벌칙 등 <21 경채>

(1) 벌칙

① 성매매알선 등 행위를 한 사람은 3년 이하의 징역 또는 3천만원 이하의 벌금에 처한다(제19조 제1항 제1호). ※ 미수범 처벌

② 다음의 어느 하나에 해당하는 사람은 7년 이하의 징역 또는 7천만원 이하의 벌금에 처한다(제19조 제2항). ※ 미수범 처벌

  ㉠ **영업으로 성매매알선 등 행위를 한 사람**

  ㉡ 성을 파는 행위를 할 사람을 모집하고 그 대가를 지급받은 사람

  ㉢ 성을 파는 행위를 하도록 직업을 소개·알선하고 그 대가를 지급받은 사람

③ 성을 파는 행위를 한 사람은 3년 이하의 징역 또는 3천만원 이하의 벌금에 처한다(제20조). ※ 미수범 처벌

④ 성매매를 한 사람은 1년 이하의 징역이나 300만원 이하의 벌금·구류 또는 과료(科料)에 처한다(제21조 제1항). ※ 미수범 처벌 제외

(2) 형의 감면(제26조 제1항) <15 채용>

이 법에 규정된 죄를 범한 사람이 수사기관에 신고하거나 자수한 경우에는 **형을 감경하거나 면제할 수 있다.**

CHAPTER 03 수사경찰 활동

제1절 수사경찰 일반론

1 수사경찰의 의의

1. 범죄의 수사

① 수사기관이 범죄사실을 조사하여 범인을 발견·확보하고 증거를 수집·보전하는 활동을 말한다.
② 형사사건에 관한 범죄혐의 유무를 명백히 하여 공소제기 여부를 결정하고 공소를 유지·수행하기 위한 준비 활동을 의미하기도 한다.
③ 범죄혐의를 인정하기 위해서는 범죄혐의 유무에 대한 조사가 전제되어야 하는데, 이러한 혐의 유무에 대한 조사단계는 내사이다.

2. 수사경찰 활동의 법적 토대

(1) 국가수사본부 국장의 분장 사항

수사국장 (제19조 제3항)	1. 부패범죄, 공공범죄, 경제범죄 및 금융범죄에 관한 수사 지휘·감독 2. 제1호의 범죄 수사에 관한 기획, 정책·수사지침 수립·연구·분석 및 수사기법 개발 3. 제1호의 범죄에 대한 통계 및 수사자료 분석 4. 국가수사본부장이 지정하는 중요 범죄에 대한 정보수집 및 수사 5. 중요 범죄정보의 수집 및 분석에 관한 사항 6. 사이버공간에서의 범죄(이하 "사이버범죄"라 한다) 정보의 수집·분석 7. 사이버범죄 신고·상담 8. 사이버범죄 예방에 관한 사항 9. 사이버범죄 수사에 관한 사항 10. 사이버수사에 관한 기법 연구 11. 사이버수사 관련 국제공조에 관한 사항 12. 디지털포렌식에 관한 사항
형사국장 (제20조 제3항)	1. 강력범죄, 폭력범죄 및 **교통사고·교통범죄에 관한 수사 지휘·감독** 2. 마약류 범죄 및 조직범죄에 관한 수사 지휘·감독 3. 성폭력범죄, 아동·청소년 대상 성매매, 가정폭력, 아동학대, 학교폭력 및 실종사건에 관한 수사 지휘·감독 및 **아동·청소년 대상 성매매 단속** 4. 제1호부터 제3호까지의 규정에서 정한 범죄 및 **외국인 관련 범죄 수사에 관한 기획**, 정책·수사지침 수립·연구·분석 및 수사기법 개발 5. 제1호부터 제3호까지의 규정에서 정한 범죄 및 외국인 관련 범죄에 대한 통계 및 수사자료 분석 6. 과학수사의 기획 및 지도 7. 범죄감식 및 증거분석 8. 범죄기록 및 주민등록지문의 수집·관리

(2) 수사 권한 행사의 근거와 지침

형사소송법, 검사와 사법경찰관의 상호협력과 일반적 수사준칙에 관한 규정(대통령령), 경찰수사규칙(행정안전부령), 범죄수사규칙(경찰청 훈령) 등이 있다.

2 수사경찰의 업무와 통제

1. 일반 수사 및 형사 활동

(1) 입건 전 조사(내사)

① 수사의 전 단계로서 신문 등 출판물의 기사, 익명의 신고, 소문 등에 범죄혐의 유무를 조사할 가치가 있는 내용이 있을 때 그 진상을 밝히기 위하여 입건하지 않고 조사하는 단계를 말한다.
② 검사 또는 사법경찰관은 입건 전에 범죄를 의심할 만한 정황이 있어 수사 개시 여부를 결정하기 위한 사실관계의 확인 등 필요한 조사를 할 때에는 적법절차를 준수하고 사건관계인의 인권을 존중하며, 조사가 부당하게 장기화되지 않도록 신속하게 진행해야 한다(검사와 사법경찰관의 상호협력과 일반적 수사준칙에 관한 규정 제16조 제3항).

(2) 수사의 개시

① 수사기관이 사건을 수리하여 수사를 개시하는 것을 입건이라고 하며 입건의 원인은 입건 전 조사를 통한 범죄의 인지, 고소·고발의 접수, 자수와 자복, 변사자 검시·검증, 검사나 특별사법경찰의 이송사건 수리 등이다.
② 실무상 입건이란 사건을 접수하고 사건번호를 부여하는 단계를 말하며, 그 이후부터 혐의자가 피의자의 신분이 된다.
③ 사법경찰관은 형사소송법 제197조 제1항에 따라 구체적인 사실에 근거를 둔 범죄의 혐의를 인식한 때에는 수사를 개시한다. 사법경찰관은 이에 따라 수사를 개시할 때에는 지체 없이 별지 제11호서식의 범죄인지서를 작성하여 사건기록에 편철해야 한다(경찰수사규칙 제18조 제1항, 제2항).

(3) 수사의 실행, 사건의 송치, 송치 후의 수사

① 수사방침의 수립
수사의 실행 전에 현장에서 수집된 여러 가지 자료를 검토하여 수사를 어떠한 방향으로 전개할 것인가를 결정하여야 한다.
② 사법경찰관은 고소·고발 사건을 포함하여 범죄를 수사한 때에 범죄의 혐의가 있다고 인정되는 경우에는 지체 없이 검사에게 사건을 송치하고, 관계 서류와 증거물을 검사에게 송부하여야 한다(형사소송법 제245조의5).
③ 검사는 사법경찰관으로부터 송치받은 사건에 대해 보완수사가 필요하다고 인정하는 경우에는 직접 보완수사를 하거나 사법경찰관에게 보완수사를 요구할 수 있다. 다만, 송치사건의 공소제기 여부 결정에 필요한 경우로서 일정한 경우에는 특별히 사법경찰관에게 보완수사를 요구할 필요가 있다고 인정되는 경우를 제외하고는 검사가 직접 보완수사를 하는 것을 원칙으로 한다(검사와 사법경찰관의 상호협력과 일반적 수사준칙에 관한 규정 제59조 제1항).

2. 피의자 유치 및 호송 규칙

(1) 목적(제1조)

이 규칙은 피의자(피고인, 구류 처분을 받은 자 및 의뢰입감자를 포함한다. 이하 같다)의 유치 및 호송에 필요한 사항을 규정함을 목적으로 한다.

(2) 관리책임(피의자 유치 및 호송 규칙 제4조)

① 경찰서장은 피의자의 유치 및 유치장의 관리에 전반적인 지휘·감독을 하여야 하며 그 책임을 져야 한다.
② 경찰서 주무과장(이하 "유치인보호 주무자"라 한다)은 경찰서장을 보좌하여 유치인 보호 및 유치장 관리를 담당하는 경찰관(이하 "유치인보호관"이라 한다)을 지휘·감독하고 피의자의 유치 및 유치장의 관리에 관한 책임을 진다.

(3) 피의자의 유치 등(피의자 유치 및 호송 규칙 제7조) 〈24 채용, 17 경위〉

① **피의자를 유치장에 입감시키거나 출감시킬 때에는 유치인보호 주무자가 발부하는 별지 제2호 서식의 피의자 입감·출감 지휘서에 의하여야 하며 동시에 3명 이상의 피의자를 입감시킬 때에는 경위 이상 경찰관이 입회하여 순차적으로 입감시켜야 한다.**
② 형사범과 구류 처분을 받은 자, 19세 이상의 사람과 19세 미만의 사람, 신체장애인 및 사건관련의 공범자 등은 유치실이 허용하는 범위 내에서 분리하여 유치하여야 하며, 신체장애인에 대하여는 신체장애를 고려한 처우를 하여야 한다.

(4) 신체 등의 검사(제8조) 〈24 채용〉

① 유치인보호관은 피의자를 유치하는 과정에서 유치인의 생명 신체에 대한 위해를 방지하고, 유치장내의 안전과 질서를 유지하기 위하여 필요하다고 인정될 때에는 유치인의 신체, 의류, 휴대품 및 유치실을 검사할 수 있다.
② **신체, 의류, 휴대품(이하 '신체 등'이라 한다)의 검사는 동성의 유치인보호관이 실시하여야 한다. 다만, 여성유치인보호관이 없을 경우에는 미리 지정하여 신체 등의 검사방법을 교양 받은 여성경찰관으로 하여금 대신하게 할 수 있다.**
③ 유치인보호관은 신체 등의 검사를 하기 전에 유치인에게 신체 등의 검사 목적과 절차를 설명하고, 제9조의 위험물 등을 제출할 것을 고지하여야 한다.
④ 신체 등의 검사는 유치인보호주무자가 제7조 제1항의 피의자입(출)감지휘서에 지정하는 방법으로 유치장내 신체검사실에서 하여야 하며, 그 종류와 기준 및 방법은 다음 각 호와 같다.
  1. 외표검사 : **죄질이 경미하고 동작과 언행에 특이사항이 없으며 위험물 등을 은닉하고 있지 않다고 판단되는 유치인에 대하여는 신체 등의 외부를 눈으로 확인하고 손으로 가볍게 두드려 만져 검사한다.**
  2. 간이검사 : 일반적으로 유치인에 대하여는 탈의막 안에서 속옷은 벗지 않고 신체검사의를 착용(유치인의 의사에 따른다)하도록 한 상태에서 위험물 등의 은닉여부를 검사한다.
  3. 정밀검사 : 살인, 강도, 절도, 강간, 방화, 마약류, 조직폭력 등 죄질이 중하거나 근무자 및 다른 유치인에 대한 위해 또는 자해할 우려가 있다고 판단되는 유치인에 대하여는 탈의막 안에서 속옷을 벗고 신체검사의로 갈아입도록 한 후 정밀하게 위험물 등의 은닉여부를 검사하여야 한다.

(5) 피호송자의 신체검사(피의자 유치 및 호송 규칙 제49조) <18 승진, 17·20 경위>

① 호송관은 반드시 호송주무관의 지휘에 따라 포박하기 전에 피호송자에 대하여 안전호송에 필요한 신체검색을 실시하여야 한다.
② 여자인 피호송자의 신체검색은 여자경찰관이 행하거나 성년의 여자를 참여시켜야 한다.

(6) 피호송자에 대한 수갑 등의 사용(피의자 유치 및 호송 규칙 제50조) <18 승진, 17 경위>

① 호송관은 제47조 제2항의 호송주무관의 허가를 받아「경찰관 직무집행법」제10조의2 제1항 및 「위해성 경찰장비의 사용기준 등에 관한 규정」제4조에 따라 필요한 한도에서 호송대상자에 대하여 수갑 또는 수갑·포승을 사용할 수 있다. 다만, 구류선고 및 감치명령을 받은 자와 미성년자, 고령자, 장애인, 임산부 및 환자 중 주거와 신분이 확실하고 도주의 우려가 없는 자에 대하여는 수갑 또는 수갑·포승을 채우지 아니한다.
② 미체포 피의자가 구속 전 피의자심문에 임의로 출석한 경우에는 원칙적으로 수갑 및 포승을 사용하지 아니한다. 다만, 도주 우려 등 사정변경이 생겨 수갑 및 포승 사용이 필요하다고 인정되는 상당한 이유가 있는 경우는 예외로 한다.
③ 미체포 피의자에 대하여 심문 구인용 구속영장을 강제집행하여 법원에 인치하는 경우에는 제2항 본문을 적용하지 않는다.
④ 호송관은 제1항에 따라 수갑 또는 수갑·포승을 사용하는 피호송자가 2인 이상일 때에는 호송수단에 따라 2인 내지 5인을 1조로 하여 상호 연결시켜 포승으로 포박한다.
⑤ 호송주무관은 제1항 내지 제4항에 의하여 호송관이 한 포박의 적정여부를 확인하여야 한다.

(7) 호송의 방법(피의자 유치 및 호송 규칙 제51조)

① 호송은 피호송자를 인수관서 또는 출석시켜야 할 장소와 유치시킬 장소에 직접 호송한다.
② 중요범인에 대하여는 특별한 안전조치를 강구하여야 한다.

(8) 영치금품의 처리(피의자 유치 및 호송 규칙 제53조)와 호송시간(제54조)

① 피호송자의 영치금품은 다음의 구분에 따라 처리한다. <18·20 경위>
  ㉠ 금전, 유가증권은 호송관서에서 인수관서에 직접 송부한다. 다만 소액의 금전, 유가증권 또는 당일로 호송을 마칠 수 있을 때에는 호송관에게 탁송할 수 있다.
  ㉡ 피호송자가 호송 도중에 필요한 식량, 의류, 침구의 구입비용을 자비로 부담할 수 있는 때에는 그 청구가 있으며 필요한 금액을 호송관에게 탁송하여야 한다.
  ㉢ 물품은 호송관에게 탁송한다. 다만, 위험한 물품 또는 호송관이 휴대하기에 부적당한 발송관서에서 인수관서에 직접 송부할 수 있다.
  ㉣ 송치하는 금품을 호송관에게 탁송할 때에는 호송관서에 보관책임이 있고, 그렇지 아니한 때에는 송부한 관서에 그 책임이 있다.
② 호송시간 <24 채용, 18·20 경위>
  호송은 일출전 또는 일몰후에 할 수 없다. 다만, 기차, 선박 및 차량을 이용하는 때 또는 특별한 사유가 있는 때에는 그러하지 아니한다.

(9) 사고발생 시의 조치(제65조) <17 승진, 18 경위>

① 호송관은 호송 중 피호송자가 도주, 자살, 기타의 사고가 발생하였을 때에는 다음의 조치를 신속하게 취하여야 한다.

② 피호송자가 도망하였을 때
  ㉠ 즉시 사고발생지 관할 경찰서에 신고하고 도주 피의자 수배 및 수사에 필요한 사항을 알려주어야 하며, 소속장에게 전화, 전보 기타 신속한 방법으로 보고하여 그 지휘를 받아야 한다. 이 경우에 즉시 보고할 수 없는 때에는 신고 관서에 보고를 의뢰할 수 있다.
  ㉡ 호송관서의 장은 보고받은 즉시 상급경찰관서에 보고 및 인수관서에 통지하고 도주 피의자의 수사에 착수하여야 하며, 사고발생지 관할 경찰서장에게 수사를 의뢰하여야 한다.
  ㉢ **도주한 자에 관한 호송관계서류 및 금품은 호송관서에 보관하여야 한다.**
③ 피호송자가 발병하였을 때
  ㉠ 경증으로서 호송에 큰 지장이 없고 당일로 호송을 마칠 수 있을 때에는 호송관이 적절한 응급조치를 취하고 호송을 계속하여야 한다.
  ㉡ 중증으로써 호송을 계속하거나 곤란하다고 인정될 때에 피호송자 및 그 서류와 금품을 발병지에서 가까운 경찰관서에 인도하여야 한다.
  ㉢ 위 ㉡에 의하여 인수한 경찰관서는 즉시 질병을 치료하여야 하며, 질병의 상태를 호송관서 및 인수관서에 통지하고 질병이 치유된 때에는 호송관서(인수관서×)에 통지함과 동시에 치료한 경찰관서에서 지체 없이 호송하여야 한다. 다만, 진찰한 결과 24시간 이내에 치유될 수 있다고 진단되었을 때에는 치료 후 호송관서의 호송관이 호송을 계속하게 하여야 한다.

(10) 분사기 등의 휴대(제70조) ⟨17 승진, 20 경위⟩
  ① 호송관은 호송근무를 할 때에는 분사기를 휴대하여야 한다.
  ② 호송관서의 장은 특별한 사유가 있는 경우 호송관이 총기를 휴대하도록 할 수 있다.

3. 사법경찰의 수사권

① 「국가경찰과 자치경찰의 조직 및 운영에 관한 법률」 제3조와 「경찰관 직무집행법」 제2조에서 범죄수사를 명백히 경찰의 임무(직무)로 규정하고 있다.
② 경무관, 총경, 경정, 경감, 경위는 사법경찰관으로서 범죄의 혐의가 있다고 사료하는 때에는 범인, 범죄사실과 증거를 수사한다(「형사소송법」 제197조).
③ 사법경찰관은 수사진행에서 핵심이라 할 수 있는 영장청구를 직접 판사에게 할 수 없다.

> 헌법 제12조
>   ③ 체포·구속·압수 또는 수색을 할 때에는 적법한 절차에 따라 검사의 신청에 의하여 법관이 발부한 영장을 제시하여야 한다. 다만, 현행범인인 경우와 장기 3년 이상의 형에 해당하는 죄를 범하고 도피 또는 증거인멸의 염려가 있을 때에는 사후에 영장을 청구할 수 있다.

④ 사법경찰관과 검사는 수사, 공소제기 및 공소유지에 관하여 서로 협력 관계에 있다.

> 형사소송법 제195조(검사와 사법경찰관의 관계 등)
>   ① 검사와 사법경찰관은 수사, 공소제기 및 공소유지에 관하여 서로 협력하여야 한다.
>   ② 제1항에 따른 수사를 위하여 준수하여야 하는 일반적 수사준칙에 관한 사항은 대통령령으로 정한다.
> 검사와 사법경찰관의 상호협력과 일반적 수사준칙에 관한 규정 제6조(상호협력의 원칙)
>   ① 검사와 사법경찰관은 상호 존중해야 하며, 수사, 공소제기 및 공소유지와 관련하여 협력해야 한다.
>   ② 검사와 사법경찰관은 수사와 공소제기 및 공소유지를 위해 필요한 경우 수사·기소·재판 관련 자료를 서로 요청할 수 있다.

제2절 가정폭력, 아동학대, 학교폭력

1 가정폭력범죄의 처벌 등에 관한 특례법(가정폭력처벌법)

1. 목적, 다른 법률과의 관계

(1) **목적(제1조)** 〈23 승진〉

이 법은 가정폭력범죄의 형사처벌 절차에 관한 특례를 정하고 가정폭력범죄를 범한 사람에 대하여 환경의 조정과 성행의 교정을 위한 보호처분을 함으로써 가정폭력범죄로 파괴된 가정의 평화와 안정을 회복하고 건강한 가정을 가꾸며 피해자와 가족구성원의 인권을 보호함을 목적으로 한다.

(2) **다른 법률과의 관계(제3조)** 〈21 채용〉

가정폭력범죄에 대하여는 이 법을 우선 적용한다. 다만, 아동학대범죄에 대하여는 「아동학대범죄의 처벌 등에 관한 특례법」을 우선 적용한다.

2. 정의(제2조) 〈21·24 채용, 15·17·19·23 승진, 17·23 경위〉

가정폭력	가정구성원 사이의 신체적, 정신적 또는 재산상 피해를 수반하는 행위를 말한다.
가정구성원	① 배우자(사실상 혼인관계에 있는 사람을 포함한다) 또는 배우자였던 사람 ② 자기 또는 배우자와 직계존비속관계(사실상의 양친자관계를 포함한다. 이하 같다)에 있거나 있었던 사람 ③ 계부모와 자녀의 관계 또는 적모(嫡母)와 서자(庶子)의 관계에 있거나 있었던 사람 ④ **동거하는 친족**
가정폭력 범죄	① 가정폭력으로서 다음 각 목의 어느 하나에 해당하는 죄를 말한다. ② 상해와 폭행 「형법」상해와 폭행의 죄 중 제257조(상해, 존속상해), 제258조(중상해, 존속중상해), 제258조의2(특수상해), 제260조(폭행, 존속폭행) 제1항·제2항, 제261조(특수폭행) 및 제264조(상습범)의 죄 ③ 유기와 학대 제271조(유기, 존속유기) 제1항·제2항, 제272조(영아유기), 제273조(학대, 존속학대) 및 제274조(아동혹사)의 죄 ④ 체포와 감금 제276조(체포, 감금, 존속체포, 존속감금), 제277조(중체포, 중감금, 존속중체포, 존속중감금), 제278조(특수체포, 특수감금), 제279조(상습범) 및 제280조(미수범)의 죄 ⑤ 협박 제283조(협박, 존속협박) 제1항·제2항, 제284조(특수협박), 제285조(상습범)(제283조의 죄에만 해당한다) 및 제286조(미수범)의 죄 ⑥ 강간과 강제추행 제297조(강간), 제297조의2(유사강간), 제298조(강제추행), 제299조(준강간, 준강제추행), 제300조(미수범), 제301조(강간등 상해·치상), 제301조의2(강간등 살인·치사), 제302조(미성년자등에 대한 간음), 제305조(미성년자에 대한 간음, 추행), 제305조의2(상습범)(제297조, 제297조의2, 제298조부터 제300조까지의 죄에 한한다)의 죄

가정폭력 범죄	⑦ 명예훼손과 모욕 제307조(명예훼손), 제308조(사자의 명예훼손), 제309조(출판물등에 의한 명예훼손) 및 제311조(모욕)의 죄 ⑧ 주거침입 : 「형법」 제2편 제36장 주거침입의 죄 ⑨ 강요 제324조(강요) 및 제324조의5(미수범)(제324조의 죄에만 해당한다)의 죄 ⑩ 공갈 제350조(공갈), 제350조의2(특수공갈) 및 제352조(미수범)(제350조, 제350조의2의 죄에만 해당한다)의 죄 ⑪ 재물손괴 「형법」 제2편 제42장 손괴의 죄 중 제366조(재물손괴등) 및 제369조(특수손괴) 제1항의 죄 ⑫ 카메라등 이용촬영죄 「성폭력범죄의 처벌 등에 관한 특례법」 제14조(카메라 등을 이용한 촬영) 및 제15조(미수범)(제14조의 죄에만 해당한다)의 죄 ⑬ 공포심 유발 문자 전송 「정보통신망 이용촉진 및 정보보호 등에 관한 법률」 제74조 제1항 제3호의 죄(공포심이나 불안감을 유발하는 부호·문언·음향·화상 또는 영상을 반복적으로 상대방에게 도달하게 한 자) ⑭ 위의 죄로서 다른 법률에 따라 가중처벌되는 죄	
가정폭력범 죄가 아닌 것	살인, 강도, **절도, 사기, 약취·유인**, 업무방해, 상해치사, 중손괴, 공무집행방해	
가정폭력 행위자	가정폭력범죄를 범한 사람 및 **가정구성원인 공범을 말한다.**	
가정보호 사건	가정폭력범죄로 인하여 이 법에 따른 보호처분의 대상이 되는 사건을 말한다.	

3. 형벌과 수강명령 등의 병과(제3조의2) <21 채용>

① 법원은 가정폭력행위자에 대하여 **유죄판결(선고유예는 제외한다)을 선고하거나 약식명령을 고지하는 경우에는 200시간의 범위**에서 재범예방에 필요한 수강명령(「보호관찰 등에 관한 법률」에 따른 수강명령을 말한다. 이하 같다) 또는 가정폭력 치료프로그램의 이수명령(이하 "이수명령"이라 한다)을 병과할 수 있다.

② 가정폭력행위자에 대하여 수강명령은 형의 집행을 유예할 경우에 그 집행유예기간 내에서 병과하고, 이수명령은 징역형의 실형 또는 벌금형을 선고하거나 약식명령을 고지할 경우에 병과한다.

4. 가정폭력사건 처리 절차

가정	경찰	검사	법원

신고	응급조치
	제지, 분리, 수사
	상담소 또는 보호시설 인도(피해자 동의)
	의료기관 인도
	임시조치 신청권 고지
	피해자보호명령 또는 신변안전조치 청구권 고지
		① 임시조치 청구
		   퇴거·격리
		   100m 이내 접근 금지
		   전기통신이용 접근 금지
		② 임시조치 위반, 재발 우려
		   5. 유치장, 구치소 유치
			임시조치 결정
			1. 퇴거·격리
			2. 100m 이내 접근 금지
			3. 전기통신이용 접근 금지
			4. 요양소 위탁
			5. 유치장, 구치소 유치
			6. 상담소 등 상담위탁

	① 긴급임시조치(재량)
	  1. 퇴거·격리
	  2. 100m 이내 접근 금지
	  3. 전기통신이용 접근 금지
	② 긴급임시조치 후 임시 조치신청(의무)
		긴급임시조치 후 48시간 이내 임시조치 청구	

5. 신고와 고소 <19 경채, 15 승진>

제4조
(신고의무 등)
	① 누구든지 가정폭력범죄를 알게 된 경우에는 수사기관에 신고할 수 있다.
	② 다음에 해당하는 사람이 직무를 수행하면서 가정폭력범죄를 알게 된 경우에는 정당한 사유가 없으면 즉시 수사기관에 신고하여야 한다.
	  1. 아동의 교육과 보호를 담당하는 기관의 종사자와 그 기관장
	  2. 아동, 60세 이상의 노인, 그 밖에 정상적인 판단 능력이 결여된 사람의 치료 등을 담당하는 의료인 및 의료기관의 장
	  3. 「노인복지법」에 따른 노인복지시설, 「아동복지법」에 따른 아동복지시설, 「장애인복지법」에 따른 장애인복지시설의 종사자와 그 기관장
	  4. 「다문화가족지원법」에 따른 다문화가족지원센터의 전문인력과 그 장
	  5. 「결혼중개업의 관리에 관한 법률」에 따른 국제결혼중개업자와 그 종사자
	  6. 「소방기본법」에 따른 구조대·구급대의 대원
	  7. 「사회복지사업법」에 따른 사회복지 전담공무원

제6조 (고소에 관한 특례)	① **피해자 또는 그 법정대리인은 가정폭력행위자를 고소할 수 있다.** 피해자의 법정대리인이 가정폭력행위자인 경우 또는 가정폭력행위자와 공동으로 가정폭력범죄를 범한 경우에는 피해자의 친족이 고소할 수 있다. ② 피해자는 「형사소송법」 제224조에도 불구하고 가정폭력행위자가 자기 또는 배우자의 직계존속인 경우에도 고소할 수 있다. 법정대리인이 고소하는 경우에도 또한 같다. ③ 피해자에게 고소할 법정대리인이나 친족이 없는 경우에 이해관계인이 신청하면 검사는 10일(7일×) 이내에 고소할 수 있는 사람을 지정하여야 한다(지정할 수 있다×).

6. 응급조치 <15 채용, 15 승진>

제5조 (가정폭력 범죄에 대한 응급조치)	진행 중인 가정폭력범죄에 대하여 신고를 받은 사법경찰관리는 즉시 현장에 나가서 다음 각 호의 조치를 하여야 한다. 1. 폭력행위의 제지, 가정폭력행위자·피해자의 분리 1의2. 「형사소송법」 제212조에 따른 현행범인의 체포 등 범죄수사 2. 피해자를 가정폭력 관련 상담소 또는 보호시설로 인도(피해자가 동의한 경우만 해당한다) 3. 긴급치료가 필요한 피해자를 의료기관으로 인도 4. 폭력행위 재발 시 제8조에 따라 임시조치를 신청할 수 있음을 통보 5. 제55조의2에 따른 피해자보호명령 또는 신변안전조치를 청구할 수 있음을 고지

7. 사법경찰관의 긴급임시조치 <16·21·23 채용, 19 경채, 15·17 승진>

제8조의2 (긴급임시조치)	① 사법경찰관은 제5조에 따른 응급조치에도 불구하고 가정폭력범죄가 재발될 우려가 있고, 긴급을 요하여 법원(검사×)의 임시조치 결정을 받을 수 없을 때에는 직권 또는 피해자나 그 법정대리인의 신청에 따라 제29조 제1항 제1호부터 제3호(퇴거 등 격리, 100미터 이내 접근 금지, 전기통신을 이용한 접근 금지)까지의 어느 하나에 해당하는 조치(이하 "긴급임시조치"라 한다)를 할 수 있다. ② 사법경찰관은 제1항에 따라 긴급임시조치를 한 경우에는 즉시 긴급임시조치결정서를 작성하여야 한다. ③ 제2항에 따른 긴급임시조치결정서에는 범죄사실의 요지, 긴급임시조치가 필요한 사유 등을 기재하여야 한다.
제8조의3 (긴급임시 조치와 임시조치의 청구)	① 사법경찰관이 제8조의2 제1항에 따라 긴급임시조치를 한 때에는 지체 없이 검사에게 제8조에 따른 임시조치를 신청하고, 신청받은 검사는 법원에 임시조치를 청구하여야 한다. 이 경우 임시조치의 청구는 긴급임시조치를 한 때부터 48시간 이내에 청구하여야 하며, 제8조의2 제2항에 따른 긴급임시조치결정서를 첨부하여야 한다. ② 제1항에 따라 임시조치를 청구하지 아니하거나 법원이 임시조치의 결정을 하지 아니하면 즉시 긴급임시조치를 취소하여야 한다.

8. 임시조치 <15·16 채용>

검사의
임시조치의
청구
제8조
(임시조치의
청구 등)
	① 검사는 가정폭력범죄가 재발될 우려가 있다고 인정하는 경우에는 직권으로 또는 사법경찰관의 신청에 따라 법원에 제29조 제1항 제1호·제2호 또는 제3호의 임시조치를 청구할 수 있다.
	  1. 피해자 또는 가정구성원의 주거 또는 점유하는 방실(房室)로부터의 퇴거 등 격리
	  2. 피해자 또는 가정구성원이나 그 주거, 직장 등에서 100미터 이내의 접근 금지
	  3. 피해자 또는 가정구성원에 대한 「전기통신기본법」 제2조 제1호의 전기통신을 이용한 접근 금지
	② 검사는 가정폭력행위자가 제1항의 청구에 따라 결정된 임시조치를 위반하여 가정폭력범죄가 재발될 우려가 있다고 인정하는 경우에는 직권으로 또는 사법경찰관의 신청에 따라 법원에 제29조 제1항 제5호의 임시조치를 청구할 수 있다.
	  5. 국가경찰관서의 유치장 또는 구치소에의 유치
	③ 제1항 및 제2항의 경우 피해자 또는 그 법정대리인은 검사 또는 사법경찰관에게 제1항 및 제2항에 따른 임시조치의 청구 또는 그 신청을 요청하거나 이에 대하여 의견을 진술할 수 있다.
	④ 제3항에 따른 요청을 받은 사법경찰관은 제1항 및 제2항에 따른 임시조치를 신청하지 아니하는 경우에는 검사에게 그 사유를 보고하여야 한다.

판사의 임시조치 결정 제29조 (임시조치)	① 판사는 가정보호사건의 원활한 조사·심리 또는 피해자 보호를 위하여 필요하다고 인정하는 경우에는 결정으로 가정폭력행위자에게 다음 각 호의 어느 하나에 해당하는 임시조치를 할 수 있다. 1. 피해자 또는 가정구성원의 주거 또는 점유하는 방실(房室)로부터의 퇴거 등 격리 2. 피해자 또는 가정구성원이나 그 주거, 직장 등에서 100미터 이내의 접근 금지 3. 피해자 또는 가정구성원에 대한 「전기통신기본법」 제2조 제1호의 전기통신을 이용한 접근 금지 ※ 1~3호는 검사의 임시조치 청구, 사법경찰관의 긴급임시조치 대상임 4. 의료기관이나 그 밖의 요양소에의 위탁 5. 국가경찰관서의 유치장 또는 구치소에의 유치 ※ 5호는 임시조치 위반, 재발 우려가 있는 경우 검사가 청구 가능 6. 상담소등에의 상담위탁 ② 동행영장에 의하여 동행한 가정폭력행위자 또는 제13조에 따라 인도된 가정폭력행위자에 대하여는 가정폭력행위자가 법원에 인치된 때부터 24시간 이내에 제1항의 조치 여부를 결정하여야 한다.

9. 가정보호사건의 처리 등 〈15 채용, 19 경채, 16 경위〉

사법경찰관의 사건 송치 (제7조)	사법경찰관은 가정폭력범죄를 신속히 수사하여 사건을 검사에게 송치하여야 한다. 이 경우 사법경찰관은 해당 사건을 가정보호사건으로 처리하는 것이 적절한지에 관한 의견을 제시할 수 있다.
가정보호 사건의 처리 (제9조 제1항)	검사는 가정폭력범죄로서 사건의 성질·동기 및 결과, 가정폭력행위자의 성행 등을 고려하여 이 법에 따른 보호처분을 하는 것이 적절하다고 인정하는 경우에는 가정보호사건으로 처리할 수 있다. 이 경우 검사는 피해자의 의사를 존중하여야 한다.

2 아동학대범죄의 처벌 등에 관한 특례법(아동학대처벌법)

1. 목적, 다른 법률과의 관계 〈15 채용〉

목적 (제1조)	이 법은 아동학대범죄의 처벌 및 그 절차에 관한 특례와 피해아동에 대한 보호절차 및 아동학대행위자에 대한 보호처분을 규정함으로써 아동을 보호하여 아동이 건강한 사회 구성원으로 성장하도록 함을 목적으로 한다.
다른 법률 과의 관계 (제3조)	**아동학대범죄에 대하여는 이 법을 우선 적용한다.** 다만, 「성폭력범죄의 처벌 등에 관한 특례법」, 「아동·청소년의 성보호에 관한 법률」에서 가중처벌되는 경우에는 그 법에서 정한 바에 따른다.

2. 정의(제2조) 〈15 채용, 17·18 경위〉

아동	18세 미만인 사람(「아동복지법」 제3조 제1호에 따른 아동) ※ "아동"이란 18세 미만인 사람을 말한다.
보호자	친권자, 후견인, 아동을 보호·양육·교육하거나 그러한 의무가 있는 자 또는 업무·고용 등의 관계로 사실상 아동을 보호·감독하는 자(「아동복지법」 제3조 제3호에 따른 보호자)

아동학대	「아동복지법」 제3조 제7호에 따른 아동학대를 말한다. 다만, 「유아교육법」과 「초·중등교육법」에 따른 교원의 정당한 교육활동과 학생생활지도는 아동학대로 보지 아니한다. ※ "아동학대"란 보호자를 포함한 성인이 아동의 건강 또는 복지를 해치거나 정상적 발달을 저해할 수 있는 신체적·정신적·성적 폭력이나 가혹행위를 하는 것과 아동의 보호자가 아동을 유기하거나 방임하는 것을 말한다.
아동학대 범죄	① 보호자에 의한 아동학대로서 다음의 어느 하나에 해당하는 죄를 말한다. 　※ 일부 가정폭력범죄+약취·유인 및 인신매매의 죄+아동복지법상의 범죄+아동학대살해·치사, 아동학대중상해 추가 ② 제257조(상해), 제260조(폭행), 제262조(폭행치사상)(상해에 이르게 한 때에만 해당한다) 등 ③ 제271조(유기), 제273조(학대), 제275조(유기등 치사상)(상해에 이르게 한 때에만 해당한다) 등 ④ 제276조(체포, 감금), 제281조(체포·감금등의 치사상)(상해에 이르게 한 때에만 해당한다) 등 ⑤ 제283조(협박), 제324조(강요) 등 ⑥ 「형법」 제2편 제31장 약취, 유인 및 인신매매의 죄 중 제287조(미성년자 약취, 유인), 제288조(추행 등 목적 약취, 유인 등), 제289조(인신매매) 및 제290조(약취, 유인, 매매, 이송 등 상해·치상)의 죄 ⑦ 제297조(강간), 제298조(강제추행), 제301조의2(강간등 살인·치사), 제305조(미성년자에 대한 간음, 추행) 등 ⑧ 제307조(명예훼손), 제311조(모욕) 등 ⑨ 제321조(주거·신체 수색) ⑩ 제350조(공갈), 제366조(재물손괴등) 등 ⑪ 「아동복지법」 제71조 제1항 각 호의 죄(제3호의 죄는 제외한다) ⑫ 위의 죄로서 다른 법률에 따라 가중처벌되는 죄 ⑬ 제4조(아동학대살해·치사), 제5조(아동학대중상해) 및 제6조(상습범)의 죄
아동학대 행위자	아동학대범죄를 범한 사람 및 그 공범을 말한다.
피해아동	아동학대범죄로 인하여 직접적으로 피해를 입은 아동을 말한다.
아동보호 사건	아동학대범죄로 인하여 제36조 제1항에 따른 보호처분(이하 "보호처분"이라 한다)의 대상이 되는 사건을 말한다.

3. 아동학대살해·치사, 아동학대중상해, 가중처벌 (21 채용)

제4조(아동학대살해·치사)
① 제2조 제4호 가목부터 다목까지의 아동학대범죄를 범한 사람이 아동을 살해한 때에는 사형, 무기 또는 7년 이상의 징역에 처한다.
② 제2조 제4호 가목부터 다목까지의 아동학대범죄를 범한 사람이 아동을 사망에 이르게 한 때에는 무기 또는 5년 이상의 징역에 처한다.
③ 제1항의 미수범은 처벌한다.

제5조(아동학대중상해)
제2조 제4호 가목부터 다목까지의 아동학대범죄를 범한 사람이 아동의 생명에 대한 위험을 발생하게 하거나 불구 또는 난치의 질병에 이르게 한 때에는 3년 이상의 징역에 처한다.

> 제6조(상습범)
> 　상습적으로 제2조 제4호 가목부터 파목까지의 아동학대범죄를 범한 자는 그 죄에 정한 형의 2분의 1까지 가중한다. 다만, 다른 법률에 따라 상습범으로 가중처벌되는 경우에는 그러하지 아니하다.
>
> 제7조(아동복지시설의 종사자 등에 대한 가중처벌)
> 　아동학대 신고의무자(제10조 제2항 각 호)가 보호하는 아동에 대하여 아동학대범죄를 범한 때에는 그 죄에 정한 형의 2분의 1까지 가중한다.

4. 아동학대범죄 신고와 고소

(1) 아동학대범죄 신고의무와 절차(제10조), 불이익조치의 금지(제10조의2)

① 누구든지 아동학대범죄를 알게 된 경우나 그 의심이 있는 경우에는 특별시·광역시·특별자치시·도·특별자치도(이하 "시·도"라 한다), 시·군·구(자치구를 말한다. 이하 같다) 또는 수사기관에 신고할 수 있다.

② 다음 각 호의 어느 하나에 해당하는 사람(※ 신고의무자)이 직무를 수행하면서 아동학대범죄를 알게 된 경우나 그 의심이 있는 경우에는 시·도, 시·군·구 또는 수사기관에 즉시 신고하여야 한다.

1. 아동권리보장원 및 가정위탁지원센터의 장과 그 종사자
2. 아동복지시설의 장과 그 종사자(아동보호전문기관의 장과 그 종사자는 제외한다)
3. 아동복지전담공무원, 사회복지전담공무원 및 사회복지시설의 장과 그 종사자
4. 119구급대의 대원, 응급의료기관등에 종사하는 응급구조사
5. 어린이집의 원장 등 보육교직원, 유치원의 장과 그 종사자, 아동보호전문기관의 장과 그 종사자
6. 의료기관의 장과 그 의료기관에 종사하는 의료인 및 의료기사
7. 장애인복지시설의 장과 그 종사자로서 시설에서 장애아동에 대한 상담·치료·훈련 또는 요양 업무를 수행하는 사람
8. 「초·중등교육법」 제2조에 따른 학교의 장과 그 종사자
9. 학원의 운영자·강사·직원 및 교습소의 교습자·직원

③ 신고의무자로서 신고의무를 이행하지 않은 사람에게는 1천만원 이하의 과태료를 부과한다(제63조 제1항 제2호).

④ 신고의무자의 신고가 있는 경우 시·도, 시·군·구 또는 수사기관은 정당한 사유가 없으면 즉시 조사 또는 수사에 착수하여야 한다.

(2) 고소에 대한 특례(제10조의4)

① 피해아동 또는 그 법정대리인은 아동학대행위자를 고소할 수 있다. 피해아동의 법정대리인이 아동학대행위자인 경우 또는 아동학대행위자와 공동으로 아동학대범죄를 범한 경우에는 피해아동의 친족이 고소할 수 있다.

② 피해아동은 「형사소송법」 제224조에도 불구하고 아동학대행위자가 자기 또는 배우자의 직계존속인 경우에도 고소할 수 있다. 법정대리인이 고소하는 경우에도 또한 같다.

③ 피해아동에게 고소할 법정대리인이나 친족이 없는 경우에 이해관계인이 신청하면 검사는 10일 이내에 고소할 수 있는 사람을 지정하여야 한다.

5. 현장출동(제11조) <15 채용, 22 승진, 17 경위>

① 아동학대범죄 신고를 접수한 사법경찰관리나 「아동복지법」 제22조 제4항에 따른 아동학대전담공무원(이하 "아동학대전담공무원"이라 한다)은 지체 없이 아동학대범죄의 현장에 출동하여야 한다. 이 경우 수사기관의 장이나 시·도지사 또는 시장·군수·구청장은 서로 동행하여 줄 것을 요청할 수 있으며, 그 요청을 받은 수사기관의 장이나 시·도지사 또는 시장·군수·구청장은 정당한 사유가 없으면 사법경찰관리나 아동학대전담공무원이 아동학대범죄 현장에 동행하도록 조치하여야 한다.

② 아동학대범죄 신고를 접수한 사법경찰관리나 아동학대전담공무원은 아동학대범죄가 행하여지고 있는 것으로 **신고된 현장 또는 피해아동을 보호하기 위하여 필요한 장소**에 출입하여 아동 또는 아동학대행위자 등 관계인에 대하여 조사를 하거나 질문을 할 수 있다. 다만, 아동학대전담공무원은 다음 각 호를 위한 범위에서만 아동학대행위자 등 관계인에 대하여 조사 또는 질문을 할 수 있다.
　㉠ 피해아동의 보호
　㉡ 「아동복지법」 제22조의4의 사례관리계획에 따른 사례관리(이하 "사례관리"라 한다)

③ 출입이나 조사를 하는 사법경찰관리, 아동학대전담공무원 또는 아동보호전문기관의 직원은 그 권한을 표시하는 증표를 지니고 이를 관계인에게 내보여야 한다.

④ 제2항에 따라 조사 또는 질문을 하는 사법경찰관리 또는 아동학대전담공무원은 피해아동, 아동학대범죄신고자등, 목격자 등이 자유롭게 진술할 수 있도록 아동학대행위자로부터 분리된 곳에서 조사하는 등 필요한 조치를 하여야 한다.

⑤ 누구든지 현장에 출동한 사법경찰관리, 아동학대전담공무원 또는 아동보호전문기관의 직원이 업무를 수행할 때에 폭행·협박이나 현장조사를 거부하는 등 그 업무 수행을 방해하는 행위를 하여서는 아니 된다.

⑥ 제1항에 따른 현장출동이 동행하여 이루어지지 아니한 경우 수사기관의 장이나 시·도지사 또는 시장·군수·구청장은 **현장출동에 따른 조사 등의 결과를 서로에게 통지하여야 한다.**

6. 피해아동에 대한 응급조치(제12조) <15·21 채용, 18·20·21 승진, 17 경위>

(1) 의의

아동학대범죄의 신고를 받아 현장에 출동하거나 아동학대범죄 현장을 발견한 사법경찰관리가 피해아동의 보호를 위하여 즉시 행하는 조치를 '응급조치'라 한다.

(2) 응급조치의 내용

① 아동학대범죄 신고를 받아 현장에 출동하거나 아동학대범죄 현장을 발견한 경우 또는 학대현장 이외의 장소에서 학대피해가 확인되고 재학대의 위험이 급박·현저한 경우, 사법경찰관리 또는 아동학대전담공무원은 피해아동등(피해아동, 피해아동의 형제자매인 아동 및 피해아동과 동거하는 아동)의 보호를 위하여 즉시 다음 각 호의 조치(이하 "응급조치"라 한다)를 하여야 한다(제12조 제1항 전단).
　1호. 아동학대범죄 행위의 제지
　2호. 아동학대행위자를 피해아동등으로부터 격리
　3호. **피해아동등을 아동학대 관련 보호시설로 인도**

4호. 긴급치료가 필요한 피해아동등을 의료기관으로 인도

5호. 피해아동등을 연고자 등에게 인도

② 이 경우 제3호 또는 제5호의 조치를 하는 때에는 피해아동등의 이익을 최우선으로 고려하여야 하며, 피해아동등을 보호하여야 할 필요가 있는 등 특별한 사정이 있는 경우를 제외하고는 피해아동등의 의사를 존중하여야 한다(제12조 제1항 후단).

③ **제1항 제2호부터 제5호까지의 규정에 따른 응급조치는 72시간을 넘을 수 없다.** 다만, 본문의 기간에 공휴일이나 토요일이 포함되는 경우로서 피해아동등의 보호를 위하여 필요하다고 인정되는 경우에는 **48시간의 범위에서 그 기간을 연장**할 수 있다(제12조 제3항).

④ 누구든지 아동학대전담공무원이나 사법경찰관리가 제1항에 따른 업무를 수행할 때에 폭행·협박이나 응급조치를 저지하는 등 그 업무 수행을 방해하는 행위를 하여서는 아니 된다(제12조 제7항).

⑤ 사법경찰관리는 아동학대범죄 행위의 제지 또는 아동학대행위자를 피해아동등으로부터 격리의 조치를 위하여 다른 사람의 토지·건물·배 또는 차에 출입할 수 있다(제12조 제8항).

⑥ 사법경찰관리나 아동학대전담공무원은 제1항 제5호의 조치를 하는 경우 연고자 등의 동의를 얻어 가정폭력범죄, 아동학대범죄 등 범죄경력을 확인하는 등 피해아동등의 보호를 위하여 필요한 조치를 할 수 있다(제12조 제9항).

(3) 응급조치의 절차

① 사법경찰관리나 아동학대전담공무원은 제1항 제3호부터 제5호까지에 따라 피해아동등을 분리·인도하여 보호하는 경우 지체 없이 피해아동등을 인도받은 보호시설·의료시설의 소재지 또는 연고자 등의 주거지를 **관할하는 시·도지사 또는 시장·군수·구청장에게 그 사실을 통보하여야 한다**(제12조 제2항).

② 사법경찰관리 또는 아동학대전담공무원이 응급조치를 한 경우에는 **즉시 응급조치결과보고서를 작성하여야 한다.** 이 경우 사법경찰관리가 응급조치를 한 경우에는 관할 경찰관서의 장이 시·도지사 또는 시장·군수·구청장에게, 아동학대전담공무원이 응급조치를 한 경우에는 소속 시·도지사 또는 시장·군수·구청장이 관할 경찰관서의 장에게 작성된 **응급조치결과보고서를 지체 없이 송부하여야 한다**(제12조 제5항).

③ 응급조치결과보고서에는 피해사실의 요지, 응급조치가 필요한 사유, 응급조치의 내용 등을 기재하여야 한다(제12조 제6항).

(4) 응급조치 후 임시조치의 청구

① 사법경찰관이 제12조 제1항 제2호부터 제5호까지의 규정에 따른 응급조치를 하였거나 시·도지사 또는 시장·군수·구청장으로부터 제12조 제1항 제2호부터 제5호까지의 규정에 따른 응급조치가 행하여졌다는 통지를 받은 때에는 지체 없이 검사에게 임시조치의 청구를 신청하여야 한다(제15조 제1항).

② 임시조치의 신청을 받은 검사는 임시조치를 청구하는 때에는 **응급조치가 있었던 때부터 72시간**(제12조 제3항 단서에 따라 응급조치 기간이 연장된 경우에는 그 기간을 말한다) 이내에 하여야 한다. 이 경우 응급조치결과보고서를 첨부하여야 한다(제15조 제2항).

③ 응급조치 기간 제한에도 불구하고 검사가 제15조 제2항에 따라 **임시조치를 법원에 청구한 경우에는 법원의 임시조치 결정 시까지 응급조치 기간이 연장된다**(제12조 제4항).

7. 아동학대행위자에 대한 긴급임시조치 ⟨18·22 승진⟩

① 사법경찰관은 제12조 제1항에 따른 응급조치에도 불구하고 **아동학대범죄가 재발될 우려가 있고, 긴급을 요하여** 제19조 제1항에 따른 법원(검사×)의 임시조치 결정을 받을 수 없을 때에는 **직권이나** 피해아동등, 그 법정대리인(아동학대행위자를 제외한다. 이하 같다), 변호사, 시·도지사, 시장·군수·구청장 또는 아동보호전문기관의 장(아동보호전문기관의 직원×)의 **신청에 따라** 제19조 제1항 제1호부터 제3호까지의 어느 하나에 해당하는 조치를 할 수 있다(제13조 제1항).
② 사법경찰관은 긴급임시조치를 한 경우에는 즉시 긴급임시조치결정서를 작성하여야 하고, 그 내용을 시·도지사 또는 시장·군수·구청장에게 지체 없이 통지하여야 한다(제13조 제2항).
③ 위의 긴급임시조치결정서에는 범죄사실의 요지, 긴급임시조치가 필요한 사유, 긴급임시조치의 내용 등을 기재하여야 한다(제13조 제3항).
④ 사법경찰관이 긴급임시조치를 한 때에는 지체 없이 검사에게 제19조에 따른 임시조치의 청구를 신청하여야 한다(제15조 제1항).
⑤ 위 신청을 받은 검사는 임시조치를 청구하는 때에는 **긴급임시조치가 있었던 때부터 48시간 이내에** 하여야 한다. 이 경우 제13조 제2항에 따라 작성된 긴급임시조치결정서를 첨부하여야 한다(제15조 제2항).
⑥ 사법경찰관은 검사가 위 임시조치를 청구하지 아니하거나 법원이 임시조치의 결정을 하지 아니한 때에는 즉시 그 긴급임시조치를 취소하여야 한다(제15조 제3항).

8. 법원의 임시조치 ⟨21 채용, 19·20·22 승진⟩

(1) 의의

아동학대범죄의 원활한 조사·심리 또는 피해아동 보호를 위하여 필요하다고 인정되어 판사의 결정으로 학대행위자의 권한 또는 자유를 일정기간 제한하는 조치를 '임시조치'라고 한다.

(2) 임시조치의 청구(제14조)

① 검사는 아동학대범죄가 재발될 우려가 있다고 인정하는 경우에는 직권으로 또는 사법경찰관이나 보호관찰관의 신청에 따라 법원에 제19조 제1항 각 호의 임시조치를 청구할 수 있다.
② 피해아동등, 그 법정대리인, 변호사, 시·도지사, 시장·군수·구청장 또는 아동보호전문기관의 장은 검사 또는 사법경찰관에게 제1항에 따른 임시조치의 청구 또는 그 신청을 요청하거나 이에 관하여 의견을 진술할 수 있다.

(3) 증인에 대한 신변안전조치(제17조의2)

① 검사는 아동학대범죄사건의 증인이 피고인 또는 그 밖의 사람으로부터 생명·신체에 해를 입거나 입을 염려가 있다고 인정될 때에는 **관할 경찰서장에게 증인의 신변안전을 위하여 필요한 조치를 할 것을 요청하여야 한다**(제1항).
② 제1항의 요청을 받은 관할 경찰서장은 즉시 증인의 신변안전을 위하여 필요한 조치를 하고 그 사실을 검사에게 통보하여야 한다(제4항).

(4) 아동학대행위자에 대한 임시조치(제19조)

① 판사는 아동학대범죄의 원활한 조사·심리 또는 피해아동등의 보호를 위하여 필요하다고 인정하는 경우에는 결정으로 아동학대행위자에게 다음의 어느 하나에 해당하는 조치("임시조치")를 할 수 있다.

1호. 피해아동등 또는 가정구성원(「가정폭력범죄의 처벌 등에 관한 특례법」 제2조 제2호에 따른 가정구성원을 말한다. 이하 같다)의 주거로부터 퇴거 등 격리
2호. 피해아동등 또는 가정구성원의 주거, 학교 또는 보호시설 등에서 100미터 이내의 접근 금지
3호. 피해아동등 또는 가정구성원에 대한 「전기통신기본법」 제2조 제1호의 전기통신을 이용한 접근 금지
4호. 친권 또는 후견인 권한 행사의 제한 또는 정지
5호. 아동보호전문기관 등에의 상담 및 교육 위탁
6호. 의료기관이나 그 밖의 요양시설에의 위탁
7호. **경찰관서의 유치장 또는 구치소에의 유치**

② 제1항 각 호의 처분은 병과할 수 있다.
③ 판사는 피해아동등에 대하여 제12조 제1항 제2호부터 제5호까지의 규정에 따른 응급조치가 행하여진 경우에는 임시조치가 청구된 때로부터 24시간 이내에 임시조치 여부를 결정하여야 한다.

9. 사법경찰관의 사건송치와 아동보호사건의 처리

(1) 사법경찰관의 사건송치(제24조)

사법경찰관은 아동학대범죄를 신속히 수사하여 사건을 검사에게 송치하여야 한다. 이 경우 사법경찰관은 해당 사건을 아동보호사건으로 처리하는 것이 적절한지에 관한 의견을 제시할 수 있다.

(2) 교원에 대한 아동학대범죄사건 처리에서의 특례(제17조의3)

① 사법경찰관은 「유아교육법」 및 「초·중등교육법」에 따른 **교원의 교육활동 중 행위가 아동학대범죄로 신고되어 수사 중인 사건과 관련하여 관할 교육감이 의견을 제출하는 경우 이를 사건기록에 편철하고 아동학대범죄사건 수사 및 제24조 후단에 따른 의견을 제시할 때 참고하여야 한다.**
② 검사는 제1항과 같은 아동학대범죄사건을 수사하거나 결정할 때 사건기록에 편철된 관할 교육감의 의견을 참고하여야 한다.

(3) 아동보호사건의 처리(제27조)

검사는 아동학대범죄로서 제26조 각 호의 사유를 고려하여 제36조에 따른 보호처분을 하는 것이 적절하다고 인정하는 경우에는 아동보호사건으로 처리할 수 있다.

3 학교폭력예방 및 대책에 관한 법률(학교폭력예방법)

1. 정의(제2조)

"학교폭력"이란 학교 내외에서 학생을 대상으로 발생한 상해, 폭행, 감금, 협박, 약취·유인, 명예훼손·모욕, 공갈, 강요·강제적인 심부름 및 성폭력, 따돌림, 사이버폭력 등에 의하여 신체·정신 또는 재산상의 피해를 수반하는 행위를 말한다.

2. 다른 법률과의 관계(제5조)

① 학교폭력의 규제, 피해학생의 보호 및 가해학생에 대한 조치에 관하여 다른 법률에 특별한 규정이 있는 경우를 제외하고는 이 법을 적용한다.
② 제2조 제1호 중 성폭력은 다른 법률에 규정이 있는 경우에는 이 법을 적용하지 아니한다.

3. 학교폭력대책심의위원회의 설치·기능(제12조)

① 학교폭력의 예방 및 대책에 관련된 사항을 심의하기 위하여 교육지원청(교육지원청이 없는 경우 해당 시·도 조례로 정하는 기관으로 한다. 이하 같다)에 학교폭력대책심의위원회(이하 "심의위원회"라 한다)를 둔다. 다만, 심의위원회 구성에 있어 대통령령으로 정하는 사유가 있는 경우에는 교육감 보고를 거쳐 둘 이상의 교육지원청이 공동으로 심의위원회를 구성할 수 있다.
② 심의위원회는 학교폭력의 예방 및 대책 등을 위하여 다음의 사항을 심의한다.
　㉠ 학교폭력의 예방 및 대책
　㉡ 피해학생의 보호
　㉢ 가해학생에 대한 교육, 선도 및 징계
　㉣ 피해학생과 가해학생 간의 분쟁조정
　㉤ 그 밖에 대통령령으로 정하는 사항

4. 가해학생에 대한 조치(제17조)

① 심의위원회는 피해학생의 보호와 가해학생의 선도·교육을 위하여 가해학생에 대하여 다음의 어느 하나에 해당하는 조치(수 개의 조치를 동시에 부과하는 경우를 포함한다)를 할 것을 교육장에게 요청하여야 하며, 각 조치별 적용 기준은 대통령령으로 정한다. 다만, 퇴학처분은 의무교육과정에 있는 가해학생에 대하여는 적용하지 아니한다.
　㉠ 피해학생에 대한 서면사과
　㉡ 피해학생 및 신고·고발 학생에 대한 접촉, 협박 및 보복행위(정보통신망을 이용한 행위를 포함한다)의 금지
　㉢ 학교에서의 봉사, 사회봉사
　㉣ 학내외 전문가, 교육감이 정한 기관에 의한 특별 교육이수 또는 심리치료
　㉤ 출석정지, 학급교체, 전학, 퇴학처분
② 제1항에 따라 심의위원회가 교육장에게 가해학생에 대한 조치를 요청할 때 그 이유가 피해학생이나 신고·고발 학생에 대한 협박 또는 보복행위(정보통신망을 이용한 행위를 포함한다)일 경우에는 위 ㉤의 조치를 동시에 부과하거나 조치 내용을 가중할 수 있다.

제3절 성범죄, 스토킹범죄, 마약류 범죄

1 성폭력범죄의 처벌 등에 관한 특례법(성폭력처벌법)

1. 처벌 규정

제7조 (13세 미만의 미성년자에 대한 강간, 강제추행 등)	① 13세 미만의 사람에 대하여 「형법」 제297조(강간)의 죄를 범한 사람은 무기징역 또는 10년 이상의 징역에 처한다. ② 13세 미만의 사람에 대하여 유사강간 행위를 한 사람은 7년 이상의 유기징역에 처한다. ③ 13세 미만의 사람에 대하여 「형법」 제298조(강제추행)의 죄를 범한 사람은 5년 이상의 유기징역에 처한다. ※ 형법 제305조(미성년자의제강간): 13세 미만 미성년자를 단순히 간음한 경우
제11조 (공중 밀집 장소에서의 추행)	대중교통수단, 공연·집회 장소, 그 밖에 공중(公衆)이 밀집하는 장소에서 사람을 추행한 사람은 3년 이하의 징역 또는 3천만원 이하의 벌금에 처한다. ※ 미수범 처벌하지 않음
제12조 (성적 목적을 위한 다중이용장소 침입행위)	자기의 성적 욕망을 만족시킬 목적으로 화장실, 목욕장·목욕실 또는 발한실(發汗室), 모유수유시설, 탈의실 등 불특정 다수가 이용하는 다중이용장소에 침입하거나 같은 장소에서 퇴거의 요구를 받고 응하지 아니하는 사람은 1년 이하의 징역 또는 1천만원 이하의 벌금에 처한다. ※ 미수범 처벌하지 않음, 긴급체포 불가, 자치경찰 수사사무
제13조 (통신매체를 이용한 음란행위)	자기 또는 다른 사람의 성적 욕망을 유발하거나 만족시킬 목적으로 전화, 우편, 컴퓨터, 그 밖의 통신매체를 통하여 성적 수치심이나 혐오감을 일으키는 말, 음향, 글, 그림, 영상 또는 물건을 상대방에게 도달하게 한 사람은 2년 이하의 징역 또는 2천만원 이하의 벌금에 처한다. ※ 미수범 처벌하지 않음, 긴급체포 불가

2. 카메라 등을 이용한 촬영 등

제14조(카메라 등을 이용한 촬영)
① 카메라나 그 밖에 이와 유사한 기능을 갖춘 기계장치를 이용하여 성적 욕망 또는 수치심을 유발할 수 있는 사람의 신체를 촬영대상자의 의사에 반하여 촬영한 자는 7년 이하의 징역 또는 5천만원 이하의 벌금에 처한다.
② 제1항에 따른 촬영물 또는 복제물(복제물의 복제물을 포함한다. 이하 이 조에서 같다)을 반포·판매·임대·제공 또는 공공연하게 전시·상영(이하 "반포등"이라 한다)한 자 또는 제1항의 촬영이 촬영 당시에는 촬영대상자의 의사에 반하지 아니한 경우(자신의 신체를 직접 촬영한 경우를 포함한다)에도 사후에 그 촬영물 또는 복제물을 촬영대상자의 의사에 반하여 반포등을 한 자는 7년 이하의 징역 또는 5천만원 이하의 벌금에 처한다.
③ 영리를 목적으로 촬영대상자의 의사에 반하여 「정보통신망 이용촉진 및 정보보호 등에 관한 법률」 제2조 제1항 제1호의 정보통신망(이하 "정보통신망"이라 한다)을 이용하여 제2항의 죄를 범한 자는 3년 이상의 유기징역에 처한다.
④ 제1항 또는 제2항의 촬영물(불법 성적 촬영물) 또는 복제물을 소지·구입·저장 또는 시청한 자는 3년 이하의 징역 또는 3천만원 이하의 벌금에 처한다.

제14조의2(허위영상물 등의 반포등)
① 사람의 얼굴·신체 또는 음성을 대상으로 한 촬영물·영상물 또는 음성물(이하 이 조에서 "영상물등"이라 한다)을 영상물등의 대상자의 의사에 반하여 성적 욕망 또는 수치심을 유발할 수 있는 형태로 편집·합성 또는 가공(이하 이 조에서 "편집등"이라 한다)한 자는 7년 이하의 징역 또는 5천만원 이하의 벌금에 처한다.

② 제1항에 따른 편집물·합성물·가공물(이하 이 조에서 "편집물등"이라 한다) 또는 복제물(복제물의 복제물을 포함한다. 이하 이 조에서 같다)을 반포등을 한 자 또는 제1항의 편집등을 할 당시에는 영상물등의 대상자의 의사에 반하지 아니한 경우에도 사후에 그 편집물등 또는 복제물을 영상물등의 대상자의 의사에 반하여 반포등을 한 자는 7년 이하의 징역 또는 5천만원 이하의 벌금에 처한다.
③ 영리를 목적으로 영상물등의 대상자의 의사에 반하여 정보통신망을 이용하여 제2항의 죄를 범한 자는 3년 이상의 유기징역에 처한다.
④ 제1항 또는 제2항의 편집물등 또는 복제물을 소지·구입·저장 또는 시청한 자는 3년 이하의 징역 또는 3천만원 이하의 벌금에 처한다.
⑤ 상습으로 제1항부터 제3항까지의 죄를 범한 때에는 그 죄에 정한 형의 2분의 1까지 가중한다.

제14조의3(촬영물 등을 이용한 협박·강요)
① 성적 욕망 또는 수치심을 유발할 수 있는 촬영물 또는 복제물(복제물의 복제물을 포함한다), 제14조의2 제2항에 따른 편집물등 또는 복제물(복제물의 복제물을 포함한다)을 이용하여 사람을 협박한 자는 1년 이상의 유기징역에 처한다.
② 제1항에 따른 협박으로 사람의 권리행사를 방해하거나 의무 없는 일을 하게 한 자는 3년 이상의 유기징역에 처한다.
③ 상습으로 제1항 및 제2항의 죄를 범한 경우에는 그 죄에 정한 형의 2분의 1까지 가중한다.

제15조(미수범)
제3조부터 제9조까지, 제14조, 제14조의2 및 제14조의3의 미수범은 처벌한다.

3. 디지털 성범죄와 그 수사

(1) 디지털 성범죄의 수사 특례(제22조의2)

① 사법경찰관리는 제14조부터 제14조의3까지의 죄(이하 "디지털 성범죄"라 한다)에 대하여 신분을 비공개하고 범죄현장(정보통신망을 포함한다) 또는 범인으로 추정되는 자들에게 접근하여 범죄행위의 증거 및 자료 등을 수집(이하 "신분비공개수사"라 한다)할 수 있다.
② 사법경찰관리는 디지털 성범죄를 계획 또는 실행하고 있거나 실행하였다고 의심할 만한 충분한 이유가 있고, 다른 방법으로는 그 범죄의 실행을 저지하거나 범인의 체포 또는 증거의 수집이 어려운 경우에 한정하여 수사 목적을 달성하기 위하여 부득이한 때에는 다음 각 호의 행위(이하 "신분위장수사"라 한다)를 할 수 있다.
  1. 신분을 위장하기 위한 문서, 도화 및 전자기록 등의 작성, 변경 또는 행사
  2. 위장 신분을 사용한 계약·거래
  3. 다음 각 목에 해당하는 촬영물 또는 복제물 등의 소지, 제공, 판매 또는 광고. 다만, 제공이나 판매는 피해자가 없거나 피해자가 성년이고 그 동의를 받은 경우로 한정한다.
    가. 제14조에 따른 촬영물 또는 복제물(복제물의 복제물을 포함한다)
    나. 제14조의2에 따른 편집물·합성물·가공물 또는 복제물(복제물의 복제물을 포함한다)
    다. 「아동·청소년의 성보호에 관한 법률」 제2조 제5호에 따른 아동·청소년성착취물
    라. 「정보통신망 이용촉진 및 정보보호 등에 관한 법률」 제44조의7 제1항 제1호에 따른 정보
③ 제1항에 따른 수사의 방법 등에 필요한 사항은 대통령령으로 정한다.

(2) 디지털 성범죄 수사 특례의 절차(제22조의3)
① 사법경찰관리가 신분비공개수사를 진행하고자 할 때에는 사전에 상급 경찰관서 수사부서의 장의 승인을 받아야 한다. 이 경우 그 수사기간은 3개월을 초과할 수 없다.
② 제1항에 따른 승인의 절차 및 방법 등에 필요한 사항은 대통령령으로 정한다.
③ 사법경찰관리는 신분위장수사를 하려는 경우에는 검사에게 신분위장수사에 대한 허가를 신청하고, 검사는 법원에 그 허가를 청구한다.
④ 제3항의 신청은 필요한 신분위장수사의 종류·목적·대상·범위·기간·장소·방법 및 해당 신분위장수사가 제22조의2 제2항의 요건을 충족하는 사유 등의 신청사유를 기재한 서면으로 하여야 하며, 신청사유에 대한 소명자료를 첨부하여야 한다.
⑤ 법원은 제3항의 신청이 이유 있다고 인정하는 경우에는 신분위장수사를 허가하고, 이를 증명하는 서류(이하 "허가서"라 한다)를 신청인에게 발부한다.
⑥ 허가서에는 신분위장수사의 종류·목적·대상·범위·기간·장소·방법 등을 특정하여 기재하여야 한다.
⑦ 신분위장수사의 기간은 3개월을 초과할 수 없으며, 그 수사기간 중 수사의 목적이 달성되었을 경우에는 즉시 종료하여야 한다.
⑧ 제7항에도 불구하고 제22조의2 제2항의 요건이 존속하여 그 수사기간을 연장할 필요가 있는 경우에는 사법경찰관리는 소명자료를 첨부하여 3개월의 범위에서 수사기간의 연장을 검사에게 신청하고, 검사는 법원에 그 연장을 청구한다. 이 경우 신분위장수사의 총 기간은 1년을 초과할 수 없다.

(3) 디지털 성범죄에 대한 긴급 신분비공개수사(제22조의4)
① 사법경찰관리는 디지털 성범죄에 대하여 제22조의3 제1항 및 제2항에 따른 절차를 거칠 수 없는 긴급을 요하는 때에는 상급 경찰관서 수사부서의 장의 승인 없이 신분비공개수사를 할 수 있다.
② 사법경찰관리는 제1항에 따른 신분비공개수사 개시 후 지체 없이 상급 경찰관서 수사부서의 장에게 보고하여야 하고, 사법경찰관리는 48시간 이내에 상급 경찰관서 수사부서의 장의 승인을 받지 못한 때에는 즉시 신분비공개수사를 중지하여야 한다.
③ 제1항 및 제2항에 따른 신분비공개수사 기간에 대해서는 제22조의3 제1항 후단을 준용한다.

(4) 디지털 성범죄에 대한 긴급 신분위장수사(제22조의5)
① 사법경찰관리는 제22조의2 제2항의 요건을 구비하고, 제22조의3 제3항부터 제8항까지에 따른 절차를 거칠 수 없는 긴급을 요하는 때에는 법원의 허가 없이 신분위장수사를 할 수 있다.
② 사법경찰관리는 제1항에 따른 신분위장수사 개시 후 지체 없이 검사에게 허가를 신청하여야 하고, 사법경찰관리는 48시간 이내에 법원의 허가를 받지 못한 때에는 즉시 신분위장수사를 중지하여야 한다.
③ 제1항 및 제2항에 따른 신분위장수사 기간에 대해서는 제22조의3 제7항 및 제8항을 준용한다.

(5) **디지털 성범죄의 피해확대 방지 및 피해자 보호 등을 위한 조치(제23조의2)**
   ① 사법경찰관리는 디지털 성범죄에 대한 신고를 받고 다음 각 호의 어느 하나에 해당하는 **촬영물 또는 복제물 등**(이하 이 항에서 "촬영물등"이라 한다)이 정보통신망을 통하여 게시·상영 또는 유통되고 있다는 사실을 확인한 경우에는 지체 없이 「방송통신위원회의 설치 및 운영에 관한 법률」 제18조에 따른 방송통신심의위원회와 「정보통신망 이용촉진 및 정보보호 등에 관한 법률」 제2조 제1항 제3호의 정보통신서비스 제공자 또는 같은 항 제9호의 게시판의 관리·운영자에게 해당 촬영물등에 대한 삭제 또는 접속차단 등의 조치를 하여줄 것을 요청하여야 한다. 이 경우 사법경찰관리는 촬영물등의 삭제 또는 접속차단 등의 처리절차에 관하여 특별한 사정이 없으면 해당 피해자에게 안내하여야 한다.
      1. 제14조에 따른 촬영물 또는 복제물(복제물의 복제물을 포함한다)
      2. 제14조의2에 따른 편집물·합성물·가공물 또는 복제물(복제물의 복제물을 포함한다)
   ② 사법경찰관리는 디지털 성범죄의 피해자가 재차 피해를 입을 위험이 현저하여 신변을 보호할 필요가 있다고 인정되는 경우 해당 피해자를 대통령령으로 정하는 보호시설 또는 상담시설로 인도할 수 있다. 이 경우 그 피해자의 동의를 얻어야 한다.

4. 형벌과 수강명령 등의 병과(제16조)

① 법원이 성폭력범죄를 범한 사람에 대하여 형의 선고를 유예하는 경우에는 1년 동안 보호관찰을 받을 것을 명할 수 있다. 다만, **성폭력범죄를 범한 「소년법」 제2조에 따른 소년에 대하여 형의 선고를 유예하는 경우에는 반드시 보호관찰을 명하여야 한다.**
② 법원이 성폭력범죄를 범한 사람에 대하여 유죄판결(선고유예는 제외한다)을 선고하거나 약식명령을 고지하는 경우에는 500시간의 범위에서 재범예방에 필요한 수강명령 또는 성폭력 치료프로그램의 이수명령(이하 "이수명령"이라 한다)을 병과하여야 한다. 다만, 수강명령 또는 이수명령을 부과할 수 없는 특별한 사정이 있는 경우에는 그러하지 아니하다.

5. 고소와 공소시효(※ 청소년성보호법 제20조 공소시효에 관한 특례와 비교)

> **제18조(고소 제한에 대한 예외)**
> 성폭력범죄에 대하여는 「형사소송법」 제224조(고소의 제한) 및 「군사법원법」 제266조에도 불구하고 자기 또는 배우자의 직계존속을 고소할 수 있다.
>
> **제21조(공소시효 기산에 관한 특례)**
> ① 미성년자에 대한 성폭력범죄의 공소시효(※ 청소년성보호법은 아동·청소년대상 성범죄의 공소시효)는 「형사소송법」 제252조 제1항에도 불구하고 해당 성폭력범죄로 피해를 당한 미성년자(※ 아동·청소년)가 성년에 달한 날부터 진행한다.
> ② 제2조 제3호 및 제4호의 죄와 제3조부터 제9조까지의 죄는(※ 청소년성보호법 제7조 아동·청소년에 대한 강간·강제추행 등의 죄) 디엔에이(DNA)증거 등 그 죄를 증명할 수 있는 과학적인 증거가 있는 때에는 공소시효가 10년 연장된다.
> ③ 13세 미만의 사람 및 신체적인 또는 정신적인 장애가 있는 사람(※ 청소년성보호법은 아동·청소년)에 대하여 강간, 강제추행 등의 죄를 범한 경우에는 제1항과 제2항에도 불구하고 「형사소송법」 제249조부터 제253조까지 및 「군사법원법」 제291조부터 제295조까지에 규정된 **공소시효를 적용하지 아니한다.**
> ④ **형법상 강간등 살인, 특별형법상 강간 등 살인죄를 범한 경우**에는 제1항과 제2항에도 불구하고 「형사소송법」 제249조부터 제253조까지 및 「군사법원법」 제291조부터 제295조까지에 규정된 **공소시효를 적용하지 아니한다.** ※ 청소년성보호법 유사 규정

6. 피해자 보호 〈20 채용, 15·17·19·25 승진〉

성폭력범죄의 피해자에 대한 전담조사제 (제26조)	① 경찰청장은 각 경찰서장으로 하여금 성폭력범죄 전담 사법경찰관을 지정하도록 하여 특별한 사정이 없으면 이들로 하여금 **피해자(피의자×)**를 조사하게 하여야 한다(제2항). ② 성폭력범죄를 전담하여 조사하는 제1항의 검사 및 제2항의 사법경찰관은 19세 미만인 피해자나 신체적인 또는 정신적인 장애로 사물을 변별하거나 의사를 결정할 능력이 미약한 피해자(이하 "19세미만피해자등"이라 한다)를 조사할 때에는 피해자의 나이, 인지적 발달 단계, 심리 상태, 장애 정도 등을 종합적으로 고려하여야 한다(제4항).
수사 및 재판절차에서의 배려 (제29조)	① 수사기관과 법원 및 소송관계인은 성폭력범죄를 당한 피해자의 나이, 심리 상태 또는 후유장애의 유무 등을 신중하게 고려하여 조사 및 심리·재판 과정에서 피해자의 인격이나 명예가 손상되거나 사적인 비밀이 침해되지 아니하도록 주의하여야 한다. ② 수사기관과 법원은 성폭력범죄의 피해자를 조사하거나 심리·재판할 때 피해자가 편안한 상태에서 진술할 수 있는 환경을 조성하여야 하며, **조사 및 심리·재판 횟수는 필요한 범위에서 최소한으로 하여야 한다.**

19세미만 피해자등 진술 내용 등의 영상녹화 및 보존 등 (제30조)	① 검사 또는 사법경찰관은 19세미만피해자등의 진술 내용과 조사 과정을 영상녹화장치로 녹화(녹음이 포함된 것을 말하며, 이하 "영상녹화"라 한다)하고, 그 영상녹화물을 보존하여야 한다.
	② 검사 또는 사법경찰관은 19세미만피해자등을 조사하기 전에 다음 각 호의 사실을 피해자의 나이, 인지적 발달 단계, 심리 상태, 장애 정도 등을 고려한 **적절한 방식으로 피해자에게 설명하여야 한다.**
	  1. 조사 과정이 영상녹화된다는 사실
	  2. 영상녹화된 영상녹화물이 증거로 사용될 수 있다는 사실
	③ 제1항에도 불구하고 19세미만피해자등 또는 그 법정대리인(법정대리인이 가해자이거나 가해자의 배우자인 경우는 제외한다)이 이를 원하지 아니하는 의사를 표시하는 경우에는 **영상녹화를 하여서는 아니 된다.**
	④ 검사 또는 사법경찰관은 제1항에 따른 영상녹화를 마쳤을 때에는 지체 없이 피해자 또는 변호사 앞에서 봉인하고 피해자로 하여금 기명날인 또는 서명하게 하여야 한다.
	⑤ 검사 또는 사법경찰관은 피해자가 녹화장소에 도착한 시각, 녹화를 시작하고 마친 시각, 그 밖에 녹화과정의 진행 경과를 조서(별도의 서면을 포함한다. 이하 같다)에 기록한 후 수사기록에 편철하여야 한다.

영상녹화물의 증거능력 특례 (제30조의2)	① 제30조 제1항에 따라 19세미만피해자등의 진술이 영상녹화된 영상녹화물은 같은 조 제4항부터 제6항까지에서 정한 절차와 방식에 따라 영상녹화된 것으로서 다음 각 호의 어느 하나의 경우에 증거로 할 수 있다.
	  1. 증거보전기일, 공판준비기일 또는 공판기일에 그 내용에 대하여 피의자, 피고인 또는 **변호인이 피해자를 신문할 수 있었던 경우.** 다만, 증거보전기일에서의 신문의 경우 법원이 피의자나 피고인의 방어권이 보장된 상태에서 피해자에 대한 반대신문이 충분히 이루어졌다고 인정하는 경우로 한정한다.
	  2. 19세미만피해자등이 다음 각 목의 어느 하나에 해당하는 사유로 공판준비기일 또는 **공판기일에 출석하여 진술할 수 없는 경우.** 다만, 영상녹화된 진술 및 영상녹화가 특별히 신빙(信憑)할 수 있는 상태에서 이루어졌음이 증명된 경우로 한정한다.
	    가. 사망
	    나. 외국 거주
	    다. 신체적, 정신적 질병·장애
	    라. 소재불명
	    마. 그 밖에 이에 준하는 경우

영상녹화물의 증거능력 특례 (제30조의2)	② 법원은 제1항 제2호에 따라 증거능력이 있는 영상녹화물을 유죄의 증거로 할지를 결정할 때에는 피고인과의 관계, 범행의 내용, 피해자의 나이, 심신의 상태, 피해자가 증언으로 인하여 겪을 수 있는 심리적 외상, 영상녹화물에 수록된 19세미만피해자등의 진술 내용 및 진술 태도 등을 고려하여야 한다. 이 경우 법원은 전문심리위원 또는 제33조에 따른 전문가의 의견을 들어야 한다.
심리의 비공개 (제31조)	① 성폭력범죄에 대한 심리는 그 피해자의 사생활을 보호하기 위하여 **결정으로써 공개하지 아니할 수 있다.** ② 증인으로 소환받은 성폭력범죄의 피해자와 그 가족은 사생활보호 등의 사유로 증인신문의 비공개를 신청할 수 있다.

신뢰관계에 있는 사람의 동석 (제34조)	① 법원은 다음 각 호의 어느 하나에 해당하는 피해자를 증인으로 신문하는 경우에 검사, 피해자 또는 그 법정대리인이 신청할 때에는 재판에 지장을 줄 우려가 있는 등 부득이한 경우가 아니면 피해자와 신뢰관계에 있는 사람을 동석하게 하여야 한다.
	  1. 제3조부터 제8조까지, 제10조, 제14조(카메라 등을 이용한 촬영), 제14조의2(허위영상물 등의 반포등), 제14조의3(촬영물 등을 이용한 협박·강요), 제15조(제9조의 미수범은 제외한다) 및 제15조의2(예비, 음모)에 따른 범죄의 피해자
	  2. 19세미만피해자등
	② 제1항은 수사기관이 같은 항 각 호의 피해자를 조사하는 경우에 관하여 준용한다.

진술조력인의 수사과정 참여 (제36조)	① 검사 또는 사법경찰관은 **성폭력범죄의 피해자가 19세미만피해자등인 경우** 형사사법절차에서의 조력과 원활한 조사를 위하여 **직권이나** 피해자, 그 법정대리인 또는 변호사의 신청에 따라 진술조력인으로 하여금 조사과정에 참여하여 의사소통을 중개하거나 보조하게 할 수 있다. 다만, 피해자 또는 그 법정대리인이 이를 원하지 아니하는 의사를 표시한 경우에는 그러하지 아니하다. ② 위 조사과정에 참여한 진술조력인은 피해자의 의사소통이나 표현 능력, 특성 등에 관한 의견을 수사기관이나 법원에 제출할 수 있다.

7. 신상정보 등록 〈18 채용, 25 승진, 20 경위〉

신상정보 등록대상자 (제42조 제1항)	등록대상 성범죄로 유죄판결이 확정된 자 또는 공개명령이 확정된 자는 신상정보 등록대상자가 된다. 다만, 제12조·제13조의 범죄 및 「아동·청소년의 성보호에 관한 법률」 제11조 제3항 및 제5항의 범죄로 벌금형을 선고받은 자는 제외한다.
신상정보의 제출 의무 (제43조)	① 등록대상자는 등록대상 성범죄의 유죄판결이나 약식명령 또는 공개명령이 확정된 날부터 30일 이내에 **성명, 주민등록번호, 주소 및 실제거주지, 직업 및 직장 등의 소재지, 연락처, 신체정보, 소유차량의 등록번호 등 기본신상정보를 자신의 주소지를 관할하는 경찰관서의 장에게 제출하여야 한다.** 다만, 등록대상자가 교정시설 또는 치료감호시설에 수용된 경우에는 그 교정시설의 장 또는 치료감호시설의 장(이하 "교정시설등의 장"이라 한다)에게 기본신상정보를 제출함으로써 이를 갈음할 수 있다(제1항). ② 등록대상자는 제1항에 따라 제출한 기본신상정보가 변경된 경우에는 그 사유와 변경내용(이하 "변경정보"라 한다)을 **변경사유가 발생한 날부터 20일 이내에** 제1항에 따라 제출하여야 한다(제3항). ③ 등록대상자는 제1항에 따라 기본신상정보를 제출한 경우에는 **그 다음 해부터 매년 12월 31일까지**(최초 등록일부터 1년마다×) 주소지를 관할하는 경찰관서에 출석하여 경찰관서의 장으로 하여금 자신의 정면·좌측·우측 상반신 및 전신 컬러사진을 촬영하여 전자기록으로 저장·보관하도록 하여야 한다. 다만, 교정시설등의 장은 등록대상자가 교정시설 등에 수용된 경우에는 석방 또는 치료감호 종료 전에 등록대상자의 정면·좌측·우측 상반신 및 전신 컬러사진을 새로 촬영하여 전자기록으로 저장·보관하여야 한다(제4항).

신상정보의 제출 의무 (제43조)	④ 관할경찰관서의 장 또는 교정시설등의 장은 등록대상자로부터 제출받은 기본신상정보 및 변경정보와 제2항 및 제4항에 따라 저장·보관하는 전자기록을 **지체 없이 법무부장관에게 송달하여야 한다**(제5항). ⑤ 제5항에 따라 등록대상자에 대한 기본신상정보를 송달할 때에 관할경찰관서의 장은 등록대상자에 대한「형의 실효 등에 관한 법률」제2조 제5호에 따른 **범죄경력자료를 함께 송달하여야 한다**(제6항).
출입국 시 신고의무 등 (제43조의2)	① 등록대상자가 6개월 이상 국외에 체류하기 위하여 출국하는 경우에는 미리 관할경찰관서의 장에게 체류국가 및 체류기간 등을 신고하여야(허가를 받아야×) 한다. ② 국외 체류를 신고한 등록대상자가 입국하였을 때에는 특별한 사정이 없으면 14일 이내에 관할경찰관서의 장에게 입국 사실을 신고하여야 한다. 국외 체류 신고를 하지 아니하고 출국하여 6개월 이상 국외에 체류한 등록대상자가 입국하였을 때에도 또한 같다.
등록대상자의 신상정보 등록 (제44조 제1항)	법무부장관은 송달받은 기본신상정보 등과 다음의 등록대상자 정보를 등록하여야 한다. 1. 등록대상 성범죄 경력정보 2. 성범죄 전과사실(죄명, 횟수) 3.「전자장치 부착 등에 관한 법률」에 따른 전자장치 부착 여부
등록정보의 관리 (제45조)	① 법무부장관은 제44조 제1항 또는 제4항에 따라 기본신상정보를 최초로 등록한 날(이하 "최초등록일"이라 한다)부터 다음의 구분에 따른 기간(이하 "등록기간"이라 한다) 동안 등록정보를 보존·관리하여야 한다. 다만, 법원이 제4항에 따라 등록기간을 정한 경우에는 그 기간 동안 등록정보를 보존·관리하여야 한다(제1항). ㉠ 신상정보 등록의 원인이 된 성범죄로 사형, 무기징역·무기금고형 또는 10년 초과의 징역·금고형을 선고받은 사람 : 30년 ㉡ 신상정보 등록의 원인이 된 성범죄로 3년 초과 10년 이하의 징역·금고형을 선고받은 사람 : 20년 ㉢ 신상정보 등록의 원인이 된 성범죄로 3년 이하의 징역·금고형을 선고받은 사람 또는「아동·청소년의 성보호에 관한 법률」제49조 제1항 제4호에 따라 공개명령이 확정된 사람 : 15년 ㉣ 신상정보 등록의 원인이 된 성범죄로 벌금형을 선고받은 사람 : 10년 ② 관할경찰관서의 장은 등록기간 중 다음의 구분에 따른 기간마다 등록대상자와의 직접 대면 등의 방법으로 등록정보의 진위와 변경 여부를 확인하여 그 결과를 법무부장관에게 송부하여야 한다(제7항). ㉠ 등록기간이 30년인 등록대상자 : 3개월 ㉡ 등록기간이 20년 또는 15년인 등록대상자 : 6개월 ㉢ 등록기간이 10년인 등록대상자 : 1년
신상정보 등록의 면제 (제45조의2 제1항)	신상정보 등록의 원인이 된 성범죄로 형의 선고를 유예받은 사람이 **선고유예를 받은 날부터 2년이 경과하여「형법」제60조에 따라 면소된 것으로 간주되면 신상정보 등록을 면제한다.**
등록정보의 공개 (제47조)	① **등록정보의 공개는 여성가족부장관이 집행한다**(제2항). ② 법무부장관은 등록정보의 공개에 필요한 정보를 여성가족부장관에게 송부하여야 한다(제3항).
비밀준수 (제48조)	등록대상자의 신상정보의 등록·보존 및 관리 업무에 종사하거나 종사하였던 자는 **직무상 알게 된 등록정보를 누설하여서는 아니 된다.**

8. 특정중대범죄 피의자 등 신상정보 공개에 관한 법률(중대범죄신상공개법) 〈24 채용, 23 승진, 25 경위〉

제1조(목적) 이 법은 국가, 사회, 개인에게 중대한 해악을 끼치는 특정중대범죄 사건에 대하여 수사 및 재판 단계에서 피의자 또는 피고인의 신상정보 공개에 대한 대상과 절차 등을 규정함으로써 국민의 알권리를 보장하고 범죄를 예방하여 안전한 사회를 구현하는 것을 목적으로 한다.

제2조(정의) 이 법에서 "특정중대범죄"란 다음 각 호의 어느 하나에 해당하는 죄를 말한다.
1. 「형법」 제2편 제1장 내란의 죄 및 같은 편 제2장 외환의 죄
2. 「형법」 제114조(범죄단체 등의 조직)의 죄
3. 「형법」 제119조(폭발물 사용)의 죄
4. 「형법」 제164조(현주건조물 등 방화) 제2항의 죄
5. 「형법」 제2편 제25장 상해와 폭행의 죄 중 제258조(중상해, 존속중상해), 제258조의2(특수상해), 제259조(상해치사) 및 제262조(폭행치사상)의 죄. 다만, 제262조(폭행치사상)의 죄의 경우 중상해 또는 사망에 이른 경우에 한정한다.
6. 「특정강력범죄의 처벌에 관한 특례법」 제2조의 특정강력범죄
7. 「성폭력범죄의 처벌 등에 관한 특례법」 제2조의 성폭력범죄
8. 「아동·청소년의 성보호에 관한 법률」 제2조 제2호의 아동·청소년대상 성범죄. 다만, 같은 법 제13조, 제14조 제3항, 제15조 제2항·제3항 및 제15조의2의 죄는 제외한다.
9. 「마약류 관리에 관한 법률」 제58조의 죄. 다만, 같은 조 제4항의 죄는 제외한다.
10. 「마약류 불법거래 방지에 관한 특례법」 제6조 및 제9조 제1항의 죄
11. 제1호부터 제10호까지의 죄로서 다른 법률에 따라 가중처벌되는 죄

제3조(다른 법률과의 관계) 수사 및 재판 단계에서 신상정보의 공개에 대하여는 **다른 법률의 규정에도 불구하고 이 법을 우선 적용한다.**

제4조(피의자의 신상정보 공개) ① 검사와 사법경찰관은 다음 각 호의 요건을 모두 갖춘 특정중대범죄사건의 피의자의 얼굴, 성명 및 나이(이하 "신상정보"라 한다)를 공개할 수 있다. 다만, 피의자가 미성년자인 경우에는 공개하지 아니한다.
1. 범행수단이 잔인하고 중대한 피해가 발생하였을 것(제2조 제3호부터 제6호까지의 죄에 한정한다)
2. **피의자가 그 죄를 범하였다고 믿을 만한 충분한 증거가 있을 것**
3. 국민의 알권리 보장, 피의자의 재범 방지 및 범죄예방 등 오로지 공공의 이익을 위하여 필요할 것

② 검사와 사법경찰관은 제1항에 따라 신상정보 공개를 결정할 때에는 **범죄의 중대성, 범행 후 정황, 피해자 보호 필요성, 피해자(피해자가 사망한 경우 피해자의 유족을 포함한다)의 의사 등을 종합적으로 고려하여야 한다.**

③ 검사와 사법경찰관은 제1항에 따라 신상정보를 공개할 때에는 피의자의 인권을 고려하여 신중하게 결정하고 이를 남용하여서는 아니 된다.

④ 제1항에 따라 공개하는 **피의자의 얼굴은 특별한 사정이 없으면 공개 결정일 전후 30일 이내의 모습으로 한다.** 이 경우 검사와 사법경찰관은 다른 법령에 따라 적법하게 수집·보관하고 있는 사진, 영상물 등이 있는 때에는 이를 활용하여 공개할 수 있다.

⑤ 검사와 사법경찰관은 제1항에 따라 피의자의 얼굴을 공개하기 위하여 필요한 경우 피의자를 식별할 수 있도록 피의자의 얼굴을 촬영할 수 있다. **이 경우 피의자는 이에 따라야 한다.**

⑥ 검사와 사법경찰관은 제1항에 따라 피의자의 신상정보 공개를 결정하기 전에 피의자에게 의견을 진술할 기회를 주어야 한다. 다만, 신상정보공개심의위원회에서 피의자의 의견을 청취한 경우에는 이를 생략할 수 있다.
⑦ 검사와 사법경찰관은 **피의자에게 신상정보 공개를 통지한 날부터 5일 이상의 유예기간을 두고 신상정보를 공개하여야 한다.** 다만, 피의자가 신상정보 공개 결정에 대하여 서면으로 이의 없음을 표시한 때에는 유예기간을 두지 아니할 수 있다.
⑧ 검사와 사법경찰관은 정보통신망을 이용하여 그 신상정보를 30일간 공개한다.
⑨ 신상정보의 공개 등에 관한 절차와 방법 등 그 밖에 필요한 사항은 대통령령으로 정한다.

제8조(신상정보공개심의위원회) ① **검찰총장 및 경찰청장은 제4조에 따른 신상정보 공개 여부에 관한 사항을 심의하기 위하여 신상정보공개심의위원회를 둘 수 있다.**
② 신상정보공개심의위원회는 위원장을 포함하여 10인 이내의 위원으로 구성한다.
③ 신상정보공개심의위원회는 신상정보 공개 여부에 관한 사항을 심의할 때 피의자에게 의견을 진술할 기회를 주어야 한다.
④ 신상정보공개심의위원회 위원 또는 위원이었던 사람은 심의 과정에서 알게 된 비밀을 외부에 공개하거나 누설하여서는 아니 된다.
⑤ 신상정보공개심의위원회의 구성 및 운영 등에 관한 구체적인 사항은 검찰총장 및 경찰청장이 정한다.

2 아동·청소년의 성보호에 관한 법률(청소년성보호법)

1. 목적(제1조)과 정의(제2조)

(1) **목적**

이 법은 아동·청소년대상 성범죄의 처벌과 절차에 관한 특례를 규정하고 피해아동·청소년을 위한 구제 및 지원 절차를 마련하며 아동·청소년대상 성범죄자를 체계적으로 관리함으로써 아동·청소년을 성범죄로부터 보호하고 아동·청소년이 건강한 사회구성원으로 성장할 수 있도록 함을 목적으로 한다.

(2) **정의** <15 승진>

아동·청소년	19세 미만의 자를 말한다. ※ 만 19세
아동·청소년의 성을 사는 행위	아동·청소년, 아동·청소년의 성(性)을 사는 행위를 알선한 자 또는 아동·청소년을 실질적으로 보호·감독하는 자 등에게 금품이나 그 밖의 재산상 이익, 직무·편의제공 등 대가를 제공하거나 약속하고 다음의 어느 하나에 해당하는 행위를 아동·청소년을 대상으로 하거나 아동·청소년으로 하여금 하게 하는 것을 말한다. ㉠ 성교 행위 ㉡ 구강·항문 등 신체의 일부나 도구를 이용한 유사 성교 행위 ㉢ 신체의 전부 또는 일부를 접촉·노출하는 행위로서 일반인의 성적 수치심이나 혐오감을 일으키는 행위 ㉣ 자위 행위
아동·청소년 성착취물	아동·청소년 또는 아동·청소년으로 명백하게 인식될 수 있는 사람이나 표현물이 등장하여 '성을 사는 행위'(㉠ 성교, ㉡ 유사성교, ㉢ 접촉·노출, ㉣ 자위 행위)를 하거나 그 밖의 성적 행위를 하는 내용을 표현하는 것으로서 필름·비디오물·게임물 또는 컴퓨터나 그 밖의 통신매체를 통한 화상·영상 등의 형태로 된 것을 말한다.

2. 아동·청소년 대상 성범죄의 처벌 대상

(1) 아동·청소년에 대한 강간·강제추행 등 <24 채용, 16 경위>

제7조
(아동·
청소년에 대한
강간·강제
추행 등)
	① 폭행 또는 협박으로 아동·청소년을 강간한 사람은 무기 또는 5년 이상의 징역에 처한다.
	② 아동·청소년에 대하여 폭행이나 협박으로 다음 각 호의 어느 하나에 해당하는 행위를 한 자는 5년 이상의 유기징역에 처한다.
	  1. 구강·항문 등 신체(성기는 제외한다)의 내부에 성기를 넣는 행위
	  2. 성기·항문에 손가락 등 신체(성기는 제외한다)의 일부나 도구를 넣는 행위
	③ 아동·청소년에 대하여 「형법」 제298조(강제추행)의 죄를 범한 자는 2년 이상의 유기징역 또는 1천만원 이상 3천만원 이하의 벌금에 처한다.
	④ 위계(僞計) 또는 위력으로써 아동·청소년을 간음하거나 아동·청소년을 추행한 자는 제1항부터 제3항까지의 예에 따른다(제5항).
	⑤ 제1항부터 제5항까지의 미수범은 처벌한다(제6항).

제7조의2 (예비, 음모)	제7조의 죄를 범할 목적으로 예비 또는 음모한 사람은 3년 이하의 징역에 처한다.

(2) 아동·청소년성착취물의 제작·배포 등(제11조) <17·24 채용, 18 경채>

n번방 관련 형벌 가중 규정	① 아동·청소년성착취물을 제작·수입 또는 수출한 자는 무기 또는 5년 이상의 징역에 처한다(미수범 처벌). ② 영리를 목적으로 아동·청소년성착취물을 판매·대여·배포·제공하거나 이를 목적으로 소지·운반·광고·소개하거나 공연히 전시 또는 상영한 자는 5년 이상의 유기징역에 처한다. ③ 아동·청소년성착취물을 배포·제공하거나 이를 목적으로 광고·소개하거나 공연히 전시 또는 상영한 자는 3년 이상의 유기징역에 처한다. ④ 아동·청소년성착취물을 제작할 것이라는 정황을 알면서 아동·청소년을 아동·청소년성착취물의 제작자에게 알선한 자는 3년 이상의 유기징역에 처한다. ⑤ 아동·청소년성착취물을 구입하거나 아동·청소년성착취물임을 알면서 이를 소지·시청한 자는 1년 이상의 유기징역에 처한다. ⑥ 제1항의 미수범은 처벌한다.

(3) 아동·청소년성착취물을 이용한 협박·강요(제11조의2)

① 아동·청소년성착취물을 이용하여 그 아동·청소년을 협박한 자는 3년 이상의 유기징역에 처한다.
② 제1항에 따른 협박으로 그 아동·청소년의 권리행사를 방해하거나 의무 없는 일을 하게 한 자는 5년 이상의 유기징역에 처한다.
③ 제1항과 제2항의 미수범은 처벌한다.
④ 상습적으로 제1항 및 제2항의 죄를 범한 자는 그 죄에 대하여 정하는 형의 2분의 1까지 가중한다.

(4) 아동·청소년의 성을 사는 행위 등(제13조) <17·24 채용, 11·12 승진>

미수범 처벌하지 않음	① 아동·청소년의 성을 사는 행위를 한 자는 1년 이상 10년 이하의 징역 또는 2천만원 이상 5천만원 이하의 벌금에 처한다. ② 아동·청소년의 성을 사기 위하여 아동·청소년을 유인하거나 성을 팔도록 권유한 자는 3년 이하의 징역 또는 3천만원 이하의 벌금에 처한다. ③ 16세 미만의 아동·청소년 및 장애 아동·청소년을 대상으로 제1항 또는 제2항의 죄를 범한 경우에는 그 죄에 정한 형의 2분의 1까지 가중처벌한다.

(5) 아동·청소년에 대한 강요행위 등(제14조 제3항)

아동·청소년의 성을 사는 행위의 상대방이 되도록 유인·권유한 자는 7년 이하의 징역 또는 5천만원 이하의 벌금에 처한다. ※ 미수범 처벌하지 않음.

(6) 아동·청소년에 대한 성착취 목적 대화 등(제15조의2) → 디지털 성범죄

| 제15조의2
(아동·
청소년에 대한
성착취 목적
대화 등) | ① 19세 이상의 사람이 성적 착취를 목적으로 정보통신망을 통하여 아동·청소년에게 다음 각 호의 어느 하나에 해당하는 행위를 한 경우에는 3년 이하의 징역 또는 3천만원 이하의 벌금에 처한다.
  1. 성적 욕망이나 수치심 또는 혐오감을 유발할 수 있는 대화를 지속적 또는 반복적으로 하거나 그러한 대화에 지속적 또는 반복적으로 참여시키는 행위
  2. 제2조 제4호 각 목의 어느 하나에 해당하는 행위(아동·청소년의 성을 사는 행위)를 하도록 유인·권유하는 행위
② 19세 이상의 사람이 정보통신망을 통하여 16세 미만인 아동·청소년에게 제1항 각 호의 어느 하나에 해당하는 행위를 한 경우 제1항과 동일한 형으로 처벌한다. |

3. 미수범 처벌 여부 〈17채용, 18승진, 15·20 경위〉

미수 처벌	미수 처벌하지 않음

제7조(아동·청소년에 대한 강간·강제추행 등)
제11조(아동·청소년성착취물의 제작·배포 등)
① 아동·청소년성착취물을 제작·수입 또는 수출한 자
제11조의2(아동·청소년성착취물을 이용한 협박·강요)
제12조(아동·청소년 매매행위)
제14조(아동·청소년에 대한 강요행위 등) ①②
  1. 폭행이나 협박으로 아동·청소년으로 하여금 아동·청소년의 성을 사는 행위의 상대방이 되게 한 자
  4. 영업으로 아동·청소년을 아동·청소년의 성을 사는 행위의 상대방이 되도록 유인·권유한 자
	제11조(아동·청소년성착취물의 제작·배포 등) ②③ ④⑤
	제13조(아동·청소년의 성을 사는 행위 등)
	제14조(아동·청소년에 대한 강요행위 등)
	③ 아동·청소년의 성을 사는 행위의 상대방이 되도록 유인·권유한 자

4. 가중과 감경, 공소시효 〈17·24 채용, 18 경채〉

제18조 (신고의무자의 성범죄에 대한 가중처벌)	제34조 제2항 각 호의 기관·시설 또는 단체의 장과 그 종사자가 자기의 보호·감독 또는 진료를 받는 아동·청소년을 대상으로 성범죄를 범한 경우에는 **그 죄에 정한 형의 2분의 1까지 가중처벌한다**.
제19조 (「형법」상 감경 규정에 관한 특례)	음주 또는 약물로 인한 심신장애 상태에서 아동·청소년대상 성폭력범죄를 범한 때에는 **「형법」 제10조 제1항·제2항 및 제11조를 적용하지 아니할 수 있다**(아니한다×).
제20조 (공소시효에 관한 특례)	① 아동·청소년대상 성범죄의 공소시효는 「형사소송법」 제252조 제1항(시효는 범죄행위의 종료한 때로부터 진행한다)에도 불구하고 **해당 성범죄로 피해를 당한 아동·청소년이 성년에 달한 날부터 진행한다**. ② 아동·청소년에 대한 강간·강제추행 등의 죄(제7조의 죄)는 디엔에이(DNA)증거 등 그 죄를 증명할 수 있는 **과학적인 증거가 있는 때에는 공소시효가 10년 연장된다**.

제20조 (공소시효에 관한 특례)	③ 13세 미만의 사람 및 신체적인 또는 정신적인 장애가 있는 아동·청소년에 대하여 다음 각 호의 죄를 범한 경우에는 제1항과 제2항에도 불구하고「형사소송법」및「군사법원법」에 규정된 **공소시효를 적용하지 아니한다.** 　1.「형법」**제297조(강간), 제298조(강제추행)**, 제299조(준강간, 준강제추행), 제301조(강간등 상해·치상), 제301조의2(강간등 살인·치사) 또는 제305조(미성년자에 대한 간음, 추행)의 죄 　2. 제9조 및 제10조의 죄 ④ 다음 각 호의 죄를 범한 경우에는 제1항과 제2항에도 불구하고「형사소송법」및「군사법원법」에 규정된 **공소시효를 적용하지 아니한다.** 　1.「형법」제301조의2(강간등 살인·치사)의 죄(**강간등 살인에 한정한다**) 　2. 제10조 제1항 및 제11조 제1항의 죄 　3.「성폭력범죄의 처벌 등에 관한 특례법」제9조 제1항의 죄

5. 형벌과 수강명령, 아동·청소년 보호조치 (17·20 채용)

제21조 (형벌과 수강명령 등의 병과)	① 법원은 아동·청소년대상 성범죄를 범한「소년법」제2조의 소년(※ 19세 미만인 자)에 대하여 **형의 선고를 유예하는 경우에는 반드시 보호관찰을 명하여야 한다.** ② 법원은 아동·청소년대상 성범죄를 범한 자에 대하여 유죄판결을 선고하거나 약식명령을 고지하는 경우에는 500시간의 범위에서 재범예방에 필요한 수강명령 또는 성폭력 치료프로그램의 이수명령을 병과(倂科)하여야 한다. ③ 아동·청소년대상 성범죄를 범한 자에 대하여 제2항의 수강명령은 형의 집행을 유예할 경우에 그 집행유예기간 내에서 병과하고, 이수명령은 벌금 이상의 형을 선고하거나 약식명령을 고지할 경우에 병과한다. 다만, 이수명령은 아동·청소년대상 성범죄자가「전자장치 부착 등에 관한 법률」제9조의2 제1항 제4호에 따른 성폭력 치료 프로그램의 이수명령을 부과받은 경우에는 병과하지 아니한다.
제26조 (영상물의 촬영·보존 등)	① **아동·청소년대상 성범죄 피해자의 진술내용과 조사과정은 비디오녹화기 등 영상물 녹화장치로 촬영·보존하여야 한다.** ② 제1항에 따른 영상물 녹화는 피해자 또는 법정대리인이 이를 원하지 아니하는 의사를 표시한 때에는 촬영을 하여서는 아니 된다. 다만, 가해자가 친권자 중 일방인 경우는 그러하지 아니하다.
제28조 (신뢰관계에 있는 사람의 동석)	① 법원은 아동·청소년대상 성범죄의 피해자를 증인으로 신문하는 경우에 검사, 피해자 또는 법정대리인이 신청하는 경우에는 재판에 지장을 줄 우려가 있는 등 부득이한 경우가 아니면 **피해자와 신뢰관계에 있는 사람을 동석하게 하여야 한다.** ② 제1항은 수사기관이 제1항의 피해자를 조사하는 경우에 관하여 준용한다. ③ 제1항 및 제2항의 경우 법원과 수사기관은 피해자와 신뢰관계에 있는 사람이 피해자에게 불리하거나 피해자가 원하지 아니하는 경우에는 동석하게 하여서는 아니 된다.

6. 디지털 성범죄의 수사 특례 <22 채용>

(1) 아동·청소년 대상 디지털 성범죄의 수사 특례(제25조의2)

디지털 성범죄 (제1항)	1. 제11조(아동·청소년성착취물의 제작·배포 등) 및 제15조의2(아동·청소년에 대한 성착취 목적 대화 등)의 죄 2. 아동·청소년에 대한 「성폭력범죄의 처벌 등에 관한 특례법」 제14조(카메라 등을 이용한 촬영) 제2항(신체 촬영물 또는 복제물 반포등) 및 제3항(영리 목적 정보통신망 이용 신체촬영물 또는 복제물 반포등)의 죄
신분 비공개수사 (제1항)	사법경찰관리는 디지털 성범죄에 대하여 신분을 비공개하고 범죄현장(정보통신망을 포함한다) 또는 범인으로 추정되는 자들에게 접근하여 범죄행위의 증거 및 자료 등을 수집(이하 "신분비공개수사"라 한다)할 수 있다.
신분 위장수사 (제2항)	사법경찰관리는 디지털 성범죄를 계획 또는 실행하고 있거나 실행하였다고 의심할 만한 충분한 이유가 있고, 다른 방법으로는 그 범죄의 실행을 저지하거나 범인의 체포 또는 증거의 수집이 어려운 경우에 한정하여 수사 목적을 달성하기 위하여 부득이한 때에는 다음 각 호의 행위(이하 "신분위장수사"라 한다)를 할 수 있다. 1. 신분을 위장하기 위한 문서, 도화 및 전자기록 등의 작성, 변경 또는 행사 2. 위장 신분을 사용한 계약·거래 3. 아동·청소년성착취물 또는 「성폭력범죄의 처벌 등에 관한 특례법」 제14조 제2항의 촬영물 또는 복제물(복제물의 복제물을 포함한다)의 소지, 판매 또는 광고

(2) 아동·청소년 대상 디지털 성범죄의 수사 특례의 절차(제25조의3)

신분 비공개수사 (제1항)	사법경찰관리가 신분비공개수사를 진행하고자 할 때에는 사전에 상급 경찰관서 수사부서의 장의 승인을 받아야 한다. 이 경우 그 **수사기간은 3개월(1개월×)을 초과할 수 없다.**
신분 위장수사	③ 사법경찰관리는 신분위장수사를 하려는 경우에는 **검사에게 신분위장수사에 대한 허가를 신청하고, 검사는 법원에 그 허가를 청구한다.** ④ 제3항의 신청은 필요한 신분위장수사의 종류·목적·대상·범위·기간·장소·방법 및 해당 신분위장수사가 제25조의2 제2항의 요건을 충족하는 사유 등의 신청사유를 기재한 서면으로 하여야 하며, 신청사유에 대한 소명자료를 첨부하여야 한다. ⑤ 법원은 제3항의 신청이 이유 있다고 인정하는 경우에는 신분위장수사를 허가하고, 이를 증명하는 서류(이하 "허가서"라 한다)를 신청인에게 발부한다. ⑥ 허가서에는 신분위장수사의 종류·목적·대상·범위·기간·장소·방법 등을 특정하여 기재하여야 한다. ⑦ 신분위장수사의 기간은 3개월을 초과할 수 없으며, 그 수사기간 중 수사의 목적이 달성되었을 경우에는 즉시 종료하여야 한다. ⑧ 제7항에도 불구하고 제25조의2 제2항의 요건이 존속하여 그 수사기간을 연장할 필요가 있는 경우에는 사법경찰관리는 소명자료를 첨부하여 3개월의 범위에서 수사기간의 연장을 검사에게 신청하고, 검사는 법원에 그 연장을 청구한다. 이 경우 신분위장수사의 총 기간은 1년을 초과할 수 없다.

(3) 아동·청소년 대상 디지털 성범죄에 대한 긴급 신분비공개수사(제25조의4)

① 사법경찰관리는 디지털 성범죄에 대하여 제25조의3 제1항 및 제2항에 따른 절차를 거칠 수 없는 긴급을 요하는 때에는 상급 경찰관서 수사부서의 장의 승인 없이 신분비공개수사를 할 수 있다.

② 사법경찰관리는 제1항에 따른 신분비공개수사 개시 후 지체 없이 상급 경찰관서 수사부서의 장에게 보고하여야 하고, 사법경찰관리는 48시간 이내에 상급 경찰관서 수사부서의 장의 승인을 받지 못한 때에는 즉시 신분비공개수사를 중지하여야 한다.

③ 제1항 및 제2항에 따른 신분비공개수사 기간에 대해서는 제25조의3 제1항 후단을 준용한다.

(4) 아동·청소년 대상 디지털 성범죄에 대한 긴급 신분위장수사(제25조의5)

① 사법경찰관리는 제25조의2 제2항의 요건을 구비하고, 제25조의3 제3항부터 제8항까지에 따른 **절차를 거칠 수 없는 긴급을 요하는 때에는 법원의 허가 없이 신분위장수사를 할 수 있다.**

② 사법경찰관리는 제1항에 따른 신분위장수사 개시 후 지체 없이 검사에게 허가를 신청하여야 하고, **사법경찰관리는 48시간 이내에 법원의 허가를 받지 못한 때에는 즉시 신분위장수사를 중지하여야 한다.**

③ 제1항 및 제2항에 따른 신분위장수사 기간에 대해서는 제25조의3 제7항 및 제8항을 준용한다.

(5) 수집한 증거 및 자료 등의 사용제한, 국가경찰위원회와 국회의 통제, 피해자 보호

수집한 증거 및 자료 등의 사용제한 (제25조의6)	사법경찰관리가 제25조의2부터 제25조의5까지에 따라 수집한 증거 및 자료 등은 다음 각 호의 어느 하나에 해당하는 경우 외에는 사용할 수 없다. 1. 신분비공개수사 또는 신분위장수사의 목적이 된 디지털 성범죄나 이와 관련되는 범죄를 수사·소추하거나 그 범죄를 예방하기 위하여 사용하는 경우 2. 신분비공개수사 또는 신분위장수사의 목적이 된 디지털 성범죄나 이와 관련되는 범죄로 인한 징계절차에 사용하는 경우 3. 증거 및 자료 수집의 대상자가 제기하는 손해배상청구소송에서 사용하는 경우 4. 그 밖에 다른 법률의 규정에 의하여 사용하는 경우
국가경찰위원회와 국회의 통제 (제25조의7)	① **국가수사본부장은 신분비공개수사가 종료된 즉시 대통령령으로 정하는 바에 따라 국가경찰위원회에 수사 관련 자료를 보고하여야 한다.** ② 국가수사본부장은 대통령령으로 정하는 바에 따라 국회 소관 상임위원회에 신분비공개수사 관련 자료를 반기별로 보고하여야 한다.
아동·청소년대상 디지털 성범죄의 피해확대 방지 및 피해자 보호 등을 위한 조치 (제38조의2)	① 사법경찰관리는 아동·청소년성착취물에 대한 신고를 받고 **해당 아동·청소년성착취물이 정보통신망을 통하여 게시·상영 또는 유통되고 있다는 사실을 확인한 경우에는 지체 없이** 「방송통신위원회의 설치 및 운영에 관한 법률」 제18조에 따른 방송통신심의위원회에 해당 아동·청소년성착취물에 대한 삭제 또는 접속차단 등의 조치를 하여줄 것을 요청하여야 한다. 이 경우 사법경찰관리는 아동·청소년성착취물의 삭제 또는 접속차단 등의 처리절차에 관하여 특별한 사정이 없으면 해당 피해아동·청소년(보호자가 있는 경우에는 그 보호자를 포함한다)에게 안내하여야 한다. ② 사법경찰관리는 제15조의2에 해당하는 위반행위에 대한 신고를 받은 경우 **그 위반행위를 하고 있다고 의심될 만한 상당한 이유가 있는 사람에 대하여는 즉시 그 위반행위를 중단할 것을 통보하고, 그 위반행위를 중단하지 아니할 경우 처벌받을 수 있음을 서면으로 경고하여야 한다.** 다만, 사법경찰관리가 신분비공개수사 및 신분위장수사가 필요하다고 판단하는 경우에는 그러하지 아니하다. ③ 사법경찰관리는 디지털 성범죄의 피해아동·청소년이 재차 피해를 입을 위험이 현저하여 신변을 보호할 필요가 있다고 인정되는 경우 해당 피해아동·청소년을 제45조에 따른 보호시설 또는 제46조에 따른 **상담시설로 인도할 수 있다. 이 경우 그 피해아동·청소년의 동의를 얻어야 한다.**

3 성폭력범죄의 수사 및 피해자 보호에 관한 규칙(경찰청훈령)〈22 채용〉

1. 현장 조치

피해자 후송 (제11조)	① 경찰관은 피해자의 치료가 필요한 경우에는 즉시 피해자를 가까운 통합지원센터 또는 성폭력 전담의료기관으로 후송한다. 다만, 피해자가 원하지 않는 경우에는 그러하지 아니하다. ② **경찰관은 성폭력범죄의 피해자가 13세 미만이거나 신체적인 또는 정신적인 장애로 사물을 변별하거나 의사를 결정할 능력이 미약한 경우에는 통합지원센터나 성폭력 전담의료기관과 연계하여 치료, 상담 및 조사를 병행한다. 다만, 피해자가 원하지 않는 경우에는 그러하지 아니하다.** ③ 제1항 및 제2항에도 불구하고 통합지원센터나 성폭력 전담의료기관의 거리가 멀어 신속한 치료가 어려운 경우에는 가까운 의료기관과 연계할 수 있다.

2. 조사

조사 시 유의사항 (제18조)	① 시·도경찰청장 및 경찰서장은 특별한 사정이 없으면 성폭력 피해자를 동성 성폭력범죄 전담조사관이 조사하도록 해야 한다. 다만, 피해자가 원하는 경우에는 신뢰관계자, 진술조력인 또는 다른 경찰관으로 하여금 입회하게 하고 별지 제1호 서식에 의해 서면으로 동의를 받아 이성 성폭력범죄 전담조사관으로 하여금 조사하게 할 수 있다. ② 경찰관은 성폭력 피해자를 조사할 때에는 제17조의 준비를 거쳐 1회에 수사상 필요한 모든 내용을 조사하는 등 조사 횟수를 최소화하기 위하여 노력하여야 한다. ③ 경찰관은 피해자의 입장을 최대한 존중하여 가급적 피해자가 원하는 시간에 진술녹화실 등 평온하고 공개되지 않은 장소에서 조사하고, 공개된 장소에서의 조사로 인하여 신분이 노출되지 않도록 유의히어야 한다. ④ 경찰관은 성폭력 피해자에 대한 조사와 피의자에 대한 신문을 분리하여 실시하고, 대질신문은 반드시 필요한 경우에만 예외적으로 실시하되, 시기·장소 및 방법에 관하여 피해자의 의사를 최대한 존중하여야 한다. ⑤ 경찰관은 피해자로 하여금 가해자를 확인하게 할 때는 반드시 범인식별실 또는 진술녹화실을 활용하여 피해자와 가해자가 대면하지 않도록 하고, 동시에 다수의 사람 중에서 가해자를 확인하도록 하여야 한다.
영상물의 촬영·보존 (제22조)	① 경찰관은 성폭력범죄의 피해자를 조사할 때에는 진술내용과 조사과정을 영상물 녹화장치로 촬영·보존할 수 있다. 다만, 피해자가 19세미만피해자등인 경우에는 반드시 **촬영·보존해야 한다.** ② 경찰관은 영상녹화를 할 때에는 피해자등에게 영상녹화의 취지 등을 설명하고 동의 여부를 확인하여야 하며, 피해자등이 녹화를 원하지 않는 의사를 표시한 때에는 **촬영을 하여서는 아니 된다.** 다만, 가해자가 친권자 중 일방인 경우에는 그러하지 아니하다.
영상녹화의 방법 (제23조)	경찰관은 영상물을 녹화할 때에는 조사의 시작부터 조서에 기명날인 또는 서명을 마치는 시점까지의 모든 과정을 영상녹화하고, 녹화완료 시 그 원본을 피해자 또는 변호사 앞에서 봉인하고 피해자로 하여금 기명날인 또는 서명하게 하여야 한다.
진술 조력인의 참여 (제28조)	① 경찰관은 **성폭력범죄의 피해자가 19세미만피해자등인 경우 직권이나 피해자등 또는 변호사의 신청에 따라 진술조력인이 조사과정에 참여하게 할 수 있다.** 다만, 피해자등이 이를 원하지 않을 때는 그렇지 않다. ② 경찰관은 제1항의 피해자를 조사하기 전에 피해자등 또는 변호사에게 진술조력인에 의한 의사소통 중개나 보조를 신청할 수 있음을 고지하여야 한다.

4 스토킹범죄의 처벌 등에 관한 법률(스토킹처벌법)

1. 목적(제1조)과 정의(제2조) <22 채용>

(1) 목적

이 법은 스토킹범죄의 처벌 및 그 절차에 관한 특례와 스토킹범죄 피해자에 대한 보호절차를 규정함으로써 피해자를 보호하고 건강한 사회질서의 확립에 이바지함을 목적으로 한다.

(2) 정의

스토킹행위	상대방의 의사에 반(反)하여 정당한 이유 없이 다음 각 목의 어느 하나에 해당하는 행위를 하여 상대방에게 불안감 또는 공포심을 일으키는 것을 말한다.
	가. 상대방 또는 그의 동거인, 가족(이하 "상대방등"이라 한다)에게 접근하거나 따라다니거나 진로를 막아서는 행위
	나. 상대방등의 주거, 직장, 학교, 그 밖에 일상적으로 생활하는 장소(이하 "주거등"이라 한다) 또는 그 부근에서 기다리거나 지켜보는 행위
	다. 상대방등에게 우편·전화·팩스 또는 「정보통신망 이용촉진 및 정보보호 등에 관한 법률」 제2조 제1항 제1호의 정보통신망(이하 "정보통신망"이라 한다)을 이용하여 물건이나 글·말·부호·음향·그림·영상·화상(이하 "물건등"이라 한다)을 도달하게 하거나 정보통신망을 이용하는 프로그램 또는 전화의 기능에 의하여 글·말·부호·음향·그림·영상·화상이 상대방등에게 나타나게 하는 행위
	라. 상대방등에게 직접 또는 제3자를 통하여 물건등을 도달하게 하거나 주거등 또는 그 부근에 물건등을 두는 행위
	마. 상대방등의 주거등 또는 그 부근에 놓여져 있는 물건등을 훼손하는 행위
	바. 다음의 어느 하나에 해당하는 상대방등의 정보를 정보통신망을 이용하여 제3자에게 제공하거나 배포 또는 게시하는 행위
	  1) 「개인정보 보호법」 제2조 제1호의 개인정보
	  2) 「위치정보의 보호 및 이용 등에 관한 법률」 제2조 제2호의 개인위치정보
	  3) 1) 또는 2)의 정보를 편집·합성 또는 가공한 정보(해당 정보주체를 식별할 수 있는 경우로 한정한다)
	사. 정보통신망을 통하여 상대방등의 이름, 명칭, 사진, 영상 또는 신분에 관한 정보를 이용하여 자신이 상대방등인 것처럼 가장하는 행위

스토킹범죄	지속적 또는 반복적으로 스토킹행위를 하는 것을 말한다.
피해자	스토킹범죄로 직접적인 피해를 입은 사람을 말한다.
피해자등	피해자 및 스토킹행위의 상대방을 말한다.

2. 스토킹범죄 등의 처리절차

현장	경찰	검사	법원
신고	응급조치 1. 제지, 중단 통보, 처벌 경고 2. 분리 및 범죄수사 3. 긴급응급조치 및 잠정조치 요청 안내 4. 상담소 또는 보호시설 인도 (피해자등이 동의한 경우)	잠정조치 청구 1. 스토킹범죄 중단 서면 경고 2. 100m 이내 접근 금지 3. 전기통신이용 접근 금지 4. 유치장 또는 구치소 유치	잠정조치 결정 1. 스토킹범죄 중단 서면 경고 2. 100m 이내 접근 금지 3. 전기통신이용 접근 금지 4. 유치장 또는 구치소 유치(연장 불가)

	① 긴급응급조치(재량)
	  1. 100m 이내 접근 금지
	  2. 전기통신이용 접근 금지
	  ※ 1개월 이내
	② 긴급응급조치에 대한 사후 승인 신청(의무)
		긴급응급조치 후 48시간 이내 사후승인 청구	긴급응급조치 사후 승인

3. 스토킹행위 신고 등에 대한 응급조치(제3조)

사법경찰관리는 진행 중인 스토킹행위에 대하여 신고를 받은 경우 즉시 현장에 나가 다음의 조치를 하여야 한다.
- ㉠ 스토킹행위의 제지, 향후 스토킹행위의 중단 통보 및 스토킹행위를 지속적 또는 반복적으로 할 경우 처벌 서면경고
- ㉡ 스토킹행위자와 피해자등의 분리 및 범죄수사
- ㉢ 피해자등에 대한 긴급응급조치 및 잠정조치 요청의 절차 등 안내
- ㉣ 스토킹 피해 관련 상담소 또는 보호시설로의 피해자등 인도(피해자등이 동의한 경우만 해당한다)

4. 긴급응급조치(제4조), 승인 신청(제5조), 통지 등(제6조) (22 채용, 25 승진)

(1) 긴급응급조치

① 사법경찰관은 스토킹행위 신고와 관련하여 스토킹행위가 지속적 또는 반복적으로 행하여질 우려가 있고 **스토킹범죄의 예방을 위하여 긴급을 요하는 경우 스토킹행위자에게 직권으로 또는 스토킹행위의 상대방이나 그 법정대리인 또는 스토킹행위를 신고한 사람의 요청에 의하여 다음에 따른 조치를 할 수 있다.**
- ㉠ 스토킹행위의 상대방등이나 그 주거등으로부터 100미터 이내의 접근 금지
- ㉡ 스토킹행위의 상대방등에 대한 「전기통신기본법」 제2조 제1호의 전기통신을 이용한 접근 금지

② 사법경찰관은 위 조치(이하 "긴급응급조치"라 한다)를 하였을 때에는 즉시 스토킹행위의 요지, 긴급응급조치가 필요한 사유, 긴급응급조치의 내용 등이 포함된 긴급응급조치결정서를 작성하여야 한다.

(2) 긴급응급조치의 승인 신청

① 사법경찰관은 긴급응급조치를 하였을 때에는 **지체 없이**(48시간 이내에×) 검사에게 해당 긴급응급조치에 대한 사후승인을 지방법원 판사에게 청구하여 줄 것을 신청하여야 한다.
② 위 신청을 받은 검사는 긴급응급조치가 있었던 때부터 48시간 이내에 지방법원 판사에게 해당 **긴급응급조치에 대한 사후승인을 청구한다**. 이 경우 제4조 제2항에 따라 작성된 긴급응급조치결정서를 첨부하여야 한다.
③ 지방법원 판사는 스토킹행위가 지속적 또는 반복적으로 행하여지는 것을 예방하기 위하여 필요하다고 인정하는 경우에는 제2항에 따라 청구된 긴급응급조치를 승인할 수 있다.
④ 사법경찰관은 검사가 제2항에 따라 **긴급응급조치에 대한 사후승인을 청구하지 아니하거나 지방법원 판사가 제2항의 청구에 대하여 사후승인을 하지 아니한 때에는 즉시 그 긴급응급조치를 취소하여야 한다.**
⑤ 긴급응급조치기간은 1개월을 초과할 수 없다.

(3) 긴급응급조치의 통지 등

① 사법경찰관은 긴급응급조치를 하는 경우에는 스토킹행위의 상대방이나 그 법정대리인에게 통지하여야 한다.
② 사법경찰관은 긴급응급조치를 하는 경우에는 해당 긴급응급조치의 대상자(이하 "긴급응급조치대상자"라 한다)에게 조치의 내용 및 불복방법 등을 고지하여야 한다.
③ 스토킹행위의 상대방등이나 그 법정대리인은 긴급응급조치가 있은 후 스토킹행위의 상대방등이 주거등을 옮긴 경우에는 사법경찰관에게 긴급응급조치의 변경을 신청할 수 있다.

5. 잠정조치

(1) 스토킹행위자에 대한 잠정조치 청구(제8조)와 잠정조치(제9조) <22 채용, 24 승진>

① 검사는 스토킹범죄가 재발될 우려가 있다고 인정하면 직권 또는 사법경찰관의 신청에 따라 법원에 제9조 제1항 각 호의 조치를 청구할 수 있다(제8조 제1항).
② 법원은 스토킹범죄의 원활한 조사·심리 또는 피해자 보호를 위하여 필요하다고 인정하는 경우에는 결정으로 스토킹행위자에게 다음 각 호의 어느 하나에 해당하는 조치(이하 "잠정조치"라 한다)를 할 수 있다(제9조 제1항).
  1. 피해자에 대한 스토킹범죄 중단에 관한 서면 경고
  2. 피해자 또는 그의 동거인, 가족이나 그 주거등으로부터 100미터 이내의 접근 금지
  3. 피해자 또는 그의 동거인, 가족에 대한 「전기통신기본법」 제2조 제1호의 전기통신을 이용한 접근 금지
  3의2. 「전자장치 부착 등에 관한 법률」 제2조 제4호의 위치추적 전자장치(이하 "전자장치"라 한다)의 부착
  4. 국가경찰관서의 유치장 또는 구치소에의 유치
③ 제1항 각 호의 **잠정조치는 병과(倂科)할 수 있다**(동조 제2항).
④ 법원은 제1항 제3호의2 또는 제4호의 조치에 관한 결정을 하기 전 잠정조치의 사유를 판단하기 위하여 필요하다고 인정하는 때에는 검사, 스토킹행위자, 피해자, 기타 참고인으로부터 의견을 들을 수 있다. 의견을 듣는 방법과 절차, 그 밖에 필요한 사항은 대법원규칙으로 정한다(동조 제3항).

⑤ **제1항 제2호·제3호(접근 금지) 및 제3호의2(전자장치 부착)에 따른 잠정조치기간은 3개월, 같은 항 제4호(유치)에 따른 잠정조치기간은 1개월을 초과할 수 없다.** 다만, 법원은 피해자의 보호를 위하여 그 기간을 연장할 필요가 있다고 인정하는 경우에는 결정으로 제1항 제2호·제3호(접근 금지) 및 제3호의2(전자장치 부착)에 따른 잠정조치에 대하여 두 차례에 한정하여 각 3개월의 범위에서 연장할 수 있다(동조 제7항).

잠정조치	기간	연장 여부
접근 금지	3개월	2회 연장, 각 3개월
전자장치 부착	3개월	2회 연장, 각 3개월
유치	1개월	연장 불가

(2) **잠정조치의 변경 등(제11조)**

① 스토킹행위자나 그 법정대리인은 잠정조치 결정의 취소 또는 그 종류의 변경을 법원에 신청할 수 있다.
② 검사는 수사 또는 공판과정에서 잠정조치가 계속 필요하다고 인정하는 경우에는 직권이나 사법경찰관의 신청에 따라 법원에 해당 잠정조치기간의 연장 또는 그 종류의 변경을 청구할 수 있고, 잠정조치가 필요하지 아니하다고 인정하는 경우에는 직권이나 사법경찰관의 신청에 따라 법원에 해당 잠정조치의 취소를 청구할 수 있다.

6. 피해자 보호

(1) **스토킹범죄의 피해자에 대한 전담조사제(제17조)**

① 경찰관서의 장(국가수사본부장, 시·도경찰청장 및 경찰서장을 의미한다. 이하 같다)은 스토킹범죄 전담 사법경찰관을 지정하여 특별한 사정이 없으면 스토킹범죄 전담 사법경찰관이 피해자를 조사하게 하여야 한다.
② 경찰관서의 장은 위 스토킹범죄 전담 사법경찰관에게 스토킹범죄의 수사에 필요한 전문지식과 피해자 보호를 위한 수사방법 및 수사절차 등에 관한 교육을 실시하여야 한다.

(2) **피해자 등에 대한 신변안전조치(제17조의2)**

법원 또는 수사기관이 피해자등 또는 스토킹범죄를 신고(고소·고발을 포함한다. 이하 이 조에서 같다)한 사람을 증인으로 신문하거나 조사하는 경우의 신변안전조치에 관하여는 「특정범죄신고자 등 보호법」 제13조 및 제13조의2를 준용한다. 이 경우 "범죄신고자등"은 "피해자등 또는 스토킹범죄를 신고한 사람"으로 본다.

7. 벌칙 (22 채용, 24 승진)

(1) **스토킹범죄(제18조)**

① **스토킹범죄를 저지른 사람**은 3년 이하의 징역 또는 3천만원 이하의 벌금에 처한다.
② **흉기 또는 그 밖의 위험한 물건을 휴대하거나 이용하여 스토킹범죄를 저지른 사람**은 5년 이하의 징역 또는 5천만원 이하의 벌금에 처한다.

(2) 형벌과 수강명령 등의 병과(제19조)

① 법원은 스토킹범죄를 저지른 사람에 대하여 유죄판결(선고유예는 제외한다)을 선고하거나 약식명령을 고지하는 경우에는 200시간의 범위에서 다음 각 호의 구분에 따라 재범 예방에 필요한 수강명령(「보호관찰 등에 관한 법률」에 따른 수강명령을 말한다. 이하 같다) 또는 스토킹 치료프로그램의 이수명령(이하 "이수명령"이라 한다)을 병과할 수 있다.

② 법원은 스토킹범죄를 저지른 사람에 대하여 형의 집행을 유예하는 경우에는 위 수강명령 외에 그 집행유예기간 내에서 보호관찰 또는 사회봉사 중 하나 이상의 처분을 병과할 수 있다.

(3) 잠정조치의 불이행죄(제20조)

제9조 제1항 제2호 또는 제3호의 **잠정조치(접근 금지)를 이행하지 아니한 사람은 2년 이하의 징역 또는 2천만원 이하의 벌금에 처한다.**

5 마약류 범죄

1. 마약류 관리에 관한 법률(마약류관리법)

(1) 마약류의 의의 〈23 경행〉

① "마약류"란 마약·향정신성의약품 및 대마를 말한다(마약류 관리에 관한 법률 제2조 제1호).
② "원료물질"이란 마약류가 아닌 물질 중 마약 또는 향정신성의약품의 제조에 사용되는 물질로서 대통령령으로 정하는 것을 말한다(동조 제6호).
③ 세계보건기구(WHO)는 마약류(Narcotic Drugs, 마약 또는 약물)를 '사용하기 시작하면 사용하고 싶은 충동을 느끼고(의존성), 사용할 때마다 양을 증가시키지 않으면 효과가 없으며(내성), 사용을 중지하면 온몸에 견디기 힘든 이상을 일으키며(금단증상), 개인에게 한정되지 않고 사회에도 해를 끼치는 물질'로 정의하고 있다.
④ 마약류는 특정 직업 및 계층에 국한되지 않고 일상생활에서도 쉽게 남용될 수 있다.

(2) 마약의 정의와 종류 〈19 채용〉

① "마약"이란 다음 각 목의 어느 하나에 해당하는 것을 말한다.
　가. 양귀비, 아편, 코카 잎[엽]
　나. **양귀비, 아편 또는 코카 잎에서 추출되는 모든 알카로이드 및 그와 동일한 화학적 합성품으로서 대통령령으로 정하는 것**
　다. 가목부터 나목까지에 규정된 것 외에 그와 동일하게 남용되거나 해독(害毒) 작용을 일으킬 우려가 있는 화학적 합성품으로서 대통령령으로 정하는 것
　라. 가목부터 다목까지에 열거된 것을 함유하는 혼합물질 또는 혼합제제. 다만, "한외마약"(限外麻藥)은 마약에서 제외한다.

② 종류 〈20 승진〉

천연마약	양귀비, 생아편, 코카인, **코데인**, 모르핀, 아세토르핀, 테바인, 크랙
합성마약	메사돈계, 페디친계, 벤조모르핀, 모리피난, 프로폭시펜, 아미노부펜
반합성마약	① 헤로인, 히드로모르핀, 하이드로폰, **옥시코딘(옥시코돈)** ② Speed Ball은 강력한 흥분 효과를 내기 위해 헤로인에 코카인을 혼합하여 정제한 것이다.

(3) **한외마약** <19 채용, 20 승진>
① **"한외마약"**(限外麻藥)은 마약성분을 갖고 있으나 다른 약물이나 물질과 혼합되어 마약으로 다시 제조하거나 제제(製劑)할 수 없고, 그것에 의하여 신체적 또는 정신적 의존성을 일으키지 아니하는 것으로서 총리령으로 정하는 것을 말한다.
② 일반약품에 마약성분을 미세하게 혼합한 약물로 신체적·정신적 의존성을 일으킬 염려가 없어 감기약 등으로 판매되는 **합법적 의약품이다.**
③ 코데날, 코데잘, 코데솔, 유코데, 세코날 등이 있다.

(4) **향정신성의약품의 정의와 종류** <19·20·23·24 채용, 17·18·20·24·25 승진>
① **"향정신성의약품"**이란 인간의 중추신경계에 작용하는 것으로서 이를 오용하거나 남용할 경우 인체에 심각한 위해가 있다고 인정되는 것을 말한다.
② 종류

메스암페타민	강한 각성작용으로 의식이 뚜렷해지고 잠이 오지 않으며 피로감이 없어진다. 히로뽕, 필로폰으로 불린다.
엑스터시 (Ecstasy)	① 1914년 독일에서 식욕감퇴제로 개발되었다. ② 기분이 좋아지는 약(Feel good drug). 포옹마약(Hug drug), 클럽마약, 도리도리 등으로 지칭된다. 강한 신체적 접촉 욕구를 경험한다.
L.S.D.	① **곡물의 곰팡이, 보리 맥각에서 추출한 물질을 인공 합성시켜 만든 것으로 무색, 무취, 무미한 특징이 있다.** ② 매우 강력한 환각제로, **내성이나 심리적 의존현상은 있지만 금단증상은 일으키지 않는다고 알려져 있다.** ③ 일부 남용자들은 '플래시백(Flashback) 현상'을 일으키기도 한다. 이는 환각제 남용을 중단한 후에 환각제 사용 시에 경험했던 환각상태가 재현되는 것을 말한다. ④ 미량을 우편, 종이 등의 표면에 묻혔다가 뜯어서 입에 넣는 방법으로 복용하기도 한다.
야바(YABA)	① 태국어로 '미치게 하는 약'이라는 뜻. **태국 등 동남아 지역에서 주로 생산되어 유흥업소 종사자, 육체노동자 등을 중심으로 급속히 확산되었다.** ② 야바는 카페인, 에페드린, 밀가루 등에 필로폰을 혼합한 것이다.
GHB	① **무색, 무취, 짠맛이 나는 액체**로 소다수 등의 음료에 타서 복용하며, '물 같은 히로뽕'이라는 뜻으로 일명 '물뽕'으로 불린다. (무미×) ② 사용 후 통상적으로 15분 후에 효과가 발현되고 그 효과는 3시간 정도 지속된다. ③ 근육강화 호르몬 분비효과가 있으며, 성범죄 등에 악용하여 '데이트 강간 약물'로도 불린다.
덱스트로 메트로판 (러미나, 러미라)	① **진해거담제(감기, 만성 기관지염, 폐렴 등 치료제)**로서 의사의 처방이 있으면 약국에서 구입 가능하고, 도취감과 환각작용을 느끼기 위해 사용량의 수십 배를 남용하는 경우도 있다. ② 강한 중추신경 억제성 진해작용이 있으며 코데인 대용으로 시판되고 있다. 의존성과 독성이 없으며, 환각을 목적으로 투여하면 약효가 6~12시간 정도 지속된다. ③ 도취감과 환각작용을 느끼기 위해 사용량의 수십 배를 남용하는 경우도 있다. ④ 청소년들이 소주에 타서 마시기도 하여 흔히 '**정글주스**'라고도 불린다.
카리소프로돌 (일명 S정)	① 중추신경에 작용하여 골격근 이완의 효과가 있는 **근골격계 질환 치료제**이다. ② 과다복용 시 인사불성, 혼수쇼크, 호흡저하를 겪게 되며 사망에까지 이를 수 있다. ③ 사용을 중단하게 되면 금단증상으로는 온몸이 뻣뻣해지고 뒤틀리며 혀 꼬부라지는 소리 등을 하게 된다.

메스카린 (메스칼린)	메스카린은 미국의 텍사스나 멕시코 북부지역에서 자생하는 선인장인 페이요트(Peyote)에서 추출·합성한 향정신성의약품이다.
사일로시빈	① 남아메리카, 멕시코, 미국의 열대와 아열대 지역에서 나는 버섯(사일로사이빈)으로부터 얻어진다. ② 강력한 진통 기능과 함께 환각증세를 불러일으킨다.
프로포폴	① 페놀계 화합물로 흔히 수면마취제라고 불리는 정맥마취제로서 수면내시경 등에 사용되나, 환각제 대용으로 오·남용되는 사례가 있다. ② 정신적 의존성을 유발하기도 하여 향정신성의약품으로 지정되어 관리되고 있다.
졸피뎀	성형외과, 피부과 마취제로 사용된다.
펜터민 (Phentermine)	① 알약의 모양이 나비모양처럼 생겼다고 하여, 일명 '나비약'이라고 불리는 마약성 식욕억제제의 성분이다. ② 중추신경을 흥분시켜서 식욕을 사라지게 하여 체중감량의 효과가 있다. ③ 다량을 복용하거나 장기 복용하면 환청, 환각, 망상, 중독 등의 부작용이 있다. ④ 「마약류 관리에 관한 법률」 제2조 제3호 라목에 해당하는 향정신성의약품이다.

(5) 대마의 정의와 종류 <23 승진>

① "대마"란 다음 각 목의 어느 하나에 해당하는 것을 말한다. 다만, **대마초의 종자(種子)·뿌리 및 성숙한 대마초의 줄기와 그 제품은 제외**한다(제2조 제4호).
  가. 대마초와 그 수지(樹脂)
  나. 대마초 또는 그 수지를 원료로 하여 제조된 모든 제품
  다. 가목 또는 나목에 규정된 것과 동일한 화학적 합성품으로서 대통령령으로 정하는 것
  라. 가목부터 다목까지에 규정된 것을 함유하는 혼합물질 또는 혼합제제

② 종류

대마초	마리화나. 대마의 잎을 말려서 담배형식으로 피운다.
대마수지	해시시. 대마의 꽃대 부분을 증류하여 농축한 제품으로 마리화나보다 10배 가량 효과가 높다.
대마수지 기름	해시시 미네랄 오일. 대마수지를 농축하지 않고 기름형 그대로 사용한다.

CHAPTER 04 교통경찰 활동

제1절 도로교통법

1 도로교통법의 목적과 정의

1. 목적(제1조)

이 법은 도로에서 일어나는 교통상의 모든 위험과 장해를 방지하고 제거하여 안전하고 원활한 교통을 확보함을 목적으로 한다.

2. 도로의 정의(제2조) ⟨17·21 채용, 15·19 승진, 16·23·25 경위⟩

(1) 도로의 개념

① "도로"란 다음 각 목에 해당하는 곳을 말한다.
  가. 「도로법」에 따른 도로
  나. 「유료도로법」에 따른 유료도로
  다. 「농어촌도로 정비법」에 따른 농어촌도로
  라. 그 밖에 현실적으로 불특정 다수의 사람 또는 차마(車馬)가 통행할 수 있도록 공개된 장소로서 안전하고 원활한 교통을 확보할 필요가 있는 장소

② 도로의 개념에 관한 판례의 태도
  [1] 도로는 현실적으로 불특정의 사람이나 차량의 통행을 위하여 공개된 장소로서 교통질서 유지 등을 목적으로 하는 일반 교통경찰권이 미치는 공공성이 있는 곳을 의미하고, 특정인들 또는 그들과 관련된 특정한 용건이 있는 자들만이 사용할 수 있고 자주적으로 관리되는 장소는 이에 포함되지 않는다.
  [2] **피고인이 술을 마시고 차량을 운전한 '아파트단지 내 통행로'가** 왕복 4차선의 외부도로와 직접 연결되어 있고, 외부차량의 통행에 제한이 없으며, 별도의 주차관리인이 없는 등 아파트의 관리 및 이용 상황에 비추어 구 도로교통법상의 **도로에 해당한다**(대법원 2010.9.9. 2010도6579).

(2) 도로의 종류

자동차 전용도로 (제2호)	자동차만 다닐 수 있도록 설치된 도로를 말한다. 예 서울 : 내부순환로, 올림픽대로, 강변북로, 강남순환로, 동부간선로, 서부간선로 등
고속도로 (제3호)	자동차의 고속 운행에만 사용하기 위하여 지정된 도로를 말한다. 예 경부고속도로, 경인고속도로, 서해안고속도로, 남해고속도로 등 ※ **경찰청장은** 고속도로의 원활한 소통을 위하여 특히 필요한 경우에는 고속도로에 전용차로를 설치할 수 있다.(제61조 제1항)

자전거도로 (제8호)	안전표지, 위험방지용 울타리나 그와 비슷한 인공구조물로 경계를 표시하여 자전거 및 개인형 이동장치가 통행할 수 있도록 설치된 「자전거이용 활성화에 관한 법률」 제3조 각 호의 도로를 말한다.
보행자 전용도로 (제31호)	보행자만 다닐 수 있도록 안전표지나 그와 비슷한 인공구조물로 표시한 도로를 말한다. ※ 시·도경찰청장이나 경찰서장은 보행자의 통행을 보호하기 위하여 특히 필요한 경우에는 도로에 보행자전용도로를 설치할 수 있다(제28조 제1항).
보행자 우선도로 (제31호의2)	차도와 보도가 분리되지 아니한 도로로서 보행자의 안전과 편의를 보장하기 위하여 보행자 통행이 차마 통행에 우선하도록 지정한 도로를 말한다(보행안전 및 편의증진에 관한 법률 제2조 제3호). ※ 시·도경찰청장이나 경찰서장은 보행자우선도로에서 보행자를 보호하기 위하여 필요하다고 인정하는 경우에는 차마의 통행속도를 시속 20킬로미터 이내로 제한할 수 있다(제28조의2).

(3) 도로의 구조

차도 (제4호)	연석선(차도와 보도를 구분하는 돌 등으로 이어진 선), 안전표지 또는 그와 비슷한 인공구조물을 이용하여 경계를 표시하여 모든 차가 통행할 수 있도록 설치된 도로의 부분을 말한다.
보도 (제10호)	연석선, 안전표지나 그와 비슷한 인공구조물로 경계를 표시하여 **보행자(유모차, 보행보조용 의자차, 노약자용 보행기 등 행정안전부령으로 정하는 기구·장치를 이용하여 통행하는 사람 및 제21호의3에 따른 실외이동로봇을 포함한다. 이하 같다)**가 통행할 수 있도록 한 도로의 부분을 말한다. ※ 예를 들어 너비 1미터 이하인 것으로서 이륜자동차, 원동기장치자전거 또는 자전거로서 운전자가 내려서 끌거나 들고 통행하는 것은 행정안전부령으로 정하는 기구·장치에 해당한다. (시행규칙 제2조 제1항 제6호)
길가장 자리구역 (제11호)	**보도와 차도가 구분되지 아니한(구분된×) 도로에서** 보행자의 안전을 확보하기 위하여 안전표지 등으로 경계를 표시한 도로의 가장자리 부분을 말한다.
중앙선 (제5호)	차마의 통행 방향을 명확하게 구분하기 위하여 도로에 황색 실선(實線)이나 황색 점선 등의 안전표지로 표시한 선 또는 중앙분리대나 울타리 등으로 설치한 시설물을 말한다. 다만, 제14조 제1항 후단에 따라 가변차로(可變車路)가 설치된 경우에는 신호기가 지시하는 진행방향의 가장 왼쪽(좌)에 있는 황색 점선을 말한다.
차로(제6호)	차마가 한 줄로 도로의 정하여진 부분을 통행하도록 차선(車線)으로 구분한 차도의 부분을 말한다.
차선(제7호)	차로와 차로(차도와 차도×)를 구분하기 위하여 그 경계지점을 안전표지로 표시한 선을 말한다.
횡단보도 (제12호)	보행자가 도로를 횡단할 수 있도록 안전표지로 표시한 도로의 부분을 말한다.
자전거 횡단도 (제9호)	자전거 및 개인형 이동장치가 일반도로를 횡단할 수 있도록 안전표지로 표시한 도로의 부분을 말한다.
교차로 (제13호)	'十'자로, 'T'자로나 그 밖에 둘 이상의 도로(보도와 차도가 구분되어 있는 도로에서는 차도를 말한다)가 교차하는 부분을 말한다.
회전교차로 (제13의2호)	교차로 중 차마가 원형의 교통섬(차마의 안전하고 원활한 교통처리나 보행자 도로횡단의 안전을 확보하기 위하여 교차로 또는 차도의 분기점 등에 설치하는 섬 모양의 시설을 말한다)을 중심으로 반시계방향으로 통행하도록 한 원형의 도로를 말한다.
안전지대 (제14호)	도로를 횡단하는 보행자나 통행하는 차마의 안전을 위하여 안전표지나 이와 비슷한 인공구조물로 표시한 도로의 부분을 말한다.

3. 차와 운전의 정의 <16·22·23 채용, 24 승진>

(1) 차와 자동차, 원동기장치자전거와 자전거

차마(제17호)	차와 우마(교통이나 운수에 사용되는 가축)를 말한다.
	"차"란 다음의 어느 하나에 해당하는 것을 말한다. ① 자동차 ② 건설기계(예 포클레인, 콘크리트 살포기 등) ③ 원동기장치자전거 ④ 자전거 ⑤ 사람 또는 가축의 힘이나 그 밖의 동력(動力)으로 도로에서 운전되는 것(예 인력거, 마차, 경운기 등). ⑥ 다만, 철길이나 가설(架設)된 선을 이용하여 운전되는 것(예 열차, 지하철, 케이블카 등), 유모차, 보행보조용 의자차, 노약자용 보행기, 제21호의3에 따른 실외이동로봇 등 행정안전부령으로 정하는 기구·장치는 제외한다.
노면전차 (제17의2호)	「도시철도법」제2조 제2호에 따른 노면전차로서 도로에서 궤도를 이용하여 운행되는 차를 말한다.
자동차 (제18호)	철길이나 가설된 선을 이용하지 아니하고 원동기를 사용하여 운전되는 차(견인되는 자동차도 자동차의 일부로 본다)로서 다음 각 목의 차를 말한다.
	가. 「자동차관리법」제3조에 따른 다음의 자동차. **다만, 원동기장치자전거는 제외한다.** 1) 승용자동차, 2) 승합자동차, 3) 화물자동차, 4) 특수자동차, 5) 이륜자동차(배기량 125cc 초과)
	나. **「건설기계관리법」제26조 제1항 단서에 따른 건설기계** ※ 자동차인 건설기계: 「도로교통법」제80조의 규정에 의한 운전면허를 받아 조종하여야 하는 건설기계 1. 덤프트럭, 2. 아스팔트살포기, 3. 노상안정기, 4. 콘크리트믹서트럭, 5. 콘크리트펌프, 6. 천공기(트럭적재식을 말한다), 7. 아스팔트콘크리트재생기, 8. 콘크리트믹서트레일러, 9. 도로보수트럭, 10. 트럭지게차
자율주행 자동차 (제18조의3호)	「자동차관리법」제2조 제1호의3에 따른 자율주행자동차로서 자율주행시스템을 갖추고 있는 자동차를 말한다.
원동기장치 자전거 (제19호)	다음 각 목의 어느 하나에 해당하는 차를 말한다. 가. 「자동차관리법」제3조에 따른 **이륜자동차 가운데 배기량 125시시 이하**(전기를 동력으로 하는 경우에는 최고정격출력 11킬로와트 이하)의 이륜자동차 나. 그 밖에 배기량 125시시 이하(전기를 동력으로 하는 경우에는 최고정격출력 11킬로와트 이하)의 원동기를 단 차(「자전거 이용 활성화에 관한 법률」제2조 제1호의2에 따른 전기자전거 및 제21호의3에 따른 실외이동로봇은 제외한다)
개인형 이동장치 (제19의2호)	제19호 나목의 원동기장치자전거 중 시속 25킬로미터 이상으로 운행할 경우 전동기가 작동하지 아니하고(시속 25킬로미터 미만) 차체 중량이 30킬로그램 미만인 것으로서 행정안전부령으로 정하는 것을 말한다. ※ Personal Mobility(P.M.)
자전거 (제20호)	「자전거이용 활성화에 관한 법률」제2조 제1호 및 제1호의2에 따른 자전거 및 전기자전거를 말한다.
자동차등 (제21호)	자동차와 원동기장치자전거(개인형 이동장치 포함)를 말한다.
자전거등 (제21의2호)	자전거와 개인형 이동장치를 말한다.
실외이동로봇 (제21의3호)	「지능형 로봇 개발 및 보급 촉진법」제2조 제1호에 따른 지능형 로봇 중 행정안전부령으로 정하는 것을 말한다.

(2) 운전

운전의 정의 (제26호)	도로(제27조 제6항 제3호·제44조·제45조·제54조 제1항·제148조·제148조의2 및 제156조 제10호의 경우에는 도로 외의 곳을 포함한다)에서 차마를 그 본래의 사용방법에 따라 사용하는 것(조종 또는 자율주행시스템을 사용하는 것을 포함한다)을 말한다.
	제27조 제6항 제3호(도로 외의 곳에서의 보행자 보호), 제44조(술에 취한 상태에서의 운전 금지), 제45조(과로한 때 등의 운전 금지), 제54조 제1항(사고발생 시의 조치), 제148조(제54조 제1항 조치 불이행 벌칙), 148조의2(음주운전, 약물운전 벌칙), 제156조 제10호(제54조 제1항 중 주·정차된 차만 손괴한 경우 피해자에게 인적 사항을 제공하지 아니한 사람)
관련 판례	① 자동차의 운전, 즉 자동차를 그 본래의 사용 방법에 따라 사용하는 것에 해당하기 위하여는 자동차의 원동기를 사용할 것을 요하고, 따라서 내리막길에 주차되어 있는 자동차의 핸드브레이크를 풀어 타력주행을 하는 행위는 '운전'에 해당하지 않는다(다만 통상의 운전중에 내리막길에 이르러 원동기를 일시적으로 정지하여 타력으로 주행시키는 것은 별론으로 한다)(대법원 1999.11.12. 98다30834). ② [1] 도로교통법상 '운전'의 의미 　　운전의 개념은 그 규정의 내용에 비추어 목적적 요소를 포함하는 것이므로 고의의 운전 행위만을 의미하고 자동차 안에 있는 사람의 의지나 관여 없이 자동차가 움직인 경우에는 운전에 해당하지 않는다. 　　[2] 어떤 사람이 자동차를 움직이게 할 의도 없이 다른 목적을 위하여 자동차의 원동기(모터)의 시동을 걸었는데, **실수로 기어 등 자동차의 발진에 필요한 장치를 건드려 원동기의 추진력에 의하여 자동차가 움직이거나 또는 불안전한 주차상태나 도로여건 등으로 인하여 자동차가 움직이게 된 경우는 자동차의 운전에 해당하지 아니한다**(대법원 2004.4.23. 2004도1109). 　　※ 술에 취한 피고인이 자동차 안에서 잠을 자다가 추위를 느껴 히터를 가동시키기 위하여 시동을 걸었고, 실수로 자동차의 제동장치 등을 건드렸거나 처음 주차할 때 안전조치를 제대로 취하지 아니한 탓으로 원동기의 추진력에 따라 자동차가 약간 경사진 길을 따라 앞으로 움직여 피해자의 차량 옆면을 충격한 사실은 엿볼 수 있으나, **앞서 본 법리에 비추어 이를 두고 피고인이 자동차를 운전하였다고 할 수는 없다.**

4. 행정처분과 벌칙의 적용 (15 승진)

(1) 도로교통법상 도로를 전제로 하는 경우

① 도로교통법상 통행규칙이나 벌칙은 도로를 전제로 함이 원칙이다.
② 도로교통법 위반으로 인한 행정처분(면허정지, 취소 등)과 형사처벌은 도로교통법상 도로에서 운전한 경우에만 적용한다.
③ **학교 운동장에서 운전면허를 취득하기 위해 운전연습을 하다가 신고를 통해 적발된 경우→** 면허 없이 운전하는 무면허 규정은 도로가 전제되므로 운동장에서 면허 없이 연습한 행위는 무면허로 처벌되지 않음.

(2) **도로교통법상 도로를 전제로 하지 않는 운전**

① 도로 이외의 곳에서도 적용되는 경우
음주운전(제44조), 약물 운전(제45조), 사고 발생 시 조치(제54조 제1항 구호 및 조치) 위반 시 적용되는 벌칙(148조, 제148조의2 및 제156조 제10호)은 도로를 요건으로 하지 않는다. 따라서 도로 아닌 곳에서 음주운전 등을 할 경우에 벌칙(형벌 규정)을 적용하여 처벌한다.

② 유료주차장 내에서 음주운전을 하다가 적발된 경우→음주운전 시 형벌규정은 도로 아닌 주차장에서 운전해도 적용됨
③ 대학교 구내에서 마약을 과다복용하고 운전을 하다가 적발된 경우→약물운전 시 형벌규정은 도로 아닌 대학 구내에서 운전해도 적용됨
④ 아파트 지하주차장에서 보행자를 충격하여 다치게 한 후 적절한 조치 없이 현장을 이탈하였다가 적발된 경우→뺑소니(조치 의무 위반)에 적용되는 형벌규정은 도로 아닌 주차장에서 운전해도 적용됨

5. 교통안전시설 〈20 채용, 16·17·23 승진〉

(1) 신호기와 안전표지의 정의(제2조)

신호기 (제15호)	도로교통에서 문자·기호 또는 등화(燈火)를 사용하여 진행·정지·방향전환·주의 등의 신호를 표시하기 위하여 사람이나 전기의 힘으로 조작하는 장치를 말한다.
안전표지 (제16호)	교통안전에 필요한 주의·규제·지시 등을 표시하는 표지판이나 도로의 바닥에 표시하는 기호·문자 또는 선 등을 말한다.

(2) 안전표지의 구분(도로교통법 시행규칙 제8조 제1항)

주의표지	도로상태가 위험하거나 도로 또는 그 부근에 위험물이 있는 경우에 필요한 안전조치를 할 수 있도록 이를 도로사용자에게 알리는 표지 예 합류도로, 굽은도로, 오르막경사, 내리막경사, 차로없어짐, 낙석도로, 횡단보도, 어린이보호구역, 도로공사, 야생동물보호, 위험표지 등
규제표지	도로교통의 안전을 위하여 각종 제한·금지 등의 규제를 하는 경우에 이를 도로사용자에게 알리는 표지 예 자동차 통행금지, 진입금지, 앞지르기 금지, 주정차금지, 차높이 제한, 최고속도 제한, 서행 표지, 위험물적재차량 통행금지 등
지시표지	도로의 통행방법·통행구분 등 도로교통의 안전을 위하여 필요한 지시를 하는 경우에 도로사용자가 이에 따르도록 알리는 표지 예 자동차전용도로, 자전거전용도로, 회전교차로, 직진, 우회전, 좌회전, 유턴, 보행자전용도로, 횡단보도, 어린이보호(어린이보호구역 안), 일방통행, 비보호좌회전, 버스전용차로 등
보조표지	주의표지·규제표지 또는 지시표지의 주기능을 보충하여 도로사용자에게 알리는 표지
노면표시	도로교통의 안전을 위하여 각종 주의·규제·지시 등의 내용을 노면에 기호·문자 또는 선으로 도로사용자에게 알리는 표지

(3) 신호기가 표시하는 신호의 종류 및 신호의 뜻(도로교통법 시행규칙 [별표 2])

신호의 종류	신호의 뜻
황색 등화의 점멸	차마는 다른 교통 또는 안전표지의 표시에 주의하면서 진행할 수 있다.
적색 등화의 점멸	차마는 정지선이나 횡단보도가 있을 때에는 그 직전이나 교차로의 직전에 일시정지한(서행한×) 후 다른 교통에 주의하면서 진행할 수 있다.

6. 통행의 금지 및 제한 <25 경위>

> 제6조(통행의 금지 및 제한)
> ① **시·도경찰청장은** 도로에서의 위험을 방지하고 교통의 안전과 원활한 소통을 확보하기 위하여 필요하다고 인정할 때에는 **구간(區間)을 정하여 보행자, 차마 또는 노면전차의 통행을 금지하거나 제한할 수 있다.** 이 경우 시·도경찰청장은 보행자, 차마 또는 노면전차의 통행을 금지하거나 제한한 도로의 관리청에 그 사실을 알려야 한다.
> ② **경찰서장은** 도로에서의 위험을 방지하고 교통의 안전과 원활한 소통을 확보하기 위하여 필요하다고 인정할 때에는 **우선 보행자, 차마 또는 노면전차의 통행을 금지하거나 제한한 후** 그 도로관리자와 협의하여 금지 또는 제한의 대상과 구간 및 기간을 정하여 도로의 통행을 금지하거나 제한할 수 있다.
> ③ 시·도경찰청장이나 경찰서장은 제1항이나 제2항에 따른 금지 또는 제한을 하려는 경우에는 행정안전부령으로 정하는 바에 따라 그 사실을 공고하여야 한다.
> ④ **경찰공무원은** 도로의 파손, 화재의 발생이나 그 밖의 사정으로 인한 도로에서의 위험을 방지하기 위하여 긴급히 조치할 필요가 있을 때에는 필요한 범위에서 보행자, 차마 또는 노면전차의 통행을 일시 금지하거나 제한할 수 있다.
>
> 제7조(교통 혼잡을 완화시키기 위한 조치)
> 경찰공무원은 보행자, 차마 또는 노면전차의 통행이 밀려서 교통 혼잡이 뚜렷하게 우려될 때에는 혼잡을 덜기 위하여 필요한 조치를 할 수 있다.

제2절 통행 규칙

1 통행 방법

1. 신호 준수, 보호자의 통행방법 <23 경위>

(1) 신호 또는 지시에 따를 의무(제5조)

① 도로를 통행하는 보행자, 차마 또는 노면전차의 운전자는 교통안전시설이 표시하는 신호 또는 지시와 다음 각 호의 어느 하나에 해당하는 사람이 하는 신호 또는 지시를 따라야 한다(제1항).
   1호. 교통정리를 하는 경찰공무원(의무경찰을 포함한다. 이하 같다) 및 제주특별자치도의 자치경찰공무원(이하 "자치경찰공무원"이라 한다)
   2호. 경찰공무원(자치경찰공무원을 포함한다. 이하 같다)을 보조하는 사람으로서 대통령령으로 정하는 사람(이하 "경찰보조자"라 한다)
② 도로를 통행하는 보행자와 차마 또는 노면전차의 운전자는 제1항에 따른 교통안전시설이 표시하는 신호 또는 지시와 교통정리를 하는 경찰공무원 또는 경찰보조자의 신호 또는 지시가 서로 다른 경우에는 경찰공무원 또는 경찰보조자(경찰공무원등)의 신호 또는 지시에 따라야 한다(제2항).
③ "모범운전자"란 제146조에 따라 무사고운전자 또는 유공운전자의 표시장을 받거나 2년 이상 사업용 자동차 운전에 종사하면서 교통사고를 일으킨 전력이 없는 사람으로서 경찰청장(시·도경찰청장×)이 정하는 바에 따라 선발되어 교통안전 봉사활동에 종사하는 사람을 말한다(제2조 제33호).

(2) 행렬등의 통행
① 학생의 대열과 그 밖에 보행자의 통행에 지장을 줄 우려가 있다고 인정하여 대통령령으로 정하는 사람이나 행렬(이하 "행렬등"이라 한다)은 제8조 제1항 본문에도 불구하고 차도로 통행할 수 있다. 이 경우 행렬등은 차도의 우측으로 통행하여야 한다(제9조 제1항).
② 경찰공무원은 도로에서의 위험을 방지하고 교통의 안전과 원활한 소통을 확보하기 위하여 필요하다고 인정할 때에는 행렬등에 대하여 구간을 정하고 그 구간에서 행렬등이 도로 또는 차도의 우측(자전거도로가 설치되어 있는 차도에서는 자전거도로를 제외한 부분의 우측을 말한다)으로 붙어서 통행할 것을 명하는 등 필요한 조치를 할 수 있다(제9조 제3항).

2. 어린이와 노인, 장애인 보호 (21 채용, 17·23 경위)

(1) 어린이 등에 대한 보호(제11조)
① 어린이의 보호자는 교통이 빈번한 도로에서 어린이를 놀게 하여서는 아니 되며, 영유아(6세 미만의 사람을 말한다. 이하 같다)의 보호자는 교통이 빈번한 도로에서 영유아가 혼자 보행하게 하여서는 아니 된다.
② 앞을 보지 못하는 사람(이에 준하는 사람을 포함한다. 이하 같다)의 보호자는 그 사람이 도로를 보행할 때에는 흰색 지팡이를 갖고 다니도록 하거나 앞을 보지 못하는 사람에게 길을 안내하는 개로서 행정안전부령으로 정하는 개(이하 "장애인보조견"이라 한다)를 동반하도록 하는 등 필요한 조치를 하여야 한다.
③ 어린이의 보호자는 도로에서 어린이가 자전거를 타거나 행정안전부령으로 정하는 위험성이 큰 움직이는 놀이기구를 타는 경우에는 어린이의 안전을 위하여 행정안전부령으로 정하는 인명보호 장구(裝具)를 착용하도록 하여야 한다.
④ **어린이의 보호자는 도로에서 어린이가 개인형 이동장치를 운전하게 하여서는 아니 된다.**
⑤ 경찰공무원은 신체에 장애가 있는 사람이 도로를 통행하거나 횡단하기 위하여 도움을 요청하거나 도움이 필요하다고 인정하는 경우에는 그 사람이 안전하게 통행하거나 횡단할 수 있도록 필요한 조치를 하여야 한다.
⑥ **경찰공무원은 다음 각 호의 어느 하나에 해당하는 사람을 발견한 경우에는 그들의 안전을 위하여 적절한 조치를 하여야 한다.**
    1호. 교통이 빈번한 도로에서 놀고 있는 어린이
    2호. 보호자 없이 도로를 보행하는 영유아
    3호. 앞을 보지 못하는 사람으로서 흰색 지팡이를 가지지 아니하거나 장애인보조견을 동반하지 아니하는 등 필요한 조치를 하지 아니하고 다니는 사람
    4호. 횡단보도나 교통이 빈번한 도로에서 보행에 어려움을 겪고 있는 노인(65세 이상인 사람을 말한다. 이하 같다)

(2) 어린이 보호구역의 지정·해제 및 관리(제12조)
① **시장등은** 교통사고의 위험으로부터 어린이를 보호하기 위하여 필요하다고 인정하는 경우에는 다음 각 호의 어느 하나에 해당하는 시설이나 장소의 주변도로 가운데 일정 구간을 **어린이 보호구역으로 지정하여 자동차등과 노면전차의 통행속도를 시속 30킬로미터 이내로 제한할 수 있다**(제1항).
    1호. 유치원, 초등학교 또는 특수학교

2호. 행정안전부령으로 정하는 어린이집
3호. 행정안전부령으로 정하는 학원
3의2호. 방호울타리
4호. 외국인학교 또는 대안학교, 대안교육기관, 국제학교, 외국교육기관 중 유치원·초등학교 교과과정이 있는 학교
5호. 그 밖에 어린이가 자주 왕래하는 곳으로서 조례로 정하는 시설 또는 장소

② 차마 또는 노면전차의 운전자는 어린이 보호구역에서 제1항에 따른 조치를 준수하고 어린이의 안전에 유의하면서 운행하여야 한다(제3항).

(3) 보호구역 안에서의 필요한 조치(어린이·노인 및 장애인 보호구역의 지정 및 관리에 관한 규칙 제9조)

① 시·도경찰청장이나 경찰서장은 「도로교통법」 제12조 제1항 또는 제12조의2 제1항에 따라 보호구역에서 구간별·시간대별로 다음 각 호의 조치를 할 수 있다.

1호. 차마(車馬)의 통행을 금지하거나 제한하는 것
2호. 차마의 정차나 주차를 금지하는 것
3호. 운행속도를 시속 30킬로미터 이내로 제한하는 것
4호. **이면도로**(도시지역에 있어서 간선도로가 아닌 도로로서 일반의 교통에 사용되는 도로를 말한다)를 **일방통행로로 지정·운영하는 것**(간선도로×)

  ※ 간선도로 : 도로망의 기본 골격을 형성하는 도로로서, 도시 내외의 주요지역을 연결하며, 고속도로, 국도, 특별시·광역시도, 지방도의 종류가 있다.

② 시·도경찰청장이나 경찰서장이 제1항에 따른 조치를 하려는 경우에는 그 뜻을 표시하는 안전표지를 설치하여야 한다.

(4) 보호구역 내 주요 법규위반 제재(도로교통법 시행령 제93조 제2항)

① 적용 시간, 장소 : 오전 8시~오후 8시, 어린이 보호구역 내 도로
② 위반행위별 범칙금(도로교통법 시행령 제93조 제2항 [별표10]) 및 운전면허 벌점(도로교통법 시행규칙 [별표28])
③ 어린이보호구역 및 노인·장애인보호구역 안에서 오전 8시부터 오후 8시까지 사이에 각 위반 행위를 한 운전자에 대해서는 일반 벌점의 2배에 해당하는 벌점을 부과한다(도로교통법 시행규칙 [별표28] 정지처분 개별기준).

3. 어린이통학버스 (21 채용, 18 승진)

정의 (제2조 제23호)	"어린이통학버스"란 다음 각 목의 시설 가운데 **어린이(13세 미만인 사람을 말한다. 이하 같다)**를 교육 대상으로 하는 시설에서 어린이의 통학 등(현장체험학습 등 비상시적으로 이루어지는 교육활동을 위한 이동을 제외한다)에 이용되는 자동차와 여객자동차운송사업의 한정면허를 받아 어린이를 여객대상으로 하여 운행되는 운송사업용 자동차를 말한다.
어린이통학 버스의 특별보호 (제51조)	① 어린이통학버스가 도로에 정차하여 어린이 또는 영유아가 타고 내리는 중임을 표시하는 점멸등 등의 장치를 작동 중일 때에는 **어린이통학버스가 정차한 차로와 그 차로의 바로 옆 차로로 통행하는 차의 운전자는 어린이통학버스에 이르기 전에 일시정지하여 안전을 확인한 후 서행하여야 한다.** ② 제1항의 경우 중앙선이 설치되지 아니한 도로와 편도 1차로인 도로에서는 반대방향에서 진행하는 차의 운전자도 어린이통학버스에 이르기 전에 일시정지하여 안전을 확인한 후 서행하여야 한다. ③ 모든 차의 운전자는 **어린이나 영유아를 태우고 있다는 표시를 한 상태로 도로를 통행하는 어린이통학버스를 앞지르지 못한다.**

어린이통학 버스 운전자 및 운영자의 의무 (제53조)	① 어린이통학버스를 운전하는 사람은 어린이 또는 영유아가 타고 내리는 경우에만 제51조 제1항에 따른 점멸등 등의 장치를 작동하여야 하며, 어린이이나 영유아를 태우고 운행 중인 경우에만 제51조 제3항에 따른 표시를 하여야 한다. ② 어린이통학버스를 운전하는 사람은 어린이나 영유아가 어린이통학버스를 탈 때에는 승차한 모든 어린이나 영유아가 좌석안전띠를 매도록 한 후에 출발하여야 하며, 내릴 때에는 보도나 길가장자리구역 등 자동차로부터 안전한 장소에 도착한 것을 확인한 후에 출발하여야 한다. 다만, 좌석안전띠 착용과 관련하여 질병 등으로 인하여 좌석안전띠를 매는 것이 곤란하거나 행정안전부령으로 정하는 사유가 있는 경우에는 그러하지 아니하다. ③ 어린이통학버스를 운영하는 자는 어린이통학버스에 어린이나 영유아를 태울 때에는 성년인 사람 중 어린이통학버스를 운영하는 자가 지명한 보호자를 함께 태우고 운행하여야 하며, 동승한 보호자는 어린이나 영유아가 승차 또는 하차하는 때에는 자동차에서 내려서 어린이나 영유아가 안전하게 승하차하는 것을 확인하고 운행 중에는 어린이나 영유아가 좌석에 앉아 좌석안전띠를 매고 있도록 하는 등 어린이 보호에 필요한 조치를 하여야 한다.

4. 앞지르기, 철길건널목 통과, 교차로 통행 〈15 채용〉

(1) 앞지르기

> 제2조(정의) 제29호
> "앞지르기"란 차의 운전자가 앞서가는 다른 차의 옆을 지나서 그 차의 앞으로 나가는 것을 말한다.
> 제21조(앞지르기 방법 등) 제1항
> 모든 차의 운전자는 다른 차를 앞지르려면 앞차의 좌측으로 통행하여야 한다.
> 제22조(앞지르기 금지의 시기 및 장소) 제3항
> 모든 차의 운전자는 다음의 어느 하나에 해당하는 곳에서는 다른 차를 앞지르지 못한다.
> 1. 교차로
> 2. 터널 안
> 3. 다리 위
> 4. 도로의 구부러진 곳, 비탈길의 고개마루 부근 또는 가파른 비탈길의 내리막 등 시·도경찰청장이 도로에서의 위험을 방지하고 교통의 안전과 원활한 소통을 확보하기 위하여 필요하다고 인정하는 곳으로서 안전표지로 지정한 곳

(2) 서행과 일시정지

> 제2조(정의) 제28호
> "서행"(徐行)이란 운전자가 차를 즉시 정지시킬 수 있는 정도의 느린 속도로 진행하는 것을 말한다.
> 제2조(정의) 제30호
> "일시정지"란 차의 운전자가 그 차의 바퀴를 일시적으로 완전히 정지시키는 것을 말한다.

(3) 철길건널목의 통과, 교차로의 통행방법 등

제24조(철길건널목의 통과) 제1항
모든 차의 운전자는 철길건널목(이하 "건널목"이라 한다)을 통과하려는 경우에는 건널목 앞에서 일시정지하여 안전한지 확인한 후에 통과하여야 한다.

제25조의2(회전교차로 통행방법)
① **모든 차의 운전자는 회전교차로에서는 반시계방향으로 통행하여야 한다.**
② 모든 차의 운전자는 회전교차로에 진입하려는 경우에는 서행하거나 일시정지하여야 하며, 이미 진행하고 있는 다른 차가 있는 때에는 그 차에 진로를 양보하여야 한다.
③ 제1항 및 제2항에 따라 회전교차로 통행을 위하여 손이나 방향지시기 또는 등화로써 신호를 하는 차가 있는 경우 그 뒤차의 운전자는 신호를 한 앞차의 진행을 방해하여서는 아니 된다.

제26조(교통정리가 없는 교차로에서의 양보운전)
① 교통정리를 하고 있지 아니하는 교차로에 들어가려고 하는 차의 운전자는 이미 교차로에 들어가 있는 다른 차가 있을 때에는 그 차에 진로를 양보하여야 한다.
② 교통정리를 하고 있지 아니하는 교차로에 들어가려고 하는 차의 운전자는 그 차가 통행하고 있는 도로의 폭보다 교차하는 도로의 폭이 넓은 경우에는 서행하여야 하며, 폭이 넓은 도로로부터 교차로에 들어가려고 하는 다른 차가 있을 때에는 그 차에 진로를 양보하여야 한다.
③ **교통정리를 하고 있지 아니하는 교차로에 동시에 들어가려고 하는 차의 운전자는 우측(좌측×)도로의 차에 진로를 양보하여야 한다.**
④ 교통정리를 하고 있지 아니하는 교차로에서 좌회전하려고 하는 차의 운전자는 그 교차로에서 직진하거나 우회전하려는 다른 차가 있을 때에는 그 차에 진로를 양보하여야 한다.

5. 보행자 보호 의무, 운전자 주의사항

제27조(보행자의 보호)
① 모든 차 또는 노면전차의 운전자는 보행자(제13조의2 제6항에 따라 자전거등에서 내려서 자전거등을 끌거나 들고 통행하는 자전거등의 운전자를 포함한다)가 횡단보도를 통행하고 있거나 통행하려고 하는 때에는 보행자의 횡단을 방해하거나 위험을 주지 아니하도록 그 횡단보도 앞(정지선이 설치되어 있는 곳에서는 그 정지선을 말한다)에서 일시정지하여야 한다. ※ 우회전 횡단보도 주의의무
② 모든 차 또는 노면전차의 운전자는 제12조 제1항에 따른 어린이 보호구역 내에 설치된 횡단보도 중 신호기가 설치되지 아니한 횡단보도 앞(정지선이 설치된 경우에는 그 정지선을 말한다)에서는 보행자의 횡단 여부와 관계없이 일시정지하여야 한다.

제56조의2(자율주행자동차 운전자의 준수사항 등)
① 행정안전부령으로 정하는 완전 자율주행시스템에 해당하지 아니하는 자율주행시스템을 갖춘 자동차의 운전자는 자율주행시스템의 직접 운전 요구에 지체 없이 대응하여 조향장치, 제동장치 및 그 밖의 장치를 직접 조작하여 운전하여야 한다.
② 운전자가 자율주행시스템을 사용하여 운전하는 경우에는 제49조 제1항 제10호(휴대용 전화 사용 금지), 제11호(영상물 장치를 통한 영상 표시 금지) 및 제11호의2(영상표시장치 조작 금지)의 규정을 적용하지 아니한다.

6. 정치 및 주차 금지 장소 <16·17 채용, 20 승진, 17 경위>

(1) 주차와 정차의 정의

주차 (제2조 제24호)	운전자가 승객을 기다리거나 화물을 싣거나 차가 고장 나거나 그 밖의 사유로 차를 계속 정지 상태에 두는 것 또는 운전자가 차에서 떠나서 즉시 그 차를 운전할 수 없는 상태에 두는 것을 말한다.
정차 (제2조 제25호)	운전자가 5분을 초과하지 아니하고 차를 정지시키는 것으로서 주차 외의 정지 상태를 말한다.

(2) 정차 및 주차의 금지(제32조)

모든 차의 운전자는 다음 각 호의 어느 하나에 해당하는 곳에서는 차를 정차하거나 주차하여서는 아니 된다. 다만, 이 법이나 이 법에 따른 명령 또는 경찰공무원의 지시를 따르는 경우와 위험방지를 위하여 일시정지하는 경우에는 그러하지 아니하다.

1. 교차로·횡단보도·건널목이나 보도와 차도가 구분된 도로의 보도(「주차장법」에 따라 차도와 보도에 걸쳐서 설치된 노상주차장은 제외한다)
2. **교차로의 가장자리나 도로의 모퉁이로부터 5미터 이내인 곳**
3. **안전지대가 설치된 도로에서는 그 안전지대의 사방으로부터 각각 10미터 이내인 곳**
4. 버스여객자동차의 정류지임을 표시하는 기둥이나 표지판 또는 선이 설치된 곳으로부터 10미터 이내인 곳
5. **건널목의 가장자리 또는 횡단보도로부터 10미터 이내인 곳**
6. 소방시설(소방용수시설 또는 비상소화장치, 대통령령으로 정하는 소방시설) 설치장소로부터 5미터 이내인 곳
7. 시·도경찰청장이 도로에서의 위험을 방지하고 교통의 안전과 원활한 소통을 확보하기 위하여 필요하다고 인정하여 지정한 곳
8. 시장등이 지정한 어린이 보호구역

(3) 주차금지의 장소(제33조)

모든 차의 운전자는 다음 각 호의 어느 하나에 해당하는 곳에 차를 주차해서는 아니 된다.
1. 터널 안 및 다리 위
2. 다음 각 목의 곳으로부터 5미터 이내인 곳
   가. 도로공사를 하고 있는 경우에는 그 공사 구역의 양쪽 가장자리
   나. 다중이용업소의 영업장이 속한 건축물로 소방본부장의 요청에 의하여 시·도경찰청장이 지정한 곳
3. 시·도경찰청장이 도로에서의 위험을 방지하고 교통의 안전과 원활한 소통을 확보하기 위하여 필요하다고 인정하여 지정한 곳

2 자전거와 개인형 이동장치, 긴급자동차의 특례

1. 자전거와 개인형 이동장치의 통행방법과 운전자 준수사항 _(25 채용, 22 경채, 24 승진, 18 경위)

자전거등의 통행방법의 특례 (제13조의2)	① 자전거등의 운전자는 자전거도로(자전거만 통행할 수 있도록 설치된 전용차로를 포함한다)가 따로 있는 곳에서는 그 자전거도로로 통행하여야 한다.
	② **자전거등의 운전자는 자전거도로가 설치되지 아니한 곳에서는 도로 우측(좌측×) 가장자리에 붙어서 통행하여야 한다.**
	③ 자전거등의 운전자는 길가장자리구역(안전표지로 자전거등의 통행을 금지한 구간은 제외한다)을 통행할 수 있다. 이 경우 **자전거등의 운전자는 보행자의 통행에 방해가 될 때에는 서행하거나 일시정지하여야 한다.**
	④ 자전거등의 운전자는 제1항 및 제13조 제1항에도 불구하고 다음 각 호의 어느 하나에 해당하는 경우에는 보도를 통행할 수 있다. 이 경우 자전거등의 운전자는 보도 중앙으로부터 차도 쪽 또는 안전표지로 지정된 곳으로 서행하여야 하며, 보행자의 통행에 방해가 될 때에는 일시정지하여야 한다.
	  1. 어린이, 노인, 그 밖에 행정안전부령으로 정하는 신체장애인이 자전거를 운전하는 경우. 다만, 전기자전거의 원동기를 끄지 아니하고 운전하는 경우는 제외한다.
	  2. 안전표지로 자전거등의 통행이 허용된 경우
	  3. 도로의 파손, 도로공사나 그 밖의 장애 등으로 도로를 통행할 수 없는 경우
	⑤ 자전거등의 운전자는 안전표지로 통행이 허용된 경우를 제외하고는 **2대 이상이 나란히 차도를 통행하여서는 아니 된다.**
	⑥ 자전거등의 운전자가 **횡단보도를 이용하여 도로를 횡단할 때에는 자전거등에서 내려서 자전거등을 끌거나 들고 보행하여야 한다.**

자전거 횡단도의 설치 등 (제15조의2)	① 시·도경찰청장은 도로를 횡단하는 자전거 운전자의 안전을 위하여 행정안전부령으로 정하는 기준에 따라 자전거횡단도를 설치할 수 있다. ② 자전거등의 운전자가 자전거등을 타고 자전거횡단도가 따로 있는 도로를 횡단할 때에는 자전거횡단도를 이용하여야 한다. ③ 차마의 운전자는 자전거등이 자전거횡단도를 통행하고 있을 때에는 자전거등의 횡단을 방해하거나 위험하게 하지 아니하도록 그 자전거횡단도 앞(정지선이 설치되어 있는 곳에서는 그 정지선을 말한다)에서 일시정지하여야 한다.
앞지르기 방법 등 (제21조)	① 모든 차의 운전자는 다른 차를 앞지르려면 앞차의 좌측으로 통행하여야 한다. ② **자전거등의 운전자는 서행하거나 정지한 다른 차를 앞지르려면 제1항에도 불구하고 앞차의 우측으로 통행할 수 있다.** 이 경우 자전거등의 운전자는 정지한 차에서 승차하거나 하차하는 사람의 안전에 유의하여 서행하거나 필요한 경우 일시정지하여야 한다.
교차로 통행방법 (제25조)	① 모든 차의 운전자는 교차로에서 좌회전을 하려는 경우에는 미리 도로의 중앙선을 따라 서행하면서 교차로의 중심 안쪽을 이용하여 좌회전하여야 한다. 다만, 시·도경찰청장이 교차로의 상황에 따라 특히 필요하다고 인정하여 지정한 곳에서는 교차로의 중심 바깥쪽을 통과할 수 있다(제2항). ② 위의 내용에도 불구하고 자전거등의 운전자는 교차로에서 좌회전하려는 경우에는 미리 도로의 우측 가장자리로 붙어 서행하면서 교차로의 가장자리 부분을 이용하여 좌회전하여야 한다(제3항).

술에 취한 상태에서의 운전 금지와 벌칙	① 누구든지 술에 취한 상태에서 자동차등, 노면전차 또는 자전거를 운전하여서는 아니 된다(제44조 술에 취한 상태에서의 운전금지 제1항). ② 벌칙(제156조 제11호, 제12호, 제12의2호) 제44조 제1항을 위반하여 술에 취한 상태에서 자전거등을 운전한 사람(제11호), 술에 취한 상태에 있다고 인정할 만한 상당한 이유가 있는 사람으로서 제44조 제2항에 따른 경찰공무원의 측정에 응하지 아니한 사람(자전거등을 운전한 사람으로 한정한다), 술에 취한 상태에 있다고 인정할 만한 상당한 이유가 있는 사람으로서 제44조 제5항을 위반하여 자전거등을 운전한 후 음주측정방해행위를 한 사람은 20만원 이하의 벌금이나 구류 또는 과료(科料)에 처한다. ③ 통고처분(도로교통법 제162조, 시행령 제93조 제1항 및 별표8) **술에 취한 상태에서의 자전거등을 운전한 범칙자에게 개인형 이동장치는 10만원의 범칙금, 자전거는 3만원의 범칙금**(제64의2호)을 통고할 수 있고, 경찰공무원의 호흡조사 측정에 불응한 자전거등 운전자에게 **개인형 이동장치는 13만원의 범칙금, 자전거는 10만원의 범칙금을 통고할 수 있다**(제64조의3호).
사례	A와 B는 친구 사이로 동시에 1종 보통운전면허 시험에 합격하여 면허를 발급받았다. 둘은 축하하기 위하여 알코올을 섭취 후 A는 도로교통법에서 정의하는 개인형 이동장치인 전동킥보드를, B는 전동기를 장착하지 않은 일반 자전거를 타고 도로교통법상 도로에 해당하는 골목길을 운전하여 주행하던 중 교통경찰관에게 단속되었다. 음주측정 결과 A는 혈중알코올 농도 0.09%, B는 혈중알코올 농도 0.1%로 각각 측정되었다.
특정 운전자의 준수사항 (제50조)	① 자전거등의 운전자는 자전거도로 및 「도로법」에 따른 도로를 운전할 때에는 행정안전부령으로 정하는 인명보호 장구를 착용하여야 하며, 동승자에게도 이를 착용하도록 하여야 한다(제4항). ② 자전거등의 운전자는 약물의 영향과 그 밖의 사유로 정상적으로 운전하지 못할 우려가 있는 상태에서 자전거등을 운전하여서는 아니 된다(제8항). ③ 자전거등의 운전자는 밤에 도로를 통행하는 때에는 전조등과 미등을 켜거나 야광띠 등 발광장치를 착용하여야 한다(제9항). ④ **개인형 이동장치의 운전자는 행정안전부령(대통령령×)으로 정하는 승차정원을 초과하여 동승자를 태우고 개인형 이동장치를 운전하여서는 아니 된다**(제10항).
운전면허	개인형 이동장치는 원동기장치자전거에 해당하고, 원동기장치자전거 면허의 경우 16세 미만은 운전면허 결격사유이다.

2. 긴급자동차

(1) 긴급자동차의 개념

① "긴급자동차"란 소방차, 구급차, 혈액 공급차량, 그 밖에 대통령령으로 정하는 자동차로서 그 본래의 긴급한 용도로 사용되고 있는 자동차를 말한다(제2조 정의 제22호).

② 긴급자동차로 지정되었더라도 그 본래의 긴급한 용도로 사용되고 있는 중일 때에만 도로교통법상의 특례를 인정한다. 진화작업 후 소방관서로 되돌아가는 소방차나 긴급수송이 끝난 구급차는 긴급자동차의 우선권과 특례를 갖지 못한다.

(2) 긴급자동차의 종류

법정 긴급자동차 (시행령 제2조 제1항 본문)	① 소방차, 구급차, 혈액 공급차량, 그 밖에 대통령령으로 정하는 자동차 ② "대통령령으로 정하는 자동차"란 긴급한 용도로 사용되는 다음 각 호의 어느 하나에 해당하는 자동차를 말한다. 　1. **경찰용 자동차 중 범죄수사, 교통단속, 그 밖의 긴급한 경찰업무 수행에 사용되는 자동차** 　2. 국군 및 주한 국제연합군용 자동차 중 군 내부의 질서 유지나 부대의 질서 있는 이동을 유도(誘導)하는 데 사용되는 자동차 　3. 수사기관의 자동차 중 범죄수사를 위하여 사용되는 자동차 　4. 다음 각 목의 어느 하나에 해당하는 시설 또는 기관의 자동차 중 도주자의 체포 또는 수용자, 보호관찰 대상자의 호송·경비를 위하여 사용되는 자동차 　　가. 교도소·소년교도소 또는 구치소 　　나. 소년원 또는 소년분류심사원 　　다. 보호관찰소 　5. 국내외 요인(要人)에 대한 경호업무 수행에 공무(公務)로 사용되는 자동차
지정 긴급자동차 (시행령 제2조 제1항 단서)	다만, 제6호부터 제11호까지의 자동차는 이를 사용하는 사람 또는 기관 등의 신청에 의하여 시·도경찰청장이 지정하는 경우로 한정한다. 　6. 전기사업, 가스사업, 그 밖의 공익사업을 하는 기관에서 위험 방지를 위한 응급작업에 사용되는 자동차 　7. 민방위업무를 수행하는 기관에서 긴급예방 또는 복구를 위한 출동에 사용되는 자동차 　8. 도로관리를 위하여 사용되는 자동차 중 도로상의 위험을 방지하기 위한 응급작업에 사용되거나 운행이 제한되는 자동차를 단속하기 위하여 사용되는 자동차 　9. 전신·전화의 수리공사 등 응급작업에 사용되는 자동차 　10. 긴급한 우편물의 운송에 사용되는 자동차 　11. 전파감시업무에 사용되는 자동차
긴급자동차에 준하는 자동차 (시행령 제2조 제2항)	② 제1항 각 호에 따른 자동차 외에 다음 각 호의 어느 하나에 해당하는 자동차는 긴급자동차로 본다. 　1. 제1항 제1호에 따른 경찰용 긴급자동차에 의하여 유도되고 있는 자동차 　2. 제1항 제2호에 따른 국군 및 주한 국제연합군용의 긴급자동차에 의하여 유도되고 있는 국군 및 주한 국제연합군의 자동차 　3. 생명이 위급한 환자 또는 부상자나 수혈을 위한 혈액을 운송 중인 자동차

(3) 긴급자동차의 우선통행과 특례

긴급자동차의 우선 통행 (제29조)	① 긴급자동차는 제13조 제3항(※ 도로의 우측 통행 원칙)의 규정에 불구하고 긴급하고 부득이한 경우에는 **도로의 중앙이나 좌측부분을 통행할 수 있다.** ② 긴급자동차는 이 법이나 이 법에 따른 명령에 따라 정지하여야 하는 경우에도 불구하고 긴급하고 부득이한 경우에는 정지하지 아니할 수 있다. ③ 긴급자동차의 운전자는 제1항 또는 제2항의 경우에 교통의 안전에 특히 주의하면서 통행하여야 한다. ④ 교차로나 그 부근에서 긴급자동차가 접근하는 경우에는 차마와 노면전차의 운전자는 교차로를 피하여 일시정지하여야 한다. ※ 교차로에서의 우선 통행 ⑤ 모든 차와 노면 전차의 운전자는 제4항에 따른 곳 외의 곳에서 긴급자동차가 접근한 경우에는 긴급자동차가 우선통행할 수 있도록 진로를 양보하여야 한다.

긴급자동차의 우선 통행 (제29조)	⑥ 제2조 제22호 각 목의 자동차 운전자는 해당 자동차를 그 본래의 긴급한 용도로 운행하지 아니하는 경우에는 「자동차관리법」에 따라 설치된 경광등을 켜거나 사이렌을 작동하여서는 아니 된다. 다만, 대통령령으로 정하는 바에 따라 범죄 및 화재 예방 등을 위한 순찰·훈련 등을 실시하는 경우에는 그러하지 아니하다.
긴급자동차에 관한 특례 (제30조)	긴급자동차에 대하여는 다음 각 호의 사항을 적용하지 아니한다. 다만, 제4호부터 제12호까지의 사항은 긴급자동차 중 제2조 제22호 가목부터 다목까지의 자동차와 대통령령으로 정하는 경찰용 자동차에 대해서만 적용하지 아니한다. 1. 제17조에 따른 자동차등의 속도 제한. 다만, 제17조에 따라 긴급자동차에 대하여 속도를 제한한 경우에는 같은 조의 규정을 적용한다. 2. 제22조에 따른 앞지르기의 금지(※ 시기 및 장소) 3. 제23조에 따른 끼어들기의 금지 4. 제5조에 따른 신호위반 5. 제13조 제1항에 따른 보도침범 6. 제13조 제3항에 따른 중앙선 침범 7. 제18조에 따른 횡단 등의 금지 8. 제19조에 따른 안전거리 확보 등 9. 제21조 제1항에 따른 앞지르기 방법 등 10. 제32조에 따른 정차 및 주차의 금지 11. 제33조에 따른 주차금지 12. 제66조에 따른 고장 등의 조치
제158조의2 (형의 감면)	긴급자동차(제2조 제22호 가목부터 다목까지의 자동차와 대통령령으로 정하는 경찰용 자동차만 해당한다)의 운전자가 그 차를 본래의 긴급한 용도로 운행하는 중에 교통사고를 일으킨 경우에는 그 긴급활동의 시급성과 불가피성 등 정상을 참작하여 제151조 또는 「교통사고처리 특례법」 제3조 제1항 또는 「특정범죄 가중처벌 등에 관한 법률」 제5조의13에 따른 형을 감경하거나 면제할 수 있다.

제3절 운전자의 의무와 단속

1 무면허운전 등의 금지

1. 금지 규정과 벌칙

① 무면허운전 등의 금지(제43조)
누구든지 제80조에 따라 시·도경찰청장으로부터 운전면허를 받지 아니하거나 운전면허의 효력이 정지된 경우에는 자동차등을 운전하여서는 아니 된다.

② 제43조를 위반하여 제80조에 따른 운전면허(원동기장치자전거면허는 제외한다. 이하 이 조에서 같다)를 받지 아니하거나(운전면허의 효력이 정지된 경우를 포함한다) 또는 제96조에 따른 국제운전면허증 또는 상호인정외국면허증을 받지 아니하고(운전이 금지된 경우와 유효기간이 지난 경우를 포함한다) 자동차를 운전한 사람은 1년 이하의 징역이나 300만원 이하의 벌금에 처한다(제152조 제1호).

③ 무면허로 원동기장치자전거를 운전한 사람(다만, 개인형 이동장치를 운전하는 경우는 제외한다)은 30만원 이하의 벌금이나 구류에 처한다.(제154조 제2호)
④ 무면허로 개인형 이동장치를 운전한 사람은 20만원 이하의 벌금이나 구류 또는 과료(科料)에 처한다.(제156조 제13호)

2. 무면허 관련 판례

(1) 도로의 전제성

[1] 도로교통법상 도로가 아닌 곳에서 운전면허 없이 운전한 경우에는 무면허운전에 해당하지 않는다. 따라서 운전면허 없이 자동차 등을 운전한 곳이 위와 같이 일반교통경찰권이 미치는 공공성이 있는 장소가 아니라 특정인이나 그와 관련된 용건이 있는 사람만 사용할 수 있고 자체적으로 관리되는 곳이라면 도로교통법에서 정한 '도로에서 운전'한 것이 아니므로 무면허운전으로 처벌할 수 없다.

[2] 피고인이 자동차운전면허를 받지 않고 아파트 단지 안에 있는 지하주차장 약 50m 구간에서 승용차를 운전하여 도로교통법 위반(무면허운전)으로 기소된 사안에서, 도로교통법 제2조 제1호에서 정한 도로에 해당하는지가 불분명하여 피고인의 자동차 운전행위가 도로교통법에서 금지하는 무면허운전에 해당하지 않는다고 볼 여지가 있다고 한 사례(대법원 2017.12.28. 2017도17762)

(2) 무면허운전으로 인한 도로교통법위반죄의 죄수

[1] 무면허운전으로 인한 도로교통법 위반죄는 운전한 날마다 무면허운전으로 인한 도로교통법 위반의 1죄가 성립하는지 여부(원칙적 적극)

무면허운전으로 인한 도로교통법 위반죄에 관해서는 어느 날에 운전을 시작하여 다음 날까지 동일한 기회에 일련의 과정에서 계속 운전을 한 경우 등 특별한 경우를 제외하고는 사회통념상 운전한 날을 기준으로 운전한 날마다 1개의 운전행위가 있다고 보는 것이 상당하므로 운전한 날마다 무면허운전으로 인한 도로교통법 위반의 1죄가 성립한다고 보아야 한다.

[2] 같은 날 무면허운전 행위를 여러 차례 반복한 경우, 각 무면허운전 행위를 통틀어 포괄일죄로 처단하여야 하는지 여부(원칙적 적극)

한편 같은 날 무면허운전 행위를 여러 차례 반복한 경우라도 그 범의의 단일성 내지 계속성이 인정되지 않거나 범행 방법 등이 동일하지 않은 경우 각 무면허운전 범행은 실체적 경합 관계에 있다고 볼 수 있으나, 그와 같은 특별한 사정이 없다면 각 무면허운전 행위는 동일 죄명에 해당하는 수 개의 동종 행위가 동일한 의사에 의하여 반복되거나 접속·연속하여 행하여진 것으로 봄이 상당하고 그로 인한 피해법익도 동일한 이상, 각 무면허운전 행위를 통틀어 포괄일죄로 처단하여야 한다(대법원 2022.10.27. 2022도8806).

2 음주운전, 약물 등 운전의 금지

1. 금지 규정과 벌칙 (22·25 채용, 19·20·21 승진, 18 경위)

(1) 술에 취한 상태에서의 운전금지(제44조 제1항, 제4항)

음주운전 금지	① 누구든지 술에 취한 상태에서 자동차등(「건설기계관리법」 제26조 제1항 단서에 따른 건설기계 외의 건설기계를 포함한다. 이하 이 조, 제45조, 제47조, 제93조 제1항 제1호부터 제4호까지 및 제148조의2에서 같다), 노면전차 또는 자전거를 운전하여서는 아니 된다(제1항). ② 제1항에 따라 운전이 금지되는 술에 취한 상태의 기준은 운전자의 혈중알코올농도가 0.03퍼센트 이상인 경우로 한다(제4항).
자동차등	① 자동차등에는 원동기장치자전거와 모든 건설기계가 포함된다. 　음주운전 금지(제44조)뿐만 아니라 과로 등 운전 금지(제45조), 제47조(위험방지를 위한 조치), 제93조 제1항 제1호부터 제4호(음주운전 또는 약물 운전으로 인한 운전면허의 취소·정지)까지 및 제148조의2(음주운전 또는 약물 운전으로 인한 벌칙)에서 자동차등의 개념에 모든 건설기계가 포함된다. ② 경운기, 우마, 수레는 음주운전 금지 범위에서 제외된다.
사례	① 혈중알코올농도 0.07퍼센트인 상태에서 덤프트럭을 운전하는 경우 - 음주운전죄로 처벌 ② 혈중알코올농도 0.14퍼센트인 상태에서 건설기계인 포클레인을 운전하는 경우 - 음주운전죄로 처벌 ③ 혈중알코올농도 0.10퍼센트인 상태에서 49cc 원동기장치자전거를 운전하는 경우 - 음주운전죄로 처벌 ④ 혈중알코올농도 0.12퍼센트인 상태에서 경운기를 운전하는 경우 - 음주운전죄로 처벌하지 않음

(2) 음주운전죄(제44조 제1항, 제148조의2 제3항)

① 제44조 제1항을 위반하여 술에 취한 상태에서 자동차등(개인형 이동장치를 운전한 경우는 제외한다) 또는 노면전차를 운전한 사람은 벌칙의 구분에 따라 처벌한다.

혈중 알코올 농도	형벌	행정처분 기준
0.2퍼센트 이상	2년 이상 5년 이하의 징역이나 1천만원 이상 2천만원 이하의 벌금	운전면허 취소
0.08퍼센트 이상 0.2퍼센트 미만	1년 이상 2년 이하의 징역이나 500만원 이상 1천만원 이하의 벌금	
0.03퍼센트 이상 0.08퍼센트 미만	1년 이하의 징역이나 500만원 이하의 벌금	운전면허 정지

② 운전면허, 「도로교통법」상 도로

면허	운전면허 유무를 불문한다. 즉, 면허는 요건이 아니다.
도로 요건	① 음주운전이 형사처벌과 관련되면 도로는 요건이 아니다. ② 행정처분(운전면허 취소와 정지 등)과 관련되면 도로 요건이 필요하다. ③ 도로 아닌 곳(예 아파트 주차장, 대학 구내, 경찰서 후정)에서의 음주운전에 대해서 형사처벌만 가능하고 운전면허 행정처분은 할 수 없다.

(3) 음주측정 의무(제44조 제2항)

① 경찰공무원은 교통의 안전과 위험방지를 위하여 필요하다고 인정하거나 제1항을 위반하여 술에 취한 상태에서 자동차등, 노면전차 또는 자전거를 운전하였다고 인정할 만한 상당한 이유가 있는 경우에는 운전자가 술에 취하였는지를 호흡조사로 측정할 수 있다(제2항 전단).
② 이 경우 운전자는 경찰공무원의 측정에 응하여야 한다(제2항 후단).
③ 음주측정 결과에 불복하는 운전자에 대하여는 그 운전자의 동의를 받아 혈액 채취 등의 방법으로 다시 측정할 수 있다(제3항).

(4) 음주측정 불응죄(제44조 제2항, 제148조의2 제2항)

① 술에 취한 상태에 있다고 인정할 만한 상당한 이유가 있는 사람으로서 제44조 제2항에 따른 경찰공무원의 측정에 응하지 아니하는 사람(자동차등 또는 노면전차를 운전한 경우로 한정한다)은 **1년 이상 5년 이하의 징역이나 500만원 이상 2천만원 이하의 벌금에 처한다.**
② 주체: 술에 취한 상태에 있다고 인정할 만한 상당한 이유가 있는 사람
③ 행위: 제44조 제2항에 따른 경찰공무원의 측정에 응하지 아니하는 행위

(5) 음주측정방해행위(제44조 제5항, 제148조의2 제2항)와 벌칙

① 술에 취한 상태에 있다고 인정할 만한 상당한 이유가 있는 사람은 자동차등, 노면전차 또는 자전거를 운전한 후 제2항 또는 제3항에 따른 측정을 곤란하게 할 목적으로 추가로 술을 마시거나 혈중알코올농도에 영향을 줄 수 있는 의약품 등 행정안전부령으로 정하는 물품을 사용하는 행위(이하 "음주측정방해행위"라 한다. 이하 같다)를 하여서는 아니 된다.
② 술에 취한 상태에 있다고 인정할 만한 상당한 이유가 있는 사람으로서 제44조 제5항을 위반하여 자동차등 또는 노면전차를 운전한 후 음주측정방해행위를 한 사람은 1년 이상 5년 이하의 징역이나 500만원 이상 2천만원 이하의 벌금에 처한다.

(6) 음주운전 가중처벌 규정(제148조의2 제1항)

제44조 제1항, 제2항 또는 제5항을 위반(자동차등 또는 노면전차를 운전한 경우로 한정한다. 다만, 개인형 이동장치를 운전한 경우는 제외한다. 이하 이 조에서 같다)하여 벌금 이상의 형을 선고받고 그 형이 확정된 날부터 10년 내에 다시 같은 조 제1항, 제2항 또는 제5항을 위반한 사람(형이 실효된 사람도 포함한다)은 다음 각 호의 구분에 따라 처벌한다.

두 번째 위반 사유	형벌	비고
음주측정불응 (제44조 제2항 또는 제5항)	1년 이상 6년 이하의 징역이나 500만원 이상 3천만원 이하의 벌금	음주측정 불응 1년 이상 5년 이하, 500만원 이상 2천만원 이하
음주운전(제44조 제1항) 0.2퍼센트 이상	2년 이상 6년 이하의 징역이나 1천만원 이상 3천만원 이하의 벌금	음주운전(0.2퍼센트) 2년 이상 5년 이하, 1천만원 이상 2천만원 이하
음주운전(제44조 제1항) 0.03퍼센트 이상 0.2퍼센트 미만	1년 이상 5년 이하의 징역이나 500만원 이상 2천만원 이하의 벌금	음주측정 불응과 동일

(7) 약물 등 운전금지(제45조 과로한 때 등의 운전금지, 제148조의2 제4항)

① 구성요건

자동차등(모든 건설기계를 포함하되, 개인형 이동장치는 제외한다)의 운전자는 제44조에 따른 술에 취한 상태 외에 과로, 질병 또는 약물(마약, 대마 및 향정신성의약품과 그 밖에 행정안전부령으로 정하는 것을 말한다)의 영향과 그 밖의 사유로 정상적으로 운전하지 못할 우려가 있는 상태에서 자동차등을 운전하여서는 아니 된다(제45조).

② 약물운전 벌칙

제45조를 위반하여 약물로 인하여 정상적으로 운전하지 못할 우려가 있는 상태에서 자동차등 또는 노면전차를 운전한 사람은 **3년 이하의 징역이나 1천만원 이하의 벌금에 처한다**(제148조의2 제4항).

③ 과로·질병 운전 벌칙

제45조를 위반하여 과로·질병으로 인하여 정상적으로 운전하지 못할 우려가 있는 상태에서 자동차등 또는 노면전차를 운전한 사람(다만, 개인형 이동장치를 운전하는 경우는 제외한다)은 30만원 이하의 벌금이나 구류에 처한다.

④ 약물로 인하여 정상적으로 운전하지 못할 우려가 있는 상태의 의미

필로폰을 투약한 상태에서 운전하였다고 하여 바로 처벌할 수 있는 것은 아니고 그로 인하여 정상적으로 운전하지 못할 우려가 있는 상태에서 자동차 등을 운전한 경우에만 처벌할 수 있다고 보아야 하나, 위 법 위반죄는 이른바 **위태범으로서 약물 등의 영향으로 인하여 '정상적으로 운전하지 못할 우려가 있는 상태'에서 운전을 하면 바로 성립하고, 현실적으로 '정상적으로 운전하지 못할 상태'에 이르러야만 하는 것은 아니다**(대법원 2010.12.23. 2010도11272).

※ 피고인이 필로폰 약 0.03g을 커피에 타 마신 후 그 영향으로 정상적으로 운전하지 못할 우려가 있는 상태에서 자동차를 1km 가량 운전한 사실관계

⑤ 「특정범죄 가중처벌 등에 관한 법률」제5조의11(위험운전 등 치사상)

음주 또는 약물의 영향으로 정상적인 운전이 곤란한 상태에서 자동차등을 운전하여 사람을 상해에 이르게 한 사람은 1년 이상 15년 이하의 징역 또는 1천만원 이상 3천만원 이하의 벌금에 처하고, 사망에 이르게 한 사람은 무기 또는 3년 이상의 징역에 처한다.

2. 단속의 근거와 방법 〈22 경위〉

(1) 위험방지를 위한 조치(제47조)

① 일시정지 및 운전면허증 제시 요구(제1항)

경찰공무원은 자동차등 또는 노면전차의 운전자가 제43조부터 제45조까지의 규정(무면허운전 금지, 음주운전 금지, 과로 등 운전 금지)을 위반하여 자동차등 또는 노면전차를 운전하고 있다고 인정되는 경우에는 자동차등 또는 노면전차를 일시정지시키고 그 운전자에게 자동차 운전면허증을 제시할 것을 요구할 수 있다.

② 운전 금지명령, 이동조치 등(제2항)

경찰공무원은 제44조 및 제45조를 위반하여 자동차등 또는 노면전차를 운전하는 사람이나 제44조를 위반하여 자전거등을 운전하는 사람에 대하여는 정상적으로 운전할 수 있는 상태가 될 때까지 운전의 금지를 명하고 차를 이동시키는 등 필요한 조치를 할 수 있다.

(2) 음주운전 단속의 근거

① 음주 측정의 방법, 절차 등 필요한 사항은 행정안전부령으로 정한다(도로교통법 제44조 제5항).
② 법 제44조 제2항 및 제3항에 따른 술에 취한 상태의 측정 방법은 다음 각 호와 같다(도로교통법 시행규칙 제27조의2 제1항).
  1. **호흡조사**: 호흡을 채취하여 술에 취한 정도를 객관적으로 환산하는 측정 방법
  2. **혈액 채취**: 혈액을 채취하여 술에 취한 정도를 객관적으로 환산하는 측정 방법
③ 호흡조사로 측정하는 경우 다음 각 목의 절차를 따를 것(도로교통법 시행규칙 제27조의2 제2항 제1호)
  가. 경찰공무원이 교통의 안전과 위험방지를 위하여 필요하다고 인정하는 경우나 운전자의 외관, 언행, 태도, 운전 행태 등 객관적 사정을 종합하여 운전자가 술에 취한 상태에서 운전한 것으로 의심되는 경우에 실시할 것
  나. 입 안의 잔류 알코올을 헹궈낼 수 있도록 운전자에게 음용수를 제공할 것
④ 혈액 채취로 측정하는 경우 다음 각 목의 절차를 따를 것(도로교통법 시행규칙 제27조의2 제2항 제2호)
  가. 운전자가 처음부터 혈액 채취로 측정을 요구하거나 호흡조사로 측정한 결과에 불복하면서 혈액 채취로의 측정에 동의하는 경우 또는 운전자가 의식이 없는 등 호흡조사로 측정이 불가능한 경우에 실시할 것
  나. 가까운 병원 또는 의원 등의 의료기관에서 비알콜성 소독약을 사용하여 채혈할 것
⑤ 제1항 및 제2항에서 규정한 사항 외에 술에 취한 상태의 측정 방법 및 절차 등에 관하여 필요한 사항은 경찰청장이 정한다(도로교통법 시행규칙 제27조의2 제3항).

(3) 음주운전 단속의 방법과 절차(교통단속 처리지침)

① 주취운전자를 단속하는 때에는 3인 이상의 경찰관이 합동으로 단속하되 경위 이상의 경찰관이 현장에서 함께 근무하며 감독한다. 다만, 근무여건상 단속인력을 확보하기 곤란한 경우에는 외근요원 2인이 단속할 수 있다(제29조 제1항).
② 단속경찰관은 자동차등의 운전자가 음주감지기에 의하여 음주한 것으로 감지되는 등 주취운전이 의심스러울 때에는 음주측정기기 또는 채혈에 의한 방법을 이용하여 주취여부를 측정한다(제30조 음주측정 요령 제1항).
③ 단속경찰관이 제1항에 따라 주취운전 의심자를 호흡측정하는 때에는 피측정자의 입안의 잔류 알콜을 헹궈낼 수 있도록 음용수 200ml을 제공한다(제30조 음주측정 요령 제2항).
④ **음주측정 1회당 1개의 음주측정용 불대(Mouth Piece)를 사용한다**(제30조 음주측정 요령 제3항).
⑤ 주취운전이 의심되는 자가 다음 각 호와 같이 음주측정에 불응하는 경우에는 음주측정거부자로 처리한다(제31조 음주측정 후속조치 제5항).
  1. 명시적 의사표시로 음주측정에 불응하는 때
  2. 현장을 이탈하려 하거나 음주측정을 거부하는 행동을 하는 때
  3. 명시적인 의사표시를 하지 않으면서 경찰관이 음주측정 불응에 따른 불이익을 5분 간격으로 3회 이상 고지(최초 측정요구시로부터 15분 경과)했음에도 계속 음주측정에 응하지 않은 때
⑥ **물로 입 안을 헹굴 기회를 달라는 피고인의 요구를 무시**한 채 호흡측정기로 측정한 혈중알코올농도 수치가 0.05%로 나타난 사안에서, 피고인이 당시 혈중알코올 농도 0.05% 이상의 술에 취한 상태에서 운전하였다고 단정할 수 없다(대법원 2006.11.23. 2005도7034).

3. 음주운전 관련 판례 <16·18·20·22·23 채용, 21·24 승진>

(1) 음주측정

영장주의 적용 부정	「도로교통법」에 규정된 음주측정은 성질상 강제될 수 있는 것이 아니며 궁극적으로 당사자의 자발적인 협조가 필수적인 것이므로 이를 두고 법관의 영장을 필요로 하는 강제처분이라 할 수 없다. 따라서 주취운전의 혐의자에게 영장 없는 음주측정에 응할 의무를 지우고 이에 불응한 사람을 처벌한다고 하더라도 영장주의에 위배되지 아니한다(헌재 1997.3.27. 96헌가11).
음주감지기 음주반응	호흡측정기에 의한 음주측정을 요구하기 전에 사용되는 음주감지기 시험에서 음주반응이 나왔다고 할지라도 현재 사용되는 음주감지기가 혈중알코올농도 0.02%인 상태에서부터 반응하게 되어 있는 점을 감안하면 그것만으로 바로 운전자가 혈중알코올농도 0.05% 이상의 술에 취한 상태에 있다고 인정할 만한 상당한 이유가 있다고 볼 수는 없고, 거기에다가 운전자의 외관·태도·운전행태 등의 객관적 사정을 종합하여 술에 취한 상태에 있다고 인정할 만한 상당한 이유가 있는지 여부를 판단하여야 한다(대법원 2003.1.24. 2002도6632).
위드마크 공식	① 위드마크 공식은 운전자가 음주한 상태에서 운전한 사실이 있는지에 대한 경험법칙에 의한 증거수집 방법에 불과하므로, 경찰공무원에게 위드마크 공식의 존재 및 나아가 호흡측정에 의한 혈중알코올농도가 음주운전 처벌기준 수치에 미달하였더라도 위드마크 공식에 의한 역추산 방식에 의하여 운전 당시의 혈중알코올농도를 산출할 경우 그 결과가 음주운전 처벌기준 수치 이상이 될 가능성이 있다는 취지를 운전자에게 미리 고지하여야 할 의무가 없다(대법원 2017.9.21. 2017도661). ② 사후 음주측정기에 의한 측정결과를 토대로 위드마크 공식에 의하여 역추산한 혈중알코올농도가 처벌기준치를 근소하게 상회하더라도 운전 당시 처벌기준치를 초과한 음주운전이 있었던 것으로 단정할 수 없다고 한 사례(대법원 2003.4.25. 2002도6762) ③ 위드마크 공식은 음주운전 혈중알코올 농도 추산 시 시간당 감소치를 피의자에게 가장 유리한 수치인 0.008%/h를 적용하여 사건을 처리하는 방법을 말한다.
혈액채취에 의한 측정	① [1] 도로교통법 제41조 제2항, 제3항의 해석상, 운전자의 신체 이상 등의 사유로 호흡측정기에 의한 측정이 불가능 내지 심히 곤란하거나 운전자가 처음부터 호흡측정기에 의한 측정의 방법을 불신하면서 혈액채취에 의한 측정을 요구하는 경우 등에는 호흡측정기에 의한 측정의 절차를 생략하고 바로 혈액채취에 의한 측정으로 나아가야 할 것이고, 이와 같은 경우라면 호흡측정기에 의한 측정에 불응한 행위를 음주측정불응으로 볼 수 없다. [2] 특별한 이유 없이 호흡측정기에 의한 측정에 불응하는 운전자에게 경찰공무원이 혈액채취에 의한 측정방법이 있음을 고지하고 그 선택 여부를 물어야 할 의무가 있다고는 할 수 없다(대법원 2002.10.25. 2002도4220). ② [1] 구 도로교통법 제44조 제2항, 제3항은 음주운전 혐의가 있는 운전자에게 수사를 위한 호흡측정에도 응할 것을 간접적으로 강제하는 한편 혈액 채취 등의 방법에 의한 재측정을 통하여 호흡측정의 오류로 인한 불이익을 구제받을 수 있는 기회를 보장하는 데 취지가 있으므로, 이 규정들이 음주운전에 대한 수사방법으로서의 혈액 채취에 의한 측정의 방법을 운전자가 호흡측정 결과에 불복하는 경우에만 한정하여 허용하려는 취지의 규정이라고 해석할 수는 없다. [2] 따라서 경찰관이 음주운전 혐의를 제대로 밝히기 위하여 운전자의 자발적인 동의를 얻어 혈액 채취에 의한 측정의 방법으로 다시 음주측정을 하는 것을 위법하다고 볼 수는 없다. 이 경우 운전자가 일단 호흡측정에 응한 이상 재차 음주측정에 응할 의무까지 당연히 있다고 할 수는 없으므로, 운전자의 혈액 채취에 대한 동의의 임의성을 담보하기 위하여는 경찰관이 미리 운전자에게 혈액 채취를 거부할 수 있음을 알려주었거나 운전자가 언제든지 자유로이 혈액 채취에 응하지 아니할 수 있었음이 인정되는 등 운전자의 자발적인 의사에 의하여 혈액 채취가 이루어졌다는 것이 객관적인 사정에 의하여 명백한 경우에 한하여 혈액 채취에 의한 측정의 적법성이 인정된다(대법원 2015.7.9. 2014도16051).

혈액채취에 의한 측정	③ 경찰관이 음주운전 단속시 운전자의 요구에 따라 곧바로 채혈을 실시하지 않은 채 호흡측정기에 의한 음주측정을 하고 1시간 12분이 경과한 후에야 채혈을 하였다는 사정만으로는 위 행위가 법령에 위배된다거나 객관적 정당성을 상실하여 운전자가 음주운전 단속과정에서 받을 수 있는 권익이 현저하게 침해되었다고 단정하기 어렵다고 본 사례(대법원 2008.4.24. 2006다32132) ④ [1] 음주운전과 관련한 도로교통법 위반죄의 범죄수사를 위하여 미성년자인 피의자의 혈액 채취가 필요한 경우에도 피의자에게 의사능력이 있다면 피의자 본인만이 혈액채취에 관한 유효한 동의를 할 수 있고, **피의자에게 의사능력이 없는 경우에도 명문의 규정이 없는 이상 법정대리인이 피의자를 대리하여 동의할 수는 없다**. [2] 「형사소송법」규정에 위반하여 수사기관이 법원으로부터 영장 또는 감정처분허가장을 발부받지 아니한 채 피의자의 동의 없이 피의자의 신체로부터 혈액을 채취하고 더구나 **사후적으로도 지체 없이 이에 대한 영장을 발부받지도 아니하고서 그 강제채혈한 피의자의 혈액 중 알코올농도에 관한 감정결과보고서 등은 피고인이나 변호인의 증거동의가 있다고 하더라도 유죄의 증거로 사용할 수 없다**(대법원 2014.11.13. 2013도1228).

(2) 음주측정 불응죄

음주측정 불응 인정	① 경찰공무원이 운전자에게 음주 여부를 확인하기 위하여 음주측정기에 의한 측정의 전 단계에 실시되는 음주감지기에 의한 시험을 요구하는 경우 그 시험 결과에 따라 음주측정기에 의한 측정이 예정되어 있고, 운전자가 그러한 사정을 인식하였음에도 음주감지기에 의한 시험에 불응함으로써 음주측정을 거부하겠다는 의사를 표명한 것으로 볼 수 있다면, **음주감지기에 의한 시험을 거부한 행위도 음주측정기에 의한 측정에 응할 의사가 없음을 객관적으로 명백하게 나타낸 것으로 볼 수 있다**(대법원 2017.6.8. 2016도16121). ② 피고인의 음주와 음주운전을 목격한 참고인이 있는 상황에서 **경찰관이 음주 및 음주운전 종료로부터 약 5시간 후 집에서 자고 있는 피고인을 연행하여 음주측정을 요구한 데에 대하여 피고인이 불응한 경우**, 도로교통법상의 음주측정불응죄가 성립한다고 본 사례(대법원 2001.8.24. 2000도6026) ※ 경찰관이 피고인에게 음주측정을 요구할 당시 식당 주인과 종업원이 피고인의 음주, 취중행위로 볼 수밖에 없는 각종 소란행위, 음주 후 화물차 운전행위 등을 목격하였다고 진술한 사안 ③ 운전자가 경찰공무원으로부터 음주측정을 요구받고 호흡측정기에 숨을 내쉬는 시늉만 하는 등 형식적으로 음주측정에 응하였을 뿐 경찰공무원의 거듭된 요구에도 불구하고 **호흡측정기에 음주측정수치가 나타날 정도로 숨을 제대로 불어넣지 아니하였다면 이는 실질적으로 음주측정에 불응한 것과 다를 바 없다** 할 것이고, 운전자가 정당한 사유 없이 호흡측정기에 의한 음주측정에 불응한 이상 그로써 음주측정불응의 죄는 성립하는 것이며, 그 후 경찰공무원이 혈액채취 등의 방법으로 음주여부를 조사하지 아니하였다고 하여 달리 볼 것은 아니다(대법원 2000.4.21. 99도5210). ④ 술에 취한 상태에 있다고 인정할 만한 상당한 이유가 있는 운전자가 호흡측정기에 숨을 내쉬는 시늉만 하는 등으로 음주측정을 소극적으로 거부한 경우라면, 소극적 거부행위가 일정 시간 계속적으로 반복되어 운전자의 측정불응의사가 객관적으로 명백하다고 인정되는 때에 비로소 음주측정불응죄가 성립한다(대법원 2015.12.24. 2013도8481).

음주측정 불응 부정	[1] 운전자의 신체 이상 등의 사유로 호흡측정기에 의한 측정이 불가능 내지 심히 곤란한 경우에까지 그와 같은 방식의 측정을 요구할 수는 없으며(이와 같은 상황이라면 경찰공무원으로서는 호흡측정기에 의한 측정의 절차를 생략하고 운전자의 동의를 얻거나 판사로부터 영장을 발부받아 혈액채취에 의한 측정으로 나아가야 할 것이다), 이와 같은 경우 경찰공무원이 운전자의 신체 이상에도 불구하고 호흡측정기에 의한 음주측정을 요구하여 운전자가 음주측정수치가 나타날 정도로 숨을 불어넣지 못한 결과 호흡측정기에 의한 음주측정이 제대로 되지 아니하였다고 하더라도 음주측정에 불응한 것으로 볼 수는 없다. [2] **교통사고로 상해를 입은 피고인의 골절부위와 정도에 비추어 음주측정 당시 통증으로 인하여 깊은 호흡을 하기 어려웠고 그 결과 음주측정이 제대로 되지 아니하였던 것**으로 보이므로 피고인이 음주측정에 불응한 것이라고 볼 수는 없다고 한 원심의 판단을 수긍한 사례(대법원 2006.1.13. 2005도7125).
위법한 직무집행	음주운전으로 적발된 주취운전자가 도로 밖으로 차량을 이동하겠다며 단속경찰관으로부터 보관 중이던 차량열쇠를 반환받아 몰래 차량을 운전하여 가던 중 사고를 일으킨 경우, 주의의무를 게을리한 경찰관의 직무상 의무위반에 의한 국가배상 책임이 인정된다(대법원 1998.5.8. 97다54482).
죄수	**무면허 운전행위와 주취 운전행위는 상상적 경합관계에 있다.** 형법 제40조에서 말하는 1개의 행위란 법적 평가를 떠나 사회관념상 행위가 사물자연의 상태로서 1개로 평가되는 것을 말하는 바, 무면허인데다가 술이 취한 상태에서 오토바이를 운전하였다는 것은 위의 관점에서 분명히 1개의 운전행위라 할 것이고 이 행위에 의하여 도로교통법 제111조 제2호, 제40조와 제109조 제2호, 제41조 제1항의 각 죄에 동시에 해당하는 것이니 두 죄는 형법 제40조의 상상적 경합관계에 있다고 할 것이다(대법원 1987.2.24. 86도2731).
공무집행 방해죄의 성립 여부	**음주운전 신고를 받고 출동한 경찰관이 만취한 상태로 시동이 걸린 차량 운전석에 앉아있는 피고인을 발견하고 음주측정을 위해 하차를 요구함으로써** 도로교통법 제44조 제2항이 정한 음주측정에 관한 직무에 착수하였다고 할 것이고, 피고인이 차량을 운전하지 않았다고 다투자 경찰관이 지구대로 가서 차량 블랙박스를 확인하자고 한 것은 음주측정에 관한 직무 중 '운전' 여부 확인을 위한 임의동행 요구에 해당하고, 피고인이 차량에서 내리자마자 도주한 것을 임의동행 요구에 대한 거부로 보더라도, 경찰관이 음주측정에 관한 직무를 계속하기 위하여 피고인을 추격하여 도주를 제지한 것은 앞서 본 바와 같이 도로교통법상 **음주측정에 관한 일련의 직무집행 과정에서 이루어진 행위로써 정당한 직무집행에 해당한다**(대법원 2020.8.20. 2020도7193). ※ 경찰관 공소외 1이 피고인을 10m 정도 추격하여 피고인의 앞을 가로막는 방법으로 제지한 뒤 '그냥 가면 어떻게 하느냐'는 취지로 말하자 피고인이 위 경찰관의 뺨을 때렸고, 계속하여 도주하고 폭행하려고 하자 경찰관이 피고인을 공무집행방해죄의 현행범으로 체포하였다.

3 공동위험행위, 난폭운전 단속 〈22 채용〉

> **제46조(공동위험행위의 금지) 제1항**
> **자동차등(개인형 이동장치는 제외한다.** 이하 이 조에서 같다)의 운전자는 도로에서 2명 이상이 공동으로 2대 이상의 자동차등을 정당한 사유 없이 앞뒤로 또는 좌우로 줄지어 통행하면서 다른 사람에게 위해를 끼치거나 교통상의 위험을 발생하게 하여서는 아니 된다.

> 제46조의3(난폭운전 금지)
> **자동차등(개인형 이동장치는 제외한다)의 운전자는 다음 각 호 중 둘 이상의 행위를 연달아 하거나, 하나의 행위를 지속 또는 반복하여 다른 사람에게 위협 또는 위해를 가하거나 교통상의 위험을 발생하게 하여서는 아니 된다.**
> 1. 제5조에 따른 신호 또는 지시 위반
> 2. 제13조 제3항에 따른 중앙선 침범
> 3. 제17조 제3항에 따른 속도의 위반
> 4. 제18조 제1항에 따른 횡단·유턴·후진 금지 위반
> 5. 제19조에 따른 안전거리 미확보, 진로변경 금지 위반, 급제동 금지 위반
> 6. 제21조 제1항·제3항 및 제4항에 따른 앞지르기 방법 또는 앞지르기의 방해금지 위반
> 7. 제49조 제1항 제8호에 따른 정당한 사유 없는 소음 발생
> 8. 제60조 제2항에 따른 고속도로에서의 앞지르기 방법 위반
> 9. 제62조에 따른 고속도로등에서의 횡단·유턴·후진 금지 위반

제4절 운전면허

1 운전면허의 종류

1. 운전면허의 취득과 종류(「도로교통법」 제80조) (21 채용)

① **자동차등을 운전하려는 사람은 시·도경찰청장으로부터 운전면허를 받아야 한다.** 다만, 제2조 제19호 나목의 원동기를 단 차 중「교통약자의 이동편의 증진법」제2조 제1호에 따른 교통약자가 최고속도 시속 20킬로미터 이하로만 운행될 수 있는 차를 운전하는 경우에는 그러하지 아니하다.

② 시·도경찰청장은 운전을 할 수 있는 차의 종류를 기준으로 다음 각 호와 같이 운전면허의 범위를 구분하고 관리하여야 한다. 이 경우 운전면허의 범위에 따라 운전할 수 있는 차의 종류는 행정안전부령으로 정한다.」

1호. 제1종 운전면허	2호. 제2종 운전면허	3호. 연습운전면허
가. 대형면허 나. 보통면허 다. 소형면허 라. 특수면허(구난차등)	가. 보통면허 나. 소형면허 다. 원동기장치자전거면허	가. 제1종 보통연습면허 나. 제2종 보통연습면허
※ 특수면허 1) 대형견인차면허 2) 소형견인차면허 3) 구난차면허(이하 "구난차등"이라 한다)		

2. 면허종별로 운전할 수 있는 차의 종류(시행규칙 [별표18]) (16·17·18·21·24 채용, 17·18·20 승진)

구분			

제1종	대형면허	1. 승용자동차
		2. 승합자동차
		3. 화물자동차
		4. 특수자동차[대형견인차, 소형견인차 및 구난차(이하 "구난차등"이라 한다)를 제외한다]
		5. 원동기장치자전거
		6. 건설기계(자동차인 건설기계)
		   가. 덤프트럭, 아스팔트살포기, 노상안정기
		   나. 콘크리트믹서트럭, 콘크리트펌프, 천공기(트럭적재식을 말한다)
		   다. 콘크리트믹서트레일러, 아스팔트콘크리트재생기
		   라. 도로보수트럭, 3톤 미만의 지게차(도로 운행)
		※ 19세 이상 + 1년 이상의 운전경력		

	보통면허	1. 승용자동차 2. 승차정원 15명 이하의 승합자동차 3. 적재중량 12톤 미만의 화물자동차 4. 건설기계(도로를 운행하는 3톤 미만의 지게차로 한정한다) 5. 총중량 10톤 미만의 특수자동차(구난차등은 제외한다) 6. 원동기장치자전거(배기량 125cc 이하인 오토바이) ※ 18세 이상		
	소형면허	1. 3륜화물자동차 2. 3륜승용자동차 3. 원동기장치자전거(배기량 125cc 이하인 오토바이)		
	특수면허	대형견인차	소형견인차	구난차
		견인형 특수자동차 (예 트레일러 트랙터)	총중량 3.5톤 이하의 견인형 특수자동차 (예 캠핑카 견인차)	구난형 특수자동차 (예 레커차)
		제2종보통면허로 운전할 수 있는 차량 ※ 19세 이상 + 1년 이상의 운전경력		
제2종	보통면허	1. 승용자동차 2. 승차정원 **10명 이하의 승합**자동차 3. 적재중량 **4톤 이하의 화물**자동차 4. 총중량 3.5톤 이하의 특수자동차(**구난차등은 제외**한다) 5. **원동기장치자전거** ※ 18세 이상		
	소형면허	1. 이륜자동차(측차부를 포함한다) : 배기량 125cc 초과인 오토바이 2. 원동기장치자전거(배기량 125cc 이하인 오토바이) ※ 18세 이상		
	원동기장치 자전거면허	원동기장치자전거(개인형 이동장치 포함) ※ 16세 이상		
연습 면허	제1종 보통	1. 승용자동차 2. 승차정원 15명 이하의 승합자동차 3. 적재중량 12톤 미만의 화물자동차		
	제2종 보통	1. 승용자동차 2. 승차정원 10명 이하의 승합자동차 3. 적재중량 4톤 이하의 화물자동차		

3. 연습운전면허 ^(17·22 채용, 18 경채)

의의와 효력	① 제1종 보통면허시험과 제2종 보통면허시험 응시자로 학과시험, 기능시험에 모두 합격한 사람에게 연습운전면허를 발급한다. 이후 도로주행시험을 준비하기 위한 절차의 하나로 볼 수 있다. ② 연습운전면허는 제1종 보통연습면허와 제2종 보통연습면허의 2종류가 있다(「도로교통법」 제80조 제2항 제3호). ③ 연습운전면허의 효력(제81조) 　연습운전면허는 그 면허를 받은 날부터 1년 동안 효력을 가진다. 다만, 연습운전면허를 받은 날부터 1년 이전이라도 연습운전면허를 받은 사람이 제1종 보통면허 또는 제2종 보통면허를 받은 경우 연습운전면허는 그 효력을 잃는다.
준수사항 (시행규칙 제55조)	① 연습운전면허를 받은 사람이 도로에서 주행연습을 하는 때에는 다음 각 사항을 지켜야 한다. ② 운전면허(연습하려는 자동차를 운전할 수 있는 운전면허에 한한다)를 받은 날부터 2년이 경과된 사람(소지하고 있는 운전면허의 효력이 정지기간 중인 사람을 제외한다)과 함께 승차하여 그 사람의 지도를 받아야 한다. ③ 「여객자동차 운수사업법」 또는 「화물자동차 운수사업법」에 따른 사업용 자동차를 운전하는 등 주행연습 외의 목적으로 운전하여서는 아니 된다. ④ **주행연습 중이라는 사실을 다른 차의 운전자가 알 수 있도록 연습 중인 자동차에 별표 21의 표지를 붙여야 한다.** ⑤ "초보운전자"란 처음 운전면허를 받은 날(처음 운전면허를 받은 날부터 2년이 지나기 전에 운전면허의 취소처분을 받은 경우에는 그 후 다시 운전면허를 받은 날을 말한다)부터 2년이 지나지 아니한 사람을 말한다. 이 경우 원동기장치자전거면허만 받은 사람이 원동기장치자전거면허 외의 운전면허를 받은 경우에는 처음 운전면허를 받은 것으로 본다(「도로교통법」 제2조 제27호).
연습운전 면허의 취소	① 시·도경찰청장은 연습운전면허를 발급받은 사람이 운전 중 고의 또는 과실로 교통사고를 일으키거나 이 법이나 이 법에 따른 명령 또는 처분을 위반한 경우에는 연습운전면허를 취소하여야 한다(「도로교통법」 제93조 제3항 본문). ② 다만, 본인에게 귀책사유가 없는 경우 등 대통령령으로 정하는 아래 세 가지 경우에는 그러하지 아니하다(제3항 단서). ③ 연습운전면허 취소의 예외 사유(시행령 제59조) 　㉠ 한국도로교통공단의 도로주행시험을 담당하는 사람, 자동차운전학원의 강사, 전문학원의 강사 또는 기능검정원(技能檢正員)의 지시에 따라 운전하던 중 교통사고를 일으킨 경우 　㉡ 도로가 아닌 곳에서 교통사고를 일으킨 경우 　㉢ 교통사고를 일으켰으나 물적(物的) 피해만 발생한 경우 ④ 연습운전면허의 취소기준(시행규칙 제91조 제2항) 　㉠ 연습운전면허로 운전할 수 없는 자동차등을 운전한 때 　㉡ 위에서 제시한 준수사항 중 어느 하나를 위반한 때 ⑤ 연습운전면허를 받은 사람에 대하여는 정지처분을 내리지 않는다. 따라서 별표 28의 기준에 의한 벌점을 관리하지 아니한다(시행규칙 제91조 제3항).

관련 판례	① 연습운전면허 취득자가 준수사항을 어겨서 운전한 경우, 무면허운전죄에 해당하지 않는다. 연습운전면허를 받은 사람이 도로에서 주행연습을 하는 때에 지켜야 할 준수사항을 규정하면서 제1호에서 운전면허를 받은 날부터 2년이 경과한 사람과 함께 타서 그의 지도를 받아야 한다고 규정하고 있는바, 연습운전면허를 받은 사람이 도로에서 주행연습을 함에 있어서 위와 같은 준수사항을 지키지 않았다고 하더라도 **준수사항을 지키지 않은 데에 따른 제재를 가할 수 있음은 별론으로 하고 그 운전을 무면허운전이라고 할 수는 없다**(대법원 2001.4.10. 2000도5540). ② 연습운전면허를 받은 사람이 '주행연습 외의 목적으로 운전하여서는 아니된다'는 준수사항을 위반하여 운전한 경우, 도로교통법상 무면허운전이라고 보아 처벌할 수 없다. 운전을 할 수 있는 차의 종류를 기준으로 운전면허의 범위가 정해지게 되고, 해당 차종을 운전할 수 있는 운전면허를 받지 아니하고 운전한 경우가 무면허운전에 해당된다고 할 것이므로 실제 운전의 목적을 기준으로 운전면허의 유효범위나 무면허운전 여부가 결정된다고 볼 수는 없다. 따라서 연습운전면허를 받은 사람이 운전을 함에 있어 주행연습 외의 목적으로 운전하여서는 아니된다는 준수사항을 지키지 않았다고 하더라도 준수사항을 지키지 않은 것에 대하여 연습운전면허의 취소 등 제재를 가할 수 있음은 별론으로 하고 그 운전을 무면허운전이라고 보아 처벌할 수는 없다(대법원 2015.6.24. 2013도15031).

2 운전면허 결격사유

1. 운전자의 결격사유(제82조 제1항) <17·18 채용>

① 다음의 어느 하나에 해당하는 사람은 운전면허를 받을 수 없다.
② 나이 제한
  ㉠ 18세 미만(원동기장치자전거의 경우에는 16세 미만)인 사람
  ㉡ 제1종 대형면허 또는 제1종 특수면허를 받으려는 경우로서 19세 미만이거나 자동차(이륜자동차를 제외한다)의 운전경험이 1년 미만인 사람
③ 정신상·신체상 장애
  ㉠ 교통상의 위험과 장해를 일으킬 수 있는 정신질환자 또는 뇌전증 환자로서 대통령령으로 정하는 사람
  ㉡ 듣지 못하는 사람(제1종 운전면허 중 대형면허·특수면허만 해당한다), 앞을 보지 못하는 사람(한쪽 눈만 보지 못하는 사람의 경우에는 제1종 운전면허 중 대형면허·특수면허만 해당한다)이나 그 밖에 대통령령으로 정하는 신체장애인
  ㉢ 양쪽 팔의 팔꿈치관절 이상을 잃은 사람이나 양쪽 팔을 전혀 쓸 수 없는 사람. 다만, 본인의 신체장애 정도에 적합하게 제작된 자동차를 이용하여 정상적인 운전을 할 수 있는 때에는 그러하지 아니하다.
④ 교통상의 위험과 장해를 일으킬 수 있는 마약·대마·향정신성의약품 또는 알코올중독자로서 대통령령이 정하는 사람
⑤ 대한민국의 국적을 가지지 아니한 사람 중「출입국관리법」제31조에 따라 외국인등록을 하지 아니한 사람(외국인등록이 면제된 사람은 제외한다)이나 국내거소신고를 하지 아니한 사람

2. 운전면허 결격 기간(제82조 제2항) <19 채용, 17 경위>

운전면허 응시제한 기간	① 다음의 어느 하나의 경우에 해당하는 사람은 해당 각 호에 규정된 기간이 지나지 아니하면 운전면허를 받을 수 없다. ② 예외 사유 벌금 미만의 형이 확정되거나 선고유예의 판결이 확정된 경우 또는 기소유예나 「소년법」 제32조에 따른 보호처분의 결정이 있는 경우에는 그 규정된 기간 내라도 운전면허를 받을 수 있다. ③ 정지기간(제2항 8호) : 운전면허효력 정지처분을 받고 있는 때에는 그 정지기간 중 응시 불가 ④ 금지기간(제2항 9호) : 제96조에 따른 국제운전면허증 또는 상호인정외국면허증으로 운전하는 운전자가 운전금지 처분을 받은 경우에는 그 금지기간 ⑤ 부착기간(제2항 10호) : 제80조의2 제2항에 따라 음주운전 방지장치를 부착하는 기간(조건부 운전면허의 경우는 제외한다)
5년	① 무면허+사상자 미조치(제2항 1호 단서) (무면허 운전으로) 사람을 사상한 후 사고 발생 시의 구호 등 필요한 조치(제54조 제1항) 및 경찰에 신고(제2항)를 하지 아니한 경우에는 그 위반한 날부터 5년으로 한다. ② 음주, 과로 등, 공동위험행위+사상자 미조치(제2항 3호 가목) 제44조 제1항(음주운전 금지)·제2항(음주 측정 의무), 제45조(과로, 질병, 약물 운전 금지) 또는 제46조(공동위험행위 금지)를 위반(무면허 운전을 함께 위반한 경우도 포함한다)하여 사람을 사상한 후 제54조 제1항 및 제2항에 따른 필요한 조치 및 신고를 하지 아니한 경우에는 운전면허가 취소된 날부터 5년 ③ 사상자 미조치+음주측정방해(제2항 3호 다목) 제44조 제5항(음주측정방해)과 관련하여 술에 취한 상태에 있다고 인정할 만한 상당한 이유가 있는 사람이 자동차등을 운전하다가 사람을 사상한 후 제54조 제1항 및 제2항에 따른 필요한 조치 및 신고를 하지 아니하고 음주측정방해행위를 한 경우(무면허 운전을 함께 위반한 경우도 포함한다)에는 운전면허가 취소된 날부터 5년 ④ 음주+사망(제2항 3호 나목) 제44조 제1항(음주운전 금지)·제2항(음주 측정 의무)을 위반(무면허 운전을 함께 위반한 경우도 포함한다)하여 운전을 하다가 사람을 사망에 이르게 한 경우에는 운전면허가 취소된 날부터 5년 ⑤ 사망+음주측정방해(제2항 3호 라목) 제44조 제5항(음주측정방해)과 관련하여 술에 취한 상태에 있다고 인정할 만한 상당한 이유가 있는 사람이 자동차등을 운전하다가 사람을 사망에 이르게 하고 음주측정방해행위를 한 경우(무면허 운전을 함께 위반한 경우도 포함한다)에는 운전면허가 취소된 날부터 5년
4년	5년 사유 이외의 사유+사상자 미조치(제2항 4호) 제43조부터 제46조까지의 규정에 따른 사유가 아닌 다른 사유로 사람을 사상한 후 제54조 제1항 및 제2항에 따른 필요한 조치 및 신고를 하지 아니한 경우에는 운전면허가 취소된 날부터 4년
3년	① 음주+교통사고 2회(제2항 5호 전단) 제44조 제1항(음주운전 금지)·제2항(음주 측정 의무) 또는 제45조 제1항(약물운전 금지)·제2항(약물 측정 의무)을 위반(무면허 운전을 함께 위반한 경우도 포함)하여 운전을 하다가 교통사고를 일으킨 경우가 2회 이상이면 운전면허가 취소된 날부터 3년 ② 교통사고+음주측정방해 2회(제2항 5호 전단) 제44조 제5항과 관련하여 술에 취한 상태에 있다고 인정할 만한 상당한 이유가 있는 사람이 자동차등을 운전하여 교통사고를 일으키고 음주측정방해행위를 한 경우(무면허 운전을 함께 위반한 경우도 포함)가 2회 이상이면 운전면허가 취소된 날부터 3년 ③ 자동차이용범죄/자동차절도·강도+무면허(제2항 5호 후단) 자동차등을 이용하여 범죄행위를 하거나 다른 사람의 자동차등을 훔치거나 빼앗은 사람이 제43조(무면허 운전)를 위반하여 그 자동차등을 운전한 경우에는 그 위반한 날부터 3년

2년	무면허 3회(제2항 2호) 제43조(무면허운전, 정지기간 중 운전 포함) 또는 제96조 제3항(국제면허증 결격사유자)을 3회 이상 위반하여 자동차등을 운전한 경우에는 그 위반한 날부터 2년

2년
(제2항 6호)
	다음의 경우에는 운전면허가 취소된 날(무면허 운전을 함께 위반한 경우에는 그 위반한 날)부터 2년
	① 음주, 음주측정방해 2회
	    제44조 제1항(음주운전 금지), 제2항(음주 측정 의무) 또는 제5항(음주측정방해)을 2회 이상 위반(무면허 운전을 함께 위반한 경우도 포함)한 경우
	② 음주+교통사고
	    제44조 제1항(음주운전 금지) 또는 제2항(음주 측정 의무)을 위반(무면허 운전을 함께 위반한 경우도 포함)하여 운전을 하다가 교통사고를 일으킨 경우
	③ 교통사고+음주측정방해
	    제44조 제5항과 관련하여 술에 취한 상태에 있다고 인정할 만한 상당한 이유가 있는 사람이 자동차등을 운전하여 교통사고를 일으키고 음주측정방해행위를 한 경우(무면허 운전을 함께 위반한 경우도 포함)
	④ 공동위험행위 2회
	    제46조(공동위험행위)를 2회 이상 위반(무면허 운전을 함께 위반한 경우도 포함)한 경우
	⑤ 운전면허 허위발급/대리응시, 차량절도·강도 : 제93조 제1항 제8호(허위발급)·제12호(차량 절도·강도) 또는 제13호(대리응시)의 사유로 운전면허가 취소된 경우
	    ㉠ 제93조 제1항 제8호(허위발급) : 제82조에 따라 운전면허를 받을 수 없는 사람(자격이 없는 사람)이 운전면허를 받거나 운전면허효력의 정지기간 중 운전면허증 또는 운전면허증을 갈음하는 증명서를 발급받은 사실이 드러난 경우
	    ㉡ 제12호(차량 절도·강도) : 다른 사람의 자동차등을 훔치거나 빼앗은 경우
	    ㉢ 제13호(대리응시) : 다른 사람이 부정하게 운전면허를 받도록 하기 위하여 제83조에 따른 운전면허시험에 대신 응시한 경우

1년	① 무면허(제2항 1호 본문)
	    제43조(무면허운전) 또는 제96조 제3항(국제면허증 결격사유자)을 위반하여 자동차등을 운전한 경우에는 그 위반한 날(운전면허효력 정지기간에 운전하여 취소된 경우에는 그 취소된 날을 말하며, 이하 이 조에서 같다)부터 1년 [원동기장치자전거면허를 받으려는 경우에는 6개월]
	② 그 밖의 다른 사유로 면허 취소(제2항 7호 본문)
	    제1호부터 제6호까지의 규정에 따른 경우가 아닌 다른 사유로 운전면허가 취소된 경우에는 운전면허가 취소된 날부터 1년[원동기장치자전거면허를 받으려는 경우에는 6개월로 하되, 제46조(공동위험행위)를 위반한 경우에는 그 위반한 날부터 1년]
	    ㉠ 제46조(공동위험행위)를 위반한 경우에는 그 위반한 날부터 1년
	    ㉡ 그 외 취소 시 : 취소된 날부터 1년
	        예 거짓이나 그 밖의 부정한 수단으로 운전면허를 받은 경우(제93조 제1항 8의2호) 1년, 자동차 이용 범죄행위 1년

6월	① 무면허 후 원동기장치자전거면허를 받으려는 경우(제2항 1호 본문) 무면허로 자동차등을 운전한 경우에는 그 위반한 날(운전면허효력 정지기간에 운전하여 취소된 경우에는 그 취소된 날)부터 6개월로 하되, 제46조(공동위험행위)를 위반한 경우에는 그 위반한 날부터 1년 ② 그 밖의 다른 사유로 면허 취소 후 원동기장치자전거면허를 받으려는 경우 제1호부터 제6호까지의 규정에 따른 경우가 아닌 다른 사유로 운전면허가 취소된 경우에는 그 위반한 날(운전면허효력 정지기간에 운전하여 취소된 경우에는 그 취소된 날)부터 6개월로 하되, 제46조(공동위험행위)를 위반한 경우에는 그 위반한 날부터 1년(제2항 7호 본문)
즉시응시	적성검사(제2항 7호 단서) : 적성검사를 받지 아니하여 운전면허가 취소된 사람 또는 적성검사에 불합격하여 다시 운전면허를 받으려는 경우에는 바로 운전면허시험 응시가 가능하다.

3 운전면허 발급과 행정상 제재

1. 운전면허 발급

(1) 운전면허 및 모바일운전면허 발급

> 제85조(운전면허증의 발급 등)
> ① 운전면허를 받으려는 사람은 운전면허시험에 합격하여야 한다.
> ② 시·도경찰청장은 운전면허시험에 합격한 사람에 대하여 행정안전부령으로 정하는 운전면허증을 발급하여야 한다.
>
> 제85조의2(모바일운전면허증 발급 및 운전면허증의 확인 등) 제1항
> 시·도경찰청장은 제85조, 제85조의3, 제86조, 제87조에 따라 운전면허증을 발급받으려는 사람이 모바일운전면허증(「이동통신단말장치 유통구조 개선에 관한 법률」 제2조 제4호에 따른 이동통신단말장치에 암호화된 형태로 설치된 운전면허증을 말한다. 이하 같다)을 신청하는 경우 이를 추가로 발급할 수 있다.

(2) 음주운전 방지장치 부착 조건부 운전면허 발급

> 제80조의2(음주운전 방지장치 부착 조건부 운전면허)
> ① 제44조 제1항, 제2항 또는 제5항을 위반(자동차등 또는 노면전차를 운전한 경우로 한정한다. 다만, 개인형 이동장치를 운전한 경우는 제외한다. 이하 같다)한 날부터 5년 이내에 다시 같은 조 제1항, 제2항 또는 제5항을 위반하여 운전면허 취소처분을 받은 사람이 자동차등을 운전하려는 경우에는 시·도경찰청장으로부터 음주운전 방지장치 부착 조건부 운전면허(이하 "조건부 운전면허"라 한다. 이하 같다)를 받아야 한다.
> ② 음주운전 방지장치는 제82조 제2항 제1호부터 제9호까지에 따라 조건부 운전면허 발급 대상에게 적용되는 운전면허 결격기간과 같은 기간 동안 부착하며, 운전면허 결격기간이 종료된 다음 날부터 부착기간을 산정한다.
>
> 제2조(정의)
> 34. "음주운전 방지장치"란 술에 취한 상태에서 자동차등을 운전하려는 경우 시동이 걸리지 아니하도록 하는 것으로서 행정안전부령으로 정하는 것을 말한다.
>
> 제85조의3(조건부 운전면허증의 발급 등)
> ① 조건부 운전면허를 받으려는 사람은 제83조에 따른 운전면허시험에 합격하여야 한다.
> ② 시·도경찰청장은 제1항에 따라 운전면허시험에 합격한 사람에 대하여 행정안전부령으로 정하는 조건부 운전면허증을 발급하여야 한다.
> ④ 제2항에 따라 발급한 조건부 운전면허증의 조건 기간이 경과하면 해당 조건은 소멸한 것으로 본다.
>
> 제50조의3(음주운전 방지장치 부착 조건부 운전면허를 받은 운전자등의 준수사항)
> ① 제80조의2에 따라 음주운전 방지장치 부착 조건부 운전면허를 받은 사람이 자동차등을 운전하려는 경우 음주운전 방지장치를 설치하고, 시·도경찰청장에게 등록하여야 한다.

2. 운전면허에 대한 행정상 제재

(1) 임의적 취소·정지(제93조 제1항 본문)

시·도경찰청장은 운전면허(조건부 운전면허는 포함하고, 연습운전면허는 제외한다. 이하 이 조에서 같다)를 받은 사람이 다음 각 호의 어느 하나에 해당하면 행정안전부령으로 정하는 기준에 따라 운전면허(운전자가 받은 모든 범위의 운전면허를 포함한다. 이하 이 조에서 같다)를 취소하거나 1년 이내의 범위에서 운전면허의 효력을 정지시킬 수 있다.

1. 제44조 제1항을 위반하여 술에 취한 상태에서 자동차등을 운전한 경우
4. 제45조를 위반하여 약물의 영향으로 인하여 정상적으로 운전하지 못할 우려가 있는 상태에서 자동차등을 운전한 경우
5. 제46조 제1항을 위반하여 공동 위험행위를 한 경우
5의2. 제46조의3을 위반하여 난폭운전을 한 경우
5의3. 제17조 제3항을 위반하여 제17조 제1항 및 제2항에 따른 최고속도보다 시속 100킬로미터를 초과한 속도로 3회 이상 자동차등을 운전한 경우
6. 교통사고로 사람을 사상한 후 제54조 제1항 또는 제2항에 따른 필요한 조치 또는 신고를 하지 아니한 경우
10. 운전 중 고의 또는 과실로 교통사고를 일으킨 경우
10의2. 운전면허를 받은 사람이 자동차등을 이용하여 「형법」 제258조의2(특수상해)·제261조(특수폭행)·제284조(특수협박) 또는 제369조(특수손괴)를 위반하는 행위를 한 경우
11. 운전면허를 받은 사람이 자동차등을 범죄의 도구나 장소로 이용하여 다음 각 목의 어느 하나의 죄를 범한 경우
    가. 「국가보안법」 중 제4조부터 제9조까지의 죄 및 같은 법 제12조 중 증거를 날조·인멸·은닉한 죄
    나. 「형법」 중 살인·사체유기 또는 방화, 강도·강간 또는 강제추행, 약취·유인 또는 감금, 상습절도(절취한 물건을 운반한 경우에 한정한다), 교통방해(단체 또는 다중의 위력으로써 위반한 경우에 한정한다)
    다. 「보험사기방지 특별법」 중 제8조부터 제10조까지의 죄
12. 다른 사람의 자동차등을 훔치거나 빼앗은 경우
13. 다른 사람이 부정하게 운전면허를 받도록 하기 위하여 제83조에 따른 운전면허시험에 대신 응시한 경우
15. 운전면허증을 부정하게 사용할 목적으로 다른 사람에게 빌려주거나 다른 사람의 운전면허증을 빌려서 사용한 경우
18. 다른 법률에 따라 관계 행정기관의 장이 운전면허의 취소처분 또는 정지처분을 요청한 경우
18의2. 제39조 제1항 또는 제4항을 위반하여 화물자동차를 운전한 경우
19. 이 법이나 이 법에 따른 명령 또는 처분을 위반한 경우

(2) 필요적 취소(제93조 제1항 단서 전단) ⟨22 채용, 25 승진⟩

① 다만, 제2호, 제3호, 제3호의2, 제7호, 제8호, 제8호의2, 제9호(정기 적성검사 기간이 지난 경우는 제외한다), 제14호, 제16호, 제17호, 제20호의 규정에 해당하는 경우에는 운전면허를 취소하여야 한다(제8호의2에 해당하는 경우 취소하여야 하는 운전면허의 범위는 운전자가 거짓이나 그 밖의 부정한 수단으로 받은 그 운전면허로 한정한다).

2. 제44조 제1항, 제2항 후단 또는 제5항을 위반(자동차등을 운전한 경우로 한정한다. 이하 이 호 및 제3호에서 같다)한 사람이 다시 같은 조 제1항을 위반하여 운전면허 정지 사유에 해당된 경우
3. 제44조 제2항 후단을 위반하여 술에 취한 상태에 있다고 인정할 만한 상당한 이유가 있음에도 불구하고 경찰공무원의 측정에 응하지 아니한 경우
3의2. 제44조 제5항을 위반하여 술에 취한 상태에 있다고 인정할만한 상당한 이유가 있는 사람이 자동차등을 운전한 후 음주측정방해행위를 한 경우
4. 제45조 제1항을 위반하여 약물의 영향으로 인하여 정상적으로 운전하지 못할 우려가 있는 상태에서 자동차등을 운전한 경우(다만, 개인형 이동장치를 운전하는 경우는 제외한다)
4의2. 제45조 제2항 후단을 위반하여 약물의 영향으로 인하여 정상적으로 운전하지 못할 우려가 있는 상태에 있다고 인정할 만한 상당한 이유가 있음에도 불구하고 경찰공무원의 측정에 응하지 아니한 경우 ※ 4호 및 4의2호는 2026. 4. 2. 시행
7. 제82조 제1항 제2호부터 제5호까지의 규정에 따른 운전면허를 받을 수 없는 사람에 해당된 경우
8. 제82조에 따라 운전면허를 받을 수 없는 사람이 운전면허를 받거나 운전면허효력의 정지기간 중 운전면허증 또는 운전면허증을 갈음하는 증명서를 발급받은 사실이 드러난 경우
8의2. 거짓이나 그 밖의 부정한 수단으로 운전면허를 받은 경우
9. 제87조 제2항 또는 제88조 제1항에 따른 적성검사를 받지 아니하거나 그 적성검사에 불합격한 경우
14. **이 법에 따른 교통단속 임무를 수행하는 경찰공무원등 및 시·군공무원을 폭행한 경우**
16. 「자동차관리법」에 따라 등록되지 아니하거나 임시운행허가를 받지 아니한 자동차(이륜자동차는 제외한다)를 운전한 경우
17. 제1종 보통면허 및 제2종 보통면허를 받기 전에 연습운전면허의 취소 사유가 있었던 경우
20. 운전면허를 받은 사람이 자신의 운전면허를 실효(失效)시킬 목적으로 시·도경찰청장에게 자진하여 운전면허를 반납하는 경우. 다만, 실효시키려는 운전면허가 취소처분 또는 정지처분의 대상이거나 효력정지 기간 중인 경우는 제외한다.
21. 제50조의3 제1항을 위반하여 음주운전 방지장치가 설치된 자동차등을 시·도경찰청에 등록하지 아니하고 운전한 경우
22. 제50조의3 제3항을 위반하여 음주운전 방지장치가 설치되지 아니하거나 설치기준에 부합하지 아니한 음주운전 방지장치가 설치된 자동차등을 운전한 경우
23. 제50조의3 제4항을 위반하여 음주운전 방지장치가 해체·조작 또는 그 밖의 방법으로 효용이 떨어진 것을 알면서 해당 장치가 설치된 자동차등을 운전한 경우

(3) **권한의 위임(시행령 제86조)**

도로교통법 시행령 제86조(위임 및 위탁) 제3항	시·도경찰청장은 법 제147조 제3항에 따라 다음 임시운전증명서 발급의 권한, 운전면허효력 정지처분의 권한, 과태료의 부과 및 징수의 권한을 관할 경찰서장에게 위임한다(제3항).

3. 범칙금 납부 통고

(1) 범칙행위와 범칙자

> **제162조(통칙)**
> ① 이 장에서 "범칙행위"란 제156조 각 호 또는 제157조 각 호의 죄에 해당하는 위반행위를 말하며, 그 구체적인 범위는 대통령령으로 정한다.
> ② 이 장에서 "범칙자"란 범칙행위를 한 사람으로서 다음 각 호의 어느 하나에 해당하지 아니하는 사람을 말한다.
>   1. 범칙행위 당시 제92조 제1항에 따른 운전면허증등 또는 이를 갈음하는 증명서를 제시하지 못하거나 경찰공무원의 운전자 신원 및 운전면허 확인을 위한 질문에 응하지 아니한 운전자
>   2. 범칙행위로 교통사고를 일으킨 사람

(2) 통고처분(제163조)

① 경찰서장이나 제주특별자치도지사는 범칙자로 인정하는 사람에 대하여는 이유를 분명하게 밝힌 범칙금 납부통고서로 범칙금을 낼 것을 통고할 수 있다(본문).
② 다만, 다음의 어느 하나에 해당하는 사람에 대하여는 그러하지 아니하다(단서).
  ㉠ 성명이나 주소가 확실하지 아니한 사람
  ㉡ 달아날 우려가 있는 사람
  ㉢ 범칙금 납부통고서 받기를 거부한 사람

(3) 통고처분의 효력 〈17 승진〉

① **범칙금을 납부한 사람은 그 범칙행위에 대하여 다시 벌 받지 아니한다**(제165조 제3항).
② 형사범죄행위에 대하여 범칙금의 납부로 인한 불처벌의 효력이 미치는지 여부(소극)
  ㉠ 범칙행위와 같은 때, 같은 곳에서 이루어진 행위라 하더라도 범칙행위와 별개의 형사범죄행위에 대하여는 범칙금의 납부로 인한 불처벌의 효력이 미치지 아니한다.
  ㉡ 교통사고처리특례법 제3조 제2항 단서 각 호의 예외사유에 해당하는 신호위반 등의 범칙행위로 교통사고를 일으킨 사람이 통고처분을 받아 범칙금을 납부하였다고 하더라도, **업무상 과실치상죄 또는 중과실치상죄에 대하여 같은 법 제3조 제1항 위반죄로 처벌하는 것이 도로교통법 제119조 제3항에서 금지하는 이중처벌에 해당한다고 볼 수 없다**(대법원 2007.4.12. 2006도4322).
③ 통고처분의 효력
  ㉠ 도로교통법상 범칙금 납부통고서를 받은 사람이 그 범칙금을 납부한 경우 그 범칙행위에 대하여 다시 벌받지 아니한다고 규정하고 있는바, 이는 범칙금의 납부에 확정재판의 효력에 준하는 효력을 인정하는 취지로 해석하여야 한다.
  ㉡ 같은 일시, 장소에서 이루어진 안전운전의무 위반의 범칙행위와 중앙선을 침범한 과실로 사고를 일으켜 피해자에게 부상을 입혔다는 교통사고처리특례법위반죄의 범죄행위사실은 별개의 행위라고 할 것이어서 피고인이 안전운전의 의무를 불이행하였음을 이유로 통고처분에 따른 범칙금을 납부하였다고 하더라도 피고인을 교통사고처리특례법 제3조 위반죄로 처벌한다고 하여 이중처벌에 해당한다고 볼 수 없다(대법원 2002.11.22. 2001도849).

4. 교통안전교육(제73조)

교통안전 교육	① 운전면허를 받으려는 사람은 대통령령으로 정하는 바에 따라 제83조 제1항 제2호와 제3호에 따른 시험에 응시하기 전에 다음 각 호의 사항에 관한 교통안전교육을 받아야 한다. 다만, 제2항 제1호에 따라 특별교통안전 의무교육을 받은 사람 또는 제104조 제1항에 따른 자동차 운전 전문학원에서 학과교육을 수료한 사람은 그러하지 아니하다. ※ 1시간의 교통안전교육 1. 운전자가 갖추어야 하는 기본예절 2. 도로교통에 관한 법령과 지식 7. 그 밖에 교통안전의 확보를 위하여 필요한 사항
특별교통 안전교육	② 다음에 해당하는 사람은 대통령령으로 정하는 바에 따라 특별교통안전 의무교육을 받아야 한다. 이 경우 제2호부터 제5호까지에 해당하는 사람으로서 부득이한 사유가 있으면 대통령령으로 정하는 바에 따라 의무교육의 연기(延期)를 받을 수 있다. 1. 운전면허 취소처분을 받은 사람(제93조 제1항 제9호 또는 제20호에 해당하여 운전면허 취소처분을 받은 사람은 제외한다: 적성검사 미필 또는 불합격한 경우 및 자진하여 면허 반납 실효된 경우 제외)으로서 운전면허를 다시 받으려는 사람 2. 제93조 제1항 제1호(음주운전)·제5호(공동위험행위)·제5호의2(난폭운전)·제10호(교통사고) 및 제10호의2(자동차이용범죄)에 해당하여 운전면허효력 정지처분을 받게 되거나 받은 사람으로서 그 정지기간이 끝나지 아니한 사람 ③ 다음에 해당하는 사람이 시·도경찰청장에게 신청하는 경우에는 대통령령으로 정하는 바에 따라 특별교통안전 권장교육을 받을 수 있다. 이 경우 권장교육을 받기 전 1년 이내에 해당 교육을 받지 아니한 사람에 한정한다. 1. 교통법규 위반 등 제2항 제2호 및 제4호에 따른 사유 외의 사유로 인하여 운전면허효력 정지처분을 받게 되거나 받은 사람 2. 교통법규 위반 등으로 인하여 운전면허효력 정지처분을 받을 가능성이 있는 사람

제5절 교통사고 처리

1 교통사고의 요건과 책임의 유형

1. 교통사고처리 특례법의 목적과 형사책임

(1) **목적(제1조)** ⟨16 승진⟩

이 법은 업무상과실(業務上過失) 또는 중대한 과실로 교통사고를 일으킨 운전자에 대한 형사처벌 등의 특례를 정함으로써 교통사고로 인한 피해의 신속한 회복을 촉진하고 국민생활의 편익을 증진함을 목적으로 한다.

(2) **교통사고의 정의와 책임의 유형**

① "교통사고"란 차의 교통으로 인하여 사람을 사상(死傷)하거나 물건을 손괴(損壞)하는 것을 말한다(제2호).

② 책임의 유형

형사책임	「교통사고처리 특례법」과 「특정범죄 가중처벌 등에 관한 법률」에 따라 처벌을 받는 것
행정책임	「도로교통법」에 따라 면허정지 또는 취소처분을 받는 것
민사책임	「민법」 또는 「자동차손해배상 보장법」에 따라 인정되는 손해배상

2. 교통사고의 요건 <15 채용, 15·17·18·24 승진>

(1) 차의 교통일 것

① "차"란 「도로교통법」 제2조 제17호 가목에 따른 차(車)와 「건설기계관리법」 제2조 제1항 제1호에 따른 건설기계를 말한다(제1호).
② 특정범죄 가중처벌 등에 관한 법률상 제5조의3(도주차량 운전자의 가중처벌), 제5조의11(위험운전 등 치사상), 제5조의13(어린이 보호구역에서 어린이 치사상의 가중처벌)은 '자동차등의 교통'에 적용된다.
  ※「도로교통법」 제2조의 자동차, 원동기장치자전거 또는 「건설기계관리법」 제26조 제1항 단서에 따른 건설기계 외의 건설기계(이하 "자동차등"이라 한다)의 교통으로 인하여 「형법」 제268조의 죄를 범한 해당 자동차등의 운전자(이하 "사고운전자"라 한다)가 피해자를 구호(救護)하는 등 「도로교통법」 제54조 제1항에 따른 조치를 하지 아니하고 도주한 경우에는 다음 각호의 구분에 따라 가중처벌한다.
③ "교통"이란 차를 운전하여 사람 또는 화물을 이동시키거나 운반하는 등 차를 그 본래의 용법에 따라 사용하는 것을 말한다(교통사고조사규칙 제2조 제2호).
④ '차의 교통'은 **차량을 운전하는 행위 및 그와 동일하게 평가할 수 있을 정도로 밀접하게 관련된 행위를 모두 포함**한다(대법원 2017.5.31. 2016도21034).
  ※ ○○오리농장 내 공터에서 피해자가 사육한 오리를 피고인이 운전한 트럭 적재함의 오리케이지에 상차하는 작업을 하였고, 피고인은 아직 차량의 시동을 끄지 아니한 채 운전석에 앉아 있었는데, 차량의 좌우가 경사진 곳에 정차한 것이 원인이 되어 케이지의 고박이 풀려 넘어지면서 위 차량 앞으로 다가서던 피해자에게 상해를 입게 한 사안
⑤ 교통사고 부정한 판례
  화물차를 주차하고 적재함에 적재된 토마토 상자를 운반하던 중 적재된 상자 일부가 떨어지면서 지나가던 피해자에게 상해를 입힌 경우, 교통사고처리 특례법에 정한 '교통사고'에 해당하지 않아 업무상과실치상죄가 성립한다고 한 사례(대법원 2009.7.9. 2009도2390)

(2) 피해의 결과 발생: 사람을 사상(死傷)하거나 물건을 손괴(損壞)할 것

사람의 사상	교특법, 특가법 적용
물건의 손괴	도교법 적용

(3) 인과관계: 차의 교통으로 인하여 사람을 사상(死傷)하거나 물건을 손괴(損壞)할 것

(4) 업무상 과실

① 교통사고는 기본적으로 과실범이고, 결과범이다.

② 운전자가 차를 세워 시동을 끄고 1단 기어가 들어가 있는 상태에서 시동열쇠를 끼워놓은 채 11세 남짓한 어린이를 조수석에 남겨두고 차에서 내려온 동안 동인이 시동열쇠를 돌리며 악셀러레이터 페달을 밟아 차량이 진행하여 사고가 발생한 경우, 비록 동인의 행위가 사고의 직접적인 원인이었다 할지라도 그 경우 운전자로서는 위 어린이를 먼저 하차시키던가 운전기기를 만지지 않도록 주의를 주거나 손브레이크를 채운 뒤 시동열쇠를 빼는 등 사고를 미리 막을 수 있는 제반조치를 취할 업무상 주의의무가 있다 할 것이어서 이를 게을리 한 과실은 사고결과와 법률상의 인과관계가 있다고 봄이 상당하다(대법원 1986.7.8. 86도1048).

③ 신뢰의 원칙

신뢰의 원칙 인정	주의의무의 부정, 면책
고속도로	① 고속도로를 운행하는 자동차 운전자는 고속도로를 무단횡단하는 보행자가 있을 것을 미리 예견하여 운전할 주의의무가 없다(있다×). ② 일반적으로 고속도로를 운전하는 자동차 운전자에게 도로상에 장애물이 나타날 것을 예견하여 제한속도 이하로 감속 운행할 주의의무가 없다(있다×).
자동차 전용도로	제한시속 이하로 운행하는 자동차의 운전자로서는 특별한 사정이 없는 한 무단횡단하는 보행자가 나타날 경우를 미리 예상하여 감속 서행할 주의의무는 없다.
교차로	교차로를 거의 통과할 무렵 직진신호가 주의신호로 바뀌는 경우 좌회전 대기 차량이 주의신호임에도 좌회전하는 것에 대비할 주의의무가 없다.
중앙선	운전자에게는 특별한 사정이 없는 한 반대차로를 운행하는 차가 갑자기 중앙선을 넘어올 것까지 예견하여 감속하는 등 미리 충돌을 방지할 태세를 갖추어 운전해야 할 주의의무가 있다고는 할 수 없다.
횡단보도	직진 및 좌회전 신호에 따라 좌회전하는 2대의 차량 뒤를 따라 직진하는 차량의 운전자로서는 횡단보도의 신호가 적색인 상태에서 반대차선상에 정지하여 있는 차량의 뒤로 보행자가 건너오지 않을 것이라고 신뢰하는 것이 당연하고 그렇지 아니할 사태까지 예상하여 그에 대한 주의의무를 다하여야 한다고는 할 수 없다(대법원 1993.2.23. 92도2077).
기타	① 넓은 도로를 운행하는 차량의 운전자는 교차로에서 좁은 도로의 차량이 교통법규에 따라 적절한 행동을 취할 것을 신뢰하여 운전하므로 좁은 도로에서 진입하는 차량이 일단정지를 하지 않고 계속 진행하여 큰 도로로 진입할 것을 미리 예견하고 이에 대한 방어 조치를 강구할 필요는 없다. ② 편도 5차선 도로의 1차로를 신호에 따라 진행하던 자동차 운전자에게 도로의 오른쪽에 연결된 **소방도로에서 오토바이가 나와 맞은편 쪽으로 가기 위해 편도 5차선 도로를 대각선 방향으로 가로 질러 진행하는 경우까지 예상하여 진행할 주의의무는 없다** (대법원 2007.4.26. 2006도9216).

(5) **도로 요건**

① 「교통사고처리 특례법」과 특가법은 도로가 아닌 곳에서 발생한 사고에도 적용한다.
② [1] 특정범죄 가중처벌 등에 관한 법률 제5조의3 소정의 도주차량운전자에 대한 가중처벌규정은 교통의 안전이라는 공공의 이익의 보호뿐만 아니라 교통사고로 사상을 당한 피해자의 생명·신체의 안전이라는 개인적 법익을 보호하고자 하므로 여기에서 말하는 차의 교통으로 인한 업무상과실치사상의 사고를 도로교통법이 정하는 도로에서의 교통사고의 경우로 제한하여 새겨야 할 아무런 근거가 없다.
　　[2] **교회 주차장에서 사고차량 운전자가 사고차량의 운행 중 피해자에게 상해를 입히고도 구호조치 없이 도주한 행위에 대하여 특정범죄가중처벌등에 관한 법률 제5조의3 제1항을 적용한 조치를 정당하다고 한 사례**(대법원 2004.8.30. 2004도3600)

2 인적 피해 및 물적 피해 사고처리 <15·18 채용, 15·17·18·24 승진, 16 경위>

1. 사망 사고

① 교통사고처리 특례법 제3조 제1항을 적용하여 형사입건(공소권 있음)한다.
② 차의 운전자가 교통사고로 형법 제268조(업무상과실·중과실 치사상)의 죄를 범한 때에는 5년 이하의 금고 또는 2천만원 이하의 벌금에 처한다(제3조 제1항).

2. 부상 사고

(1) 합의가 없고 보험 미가입 경우

「교통사고처리 특례법」 제3조 제1항, 「형법」 제268조(업무상과실·중과실 치사상)에 따라 처벌된다.

(2) 합의가 있거나 보험 가입된 경우

① 「교통사고처리 특례법」 제3조 제2항의 특례가 적용된다.
② 차의 교통으로 제1항의 죄 중 업무상과실치상죄 또는 중과실치상죄와 도로교통법 제151조의 죄(재물손괴)를 범한 운전자에 대하여는 피해자의 명시한 의사에 반하여 공소를 제기할 수 없다(제3조 제2항).
    ※ 불송치(형사입건하지 않음. 공소권 없음)
③ 보험 등에 가입된 경우의 특례(제4조 제1항 본문)
    교통사고를 일으킨 차가 「보험업법」, 「여객자동차 운수사업법」 또는 「화물자동차 운수사업법」에 따른 보험 또는 공제에 가입된 경우에는 제3조 제2항 본문에 규정된 죄를 범한 차의 운전자에 대하여 공소를 제기할 수 없다.
    ※ 불송치(형사입건하지 않음. 공소권 없음)
④ 예외(제4조 제1항 본문)
    다만, 다음 각 호의 어느 하나에 해당하는 경우에는 그러하지 아니하다.
    1호. 제3조 제2항 단서에 해당하는 경우
        ※ 치상사고 후 뺑소니, 치상사고 후 음주측정불응, 12개항 사고로서 합의 불문, 보험가입 불문하고 공소권 있음. 합의와 보험면책 대상이 아님
    2호. 피해자가 신체의 상해로 인하여 생명에 대한 위험이 발생하거나 불구 또는 불치나 난치(難治)의 질병이 생긴 경우 ※ 보험면책 대상이 아님

(3) 제3조 제2항 단서 처벌특례 항목

① 피해자의 의사와 관계없이 사건 송치 대상이고, 공소권 있음으로 처리한다.
② 차의 운전자가 제3조 제1항의 죄 중 업무상과실치상죄 또는 중과실치상죄를 범하고도 피해자를 구호(救護)하는 등 「도로교통법」 제54조 제1항에 따른 조치를 하지 아니하고 도주하거나 피해자를 사고 장소로부터 옮겨 유기(遺棄)하고 도주한 경우 공소를 제기할 수 있다.
    ※ 치상사고 후 뺑소니(도주, 유기도주), 합의 불가, 사건송치, 공소권 있음
③ 제3조 제1항의 죄 중 업무상과실치상죄 또는 중과실치상죄를 범하고 「도로교통법」 제44조 제2항을 위반하여 음주측정요구에 따르지 아니한 경우(운전자가 채혈측정을 요청하거나 동의한 경우는 제외한다) 공소를 제기할 수 있다.
    ※ 치상사고 후 음주측정불응, 합의 불가, 사건송치, 공소권 있음

④ 다음 각 호의 어느 하나에 해당하는 행위로 인하여 제3조 제1항의 죄 중 업무상과실치상죄 또는 중과실치상죄를 범한 경우에는 공소를 제기할 수 있다.
  ※ 12개항 사고로 인한 치상사고(특례가 적용되지 않는 12개항 사고) 피해자의 의사와 관계없이 공소를 제기할 수 있다.

1. 신호, 안전표지(지시)위반	「도로교통법」 제5조에 따른 신호기가 표시하는 신호 또는 교통정리를 하는 경찰공무원등의 신호를 위반하거나 통행금지 또는 일시정지를 내용으로 하는 안전표지가 표시하는 지시를 위반하여 운전한 경우
2. 중앙선침범, 자동차전용도로에서의 횡단, 유턴, 후진 위반	「도로교통법」 제13조 제3항을 위반하여 중앙선을 침범하거나 같은 법 제62조를 위반하여 횡단, 유턴 또는 후진한 경우
3. 제한속도를 매시 20km를 초과하여 운전한 경우	「도로교통법」 제17조 제1항 또는 제2항에 따른 제한속도를 시속 20킬로미터(10킬로미터×) 초과하여 운전한 경우
4. 앞지르기 방법, 금지시기, 금지장소, 끼어들기 금지에 위반하여 운전한 경우	「도로교통법」 제21조 제1항, 제22조, 제23조에 따른 앞지르기의 방법·금지시기·금지장소 또는 끼어들기의 금지를 위반하거나 같은 법 제60조 제2항에 따른 고속도로에서의 앞지르기 방법을 위반하여 운전한 경우
5. 철길 건널목 통과방법 위반	「도로교통법」 제24조에 따른 철길건널목 통과방법을 위반하여 운전한 경우
6. 횡단보도에서의 보행자 보호의무 위반	「도로교통법」 제27조 제1항에 따른 횡단보도에서의 보행자 보호의무를 위반하여 운전한 경우
7. 무면허운전 중 사고	운전면허 또는 건설기계조종사면허를 받지 아니하거나 국제운전면허증을 소지하지 아니하고 운전한 경우. 이 경우 운전면허 또는 건설기계조종사면허의 효력이 정지 중이거나 운전의 금지 중인 때에는 운전면허 또는 건설기계조종사면허를 받지 아니하거나 국제운전면허증을 소지하지 아니한 것으로 본다.
8. 주취, 약물복용 운전 중 사고	「도로교통법」 제44조 제1항을 위반하여 술에 취한 상태에서 운전을 하거나 같은 법 제45조를 위반하여 약물의 영향으로 정상적으로 운전하지 못할 우려가 있는 상태에서 운전한 경우
9. 보도침범, 보도 횡단방법 위반 사고	「도로교통법」 제13조 제1항을 위반하여 보도(步道)가 설치된 도로의 보도를 침범하거나 같은 법 제13조 제2항에 따른 보도 횡단방법을 위반하여 운전한 경우
10. 승객추락 방지의무 위반 사고	「도로교통법」 제39조 제3항에 따른 승객의 추락 방지의무를 위반하여 운전한 경우
11. 어린이 보호구역	「도로교통법」 제12조 제3항에 따른 어린이 보호구역에서 같은 조 제1항에 따른 조치를 준수하고 어린이의 안전에 유의하면서 운전하여야 할 의무를 위반하여 어린이의 신체를 상해(傷害)에 이르게 한 경우
12. 적재화물 추락사고	「도로교통법」 제39조 제4항을 위반하여 자동차의 화물이 떨어지지 아니하도록 필요한 조치를 하지 아니하고 운전한 경우
12개항에 해당하지 않는 것	차선 위반, 난폭운전, 교차로통행방법 위반, 통행우선순위 위반, 앞지르기방해 금지, 과로운전금지의무 위반
교차로 통행방법 위반 판례	교차로에 교통섬이 설치되고 그 오른쪽으로 직진 차로에서 분리된 우회전 차로가 설치된 경우, **우회전 차로가 아닌 직진 차로를 따라 우회전하는 행위는 교차로 통행방법을 위반한 것이다**(대법원 2012.4.12. 2011도9821).

(4) 12개항 관련 판례

신호위반 인정	① 교차로와 횡단보도가 연접하여 설치되어 있고 차량용 신호기는 교차로에만 설치된 경우에 있어서는, 교차로의 차량용 적색등화는 교차로 및 횡단보도 앞에서의 정지의무를 아울러 명하고 있는 것으로 보아야 하므로, 그와 아울러 횡단보도의 보행등이 녹색인 경우에는 모든 차량이 횡단보도 정지선에서 정지하여야 하고, 나아가 우회전하여서는 아니 된다. ② 교차로와 연접한 횡단보도에 차량보조등은 설치되지 않았으나 보행등이 녹색이고, 교차로의 차량신호등은 적색인데도, 횡단보도를 통과하여 교차로를 우회하다가 신호에 따라 진행하던 자전거를 들이받아 운전자에게 상해를 입힌 행위는 교통사고처리 특례법 제3조 제1항, 제2항 단서 제1호의 '신호위반'으로 인한 업무상과실치상죄가 성립한다(대법원 2011.7.28. 2009도8222). ① 도로교통법상 차량이 교차로에 진입하기 전에 '황색의 등화'로 바뀐 경우, 차량은 정지선이나 '교차로의 직전'에 정지하여야 하는지 여부(적극) ② 자동차 운전자인 피고인이 정지선과 횡단보도가 없는 사거리 교차로의 신호등이 황색 등화로 바뀐 상태에서 교차로에 진입하였다가 갑이 운전하는 견인차량을 들이받은 과실로 갑에게 상해를 입게 함과 동시에 갑의 차량을 손괴하였다고 하여 교통사고처리 특례법 위반(치상) 및 도로교통법 위반으로 기소된 사안에서, 교차로 진입 전 정지선과 횡단보도가 설치되어 있지 않았더라도 피고인이 황색 등화를 보고서도 교차로 직전에 정지하지 않았다면 신호를 위반한 것이라고 한 사례(대법원 2018.12.27. 2018도14262)
신호위반 부정	① 적색등화에 신호에 따라 진행하는 다른 차마의 교통을 방해하지 아니하고 우회전할 수 있다는 구 시행규칙 [별표 2]의 취지는 차마는 적색등화에도 원활한 교통소통을 위하여 우회전을 할 수 있되, 신호에 따라 진행하는 다른 차마의 신뢰 및 안전을 보호하기 위하여 다른 차마의 교통을 잘 살펴 방해하지 아니하여야 할 안전운전의무를 부과한 것이고, 다른 차마의 교통을 방해하게 된 경우에 신호위반의 책임까지 지우려는 것은 아니다. ② 택시 운전자인 피고인이 교차로에서 적색등화에 우회전하다가 신호에 따라 진행하던 피해자 운전의 승용차를 충격하여 그에게 상해를 입혔다고 하여 구 교통사고처리 특례법 위반으로 기소된 사안에서, 위 사고가 같은 법 제3조 제2항 단서 제1호에서 정한 '신호위반'으로 인한 사고에 해당하지 아니한다(대법원 2011.7.28. 2011도3970).
보행자 보호의무 위반 인정	보행신호등의 녹색 등화의 점멸신호 전에 횡단을 시작하였는지 여부를 가리지 아니하고 보행신호등의 녹색등화가 점멸하고 있는 동안에 횡단보도를 통행하는 모든 보행자는 도로교통법 제27조 제1항에서 정한 횡단보도에서의 보행자보호의무의 대상이 된다(대법원 2009.5.14. 2007도9598). 자동차를 운전하다 횡단보도를 걷던 보행자 갑을 들이받아 그 충격으로 횡단보도 밖에서 갑과 동행하던 피해자 을이 밀려 넘어져 상해를 입은 사안에서, 특례법 제3조 제2항 단서 제6호의 사유에 해당한다(대법원 2011.4.28. 2009도12671). ① 횡단보행자용 신호기가 설치되지 않은 횡단보도를 횡단하는 보행자가 있을 경우에, 모든 차 또는 노면전차(이하 구별하지 않고 '차'라고만 한다)의 운전자는, 그대로 진행하더라도 보행자의 횡단을 방해하지 않거나 통행에 위험을 초래하지 않을 경우를 제외하고는, 횡단보도에 차가 먼저 진입하였는지 여부와 관계없이 차를 일시정지하는 등의 조치를 취함으로써 보행자의 통행이 방해되지 않도록 할 의무가 있다. 만일 이를 위반하여 형법 제268조의 죄를 범한 때에는 교통사고처리 특례법 제3조 제2항 단서 제6호의 '횡단보도에서의 보행자 보호의무를 위반하여 운전한 경우'에 해당하여 보험 또는 공제 가입 여부나 처벌에 관한 피해자의 의사를 묻지 않고 같은 법 제3조 제1항에 의한 처벌의 대상이 된다고 보아야 한다. ② 모든 차의 운전자는 보행자보다 먼저 횡단보행자용 신호기가 설치되지 않은 횡단보도에 진입한 경우에도, 보행자의 횡단을 방해하지 않거나 통행에 위험을 초래하지 않을 상황이 아니고서는, 차를 일시정지하는 등으로 보행자의 통행이 방해되지 않도록 할 의무가 있다(대법원 2020.12.24. 2020도8675).

보행자 보호의무 위반 부정	보행신호등의 녹색등화가 점멸되고 있는 상태에서 횡단보도에 진입한 보행자가 보행신호등이 적색등화로 변경된 후 차량신호등의 녹색등화에 따라 진행하던 차량에 충격된 경우, 횡단보도 상의 사고에 해당하지 않는다. 피해자가 보행신호등의 녹색등화가 점멸되고 있는 상태에서 횡단보도를 횡단하기 시작하여 횡단을 완료하기 전에 보행신호등이 적색등화로 변경된 후 차량신호등의 녹색등화에 따라서 직진하던 피고인 운전차량에 충격된 경우에, 피해자는 신호기가 설치된 횡단보도에서 녹색등화의 점멸신호에 위반하여 횡단보도를 통행하고 있었던 것이어서 횡단보도를 통행중인 보행자라고 보기는 어렵다고 할 것이므로, 피고인에게 운전자로서 사고발생방지에 관한 업무상 주의의무위반의 과실이 있음은 별론으로 하고 도로교통법 제24조 제1항 소정의 보행자보호의무를 위반한 잘못이 있다고는 할 수 없다(대법원 2001.10.9. 2001도2939).

3. 단순 물적 피해 사고처리

(1) 합의가 없고 보험에 가입되지 않은 경우

> 도로교통법 제151조(벌칙)
> 차의 운전자가 업무상 필요한 주의를 게을리하거나 중대한 과실로 다른 사람의 건조물이나 그 밖의 재물을 손괴한 경우에는 2년 이하의 금고나 500만원 이하의 벌금에 처한다.

(2) 합의가 있거나 보험에 가입된 사고

> 교통사고처리 특례법 제3조 제2항 본문
> 차의 교통으로 제1항의 죄 중 업무상과실치상죄 또는 중과실치상죄와 도로교통법 제151조의 죄를 범한 운전자에 대하여는 피해자의 명시한 의사에 반하여 공소를 제기할 수 없다.
> 제4조(보험 등에 가입된 경우의 특례) 제1항
> 교통사고를 일으킨 차가 「보험업법」 제4조 및 제126조부터 제128조까지, 「여객자동차 운수사업법」 제60조 · 제61조 또는 「화물자동차 운수사업법」 제51조에 따라 **보험 또는 공제에 가입된 경우**에는 제3조 제2항 본문에 규정된 죄를 범한 차의 운전자에 대하여 공소를 제기할 수 없다.

3 도주 사건 처리

1. 사고발생 시 조치 의무 ⁽¹⁹·²⁰ 승진, 15 경위⁾

(1) 적용 법령

> 도로교통법 제54조(사고발생 시의 조치) 제1항
> 차 또는 노면전차의 운전 등 교통으로 인하여 사람을 사상하거나 물건을 손괴(이하 "교통사고"라 한다)한 경우에는 그 차 또는 노면전차의 운전자나 그 밖의 승무원(이하 "운전자등"이라 한다)은 즉시 정차하여 다음 각 호의 조치를 하여야 한다.
> 1. 사상자를 구호하는 등 필요한 조치
> 2. 피해자에게 인적 사항(성명·전화번호·주소 등을 말한다. 이하 제148조 및 제156조 제10호에서 같다) 제공

> **제148조(벌칙)**
> 제54조 제1항에 따른 교통사고 발생 시의 조치를 하지 아니한 사람(주·정차된 차만 손괴한 것이 분명한 경우에 제54조 제1항 제2호에 따라 피해자에게 인적 사항을 제공하지 아니한 사람은 제외한다)은 5년 이하의 징역이나 1천500만원 이하의 벌금에 처한다.
>
> **제54조(사고발생 시의 조치) 제2항**
> 제1항의 경우 그 차의 운전자등은 경찰공무원이 현장에 있는 때에는 그 경찰공무원에게, 경찰공무원이 현장에 없을 때에는 가장 가까운 국가경찰관서(지구대·파출소 및 출장소를 포함한다. 이하 같다)에 다음 각 호의 사항을 지체 없이 신고하여야 한다. 다만, 운행 중인 차만 손괴된 것이 분명하고 도로에서의 위험방지와 원활한 소통을 위하여 필요한 조치를 한 경우에는 그러하지 아니하다.
>
> **제154조(벌칙)**
> 제54조 제2항에 따른 사고발생 시 조치상황 등의 신고를 하지 아니한 사람은 30만원 이하의 벌금이나 구류에 처한다.
> ※ 단순물피 피해사고를 야기한 경우에도 도로에서의 위험방지와 원활한 소통을 위하여 필요한 조치를 한 경우에 한하여 신고의무가 면제된다.

(2) 관련 판례

① 농로에서 중앙분리대가 설치된 왕복 4차로의 도로로 진입하던 차량의 운전자가 속도를 줄이거나 일시 정지하여 진행 차량의 유무를 확인하지 않은 채 그대로 진입하다가 도로를 진행하던 차량을 들이받아 파손한 사안에서, **비록 사고로 인한 피해차량의 물적 피해가 경미하고, 파편이 도로상에 비산되지도 않았다고 하더라도, 차량에서 내리지 않은 채 미안하다는 손짓만 하고 도로를 역주행하여 피해차량의 진행방향과 반대편으로 도주한 것은 교통사고 발생시의 필요한 조치를 다하였다고 볼 수 없다고 한 사례**(대법원 2009.5.14. 2009도787).

② **귀책사유 없는 사고차량의 운전자도 도로교통법 제50조 제1항, 제2항의 구호조치의무 및 신고의무가 있다**(대법원 2002.5.24. 2000도1731).
도로교통법 제50조 제1항, 제2항이 규정한 교통사고발생시의 구호조치의무 및 신고의무는 차의 교통으로 인하여 사람을 사상하거나 물건을 손괴한 때에 운전자 등으로 하여금 교통사고로 인한 사상자를 구호하는 등 필요한 조치를 신속히 취하게 하고, 또 속히 경찰관에게 교통사고의 발생을 알려서 피해자의 구호, 교통질서의 회복 등에 관하여 적절한 조치를 취하게 하기 위한 방법으로 부과된 것이므로 교통사고의 결과가 피해자의 구호 및 교통질서의 회복을 위한 조치가 필요한 상황인 이상 그 의무는 교통사고를 발생시킨 당해 차량의 운전자에게 그 사고발생에 있어서 고의·과실 혹은 유책·위법의 유무에 관계없이 부과된 의무라고 해석함이 상당할 것이므로, 당해 사고에 있어 귀책사유가 없는 경우에도 위 의무가 없다 할 수 없고, 또 위 의무는 신고의무에만 한정되는 것이 아니므로 타인에게 신고를 부탁하고 현장을 이탈하였다고 하여 위 의무를 다한 것이라고 말할 수는 없다.

2. 인피사고 야기 후 도주 ^(15 채용, 15 경위)

(1) 적용 법령

> 특정범죄 가중처벌 등에 관한 법률(특정범죄가중법) 제5조의3(도주차량운전자의 가중처벌)
> ① 「도로교통법」 제2조의 자동차, 원동기장치자전거 또는 「건설기계관리법」 제26조 제1항 단서에 따른 건설기계 외의 건설기계(이하 "자동차등"이라 한다)의 교통으로 인하여 「형법」 제268조의 죄를 범한 해당 자동차등의 운전자(이하 "사고운전자"라 한다)가 피해자를 구호(救護)하는 등 「도로교통법」 제54조 제1항에 따른 조치를 하지 아니하고 도주한 경우에는 다음 각 호의 구분에 따라 가중처벌한다.
>   1. 피해자를 사망에 이르게 하고 도주하거나, 도주 후에 피해자가 사망한 경우에는 무기 또는 5년 이상의 징역에 처한다.
>   2. 피해자를 상해에 이르게 한 경우에는 1년 이상의 유기징역 또는 500만원 이상 3천만원 이하의 벌금에 처한다.
> ② 사고운전자가 피해자를 사고 장소로부터 옮겨 유기하고 도주한 경우에는 다음 각 호의 구분에 따라 가중처벌한다.
>   1. 피해자를 사망에 이르게 하고 도주하거나, 도주 후에 피해자가 사망한 경우에는 사형, 무기 또는 5년 이상의 징역에 처한다.
>   2. 피해자를 상해에 이르게 한 경우에는 3년 이상의 유기징역에 처한다.

(2) 관련 판례

① [1] 특정범죄 가중처벌 등에 관한 법률 제5조의3 도주차량죄의 입법 취지와 보호법익 및 위 규정에서의 교통사고를 도로교통법이 정하는 도로에서의 교통사고에 제한하여야 하는지 여부(소극)
   [2] 교회 주차장에서 사고차량 운전자가 사고차량의 운행 중 피해자에게 상해를 입히고도 구호조치 없이 도주한 행위에 대하여 특정범죄 가중처벌 등에 관한 법률 제5조의3 제1항을 적용한 조치를 정당하다고 한 사례(대법원 2004.8.30. 2004도3600)
② 운전자가 아닌 동승자가 교통사고 후 운전자와 공모하여 운전자의 도주행위에 가담하였다 하더라도, 동승자에게 과실범의 공동정범의 책임을 물을 수 있는 특별한 경우가 아닌 한, 특정범죄 가중처벌 등에 관한 법률 위반(도주차량)죄의 공동정범으로 처벌할 수는 없다(대법원 2007.7.26. 2007도2919).

3. 물피사고 야기 후 도주

> 도로교통법 제148조(벌칙)
> 제54조 제1항에 따른 교통사고 발생 시의 조치를 하지 아니한 사람은 5년 이하의 징역이나 1천 500만원 이하의 벌금에 처한다.
>
> 제156조(벌칙)
> 주·정차된 차만 손괴한 것이 분명한 경우에 제54조 제1항 제2호에 따라 피해자에게 인적 사항을 제공하지 아니한 사람은 20만원 이하의 벌금이나 구류 또는 과료(科料)에 처한다.

4 위험운전치사상, 어린이치사상

1. 「특정범죄 가중처벌 등에 관한 법률」 위험운전치사상 <22 채용, 18 승진>

(1) 「특정범죄 가중처벌 등에 관한 법률」상 구성요건

제5조의11 (위험운전 치사상) 제1항	음주 또는 약물의 영향으로 정상적인 운전이 곤란한 상태에서 자동차등을 운전하여 사람을 상해에 이르게 한 사람은 1년 이상 15년 이하의 징역 또는 1천만원 이상 3천만원 이하의 벌금에 처하고, 사망에 이르게 한 사람은 무기 또는 3년 이상의 징역에 처한다. ※ 구성요건 ㉠ 음주의 요건은 음주측정 거부를 포함한다. ㉡ 처벌 대상은 자동차, 원동기장치자전거, 「건설기계관리법」 제26조 제1항 단서에 따른 건설기계 외의 건설기계이다. ㉢ 음주 또는 약물의 영향으로 정상적인 운전이 곤란한 상태에 해당하여야 한다. ㉣ 음주 인피 사고 후 도주하면 「특정범죄 가중처벌 등에 관한 법률」 제5조의3(도주차량 운전자의 가중처벌)과 「도로교통법」 제44조(술에 취한 상태에서의 운전금지), 제148조의2(벌칙)만 적용하고 이 법률은 적용하지 않는다.

(2) 관련 판례

죄수	특정범죄가중처벌 등에 관한 법률상 '위험운전치사상죄'와 도로교통법상 '음주운전죄'의 관계 (=실체적 경합) 음주로 인한 특정범죄가중처벌 등에 관한 법률 위반(위험운전치사상)죄와 도로교통법 위반(음주운전)죄는 입법 취지와 보호법익 및 적용영역을 달리하는 별개의 범죄이므로, 양 죄가 모두 성립하는 경우 두 죄는 실체적 경합관계에 있다(대법원 2008.11.13. 2008도7143).
위험운전치사상죄의 성립요건	① 음주로 인한 특정범죄 가중처벌 등에 관한 법률 위반(위험운전치사상)죄는 도로교통법 위반(음주운전)죄의 경우와는 달리 형식적으로 혈중알코올농도의 법정 최저기준치를 초과하였는지 여부와는 상관없이 운전자가 '음주의 영향으로 실제 정상적인 운전이 곤란한 상태'에 있어야만 하고, 그러한 상태에서 자동차를 운전하다가 사람을 상해 또는 사망에 이르게 한 행위를 처벌대상으로 하고 있는바, 이는 음주로 인한 특정범죄 가중처벌 등에 관한 법률 위반(위험운전치사상)죄는 업무상과실치사상죄의 일종으로 구성요건적 행위와 그 결과 발생 사이에 인과관계가 요구되기 때문이다. ② 기록에 의하면, 피고인은 음주운전으로 교통사고를 야기한 후, 차에서 내려 피해자(진단 3주)에게 '왜 와서 들이받냐'라는 말을 하기도 한 사실, 피고인은 피해자의 신고로 출동한 경찰관에게 '동네 사람끼리 한번 봐 달라'고 하였지만, 그럴 수는 없으니 경찰서에 가자는 경찰관의 지시에 순순히 응하여 순찰차에 스스로 탑승하여 경찰서까지 갔고, 경찰서에서 조사받으면서 사고 당시 상황에 대한 자신의 주장을 정확하게 진술한 사실, 경찰관이 작성한 주취운전자 정황진술보고서에는 '언행상태'란에 '발음 약간 부정확', '보행상태'란에 '비틀거림이 없음', '운전자 혈색'란에 '안면 홍조 및 눈 충혈'이라고 기재되어 있는 사실을 알 수 있다. ③ 이러한 사실관계를 앞서 본 법리에 비추어 살펴보면, 피고인이 사고 직전에 비정상적인 주행을 하였다거나 비정상적인 주행 때문에 사고가 발생하였다고 보기 어렵고, 피고인이 보인 사고 직후의 태도와 경찰서까지 가게 된 경위 및 경찰 조사에서의 진술 내용 등에 비추어 사고 당시 피고인의 주의력이나 판단력이 저하되어 있었다고 보기도 어렵다. 또한 주취운전자 정황진술보고서에 따르더라도 피고인의 주취상태가 심하였다고 보기 어렵다. 결국 이 사건 사고 당시 피고인이 '음주의 영향으로 정상적인 운전이 곤란한 상태'에 있었다고 단정하기 어렵다. ④ 따라서 음주로 인한 특정범죄 가중처벌 등에 관한 법률 위반(위험운전치사상)이 아니라 도로교통법 위반(음주운전)으로 처벌해야 한다(대법원 2018.1.25. 2017도15519).

2. 「특정범죄 가중처벌 등에 관한 법률」 어린이치사상

(1) 근거 법률

자동차등의 운전자가 「도로교통법」 제12조 제3항에 따른 어린이 보호구역에서 같은 조 제1항에 따른 조치를 준수하고 어린이의 안전에 유의하면서 운전하여야 할 의무를 위반하여 어린이(13세 미만인 사람을 말한다. 이하 같다)에게 「교통사고처리 특례법」 제3조 제1항의 죄를 범한 경우에는 다음 각 호의 구분에 따라 가중처벌한다.

1. 어린이를 사망에 이르게 한 경우에는 무기 또는 3년 이상의 징역에 처한다.
2. 어린이를 상해에 이르게 한 경우에는 1년 이상 15년 이하의 징역 또는 500만원 이상 3천만원 이하의 벌금에 처한다.

(2) 어린이보호구역 인피 사고

① 교통사고의 경우 발생장소는 '어린이 보호구역'이다.
② 「도로교통법」, 「교통사고처리 특례법」, 「특정범죄 가중처벌 등에 관한 법률」상 '어린이'의 연령 기준은 같다. 사망에 이르게 한 경우 벌금형이 없다.

CHAPTER 05 경비경찰 활동

제1절 경비경찰 일반론

1 경비경찰의 의의

1. 경비경찰의 개념

공공의 안녕이나 질서에 대한 위험 상태(경찰위반의 상태)가 발생하거나 발생할 우려가 있는 경우에 일반통치권에 근거하여 이를 예방·진압하는 경찰활동이다.

2. 경비경찰의 임무와 대상

(1) 경찰청 경비국장의 분장사항(경찰청과 그 소속기관 직제 제13조 제3항)

일반	경비에 관한 계획의 수립 및 지도
부대 관리	경찰부대의 운영·지도 및 감독
청원경찰	청원경찰의 운영 및 지도
경찰작전	1. 민방위업무의 협조에 관한 사항 2. 경찰작전·경찰전시훈련 및 비상계획에 관한 계획의 수립·지도 3. 중요시설의 방호 및 지도 4. 예비군의 무기 및 탄약 관리의 지도
대테러	대테러 예방 및 진압대책의 수립·지도
위기관리 연계	안전관리·재난상황 및 위기상황 관리기관과의 연계체계 구축·운영
경호	경호 및 주요 인사 보호 계획의 수립·지도
항공기 관리	1. 경찰항공기의 관리·운영 및 항공요원의 교육훈련 2. 경찰업무수행과 관련된 항공지원업무

(2) 개인적·단체적 불법행위

치안경비	공공의 안녕과 질서를 해치는 다중범죄 등 집단적(조직적)인 범죄사태가 발생하거나 발생할 우려가 있는 경우에 이를 예방·경계·진압하기 위한 활동
특수경비 (대테러)	총포·도검·폭발물 등에 의한 테러, 인질, 납치, 난동, 살상 등 사회이목을 집중시키는 중요 사건을 예방·경계·진압하는 활동
경호경비	경호대상자의 신변을 보호하는 경비활동이다.
중요시설 경비	국가적으로 중대한 영향을 미치는 행정시설, 국가산업시설을 방호하기 위한 경비활동이다.

(3) 자연적·인위적 혼잡과 재난

행사안전경비 (혼잡경비)	기념행사, 경기대회, 시가행진 등에 수반하는 미조직 군중에 의하여 발생하는 자연적·인위적인 혼란상태를 예방·경계·진압하는 활동(집회장소의 혼잡을 방지하고 질서를 확보)
재난경비	천재지변 등의 자연적·인위적 돌발사태로 인명 또는 재산상 피해가 야기될 경우 이를 예방·진압하는 활동

3. 경비경찰의 특성 ⟨24 승진, 16·23 경위⟩

복합기능적 활동	① 사후 진압과 사전 예방 역할을 수행하되, 예방 기능을 중시한다. ② **경비사태가 발생한 후의 진압뿐만 아니라 특정한 사태가 발생하기 전의 경계·예방의 역할을 수행한다.**
현상(現狀) 유지적 활동	① 경비경찰 활동은 현재의 질서상태를 보존하는 것에 중점을 두는 **현상유지적 활동** 수행의 특성을 가진다. ② **질서유지 작용은 소극적·정태적인 질서유지가 아니라, 새로운 변화와 발전을 보장하기 위한 적극이고 동태적인 의미의 유지작용이다.**
즉응적 활동	① 경비사태는 항상 긴급을 요하고, 국가적으로나 사회적으로 중대한 영향을 주므로 신속한 처리가 요망되고, 다중범죄, 테러, 경호상 위해나 경찰작전상황 등이 발생하였을 경우에 기한을 정하여 진압할 수는 없으며 즉응적 조기제압이 요구된다. ② 경비경찰의 활동은 특정한 기한 없이 그러한 사태가 종료될 때, 동시에 해당 업무도 종료되는 것이 하나의 특성이다. ③ 경비사태에 대해 기한을 정하여 진압할 수 없고 즉시 출동하여 신속하게 조기대응해야 한다는 점에서 즉시적(즉응적) 활동이다.
조직적인 부대활동	① 부대활동은 지휘관과 부하 그리고 장비와 보급체계를 갖춘 조직적인 집단활동이다. ② 경비경찰은 경비사태가 발생한 때 **조직적이고 집단적인 대응이 요구되므로 조직적 부대활동에 중점을 둔 체계적인 부대편성과 관리 및 운영이 필요하다.**
명령에 의한 활동	① 경비경찰활동은 하향적 명령체계가 확보되어야 하므로 부대원의 재량은 상대적으로 적고, 활동의 결과에 대해서는 지휘관이 책임을 지는 것이 일반적이다. ② 경비활동은 조직적인 부대활동으로 모든 활동은 주로 계선조직(지휘체계를 갖춘 조직)의 지휘관이 내리는 지시나 명령에 의하여 움직이므로 활동의 결과에 대해서도 지휘관이 지휘책임을 지는 것이 일반적이다.
사회 전반적 안녕 목적의 활동	공공의 안녕과 질서를 유지하는 것을 목적으로 하므로 결과적으로 사회전체의 질서를 파괴하는 범죄를 대상으로 작용한다는 점에서 경비경찰의 임무는 국가목적적 치안의 수행이다.

4. 경비경찰 조직운영의 원칙 ⟨23 승진⟩

부대단위 활동의 원칙	① 부대에는 지휘관, 직원, 지휘권과 장비가 편성되며 임무수행을 위한 보급지원체제를 갖추고 있어야 한다. ② 부대의 관리와 임무의 수행을 위한 최종결정은 지휘관만이 할 수 있고, 명령에 따라서만 임무가 이루어진다.

지휘관 단일성의 원칙	① 효율적인 부대운영을 위해 지휘관은 한 사람만 두어야 한다는 원칙이며 명령통일의 원리에서 도출된다. 즉, 지시는 한 사람에 의해서 행해져야 하고, 보고도 한 사람을 통해서 이루어져야 한다. ② 경비경찰은 한 사람의 지휘하에 움직여져야 한다는 것이며, 위원회나 또는 집단지휘체제를 구성해서는 효율적인 업무수행이 어렵다는 것을 의미한다. ③ 이는 의사결정의 과정에서까지 단일해야 한다는 의미는 아니다. 즉, 결정은 다수에 따라 신중히 검토된 후에 가장 효과적이고 합리적으로 결정하되 그 집행에 있어서는 단일성을 의미한다.
체계 통일성의 원칙	① 경찰기관의 상하맥박이 일관되어 있음을 말한다. ② 조직의 정점으로부터 말단에 이르는 계선을 통하여 상하 계급 간에 일정한 관계가 형성되어 책임과 임무의 분담이 명확히 이루어지고 명령과 복종의 체계가 통일되어야 한다.
치안 협력성의 원칙	① 경비경찰이 업무수행과정에서 국민의 협력을 구해야 하고 국민이 스스로 협조를 해줄 때 효과적인 업무수행이 가능하다. ② 이러한 협력체계를 조성하는 것은 어디까지나 임의적이어야 하고 강제성을 띠어서는 아니 된다.

2 경비수단의 종류와 원칙

1. 경비수단의 의의 <23 승진>

① 경비수단은 신속한 진압과 질서유지를 목적으로 하는 실력행사를 의미한다.
② 경비수단은 간접적 실력행사와 직접적 실력행사로 구분할 수 있다.
③ 간접적인 실력행사는 상대방에게 심리적인 압박을 가하는 것으로 '경고'가 이에 속하고, 직접적인 실력행사는 상대방에게 물리적인 힘을 가하는 것으로 '제지'와 '체포'가 이에 속한다.
④ 경비수단에 통한 실력행사에 정해진 순서는 없으며, 주어진 경비상황에 따라서 적절히 행사하면 된다.

2. 경비수단의 종류

(1) 경고(간접적 실력행사)

의의	① 경고는 경비부대를 전면에 배치 또는 진출시켜 위력을 과시하거나 경고하여 범죄실행의 의사를 자발적으로 포기하도록 하는 간접적(심리적 압박) 실력행사이다. ② 필요한 경우에 관계자에게 주의를 주고 일정한 행위를 촉구하는 것이다.
근거	경찰관 직무집행법 제5조(위험발생의 방지), 제6조(범죄의 예방과 제지)에 근거한다.
대상	그 장소에 모여 있는 사람, 사물의 관리자, 위해를 받을 우려가 있는 사람, 위해 방지조치를 강구해야 할 사람, 범죄행위가 곧 행해지려고 하는 경우의 관계인, 범죄를 행하려는 자 등이 있다.
성격	① 일정한 행위를 촉구하는 사실상의 통지행위이며 임의처분에 해당된다. ② 경고는 임의처분이기는 하나, 경찰권의 행사에는 경찰비례의 원칙이 적용되어야 한다.

(2) 제지(직접적 실력행사)

의의	① 제지는 경비사태를 예방·진압하기 위하여 관계자를 제한·통제하는 강제처분이다. ② 세력분산·통제파괴·주동자 및 주모자의 격리 등을 실시하는 직접적 실력행사이다.
근거 및 수단	① 경찰관 직무집행법 제6조(범죄의 예방과 제지)에 근거하고 있으며, 즉시강제에 해당하는 강제처분 행위이다. ② 제지행위 시에 무기를 사용하는 경우가 있다. 다만 무기 사용 시에는 무기사용 요건에 해당하여야 한다. ③ 범죄행위가 목전에 행해지려 하고 있다고 인정되는 때에 해당되어 범죄예방 차원에서 지하철 관리자에 요청하여 무정차 통과를 할 수 있다고 본다. 예 대규모 시위대가 지하철로 이동하면서 불법시위를 할 것이 명백한 경우 지하철역에 요구하여 지하철을 무정차 통과토록 조치하였다.
성격	① 즉시강제에 해당하는 강제처분이라는 점에서, 의무의 불이행을 전제로 하는 행정상 강제집행과는 구별된다. ② 강제처분이라는 점에서 제지행위는 법률에 근거를 두어야 하며 경찰비례의 원칙의 엄격한 적용이 요구된다.

(3) 체포(직접적 실력행사)

의의	체포란 상대방의 신체를 구속하는 강제처분이며 직접적 실력행사이다.
근거	형사소송법 제212조(예 현행범체포)에 근거를 두고 있다.
성격	다중에 의한 범죄가 실행되고 있는 경우에 명백한 위법상태일 때에는 실력으로 체포하는 진압조치를 할 필요가 있을 경우도 있다.

3. 경비수단의 원칙 <21·23 승진, 15·23 경위> 자 균. 위. 적. 안

균형의 원칙	상황과 대상에 따라 주력부대와 예비부대를 유효적절하게 활용하여 한정된 경력으로 최대의 성과를 올린다는 것으로 균형 있는 경력 운영에 관한 원칙이다.
위치의 원칙	사태를 진압하는 실력행사 시 가장 유리한 지점과 위치를 확보하는 원칙이다.
적시(시점)의 원칙	상대방의 저항력이 가장 허약한 시점을 포착하여 가장 적절한 시기에 집중적이고 강력한 실력행사를 하여야 한다는 원칙이다.
안전의 원칙	작전 시의 변수의 발생은 사회적으로 큰 파장을 미칠 수 있으므로 경비경력을 안전하게 관리하고 군중들을 사고 없이 안전하게 진압해야 한다는 원칙이다.

제2절 행사안전경비(혼잡경비)

1. 행사안전경비(혼잡경비)의 의의 <18 경위>

(1) 개념

① 행사안전경비 활동은 기념행사, 경기대회, 제례의식, 기타 각종 행사를 위해 모인 미조직된 군중에 따라 발생되는 자연적인 혼란상태를 사전에 예방하거나 경계하고, 위험한 사태가 발생한 경우에는 신속히 조치하여 확대되는 것을 방지하는 경비경찰활동이다.

② 군중의 밀집으로 인한 압사(壓死) 등 사고의 방지에 노력하여야 한다.
   예 10·29 이태원 참사 사건(희생자 158명, 부상자 292명)

③ 열린 음악회에 인기 아이돌 가수들이 대거 출연하여 많은 관객들이 입장할 것으로 예상된다면 이 경우에 안전사고 등을 미연에 방지하고자 하는 경비유형이 바로 행사안전경비이다.

(2) 법적 근거

경찰관 직무집행법	① 제5조(위험발생의 방지 등) : 행사안전경비를 위한 직접적인 수권조항이 된다. ② 제7조(위험방지를 위한 출입)
경비업법 시행령	제30조(경비가 필요한 시설 등에 대한 경비의 요청) ① 시·도경찰청장 또는 경찰서장은 행사장, 그 밖에 많은 사람이 모이는 시설 또는 장소(이하 "행사장등"이라 한다)에서 혼잡 등으로 인한 위험의 발생을 방지하기 위하여 경비가 필요하다고 인정하는 경우에는 행사의 주최자나 시설 또는 장소의 관리자에게 행사장등에 경비원을 배치하도록 요청할 수 있다. ② 시·도경찰청장 또는 경찰서장은 제1항에 따른 요청을 할 때 행사의 주최자나 시설 또는 장소의 관리자에게 행사장등에 경비원을 배치할 수 없다고 판단되는 경우에는 행사개최일 또는 많은 사람이 모이는 날 1일 전까지 그 사실을 통지해 줄 것을 함께 요청할 수 있다.

2. 지역축제 개최 시 안전관리조치(재난 및 안전관리 기본법 제66조의11)

① 중앙행정기관의 장 또는 지방자치단체의 장은 대통령령으로 정하는 지역축제를 개최하려면 해당 지역축제가 안전하게 진행될 수 있도록 지역축제 안전관리계획을 수립하고, 그 밖에 안전관리에 필요한 조치를 하여야 한다. 다만, **다중의 참여가 예상되는 지역축제로서 개최자가 없거나 불분명한 경우에는 참여 예상 인원의 규모와 장소 등을 고려하여 대통령령으로 정하는 바에 따라 관할 지방자치단체의 장이 지역축제 안전관리계획을 수립하고 그 밖에 안전관리에 필요한 조치를 하여야 한다**(제1항).

② 중앙행정기관의 장 또는 지방자치단체의 장 외의 자가 대통령령으로 정하는 지역축제를 개최하려는 경우에는 해당 지역축제가 안전하게 진행될 수 있도록 지역축제 안전관리계획을 수립하여 대통령령으로 정하는 바에 따라 관할 시장·군수·구청장에게 사전에 통보하고, 그 밖에 안전관리에 필요한 조치를 하여야 한다. 지역축제 안전관리계획을 변경하려는 때에도 또한 같다(제3항).

③ 제1항 또는 제3항에 따른 **지역축제의 안전관리를 위하여 필요한 경우 중앙행정기관의 장 또는 지방자치단체의 장**(제3항에 따른 지역축제의 경우에는 관할 시장·군수·구청장을 말한다)**은 관할 경찰관서, 소방관서 및 그 밖에 관계 기관의 장에게 협조 또는 해당 기관의 소관 사항에 대한 역할 분담을 요청할 수 있다.** 이 경우 요청을 받은 기관의 장은 특별한 사유가 없으면 이에 따라야 한다(제5항).

3. 군중정리의 원칙 ^(15 채용)

밀도의 희박화	① 제한된 면적의 특정한 지역에 사람이 많이 모이면 상호 간에 충돌현상이 나타나고 혼잡을 야기하게 되므로 가급적 많은 사람이 모이는 것을 회피하게 하는 것이다. ② 대규모 군중이 모이는 장소를 사전에 블록화하여 추후 일정한 방향으로 이동시켜 주위상황을 파악할 수 있는 여건을 조성하는 것이다.
이동의 일정화	군중은 현재의 자기 위치와 갈 곳을 잘 몰라 불안감과 초조감을 갖게 되므로 일정 방향으로 일정한 속도로 이동을 시켜 주위의 상황을 파악할 수 있는 여건을 조성시킴으로써 안정감을 갖도록 하는 것이다.
경쟁적 사태의 해소 (경쟁적 행동의 지양)	① 순서에 의해 움직일 때 순조롭게 모든 일이 잘될 수 있다는 것을 이해시킨다. 차분한 목소리로 안내방송을 하는 것도 한 방법이 된다. ② 경쟁적 사태의 지양으로 남보다 먼저 가려는 심리상태를 억제한다. ③ 남보다 먼저 가려고 하는 심리상태로 혼란상태가 발생하므로 질서있게 행동하면 모든 일이 잘될 수 있다는 것을 납득시켜야 한다.
지시의 철저	계속적이고 자세한 안내방송으로 지시를 철저히 해서 혼잡한 사태를 정리하고 사고를 미리 방지할 수 있다.

제3절 재난경비

1. 재난경비 활동의 의의 ^(24 경위)

(1) 개념

재난경비 활동이란 예측하기 어려운 자연재해(천재지변, 폭풍우, 지진, 홍수, 해일 수난사고 등)와 인위적인 돌발사태(폭발사고, 대형구조물의 붕괴 등)로부터 국민의 생명과 재산을 보호하고 공공의 안녕을 유지하기 위하여 이를 예방·경계·진압하는 경비활동을 의미한다.

(2) 경찰의 역할

① 재난발생 시 재난관리 주무부서는 소방과 해양경찰이고, 경찰은 지원기관으로서 인명 구조, 재난현장 통제 등의 임무를 수행한다.
② 긴급구조기관과 지원기관
  ㉠ **"긴급구조기관"이란 소방청·소방본부 및 소방서를 말한다. 다만, 해양에서 발생한 재난의 경우에는 해양경찰청·지방해양경찰청 및 해양경찰서**를 말한다(재난 및 안전관리 기본법 제3조 제7호).
  ㉡ **"긴급구조지원기관"이란** 긴급구조에 필요한 인력·시설 및 장비, 운영체계 등 긴급구조능력을 보유한 기관이나 단체로서 대통령령으로 정하는 기관과 단체를 말하며(재난 및 안전관리 기본법 제3조 제8호), 경찰청, 기상청 및 산림청이 긴급구조지원기관에 해당한다(시행령 제4조 제1호).
③ 경찰관서의 장은 업무수행 중 재난의 발생이나 재난이 발생할 징후를 발견하였을 때에는 즉시 그 사실을 그 소재지 관할 시장·군수·구청장과 관할 긴급구조기관의 장에게 알려야 한다(제19조 제2항).

2. 재난 및 안전관리 기본법(재난안전법) 〈19·20·23 채용, 24 승진, 24 경위〉

(1) 정의(제3조)

① "재난"이란 국민의 생명·신체·재산과 국가에 피해를 주거나 줄 수 있는 것으로서 다음 각 목의 것을 말한다.

  ㉠ 자연재난 : 태풍, 홍수, 호우(豪雨), 강풍, 풍랑, 해일(海溢), 대설, 한파, 낙뢰, 가뭄, 폭염, 지진, 황사(黃砂), 조류(藻類) 대발생, 조수(潮水), 화산활동, 「우주개발 진흥법」에 따른 자연우주물체의 추락·충돌, 그 밖에 이에 준하는 자연현상으로 인하여 발생하는 재해

  ㉡ 사회재난(인적 재난×) : **화재·붕괴·폭발·교통사고**(항공사고 및 해상사고를 포함한다)·화생방사고·환경오염사고·다중운집인파사고 등으로 인하여 발생하는 대통령령으로 정하는 규모 이상의 피해와 국가핵심기반의 마비, 「감염병의 예방 및 관리에 관한 법률」에 따른 감염병 또는 「가축전염병예방법」에 따른 가축전염병의 확산, 「미세먼지 저감 및 관리에 관한 특별법」에 따른 미세먼지, 「우주개발 진흥법」에 따른 인공우주물체의 추락·충돌 등으로 인한 피해

② **"재난관리"**란 재난의 예방·대비·대응 및 복구를 위하여 하는 모든 활동을 말한다. 재 방. 비. 응. 구

예방(완화) 단계	정부합동안전 점검, 재난관리체계 등의 평가 활동
대비 단계	기능별 재난대응 활동계획 작성, 재난분야 위기관리 매뉴얼 작성, 재난대비훈련
대응 단계	응급조치, 긴급구조
복구 단계	재난피해조사, **특별재난지역 선포**

③ "안전관리"란 재난이나 그 밖의 각종 사고로부터 사람의 생명·신체 및 재산의 안전을 확보하기 위하여 하는 모든 활동을 말한다.

(2) 중앙재난안전대책본부

① 재난 및 안전관리 업무의 총괄·조정(제6조)
행정안전부장관(국무총리×, 경찰청장×)은 국가 및 지방자치단체가 행하는 재난 및 안전관리 업무를 총괄·조정한다.

② 대통령령으로 정하는 대규모 재난(이하 "대규모재난"이라 한다)의 대응·복구(이하 "수습"이라 한다) 등에 관한 사항을 총괄·조정하고 필요한 조치를 하기 위하여 **행정안전부에 중앙재난안전대책본부(이하 "중앙대책본부"라 한다)를 둔다**(제14조 제1항).

③ **중앙대책본부의 본부장**(이하 "중앙대책본부장"이라 한다)**은 행정안전부장관**이 되며, 중앙대책본부장은 중앙대책본부의 업무를 총괄하고 필요하다고 인정하면 중앙재난안전대책본부회의를 소집할 수 있다. 다만, **해외재난의 경우에는 외교부장관**이, 「원자력시설 등의 방호 및 방사능 방재 대책법」 제2조 제1항 제8호에 따른 방사능재난의 경우에는 같은 법 제25조에 따른 중앙방사능방재대책본부의 장이 각각 중앙대책본부장의 권한을 행사한다(제14조 제3항).

④ 위 규정에도 불구하고 재난의 효과적인 수습을 위하여 다음 각 호의 어느 하나에 해당하는 경우에는 국무총리가 중앙대책본부장의 권한을 행사할 수 있다. 이 경우 행정안전부장관, 외교부장관(해외재난의 경우에 한정한다) 또는 원자력안전위원회 위원장(방사능 재난의 경우에 한정한다)이 차장이 된다(제14조 제4항).

1호. 국무총리가 범정부적 차원의 통합 대응이 필요하다고 인정하는 경우
2호. 행정안전부장관이 국무총리에게 건의하거나 제15조의2 제3항에 따른 수습본부장의 요청을 받아 행정안전부장관이 국무총리에게 건의하는 경우

(3) 재난의 예방(Mitigation Phase)
① 이 활동은 재난요인을 사전에 제거하려는 행위, 피해 가능성을 최소화하는 행위, 또한 그 피해를 분산시키는 행위 등을 의미한다.
② 정부합동안전 점검, 재난관리체계 등의 평가 활동이 있다.
③ 정부합동 안전 점검(제32조), 재난관리체계 등에 대한 평가 등(제33조의2)

(4) 재난의 대비(Preparedness Phase)
① 재난을 경감하려는 노력에도 불구하고 재난발생을 완전히 제거시킬 수 없으므로 재난발생을 예상하여 그 피해를 최소화하고, 원활한 대응을 위한 준비를 수행하는 과정이다.
② 기능별 재난대응 활동계획 작성, 재난분야 위기관리 매뉴얼 작성, 재난대비훈련 등이 있다.
③ 기능별 재난대응 활동계획의 작성·활용(제34조의4), 재난분야 위기관리 매뉴얼 작성·운용(제34조의5), 재난대비훈련 실시(제35조)

(5) 재난의 대응(Response Phase)
① 실제로 재난이 발생했을 때 수행해야 할 행동을 말한다.
② 응급조치(제37조), 긴급구조(제2절)에 관한 규정을 두고 있다.
③ **시장·군수·구청장과 지역통제단장(대통령령으로 정하는 권한을 행사하는 경우에만 해당한다. 이하 이 조에서 같다)은** 재난이 발생하거나 발생할 우려가 있는 경우에 사람의 생명 또는 신체나 재산에 대한 위해를 방지하기 위하여 필요하면 해당 지역 주민이나 그 지역 안에 있는 사람에게 대피하도록 명하거나 선박·자동차 등을 그 소유자·관리자 또는 점유자에게 대피시킬 것을 명할 수 있다. 이 경우 미리 대피장소를 지정할 수 있다(제40조 대피명령 제1항).

(6) 재난사태 선포
① **행정안전부장관**은 대통령령으로 정하는 재난이 발생하거나 발생할 우려가 있는 경우 사람의 생명·신체 및 재산에 미치는 중대한 영향이나 피해를 줄이기 위하여 긴급한 조치가 필요하다고 인정하면 중앙위원회의 심의를 거쳐 재난사태를 선포할 수 있다. 다만, 행정안전부장관은 재난상황이 긴급하여 중앙위원회의 심의를 거칠 시간적 여유가 없다고 인정하는 경우에는 중앙위원회의 심의를 거치지 아니하고 재난사태를 선포할 수 있다(제36조 제1항).
② 제1항에도 불구하고 시·도지사는 관할 구역에서 재난이 발생하거나 발생할 우려가 있는 등 대통령령으로 정하는 경우 사람의 생명·신체 및 재산에 미치는 중대한 영향이나 피해를 줄이기 위하여 긴급한 조치가 필요하다고 인정하면 시·도위원회의 심의를 거쳐 재난사태를 선포할 수 있다. 이 경우 시·도지사는 지체 없이 그 사실을 행정안전부장관에게 통보하여야 한다(동조 제3항).
③ 행정안전부장관 또는 시·도지사는 재난으로 인한 위험이 해소되었다고 인정하는 경우 또는 재난이 추가적으로 발생할 우려가 없어진 경우에는 선포된 재난사태를 즉시 해제하여야 한다(동조 제6항).

(7) 재난의 복구(Recovery Phase)
① 복구란 재난으로 인한 혼란상태가 상당히 안정되고 응급적인 인명구조와 재산의 보호활동이 이루어진 후에 재난 전의 정상상태로 회복시키기 위한 여러 활동을 말한다.
② 재난피해조사, 특별재난지역 선포 등이 있음
③ 피해조사 및 복구계획: 제58조(재난피해 신고 및 조사), 제59조(재난복구계획의 수립·시행)
④ 특별재난지역 선포

> 제60조(특별재난지역의 선포)
> ① 중앙대책본부장은 대통령령으로 정하는 규모의 재난이 발생하여 국가의 안녕 및 사회질서의 유지에 중대한 영향을 미치거나 피해를 효과적으로 수습하기 위하여 특별한 조치가 필요하다고 인정하거나 지역대책본부장의 요청이 타당하다고 인정하는 경우에는 중앙위원회의 심의를 거쳐 해당 지역을 특별재난지역으로 선포할 것을 대통령에게 건의할 수 있다.
> ② 제1항에 따라 특별재난지역의 선포를 건의받은 대통령은 해당 지역을 특별재난지역으로 선포할 수 있다.

제4절 다중범죄 관리·진압

1. 다중범죄의 개념
① 다중범죄는 특정 집단의 주의·주장을 관철하기 위한 불법 집단행동이다.
② 다중은 한 지방의 안전·평온을 해할 수 있을 정도의 다수를 말하며, 어느 정도 조직적이어야 한다. 그러나 다중은 반드시 지도자가 있어야 하는 것은 아니다.

2. 다중범죄 진압이론(정책적 치료법) ⟨15·16·18 채용, 17·25 승진, 16 경위⟩

(1) **정책적 치료법의 의의**

정책적 치료법은 사전에 그 요인을 찾아서 해결하거나 대책을 강구하는 방법을 말한다.

(2) **정책적 치료법의 내용**

선수승화법	특정사안과 관련된 불만집단에 대한 정보활동을 강화하여 사전에 불만 및 분쟁요인을 찾아내어 해소시켜 주는 방법이다. 예 언론기관의 노조단체가 임금문제로 인해 파업을 한다는 첩보를 입수하고, 파업에 앞서 임금협상을 통하여 파업을 방지하였다.
전이법	다중범죄의 발생징후나 이슈가 있을 때 집단이나 국민들의 관심을 집중시킬 수 있는 경이적인 사건을 폭로하거나 규모가 큰 행사를 개최함으로써 원래의 이슈가 상대적으로 약화되도록 하는 방법이다.
지연정화법	불만집단의 고조된 주장을 시간을 끌어(지연하여) 이성적으로 사고할 기회를 부여하고 정서적으로 감정을 둔화시켜 흥분을 가라앉게 하는 방법이다.
경쟁행위법	불만집단에 반대하는 여론(대중 의견)을 크게 부각시켜 불만집단이 위압되어 자진해산 및 분산되도록 하는 방법이다. 예 서울지하철 노조가 객관적으로 명분 없는 지하철 운행 중단을 실시하자 언론에 일반시민의 불만과 비난의 목소리가 크게 부각되었다. 이에 당황한 서울지하철 노조는 스스로 지하철 정상운행을 위해 업무에 복귀하였다.

3. 진압의 원칙 <18 경채, 17 경위>

(1) 진압의 기본원칙

봉쇄·방어	군중들이 중요시설이나 기관 등 보호대상물의 점거를 기도(企圖)할 경우, 사전에 부대가 점령하거나 바리케이드 등으로 봉쇄하여 방어조치를 취하는 방법이다.
차단·배제	군중이 목적지에 집결하기 전에 중간에서 차단하여 집합을 못하게 하는 방법으로서, 중요 목지점에 경력을 배치하고 검문검색을 실시하여 불법시위가담자를 사전에 색출, 검거하거나 귀가조치시킴으로써 시위군중의 집합을 사전에 차단한다.
세력 분산	일단 시위대가 집단을 형성한 이후에 부대가 대형으로 진입하거나 장비를 사용하여 시위집단의 지휘통제력을 차단시키면 수 개의 소집단으로 분할시켜 시위의사를 약화시킴으로써 그 세력을 분산시키는 방법이다.
주동자 격리	주모자(主謀者)를 사전에 검거하거나 군중과 격리시킴으로써 군중의 집단적 결속력을 약화시켜 계속된 행동을 못하게 진압하는 방법이다.

(2) 진압의 3대 원칙

신속한 해산	시위군중은 군중심리의 영향으로 격화·확대되기 쉽고 파급성이 강하므로 초기 단계에서 신속·철저히 해산시켜야 한다.
주모자 체포	시위군중은 주모자를 잃으면 무기력해져 쉽게 해산되는 것이 보통이므로 주모자부터 체포하여 분리시켜야 한다.
재집결 방지	시위군중은 일단 해산되었다가도 다시 집결하기 쉬우므로, 재집결 할 만한 곳에 경력을 배치하고 순찰과 검문검색을 강화하여 재집결을 방지한다.

제5절 선거경비, 경호경비

1 선거경비

1. 대통령선거 후보자의 신변 보호 <21 채용>

(1) 대통령 선거 후보자의 경호

① 대통령선거후보자는 을호경호 대상으로 후보자 등록 시부터 당선 확정 시까지 실시한다. 대통령으로 당선이 확정된 사람은 갑호 경호의 대상이다.
② 대통령 후보자가 원하는 경우 유세장·숙소 등에 대해 24시간 경호임무를 수행하고, 후보자가 원하지 않는 경우 시·도경찰청에서 경호경험이 있는 자를 선발해 관내 유세기간 중 근접 배치한다.

(2) 비상근무체제

① 통상 비상근무체제는 선거기간 개시일부터 개표 종료 때까지이다.
② 경계강화기간: 선거기간 개시일~선거일 전일
③ 갑호비상 실시: 선거일(06시)~개표 종료 시

2. 투표소 및 개표소 경비 〈21 채용, 15 승진〉

(1) 투표소의 질서유지

투표소 내부의 질서유지는 선거관리위원회가 하고, 경찰은 112 순찰차를 투표소 밖에 배치하여 거점근무 및 순찰을 실시한다.

> 공직선거법 제164조(투표소 등의 질서유지)
> ① **투표관리관 또는 투표사무원**은 투표소의 질서가 심히 문란하여 공정한 투표가 실시될 수 없다고 인정하는 때에는 투표소의 질서를 유지하기 위하여 정복을 한 경찰공무원 또는 경찰관서장에게 원조를 요구할 수 있다.
> ② 제1항의 규정에 의하여 **원조요구를 받은 경찰공무원 또는 경찰관서장은 즉시 이에 따라야 한다.**
> ③ 제1항의 요구에 의하여 투표소 안에 들어간 경찰공무원 또는 경찰관서장은 투표관리관의 지시를 받아야 하며, 질서가 회복되거나 투표관리관의 요구가 있는 때에는 즉시 투표소 안에서 퇴거하여야 한다.
>
> 제165조(무기나 흉기 등의 휴대금지)
> ① 제164조 제1항의 경우를 제외하고는 누구든지 투표소 안에서 무기나 흉기 또는 폭발물을 지닐 수 없다.

(2) 개표소의 질서유지

> 제183조(개표소의 출입제한과 질서유지)
> ① 구·시·군선거관리위원회와 그 상급선거관리위원회의 위원·직원, 개표사무원·개표사무협조요원 및 개표참관인을 제외하고는 누구든지 개표소에 들어갈 수 없다. 다만, 관람증을 배부받은 자와 방송·신문·통신의 취재·보도요원이 일반관람인석에 들어가는 경우는 그러하지 아니하다.
> ③ 구·시·군선거관리위원회위원장이나 위원은 개표소의 질서가 심히 문란하여 공정한 개표가 진행될 수 없다고 인정하는 때에는 개표소의 질서유지를 위하여 정복을 한 경찰공무원 또는 경찰관서장에게 원조를 요구할 수 있다.
> ④ 제3항의 규정에 의하여 **원조요구를 받은 경찰공무원 또는 경찰관서장은 즉시 이에 따라야 한다.**
> ⑤ 제3항의 요구에 의하여 개표소안에 들어간 경찰공무원 또는 경찰관서장은 구·시·군선거관리위원회위원장의 지시를 받아야 하며, 질서가 회복되거나 위원장의 요구가 있는 때에는 즉시 개표소에서 퇴거하여야 한다.
> ⑥ 제3항의 경우를 제외하고는 누구든지 개표소안에서 무기나 흉기 또는 폭발물을 지닐 수 없다.

2 경호경비

1. 경호활동의 의의 및 법적 근거 〈15 경위〉

(1) 경호활동의 의의

"**경호**"란 경호 대상자의 생명과 재산을 보호하기 위하여 신체에 가하여지는 위해(危害)를 방지하거나 제거하고, 특정 지역을 경계·순찰 및 방비하는 등의 모든 안전 활동을 말한다(대통령 등의 경호에 관한 법률 제2조 제1호).

(2) 경호활동의 법적 근거

대통령 등의 경호에 관한 법률 및 시행령, 경찰관 직무집행법

2. 경호경비의 4대 원칙 <20 경채> 자 담. 보. 하. 자

자기희생의 원칙	경호원이 자기자신을 희생하는 한이 있더라도 피경호자의 신변의 안전은 반드시 보호되어야 한다.
자기 담당구역 책임의 원칙	경호원은 자기담당구역 내에서 일어나는 어떠한 사태에 대하여도 다른 사람 아닌 자기만이 책임을 지고 해결하여야 한다. 경호원은 자기 담당구역을 절대 사수하여 부여된 임무를 완수하여야 한다.
하나의 통제된 지점을 통한 접근의 원칙	① 경호대상자와 일반인을 분리하여, 경호대상자(피경호자)에게 접근할 수 있는 출입구나 통로는 경호상 통제된 유일한 통로만이 필요하고 여러 개의 통로를 두어서 위해요소가 분산되도록 해서는 안 된다는 원칙을 말한다. ② 여러 개의 출입문이나 통로는 오히려 불순분자에게 접근을 용이하게 해주며, 경호의 취약성을 노출시키기 쉽기 때문이다. 그러나 위급 시에 피경호자가 탈출할 수 있는 비상통로는 예외가 된다. ③ 통제된 출입구나 통로라도 접근자는 경호원에게 허가 절차 등을 거쳐야 한다.

목표물(목적물) 보존의 원칙	① 암살기도자 또는 위해를 가할 가능성이 있는 불순분자(적)로부터 경호대상자를 가능한 한 멀리 분리시켜야 한다는 원칙이다.
	② 목표물이 안전하게 보존되기 위하여는 다음과 같은 사항이 고려되어야 한다.
	  ㉠ **행차코스·행차예정장소 등은 원칙적으로 비공개되어야 한다.**
	  ㉡ 동일한 장소에 수차 행차하였던 곳은 가급적 피하거나 수시 변경한다.
	  ㉢ 대중에게 노출된 도보행차는 가급적 제한되어야 한다.

3. 경호의 원리(3중 경호의 원리) <20 경채, 15 경위>

1선 안전구역	2선 경비구역	3선 경계구역
내부, 절대안전 확보구역	내곽, 주경비지역	외곽, 조기경보지역

(1) 1선 안전구역(내부, 절대안전 확보구역)

① 피경호자가 위치하는 내부로서 옥내일 경우에는 건물자체를 말하며, 옥외일 경우에는 본부석이 통상적으로 제1선에 해당한다.
② 요인의 승·하차장, 동선 등의 취약 장소로 경호대상자에게 직접적으로 위해를 가할 수 있는 거리 내의 지역을 의미한다(수류탄 투척거리 또는 권총 유효사거리).
③ 경호에 대한 주관 및 책임은 경호처이고, 경찰은 경호처 요청 시 경력 및 장비를 지원한다.
④ 근무 요령
  ㉠ 출입자 통제 관리, MD설치 운용
  ㉡ 비표 확인 및 출입자 감시: 행사장 입장자에 대한 비표 확인 및 신원 불심자에 대하여 검문을 실시

(2) 2선 경비구역(내곽, 주경비지역)

① 소총의 유효사거리를 고려하여 설정된 선으로, 실내행사는 건물 내부 또는 담장을 연하는 경계책 내곽, 실외행사는 소총 유효사거리 내외의 취약 장소를 포함한다.
② 경호책임은 경찰이 담당하고 군부대 내일 경우에는 군이 책임을 진다.

③ 근무 요령
  ㉠ 행사장 접근로에 바리케이드 등 장애물을 설치하고, 검문조와 순찰조를 운영하여 불심자의 접근제지와 위해요소를 제거한다.
  ㉡ 돌발사태에 대비하여 예비대 및 비상통로, 소방차, 구급차 등을 확보한다.

(3) **3선 경계구역(외곽, 조기경보지역)**
① 조기경보지역으로 우발사태에 대한 대비책을 강구하고 통상 경찰이 책임을 진다. 안전구역과 경비구역을 보호하기 위한 경호활동이 이루어지는 구역이다(실내행사는 소총 유효사거리, 실외행사는 소구경곡사화기(박격포)의 유효사거리를 고려한 거리).
② 행사장 중심으로 적의 접근을 조기에 경보하고 차단하기 위하여 설정된 선으로 주변 동향파악과 직시고층건물 및 감제고지(감시·통제가 가능한 높은 장소)에 대한 안전확보, 우발 사태에 대비책을 강구한다.
③ 통상 경찰이 책임진다.
④ 근무 요령
  ㉠ 감시조, 도보 등 원거리 기동순찰조 운용
  ㉡ 원거리에서 불심자 검문 차단 : 원거리부터 불심자 및 집단사태를 적발·차단하고 경호상황본부에 상황전파로 경력이 대처할 시간을 제공

(4) **연도(노상)경호**
물적 위해요소가 방대하여 엄격하고 통제된 3중 경호원리를 적용하기 어렵다.

4. 경호의 대상

갑호 (경호처)	① 대통령 당선인과 그 가족 ② 대통령과 그 가족 　※ 가족은 대통령 및 대통령당선인의 배우자와 직계존비속 ③ 전직 대통령 그 배우자(퇴임 후 10년 이내) ④ 대통령권한대행과 그 배우자 ⑤ 대한민국을 방문하는 외국의 국가 원수 또는 행정수반(行政首班)과 그 배우자 ※ 국빈 A~C등급(경호처장이 등급 분류) ⑥ 그 밖에 처장이 경호가 필요하다고 인정하는 국내외 요인(要人)
을호(경찰)	① 대통령 선거 후보자, 전직 대통령(퇴임 후 10년 경과) ② 국회의장, 국무총리, 대법원장, 헌법재판소장 ③ 왕족, 국제기구대표, 기타 장관급 이상 외빈(경찰청장이 등급 분류)
병호(경찰)	갑호, 을호 이외에 경찰청장이 필요하다고 인정하는 사람 ※ 외빈 A·B등급

제6절 경찰작전, 청원경찰 지도·감독

1 경찰작전

1. 통합방위법 (17 채용, 19·23 승진, 16·18 경위)

(1) 정의(제2조)

"통합방위사태"란 적의 침투·도발이나 그 위협에 대응하여 다음의 구분에 따라 선포하는 단계별 사태를 말한다.

갑종사태	일정한 조직체계를 갖춘 적의 대규모 병력 침투 또는 대량살상무기 공격 등의 도발로 인한 비상사태로서 통합방위본부장 또는 지역군사령관의 지휘·통제하에 통합방위작전을 수행하여야 할 사태를 말한다.
을종사태	일부 또는 여러 지역에서 적이 침투·도발하여 단기간 내에 치안이 회복되기 어려워 지역군사령관의 지휘·통제하에 통합방위작전을 수행하여야 할 사태를 말한다.
병종사태	적의 침투·도발위협이 예상되거나 소규모의 적이 침투한 때에 시·도경찰청장·지역군사령관 또는 함대사령관의 지휘·통제하에 통합방위작전을 수행하여 단기간 내에 치안이 회복될 수 있는 사태를 말한다.

(2) 조직

> 제4조(중앙통합방위협의회)
> ① **국무총리** 소속으로 중앙 통합방위협의회(이하 "중앙협의회"라 한다)를 둔다.
> ② 중앙협의회의 의장은 국무총리가 되고, 위원은 기획재정부장관, 교육부장관, 과학기술정보통신부장관, 외교부장관, 통일부장관, 법무부장관, 국방부장관, 행정안전부장관 … 국가정보원장 및 통합방위본부장과 그 밖에 대통령령으로 정하는 사람이 된다.
> ③ 대통령령으로 정하는 참석 대상(통합방위법 시행령 제3조 제2항)은 경찰청장 및 시·도경찰청장, 소방청장 및 소방본부장, 해양경찰청장 및 지방해양경찰청장 등이다.
>
> 제5조(지역통합방위협의회) 제1항
> 특별시장·광역시장·도지사(이하 "시·도지사"라 한다) 소속하에 특별시·광역시·도통합방위협의회(이하 "시·도협의회"라 한다)를 두되, 그 의장은 시·도지사가 된다.
>
> 제8조(통합방위본부) 제2항
> 통합방위본부에는 본부장과 부본부장 1명씩을 두되, 통합방위본부장은 합동참모의장이 되고 부본부장은 합동참모본부에서 군사작전에 대한 기획 등 작전 업무를 총괄하는 참모 부서의 장이 된다.

(3) 통합방위사태의 선포와 해제

> 제12조(통합방위사태의 선포)
> ① 통합방위사태는 **갑종사태, 을종사태 또는 병종사태로 구분하여 선포한다.**
> ② 제1항의 사태에 해당하는 상황이 발생하면 다음 각 호의 구분에 따라 해당하는 사람은 즉시 **국무총리를 거쳐 대통령에게 통합방위사태의 선포를 건의하여야** 한다.
> 　1. 갑종사태에 해당하는 상황이 발생하였을 때 또는 둘 이상의 특별시·광역시·특별자치시·도·특별자치도(이하 "시·도"라 한다)에 걸쳐 을종사태에 해당하는 상황이 발생하였을 때: **국방부장관**
> 　2. 둘 이상의 시·도에 걸쳐 병종사태에 해당하는 상황이 발생하였을 때: **행정안전부장관 또는 국방부장관**

③ 대통령은 제2항에 따른 건의를 받았을 때에는 중앙협의회와 국무회의의 심의를 거쳐 통합방위사태를 선포할 수 있다.
④ **시·도경찰청장, 지역군사령관 또는 함대사령관은 을종사태나 병종사태에 해당하는 상황이 발생한 때에는 즉시 시·도지사에게 통합방위사태의 선포를 건의하여야 한다.**
⑤ 시·도지사는 제4항에 따른 건의를 받은 때에는 시·도 협의회의 심의를 거쳐 을종사태 또는 병종사태를 선포할 수 있다.

(4) 통합방위작전 등 운영

제16조(통제구역 등) 제1항
시·도지사 또는 시장·군수·구청장은 다음 각 호의 어느 하나에 해당하면 대통령령으로 정하는 바에 따라 인명·신체에 대한 위해를 방지하기 위하여 필요한 통제구역을 설정하고, 통합방위작전 또는 경계태세 발령에 따른 군·경 합동작전에 관련되지 아니한 사람에 대하여는 출입을 금지·제한하거나 그 통제구역으로부터 퇴거할 것을 명할 수 있다.
1. 통합방위사태가 선포된 경우
2. 적의 침투·도발 징후가 확실하여 경계태세 1급이 발령된 경우
   ※ 위 출입 금지·제한 또는 퇴거명령을 위반한 사람은 1년 이하의 징역 또는 1천만원 이하의 벌금에 처한다(제24조 벌칙).

제17조(대피명령) 제1항
시·도지사 또는 시장·군수·구청장은 통합방위사태가 선포된 때에는 인명·신체에 대한 위해를 방지하기 위하여 즉시 작전지역에 있는 주민이나 체류 중인 사람에게 대피할 것을 명할 수 있다.
※ 위 대피명령을 위반한 사람은 300만원 이하의 벌금에 처한다(제24조 벌칙).

2. 경찰 비상업무 규칙(경찰청훈령)

(1) 정의(제2조) <18 채용, 15·18 승진>

① "가용경력"이란 총원에서 휴가·출장·교육·파견 등을 제외(포함×)하고 실제 동원될 수 있는 모든 인원을 말한다(제7호).
② "소집관"이란 비상근무발령권자로부터 권한을 위임받아 비상근무발령에 따른 비상소집을 지휘·감독하는 주무 참모 또는 상황관리관(상황관리관의 임무를 수행하는 자를 포함한다. 이하 같다)을 말한다(제8호).

(2) 비상근무의 종류 및 등급(제4조) <18 승진, 24 경위>

① 비상근무는 비상상황의 유형에 따라 다음과 같이 구분하여 발령한다.
   ㉠ 경비 소관: **경비, 작전, 재난비상**
   ㉡ 안보 소관: 안보비상
   ㉢ 수사 소관: 수사비상
   ㉣ 교통 소관: 교통비상
② 부서별 상황의 긴급성 및 중요도에 따라 비상등급을 다음과 같이 구분하여 실시한다.
   ㉠ 갑호 비상 ㉡ 을호 비상 ㉢ 병호 비상 ㉣ 경계 강화 ㉤ 작전준비태세(작전비상시 적용)

③ 비상근무의 종류별 정황 [별표1]

경비비상		
갑호		1. 계엄이 선포되기 전의 치안상태 2. 대규모 집단사태·테러 등의 발생으로 치안질서가 극도로 혼란하게 되었거나 그 징후가 현저한 경우 3. 국제행사·기념일 등을 전후하여 치안수요의 급증으로 경력을 동원할 필요가 있는 경우
을호		1. 대규모 집단사태·테러 등의 발생으로 치안질서가 혼란하게 되었거나 그 징후가 예견되는 경우 2. 국제행사·기념일 등을 전후하여 치안수요가 증가하여 경력을 동원할 필요가 있는 경우
병호		1. 집단사태·테러 등의 발생으로 치안질서의 혼란이 예견되는 경우 2. 국제행사·기념일 등을 전후하여 치안수요가 증가하여 경력을 동원할 필요가 있는 경우
작전비상		
갑호		대규모 적정(전투상태에 있는 적의 동향)이 발생하였거나 발생 징후가 현저한 경우
을호		적정이 발생하였거나 일부 적의 침투가 예상되는 경우
병호		정·첩보에 의해 적 침투에 대비한 고도의 경계강화가 필요한 경우
재난비상		
갑호		대규모 재난의 발생으로 치안질서가 극도로 혼란하게 되었거나 그 징후가 현저한 경우
을호		대규모 재난의 발생으로 치안질서가 혼란하게 되었거나 그 징후가 예견되는 경우
병호		재난의 발생으로 치안질서의 혼란이 예견되는 경우
안보비상		
갑호		간첩 또는 정보사범 색출을 위한 경계지역 내 검문검색 필요시
을호		상기 상황하에서 특정지역·요지에 대한 검문검색 필요시
수사비상		
갑호		사회이목을 집중시킬만한 중대범죄 발생시
을호		중요범죄 사건발생시
교통비상		
갑호		농무, 풍수설해, 화재 등에 따른 대규모 교통사고 등 교통혼란이 발생하였거나 발생할 가능성이 현저한 경우
을호		농무, 풍수설해, 화재 등에 따른 교통혼란 발생이 예상되는 경우
경계강화(기능 공통)		
"병호"비상보다는 낮은 단계로, 별도의 경력동원없이 평상시보다 치안활동을 강화할 필요가 있을 때		
작전준비태세(작전비상시 적용)		
"경계강화"를 발령하기 이전에 별도의 경력동원 없이 필요한 작전사항을 미리 조치할 필요가 있을 때		

(3) **발령(제5조)** <24 경위>

① 비상근무의 발령권자는 다음과 같다.
  ㉠ 전국 또는 2개 이상 시·도경찰청 관할지역 : 경찰청장
  ㉡ 시·도경찰청 또는 2개 이상 경찰서 관할지역 : 시·도경찰청장
  ㉢ 단일 경찰서 관할지역 : 경찰서장

② 비상근무의 발령권자는 비상상황이 발생하여 비상근무를 실시하고자 할 경우에는 비상근무의 목적, 지역, 기간 및 동원대상(해당 부서, 지휘관 및 참모의 범위 등을 포함한다) 등을 특정하여 별지 제1호 서식의 **비상근무발령서에 의하여 비상근무를 발령한다.**

③ 비상근무를 발령할 경우에는 정황의 특수성을 감안하여 비상근무의 목적이 원활히 달성될 수 있도록 적정한 인원, 계급, 부서를 동원하여 불필요한 동원이 없도록 하여야 한다.

(4) 지휘관 및 참모의 근무(제2조 정의)

① **"지휘선상 위치 근무"란** 비상연락체계를 유지하며 유사시 1시간 이내에 현장지휘 및 현장근무가 가능한 장소에 위치하는 것을 말한다(제2호).

② **"정위치 근무"란** 감독순시·현장근무 및 사무실 대기 등 관할구역 내에 위치하는 것을 말한다(제3호).

③ **"정착근무"란** 사무실 또는 상황과 관련된 현장에 위치하는 것을 말한다(제4호).

(5) 근무요령(제7조) ⟨18·21 채용, 24 경위⟩

갑호 비상	가. 비상근무 갑호가 발령된 때에는 연가를 중지하고 가용경력 100%까지 동원할 수 있다. 나. 지휘관(지구대장, 파출소장은 지휘관에 준한다. 이하 같다)과 참모는 정착 근무를 원칙으로 한다.
을호 비상	가. 비상근무 을호가 발령된 때에는 연가를 중지하고 가용경력 50%까지 동원할 수 있다. 나. 지휘관과 참모는 정위치 근무를 원칙으로 한다.
병호 비상	가. 비상근무 병호가 발령된 때에는 부득이한 경우를 제외하고는 연가를 억제하고 가용경력 30%까지 동원할 수 있다. 나. 지휘관과 참모는 정위치 근무 또는 지휘선상 위치 근무 원칙으로 한다.
경계 강화	가. 별도의 경력동원 없이 특정분야의 근무를 강화한다. 나. 경찰관 등은 비상연락체계를 유지하고 경찰작전부대는 상황발생 시 즉각 출동이 가능하도록 출동대기태세를 유지한다. 다. 지휘관과 참모는 지휘선상 위치 근무를 원칙으로 한다.
작전준비 태세 (작전비상시 적용)	가. 별도의 경력동원 없이 경찰관서 지휘관 및 참모의 비상연락망을 구축하고 신속한 응소체제를 유지한다. 나. 경찰작전부대는 상황발생 시 즉각 출동이 가능하도록 출동태세 점검을 실시한다. 다. 유관기관과의 긴밀한 연락체계를 유지하고, 필요시 작전상황반을 유지한다.

(6) 응소 ⟨21 채용, 24 경위⟩

① 비상소집명령을 받은 경찰관등은 소집 장소로 응소하되, 필수요원은 1시간 이내에 일반요원은 2시간 이내에 응소함을 원칙으로 한다. 다만, 교통수단이 두절되거나 없을 때에는 가까운 경찰관서에 응소 후 지시에 따른다(제12조 제1항).

② **"필수요원"이란** 모든 경찰공무원 및 일반직공무원(이하 "경찰관등"이라 한다) 중 경찰기관의 장이 지정한 자로 **비상소집 시 1시간 이내에 응소하여야 할 사람**을 말한다(제2조 제5호).

③ **"일반요원"이란** 필수요원을 제외한 경찰관등으로 **비상소집 시 2시간 이내에 응소하여야 할 사람**을 말한다(제2조 제6호).

2 청원경찰 지도·감독

1. 청원경찰과 국가중요시설의 경비

(1) 청원경찰

① 청원경찰은 국가기관 또는 공공단체와 그 관리하에 있는 중요 시설 또는 사업장의 경영자, 국내 주재(駐在) 외국기관의 장, 그 밖에 행정안전부령으로 정하는 중요 시설, 사업장의 경영자가 필요경비(經費, 청원경찰경비)를 부담할 것을 조건으로 경찰의 배치를 신청하는 경우 그 기관·시설 또는 사업장 등의 경비(警備)를 담당하게 하기 위하여 배치하는 경찰을 말한다(청원경찰법 제2조).

② 청원경찰(이 사건의 경우 한국수력원자력 주식회사의 청원경찰)은 사용자인 청원주와의 고용계약에 의한 근로자로서 공무원 신분이 아니다. 다만, 청원경찰은 일정한 범위 안에서 경찰관의 직무를 수행하는 등 그 업무수행에 공공성을 가지기 때문에「청원경찰법」에 의해 일정한 신분상 규제를 하고 있다(헌재 2017.9.28. 2015헌마653).

③ 청원경찰법(1962년 제정)의 목적
이 법은 청원경찰의 직무·임용·배치·보수·사회보장 및 그 밖에 필요한 사항을 규정함으로써 청원경찰의 원활한 운영을 목적으로 한다(제1조).

(2) 국가중요시설의 경비·보안 및 방호(통합방위법 제21조) <16 채용, 23 승진, 22 경위>

① 국가중요시설의 관리자(소유자를 포함한다. 이하 같다)는 경비·보안 및 방호책임을 지며, 통합방위사태에 대비하여 자체방호계획을 수립하여야 한다. 이 경우 국가중요시설의 관리자는 자체방호계획을 수립하기 위하여 필요하면 시·도경찰청장 또는 지역군사령관에게 협조를 요청할 수 있다.

② 시·도경찰청장 또는 지역군사령관은 통합방위사태에 대비하여 국가중요시설에 대한 방호지원계획을 수립·시행하여야 한다.

③ 국가중요시설의 평시 경비·보안활동에 대한 지도·감독은 관계 행정기관의 장과 국가정보원장이 수행한다.

④ 지정(통합방위법 제21조)
국가중요시설은 **국방부장관(경찰청장×)이 관계행정기관의 장 및 국가정보원장과 협의하여 지정한다.**

2. 청원경찰의 배치(임용)와 폐지 <20 채용, 17·19·20 승진, 23·25 경위>

(1) 배치 절차 개관

①	②	③	④	⑤
청원주의 배치신청	시·도경찰청장의 배치결정	청원주의 임용승인신청	시·도경찰청장의 임용승인	청원주의 임용

(2) 청원경찰의 배치(청원경찰법 제4조)

① 청원경찰을 배치 받으려는 자는 대통령령으로 정하는 바에 따라 **관할 시·도경찰청장(경찰서장×)에게 청원경찰 배치를 신청하여야 한다.**

② 시·도경찰청장은 청원경찰의 배치 신청을 받으면 지체 없이 그 배치 여부를 결정하여 신청인에게 알려야 한다.
③ 시·도경찰청장은 청원경찰의 배치가 필요하다고 인정되는 기관의 장 또는 시설·사업장의 경영자에게 **청원경찰을 배치할 것을 요청(명령×)할 수 있다.**

(3) 청원경찰의 임명 및 배치

① 임명승인 신청(시행령 제4조 제1항)
청원주는 그 배치 결정의 통지를 받은 날부터 30일 이내에 배치 결정된 인원수의 임용예정자에 대하여 청원경찰 임용승인을 시·도경찰청장에게 신청하여야 한다.
② 임용보고(시행령 제4조 제2항)
청원주가 청원경찰을 임용하였을 때에는 10일 이내에 그 임용사항을 관할 경찰서장을 거쳐 시·도경찰청장에게 보고하여야 한다.
③ 배치 및 이동(시행령 제6조 제1항)
청원주는 청원경찰을 신규로 배치하거나 이동배치하였을 때에는 배치지(이동배치의 경우에는 종전의 배치지)를 관할하는 경찰서장에게 그 사실을 통보하여야 한다.

(4) 배치의 폐지(청원경찰법 제10조의5)

① 청원주는 청원경찰이 배치된 시설이 폐쇄되거나 축소되어 청원경찰의 배치를 폐지하거나 배치인원을 감축할 필요가 있다고 인정하면 청원경찰의 배치를 폐지하거나 배치인원을 감축할 수 있다(제1항 본문).
② 다만, 청원주는 다음의 어느 하나에 해당하는 경우에는 **청원경찰의 배치를 폐지하거나 배치인원을 감축할 수 없다**(제1항 단서).
  1. 청원경찰을 대체할 목적으로 「경비업법」에 따른 특수경비원을 배치하는 경우
  2. 청원경찰이 배치된 기관·시설 또는 사업장 등이 배치인원의 변동사유 없이 다른 곳으로 이전하는 경우
③ 제1항에 따라 청원주가 청원경찰을 폐지하거나 감축하였을 때에는 **청원경찰 배치 결정을 한 경찰관서의 장에게 알려야 하며, 그 사업장이 제4조 제3항에 따라 시·도경찰청장이 청원경찰의 배치를 요청한 사업장일 때에는 그 폐지 또는 감축 사유를 구체적으로 밝혀야 한다**(제2항).

3. 청원경찰의 임용 〈15·17 채용, 16·25 경위〉

(1) 청원경찰의 임용권자와 임용보고

① 임용권자(제5조 제1항)
청원경찰은 청원주(청원경찰의 배치결정을 받은 자)**가 임용하되**, 임용을 할 때에는 미리 시·도경찰청장(경찰서장×)의 승인을 받아야 한다.
② 임용보고(시행령 제4조 제2항)
청원주가 청원경찰을 임용하였을 때에는 임용한 날부터 10일 이내에 그 임용사항을 관할 경찰서장을 거쳐 시·도경찰청장에게 보고하여야 한다. 청원경찰이 퇴직한 때에도 또한 같다.

(2) 청원경찰의 임명자격과 결격사유

① 청원경찰의 임용자격은 다음과 같다(시행령 제3조).

1. 18세 이상인 사람
2. 행정안전부령으로 정하는 신체조건에 해당하는 사람

② 국가공무원법 제33조의 어느 하나의 결격사유에 해당하는 사람은 청원경찰로 임용될 수 없다(청원경찰법 제5조 제2항).

③ 청원경찰의 임용자격·임용방법·교육 및 보수에 대하여는 대통령령으로 정한다(제5조 제4항).

(3) 청원경찰의 면직(청원경찰법 제10조의4)

① 청원경찰은 형의 선고·징계처분 또는 신체상·정신상의 이상으로 직무를 감당하지 못할 때를 제외하고는 그 의사에 반하여 면직되지 아니한다.

② 청원주가 청원경찰을 면직시켰을 때에는 그 사실을 관할 경찰서장을 거쳐 시·도경찰청장에게 보고하여야 한다.

4. 청원경찰의 의무와 징계책임 〈15·17·20 채용, 16·25 경위〉

(1) 청원경찰의 의무

① 청원경찰의 복무에 관하여는 「국가공무원법」 제57조(복종의 의무), 제58조 제1항(직장 이탈 금지), 제60조(비밀 엄수의 의무) 및 「경찰공무원법」 제24조(거짓 보고 등의 금지)를 준용한다(제5조 제4항).

② 청원경찰은 파업, 태업 또는 그 밖에 업무의 정상적인 운영을 방해하는 일체의 쟁의행위를 하여서는 아니 된다(제9조의4).

(2) 청원경찰의 징계책임

① **청원주는** 청원경찰이 다음 각 호의 어느 하나에 해당하는 경우에는 대통령령으로 정하는 징계절차를 거쳐 **징계처분을 하여야 한다**(제5조의2 제1항).

  1호. 직무상의 의무를 위반하거나 직무를 태만히 한 때
  2호. **품위를 손상하는 행위를 한 때**

② **청원경찰에 대한 징계의 종류는 파면, 해임, 정직, 감봉 및 견책으로 구분한다**(제5조의2 제2항).

5. 청원경찰의 직무수행 〈15·17·20 채용, 17·20 승진, 16·23 경위〉

(1) 청원경찰의 직무(청원경찰법 제3조)

① 청원경찰은 **청원경찰의 배치 결정을 받은 자**(청원주)**와 배치된 기관·시설 또는 사업장 등의 구역을 관할하는 경찰서장의 감독을 받아** 그 경비구역만의 경비를 목적으로 필요한 범위에서 「**경찰관 직무집행법**」에 따른 경찰관의 직무를 수행한다.

② 장소적 한계
경비구역 내에 한하여 「경찰관 직무집행법」에 따라 직무를 수행하며 경비목적을 위하여 필요한 최소한도 내에 그쳐야 한다.

③ 사항적 한계
「경찰관 직무집행법」에 의한 직무(불심검문, 보호조치, 위험발생의 방지, 범죄의 예방과 제지 등) 외에 수사활동과 같이 사법경찰관리의 직무를 행하여는 안 되고(시행령), 직권남용 시 「청원경찰법」에 따라 처벌된다.

(2) 제복착용과 무기휴대

① 제복착용 의무(청원경찰법 제8조 제1항)
   청원경찰은 근무 중 제복을 착용하여야 한다.

② 특수복장(시행령 제14조 제3항)
   청원경찰이 그 배치지의 특수성 등으로 특수복장을 착용할 필요가 있을 때에는 **청원주는 시·도경찰청장의 승인을 받아 특수복장을 착용하게 할 수 있다.**

③ 무기휴대(청원경찰법 제8조 제2항)
   시·도경찰청장은 청원경찰이 직무를 수행하기 위하여 필요하다고 인정할 때에는 **청원주의 신청을 받아 관할 경찰서장으로 하여금 무기를 대여하여 지니게 할 수 있다**(하여야 한다×).

④ 무기의 기부채납(시행령 제16조 제2항)
   신청을 받은 시·도경찰청장이 무기를 대여하여 휴대하게 하려는 경우에는 청원주로부터 국가에 기부채납된 무기에 한정하여 관할 경찰서장으로 하여금 무기를 대여하여 휴대하게 할 수 있다.

⑤ 청원경찰은 「총포·도검·화약류 등의 안전관리에 관한 법률」에 따른 **소지허가를 받아야만 분사기를 휴대하고 직무를 수행할 수 있다.**

(3) 형사책임과 민사책임

① 직권남용 금지와 형사책임(청원경찰법 제10조 제1항)
   청원경찰이 직무를 수행할 때 직권을 남용하여 국민에게 해를 끼친 경우에는 **6개월**(1년×) **이하의 징역이나 금고**에 처한다.

② 공무원 의제(제10조 제2항)
   청원경찰 업무에 종사하는 사람은 「형법」이나 그 밖의 법령에 따른 벌칙을 적용할 때에는 공무원으로 본다.
   예 허위공문서작성죄, 뇌물죄 등

③ 청원경찰의 불법행위에 대한 배상책임(제10조의2)
   청원경찰(국가기관 또는 지방자치단체에 근무하는 청원경찰을 제외한다)**의 직무상 불법행위에 대한 배상책임에 대하여는 민법을 따른다.**

④ **국가나 지방자치단체에 근무하는 청원경찰은 국가공무원법이나 지방공무원법상의 공무원은 아니지만, 다른 청원경찰과는 달리 그 임용권자가 행정기관의 장이고, 국가나 지방자치단체로부터 보수를 받으며, 산업재해보상보험법이나 근로기준법이 아닌 공무원연금법에 따른 재해보상과 퇴직급여를 지급받고, 직무상의 불법행위에 대하여도 민법이 아닌 국가배상법이 적용되는 등의 특질이 있으며 그 외 임용자격, 직무, 복무의무 내용 등을 종합하여 볼 때, 그 근무관계를 사법상의 고용계약관계로 보기는 어려우므로 그에 대한 징계처분의 시정을 구하는 소는 행정소송의 대상이지 민사소송의 대상이 아니다**(대법원 1993.7.13. 92다47564).

6. 청원경찰에 대한 감독 〈17 채용, 15·20 승진〉

(1) 시도경찰청장

① 시·도경찰청장은 청원경찰의 효율적인 운영을 위하여 **청원주를 지도하며 감독상 필요한 명령을 할 수 있다**(청원경찰법 제9조의3 제2항).

② 권한의 위임(동법 제10조의 3)

청원경찰법에 따른 시·도경찰청장의 권한은 그 일부를 대통령령으로 정하는 바에 따라 관할 경찰서장에게 위임할 수 있다.

(2) 청원주, 경찰서장

① 청원주는 **항상 소속 청원경찰의 근무 상황을 감독하고**, 근무수행에 필요한 교양을 실시하여야 한다(청원경찰법 제9조의3 제1항).
② 관할 경찰서장은 **매월 1회 이상** 청원경찰을 배치한 경비구역에 대하여 복무규율 및 근무상황, 무기관리 및 취급사항을 감독하여야 한다(시행령 제17조).

제7절 대테러 활동

1 국민보호와 공공안전을 위한 테러방지법(테러방지법)

1. 목적과 정의, 다른 법률과의 관계 ⟨17·22·23·25 채용, 18·23 승진⟩

> 제1조(목적)
> 이 법은 테러의 예방 및 대응 활동 등에 관하여 필요한 사항과 테러로 인한 피해보전 등을 규정함으로써 테러로부터 국민의 생명과 재산을 보호하고 국가 및 공공의 안전을 확보하는 것을 목적으로 한다.
>
> 제2조(정의)
> 이 법에서 사용하는 용어의 뜻은 다음과 같다.
> 1. "테러"란 국가·지방자치단체 또는 외국 정부(외국 지방자치단체와 조약 또는 그 밖의 국제적인 협약에 따라 설립된 국제기구를 포함한다)의 권한행사를 방해하거나 의무 없는 일을 하게 할 목적 또는 공중을 협박할 목적으로 하는 다음 각 목의 행위를 말한다.
> 2. "**테러단체**"란 **국제연합(UN)**(국가정보원×, 국제형사경찰기구×)이 **지정한 테러단체를 말한다.**
> 3. "테러위험인물"이란 테러단체의 조직원이거나 테러단체 선전, 테러자금 모금·기부, 그 밖에 테러 예비·음모·선전·선동을 하였거나 하였다고 의심할 상당한 이유가 있는 사람을 말한다.
> 4. "외국인테러전투원"이란 테러를 실행·계획·준비하거나 테러에 참가할 목적으로 국적국이 아닌 국가의 테러단체에 가입하거나 가입하기 위하여 이동 또는 이동을 시도하는 내국인·외국인을 말한다.
> 5. "테러자금"이란 「공중 등 협박목적 및 대량살상무기확산을 위한 자금조달행위의 금지에 관한 법률」 제2조 제1호에 따른 공중 등 협박목적을 위한 자금을 말한다.
> 6. "**대테러활동**"이란 제1호의 테러 관련 정보의 수집, 테러위험인물의 관리, 테러에 이용될 수 있는 위험물질 등 테러수단의 안전관리, 인원·시설·장비의 보호, 국제행사의 안전확보, 테러위협에의 대응 및 무력진압 등 테러 예방과 대응에 관한 제반 활동을 말한다.
> 7. "관계기관"이란 대테러활동을 수행하는 국가기관, 지방자치단체, 그 밖에 대통령령으로 정하는 기관을 말한다.
> 8. "**대테러조사**"란 대테러활동에 필요한 정보나 자료를 수집하기 위하여 현장조사·문서열람·시료채취 등을 하거나 조사대상자에게 자료제출 및 진술을 요구하는 활동을 말한다.
>
> 제4조(다른 법률과의 관계)
> 이 법은 대테러활동에 관하여 다른 법률에 우선하여 적용한다.

2. 대테러 기구 ⟨17·23·25 채용, 17·23 승진⟩

제5조(국가테러대책위원회)
① 대테러활동에 관한 정책의 중요사항을 심의·의결하기 위하여 국가테러대책위원회("대책위원회")를 둔다.
② 대책위원회는 국무총리 및 관계기관의 장 중 대통령령으로 정하는 사람으로 구성하고 **위원장은 국무총리**로 한다.
③ 대책위원회는 다음 각 호의 사항을 심의·의결한다.
  1. **대테러활동에 관한 국가의 정책 수립 및 평가**
  2. 국가 대테러 기본계획 등 중요 중장기 대책 추진사항
  3. **관계기관의 대테러활동 역할 분담·조정이 필요한 사항**
  4. 그 밖에 위원장 또는 위원이 대책위원회에서 심의·의결할 필요가 있다고 제의하는 사항
④ 그 밖에 대책위원회의 구성·운영 등에 필요한 사항은 대통령령(경찰청장 포함)으로 정한다.

제6조(대테러센터)
① 대테러활동과 관련하여 다음 각 호의 사항을 수행하기 위하여 **국무총리 소속으로 관계기관 공무원으로 구성되는 대테러센터를 둔다. (관계기관 공무원 및 민간위원으로 구성×)**
  1. **국가 대테러활동 관련 임무분담 및 협조사항 실무 조정**
  2. **장단기 국가대테러활동 지침 작성·배포**
  3. **테러경보 발령**
  4. 국가 중요행사 대테러안전대책 수립
  5. 대책위원회의 회의 및 운영에 필요한 사무의 처리
  6. 그 밖에 대책위원회에서 심의·의결한 사항
② 대테러센터의 조직·정원 및 운영에 관한 사항은 대통령령으로 정한다.
③ 대테러센터 소속 직원의 인적사항은 공개하지 아니할 수 있다.

제7조(대테러 인권보호관) 제1항
관계기관의 대테러활동으로 인한 국민의 기본권 침해 방지를 위하여 **대책위원회 소속으로 대테러 인권보호관**(이하 "인권보호관"이라 한다) 1명을 둔다.

제8조(전담조직의 설치)
① 관계기관의 장은 테러 예방 및 대응을 위하여 필요한 전담조직을 둘 수 있다.
② 관계기관의 전담조직의 구성 및 운영과 효율적 테러대응을 위하여 필요한 사항은 대통령령으로 정한다.

3. 테러 예방·대응 조치 ⟨17·23 채용, 17·18·23 승진, 18 경위⟩

제9조(테러위험인물에 대한 정보 수집 등)
① **국가정보원장**은 테러위험인물에 대하여 출입국·금융거래 및 통신이용 등 관련 정보를 수집할 수 있다. 이 경우 출입국·금융거래 및 통신이용 등 관련 정보의 수집에 있어서는 「출입국관리법」, 「관세법」, 「특정 금융거래정보의 보고 및 이용 등에 관한 법률」, 「통신비밀보호법」의 절차에 따른다.
② **국가정보원장**은 제1항에 따른 정보 수집 및 분석의 결과 테러에 이용되었거나 이용될 가능성이 있는 금융거래에 대하여 지급정지 등의 조치를 취하도록 금융위원회 위원장에게 요청할 수 있다.
③ 국가정보원장은 테러위험인물에 대한 개인정보(「개인정보 보호법」상 민감정보를 포함한다)와 위치정보를 「개인정보 보호법」 제2조의 개인정보처리자와 「위치정보의 보호 및 이용 등에 관한 법률」 제5조의 위치정보사업자에게 요구할 수 있다.
④ 국가정보원장은 대테러활동에 필요한 정보나 자료를 수집하기 위하여 대테러조사 및 테러위험인물에 대한 추적을 할 수 있다. 이 경우 사전 또는 사후에 대책위원회 위원장에게 보고하여야 한다.

제10조(테러예방을 위한 안전관리대책의 수립)
① 관계기관의 장은 대통령령으로 정하는 국가중요시설과 많은 사람이 이용하는 시설 및 장비(이하 "테러대상시설"이라 한다)에 대한 테러예방대책과 테러의 수단으로 이용될 수 있는 폭발물·총기류·화생방물질(이하 "테러이용수단"이라 한다), 국가 중요행사에 대한 안전관리대책을 수립하여야 한다.
② 제1항에 따른 안전관리대책의 수립·시행에 필요한 사항은 대통령령으로 정한다.

제13조(외국인테러전투원에 대한 규제)
① 관계기관의 장은 외국인테러전투원으로 출국하려 한다고 의심할 만한 상당한 이유가 있는 내국인·외국인에 대하여 일시 출국금지를 법무부장관에게 요청할 수 있다.
② 제1항에 따른 일시 출국금지 기간은 90일로 한다. 다만, 출국금지를 계속할 필요가 있다고 판단할 상당한 이유가 있는 경우에 관계기관의 장은 그 사유를 명시하여 연장을 요청할 수 있다.
③ 관계기관의 장은 외국인테러전투원으로 가담한 사람에 대하여 「여권법」 제13조에 따른 여권의 효력 정지 및 같은 법 제12조의2에 따른 재발급 제한을 외교부장관에게 요청할 수 있다.

제14조(신고자 보호 및 포상금)
① 국가는 「특정범죄신고자 등 보호법」에 따라 테러에 관한 신고자, 범인검거를 위하여 제보하거나 검거활동을 한 사람 또는 그 친족 등을 보호하여야 한다.
② 관계기관의 장은 테러의 계획 또는 실행에 관한 사실을 관계기관에 신고하여 테러를 사전에 예방할 수 있게 하였거나, 테러에 가담 또는 지원한 사람을 신고하거나 체포한 사람에 대하여 대통령령으로 정하는 바에 따라 포상금을 지급할 수 있다.

제15조(테러피해의 지원) 제1항
테러로 인하여 신체 또는 재산의 피해를 입은 국민은 관계기관에 즉시 신고하여야 한다. 다만, 인질 등 부득이한 사유로 신고할 수 없을 때에는 법률관계 또는 계약관계에 의하여 보호의무가 있는 사람이 이를 알게 된 때에 즉시 신고하여야 한다.

제16조(특별위로금) 제1항
테러로 인하여 생명의 피해를 입은 사람의 유족 또는 신체상의 장애 및 장기치료가 필요한 피해를 입은 사람에 대해서는 그 피해의 정도에 따라 등급을 정하여 특별위로금을 지급할 수 있다. 다만, 「여권법」 제17조 제1항 단서에 따른 외교부장관의 허가를 받지 아니하고 방문 및 체류가 금지된 국가 또는 지역을 방문·체류한 사람에 대해서는 그러하지 아니하다.

제17조(테러단체 구성죄 등)
① 테러단체를 구성하거나 구성원으로 가입한 사람은 다음 각 호의 구분에 따라 처벌한다.
  1. 수괴(首魁)는 사형·무기 또는 10년 이상의 징역
  2. 테러를 기획 또는 지휘하는 등 중요한 역할을 맡은 사람은 무기 또는 7년 이상의 징역
  3. 타국의 외국인테러전투원으로 가입한 사람은 5년 이상의 징역
  4. 그 밖의 사람은 3년 이상의 징역
② 테러자금임을 알면서도 자금을 조달·알선·보관하거나 그 취득 및 발생원인에 관한 사실을 가장하는 등 테러단체를 지원한 사람은 10년 이하의 징역 또는 1억원 이하의 벌금에 처한다.
③ 테러단체 가입을 지원하거나 타인에게 가입을 권유 또는 선동한 사람은 5년 이하의 징역에 처한다.
④ 제1항 및 제2항의 미수범은 처벌한다.
⑤ 제1항 및 제2항에서 정한 죄를 저지를 목적으로 예비 또는 음모한 사람은 3년 이하의 징역에 처한다.
⑥ 「형법」 등 국내법에 죄로 규정된 행위가 제2조의 테러에 해당하는 경우 해당 법률에서 정한 형에 따라 처벌한다.

제19조(세계주의)
제17조의 죄는 대한민국 영역 밖에서 범한 외국인에게도 국내법을 적용한다.

2 인질범과 인질의 관계에 관한 신드롬 <18 승진, 17 경위>

리마 증후군 (Lima Syndrome)	① 시간이 흐를수록 인질범이 인질에게 일체감을 느끼게 되고 인질의 입장을 이해하여 호의를 베푸는 등 **인질범이 인질에게 동화되는 현상이다.** ② 인질범이 인질들의 문화를 학습하거나 정신적으로 동화되어 결과적으로 공격적인 태도가 완화된다. ③ 1996년 12월 페루의 수도인 리마(Lima) 소재 일본대사관에 페루의 반정부 조직 투팍아마루(Tupac Amaru) 소속의 게릴라가 난입하여 대사관 직원 등을 127일 동안 인질로 잡은 사건과 관련된다.
스톡홀름 증후군 (Stockholm Syndrome)	① **인질이 인질범에게 동화되는 현상**으로 이는 시간이 경과할수록 인질이 인질범을 이해하는 일종의 감정이입(empathy)이 이루어져 상호 간에 친근감을 갖게 되는 현상을 말한다. ② 인질이 인질범에 대해 호의적인 감정을 가지는 반면에 경찰에 대해서는 적대감을 가지게 된다. ③ 심리학(용어)에서는 오귀인 효과(misattribution effect)라고 하며 두려운 상황의 생리적 흥분이 사랑의 감정과 비슷하기 때문에 두려움에서 오는 근육의 긴장, 호흡의 가속화 등 생리적 현상을 사랑으로 착각하게 되는 현상이다. ④ 1973년 8월 스웨덴 스톡홀름의 은행에서 일어난 인질강도사건에서 유래된 명칭이다. 4명의 인질은 처음에는 은행강도들을 무서워했으나, 점차 강자인 강도들에게 감화되면서 강도를 지지하고 협력하려는 태도를 보였다. 6일 후에 인질극이 종료되고, 경찰이 범인들에 대한 증언을 요청하자 인질범들을 옹호하는 발언도 하게 되었다.

CHAPTER 06 정보경찰 활동

제1절 정보경찰 일반론

1 정보경찰의 의의

1. 정보경찰 활동의 개념

정보경찰활동은 공공안녕에 대한 위험의 예방과 대응을 위한 정보의 수집·작성 및 배포를 임무로 하는 비권력적 사실행위를 말한다.

예 경찰에 의한 사전 정보수집 등을 통해 불법 폭력시위를 사전에 차단하는 경우, 범인의 검거를 위한 사후수단이 되는 경우

2. 정보경찰의 법적 근거 〈24 채용〉

(1) 조직법적 근거

국가경찰과 자치경찰의 조직 및 운영에 관한 법률 제3조(경찰의 임무)	경찰의 임무(제3조) 5. 공공안녕에 대한 위험의 예방과 대응을 위한 정보의 수집·작성 및 배포 ※ 경찰관 직무집행법 제2조(직무의 범위)

(2) 작용법적 근거

경찰관 직무집행법 제8조의2 (정보의 수집 등)	① 경찰관은 범죄·재난·공공갈등 등 공공안녕(공공안녕과 공공질서X)에 대한 위험의 예방과 대응을 위한 정보의 수집·작성·배포와 이에 수반되는 사실의 확인을 할 수 있다. ② 제1항에 따른 정보의 구체적인 범위와 처리 기준, 정보의 수집·작성·배포에 수반되는 사실의 확인 절차와 한계는 대통령령으로 정한다. ※ 경찰관의 정보수집 및 처리 등에 관한 규정(대통령령)

(3) 경찰청 치안정보국장의 분장 사항

경찰청과 그 소속기관 직제 제14조 (치안정보국) 제3항	1. 공공안녕에 대한 위험의 예방과 대응을 위한 정보업무 기획·지도 및 조정 2. 국민안전과 국가안보를 저해하는 위험 요인에 관한 정보활동 3. 국가중요시설 및 주요 인사의 안전·보호에 관한 정보활동 4. 집회·시위 등 공공갈등과 다중운집에 따른 질서 및 안전 유지에 관한 정보활동 5. 국민의 생명·신체의 안전이나 재산의 보호 등 생활의 평온과 관련된 정책에 관한 정보활동 6. 국가기관·지방자치단체·공공기관의 장이 요청한 신원조사 및 사실확인에 관한 정보활동 7. 외사정보의 수집·분석 및 관리 8. 그 밖에 범죄·재난·공공갈등 등 공공안녕에 대한 위험의 예방과 대응을 위한 정보활동으로서 제2호부터 제7호까지에 준하는 정보활동

3. 정보와 첩보의 구분

(1) 의의
① 정보란 국가의 정책결정을 위하여 수집된 첩보를 평가 → 분석 → 종합 → 해석한 결과로 얻은 지식을 말한다.
② 정보는 가치가 평가되고 체계화된 지식으로 2차적인 지식이고, 첩보는 가공되지 않은 1차적인 지식으로 정보의 재료가 되는 지식을 말한다.

(2) 정보와 첩보의 구분 기준

구분	정보(Intelligence)	첩보(Information)
정확성	객관적으로 평가된 정확한 지식	부정확한 견문지식을 포함
완전성	특정한 사용목적에 맞도록 평가·분석·종합·해석하여 만든 완전한 지식	기초적·단편적·불규칙적·미확인 상태의 지식
적시성	정보사용자가 필요로 하는 때에 제공되어야 하는 적시성이 특히 필요	시간에 구애받지 않고 과거와 현재의 것을 불문
사용자의 목적성	사용자의 목적에 맞도록 작성된 지식	사물에 대하여 보고 들은 상태 그 자체의 묘사이므로 목적성이 없음
생산과정의 특수성	첩보의 요구·수집 및 정보의 생산·배포 등의 과정을 거치면서 여러 사람의 협동작업을 통해서 생산	협동작업이 아닌 단편적이고 개인의 식견에 의한 지식
공통점	정보와 첩보 모두 지식으로서의 자료적 가치를 갖는 점	

4. 경찰관의 정보수집 및 처리 등에 관한 규정 _(22·23·24 채용, 23·24 승진, 22 경위)

(1) 목적(제1조)
이 영은 「경찰관 직무집행법」 제8조의2에 따라 경찰관이 수집·작성·배포할 수 있는 공공안녕에 대한 위험의 예방과 대응을 위한 정보의 구체적인 범위와 처리 기준, 정보의 수집·작성·배포에 수반되는 사실의 확인 절차 및 한계에 관하여 규정함을 목적으로 한다.

(2) 정보활동의 기본원칙 등(제2조)
① 공공안녕에 대한 위험의 예방과 대응을 위한 정보의 수집·작성·배포와 이에 수반되는 사실의 확인을 위해 경찰관이 수행하는 활동(이하 "정보활동"이라 한다)은 국민의 자유와 권리를 보호하는 것을 목적으로 해야 하며, 필요 최소한의 범위에 그쳐야 한다.
② 경찰관은 정보활동과 관련하여 다음 각 호의 행위를 해서는 안 된다.
  1호. **정치에 관여하기 위해 정보를 수집·작성·배포하는 행위**
  2호. 법령의 직무 범위를 벗어나 개인의 동향 등을 파악하기 위해 사생활에 관한 정보를 수집·작성·배포하는 행위
  3호. 상대방의 명시적 의사에 반해 자료 제출이나 의견 표명을 강요하는 행위
  4호. 부당한 민원이나 청탁을 직무 관련자에게 전달하는 행위
  5호. 직무상 알게 된 정보를 누설하거나 개인의 이익을 위해 사용하는 행위
  6호. **직무와 무관한 비공식적 직함을 사용하는 행위**

③ 경찰청장 또는 해양경찰청장은 정보활동이 적법하게 이루어지도록 현장점검·교육 강화 방안 등을 수립·시행해야 한다.

(3) 수집 등 대상 정보의 구체적인 범위(제3조)

경찰관이 「경찰관 직무집행법」(이하 "법"이라 한다) 제8조의2 제1항에 따라 수집·작성·배포할 수 있는 정보의 구체적인 범위는 다음 각 호와 같다.

1호. **범죄의 예방과 대응에 필요한 정보**
2호. 「형의 집행 및 수용자의 처우에 관한 법률」 제126조의2 또는 「보호관찰 등에 관한 법률」 제55조의3에 따라 통보되는 정보의 대상자인 수형자·가석방자의 재범방지 및 피해자의 보호에 필요한 정보
3호. **국가중요시설의 안전 및 주요 인사(人士)의 보호에 필요한 정보**
4호. 방첩·대테러활동 등 국가안전을 위한 활동에 필요한 정보
5호. 재난·안전사고 등으로부터 국민안전을 확보하기 위한 정보
6호. 집회·시위 등으로 인한 공공갈등과 다중운집에 따른 질서 및 안전 유지에 필요한 정보
7호. 국민의 생명·신체·재산의 보호와 공공안녕에 대한 위험의 예방과 대응을 위한 정책에 관한 정보[해당 정책의 입안·집행·평가를 위해 객관적이고 필요한 사항에 관한 정보로 한정하며, 이와 직접적·구체적으로 관련이 없는 사생활·신조(信條) 등에 관한 정보는 제외한다]
8호. 도로 교통의 위해(危害) 방지·제거 및 원활한 소통 확보를 위한 정보
9호. 「보안업무규정」 제45조 제1항에 따라 경찰청장이 위탁받은 신원조사 또는 「공공기관의 정보공개에 관한 법률」 제2조 제3호에 따른 공공기관의 장이 법령에 근거하여 요청한 사실의 확인을 위한 정보
10호. 그 밖에 제1호부터 제9호까지에서 규정한 사항에 준하는 정보

(4) 정보의 수집 및 사실의 확인 절차(제4조)

① 경찰관은 법 제8조의2 제1항에 따라 정보를 수집하거나 정보의 수집·작성·배포에 수반되는 사실을 확인하려는 경우에는 상대방에게 자신의 신분을 밝히고 정보 수집 또는 사실 확인의 목적을 설명해야 한다. **이 경우 강제적인 방법을 사용해서는 안 된다.**
② 제1항 전단에도 불구하고 다음 각 호의 어느 하나에 해당하는 경우에는 같은 항 전단에서 규정한 **절차를 생략할 수 있다.** (이 경우 강제적인 방법을 사용할 수 있다×)
  1호. 국민의 생명·신체의 안전이나 국가안보에 긴박한 위험이 발생할 우려가 있는 경우
  2호. **범죄의 대응을 위한 정보활동에 현저한 지장을 초래할 우려가 있는 경우**
③ 경찰관은 정보를 제공하거나 사실을 확인해 준 자가 신분이나 처우와 관련하여 불이익을 받지 않도록 비밀유지 등 필요한 조치를 해야 한다.

(5) 정보 수집 등을 위한 출입의 한계(제5조)

경찰관은 다음 각 호의 장소에 상시적으로 출입해서는 안 되며, 정보활동을 위해 필요한 경우에 한정하여 일시적으로만 출입해야 한다.
1호. 언론·교육·종교·시민사회 단체 등 민간단체 ※ 지방자치단체(×)
2호. 민간기업 ※ 공기업(×)
3호. 정당의 사무소

(6) 정보의 작성(제6조)

경찰관은 수집한 정보를 작성할 때 객관적 사실에 기초해 중립적으로 작성해야 하며, 정치에 관여하는 등 특정한 목적을 가지고 그 내용을 왜곡해서는 안 된다.

(7) 수집·작성한 정보의 처리(제7조)

① 경찰관은 수집·작성한 정보를 그 목적 외의 용도로 사용해서는 안 된다.
② 경찰관은 공공안녕에 대한 위험의 예방과 대응을 위해 필요한 경우에는 수집·작성한 정보를 관계 기관 등에 통보할 수 있다.
③ **경찰관은 수집·작성한 정보가 그 목적이 달성되어 불필요하게 되었을 때에는 지체 없이 그 정보를 폐기해야 한다.** 다만, 다른 법령에 따라 보존해야 하는 경우는 제외한다.

(8) 위법한 지시의 금지 및 거부(제8조)

① 누구든지 정보활동과 관련하여 경찰관에게 이 영과 그 밖의 법령에 반하여 지시해서는 안 된다.
② **경찰관은 명백히 위법한 지시라고 판단되는 경우에는 그 집행을 거부할 수 있다.**
③ 경찰관은 명백히 위법한 지시를 거부했다는 이유로 인사·직무 등과 관련한 어떠한 불이익도 받지 않는다.

2 정보의 분류

1. 분석형태에 따른 분류 : 정보를 산출해 내는 방법을 기준 〈15 채용, 19 경채, 15·17 경위〉

(1) 의의

셔먼 켄트(Sherman Kent)는 정보의 사용자가 과거, 현재, 미래의 사항에 관심을 가지고 있다는 이론에 근거하여 정보를 3가지로 분류하였다.

(2) 분류

기본정보	① 모든 사상(事象)의 정적(靜的)인 상태를 기술한 정보이다. ② 과거의 사례에 대한 기본적, 서술적 또는 일반자료적 유형의 정보이다.
현용정보	① 모든 사상의 동태를 현재의 시점에서 객관적으로 기술한 정보로 의사결정자에게 그때그때의 동향으로 알리기 위한 정보이다. ② 현실의 동적인 사항에 대한 정보(시사, 현행, 현상, 정기정보)
판단정보	① 특정문제를 체계적이고 실증적으로 연구하여 미래에 있을 어떤 상태를 추리·평가한 정보이다. ② 장래에 있을 어떤 상태에 대한 지식은 정보생산자의 능력과 재능을 많이 필요로 한다. ③ 판단정보는 기본정보와 현용정보를 기초로 해서 추리·판단한 정보로 사용자에게 적당한 사전적인 지식을 주는 것을 사명으로 한다. 즉 판단정보는 과거와 현재를 바탕으로 논리적 사고와 추리적 능력을 통해 미래의 가능성을 예측한 평가정보이다.

2. 출처의 비밀보호의 정도에 따른 분류

비밀출처	출처가 외부에 노출되면 출처로서의 기능을 상실하게 되는 것은 물론이고 출처의 입장이 난처해질 위험이 크기 때문에 외부로부터 강력히 보호를 받아야 하는 출처(예 협조자)
공개출처	① 정보출처에 대한 별다른 보호조치가 없더라도 상시적으로 정보를 획득할 것으로 기대되는 출처로부터 얻어진 정보를 의미한다. 방대한 양이 장점이자 단점이다. ② 공개출처정보가 얻어지는 출처의 예로는 신문, 방송, 여행객, 전화번호부, 연구기관의 보고서, 기타 공개된 자료 등을 들 수 있다.

3. 사용 목적을 중심으로 한 분류

적극정보	국가이익을 증대시키기 위해 정책을 입안하고 계획을 수립하며 정책계획을 수행하는 데 필요한 정보이다. 국가의 경찰기능에 필요한 정보 이외의 모든 정보이다.
소극(보안) 정보	국가의 안전을 유지하는 경찰기능의 기초가 되는 정보를 말한다. 국가의 경찰기능을 위한 정보이다. 즉, 국가안전보장을 위태롭게 하는 간첩활동, 태업 및 전복에 대비할 국가적 취약점의 분석과 판단에 관한 정보를 말한다.

3 정보의 순환

1. 정보의 순환과정 〈22 경위〉

정보의 요구	① 정보순환과정 중 최초의 단계, 정보활동의 기초단계 ② 소순환과정: 첩보의 기본요소 결정 - 첩보수집 계획서 작성 - 명령하달 - 사후검토(첩보수집활동에 대한 조정·감독)
첩보의 수집	① 정보순환과정 중에서 가장 중요하고 어려운 단계 ② 소순환과정: 첩보의 수집계획 - 첩보의 출처개척 - 첩보의 획득(수집) - 첩보의 전달
정보의 생산	① 학문적 성격이 많이 요구되는 단계 ② 소순환과정: 선택 - 기록보관 -평가 - 분석 - 종합 - 해석 - 결론
정보의 배포	생산된 정보가 정보를 필요로 하는 정보의 사용권자에게 배포되는 단계

2. 정보의 배포 〈19·24 채용, 20 경채, 15 승진〉

(1) 의의

① 정보의 배포(dissemination)란 정보를 필요로 하는 개인이나 기관(정보사용자)에 적합한 형태(구두, 서면, 도식 등)와 내용을 갖추어서 적당한 시기에 제공하는 과정을 말한다.
② 정보배포의 주된 목적은 정책입안자 또는 정책결정자가 정보를 바탕으로 건전한 정책결정에 이르도록 하는 데 있다.

(2) 정보배포의 원칙

필요성의 원칙	① 알 필요가 있는 대상자에게 정보를 알려야 하고, 알 필요가 없는 대상자에게는 알려서는 안 된다는 것을 의미한다. ② 배포기관은 누가 어떤 정보를 언제, 어떻게 사용할 것인가를 파악하고 있어야 한다.
적시성의 원칙	① 정보는 정책결정과정에서 정보사용자가 사용하고자 하는 시기(시간)에 맞추어 배포되어야 한다. ② 정보배포의 시기는 정보의 최종사용자가 정보를 언제 필요로 하느냐에 따라 결정된다. ③ 정보는 먼저 생산되었다고 우선적으로 배포하는 것은 아니다. 정보의 배포 순위는 정보의 중요성과 긴급성에 따라 결정된다.
적당성의 원칙	정보는 사용자의 능력과 상황에 맞추어서 적당한 양을 조절하여 필요한 만큼만 적절한 전파수단을 통해 전달되어야 한다.
보안성의 원칙	① 정보가 누설됨으로써 초래될 결과를 예방하기 위한 보안대책을 강구해야 한다. ② 작성된 정보연구 및 판단이 누설되면 정보로서의 가치를 상실할 수 있다.
계속성의 원칙	① 정보가 필요한 기관에 배포되었다면 그 주제와 관련된 새로운 정보는 그 기관에 계속 배포해 주어야 한다는 것을 의미한다. ② 특정 정보가 필요한 정보사용자에게 배포되었다면, 그 정보의 내용이 변화되었거나 관련 내용이 추가적으로 입수되었거나 할 경우 정보는 계속적으로 사용자에게 배포되어야 한다.

제2절 집회 및 시위에 관한 법률

1 목적과 신고제

1. 목적(제1조)

이 법은 적법한 집회 및 시위를 최대한 보장하고 위법한 시위로부터 국민을 보호함으로써 집회 및 시위의 권리의 보장과 공공의 안녕질서가 적절히 조화를 이루도록 하는 것을 목적으로 한다.

2. 신고제 〈24 승진〉

(1) 집회와 시위의 자유

① 모든 국민은 집회·결사의 자유를 가지며(헌법 제21조 제1항), 집회·결사에 대한 허가는 인정되지 아니한다(동조 제2항).
② 시위의 자유 또한 집회의 자유를 규정한 헌법 제21조 제1항에 의하여 보호되는 기본권이다(2004헌가17).

(2) 사전신고제와 금지 통고

① 옥외집회나 시위를 주최하려는 자는 그에 관한 사항 모두를 적은 신고서를 옥외집회나 시위를 시작하기 720시간 전부터 48시간 전에 관할 경찰서장에게 제출하여야 한다(집회 및 시위에 관한 법률 제6조 제1항 본문).

② 신고서를 접수한 관할경찰관서장은 신고된 옥외집회 또는 시위가 금지 사유에 해당하는 때에는 신고서를 접수한 때부터 48시간 이내에 집회 또는 시위를 금지할 것을 주최자에게 통고할 수 있다(제8조 제1항 본문).

③ 집회 및 시위에 관한 법률(이하 '집시법'이라 한다) 제8조 제1항, 제3항 제1호는 집회의 자유의 본질적 내용을 침해하거나 **집회의 허가제를 허용하지 않는 헌법 제21조 제2항에 위배된다고 볼 수 없다. 나아가 집회 금지통고는 관할 경찰서장이 집회신고를 접수한 후 집시법상 집회 사전금지조항에 근거하여 집회 주최자 등에게 해당 집회를 금지한다는 사실을 알리는 행정처분이므로 그 자체를 헌법에 위배되는 제도라고 볼 수 없고**, 이를 운용할 때에도 경찰의 자의적 판단에 따라 집회의 자유가 침해되는 것을 방지하기 위하여 집시법 제9조에서 금지통고에 대한 이의신청을 할 수 있다고 규정하고 있으므로, 이를 헌법에 위배된다고 볼 수 없다(대법원 2011.10.13. 2009도13846).

3. 옥외집회와 시위(제2조) ⟨16·25 채용, 21 승진⟩

(1) 옥외집회

① "옥외집회"란 천장이 없거나 사방이 폐쇄되지 아니한 장소에서 여는 집회를 말한다(제2조 제1호).

② 집회란 '특정 또는 불특정 다수인이 공동의 의견을 형성하여 이를 대외적으로 표명할 목적 아래 일시적으로 일정한 장소에 모이는 것'을 말한다(대법원 2008.6.26. 2008도3014).

③ 판례에 의할 때 집회의 개념적 요소는 '다수인(주체)', '공동의 의견(목적)', '일시적 회합(시간)'이라고 할 수 있으며, 2인이 모인 집회도 이 법의 규제 대상이 된다(대법원 2012.5.24. 2010도11381)고 본다.

④ 목적: 공동의 의견(대법원 2012.11.15. 2011도6301)
외형상 기자회견이라는 형식을 띠었지만, 용산 철거를 둘러싸고 철거민의 입장을 옹호하면서 검찰에 수사기록을 공개하라는 내용의 공동 의견을 형성하여 이를 대외적으로 표명할 목적 아래 일시적으로 일정한 장소에 모인 것은 「집회 및 시위에 관한 법률」상 집회에 해당한다.

⑤ KBS 본관현관 앞 계단과 도로는 천정이 없거나 사방이 폐쇄되지 않은 장소로서 이곳에서의 집회나 시위는 바로 집회 및 시위에 관한 법률 제2조 제1호에 규정된 옥외집회 또는 시위에 해당한다고 할 것이고, 이러한 옥외시위를 주최함에 있어서 관할 경찰서장에게 사전신고를 하도록 의무화한 위 법률 제6조 제1항의 규정은 소론이 주장하는 바와 같이 그 시위에 소요된 시간이 단시간이라거나 시위가 평화롭게 이루어졌다 하여 그 적용이 배제된다고 볼 수 없다(대법원 1991.6.28. 91도944).

(2) 시위

① "시위"란 여러 사람이 공동의 목적을 가지고 도로, 광장, 공원 등 일반인이 자유로이 통행할 수 있는 장소를 행진하거나 위력 또는 기세를 보여 불특정한 여러 사람의 의견에 영향을 주거나 제압을 가하는 행위를 말한다(제2조 제2호).

② 집시법상의 시위는, 다수인이 공동목적을 가지고 ㉠ 도로·광장·공원 등 공중이 자유로이 통행할 수 있는 장소를 행진함으로써 불특정 여러 사람의 의견에 영향을 주거나 제압을 가하는 행위와 ㉡ 위력 또는 기세를 보여 불특정 여러 사람의 의견에 영향을 주거나 제압을 가하는 행위를 말한다고 풀이해야 할 것이다(헌재 1994.4.28. 91헌바14 참조).

③ 따라서 집시법상의 시위는 반드시 '일반인이 자유로이 통행할 수 있는 장소'에서 이루어져야 한다거나 '행진' 등 장소 이동을 동반해야만 성립하는 것은 아니다(헌재 2014.3.27. 2010헌가2 등).

④ 예를 들어 공중이 자유로이 통행할 수 없는 장소인 대학 구내에서의 시위도 위력 또는 기세를 보여 불특정한 여러 사람의 의견에 영향을 주거나 제압을 가하는 행위에 해당한다면 집시법상의 시위로서 집시법의 규제대상이 된다.

⑤ 관혼상제에 해당하는 장례에 관한 집회가 옥외의 장소에서 개최된다고 하더라도 그 집회에 관해서는 사전신고를 요하지 아니하나, 예컨대 그 집회참가자들이 망인에 대한 추모의 목적과 그 범위 내에서 이루어지는 노제 등을 위한 이동·행진의 수준을 넘어서서 그 기회를 이용하여 **다른 공동의 목적을 가지고 일반인이 자유로이 통행할 수 있는 장소를 행진하거나 위력 또는 기세를 보여, 불특정한 여러 사람의 의견에 영향을 주거나 제압을 하는 행위에까지 나아가는 경우에는, 이미 집시법이 정한 시위에 해당**하므로 집시법 제6조에 따라 사전에 신고서를 관할 경찰서장에게 제출할 것이 요구된다고 보아야 한다(대법원 2012.4.26. 2011도6294).

(3) 1인 시위

① 1인 시위는 「집회 및 시위에 관한 법률」상 시위에 해당하지 않아 「집회 및 시위에 관한 법률」의 적용 대상이 아니다.

② 따라서 「집회 및 시위에 관한 법률」상 집회·시위가 금지된 장소에서도 1인 시위는 가능하고, 「집회 및 시위에 관한 법률」 제14조(확성기등 사용의 제한)는 1인 시위에 적용되지 않는다.

4. 주최자의 정의 <15·16·17 채용>

① "**주최자**"란 자기 이름으로 자기 책임 아래 집회 또는 시위를 여는 사람 또는 단체를 말한다(제2조 제3호 전단).

② 주최자는 주관자를 따로 두어 집회 또는 시위의 실행을 맡아 관리하도록 위임할 수 있다. 이 경우 주관자는 그 위임의 범위 안에서 주최자로 본다(제2조 제3호 후단).

2 옥외집회·시위의 신고 및 보완

1. 개관

①	②	③	④	⑤	⑥
신고서 제출	접수증 교부	보완 통고 가능	금지·제한 통고 가능	이의신청	재결
720시간 전부터 48시간 전까지	즉시	12시간 이내 24시간 기한	금지 통고는 48시간 이내	10일 이내	24시간 이내

2. 옥외집회·시위의 신고(허가제×)

(1) **옥외집회 및 시위의 신고 등(제6조 제1항)** <23 경채, 17·18·20 승진>

① 옥외집회나 시위를 주최하려는 자는 그에 관한 다음의 사항 모두를 적은 신고서를 옥외집회나 시위를 시작하기 720시간 전부터 48시간 전에 관할 경찰서장에게 제출하여야 한다(본문).

㉠ 목적, 일시(필요한 시간을 포함한다)와 장소
㉡ 주최자(단체인 경우에는 그 대표자를 포함한다), 연락책임자, 질서유지인에 관한 주소, 성명, 직업, 연락처
㉢ 참가 예정인 단체와 인원
㉣ 시위의 경우 그 방법(진로와 약도를 포함한다)

② 다만, 옥외집회 또는 시위 장소가 두 곳 이상의 경찰서의 관할에 속하는 경우에는 관할 시·도경찰청장에게 제출하여야 하고, 두 곳 이상의 시·도경찰청 관할에 속하는 경우에는 주최지를 관할하는 시·도경찰청장에게 제출하여야 한다(단서).

③ 미신고 집회·시위를 한 자는 2년 이하의 징역 또는 200만원 이하의 벌금에 처하고, 위 신고를 거짓으로 하고 집회 또는 시위를 개최한 자는 6개월 이하의 징역 또는 50만원 이하의 벌금·구류 또는 과료에 처한다(벌칙 규정).

④ 적용의 배제(제15조)
학문, 예술, 체육, 종교, 의식, 친목, 오락, 관혼상제 및 국경행사에 관한 집회에는 제6조(신고)부터 제12조(교통 소통을 위한 제한)까지의 규정을 적용하지 아니한다.

⑤ A단체가 서울 올림픽공원에서 집회를 연 후 경기도 하남시까지 행진을 하는 시위계획을 신고하려고 할 때 집회신고를 해야 하는 대상은 (올림픽공원은 송파경찰서 관할이지만) 서울경찰청장이다.

(2) **신고대상이 아닌 경우**

대상	신고대상	소음 제한 적용
1인 시위	×	× 경범죄 처벌법
옥내집회	×	× 경범죄 처벌법
옥외집회(학문, 예술, 체육, 종교, 의식, 친목, 오락, 관혼상제 및 국경행사에 관한 집회) 제15조	×	O

(3) **관련 판례**

① 신고서 제출 관할경찰관서(대법원 2011.6.9. 2009도591)
주최지 중 어느 한 곳의 관할 시·도경찰청장에게 두 곳 이상의 시·도경찰청 관할지에 속하는 옥외집회나 시위의 신고서를 제출하고「집회 및 시위에 관한 법률」제6조 제1항 각 호에서 정한 신고사항이 실제 개최한 내용과 실질적인 점에서 부합하는 경우에는 위 규정에 따른 적법한 신고가 있다고 볼 수 있다.

② 옥외시위를 주최함에 있어서 관할 경찰서장에게 사전신고를 하도록 의무화한「집회 및 시위에 관한 법률」제6조 제1항의 규정은 그 시위에 소요된 시간이 단시간이라거나 시위가 평화롭게 이루어졌다 하여 그 적용이 배제된다고 볼 수 없다(대법원 1991.6.28. 선고 91도944).

③ 미신고 옥외집회 처벌 여부(대법원 2013.10.24. 2012도11518)
[1] 집회 과정에서 불특정 다수나 일반 공중 등 외부와 접촉하여 제3자의 법익과 충돌하거나 공공의 안녕질서에 해를 끼칠 수 있는 상황에 대한 예견가능성조차 없거나 일반적인 사회생활질서의 범위 안에 있는 것으로 볼 수 있는 경우에는 이를 집시법상 미신고 옥외집회의 개최 행위로 보아 처벌하여서는 아니 된다.

[2] 피고인들을 포함한 근로자 30여 명이 관할 경찰서장에게 신고하지 아니하고 회사 구내 옥외 주차장에서 5회에 걸쳐 집회를 개최하였다고 하여 집회 및 시위에 관한 법률(이하 '집시법'이라 한다) 위반으로 기소된 사안에서, 위 집회는 인근 거주자나 일반인의 법익과 충돌하거나 공공의 안녕질서에 해를 끼칠 것으로는 예견되지 아니할 뿐 아니라 일반적인 사회생활질서의 범위 안에 있는 행위로 평가되므로, 피고인들의 행위를 집시법상 미신고 옥외집회 개최행위로 처벌할 수 없다고 한 사례

④ 신고의 범위를 벗어난 경우
[1] 옥외집회 또는 시위를 신고한 주최자가 그 주도 아래 행사를 진행하는 과정에서 신고한 목적·일시·장소·방법 등의 범위를 현저히 일탈하는 행위에 이르렀다고 하더라도, 이를 신고 없이 옥외집회 또는 시위를 주최한 행위로 볼 수는 없다.

[2] 처음부터 옥외집회 또는 시위가 신고된 것과 다른 주최자나 참가단체 등의 주도 아래 신고된 것과는 다른 내용으로 진행되거나, 또는 처음에는 신고한 주최자가 주도하여 옥외집회 또는 시위를 진행하였지만 중간에 주최자나 참가단체 등이 교체되고 이들의 주도 아래 신고된 것과는 다른 내용의 옥외집회 또는 시위로 변경되었음에도 불구하고, 이미 이루어진 옥외집회 또는 시위의 신고를 명목상의 구실로 내세워 옥외집회 또는 시위를 계속하는 등의 경우에는 그 주최 행위를 '신고 없이 옥외집회 또는 시위를 주최한 행위'로 보아 처벌할 수 있다(대법원 2008.7.10. 2006도9471).

⑤ 신고의 범위를 벗어나지 않은 경우
피고인들이 이미 신고한 행진 경로를 따라 행진로인 하위 1개 차로에서 2회에 걸쳐 약 15분 동안 연좌하였다는 사실 외에 이미 신고한 집회방법의 범위를 벗어난 사항은 없고, 약 3시간 30분 동안 이루어진 집회시간 동안 연좌시간도 약 15분에 불과한 사안에서, 위 옥외집회 등 주최행위가 신고한 범위를 뚜렷이 벗어나는 경우에 해당하지 아니한다고 한 사례(대법원 2010.3.11. 2009도10425)

3. 신고 접수 및 철회신고 〈17·25 채용, 17·18·24 승진〉

(1) 신고 접수(제6조 제2항)
① 관할 경찰서장 또는 시·도경찰청장(이하 "관할경찰관서장"이라 한다)은 제1항에 따른 **신고서를 접수한 때에는 신고자에게 접수 일시를 적은 접수증을 즉시 내주어야 한다.**
② **"경찰관서"란 국가경찰관서를 말한다**(제2조 제6호). 경찰관서에 자치경찰관서(제주도 자치경찰단과 자치경찰대)는 해당하지 않는다.

(2) 철회 신고(제6조 제3항)
주최자는 신고한 옥외집회 또는 시위를 하지 아니하게 된 경우에는 신고서에 적힌 집회 일시 **24시간 전에 그 철회사유 등을 적은 철회신고서를 관할경찰관서장에게 제출하여야 한다.**

4. 중복 신고의 처리 〈15·22 채용〉

① 관할경찰관서장은 **집회 또는 시위의 시간과 장소가 중복되는 2개 이상의 신고가 있으면** 그 목적으로 보아 서로 상반되거나 방해가 된다고 인정되면 각 옥외집회 또는 시위 간에 **시간을 나누거나 장소를 분할하여 개최하도록 권유하는 등** 각 옥외집회 또는 시위가 서로 방해되지 아니하고 **평화적으로 개최·진행될 수 있도록 노력하여야 한다**(제8조 제2항).

② 관할경찰관서장은 제2항에 따른 권유가 받아들여지지 아니하면 **뒤에 접수된 옥외집회 또는 시위에 대하여 제1항에 준하여 그 집회 또는 시위의 금지를 통고할 수 있다**(하여야 한다×).(제8조 제3항)

③ 제3항에 따라 뒤에 접수된 옥외집회 또는 시위가 금지 통고된 경우 먼저 신고를 접수하여 옥외집회 또는 시위를 개최할 수 있는 자는 집회 시작 1시간 전에 관할경찰관서장에게 집회 개최 사실을 통지하여야 한다(제8조 제4항).

④ 중복 신고로 뒤에 접수된 옥외집회 또는 시위가 금지 통고된 경우(제8조 제4항)에 해당하는 먼저 신고된 옥외집회 또는 시위의 주최자가 정당한 사유 없이 철회신고서 제출 의무(제6조 제3항)를 위반한 경우에는 100만원 이하의 과태료를 부과한다. 이 과태료는 대통령령으로 정하는 바에 따라 시·도경찰청장 또는 경찰서장이 부과·징수한다.

⑤ 철회신고서를 받은 관할경찰관서장은 제8조 제3항에 따라 금지 통고를 한 집회나 시위(※ 뒤에 신고된 집회)가 있으면 그 금지 통고를 받은 주최자에게 먼저 신고된 집회의 철회 사실을 즉시 알려야 한다(제6조 제4항). (12시간 이내에×)

⑥ 먼저 신고된 집회의 철회 사실을 통지받은 주최자(※ 뒤에 신고된 집회의 주최자)는 그 금지 통고된 집회 또는 시위를 최초에 신고한 대로 개최할 수 있다.
다만, 금지 통고 등으로 시기를 놓친 경우에는 일시를 새로 정하여 집회 또는 시위를 시작하기 24시간 전에 관할경찰관서장에게 신고서를 제출하고 집회 또는 시위를 개최할 수 있다(제6조 제5항).

⑦ 중복 신고 관련 판례
집회 및 시위에 관한 법률상 먼저 신고된 집회가 있더라도 뒤에 신고된 집회에 대하여 집회 자체를 금지하는 통고를 할 수 없는 경우 이러한 금지통고에 위반한 집회개최행위를 같은 법 위반으로 처벌할 수 없다.
집회의 신고가 경합할 경우 특별한 사정이 없는 한 관할경찰관서장은 먼저 신고된 집회의 실제 개최 가능성 여부와 양 집회의 상반 또는 방해가능성 등 제반 사정을 확인하여 **먼저 신고된 집회가 다른 집회의 개최를 봉쇄하기 위한 허위 또는 가장 집회신고에 해당함이 객관적으로 분명해 보이는 경우에는**, 뒤에 신고된 집회에 다른 집회금지 사유가 있는 경우가 아닌 한, 관할경찰관서장이 단지 먼저 신고가 있었다는 이유만으로 **뒤에 신고된 집회에 대하여 집회 자체를 금지하는 통고를 하여서는 아니 되고, 설령 이러한 금지통고에 위반하여 집회를 개최하였다고 하더라도 그러한 행위를 집시법상 금지통고에 위반한 집회개최행위에 해당한다고 보아서는 아니 된다**(대법원 2014.12.11. 2011도13299).

5. 신고서의 보완(제7조 제1항) (15·19·23 채용, 17·18·20·21·24 승진, 15 경위)

① 관할 경찰관서장은 제6조 제1항에 따른 신고서의 기재사항에 미비한 점을 발견한 때에는 접수증을 교부한 때부터 **12시간 이내에** 주최자에게 **24시간을 기한으로** 그 기재사항을 보완할 것을 통고할 수 있다.

② 보완통고는 보완할 사항을 분명히 밝혀 **서면으로 주최자 또는 연락책임자에게 송달하여야 한다**.

3 옥외집회·시위의 금지·제한 통고와 불복절차(이의신청)

1. 옥외집회 및 시위의 금지 또는 제한 통고 (19 채용, 21 승진, 15 경위)

(1) 금지 통고의 사유와 절차(제8조 제1항)

① 집회신고서를 접수한 관할경찰관서장은 신고된 옥외집회 또는 시위가 다음의 어느 하나에 해당하는 경우에는 신고서를 접수한 때부터 48시간 이내에 집회 또는 시위를 금지할 것을 주최자에게 통고할 수 있다(본문).

  ㉠ 금지되는 목적(제5조 제1항 제1호): 헌법재판소의 결정에 따라 해산된 정당의 목적을 달성하기 위한 집회 또는 시위
  ㉡ 금지되는 수단(제5조 제1항 제2호): 집단적인 폭행, 협박, 손괴(損壞), 방화 등으로 공공의 안녕 질서에 직접적인 위협을 끼칠 것이 명백한 집회 또는 시위
  ㉢ 금지 시간대의 시위(심야 시위): 자정(00:00)부터 같은 날 해가 뜨기 전까지의 시위(제10조 본문)
  ㉣ 금지 장소에서의 옥외집회 또는 시위(100미터 이내, 제11조)
  ㉤ 신고서 미보완 옥외집회 또는 시위(제7조 제1항)
    신고서 보완통고에 따라 신고서 기재사항을 보완하지 아니한 옥외집회 또는 시위
  ㉥ 교통소통을 위해 금지하는 집회 또는 시위(제12조)

② 다만, 집회 또는 시위가 집단적인 폭행, 협박, 손괴, 방화 등으로 공공의 안녕 질서에 직접적인 위험을 초래한 경우에는 남은 기간의 해당 집회 또는 시위에 대하여 신고서를 접수한 때부터 48시간이 지난 경우에도 금지 통고를 할 수 있다(단서).

③ 금지통고는 시간제한(48시간)이 있으나 제한통고는 시간제한이 없다.

④ A단체는 B경찰서에 10일간의 집회·시위를 신고하였는데, 집회 첫째 날 현장에 있던 경찰관들에게 집단폭력을 행사하고, 주변에 주차되어 있던 차량을 파손하는 등의 방법으로 집회를 개최하였다. 이 경우에 B경찰서가 취할 수 있는 조치는 신고된 남은 기간의 집회·시위에 대해 금지통고를 하는 것이다.

(2) 보호 요청에 따른 금지 또는 제한 통고(제8조 제5항)

① 제3자의 집회시위 금지요청권
다음의 어느 하나에 해당하는 경우로서 그 거주자 또는 관리자가 시설이나 장소의 보호를 요청하는 경우에는 **집회 또는 시위의 금지 또는 제한을 통고할 수 있다**(통고해야 한다×). 이 경우 집회 또는 시위의 금지통고에 대하여는 제8조 제1항을 준용한다.

② 집회 신고 장소(제6조 제1항의 신고서에 기재된 장소, 이하 "신고장소"라 한다)가 다른 사람의 주거지역이나 이와 유사한 장소로서 집회 또는 시위로 재산 또는 시설에 심각한 피해가 발생하거나 사생활의 평온을 뚜렷하게 해칠 우려가 있는 경우(제5항 제1호)

③ 위 "이와 유사한 장소"란 주택 또는 사실상 주거의 용도로 사용되고 있는 건축물이 있는 지역과 이와 인접한 공터·도로 등을 포함한 장소를 말한다(시행령 제4조 제1항).

④ 신고장소가 「초·중등교육법」 제2조에 따른 학교의 주변지역으로서 집회 또는 시위로 학습권을 뚜렷이 침해할 우려가 있는 경우(제5항 제2호)

⑤ 신고장소가 「군사기지 및 군사시설 보호법」 제2조 제2호의 규정에 따른 군사시설의 주변 지역으로서 집회 또는 시위로 시설이나 군 작전의 수행에 심각한 피해가 발생할 우려가 있는 경우(제5항 제3호)

2. 집회 및 시위의 절대적 금지(제5조) (15·19 채용)

(1) 금지와 처벌

① 누구든지 다음에 해당하는 집회 또는 시위를 주최하여서는 아니 된다.
  ㉠ 헌법재판소의 결정에 따라 해산된 정당의 목적을 달성하기 위한 집회 또는 시위
  ㉡ 집단적인 폭행, 협박, 손괴, 방화 등으로 공공의 안녕 질서에 직접적인 위협을 끼칠 것이 명백한 집회 또는 시위
② 누구든지 금지된 집회 또는 시위를 할 것을 선전하거나 선동하여서는 아니 된다.
③ 제5조 제1항을 위반한 자는 2년 이하의 징역 또는 200만원 이하의 벌금에 처한다(벌칙).
④ 그 사실을 알면서 제5조 제1항을 위반한 집회 또는 시위에 참가한 자는 6개월 이하의 징역 또는 50만원 이하의 벌금·구류 또는 과료에 처한다(벌칙).

(2) 관련 판례

집회의 자유를 제한하는 대표적인 공권력의 행위는 집시법에서 규정하는 집회의 금지, 해산과 조건부 허용이다. 집회의 자유에 대한 제한은 다른 중요한 법익의 보호를 위하여 반드시 필요한 경우에 한하여 정당화되는 것이며, 특히 집회의 금지와 해산은 원칙적으로 공공의 안녕질서에 대한 직접적인 위협이 명백하게 존재하는 경우에 한하여 허용될 수 있다. 집회의 금지와 해산은 집회의 자유를 보다 적게 제한하는 다른 수단, 즉 조건을 붙여 집회를 허용하는 가능성을 모두 소진한 후에 비로소 고려될 수 있는 최종적인 수단이다(헌재 2003.10.30. 2000헌바67등).

3. 금지 시간과 장소

(1) 금지 시간

① 누구든지 24시 이후부터 해가 뜨기 전까지는 시위를 하여서는 아니 된다(제10조).
② 헌법불합치 결정과 한정위헌 결정으로 야간 집회는 원칙적으로 언제든 가능하며, 야간 시위만 일정한 시간에 금지하고 있다.

구분	야간 집회	야간 시위
허용 여부	허용	일몰~자정까지 허용 자정~일출까지 금지
질서유지인 조건	위헌. 질서유지인 조건 붙일 수 없음.	규정 없음. 질서유지인 조건 붙일 수 없음.

③ 제10조(옥외집회 및 시위의 금지시간)
  누구든지 해가 뜨기 전이나 해가 진 후에는 옥외집회 또는 시위를 하여서는 아니 된다. 다만, 집회의 성격상 부득이하여 주최자가 질서유지인을 두고 미리 신고한 경우에는 관할경찰관서장은 질서 유지를 위한 조건을 붙여 해가 뜨기 전이나 해가 진 후에도 옥외집회를 허용할 수 있다.
  [헌법 불합치, 2008헌가25, 2009. 9. 24. 제10조 중 '옥외집회' 부분 및 제23조 제1호 중 '제10조 본문의 옥외집회' 부분은 헌법에 합치되지 아니한다.]
  [한정위헌, 2010헌가2, 2014. 3. 27. 제10조 본문 중 '시위'에 관한 부분 및 제23조 제3호 중 '제10조 본문' 가운데 '시위'에 관한 부분은 각 '해가 진 후부터 같은 날 24시까지의 시위'에 적용하는 한 헌법에 위반된다.]

(2) 옥외집회 및 시위의 금지 장소(제11조)

누구든지 다음 각 호의 어느 하나에 해당하는 청사 또는 저택의 경계 지점으로부터 100미터 이내의 장소에서는 옥외집회 또는 시위를 하여서는 아니 된다.

1호. 국회의사당. 다만, 다음 각 목의 어느 하나에 해당하는 경우로서 국회의 기능이나 안녕을 침해할 우려가 없다고 인정되는 때에는 그러하지 아니하다.
　가목. 국회의 활동을 방해할 우려가 없는 경우
　나목. 대규모 집회 또는 시위로 확산될 우려가 없는 경우
2호. 각급 법원, 헌법재판소. 다만, 다음 각 목의 어느 하나에 해당하는 경우로서 각급 법원, 헌법재판소의 기능이나 안녕을 침해할 우려가 없다고 인정되는 때에는 그러하지 아니하다.
　가목. 법관이나 재판관의 직무상 독립이나 구체적 사건의 재판에 영향을 미칠 우려가 없는 경우
　나목. 대규모 집회 또는 시위로 확산될 우려가 없는 경우
3호. 대통령 관저(官邸), 국회의장 공관, 대법원장 공관, 헌법재판소장 공관
4호. 국무총리 공관. 다만, 다음 각 목의 어느 하나에 해당하는 경우로서 국무총리 공관의 기능이나 안녕을 침해할 우려가 없다고 인정되는 때에는 그러하지 아니하다.
　가목. 국무총리를 대상으로 하지 아니하는 경우
　나목. 대규모 집회 또는 시위로 확산될 우려가 없는 경우
5호. 국내주재 외국의 외교기관이나 외교사절의 숙소. 다만, 다음 각목의 어느 하나에 해당하는 경우로서 외교기관이나 외교사절의 숙소의 기능이나 안녕을 침해할 우려가 없다고 인정되면 그러하지 아니한다.
　가목. 해당 외교기관 또는 외교사절의 숙소를 대상으로 하지 아니하는 경우
　나목. 대규모 집회 또는 시위로 확산될 우려가 없는 경우
　다목. 외교기관의 업무가 없는 휴일에 개최하는 경우

[헌법불합치, 2018헌바48, 2019헌가1(병합). 제11조 제3호 중 '대통령 관저(官邸)' 부분 및 제23조 제1호 중 제11조 제3호 가운데 '대통령 관저(官邸)'에 관한 부분은 헌법에 합치되지 아니한다. 위 법률조항은 2024. 5. 31.을 시한으로 개정될 때까지 계속 적용된다.]

[헌법불합치, 2021헌가1, 2023.3.23. 제11조 제2호 중 '국회의장 공관'에 관한 부분 및 제23조 제3호 중 제11조 제2호 가운데 '국회의장 공관'에 관한 부분은 헌법에 합치되지 아니한다. 위 법률조항은 2024. 5. 31.을 시한으로 개정될 때까지 계속 적용된다.]

4. 교통 소통을 위한 제한(제12조)

① 관할경찰관서장은 대통령령으로 정하는 주요 도시의 주요 도로에서의 집회 또는 시위에 대하여 교통 소통을 위하여 필요하다고 인정할 때에는 이를 금지하거나 교통질서 유지를 위한 조건을 붙여 제한할 수 있다.

② 집회 또는 시위의 주최자가 질서유지인을 두고 도로를 행진하는 경우에는 제1항에 따른 금지를 할 수 없다(행진이 가능하다). 다만, 해당 도로와 주변도로의 교통소통에 장애를 발생시켜 심각한 교통불편을 줄 우려가 있으면 제1항에 따른 금지를 할 수 있다.

5. 적용 범위(사전신고, 금지 시간·장소, 교통 소통을 위한 제한의 적용 배제)

① 학문, 예술, 체육, 종교, 의식, 친목, 오락, 관혼상제 및 국경행사에 관한 집회에는 제6조(신고), 제7조(신고서의 보완 등), 제8조(집회 및 시위의 금지 또는 제한 통고), 제9조 집회 및 시위의 금지 통고에 대한 이의 신청 등), 제10조(옥외집회와 시위의 금지 시간), 제11조(옥외 집회와 시위의 금지 장소), 제12조(교통 소통을 위한 제한)까지의 규정을 적용하지 아니한다(제15조).

② 경기장에서 대규모 체육행사를 개최하고자 할 경우 경찰에 신고하지 않아도 된다. 다만, 실내체육관에서 집회를 갖고 행진을 할 경우 행진은 시위에 해당하므로 신고사항이다.

6. 불복절차(이의신청) <15 경위>

(1) 이의신청 절차

① 집회 또는 시위의 주최자는 제8조에 따른 금지통고를 받은 날부터 10일 이내에 해당 경찰관서의 바로 위의 상급경찰관서의 장(해당 경찰관서의 장×)에게 이의를 신청할 수 있다(제9조 제1항).

② 이의신청을 받은 경찰관서의 장은 접수 일시를 적은 접수증을 이의 신청인에게 즉시 내주고 접수한 때부터 24시간 이내에 재결을 하여야 한다(제9조 제2항 전문).

③ 이의 신청을 받은 경찰관서장은 즉시 집회 또는 시위의 금지를 통고한 경찰관서장에게 이의 신청의 취지와 이유(이의 신청 시 증거서류나 증거물을 제출한 경우에는 그 요지를 포함한다)를 알리고, 답변서의 제출을 명하여야 한다(시행령 제8조 제1항).

④ 답변서에는 금지 통고의 근거와 이유를 구체적으로 밝히고 이의 신청에 대한 답변을 적되 필요한 증거서류나 증거물이 있으면 함께 제출하여야 한다(시행령 제8조 제2항).

⑤ 이의 신청을 받은 경찰관서장은 법 제9조 제2항에 따라 재결을 한 때에는 집회 또는 시위의 금지를 통고한 경찰관서장에게 재결 내용을 즉시 알려야 한다(시행령 제9조).

(2) 집회 또는 시위 개최 절차

① 이의신청서를 접수한 때부터 24시간 이내에 재결서를 발송하지 아니하면 관할 경찰관서장의 금지 통고는 소급하여 그 효력을 잃는다(제9조 제2항 후문).

② 이의 신청인은 제2항에 따라 금지 통고가 위법하거나 부당한 것으로 재결되거나 그 효력을 잃게 된 경우 처음 신고한 대로 집회 또는 시위를 개최할 수 있다(제9조 제3항 본문).

③ 금지통고 등으로 시기를 놓친 경우에는 일시를 새로 정하여 집회 또는 시위를 시작하기 24시간 전(48시간 전×)에 관할 경찰관서장에게 신고함으로써 집회 또는 시위를 개최할 수 있다(제9조 제3항 단서).

(3) 행정심판, 행정소송과의 관계

① 이의신청 절차와 별도로 「행정심판법」에 따라 행정심판을 청구하거나 「행정소송법」에 따라 행정소송을 제기할 수 있다.

② 행정심판의 피청구인, 행정소송의 피고는 해당 금지통고를 한 경찰관서장이다.

4 집회 · 시위의 보호

1. 집회 및 시위의 방해 금지 〈19 채용, 17 승진, 16 경위〉

> 제3조(집회 및 시위의 방해 금지)
> ① 누구든지 폭행, 협박, 그 밖의 방법으로 평화적인 집회 또는 시위를 방해하거나 질서를 문란하게 하여서는 아니 된다.
> ② 누구든지 폭행, 협박, 그 밖의 방법으로 집회 또는 시위의 주최자 및 질서유지인의 이 법의 규정에 의한 임무의 수행을 방해하여서는 아니 된다.
>
> 제22조(벌칙)
> ① 제3조 제1항 또는 제2항의 규정에 위반한 자는 3년 이하의 징역 또는 300만원 이하의 벌금에 처한다. 다만, 군인·검사 또는 경찰관이 제3조 제1항 또는 제2항의 규정에 위반하면 5년(3년×) 이하의 징역에 처한다.
>   ※ 누구든지 폭행, 협박 기타의 방법으로 평화적인 집회, 시위를 방해할 수 없다. 군인, 검사, 경찰관이 위반할 때는 가중처벌한다.
> ③ 집회 또는 시위의 주최자는 평화적인 집회 또는 시위가 방해될 염려가 있다고 인정되면 관할 경찰관서에 그 사실을 알려 보호를 요청할 수 있다. 이 경우 관할 경찰관서의 장은 정당한 사유 없이 보호요청을 거절하여서는 아니 된다.

2. 특정인의 참가배제 〈18 채용〉

> 제4조(특정인의 참가배제)
> ① 집회 또는 시위의 주최자 및 질서유지인은 특정한 사람이나 단체가 집회 또는 시위에 참가하는 것을 막을 수 있다. 다만, 언론사의 기자는 출입이 보장되어야 하며, 이 경우 기자는 신분증을 제시하고 기자임을 표시한 완장을 착용하여야 한다.
> ② 주최자 또는 질서유지인이 참가를 배제했는데도 그 집회 또는 시위에 참가한 자는 6개월 이하의 징역 또는 50만원 이하의 벌금·구류 또는 과료에 처한다(벌칙).
>
> 제19조(경찰관의 출입)
> ① 경찰관은 집회 또는 시위의 주최자에게 알리고 그 집회 또는 시위의 장소에 정복을 입고 출입할 수 있다. 다만, 옥내집회 장소에 출입하는 것은 직무 집행을 위하여 긴급한 경우에만 할 수 있다.
> ② 집회나 시위의 주최자, 질서유지인 또는 장소관리자는 질서를 유지하기 위한 경찰관의 직무집행에 협조하여야 한다.
>   ※ 협조의무를 위반해도 집시법상 처벌조항은 없다.

3. 주최자 등의 준수사항 〈16·17·18·23 채용, 17 승진〉

> 제16조(주최자의 준수사항)
> ① 집회 또는 시위의 주최자는 집회 또는 시위에 있어서의 질서를 유지하여야 한다.
> ② 집회 또는 시위의 주최자는 집회 또는 시위의 질서유지에 대하여 자신을 보좌하도록 18세 이상의 사람을 질서유지인으로 임명할 수 있다(임명하여야 한다×).
>   ※ "질서유지인"이란 주최자가 자신을 보좌하여 집회 또는 시위의 질서를 유지하게 할 목적으로 임명한 자를 말한다(제2조 제4호).

> ③ 집회 또는 시위의 주최자는 제1항에 따른 질서를 유지할 수 없으면 그 집회 또는 시위의 종결을 선언하여야 한다.
> ④ 집회 또는 시위의 주최자는 다음에 해당하는 행위를 하여서는 아니 된다.
> 1. 총포, 폭발물, 도검(刀劍), 철봉, 곤봉, 돌덩이 등 다른 사람의 생명을 위협하거나 신체에 해를 끼칠 수 있는 기구(器具)를 휴대하거나 사용하는 행위 또는 다른 사람에게 이를 휴대하게 하거나 사용하게 하는 행위
> 2. 폭행, 협박, 손괴, 방화 등으로 질서를 문란하게 하는 행위
> 3. 신고한 목적, 일시, 장소, 방법 등의 범위를 뚜렷이 벗어나는 행위
> ※ 위반한 자는 1년 이하의 징역 또는 100만원 이하의 벌금에 처한다(제22조 제3항).

5 질서유지선과 확성기 등의 사용 제한

1. 질서유지선 <16·21·22 채용, 15·17·19·23 승진, 11·16·17·25 경위>

(1) 정의

① "질서유지선"이란 경찰서장이나 시·도경찰청장이 적법한 집회 및 시위를 보호하고 질서유지나 원활한 교통 소통을 위하여 집회 또는 시위의 장소나 행진 구간을 일정하게 구획하여 설정한 띠, 방책(防柵), 차선(車線) 등의 경계 표지(標識)를 말한다(제2조 제5호).

② 경찰 대오·차량 등을 이용하는 것은 질서유지선에 해당되지 않으나, 경찰관이 띠 등을 가지고 줄지어 서 있는 형태의 질서유지선은 활용 가능하다(경찰청, 집회 및 시위에 관한 법률 운용 매뉴얼 참조).

③ [1] 질서유지선의 설정에 관한 집시법 및 집시법 시행령의 관련 규정에 비추어 볼 때, 집시법에서 정한 질서유지선은 집회 및 시위의 보호와 공공의 질서유지를 위하여 필요하다고 인정되는 경우로서 집시법 시행령 제13조 제1항에서 정한 사유에 해당한다면 **집회 또는 시위가 이루어지는 장소 외곽의 경계지역뿐만 아니라 집회 또는 시위의 장소 안에도 설정할 수 있다**고 봄이 타당할 것이나, 이러한 경우에도 그 질서유지선은 집회 및 시위의 보호와 공공의 질서유지를 위하여 필요하다고 인정되는 최소한의 범위를 정하여 설정되어야 하고, 질서유지선이 위 범위를 벗어나 설정되었다면 이는 집시법 제13조 제1항에 위반되어 적법하다고 할 수 없다(대법원 2020.3.27. 2016도18713).

[2] 집시법상 질서유지선의 정의 및 질서유지선의 침범 등 행위에 대한 처벌규정의 문언과 취지에 비추어 보면, 질서유지선은 띠, 방책, 차선 등과 같이 경계표지로 기능할 수 있는 물건 또는 도로교통법상 안전표지라고 봄이 타당하므로, **경찰관들이 집회 또는 시위가 이루어지는 장소의 외곽이나 그 장소 안에서 줄지어 서는 등의 방법으로 사실상 질서유지선의 역할을 수행한다고 하더라도 이를 가리켜 집시법에서 정한 질서유지선이라고 할 수는 없다**(대법원 2020.3.27. 2016도18713).

(2) 질서유지선의 설정

① 제6조 제1항에 따른 신고를 받은 관할경찰관서장은 집회 및 시위의 보호와 공공의 질서유지를 위하여 필요하다고 인정할 때에는 **최소한(최대한×)의 범위를 정하여 질서유지선을 설정할 수 있다**(집시법 제13조 제1항).

② 제1항에 따라 **경찰관서장이 질서유지선을 설정하려면 주최자 또는 연락책임자에게 이를 알려야 한다**(집시법 제13조 제2항).

③ 시행령 제13조(질서유지선의 설정) 제1항

관할 경찰관서장은 집회 및 시위의 보호와 공공의 질서 유지를 위하여 다음 각 호의 어느 하나에 해당하는 경우에는 법 제13조 제1항에 따라 **질서유지선을 설정할 수 있다.**

1. **집회·시위의 장소를 한정하거나 집회·시위의 참가자와 일반인을 구분할 필요가 있을 경우**
2. 집회·시위의 참가자를 일반인이나 차량으로부터 보호할 필요가 있을 경우
3. 일반인의 통행 또는 교통 소통 등을 위하여 필요할 경우
4. 집회 또는 시위가 금지되는 장소, 통신시설 등 중요시설, 위험물시설 등에 접근하거나 행진하는 것을 금지하거나 제한할 필요가 있을 경우
5. **집회·시위의 행진로를 확보하거나 이를 위한 임시횡단보도를 설치할 필요가 있을 경우**
6. 그 밖에 집회·시위의 보호와 공공의 질서 유지를 위하여 필요할 경우

④ 시행령 제13조(질서유지선의 고지) 제2항

법 제13조 제2항에 따른 **질서유지선의 설정 고지는 서면으로 하여야 한다. 다만, 집회 또는 시위 장소의 상황에 따라 질서유지선을 새로 설정하거나 변경하는 경우에는 집회 또는 시위의 장소에 있는 경찰공무원이 구두로 알릴 수 있다.**

⑤ 제24조(벌칙)

제13조에 따라 설정한 **질서유지선을 경찰관의 경고에도 불구하고 정당한 사유 없이 상당 시간 침범하거나 손괴·은닉·이동 또는 제거하거나 그 밖의 방법으로 그 효용을 해친 자는 6개월 이하의 징역 또는 50만원 이하의 벌금·구류 또는 과료에 처한다.**

2. 확성기 등 사용 제한 <18·21 채용, 15 승진>

(1) 확성기 등 사용의 제한(제14조)과 벌칙

① 집회 또는 시위의 주최자는 확성기, 북, 징, 꽹과리 등 기계·기구(이하 이 조에서 "확성기 등"이라 한다)를 사용하여 타인에게 심각한 피해를 주는 소음으로서 대통령령으로 정하는 기준을 위반하는 소음을 발생시켜서는 아니 된다.

※ 신고 제외 집회(학술등 집회)의 경우에도 소음기준 준수가 요구된다.

② 관할경찰관서장은 집회 또는 시위의 주최자가 제1항에 따른 기준을 초과하는 소음을 발생시켜 타인에게 피해를 주는 경우에는 그 **기준 이하의 소음 유지 또는 확성기 등의 사용중지를 명하거나 확성기 등의 일시보관 등 필요한 조치를 할 수 있다.**

③ 벌칙(제24조 제4호)

제14조 제2항에 따른 명령을 위반하거나 필요한 조치를 거부·방해한 자는 6개월 이하의 징역 또는 50만원 이하의 벌금·구류 또는 과료에 처한다.

(2) 확성기등의 소음기준(시행령 제14조 별표2)

① 소음기준

[단위 : dB(A)]

소음도 구분		대상 지역	시간대		
			주간 (07:00~해지기 전)	야간 (해진 후~24:00)	심야 (00:00~07:00)
대상 소음도	등가소음도 (Leq)	주거지역, 학교, 종합병원	60 이하	50 이하	45 이하
		공공도서관	60 이하	55 이하	
		그 밖의 지역	70 이하	60 이하	
	최고소음도 (Lmax)	주거지역, 학교, 종합병원	80 이하	70 이하	65 이하
		공공도서관	80 이하	75 이하	
		그 밖의 지역	90 이하		

※ 최고소음도는 등가소음도에 20을 더하여 계산함(등가소음도 각 숫자에 +20)

② **확성기등의 소음은 관할 경찰서장(현장 경찰공무원)이 측정한다.**
③ 소음 측정 장소는 피해자가 위치한 건물의 외벽에서 소음원 방향으로 1~3.5m 떨어진 지점으로 하되, 소음도가 높을 것으로 예상되는 지점의 지면 위 1.2~1.5m 높이에서 측정한다. **다만, 주된 건물의 경비 등을 위하여 사용되는 부속 건물, 광장·공원이나 도로상의 영업시설물, 공원의 관리사무소 등은 소음 측정 장소에서 제외한다.**

※ 집회장소가 아닌 피해지역을 기준으로 소음기준치를 적용한다.

④ 위 장소에서 확성기등의 대상소음이 있을 때 측정한 소음도를 측정소음도로 하고, 같은 장소에서 확성기등의 대상소음이 없을 때 5분간 측정한 소음도를 배경소음도로 한다.
⑤ 측정소음도가 배경소음도보다 10dB 이상 크면 배경소음의 보정 없이 측정소음도를 대상소음도로 하고, 측정소음도가 배경소음도보다 3.0~9.9dB 차이로 크면 아래 표의 보정치에 따라 측정소음도에서 배경소음을 보정한 소음도를 대상소음도로 하며, 측정소음도가 배경소음도보다 3dB 미만으로 크면 다시 한 번 측정소음도를 측정하고, 다시 측정하여도 3dB 미만으로 크면 확성기등의 소음으로 보지 아니한다.
⑥ **등가소음도는 10분간(소음 발생 시간이 10분 이내인 경우에는 그 발생 시간 동안을 말한다) 측정한다.** 다만, **다음 각 목에 해당하는 대상 지역의 경우에는 등가소음도를 5분간(소음 발생 시간이 5분 이내인 경우에는 그 발생 시간 동안을 말한다) 측정한다.**
   가목. 주거지역, 학교, 종합병원
   나목. 공공도서관
⑦ 최고소음도는 확성기등의 대상소음에 대해 매 측정 시 발생된 소음도 중 가장 높은 소음도를 측정하며, 동일한 집회·시위에서 측정된 최고소음도가 1시간 내에 3회 이상 위 표의 최고소음도 기준을 초과한 경우 소음기준을 위반한 것으로 본다. 다만, 다음 각 목에 해당하는 대상 지역의 경우에는 1시간 내에 2회 이상 위 표의 최고소음도 기준을 초과한 경우 소음기준을 위반한 것으로 본다.
   가목. 주거지역, 학교, 종합병원
   나목. 공공도서관

⑧ 다음 각 목에 해당하는 행사(중앙행정기관이 개최하는 행사만 해당한다)의 진행에 영향을 미치는 소음에 대해서는 **그 행사의 개최시간에 한정하여 위 표의 주거지역의 소음기준을 적용한다**.
   가목. **「국경일에 관한 법률」** 제2조에 따른 국경일의 행사
   나목. 「각종 기념일 등에 관한 규정」 별표에 따른 각종 기념일 중 주관 부처가 국가보훈부인 기념일의 행사

6 집회 또는 시위의 해산

1. 해산 사유와 해산명령 ⟨22·23 채용, 24 승진⟩

(1) **해산 사유(해산명령의 대상)**

① 관할경찰관서장은 다음의 어느 하나에 해당하는 집회 또는 시위에 대하여는 상당한 시간 이내에 자진 해산할 것을 요청하고 이에 따르지 아니하면 해산을 명할 수 있다(제20조 제1항).

② 해산 사유
  ㉠ 목적·수단·시간·장소 금지 사유에 해당하는 집회·시위(제5조 제1항, 제10조 본문 또는 제11조를 위반한 집회 또는 시위)
  ㉡ 제6조 제1항에 따른 신고를 하지 아니하거나(미신고) 제8조(금지 통고) 또는 제12조(교통소통을 위한 제한)에 따라 금지된 집회 또는 시위
  ㉢ 제8조 제5항(보호 요청)에 따른 제한 또는 제12조(교통소통을 위한 제한)에 따른 조건을 위반하여 교통 소통 등 질서 유지에 직접적인 위험을 명백하게 초래한 집회 또는 시위
  ㉣ 제16조 제3항에 따른 종결 선언을 한 집회 또는 시위(주최자가 질서를 유지할 수 없어 종결 선언을 한 집회 또는 시위)
  ㉤ 제16조 제4항 각 호의 어느 하나에 해당하는 행위로 질서를 유지할 수 없는 집회 또는 시위 (주최자가 준수사항을 위반한 집회 시위)

(2) **해산명령과 해산의무**

① 집회 또는 시위가 해산명령을 받았을 때에는 모든 참가자는 지체 없이 해산하여야 한다(제20조 제2항).
② 해산명령을 위반한 자는 6개월 이하의 징역 또는 50만원 이하의 벌금, 구류 또는 과료에 처한다. 벌칙(제24조 제5호)

(3) **관련 판례**

① 집회 및 시위에 관한 법률상 미신고 옥외집회 또는 시위라는 이유만으로 해산을 명하고 이에 불응하였다고 하여 처벌할 수 없다.
   [다수의견] 집회의 자유가 가지는 헌법적 가치와 기능, 집회에 대한 허가 금지를 선언한 헌법정신, 옥외집회 및 시위에 관한 사전신고제의 취지 등을 종합하여 보면, 신고는 행정관청에 집회에 관한 구체적인 정보를 제공함으로써 공공질서의 유지에 협력하도록 하는 데 의의가 있는 것으로 집회의 허가를 구하는 신청으로 변질되어서는 아니 되므로, **신고를 하지 아니하였다는 이유만으로 옥외집회 또는 시위를 헌법의 보호 범위를 벗어나 개최가 허용되지 않는 집회 내지 시위라고 단정할 수 없다.**

따라서 집회 및 시위에 관한 법률(이하 '집시법'이라고 한다) 제20조 제1항 제2호가 미신고 옥외집회 또는 시위를 해산명령 대상으로 하면서 별도의 해산 요건을 정하고 있지 않더라도, 그 **옥외집회 또는 시위로 인하여 타인의 법익이나 공공의 안녕질서에 대한 직접적인 위험이 명백하게 초래된 경우에 한하여 위 조항에 기하여 해산을 명할 수 있고, 이러한 요건을 갖춘 해산명령에 불응하는 경우에만 집시법 제24조 제5호에 의하여 처벌할 수 있다**고 보아야 한다(대법원 2012.4.19. 2010도6388 전원합의체).

② 집회 및 시위에 관한 법률(이하 '집시법'이라 한다)상 일정한 경우 집회의 자유가 사전 금지 또는 제한된다 하더라도 이는 다른 중요한 법익의 보호를 위하여 반드시 필요한 경우에 한하여 정당화되는 것이며, 특히 **집회의 금지와 해산은 원칙적으로 공공의 안녕질서에 대한 직접적인 위협이 명백하게 존재하는 경우에 한하여 허용될 수 있고, 집회의 자유를 보다 적게 제한하는 다른 수단, 예컨대 시위 참가자수의 제한, 시위 대상과의 거리 제한, 시위 방법, 시기, 소요시간의 제한 등 조건을 붙여 집회를 허용하는 가능성을 모두 소진한 후에 비로소 고려될 수 있는 최종적인 수단이다.**

따라서 사전 금지 또는 제한된 집회라 하더라도 실제 이루어진 집회가 당초 신고 내용과 달리 평화롭게 개최되거나 집회 규모를 축소하여 이루어지는 등 **타인의 법익 침해나 기타 공공의 안녕질서에 대하여 직접적이고 명백한 위험을 초래하지 않은 경우에는 이에 대하여 사전 금지 또는 제한을 위반하여 집회를 한 점을 들어 처벌하는 것 이외에 더 나아가 이에 대한 해산을 명하고 이에 불응하였다 하여 처벌할 수는 없다**(대법원 2011.10.13. 2009도13846).

2. 해산 절차 〈17 · 23 채용, 15 · 17 · 19 · 23 승진〉

(1) 4단계 해산절차

① 법령의 근거
자진 해산의 요청과 해산 명령의 고지 등에 대하여 필요한 사항은 대통령령으로 정한다(제20조 제3항).

② 집회 또는 시위를 해산시키려는 때에는 관할 경찰관서장 또는 관할 경찰관서장으로부터 권한을 부여받은 경찰공무원은 '**종결선언의 요청 → 자진해산의 요청 → 해산명령 및 직접 해산**'의 **순서에 따라야 한다**(시행령 제17조).

(2) 종결선언의 요청

① 주최자에게 집회 또는 시위의 종결 선언을 요청하되, 주최자의 소재를 알 수 없는 경우에는 주관자 · 연락책임자 또는 질서유지인을 통하여 종결 선언을 요청할 수 있다(시행령 제17조 제1호).

② 종결선언의 요청 생략(시행령 제17조 단서)
㉠ 법 제20조 제1항 제1호 · 제2호 또는 제4호에 해당하는 집회 · 시위의 경우(금지 사유에 해당하는 집회 · 시위, 미신고 집회 · 시위 또는 주최자가 질서를 유지할 수 없어 종결 선언을 한 집회 또는 시위)에는 종결 선언의 요청을 생략할 수 있다.
㉡ 주최자 · 주관자 · 연락책임자 및 질서유지인이 집회 또는 시위의 장소에 없는 경우에는 종결 선언의 요청을 생략할 수 있다.

(3) 자진해산의 요청(시행령 제17조 제2호)

종결 선언 요청에 응하지 아니하거나 종결 선언에도 불구하고 집회 또는 시위의 참가자들이 집회 또는 시위를 계속하는 경우에는 직접 참가자들에 대하여 자진 해산할 것을 요청한다.

(4) 해산명령 및 직접해산(시행령 제17조 제3호)

자진 해산 요청에 응하지 아니하는 경우에는 세 번 이상 자진 해산할 것을 명령하고, 참가자들이 해산명령에 불구하고 해산하지 아니하면 직접 해산시킬 수 있다.

(5) 관련 판례

① '자진해산의 요청'의 의미(대법원 2000.11.24. 2000도2172)
   [1] 관할경찰관서장 또는 관할경찰관서장으로부터 권한을 부여받은 경찰관은 참가자들에 대하여 상당한 시간 내에 자진해산할 것을 요청한 다음, 그 자진해산요청에도 응하지 아니할 경우 자진해산할 것을 명령할 수 있다고 할 것이며, 여기서 해산명령 이전에 자진해산할 것을 요청하도록 한 입법 취지에 비추어 볼 때, **반드시 '자진해산'이라는 용어를 사용하여 요청할 필요는 없고, 그 때 해산을 요청하는 언행 중에 스스로 해산하도록 청하는 취지가 포함되어 있으면 된다.**
   [2] 관할경찰관서장으로부터 권한을 부여받은 경찰관이 비록 '자진해산'을 요청한다는 용어를 사용하지 않았다고 하더라도 스스로 해산할 것을 설득하거나 요구하였고 그로부터 상당한 시간이 흐른 후 해산명령을 하였으므로 집회 및 시위에 관한 법률 및 같은 법 시행령에 따라 해산명령 이전에 자진해산할 것을 요청한 경우에 해당한다고 본 사례.

② 집회 및 시위에 관한 법률(이하 '집시법'이라 한다) 제20조 제1항과 집회 및 시위에 관한 법률 시행령(이하 '집시법 시행령'이라 한다)이 해산명령을 할 때 그 사유를 구체적으로 고지하도록 명시적으로 규정하고 있지는 아니하나, 국가기관이 이미 진행 중인 집회나 시위를 해산하도록 명하기 위해서는 해산을 명하는 법률적 근거를 구체적으로 제시할 것이 요구된다고 보아야 하는 점, 자발적인 종결 선언이나 자진 해산이 이루어지기 위해서는 집회 또는 시위를 해산하여야만 하는 사유가 집회 또는 시위의 주최자나 참가자 등에게 구체적으로 고지될 필요가 있다는 면에서 위 시행령의 규정은 해산 사유가 구체적으로 고지되는 것을 전제로 한 것이라고 볼 수 있는 점, 위와 같은 해산명령 사유가 구체적으로 고지되어야만 집회나 시위의 주최자 또는 참가자 등이 해산명령의 적법 여부에 관하여 제대로 다툴 수 있는 점 등에 비추어 보면, **해산명령을 할 때에는 해산 사유가 집시법 제20조 제1항 각 호 중 어느 사유에 해당하는지에 관하여 구체적으로 고지하여야만 한다고 보아야 한다**(대법원 2012.2.9. 2011도7193).

③ [1] 옥내집회는 「집회 및 시위에 관한 법률」상 사전신고 없이 개최할 수 있는 것이지만, 이 역시 다른 중요한 법익의 보호를 위하여 필요한 경우에는 그 자유가 제한될 수 있다. 따라서 **타인이 관리하는 건조물에서 옥내집회를 개최하는 경우에도, 그것이 '폭행, 협박, 손괴, 방화 등으로 질서를 문란하게 하는 행위로 질서를 유지할 수 없는 집회'**(「집회 및 시위에 관한 법률」 제20조 제1항 제5호, 제16조 제4항 제2호)**에 해당하는 등 집회의 목적, 참가인원, 집회 방식, 행태 등으로 볼 때 타인의 법익 침해나 기타 공공의 안녕질서에 대하여 직접적이고 명백한 위험을 초래하는 때에는 해산명령의 대상이 된다고 보아야 한다.** 설령 집회의 장소가 관공서 등 공공건조물의 옥내라 하더라도 그곳이 일반적으로 집회의 개최가 허용된 개방된 장소가 아닌 이상 이를 무단 점거하여 그 건조물의 평온을 해치거나 정상적인 기능의 수행

에 위험을 초래하고 나아가 질서를 유지할 수 없는 정도에 이른 경우에는, 집회의 자유에 의하여 보장되는 활동의 범주를 넘는다 할 것이므로 그것이 **해산명령의 대상이 되는 것은 마찬가지이다.**

[2] 「집회 및 시위에 관한 법률」은 옥외집회나 시위에 대하여는 사전신고를 요구하고 나아가 그 신고범위의 일탈행위를 처벌하고 있지만, 옥내집회에 대하여는 신고하도록 하는 규정 자체를 두지 않고 있다. 따라서 **당초 옥외집회를 개최하겠다고 신고하였지만 신고 내용과 달리 아예 옥외집회는 개최하지 아니한 채 신고한 장소와 인접한 건물 등에서 옥내집회만을 개최한 경우에는, 그것이 건조물침입죄 등 다른 범죄를 구성함은 별론으로 하고, 신고한 옥외집회를 개최하는 과정에서 그 신고범위를 일탈한 행위를 한 데 대한 집회 및 시위에 관한 법률 위반죄로 처벌할 수는 없다**(2010도14545).

④ 집회 및 시위에 관한 법률에 따른 신고 없이 이루어진 집회에 참석한 참가자들이 차로 위를 행진하는 등으로 도로 교통을 방해함으로써 통행을 불가능하게 하거나 현저하게 곤란하게 하는 경우에 일반교통방해죄가 성립한다. 그러나 이 경우에도 참가자 모두에게 당연히 일반교통방해죄가 성립하는 것은 아니고, **실제로 참가자가 집회·시위에 가담하여 교통방해를 유발하는 직접적인 행위를 하였거나, 참가자의 참가 경위나 관여 정도 등에 비추어 참가자에게 공모공동정범의 죄책을 물을 수 있는 경우라야 일반교통방해죄가 성립한다**(대법원 2018.5.11. 2017도9146).

⑤ 건설업체 노조원들이 '임·단협 성실교섭 촉구 결의대회'를 개최하면서 차도의 통행방법으로 **신고하지 아니한 삼보일배 행진을 하여 차량의 통행을 방해한 사안에서, 그 시위방법이 장소, 태양, 내용, 방법과 결과 등에 비추어 사회통념상 용인될 수 있는 다소의 피해를 발생시킨 경우에 불과하고, 구 집회 및 시위에 관한 법률에 정한 신고제도의 목적 달성을 심히 곤란하게 하는 정도에 이른다고 볼 수 없어, 사회상규에 위배되지 않는 정당행위에 해당한다고 한 사례**(대법원 2009.7.23. 2009도840)

CHAPTER 07 안보경찰 활동

제1절 안보경찰 일반론

1 안보경찰과 방첩활동

1. 안보경찰의 의의 〈25 승진〉

(1) 개념

① 안보경찰은 국가안전보장에 대한 위해에 대하여 헌법상의 자유민주적 기본질서를 보호하는 경찰활동을 말한다.
② 일반경찰의 경우 1차적 목표가 국민의 생명과 재산을 보호하는 것이라면, 안보경찰은 1차적 목표가 국가의 안전보장에 있다.
③ 안보경찰활동은 **사전·예방적(사후·진압적×) 성격을 갖는다.**
④ 안보경찰의 수단상 특징은 비공개성과 비노출성이다.
⑤ 안보경찰활동의 기본적인 법적 근거는 「국가경찰과 자치경찰의 조직 및 운영에 관한 법률」 제3조, 「경찰관 직무집행법」 제2조 등에서 찾아볼 수 있다.

(2) 안보수사국장의 분장 사항

경찰청과 그 소속기관 직제 제22조 제3항	1. 안보수사경찰업무에 관한 기획 및 교육 2. 보안관찰 및 경호안전대책 업무에 관한 사항 3. 북한이탈주민 신변보호 4. 국가안보와 국익에 반하는 범죄에 대한 수사의 지휘·감독 5. 안보범죄정보 및 보안정보의 수집·분석 및 관리 6. 국내외 유관기관과의 안보범죄정보 협력에 관한 사항 7. 남북교류와 관련되는 안보수사경찰업무 8. 국가안보와 국익에 반하는 중요 범죄에 대한 수사 9. 외사보안업무의 지도·조정 10. 공항 및 항만의 안보활동에 관한 계획 및 지도

2. 방첩 〈16·17 채용, 17 승진〉

(1) 방첩의 개념과 대상

① 방첩은 기밀 유지, 보안 유지를 말하며, 적국에 의한 간첩, 태업, 전복 등 위해로부터 국가안전을 보장하기 위한 일체의 행동을 의미한다.
② 방첩의 대상

간첩	한 국가(또는 정치적 집단)의 이익을 위하여 비밀리에 또는 허위의 구실하에 정보수집을 하거나 태업, 전복활동을 하는 모든 조직적 구성분자이다.
태업	대상국가의 전쟁수행능력, 방위력을 약화시키는 직접·간접의 손상·파괴행위이다.
전복	헌법기관을 강압으로 변혁시키거나 기능을 저하시키는 행위이다.

(2) 간첩망의 형태

대상국의 기밀 탐지, 전복, 태업 등을 효과적으로 수행하기 위한 지하조직형태를 간첩망이라 한다.

단일형	① 간첩이 단일 특수 목적을 수행하기 위해 동조자를 포섭하지 않고 단독으로 활동하는 점조직이다. 대남간첩이 가장 많이 사용하는 형태이다. ② 장점: 간첩 상호 간에 종적·횡적 연락이 차단되어 보안 유지 및 신속한 활동이 가능하다. ③ 단점: 활동의 범위가 좁고(넓고×), 공작 성과가 비교적 낮다(높다×).
삼각형	① 지하당 구축을 하명 받은 간첩이 3명 이내의 행동공작원을 포섭하여 직접 지휘하고 포섭된 공작원 간의 횡적 연락을 차단하는 활동 조직이다. ② 횡적 연락을 차단하여 비교적 보안 유지가 잘된다. 지하당조직에서 주로 사용하는 간첩망 형태이다. ③ 장점: 횡적연락을 차단한 결과 비교적 보안 유지가 잘되어 일망타진이 곤란하다. ④ 단점: 활동 범위가 비교적 좁고, 공작원이 검거되었을 경우 간첩의 정체가 쉽게 노출된다.
피라미드형	① 간첩 밑에 주공작원 2~3명을 두고, 주공작원은 그 밑에 각각 2~3명의 행동공작원을 두는 조직형태이다. ② 장점: 일시에 많은 공작을 입체적으로 수행할 수 있어 활동 범위가 넓다. ③ 단점: 조직구성에 많은 시간이 소요된다(소요되지 않는다는 장점이 있다×). 활동이 노출되기 쉽고, 일망타진의 가능성이 높다.
레포형	피라미드형(삼각형×) 조직에서 간첩과 주공작원 간, 행동공작원 상호 간에 연락원을 두고 종·횡으로 연결하는 형태이다. '레포'는 연락, 연락원을 뜻하는 공산당 용어로 현재는 잘 사용하지 않는 말이다.
서클형	① 합법적 신분을 이용하여 대상국에 침투하여 대상국의 정치·사회문제를 이용하여 적국의 이념이나 사상에 동조하도록 유도하는 조직형태이다. ② 현대 첩보전에서 가장 많이 이용된다. ③ 장점: 간첩 활동이 자유로워 대중적 조직을 이용할 수 있고 동원이 용이하다. ④ 단점: 간첩의 정체 폭로 시 외교적 문제를 야기할 수 있다.

제2절 안보수사

1 국가보안법

1. 목적 등 ⟨24 경위⟩

> 제1조(목적)
> ① 이 법은 국가의 안전을 위태롭게 하는 반국가활동을 규제함으로써 국가의 안전과 국민의 생존 및 자유를 확보함을 목적으로 한다.
> ② 이 법을 해석적용함에 있어서는 제1항의 목적달성을 위하여 필요한 최소한도에 그쳐야 하며, 이를 확대해석하거나 헌법상 보장된 국민의 기본적 인권을 부당하게 제한하는 일이 있어서는 아니 된다.
>
> 제2조(정의) 제1항
> 이 법에서 **"반국가단체"**란 정부를 참칭하거나 국가를 변란할 것을 목적으로 하는 국내외의 결사 또는 집단으로서 지휘통솔체제를 갖춘 단체를 말한다.

2. 범죄와 형벌(실체법 규정) 〈17 승진, 24 경위〉

(1) 반국가단체의 구성등

제3조(반국가단체의 구성등)
① 반국가단체를 구성하거나 이에 가입한 자는 다음의 구별에 따라 처벌한다.
   1. 수괴의 임무에 종사한 자는 사형 또는 무기징역에 처한다.
   2. 간부 기타 지도적 임무에 종사한 자는 사형·무기 또는 5년 이상의 징역에 처한다.
   3. 그 이외의 자는 2년 이상의 유기징역에 처한다.
② 타인에게 반국가단체에 가입할 것을 권유한 자는 2년 이상의 유기징역에 처한다.
③ **제1항 및 제2항의 미수범은 처벌한다.**
   ※ 반국가단체의 구성·가입죄 및 가입권유죄는 미수범을 처벌한다.
④ **제1항 제1호 및 제2호의 죄를 범할 목적으로 예비 또는 음모한 자는 2년 이상의 유기징역에 처한다.**
   ※ 반국가단체의 구성·가입죄는 예비·음모를 처벌한다.

(2) 목적수행

제4조(목적수행)
① 반국가단체의 구성원 또는 그 지령을 받은 자가 그 목적수행을 위한 행위를 한 때에는 다음의 구별에 따라 처벌한다.
   ※ 목적수행죄(제4조)의 행위 양태
   ㉠ 외환의 죄, 존속살해, 강도살인, 강도치사 등의 범죄
   ㉡ 간첩죄, 간첩방조죄, 국가기밀 탐지·수집·누설 등의 범죄
   ㉢ 소요, 폭발물사용, 방화, 살인 등의 범죄
   ㉣ 중요시설파괴, 약취·유인, 항공기·무기 등의 이동·취거 등의 범죄
   ㉤ 유가증권위조, 상해, 국가기밀서류·물품의 손괴·은닉 등의 범죄
   ㉥ 선전·선동, 허위사실 날조·유포 등의 범죄

(3) 자진지원·금품수수

제5조(자진지원·금품수수)
① 반국가단체나 그 구성원 또는 그 지령을 받은 자를 지원할 목적으로 자진하여 제4조 제1항 각호에 규정된 행위를 한 자는 제4조 제1항의 예에 의하여 처벌한다.
② 국가의 존립·안전이나 자유민주적 기본질서를 위태롭게 한다는 정을 알면서 반국가단체의 구성원 또는 그 지령을 받은 자로부터 금품을 수수한 자는 7년 이하의 징역에 처한다.
③ 제1항 및 제2항의 미수범은 처벌한다.
④ 제1항의 죄를 범할 목적으로 예비 또는 음모한 자는 10년 이하의 징역에 처한다.

(4) 잠입 · 탈출

제6조(잠입 · 탈출)
① 국가의 존립 · 안전이나 자유민주적 기본질서를 위태롭게 한다는 정을 알면서 반국가단체의 지배하에 있는 지역으로부터 잠입하거나 그 지역으로 탈출한 자는 10년 이하의 징역에 처한다.
② **반국가단체나 그 구성원의 지령을 받거나 받기 위하여 또는 그 목적수행을 협의하거나 협의하기 위하여 잠입하거나 탈출한 자는 사형 · 무기 또는 5년 이상의 징역에 처한다.**
④ 제1항 및 제2항의 미수범은 처벌한다.
⑤ 제1항의 죄를 범할 목적으로 예비 또는 음모한 자는 7년 이하의 징역에 처한다.
⑥ 제2항의 죄를 범할 목적으로 예비 또는 음모한 자는 2년 이상의 유기징역에 처한다.

(5) 찬양 · 고무등, 회합 · 통신등

제7조(찬양 · 고무등)
① 국가의 존립 · 안전이나 자유민주적 기본질서를 위태롭게 한다는 정을 알면서 반국가단체나 그 구성원 또는 그 지령을 받은 자의 활동을 찬양 · 고무 · 선전 또는 이에 동조하거나 국가변란을 선전 · 선동한 자는 7년 이하의 징역에 처한다.
③ 제1항의 행위를 목적으로 하는 단체를 구성하거나 이에 가입한 자는 1년 이상의 유기징역에 처한다.
④ 제3항에 규정된 단체의 구성원으로서 사회질서의 혼란을 조성할 우려가 있는 사항에 관하여 허위사실을 날조하거나 유포한 자는 2년 이상의 유기징역에 처한다.
⑤ 제1항 · 제3항 또는 제4항의 행위를 할 목적으로 문서 · 도화 기타의 표현물을 제작 · 수입 · 복사 · 소지 · 운반 · 반포 · 판매 또는 취득한 자는 그 각항에 정한 형에 처한다. ※ 안보위해문건제작등
⑥ 제1항 또는 제3항 내지 제5항의 미수범은 처벌한다.
⑦ 제3항의 죄를 범할 목적으로 예비 또는 음모한 자는 5년 이하의 징역에 처한다.

제8조(회합 · 통신등)
① 국가의 존립 · 안전이나 자유민주적 기본질서를 위태롭게 한다는 정을 알면서 반국가단체의 구성원 또는 그 지령을 받은 자와 회합 · 통신 기타의 방법으로 연락을 한 자는 10년 이하의 징역에 처한다.
③ 제1항의 미수범은 처벌한다.

(6) 편의제공, 불고지

제9조(편의제공)
① 이 법 제3조 내지 제8조의 죄를 범하거나 범하려는 자라는 정을 알면서 총포 · 탄약 · 화약 기타 무기를 제공한 자는 5년 이상의 유기징역에 처한다.
② 이 법 제3조 내지 제8조의 죄를 범하거나 범하려는 자라는 정을 알면서 금품 기타 재산상의 이익을 제공하거나 잠복 · 회합 · 통신 · 연락을 위한 장소를 제공하거나 기타의 방법으로 편의를 제공한 자는 10년 이하의 징역에 처한다. 다만, 본범과 친족관계가 있는 때에는 그 형을 감경 또는 면제할 수 있다.
③ 제1항 및 제2항의 미수범은 처벌한다.
④ 제1항의 죄를 범할 목적으로 예비 또는 음모한 자는 1년 이상의 유기징역에 처한다.

제10조(불고지)
제3조(반국가단체구성), 제4조(목적수행), 제5조 제1항(자진지원죄) · 제3항(제1항의 미수범에 한한다) · 제4항의 죄를 범한 자라는 정을 알면서 수사기관 또는 정보기관에 고지하지 아니한 자는 5년 이하의 징역 또는 200만원(300만원×) 이하의 벌금에 처한다.
다만, 본범과 친족관계가 있는 때에는 그 형을 감경 또는 면제한다.

(7) 특수직무유기, 무고, 날조

제11조(특수직무유기)
범죄수사 또는 정보의 직무에 종사하는 공무원이 이 법의 죄를 범한 자라는 정을 알면서 그 직무를 유기한 때에는 10년 이하의 징역에 처한다. 다만, **본범과 친족관계가 있는 때에는 그 형을 감경 또는 면제할 수 있다.**

제12조(무고, 날조)
① 타인으로 하여금 형사처분을 받게 할 목적으로 이 법의 죄에 대하여 무고 또는 위증을 하거나 증거를 날조·인멸·은닉한 자는 그 각조에 정한 형에 처한다.
② 범죄수사 또는 정보의 직무에 종사하는 공무원이나 이를 보조하는 자 또는 이를 지휘하는 자가 직권을 남용하여 제1항의 행위를 한 때에도 제1항의 형과 같다. 다만, 그 법정형의 최저가 2년 미만일 때에는 이를 2년으로 한다.

(8) 형의 감면 〈17 경위〉

제16조(형의 감면)
다음 각호의 1에 해당한 때에는 그 형을 감경 또는 면제한다.
1. 이 법의 죄를 범한 후 자수한 때
2. 이 법의 죄를 범한 자가 이 법의 죄를 범한 타인을 고발하거나 타인이 이 법의 죄를 범하는 것을 방해한 때

3. 특별 형사소송 규정 〈15 승진, 15·18 경위〉

제18조(참고인의 구인·유치)
① 검사 또는 사법경찰관으로부터 이 법에 정한 죄의 참고인으로 출석을 요구받은 자가 정당한 이유없이 **2회 이상 출석요구에 불응한 때에는 관할법원판사의 구속영장을 발부받아 구인할 수 있다.**
② 구속영장에 의하여 참고인을 구인하는 경우에 필요한 때에는 근접한 경찰서 기타 적당한 장소에 임시로 유치할 수 있다.

제19조(구속기간의 연장)
① 지방법원판사는 제3조 내지 제10조의 죄로서 사법경찰관이 검사에게 신청하여 검사의 청구가 있는 경우에 수사를 계속함에 상당한 이유가 있다고 인정한 때에는 형사소송법 제202조의 **구속기간의 연장을 1차에 한하여 허가할 수 있다.**
② 지방법원판사는 제1항의 죄로서 검사의 청구에 의하여 수사를 계속함에 상당한 이유가 있다고 인정한 때에는 형사소송법 제203조의 **구속기간의 연장을 2차에 한하여 허가할 수 있다.**
③ 제1항 및 제2항의 기간의 연장은 각 10일 이내로 한다.
[단순위헌, 90헌마82, 1992. 4. 14. 국가보안법 제19조중 제7조(찬양·고무등) 및 제10조(불고지)의 죄에 관한 구속기간 연장부분은 헌법에 위반된다.]

제20조(공소보류)
① 검사는 이 법의 죄를 범한 자에 대하여 형법 제51조(양형 조건)의 사항을 참작하여 공소제기를 보류할 수 있다.
② 제1항에 의하여 **공소보류를 받은 자가 공소의 제기없이 2년을 경과한 때에는 소추할 수 없다.**

예) K경찰서 안보과 甲경위는 국가보안법(목적수행죄)을 위반한 乙을 2026년 7월 1일 긴급체포하여 공범 및 배후세력의 수사를 위해 2026년 7월 2일 관할지방법원 판사로부터 구속영장을 발부받았다. 국가보안법상 검사와 사법경찰의 구속기간을 최대로 연장할 경우 피의자 구속기간의 만료일은? 기산점은 체포 시(7월 1일), 구속기간은 30일, 만료일은 7월 30일

4. 보상과 원호 <18 채용>

제21조(상금)
① 이 법의 죄를 범한 자를 수사기관 또는 정보기관에 통보하거나 체포한 자에게는 대통령령으로 정하는 바에 따라 **상금을 지급한다.**
② 이 법의 죄를 범한 자를 인지하여 체포한 수사기관 또는 정보기관에 종사하는 자에 대하여도 제1항과 같다.
③ 이 법의 죄를 범한 자를 체포할 때 반항 또는 교전상태하에서 부득이한 사유로 살해하거나 자살하게 한 경우에는 제1항에 준하여 상금을 지급할 수 있다.

제22조(보로금)
① 제21조의 경우에 압수물이 있는 때에는 상금을 지급하는 경우에만 그 압수물 가액의 2분의 1에 상당하는 범위 안에서 보로금을 지급할 수 있다.
② 반국가단체나 그 구성원 또는 그 지령을 받은 자로부터 금품을 취득하여 수사기관 또는 정보기관에 제공한 자에게는 **그 가액의 2분의 1에 상당하는 범위 안에서 보로금을 지급할 수 있다.** 반국가단체의 구성원 또는 그 지령을 받은 자가 제공한 때에도 또한 같다.

제23조(보상)
이 법의 죄를 범한 자를 신고 또는 체포하거나 이에 관련하여 상이를 입은 자와 사망한 자의 유족은 대통령령으로 정하는 바에 따라 「국가유공자 등 예우 및 지원에 관한 법률」에 따른 공상군경 또는 순직군경의 유족이나 「보훈보상대상자 지원에 관한 법률」에 따른 재해부상군경 또는 재해사망군경의 유족으로 보아 보상할 수 있다.

제24조(국가보안유공자 심사위원회) 제1항
이 법에 의한 상금과 보로금의 지급 및 제23조에 의한 보상대상자를 심의·결정하기 위하여 **법무부장관 소속하에 국가보안유공자 심사위원회를 둔다.**

5. 국가보안법의 특징 <17 경위>

실체법적 특징	① 고의범만 처벌한다. ② 반국가단체 가입 권유죄, 금품수수, 단순찬양, 이적표현물 제작등, 회합통신, 금품등 편의제공, 불고지, 특수직무유기, 무고죄를 제외하고 예비 음모행위가 처벌된다. ③ 편의제공죄가 독립된 범죄로 규정되어 있다. ④ 불고지죄
절차법적 특징	① 정당한 이유 없이 참고인이 2회 이상 출석요구에 불응한 경우 구속영장을 발부받아 구인·유치할 수 있다. ② 단기간에 사안을 정확하게 파악할 수 없으므로 사법경찰관에게 1회, 검사에게 2회까지 구속기간을 연장할 수 있게 하고 있다.

제3절 보안관찰

1. 보안관찰의 의의

① 「보안관찰법」상 보안관찰은 보안처분으로서, 행위자의 치료·교육 등 재사회화를 통한 사회방위를 목적으로 한다.
② 보안관찰법상 보안관찰처분의 개관(결정과 집행 절차)

①	②	③	④	⑤	⑥	⑦
보안관찰처분 대상자	보안관찰처분 조사	보안관찰처분 청구	보안관찰처분 청구서 회부	보안관찰처분 의결	보안관찰처분 결정	보안관찰처분 집행
보안관찰 해당범죄 등 일정한 요건, 신고의무	사법경찰관리, 검사	검사	법무부장관	보안관찰처분 심의위원회	2년(법무부장관), 갱신도 마찬가지	검사

2. 보안관찰법의 목적(제1조)과 보안관찰 해당범죄

(1) 보안관찰법의 목적(제1조)

이 법은 특정범죄를 범한 자에 대하여 재범의 위험성을 예방하고 건전한 사회복귀를 촉진하기 위하여 보안관찰처분을 함으로써 국가의 안전과 사회의 안녕을 유지함을 목적으로 한다.

(2) 보안관찰 해당범죄 (17 채용, 17·18 승진)

> 제2조(보안관찰 해당범죄)
> 이 법에서 "보안관찰해당범죄"라 함은 다음 각호의 1에 해당하는 죄를 말한다.
> 1. 형법 제88조·제89조(제87條의 未遂犯을 제외한다)·제90조(제87條에 해당하는 罪를 제외한다)·제92조 내지 제98조·제100조(제99條의 未遂犯을 제외한다) 및 제101조(제99條에 해당하는 罪를 제외한다)
> 2. 군형법 제5조 내지 제8조·제9조 제2항 및 제11조 내지 제16조
> 3. 국가보안법 제4조, 제5조(第1項중 第4條第1項第6號에 해당하는 행위를 제외한다), 제6조, 제9조 제1항·제3항(第2項의 未遂犯을 제외한다)·제4항

🔎 정리

구분	해당 범죄	해당 범죄 아닌 것
형법상 범죄	내란목적살인죄(제88조), 외환유치죄(제92조), 여적죄(제93조), 이적죄(제94-제97조), 간첩죄(제98조) 등	내란죄, 일반이적죄(제99조), 전시군수계약불이행죄(제103조)
군형법상 범죄	반란(제5조), 반란목적 군용물 탈취(제6조), 반란불보고(제9조 2항), 군용시설등 파괴(제12조), 간첩(제13조), 일반이적(제14조) 등	단순반란불보고죄(제9조 제1항)
국가 보안법상 범죄	목적수행(제4조), 자진지원·금품수수(제5조), 잠입·탈출(제6조), 무기편의제공(제9조 제1항) 등	반국가단체 구성등, 찬양·고무등, 회합·통신등, 금품제공 등(제9조 제2항), 불고지, 특수직무유기, 무고, 날조

3. 보안관찰처분 대상자의 신고 ⟨15·16·17·23 채용, 17·24 승진⟩

(1) 보안관찰처분대상자(제3조)

① "보안관찰처분대상자"란 보안관찰해당범죄 또는 이와 경합된 범죄로 **금고 이상의 형의 선고**를 받고 그 형기 합계가 3년 이상인 자로서 형의 전부 또는 일부의 집행을 받은 사실이 있는 자를 말한다.

② 요건
- ㉠ 보안관찰해당범죄 또는 이와 경합된 범죄
- ㉡ 금고 이상의 형의 선고
- ㉢ 그 형기 합계가 3년 이상
- ㉣ 형의 전부 또는 일부의 집행을 (면제×)받은 사실

  예 A는 국가보안법 위반(제4조 목적수행 중 국가기밀 탐지·수집)죄 등으로 2023. 7. 26. 징역 5년 및 자격정지 5년 형을 선고받고, 2026. 7. 17. ○○교도소에서 형 집행을 종료하였다. A는 보안관찰법상 보안관찰처분대상자에 해당한다.

(2) **보안관찰처분대상자의 신고**(제6조)

① 출소 전 신고(교도소 내 신고, 제6조 제1항 전문)
보안관찰처분대상자는 대통령령으로 정하는 바에 따라 그 형의 집행을 받고 있는 교도소, 소년교도소, 구치소, 유치장 또는 군교도소(이하 "교도소등"이라 한다)에서 **출소(2개월) 전에** 거주예정지 기타 대통령령으로 정하는 사항을 교도소등의 장을 경유하여 거주예정지 관할경찰서장에게 신고하여야 한다(경찰서장은 대상자가 거주예정지에 거주하지 아니할 것이 명백하면 지체 없이 교도소장에게 통보).

② 출소 후 신고(제6조 제1항 후문)
보안관찰처분대상자는 교도소등에서 출소 후 **7일(10일×) 이내**에 그 거주예정지 관할 경찰서장에게 출소사실을 신고하여야 한다.

③ 교도소등의 장의 통고(제6조 제3항)
교도소등의 장은 제3조에 해당하는 자가 생길 때에는 지체 없이 보안관찰처분심의위원회와 거주예정지를 관할하는 검사 및 경찰서장에게 통고하여야 한다.

4. 보안관찰처분을 받은 자(피보안관찰자)의 의무 ⟨17·23 채용, 15 승진, 17 경위⟩

> 제4조(보안관찰처분)
> ① 제3조에 해당하는 자 중 보안관찰해당범죄를 다시 범할 위험성이 있다고 인정할 충분한 이유가 있어 재범의 방지를 위한 관찰이 필요한 자에 대하여는 보안관찰처분을 한다.
> ② 보안관찰처분을 받은 자는 이 법이 정하는 바에 따라 소정의 사항을 주거지 관할 경찰서장(검사×)에게 신고하고, 재범방지에 필요한 범위 안에서 그 지시에 따라 보안관찰을 받아야 한다.
>
> 제18조(신고사항)
> ① 보안관찰처분을 받은 자(이하 "피보안관찰자"라 한다)는 보안관찰처분결정고지를 받은 날부터 7일 이내에 등록기준지, 주거(실제로 생활하는 거처), 성명, 생년월일, 성별, 주민등록번호 등의 사항을 주거지를 관할하는 지구대 또는 파출소의 장을 거쳐 관할 경찰서장에게 신고하여야 한다. ※ 최초신고
> ② 피보안관찰자는 보안관찰처분결정고지를 받은 날이 속한 달부터 매 3월이 되는 달의 말일까지 3월간의 주요활동사항 등을 지구대·파출소장을 거쳐 관할 경찰서장에게 신고하여야 한다. ※ 정기신고

③ 피보안관찰자는 제1항의 **신고사항에 변동이 있는 때에는 7일 이내에** 지구대·파출소장을 거쳐 관할 경찰서장에게 신고하여야 한다. ※ 변동신고
④ 피보안관찰자가 **주거지를 이전**하거나 **국외여행** 또는 **10일(7일×) 이상 주거를 이탈**하여 여행하려면 미리 거주예정지, 여행예정지 기타 대통령령으로 정하는 사항을 지구대·파출소장을 거쳐 **관할경찰서장에게 신고하여야 한다.** ※ 수시신고
⑤ 관할경찰서장은 제1항 내지 제4항에 따른 신고를 받았을 때에는 신고필증을 교부하여야 한다.

5. 보안관찰처분 절차 〈23 채용, 17·24 승진〉

(1) 조사

제9조(조사)
① 검사는 제7조에 따른 보안관찰처분청구를 위하여 필요한 때에는 보안관찰처분대상자, 청구의 원인이 되는 사실과 보안관찰처분을 필요로 하는 자료를 조사할 수 있다.
② 사법경찰관리와 특별사법경찰관리는 검사의 지휘를 받아 제1항에 따른 조사를 할 수 있다.

(2) 처분의 청구와 심사

제7조(보안관찰처분의 청구)
보안관찰처분 청구는 검사가 행한다.

제8조(청구의 방법)
① 제7조의 규정에 의한 **보안관찰처분청구는 검사가 보안관찰처분청구서**(이하 "處分請求書"라 한다)**를 법무부장관에게 제출함으로써 행한다.**
④ 검사는 보안관찰처분 청구를 한 때에는 지체 없이 처분청구서 등본(사본×)을 피청구자에게 송달하여야 한다. 이 경우 송달에 관하여는 민사소송법 중 송달에 관한 규정을 준용한다.

제10조(심사) 제1항
법무부장관은 처분청구서와 자료에 따라 청구된 사안을 심사한다.

(3) 처분의 의결과 결정

제12조(보안관찰처분심의위원회)
① **보안관찰처분에 관한 사안을 심의·의결하기 위하여 법무부에 보안관찰처분심의위원회를 둔다.**
② 위원회는 위원장 1인과 6인의 위원으로 구성한다.
③ **위원장은 법무부차관**(법무부장관×)**이 되고,** 위원은 학식과 덕망이 있는 자로 하되, 그 과반수는 변호사의 자격이 있는 자이어야 한다.
④ 위원은 법무부장관의 제청으로 대통령이 임명 또는 위촉한다.
⑤ 위촉된 위원의 임기는 2년으로 한다. 다만, 공무원인 위원은 그 직을 면한 때에는 위원의 자격을 상실한다.
⑨ 위원회는 다음 각 호의 사안을 심의·의결한다.
  1. 보안관찰처분 또는 그 기각의 결정
  2. 면제 또는 그 취소결정
  3. 보안관찰처분의 취소 또는 기간의 갱신결정
⑩ 위원회의 회의는 위원장을 포함한 재적위원 과반수의 출석으로 개의하고 출석위원 과반수(3분의 2×)의 찬성으로 의결한다.

> **제14조(결정)**
> ① 보안관찰처분에 관한 결정은 (보안관찰처분심의)위원회의 의결을 거쳐 법무부장관이 행한다.
> ② 법무부장관은 위원회의 의결과 다른 결정을 할 수 없다. 다만, 보안관찰처분대상자에 대하여 위원회의 의결보다 유리한 결정을 하는 경우에는 그러하지 아니하다.
>
> **제15조(의결서등) 제2항**
> 법무부장관의 결정은 이유를 붙이고 법무부장관이 기명·날인하는 문서로써 행한다.
>
> **제16조(결정의 취소등)**
> ① 검사는 법무부장관에게 보안관찰처분의 취소 또는 기간의 갱신을 청구할 수 있다.
> ② 법무부장관은 제1항에 따른 청구를 받았을 때에는 위원회의 의결을 거쳐 이를 심사·결정하여야 한다.

(4) 처분의 기간, 보안관찰처분의 면제

> **제5조(보안관찰처분의 기간)**
> ① 보안관찰처분의 기간은 2년(3년×)으로 한다.
> ② 법무부장관은 검사의 청구가 있는 때에는 보안관찰처분심의위원회의 의결을 거쳐 그 기간을 갱신할 수 있다(없다×).
>
> **제11조(보안관찰처분의 면제) 제1항**
> 법무부장관은 보안관찰처분대상자중 다음 각호의 요건을 갖춘 자에 대하여는 보안관찰처분을 하지 아니하는 결정(이하 "면제결정"이라 한다)을 할 수 있다(하여야 한다×).
> 1. 준법정신이 확립되어 있을 것
> 2. 일정한 주거와 생업이 있을 것
> 3. 대통령령으로 정하는 신원보증이 있을 것

6. 집행 및 구제절차 <17 승진>

(1) 집행 및 집행중지

> **제17조(보안관찰처분의 집행)**
> ① 보안관찰처분의 집행은 검사가 지휘한다.
> ② 제1항의 지휘는 결정서등본을 첨부한 서면으로 하여야 한다.
> ③ 검사는 피보안관찰자가 도주하거나 1월(10일×) 이상 그 소재가 불명한 때에는 보안관찰처분의 집행중지결정을 할 수 있다. 그 사유가 소멸된 때에는 지체 없이(7일 이내×) 그 결정을 취소하여야 한다.
>
> **시행령 제23조(보안관찰처분 집행중지결정의 신청등)**
> ① 관할경찰서장은 법 제17조 제3항의 규정에 의한 사유가 발생한 때에는 주거지 관할검사에게 주거지리·통·반의 장의 확인서 기타 피보안관찰자가 도주 또는 소재불명임을 인정할 수 있는 자료를 첨부하여 보안관찰처분 집행중지결정을 신청하여야 한다.
> ③ 검사는 보안관찰처분의 집행중지결정을 한 때에는 관할경찰서장에게 보안관찰처분 집행중지결정의 집행지휘를 하고 지체없이 이를 법무부장관에게 보고하여야 한다.

(2) 피보안관찰자에 대한 조치(관찰)

> **제19조(지도)**
> ① 검사 및 사법경찰관리는 피보안관찰자의 재범을 방지하고 건전한 사회복귀를 촉진하기 위하여 다음 각호의 지도를 할 수 있다.
>   1. 피보안관찰자와 긴밀한 접촉을 가지고 항상 그 행동 및 환경등을 관찰하는 것
>   2. 피보안관찰자에 대하여 신고사항을 이행함에 적절한 지시를 하는 것
>   3. 기타 피보안관찰자가 사회의 선량한 일원이 되는데 필요한 조치를 취하는 것
> ② 검사 및 사법경찰관은 피보안관찰자의 재범방지를 위하여 특히 필요한 경우에는 다음 각호의 조치를 할 수 있다.
>   1. 보안관찰해당범죄를 범한 자와의 회합·통신을 금지하는 것
>   2. 집단적인 폭행, 협박, 손괴, 방화등으로 공공의 안녕질서에 직접적인 위협을 가할 것이 명백한 집회 또는 시위장소에의 출입을 금지하는 것
>   3. 피보안관찰자의 보호 또는 조사를 위하여 특정장소에의 출석을 요구하는 것

(3) 구제 절차 〈16 경위〉

① 이 법에 따른 법무부장관의 결정을 받은 자가 그 결정에 이의가 있는 때에는 행정소송법이 정하는 바에 따라 그 결정이 집행된 날부터 60일 이내에 서울고등법원에 소를 제기할 수 있다(제23조 본문).
② 다만, 제11조에 따른 면제결정신청에 대한 기각결정을 받은 자가 그 결정에 이의가 있는 때에는 그 결정이 있는 날부터 60일 이내에 서울고등법원에 소를 제기할 수 있다(제23조 단서).
③ 제23조의 소송에 대하여 이 법에 규정한 것을 제외하고는 행정소송법을 준용한다(제24조).

제4절 북한이탈주민의 보호 및 정착지원에 관한 법률(북한이탈주민법)

1. 정의(제2조) 〈19 채용, 15·18·19·21·24 승진, 18 경위〉

① 북한이탈주민: 군사분계선 이북지역(이하 "북한"이라 한다)에 주소, 직계가족, 배우자, 직장 등을 두고 있는 사람으로서 북한을 벗어난 후 외국 국적을 취득하지 아니한(취득한×) 사람을 말한다.
② 보호대상자: 이 법에 따라 보호 및 지원을 받는 북한이탈주민을 말한다.
③ 정착지원시설: 보호대상자의 보호 및 정착지원을 위하여 제10조 제1항에 따라 설치·운영하는 시설을 말한다.
④ 보호금품(구호금품×): 이 법에 따라 보호대상자에게 지급하거나 빌려주는 금전 또는 물품을 말한다.

2. 적용범위(제3조)와 기본원칙(제4조) 〈15 채용〉

① 이 법은 대한민국의 보호를 받으려는 의사를 표시한 북한이탈주민에 대하여 적용한다(제3조).
② 대한민국은 보호대상자를 인도주의에 입각하여 특별히 보호한다(제4조 제1항).
③ 대한민국은 외국에 체류하고 있는 북한이탈주민의 보호 및 지원 등을 위하여 외교적 노력을 다하여야 한다(제4조 제2항).

④ 보호대상자는 대한민국의 자유민주적 법질서에 적응하여 건강하고 문화적인 생활을 할 수 있도록 노력하여야 한다(제4조 제3항).
⑤ **통일부장관(국가정보원장×)은** 북한이탈주민에 대한 보호 및 지원 등을 위하여 북한이탈주민의 실태를 파악하고, 그 결과를 정책에 반영하여야 한다(제4조 제4항).

3. 기본계획 및 시행계획(제4조의3) ⟨18 채용⟩

① 통일부장관은 제6조에 따른 북한이탈주민 보호 및 정착지원협의회의 심의를 거쳐 보호대상자의 보호 및 정착지원에 관한 기본계획(이하 "기본계획"이라 한다)을 **3년마다 수립·시행하여야 한다**(제4조의3 제1항).
② 통일부장관은 관계 중앙행정기관의 장 및 지방자치단체의 장과 협의하여 기본계획에 따른 연도별 시행계획(이하 "시행계획"이라 한다)을 수립·시행하여야 한다(제4조의3 제2항).

4. 보호기준 등(제5조) ⟨20 승진⟩

① 보호대상자에 대한 보호 및 지원 기준은 나이, 성별, 세대 구성, 학력, 경력, 자활 능력, 건강 상태 및 재산 등을 고려하여 합리적으로 정하여야 한다.
② 이 법에 따른 보호 및 정착지원은 원칙적으로 개인을 단위로 하되, 필요하다고 인정하는 경우에는 대통령령으로 정하는 바에 따라 세대를 단위로 할 수 있다.
③ 보호대상자를 **정착지원시설에서 보호하는 기간은 1년 이내로 하고, 거주지에서 보호하는 기간은 5년으로 한다.** 다만, 특별한 사유가 있는 경우에는 제6조에 따른 북한이탈주민 보호 및 정착지원협의회의 심의를 거쳐 그 기간을 단축하거나 연장할 수 있다.
④ 보호대상자는 특별한 사유가 있는 경우에는 제3항 단서에 따른 보호 기간의 단축 또는 연장을 통일부장관에게 요청할 수 있다.

5. 북한이탈주민 보호 및 정착지원협의회(제6조)

① 북한이탈주민에 관한 정책을 협의·조정하고 보호대상자의 보호 및 정착지원에 관한 사항을 심의하기 위하여 통일부에 북한이탈주민 보호 및 정착지원협의회(이하 "협의회"라 한다)를 둔다.
② **협의회는 위원장 1명을 포함한 40명 이내의 위원으로 구성한다.** 이 경우 특별시·광역시·특별자치시·도·특별자치도 소속 공무원을 포함한다.
③ 위원장은 통일부차관이 되며, 협의회의 업무를 총괄한다.

6. 보호신청 등(제7조) ⟨18·19·21 채용, 21 승진⟩

① 북한이탈주민으로서 이 법에 따른 보호를 받으려는 사람은 재외공관이나 그 밖의 행정기관의 장(각급 군부대의 장을 포함한다. 이하 "재외공관장등"이라 한다)에게 **보호를 직접 신청하여야 한다.** 다만, 보호를 직접 신청하지 아니할 수 있는 대통령령으로 정하는 사유가 있는 경우에는 그러하지 아니하다.
② 위 본문에 따른 보호신청을 받은 재외공관장등은 지체 없이 그 사실을 소속 중앙행정기관의 장을 거쳐 통일부장관과 국가정보원장에게 통보하여야 한다.

③ 외교부장관은 제1항에 따라 외국에서 재외공관의 장에게 보호를 신청한 북한이탈주민에 대하여 대통령령으로 정하는 바에 따라 국내 입국에 필요한 지원을 할 수 있다.
④ 제2항에 따라 통보를 받은 국가정보원장은 보호신청자에 대하여 보호결정 등을 위하여 필요한 조사 및 일시적인 신변안전조치 등 임시보호조치를 한 후 지체 없이 그 결과를 통일부장관에게 통보하여야 한다.
⑤ 국가정보원장은 제4항에 따른 조사 및 임시보호조치를 하기 위한 시설(이하 "임시보호시설"이라 한다)을 설치·운영하여야 한다.

7. 보호결정 _(18·19·21 채용, 20·21 승진, 15 경위)

(1) 보호결정 등(제8조)

① **통일부장관**(법무부장관×, 국가정보원장×)은 제7조 제4항에 따른 통보를 받으면 협의회의 심의를 거쳐 보호 여부를 결정한다.
② 통일부장관은 위 통보를 받은 날부터 30일 이내에 보호 여부를 결정하여야 한다(시행령 제15조).
③ 다만, 국가안전보장에 현저한 영향을 줄 우려가 있는 사람에 대하여는 국가정보원장(국방부장관×)이 그 보호 여부를 결정하고, 그 결과를 지체 없이 통일부장관과 보호신청자에게 통보하거나 알려야 한다.

(2) 보호결정의 기준(제9조)

① 제8조 제1항 본문에 따라 보호 여부를 결정할 때 다음에 해당하는 사람은 **보호대상자로 결정하지 아니할 수 있다.**
  ㉠ 항공기 납치, 마약거래, 테러, 집단살해 등 국제형사범죄자
  ㉡ 살인 등 중대한 비정치적 범죄자
  ㉢ 위장탈출 혐의자
  ㉣ 국내 입국 후 3년이 지나서 보호신청한 사람
  ㉤ 그 밖에 국가안전보장·질서유지·공공복리에 대한 중대한 위해 발생 우려, 보호신청자의 경제적 능력 및 해외체류 여건 등을 고려하여 보호대상자로 정하는 것이 부적당하거나 보호 필요성이 현저히 부족하다고 대통령령으로 정하는 사람
② 국내 입국 후 3년이 지나서 보호신청한 북한이탈주민에게 대통령령으로 정하는 부득이한 사정이 있는 경우에는 그러하지 아니하다.
③ 통일부장관은 국가안전보장·질서유지 등을 위하여 필요한 경우에는 협의회의 심의를 거쳐 제1항 제1호 또는 제2호에 해당하는 사람을 관할 수사기관에 수사의뢰하거나 그 밖의 필요한 조치를 할 수 있다.

8. 정착지원과 취업

(1) 취업보호등(제17조)

통일부장관은 보호대상자가 정착지원시설로부터 그의 거주지로 전입한 후 대통령령으로 정하는 바에 따라 최초로 취업한 날부터 3년간 취업보호를 실시한다. 다만, 사회적 취약계층, 장기근속자 등 취업보호 기간을 연장할 필요가 있는 경우로서 대통령령으로 정하는 사유에 해당하는 경우에는 1년의 범위에서 취업보호 기간을 연장할 수 있다.

(2) 특별임용(제18조) 〈15 승진〉

① 북한에서의 자격이나 경력이 있는 사람 등 북한이탈주민으로서 공무원으로 채용하는 것이 필요하다고 인정되는 사람에 대하여는 「국가공무원법」 제28조 제2항 및 「지방공무원법」 제27조 제2항에도 불구하고 북한을 벗어나기 전의 자격·경력 등을 고려하여 국가공무원 또는 지방공무원으로 특별임용할 수 있다.
② 북한의 군인이었던 보호대상자가 국군에 편입되기를 희망하면 북한을 벗어나기 전의 계급, 직책 및 경력 등을 고려하여 국군으로 특별임용할 수 있다.

9. 거주지보호, 신변안전 〈19 채용, 24 승진〉

(1) 거주지보호(제22조)

① 통일부장관은 보호대상자가 정착지원시설로부터 그의 거주지로 전입한 후 정착하여 스스로 생활하는 데 장애가 되는 사항을 해결하거나 그 밖에 자립·정착에 필요한 보호를 할 수 있다.
② 통일부장관은 위 보호 업무를 행정안전부장관과 협의하여 지방자치단체장에게 위임할 수 있다.

(2) 거주지에서의 신변보호(제22조의2)

① 통일부장관은 제22조에 따라 보호대상자가 거주지로 전입한 후 **그의 신변안전을 위하여 국방부장관이나 경찰청장에게 협조를 요청할 수 있으며, 협조요청을 받은 국방부장관이나 경찰청장은 이에 협조한다.**
② 제1항에 따른 신변보호(이하 이 조에서 "신변보호"라 한다)에 필요한 사항은 통일부장관이 국방부장관, 국가정보원장 및 경찰청장과 협의하여 정한다. 이 경우 해외여행에 따른 신변보호에 관한 사항은 외교부장관과 법무부장관의 의견을 들을 수 있다.
③ **통일부장관은 협의회의 심의를 거쳐 5년의 범위에서 신변보호기간을 정한다.** 이 경우 통일부장관은 보호대상자의 의사를 고려하여야 한다.
④ 통일부장관은 보호대상자의 의사, 신변보호의 지속 필요성 등을 고려하여 협의회의 심의를 거쳐 신변보호기간을 연장할 수 있다. 다만, 통일부장관은 연장된 기간의 종료 전이라도 보호대상자가 요청하는 경우에는 협의회의 심의를 거쳐 신변보호를 종료할 수 있다.
⑤ 신변보호기간 및 연장된 기간이 종료된 이후 보호대상자는 통일부장관에게 신변보호 재실시를 요청할 수 있다. 이 경우 통일부장관은 신변보호의 필요성 등을 고려하여 협의회의 심의를 거쳐 5년의 범위에서 신변보호 재실시 여부를 결정한다.

CHAPTER 08 외사경찰 활동

제1절 외사경찰 일반론

1 외사경찰의 의의

1. 외사경찰의 개념과 특성

(1) 개념

대한민국의 안전과 사회공공의 안녕 및 질서유지를 목적으로 외국인, 재외국민 또는 외국과 관련된 기관·단체 등의 활동을 관찰하고 이들 외사 대상과 관련된 범죄를 예방·단속하는 것을 주된 임무로 하는 경찰활동이다.

(2) 특성

외사 대상	국내 체류 외국인, 재외국민 또는 외국과 관련된 기관·단체 등
활동 범위	① 국제협력(국제협력관) 　외국경찰기관이나 국제형사경찰기구와의 국제협력 증진 ② 외사정보(치안정보국장) 　외사정보의 수집·분석 및 관리 등 외사정보활동 ③ 외사보안(안보수사국장) 　외사보안업무(외사 대상에 관한 대테러 활동, 방첩 활동 등), 공항 및 항만의 안보활동 ④ 외사수사(형사국장) 　외국인 관련 범죄 수사

2. 외사경찰의 임무

(1) 임무 또는 직무의 법적 근거(국가경찰사무)

국가경찰과 자치경찰의 조직 및 운영에 관한 법률 제3조 (경찰의 임무)	7. 외국 정부기관 및 국제기구와의 국제협력 ※ 경찰관 직무집행법 제2조(직무의 범위)

(2) 국제협력관의 분장 사항

경찰청과 그 소속기관 직제 제9조(국제협력관) 제2항	1. 치안 분야 국제협력 정책의 수립·총괄·조정 2. 외국경찰기관과의 교류·협력 3. 국제형사경찰기구에 관련되는 업무

3. 다문화 사회의 접근유형 〈20 채용, 19 승진, 16 경위〉

급진적 다문화주의	① 소수자 집단이 자결(self-determination)의 원칙을 내세워 문화적 공존을 넘어서는 소수민족 집단만의 공동체 건설을 지향한다. ② 다문화주의는 '차이에 대한 권리'로 해석되며, 다문화주의는 소수자의 문화적 권리(cultural rights)와 결부되어 이해된다. ③ 다민족 다문화 사회에서 주류 사회의 문화, 언어, 규범, 가치, 생활양식을 부정하고 독자적인 생활방식을 추구하는 경우가 많다. 미국의 흑인과 원주민 격리주의 운동, 아프리카의 소부족 독립운동 등을 일례로 들 수 있다.
자유주의적 다문화주의 (동화주의, multiculturalism)	① 사회통합을 위해 국가 내부의 문화적 다양성을 허용하며 민족 집단의 존재를 인정하지만 시민 생활과 공적 생활에서는 주류 사회의 문화, 언어, 사회관습을 따를 것을 요구한다. ② 자유주의적 다문화주의는 소수 인종집단 고유의 문화와 가치를 인정하여 차별을 금지하고 사회참여를 위해 기회평등을 보장한다.
조합주의적 다문화주의 (다원주의, corporate multicultural)	① 급진적 다문화주의와 자유주의적 다문화주의의 절충적 형태로서 다문화주의를 결과에 있어서 평등보장이라는 측면에서 접근한다. 문화적 소수자가 현실적으로 문화적 다수자와의 경쟁에서 불리한 위치에 있다는 것을 전제로 한다. ② 소수집단의 사회참가를 촉진하기 위해 적극적인 재정적·법적 원조를 한다. 사회적으로 다언어방송·문서·교육을 추진하고, 사적 영역에서 소수민족 학교나 공공단체에 대해 지원하기도 한다.

제2절 출입국 규제와 외국인의 체류

1 입국 규제, 외국인의 체류

1. 외국인의 입국 〈21 채용〉

(1) 여권

① 외국인이 입국할 때에는 유효한 여권과 법무부장관(외교부장관×)이 발급한 사증(査證)을 가지고 있어야 한다(출입국관리법 제7조).
② 여권의 발급권자는 소속 국가 외교부장관이다. 여권은 외국인의 신분을 국제적으로 확인하는 증서로서, 입국하려는 국가의 당국에 제출하여 입국허가(사증)를 받아야 한다.

(2) 사증

① 사증은 여권이 유효한 것임을 확인하고 그 국가로의 입국 및 체류가 적당하다고 인정하는 입국추천서이다.
② 법무부장관이 발급하며, 재외공관장이 발급할 수도 있다.
③ 입국허가는 통상 여권에 사증(Visa)의 형태로 발급하며, 사증의 발급권자는 입국하려는 국가의 법무부장관이다.

(3) 여권과 사증의 발급 〈21 경채, 17 승진〉

① 외국을 여행하려는 국민은 이 법에 따라 발급된 여권을 소지하여야 하며(여권법 제2조), 여권은 외교부장관이 발급한다(동법 제3조).
② 난민여행증명서(출입국관리법 제76조의5 제1항)
  법무부장관은 「난민법」에 따른 난민인정자가 출국하려고 할 때에는 그의 신청에 의하여 대통령령으로 정하는 바에 따라 난민여행증명서를 발급하여야 한다. 다만, 그의 출국이 대한민국의 안전을 해칠 우려가 있다고 인정될 때에는 그러하지 아니하다.
③ 법무부장관은 사증발급에 관한 권한을 대통령령으로 정하는 바에 따라 재외공관의 장에게 위임할 수 있다(동법 제8조 제2항).

2. 입국심사

(1) 입국의 금지 등 〈17 채용, 23 경위〉

법무부장관은 다음 각 호에 해당하는 외국인에 대하여는 입국을 금지할 수 있다(제11조 제1항).
1호. 감염병환자, 마약류중독자, 그 밖에 공중위생상 위해를 끼칠 염려가 있다고 인정되는 사람
2호. 「총포·도검·화약류 등의 관리에 관한 법률」에서 정하는 총포·도검·화약류 등을 위법하게 가지고 입국하려는 사람
3호. 대한민국의 이익이나 공공의 안전을 해치는 행동을 할 염려가 있다고 인정할 만한 상당한 이유가 있는 사람
4호. 경제질서 또는 사회질서를 해치거나 선량한 풍속을 해치는 행동을 할 염려가 있다고 인정할 만한 상당한 이유가 있는 사람
5호. 사리 분별력이 없고 국내에서 체류활동을 보조할 사람이 없는 정신장애인, 국내체류비용을 부담할 능력이 없는 사람 그 밖에 구호(救護)가 필요한 사람
6호. 강제퇴거명령을 받고 출국한 후 5년이 지나지 아니한 사람
7호. 1910년 8월 29일부터 1945년 8월 15일까지 사이에 일본 정부 등의 지시를 받거나 그 정부와 연계하여 인종, 민족, 종교, 국적, 정치적 견해 등을 이유로 사람을 학살·학대하는 일에 관여한 사람
8호. 제1호부터 제7호까지의 규정에 준하는 사람으로서 법무부장관이 그 입국이 적당하지 아니하다고 인정하는 사람

(2) 외국인의 상륙허가와 허가기간 〈16 채용, 17·18 승진〉

> **출입국관리법 제14조(승무원의 상륙허가) 제1항**
> 출입국관리공무원은 다음 각호의 어느 하나에 해당하는 외국인승무원에 대하여 선박등의 장 또는 운수업자나 본인이 신청하면 **15일의 범위**에서 승무원의 상륙을 허가할 수 있다.
> 1. 승선 중인 선박등이 대한민국의 출입국항에 정박하고 있는 동안 휴양 등의 목적으로 상륙하려는 외국인승무원
> 2. 대한민국의 출입국항에 입항할 예정이거나 정박 중인 선박등으로 옮겨 타려는 외국인승무원
>
> **제14조의2(관광상륙허가) 제1항**
> 출입국관리공무원은 관광을 목적으로 대한민국과 외국 해상을 국제적으로 순회하여 운항하는 여객운송선박 중 법무부령으로 정하는 선박에 승선한 외국인승객에 대하여 그 선박의 장 또는 운수업자가 상륙허가를 신청하면 **3일(5일×)의 범위**에서 승객의 **관광상륙**을 허가할 수 있다.

> **제15조(긴급상륙허가) 제1항**
>   출입국관리공무원은 선박등에 타고 있는 외국인(승무원을 포함한다)이 질병 그 밖의 사고로 긴급히 상륙할 필요가 있다고 인정될 때에는 그 선박등의 장 또는 운수업자의 신청에 따라 **30일의 범위에서 긴급상륙의 허가**를 할 수 있다.
>
> **제16조(재난상륙허가) 제1항**
>   지방출입국·외국인관서의 장은 조난을 당한 선박등에 타고 있는 외국인(승무원을 포함한다)을 긴급히 구조할 필요가 있다고 인정하면 그 선박등의 장, 운수업자, 「수상에서의 수색·구조 등에 관한 법률」에 따른 구호업무 집행자 또는 그 외국인을 구조한 선박등의 장의 신청에 의하여 30일(90일×)의 범위에서 **재난상륙허가**를 할 수 있다.
>
> **제16조의2(난민임시상륙허가) 제1항**
>   지방출입국·외국인관서의 장은 선박등에 타고 있는 외국인이 난민협약 제1조A(2)[난민법 제2조]에 규정된 이유나 그 밖에 이에 준하는 이유로 그 생명·신체 또는 신체의 자유를 침해받을 공포가 있는 영역에서 도피하여 곧바로 대한민국에 비호를 신청하는 경우 그 외국인을 상륙시킬 만한 상당한 이유가 있다고 인정되면 법무부장관의 승인을 받아 90일의 범위에서 **난민임시상륙허가**를 할 수 있다. 이 경우 **법무부장관은 외교부장관과 협의하여야 한다.**

3. 장기체류자격의 구분 〈16 채용, 17 승진, 18 경위〉

체류자격	체류자격에 해당하는 자 또는 활동범위
외교(A-1)	대한민국정부가 접수한 외국정부의 외교사절단이나 영사기관의 구성원, 조약 또는 국제관행에 따라 외교사절과 동등한 특권과 면제를 받는 사람과 그 가족
공무(A-2)	대한민국정부가 승인한 외국정부 또는 국제기구의 공무를 수행하는 사람과 그 가족
유학(D-2)	① 전문대학 이상의 교육기관 또는 학술연구기관에서 정규과정의 교육을 받거나 특정의 연구를 하려는 사람 ② 대학에서 정규의 교육을 받으려는 중국인이 받는 체류자격
교수(E-1)	고등교육법에 의한 자격요건을 갖춘 외국인으로서 전문대학 이상의 교육기관이나 이에 준하는 기관에서 전문분야의 교육 또는 연구지도활동에 종사하려는 사람
회화지도(E-2)	① 법무부장관이 정하는 자격요건을 갖춘 외국인으로서 외국어전문학원, 초등학교 이상의 교육기관 및 부설어학연구소, 방송사 및 기업체부설 어학연수원 그 밖에 이에 준하는 기관 또는 단체에서 외국어 회화지도에 종사하려는 사람 ② 외국어학원 또는 초등학교에서 영어를 가르치려는 미국인이 받는 체류자격
예술흥행(E-6)	수익이 따르는 음악, 미술, 문학 등의 예술활동과 수익을 목적으로 하는 연예, 연주, 연극, 운동경기, 광고·패션모델 그 밖에 이에 준하는 활동을 하려는 사람
비전문취업(E-9)	외국인근로자의 고용 등에 관한 법률의 규정에 따른 국내 취업요건을 갖춘 사람[일정 자격이나 경력 등이 필요한 전문직종에 종사하려는 자는 제외]
재외동포(F-4)	「재외동포의 출입국과 법적 지위에 관한 법률」상 대한민국의 국적을 보유하였던 자(대한민국정부 수립 전에 국외로 이주한 동포를 포함) 또는 그 직계비속으로서 외국국적을 취득한 자 중 대통령으로 정하는 자(단순 노무행위 등 법령에서 규정한 취업활동에 종사하려는 사람은 제외)
결혼이민(F-6)	① 국민의 배우자 예 한국인과 결혼하여 국내에 거주하려는 베트남인이 받는 체류자격 ② 국민과 혼인관계(사실상의 혼인관계를 포함)에서 출생한 자녀를 양육하고 있는 부 또는 모로서 법무부장관이 인정하는 사람 ③ 국민인 배우자와 혼인한 상태로 국내에 체류하던 중 그 배우자의 사망이나 실종, 그 밖에 자신에게 책임이 없는 사유로 정상적인 혼인관계를 유지할 수 없는 사람으로서 법무부장관이 인정하는 사람

2 출국 정지·금지 <17·21 채용, 15·25 승진, 17·23 경위>

출입국관리법 제28조(출국심사) 제1항
외국인이 출국할 때에는 유효한 여권을 가지고 출국하는 출입국항에서 출입국관리공무원의 출국심사를 받아야 한다.

제29조(외국인출국의 정지)
① 법무부장관은 제4조 제1항 또는 제2항 각 호의 어느 하나에 해당하는 외국인에 대하여는 출국을 정지할 수 있다.
② 제1항의 경우에 제4조 제3항부터 제5항까지와 제4조의2부터 제4조의5까지의 규정을 준용한다. 이 경우 "출국금지"는 "출국정지"로 본다.

제4조(출국의 금지)
① 법무부장관은 다음의 어느 하나에 해당하는 국민에 대하여는 6개월(※ 외국인에 대하여는 3개월) 이내의 기간을 정하여 출국을 금지할 수 있다.
  1. 형사재판에 계속(係屬) 중인 사람
  2. 징역형이나 금고형의 집행이 끝나지 아니한 사람
  3. 대통령령으로 정하는 금액 이상의 벌금이나 추징금을 내지 아니한 사람(1천만원 이상의 벌금이나 2천만원 이상의 추징금을 내지 아니한 사람)
  4. 대통령령으로 정하는 금액 이상의 국세·관세 또는 지방세를 정당한 사유 없이 그 납부기한까지 내지 아니한 사람(5천만원 이상의 국세·관세나 3천만원 이상의 지방세를 정당한 사유 없이 그 납부기한까지 내지 아니한 사람)
  5. 「양육비 이행확보 및 지원에 관한 법률」 제21조의4 제1항에 따른 양육비 채무자 중 양육비이행심의위원회의 심의·의결을 거친 사람
  6. 그 밖에 제1호부터 제5호까지의 규정에 준하는 사람으로서 대한민국의 이익이나 공공의 안전 또는 경제질서를 해칠 우려가 있어 그 출국이 적당하지 아니하다고 법무부령으로 정하는 사람
    ※ 출입국관리법 시행령 제36조(외국인의 출국정지기간)
② **법무부장관은 범죄 수사를 위하여 출국이 적당하지 아니하다고 인정되는 사람에 대하여는 1개월 이내의 기간을 정하여 출국을 금지할 수 있다.** 다만, 다음 각 호에 해당하는 사람은 그 호에서 정한 기간으로 한다.
  1. 소재를 알 수 없어 기소중지 또는 수사중지(피의자중지로 한정한다)된 사람 또는 도주 등 특별한 사유가 있어 수사진행이 어려운 사람 : 3개월 이내
  2. 기소중지 또는 수사중지(피의자중지로 한정한다)된 경우로서 체포영장 또는 구속영장이 발부된 사람 : **영장 유효기간 이내**
③ 중앙행정기관의 장 및 법무부장관이 정하는 관계 기관의 장은 소관 업무와 관련하여 제1항 또는 제2항 각 호의 어느 하나에 해당하는 사람이 있다고 인정할 때에는 법무부장관에게 출국금지를 요청할 수 있다.

제4조의2(출국금지기간의 연장)
① 법무부장관은 출국금지기간을 초과하여 계속 출국을 금지할 필요가 있다고 인정하는 경우에는 그 기간을 연장할 수 있다.
② **제4조 제3항에 따라 출국금지를 요청한 기관의 장은 출국금지기간을 초과하여 계속 출국을 금지할 필요가 있을 때에는 출국금지기간이 끝나기 3일 전까지 법무부장관에게 출국금지기간을 연장하여 줄 것을 요청하여야 한다.**
③ 제1항 및 제2항에서 규정한 사항 외에 출국금지기간의 연장절차에 관하여 필요한 사항은 대통령령으로 정한다.

제4조의3(출국금지의 해제)
① 법무부장관은 출국금지 사유가 없어졌거나 출국을 금지할 필요가 없다고 인정할 때에는 즉시 출국금지를 해제하여야 한다.
② 제4조 제3항에 따라 출국금지를 요청한 기관의 장은 출국금지 사유가 없어졌을 때에는 즉시 법무부장관에게 출국금지의 해제를 요청하여야 한다.
③ 제1항 및 제2항에서 규정한 사항 외에 출국금지의 해제절차에 관하여 필요한 사항은 대통령령으로 정한다.

제4조의4(출국금지결정 등의 통지)
① 법무부장관은 제4조 제1항 또는 제2항에 따라 출국을 금지하거나 제4조의2 제1항에 따라 출국금지기간을 연장하였을 때에는 즉시 당사자에게 그 사유와 기간 등을 밝혀 서면으로 통지하여야 한다.
② 법무부장관은 제4조의3 제1항에 따라 출국금지를 해제하였을 때에는 이를 즉시 당사자에게 통지하여야 한다.
③ 법무부장관은 제1항에도 불구하고 다음 각 호의 어느 하나에 해당하는 경우에는 제1항의 통지를 하지 아니할 수 있다.
  1. 대한민국의 안전 또는 공공의 이익에 중대하고 명백한 위해(危害)를 끼칠 우려가 있다고 인정되는 경우
  2. 범죄수사에 중대하고 명백한 장애가 생길 우려가 있다고 인정되는 경우. 다만, 연장기간을 포함한 총 출국금지기간이 3개월을 넘는 때에는 당사자에게 통지하여야 한다.
  3. 출국이 금지된 사람이 있는 곳을 알 수 없는 경우

제4조의5(출국금지결정 등에 대한 이의신청)
① 제4조 제1항 또는 제2항에 따라 출국이 금지되거나 제4조의2 제1항에 따라 출국금지기간이 연장된 사람은 **출국금지결정이나 출국금지기간 연장의 통지를 받은 날 또는 그 사실을 안 날부터 10일(15일×) 이내에 법무부장관에게 출국금지결정이나 출국금지기간 연장결정에 대한 이의를 신청할 수 있다.**
② 법무부장관은 제1항에 따른 이의신청을 받으면 그 날부터 15일 이내에 이의신청의 타당성 여부를 결정하여야 한다. 다만, 부득이한 사유가 있으면 15일의 범위에서 한 차례만 그 기간을 연장할 수 있다.
③ 법무부장관은 제1항에 따른 이의신청이 이유 있다고 판단하면 즉시 출국금지를 해제하거나 출국금지기간의 연장을 철회하여야 하고, 그 이의신청이 이유 없다고 판단하면 이를 기각하고 당사자에게 그 사유를 서면에 적어 통보하여야 한다.

제29조의2(외국인 긴급출국정지)
① 수사기관은 범죄 피의자인 외국인이 제4조의6 제1항에 해당하는 경우에는 제29조 제2항에도 불구하고 출국심사를 하는 출입국관리공무원에게 출국정지를 요청할 수 있다.
② 제1항에 따른 외국인의 출국정지에 관하여는 제4조의6 제2항부터 제6항까지의 규정을 준용한다. 이 경우 "출국금지"는 "출국정지"로, "긴급출국금지"는 "긴급출국정지"로 본다.

제4조의6(긴급출국금지)
① 수사기관은 범죄 피의자로서 사형·무기 또는 장기 3년 이상의 징역이나 금고에 해당하는 죄를 범하였다고 의심할 만한 상당한 이유가 있고, 다음 각 호의 어느 하나에 해당하는 사유가 있으며, 긴급한 필요가 있는 때에는 제4조 제3항에도 불구하고 출국심사를 하는 출입국관리공무원에게 출국금지를 요청할 수 있다.
  1. 피의자가 증거를 인멸할 염려가 있는 때
  2. 피의자가 도망하거나 도망할 우려가 있는 때
② 제1항에 따른 요청을 받은 출입국관리공무원은 출국심사를 할 때에 출국금지가 요청된 사람을 출국시켜서는 아니 된다.

③ 수사기관은 제1항에 따라 긴급출국금지를 요청한 때로부터 6시간 이내에 법무부장관에게 긴급출국금지 승인을 요청하여야 한다. 이 경우 검사의 검토의견서 및 범죄사실의 요지, 긴급출국금지의 사유 등을 기재한 긴급출국금지보고서를 첨부하여야 한다.
④ **법무부장관은 수사기관이 제3항에 따른 긴급출국금지 승인 요청을 하지 아니한 때에는 제1항의 수사기관 요청에 따른 출국금지를 해제하여야 한다. 수사기관이 긴급출국금지 승인을 요청한 때로부터 12시간 이내에 법무부장관으로부터 긴급출국금지 승인을 받지 못한 경우에도 또한 같다.**
⑤ 제4항에 따라 출국금지가 해제된 경우에 수사기관은 동일한 범죄사실에 관하여 다시 긴급출국금지 요청을 할 수 없다.
⑥ 그 밖에 긴급출국금지의 절차 및 긴급출국금지보고서 작성 등에 필요한 사항은 대통령령으로 정한다.

3 외국인의 강제퇴거

1. 강제퇴거의 의의

① 강제퇴거란 체류국 정부가 체류 중인 외국인을 체류국 영역 밖으로 퇴거를 명하고 이를 집행하는 행정작용이다.
② 강제퇴거는 강제퇴거명령과 그 집행으로 볼 수 있다.

2. 강제퇴거 사유(제46조 제1항) <21 채용, 23 승진>

지방출입국·외국인관서의 장은 이 장에 규정된 절차에 따라 다음에 해당하는 외국인을 대한민국 밖으로 강제퇴거시킬 수 있다.
1. 유효한 여권과 사증 없이 입국한 사람
2. 허위초청 등의 금지 규정을 위반한 외국인 또는 허위초청 등의 행위로 입국한 외국인
3. 입국금지 해당사유가 입국 후에 발견되거나 발생한 사람
4. 입국심사 또는 선박 등의 제공 금지 규정을 위반한 사람
5. **지방출입국·외국인관서의 장이 붙인 조건부 입국 허가조건을 위반한 사람**
6. 상륙허가를 받지 아니하고 상륙한 사람
7. 지방출입국·외국인관서의 장 또는 출입국관리공무원이 붙인 상륙 허가조건을 위반한 사람
8. 정치활동 제한규정, 체류 및 활동범위, 외국인 고용제한, 체류자격 외 활동, 체류자격 부여, 체류자격 변경허가, 체류기간 연장허가 규정을 위반한 사람
9. 허가를 받지 아니하고 근무처를 변경·추가하거나 허가를 받지 아니한 외국인을 고용·알선한 사람
10. **법무부장관이 정한 거소 또는 활동범위의 제한이나 그 밖의 준수사항을 위반한 사람**
11. 허위서류 제출 등의 금지규정을 위반한 외국인
12. 출국심사 규정을 위반하여 출국하려고 한 사람
13. **외국인등록 의무를 위반한 사람**
14. 외국인등록증 등의 채무이행 확보수단 제공 등의 금지규정을 위반한 외국인
15. **금고 이상**(벌금 이상×, 구류×)**의 형을 선고받고 석방된 사람**
16. 출입국관리공무원이 강제력을 행사할 수 있는 송환대상외국인
17. 그 밖에 법무부령으로 정하는 사람

제3절 경찰권 행사와 국제법상의 제한

1 외국인 범죄수사

1. 외국인, 외국선박에 대한 조사 〈23 채용, 19·23·24 승진〉

> **경찰수사규칙 [행정안전부령] 제91조(외국인에 대한 조사)**
> ① 사법경찰관리는 외국인을 조사하는 경우에는 조사를 받는 **외국인이 이해할 수 있는 언어로 통역해 주어야** 한다.
> ② 사법경찰관리는 외국인을 체포·구속하는 경우 국내 법령을 위반하지 않는 범위에서 **영사관원과 자유롭게 접견·교통할 수 있고, 체포·구속된 사실을 영사기관에 통보해 줄 것을 요청할 수 있다는** 사실을 알려야 한다.
> ③ 사법경찰관리는 체포·구속된 외국인이 제2항에 따른 통보를 요청하는 경우에는 별지 제93호서식의 영사기관 체포·구속 통보서를 작성하여 지체 없이 해당 영사기관에 체포·구속 사실을 통보해야 한다.
> ④ 사법경찰관리는 외국인 변사사건이 발생한 경우에는 제94호서식의 영사기관 사망 통보서를 작성하여 지체 없이 해당 영사기관에(검사에게×) 통보해야 한다.
>
> **(경찰청) 범죄수사규칙 [경찰청훈령]**
>
> **제214조(외국 선박 내의 범죄)**
> 경찰관은 대한민국의 영해에 있는 외국 선박 내에서 발생한 범죄로서 다음 각 호의 어느 하나에 해당하는 경우에는 수사를 하여야 한다.
> 1. 대한민국 육상이나 항내의 안전을 해할 때
> 2. 승무원 이외의 사람이나 대한민국의 국민에 관계가 있을 때
> 3. 중대한 범죄가 행하여졌을 때
>
> **제215조(외국인에 대한 조사)**
> ① 경찰관은 외국인의 조사와 체포·구속에 있어서는 언어, 풍속과 습관의 특성을 고려하여야 한다.
> ② 경찰관은 「경찰수사규칙」 제91조 제2항에 따라 고지한 경우 피의자로부터 별지 제118호 서식의 영사기관통보요청확인서를 작성하여야 한다.
> ③ 경찰관은 「경찰수사규칙」 제91조 제3항에도 불구하고, 별도 외국과의 조약에 따라 피의자 의사와 관계없이 해당 영사기관에 통보하게 되어 있는 경우에는 반드시 이를 통보하여야 한다.
> ④ 「경찰수사규칙」 제91조 제3항부터 제4항까지 및 이 조 제2항부터 제3항까지의 서류는 수사기록에 편철하여야 한다.
>
> **(경찰청) 범죄수사규칙 제217조(통역인의 참여)**
> ① 경찰관은 외국인인 피의자 및 그 밖의 관계자가 한국어에 능통하지 않는 경우에는 통역인으로 하여금 통역하게 하여 **한국어로 피의자신문조서나 진술조서를 작성하여야 하며 특히 필요한 때에는 외국어의 진술서를 작성하게 하거나 외국어의 진술서를 제출하게 하여야** 한다.
> ② 경찰관은 외국인이 구술로써 고소·고발이나 자수를 하려 하는 경우에 한국어에 능통하지 않을 때의 고소·고발 또는 자수인 진술조서는 제1항의 규정에 준하여 작성하여야 한다.
>
> **제218조(번역문의 첨부)**
> 경찰관은 다음 각 호의 경우 번역문을 첨부하여야 한다.
> 1호. 외국인에 대하여 구속영장 그 밖의 영장을 집행하는 경우
> 2호. 외국인으로부터 압수한 물건에 관하여 압수목록교부서를 교부하는 경우

2. 출입국사범에 대한 고발(출입국관리법 제101조) ^(23 경위)

① 출입국사범에 관한 사건은 지방출입국·외국인관서의 장의 고발이 없으면 공소(公訴)를 제기할 수 없다.
② 출입국관리공무원 외의 수사기관이 **출입국사범에 해당하는 사건을 입건(立件)하였을 때에는** 지체 없이 관할 지방출입국·외국인관서의 장에게 인계하여야 한다.

2 외교특권 관련 수사, 주한미군지위협정(SOFA) 사건 수사 등

1. 외교특권 관련 수사 ^(23·24 승진)

> (경찰청) 범죄수사규칙 제207조(국제법의 준수)
> 경찰관은 외국인 등 관련범죄의 수사를 함에 있어서는 국제법과 국제조약에 위배되는 일이 없도록 유의하여야 한다.
>
> 제208조(외국인 등 관련범죄 수사의 착수)
> 경찰관은 외국인 등 관련 범죄 중 중요한 범죄에 관하여는 미리 국가수사본부장에게 보고하여 그 지시를 받아 수사에 착수하여야 한다. 다만, 급속을 요하는 경우에는 필요한 처분을 한 후 신속히 국가수사본부장의 지시를 받아야 한다.
>
> 제209조(대·공사 등에 관한 특칙)
> ① 경찰관은 외국인 등 관련범죄를 수사함에 있어서는 다음 각 호의 어느 하나에 해당하는 사람의 외교특권을 침해하는 일이 없도록 주의하여야 한다.
>   1. 외교관 또는 외교관의 가족
>   2. 그 밖의 외교의 특권을 가진 자
> ② 경찰관은 제1항에 규정된 사람의 사용인을 체포하거나 조사할 필요가 있다고 인정될 때에는 현행범인의 체포 그 밖의 긴급 부득이한 경우를 제외하고는 미리 국가수사본부장에게 보고하여 그 지시를 받아야 한다.
> ③ **경찰관은 피의자가 외교 특권을 가진 사람인지 여부가 의심스러운 경우에는 신속히 국가수사본부장에게 보고하여 그 지시를 받아야 한다.**
>
> 제210조(대·공사관 등에의 출입)
> ① 경찰관은 대·공사관과 대·공사나 대·공사관원의 사택 별장 혹은 그 숙박하는 장소에 관하여는 당해 대·공사나 대·공사관원의 청구가 있을 경우 이외에는 출입해서는 아니 된다. 다만, 중대한 범죄를 범한 자를 추적 중 그 사람이 위 장소에 들어간 경우에 지체할 수 없을 때에는 대·공사, 대·공사관원 또는 이를 대리할 권한을 가진 사람의 사전 동의를 얻어 수색하여야 한다.
> ② 경찰관이 제1항에 따라 수색을 행할 때에는 지체 없이 국가수사본부장에게 보고하여 그 지시를 받아야 한다.
>
> 제213조(영사 등에 관한 특칙)
> ① 경찰관은 임명의 국적을 가진 대한민국 주재의 총영사, 영사 또는 부영사에 대한 사건에 관하여 구속 또는 조사할 필요가 있다고 인정될 때에는 미리 국가수사본부장에게 보고하여 그 지시를 받아야 한다.
> ② **경찰관은 총영사, 영사 또는 부영사의 사무소는 해당 영사의 청구나 동의가 있는 경우 외에는 이에 출입해서는 아니 된다.**
> ③ 경찰관은 총영사, 영사 또는 부영사의 사택이나 명예영사의 사무소 혹은 사택에서 수사할 필요가 있다고 인정될 때에는 미리 국가수사본부장에게 보고하여 그 지시를 받아야 한다.
> ④ 경찰관은 총영사, 영사 또는 부영사나 명예영사의 **사무소 안에 있는 기록문서에 관하여는 이를 열람하거나 압수하여서는 아니 된다.**

2. 주한미군지위협정에 따른 형사재판권의 경합

① 재판권의 경합이란 양국이 각각 자국의 법률에 따라 재판할 수 있는 경우를 의미한다.

미군 당국이 1차 재판권을 가지는 경우	한국의 1차 재판권
㉠ 오로지 합중국의 재산이나 안전에 관한 범죄 ㉡ 합중국군대의 다른 구성원이나 군속 또는 그들의 가족의 신체나 재산에 대한 범죄(내부의 범죄) ㉢ 공무집행 중의 작위 또는 부작위에 의한 범죄(공무집행 중의 범죄, 공무+공무집행 중에 부수하는 행위)	미군 당국의 제1차적 재판권에 속하지 아니하는 기타 모든 범죄

② 공무의 판단
   ㉠ 합중국 군당국의 장성급 이상 장교(미법무감×)가 발행하는 **공무증명서가 1차적 증거가 된다.**
   ㉡ 대한민국 검사가 이의를 제기할 경우 한미 동수의 합동위원회에서 최종적으로 판단한다.

3. 주한미군지위협정에 따른 수사절차 <23 채용, 23 승진>

> 경찰수사규칙 [행정안전부령] 제92조(한미행정협정사건의 통보)
> ① 사법경찰관은 주한 미합중국 군대의 구성원·외국인군무원 및 그 가족이나 초청계약자의 범죄 관련 사건을 인지하거나 고소·고발 등을 수리한 때에는 7일 이내에 별지 제95호 서식의 **한미행정협정사건 통보서를 검사에게(미군 당국에×) 통보해야 한다.**
> ② 사법경찰관은 주한 미합중국 군당국으로부터 공무증명서를 제출받은 경우 지체 없이 **공무증명서의 사본을 검사에게 송부해야 한다.**
> ③ 사법경찰관은 검사로부터 주한 미합중국 군당국의 재판권포기 요청 사실을 통보받은 날부터 14일 이내에 검사에게 사건을 송치 또는 송부해야 한다. 다만, 검사의 동의를 받아 그 기간을 연장할 수 있다.

4. 외국 군함 <23 채용, 24 승진>

> (경찰청) 범죄수사규칙 제211조(외국군함에의 출입)
> ① 경찰관은 외국군함에 관하여는 해당 군함의 함장의 청구가 있는 경우 외에는 이에 출입해서는 아니 된다.
> ② 경찰관은 중대한 범죄를 범한 사람이 도주하여 대한민국의 영해에 있는 외국군함으로 들어갔을 때에는 신속히 국가수사본부장에게 보고하여 그 지시를 받아야 한다. 다만, 급속을 요할 때에는 해당 군함의 함장에게 범죄자의 임의의 인도를 요구할 수 있다.
>
> 제212조(외국군함의 승무원에 대한 특칙)
> 경찰관은 외국군함에 속하는 군인이나 군속이 그 군함을 떠나 대한민국의 영해 또는 영토 내에서 죄를 범한 경우에는 신속히 국가수사본부장에게 보고하여 그 지시를 받아야 한다. 다만, **현행범 그 밖의 급속을 요하는 때에는 체포 그 밖의 수사상 필요한 조치를 한 후 신속히 국가수사본부장에게 보고하여 그 지시를 받아야 한다.**

제4절 국제경찰 공조

1 국제형사사법 공조

1. 국제형사사법 공조의 기본원칙 <19 채용>

상호주의	외국이 공조해주는 만큼 동일하거나 유사한 범위 내에서 공조요청에 응해야 한다.
쌍방 가벌성의 원칙	피요청국과 요청국 모두에서 처벌이 가능한 범죄이어야 한다. 예 '중국에서 죄를 범하고 한국으로 도망 온 A에 대하여 한국법은 동 죄를 처벌하지 않으므로 중국경찰의 소재수사에 대한 형사공조요청에 응할 수 없다'와 관련된 국제형사사법공조의 기본원칙이다.
특정성의 원칙	요청국이 공조에 따라 취득한 증거를 공조요청의 대상이 된 범죄 이외의 수사나 재판에 사용해서는 안 된다는 원칙. 살인죄의 증거를 제공하였으나 정치범 처벌에 이용한 경우

2. 국제형사사법 공조법 <19 채용>

(1) 통칙

> 제3조(공조조약과의 관계)
> 공조에 대하여 공조조약에 이 법과 다른 규정이 있으면 그 규정(조약)에 따른다.
> ※ 우리나라가 외국과 체결한 형사사법 공조조약과 「국제형사사법 공조법」의 규정이 상충되면 공조조약이 우선 적용된다.
>
> 제4조(상호주의)
> 공조조약이 체결되어 있지 아니한 경우에도 동일 또는 유사한 사항에 대하여 대한민국의 공조요청에 응한다는 요청국의 보증이 있으면 이 법을 적용한다.
>
> 제5조(공조의 범위)
> 1. 사람 또는 물건의 소재수사
> 2. 서류·기록의 제공
> 3. 서류 등의 송달
> 4. 증거수집, 압수·수색·검증
> 5. 증거물등 물건의 인도
> 6. 진술청취 그 밖의 요청국에서 증언하게 하거나 수사에 협조
>
> 제6조(공조의 제한)
> 다음에 해당하는 경우에는 공조를 하지 아니할 수 있다(아니해야 한다×).
> ※ 임의적 공조거절 사유
> 1. 대한민국의 주권, 국가안전보장, 안녕질서 또는 미풍양속을 해할 우려가 있는 경우
> 2. 인종·국적·성별·종교·사회적 신분 또는 특정 사회단체에 속한다는 사실이나 정치적 견해를 달리한다는 이유로 처벌되거나 형사상 불이익한 처분을 받을 우려가 있다고 인정되는 경우
> 3. 공조범죄가 정치적 성격을 지닌 범죄이거나 공조요청이 정치적 성격을 지닌 다른 범죄에 대한 수사 또는 재판을 할 목적으로 행하여진 것이라고 인정되는 경우
> 4. 공조범죄가 대한민국의 법률에 따라 범죄를 구성하지 아니하거나 공소를 제기할 수 없는 범죄인 경우
> 5. 이 법에 요청국이 보증하도록 규정되어 있는데도 불구하고 요청국의 보증이 없는 경우
>
> 제7조(공조의 연기)
> 대한민국에서 수사가 진행 중이거나 재판에 계속(係屬)된 범죄에 대하여 외국의 공조요청이 있는 경우에는 그 수사 또는 재판 절차가 끝날 때까지 공조를 연기할 수 있다.

(2) 국제형사경찰기구와의 협력(제38조)

① **행정안전부장관은** 국제형사경찰기구로부터 외국의 형사사건 수사에 대하여 협력을 요청받거나 국제형사경찰기구에 협력을 요청하는 경우에는 다음의 조치를 취할 수 있다.
② 국제범죄의 정보 및 자료 교환
③ 국제범죄의 동일증명(同一證明) 및 전과 조회
④ 국제범죄에 관한 사실 확인 및 그 조사

2 범죄인 인도

1. 의의 〈15 승진, 25 경위〉

(1) 인도조약과의 관계(제3조의2) : 조약 우선

범죄인 인도에 관하여 인도조약에 이 법과 다른 규정이 있는 경우에는 그 규정에 따른다.

(2) 상호주의 원칙(제4조)

인도조약이 체결되어 있지 아니한 경우에도 범죄인의 인도를 청구하는 국가가 같은 종류 또는 유사한 인도범죄에 대한 대한민국의 범죄인 인도청구에 응한다는 보증을 하는 경우에는 이 법을 적용한다. (단, 인도조약이 체결되어 있지 않은 국가는 제외한다×)

2. 외국으로의 범죄인 인도(국내 체류 범죄인 → 청구국) 〈16·18·22·24 채용, 17·19·20·21 승진, 15·25 경위〉

(1) 인도에 관한 원칙과 사유

① 대한민국 영역에 있는 범죄인은 이 법에서 정하는 바에 따라 청구국의 인도청구에 의하여 소추(訴追), 재판 또는 형의 집행을 위하여 청구국에 인도할 수 있다(제5조).
② 인도사유 : 쌍방가벌성의 원칙 + 최소한 중요성의 원칙
대한민국과 청구국의 법률에 따라 인도범죄가 사형, 무기징역, 무기금고, 장기(長期) 1년(3년×) 이상의 징역 또는 금고에 해당하는 경우에만 범죄인을 인도할 수 있다(제6조).
※ 「범죄인 인도법」 제6조는 대한민국과 청구국의 법률에 따라 인도범죄가 사형, 무기징역, 무기금고, 장기 1년 이상의 징역 또는 금고에 해당하는 경우에만 범죄인인도가 가능하다고 규정하여 '쌍방가벌성의 원칙'과 '최소한의 중요성 원칙'을 모두 담고 있다.
③ 쌍방가벌성의 원칙(제6조)
인도청구가 있는 범죄가 청구국과 피청구국 쌍방의 법률에 의하여 범죄를 구성하지 않는 경우에는 그 범죄에 관하여 범죄인을 인도하지 않는다는 원칙을 말한다.
④ 최소한 중요성의 원칙(Principle of Minimum gravity, 제6조)
어느 정도 중요성을 띤 범죄인만 인도한다는 원칙을 말한다.

(2) 절대적 인도거절 사유(제7조)

다음의 어느 하나에 해당하는 경우에는 범죄인을 인도하여서는 아니 된다.
① 대한민국 또는 청구국의 법률에 따라 인도범죄에 관한 공소시효 또는 형의 시효가 완성된 경우
※ 유용성의 원칙(Principle of utility) : 실제로 처벌이 필요한 범죄자만 인도한다는 원칙

② 인도범죄에 관하여 대한민국 법원에서 재판이 계속(係屬) 중이거나 재판이 확정된 경우
③ 범죄인이 인도범죄를 범하였다고 의심할 만한 상당한 이유가 없는 경우. 다만, 인도범죄에 관하여 청구국에서 유죄의 재판이 있는 경우는 제외한다.
④ 범죄인이 인종, 종교, 국적, 성별, 정치적 신념 또는 특정 사회단체에 속한 것 등을 이유로 처벌되거나 그 밖의 불리한 처분을 받을 염려가 있다고 인정되는 경우

(3) 정치적 성격을 지닌 범죄 등의 인도거절(제8조)

① 정치범 불인도의 원칙

인도범죄가 정치적 성격을 지닌 범죄이거나 그와 관련된 범죄인 경우에는 범죄인을 인도하여서는 아니 된다(제1항).

※ 「범죄인 인도법」에서 정치범죄에 관한 개념을 정의하거나 해당 범죄를 열거하고 있지 않다.

② **다만, 인도범죄가 다음의 어느 하나에 해당하는 경우에는 그러하지 아니하다**(제2항, 인도할 수 있다).

📌 예외적으로 인도 대상이 되는 경우

> ㉠ 국가원수(國家元首)·정부수반(政府首班) 또는 그 가족의 생명·신체를 침해하거나 위협하는 범죄
>   ※ 가해조항(Belgium clause : 암살조항)
> ㉡ 다자간 조약에 따라 대한민국이 범죄인에 대한 재판권을 행사하거나 범죄인을 인도할 의무를 부담하고 있는 범죄
>   예 항공기납치 범죄를 규정한 몬트리올 협약 등
> ㉢ 집단학살범
>   여러 사람의 생명·신체를 침해·위협하거나 이에 대한 위험을 발생시키는 범죄
>   예 국제형법을 위반한 집단살해, 전쟁범죄, 야만·약탈행위는 정치범죄의 예외가 되어 일반적으로 인도의 대상이 된다.

③ 군사범 불인도의 원칙
  ㉠ 군사범죄, 즉 탈영·항명 등의 범죄자는 인도하지 않는다는 원칙이다.
  ㉡ 우리나라 「범죄인 인도법」에서는 명문 규정이 없다.

(4) 임의적 인도거절 사유(제9조)

다음의 어느 하나에 해당하는 경우에는 범죄인을 인도하지 아니할 수 있다.
① 범죄인이 대한민국 국민인 경우에는 범죄인을 인도하지 아니할 수 있다. ※ 자국민불인도의 원칙
② 인도범죄의 전부 또는 일부가 대한민국 영역에서 범한 것인 경우
③ **범죄인의 인도범죄 외의 범죄에 대하여** 대한민국 법원에 재판이 계속 중인 경우 또는 범죄인이 형을 선고받고 그 집행이 끝나지 아니하거나 면제되지 아니한 경우
④ 범죄인이 인도범죄에 대하여 제3국(청구국이 아닌 외국을 말한다. 이하 같다)에서 재판을 받고 처벌되었거나 처벌받지 아니하기로 확정된 경우
⑤ 인도범죄의 성격과 범죄인이 처한 환경 등에 비추어 범죄인을 인도하는 것이 비인도적(非人道的)이라고 인정되는 경우

(5) 특정성의 원칙

인도가 허용된 범죄 외의 범죄로 처벌받지 아니하고 제3국에 인도되지 아니한다는 청구국의 보증이 없는 경우에는 범죄인을 인도하여서는 아니 된다(제10조 제1항 인도가 허용된 범죄 외의 범죄에 대한 처벌 금지에 관한 보증).

(6) 범죄인 인도 원칙

상호주의의 원칙 (제4조)	※ 인도조약이 체결되어 있지 아니한 경우에도 범죄인의 인도를 청구하는 국가가 같은 종류 또는 유사한 인도범죄에 대한 대한민국의 범죄인 인도청구에 응한다는 보증을 하는 경우에는 범죄인 인도법을 적용한다.
쌍방가벌성의 원칙 (제6조)	인도청구가 있는 범죄가 청구국과 피청구국 쌍방의 법률에 의하여 범죄를 구성하지 않는 경우에는 그 범죄에 관하여 범죄인을 인도하지 않는다는 원칙을 말한다. ※ 대한민국과 청구국의 법률에 따라 인도범죄가 사형, 무기징역, 무기금고, 장기(長期) 1년 이상의 징역 또는 금고에 해당하는 경우에만 범죄인을 인도할 수 있다.
최소한 중요성의 원칙 (제6조)	어느 정도 중요성을 띤 범죄인만 인도한다는 원칙을 말한다. ※ 대한민국과 청구국의 법률에 따라 인도범죄가 사형, 무기징역, 무기금고, 장기(長期) 1년 이상의 징역 또는 금고에 해당하는 경우에만 범죄인을 인도할 수 있다.
유용성의 원칙 (제7조)	범죄인의 인도는 실제로 처벌하기 위해 필요한 범죄자만 인도한다는 원칙을 말한다. ※ 대한민국 또는 청구국의 법률에 따라 인도범죄에 관한 공소시효 또는 형의 시효가 완성된 경우 범죄인을 인도하여서는 아니 된다.
정치범 불인도의 원칙 (제8조)	인도 대상 범죄는 일반범죄에 한하고, 정치적 성격을 지닌 범죄인 경우에는 범죄인을 인도하지 않는다는 원칙을 말한다. ※ 인도범죄가 정치적 성격을 지닌 범죄이거나 그와 관련된 범죄인 경우에는 범죄인을 인도하여서는 아니 된다.
군사범 불인도의 원칙 (명문 규정 없음)	① 군사범죄, 즉 탈영·항명 등의 범죄자는 인도하지 않는다는 원칙이다. ② 우리나라 「범죄인 인도법」에서는 명문 규정이 없다.
자국민 불인도의 원칙 (제9조)	※ 범죄인이 대한민국 국민인 경우에는 범죄인을 인도하지 아니할 수 있다. ① 대륙법계 국가의 경우 속인주의를 채택하여 내국인의 국외범을 처벌하고 있으므로 자국민불인도원칙을 채택하고 있다. ② 영미법계 국가의 경우 속지주의를 채택하여 자국민의 국외범을 처벌하기 위해서는 범죄지 국가에 이를 인도하는 방법 외에 다른 방도가 없으므로, 자국민불인도원칙을 규정하지 않고 있다.
특정성의 원칙 (제10조)	살인을 이유로 범죄인을 인도하였으나, 정치범임을 이유로 처벌하였다면 특정성의 원칙을 위반한 것이다. ※ 인도가 허용된 범죄 외의 범죄로 처벌받지 아니하고 제3국에 인도되지 아니한다는 청구국의 보증이 없는 경우에는 범죄인을 인도하여서는 아니 된다.

3. 범죄인 인도심사 절차(한국 → 청구국) (18 채용, 19 승진, 25 경위)

(1) 인도청구를 받은 외교부장관의 조치(제11조)

외교부장관은 청구국으로부터 범죄인의 인도청구를 받았을 때에는 인도청구서와 관련 자료를 법무부장관에게 송부하여야 한다.

(2) 범죄인 인도사건의 전속관할(제3조)

이 법에 규정된 범죄인의 인도심사 및 그 청구와 관련된 사건은 **서울고등법원과 서울고등검찰청의 전속관할**(각 관할구역 지방법원과 지방검찰청×)로 한다.

(3) 법무부장관의 인도심사청구명령(제12조)
① 법무부장관은 외교부장관으로부터 인도청구서 등을 받았을 때에는 서울고등검찰청 검사장(檢事長)에게 송부하고 그 소속 검사로 하여금 서울고등법원(이하 "법원"이라 한다)에 범죄인의 인도허가 여부에 관한 심사(이하 "인도심사"라 한다)를 청구하도록 명하여야 한다.
② 다만, 인도조약 또는 이 법에 따라 범죄인을 인도할 수 없거나 인도하지 아니하는 것이 타당하다고 인정되는 경우에는 그러하지 아니하다(청구명령을 하지 아니한다).

(4) 인도심사청구(제13조)
① 검사는 법무부장관의 인도심사청구명령이 있을 때에는 지체 없이 법원에 인도심사를 청구하여야 한다. 다만, 범죄인의 소재(所在)를 알 수 없는 경우에는 그러하지 아니하다.
② 범죄인이 인도구속영장에 의하여 구속되었을 때에는 **구속된 날부터 3일(48시간×) 이내에 인도심사를 청구하여야 한다.**

(5) 법원의 인도심사(제14조)
① 법원은 인도심사의 청구를 받았을 때에는 지체 없이 인도심사를 시작하여야 한다.
② 법원은 범죄인이 인도구속영장에 의하여 구속 중인 경우에는 **구속된 날부터 2개월 이내에 인도심사에 관한 결정(決定)을 하여야 한다.**
③ 범죄인은 인도심사에 관하여 변호인의 도움을 받을 수 있다.

(6) 인도청구의 경합(제16조)
법무부장관은 둘 이상의 국가로부터 동일 또는 상이한 범죄에 관하여 동일한 범죄인에 대한 인도청구를 받은 경우에는 범죄인을 인도할 국가를 결정하여야 하며, 필요한 경우 외교부장관과 협의할 수 있다.

(7) 검사의 조치(제30조)
검사는 긴급인도구속영장에 의하여 구속된 범죄인에 대하여 그가 구속된 날부터 2개월 이내에 법무부장관의 인도심사청구명령이 없을 때에는 범죄인을 석방하고, 법무부장관에게 그 내용을 보고하여야 한다.

(8) 인도장소와 인도기한(제35조)
① 법무부장관의 인도명령에 따른 범죄인의 인도는 범죄인이 구속되어 있는 교도소, 구치소 또는 그 밖에 법무부장관이 지정하는 장소에서 한다.
② 인도기한은 인도명령을 한 날부터 30일로 한다.

3 국제형사경찰기구(인터폴)를 통한 경찰공조

1. 국제형사경찰기구의 의의 〈18 채용〉

(1) 국제형사경찰기구의 연혁(발전과정)

1914년	모나코에서 제1차 국제형사경찰회의(International Criminal Police Congress)가 개최되어 국제범죄 기록보관소 설립, 범죄인 인도절차의 표준화 등에 대하여 논의하였는데 이것이 국제경찰협력의 기초가 되었다.
1923년	비엔나(제네바×)에서 19개국 경찰기관장이 참석한 가운데 제2차 국제형사경찰회의가 개최되어 국제형사경찰위원회(International Criminal Police Commission, ICPC)를 창설하였다. 이는 국제형사경찰기구의 전신이라 할 수 있다.
1956년	비엔나에서 제25차 국제형사경찰위원회(ICPC)가 개최되어 국제형사경찰기구(International Criminal Police Organization)가 발족. **당시 사무총국을 파리(리옹×)에 두었다.**

(2) 인터폴 개념과 공조의 범위

의의	국제범죄의 예방과 진압을 위해 인터폴헌장과 각 회원국의 국내법이 허용하는 한도 내에서 국제범죄에 관한 정보를 교환하고 범죄자 체포 및 인도에 대하여 상호 협력하는 정부 간 국제기구인 국제형사경찰기구를 말한다.
공조의 범위	① 국제형사경찰기구의 협력은 범죄예방을 위한 협력과 범죄수사를 위한 협력으로 나눈다. ② **인터폴은 범죄에 관한 자료수집, 범죄인 소재수사가 주력일 뿐 국제적인 사법경찰로서 형사범 체포 및 구속 등에 대한 권한은 없다.** ③ 인터폴 국제수배란 국외도피범, 실종자, 우범자 및 장물 등 국제범죄와 관련된 수배대상인 인적·물적 사항에 관한 정확한 자료를 각 회원국에 통보하여 국제적으로 범죄수사에 공동 대응하기 위한 것으로 인터폴은 범죄수사권을 가진 수사기관이 아니다.

2. 인터폴(I.C.P.O)의 조직과 각국의 인터폴 중앙사무국

(1) 조직

총회	인터폴 총회는 인터폴의 전반적인 시책과 원칙을 결정하는 최고 의결기관이다.
사무총국	국제범죄 예방과 진압을 위해 각 회원국 등과 긴밀한 협조관계를 유지하는 총본부이자 추진체

(2) 국가중앙사무국(National Central Bureau) 〈18 채용〉

① 각국의 인터폴 중앙사무국은 회원국에 설치된 상설 경찰협력부서이다. 인터폴 사무총국은 회원국정부가 자국 내에 국제경찰협력 경찰부서를 지정하도록 하고 있는데 이를 국가중앙사무국(NCB)이라 한다.

② 모든 회원국에 설치된 상설 경찰협력부서로 사무총국 및 회원국들과의 공조, 자국 내 법집행기관들과의 협력업무를 수행한다. 국가중앙사무국에는 경찰관 이외에 관계 기관 공무원들도 함께 근무한다.

③ 우리나라는 경찰청 **국제협력관 인터폴국제공조담당관**(국제협력담당관×) **인터폴계**에 설치되어 있다. **국제협력관이 국가중앙사무국장이다.**

3. 인터폴 국제수배서 ^(15 채용)

적색수배서 Red Notice (국제체포 수배서 International Wanted Notice)	① 수배자 체포 및 범죄인 인도 ② 체포영장이 발부된 범죄인에 대하여 범죄인 인도를 목적으로 하는 경우에 발행
청색수배서 Blue Notice (국제정보조회 수배서 International Inquiry Notice)	① 범죄 관련인 소재 확인. 수배자의 신원·전과 및 소재 확인 ② 체포영장이 발부된 수배자의 신원과 소재확인을 목적으로 수배자의 도피처가 명확한 경우에 한하여 발행
녹색수배서 Green Notice (상습국제범죄자 수배서 International Warning Notice)	① 우범자 정보 제공. 상습 국제범죄자의 동향 파악 및 범죄예방을 위해 발행 ② 여러 국가에서 상습적으로 범행하였거나 또는 범행할 가능성이 있는 범죄자의 동향 파악을 목적으로 발행
황색수배서 Yellow Notice (가출인 수배서)	① 실종자 소재 확인 ② 가출인의 소재 확인 또는 기억상실자 등의 신원을 확인할 목적으로 발행한다. ③ A경찰서 소속 김 순경은 외국으로 출국한 것으로 확인되는 가출인의 소재를 파악하기 위해 인터폴 수배를 의뢰하려고 한다면 황색수배서의 수배의뢰를 해야 한다.
흑색수배서 Black Notice (Form 5, 사망자 수배서)	① 변사자 신원 확인 ② 사망자의 신원을 확인할 수 없거나 사망자가 가명을 사용하였을 경우 정확한 신원을 파악할 목적으로 발행한다.
장물수배서 (Stolen Property Notice)	도난, 불법취득 물건이나 문화재 등에 대한 수배
자주색수배서 Purple Notice(Modus Operandi) (범죄수법수배서)	범죄수법 정보 제공. 새로운 특이 범죄수법을 분석하여 각 회원국에 배포
오렌지수배서 Orange Notice(Security Alert)	① 위험물질 경고. 폭발물 등 위험물에 대한 경고 목적으로 발행한다. ② 폭발물과 테러범 등에 대하여 보안을 경고하기 위하여 발행
INTERPOL-UN Notice	인터폴과 UN안보리의 협의사항에 따라 발부. 유엔과 인터폴이 협력하여 국제테러범 및 테러단체에 대한 제재를 목적으로 발행

박우찬

주요 약력

- 경찰대학 졸업
- 서울대학교 졸업 및 서울대학교 대학원 수료
- 경기남부경찰청, 제주경찰청 근무

현) 박문각 경찰학원 경찰학 대표 교수
현) 경찰인재개발원 경무교육 외래 교수
전) 윌비스경찰학원 경찰학 대표 교수
전) 울산중앙경찰학원 경찰학 대표 교수
전) 종로경찰학원 경찰학 대표 교수
전) 경찰수사연수원 범죄수사 외래 교수

주요 저서

박우찬 찬스 경찰학 기본이론서
박우찬 찬스 경찰학 기출공략집(새흐름)
박우찬 경찰행정법 이론서(청어람)

네이버 카페: 박우찬 경찰학 연구실
http://cafe.naver.com/policechan

박우찬 찬스 경찰학

초판 인쇄 2025. 5. 12. | **초판 발행** 2025. 5. 15. | **편저자** 박우찬
발행인 박 용 | **발행처** (주)박문각출판 | **등록** 2015년 4월 29일 제2019-000137호
주소 06654 서울시 서초구 효령로 283 서경 B/D 4층 | **팩스** (02)584-2927
전화 교재 문의 (02)6466-7202

저자와의
협의하에
인지생략

이 책의 무단 전재 또는 복제 행위를 금합니다.

정가 42,000원
ISBN 979-11-7262-809-3